ENTRE JUECES Y REOS
Las postrimerías del Derecho penal absolutista

Pedro Ortego Gil

ENTRE JUECES Y REOS
Las postrimerías del Derecho penal absolutista

Dykinson, S.L.

Este libro ha sido sometido a evaluación por parte de nuestro Consejo Editorial

Para mayor información, véase www.dykinson.com/quienes_somos

Este libro ha sido publicado en el marco del proyecto investigación *Control y responsabilidad de los jueces: una larga experiencia* (DER2013-44216).

Imagen de cubierta: Ejecución del librero Antonio Miyar en la Plaza de la Cebada de Madrid el 11 de abril de 1831, de la obra de Victoriano Ameller y Mariano Casti-llo, *Los mártires de la libertad española*, Madrid, 1853.

Editorial DYKINSON, S.L. Meléndez Valdés, 61 - 28015 Madrid
Teléfono (+34) 91 544 28 46 - (+34) 91 544 28 69
e-mail: info@dykinson.com
http://www.dykinson.es
http://www.dykinson.com

ISBN: 978-84-9085-325-2
Depósito Legal: M-8363-2015

Impresión:
Copias Centro

A María, Marina, Pedro y Pilar.

ÍNDICE

I. Estado de la cuestión **17**
II. Fuentes **25**
1. Fuentes legales 25
2. Fuentes doctrinales 26
3. Fuentes judiciales 34
4. Fuentes periodísticas 42
5. Fuentes literarias 44
III. La legalidad absolutista **47**
1. Multitud de leyes antiguas vigentes (no aplicadas) y nuevas disposiciones represoras 47
2. Propuestas para un Código criminal 57
IV. Viejas estructuras judiciales **85**
1. Restablecimiento de estructuras judiciales y algunas reformas 85
2. Una magistratura ideológicamente adscrita 95
3. La tramitación procesal: problemas seculares 115
4. Jueces y oficiales de justicia prevenidos 151
V. Extensión de la Jurisdicción militar **157**
1. Los Consejos de guerra del Sexenio 157
2. Las Comisiones militares 187
VI. Todos bajo vigilancia **225**
VII. Una delincuencia fruto de tiempos convulsos **239**
1. La visión general de unas circunstancias 239
2. La delincuencia común 261
A) Hechos delictivos 261
B) Territorio y delincuencia 338
VIII. La proporcionalidad punitiva: todas son penas arbitrarias **367**
1. ¿Estilo punitivo? 377
2. La pena de muerte y sus rituales 399
3. La pérdida de importancia de azotes, vergüenza y destierro 426
4. La reclusión: entre el arresto y el presidio 435
A) Cárcel procesal: el arresto 435
B) La reclusión femenina: la galera 450
C) La reclusión correccional y utilitarista: trabajos y obras públicas 454
D) El presidio: reclusión de cumplimiento 466
5) Otras condenas limpias: el servicio de armas 485
6) Apercibimientos, prevenciones y sometimiento a vigilancia 490
7) Multas, costas y resarcimiento de daños. 499
8) Conmutaciones y redenciones por precio 504
9) Cláusula de quebrantamiento 506
10) Absoluciones 508
11) Indultos (de gracia y de hacinamiento) 513
IX. Conclusiones **527**
Fuentes y Bibliografía **535**

Siglas y abreviaturas

A.	Auto
ACA	Archivo de la Corona de Aragón
ADPCP	*Anuario de Derecho Penal y Ciencias Penales*
ACGC	*Actas de las sesiones de la Comisión General de Codificación. (1828-1994)*, Madrid, 2007
AHDE	*Anuario de Historia del Derecho Español*
AHN	Archivo Histórico Nacional
AMCo	Archivo Municipal de La Coruña
AMZa	Archivo Municipal de Zaragoza
ARG..........	Archivo del Reino de Galicia
art.	artículo
BFDUC	*Boletim da Faculdade de Direito da Universidade de Coimbra*
BUGr	Biblioteca de la Universidad de Granada
BUSe	Biblioteca de la Universidad de Sevilla
C.	Circular
CHD	*Cuadernos de Historia del Derecho.*
CP	Código Penal
Crimen	Serie de la del Crimen de la Audiencia de Galicia.
D.	Decreto
DdM	*Diario de Madrid*
DdAM	*Diario de Avisos de Madrid*
DdV	*Diario de Valencia*
Discurso	*Discurso pronunciado por el Capitán general/Regente el día 2/3 de enero en la Real Chancillería/Audiencia de*
DMC	*Diario Mercantil de Cádiz*
D.R.	Decreto de la Regencia
f.	folio
Gaceta	*Gaceta de Madrid*
I.	Instrucción.
Informes	*Informes sobre el estado de España (1825). Documentos del reinado de Fernando VII*, Pamplona, 1966
L.	Ley
leg.	legajo
lib.	libro
O.C.	Orden Circular
P.	Pragmática
p.	página
Planes	*Planes o estados que manifiestan el número de causas, pleitos y expedientes, tanto civiles como criminales despachados en el año... por las Salas...*
R.C.	Real Cédula
R.D.	Real Decreto
R.O.	Real Orden
R.R.	Real Resolución
s.	sentencia de
Sentencias ...	Serie de Sentencias de la Real Audiencia de Galicia
s.r.	sentencia de revista de
s.v.	sentencia de vista de

Prólogo

I

Mi gran amigo Pedro Ortego Gil, catedrático de Historia del Derecho en la Universidad de Santiago de Compostela, me ha pedido generosamente unas líneas introductorias para este su gran libro dedicado al Derecho penal, concretamente a la etapa final del denominado, en el acontecer histórico, absolutista. No es la primera vez que el prof. Ortego se dedica, con intensidad y rigor, al sistema punitivo con trabajos que pueden verse en la bibliografía final del presente, todos extremos en el acierto y la bondad.

Pedro Ortego fue mi alumno en Alcalá, miembro de la tercera promoción, brillante donde los hubiera y ya dedicado a la investigación curiosa e interesada en los temas que se le proponían que, luego, con el correr del tiempo y los conocimientos, iba a convertir en destacados libros y artículos científicos de su especialidad. Sus raíces seguntinas se ponían a cada paso de manifiesto. Por él descubrí la maravillosa cuidad alcarreña donde después, y ya para el futuro, quedé vinculado con la dirección de múltiples de verano y con alguno de sus personajes más significativos. Jovial en su comportamiento, desde entonces, y leal con sus maestros y compañeros, desde siempre, a nadie extrañó, por su contrastada valía, la obtención de su merecida y prestigiosa cátedra en plena juventud. Por eso el encargo recibido ahora me llena de satisfacción y contento. Me va llegando el final de la vida académica y sucesos como este animan mi espíritu y me reafirman en lo adecuado de la lejana elección profesional.

Es sabido, en lo que a mí respecta, que la investigación histórica colma últimamente todas mis expectativas intelectuales, que escribo acerca del acontecer penal y penitenciario con fruición y que no me canso de leer al respecto, cuando merece la pena, claro es, lo que se me presenta ante los ojos. Que, de la misma forma, rechazo los estudios carentes de antecedentes o que tergiversan la realidad de un sistema, cual el carcelario, único como modelo europeo en las fechas de sus orígenes y posterior desenvolvimiento. Pues bien el presente libro de Pedro Ortego encaja perfectamente en mis gustos y en mi vocación lectiva, al tratarse de un texto serio, ameno y que enseña con simplicidad lo que es, de por sí, difícil: conocer la evolución punitiva durante el reinado de Fernando VII sobre el que pesaba, como dice el autor en su propia introducción, "un halo demoniaco" de desconocimiento y repulsa. Como el mejor y verdadero elogio podría concluirse que la presente monografía cierra la gran obra de Tomás y Valiente, cuando trató del Derecho penal de la monarquía absoluta, erigiéndose en la superior continuación natural de la misma. A partir de aquí, todo está dicho.

Vaya por delante que aunque se trata de un libro de Historia, propio de la especialidad del autor, significado en la exhaustividad de las citas empleadas y los documentos manejados y elaborados, no meramente reproducidos, como efectúan otros docentes, también lo es y esencialmente de Derecho penal y de un periodo muy virgen de trilla con los materiales pertinentes. La recopilación ahora aportada es extraordinaria. Pero la presentación del contexto es lo que le convierte en fuera de serie. El lector va a conocer perfectamente no solo los crímenes, los castigos y la jurisdicción del extenso periodo, sino dónde aparecen y se desarrollan y a qué responden, es decir el por qué de esta penalidad y su enjuiciamiento dispar, atendiendo no solo a la clase de hechos punibles, pues la categoría personal también contaba y ¡de qué manera!. Ello es de lo mejor del libro. Ese situarnos, desde dentro, en el acontecer diario de los sucesos criminales y de su represión que lo convierten, en mi opinión, en ejemplar solitario en su especie.

II

El presente libro consta de ocho capítulos y unas conclusiones, aunque ciertamente los dos primeros son pura y excepcional metodología, pues se refieren fundamentalmente a una presentación evaluada de fuentes de un nivel máximo, comenzando propiamente el texto en el III. Sus apartados serían así, esencialmente, los referidos a la legalidad absolutista (III), a la jurisdicción (IV y V), a la delincuencia (VII) y a las penas (VIII). Magníficamente escritos, con un lenguaje más que inteligible y correcto, su lectura es fácil y provechosa, incluso en los momentos en que Pedro Ortego se centra en acontecimientos complejos, siempre bien explicados y desenvueltos. Y esta es también la característica de un buen investigador y mejor profesor: convertir lo arduo en accesible y acercar la sabiduría a muchos, no únicamente a los profesionales. Que ello se ha logrado de manera ideal en este texto basta con comprobarlo con su atento estudio.

Lo que el prof. Ortego Gil denomina, con todo acierto, la "legalidad absolutista", es el comienzo de cuanto aborda de seguido. Pacheco en nuestro país o Tissot, allende nuestras fronteras, en páginas maestras, ya advirtieron acerca lo arcaico y desfasado de las leyes aplicables en el momento preciso en que la investigación del profesor de Santiago comienza. El desorden era mayúsculo y la recopilación se imponía. De ahí, las primeras disposiciones legales y Proyectos al respecto, que vendrán a tratar de sustituir a la "multitud de leyes antiguas vigentes (no aplicadas)", como señala con pleno acierto el autor. Todos procurarán hacer frente a una delincuencia profusa y cambiante, analizada por territorios y presentada con unos cuadros estadísticos esclarecedores, en confección propia, en apartado fundamental del presente libro, de elevadísimo mérito.

El profundo estudio se centra luego en otro destacable aspecto, el judicial, que presenta una óptica doble y a cada cual más inquietante. Por una lado, la evidente presencia de una magistratura ideológicamente adscrita y por el otro, la constatación de que son los órganos jurisdiccionales, especialmente los militares, los encargados del enjuiciamiento. Pareciera que ahora, como con anterioridad lo hiciera la Inquisición, el Estado siempre tuviera a mano quien le solucionara el problema, siendo en este caso los tribunales castrenses profusamente utilizados en la etapa tratada. Esta importante parte contiene, lo que se extiende a casi toda la investigación, una extensa relación de casos reales que dan fuste a lo explicado teóricamente.

En cuanto a la penalidad reinante, Pedro Ortego, además de describir la aplicable, nos hace fijarnos en otras tantas situaciones de interés, por él advertidas. Es la primera, partiendo de la profusión de penas capitales, el declive que en el periodo experimentan sanciones como los azotes, la pena de vergüenza o el destierro, materia no necesariamente contradictoria. El utilitarismo punitivo rechazaba ya este catálogo de menor entidad. La segunda gran apreciación es la relativa a la pena privativa de libertad, reina de las sanciones criminales desde entonces. La cantidad de modalidades de ejecución, bajo el régimen de aglomeración, tan distinto del celular estricto norteamericano, bien en galeras, presidios africanos o peninsulares, se recoge en la obra como algo consustancial a la respuesta estatal de la delincuencia. Aquí vendrá a nacer un sistema penitenciario, con sus detallistas ordenanzas y reglamentaciones y su completa red de establecimientos, primero reconvertidos de otros inmuebles y después en lenta construcción, único en el panorama comparado. Al prof. Ortego Gil no se le escapa la importancia de este régimen carcelario que constituirá la esencia del futuro.

Una sobreabundante y modélica bibliografía cierra la magnífica obra, guía a partir de hoy permanente para cualquier otro trabajo de investigación que se tenga por digno.

La monografía de Pedro Ortego viene a aportar una clara y definitiva luz a este momento histórico de manera convincente, pese a las dudas que él mismo, todo modestia, atributo de los grandes, manifiesta al final de lo tan certeramente escrito. Por supuesto que ha de continuarse investigando, en esto y en todo, pero la labor está, en este caso, plenamente y con entera satisfacción cumplida, pues la mirada puesta en el instante nos sirve para su conocimiento y explicación como, desde luego, no se había antes efectuado. Por eso el presente es ya texto de referencia, indispensable para quien quiera saber de nuestro devenir y, especialmente, para al jurista que ha de apoyarse siempre en el mejor pasado para interpretar correctamente el momento actual.

Carlos García Valdés
Catedrático de Derecho penal UAH.

I. Estado de la cuestión

Hay etapas en la Historia contemporánea de España sobre las que existe un halo demoniaco que las aparta del objetivo de la mayor parte de la historiografía. Esas etapas, sin embargo, presentan aspectos en los que se conservan elementos sustanciales de períodos con los que guardan una vinculación inmediata, y al mismo tiempo aspectos de períodos radicalmente diferentes de los cuales es imposible desentenderse en su totalidad. Las etapas absolutistas del reinado de Fernando VII son postergadas, cuando no arrinconadas u omitidas[1], al destacarse, no sin argumentos, los períodos constitucionales en los que estuvo vigente el texto gaditano de 1812. En esos años se aprecian aspectos seculares, pero no en todos fueron aplicados con la misma intensidad los criterios políticos dominantes del absolutismo, ya en su fase terminal.

El comportamiento y la actuación de tan singular monarca no deben hacer perder de vista que la vida de los restantes españoles continuó evolucionando a pesar de ese parón en el desarrollo de sus libertades y derechos[2]. Los cambios ideológicos que se venían produciendo desde el último tercio del siglo XVIII y que, para algunos, concluyeron en la redacción de la Constitución de Cádiz y su primer desarrollo normativo no sucumbieron tras el retorno a España de Fernando VII. Los Decretos de junio y julio de 1814 por los cuales se restablecía la planta existente en 1808, o los posteriores de 1823 en los que se hacía lo propio respecto de 1820, no implicaron una vuelta integral al absolutismo más rancio, incluso a pesar de la depuración y la intensa represión política agudizada tras el Trienio liberal. Antes al contrario, la ideología ilustrada se mantuvo, sin duda más solapada que en la época constitucional gaditana, hasta los estertores del reinado de Fernando VII.

El Derecho penal, tanto el normado como el doctrinal y el judicial, puede ser una buena muestra de la evolución ideológica durante estas

---

[1] Véase la reflexión historiográfica sobre la última década del reinado de Fernando VII hecha por Mª. Concepción Marcos del Olmo, «En torno a la década 1823-1833», en *Pasado y Memoria. Revista de Historia Contemporánea*, 5 (2004), pp. 183-199. Asimismo, Jean-Philippe Luis, «La Década Ominosa (1823-1833), una etapa desconocida en la construcción de la España contemporánea», en *Ayer*, 41 (2001) (Ejemplar dedicado a *Fernando VII. Su reinado y su imagen*), pp. 85-118.

[2] Un acercamiento a las concepciones normativas sobre la administración de justicia de este período en César Herrero Herrero, *La justicia penal española en la crisis del poder absoluto*, Madrid, 1989. Sobre algunos precedentes doctrinales, Pablo José Abascal Monedero, *La reforma de la Justicia en el pensamiento español ilustrado*, Madrid, 2010. Eduardo López Pasaro, «Organización jurisdiccional durante el primer tercio del siglo XIX: alcaldes, jueces, letrados, escribanos, abogados y procuradores», en *Revista de las Cortes Generales*, 81 (2010), pp. 241-261. Para una visión más general, nos remitimos a la obra, ya clásica, de Josep Fontana Lázaro, *La quiebra de la monarquía absoluta, 1814-1820: la crisis del Antiguo régimen en España*, Barcelona, 2002; y *La crisis del Antiguo régimen, 1808-1833*, Barcelona, 1979. Encarnación García Monerris y Justo Serna Alonso, *La crisis del Antiguo Régimen y los absolutismos*, Madrid, 1994. Gonzalo Butrón Prida, *La intervención francesa y la crisis del absolutismo en Cádiz. 1823-1828*, Huelva, 1998.

etapas, o más bien de su consolidación con respecto al iluminismo ilustrado. Pero, como apreciaremos a lo largo de las siguientes páginas si, por un lado, son manifiestas las líneas de continuidad mediatizadas con las mutaciones de la segunda mitad del siglo XVIII; por otro, no todos los cambios que pretendidamente se atribuyen con posterioridad a los Códigos penales de 1822 y 1848, o a las Leyes de Enjuiciamiento posteriores, son tan novedosos. El cotejo entre las disposiciones normativas y la jurisprudencia práctica permite comprender estas características y determinar la recepción de construcciones jurídicas en la actividad judicial mucho antes de que acabarán plasmándose en los textos legales. Las construcciones doctrinales en España, sin embargo, serán una rémora de obras publicadas en las dos últimas décadas del siglo XVIII y en el primer decenio del siglo XIX. Apenas se dieron a la imprenta nuevos títulos, mientras vieron reeditarse obras de aquellos treinta años de entre siglos.

Para exponer los rasgos generales del Derecho penal durante estas etapas absolutistas vamos a resaltar los pormenores normativos y doctrinales más destacados como paso previo a su posterior cotejo con la información obtenida de causas solventadas en primera y sucesivas instancias en el ámbito territorial de la Real Audiencia de Galicia y otros tribunales. Incidiendo, particularmente, en el cotejo entre las chancillerías y audiencias, puesto que anualmente dieron cuenta de las causas y expedientes que llegaron a su conocimiento y las penas que impusieron.

Es cierto que las fuentes que aquí se aportan presentan lagunas, incluso importantes para el Sexenio, para algún año en concreto o con carácter general con relación a la Audiencia de Canarias. Pero no es menos cierto que se aporta una visión amplia, general, de la actividad delictiva, la práctica judicial y el castigo respecto de toda España. Sin duda que la aparición de nuevos datos estadísticos y el mejor conocimiento de la actuación de los tribunales, algunos prácticamente desconocidos en cuanto a su actividad judicial durante el primer tercio del siglo XIX, permitan matizar o ratificar las conclusiones a las que aquí se llegan.

Las obras generales dedicadas al reinado de Fernando VII no han abordado, o lo han hecho mínimamente, en el Derecho penal vigente y su aplicación, salvo todo cuanto afecta a la dura represión política que, sin duda y por razones obvias, ha sido el aspecto al que se han dedicado más páginas[3]. No obstante, es habitual encontrarse repetidos pasajes y datos

---

[3] Entre las obras clásicas del siglo XIX, Estanislao de Kostka Bayo, *Historia de la vida y reinado de Fernando VII con documentos justificativos...*, Madrid, 1842. Carlos Le Brun, *Vida de Fernando VII, rey de España*, Filadelfia, 1826, sin duda la más crítica de todas. Michael J. Quin, *Memorias históricas sobre Fernando VII rey de España publicadas en inglés y francés*, Valencia, 1840. Entre las muchas obras del siglo XX, M. Izquierdo Hernández, *Antecedentes y comienzos del reinado de Fernando VII*, Madrid, 1963. Manuel Marliani, *El reinado de Fernando* VII, Madrid, 1986. Antonio M. Moral Roncal, *El reinado de Fernando VII en sus documentos*, Barcelona, 1998. Rafael Sánchez Mantero, *Fernando VII. Un reinado polémico*, Madrid, 1996. Pedro Voltes Bou, *Fernando VII. Vida y reinado*, Barcelona, 1985. Miguel Artola Gallego, *La España de Fernando VII*, Madrid, 1996; y, *Memorias de tiempos de Fernando VII*, Madrid, 1957. Miguel Avilés Fernández *et alii*, *La España de Fernando VII*, Madrid, 1973. Ángel Martínez de Velasco Farinós, *La España de Fernando VII. La crisis del Antiguo Régimen*

de las obras decimonónicas en trabajos actuales, a pesar de que en los últimos años también se ha profundizado en este aspecto a partir de otras fuentes, bien corroborando, bien matizando o ampliando la información conocida[4]. Como complemento del destino de aquellas personas sobre las que se ejercicio dicho represión, también se han publicado diferentes trabajos sobre las nuevas instituciones que se crearon para vigilar y perseguir a todos los disidentes políticos, para lo que bastaban meras sospechas, como la policía, a cuya actuación dedicaré un breve apartado más adelante.

A pesar de estas lagunas, existen trabajos de ámbito territorial restringido en los que podemos hallar la concreción de la política represiva de ambas etapas absolutistas. Pese a quienes denuestan, sin conocimiento, estos trabajos, gracias a ellos podemos adentrarnos en la realidad existente en lugares diferentes de aquellos que, bien por populosos, bien por la tremenda represión ejercida nos resultan más conocidos[5]. Descubriendo

---

(1808-1833), Madrid, 1999. María del Carmen Pintos Vieites, *La Política de Fernando VII entre 1814 y 1820*, Pamplona, 1958. María Pilar Queralt, *La vida y la época de Fernando VII*, Barcelona, 1999.

[4] Sin ánimo de ser exhaustivo y como muestra, Emilio Luis Lara López, «La represión de los afrancesados: condenas sociales, jurídicas y políticas. El caso de Jaén (1812-1820)», en *Hispania Nova. Revista de Historia Contemporánea*, 3 (2003) (Homenaje a Angel Martínez de Velasco); y en este mismo número, Juan José Morales Ruiz, «Fernando VII y la masonería española»; Julián Recuenco Pérez, «La represión contra el liberalismo desde el Tribunal Diocesano de Cuenca (1823-1830)»; y Antonio Moliner Prada, «El antiliberalismo eclesiástico en la primera restauración absolutista (1814-1820)». Luis Barbastro Gil, «La reacción y represión de Fernando VII (1814-1816)», en Germán Ramírez Aledón (coord.), *Valencianos en Cádiz: Joaquín Lorenzo Villanueva y el grupo valenciano en las Cortes de Cádiz*, Valencia, 2008, pp. 303-347. Pedro Pegenaute Garde, «Planteamiento de la represión política en Navarra durante el reinado de Fernando VII», en *Príncipe de Viana*, 134-135 (1974), pp. 317-339. Alberto Romero Ferrer, «Censura y represión: sobre teatro y política en el Cádiz de Fernando VII (1814-1833)», en *Cuadernos de Ilustración y Romanticismo*, 10 (2002), pp. 105-121. Paloma de Villota Gil-Escoín, «Violencia y represión contra la mujer bajo Fernando VII, 1814-1833», en María Carmen García-Nieto, *Ordenamiento jurídico y realidad social de las mujeres. Siglos XVI a XX. Actas de las IV Jornadas de Investigación Interdisciplinaria*, París, 1986, pp. 195-222. Diego Hinojal Aguado, «La policía de Fernando VII y la persecución de la masonería», en José Antonio Ferrer Benimeli, *La masonería española: represión y exilios*, Zaragoza, 2011, vol. 2, pp. 1467-1488. Antonio Juan Calvo Maturana, «*Como si no hubiesen pasado jamás tales actos*: La gestión fernandina de la memoria histórica durante el Sexenio absolutista (1814-1820)», en Encarna García Monerris *et alii* (coords.), *Culturas políticas monárquicas en la España liberal: Discursos, representaciones y prácticas (1808-1902)*, Valencia, 2013, pp. 31-58. Antonio Rojas Friend, Juan Francisco Fuentes Aragonés y Dolores Rubio, «Censo de liberales españoles en el exilio (1823-1833)», en *Cuadernos republicanos*, 32 (1997), pp. 29-38. Y, por supuesto, las reflexiones de Josep Fontana, «Represión política y violencia civil en 1823-1833. Propuestas para una interpretación», en *Industrialización y nacionalismo. Análisis comparativo. Actas del I Coloquio Vasco-Catalán de Historia*, Barcelona, 1985, pp. 313-328.

[5] Emilio Luis Lara López, «El sexenio absolutista en Jaén (1814-1820)», en *Boletín del Instituto de Estudios Giennenses*, 188 (2004), pp. 319-364. Eduardo Díaz Lobón, «Granada en la restauración fernandina (1814-1820)», en *Anuario de Historia Contemporánea*, 4-5 (1977-1978), pp. 219-254; y *Granada durante la crisis del antiguo régimen, (1814-1820)*, Granada, 1982. Antonio Gallego y Burín *et alii*, *Granada en el reinado de Fernando VII: datos para su historia política*, Granada, 1986. Claudio Calles Hernández, «La represión fernandina en Salamanca (1814-1820): Primeros datos», en Alberto Gil Novales (coord.), *La revolución liberal (Congreso sobre la Revolución liberal española en su diversidad peninsular (e insular) y americana*, Madrid, 2001, pp. 203-224. Juan Luis Erce Eguaras, *El sexenio absolutista en Navarra (1814-1820): los entresijos del Régimen Foral en el preludio de las guerras fratricidas (Re-*

en muchos casos el alcance en la aplicación de las disposiciones normativas por parte de los operadores jurídicos.

Con respecto a este último aspecto, que va a ser central en las páginas siguientes, la actuación de los jueces y tribunales durante el reinado de Fernando VII no ha recibido apenas atención. Hay trabajos de corte institucional que describen la estructura de los mismos y su funcionamiento[6], sin adentrarse en la realidad de su actuación judicial, a pesar de que en el caso de la Audiencia de Asturias contamos con un breve trabajo[7].

Tampoco han sido numerosos los trabajos que han abordado de modo específico los delitos durante la centuria decimonónica[8], salvo una excepción. El bandolerismo ha sido tratado con gran amplitud y junto con las referencias clásicas del siglo XIX y comienzos del XX[9], se ha desarrollado en los últimos años una importante historiografía en la que han primado los estudios centrados en determinados territorios[10], lo que ha permitido

alista y Carlistas), Madrid, 2012. Antonio Nadal Sánchez, «Historia política de la Década Ominosa (1823-1833) en Málaga. Absolutismo y Liberalismo», en *Baética*, 2 (1979), pp. 345-364. Vicente Conejero Martínez, *El trienio constitucional en Alicante (1820-1823) y la segunda represión contra los liberales (1823-1833)*, Alicante, 1983. Carmen Alomar Esteve, «La depuración absolutista entre 1823 y 1833», en *Bolletí de la Societat Arqueològica Lul liana*, 38 (1982), pp. 233-240. José Carlos Enríquez Fernández, Javier Enríquez Fernández y David García-Pardo Gómez, «Control policial, identificación personalizada y estado burocrático burgués: la experiencia vizcaína (1824-1833)», en José María Ortiz de Orruño Legarda *et alii*, *Movimientos sociales en la España contemporánea*, Madrid, 2008, pp. 287-288. Juan Luis Erce Eguaras, «El sexenio absolutista en Navarra (1814-1820). Los entresijos del Régimen Foral en el preludio de las guerras fratricidas», en *Cuadernos del Bicentenario*, 11 (2011), pp. 49-57.

6 Pere Molas i Ribalta, «L'Audiència de València durant el regnat de Ferran VII», *Afers. Fulls de recerca i pensament*, 2 (1985) pp. 309-340. Pere Molas i Ribalta, *La Audiencia borbónica del Reino de Valencia (1707-1834)*, Alicante, 1999. Francisco Javier Sánchez Rubio, *Valencia y su Audiencia en las primicias constitucionales*, Valencia, 2004. Pedro López Gómez, «La Sala del crimen de la Real Audiencia de Galicia (1761-1835)», en *Clio & Crimen*, 10 (2013), pp. 297-325. Aunque como veremos, desde 1826 hasta la reforma de 1834 fueron dos las Salas del crimen gallegas. Para Navarra, Rafael García Pérez, «El Consejo de Navarra, entre el derecho del rey y las libertades del reino (1800-1836)», en *AHDE*, 72 (2002), pp. 125-200.

7 Alfonso Menéndez González, «La Real Audiencia de Asturias al final del Antiguo Régimen», en *Boletín de Estudios Asturianos*, 137 (1991), pp. 231-250, que utiliza los discursos de sus regentes y las estadísticas anuales.

8 Julián Gómez de Maya, «El codificador ante el crimen nefando», en *AHDE*, 83 (2013), pp. 139-184. Desde otra perspectiva metodológica, Adela Tarifa Fernández, «Violencia doméstica y matrimonios impuestos a principios del siglo XIX. Autos judiciales ante la Real Chancillería de Granada», en María Teresa Sauret Guerrero (coord.), *Luchas de género en la historia a través de la imagen ponencias y comunicaciones*, Málaga, 2003, vol. 3, pp. 81-98.

9 Constancio Bernaldo de Quirós, *El bandolerismo*, Madrid, 1931; y, *Bandolerismo y delincuencia subversiva en la baja Andalucía*, Madrid, 1912. Julián Zugasti, *El bandolerismo. Estudio social y memorias históricas*, Madrid, 1876. José Santos Torres, *El bandolerismo en España: una historia fuera de la ley*, Madrid, 1995.

10 Fernando Flores del Manzano, *El bandolerismo en Extremadura*, Badajoz, 1992; «El bandolerismo extremeño durante el reinado de Fernando VII», en *Alcántara*, 21 (1990), pp. 167-196; y «Guerrilla y bandolerismo: el caso de Extremadura», en Francisco Acosta Ramírez *et alii*, *Baylen 1808-2008. Actas del Congreso Internacional Baylen 1808-2008*, Jaén, 2009, pp. 205-274. Beatriz López Morán, *El bandolerismo gallego (1820-1824)*, Vigo, 1984; y, *El bandolerismo gallego en la primera mitad del siglo XIX*, Sada, 1995. Juan A. Ramos Vidal, *Bandolerismo en la comarca del Vinalopó (1813-1840)*, Alicante, 1980. José Santos Torres, *Bandolerismo en Sevilla y su antiguo reino. Hechos, instituciones y personajes*, Córdoba, 2004. Ricardo Montes Bernárdez, *El bandolerismo en la región de Murcia durante el siglo XIX*, Mur-

conocer mejor su actividad delictiva y las peculiaridades que presenta en cada territorio a partir de unos parámetros comunes. Este fenómeno también ha sido objeto de estudio desde otras perspectivas, desmitificando la figura del bandolero[11].

De igual manera, algunos aspectos punitivos han sido objeto de especial y generosa atención por parte de juristas e historiadores, en concreto son abundantes los trabajos sobre el desarrollo legislativo en penitenciaria y sobre la aplicación de la pena de muerte. Entre las obras clásicas que afectan al primero de los asuntos, nos encontramos las de Rafael Salillas[12] y Fernando Cadalso[13]. Sin duda, la normativa penitenciaria y todo aquello que la rodeó han sido objeto de un minucioso estudio[14]. Los trabajos publicados por García Valdés[15] son el punto de partida hacia otros, desarro-

---

cia, 1998. José Antonio Martínez Torres, «"La mala vida en Madrid": una inestimable recuperación para la historia social de España. Apuntes sobre delincuencia, prostitución y bandolerismo, 1650-1900», en *Trienio*, 39 (2002), pp. 123-138. Serafín Villén López, «El bandolerismo en Aragón (1814-1823)», en *Anales. Anuario del centro de la UNED de Calatayud*, 5-1 (1997), pp. 25-36. Santos Madrazo Madrazo, «El bandolerismo en la cuenca del Duero», en Antonio Cascón Dorado, *Donum amicitiae. Estudios en homenaje al profesor Vicente Picón García*, Madrid, 2008, pp. 445-476. Alejandro Peris Barrio, «El bandolerismo en la provincia de Madrid (S. XVIII-XIX), *Revista de folklore*, 343 (2009), pp. 19-24. Iñaki Reguera Acedo, «Marginación y violencia armada: bandolerismo vasco y salteamiento de caminos en la crisis del Antiguo Régimen», en Ernesto García Fernández, *Exclusión, racismo y xenofobia en Europa y América*, Bilbao, 2002, pp. 153-177. Fernando Videgáin Agós, *Bandidos y salteadores de caminos: historias del bandolerismo navarro del s. XIX*, Pamplona, 1984. Ricardo Montes Bernárdez, «El bandolerismo en la región de Murcia desde la invasión francesa hasta el advenimiento de Isabel II (1808-1840)», en *Boletín de la Real Academia de la Historia*, 193-2 (1996), pp. 239-272. José Santos Torres, *Bandolerismo y justicia en el antiguo reino de Sevilla*, Córdoba, 2004. Ventura Leblic García, *Bandoleros en los montes de Toledo*, Toledo, 1990. Francisco Garrido Domínguez, *Bandidos, bandoleros y contrabandistas en la serranía de Ronda*, Málaga, 2001. Antonio Escudero Gutiérrez, «Jaime "El Barbudo": un ejemplo de bandolero social», en *Estudis d'Historia Contemporania del Pais Valencia*, 3 (1982), pp. 57-88. Leandro Conesa Cánovas, *El bandolero Jaime Alfonso simplemente "el Barbudo"*, Murcia, 1992. Ramón Ojeda San Miguel, «La ejecución del bandolero Miguel de Irún en el año 1824», en *López de Gamiz. Boletín del Instituto Municipal de Historia de Miranda de Ebro*, 24 (1991), pp. 117-120.

11 Emilio Soler Pascual, *Bandoleros: mito y realidad en el romanticismo español*, Madrid, 2006. Carlos Reyero, «Guerrilleros, bandoleros y facciosos: el imaginario romántico de la lucha marginal», en *Anuario del Departamento de Historia y Teoría del Arte*, 20 (2008), pp. 143-156. Antonio Giménez, «El mito romántico del bandolero andaluz», en *Cuadernos hispanoamericanos*, 383 (1982), pp. 272-296. José Antonio Rodríguez Martín, «Una aproximación al bandolerismo en España», en *Iberoamericana. América Latina, España, Portugal: Ensayos sobre letras, historia y sociedad*, vol. 8, 31 (2008), pp. 85-106; y en este mismo número, Rosa Cardinale, «Imágenes del bandolero en algunas obras literarias españolas», pp. 149-166. Jesús Ortiz de Urbina, «Obsesión por los bandoleros en los relatos de escritores franceses viajeros por España en el siglo XIX», en José Luis Arráez Llobregat *et alii*, *Del saber a la vida. Ensayos en homenaje al profesor Francisco Ramón Trives*, Alicante 2009, pp. 285-295.

12 Entre sus obras y por las menciones que se harán con posterioridad, *Evolución penitenciaria en España*, Madrid, 1918.

13 *Instituciones penitenciarias y similares en España*, Madrid, 1922.

14 José Luis Bermejo Cabrero, «Tormentos, apremios, cárceles y patíbulos a finales del Antiguo Régimen», *AHDE*, 56 (1986), pp. 683-728.

15 La codificación penal y las primeras recopilaciones legislativas complementarias», en *AHDE*, 82 (2012), pp. 37-66; «Estar mejor y salir antes: premios y beneficios condicionados a la conducta del recluso en la legislación del XIX y principios del XX», *ADPCP*, 54 (2001), pp. 27-42; «Las casas de corrección de mujeres: un apunte histórico», en *El nuevo Código Penal.*

llados por sus discípulos, que han profundizado en diferentes aspectos del sistema penitenciario hispano[16]; y hacia otros menos jurídicos, como los de Oliver Olmo, que han incidido en los aspectos sociales del régimen penitenciario e, incluso, de la pena de muerte durante el siglo XIX[17]. Las diferentes penas privativas de la libertad ambulatoria durante el período codificador han sido objeto de un excelente estudio[18].

Existe, a mi juicio, una significativa laguna alrededor de los últimos años de vigencia del Derecho penal alfonsino y recopilado, es decir, del Derecho penal absolutista[19]. A diferencia de otros aspectos de la crisis del Antiguo Régimen que han sido objeto de excepcionales aportaciones, la estabilidad normativa, el mantenimiento del arbitrio judicial, la delincuencia común u ordinaria, la que afecta directamente a los particulares en su entorno más cercano o la manera de ejecutar y cumplir las penas, pasan desapercibidas.

El Derecho penal del Antiguo Régimen no desaparece con las etapas constitucionales marcadas por la Constitución de 1812. Su vigencia normativa se alargará en aspectos sustanciales hasta la promulgación del Código penal de 1848, sin obviar los debates y la vigencia circunstancial

---

Presupuestos y fundamentos (Libro homenaje al profesor Doctor Don Angel Torío López), Madrid, 1999, pp. 587-592; «La ejecución de la pena privativa de libertad. Siglos XIX y comienzos del XX», en *La administración de justicia en la historia de España. Actas de las III Jornadas de Castilla-La Mancha sobre investigación en archivos*, Guadalajara, 1999, pp. 969-996; los trabajos coordinados por él en el libro *Historia de la prisión (Teorías economistas, crítica)*, Madrid, 1997; *La ideología correccional de la reforma penitenciaria española del siglo XIX*, Madrid, 2006; *Del presidio a la prisión modular*, Madrid, 1997; y, *Los presos jóvenes. (Apuntes de la España del XIX y principios del XX)*, Madrid, 1991. Además, sobre el encarcelamiento militar, «Derecho penitenciario militar: una aproximación histórica», *ADPCP*, 39 (1986), pp. 771-836; y «El Derecho penitenciario militar: sus orígenes», en *ADPCP*, 65 (2012), pp. 5-23.

[16] Enrique Sanz Delgado, «La asistencia religiosa en la ejecución penal hasta el siglo XX», en *Anuario de Derecho Eclesiástico del Estado*, 25 (2009), pp. 109-142; «Las viejas cárceles: evolución de las garantías regimentales», en *ADPCP*, 56-1 (2003), pp. 253-350; «Disciplina y reclusión en el siglo XIX: criterios humanizadores y control de la custodia», en *ADPCP*, 55-1 (2002), pp. 109-202; «Los orígenes del sistema penitenciario español: Abadía y Montesinos», en Juan María Terradillos Basoco (coord.), *Marginalidad, cárcel, las "otras" creencias: primeros desarrollos jurídicos de "La Pepa"*, Cádiz, 2008, pp. 117-160. Incidiendo particularmente en los presidios con anterioridad a la Constitución de 1812, Pedro-Alejo Llorente de Pedro, «Modalidades de la ejecución penitenciaria en España hasta el siglo XIX», *ADPCP*, 57-1 (2004), pp. 311-386, entre otros trabajos.

[17] «Pena de muerte y procesos de criminalización: Navarra, siglos XVII-XX», en *Historia Contemporánea*, 26 (2003), pp. 269-292; *La pena de muerte en España*, Madrid, 2008; e *Impacto y olvido. La pena de muerte en Pamplona (siglos XVII-XIX)*, Pamplona, 1998. Asimismo, los trabajos de José María Puyol Montero, *La publicidad en la ejecución de la pena de muerte. Las ejecuciones públicas en España en el siglo XIX*, Madrid, 2001; y, «La abolición de la pena de horca en España», en *CHD*, 4 (1997), pp. 91-140. Ángel Rodríguez Sánchez, *Morir en Extremadura. La muerte en la horca a finales del Antiguo Régimen (1792-1909)*, Cáceres, 1980.

[18] Julián Gómez de Maya, *Culebras de cascabel. Restricciones penales de la libertad ambulatoria en el Derecho codificado español*, Madrid, 2013.

[19] Es referencia clásica la de Francisco Tomás y Valiente, *El Derecho penal de la Monarquía absoluta*, Madrid, 1969 (reeditado en 1992). No obstante, sus planteamientos y conclusiones han sido criticados por la historiografía actual. Por todos véase la sólida argumentación de José Sánchez-Arcilla Bernal, «¿Arbitrariedad o arbitrio? El otro Derecho penal de la otra Monarquía (no) absoluta», en José Sánchez-Arcilla Bernal (ip.), *El arbitrio judicial en el Antiguo Régimen. España e Indias (siglos XVI-XVIII)*, Madrid, 2012, pp. 9-46.

de su antecesor de 1822[20]. Es cierto que jueces y tribunales apoyándose en el ejercicio de su arbitrio judicial no aplicaran literalmente esa legislación apoyándose, en algunos casos de raigambre romana, pero formalmente sigue vigente y por parte del monarca se reiterará la vigencia de algunas disposiciones. Por tanto, es complejo hablar de la crisis del Derecho penal absolutista porque, en primer lugar, la legislación medieval y recopilada sigue formalmente vigente, aunque en el ámbito político se dictaran nuevas disposiciones para reprimir la defensa del liberalismo; en segundo lugar, porque los juzgadores continuaron valiéndose de su arbitrio para sentenciar las causas criminales como lo habían hecho en los siglos precedentes, y esto a pesar de la importancia adquirida por la jurisdicción militar en determinados aspectos de la delincuencia patrimonial desde 1784; y, en tercer lugar, no hubo renovación de la literatura jurídica durante el reinado de Fernando VII, salvo en los períodos constitucionales en los que es explícita la influencia de las corrientes penales que se consolidaban en Europa.

Existe, por último, otra razón para no entrar en los dos períodos constitucionales[21]. Las estructuras judiciales del absolutismo se van a mantener prácticamente intactas hasta 1834. Tampoco se produce una división en las circunscripciones judiciales existentes desde la creación de la Audiencia de Extremadura. Esta uniformidad es la que permite acercarse a su estudio con sujeción a unos mismos parámetros.

Profundizar en esos aspectos más desconocidos es el objetivo de las siguientes páginas. Páginas centradas en las etapas absolutistas del reinado de Fernando VII en cuanto que marcan el último lapso del Derecho penal absolutista, abocado a su desaparición en el momento en que fallece su último sostén, aquel a quien los liberales calificaban de rey *absolutamente absoluto*. Mantenido por la camarilla gubernamental y aplicado por jueces y tribunales, desaparecerá mostrando una singular dureza que no había existido con anterioridad.

---

[20] J. M. Alonso y Alonso, «De la vigencia y aplicación del Código penal de 1822», en *Revista de Estudios Penitenciarios*, 11 (1946), pp. 2-15. José Antón Oneca, «Historia del Código penal de 1822», en *Anuario de Derecho Penal*, 18 (1965), pp. 263-278. Alicia Fiestas Loza, «Algo más sobre la vigencia del Código penal de 1822», en *Revista de Historia del Derecho*, Granada, II-1 (1978), pp. 55-77. José Luis Bermejo Cabrero, «Sobre la entrada en vigor del Código Penal de 1822», *AHDE*, 66 (1996), pp. 967-972.

[21] Por otra parte abordados, desde la perspectiva legislativa, por Fernando Martínez Pérez, *Entre confianza y responsabilidad. La justicia del primer constitucionalismo español (1810-1823)*, Madrid, 1999.

II. Fuentes

1. Fuentes legales

Este es un trabajo eminentemente de historia jurídica y, en consecuencia, toma como fundamento inicial de su construcción la ley, junto con otras disposiciones normativas de inferior rango. A falta de un código penal para el período estudiado, la legislación vigente en esta materia continuaba recogida en la Séptima Partida[1] y el libro duodécimo de la Novísima Recopilación[2]. Además de estos cuerpos legales existía una legislación extravagante no recopilada, sobre todo de carácter territorial o dirigida específicamente a cualquiera de los tribunales.

La legislación fernandina la podemos encontrar en la *Gaceta de Madrid*. En su *Parte oficial* hallaremos la mayor parte de las publicadas en la *Colección de Decretos del Rey Nuestro Señor*, junto con otras de menor alcance. De igual manera, los nombramientos, traslados y ceses de los magistrados de chancillerías y audiencias están publicados en ella. Asimismo hallamos en sus páginas información sobre comisiones militares y, esporádicamente, noticias sobre delincuencia y ejecución de penas. En cualquier caso, la mencionada colectánea, por su sistematización, resuelve con facilidad cualquier consulta sobre disposiciones penales.

Para reconstruir el entramado normativo también contamos los impresos sueltos de reales cédulas, reales decretos y órdenes que circularon, como en siglos anteriores, mediante veredas. Para su consulta nos hemos servido de las versiones digitales de diferentes bases, como la Colección de pragmáticas y otros documentos de la Universidad Autónoma de Barcelona[3], o del Archivo municipal de Zaragoza. La Biblioteca de la Universidad de Granada conserva, y ha puesto a disposición de los investigadores en formato digital, un importante número de disposiciones recibidas y emanadas de la Chancillería de Granada. También he manejado los originales impresos de dichas disposiciones en archivos municipales, como el de La Coruña. Su manejo permite acceder a un contenido que no siempre aparece reproducido en su integridad en las colecciones oficiales o ni siquiera hay referencia a las mismas.

Cabe integrar en este apartado, aunque no se convirtieran en ley, los Proyectos de Código criminal de 1830, 1831 y 1834, así como los debates

---

[1] Manejo la edición *Las Siete Partidas del sabio Rey don Alonso el nono nuevamente glosadas por el licenciado Gregorio López*, Salamanca, 1555 (ed. fac. Madrid, 1985).

[2] Manejo la edición *Novísima Recopilación de las Leyes de España*, Madrid, 1805 (ed. facs. Madrid, 1976). Se reeditó en Madrid en 1829.

[3] Se encuentra en la dirección http://ddd.uab.cat/pub/expbib/2011/pragmatiques/index .html (06.03.2014).

entre los miembros de las Juntas encargadas de su redacción o revisión, conservados entre los fondos de la Universidad de Sevilla[4] y en el Archivo General de Codificación[5]. Casabó y Lasso publicaron estos textos que nos permiten acércanos a las concepciones legislativas que no fructificaron[6].

2. Fuentes doctrinales

Las obras jurídicas publicadas en España destacan por su falta de renovación ideológica, escasez de textos novedosos y reedición de prácticas anteriores. Por el contrario, en el extranjero y singularmente en Francia se van a publicar en español libros escritos por exiliados o traducciones de obras prohibidas aquí. No obstante, carecemos de noticias suficientemente contrastadas para determinar el grado de conocimiento de estas obras por juristas españoles y su influencia práctica.

Entre 1814 y 1819 apenas se imprimieron en España obras de Derecho criminal:

- Jose Manuel de Vadillo, *Reflexiones sobre algunos puntos de la legislación criminal*, Madrid, 1814. Obra inspirada en principios constitucionales y, en consecuencia, vedada por las autoridades absolutistas.

- Juan Álvarez Posadilla, *Practica criminal por principios, o Modo y forma de instruir los procesos criminales de las causas de oficio de justicia contra los abusos introducidos*, 3ª edición, Madrid, 1815. No volvió a editarse a partir de este año, quizá por la complejidad resultante de sus diálogos[7].

- *Ensayo acerca de la tortura o cuestión de tormento, de la absolución de los reos que niegan en el potro los delitos que se les imputan y de la abolición del uso de la tortura, principalmente en los tribunales eclesiásticos publicado en latín en 1770 por Alfonso de Azevedo. Traducido por*

---

4 *Trabajos de los Señores de la Real Junta del Código Criminal*, en BUSe, fondo antiguo, manuscrito digitalizado. Además, *Proyecto de Código Criminal formado de orden del Rey Nuestro Señor de 23 de octubre de 1829 y presentado en 25 de mayo de 1830 por el ilustrísimo señor Pedro Sainz de Andino*, en BNE, manuscritos; y otro ejemplar en la Biblioteca del Palacio Real de Madrid.

5 *ACGC*, leg. 3. Edición en formato digital.

6 *El Proyecto de Código criminal de 1830*. Estudio preliminar y edición por J.R. Casabó Ruiz, Murcia, 1978. *El Proyecto de Código criminal de 1831 de Sainz de Andino*. Estudio preliminar y edición por J.R. Casabó Ruiz, Murcia, 1978. El Proyecto de 1834 está inserto en *Diarios de Sesiones de las Cortes. Estamento de Procuradores, 1834-1835*, Madrid, 1863, tomo I, n.º 16, 13 de agosto de 1834, p. 59 y apéndice. Juan Francisco Lasso Gaite, *Crónica de la Codificación española. Codificación penal*, Madrid, 1970, 5-II. Sobre ellos, R. Castejón Calderón, «El Proyecto Sainz de Andino de Código Criminal de 1830» en *RGLJ*, 1943, pp. 38-41. Gerardo Landrove Díaz, «En torno al Proyecto Sainz de Andino de Código Criminal», en *Anales de la Universidad de Murcia. Derecho*, XXXIV-3/4 (1975-76), pp. 437-460. J. Antón Oneca, «Los proyectos decimonónicos para la reforma del Código penal español», en *Anuario de Derecho Penal*, 25 (1972), pp. 249-287.

7 Fue editada por su viuda, Vicenta Moratilla Salcedo. En 1816 reeditó la *Práctica de rentas reales por principios o instituciones de la jurisprudencia práctica de rentas, conveniente a los dependientes, subdelegados, asesores, fiscales de rentas y abogados del reino*. AHN, *Consejos*, leg. 5569, exps. 36 y 47.

C.G.O., Madrid, 1817.

- José Marcos Gutiérrez, *Práctica criminal de España*, Madrid, imprenta de don Fermín Villalpando, 1818[8].

- José Marcos Gutiérrez, *Práctica criminal de España*, 2ª edición, Madrid, 1819.

Probablemente y a pesar de la Francesada, las bibliotecas de magistrados, jueces y abogados contarían con ejemplares de las obras finiseculares del XVIII, y de los albores del siglo XIX. No obstante, es manifiesta la preferencia por la obra de Gutiérrez Morales y el olvido, a efectos editoriales, de otros juristas como Vizcaíno Pérez. La obra de Senén Vilanova y Mañés aún tuvo un añadido en 1815[9].

Entre 1824 y 1833 se advierte una mayor actividad editorial sin llegar a alcanzar grandes cotas, y optando por la reimpresión:

- José Marcos Gutiérrez, *Práctica criminal de España*, 3ª edición, Madrid, 1824.

- José Marcos Gutiérrez, *Práctica criminal de España*, 4ª edición, Madrid, 1826.

- José Marcos Gutiérrez, *Práctica criminal de España*, 5ª edición, Madrid, 1828.

- Manuel de Lardizábal y Uribe, *Discurso sobre las penas, contraído a las leyes criminales de España para facilitar su reforma*, 2ª edición, Madrid, 1828.

- Miguel Cayetano Sanz, *Modo y forma de instruir y sustanciar las causas criminales, obra utilísima para jueces, escribanos y demás*, Madrid, 1828. Reproduce el texto de 1774.

- *Manual alfabético de delitos y penas, según las leyes y pragmáticas de España por J.P.R. y L., 3ª edición corregida y arreglada a la Novísima Recopilación*, Madrid, 1828[10].

---

[8] A pesar de haberse publicado con anterioridad a la invasión francesa (*Práctica criminal de España*, Madrid, 1804-1806), esta edición de 1818 se toma como la primera durante el reinado de Fernando VII. Desde este año todas salieron de la imprenta de Fermín Villalpando.

[9] «Materia criminal forense, o Tratado universal, teórico y práctico de los delitos y delincuentes, en género y especie para la segura y conforme espedición de las causas de esta naturaleza, obra útil y precisa a jueces de todas clases, fiscales, abogados, asesores, escribanos y demás que versan sus facultades en el foro, su autor el Dr. D. Senén Vilanova y Mañés. Esta obra, que se publicó baxo la división de solo tres tomos, se extiende ahora a cuatro, a causa de haberla adicionado el autor con dos tratados, el uno de las facultades, obligaciones y delitos del abogado, y el otro de las Reales órdenes que le faltaban, cuyos apéndices van al fin del tomo 3º. El 4º. y último tomo (que contiene el juicio práctico, con todos los autos, diligencias y recursos que en artículos y delitos diversos le pertenecen) *saldrá a la mayor brevedad, por haber cesado los motivos de su detención*. Se venden en la librería de Martínez, frente a S. Felipe el Real» (*Gaceta* 16/10/1815). La cursiva es mía, porque lo cierto es que el cuarto tomo mantuvo como año de impresión 1807. La edición de 1827 se editó en París, aunque en español.

[10] Es la actualización de la obra de Pedro Antonio Echebarría y Ojeda, *Manual alfabético de delitos y penas según las leyes y pragmáticas de España*, Madrid, 1791. No he encontrado, sin embargo, ninguna referencia a una posible segunda edición. Hay edición de Borja Mapelli y Antonio García Benítez, *Los delitos y las penas en el Diccionario de Echebarría de 1791*, Sevilla, 2007. En la *Gaceta* de 31/1/1828 se puede leer una breve reseña: «Obra en que se reúne con la brevedad la utilidad que la ha hecho apreciable desde su primera publicación; pues en un tan pequeño volumen ofrece a los jueces y letrados una cartilla completa, donde al golpe puedan penetrarse de

- Eugenio de Tapia, *Febrero novísimo, o Librería de Jueces, Abogados y Escribanos refundida, ordenada bajo nuevo método y adicionada con un tratado del Juicio criminal, y algunos otros*, Valencia, 1828[11].

- Eugenio de Tapia, *Práctica criminal, con un prontuario alfabético de delitos y penas*, Valencia, 1830.

- Santiago de Alvarado y de la Peña, *Novísimo manual del criminalista: o sea breve práctica criminal para uso de los alcaldes ordinarios y pedáneos y de los escribanos de los pueblos de España*, Madrid, 1832. Para su redacción se valió, como el mismo señala, de criminalistas antiguos y modernos. Entre estos últimos cita a Sanz, Álvarez Posadilla, Gutiérrez, Vizcaíno, Vilanova y Tapia. Las fuentes legales siguen siendo las Partidas y la Novísima Recopilación.

- Vicente Vizcaíno Pérez, *Código y práctica criminal, arreglado a las leyes de España, que para dirección de los alcaldes y jueces ordinarios y escribanos reales escribió... adicionado y arreglado a las citas de la Novísima Recopilación por Santiago de Alvarado*, Madrid, 1833[12].

- Modesto Cacho Negrete, *Instituta criminal teórico-práctica*, La Habana, 1833.

De este breve listado se advierte que la obra de referencia para los prácticos durante las dos etapas absolutistas fue la de José Marcos Gutiérrez Morales, reeditada a expensas de su heredera, pues alcanzó cinco reimpresiones. Su autor, a pesar de la actividad desarrollada, sigue siendo un personaje oscuro[13]. Si se observan los años de estas reediciones puede de-

---

lo más interesante en las causas criminales que se les presenten, y encontrar luego, sin necesidad de ocupar más tiempo, las leyes y pragmáticas a que deben atender para seguirlas y fallarlas».

11 También de este autor, *Manual de práctica forense en forma de diálogo con el correspondiente formulario de pedimentos*, Valencia, 1824. Se publicaron otras obras con finalidades similares, *Nuevo manual de la práctica forense de Cataluña y Castilla. Juicio civil ordinario por D. F. S. y B.*, Barcelona, 1831.

12 «Código y Práctica criminal, arreglado a las leyes de España, que para dirección de los alcaldes, jueces ordinarios y escribanos reales escribió D. Vicente Vizcaíno y Pérez, fiscal en la Real Audiencia del Reino de Galicia, adicionado y arreglado a las citas de la Novísima Recopilación, para servir de continuación a la Cartilla Real Novísima, por D. Santiago de Alvarado y de la Peña. Contiene esta obra la fórmula y orden de sustanciar los procesos criminales según su clase; en ella se trata con la mayor sencillez los puntos de medicina legal; y se inserta un completo catálogo de todas las voces técnicas y anatómicas que los facultativos usan en sus reconocimientos y declaraciones; siendo en esta parte muy útil también a los profesores de medicina y cirugía. La obra constará de tres tomos, aunque por ahora se ha creído del caso dividirla, publicando por separado la *Práctica criminal* en un tomo 8º, que hará la segunda parte de la *Cartilla Real novísima o Manual de escribanos*; a la que seguirá el *Código de delitos y penas*, finalizando con el que comprende la *Justificación de los delitos y defensas de los procesados*. Dicho Código y Práctica criminal consta de un tomo en 8º, y se vende en la librería de Razola a 14 rs. en pasta» (*Gaceta* de 16/5/1833).

13 Natural de Alhama de Granada y graduado por la Universidad de Granada, su nombre plantea ciertas dudas. Habitualmente es conocido como Marcos Gutiérrez para diferenciarlo de otros criminalistas apellidados Gutiérrez. En 1783, cuando solicitó el examen de abogado, figura como Marcos José Gutiérrez. En una relación de méritos enviada a la Cámara de Castilla en 1790 figura como Marcos José Gutiérrez Morales. No obstante, el *Compendio de las varias resoluciones de Antonio Gómez*, publicado en 1789 ya figura como José Marcos Gutiérrez. Debió morir en 1818 o 1819, pues la edición de este último año ya fue a costa de su heredera, Josefa Gutiérrez. AHN, Consejos, legs. 12142/16 y 13371/13.

ducirse que los ejemplares pronto se agotaron[14]. Pero el mercado jurídico debió de reaccionar en el tránsito de la década de 1820 a la de 1830. Posiblemente la promulgación del Código de comercio y el inicio de tareas codificadoras en el ámbito penal pudo influir en la publicación de nuevas obras, presentándose Santiago de Alvarado como la figura principal, a pesar de tomar como referencia la obra de Vicente Vizcaíno Pérez[15]. Son textos destinados, fundamentalmente, a los prácticos, sin grandes construcciones teóricas[16]. Proyección práctica que también se encuentra en la obra de Tapia o en el opúsculo de Miguel Cayetano Sanz[17]. Del *Febrero* se publicaron varias ediciones, bien como *Febrero adicionado*, bien como *Febrero novísimo*. En materia penitenciaria comenzaron a publicarse diferentes obras que detallan la situación existente y proponen reformas[18].

Son obras que seguían lastradas por la legislación vigente y por la escasa renovación de propuestas. Frente a esta pobreza intelectual, en París[19], por ejemplo, se continuaban publicando obras en español sobre Derecho criminal que, a pesar de los controles fronterizos y hallarse proscritas, debieron conocerse en los principales centros urbanos[20]. Al sur de

---

[14] Puede añadirse otra hipótesis no confirmada. Estas reediciones pudieron ser la forma de sostenimiento tras la guerra por parte de viudas, en el caso de Álvarez de Posadilla, o de hijas, como fue el Josefa Gutiérrez.

[15] *Código y práctica criminal arreglada a las Leyes de España que para dirección de los alcaldes y jueces ordinarios y escribanos reales escribió*, Madrid, 1797.

[16] Con la salvedad de la obra de Lardizábal, *Discurso sobre las penas contrahido a las Leyes criminales de España para facilitar su reforma*, Madrid, 1782. Reeditada en Madrid en 1828.

[17] *Modo y forma de instruir y substanciar las causas criminales, obra utilísima para jueces, asesores, abogados, escribanos y demás curiales de qualesquiera Tribunales del Reyno, así eclesiásticos como seculares*, Madrid, 1796, obra que había escrito en 1769.

[18] Es el caso de Marcial Antonio López, *Descripción de los más célebres establecimientos penales de Europa y los Estados Unidos, seguida de la aplicación práctica de sus principios y régimen interior a las casas de corrección, fuerza y reconciliación que pudieran plantearse en España con grande utilidad del Real Erario*, Madrid, 1832; y, Jacobo Vilanova y Jordán, *Cárceles y presidios. Aplicación de la panóptica de Jeremías Bentham a las cárceles y casas de corrección de España*, Madrid, 1834.

[19] Una obra que tuvo repercusión fue la de Félix José Reinoso, *Examen de los delitos de infidelidad a la patria, imputados a los españoles sometidos baxo la dominación francesa*, Auch, 1816, y reeditada en Burdeos en 1818. Tiempo después cabe citar, *De la administración de la justicia criminal en Inglaterra, y del espíritu de su gobierno obra escrita en francés por Cottu, y traducida al español de la segunda edición por D.L.B.*, París, 1827, reeditada en 1829 ya con el nombre completo de su traductor J. Lopez Bustamante, quien tuvo una notable actividad en esta materia. Jeremy Bentham, *Teoría de las penas legales*, París, 1825; y, *Teoría de las penas y de las recompensas obra sacada de los manuscritos de Jeremías Bentham por Es. Dumont, traducida al español de la tercera edición, publicada en 1826, por D. L. B*, París, 1826. Cesare Beccaria, *Tratado de los delitos y de las penas*, París, 1828.

[20] Baste un ejemplo del que, sin embargo, tengo dudas sobre la fecha del hecho. A raíz de un parricidio, en principio, casual acaecido en 1824, el defensor del marido afirmaba lo siguiente: «A menos que la fuerza reprimente, dice un moderno tratadista de las pruebas judiciales, producida por las acciones tutelares del cariño, del honor...»; y poco después, añade que «resulta también, dice un célebre autor, que cuando no hay intención de mentir, la falsedad o inexactitud en las circunstancias de un hecho o hechos referidos proviene ordinariamente de la falta de atención...», en *Colección de las causas más célebres, los mejores modelos de alegatos, acusaciones fiscales, interrogatorios y defensas en lo civil y criminal del foro francés, inglés y español por una Sociedad literaria de amigos colaboradores. Parte española*, Barcelona, 1837, tomo I, pp. 295 y 304. Pasajes extraídos de José Gómez de Castro, *Tratado de las pruebas judiciales*,

los Pirineos poco se avanzó en este ámbito: mucha reedición y escasa novación. Existió una notable y profunda pérdida de iniciativa doctrinal hispana, a lo que coadyuvó, sin duda alguna, la purificación ideológica del profesorado universitario y el cierre temporal de las universidades. Las referencias legislativas en dichas obras no son posteriores a la Novísima Recopilación. Incluso en los juristas coetáneos es difícil encontrar menciones a la legislación del reinado de Fernando VII.

La falta de renovación y actualización es fácil de comprobar en estas obras, a pesar de que la renovación ideológica en materia criminal que se extendía por Europa se conocía en España y se había recibido con amplitud durante los periodos constitucionales[21]. El autor del *Manual alfabético* reproduce la definición de las Partidas para determinar qué es delito y qué es pena[22]. No hay alusión alguna a concepciones admitidas desde el siglo XVIII, limitándose a reconocer que «hay muchas (leyes) penales que están sin uso; y aunque esto no deba ser causa bastante para continuar la inobservancia de ellas, se excusa imponer todo el rigor de sus penas, a no restablecerlas el Soberano»[23]. Admira la mitigación punitiva, que atribuía a Carlos III, y defendía que era preferible precaver los delitos y templar el rigor aplicable a los delincuentes cuando «no resultare considerable perjuicio o escándalo», optando por la reprehensión como haría cualquier padre[24]. Las citas legislativas no pasan de la Novísima Recopilación. La edición de 1828 no inserta ningún precepto del reinado de Fernando VII, carencia que se advierte, sobre todo, cuando aborda cada uno de los delitos, pues a pesar de aludir a la práctica judicial y a la no aplicación de algunas penas para castigar ciertos delitos, como hicieron los juristas de los siglos precedentes, sigue anclado en la legislación medieval castellana[25].

sacado de los manuscritos de Jeremías Bentham, Madrid, 1835, tomo I, pp. 44 y 270.

[21] En los periodos constitucionales se acogieron y desenvolvieron. En las etapas absolutistas del reinado de Fernando VII eran conocidas, pero proscritas. Cfr. Jesús Astigarraga Goenaga, «La Ilustración napolitana imputada: críticas y censuras a la Scienza della legislazione de G. Filangieri en la España de finales del siglo XVIII»; Marta Lorente Sariñena, «De la suerte normativa de la Ciencia de la legislación: Filangieri y la codificación en la España decimonónica»; y Simonetta Scandellari, «La difusión del pensamiento criminal de Gaetano Filangieri en España», en *Nuevo Mundo, Mundos Nuevos*, 7 (2007), trabajos accesibles en http:// nuevomundo.revues.org. Aniceto Masferrer Domingo, *Tradición y reformismo en la codificación penal española*, Jaén, 2003. Diego Silva Forné, «La codificación penal y el surgimiento del Estado liberal en España», en *Revista de Derecho penal y Criminología*, 7 (2001), pp. 233-312. Carlos García Valdés, «La codificación penal y las primeras recopilaciones legislativas complementarias», en *AHDE*, (82) 2012, pp. 37-66. María Carmina Ramírez Maya, *Pensamiento y obra de Miguel de Lardizábal y Uribe (1744-1823)*, Donostia, 2006.

[22] *Manual alfabético*, p. 9.

[23] *Manual alfabético*, p. 10.

[24] *Manual alfabético*, p. 12.

[25] Por ejemplo, al tratar el adulterio menciona la punición de P. 7, 17, 5, pero no las Leyes de Toro, aun cuando indica que «es notorio que en el día no está en práctica, pues se castiga con presidio al adúltero, y reclusión a la adúltera, u otras penas atendidas las circunstancias», en *Manual alfabético*, p. 30. El amancebamiento «en el día, ocurriendo entre casados, o siéndolo alguno de ellos, se les amonesta sigilosamente por la justicia... y al que fuere soltero, se le reprende también para que se enmiende» (pp. 36-37). En materia de blasfemias sigue mencionando la pena de cortar la lengua (p. 47), que los jueces y tribunales no venían aplicando desde finales del siglo XVI. Otro tanto puede decirse con respecto a los falsos testigos (pp. 91-92).

Gutiérrez había denunciado en el prólogo del tomo III «la suma ignorancia e incertidumbre que generalmente se padecen en esta materia» de delitos y penas, lo que provocaba, entre otras cosas, que jueces y magistrados «unas veces por el silencio de nuestras leyes, otras por no adaptarse sus disposiciones a las circunstancias presentes, otras por la grande diversidad entre aquellas y la práctica actual, y otras por la enorme y frecuente discordancia entre los intérpretes, no saben continuamente a qué atenerse, y se ven casi siempre espuestos a pronunciar fallos errados e injustos»[26]. Diatriba contra el arbitrio judicial y a favor de la preeminencia indiscutible del legalismo absolutista, la del rey *absolutamente absoluto*[27]. Por consiguiente, los jueces debían circunscribirse a castigar a los reos según las leyes, sin exceder de ellas para no incurrir en arbitrariedad, ignorancia o incertidumbre. En este punto se remitía a las afirmaciones de Lardizábal sobre los problemas derivados del arbitrio y de condenar un mismo tribunal con penas diferentes el mismo hecho delictivo. El remedio se encontraría en la aplicación de un sencillo silogismo para el que no eran necesarias interpretaciones: disposición legal, hecho que origina la causa y pena irremisible[28]. En caso de duda y de acuerdo con lo previsto en la jerarquía normativa de 1505 era preciso recurrir a la potestad suprema, esto es, al rey[29].

En su discurrir, cuando expone los argumentos a favor y en contra de la imposición de la pena capital, se decanta por la obligación de los jueces de dictarla cuando lo prescribieran las leyes, aunque tuvieran argumentos filosóficos en contra, por tratarse de meros ejecutores de aquellas[30]. En este sentido, apuntaba la conveniencia de un código penal que proscribiera enteramente el nombre de pena extraordinaria para no convertir a los jueces en legisladores. Lo cual no era óbice para la admisión de las circunstancias que pudieran conllevar una rebaja, o en su caso una agravación, en la aplicación de las penas legales, siempre que estuvieran determinadas en tal código.

Los tiempos eran muy diferentes al momento en el que se redactaron la mayor parte de las disposiciones vigentes por lo cual, a semejanza de otros juristas, Gutiérrez se mostró contrario al rigor de algunas de ellas. Surgen, entonces, las contradicciones del legalismo absolutista. Tal desfase cronológico, social, religioso, etc., era propicio para que el arbitrio de los tribunales fuera favorable a alterar las penas de origen medieval, inclinándose hacia la benignidad por la imposibilidad de atenerse a la litera-

---

[26] Madrid, 1826, III, prólogo. Corresponde a la cuarta edición.

[27] Bayo, *Historia de la vida y reinado de Fernando VII*, III, p. 174.

[28] *Práctica*, III, *Discurso*, pp. 34-35.

[29] «Observad en la imposición de los castigos las disposiciones claras y terminantes de nuestras leyes, puesto que no sois legisladores sino meros ejecutores de ellas; pero cuando por la variación de las circunstancias, o de los progresos de las luces y de la filosofía conozcáis que son manifiestamente injustas o crueles, consultad al Soberano que se dará por bien servido de ello; como asimismo debéis hacerlo dudando razonablemente sobre cual sea el espíritu de la ley y la intención del legislador; haced el uso más prudente de las ideas y doctrinas esparcidas en este libro, cuando las leyes dejen a vuestro arbitrio el señalamiento de la pena, su aumento o moderación», *Práctica*, III, pp. 236-237.

[30] *Práctica*, III, *Discurso*, pp. 6, *in fine*, y 27.

lidad del texto normativo[31]. Siguiendo este discurso, habría que buscar penas necesarias o útiles, con una finalidad de prevención y corrección y no solo expiatoria[32]. La consecuencia es que «han de ser igualmente lo más moderadas que sea posible, atendidas todas las circunstancias»[33]. Esta línea, consolidada en la práctica de los altos tribunales puede apreciarse en supuestos reales, en los cuales llama la atención que una muerte violenta cometida durante la perpetración de un robo no fuera condenada, como disponían las leyes, con la pena capital, sino con la de diez años de presidio en África, eso sí, con la cláusula de retención.

Lo cual no dejaba de ser, asimismo, una manifestación de lo que se observaba en la práctica judicial y, en ocasiones, en la vida social. En este sentido, con respecto al adulterio, a pesar de las declaraciones legislativas y doctrinales acerca de su gravedad, afirma que era tan frecuente, especialmente en las grandes poblaciones, que «le hace parecer leve»[34]. Admitiendo que las rigurosas penas recogidas en las Partidas y en la Recopilación «no se observan en el día, pues vemos que todos los tribunales superiores e inferiores han substituido a ellas otras arbitrarias y más suaves, atendidas todas las circunstancias, como la de presidio, destierro o multa al adúltero, y la de destierro o reclusión a su cómplice»[35]. La contradicción es manifiesta: el juez debe limitarse a ser un simple ejecutor de la ley, pero esta por su antigüedad es imposible de aplicar en sus términos literales. O puede resultar tan garantista que no responda al interés gubernamental para castigar a los diputados liberales, por ejemplo[36].

En la obra del penalista que se reimprimió en más ocasiones durante el reinado de Fernando VII, también se recogen atisbos de la influencia francesa, pues dentro de un discurso más doctrinal que práctico, rechazaba el criterio de determinación de la gravedad de los delitos por las penas con que eran castigados[37]. Por ello, se mostraba favorable a clasificar los delitos por el daño provocado a la sociedad y por la ofensa causada. Tal postura, sin embargo, revelaría la diferencia de criminalidad entre hechos, pero no podía indicar «la diversidad que puede haber en un mismo delito y en la violación de una misma ley por las circunstancias que les acompañen». Las circuns-

31 «La humanidad e ilustración de los jueces y magistrados, debidas con especialidad a los venerables preceptos de la verdadera religión, y a las brillantes luces de la sana filosofía, han impuesto silencio a las leyes crueles y sanguinarias, dictando penas, aunque arbitrarias en parte, más humanas y dignas de nuestros tiempos», en *Práctica*, III, *Discurso*, pp. 46-47.

32 «En el castigo debe siempre tenerse a la vista, o el bien del mismo culpado, o la ventaja del interesado en que el delito no se hubiese cometido, o la utilidad general de todos», en *Práctica*, III, *Discurso*, p. 43.

33 «Bastando por ejemplo para contener el robo cuatro años de trabajos en las obras públicas, no deberán ser de arsenales ni galeras; y siendo suficientes para refrenar a los adúlteros tres años de destierro no habrán de ser seis...», en *Práctica*, III, *Discurso*, p. 43. Graduación reclamada desde hacía siglos por los juristas, ahora concebida como proporcionalidad de las penas bajo el amparo de la ley.

34 *Práctica*, III, p. 181, *in fine*.

35 *Práctica*, III, p. 185.

36 Mª. Paz Alonso Romero, *Orden procesal y garantías entre Antiguo Régimen y Constitucionalismo gaditano*, Madrid, 2008, pp. 341-342.

37 *Práctica*, III, *Discurso*, p. 20.

tancias para determinar la mayor o menor gravedad de los delitos serían: el objeto, la intención y malicia del culpado, su mal ejemplo, su carácter y el del ofendido, los motivos que le llevaron a delinquir, la manera de hacerlo, los instrumentos con que lo cometió, el lugar y tiempo en que delinquió, la reincidencia, el sexo, la edad y otras[38]. No debían considerarse como medidas diferentes, sino que todas juntas constituían la medida para determinar la gravedad de los delitos y, de acuerdo con ella, fijar las penas[39]. Realmente y consideradas estas apreciaciones en particular, no son absolutamente novedosas, pues si repasamos la literatura jurídica de los siglos anteriores las veremos formuladas. Lo interesante es su sistematización y el que vayan dirigidas al legislador y no a los jueces.

Hubo otra literatura complementaria, destinada fundamentalmente a la práctica procesal, incluida la penal, en la que se encuentran algunas referencias al Derecho criminal, más o menos marginales[40].

Cabría incluir en este apartado, por último, a pesar de su contenido judicial y haberse editado con posterioridad, las colecciones de causas célebres, alguna de las cuales pertenece al período aquí estudiado[41]. Su interés no solo es literario, puesto que contienen abundante información jurídica a

---

[38] *Práctica*, III, *Discurso*, pp. 22-24.

[39] Véase, *Práctica*, III, *Discurso*, p. 58.

[40] *Manual de práctica forense en forma de diálogo con el correspondiente formulario de pedimentos por D*(on) *E*(ugenio) *de T*(apia), Valencia, 1824; en Barcelona, 1825; Valencia, 1828; Madrid, 1832; y s.l. (Valencia), 1833. *Elementos de práctica forense precedidos de un discurso académico como preliminar y plan de la obra sobre el arte de litigar.... obra póstuma, escrita en 1806 por Don Lucas Gómez y Negro, redactados en gran parte, conforme a la esplicación y doctrina de sus lecciones y añadido un Formulario arreglado a los principios de los Elementos*, Valladolid, 1825; otras ediciones en 1827 y Valladolid, 1830, bajo el título *Elementos de práctica forense, a que precede un discurso como preliminar y plan de obra sobre el arte de litigar y otro con apéndice sobre la autoridad que tienen con los títulos de Fuero Real, las Siete Partidas, leyes del Estado, Ordenamiento de Alcalá y las Ordenanzas Reales de Castilla por Lucas Gómez Negro*. Pedro Sainz de Andino, *Elementos de elocuencia forense. Parte primera, que contiene los principios doctrinales y reglas de este arte científico*, Madrid, 1828 y 1830. *Apéndice al Nuevo Manual de Práctica Forense, avocación de causas a la Real Audiencia de Cataluña por J. S. B. L. L.*, Barcelona, s.a. Vicente Vizcaíno Pérez, *Instrucción o Prontuario de las facultades y obligaciones de los alcaldes ordinarios y pedáneos de España con arreglo a las leyes y órdenes comunicadas hasta el año de 1827*, Madrid, 1828 (4ª ed. reformada y adicionada en lo más esencial e interesante por Santiago de Alvarado y de la Peña). Manuel Ortiz de Zúñiga y Cayetano de Herrera, *Deberes y atribuciones de los corregidores, justicias y ayuntamientos de España*, Madrid, 1832-1833. Eduardo Alonso Colmenares, *Manual del promotor-fiscal, o sea resumen de cuentas disposiciones arreglan el ejercicio del ministerio público en los tribunales inferiores*, Madrid, 1817. *Diccionario judicial que contiene la explicación y significación de las voces que están más en uso en los tribunales de justicia por D.J.F.A.*, Madrid, 1831. También cabe mencionar un breve opúsculo, *Tratado sobre jueces y asesores, presentado en forma de diálogo para la más fácil comprensión de los jóvenes que se dedican al estudio de la Jurisprudencia, por el bachiller Don José Silvestre de Santaliz*, Madrid, 1831. Por su visión crítica, Juan Francisco de Castro, *Discursos críticos sobre las leyes y sus intérpretes, en que se demuestra la incertidumbre de éstos, y la necesidad de un nuevo y metódico cuerpo de Derecho para la recta administración de Justicia... 2ª edición ilustrada con las citas a la Novísima Recopilación*, Madrid, 1829. No faltó la reimpresión de obras del siglo XVII, Juan de Hevia Bolaños, *Curia filípica*, Madrid, 1825.

[41] Cabe mencionar expresamente la *Colección de las causas mas célebres, los mejores modelos de alegatos, acusaciones fiscales, interrogatorios y defensas en lo civil y criminal del foro francés, inglés y español por una Sociedad literaria de amigos colaboradores*, Barcelona, imprenta de Ignacio Estivill, 1834-1835.

partir de los escritos de defensa y acusación, pruebas, decisiones judiciales y datos extrajudiciales para su comprensión.

3. Fuentes judiciales

La documentación de archivo es clave para entender el desenvolvimiento en la aplicación de la ley y en la aceptación o rechazo de una tradición jurídica secular, sin obviar la relevancia de la propia actividad judicial para comprender la aceptación de ideas, la renovación o asimilación de conceptos, los atisbos de procedimientos que se acabarán recogiendo en las disposiciones legales, etc.

Para abordar este punto, en el que resulta crucial considerar la realidad del Derecho criminal en cualquier época, he acudido a las causas criminales de la Sala del Crimen de la Audiencia de Galicia, llamada Territorial de La Coruña en el período constitucional. De sus fondos he consultado, por su relevancia, la Sala del Crimen, donde encontramos una gran parte de las causas criminales resueltas por sus alcaldes. Por desgracia, no todas se conservan íntegras. Junto a procesos completos en primera y sucesivas instancias, encontramos las que únicamente conservan las sentencias de los jueces municipales, autos por los que resolvían las consultas o, en su caso, las sentencias de los alcaldes del crimen por las que resolvían apelaciones o suplicaciones. Han llegado hasta nosotros, en muchos casos, sin ningún otro documento del rollo. Aun así, las primeras sentencias son clave para conocer los fundamentos jurídicos, que no legales, de las decisiones judiciales. Avanzando alguna de las ideas sobre las que más adelante me extenderé, las sentencias de los jueces inferiores elaboradas por asesores letrados son especialmente interesantes porque, sin entrar en disquisiciones, están motivadas, fundamentadas sobre el Derecho, no exclusivamente sobre la ley[42]. Las dictadas por jueces letrados, al contrario, están menos fundamentadas sobre argumentos jurídicos y son más escuetas. Las pronunciadas por los alcaldes del crimen respetan, habitualmente, el principio de no motivación, pero en numerosos casos incorporan una calificación de los hechos en su cabecera, que permiten comprender la valoración del juzgador.

Con el fin de comprender más aspectos de esta actividad jurisdiccional he consultado documentación de la Sala de alcaldes de Casa y Corte y de otras audiencias. Esta visión complementaria permite descubrir actitudes similares o diferentes en cuanto a la resolución de los procesos y al castigo de los delincuentes.

Para esta época se conservan, asimismo, legajos de sentencias de vista y revista pronunciadas por las Salas del Crimen[43]. En total he consultado, de esta serie, 390 sentencias, comprendidas entre 1814 y 1819, por un la-

---

[42] Así lo he expuesto en «Sentencias criminales en Castilla: entre jueces y abogados», en *Clio & Crimen*, 10 (2013), pp. 359-372.

[43] ARG, *Sentencias*, legajos 28499 (1813-1821), 28575 (1806-1825), 28576 (1826-1835), 28579 (1830-1839) y 28581 (1831-1835).

do, y 1824 y 1833 por otro. Su contenido es muy dispar, pues mientras unas aportan detalles de los delitos cometidos y las penas impuestas, otras se limitan a confirmar anteriores fallos. De igual manera su número varía según los años, aunque he tratado de complementar las lagunas con las causas criminales conservadas de dichas Salas.

1814	1815	1816	1817	1818	1819	1820	1824	1825	1826	1827	1828	1829	1830	1831	1832	1833
36	0	23	0	1	28	0	0	1	6	23	28	25	55	78	49	37

Los libros de matrículas de causas recibidas, pendientes y conclusas de la Sala del crimen de Galicia no permiten obtener información jurídica más allá de la calificación de los hechos[44]. Se conservan libros de multas del segundo período absolutista de Fernando VII[45], como también de costas[46], aunque es muy escasa la información que se puede obtener de ellos.

Con relación a la situación y número de los presos de la cárcel real de Coruña se conserva una documentación muy limitada[47]. No obstante, un folleto de comienzos del siglo XIX nos aporta una descripción de los avatares que se podían sufrir en ella[48].

En cualquier caso, la documentación perteneciente a las Salas del Crimen de la Real Audiencia de Galicia que ha llegado a nosotros es muy reducida. López Gómez ha dado cuenta de las remesas de las escribanías desde finales del siglo XVII (Sala única) y durante el siglo XIX (dos Salas desde

---

44 ARG, *Régimen interior*, Libro becerro de causas criminales (1826), leg. 28958/13; Matrículas de causas criminales de la escribanía de Pedro Sánchez Vaamonde (1826), leg. 28960/9; *ídem* (1826), leg. 28960/3. 1826; y, Matrícula de causas criminales (1826-1827), leg. 28959/8. Son una relación de causas con indicación del juzgado o de la justicia de instancia, acusados, delito y fecha de recepción de la causa en la Sala.

45 ARG, *Régimen interior*, Libros de multas (1826), leg. 29210/16 y (1828), leg. 28962.

46 ARG, *Régimen interior*, Libro de asiento de lo que se cobra para los presos de la cárcel (1817), leg. 28948/1; *ídem* (1831), leg. 28967/6; Impuesto cobrado para los presos de la cárcel (1819), leg. 29211/96; Partida de conocimiento del tasador José de Deus (1818), leg. 28933/6; Partidas del tasador (1826), leg. 28959/1; Partida de conocimiento del tasador (1828), leg. 28945/6; Partida de conocimiento del tasador (1832), leg. 28965/8; Partida de conocimiento del tasador general (1832), leg. 28950/5; y, Partidas de conocimiento del tasador (1820-1832), leg. 28953/3.

47 ARG, *Régimen interior*, Oficio del alcaide de la Real Cárcel al gobernador de las Salas del Crimen comunicándole el ingreso en prisión de Hermenegildo de la Iglesia y remitiéndole la noticia de las enfermas de San Roque que están separadas de las presas (1827), leg. 29212/148; Matrícula de las causas fallidas y pendientes en las diferentes escribanías, con expresión del número de reos confinados, de reos prófugos, de reos muertos y de aquellos a los que se les impuso pena corporal (1822), leg. 29212/154; 1822. Listas de causas criminales que tienen reos arrestados (1822), leg. 28956/9.

48 *Memoria o ensayo sobre la historia de la Real Cárcel de La Coruña. Su fundación, alcaydes y habitantes. Usos, costumbres, privilegios y sucesos notables, religión, comercio, moneda y mejora de que es susceptible que a los mayores delinquentes de ella dedica la ociosidad de un preso*, Coruña, oficina del Exacto Correo y Postillón, 1812 (en adelante *Memoria*). Su autor fue Antonio Benito Fandiño. Acerca de la prisión de este personaje en Santiago, «Proceso y prisión de Antonio Benito Fandiño en la cárcel de Santiago, 1824-1826», en *Papeles de don Santiago de la Iglesia*, BUSC, ms. 619. Sobre la construcción y estructura de esta cárcel, Alfredo Vigo Trasancos, *A Coruña y el Siglo de las Luces. La construcción de una ciudad de comercio (1700-1808)*, La Coruña, 2007, pp. 121-125.

1826), pero del período que nos ocupa se realizaron expurgos en 1823 y 1835[49]. El primero se llevó a cabo a instancias del comandante general del distrito con destino a la Maestranza de Artillería. La Audiencia plena de 13 de marzo de 1823 dispuso la entrega de causas criminales que se hubiesen sustanciado y finalizado antes del 1 de febrero de 1820, con sujeción a lo previsto en la R.O. de 17 de enero de 1805[50], es decir, de aquellas en que se hubiere impuesto penas de presidio, arsenales, minas, o destierro, cumplidas por todos los reos comprendidos en tales causas, y asimismo aquellas en que sólo hubiesen recaído penas menores. En todos los casos, «con la prevención de que quede original la última sentencia o providencia que mereció ejecutarse, como asimismo las diligencias de su ejecución y cumplimiento». Como da cuenta asimismo López Gómez, por auto del Real Acuerdo de 8 de febrero se determinó que la entrega comenzase por las causas más antiguas que fueran posteriores a la creación de la Sala del crimen hasta alcanzar las que se hubieran suscitado en 1790. Estas decisiones, y en particular la de 1823 por afectar al Sexenio absolutista, ha permitido que se conserve, en muchos casos, tan solo la sentencia dictada por el inferior y la de vista o revista de la propia Sala.

Los expurgos de 1835 fueron en realidad dos de diferente signo, aunque el segundo (de naturaleza política) acabara subsumido por el primero (rutinario). En junio de este año el capitán general de Galicia volvió a solicitar más papel para cartuchos de fusil. El archivero respondió, como recoge López Gómez, que entendía como único papel inútil las causas formadas por opiniones políticas desde 1820 hasta octubre de 1832, habida cuenta que la R.O. de 20 de mayo de 1835 ordenaba quemarlas. Sumaba a ellas las causas de infidencia de la época francesa[51]. En 1836 se reiteró la petición militar para fabricar más cartuchos, petición aceptada por la Audiencia plena en junio, disponiendo la entrega de causas criminales con sujeción a las disposiciones de 1805.

El expurgo político traía razón en el R.D. de 10 de octubre de 1832 por el que se concedía la amnistía política y se daba orden para quemar los índices, procesos y documentos existentes en la Superintendencia general de Policía, mandato ampliado por R.O. de 4 de mayo de 1835 a las «causas y sentencias en que pululaban delaciones, falsas declaraciones y fallos absurdos», incluidas las de sociedades secretas. El Real Acuerdo dispuso que los fiscales tomaran relación de las causas por delitos políticos desde 1820 para proceder a su quema[52]. Expurgos posteriores debieron repercutir en nuevas pérdidas de procesos y documentos pertenecientes a las Salas del crimen.

A la vista de estos expurgos y otros problemas propios de la conservación de ingentes cantidades de papel, López Gómez concluye que «no son muchas las causas penales, de las tramitadas en la Real Audiencia, que

---

49 *La Real Audiencia de Galicia y el Archivo del Reino*, Santiago de Compostela, 1996, tomo II, pp. 897-899.
50 López Gómez, *La Real Audiencia*, II, pp. 910-914.
51 *La Real Audiencia*, II, pp. 912-913.
52 Se conserva una relación de estas causas y otras listas parciales. Vid. López Gómez, *La Real Audiencia*, II, pp. 913-914.

han llegado a nosotros»[53]. Pérdida a la que hay que agregar la de documentación complementaria, como la que afectaba a la Cárcel Real. En cualquier caso, de las causas conocidas por las Salas del Crimen entre 1762 y 1864 se conservan 48.760 causas en 2.492 legajos[54]. En la serie de *Sentencias* se conservan entre 1760 y 1850 un total de 526 legajos, con más de 31.000 sentencias de todo tipo[55].

Por otra parte, a pesar de que suele señalarse el año de 1835 como inicio de la estadística judicial y para la criminal 1838[56], no es menos cierto que desde los últimos años del siglo XVIII se comenzaron a elaborar los planes o estados anuales en todas las audiencias de la Monarquía[57], imprimiéndose al menos desde 1793[58]. Eran presentados al inicio del año judicial y habitualmente se hallan incorporados a los discursos pronunciados por los presidentes y regentes chancillerías y audiencias. Algunos de ellos fueron publicados en la *Gaceta de Madrid*[59]

En las ordenanzas antiguas de las chancillerías y audiencias se establecía que al inicio de cada año fuesen leídas a todos sus componentes, magistrados y subalternos. Con posterioridad, se optó por la lectura de un discurso de la principal autoridad, bien fuera el presidente militar, bien el regente[60]. Así lo recordaba el oidor decano de la Audiencia Sevilla en 1817, al señalar que el discurso «es el recuerdo de nuestras ordenanzas para su mayor observancia, y en su nombre de todas las leyes, que estamos obli-

---

[53] López Gómez, *La Real Audiencia*, II, p. 991.

[54] López Gómez, *La Real Audiencia*, II, pp. 1170-1172.

[55] López Gómez, *La Real Audiencia*, II, p. 1174.

[56] R.O. de 20 de diciembre de 1838. Cfr. López Gómez, *La Real Audiencia*, II, p. 1329. Contamos con trabajos específicos, realizados a partir de los datos estadísticos de años anteriores, como la referida a la Audiencia de Mallorca publicada por Manuel de Guillamas, *Estadística judicial de las Islas Baleares, con sus correspondientes observaciones*, Palma, 1840. Por su parte, Trinidad, *La defensa de la sociedad*, pp. 207-208, retrasa la estadística a 1840; aun cuando a continuación indica que la primera información sobre cuestiones penitenciarias es la correspondiente a algunas Audiencias territoriales del Reino, publicada en el Suplemento de la *Gaceta* de 30 de enero y 8 de febrero de 1822, que es el resultado de la visita de cárceles de la Pascua de Navidad. En la actualidad se encuentra avanzado un trabajo sobre la estadística criminal del siglo XIX, del que pronto se publicará un avance parcial.

[57] Es conocido el estudio de José Miguel Palop Ramos, «Delitos y penas en la España del siglo XVIII», en *Estudis*, 22 (1996), pp. 65-104.

[58] El primero impreso es *Planes que manifiestan el numero de pleitos, causas y expedientes civiles, criminales, y de hidalguía despachados por las Salas de lo Civil, del Crimen, y de Hijosdalgo de la Real Chancillería de Granada con expresión de los existentes, y un Resumen de todos ellos, y de las penas corporales impuestas a los reos en el año de 1792 formados en virtud de Orden de S.M. y decreto del Real Acuerdo por el licdo. D. Juan de la Reguera y Valdelomar, con arreglo a las listas dadas por los relatores de dicha Chancillería*, Granada, 1793. Estos planes y los de otras Audiencias traen consecuencia de la R.O. de 18 de mayo de 1791. Véase también la R.O. de 18 de abril de 1792 (Nov. 4, 2, 2, nota) que obligaba a la remisión anual de «un plan impreso del número de pleitos, causas y expedientes despachados por sus respectivas Salas».

[59] Por ejemplo, *Gaceta* de 20/11/1827, 24/11/1827 y 14/02/1832.

[60] Salvo error, el primer discurso impreso corresponde al pronunciado por Benito Ramón Hermida, *Discurso pronunciado por el Reg*[en]*te de la R*[ea]*l Audiencia de Sevilla en la solemne abertura del Tribunal el día 8 de enero de 1787*. En la Biblioteca colombina. La principal colección publicada hasta ahora se debe a Santos M. Santos Coronas, *Discursos de regentes y manifiestos de pleitos de la Audiencia de Asturias. Siglo XIX*, Oviedo, 2003.

gados a saber, entender y guardar»[61]. Era el momento en el que las principales autoridades de cada tribunal superior, con mayor o menor ampulosidad, expresaban sus opiniones. Por lo general, con las excepciones que expondremos en el siguiente epígrafe, no eran críticos con la situación judicial, quizá por su carácter institucional. Lo habitual es que fueran discursos breves, con la excepción de Navarra, puesto que se hacían ante todos los tribunales de aquel reino, razón por la cual son especialmente extensos. Hay diferencias de sustancia y extensión entre los discursos de los capitanes generales, pronunciados en cuanto presidentes del tribunal, y los de los regentes en los que a pesar de su retórica aparecen en ocasiones cuestiones jurídicas de cierta relevancia. Siempre estuvieron centrados en la glorificación de la figura del rey, la alabanza de la actividad judicial y en la correcta aplicación de la ley. De ordinario no figuraban con título alguno, pero en ocasiones se editaron con un lema que resumía su contenido. En este sentido, el barón de Juras Reales, que llegó a la Audiencia extremeña en un momento conflictivo, optó por titularlo *El magistrado después de una revolución* o *El espíritu del siglo*.

Los planes o estados anuales, con su simplicidad, no dejan de ser una estadística de la que se pueden obtener interesantes conclusiones. En cualquier caso, los datos aportados corresponden a los delitos conocidos por las chancillerías y audiencias, desconociendo en consecuencia los que pudieron decidirse por los jueces ordinarios –con independencia de que estuvieran obligados a dar cuenta de la tramitación de las causas y consultar las sentencias a los alcaldes del crimen– y, por supuesto, los realmente cometidos que, por diversas circunstancias, no llegaron a conocimiento de las Salas. Existen diferencias entre los presentados por unos y otros tribunales en cuanto a la sistematización y concreción de delitos y penas, como veremos más adelante[62]. No olvidemos tampoco que se trata de una estadística oficial.

Es una información oficial, publicada al inicio del año siguiente y que permite conocer, de modo general, tanto los «tipos» de delitos, como las penas impuestas[63]. El problema de esta documentación impresa es

---

[61] *Discurso* (Sevilla) 1817.

[62] Incluso en cuanto a la expresión de las causas computadas. En unos casos son las causas conocidas «en consulta con audiencia de partes», en otras «providencias definitivas de las referidas causas», «causas y expedientes despachados por la Sala del crimen en el año... en consulta y con audiencia de partes por las tres escribanía...»; «causas y expedientes criminales de que han dado cuenta los relatores y se han despachado en consulta y a instancia de parte»; «causas y expedientes que se han despachado en la Sala del crimen», «delitos porque se han sido formadas causas que se han fallado en todo el año», «causas y expedientes criminales de que han dado cuenta los relatores»; «causas, expedientes y pretensiones que se han despachado... en la Sala del crimen».

[63] Sobre la importancia de estas estadísticas durante el siglo XIX, Jean-Claude Farcy, Dominique Kalifa et Jean-Noël Luc (dir.), *L'enquête judiciaire en Europea au XIXe siècle. Acteurs, imaginaires, practiques*, Paris, 2007. También de Dominique Kalifa, «Enquête judiciaire, littérature et imaginaire social au XIXe siècle», en *Cuadernos de Historia Contemporánea*, 33 (2011), pp. 37-47. Una crítica a estas fuentes estadísticas en Fernando Hernández Sánchez, «Delincuencia y marginación social: una aproximación a sus fuentes», en *Primeras Jornadas sobre fuentes documentales para la historia de Madrid*, Madrid, 1990, pp. 209-214.

su dispersión[64]. No existen colecciones completas de cada tribunal, por lo que esta información se encuentra muy dispersa. La Biblioteca del Palacio custodia la colección más numerosa a pesar de sus lagunas. Otros estados se encuentran digitalizados en bibliotecas virtuales muy dispares. Los hay que todavía se hallan perdidos en bibliotecas universitarias o eclesiásticas, en museos y archivos. Fueron publicados circunstancialmente en la *Gaceta de Madrid* o en algún periódico. Considerados individualmente facilitan poca información, pues los datos estadísticos son muy variados y no siempre coincidentes[65], si bien al abordarlos de forma conjunta permiten llegar a interesantes conclusiones. A partir de sus datos, cruzando también otro tipo de documentación, he podido elaborar las tablas, cuadros y gráficos que

---

[64] La principal colección, que no es desde luego completa, es la de la Biblioteca del Palacio Real de Madrid. Asimismo he encontrado estos «planes o estados» en la Biblioteca Nacional de España, en las bibliotecas de las Universidades de Santiago, Granada, Valencia, Sevilla, Barcelona, Comillas y Navarra, la Biblioteca histórica de Santa Cruz en Valladolid, la biblioteca de la Real Academia Galega, la biblioteca de la Fundación Penzol en Vigo, la biblioteca de la Fundación Bartolomé March de Palma, la biblioteca conventual de San Francisco de Santiago, biblioteca del monasterio de Guadalupe, biblioteca de San Martín Pinario de Santiago, Real Academia Española, en el Museo del Romanticismo, Biblioteca Virtual de Asturias, Biblioteca Valenciana Nicolau Primitiu, Biblioteca municipal de Zaragoza y Biblioteca Lambert Mata de Ripoll. Para conseguir algunos de ellos he contado con la ayuda de un buen número de amigos, bibliotecarios y archiveros a quienes reitero mi agradecimiento. El catálogo del Patrimonio Bibliográfico Español ha sido de gran ayuda, a pesar de ciertos errores, pues en algún caso o el ejemplar no aparece en el archivo municipal de referencia o las signaturas no corresponden a la biblioteca.

[65] Entre otras razones por las diferencias en la información facilitada, por ejemplo, en 1826. *Gaceta* de 20/11/1827. Para entender los datos es preciso acudir a la *Gaceta* de 24/11/1827: «Notas para la inteligencia de los estados de la *Gaceta* del 20 último. 1ª. Los estados anteriores se han extractado de los particulares formados por las Salas de justicia. El primero manifiesta el despacho de los tribunales; el segundo los delitos de que han conocido; el tercero las penas que han aplicado por ellos. Para ser esta manifestación completa, faltan noticias de las audiencias de Aragón y de Valencia en la Península, y las de Canarias y Mallorca en las islas cercanas. 2ª. Siendo muy diversos el método y la individualidad de los estados parciales de las Audiencias, de los cuales unos expresan menudamente las noticias que redactamos, otros las indican por mayor, o las pasan del todo en silencio, hemos adoptado, para reducirlos en las tablas anteriores a un cuadro uniforme y general, una plantilla media entre la prolija y la sumaria individuación de unos y otros; reuniendo a veces bajo un mismo título datos que difieren en circunstancias expresadas en algunos estados, y omitiendo por necesidad los que corresponden a nuestra división, cuando algunos otros no los expresan. Las omisiones por ignorancia de las cosas, nacida del silencio de los estados, se manifiesta con puntos en las columnas, correspondientes; las omisiones por falta de la cosa misma se designan por ceros. Así por ejemplo se muestra que en el Consejo de Navarra no quedó pleito ni causa ninguna pendiente, y de otros tribunales, a que se ponen puntos, no se sabe si quedaron algunos a fin del año. 3ª. Por lo que toca al estado primero, hubiéramos querido hallar alguna clasificación por mayor de la materia de los pleitos, para dar esta muestra de los principales intereses que se controvierten en las varias provincias. El segundo estado es sin duda el más importante, y debiera ser el más exacto de todos, porque manifiesta la moralidad de los pueblos, que el legislador debe regular, el ministro de la religión dirigir, y el hombre público conocer. Mas no ha podido desempeñarse, respecto de todos los tribunales, la distribución de causas que anuncia; de las cuales algunos estados no hacen mención, y otros solo enumeran las más comunes, como lo muestran las casillas que se han llenado con puntos. Los demás crímenes deben de estar inclusos bajo de algún título genérico, como en el de *homicidio* las varias clases de asesinato, y los delitos menores bajo el nombre de *varios excesos*. Así el número de estos aparece más crecido en tribunales de menos causas que los de Valladolid y Cataluña, cuyos estados los clasifican distintamente; y aun debe añadirse, que por evitar prolijidad, se han reunido bajo esa denominación los delitos más pequeños que en estos dos se especifican». Las cursivas en el original.

veremos en los capítulos dedicados a la delincuencia y a la penalidad. Es cierto que adolecen, por la mentada sencillez, de información sobre la personalidad de los delincuentes o las circunstancias de los delitos, como recogerán otras estadísticas desde mediados del siglo XIX, pero suponen un evidente avance en el conocimiento de la delincuencia de nuestros tribunales.

En la siguiente tabla figuran los estados o planes que he conseguido hasta la redacción de estas páginas y a partir de ellos se han elaborado, salvo que conste otra mención[66], todas las tablas y gráficos.

	1814	1815	1816	1817	1818	1819	1824	1825	1826	1827	1828	1829	1830	1831	1832	1833
Corte		P		P					P	P	P		P	P	P	P
Valladolid			P		P	P			P		P	P				
Granada	P	P	P	P		P	P		P	P	P	P		P		P
Galicia									P		P	P	P	P		
Sevilla				P					P		P	P	P	P		P
Canarias										P						
Asturias									P		P	P	P	P	P	P
Extremadura	P	P				P	P		P		P		P	P	P	P
Navarra			P	P	P	P	P		P	P	P		P	P		P
Aragón			P	P	P	P					P	P			P	P
Cataluña				P	P	P	P		P	P	P					
Valencia		P	P	P	P		P	P	P	P	P	P	P	P	P	P
Mallorca			P								P		P	P	P	P

De la Real Audiencia de Canarias, sin embrago, solo he podido conseguir el estado correspondiente a 1827, por lo que la información obtenida es de muy escaso valor[67]. Por el contrario, de la Real Audiencia de Valencia he podido obtener la totalidad de los planes correspondientes a las etapas absolutistas del reinado de Fernando VII. Desde una perspectiva más global para las etapas estudiadas, los datos obtenidos a partir de 1826 son muy superiores a los de años comprendidos entre 1814 y 1820. En este sentido, para los años de 1826 y 1828 se pueden establecer comparaciones más precisas entre chancillerías y audiencias, con la excepción canaria, en relación a los delitos y penas impuestas. A partir de 1828 se aprecia en los estados anuales una mayor concreción en la información y un mayor cumplimiento por parte de los tribunales.

Todas las justicias inferiores tenían la obligación de enviar información precisa y detallada sobre los delitos cometidos en su territorio, para lo cual debían ordenar de las justicias inferiores que les facilitaran toda la información sobre las causas de que conocieran[68]. Durante las dos etapas

[66] He tomado de la tesis de J. L. de Pablo Gafas, *Justicia, Gobierno y Policía en la Corte de Madrid: la Sala de Alcaldes de Casa y Corte (1583-1833)*, Universidad Autónoma de Madrid, 2000, pp. 618-619, los datos correspondientes a la Sala de alcaldes de Casa y Corte de 1827, 1830, 1832 y 1833.

[67] La información obtenida del Archivo Provincial de Las Palmas ha constatado que no guardan ninguno de los discursos de sus regentes, ni tampoco los planes o estados. La información recibida del Archivo Provincial de Cáceres es similar. Incluso en el Archivo de la Real Chancillería de Valladolid no existen los citados impresos correspondientes al reinado de Fernando VII. En las bibliotecas judiciales existe la misma laguna.

[68] Al restablecerse el Consejo de Castilla en 1814, con todas sus atribuciones y las facultades de su presidente, teniendo presente lo previsto en la R.C. de 15 de mayo de 1788, manifestaba en la C. de 27 de julio que «han debido los presidentes, regentes y fiscales de las chanci-

absolutistas –e incluso en los períodos constitucionales– se mantuvo este requerimiento cuyo origen inmediato se encuentra en el reinado de Carlos III, con independencia de las dificultades y variaciones que se producían en la recogida de información requerida a los jueces ordinarios[69].

Era una estadística elaborada jerárquicamente en forma piramidal y que comenzaba por los jueces inferiores para terminar en el Consejo de Castilla o en la Secretaría de Gracia y Justicia. En este sentido, cabe mencionar el *Resumen de las causas criminales de gravedad pendientes en la Chancillería, Audiencia o Juzgado de N., en el día de la fecha, con expresión de las penas que se han impuesto*, cuyo modelo era el siguiente[70]:

---

llerías y audiencias, los gobernadores, corregidores, alcaldes mayores y demás justicias del Reyno darle cuenta puntualmente de las muertes, robos, incendios, epidemias, plagas, motines, bullicios y asonadas que hayan ocurrido en su territorio, de las causas criminales evacuadas y pendientes... sin cuyas noticias no puede el Consejo desempeñar dignamente la alta confianza de velar sobre la más recta administración de justicia, y proveer al mejor gobierno del Reyno en los ramos fiados a su cuidado». Para evitar estas omisiones, se reiteraba que estaba mandado dar cuenta «de los expresados acontecimientos y demás casos graves del estado de sus Reynos, y de quanto se adelante en execución de las leyes dictadas para su más acertado gobierno». La C. de 26 de enero de 1815, renovada por otra del día siguiente, previno a los presidentes de las chancillerías y audiencias y a las demás justicias del Reino que cumplieran con lo mandado en la circular anterior, «arreglándose en la noticia que den de las causas criminales al modelo que se acompaña», debido a la confusión que había provocado su envío por los jueces; y porque «como la voz pública y hechos particulares hacen ver la poca seguridad de los caminos, y otros desórdenes dentro y fuera de poblado, y por consiguiente que los medios adoptados por S.M. a consulta del Consejo no tienen la debida egecución», se renovó lo establecido en la C. de 27 de julio de 1814. Por su incumplimiento, otra C. del Consejo Real de 11 de enero de 1817 volvió a insistir en ello. En cualquier caso hay que resaltar la falta de homogeneidad entre los planes o estados impresos de los tribunales.

69 «En diferentes tiempos se ha recomendado estrechamente por el Real y Supremo Consejo de Castilla a las chancillerías y audiencias del Reino, la más exacta observancia de las leyes y providencias de aquel Supremo Tribunal relativamente a darle avisos puntuales de las muertes, incendios, robos, epidemias, plagas, motines, bullicios y asonadas que ocurriesen en toda la estación (sic) de la Monarquía. Comunicadas las órdenes correspondientes a esta Real Chancillería las ha circulado inmediatamente a los corregidores y alcaldes mayores de su territorio, reencargándoles su mas pronto cumplimiento; y las Salas del crimen redoblando su celo por el mejor servicio del Rey Nuestro Señor y de la causa pública, lo han hecho también después de su restablecimiento». El capitán general de Granada reiteraba esta obligación a todos los jueces de su circunscripción para que, «sin perjuicio de lo mandado por las Salas del crimen en cuanto a darles parte de las expresadas ocurrencias en los términos que han tenido de costumbre, los pasen también a mis manos, pero escusando las formalidades de hacerlo por testimonio, y reduciéndolo únicamente a esta fórmula... El corregidor, o alcalde mayor, o alcalde ordinario; da parte a V. S. de que en el día tantos como a tal hora ocurrió lo siguiente... Se ha formulado la correspondiente sumaria para averiguar los autores de este atentado, o se hallan presos N. N. por resultar reos o indiciados... Estos partes se me darán con toda la precisión posible, pero sin omitir cosa especial, y en el correo inmediato al suceso que lo motive... en la inteligencia que de advertirse faltar a ella se pasará nota de los morosos a las Salas del Crimen para que se les forme causa como contraventores a las leyes y reales órdenes de la materia». C. de 17 de junio de 1826 del capitán general de Granada con inserción de la R.O. de 4 de mayo de 1824 y la C. de 13 de abril de 1825. Copia digital de la BUGr.

70 C. del Consejo Real de 25 de enero de 1815, reiterada en 26 de marzo de 1825, por la que se fijaba la regla para la formación de estos estados, tanto de las causas de la Audiencia como de los juzgados inferiores.

Num. 1 Justicias	2º Personas delincuentes	3º Su patria	4º Su estado	5º Su edad	6º Día en que principió la causa	7º Día de la prisión	8º Delitos, y sus circunstancias agravantes	9º Estado actual de las causas	10º Penas que se han impuesto

De este modo existían dos controles, uno mensual y otro anual. A través del primero se obtiene una información circunstanciada de la situación criminal y la actuación judicial. Por el segundo se conoce la actividad de los tribunales e, indirectamente, la distribución de la delincuencia entre la población de las grandes circunscripciones. Junto con estos controles estadísticos hay otro más eficaz, el procesal. Este se verifica por parte de los tribunales sobre las causas de las que conocen las justicias inferiores.

De igual manera, he consultado documentación perteneciente a la Sala de alcaldes de Casa y Corte, puesto que se ha entendido que fue más rigurosa que otros tribunales, aunque no tan dura como ha postulado cierta visión traslaticia y falta de crítica[71]. Las ejecuciones en Madrid son más conocidas que las del resto de circunscripciones judiciales, entre otras razones por la abundante información recogida en el siglo XIX que nos ha permitido conocer la identidad de los ajusticiados, sus delitos y la modalidad de ejecución[72]. Si a lo anterior agregamos la represión política ejercida en la Corte, sus alcaldes son ejemplo tópico del juez del Antiguo Régimen.

Con sus peculiaridades, cabe integrar en este punto a los Consejos de guerra del Sexenio y a las Comisiones militares creadas en 1824 con la finalidad de reprimir tanto las transgresiones a la potestad del soberano como la comisión de delitos comunes, singularmente de robos con armas. Tenemos datos oficiales de algunas de ellas, pero limitados a sus decisiones más graves. Todas ellas actuaron con dureza, pero por la información recabada, que expondremos más abajo, existe una notable diversidad entre unas y otras comisiones. La mayor parte de la información ha sido entresacada de periódicos, como se expondrá en otro apartado.

Por último y aunque se trata de una publicación periódica, también se han consultado las *Guías de forasteros* para conocer la composición y modificaciones de los tribunales.

4. Fuentes periodísticas

Con todas las limitaciones impuestas por la censura, la prensa aporta informaciones concisas, dispares y en la mayoría de las ocasiones poco re-

---

71 Así lo ha demostrado fehacientemente Alicia Duñaiturria Laguarda, *La Justicia en Madrid. El arbitrio judicial en la Sala de Alcaldes de Casa y Corte (1751-1808)*, Madrid, 2010. Sobre este tribunal, asimismo Pablo Gafas, *Justicia, Gobierno y Policía en la Corte*, ya citado.

72 Entre las obras consultadas en este aspecto, destacan la *Relación nominal de los reos que han sido sentenciados a la pena capital en este Corte desde 1687 a 1897, o sea 210 años, por los señores Pérez y Monedero*, Madrid, 1897 (en adelante *Relación nominal*). Roberto Robert, *El Saladero de Madrid*, Barcelona, 1863.

levantes para la obtención de los fundamentos de las condenas más allá de la calificación del delito. Sí aportan, en cambio, datos sociológicos acerca de los reos, sobre los delitos que cometieron y el ritual acostumbrado[73].

De los consultados los que más datos han aportado han sido los de Madrid. Son periódicas las noticias acerca de la ejecución de penas de muerte dictadas por las autoridades de la Corte, en particular de las Salas de alcaldes y de la Comisión militar de Castilla la Nueva. Todas ellas son, en su práctica totalidad, consecuencia de delitos graves que acarrearon la pena capital, u otras corporales muy graves o infamantes. La *Gaceta de Madrid*, en su parte no oficial, resulta relevante para conocer los resúmenes de las causas conocidas por distintas comisiones militares ejecutivas distribuidas por la Península, lo que facilita la obtención de noticias sobre procesos de naturaleza política y contra la propiedad.

Sin lugar a dudas los *Diarios de avisos*, y de entre ellos los de Madrid y Valencia, son especialmente interesantes para seguir la actuación, sobre todo, de las comisiones militares y, en menor medida, de sus tribunales civiles. El *Diario de Madrid* lo he consultado para el período del Sexenio absolutista, pues junto con la *Gaceta* era el único que se podía editar en la Corte de acuerdo con lo establecido en la R.O. de 25 de abril de 1815. El *Diario de Avisos de Madrid* ha sido examinado entre 1825 y 1833. En sus páginas encontramos la descripción detallada de las ejecuciones de las penas de muerte en su Plaza de la Cebada. Poca más información nos aporta. Como la *Gaceta*, los impresos quedaron bajo el control gubernativo en virtud de la R.O. de 30 de enero de 1824, de ahí la imposibilidad de conocer más circunstancias de los condenados y sus delitos. El *Diario de avisos de Valencia* permite conocer no solo los ajusticiamientos sino también las disposiciones dictadas por los capitanes generales para la represión de la delincuencia.

El *Diario Mercantil de Cádiz* ha resultado de gran utilidad, pues incluyó no solo noticias de la actividad de su consejo de guerra durante el Sexenio, puesto que insertó asimismo información sobre la represión político-militar en otros lugares, como por ejemplo de Valencia. En algún ejemplar del *Diario crítico general de Sevilla* se publicaron anuncios y sentencias de la comisión militar.

En el *Mercurio de España* se encuentra información jurídica de cierta utilidad, pues accidentalmente inserta información de la actividad de alguna audiencia o consideraciones sobre asuntos jurídicos. Asimismo se pueden encontrar noticias esporádicas sobre asuntos judiciales de índole

---

[73] Sobre la prensa de esta época y sin ánimo de ser exhaustivo, Juan Carlos Pereira Castañares y Orlando Pelayo Galindo, «La prensa en tiempos de Fernando VII (1814-1833)», en *Cuadernos de Investigación Histórica*, 12 (1989), pp. 81-90. Lorena R. Romero-Domínguez, «Reacción y liberalismo en la prensa gaditana: del absolutismo informativo de Fernando VII a la explosión periodística del Trienio (1814-1833)», en Aurora Labio Bernal (dir.), *Estructura, historia y contenidos del periodismo gaditano: de sus orígenes a la actualidad*, Cádiz, 2009, pp. 99-156. Joaquín Alvarez Barrientos (coord.), *Se hicieron literatos para ser políticos: cultura y política en la España de Carlos IV y Fernando VII*, Cádiz, 2004. Para la consulta de estos periódicos han resultado de gran utilidad la Hemeroteca digital de la Biblioteca Nacional de España y la Biblioteca virtual de Prensa histórica.

criminal a partir de 1828 en nuevos periódicos como *El duende satírico del día* y *El Correo Literario y Mercantil*[74] o en *Cartas españolas*. Para los últimos años aquí estudiados, también han sido consultadas las noticias contenidas en *El vapor. Periódico mercantil, político y literario de Cataluña*, pues comienza en 1828 y desaparece en 1833, si bien se limitan a dar cuenta de ajusticiamientos o comisión de graves delitos. También se citará algún número de *La Revista Española* y de *Miscelánea de comercio, artes y literatura*.

Fuera de España, los exiliados publicaron en Londres el periódico *Ocios españoles de emigrados* que recogió en sus números estadísticas sobre imposición de penas corporales entre 1824 y 1827, años en que se publicó. No faltaron ciertas apreciaciones sobre la actividad de los tribunales ordinarios y de la jurisdicción militar, por lo que su información resulta interesante.

5. Fuentes literarias

Las autobiografías son una interesante fuente de información, partiendo siempre de una lectura crítica sobre su autor, ya que en ellas se reflejan aspectos ideológicos y personales de quien las escribió y de otros personajes del momento. Se da la circunstancia de que algunos de ellos, como José Arias Teijeiro[75], desempeñaron la magistratura; otros como Pedro Agustín Girón fueron capitanes generales y, en consecuencia, presidentes del respectivo tribunal territorial[76]; y, en fin, los hubo que desempeñaron puestos ministeriales, como el conde de Ofalia[77]. Existen personalidades que también nos facilitan sus vivencias y opinión sobre el reinado de Fernando VII, como Ramón de Mesonero Romanos[78], Antonio Alcalá Galiano[79], Antonio María García Blanco[80], o García de León y Pizarro[81].

La referencia literaria, aunque no sea coetánea, sigue siendo Benito Pérez Galdós, en concreto y para lo aquí reflejado la segunda serie de sus *Episodios Nacionales*, tanto en *El terror de 1824* para adentrarse en la actuación de la comisión militar de Castilla la Nueva, centrada primordialmente en la figura de su presidente y el relato de la represión política, con la co-

---

[74] Ajeno a cualquier noticia política, sí incluyó, como el *Diario de avisos* crónicas de los ajusticiamientos en Madrid.

[75] *Arias Teijeiro, Diarios (1828-1831)*, introducción y notas por Ana María Berazaluce, Pamplona, 1966.

[76] Pedro Agustín Girón (marqués de las Amarillas), *Recuerdos. (1778-1837)*, Pamplona, 1981. José de Rebolledo Palafox y Melzi, *Autobiografía*, edición de José García Mercadal, Madrid, 1966.

[77] *Escritos del conde de Ofalia, publicados por su nieto, el marqués de Heredia*, Bilbao, 1894.

[78] *Memorias de un setentón, natural y vecino de Madrid*, Madrid, 1881, tomo I (1808-1823).

[79] *Recuerdos de un anciano*, Madrid, 1878, para las primeras conspiraciones constitucionalistas.

[80] *Biografía de don Antonio María Blanco, escrita por sí mismo, o Historia compendiada de los conocimientos hebreos en España*, Madrid, 1869.

[81] *Memorias de la vida del Excmo. señor D. José García de León y Pizarro: escritas por él mismo*, Madrid, Sucesores de Rivadeneyra, 1894-1897. José de García de León y Pizarro, *Memorias*, edición de Álvaro Alonso-Castrillo, Madrid, 1998.

nocida descripción de las horas previas al ahorcamiento de uno de sus protagonistas[82]; como en *Un voluntario realista*[83] o *Los apostólicos*[84]. Cuando escribe estas obras han transcurrido varias décadas desde que sucedieron los acontecimientos, por lo que los hechos no solo están novelados, sino que su concepción viene marcada por la transmisión oral y la historiografía liberal[85]. Algunos de los personajes mencionados son reales, habiendo tomado sus circunstancias vitales de las obras históricas referidas al reinado de Fernando VII[86]. A diferencia de escritores anteriores, como Quevedo, no entra en disquisiciones jurídicas, optando por la crónica socio-política de los acontecimientos. En la misma línea se encuentra la obra de León López y Espila, *Los cristianos de Calomarde y El renegado por fuerza*[87]

Existen obras populares de exaltación de bandidos, en particular de sus

---

[82] «Número 242 -añadió Lobo tomando otro legajo-. Causa de Simón Lozano, por irreverencias a una imagen de la Virgen. -Horca -gruñó Chaperón, cual si se le pudriera la palabra en el cuerpo-. Adelante. -Número 243. Causa de la mujer y de la hija de Simón Lozano, acusadas de no haber delatado a su marido. -Diez años de galera. [...] -Número 247. Causa del sargento José Rodríguez, por haber elogiado la Constitución. -Horca. -248. Causa de su compañero Vicente Ponce de León, por haber permanecido en silencio cuando Rodríguez elogió la Constitución. -Diez años de presidio y que asista a la ejecución de Rodríguez, llevando al cuello el libro de la Constitución, que quemará el verdugo...», *El Terror de 1824*, Madrid, 1885, pp. 245-246.

[83] Madrid, 1878. Permite adentrarse en la represión militar directa (pero novelada) en Cataluña, aunque no tanto en la derivada de su actuación judicial.

[84] Madrid, 1885.

[85] A propósito del decreto dictado en El Puerto de Santa María el 1 de octubre de 1823, afirma Bayo que con él se inició «una era sangrienta de crímenes jurídicos, de asesinatos y de proscripciones que desdoran los anales de la desventurada España», dando cuenta a continuación de la condena capital contra los vocales de la regencia decidida por el rey en secreto (*Historia del reinado de Fernando VII*, III, p. 163). Estos datos y otros pasajes de la obra de Bayo, son reproducidos en términos muy parejos por Pérez Galdós, *El terror*, pp. 108-109.

[86] Por ejemplo, Gregorio Iglesias y Tomás Franco que aparecen en *El terror*, p. 170, son individuos condenados a muerte por liberales. Aunque hay diferencias. Pérez Galdós escribía: «Ya sabrá usted -añadió-, que por el Decreto del 20 se condena a muerte a todos los que por cualquier medio pretendan restablecer el sistema representativo. Aquí será fusilado Gregorio Iglesias, un chicuelo de 18 años que intentó unirse a los revolucionarios del Mediodía. También parece que hoy ha sido condenado a muerte otro jovenzuelo, Tomás Franco, por haber proferido expresiones contra la vida de Su Majestad... En La Coruña ha sido preciso sentar la mano». Pero varió la modalidad de ejecución. El salmantino Gregorio Iglesias fue condenado por reincidencia en los delitos de alta traición y lesa majestad en primer grado a la pena de horca (sentencia del 4 de septiembre de 1824, ejecutada el 10), siendo además descuartizado, y colocados su cabeza y cuartos en los principales caminos de la Corte, a distancia de cuatro mil pasos, y declarado como aleve, pero sin confiscación de bienes por no conocer que los tuviera (*Gaceta* de 28/10/1824). La ejecución de Gregorio Iglesias en *DdM* de 9 de septiembre de 1824. Sobre Tomás Franco, natural de Pareja (Guadalajara), soltero de veintisiete años, hay dos versiones, incluidas en F.M. Morales Sánchez, *Páginas de sangre. Historia del Saladero*, Madrid, 1880, tomo II, p. 446: «preso el 28 de febrero de 1824, fue condenado a muerte en horca por haber proferido, según dice La Gaceta de Madrid del 11 de septiembre del mismo año, estas infames expresiones: «que el sable lo tenía puerco, y no había de parar hasta limpiarlo en la sangre del rey, con otras menos criminales", sufriendo la referida pena el 12 de mayo del mismo año; y según otros datos que tenemos a la vista y que nos merecen entera fe, resulta: que hallándose el desgraciado Franco de broma con otros amigos en la plaza mayor de Budia, provincia de Guadalajara, pronunció efectivamente las palabras que se citan en *La Gaceta*, pero sin intención de hacer lo que decía y mucho menos de conspirar contra el rey y proclamar la Constitución, como se dice en otro documento».

[87] Publicado en Madrid en septiembre de 1835. Para su mejor comprensión, Josefa Bauló Doménech, «Los cristianos de Calomarde (1835) de León López y Espila. Un episodio singular en el éxodo liberal del siglo XIX», en *Migraciones y Exilios*, 3 (2002), pp. 79-95.

desgraciados finales[88]. Vienen marcados por el axioma «odia el delito, compadece al delincuente». Los hechos relatados son antiguos y referidos a asuntos familiares o matrimoniales y que tienen por actores a bandoleros[89].

También cabe mencionar otro tipo de obras que incidieron sobre determinados personajes perseguidos por sus ideas políticas, ajusticiados bajo el terror del absolutismo fernandino. Sin duda el más conocido es el de Mariana de Pineda[90], pero cabe citar entre otros muchos el de Pablo Iglesias[91]. Quizá la que describe con mayor crudeza la represión política es la obra titulada *La ciudadela inquisitorial* centrada en la represión ejercida por el conde de España, capitán general de Cataluña[92].

A mi juicio, con independencia de la crítica literaria, una de las mejores novelas para comprender la represión política de la última década absolutista, por su relato y explicaciones es la de Wenceslao Ayguals de Izco, *Pobres o ricos, o La bruja de Madrid*, en la que relata los avatares de la hija de un condenado a muerte por tener un retrato de Riego en su casa, proceso en el que resultaron condenadas su mujer, la hija –protagonista de esta *novela de costumbres sociales*, como se lee en el título– y un hijo, que acabaría en el cadalso por diversas circunstancias[93].

No faltan las jocosas, como la de Estanislao Roger, *La cárcel. Aventuras de un gramático pardo dedicadas a su maestro el bachiller Cantaclaro por su más afecto discípulo*[94].

Especialmente interesantes son las crónicas de viajeros extranjeros, pues en su recorrido presenciaron ajusticiamientos, que describen con minucioso detalle, o sufrieron las peculiares formas de hurto por parte de algunos salteadores de caminos, además de describir la situación de inseguridad que en la que vivían algunos territorios[95].

---

88 Francisco de Sales Mayo, *Jaime el Barbudo, o los bandidos de Crevillente*, 1868. Hay varias obras más con este bandolero como personaje, ahorcado en julio de 1824 en Murcia, aunque sus visiones difieran algo más de la realidad. Ramón López Soler, *Jaime el barbudo, o sea, la Sierra de Crevillente*, Barcelona, 1832. Sixto Cámara, *Jaime el Barbudo y la cámara ardiente*, 1853. Su cadáver no solo fue descuartizado como otros muchos, sino que sus cuartos, antes de ser expuestos, fueron fritos.

89 Al respecto, Julio Caro Baroja, *Ensayo sobre la literatura de cordel*, Madrid, 1990.

90 Entre otros ejemplos, José de la Peña y Aguayo, *Doña Mariana Pineda. Narración de su vida, de la causa criminal en la que fue condenada al último suplicio y descripción de su ajusticiamiento en 26 de mayo de 1831*, Madrid, 1836, y Albacete, 1842.

91 Eusebio Martínez de Velasco, *Don Pablo Iglesias, mártir de las libertades patrias, 1820-1825. Apuntes histórico-políticos*, Madrid, 1862.

92 J. del Castillo, *La ciudadela inquisitorial de Barcelona, o Las víctimas inmoladas en las aras del atroz despotismo del conde de España. Redactada de los hechos históricos durante la dominación del gobierno esterminador en la Península*, Barcelona, 1835. Tuvo varias reediciones. Una versión novelada en Francisco J. Orellana, *El conde de España o la Inquisición militar*, Barcelona, 1856.

93 Se publicó por el propio autor en Madrid en octubre de 1849. El padre de la protagonista fue Francisco de la Torre, ejecutado en octubre de 1824, su mujer por cómplice e irreverencias a la Virgen encerrada por diez años en la galera y su hijo destinado por dos años a presidio.

94 Publicada en Madrid en 1834.

95 Entre otras, Henry David Inglis, *Spain in 1830*, Londres, 1831. Adolphe de Bourgoing, *L'Espagne: souvenirs de 1823 et 1833*, París, 1834. Marquis de Custine, *L'Espagne sous Ferdinand VII*, Bruselas, 1838.

III. La legalidad absolutista

1. Multitud de leyes antiguas vigentes (no aplicadas) y nuevas disposiciones represoras

Los cambios políticos originados a partir de 1808 provocaron movimientos de acción y reacción, de represalias y represión, desde las instituciones o entre particulares, que generaron un nuevo ambiente de violencia civil. La represión oficial u oficiosa dirigida contra el oponente político y las represalias entre individuos se generalizaron, bien alentada desde las instituciones o fruto de odios y rencores anteriores. Los momentos culminantes de esta actuación represiva se dieron a partir de 1814 y 1824. Fueron años en los que la maquinaria gubernativa dictó duras disposiciones, estableció procedimientos sumarios y creó organismos para atacar a todo aquel que fuera contrario al Altar y al Trono[1].

Los Decretos de junio y julio de 1814 repusieron el ordenamiento jurídico existente el 8 de marzo de 1808. Aunque con matices, ello supuso la renovación de la plena vigencia del libro duodécimo de la Novísima Recopilación de las Leyes de España[2], de la Séptima Partida[3] y de una abundante legislación criminal extravagante, anterior y posterior al cuerpo recopilado[4]. Sin olvidar las interpretaciones existentes sobre la prelación de fuentes.

---

[1] Entre otros trabajos, Mariano Peset Reig y José Luis Peset Reig, «Legislación contra liberales en los comienzos de la década absolutista (1823-1825)», en *AHDE*, 37 (1967), pp. 437-485. Ignacio Lasa, «El primer proceso de los liberales (1814-1815)», en *Hispania*, 30 (1970), pp. 327-383. Pedro Pegenaute Garde, «Planteamiento de la represión política en Navarra durante el reinado de Fernando VII», en *Príncipe de Viana*, 134-135 (1974), pp. 317-339. Postura diametralmente opuesta a la anterior tiene Fontana, «Represión política y violencia civil en 1823-1833», ya citado. Emilio Luis Lara López, «La represión de los afrancesados: condenas sociales, jurídicas y políticas. El caso de Jaén (1812-1820)», y Juan José Morales Ruiz, «Fernando VII y la masonería española», ambos en *Hispania Nova. Revista de Historia Contemporánea*, (Homenaje a Ángel Martínez de Velasco), 3 (2003). Más cercano a la época, Bayo, *Historia de la vida y el reinado de Fernando VII*, III, p. 119-120 y 125.

[2] O.C. de 23 de septiembre de 1823 del Ministerio de Hacienda para que los intendentes hagan saber a los pueblos la existencia de multitud de ejemplares de la Novísima Recopilación, para que en el caso que quieran tomar alguno acudan a los respectivos comisionados del mismo establecimiento encargados de su venta. En 1829 se volvió a imprimir la Novísima Recopilación en Madrid, por Julián Viana Razola.

[3] A la altura de 1830 el regente de la Audiencia de Galicia recomendaba a sus compañeros «que nos aficionemos a la lectura de esta grande obra», *Discurso del señor don Manuel Antonio Caballero Regente de la Real Audiencia de Galicia, que leyó por su indisposición el Señor D. Joaquin Villamil a la apertura del Tribunal el día 2 de enero de 1830*, Santiago, 1830, p. 14. No son pocos los discursos en los que se encuentran remisiones, citas o alabanzas a las Partidas, sin encontrar rastro de teorías contemporáneas.

[4] El autor del *Manual alfabético de delitos y penas*, Madrid, 1828, justificaba su redacción en facilitar con él la instrucción en el Derecho criminal patrio «sin fatigarse el que la desee en buscar, reconocer y examinar los crecidos volúmenes y papeles sueltos en que están envuel-

Las disposiciones normativas dictadas por las Cortes gaditanas quedaron abrogadas por completo, salvo que no se opusieran a la legislación precedente[5]. Lo cual tampoco implicó un grave problema ya que, al no redactarse hasta 1822 un Código penal, estuvieron vigentes disposiciones dictadas desde el siglo XIII.

En 1814 las nuevas circunstancias no eran, sin embargo, las existentes seis años antes. El texto constitucional y su desarrollo normativo fueron, en parte y sin traer a colación la influencia exterior, hijos de la situación ideológica precedente. Por tanto, si durante la vigencia del texto gaditano de 1812 todavía estuvieron vigentes textos medievales y recopilados en el ámbito penal, la restauración del absolutismo en 1814 no debió suponer para los aplicadores del Derecho una ruptura radical. Hubo en esta materia más que restablecimiento, una manifiesta continuidad normativa con la excepción de la vigencia del Código penal de 1822. Es cierto que se promulgaron disposiciones sobre ciertas penas, pero la parte sustancial del Derecho criminal estaba anclada en la legislación secular.

En esta línea, algunas disposiciones normativas revalidan la vigencia de otras anteriores, por lo que es innecesario redactar nuevos preceptos[6], basta con insistir en el cumplimiento de textos normativos precedentes[7]. Lo cual sucede no sólo en el ámbito criminal, sino también en el procesal[8].

Especial atención se puso, desde el ángulo legal, en la represión de la

---

tas las leyes antiguas y modernas que se irán citando» (p. 4), a pesar de reconocer que «es libro de poca importancia para jurisperitos» (p. 5).

5 «Que en la administración de justicia en lo criminal se guarden en todos los juzgados y tribunales las leyes existentes en marzo de 1808, derogando, como derogo, cuanto se haya decretado por las Cortes que no sea conforme a ellas», como dispuso la R.C. de 22 de agosto de 1814 por la cual se mandan guardar y cumplir las instrucciones insertas para la persecución y castigo de malhechores que infestan los caminos del Reino.

6 Gutiérrez en el prefacio de la primera edición de su *Práctica criminal*, reconocía que «nuestra legislación criminal, como es bien sabido, y nos es muy sensible decirlo, ha padecido la misma suerte, aunque quizá algo menos desgraciada que las demás legislaciones criminales de Europa. Como establecida en tiempos muy distantes entre si y de nosotros, mucha parte de ella no está en uso, ni puede estarlo, y la otra se halla defectuosa; si bien no dejan de encontrarse en ellas varias disposiciones dignas de los más sabios tiempos».

7 Por ejemplo, R.O. de 22 de marzo de 1815 comunicada por el Secretario del Despacho de Gracia y Justicia al Presidente del Consejo por la que «manda se renueven las leyes y disposiciones Reales prohibitivas de máscaras, cuidando el Consejo de su puntual cumplimiento», determinando que se impusiera a los infractores indefectiblemente las penas señaladas en ellas. C. del Consejo Real de junio de 1817 por la que «se renuevan para su cumplimiento las leyes y penas acordadas sobre los delitos de prensa en cuanto a la propiedad de los autores acerca de sus obras».

8 C. de 28 de agosto de 1829: «Con motivo de cierta dada ocurrida a uno de los tribunales de provincia sobre si se había de proceder en las causas de estupro, según la ley 11, tít. 10, libro 3º, o la 4, tít. 29, lib. 12, insertas ambas en la Novísima Recopilación por la grande diferencia que contienen, tuvo a bien el Rey nuestro Señor oír al Consejo en 4 de febrero de 1828, recordándole la consulta que le había pedido su augusto Padre en 13 de setiembre de 1795, a que se siguió la R.C. de 30 de octubre de 1796, con el fin de uniformar los procedimientos de los jueces inferiores y tribunales superiores en la sustanciación y determinación de dichas causas por la grande influencia que tienen en las costumbres públicas». El rey, aceptando el parecer del Consejo, mandó que los juzgados inferiores y los tribunales «se arreglen por ahora y hasta la publicación del Código criminal en la sustanciación y determinación de las causas de estupro, a lo prescrito en la ley 4, lib. 12, título 24 de la Novísima Recopilación».

delincuencia patrimonial mediante la actualización de la Pragmática de 1734 y los textos posteriores aclaratorios y extensivos por los cuales se castigaba con dureza los hurtos cometidos en la Corte[9]. Dentro de esta tendencia normativa, aunque con mayor insistencia, se buscó revitalizar la persecución de malhechores, sobre todo de cuadrillas organizadas de ladrones recurriendo a la legislación de los reinados de Carlos III y Carlos IV[10]. No siendo suficiente para atajar tan grave mal, se dictaron específicas disposiciones contra este tipo de delincuencia, que lejos de ser nuevas reiteraban otras anteriores. Los propios fiscales del Consejo de Castilla manifestaban que no eran necesarias nuevas leyes, pues bastaba con aplicar las existentes[11].

Otras disposiciones, sin recurrir a la vía reiteración normativa, están redactadas de tal manera que evocan a las promulgadas en el siglo XVIII[12], por ejemplo alguna de las dictadas contra vagos y vagabundos[13]. En este

---

[9] Por R.C. de 4 de agosto de 1825, además de suprimir las comisiones militares ejecutivas, se ordenó «que se guarde la distinción prescrita por las leyes entre hurtos simples y cualificados», de conformidad con lo que se había establecido en 1734, 1735 y 1746. La dura represión de las comisiones militares en este punto puede verse en *DdAM* de 2.11.1824: «A las 10 de este propio día la Comisión militar ejecutiva, intima la sentencia de muerte en garrote a Juana Rivero, presa en la Real cárcel de Corte, convencida de robo doméstico dentro de la Corte, la cual se ejecutará a las 12 de la mañana siguiente». Sobre estos hurtos me remito a mi artículo, «Hurtar a los de casa: notas sobre hurtos domésticos», en *CHD*, nº extraordinario (2010), pp. 449-470.

[10] En la R.C. de 22 de agosto de 1814 por la cual se mandan guardar y cumplir las instrucciones insertas para la persecución y castigo de malhechores que infestan los caminos del Reino, el punto inicial de referencia fue la I. de 29 de junio de 1784.

[11] En la R.C. de 10 de julio de 1817, Fernando VII manifestaba que le habían llamado la atención «los robos y violencias que se cometían en diferentes partes del reino, a pesar de las providencias dictadas después de mi feliz regreso a España para la aprehensión y castigo de los malhechores», por lo que requirió al Consejo para que le manifestase «si para conseguirlo sería conveniente establecer nuevas penas y coartar los términos, y dispensar formalidades en las causas contra semejantes delincuentes». Los fiscales del sínodo sostuvieron que bastaban las leyes sobre bandidos, salteadores de caminos y facineroso (Novísima, 12, 17 y la R.C. de 22 de agosto de 1814, pues «contenían cuantas medidas pudiese excogitar la prudencia para la aprehensión y subsiguiente castigo de los ladrones de costumbre, salteadores de caminos, y otros malhechores públicos, que por lo mismo *no había necesidad de nueva ley*, y que lo que importaba era asegurar la observancia de aquellas por las justicias y autoridades militares con actividad y sin colusión ni disimulo». De conformidad con este criterio, el Consejo en su consulta de 26 de marzo propuso al rey el complemento de estas medidas. La cursiva es mía. Sobre bandolerismo existe una amplia bibliografía, ya citada.

[12] Incluso en la determinación de las penas. Por R.O. de 17 de junio de 1819 se ordenó aplicar «la pena de galeras o presidio en uno de los menores de África, según lo prevenido en R.O. de 9 de febrero de 1796, a todo individuo que por eximirse del servicio de las armas llegue el caso de inutilizarse». En esa reproducción y mantenimiento de la legislación del Antiguo Régimen se lleva a imponer una pena desaparecida definitivamente en 1786.

[13] Cfr. Gutiérrez, *Práctica criminal*, III, pp. 212-218. Recuerda que con arreglo a la C. de 6 de febrero de 1781 se imponen «unas penas que no tiene por tales, *si no por un destino precaucional para impedirles que caigan en delitos, y obligarles a que sean útiles a la patria*». La cursiva en el texto. La citada disposición establecía que «la aplicación a las armas o Marina de los vagos, ociosos, y mal entretenidos no es pena, y sí un destino precaucional para impedirles que caigan en delitos, y obligarles a que sean útiles a la patria; y lo mismo sucede con los destinados a hospicios y casas de misericordia; y por consiguiente no debiendo reputarse estas providencias de policía como penas, y sí como determinaciones paternas para mejorar las costumbres de los ciudadanos, no caen baxo el concepto de causas criminales, ni se extienden a ellas los indultos generales».

sentido, cabe traer a colación la circular del Ministerio de Seguridad pública de 10 de mayo de 1815 en la que «manifiesta este Tribunal lo conveniente que es para mantener el orden social reprimir a los hombres díscolos, ociosos y vagamundos, que inquieran y perturban al pacífico y honrado habitante».

También se han destacado ciertos cambios. Herrero ha rubricado un apartado de su libro: «presencia de rasgos liberales dentro de este absolutismo»[14]. Como muestra de ella alude, en primer lugar, a «la abolición jurídica del uso del tormento por parte de los jueces». Es cierto que si solo consultamos la legislación penal su erradicación correspondería a la disposición normativa de referencia (R.C. de 25 de julio de 1814), pero si nos adentramos en la documentación judicial conservada en los archivos y rastreamos en ella, veremos que su abolición en la práctica judicial fue paulatina y muy anterior a las declaraciones legales[15]. El tormento era un medio de prueba y, como tal, apenas venía aplicándose desde mediados del siglo XVIII, al menos en la Real Audiencia de Galicia y en otros tribunales[16]. Las Cortes de Navarra de 1817-1818 emplearon los mismos argumentos para su abolición[17]. Lo que no puede negarse, aunque haya menos pruebas do-

---

[14] *La justicia penal*, p. 427.

[15] R.C. de 25 de julio de 1814 por la cual se manda que en adelante no puedan los jueces usar de apremios ni de género alguno de tormento personal para las declaraciones y confesiones de los reos ni de los testigos, pues tomando como antecedentes lo acordado por la Sala de alcaldes de Casa y Corte en 1798 y 1803 dispuso «que en adelante no puedan los jueces inferiores ni los superiores, usar de apremios, ni de género alguno de tormento personal, para las declaraciones y confesiones de los reos, ni de los testigos, quedando abolida la práctica que había de ello, y que se instruya el expediente oportuno, con audiencia de los Fiscales del mi Consejo, para que en todos los pueblos, si es posible y de pronto en las capitales, se proporcionen o construyan edificios para cárceles seguras y cómodas, en donde no se arriesguen la salud de los presos, ni la de las poblaciones, ni la buena administración de justicia, haciéndose los reglamentos convenientes para fijar un sistema general de policía de cárceles, y los delincuentes no sufran una pena anticipada y acaso mayor que la que corresponda á sus delitos, o que tal vez no merezcan en modo alguno». Acerca de este particular Bermejo Cabrero, «Tormentos, apremios, cárceles y patíbulos», ya citado.

[16] «Creemos que en la actualidad muy pocos jueces y rarísima vez echarán mano del tormento, puesto que hace más de veinte años aseguró el señor Lardizábal se usaba muy pocas veces en España, desde cuyo tiempo no se ha cesado de escribir contra él, así en nuestra península como fuera de ella», Gutiérrez, *Práctica criminal*, I, pp. 280-281. También recoge la R.O. de 30 de noviembre de 1797 contraria a la imposición del tormento a un soldado, por haber en la tortura más rigor que esperanza en descubrir la verdad, en suma «una confesión que no puede tener toda la certeza que se busca para completar la prueba».

[17] «Considerando la inutilidad e ineficacia de los apremios y tormentos personales que se usaban para el fin de averiguar la verdad, como que la ocultaban los robustos, y se exponía a los débiles, a que se culparán siendo inocentes, y teniendo presente, que el establecimiento de las cárceles se dirije a solo la seguridad de las personas, y a facilitar la averiguación de la verdad, mandó V. M. por su Real cédula de 25 de julio de 1814... y deseando nuestro desvelo por el bien universal de este reino, que se extienda a él una disposición tan prudente como ajustada a los más sanos principios de la jurisprudencia. Suplicamos rendidamente a V. M. se digne concedernos por ley, que en adelante no puedan los jueces inferiores, ni los superiores usar de apremios, ni de género alguno de tormento personal para las declaraciones y confesiones de los reos, ni de los testigos, quedando abolida toda práctica contraria», lo que se admitió convirtiéndose en la ley 42, *Cuaderno de las leyes, y agravios reparados a suplicación de los tres estados del Reino de Navarra en sus Cortes generales celebradas en la ciudad de Pamplona los años 1817 y 1818*, Pamplona, 1819.

cumentales, es la aplicación de la tortura gubernativa, e incluso inquisitorial[18]. Por tanto, antes de la abolición formal, ya era conocida su abolición práctica, es decir, la legislación liberal no influyó, en mi opinión, sobre la decisión adoptada por Fernando VII, pues lo único que hizo fue ratificar lo que venía sucediendo en la práctica y, eso sí, era reclamado por juristas y otros personajes. No cabe dudar esa influencia, por el contrario, los avatares de la Inquisición y su no restablecimiento en la última etapa del reinado[19], o en las medidas adoptadas para la redacción de un proyecto de código penal.

Junto a esta legislación, voy a denominarla común, anclada en el pasado, se abrió camino otra de índole diferente. Los cambios políticos generaron el nacimiento de un conjunto normativo para reprimir las ideas y actuaciones políticas del contrario. Los efectos de la guerra y un inmediato cambio ideológico tan profundo en una buena parte de la sociedad produjeron cambios antagónicos en el Derecho criminal legislado en cada etapa, procediendo a la depuración y condena de todo aquel que se opusiera directa o presuntamente al orden establecido. La enumeración sería prolija. Baste citar, entre otras muchas, la R.O. de 14 de septiembre de 1814 por la que se manda que los reos contra quienes hubiera sido necesario proceder criminalmente por su infidencia o ideas subversivas manifestadas antes del regreso del rey, quedaran privados del fuero que gozaban por sus destinos, carácter o carrera[20]. Al comienzo de la Década ominosa, el D. de la Regencia de 13 de agosto de 1823 reiteró el cumplimiento exacto del R.D. de 1 de junio de 1814 «sobre el arresto o prisiones contra las personas afectas a las novedades que se han introducido por la llamada Constitución». Todas ellas son disposiciones dirigidas contra los constitucionalistas o cualquiera sobre el que se presumiera el mínimo atisbo de serlo[21].

Al contrario, también fueron adoptadas medidas penales en favor de los partidarios del régimen absolutista, encarcelados por sus manifestaciones contra el sistema constitucional[22]. En suma, es fácil comprobar esa

---

[18] Véase la descripción del tormento sufrido por Juan Van Halen, en *Narración de D. Juan Van Halen... escrita por él mismo, o Relación circunstanciada de su cautividad en los calabozos de la Inquisición*, París, 1828, tomo I, pp. 179-183.

[19] Gérard Dufour, «¿Cuándo fue abolida la Inquisición en España?», en *Cuadernos de Ilustración y Romanticismo*, 13 (2005), pp. 93-107.

[20] Es clásica la obra de Félix José Reinoso, *Examen de los delitos de infidelidad a la Patria, imputados a los españoles sometidos baxo la dominación francesa*, Auch, 1816.

[21] Como muestra de su aplicación: «Hoy a las doce del día se ha ejecutado la pena ordinaria de horca en la persona de D. Rafael del Riego. El público, que tan altamente ha detestado los delitos de este infeliz, ha dado bien a entender que sabe separa el crimen del criminal, pues no se ha oído insulto a su persona, en medio del numeroso concurso que ocupaba la carrera, contentándose con gritar en el acto de la ejecución ¡Viva el Rey absoluto!» (*Gaceta* de 8/11/1823). En agosto de 1825 sería ahorcado en un acto esperpéntico Juan Martín, *El Empecinado*, otra figura destacada del constitucionalismo. Con posterioridad, el R.D. de 15 de noviembre de 1832 conminó «con el castigo a que se hará acreedor todo el que apellide o induzca a otros a que se proclame un género de gobierno que no sea el monárquico solo y puro».

[22] O. de 17 de abril de 1823: «La Junta Provisional de Gobierno de España e Indias, ha venido en resolver: que las justicias de los pueblos procedan inmediatamente a poner en libertad sin costas a todos los presos o detenidos en las cárceles de los suyos respectivos, por opiniones políticas contrarias al pretendido sistema constitucional, librándoles certificaciones de sus per-

acción/reacción a través de los textos normativos de cada etapa.

En cualquier caso, Luis parte de la hipótesis de que la Década ominosa jugó un papel importante en la transición entre el Estado del Antiguo Régimen y el Estado liberal, en el que tienen un papel crucial los empleados del aparato del Estado[23]. Lo cual no impide sostener, de acuerdo con la opinión de Artola, que la última década del reinado de Fernando VII «responde a un planteamiento de objetivos limitados por el temor a desencadenar cualquier tipo de acción subversiva que pueda comprometer la pervivencia del régimen». De tal manera que se limitó a restaurar lo que lo que la regencia no había repuesto, a organizar la represión y vigilancia y, por último, a intentar que no aumentara el déficit del Estado. Pero fuera de estos objetivos, «no hay prácticamente gobierno, ni política exterior, ni tan siquiera actividad legislativa, aun cuando su destino no fuese más allá de las páginas de la Gaceta, circunstancia que se refleja en una patente decadencia de los órganos de gobierno»[24]. Esta visión general del reinado encuentra su concreción legislativa también en materia penal, pues siguen vigentes, por ejemplo, las Siete Partidas, aunque los juzgadores a través de la práctica secular del arbitrio judicial no las aplicarán literalmente. Lo único realmente novedoso en esta materia deriva de los nuevos delitos políticos[25], aunque su represión fuera tan antigua como las otras disposiciones legales. El inmovilismo ideológico es parejo y complementario al inmovilismo legislativo.

Por otro lado, los males de la administración de justicia, y específicamente de la justicia criminal, no se achacaban a las viejas leyes, sino que se personificaban, como en la época constitucional, en los jueces, aunque no fueran los únicos y exclusivos responsables de estos inconvenientes. La realidad era, sin embargo, más compleja. La ley es del rey y atacar las leyes sería atacar la potestad soberana del monarca y, en sentido contrario, cualquier solución debería pasar por el estricto respeto a la legalidad, es decir, a las disposiciones emanadas del rey, de cualquier rey.

En los discursos pronunciados por los regentes al inaugurarse el año judicial encontramos argumentos en defensa del principio de legalidad absolutista, trayendo a colación que su incumplimiento supondría un ataque a las dos Majestades, la divina y la humana, amparándose en que la potestad judicial dimanaba de ambas y las audiencias eran calificadas como

---

secuciones y padecimientos, para que S. A. S. pueda atenderlos oportunamente», en *Circulares de la Junta provisional de Gobierno de España e Indias*, Madrid, 1823. Mientras que por otra orden posterior de esta Junta, fechada el 28 de abril, se fijaban las condiciones de regreso, plazos y sanciones para los liberales que abandonaron su casa con la llegada de los realistas.

23 Jean-Philippe Luis, *L'Utopie réactionnaire: èpuration et modernisation de l'Etat dans l'Espagne de la fin de l'Ancien Régime (1823-1834)*, Madrid, 2002, p. 7. Véase asimismo, Mariano Esteban de Vega, «Cambios y permanencias en las élites políticas y administrativas del reinado de Fernando VII», en *Historia contemporánea*, 13-14 (1996), pp. 229-238; y, «El Estado y la administración central durante el reinado de Fernando VII», en *Historia Contemporánea*, 17 (1998), pp. 81-117.

24 *Antiguo Régimen y Revolución Liberal*, Barcelona, 1983, p. 261.

25 Alicia Fiestas Loza, *Los delitos políticos (1808-1936)*, Salamanca, 1977, p. 124. Herrero, *La justicia penal*, pp. 435-436.

templos de las leyes[26]. Unas leyes que eran por principio justas, y los jueces que las aplicaran también lo serían[27]. En estas alocuciones se insiste en el respeto de la ley como medio de evitar el arbitrio judicial, identificando cada vez más con la arbitrariedad[28], y reclamando el abandono de cualquier referencia a la doctrina jurisprudencial[29]. Sirva de muestra el discurso pronunciado en la Audiencia de Mallorca en 1817 por Juan López de Vinuesa: «No, no somos los árbitros de la justicia. Destinados por el Monarca para administrarla, nuestras augustas funciones se limitan a examinar los hechos, y a decidir con arreglo a la ley... Es cierto que algunas veces nuestra sensibilidad sufre, y que excitada nuestra compasión por motivos indudablemente virtuosos, parece que clama contra la dureza de la ley; pero examinémosla atentamente, conozcamos su espíritu, recordemos nuestros juramentos, y executaremos entonces nuestros deberes»[30].

---

[26] «La potestad que nos ha confiado el Rey a los magistrados que componemos este Superior Tribunal, dimanada originariamente de Dios, no tiene otro objeto, sino el bien general de estas Yslas... si vosotros teméis las injusticias, y los errores de nuestras decisiones, nosotros tememos con mayor temor el Juicio de un Dios, y la indignación de un Rey», en *Oración del señor don Tadeo Manuel Delgado, Consejero honorario de Guerra y regente de la Real Audiencia de Canarias, dicha en la abertura del Tribunal el día 2 de enero de 1816*, La Laguna de Tenerife, 1816, p. 1. Por su parte, el regente Caballero afirmaba en la Audiencia gallega al hallarse «colocados entre la Iglesia y el Estado, entre el Cielo y la Tierra, si así puedo esplicarme, tenemos en nuestras manos la balanza entre el Sacerdocio y el Imperio, y estamos obligados a velar incesantemente sobre la conservación de estos límites inmutables que la mano del mismo Dios ha puesto entre dos poderes», *Discurso* (Galicia) 1830 p. 17. De esta manera, la Audiencia puede calificarse de «santuario de las leyes... se reúne en este sagrado templo de la justicia el primer orden de la magistratura en la dilatada y poblada provincia de Galicia a egercer, no el juicio del hombre, sino la censura del mismo Dios», en *Discurso que en la apertura de la Real Audiencia de Galicia en la mañana del día 2 de enero de 1829 pronunció su regente el Sr. D. D. Manuel Antonio Caballero*, Santiago, pp. 1 y 3, además de otras menciones al temor de Dios con el que los magistrados debían actuar y su responsabilidad ante el rey. Otros fueron más vulgares, al calificar a la Chancillería de Granada como «depósito las leyes», aunque a continuación también se refiriera a ella como santuario o «templo santo de la justicia», *Discurso pronunciado en el Real Acuerdo de la Chancillería de Granada el 2 de enero de 1817 por el Excmo. Sr. Conde de Montijo y de Baños... Presidente de la Real Chancillería de la misma ciudad, etc.*, Granada, s.a., pp. 1 y 6.

[27] Por ello, según el regente canario, «nosotros debemos observar las leyes, como fieles esclavos de ellas; no hay otro medio de cumplir nuestras obligaciones; son la norma de nuestra conducta; y en saliendo de ella, todo es error; todo es precipicio; todo es injusticia», *Oración*, pp. 3-4.

[28] Aunque no siempre. A él se refiere de forma implícita el presidente de la Chancillería de Granada en 1829: «Por la virtud del magistrado recibe la ley su perfección y su ser: los Códigos señalan la generalidad de los casos, y la virtud y la ciencia del magistrado aplica la equidad supletoria en los no comprehendidos o no esplicados en la regla general; y de aquí nace la necesidad de que el magistrado ame tanto la ciencia como la virtud», *Discurso pronunciado en la Real Chancillería de Granada el día 2 de enero de 1830 por el Escmo. Sr. D. José Olaulor... Presidente de la Real Chancillería, etc.*, Granada, s.a., p. 6.

[29] Ahora parece que la ciencia se sitúa en los propios tribunales según el regente de la Audiencia de Galicia Manuel Antonio Caballero, al afirmar que la Audiencia era «templo consagrado a la ciencia y justicia», *Discurso* (Galicia) 1830, p. 1.

[30] *Oración inaugural pronunciada el día 2 de enero de 1817 en la ciudad de Palma por el señor don Juan López de Vinuesa, del Consejo de S.M., regente de la Real Audiencia de Mallorca con motivo de la apertura del Tribunal*, Mallorca, 1817, p. 10. Rechazando más adelante la arbitrariedad, entendida cuando en los tribunales «se interpretan las leyes según la voluntad de los que deben executarlas» (p. 18). En parecidas palabras se había expresado el regente de Canarias en 1816: «no somos árbitros, sino executores de la ley... nos obliga a ser los pacificadores de los pueblos, el baluarte de la justicia, los verdaderos intérpretes de sus preceptos,

La función de la ley, según los regentes, era prevenir amenazando con los castigos[31].

Por doquier se afirmaba que el arbitrio judicial era incompatible con la legalidad absolutista que trataba (en vano) de imponerse. Su práctica, aunque estuviera permitida, conculcaba las facultades regias en materia penal, por lo que Fernando VII impone la aplicación de la legalidad absolutista[32]. Los magistrados entenderán, incluso, que no están sujetos a las leyes regias, sino también a la política impuesta por las autoridades reales tras la abolición constitucional[33]. Es significativo, en este sentido, lo expresado en la R.O. de 31 de agosto de 1824, que sigue las pautas marcadas de la R.C. de 10 de julio de 1817:

> «Ha llegado a noticia del Rey nuestro Señor la lentitud con que generalmente proceden todos los tribunales del reino en la sustanciación y determinación de las muchas causas criminales, que por desgracia se están formando en ellos, y también que esto sucede a pretexto de no poder separarse de los trámites que las leyes prescriben, resultando de aquí el grave mal de no hacer prontos y ejemplares castigos, que escarmienten a unos, impongan a otros, y retraigan a todos de cometer crímenes. S. M. no quiere que los tribunales que en su Real nombre administran justicia se separen de lo prevenido en las leyes; pero si les recuerda que en las mismas están dictados los medios de abreviar los procesos... pues que en circunstancias extraordinarias, extraordinarios deben ser los trabajos y esfuerzos de todos los empleados para el mejor servicio público».

En el discurso que pronunció Sanz de Velasco en 1817 se lamentaba de la «incertidumbre de nuestra ciencia legal... Tenemos leyes en abundancia, que comprehenden esos respetables Códigos civiles y canónicos, inagotable número de toda clase de libros, así nacionales como extranjeros, y en ellos más o menos adoptadas, y últimamente, costumbres canonizadas, que a veces ponen en tortura la verdad». Ante esta maraña, el litigante que confiara en el tenor de una ley para sus intereses podía ver aplicada, sin embargo,

---

el fiel de la balanza, en que se pesa la razón humana, y la imagen de las penas y los suplicios, en que se condena a sí propio el hombre, que no se contiene en sus desmanes y excesos. La ley es quien os manda, y no los magistrados, a ella obedecéis y no a estos», en, p. 2.

31 «El objeto de ellas no es la imposición de penas, sino la enmienda de los culpables, y el precaver que otros sigan sus mismas huellas. Quando el castigo contrariase estos fines no deberá imponerse», *Oración*, p. 12. En otros términos, un regente gallego afirmará en 1830 que «la sabiduría del legislador se vio en la necesidad de hacer los mismos progresos que la malicia del hombre para remediar, precaver y castigar los males, fraudes y delitos», en *Discurso* (Galicia) 1830, p. 8.

32 Véase el Real Decreto de 19 de abril de 1825 declarando «su resolución de conservar intactos y en toda su plenitud los legítimos derechos de su soberanía, sin permitir la más mínima alteración opuesta a las leyes».

33 «No es mi ánimo provocaros a un rigor excesivo cuando no lo reprobase la ley y la política, no sería aconsejado por mi temperamento y carácter. En las causas generales hallo la disculpa de muchos, pues en el ejemplo y tolerancia pasada fue más bien que delito una desgracia haber naufragado en la borrasca que amenazó las costumbres», *Discurso pronunciado en la Real Chancillería de Granada el día 2 de enero de 1824 por el Excmo. Sr. Don José Ignacio Álvarez Campana y Amat... Capitán General del Egército y Reynos de Jaén, Granada y su costa, Presidente de esta Real Chancillería, etc.*, Granada, s.a., por don Mariano Ruiz, p. 8.

cualquier reflexión que los jueces encontraran en los libros[34]. Como muestra de esta situación, plantea la vigencia y prelación de los cuerpos legales, teniendo presente que no es un jurista teórico, sino uno de los magistrados de la Audiencia de Sevilla y, en consecuencia, imbuido de la práctica:

> «Es un principio legal que solo tres diferencias de leyes tienen autoridad en estos Reyno, a saber: las de la Novísima Recopilación, Fuero Real y de las Siete Partidas; mas con la diferencia, que sabéis, de que la autoridad de las leyes recopiladas es absoluta y de primer orden, pero las del Fuero y Siete Partidas solo gozan de la subsidiaria; o lo que tanto importa en defecto de ley recopilada, según el orden y casos que previene la ley primera de Toro: de que se sigue que las del Ordenamiento Real no tiene, ni pueden tener ya autoridad de ley, como no esté comprehendida alguna de ellas en dicha Recopilación. Así lo sienten gravísimos autores; mas no obstante esto, entre los intérpretes es bien común tratar de dicho Ordenamiento como de leyes de viva observancia, y aún interpretar, restringir y ampliar por ellas las de Toro, que todas están recopiladas»[35].

Invocando que, para mayor confusión, Antonio Gómez anteponía las leyes de las Partidas a las del Fuero Real, «traspasando aquel orden prevenido en la misma ley». En cualquier caso, la legislación recopilada era, según él, un «intrincado laberinto» como resultado de «esa multiplicidad de leyes destruidas, unas por el tiempo, y muchas claras y terminantes entregadas a las disputas de los hombres, y por consiguiente a una perpetua contradicción sobre su genuina inteligencia». La solución se hallaba en esas mismas leyes, pues ante las incertidumbres legales, habría que acudir al juicio del soberano, evitando que «otras muchas meditadas con la más profunda seriedad en beneficio de la república reducidas a la nada por la interpretación». Fernando VII, sin embargo, apenas innovó en este punto.

Frente a los principios garantistas de la legislación procesal secular, en los que el poder absolutista encontró circunstancialmente un obstáculo para la represión de la delincuencia, se optaba por abrogar garantías y trámites en favor de un procedimiento sumario que castigara con celeridad los delitos cometidos. Como apostilla a este criterio represor se establece otro más autoritario, al premiar a los juzgadores que condenaran con celeridad (procesal) y severidad (punitiva) a los enemigos del Altar y del Trono.

Como tendremos oportunidad de comprobar en posteriores apartados, ni la legislación medieval, ni la recopilada se aplicaron de acuerdo con las pautas del legalismo absolutista. En primer término, el incremento de la criminalidad, según las estadísticas oficiales, muestra la ineficacia de tales disposiciones y de las dictadas por Fernando VII. Un aumento que es más destacable en la Década ominosa y que echa por tierra cualquier efecto preventivo de las mismas. Incluso la represión política, con ajusticiamientos en ocasiones masivos, no impidió la actividad de numerosos constitucionalistas. Por otro lado, el arbitrio judicial no desapareció y, aun cuando los ma-

---

[34] *Oración dispuesta por el señor don Isidoro Sanz de Velasco, oidor decano y regente interino de la Real Audiencia de Sevilla para el día 2 de enero de 1817 señalado para leer sus Ordenanzas*, Sevilla 1817.
[35] *Oración* (Sevilla) 1817.

gistrados estuvieran ideológicamente adscritos en su mayoría al absolutismo, en la resolución de los procesos criminales mantuvieron los principios de siglos anteriores, es decir, un arbitrio pautado por la razón y el Derecho que lejos de atenerse al legalismo absolutista que exigía la aplicación taxativa de la ley (penas ordinarias), continuó buscando la justicia en cada caso enjuiciado tratando de imponer a los reos el castigo más justo (penas arbitrarias). En definitiva, la ley secular no se aplicó por jueces y tribunales, en los delitos que comienzan a conocerse como comunes, por las razones que veremos más abajo; mientras que las leyes fernandinas de represión política, gracias a la actuación de nuevos órganos jurisdiccionales, sí se aplicaron con un importante grado de literalidad. Si desde el punto de vista político los liberales consideraron a Fernando VII como un rey *absolutamente absoluto*, desde la perspectiva jurídica solo sería absolutista puesto que las leyes antiguas, pero vigentes, no se aplican literalmente sino a través del arbitrio judicial. Lo cual no es óbice, antes al contrario, para comprobar cómo la política criminal del Gobierno propició momentos de rigurosidad en la aplicación de la ley, la dura actuación de ciertos magistrados en determinadas causas y la severidad con la que las comisiones militares aplicaron la literalidad legal.

Para entender la conservación de la legislación penal y del arbitrio judicial por una manifiesta necesidad de justicia más allá del reinado de Fernando VII, me permito transcribir, para terminar este epígrafe un artículo de Tomás García Luna, publicado en 1839 en la *Revista Gaditana*:

> «Es tal el estado en que se encuentran las leyes penales entre nosotros, que más bien que reformar las que están escritas en la Partida Séptima y en el libro 12 de la Novísima Recopilación, puede asegurarse, sin que parezca esta proposición aventurada, que es indispensable hacer en materia de delitos y de penas leyes nuevas, acomodadas a la cultura de los tiempos presentes. Apenas hay pena alguna de las establecidas que se imponga en el día; tanto los jueces como los tribunales al pronunciar sus temidos fallos tienen que apartar los ojos del texto de la ley, porque no padezcan menoscabo la razón y la equidad natural, a los reos verdaderos o a los que se presumen tales por indicios más o menos vehementes, solo les quedan por toda prenda de seguridad contra el error o la mala fe, la discreción y la integridad del que ha de juzgarlos; el honor, la libertad y la vida están en manos de un hombre, a quien sería intento vano el querer reconvenir, porque es evidente que fundándose todas las quejas que se dirigen contra los que administran justicia, en la falta de conformidad entre su modo de proceder y el que la ley tiene prevenido, no es concebible, que esto suceda siendo el que aplica la ley el mismo que hubo de formarla para un caso especial. El arbitrio judicial es todo nuestro derecho en este ramo tan importante; por falta de regla a qué atenerse acontece con frecuencia, que el promotor fiscal pide una pena, y que el juez la varíe o la modifique según sus ideas y el temple de su carácter, lo cual no es de estrañar, ni merecen censura los que así obran, puesto que no mostrándoles la ley la senda por donde deben caminar, es lícito a cada uno seguir la que su entendimiento y su conciencia le presente como preferible»[36].

---

[36] *Revista Gaditana*, n. 5, del 1 de diciembre de 1839, p. 79,

2. Propuestas para un Código criminal

El año 1819 representa un cambio en la visión del Derecho criminal absolutista. En primer lugar, apenas se habían dictado disposiciones en esta rama jurídica, lo cual suponía el mantenimiento de numerosos preceptos legales de raigambre medieval y moderna; la actuación de unos jueces que, por variadas consideraciones, no aplicaban las penas legales, a pesar de los mandatos del legalismo absolutista; y, por último, estaba presente la situación del resto de Europa, propicia a la renovación de la legislación penal vigente de acuerdo con las nuevas ideas de renovación. Ante este panorama, del que no escapaban las obras reimpresas de los juristas españoles, el gobierno de Fernando VII tuvo que claudicar en parte. El conocido R.D. de 2 de diciembre de 1819, dirigido al Secretario de Gracia y Justicia, encomendaba al Consejo de acuerdo con las formalidades burocráticas de la época la redacción de un «nuevo» Código criminal «para que con la claridad y sencillez pueda clasificarse los delitos, y aplicarse a ellos el justo castigo».

En su texto se reconocían, en primer lugar, las variaciones producidas desde el momento en que fueron promulgadas de las leyes vigentes criminales, con mención expresa de las Partidas. Con el consabido paternalismo absolutista, los súbditos deberían recibir la protección del soberano, ahora bajo la fórmula de un código criminal en el que hubiera dos partes bien delimitadas, las que regulaban los delitos contra la seguridad pública y contra los individuos. Un nuevo cuerpo legal, «en que clasificándose con propiedad y exactitud las diversas especies de delitos con que se perturba el orden público y seguridad individual, se determinen de un modo claro y positivo las penas correspondientes para el castigo de los reos y escarmiento de los demás». A través de él se resolverían la ausencia de una prudente clasificación en ciertos delitos, los inconvenientes del arbitrio judicial en la imposición de las penas, desterrando la arbitrariedad y propiciando una mejora en la tramitación procesal. En consecuencia, era preciso eliminar del ordenamiento la confiscación absoluta de bienes y la trasmisión de la infamia a los hijos por delitos del padre, imprescindible proceder a concretar la prueba privilegiada y la calificación de indicios, así como atemperar las penas más duras y duraderas, borrando la tortura como medio de prueba. En todos estos males de la legislación vigente y de su peculiar forma de aplicación se encontraba, según los redactores del decreto, «el razonamiento que precede a lo preceptivo de las mismas leyes, si bien laudable por contener sentencias de los antiguos y máximas de sana moral y política, ha dado sin embargo ocasión a dudas e interpretaciones sobre el motivo y objeto de las leyes, que han hecho en gran parte arbitraría y opinable la Ciencia del Derecho, especialmente en lo criminal; llegando a tal extremo este abuso, que no pocas veces ha prevalecido contra el sentido natural y genuino de la ley patria la opinión de sus glosadores, fundada por lo común en leyes de los antiguos romanos, a pesar de hallarse prohibido hacer uso de ellas en estos Reinos». En otras palabras, uno de los principales problemas era el recurso al arbitrio judicial, más atento a la doctrina que a la legislación. A estas críticas sustanciales había que sumar la multiplicidad y dispersión de las leyes criminale, «repetidas muchas de ellas, alteradas otras, y todas por lo común sin el concierto y método conveniente para formar un sistema claro y sencillo», lo que redundaba en una complicada administración de justicia. Para no volver a caer en este inconveniente se optaba no por modificaciones parciales, sino por reducir la materia criminal a un código, «en que precaviéndose los insinuados defectos e inconvenientes se clasifiquen debidamente los delitos, y determinen las penas proporcionadas a su castigo del modo más claro sencillo y metódico», cuya redacción se encomendaba al Consejo Real[37].

En los términos en que está redactada esta disposición entronca con las propuestas plasmadas en las obras de los juristas ilustrados y de comienzos del siglo XIX. Su destinatario inmediato era el marqués de Matafloriда, que no llevaba un mes en el cargo de Secretario y cuya bien conocida ideología absolutista le llevaría al exilio durante el Trienio y a formar parte de la regencia de Urgell. No correspondió, sin embargo, al Consejo Real su elaboración a raíz del levantamiento de Riego y el restablecimiento constitucional.

El nuevo período constitucional consiguió aprobar en 1822 el Código penal, que apenas tuvo vigencia unos meses, pues el regreso al absolutismo dio al traste con esta reforma que no era verdaderamente una ruptura con la realidad penal heredada. Pasaban los años y la necesidad de reforma se hacía cada vez más indispensable, cuando no acuciante. Si en las dos últimas décadas del siglo XVIII los juristas se dirigían al legislador para que modificara o actualizara la legislación penal[38], varias décadas después se hacía apremiante. Como es sabido, por R.D. de 26 de abril de 1829 se designó una comisión para redactar un Código criminal, habida cuenta que el propósito de 1819 no había fructificado y el Código de 1822 respondía a unos principios constitucionales de los que se trataba de abrogar cualquier recuerdo[39]. Un texto que debe leerse en clave absolutista, de mayor represión y de incremento exponencial de la delincuencia, de rechazo al arbitrio judicial, de preponderancia del legalismo para solucionar los problemas; pero también de apreciar cómo desde el poder se continúan recogiendo propuestas de finales del siglo XVIII e, implícitamente,

[37] Aunque no tengo datos para sostenerlo con rotundidad, es probable que los inconvenientes que encontró el poder político para castigar a los procesados en las causas de Estado, pues los jueces respetaron las garantías y trámites de la legislación antigua, e incluso en los obstáculos para contener la delincuencia de la posguerra y la tendencia mitigadora del arbitrio judicial, sin obviar las deficiencias normativas y la influencia del Código francés, propiciaron la voluntad de redactar un código ajustado a los principios absolutistas.

[38] El título completo de la obra de Manuel de Lardizábal, como bien sabemos publicada en 1782, nos permite comprender esta idea: *Discurso sobre las penas contrahido a las leyes criminales de España, para facilitar su reforma.*

[39] Aniceto Masferrer Domingo, *Tradición y reformismo en la Codificación penal española*, Jaén, 2003.

la conveniencia de adecuarse a la codificación que se va extendiendo por Europa. Los argumentos que en esta ocasión se utilizaron son diferentes a los empleados una década antes. El Secretario de Gracia y Justicia era Francisco Tadeo Calomarde. Hay una preferencia por el historicismo jurídico[40], que incluso es exaltado a pesar de la variación de los tiempos. Se aprecia, sin embargo, una omisión de las deficiencias enumeradas por el propio poder en 1819. Sí se admite que la multiplicidad y antigüedad legal provocaba problemas en su aplicación «por la falta de orden, de conexión y de unidad en la masa del sistema legal, y por la justa razón de dudar, que resulta a cada paso la inobservancia en que el trascurso de los siglos ha hecho caer muchas de las leyes antiguas, de la repugnancia que se encuentra en las disposiciones de otras con las prácticas y usos de los tiempos modernos, y de la contradicción que frecuentemente se halla entre leyes que han sido hechas a grandes distancias de tiempos en el largo período de quince siglos, con relación a costumbres, opiniones y necesidades diferentes y opuestas». No queda aclarado de forma explícita, sin embargo, que el objetivo fuera redactar un código nuevo, pues en el texto de esta disposición se habla de variación de las bases legales existentes y de su reforma[41], lo que inclina a pensar que la finalidad era actualizar la legislación existente y reducirla a un código. En este sentido, Fernando VII, por mano del redactor del decreto, afirmaba que «se ha fijado nuevamente mi atención sobre los grandes bienes que recibirán mis amados vasallos con la reforma completa de la legislación actual». La lentitud burocrática del sínodo real y la urgencia que se alegaba «tanto para afianzar el orden público, como para consolidar las garantías que se deben a la inocencia y seguridad de las personas, y a fin de cortar de raíz todos los abusos que se han introducido en el castigo y represión de los delitos», alteraron el procedimiento para su redacción. Se optaba en esta ocasión por una junta especial, compuesta por tres magistrados y un secretario letrado

---

[40] «Desde la fundación de esta Monarquía en los primeros siglos de la era cristiana la proveyeron mis augustos predecesores de leyes sabias y justas, que hicieron admirable su gobierno en todo el orbe civilizado. Siglos antes que se recopilaran las Capitulares de Carlo Magno tenían ya los españoles la Colección de leyes godas que promulgó Alarico, y el Fuero de los jueces, que de orden de Égica trabajaron los padres del Concilio decimosexto de Toledo; y el primer código general de leyes propias que vieron las naciones modernas fueron las Siete Partidas, obra inmortal de mi glorioso progenitor D. Alfonso el IX, que ha sido y será por muchos siglos un depósito inagotable de sabiduría legal. Después acá se ha ido sucesivamente enriqueciendo la legislación de estos reinos con las leyes y providencias generales que se han creído convenientes para su mejor orden, felicidad y recta justicia, reduciéndose de tiempo en tiempo a varias colecciones, que con los antiguos códigos de Castilla, León y Aragón, y los varios fueros municipales otorgados a diferentes ciudades y provincias, forma en el día un cuerpo de derecho, abundante en reglas de justicia y disposiciones, en que traslucen el aliento, el tino y el zelo por el bien común de los Soberanos que las promulgaron».

[41] «Variadas estas bases, que serán constantemente el motivo y fundamento de una legislación acertada, muchas de las leyes antiguas, que serían muy adecuadas, útiles y eficaces para la época en que se hicieron, hoy son inoportunas, perjudiciales e inaplicables, y su reforma cerrará la cima de dudas, dificultades y vacilaciones que embarazan a los magistrados en la administración de justicia, y ponen en incertidumbre los derechos más importantes de las diferentes condiciones del estado civil».

con voto, «todos versados en los negocios criminales y de acreditado zelo por mi Real servicio»[42].

Para hacerse una idea de cuál era la apreciación que tenían los juristas más curtidos en la necesidad de reformas, basta acudir a la *Exposición a su majestad sobre la situación política del Reino y medios de su restauración*, escrita por Pedro Sainz de Andino y fechada el 22 de julio de 1829[43]. Su sección primera está dedicada a la administración de justicia civil y criminal, si bien la mayoría de sus observaciones se dirigen a ésta. Comienza, precisamente, por la justicia y su recta administración, a la que considera el primer objeto al que debe atender el buen gobierno, como fundamento de las garantías, derecho, tranquilidad y orden público. La descripción que hace del estado de la administración de justicia en España es terrible:

> «defectuosísimo, funesto para el interés individual de vuestros vasallos y peligroso para la seguridad del Estado, no ciertamente por falta de leyes, que muchas y muy sabias nos dejaron los ascendientes de V.M. sino por la excesiva acumulación de estas mismas leyes, por la falta de métodos y claridad con que están redactadas y compiladas; por la arbitrariedad y reprensible inobservancia de muchas de ellas; por la usurpación que han hecho del poder de hacer leyes los que sólo estaban instituidos para aplicarlas; por la fácil y excesiva veneración que se ha tributado a las simples opiniones de los jurisconsultos que ninguna autoridad legal tienen; por la grande extensión que ha ido tomando el arbitrio judicial que haciendo inútil e ineficaz la legislación, ha sustituido la voluntad del Magistrado a la decisión inviolable del Soberano; por la viciosa organización de nuestros Tribunales y juzgados; por los abusos y corruptelas que la odiosa y ratera avaricia de los curiales ha introducido en las actuaciones de los juicios, complicándolos, alargándolos y oscureciéndolos para enriquecerse y gozarse con las lagrimas y la ruina de los desventurados litigantes; y finalmente por el lamentable abandono en que se deja la disciplina de la magistratura judicial»[44].

Este panorama no era tan desolador si acude a la documentación judicial manuscrita. Hay que tener presente la formación e ideología de Sainz de Andino para comprender mejor sus palabras. Siendo partidario del legalismo absolutista, con algunas trazas del principio de legalidad constitucional, no debe extrañar su rechazo al arbitrio judicial, al que tilda o denomina también como arbitrariedad[45]. Desde este punto de vista era evi-

[42] «Parece que Andino fue el que extendió el Decreto para la Junta del Código criminal. Se conocía que la minuta estaba puesta muy de antes. El Mayor no quiso poner la orden de su letra; y sí empujárselo a Torre, quien lo rehusó. El ministro tachó el nombre de Company, dejando solo el de Fernández, etc», según Arias, *Diarios*, I, p. 170, 26 de junio de 1829. Desde luego que hay una concordancia de pasajes entre el decreto y la *Exposición*.

[43] *Escritos*, estudio preliminar y notas por Federico Suárez y Ana María Berazaluce, Pamplona, 1968, vol. II, pp. 15-132. También en *El pensamiento administrativo de P. Sainz de Andino*, introducción y notas de José María García Madaria, Madrid, 1982.

[44] Sainz de Andino, *Escritos*, II, p. 29.

[45] «El juez que se encuentra con disposiciones distintas sobre un mismo caso, obra en su aplicación a gusto de sus inclinaciones personales, y si quiere favorecer al acusado, le impone la pena más suave, o si por el contrario tiene animosidad contra él, le descarga toda la severidad de la ley más dura», *Escritos*, II, pp. 31-32. Omite Andino que el arbitrio judicial era reglado. Me remito a mi trabajo «El arbitrio de los jueces inferiores», en José Sánchez-Arcilla (Ip), *El arbitrio judicial en el Antiguo Régimen. España e Indias (siglos XVI-XVIII)*, Madrid, 2012, pp. 133-219.

dente que no se podía defender con plenitud la aplicación rigurosa de la ley cuando, según él, en España «pasan de treinta y cinco mil las leyes que gobiernan a los españoles, y por el espacio de quince siglos se han ido acumulando unas después de otras», sin que se determinara cuáles estaban derogadas, y cuando muchas «están concebidas en un estilo obscuro, desusado y desconocido para la generación presente; cuando sus disposiciones no solo son incoherentes, como hechas para épocas de distintas costumbres y opiniones»[46]. Como otros juristas de finales del siglo XVIII reclama un cambio profundo en la legislación, pero el que tiene la potestad para hacerlo es el propio rey, que no parecía estar por la labor si consideramos el restablecimiento de la legislación medieval y moderna en 1814 y 1823, a pesar de las iniciativas para la redacción de un proyecto de Código criminal.

El desbarajuste legal llegaba a situaciones jurídicas complejas: «¿Cuántas veces no se forma objeto de cargo y se fulmina penas por contravenciones que, recayendo sobre leyes que se tenían por abolidas por el uso, habían perdido el concepto de toda especie de criminalidad?». Por tanto, él mismo admite implícitamente algo que en los tribunales superiores conocían bien: el estilo judicial había derogado la aplicación total o parcial de algunas leyes, en particular en materia de castigos. Se trata, en el fondo, de dirimir entre la legalidad y las circunstancias en las que se han de aplicar las leyes dictadas en otras épocas y escenarios. Por eso critica que «nada es más frecuente que ver castigado un mismo delito en igualdad de circunstancias con penas que no guardan proporción alguna», achacando estas situaciones a la multiplicidad e incoherencia de las leyes[47]. Esta afirmación, a la vista de la documentación judicial conservada solo es parcialmente cierta, pero incluso aun cuando lo fuera en su totalidad podía preguntarse: ¿se alegaron y probaron las mismas circunstancias durante el proceso?, ¿realmente concurrieron idénticas circunstancias, en sentido estricto, en ambos hechos?, ¿la criminalidad en el territorio en el que se cometieron era la misma? Creo que la afirmación de Sainz de Andino es una crítica abstracta y vulgarmente difundida durante siglos, incluso hoy en día, pero cuando se desciende al estudio de los hechos delictivos conocidos por jueces y tribunales, la realidad no siempre coincide con esa afirmación tan tópica.

El primer problema, el de la multiplicidad y oscuridad de la leyes, se resolvería con códigos, elogiando la decisión del monarca del año 1819. Una vez que se solucionara este problema con nuevas leyes, la consecuencia era inmediata: hacerlas observar y cumplir, sobre todo a jueces y tribunales. Para conseguirlo la primera medida era facilitar su publicación y conocimiento por todos, pues según el discurso de Sainz de Andino lo expuesto «queda reducido las más veces el conocimiento de la ley a los jueces,

---

[46] *Escritos*, II, p. 30. Incertidumbre legal, que generará que los particulares sostengan en ocasiones pretensiones infundadas o capciosas, y los jueces «suelen arreglar las sentencias a su opinión propia, porque esto es más fácil y grato que desentrañar la mente de la ley y sujetarse a ella», *idem*, pp. 33-34.

[47] *Escritos*, II, p. 31.

escribanos y secretario del ayuntamiento que, después de leerlas ligeramente, las arrinconan en un legajo de órdenes y no vuelven a pensar en ellas»[48]. En suma, pocas leyes, nuevas, conocidas y de obligada observancia, emanadas del soberano y, en consecuencia, tenidas por justas. Dicho lo cual, se adentra en el tema del arbitrio y de la arbitrariedad judicial que veremos en un apartado posterior.

El principal remedio contra la multiplicidad y oscuridad de leyes seculares y contra los abusos del arbitrio (tomado por arbitrariedad) judicial era «la formación de un Código general que contenga leyes claras, precisas, decisivas y generales, que no dejando motivos para dudar, reduzcan la autoridad del juez a aplicarlas fielmente, ajustando siempre sus decisiones al texto del expreso derecho». Para conseguir esto último, proponía que los jueces quedaran obligados a «fundar sus sentencias de modo que cada una de estas muestre la ley que sirvió al juez de regla para dar su fallo»[49]. Sainz de Andino, como conocedor y actor del proceso codificador, era partidario de implantar «la obligación indispensable de fundar todas sus sentencias en leyes determinadas»[50]. Esta, pues, es la diferencia sustancial, la puerta que impediría el arbitrio judicial, pero no un margen de discrecionalidad legal. En suma, un muro para el arbitrio judicial al verse obligado el juez «a dar razón de su fallo, y deducir de una disposición legal los fundamentos que tuvo para darlo». Pero sobre la fundamentación de las sentencias criminales en la Corona de Castilla ha existido algún tópico traslaticio. Como he reflejado en un reciente trabajo, es preciso diferenciar entre la fundamentación jurídica del Antiguo Régimen, en particular de las sentencias de los jueces inferiores, de la motivación legal propia de la Codificación. Las Salas del crimen, habitualmente no insertan en el texto de la sentencia criminal las causas o razones que determinan el fallo; por el contrario, los jueces inferiores, letrados o legos asesorados, extienden sus sentencias con mención a hechos y fundamentos jurídicos, que no legales[51].

A pesar de disposiciones y opiniones a favor de la renovación normativa, en el Consejo de Castilla no se percibía la necesidad de elaborar un código, o al menos así parece que pensaba su decano gobernador[52]. Es posible que Calomarde y Sainz de Andino llegaran a un acuerdo para la redacción de un proyecto siguiendo el procedimiento para la elaboración del Código de comercio[53].

El Proyecto de Código penal de 1830, firmado por sus redactores el 7 de

48 *Escritos*, II, p. 47.

49 *Escritos*, II, p. 56. Añadiendo que «solo el juez ignorante o corrompido temerá que se le imponga esta obligación, porque sin duda alguna es mucho más fácil y cómodo decidir ligeramente o a placer del deseo, o de la pasión, o del interés, de las propiedades, la honra y las vidas de los hombres, que verse sujeto a meditar, combinar y estudiar el hecho y el derecho, para hallar la disposición legal conveniente y citarla como base de la sentencia», *ídem*, pp. 56-57. Es decir, proponía abandonar la motivación jurídica y dar paso a la motivación legal.

50 *Escritos*, II, p. 57.

51 «Sentencias criminales en Castilla», ya citado.

52 «Riega, el primer magistrado de la Nación, decía a Asta que la formación de un *Código criminal* era un disparate, un trastorno!», en Arias, *Diarios*, II, p. 35.

53 Así se pronuncia Lasso, *Crónica de la Codificación*, 5-I, p. 182.

mayo, sin una sistematización tan clara como la del Código de 1822, fue elaborado por una junta de designación real[54], en la que Lasso distingue dos liberales y dos protoliberales[55]. Se repartieron el trabajo por parejas, encargándose Asta y López Pelegrín de la parte penal, aunque sobre la estructura interna existieron divergencias[56]. Constaba de 744 artículos y, como señaló Landrove, destaca por su fundamentación absolutista y su carácter mixto, al integrar preceptos penales y procesales[57]. Los trabajos se realizaron con premura. Cada miembro de ella redactó determinadas partes. Fue Sainz de Andino quien introdujo mayores innovaciones con respecto a sus compañeros y el único que actuó, además, al margen de la Junta[58]. La premura por tenerlo redactado en el plazo marcado arrastraría numerosos defectos[59]. Las críticas se dirigieron tanto a la división como a partes sustanciales del nuevo proceso: «La prisión viene después de la sentencia; y así»[60]. También los recalcitrantes criticaban la sujeción de los obispos a los tribunales civiles[61], lo que la jerarquía eclesiástica entendió como un ataque[62]. En

---

[54] *El Proyecto de Código criminal de 1830*. Estudio preliminar y edición por J.R. Casabó Ruiz, Murcia, 1978. También en Juan Francisco Lasso Gaite, *Crónica de la Codificación española. Codificación penal*, Madrid, 1970, vol. 5-I, pp. 175-201 y vol. 5-II, apéndice II, pp. 137-196. La comisión redactora estaba compuesta por Esteban Asta, Joaquín Fernández Company, Ramón López Pelegrín y Pedro Sainz de Andino (secretario letrado). Una vez presentado, «tomando S.M. en consideración lo que le espuso al mismo tiempo acerca de lo conveniente que sería una revisión más detenida de sus trabajos para corregir las imperfecciones que hubiesen podido deslizarse en la premura con que aquellos se ordenaron, y teniendo presente la necesidad de que los referidos ministros quedasen desembarazdos para asistir a sus tribunales respectivos y desempeñar otros encargos del real servicio que algunos de ellos tenían, se sirvió encargar la citada revisión al espresado don Pedro Sainz de Andino, que como indibiduo y secretario que había sido de la Junta, tenía un esacto conocimiento del espíritu de las leyes propuestas y de las razones que se tubieron presentes en su discusión», *ACGC*, leg. 3, pp. 2-3.

[55] Lasso, *Crónica de la Codificación*, 5-I, p. 177. Los considerados protoliberales por su trayectoria política son López Pelegrín y Sainz de Andino. Las relaciones de este último con los otros tres redactores y el Secretario de Gracia y Justicia no debieron ser cordiales, según lo expone Lasso a partir de los *Diarios* de Arias.

[56] De nuevo Lasso aclara el reparto entre los redactores y la relevancia del trabajo de cada uno, *Crónica de la Codificación*, 5-I, pp. 186-187. Casabó, *El Proyecto de Código criminal de 1830*, p. 8, señala que de los 361 artículos de la parte penal, Asta redactó alrededor de veinte y el resto corresponde a López Pelegrín.

[57] Landrove Díaz, «En torno al Proyecto Sainz de Andino de Código Criminal», p. 442.

[58] «Asta contó al Sr. Lamas las intrigas de Andino; que ha dicho al ministro que el Código criminal era solo para 25 años; que podía hacerse un Código que se anticipase a todos los de Europa, pues las ciencias morales han adelantado mucho en los últimos años, etc. Así acaso no se publicará», según escribió Arias a finales de mayo de 1830, en *Diarios*, II. p. 222. Al iniciarse junio dejó constancia de estar «el Rey decidido a hacer efectivo el Código criminal, aunque Andino está haciendo otro», sin que la oposición eclesiástica hubiera disminuido, *Diarios*, II, p. 233. A finales de julio pensaba erróneamente que se estaba imprimiendo.

[59] Arias escribió que «Asta no asiste, porque tiene que presentar a últimos del mes el Código criminal, cosa, dice, que no puede ser sin mil defectos, en una obra tan interesante; y que así va ello»; y en 25 de abril de 1830, anota que «Asta repitió que no saben cómo salir con el Código criminal por el apuro de san Fernando», en *Diarios*, II, pp. 180 y 190.

[60] Arias, *Diarios*, II, p. 69.

[61] «El Código criminal sujeta los obispos a los tribunales civiles. Me alegro –escribía Arias-, así se desengañarán los necios». Aunque más adelante recula: «Veo unos artículos del Código criminal: escandalosos. Los clérigos quedan sujetos a los Tribunales civiles en todos los delitos que merezcan pena corporal, con asistencia sola de un eclesiástico! Los legos solo pueden ser juzgados por lo eclesiástico en el delito de herejía! Las competencias entre autoridades

cualquier caso, suponía un importante avance ante una inmensidad legal, oscura y secular, que la jurisprudencia práctica había venido modificando en su aplicación casuística, y la teórica reclamando desde la década de 1780.

Los principios básicos sobre los que giró su redacción fueron la preservación de la vida, el honor y el patrimonio de los individuos, plasmando en cada uno de los preceptos su concreción respecto cada uno de los hechos delictivos. En sus palabras, se trataba de determinar a lo largo del articulado «qué es prodición aleve, rigurosa defensa o mera casualidad en la muerte inesperada de un hombre». Como señalé en otro lugar, el objetivo era pormenorizar en un único texto legal toda la tradición jurídica a la que tenían que acudir los jueces para resolver los procesos[63]. En el conjunto del código encontraría cualquier juez lo que antes tenía que buscar entre los viejos textos legales en combinación con las doctrinas insertas en las obras de la literatura jurídica[64]. Sabían sus redactores que no se podía desterrar en su totalidad esta práctica, pero sí reducirla sobremanera.

Sus objetivos eran básicamente clarificar el panorama legislativo en materia criminal; mejorar el sistema probatorio; deslindar qué correspondía al foro interno (pecado) para delimitar el marco delictivo reprensible por el Estado (delito); acabar con la multiplicidad de fueros privilegiados haciendo prevalecer la jurisdicción ordinaria ante la realidad de que «todo lo privilegiado crece, pero es a costa del orden común que mengua en la misma proporción»[65], asunto sobre el que se insistirá en la redacción de los diferentes proyectos buscando aplicar con igualdad y uniformidad los delitos comunes a la mayor parte de los individuos; imponer en la aplicación de los nuevos preceptos penales el principio estricto de legalidad[66], aun admitiendo cierto

civiles y eclesiásticas se dirimen por recurso de fuerza al tribunal territorial. Los obispos, generales de las Órdenes religiosas, etc. serán juzgados por la Alta Corte de Justicia ¿qué tal?», Arias, *Diarios*, II, pp. 201 y 221.

62 Arias, *Diarios*, II, p. 211.

63 «De la literatura jurídica al código penal: causas y circunstancias en el Derecho histórico español», en *BFDUC*, 83 (2007), pp. 241-302.

64 Sobre este particular me remito a lo que he sostenido en «El arbitrio de los jueces inferiores», ya citado.

65 El problema era tan viejo como las quejas para que se solucionara. En la Exposición elevada por la junta al rey se reconocía que «cada autoridad y jurisdicción tienen sin duda una tendencia natural a dilatarse, ensanchando inconsiderablemente sus atribuciones, por más que de esta suerte sea penoso y difícil su ejercicio y desempeño... Esta ansiedad de mando, que después de haber logrado el fuero activo y pasivo a favor de algunas clases o institutos, llegó hasta el extremo de inventar el fuero de atracción, solo podía dar de sí rivalidades absurdas y disputas estériles, que consumiendo el tiempo en vano paralizasen indebidamente el curso de las causas principales. De esta suerte las prisiones se hacen eternas, y olvidado el delito viene tan atrasada y tan lánguida y fría la pena, que o no se impone la de la ley, o su ejecución suele parecer dura y muy lastimosa» (Lasso, *Crónica*, 5-II, p. 138).

66 «Dejando aparte el inconstante influjo de las opiniones varias de los autores criminalistas, que por muchos siglos decidieron de todo con la misma inconstancia, adoptando los jueces y letrados las doctrinas de los que habían preferido en su estudio, como hoy sucede todavía en gran parte de la jurisprudencia civil, nuestras leyes mismas, criminales nacidas unas en la penosa época de la expulsión de los moros, otras entre las turbulencias de la guerra civil, y las últimas en reinados pacíficos, nos han empeñado en hacer un examen de ellas y un compendio analítico de sus delitos y penas, que como es natural llevaron siempre la signatura del tiempo de su promulgación» (Lasso, *Crónica*, 5-II, p. 139).

grado de arbitrio judicial empleado «con absoluta necesidad y en fuerza de una ley que disponga expresamente la extensión y límites de este albedrío»; adecuar las penas a los delitos y a los tiempos[67]; y reformar el proceso penal como requisito básico para la correcta aplicación de las penas a los verdaderos culpables. Sobre estas bases se dividió el código en dos libros, el primero dedicado a los delitos y las penas (arts. 1 a 361); recogiendo el segundo lo relativo a la administración de justicia en lo criminal (arts. 362 a 744). De este modo se fundía en un solo código la parte propiamente penal y el enjuiciamiento de los delitos, así como la ejecución de las penas[68].

Conviene detenerse en las ideas básicas planteadas por algunos de sus integrantes, comenzando por su presidente, Esteban de Asta, porque de lo que se trataba en última instancia era de determinar de modo positivo los derechos y las obligaciones de los individuos cuando cometieran cualquier delito[69]. En su opinión, para la correcta redacción de una ley tan importante era necesario conocer el delito en su esencia, conocerlo «por sus circunstancias y relaciones tan diversas que aumentan o disminuyen su gravedad» –con lo que definitivamente se abandonaba la diferencia entre circunstancias del delito y causas de la pena– y determinar su clasificación, así como todo lo relacionado con las pruebas precisas para proceder sin dilaciones ni defectos a la determinación de la pena. Con relación a ésta y a la necesidad de establecer el principio de proporcionalidad, resalta que «la escala de las penas usadas o conocidas es además muy inferior a la de los delitos, y esta dificultad que hasta de ahora se ha procurado salvar con la semejanza y con la aproximación, graduadas por el prudente alvedrío del magistrado, podrá disminuirse con leyes más específicas y aun minuciosas, pero no enteramente vencerse»[70]. No obstante, la admisión de la pena de muerte en el Proyecto se mantenía, como en la legislación secular, para «el autor de un homicidio puramente proditorio», para el parricida o para quien robaba con fuerza en los caminos[71]. El resultado final era la reducción del número de

---

[67] La misma inconstancia y vicisitud que alegaban de los delitos la señalaban para las penas. Así, «las de minas, arsenales, y remo de galeras, que fueron tan frecuentes en los delitos groseros de segundo orden, apenas se conocen ya, ocupando tiempo a este vacío los costosísimos presidios de África, las obras públicas, y alguna vez la confinación a Puerto Rico y Filipinas... Así por necesidad se habrán impuesto algunas penas, no arbitrariamente como censuran los díscolos, sino al prudente albedrío de los jueces y tribunales, que en España fueron siempre rectos y moderados cuando pueden serlo» (Lasso, *Crónica*, 5-II, p. 139).

[68] Sobre su estructura, Casabó, *El Proyecto de Código penal de 1830*, pp. 9-10.

[69] Se partía de lo redactado por los integrantes de la Junta, teniendo a la vista «otras obras clásicas de esta naturaleza y otros planes o indicios de la materias y títulos que comprende la legislación criminal, no solo en nuestras Partidas, ordenamientos y fueros sino en los códigos modernos de otras naciones...», *Trabajos de los señores de la Real Junta del Código criminal*,en BUSe, fondo antiguo.

[70] La clasificación y enumeración de penas (arts. 5 a 8) era bastante más reducida que la prevista en el CP de 1822 (art. 28). De acuerdo con la disposición que motivó su redacción, no incluyó la infamia.

[71] Por ejemplo, en la pena de muerte se suprimía todo lo relacionado con el arrastramiento previo o el descuartizamiento posterior. Antes de su definitiva implantación en 1832, se optaba por la ejecución capital en el garrote. Su ritual aparecía regulado de forma pormenorizada en términos similares a los previstos en el CP de 1822. Desde luego, los azotes quedaban proscritos, *Trabajos de los señores de la Real Junta del Código criminal*, en BUSe; y Exposición de motivos.

penas establecidas en los textos legislativos antiguos y la mitigación en la ejecución para algunas de ellas.

La unidad y uniformidad en la aplicación de los preceptos del Código criminal debían alcanzar a todos, por lo que, como he apuntado, para Asta debían desterrase los fueros y jurisdicciones especiales, lo que conllevaría evitar un considerable número de problemas procesales. No solo eso. Una vez establecida, con matices, la unidad de fueros, a todos se debían aplicar los mismos trámites procesales. En este punto, se entrará en detalle respecto a la determinación y valoración de las pruebas: diferenciando con claridad las legales de los indicios, presunciones o conjeturas.

Por su parte, Ramón López Pelegrín planteó un conjunto de dudas u observaciones a la Junta para que, a partir de las mismas, se redactara el articulado. Entre ellas cabe mencionar las siguientes: la pena de infamia, como estaba determinado desde 1819, no se transmitiría a la familia del condenado; la confiscación de bienes, tenida por inútil y perjudicial al Estado, no se aplicaría cuando hubiera ascendientes o descendientes; la pena de muerte no se agravaría con mortificaciones corporales, pero se permitía agravar su ejecución con signos externos –túnica de color, capillo, cartel– para hacerla más odiosa e imponente; y, el conato –se emplea todavía la terminología secular– y los «esfuerzos para cometer un delito, pero sin haber llegado a cometerlo», no se castigarían con la pena prevista para el delito consumado.

Fernández Company esbozó otro conjunto de dudas que permitieron llegar a una serie de acuerdos en el seno de la Junta. Sus planteamientos inciden en buena medida sobre aspectos procedimentales. De acuerdo con ellos, las causas sobre palabras livianas se resolverían en juicio verbal y no por demanda escrita; mientras que las graves lo serían por juicio escrito[72], lo que suponía evitar que llegaran a los tribunales un gran número de ellas –como por otra parte venía ocurriendo a través de la consulta–, aspecto en el que insistían las audiencias y chancillerías[73].

A diferencia de sus compañeros, Sainz de Andino no planteó dudas o criterios básicos para la redacción del articulado, limitándose a entregar, como los demás, sus propuestas articuladas. Su trabajo estaba encaminado, en realidad, a redactar su propio proyecto.

Profundizando algo más en el articulado, la definición de delito es la que lo inicia: «El delito es una transgresión voluntaria de la ley civil, con ofensa del Estado o de los particulares»[74]. Los principios de legalidad e irretroactividad aparecen plasmados en el art. 20: «Ningún delito puede ser

---

[72] Se alteraba su determinación: las leves serían aquellas que «se hacen con pocas palabras que causen menosprecio en el concepto público y deshonra»; mientras que las graves serían las que «imputen un hecho que las leyes califiquen de delito». Quedaba, en consecuencia, olvidada la vieja clasificación recopilada de palabras mayores y menores.

[73] *Trabajos de los señores de la Real Junta del Código criminal*, en BUSe, fondo antiguo.

[74] Definición que trae origen en Filangieri. Crf. Casabó, *El Proyecto de Código criminal de 1830*, pp. 10 y 12. Tapia había definido el delito como «la transgresión de una ley, ejecutada voluntariamente y a sabiendas, en daño u ofensa del Estado o de alguno de sus individuos», y de acuerdo con esta definición los clasificaba en públicos y privados, en *Práctica forense*, p. 243-244.

castigado con otras penas, que las que se hallen establecidas antes de su perpetración».

Los delitos son clasificados en públicos o privados. Los primeros son los que ofendían inmediatamente al Estado «por su misma gravedad o por el daño causado»; mientras que los privados producían un daño o perjuicio a un particular «sin transcendencia grave en las costumbres y en el orden público». Por si cupiera alguna duda, se insertó una cláusula de residuo: «los demás delitos verdaderamente son públicos». En cada una de estas divisiones se integraban las «once clases de delitos» (arts. 2 y 3). De esta manera, el adulterio y «todo acto de incontinencia doméstica» son delitos privados, incluidos en la clase de los delitos «de incontinencia de todas especies» (tít. 26).

A partir de la valoración del elemento subjetivo, en los delitos se considerarían «tres grados de malicia»: máximo, cuando se perpetre sin preceder causa impulsiva «y con circunstancias tan agravantes que dan a conocer la perversidad del que lo cometió»; medio, cuando la causa impulsiva es débil «y el delito se comete con premeditación»; e ínfimo, si el impulso es fuerte y «la acción se hace en el primer movimiento de una pasión violenta» (art. 21). En este sentido, «los delitos cometidos en la embriaguez habitual se calificarán en el grado ínfimo de malicia; y los que se cometan en la meramente casual, nunca serán castigados» (art. 22). Llama la atención que la embriaguez no se recogiera en el art. 28, en el que se enumeran las circunstancias «que disminuyen el delito».

El Proyecto de 1830 no mencionaba la distinción entre la exención de la responsabilidad (*eximente*) y la circunstancia atenuante, aunque la encontramos implícitamente en el art. 14: «la fuerza invencible excusa de toda pena», pero «toda otra especie de violencia, la disminuirá en proporción a la gravedad». En otros casos se utiliza el término excepción: «los consejos, las promesas y los engaños dirigidos a cometer un delito, o a auxiliar de cualquiera manera su perpetración no servirán nunca de excepción» (art. 15); ni tampoco la embriaguez de costumbre, la venganza, la enemistad y el desafío «aunque dimanen de injurias realmente recibidas» (art. 16). Por el contrario, la demencia habitual y manifiesta y la estupidez y falta absoluta de razón y sentido común serían «excepciones que relevan de culpabilidad» (art. 17). En este último caso, los bienes estos delincuentes que han sido considerados dementes o estúpidos o los de las personas que los tuvieren a su cargo, serían legalmente responsables del resarcimiento del daño causado (art. 18). La legítima defensa aparece inserta en el Proyecto de 1830 mediante una redacción de fácil comprensión para toda la sociedad española: «Ninguno debe tomarse la justicia por su mano, sino es en el conflicto de la defensa de su vida, o si fuese asaltada su habitación» (art. 19).

También se reguló la reincidencia en un mismo delito, de tal manera que «se calificará con un grado mayor de malicia que el que se consideró en la primera», y con el grado máximo de malicia a quien fuera calificado como *reincidente* (arts. 38-39). De su regulación se desprende que la reincidencia era considerada como circunstancia. Los arts. 44 y 45 apoyan esta afirmación, ya que al inculpado «de muchos crímenes de una misma especie» se le imponía la pena corporal que mereciera por el mayor de ellos y todas las pecuniarias; mientras que la reincidencia en el mismo delito sería castigada con un tercio más de la pena -en la duración temporal o en su cantidad- de aquella que le hubiera sido impuesta en el primer caso, salvo que la ley hubiera señalado otra pena para la reincidencia.

La dignidad de eclesiástico o de militar era, por el hecho de sus funciones, la razón que permitía conmutar la pena, de manera que no podrían ser condenados a minas, arsenales ni trabajos públicos (arts. 48 y 50). Por su sexo, las mujeres no podían ser destinadas a trabajos, minas, o arsenales, sino enviadas a reclusión en casas destinadas a este objeto o en conventos «según su clase» (art. 49). El fundamento lo encontramos en el art. 59, de acuerdo con el cual, «lo esencial de las penas no se variará por el diferente estado o consideración civil de las personas; pero en el modo se guardarán las distinciones debidas a los nobles e hidalgos, y a los que gozan por ley de nobleza especial». En suma, se mantenía la situación estamental propia de siglos anteriores, plasmada incluso en el modo de ejecución de la pena capital.

Los artículos 27 y 28 del Proyecto de 1830 redactado por la Comisión designada por Fernando VII, enumeraba las agravantes y atenuantes del delito. El primero de ellos enumeraba como «circunstancias que agravan el delito», las amenazas, los insultos y malos tratamientos de obra y de palabra en el acto de cometerlos; la indefensión y debilidad del ofendido, ya sea por su edad, por su sexo o por enfermedad; la mayor preparación y premeditación para ejecutarlo; y la fuerza armada o superior con que se haya realizado. Mientras que el art. 28 enunciaba como «circunstancias que disminuyen el delito», la buena conducta anterior y aplicación al trabajo; el primer movimiento de una pasión vehemente o inculpable; los insultos que en el acto se hubiesen hecho al ofensor por el ofendido; la menor edad; y el resarcimiento del daño antes de ser procesado el delincuente.

Además de esta enumeración, se incluyeron otras circunstancias particulares. Por la vía negativa, tan utilizada en la redacción del Proyecto de 1830, los menores de diez años y medio no podían ser considerados delincuentes (art. 35), aunque se establecía la responsabilidad civil subsidiaria de sus padres, tutores o personas con las que vivieran (art. 36). En parecidos términos, los mayores de ochenta años cumplidos no sufrirían penas corporales -se trata en realidad de una causa de reducción de la pena y no de una circunstancia-, aunque estarían sujetos a las civiles y pecuniarias (art. 37).

El art. 26 del Proyecto de Código penal de 1830 establecía la necesidad de probar tanto el delito como sus circunstancias: «las circunstancias que agravan o disminuyen la culpabilidad del delincuente, se han de probar tan plenamente como la existencia del delito». Requisito que también aparece recogido en otros textos penales.

El art. 29 enumeraba las cinco clases de delincuentes: autor del delito, cómplices, auxiliadores, receptadores y encubridores. Por autor se entendía no solo el que cometiera por sí mismo el delito, sino también el que indujera a su ejecución con promesas o dinero. Las diferencias entre cómplices y auxiliadores se centraban en que mientras los primeros contribuían inmediatamente a la perpetración del delito, los segundos sin concurrir a su comisión o bien facilitan instrumentos para su perpetración, o bien se ofrecieren a la expendición de los efectos[75].

La concepción sobre algunos delitos demuestra cierta moderación en la determinación de culpabilidad de algunas conductas. En este sentido, respecto de las barraganas y concubinas –mantiene la terminología antigua– se acordó que su reprensión correspondiera a las leyes administrativas, quedando solo en la legislación criminal «el escándalo de la prostitución para correjirlo con las penas convenientes». Más problemática parecía la séptima duda, pues planteaba si sería justo y conveniente mantener los castigos contra las adúlteras «y que los maridos adúlteros no tengan ninguna pena». La solución fue que «se suavizen las penas que sobre el adulterio prescribe la legislación actual» para las mujeres, pero que se castigara a los adúlteros y adúlteras. Siguiendo, en este punto, la práctica judicial y la legislación canónica, se prohibió al marido matar a los adúlteros «aunque los aprenda in fraganti», ni por supuesto quedarían a su disposición. López Pelegrín planteaba a continuación si el estupro «que muy rara vez puede ser obra de la violencia» debía considerarse un delito, acordándose que sí lo fuera el estupro violento y la «seducción de una joven menor de 14 años por el que tenga más de 18». Para la prostitución «vaga y simple», en la que solo las mujeres eran castigadas por la legislación civil, también planteaba su castigo penal para los varones, conviniendo que «solo se tendrá por delito la prostitución, cuando cause escándalo por el mal ejemplo, o por la provocación a atraerse cómplices en actos lúbricos».

Se insertaron títulos específicos para los delitos de lesa majestad divina –no bajo la rúbrica de delitos contra la religión, aunque en realidad lo fuera–, lesa majestad humana –diferenciados de los delitos cometidos contra la seguridad del Estado–, los desafíos, las armas prohibidas –que como veremos fue un importante problema– o los delitos contra la Real Hacienda[76]. A pesar de no incluir ninguna cláusula derogatoria de la legislación criminal vigente, sin duda pretendía recoger en su articulado todos los preceptos de esta naturaleza con la excepción de la delincuencia militar, por lo que la intención última de su promulgación sería la derogación de las leyes seculares.

Otro punto en el que había una manifiesta concordancia en el seno de la Junta era el referido a la represión del bandolerismo. Sustancialmente no se modificaban las penas, pero se delimitaba mejor el delito[77]. El art. 249 castigaba con la pena de muerte a los ladrones que hicieran resistencia

---

[75] Sobre las variaciones entre las propuestas y la redacción definitiva, Casabó, *El Proyecto de Código criminal de 1830*, pp. 19-20.

[76] Como afirma Lasso, es una división que recuerda parcialmente el libro XII de la Novísima Recopilación. *Crónica*, 5-I, p. 189. Vid. Casabó, *El Proyecto de Código Criminal de 1830*, p. 31.

[77] La duda 13 era: «Castigándose en España con frecuencia y severidad los salteadores de caminos y otros ladrones a quienes la grosería y la fuerza conducen al robo, ¿en qué consiste, qué formas se prenden y se castigan los de otra cultura que toban muchísimo más y con mayor malicia y seguridad?».

armada a los dependientes de la administración de justicia, resguardo o tropa. El precepto siguiente determinaba la práctica mantenida desde ha-cía décadas: «De los ladrones en cuadrilla que roban en los caminos o en poblado, será siempre condenado a pena de muerte el que hiciere entre ellos de capitán o superior»[78]. Los demás solo sufrirían la capital si causaran heridas. Nada se innovaba, tan solo se trasladaban al Proyecto las disposiciones específicas que castigaban este tipo de delincuencia patrimonial.

Además de las reformas penales, se consideraba pertinente entrar de lleno en las jurisdiccionales. Junto con las limitaciones a las jurisdicciones especiales, se planteó por López Pelegrín un problema tan real como secular: «Siendo por desgracia harto manifiesta la inobservancia de varias leyes criminales por falta de celo de justicia o por temor y debilidad, especialmente en los alcaldes de los pueblos y aun en algunos jueces de partido, ¿qué remedio o que ley podría adoptarse contra este gravísimo mal que es un verdadero cáncer tanto más voraz y peligroso cuanto que ha llegado a creerse entre nosotros que ninguna autoridad, ningún empleado es reconvenido por no hacer ni se expone a serlo? En vano son las mejores leyes si esto no se remedia». No concuerda mucho este planteamiento con los datos que se desprenden del estudio de las causas criminales, de las estadísticas presentadas por los tribunales, ni tampoco por el control de oficio ejercido por los tribunales[79].

Con el mismo espíritu de sistematización y en pos de una mayor claridad, la pena es considerada «el castigo que es dado a alguno según la ley, por el delito que cometió, para su escarmiento y ejemplo de los demás» (art. 4). Las penas se dividen en corporales, que van desde la pena de muerte hasta el destierro y la reclusión; civiles, que eran las de privación o suspensión de empleos y cargos públicos, la inhabilitación para su obtención, la privación o suspensión de hacer fe en juicio, el apercibimiento, la reprensión y la retractación judicial; y, por último, las pecuniarias, en las que se mantenía, con matices, la confiscación y las multas (arts. 5 a 7). Esta triple clasificación recuerda, reducida y con alguna variación, la recogida en el art. 28 del CP de 1822. En ambas quedaba proscrita la pena de azotes y la de vergüenza pública, a pesar de que en 1830 se mantenía entre las corporales la argolla, cuya ejecución implicaba la exposición pública del reo. Contrasta el listado con la práctica judicial y con el texto constitucional, pues no se enumera el arresto dado por pena o la sujeción a la vigilancia de las autoridades.

En materia punitiva y a raíz de las dudas planteadas por López Pelegrín, se determinó que quedaría al albedrío del juez una tercera parte de la duración de las penas «por las circunstancias particulares de algunos

---

[78] El art. 245 disponía que «se entenderá por cuadrilla de ladrones la de cuatro hombres de los cuales alguno lleve armas». Las penas para estos ladrones se agravaron con respecto al CP de 1822 en consonancia con la represión que se venía ejerciendo contra el bandolerismo desde 1784, al menos.

[79] Así lo recogí en «Irregularidades judiciales en el proceso penal durante el Antiguo Régimen: problemas, controles y sanciones», en *Revista de la Facultad de Derecho de la Universidad Complutense de Madrid*, 91 (1999), pp. 211-261.

delitos»; en las sentencias se incluiría el resarcimiento o indemnización por los daños y perjuicios ocasionados, lo que se venía haciendo aunque no con la generalidad propuesta; las penas correccionales, como cualquier otra pena, correspondería imponerlas a la justicia, pues «la Policía no debe estar autorizada a acto alguno de jurisdicción», afirmación cuyo alcance en esa época era de suma relevancia[80]; se acordó la implantación en cada distrito de los tribunales del reino de un presidio «bajo el nombre de obras públicas... y serán preferibles a los de África, siendo estos menos seguros, más costosos y más infamatorios», lo que por otra parte se venía realizando como veremos en su momento; y en esta línea, proponía la sustitución de los encierros y reclusiones existentes para mujeres por casas de recogimiento y decoro, con el objetivo de reducirlas a una vida honesta y no opuesta al matrimonio. Contrasta la práctica judicial con la redacción del art. 57, pues mientras aquella estaba decretando el tiempo de estancia en la cárcel durante el proceso como pena o parte de ella, el citado precepto le negaba la consideración de pena y mantenía el criterio romano de lugar para asegurar a los reos durante la tramitación del proceso.

Entregado este Proyecto al monarca en mayo de 1830 y por las consideraciones que introdujeron sus miembros en la Exposición de motivos, Fernando VII encomendó su revisión a Pedro Sainz de Andino, quien no se limitó exclusivamente a dicha tarea sino que redactó un Proyecto íntegro que presentaría a finales de mayo de 1831[81]. Lejos de atenerse al texto elaborado por la Junta, o al menos partir de él, redactó un Proyecto con 1.202 artículos que tan solo afectaban a la parte estrictamente criminal[82]. Las argucias para la redacción de este Proyecto pudo partir de aquél, como recogió Lasso, pero formalmente lo fue de Fernando VII de acuerdo con lo expresado en una R.O. de 23 de octubre de 1829, en la que Calomarde le manifestaba que el rey deseaba que, sin perjuicio de continuar trabajando en el seno de la Junta, «trabaje por sí solo un proyecto de dicho Código con todo el esmero, detenimiento y cuidado», debiendo entregarlo al tiempo que el de la Junta[83]. Lejos de admitirlo como hiciera con el Código de comercio, el rey lo pasó a una nueva Junta que, por diferentes

---

[80] Por extensión, los vagos, truhanes y jugadores de profesión quedarían bajo la competencia de los tribunales de justicia, «y a la Policía solo toca averiguarlos y denunciarlos».

[81] A Pedro Sainz de Andino se le había encargado la revisión del proyecto de la Junta del Código criminal, «previniéndole en Real orden de 23 del citado mes de mayo de 1830 que meditando lo que pudiese contribuir al mejor arreglo y perfección de los hechos, redactase definitivamente el proyecto del Código, empleando toda su inteligencia y eficacia». En realidad y al igual que sucediera con el Código de comercio, redactó un nuevo proyecto que entregó al rey el 25 de mayo de 1831. También redactó el Proyecto de ley penal sobre delitos de fraude contra la Real Hacienda, que acabaría por convertirse en la L. de 3 de mayo de 1830.

[82] *El Proyecto de Código criminal de 1831 de Sainz de Andino*. Estudio preliminar y edición por J.R. Casabó Ruiz, Murcia, 1978. El texto también en Lasso Gaite, *Crónica de la Codificación*, 5-I, pp. 201-208; y 5-II, apéndice III, pp. 199-342. Gerardo Landrove Díaz, «En torno al Proyecto Sainz de Andino de Código Criminal», en *Anales de la Universidad de Murcia. Derecho*, XXXIV-3/4 (1975-76), pp. 437-460. Véase también *ACGC*, leg. 3.

[83] *Crónica*, 5-I, pp. 201-202. Si él redactó el R.D. de 26 de abril de 1829, debió intervenir en todo el procedimiento, incluido su propio nombramiento a los pocos meses como autor único. Casabó, *El Proyecto de Código criminal de 1831*, pp. 2-3.

razones, dirigió contra él sustanciales críticas por su extensión y contradicciones internas, como veremos a continuación.

Aparece dividido en tres libros bajo las rúbricas «de los delitos y de las penas en general», «de los delitos en particular y sus penas respectivas» y «de la rebaja, remisión y prescripción de las penas». Las disposiciones finales (arts. 1197-1202) recogen una serie de prevenciones sobre la derogación de la legislación penal anterior «sobre los delitos de derecho común comprendidos en las leyes de este mismo Código», pero dejando a salvo la legislación correspondiente a las jurisdicciones privilegiadas e incluso manteniendo las penas establecidas en las disposiciones normativas de corporaciones y establecimientos públicos. También preveía la redacción de dos códigos, el de «policía de seguridad, salubridad, comodidad y ornato público, y el de «policía rural».

Su art. 1, no define el delito pero sienta el principio de legalidad: «Ningún acto u omisión será reputado delito sin que se halle comprendido en las disposiciones penales de este Código o de alguna ley especial». La clasificación delictiva se concretó respetando ciertos criterios que inciden en la pena y no en el delito mismo: delitos enormes, que por su mayor gravedad eran los castigados con cualquiera de las penas enumeradas en el párrafo 1 del art. 36; y delitos comunes (arts. 19-20). Siguiendo el criterio más duro de la literatura jurídica precedente, la tentativa de perpetrar delitos enormes se castigaría como el delito que se intentara cometer, «siempre que haya dejado de tener efecto por causas accidentales e independientes de la voluntad del delincuente» (art. 23). Entendiendo que existía tentativa desde que se diera principio a algún acto que iniciara la perpetración, «o que se manifieste el conato de cometerlo por actos que la preparen directa o indirectamente» (art. 24). Lo cual evidencia una conjugación terminológica de la tradición jurídica con la de la Codificación y, sobre todo, la notable influencia del Code pénal de 1810 en España. Por el contrario, la tentativa en los delitos comunes no constituiría criminalidad, salvo que así lo dispusieran las leyes (art. 26).

Este Proyecto de 1831 también recogió el principio de legalidad de la pena (art. 131) razón por la cual rechaza la analogía punitiva: «Las penas prescritas por las leyes para delitos determinados, no pueden aplicarse a delitos diferentes por ampliación ni analogía de caso a caso» (art. 133). Esta legalidad punitiva tiene otra de sus manifestaciones más significativas en el art. 147 del Proyecto: «Siempre que la pena prescrita en la ley sea fija y determinada, los jueces la aplicarán irremisiblemente sin atender a otra circunstancia alguna que las que se expresen en la misma ley para hacer la calificación del delito»[84]. Quedarían definitivamente desterradas las penas arbitrarias o extraordinarias, y el arbitrio judicial reducido al

[84] El art. 150 añadía que «no se disminuirá la pena que corresponda al delito aunque haya dejado de verificarse en todo o en parte el objeto que el delincuente se propusiera en su perpetración, o que no haya causado todo el daño que era consiguiente a ella, sino cuando la ley establezca esta diferencia». Y el art. 152 establecía que «si por un solo delito la ley prescribe conjuntamente penas de diferente género, los tribunales las impondrán todas irremisiblemente sin que les sea permitido hacer aplicación de la una y remisión de la otra».

margen estrictamente legal. Lo cual era consecuencia del legalismo absolutista del Proyecto.

La clasificación y relación de las penas además de recordar distinciones del siglo XVIII es extremadamente prolija (art. 36). Solo podrían imponerse las enumeradas, distinguiéndose las que correspondían a los delitos enormes, las que correspondían a los delitos comunes y, por último, las que eran comunes a ambas. La pena de muerte se ejecutaría en garrote. Mantiene la infamación legal y la vergüenza pública, pero no los azotes. Es significativo que mantuviera la pena de muerte civil (art. 51), lo que iba en dirección contraria a una renovación de la legislación medieval y el texto queda anquilosado en el Derecho medieval en este aspecto.

Para los supuestos de las penas indeterminadas en el tiempo o en cantidad[85], «cuya graduación penda del arbitrio judicial -se emplea explícitamente la facultad que se quería abrogar-, no se podrá exceder por motivo alguno el máximo o el mínimo prefijado en la ley, ni hacer variación alguna en los efectos corporales y civiles que corresponda a la calidad de la pena prescrita en ella» (art. 148). En cualquier caso, en la sentencia debía fijarse la punición «en términos precisos y positivos de modo que no haya ocasión para dudar de su calidad y efectos corporales y civiles» (art. 149).

Intentando marcar diferencias con la situación del Antiguo Régimen, el Proyecto de Sainz de Andino disponía en su art. 151 que «los tribunales no podrán en ningún caso hacer remisión de las penas establecidas por las leyes ni adoptar en su aplicación otras modificaciones -se emplea este vocablo para evitar el de causas- que las que aquellas autorizan expresamente». Ni tampoco podrían los juzgadores limitar en sus fallos los efectos accesorios que la ley atribuyera a cada pena (art. 153). Además, ninguna pena corporal ni otras que implicaran cierta obligación o privación podrían conmutarse en pecuniaria ni redimirse por servicios pecuniarios o de otra clase (art. 154). El art. 159 iba más allá al determinar que: «declarado culpable el acusado no podrá mitigarse la pena legal de su delito a pretexto de perplejidad en el ánimo judicial sobre la suficiencia de las pruebas de su culpabilidad», pues en dicho caso parece que sería de aplicación lo previsto en el artículo precedente. En definitiva, negación del arbitrio y exigencia de pruebas fueran vehementes para condenar o en su caso para absolver, definitivamente o sólo de la instancia. En suma, el juez encontraría todos los elementos valorativos en un único libro, en el código.

Manteniendo el rechazo al arbitrio judicial, el art. 135 del Proyecto de 1831 establecía una medida extremadamente benigna que permite distinguir entre causa y circunstancia: «No se podrá agravar por causa alguna la pena que legalmente corresponda al delito según su calidad y circunstancias. Si en su perpetración hubieran ocurrido algunas que no se hallen comprendidas en ley expresa o en las disposiciones generales para el aumento de la pena por razón de circunstancias agravantes, no se hará mérito

---

[85] El art. 165 exigía que, si la pena legal fuera indeterminada en el tiempo o en la cantidad, «contendrá además la sentencia el grado de criminalidad en que haya sido considerado el delincuente».

de ellas, por graves, extraordinarias y odiosas que parezcan para alterar la pena legal. En estos casos los Tribunales expondrán al Gobierno sus observaciones a fin de que pueda proveer lo conveniente para lo sucesivo». Se trataría, pues, de una manifestación del principio de legalidad más cercano al constitucional establecido en el CP de 1822 que al absolutista fernandino.

La posible confluencia en un mismo acto de «varios delitos de diferente calificación, o si en un mismo delito se reunieren circunstancias que individualmente tengan penas determinadas», suponía que sólo se impusieran al delincuente las penas correspondientes al delito o circunstancias más graves (art. 137). La perpetración reiterada de un mismo o de diferentes delitos era objeto de atención particular (arts. 138-139), entendiendo que en la pena de mayor gravedad se entenderían refundidas todas las restantes (art. 140, con las matizaciones de los preceptos siguientes).

Una de las partes más extensas del Proyecto de 1831 es la dedicada a la graduación de las penas indeterminadas en tiempo o en cantidad, que comprende el título sexto del Libro primero (arts. 168-224). En él se regulan las circunstancias agravantes y atenuantes. No se considerarían como tales, siguiendo criterios propuestos por la literatura jurídica de entre siglos, «las circunstancias esenciales, características e inherentes al delito de que habiendo hecho mención expresa para clasificarlo, se encuentran sus efectos comprendidos en la pena que ella prescribe» (art. 171). En realidad las circunstancias esenciales eran las condiciones exigidas del delito, es decir, para conformar el tipo delictivo, mientras que las accesorias son las verdaderas circunstancias modificativas de la responsabilidad, cuestión que ya aparecía vislumbrada en la literatura jurídica del Antiguo Régimen[86].

En los delitos castigados con penas indeterminadas, es decir, cuando la ley tan sólo fijara el máximo y el mínimo de su duración o cantidad, «se atenderá para la regulación de la que corresponda imponer al delincuente, a las circunstancias accesorias que concurran en la perpetración del delito» (art. 168). Concretando el artículo siguiente que, «según que las circunstancias del delito sean agravantes o atenuantes; el número que haya de una y otra clase y el mérito que respectivamente tengan, se graduará la criminalidad del delincuente en grado máximo, medio o mínimo» (art. 169), y de esta premisa sus consecuencias directas (arts. 170-171): si todas las circunstancias fueran agravantes, el máximo de criminalidad; si todas fueran atenuantes, el grado mínimo; y, para el caso de que no hubiera circunstancia que aumentara o disminuyera «la gravedad ordinaria del delito», o si las que hubiera nivelasen sus respectivos efectos, se trataría con el grado medio. Por tanto, se introduce una diferencia sustancial con lo previsto en el Proyecto de 1830.

Los menores de diez años estarían exentos de responsabilidad (*no hay delito*). En la misma situación se encontraban los que se hallaran privados absolutamente de razón, según los términos descritos en el art. 4; tampoco se respondería, a pesar de los daños que se pudieran ocasionar,

---

86 Álvarez Posadilla, *Práctica*, I, pp. 77-96.

por la defensa legítima de la persona, bienes o domicilio, o cuando se ejerciera una fuerza insuperable a la cual no pudiera resistirse sin pérdida de la vida o de algún miembro, de acuerdo con las limitaciones fijadas por el proyecto (arts. 5-13). Con respecto al castigo de la embriaguez diferenciaba la voluntaria de la involuntaria y por causas dependientes de hechos ajenos (art. 18).

Con cierta sujeción a los criterios seculares desarrollados por la literatura jurídica, el título cuarto del libro primero del Proyecto de Sainz de Andino, bajo la rúbrica *De las modificaciones* -se aparta del término causas- *en las penas corporales y en el modo de su ejecución por la condición de los delincuentes.* Entre ellas, los menores de 17 años no sufrirían la pena de muerte, encierro solitario de por vida, deportación y vergüenza pública, optando por otras penas inferiores que enumera el citado proyecto (art. 118). El mismo criterio se aplicaría, todavía más mitigado, a los que hubieran cumplido catorce años pero no hubieran alcanzado los diecisiete (art. 119). Si esto se hacía para los menores, medidas similares se adoptaban para los mayores de setenta años (art. 122); y, por analogía, a las mujeres (art. 125). Otras afectaban a los ordenados *in sacris* y a ciertas autoridades.

Se recogieron en este Proyecto de 1831 otras reglas particulares más próximas a las causas de reducción punitiva que a las circunstancias de atenuación de la responsabilidad criminal, puesto que Sainz de Andino respetó la tradición jurídica del Derecho penal común. Así, emplea expresiones como la de «causa atenuante para la graduación de la pena» (art. 221, in fine), aunque en otras ocasiones utilice la de «circunstancia atenuante, de su criminalidad, para la pena que corresponda imponer» (art. 222). Otra de las causas más tradicionales y aplicada por jueces y tribunales, además de admitida por la literatura jurídica, fue la plasmada en el art. 223 que concibe la cárcel como lugar de custodia y no como pena, pues si concurrieran circunstancias particulares que retardaran la sustanciación de un proceso, por las cuales el delincuente hubiera estado en prisión por más tiempo del que le hubiere correspondido, «se tomará en consideración este recargo de prisión para regular el tiempo de la pena corporal que se hubiere de imponer al delincuente siempre que no sea éste quien haya dado lugar a que se retardase la conclusión de la causa»[87].

Desde su perspectiva reglamentista con la que redactó el Proyecto y sin duda para disminuir cuanto fuera posible el arbitrio judicial[88], Sainz de Andino introdujo una pormenorizada y farragosa enumeración de las circunstancias agravantes que se agrupaban según los efectos del delito; por el modo, medios y lugar; por la calidad de la persona ofendida; y, por la persona del delincuente (art. 173). Con carácter más particular fueron regulados otros supuestos de agravación concreta para los delitos de difamación y de injurias, o por la condición de empleo, dignidad o cargo público

[87] Sobre esta causa, Pedro Ortego Gil, «La estancia en prisión como causa de minoración de la pena (siglos XVII-XVIII)», *ADPCP*, LIV (2001), pp. 43-70.

[88] Para Casabó, *El Proyecto de Código criminal de 1831*, p. 4, «se nota que el proyecto ha sido elaborado con una mentalidad fundamentalmente práctica para evitar los conceptos polémicos».

en los delitos contra el rey, la seguridad interior o exterior del Estado, o contra el orden y tranquilidad pública[89]. En lo que concierne a las circunstancias atenuantes, este Proyecto las agrupaba en causas impulsivas del delito, causas con relación a la capacidad física, intelectual o moral del delincuente, y las que afectaban a la conducta posterior del delincuente con respecto al delito y sus consecuencias (art. 190).

Con respecto de los delitos particulares mantenía la sucesión habitual o muy clásica de acuerdo con las concepciones doctrinales, si bien algunas rúbricas son expresión también del espíritu reglamentista que informa todo el texto. El título primero del libro segundo es ejemplo de ello: «De los delitos contra la profesión, ejercicio y culto de la Religión Católica, o el respeto debido a la misma», imponiendo para ellos duras penas que podían llegar a la muerte. Continúa con los delitos contra el soberano, contra la independencia y seguridad exterior del Estado, y contra los soberanos extranjeros o los embajadores y ministros que los representaran. En el título dedicado a los delitos contra la seguridad interior además de los habituales de rebelión o sedición, incluyó los de «formación de bandas y cuadrillas para cometer de mancomún y a mano armada algunos delitos contra la seguridad pública», aunque en el párrafo 5º los simplifica en «bandos y cuadrillas de malhechores», debiendo ser siete y haber incendiado, saqueado y asesinado, apoderado o destruido las pertenencias del Estado o propiedades particulares (art. 357). Lo cual da idea de la preocupación que existía sobre la criminalidad organizada, entendiéndose que era una amenaza a la seguridad del Estado y no solo a la de los individuos o sus propiedades. A continuación incluía las asociaciones, confederaciones y reuniones que comprometieran la seguridad del Estado. Delitos considerados diferentes de aquellos que afectaban al orden público, entre los cuales incluía la vagancia y los excesos de mendicidad.

La explícita dureza de este Proyecto se puede comprobar en la regulación de otros muchos delitos, como el de obscenidades (arts. 538-546) que podían llegar a ser castigadas con seis meses de obras públicas o un año de reclusión. Por ejemplo, se prohibía a cualquier actriz que se hallara encinta sin ser casada ejercer su arte después del quinto mes, bajo la amenaza de ser puesta en un hospicio hasta el parto y una multa. Las falsedades en general son objeto de poco más de un centenar de artículos. Asimismo el homicidio recibe una pormenorizada regulación, concretada por ejemplo en la regulación de la tentativa de homicidio alevoso (arts. 806-817). En consonancia con la situación generalizada de delincuencia patrimonial establece con detalle los medios por los se cometía el robo con violencia, los actos de fuerza en las cosas y, particularmente, «las circunstancias agravantes en los robos además de haberse hecho con fuerza y violencia», entre ellas que los ladrones fueran dos o más, que formaran cuadrilla de bandoleros o salteadores de caminos (art. 1020), que se haga en lugar habitado o se hiciera a correos (art. 1016). Por si no bastara, en los arts. 1022 a 1028 va enumerando las penas que correspondería a cada reo

[89] Para mayor detalle me remito a mi trabajo, «De la literatura jurídica al código penal», citado.

por el robo y las circunstancias en que lo hubiera cometido.

Landrove resaltaba la «altura técnica» del Proyecto de Sainz de Andino en relación al anterior de 1830, aunque reconoce que es dilatado en exceso[90]. Resulta obvio reconocer, como han hecho otros, que tuvo delante y siguió en algunos aspectos el CP de 1822, también tuvo las Partidas y la Novísima Recopilación. Está mucho más anclado en el pasado que el texto del Trienio, a pesar de incluir diferentes graduaciones para el delito y la pena. La regulación de la muerte civil lo arrastra al pasado medieval. La regulación del robo, sus medios y circunstancias particulares manifiesta la extrema dureza con la que se buscaba reprimir una buena parte de la delincuencia existente en España. Su minuciosidad es consecuencia del legalismo absolutista que pretendía abrogar cualquier atisbo de arbitrio/discrecionalidad judicial. Su autor es un fiel servidor de Fernando VII, deseoso de que las leyes penales se cumplieran sin atisbos de interpretación judicial. El juez es un ejecutor de las leyes del soberano, principio que sobrevuela en todos los preceptos del Proyecto.

El último Proyecto surge a raíz de las críticas elaboradas por la Junta revisora el texto de Sainz de Andino. Estas críticas se plasmaron en una consulta elevada al rey en enero de 1832 en virtud de lo establecido en R.O. de 21 de noviembre de 1831[91]. En ella se detallaron tanto los defectos generales como los particulares que se apreciaban en algunos artículos[92]. En principio se procedió, en sentido estricto, a su revisión. Pero en muy pocas sesiones y a pesar de la defensa –y ausencias– que hizo su autor, los miembros de esta Junta revisora propusieron a Fernando VII partir de nuevo del Proyecto de 1830. Es más, por real orden se dispuso que Sainz de Andino no fuera convocado a las sesiones de la Junta hasta que no se hubiera concluido este dictamen. Admitida la propuesta, comenzaron a discutir sobre el texto de la primera Junta, celebrando escasas reuniones en 1832. El borrador no fue modificado sustancialmente[93]. La crítica partía de que idea de

---

[90] «En torno», p. 443.

[91] Se encomendó a una nueva Junta de revisión que «con la brevedad posible consulten lo que crean conveniente, mejorando, quitando o aumentando lo que juzguen más útil a su servicio y bien de sus vasallos». Fueron nombrados Manuel Plácido Berriozábal, Manuel Pardo, José Lamas Pardo y Pedro Sainz de Andino (R.O. de 16 de junio de 1831, en *ACGC*, leg. 3, ff. 2-3). Lamas Pardo pidió al rey que le relevase por sus ocupaciones, siendo sustituido por Juan López de Vinuesa (R.O. de 24 de junio de 1831). La Junta revisora reclamó también el Proyecto de 1830. Finalmente la nueva Junta quedó integrada por José Hevia y Noriega (presidente), Teótimo Escudero, Francisco Javier Caro, Plácido Berriozábal, Pardo, López de Vinuesa y Sainz de Andino (R.O.de 9 de mayo de 1833, en *ACGC*, leg. 3, ff. 87-88), con la misión de revisar y corregir el Proyecto de 1830. Su dictamen está publicado en Lasso Gaite, *Crónica de la Codificación*, 5-II, apéndice IV, pp. 345-383.

[92] Los revisores manifestaron «haber encontrado así en la totalidad de él como en el análisis indibidual de sus artículos bastantes dificultades y muchos y sustanciales reparos, que así algunos de sus vocales habían opinado por esto desde un principio que no devía ser admitido a discusión por no considerársele susceptible de reforma y enmienda», ACCG, leg. 3, sesión del 19 de enero de 1832, (f. 33).

[93] Fue aprobado «con solo la prevención de quitar el párrafo en que parecia hecharse de menos la pena de azotes en el índice de las establecidas por el proyecto del Sr. Andino, y de sustituir en los dos o tres lugares donde decía "Código de procedimientos" la expresión "Código de enjuiciar", "Leyes procesales" o de "Administración de Justicia"», *ACGC*, leg. 3, f. 33.

que de nada serviría clasificar los delitos y fijar sus penas, «si no hay leyes que arreglen su aplicación, o las que hay no son adecuadas para llenar el objeto». El código debía ser íntegro y uniforme. A través de él se aseguraría el orden público y se consolidarían las garantías debidas «a la inocencia y a la seguridad de las personas y para cortar de raíz los abusos que se han introducido en el castigo y represión de los delitos». El obstáculo que presentaba el proyecto de Andino era la integración en un mismo cuerpo legal de las disposiciones penales y del llamado Código de procedimientos, pues si por un lado existía una íntima conexión entre ambas partes y su propuesta así lo hacía, desconoció que cada una debía ser tratada separadamente por la diversidad de objetos y materias, pues «las ha mezclado y confundido en su obra, hacinando en ella y en unos mismos lugares y períodos de su distribución preceptos de una y otra clase»[94]. De ahí «su excesivo volumen y enorme corpulencia», como hemos visto, además de achacarle una deficiente división y sistematización[95], e incluso de transponer preceptos del CP de 1822 y del francés[96]. Estas opiniones confluyen en una crítica demoledora acerca de la sistematización: «su autor escribió sin plan ni método concertado y con una profusión desmedida; y es preciso tener presente que este Código debe ser aprendido por todos, desde el vulgo trabajador e ignorante hasta las clases más desocupadas e instruidas», puesto que era imprescindible partir del principio de que la ignorancia de la ley no excusaba de la pena del delito. Tarea pedagógica que con un número tan elevado de preceptos se perdía, convirtiéndolo en «confuso, informe y sin armonía».

El afán reglamentista de Sainz de Andino, en opinión de la Junta revisora[97], le condujo a lo que sus vocales criticaron como «el admirable afán y

[94] Señalaban como muestra de ello que en el libro I, título 3, «donde proponiéndose clasificar las penas y esponer las reglas para conservar su justa graduación y analogía con los delitos, se ocupa la mayor parte de él en hacer prevenciones sobre los procesos, sobre las sentencias, sobre los efectos de estas, su cumplimiento...» (f. 36).

[95] Afirmaban los vocales que «dicta al principio algunos preceptos comunes para calificar los delitos en general y graduar las penas que les correspondan; habla en seguida de estas y sus clases, y luego vuelve a fijar todavía más reglas para los delitos; las reproduce bajo diversa forma en otras ocasiones; sigue acumulando y sembrando en todo el discurso de la obra más particulares que en contradicción algunas veces con las primeras o sirviéndolas cuando menos de otras tantas excepciones, las enervan, complican y destruyen...» (f. 37). Más adelante se concreta para los delitos de vagancia, excesos de mendicidad, bigamia y matrimonios clandestinos, «son delitos, que como la embriaguez, los juegos prohibidos, las oscenidades y la prostitución e incontinencia pertenecen a la idea general de los que van contra las buenas costumbres, y por consiguiente deberían ser comprendidos en un mismo tratado, en lugar de intercalar entre ellos por una transición chocante los de fuga de presos de la cárceles y omisiones de servicios al Gobierno que son de una naturaleza distinta» (f. 38). O que «empieza por calificar el delito sin decir lo que es, ni haberle dado a conocer de un modo claro y positivo» (f. 40).

[96] «Los títulos 5º y 6º y sus secciones con el párrafo de *omisiones de servicios al Gobierno* en cuanto al método y clasificación están sacados del Código de las Cortes; pero el honor nacional debe resentirse no poco de que la parte más importante y más ostensible de su legislación está vaciada sobre el modelo del Código francés, y de que hasta se vean en ella copiados al pie de la letra una crecida porción de párrafos y artículos de éste» (f. 39).

[97] Se puede observar en la regulación de la ejecución de la pena de muerte, pues lejos de tener que figurar en el Código penal o en leyes procesales, «más bien deben ocupar su lugar en un reglamento para la ejecución de las sentencias» (ff. 54-55). Otro tanto manifiestan los revisores con relación al resto de penas. La conclusión era que «de los 53 artículos contados des-

prolijidad con que se inventan y figuran casos y delitos, o desconocidos enteramente o muy raros, y se especifican en cada uno no solamente las circunstancias que pueden hacerles variar de naturaleza sino las que los agravan o atenúan», sobre lo cual se acumulaba el lenguaje, oscuro, incorrecto y transposiciones, con el uso de palabras que no se adaptaban al lenguaje legal. Advirtiendo como muestra de estos despropósitos que la clasificación de delitos «ofrece la rara extravagancia de establecer las penas como medida de los delitos, o lo que es lo mismo toma el efecto por la causa, y al contrario ésta por el efecto», porque los delitos se dividían en enormes o leves por sus penas homónimas[98]. Los revisores entendían que debería haber planteado al comienzo las reglas básicas sobre las cuales desenvolver después la concreción delictiva y punitiva, partiendo de la definición de delito de la cual «saldrían muy naturalmente todas las reglas y primeras ideas que deben servir para la calificación del delito, para el conocimiento de su medida y de las circunstancias que le agravan o atenúan según la entidad del daño que con él se causa y el mayor o menor grado de dolo y mala intención»; su clasificación en públicos y privados, su medida por el daño causado a la sociedad o a sus individuos; la participación en su perpetración, etc. En el fondo de este conjunto de críticas lo que se aprecia no es solo esa trasposición del Código criminal francés o del CP de 1822, sino también el seguir manteniendo aspectos del Derecho penal del Antiguo Régimen poco acordes con la necesidad de reformar la legislación criminal. De ahí que, frente a las deficiencias sustanciales que apreciaban en el Proyecto de Sainz de Andino, prefirieran el de la primera Junta, al tiempo que asentaban unas bases necesarias para la redacción de cualquier texto: definición clara del delito, sus clasificaciones y graduación, determinación de la gravedad de cada uno de ellos, imposición de penas justas, útiles y proporcionadas. Frente a estos principios elementales, el texto de 1831 se les presentaba como «una mole monstruosa y desproporcionada».

Tras estas críticas generales al texto presentado por Sainz de Andino, se concretaban los defectos individuales que apreciaron en el articulado del proyecto y que se habían puesto de manifiesto desde las primeras discusiones en el seno de la Junta revisora. Entre estas críticas se encontraba la edad en que los impúberes debían sufrir la pena (art. 4 del Proyecto), «contra lo dispuesto generalmente por todos los códigos conocidos desde el tiempo de los romanos que señalan la edad de diez años y medio», por lo cual la Junta «acordó no variar nada sobre este punto en las disposiciones

---

de el 38 al 91, solo cuatro pueden considerarse propios de este Código» (ff. 56-57). Más adelante ese afán por tratar de regular todos los casos que pudieran ocurrir, de manera que «más bien que un Código se compone un diccionario de delitos... un repertorio general donde, aunque con mucho trabajo, podrían ir a buscar en cada caso el delito y la pena que habrían de imponer» (f. 61). Afirmarán que «a medida del Código francés se insertan en este proyecto una porción de casos y cosas que esclusivamente corresponden a los reglamentos particulares de policía... todos estos asuntos y otros de su clase le son enteramente extraños y corresponden a la autoridad gubernativa de policía» (ff. 62-63).

[98] A lo que se añadía un fundamento patriótico: «Esta división se parece en todo a la que el Código de Napoleón hace de crímenes y delitos, y aun está explicada casi en los propios términos» (f. 41).

antiguas». También se deliberó acerca de los requisitos comunes e indispensables para que la defensa se entendiera legítima.

Se dedicó especial atención a la embriaguez, «tan frecuente y de tanta influencia en las costumbres», debiendo prescribirse los medios para reprimir este *vicio* y evitar los subterfugios que se empleaban en las causas criminales. Por ello defendían la necesidad de diferenciar la embriaguez habitual o «de costumbre» de la casual, imprevista o involuntaria, ya que la primera no eximía de la pena del delito cometido durante el estado de ebriedad. Es con relación a la estupidez cuando la Junta revisora se manifiesta con más expresivas palabras: «La estupidez es un defecto de capacidad mental; y sin embargo en el artículo 212 se dice que de ningún modo servirá de circunstancia atenuante en todas las clases de delitos de derecho común ¡Preciso es que al autor del proyecto le temblase la mano al escribir esto!».

Otro aspecto debatido afectaba al conato y su castigo. La junta optaba por la graduación del conato, o tentativa en la expresión de Sainz de Andino[99], materia en la que encontraban incoherencias el proyecto de este último[100]. Con criterios similares a la determinación y punición del *iter criminis*, se fijaban los que afectaban a la autoría de los mismos.

La crítica se extendía también a las penas, su duración y cumplimiento. Refutaban la perpetuidad de algunas penas, «porque el sumo aburrimiento y desesperación a que expone a los reos un sufrimiento interminable, como decía, el Sr. D. Carlos 3º cuando prohivió la reclusión perpetua, exige muy detenida meditación». Asimismo rechazaban la necesidad de crear nuevos establecimientos penitenciarios para que se cumplieran penas como la de encierro solitario o trabajos violentos y perpetuos, lo cual en ese momento y a pesar de algunas reformas era imposible de llevar a cabo cuando las cárceles estaban desbordadas y no había medios para reformarlas. Sobre estos argumentos, plantearon uno de conjunto para rechazar alguna de las penas propuestas por Andino: «un hombre sepultado por toda su vida entre cuatro paredes, y fuera de la vista del público, no

---

[99] Se alegaba que el Proyecto de Andino «establece una doctrina dura, sumamente arriesgada, y que desnivela los principios de igualdad y exacta proporción con que el legislador debe constantemente medir el delito, según el mayor o menor daño que cause, y la mayor o menor malicia del delincuente y graduar conforme a este resultado la pena que merezca... Por de contado el autor del proyecto usa la palabra *tentativa* desconocida o rara vez usada por las leyes y sus comentadores, para expresar los que estos y aquellas han entendido siempre por *conato* de delinquir; y se vale de esta para denotar solamente la simple resolución o propósito de cometer un exceso. Pero prescindiendo de esta novedad que no deja de obscurecer el lenguaje y las ideas, el conato o llámese *tentativa* de cometer el delito tiene diferentes grados que cubren el gran vacío que hay entre el mero proyecto y la efectiva perpetración de aquel... y la regla general en estas circunstancias deberá ser que aquel no sea reprimido con toda la pena de éste; procurando que el delincuente desde los primeros pasos hasta los que se acercan al punto de la consumación, encuentre un aliciente para retrogradar de su propósito...» (f. 50). Principio que habría de tener excepciones determinadas legalmente.

[100] «Estaba dicho por ejemplo sin limitación alguna en el artículo 23 que la tentativa en los delitos enormes se consideraría como el mismo delito, y a pesar de esto, el que diere veneno a otros envuelto en algún manjar o bebida, aun cuando este lo hubiere dejado de tomar y sufrir la muerte por motivos independientes de la voluntad del delincuente... el que disparase contra otro arma de fuego o le embistiere alevosamente con arma blanca y con designio de matarle, ninguno de estos tendría la pena del homicida según los artículos 809, 814 y 816» (f. 61).

puede surtir los efectos de la pena, cuyo objeto no solamente es el castigo del delincuente, sino también el escarmiento de los demás». Por tanto, no basta la expiación de la culpa, era necesaria la prevención del delito.

La conclusión principal de la Junta revisora del Proyecto de Sainz de Andino era abandonarlo y tener como bases, orden y principio para la redacción de un Código criminal el concluido en 1830, que «si bien no puede llamarse una obra perfecta y acabada, como no lo es ninguno de los de su clase modernamente adoptados en Europa, por lo menos satisface bastante bien a la imperiosa necesidad que de él tiene la Nación Española y será muy accesible a las mejoras que dicten el tiempo y la experiencia». A partir de esta solución se desarrollan los aspectos que, en opinión de los revisores, más se ajustaban a las necesidades codificadoras, que son, precisamente, las que solventaban la mayor parte de las deficiencias del texto de Sainz de Andino[101], sin perjuicio de apuntar una serie de matices o modificaciones que deberían introducirse.

Fernando VII no pudo ver concluido el trabajo de esta nueva Junta. La reina Isabel ordenó su continuidad y, desde las instancias ministeriales se acució para su terminación. El nuevo Proyecto quedó rematado el 16 de junio de 1834[102]. Está precedido de una extensa Exposición de motivos en la que figuran los fundamentos que guiaron a sus redactores. La nueva situación política que se había creado está presente, de esta manera se rechazaba el gobierno despótico y se defendía la legalidad de los gobiernos moderados, por ser más conveniente a la benignidad y justicia, en el que sus jueces están instruidos en el Derecho y «su corazón en los principios de equidad». A través de ésta admitía el arbitrio judicial, ya que tanto a través de una y otro los jueces «debe tener una libertad prudente que, templando con oportunidad la severidad y el rigor de la ley, la presenten justa y benéfica, haciéndola útil y digna de producir el castigo y el escarmiento».

Pero la reforma también estaba presidida por el respeto a la religión, considerada fundamento de las legislaciones nacionales; y a los hábitos y costumbres de los pueblos. Lo que conducía a una reforma pero no ruptura[103], como apuntamos con anterioridad. En palabras de los redactores, «cuando la opinión no está bastantemente preparada de antemano, no pueden los pueblos admitir sin violencia ni repugnancia una legislación que, alterando las costumbres de muchos siglos formadas sobre la observancia de las leyes inmemoriales», por contrarias a su esencia y vida civil y política. Lo que permite interpretar su redacción como una actualización de la legislación vigente, de raigambre medieval, a las nuevas circunstancias

---

[101] De ahí que afirmen que «un código legal no debe resentirse de los vicios de un casuista; debe sentar los caracteres más generales del delito de que se propone tratar y las circunstancias más esenciales y frecuentes que suelen acompañarle» (ff. 68-69).

[102] Este proyecto está publicado en los *Diarios de Sesiones de las Cortes. Estamento de Procuradores, 1834-1835*, Madrid, 1863, tomo I, n.º 16, 13 de agosto de 1834, p. 59 y apéndice. También en Lasso Gaite, *Crónica de la Codificación*, 5-II, apéndice V, pp. 387-457.

[103] Reconocían que había procurado aprovechar «las excelentes ideas y fundamentos de nuestra legislación, con las enmiendas propias de la ilustración del siglo, para no introducir novedades de transcendencia». De ahí que admitiera, como se le había exigido en los preceptos regios, haber redactado el Proyecto «sobre el Proyecto presentado por la primera».

del siglo XIX, sistematizándolas en un único libro. Reformar pero no innovar radicalmente.

A partir de estos principios recogían los conocidos de graduación de los delitos y de las penas en aras de una proporcionalidad que no observaban en la legislación criminal vigente. Para dicha graduación y proporcionalidad mostraron especial interés en todo lo relacionado con las circunstancias, lo que conducía, a su vez, a admitir dentro de los parámetros del articulado del Proyecto el arbitrio judicial.

El articulado estaba netamente influido por el concluido en 1830. Respetó la división de los delitos en públicos y privados[104]; la clasificación de las penas, estableciendo que en sumario no podrían imponerse penas corporales y civiles, pues era preciso aguardar a la sentencia, en la cual se incluirían la indemnización por daños y perjuicios; el mantenimiento de la pena de muerte (natural), de la argolla o de las minas, pero la abrogación definitiva de la infamia y de la confiscación de bienes; o la sucesión de los títulos correspondientes a cada delito, comenzando por el de los delitos contra la religión. Los delitos contra las buenas costumbres –entre los que se menciona la sodomía– eran considerados públicos; mientras que el libro tercero, que es el dedicado a los delitos privados, se inicia con el homicidio. Continuaba considerándose como robo cualificado el verificado con fuerza y entendiendo que esta existía cuando se cometiera en cuadrilla, de noche y con armas, bastando que fueran cuatro y alguno llevara armas para que hubiera cuadrilla. La pena de muerte seguía decretada para los que robaran en los caminos matando, hiriendo o forzando a mujeres. El artículo 443, que es el último de la parte estrictamente penal, fijaba la cláusula derogatoria de «todas las leyes penales que han regido hasta ahora, y en lo sucesivo se observarán únicamente las contenidas en este Código».

El libro cuarto, puesto que este Proyecto seguía las líneas marcadas en 1830, estaba dedicado a la administración de justicia en lo criminal, declarando los tribunales que habían de conocer de los delitos, el ejercicio de la acción pública por parte de los fiscales, las reglas generales para el arresto y prisión de los encausados, la valoración de las pruebas, el ejercicio de las acciones procesales en este ámbito, la recusación, los indultos, las visitas de cárcel, las disposiciones generales en los procedimientos de primera instancia, las especialidades en procedimientos sobre asuntos leves y delitos graves así como los seguidos contra bandidos públicos, los recursos y la ejecución de las sentencias. En esta parte procesal no se insertó ninguna cláusula derogatoria.

Como es sabido, este Proyecto tampoco fructificó. Superado el absolutismo monárquico e iniciada una nueva etapa política, este texto llegó a las nuevas Cortes establecidas por el Estatuto Real[105].

Observando en conjunto los tres proyectos, es posible mantendrá que en lo sustancial se introducían cambios en algunos aspectos penales y

---

104 Aunque con una nueva delimitación de los delitos privados. Cfr. Casabó, *El Proyecto de Código criminal de 1834*, p. 8.

105 Sobre su tramitación, Lasso Gaite, *Crónica de la Codificación*, 5-I, pp. 225-229.

procesales, como la graduación del delito o de la pena, la regulación de las circunstancias agravantes y atenuantes o la desaparición de algunas penas, e incluso cierta benignidad para determinados delitos. Lo cual no es óbice para resaltar, del mismo modo, la severidad con la que fueron regulados los delitos contra la religión y, sobre todo, los patrimoniales. La inseguridad que existía por todo el territorio nacional está detrás de los preceptos que continuaban castigando a los bandoleros con la pena de muerte. También se mantuvieron penas centenarias como la argolla, las minas y, en el texto de Sainz de Andino, la muerte civil. Asimismo y a pesar de los intentos en 1830 y 1834, el proceso penal seguía delimitado, básicamente, por las leyes de Partidas. Existía voluntad de cambio, de renovación, pero era una voluntad muy limitada, dirigida a la recepción de alguna innovación que propiciara la proporcionalidad entre delitos y penas, a la actualización terminológica y al control normativo del arbitrio judicial más que romper con la legislación vigente y redactar un Código penal adaptado al siglo[106]. Una voluntad más encaminada a la reforma y actualización de la legislación vigente que a la ruptura con la tradición secular.

Un breve inciso para concluir este epígrafe. A pesar de no fructificar ninguna de las tres propuestas de Código criminal, se iniciaron otros trabajos que redundaron en disposiciones que se promulgarían tras el fallecimiento de Fernando VII. Por virtud de una R.O. de 30 de septiembre de 1831 se designó una Junta para que entendiera «con la mayor diligencia y brevedad en el completo arreglo de los presidios del Reyno, compuesta por militares y civiles, bajo la presidencia del general Francisco Javier Abadía, que poco más de un año después debió de abandonar los trabajos. El resultado fue la Ordenanza general de presidios del Reino de 14 de abril de 1834[107].

[106] *Discurso sobre la necesidad en que se encuentra toda la Nación de que se lleve a ejecución el Real decreto del difunto monarca fecha 26 de abril de 1829 que determina la formación de un Código criminal... por D. J.L.E.*, Madrid, 1835.
[107] Por todas las referencias, Salillas, *Evolución penitenciaria*, II, p. 573.

IV. Viejas estructuras judiciales

1. Restablecimiento de estructuras judiciales y algunas reformas

En los últimos decenios del siglo XVIII se introdujeron algunos cambios en la estructura judicial, entre ellos la creación de la Audiencia de Extremadura o la incorporación de señoríos jurisdiccionales a la Corona. Otras modificaciones extendieron el conocimiento de la jurisdicción militar a delitos patrimoniales. Fueron, sin embargo, las reformas constitucionales gaditanas las que transformaron por completo la planta jurisdiccional, propiciando la generalización de los jueces letrados al frente de las nuevas circunscripciones, es decir, la implantación de los jueces de primera instancia; unificaron las estructuras de los tribunales de apelación, eliminando la desigualdad existente entre chancillerías y audiencias; crearon el Supremo Tribunal de Justicia; y trataron de desterrar las jurisdicciones especiales. Reformas plasmadas en las consiguientes disposiciones de las Cortes[1]. Mudanzas que se fueron al traste con la llegada de Fernando VII y la acumulación de disposiciones que fueron restableciendo las estructuras judiciales en todos los niveles, desde los alcaldes a los Consejos.

Desde su llegada a Valencia tenía claros sus objetivos. En el manifiesto del rey de 4 de mayo, tras declarar por nula la Constitución y todo su desarrollo normativo, se restablecía el orden (absolutista) y las leyes e instituciones anteriores al período constitucional. Para que no quedara interrumpida la administración de justicia, prescribió que «entre tanto continúen las justicias ordinarias de los pueblos que se hallaban establecidas, los jueces de letras adonde los hubiese, y las audiencias, intendentes y demás tribunales de justicia en la administración de ella», si bien admitía formalmente que oiría a las Cortes.

De acuerdo con la anterior declaración y una vez establecida la Corte en Madrid, por R.D. de 23 de mayo de 1814 restableció la Sala de alcaldes de Casa y Corte, ordenando que el gobernador y los alcaldes guardasen y observasen que respetasen las disposiciones anteriores, «porque así se prevendrán los delitos, y los que no se pudiere prevenir se averiguarán prontamente, y los delincuentes serán castigados; no habrá atraso en el despacho, los presos no sufrirán vexaciones ni otras molestias que las que sea inexcusable sufra quien tuvo la desgracia de delinquir y quebrantar la ley». Con ello pretendía asegurar que los alcaldes pudiesen atender la formación de causas y «mantener el orden y sosiego, y a que en la Corte no se abriguen vagos y otros delincuentes, y que en ella y su rastro se eviten

---

[1] Fernando Martínez Pérez, *Entre confianza y responsabilidad. La justicia del primer constitucionalismo español (1810-1823)*, Madrid, 1999.

robos, muertes y otros delitos», y encomendando a los alcaldes expresamente que impidieran los pecados públicos, de acuerdo con lo prevenido en las leyes recopiladas[2].

El restablecimiento inmediato de la Sala de alcaldes de Casa y Corte permite sostener que Fernando VII estaba interesado, en primer lugar, en la represión, no solo de la delincuencia «común» u ordinaria sino también en la política. Solo cuatro días más tarde procedió a reponer el Consejo Real de Castilla con las mismas atribuciones y composición que tenía en 1808. Los consejeros recibieron el encargo de proponer al rey todo lo conveniente «para que volviese el orden, y lo más prontamente posible se reparasen los males que habían sufrido». Entre estos asuntos, los fiscales y el Consejo en pleno elevaron una consulta el 17 de junio para que se repusiera la misma planta que tenía la jurisdicción ordinaria, en todos sus niveles, en 1808. Esta propuesta se concretó en la R.C. de 25 de junio de 1814 por la cual fueron repuestas las chancillerías y audiencias[3], advirtiendo que sus integrantes deberían ser partidarios del monarca, desechándose los proclives o defensores del régimen constitucional[4]. No obstante, dicha reposición planteó obstáculos en la composición de los tribunales, pues entre abril de 1814 y enero de 1815 existían numerosas vacantes y se produjeron remociones[5].

No bastaba con restablecer las estructuras, era preciso hacer lo propio con los procedimientos. Fernando VII dispuso que «en la administración de justicia en lo criminal se guarden en todos los juzgados y tribunales las leyes existentes en marzo de 1808, derogando, como derogo, cuanto se haya decretado por las Cortes que no sea conforme a ellas», como manifestó en la R.C. de 22 de agosto de 1814 por la cual ordenaba guardar y cumplir las instrucciones insertas para la persecución y castigo de malhechores que infestan los caminos del Reino.

Otras disposiciones afectaron a las jurisdicciones especiales. Como ve-

---

2 No se pueden olvidar los problemas sobre causas inconclusas desde la dominación napoleónica, pusieron de manifiesto la arbitrariedad en su tramitación y resolución. En este sentido, vid. Morales Sánchez, *Historia del Saladero*, II, pp. 228-232.

3 Sánchez Rubio, *Valencia y su Audiencia*, p. 83, da cuenta que la actitud de la Audiencia de Valencia, encargada de circular estas disposiciones, fue inequívoca, pues si hasta entonces respetó la legislación liberal y sus magistrados mayoritariamente lo eran, «decidió oficialmente renegar de la Constitución, requisando e inutilizando los ejemplares que se encontraban depositados en su secretaría». Lo cual no impidió que la mayor parte de sus integrantes fuera tachado de liberal, lo que dio motivo a una renovación casi total en su composición tras la correspondiente depuración, *ibídem*, pp. 86-88.

4 R.C. de 25 de junio de 1814, cuya vigencia se advertía temporal: «... he tenido a bien mandar lo siguiente... 2º. Que los jueces de primera instancia y de partido actuales continúen por ahora con el nombre de alcaldes mayores o corregidores, según corresponda a los que llevaban antes los de los pueblos o provincias en que se hallen establecidos; que los pueblos que solo tenían alcaldes ordinarios, aun para la administración de justicia, se restituyan a este estado; y que las Audiencias y Chancillerías se restablezcan igualmente y por ahora al en que se hallaban en la expresada época de 1808, sin perjuicio de que el mi Consejo de la Cámara me consulte en los respectivos casos los sugetos que sean mas beneméritos, y de que Yo remueva entre tanto a los que examinada su conducta con arreglo a Derecho resulten criminales».

5 Luis, *L'utopie*, pp. 39-40. Destacando que el período 1808-1820 «a introduit durablement le politique, au sens partisan, dans le fonctionnement de l'administration».

remos en epígrafe posterior, el monarca siguió las líneas de sus predecesores y confió a la jurisdicción militar la persecución y enjuiciamiento de la delincuencia patrimonial organizada, ampliándola al conocimiento de los delitos políticos. De igual manera la jurisdicción señorial quedó incorporada a la Corona, reservándose el monarca la designación de corregidores y alcaldes mayores «en los pueblos de señorío que antes los tenían» por R.C. de 30 de julio de 1814[6]. Se producía de este modo una generalización de la justicia ordinaria no lograda por monarcas anteriores, a pesar de haberse dado pasos en la incorporación de señoríos. Esta asunción de la justicia señorial presentó algunos matices[7]. Quedaban a salvo la jurisdicción eclesiástica, con menor importancia que en los períodos absolutistas anteriores.

La tendencia iniciada en el siglo XVIII para conseguir una jurisdicción letrada, bien de forma directa, bien de manera mediata, continuó asentándose. Los alcaldes continuaron desempeñando tareas judiciales, pero la exigencia de que actuaran con asesores letrados en el caso de no serlo ellos, se convirtió en una obligación ineludible. Una justicia letrada, pero también unos jueces políticamente adictos al absolutismo. Si durante la etapa constitucional se persiguió a los jueces no proclives al sistema constitucional, ahora se reaccionará precisamente contra quienes lo defendieron. La politización de jueces y magistrados era manifiesta. Una acción/reacción que se trasladará al Trienio liberal y a la Década ominosa siguiendo las pautas conocidas.

La última década del reinado se inició siguiendo las líneas marcadas en 1814. Por O. de 3 de junio de 1823, expedida por el Ministerio del Interior, «se manda restablecer la Sala de alcaldes de la Real Casa y Corte en el ejercicio de sus funciones». Inmediatamente después, el día 12, se ordenaba reponer en sus oficios, en la calidad de interinos, a los corregidores y alcaldes mayores que lo fueran en marzo de 1820, siempre que su conducta política no desmereciese. No siendo posible, designarían a «letrados que por su constante adhesión a la Sagrada Persona de S.M. sean dignos de servir en dichos destino», también en calidad de interinos[8]. Medidas cono-

---

[6] Francisco J. Hernández Montalbán, *La abolición de los señoríos en España, 1811-1837*, Valencia, 1999, pp. 185-188, donde destaca que en el D. de 4 de mayo de 1814 no se hacía mención alguna a los señoríos, aunque hubiera quedado implícitamente derogado el D. de las Cortes de 6 de agosto de 1811, pero en aquel Fernando VII insistía en los derechos y las prerrogativas de su soberanía, y la jurisdiccional señorial los afectaba. Esta jurisdicción fue incorporada, en 1814, no por la disposición de las Cortes sino por la voluntad del rey, como afirma Hernández. El art. 8 del R.D. de 30 de julio es claro: «Sin perjuicio de lo que a su tiempo se resuelva en el expediente sobre el Decreto de las Cortes en punto a señoríos particulares, me reservo por ahora el nombramiento a consulta de la Cámara de los corregidores...» El R.D. de 15 de septiembre solo se refería a rentas, prestaciones y derechos señoriales que «no traigan notoriamente su origen de la jurisdicción y privilegios exclusivos».

[7] Una orden de noviembre de 1815 enviada a la Real Audiencia de Cataluña permitía continuar con los nombramientos de oficios públicos en los señoríos «en el modo y forma que se practicaba así por los pueblos como por los señores jurisdiccionales antes del 18 de marzo de 1808», citada por Fontana, *La crisis*, p. 121. No obstante, el D. de 30 de noviembre de 1815 atribuyó a las Audiencias la designación de los oficios municipales de señorío, y un posterior D. de 25 de noviembre de 1819 determinó que dichos oficios, fueran o no señoriales, serían designados por la Corona.

[8] El R.D. de 27 de junio de 1823 fijaba las reglas para la separación y reposición de los em-

cidas que, sin embrago, no resolvían algunos problemas que se repetían y otros que se habían agravado. De nuevo, los jueces se encuentran ante el panorama de tener que aplicar una legislación secular, pero desfasada para los tiempos que corrían. Unos mismos jueces, una misma legislación, unos problemas similares por resolver[9]. Todas estas disposiciones fueron ratificadas por Fernando VII el 1 de octubre de 1823 en El Puerto de Santa María.

Desaparecieron las audiencias territoriales y se restableció el esquema anterior de chancillerías y audiencias. Se introdujeron, no obstante, ciertos cambios. Algunos fueron menores y fruto de las animadversiones políticas. En este sentido, la Real Audiencia de Galicia se trasladó a Santiago de Compostela, abandonando La Coruña, ciudad eminentemente liberal y represaliada en 1824 con esta medida[10]. La instalación de la Capitanía General y de la Real Audiencia en Compostela, lejos de ser pacífica, trajo consigo importantes problemas de ubicación, llegando a tratarse en el Consejo de Ministros[11].

Más importantes fueron los cambios en las estructuras internas de algunas audiencias y que afectaron al desdoblamiento o creación de nuevas Salas del crimen. Fueron varios los motivos que provocaron esta reestructuración. A ellos no debieron ser ajenos ni el aumento cuantitativo de la criminalidad, ni la desaparición de las Comisiones militares en agosto de 1825, pues los tribunales superiores asumieron el conocimiento de las causas que correspondieron a estas últimas.

Canga Argüelles facilitaba la siguiente tabla con respecto a la población, territorio, composición y dotación de las chancillerías y audiencias[12], donde falta Canarias.

---

pleados de la administración pública, lo que implicaba iniciar la purificación de la mayor parte de ellos. A la Cámara de Castilla correspondió la purificación de los regentes, oidores y alcaldes del crimen de chancillerías y audiencias. A estas correspondía el procedimiento con respecto a sus subalternos.

[9] Ya advirtió estos inconvenientes Herrero, *La justicia penal*, pp. 420-421. Marta Lorente Sariñena, «Reglamento provisional y administración de justicia (1833-1838). Reflexiones para una historia de la justicia decimonónica», en Johannes-Michael Scholz (ed.), *El tercer poder. Hacia una comprensión histórica de la justicia contemporánea en España*, Frankfurt am Main, 1992, pp. 246-250, ha destacado asimismo los problemas financieros para el mantenimiento del aparato estatal o la falta de organización jerárquica centralizada.

[10] R.O. de 30 de noviembre de 1824. A lo cual no fue ajeno el temor por una invasión liberal desde Inglaterra, sobre lo que se dio cuenta en la sesión del Consejo de ministros del 15 de diciembre de 1824, en *Actas del Consejo de Ministros. Fernando VII (1824-1825)*, Madrid, 1989, p. 91.

[11] Arias, *Diarios*, I, p. 138, 14-30 de noviembre de 1828: «Eguía choca con el Cabildo de Santiago sobre el Seminario... En el Consejo de Ministros ocultó Ballesteros que el edificio era del Cabildo, etc (según dijo Calomarde)»; «El Consejo de Ministros comunica nueva orden a Santiago para que el Seminario se entregue al Capitán general, sin hacer mención de las exposiciones del Cabildo» (*ídem*, II, p. 9, 2 de enero de 1830); «Al testimonio enviado por el cabildo de Santiago de que hay casas para el capitán general, se conviene en ello, pero se pone "visto", sin querer pagar los alquileres: se sienta que ya no basta la habitación del administrador, como se decía antes, sino que es preciso desalojar todo el Seminario» (*ídem*, II, p. 195, 27 de abril de 1830).

[12] *Diccionario de Hacienda con aplicación a España*, Madrid, 1833 (2ª), tomo I, p. 107; o en su *Diccionario de Hacienda para el uso de los encargados de la suprema dirección de ella*, Londres, 1827, tomo III, pp. 121-122.

	Población	Extensión	Magistrados	Dotaciones
Granada	2.576.579	4.153	28	513.499
Valladolid	2.158.238	4.450	28	597.041
Aragón	657.376	1.232	15	356.573
Asturias	364.238	308	6	122.505
Cataluña	858.818	1.003	20	443.550
Extremadura	428.491	1.199	12	260.000
Galicia	1.142.630	1.330	16	275.623
Navarra	221.728	205	12	135.820
Mallorca	186.979	147	7	184.460
Sevilla	752.417	860	20	258.693
Valencia	825.059	643	18	351.693
Corte	228.520	110	13	468.000

En la Audiencia de Valencia, su regente manifestaba que, por «la necesidad de terminar rápidamente las muchas causas en que estaba entendiendo el tribunal, propuse, que una Sala civil se ocupase también de los asuntos criminales», adoptándose esta solución por R.O. de 12 de agosto de 1824. La razón para ello fue que «los innumerables presos que llenaban nuestras cárceles, hacían necesaria esta medida. Detenidos en ellas, inocentes y culpados, todos sufrían las privaciones y molestias de la situación en que se encontraban. Acusados ante la ley, no por eso eran necesariamente culpables. La razón abogaba por los unos, el escarmiento clamaba contra los otros; la humanidad se interesaba y pedía por todos. De aquí la precisión de fallar sin demora en sus causas... Una pronta administración de justicia impuso el debido castigo a los reos, y volvió los inocentes al seno de sus familias»[13]. Lo que parecía una propuesta provisional pronto se plasmó en una disposición normativa.

Ante la avalancha de causas criminales acumuladas en todos los tribunales en 1825, fue necesario adoptar una medida coyuntural. En virtud de una R.O. de 23 de diciembre de ese año quedó dispuesto que la última sala de lo civil de las chancillerías y audiencias despacharan también causas criminales. La propuesta, como hemos visto, partió de la Sala del crimen

[13] *Discurso pronunciado en la Real Audiencia de Valencia el día 2 de enero de 1825, por el regente de ella, D. Gonzalo de Heredia Bejines de los Ríos*, Valencia, 1825. En el discurso del año siguiente, destacaba que, tras hacer presente al Secretario de Gracia y Justicia «la loable conducta de este tribunal en la substanciación y breve término de las causas, se sirvió contestarme en 16 de abril último, que S.M. quedaba muy satisfecho de nuestros servicios; que se había dignado resolver que se nos diesen las gracias, como lo hacía, en su real nombre; que esperaba continuaría la estrecha unión y armonía que manifesté reinaba entre todos los ministros de esta Audiencia; y que confiaba igualmente en que seguiríamos animados del plausible deseo de contribuir al logro de sus benéficas intenciones», *Discurso pronunciado en la Real Audiencia de Valencia el día 2 enero de 1826 por el regente de ella don Gonzalo Heredia Regines de los Ríos*, Valencia, 1826.

valenciana, advirtiendo del excesivo número de presos y causas «por una consecuencia del progreso que ha tenido la inmoralidad». Proponía esta solución como la más conveniente «para el alivio de los presos y la más pronta conclusión de las espresadas causas». A la vista de lo cual se mandó que no solo en la mencionada Sala civil de la Audiencia de Valencia, «sino respecto de todas las otras y Chancillerías del Reyno, se ocupen todo el año en el despacho de causas criminales con los subalternos de lo civil de su dotación, o que la correspondan», señalándosele los relatores y subalternos que fueran precisos[14]. Por O. de 7 de marzo de 1827 se determinó que el oidor más moderno pasara a presidir la segunda Sala del crimen, sin perder su condición de oidor, con el fin de agilizar la tramitación de las causas criminales. La primera sala continuaba presidida por el gobernador, e integrada por dos alcaldes del crimen[15].

En otros casos, el desdoblamiento fue posible por el número de alcaldes del crimen, lo cual agilizaba la tramitación y resolución de los procesos criminales. Este fue el caso de Galicia, donde se creó la segunda Sala del crimen en 1826[16], aunque en realidad los seis alcaldes del crimen se distribuyeron en dos salas[17].

En diciembre de 1827 llegaba la misma solución a la Audiencia de Cataluña que, por datos posteriores, no debió de fraguar. En su petición, la Sala del crimen barcelonesa reconocía que «a pesar de sus esfuerzos, no pueden dar a las causas criminales el curso rápido que exigen con motivo de los retardos y defectos esenciales que se notan en la formación de los sumarios nacidos de la ignorancia, apatía, parcialidad o temor, y la falta de letrados y escribanos en muchos pueblos, a cuyos bailes está confiada la jurisdicción real ordinaria a causa del corto número de alcaldes mayores que hay en el Principado». A propuesta de su gobernador, se resolvió que dicha sala «compuesta en el día de seis ministros incluso aquel, se divida en dos; que cada una de ellas conozca de las causas pendientes reuniéndose solo para juzgar las de entidad o de pena mayor cuando lo considere oportuno el gobernador, y que en caso de enfermedad u otro motivo que impida la asistencia a alguno de sus ministros, supla la falta el oidor más moderno», en cualquier otro asunto que considerara necesario el gobernador. Además, se asignaban a cada una de las salas dos relatores y un escribano de cámara, que junto con los existentes «den alternativamente evasión al despacho de las dos, y quede otro en la escribanía para recibir las solicitudes y dar curso a los negocios despachados»[18]. La propuesta era semejante a la aplicada para Galicia[19].

---

[14] ACA, *Real Audiencia de Cataluña*, Cartas acordadas, Registros 1280, ff. 36-38.

[15] Vid. Sánchez Rubio, *Valencia y su Audiencia*, p. 128.

[16] No he podido encontrar la resolución real para su creación. En cualquier caso, debió de empezar a funcionar a mediados de 1826 a juzgar por el número de causas criminales tramitadas por una y otra sala: la 1ª conoció de 7.823, mientras que la 2ª solo alcanzó los 4.824.

[17] En 1815 se crearon dos nuevas plazas de alcaldes del crimen, para las que fueron designados Eugenio Manuel Cuervo, asesor togado de Ibiza y Formentera, y Félix Andrés Pazos de Montenegro, *Gaceta* de 30/12/1815. De esta manera, con el gobernador y los tres alcaldes existentes funcionaron realmente dos Salas.

[18] ACA, *Real Audiencia de Cataluña*, Cartas acordadas, Registros 1281, ff. 558-559bis.

Con fecha de 20 de mayo de 1828, el Secretario de Estado de Gracia y Justicia comunicaba al Consejo de Castilla y éste a la Audiencia de Cataluña que, conformándose el rey con la exposición de su regente, se resolvió que «en lugar de la medida adoptada en R.O. de 13 de diziembre último para despachar los negocios criminales atrasados en aquella Audiencia, se substituya la dictada en la de 26 de agosto de 1802 por la que se dispuso la formación de una sala extraordinaria presidida por el Regente y en la cual turnasen los oidores de dos en dos, sin perjuicio de las horas y despacho ordinario del tribunal»[20]. No bastando esta solución, a finales de diciembre de 1829 se volvió a plantear la partición al solicitar del Acuerdo su opinión sobre «qué utilidades y ventajas podrían resultar de dividir la Sala del crimen en dos»[21]. No se trataba de adoptar una medida coyuntural sino de consolidar una segunda sala del crimen.

También en 1829 la acumulación de causas en las Salas del crimen de la Chancillería de Valladolid obligó a adoptar una medida circunstancial, al decidir que la Sala tercera de lo civil actuara «como auxiliadora del Crimen en virtud de Real orden, en cuyo número están comprendidas, son 139»[22]. Era la solución planteada en 1825 para Valencia. Pero en ambas Chancillerías, la Sala de hijosdalgo funcionaba, cuando era preciso, como Sala del crimen desde el reinado de Carlos III[23]. En otros tribunales no fue necesario poner esta medida en práctica[24]. En Extremadura, por los problemas veremos, tampoco se recurrió a la Sala civil hasta 1831[25].

El Proyecto de Código criminal de 1830 regulaba en su libro segundo la administración de justicia en lo criminal. Atendiendo a la estructura orgánica que planteaba mantenía el Consejo Real, las chancillerías y audiencias –denominadas también como Tribunal superior de la provincia– y, por último, jueces de partido y jueces locales. A estos últimos se encomendaba la jurisdicción criminal en los juicios verbales y la formación de las primeras diligencias en los juicios criminales escritos (arts. 375 y 377). De los negocios criminales sujetos a formación de causa conocerían los jueces de partido, para cuya circunscripción también habría un promotor fiscal

19 Aunque esta hubo de habilitar una medida extraordinaria en 1829, ya que «por traslado de los señores Godines y Puig, y fallecimiento del señor D. Agustín de Sojo, asistieron al despacho (criminal) los señores don Vicente González de Caces, D. Lorenzo Izquierdo actual gobernador y D. José Antonio Navarrete, que vino ahora de procsimo para esta Audiencia», en *Planes* (Galicia) 1829.

20 ACA, *Real Audiencia de Cataluña*, Cartas acordadas, Registros 1282, ff. 297-298.

21 ACA, *Real Audiencia de Cataluña*, Cartas acordadas, Registros 1283, f. 613.

22 *Estado general de los pleitos y espedientes civiles y criminales despachados en la Real Chancillería de Valladolid desde 2 de enero de 1829 hasta 31 de diciembre del mismo año*, s/l, (1830).

23 R.C. de 13 de enero de 1771 (Novísima, 5, 12, 18).

24 En *Planes* de la Audiencia de Aragón correspondientes a 1828 se inserta una *Nota* en la que se manifiesta que no se incluyen «causas criminales despachadas por la 2ª Sala civil a que está habilitada, por no haberse verificado».

25 En los *Planes* correspondientes a este año se lee: «Estado de las causas y expedientes criminales de que han dado cuenta los relatores... en el año de 1831 por la Sala Civil, ausiliando a la del Crimen, con asistencia del señor regente, en cumplimiento de reales órdenes».

«encargado de solicitar la averiguación y castigo de los delitos públicos» (arts. 376 y 378). Los Tribunales de provincia –a los que incidentalmente se denomina con la terminología clásica–, conocerían en segunda y tercera instancia de los delitos determinados por ley, de las competencias entre los jueces de partido, de las recusaciones y recursos de fuerza (art. 379). Asimismo, se establecía la Gran Corte de Justicia para el enjuiciamiento criminal de una larga lista de aforados (art. 380).

Los problemas, posiblemente en todos los niveles jurisdiccionales y específicamente en el inferior, no solo podían derivar de la falta de formación jurídica de algunos jueces, a pesar de la asistencia letrada, sino también proceder de la falta de recursos materiales para administrar justicia, obstáculo que no debió ocurrir solo en los períodos constitucionales sino durante varias décadas del siglo XIX[26].

Como vemos, los cambios en las estructuras superiores de la Administración de justicia no pasaron de ligeras adaptaciones a la necesidad de solventar con celeridad los procesos criminales. La situación era más problemática en el escalón inferior, pues corregidores, alcaldes mayores y alcaldes ordinarios continuaban administrando justicia. Desaparecidas las justicias señoriales, la jurisdicción ordinaria llegaba a todos los pueblos. Asimismo, la propensión a que los jueces fuesen letrados, iniciada en el siglo anterior, o al menos a que resolvieran con la asistencia de asesores letrados, esto es, abogados de la ciudad o la comarca, había mejorado la administración judicial. El control quincenal de las causas que estuvieran tramitando, la consulta obligatoria a las audiencias y chancillerías o el control estadístico sobre los jueces, habían coadyuvado también a dicha mejora. Sin duda, la experiencia de los jueces letrados de partido de las etapas constitucionales había demostrado la eficacia y eficiencia del mecanismo. Lo que no tenía remedio era el incremento del número de causas criminales que llegaban a los tribunales.

La solución se centró, en primer lugar, en una reordenación de las circunscripciones judiciales a semejanza, aunque abiertamente no se reconociera, de la creada en los períodos constitucionales. Resuelto este problema, que en algunos territorios era especialmente complejo, el siguiente paso era colocar al frente de ellos jueces letrados. El absolutismo reproducía esquemas constitucionales por una pura necesidad de racionalizar la justicia en el nivel inferior.

Burgueño ha resaltado cómo al inicio de la Década ominosa se advirtieron las disfunciones de la división territorial derivadas de las nuevas necesidades de la administración judicial. En sus palabras, «no se trata de un hecho en absoluto casual, sino que se deriva de la caótica y ambigua situación provocada por la combinación de la estructura espacial dieciochesca y la universalización de la justicia pública»[27]. La abolición de la jurisdicción señorial decretada por las Cortes gaditanas fue asumida por el absolutismo, de manera que, al convertirse el Estado en «el único agente

---

26 Para la época del Trienio, Lorente, «Reglamento provisional», p. 29.

27 *Geografía política de la España constitucional. La división provincial*, Madrid, 1996, p. 139.

con potestad de administrar justicia», era preciso reestructurar las circunscripciones judiciales.

No tardaron las autoridades de la Corte en advertir el problema e iniciar el largo camino para su resolución. En 1825 llegó a la mesa del Consejo de Ministros una propuesta de la Secretaría de Gracia y Justicia «haciendo presente lo útil que sería el arreglo de los tribunales y juzgados inferiores por los incalculables perjuicios de tener que ir a grandes distancias para que se les administre justicia y por la imposibilidad en que se ven los magistrados de ejercer su vigilancia en puntos mui distantes de aquel en que residen». Para poner remedio, el ministro propuso «que se haga una nueva demarcación de todos los juzgados», obteniendo la información precisa para la determinación oportuna[28]. Se llegó a crear una junta para su desenvolvimiento por R.D. de 16 de diciembre de aquel año. No se puede olvidar que los alcaldes continuaban ejerciendo atribuciones judiciales y que en muchos casos se vieron desbordados por la delincuencia organizada en cuadrillas que se cernía sobre sus pueblos. Para facilitar el procedimiento se dispuso la participación de chancillerías y audiencias, aunque las propuestas resultaron ser muy dispares y la de Galicia, según Arias Teijeiro, especialmente problemática[29].

Sainz de Andino en su *Exposición* al rey sobre la situación política del Reino y en la sección dedicada a la administración judicial, reclamaba en 1829 como uno de los medios para mejorarla el establecimiento de una reforma en la organización de los Tribunales a partir de la redistribución de su ámbito territorial, citando para demostrarlo algunos ejemplos[30]. La distribución provincial y de partidos de las etapas constitucionales había avanzado en este sentido, y así se deja traslucir en su propuesta. Los referencias que cita son apenas una pequeña muestra de los problemas que existían. Los inconvenientes no solo eran para los particulares, afectaban también a la correcta administración de justicia, ya que en su opinión, «hallándose los jueces inferiores a tan larga distancia de los Tribunales de apelación, cometen a mano salva extorsiones y arbitrariedades sin término y según sus inclinaciones, relaciones o empeños que contraen, usan de su autoridad con vigor, con templanza o con negligencia»[31].

Los trabajos continuaron en 1829. Así lo reflejan sendas RR.OO. de 22 y 31 de marzo de 1829 para proceder al arreglo de corregimientos. Las chancillerías y audiencias debían recabar los datos precisos y remitirlos a la Corte[32]. Sin entrar en la parte gubernativa, se solicitaba una propuesta de división de corregimientos y alcaldías, tomando, incluso, como referencia las divisiones de la etapa constitucional. Los tribunales comenzaron a enviar sus informes a mediados de este año[33]. Tras revisar la información

[28] *Actas (1824-1825)*, sesión de 3 de noviembre de 1825, p. 400.
[29] *Diarios*, I, pp. 99-100.
[30] *Escritos*, II, p. 58.
[31] *Escritos*, II, p. 59.
[32] La explicación del contenido y objetivos de esta disposición en Burgueño, *Geografía política*, pp. 149-150.
[33] Por ejemplo, BNE, ms. 1909, *División judicial y municipal de las nueve provincias del terri-*

enviada por los Acuerdos, el 22 de mayo Larramendi entregó el proyecto de nueva división de provincias a Calomarde[34].

La recopilación de información enviada a la Corte desde diferentes lugares, permitió hacerse una idea de cómo se administraba justicia y de los conflictos jurisdiccionales podían plantearse[35]. Trabas e inconvenientes que, al parecer, motivaron que hasta el rey mostrara interés en introducir reformas en la administración de justicia[36]. A pesar de la experiencia de las divisiones constitucionales, que básicamente se seguirán, el proyecto de nueva planta era complejo[37]. El día 19 de mayo de 1831, según Arias, dio por concluida la *Exposición sobre división de provincias* «que gusta mucho al Sr. L[ama]s a la noche»[38]. Tres días después fue presentada al ministro por el propio Lamas Pardo[39]. Correspondió a Isabel II, y no a su padre, sancionar las divisiones provincial y judicial.

También se llegó a elaborar un Proyecto de arreglo de escribanos, a los que se quiso obligar a estudiar leyes para poder desenvolver su oficio. Lo cual suponía que, si hasta ese momento sujetaban a los jueces sin dominar, en principio, las leyes[40], a partir de su aprobación los jueces quedarían sujetos a la discrecionalidad de los escribanos, como se apuntaba por algunos.

El Proyecto de Código criminal de 1834 dedicó los arts. 470 a 473 a la estructura orgánica, simplificando la redacción del precedente de 1830. Los jueces locales formarían las primeras diligencias de los juicios criminales escritos. En cada partido judicial, habría un juez y un promotor fiscal. Por encima de ellos, se situarían los tribunales de provincia para conocer

---

torio de la Real Chancillería de Granada (31 de marzo de 1829), donde se detalla el procedimiento seguido. De ella existe reproducción digital en BNE y BVA. Más información en Burgueño, *Geografía política*, pp. 153-155. Datos particulares en la historiografía provincial y municipal que abordan el siglo XIX.

[34] El 21 de mayo de 1831, Arias Teijeiro asienta: «Concluimos lo de División de provincias: bien encuadernado lo de Extremadura. Larramendi se atreve a firmar antes que el Sr. Don José. Mañana a las 6 sale», *Diarios*, III, p. 176.

[35] Escribe Arias el 10 de marzo de 1830: «Hoy se despacharon por la Junta de Competencias 8. El Sr. Lamas dice que está escandalizado de ver cómo se administra justicia en España: que para aprender debe irse a la tal Junta. ¡Que competencias: algunas formadas al sentenciar, otras después de dada la sentencia! ¡Qué de Tribunales privilegiados! Así va ello», *Diarios*, II, p. 126.

[36] A pesar de la postura contraria de los fiscales, Arias, *Diarios*, II, p. 146. En julio parece que el trabajo estaba muy avanzado y listo para publicarse, a pesar de la oposición en el Consejo, *Diarios*, II, p. 253.

[37] «Larramendi va a charlar con el Sr. Lamas y pedir más límites e instruirse el Proyecto», Arias, *Diarios*, II, p. 155. En abril recoge en estos *Diarios*: «Cadaval escribe que lo de corregimientos está paralizado», II, p. 189. Pero en abril de 1831 el proyecto estaba completamente redactado y en el mes de mayo se fijaban los límites en los mapas, III, pp. 83 y 170. Aunque las circunstancias políticas no se consideraban las más propicias, III, p. 182.

[38] *Diarios*, III, p. 174. Al día siguiente deja constancia de que la puso en limpio.

[39] *Ibídem*, p. 179.

[40] Se implantaba una administración de justicia servida por letrados. Por ello Sainz de Andino entendía que cesaría la prepotencia de los escribanos, particularmente en los juzgados ocupados por legos, corrigiendo «los abusos insoportables y ruinosos de que la ratera avaricia de los subalternos de los juzgados ha sembrado los trámites judiciales» *Escritos*, II, p. 61. No se puede obviar, sin embargo, la transcendental actividad que desarrollaron los asesores letrados.

de los recursos en segunda y tercera instancia, de las competencias judiciales, recusaciones y recursos de fuerza. Los aforados, cuya enumeración es más reducida, serían juzgados por un tribunal especial, presidido por el presidente del Tribunal Supremo de España e Indias, y compuestos por ministros de este y del resto de Tribunales Supremos. En cualquier caso, los procesos criminales concluían en los tribunales de provincia, por lo que continuaba sin existir un órgano capaz de unificar o establecer criterios uniformes en la aplicación de la ley penal.

El problema, en suma, no radicaba en el número de jueces ordinarios, que era excesivo y en muchos casos ineficaz para una correcta administración de la justicia criminal. Era necesario, en primer término, implantar nuevas circunscripciones judiciales que superaran los límites municipales seculares y con una población reducida. Los partidos judiciales eran circunscripciones más extensas, pero controlables por una autoridad de designación real. Este oficial regio debía ser letrado, es decir, debía conocer el Derecho y saber aplicarlo. Un único juez para el partido que, al ser designado por el monarca y estar dotado de amplias facultades, pudiera aplicar la legalidad absolutista sin obstáculos ni con más margen de arbitrio judicial que el fijado por las leyes. A través de estas reformas se conseguiría, en último término, que la administración de justicia fuera eficaz en la administración de la justicia, sustancialmente de la criminal por ser la que más interesaba a la sociedad y al Estado. Se olvidaba, sin embargo, que esos oficios judiciales, en cualquier nivel, tenían que ser desempeñados por hombres, en suma, aquellos objetivos iban a variar según la personalidad de los jueces y magistrados. Aunque con ello no bastara mientras se careciera de un tribunal capaz de uniformizar los criterios para la aplicación de una legislación criminal mayoritariamente obsoleta.

2. Una magistratura ideológicamente adscrita

El restablecimiento de las plantas judiciales de 1808 y 1820 vino condicionado también por el de los hombres que formaban parte de ellas[41]. Los defensores o proclives al sistema constitucional, en el supuesto que hubieran permanecido en España, quedaron apartados de cualquier oficio público, lo que provocó un gran número de nombramientos, traslados o defenestraciones. El efecto acción/reacción al que he aludido con anterioridad, también se patentiza con la recompensa o persecución de estos magistrados. Para determinar quiénes podían ejercerlos, se establecieron los

---

[41] Es obra de referencia, Luis, *L'utopie*, ya citada; y, «La Década ominosa (1823-1833), una etapa desconocida en la construcción de la España contemporánea», en *Ayer (Fernando VII. Su reinado y su imagen)*, 41 (2001), pp. 85-117. Para la Audiencia valenciana durante el reinado de Fernando VII, Molás, *La Audiencia borbónica*, pp. 216-225 y 234-248; y, «L'Audiència de València durant el regnat de Ferran VII», en *Afers*, I-2 (1985), pp. 309-340. Sánchez Rubio, *Valencia y su Audiencia*, ya citado. Como prolegómenos de las reformas posfernandinas, Lorente Sariñena, «Reglamento provisional», ya citado.

oportunos procedimientos de purificación, es decir, de «limpieza política»[42]. En la fórmula del juramento para tomar posesión, además de las menciones religiosas –como el voto de la Purísima Concepción-, de desempeñar fielmente su oficio, guardar las leyes, pragmáticas, reales ordenanzas y capítulos de visita, se añadía: «y no pertenece ni ha pertenecido a ninguna logia o asociación secreta de cualquier denominación que sea, y no reconoce el absurdo principio de que el pueblo es árbitro de variar la forma de los gobiernos establecidos»[43].

La unidad de poder del soberano se traslada a todos los que en su nombre ejercen cualquiera de sus potestades, por lo que han de ser ideológicamente serviles a los mandatos del monarca. Como empleados públicos de designación regia, los alcaldes del crimen de las audiencias y chancillerías están encuadrados en la estructura jurisdiccional sometida al poder real. Lo cual no supone que entre ellos esa homogeneidad ideológica se traslade a sus relaciones funcionariales y personales, pues dentro de la misma existirá mayor o menor ortodoxia.

Algunos de los alcaldes del crimen de la Audiencia gallega fueron presentados por los liberales como sustento ideológico y represivo del régimen fernandino, aun cuando ya habían sido recriminados y descalificados por su absolutismo durante el período constitucional. Testimonios escritos datados en 1814 atestiguan su comportamiento[44]. Al regreso de Fernando VII las tornas cambian, y el poder absolutista se sirvió de estos para ejercer la oportuna represión política, específicamente en las causas de Estado, lo

---

[42] En la Audiencia de Valencia siete magistrados y dos fiscales fueron impurificados por afrancesados. A continuación ocho más incorporados fueron encausados por liberales. Sobre el conocido como «Proceso del sello», *Colección de las causas más célebres...*, tomo II, pp. 5-140. Algunos fueron repuestos en sus plazas en 1815 y ocho jubilados en 1817 a raíz del citado proceso. Su Sala del crimen restablecida comenzó a funcionar con los magistrados más modernos, y en 1816 sus alcaldes eran siete, mientras que el número de oidores no cubría la totalidad de las plazas. El resultado fue que «el nuevo perfil de los miembros de la Audiencia de Valencia era el de su adscripción realista, junto a los méritos de guerra, y la mayor procedencia de la abogacía». Molás, *La Audiencia borbónica*, pp. 216-225. Sánchez Rubio, *Valencia y su Audiencia*, pp. 87-88 y 90-91. Con carácter general, Peset y Peset, «Legislación contra liberales», ya citado.

[43] Juramento de José Antonio Navarrete como alcalde mayor del crimen de Galicia en 1829. AHN, MJJ, 4681/6082.

[44] En una carta, fechada en Santiago el 6 de abril de 1814, Antonio Benito Fandiño se despacha con los magistrados gallegos: «los togados don José Cavanilles, don Francisco Xavier Vázquez Varela, don Julián Cid de Miranda, don Felipe Sobrado, don José Iriberri, etc. etc. son indignos de la judicatura por su escasa ciencia, nula opinión, notorio abuso, y general desconcepto; y por tener mas delitos que quantos arrastran la cadena en los presidios, y aun, que muchos que sufrieron el ultimo suplicio. El fundamento de estos, al parecer, escandalosos asertos no es para los estrechos límites de un periódico demostrarlo... concluyéndoles de lo que son, y haciendo ver que las togas en tales sugetos causan más estragos en la república, que la artillería de los exércitos. Víctima de la sordicie y orgullosa estupidez de estas carnívoras alimañas, sufrí casi quatro años de prisiones en que perdí mi robusta salud, y gasté quanto tenía...», en *La abeja madrileña* de 1 de mayo de 1814, p. 401. Críticas que había hecho antes con su *Memoria* sobre la cárcel de Coruña. Fue perseguido durante las dos etapas absolutistas por su liberalismo, siendo condenado a obras públicas y muriendo en ellas en 1831. Sobre uno de los mencionados, Juan Miguel González Fernández, «Un letrado en la Corte de Fernando VII. D. Francisco Xavier Vázquez Varela (1754-1819)», en *Castrelos*, 13 (2007), pp. 121-125.

que unido a su fervorosa adhesión al monarca les facilitó la promoción a la Sala de alcaldes de Casa y Corte[45]. Con posterioridad, cuatro de ellos fueron expulsados de Coruña en marzo de 1820 por desafectos al sistema constitucional[46]. En ese proceso de acción/reacción, Julián Cid y Miranda, tras el regreso al absolutismo fue nombrado Superintendente general de Policía en junio de 1823[47]. Tal era su actitud absolutista, que fue tachado de malvado y propicio a imponer la pena capital, agravada con el descuartizamiento posterior[48].

Si los magistrados de las chancillerías y audiencias sirvieron o actuaron en la represión política, tampoco otros de ellos escaparon a la misma[49]. Si durante la etapa constitucional se reclama cierta conducta de adhesión constitucional, a partir de 1823 se exige, precisamente, lo contrario. El R.D. de 27 de junio de 1823 –complementado por DD. de 22 y 30 de septiembre y 11 de octubre de 1823, entre otros– estableció el procedimiento para «la separación y reposición de los empleados en los diferentes ramos de la Administración»[50]. La discusión de esta disposición en el seno

---

[45] «Atendiendo el Rey a los méritos y servicios contraidos por D. Felipe Sobrado, D. Francisco Javier Vázquez Varela y D. Josef Alonso Valdenebro, oidor el primero de la Audiencia de Galicia, el segundo alcalde mayor del crimen de la misma, y el tercero oidor de la Chancillería de Valladolid, adhesión a su Real Persona, actividad y buen desempeño en la comisión que S. M. les confió por su decreto especial de 8 de Marzo de este año; se ha servido nombrarles alcaldes de su Real Casa y Corte», *Gaceta* del 5/10/1815. Sobre su comportamiento judicial, entre otros muchos, Joaquín Lorenzo Villanueva, *Apuntes sobre el arresto de los vocales de Cortes, egecutado en mayo de 1814 escritos en la cárcel de la Corona, por el diputado Villanueva*, uno de los presos, Madrid, s/a, pp. 498-499. También en Miguel Agustín Príncipe y Vidaud, *Tirios y Troyanos: Historia tragicómico-política de la España del siglo XIX*, Madrid, 1848, tomo I, pp. 21-22.

[46] La Junta establecida en Galicia en 1820 para restablecer el sistema constitucional daba cuenta que, «para evitar el influjo de los Gefes militares detenidos en el Castillo con algunas otras personas muy indicadas, y substraerlas de la fatalidad a que en momentos de agitación se hallan espuestos los que gozan concepto de desafectos al sistema que prevalece, resolvió la Junta alejar del pueblo y dirigir embarcados a Andalucía a varios de ellos, igualmente que al oidor D. Julián Cid de Miranda, que con los de la misma clase D. José Valderrábano, D. Domingo Arias y D. Felix de Pazos habían sido arrestados por el pueblo en el día 21. Posteriormente los tres últimos fueron puestos en libertad y despedidos de La Coruña con el mismo objeto que los precedentes», en *Manifiesto que la Junta de Gobierno de Galicia creada por el pueblo en 21 de febrero de 1820, para restablecer la Constitución Política de 1812*, Madrid, 1820, p. 19. Véase también, *Manifiesto que hace a la nación don José María Puente, gefe superior político que fue en la provincia de Galicia con motivo de su exoneración del mando por las prisiones que decretó en 30 de mayo de este año de varias personas indicadas de conspiración*, Madrid, 1821.

[47] Luis, *L'utopie*, p. 75.

[48] Francisco Rodríguez Iglesias y María del Mar Pérez Negreira, *Galicia. Historia (Historia contemporánea, ensino e cultura)*, La Coruña, 1993, vol. VI, p. 305, recogen una copla contra Julián Cid de Miranda: «Ministro malvado, que anda por estampa y que Dios le conserva para acabar en mil pedazos o en cuartos por los caminos». Referencias estas últimas a las cuerdas de presidiarios y a los condenados a muerte. Véase también la diatriba que le dirigió Benito de la Rigada (Benito Fandiño) en *La abeja española* de 20 de febrero de 1813.

[49] Más detalles en Luis, *L'utopie*, pp. 60-70. De 71 oidores y alcaldes del crimen, 67 resultaron purificados en primera instancia, dos en segunda y dos fueron declarados impurificados. No obstante, la composición de algunos tribunales presentaba disparidades en cuanto al tiempo y la autoridad que designó, como en la Chancillería de Valladolid, *ídem*, pp. 71 y 76-77.

[50] En Valencia se adelantaron los acontecimientos y el 21 de junio la Audiencia realista reanudó sus sesiones, completándose en los meses siguientes. Esta mengua en su composición dificultó la actuación durante el verano de 1823, hasta que en septiembre se pudo formar parcialmente la Sala del crimen. La inclinación absolutista de los magistrados era evidente,

del Consejo es interesante por varias razones: el fiscal afirmaba que no se podía imponer una pena sin que el acusado fuera informado de la causa; pero también sostuvo que la comparecencia ante una junta o comisión no equivalía a un verdadero proceso, puesto que no se trataba de delitos o faltas, sino de rehabilitaciones o destituciones, tampoco de encarcelamientos, de formación de una causa criminal o de imposición de una pena; a esto se añadía que el oficio público no era propiedad del empleado y su privación no podía ser objeto de litigio entre él y el Gobierno; y, en suma, tan solo se trataba de un proceso puramente informativo que no conllevaba la imposición de pena alguna sino la pérdida de un empleo público. La ventaja de estos procedimientos se encontraba en evitar los trámites del proceso ordinario, su duración y, por tanto, de sus garantías. Frente a la postura del fiscal se argumentó el derecho de defensa. En cualquier caso, el Consejo, consideradas las circunstancias del momento, era partidario de imponer el procedimiento establecido el 27 de junio, admitiendo, no obstante, las posibilidades del recurso[51].

En cumplimiento del mentado real decreto se crearon juntas o tribunales de purificación para determinar la conducta política de todo tipo de autoridades y oficiales públicos[52]. En Galicia fue el regente Salelles quien dio cuenta a la Real Audiencia de aquella disposición. La junta constituida estaba formada por el propio regente, Joaquín Villamil, Félix Pazos, Vicente González y José Lasauca. La presentación ante esta junta podía ser voluntaria, pues en otro caso las sospechas sobre la adhesión al absolutismo fernandino actuaría en contra de los reticentes[53]. Los informes reservados y la condición de purificado o impurificado llegaron a afectar a alguno de

reincorporando incluso a los que abandonaron sus plazas durante el Trienio o habían sido trasladados. Sánchez Rubio, *Valencia y su Audiencia*, pp. 114-115.

[51] Sobre la discusión en el seno del Consejo de Castilla y el proceso de purificación en este período, Luis, *L'utopie*, pp. 99-117.

[52] María Jesús Merinero Martín, *Purificaciones de empleados públicos: Extremadura, 1824*, Cáceres, 1989. Las medidas de purificación como presupuesto para la renovación personal de los cargos de justicia, con mención a casos concretos, en Lorente, «Reglamento provisional», pp. 238-246. Quien añade que las relaciones de méritos escritas a partir de 1823 estuvieron mediatizadas por el miedo (p. 241). Lo cual creo que es cierto en unos casos (quienes ocuparon cualquier oficio en la etapa constitucional) o se manifestaron a favor de la Constitución, pero en otros casos eran solicitudes implícitas de recompensa de la adhesión a Fernando VII durante los períodos constitucionales. En lo que sí concuerdo con ella es en el acceso de numerosos individuos por primera vez a un cargo de justicia tras la debacle de 1823 (p. 243), como también en la movilidad e inestabilidad en los juzgados inferiores (p. 262-263). Estos últimos aspectos también se aprecian en las Audiencias. En Navarra se consideró que las disposiciones de purificación producían contrafuero, pues «o son leyes, no establecen juicio, no ordenan castigo por consecuencia de delito», texto tomado de Ramón del Río Aldaz, «Liberales, absolutistas moderados y ultras en la crisis del Antiguo Régimen en Navarra», en *Industrialización y nacionalismo. Análisis comparativo. Actas del I Coloquio Vasco-Catalán de Historia*, Barcelona, 1985, pp. 329-338. Con carácter más general, Francisco Tomás y Valiente, «Legislación liberal y legislación absolutista sobre funcionarios y sobre oficios públicos enajenados (1810-1822)», en *Actas del IV Symposium de Historia de la Administración*, Alcalá de Henares, 1983, pp. 703-722.

[53] López Gómez, *La Real Audiencia*, I, pp. 473-484, con la lista de los oficiales, abogados y procuradores purificados e impurificados entre 1 de julio y el 26 de octubre de 1823. Un listado de las disposiciones normativas que regularon la actuación de estas juntas de purificación en *ídem*, pp. 569-570.

los oidores[54]. El traslado de la Audiencia de Galicia a Santiago en 1824 facilitó la purificación en el seno de la Universidad, actuando la Junta de purificación a partir de mayo de 1825, siendo especialmente beligerante con el profesorado[55], a pesar de que en este año se empezaron a descubrir fisuras entre los absolutistas.

De la purificación no escaparon magistrados que habían servidos al monarca. Miguel Vigil de Quiñones, a pesar de haber sido miembro de la Junta de vigilancia en 1817, en la segunda etapa absolutista fue declarado *impurificado*, aunque finalmente consiguió ser reintegrado en su plaza de la Audiencia gallega en julio de 1827[56], También fueron reintegrados en diferentes magistraturas Manuel Antonio Caballero del Pozo en 1828, el anciano Miguel López Andreu en abril de 1829 y Manuel de Lizana en diciembre de 1830. Incluso, Agustín de Sojo, que también había sido impurificado por haber sido oficial de la Secretaría de Gracia y Justicia durante el Trienio, es designado para la Audiencia de Galicia en junio 1828[57]. Estas designaciones, que se concentran entre 1828 y 1830, darían paso al nombramiento de otros personajes más ultra, como José Antonio Arias Teijeiro, alcalde del crimen en 1831 o la reintegración de Salelles a la regencia de la Chancillería de Granada[58]. Sobre los cambios en 1828, hay una anotación de Arias Teijeiro en la que, después de dar noticia del nombramiento de López Requena como fiscal de la Audiencia de Galicia, concluye: «De resultas de la nota puesta sobre mi solicitud, se manda trasladar a todos los alcaldes del crimen: buenos disparates han hecho, hasta pueden sentenciar dos solos alcaldes»[59]. Opiniones de todo tipo que no impidieron, por ejemplo, que desde Madrid se dirigieran proclamas subversivas contra dos magistrados de la Real Audiencia de Galicia[60].

Joaquín María López de Ayala figura como alcalde del crimen de Va-

---

[54] Sin embargo, como apunta Luis, *L'utopie*, p. 106, la circunstancia de ser *purificado* no confería el derecho a un cargo, existiendo supuestos de designación de purificados que son destituidos poco después. Sobre su alcance en la administración central, *idem*, p. 46.

[55] Félix Estrada Catoyra, «Purificación de todos los individuos de la Real Universidad de Santiago y demás establecimientos literarios de Galicia», en *Boletín de la Real Academia Gallega*, 235-240 (1931), pp. 254-267.

[56] Arias Teijeiro le acusa de haber intentado comprar algún cargo: «Villalva, diputado en Cortes, oidor de Valladolid, ha sido nombrado regente de Valencia... Así todas las regencias menos la de Valladolid son de la Cofradía. Con este motivo supe que el de Galicia puso en otro tiempo a Casqueiro un bolsillo de onzas sobre la mesa; y que Casqueiro le dijo que no volviese por allí», *Diarios*, I, p. 152 (17-31 diciembre de 1828). El mencionado era Baltasar Casqueiro.

[57] Estos y otros casos son detallados por Luis, *L'utopie*, p. 150. Quien destaca, además, que salvo Quiñones, «les employés réintégrés ne sont pas de nouveau affectés dans leur audience d'origine», aunque los puestos a los que se les destina son similares a los que habían desempeñado, salvo López Andreu que sí es degradado. Algún afrancesado también fue rehabilitado.

[58] Luis, *L'utopie*, pp. 150 y 153. Los realistas más reaccionarios lamentaron su condena en 1830, achacándose a Fernández del Pino la frase: «Es preciso cortar de una vez esto del carlismo», en Arias, *Diarios*, II, p. 230.

[59] *Diarios*, I, p. 55 (18 de febrero de 1828). Sobre las sentencias dictadas por dos alcaldes, hay que acudir a las Ordenanzas de la Real Audiencia publicadas en 1687 y, en consecuencia, todavía vigentes en 1828.

[60] Sesión del Consejo de Ministros de 5 de enero de 1828, *Actas (1828)*, p. 7. No he podido identificarlos, aunque los dos únicos que aparecen designados en la misma *Gaceta* fueron Sojo y Godinez. Posiblemente atacados por los ultrarrealistas.

lladolid en 1828[61], por lo que su traslado a la Audiencia de Galicia representaría una degradación. Con Lorenzo Ferreras parece que ocurrió algo similar, pues el 30 de octubre de 1824 es designado por alcalde del crimen de Valladolid[62]; en mayo de 1828 es designado para la Audiencia de Galicia, incluso posponiendo su antigüedad frente a Godinez[63], con mejor parentesco[64]; y en 1833 saldría para una plaza de oidor en Granada. No obstante, la amistad íntima entre un magistrado y la mujer de una de las autoridades militares conllevó el oportuno traslado[65].

Las promociones de los alcaldes de Casa y Corte en 1824 no dieron lugar directamente a cambios en la composición de las chancillerías y audiencias, porque se verificó por medio de una designación directa por el rey, sin intervención de la Cámara de Castilla y sin que los designados procedieran de los tribunales territoriales[66]. Frente a estos nombramientos, entre finales de 1823 y comienzos de 1824 fueron designados ocho nuevos regentes entre magistrados de la Chancillería de Granada y de otras audiencias, de los cuales tres –entre ellos Salelles- «présentent des signes d'absolutisme intransigeant». Como efecto de estas designaciones se procede a nombrar nuevos oidores y alcaldes del crimen para las vacantes. Cambios todos ellos en los que está presente la figura de Calomarde, puesto que «de son contrôle dépend en partie celui du pays»[67].

Además de lo expuesto, los tribunales continuaron padeciendo durante esta época idénticos problemas de funcionamiento que en los siglos anteriores. Hay que tener presente que defunciones, jubilaciones, promociones a

---

[61] En la *Gaceta* de 1/2/1825 fue nombrado como alcalde del crimen de la Chancillería de Valladolid, mientras que para otra de la Audiencia de Galicia resultó designado Vicente Alonso Andrade. No llegó a tomar posesión. Se jubiló como oidor en Extremadura en 1828.

[62] *Gaceta* de 30/10/1824.

[63] Fue intendente de Policía en Málaga en 1824. En 31 de octubre de este año fue promovido a alcalde del crimen de Granada. El 3 de mayo de 1828 se le designó para Galicia, donde fue gobernador de las dos Salas del crimen. Para su traslado alegó sus problemas de salud en tierras gallegas. Por ello fue designado oidor de la Audiencia de Sevilla. AHN, MJJ, 4458/3198.

[64] En su dietario, Arias escribió en los días 6 y 7 de mayo de 1828: «No es Pedrosa al fin el trasladado a la Audiencia de Galicia, sino Godinez, cuñado de Cea; Ferreras y Ayala con su antigüedad, pasando, dice escandalosamente la orden, de últimos», *Diarios*, I, pp. 104-105; y, «Vi al buen cuñado de Cea nombrado alcalde del crimen de Galicia. Ya había visto a su compañero Sijito ¡qué tal», en *Diarios*, I, p. 109. Véase también lo ocurrido con la alcaldía de Corte de Andrés Oller y la postergación de Cid Miranda en noviembre de 1828, pues aquel «es pariente de la viuda de Eroles y con ella vivía. Company iba por allí de tertulia», Arias, *Diarios*, I, p. 137. Hay más casos: «La Satrapona de Tavira ha ido al Sitio a pedir la alcaldía de Corte para su gran yerno Almansa de Sevilla: ¡que falta de vergüenza!», *Diarios*, I, p. 209. Las vinculaciones familiares se dieron entre magistrados cercanos, por ejemplo Tomás López Rego casó con Lorenza Solance

[65] Escribe Arias, *Diarios*, I, p. 170 el 26 de junio de 1829: «O'Lawlor, cabo de Granada, vino días atrás al Sitio a quejarse del alcalde del crimen, Sevilla, a quien encontró en el acto con su mujer... en su casa. Parece que han trasladado a Sevilla a Canarias. ¡Que magistrados! El tal O'Lawlor es también buen mueble». Sevilla había sido designado por alcalde de la segunda Sala del crimen en Granada en 1826. El 3 de junio de 1829, a raíz de estos hechos, fue nombrado oidor en Canarias, pero el 15 de diciembre siguiente fue destinado a una alcaldía del crimen de Galicia. En febrero de 1832 marchó a una de las Salas del crimen de Valladolid. AHN, MJJ, 4612/5373.

[66] Luis, *L'utopie*, p. 86.

[67] Luis, *L'utopie*, pp. 87-88.

puestos en la Corte y ascensos desde los niveles inferiores de la judicatura se producían en cascada[68]. La edad de algunos magistrados, las licencias para atender asuntos en otros lugares y, sobre todo, los traslados por diferentes motivos plantearon no pocos problemas. Pueden pasar meses hasta que el designado toma posesión de su destino[69]. En otros casos, concluido el término de la licencia el beneficiado no se reintegra a su oficio. El caso de José de Oromí, gobernador de la Sala del crimen, resulta peculiar. Con fecha 3 de octubre de 1817 el Secretario de Gracia y Justicia se dirigía a la Sala de alcaldes de Casa y Corte para que el citado saliera de Madrid y regresara a desempeñar su oficio, debiendo el regente de la Audiencia gallega comunicar su incorporación[70]. Ocho días después partía para La Coruña, según testimonio de su mujer. Desconozco qué ocurrió, pero a las pocas semanas se daba noticia de su fallecimiento[71]. Los hubo que regresaron tras el desastre colonial, como Miguel López Andreu[72], marcado por su condición de liberal[73]. En ocasiones se advierten indecisiones sobre el destinado asignado[74].

Desde luego que hay que tener presente las vinculaciones sociopolíticas son las que más influyen[75]. La adhesión, sin embargo, podía recompensarse con el ascenso pero sin asignación de destino[76]. Desde Galicia algunos de los magistrados salieron a puestos de promoción[77], mientras que otros hay

---

[68] «Se ha jubilado a tres oidores de Barcelona... Al alcalde del crimen Ceruelo se traslada a Mallorca, y al fiscal del crimen a Aragón. El fiscal de lo Civil de Aragón está nombrado regente de Oviedo... Vigil, de Santiago, pasa a Barcelona... Riega ha propuesto el reemplazo de Méndez por Pedrosa; el de Cegama y otro por Díaz García, etc. Rego debía serlo por uno de Valladolid, pero representa y se apoya. Todo es cosa hecha por N», en Arias, *Diarios*, I, p. 97.

[69] Fue el caso de José Antonio Navarrete. El capitán general de Galicia se dirigió el 23 de septiembre de 1829 a la Cámara exponiendo que existían dos vacantes por la muerte Agustín de Sojo y el traslado de Puig a Valladolid. En su lugar habían sido nombrados López Andreu y Navarrete, ignorando cuándo se presentaría, «y esta falta cede en perjuicio del más pronto curso y expedición de los negocios criminales». Había sido fiscal en Chile y estaba temporalmente retenido en Canarias. En el Acuerdo del 20 de noviembre tomó posesión a expensas de que presentara su título en el plazo de dos meses. AHN, MJJ, 4681/6082.

[70] AHN, Consejos, lib. 1409, exp. 155.

[71] *Gaceta* de 6/12/1817.

[72] *Gaceta* de 30/6/1829. Había sido fiscal de la Real Audiencia de Guadalajara en la Nueva España. De puestos destacados durante el Trienio, acabó relegado una vez que fue rehabilitado.

[73] «Al mismo tiempo han nombrado Magistrados de Galicia a un López Andreu individuo del Tribunal Supremo de Justicia, tal que Puig se hacía cruces, pues –dijo a Gordón– en esta misma Sala le he oído las mayores infamias contra el Rey», en Arias, *Diarios*, I, p. 208.

[74] «Pedrosa, al fin, va a Galicia en lugar de Méndez. Sale también Ceruelo», Arias, *Diarios*, I, p. 102 (21-30 de abril de 1828).

[75] Desde la perspectiva ultramontana de Arias, *Diarios*, I, p. 104: «Caballero está nombrado regente de la Audiencia de Galicia! Parece increíble: el último alcalde de Zaragoza, impurificado dos veces! Es imperdonable el tal C[alomar]de». Su desprecio por Antonio M. Caballero le lleva a motejarle de *Caballerito*, como recoge Berazaluce, *ibídem*, n. 154.

[76] Cristóbal Izquierdo pedía una alcaldía del crimen en Sevilla, tras haber pasado por el corregimiento de Carmona y ser honorario del crimen en la primera. Sin embargo, «S.M. le concede plaza del crimen en una Audiencia que todavía no ha señalado». Por suerte para él, falleció un oidor, cuya plaza ocupó el alcalde del crimen más antiguo, y su vacante fue para Izquierdo. AHN, MJJ, 4490/3876.

[77] Manuel Lejalde fue destinado durante el Trienio a la Audiencia Territorial de Navarra (*Gaceta* del 26/6/1821). En 1825 figura como consejero jubilado del Consejo de Navarra, por lo que es posible que su salida de Galicia para tierras navarras viniera dada por su edad (*Gaceta* del

que entender que fueron degradados por llegar a la Audiencia de Galicia desde alguna de las chancillerías. Manuel Lizana, que había sido fiscal de la Real Audiencia y magistrado en la Audiencia Territorial de Mallorca, pasó a Galicia en marzo de 1830[78]. Incluso para otros la Sala del crimen gallega fue su primer destino como magistrado. De la designación de Arias Teijeiro como alcalde del crimen conocemos algunos de los pormenores gracias a su *Diarios.*[79] El 18 de abril de 1831 escribe que José María Teijeiro de la Cuadra «habla de ver si se logrará que [vaya] yo a Galicia; le digo lo de siempre: veremos»[80]. Un mes después conoce oficiosamente la noticia, con sentimientos encontrados[81]. En mayo ya lo conocían otros personajes cercanos[82], pero no terminaba de llegar la notificación del nombramiento[83]. Entretanto estuvo trabajando en la conclusión del proyecto de división de provincias.

25/12/1828). Vicente Puig de Samper salió promocionado de Galicia para una plaza de alcalde del crimen en la Chancillería de Valladolid (*Gaceta* de 30/6/1829). De él se afirmaba que «en todos tiempos ha sido acérrimo defensor de los derechos del Altar y Trono». Fue nombrado por la Cámara el 19 de diciembre de 1827, pero expuso que le era nocivo «el clima de aquel país», por lo que pedía una alcaldía del crimen en Valladolid en lugar de la de Galicia. AHN, MJJ, 4681/6082. Para un buen número de magistrados, Luis, *L'utopie*, ya citado. También José Luis Bermejo Cabrero, «Procesos contra altos personajes civiles y militares (1824-1826)», pp. 149-157, y Pere Molás Ribalta, «La crisis de la magistratura española del Antiguo Régimen», pp. 399-427, ambos trabajos publicados en Johannes-Michael Scholz, *Fallstudien zur spanischen und portugiesischen Justiz 15. bis 20. Jahrhundert*, Frankfurt am Main, 1994.

[78] *Gacetas* de 9/3/1830 («fiscal que fue de la Audiencia de Mallorca») y 25/11/1830.

[79] El 5 de abril de 1831 asienta: «Lamas me dice que también por mí hablará al Ministro, que una toga es segura, que concluida la ley de corregimientos, el nombramiento en la mano», *Diarios*, III, p. 83. Además del mérito político o de ciertos méritos profesionales, continuaron interviniendo relaciones familiares y de otro orden, Lorente, «Reglamento provisional», pp. 244-246. A continuación veremos algunos ejemplos.

[80] *Diarios*, III, p. 115. El 29 de abril Lamas «me dice que ha hablado con Cal[omard]e de mí; que mañana, a más tardar, le lleve una relación de méritos y una exposición, que el acompañará con un oficio, diciendo que el destino más análogo es la fiscalía de Gal[ici]a, y que darán la alcaldía del crimen a López Requena. Contesto que es una embudada, que yo no quiero subir sobre las ruinas de otro, etc. Me dice que si no lo hago se lo escribe a mi padre, que no sea tonto, etc», *ídem*, III, p. 128. El 3 de mayo enseña a José Lamas el borrador, quien le responde «que él dirá en el oficio todo lo necesario; que nada importan mis escrúpulos, que traslada si quiere a Req[uen]a a su país y, en fin, que aunque me nombrasen, como yo recelo, para otra Audiencia, nada importaría, pues [hay] permutas, y padre siempre se alegraría. Mas yo no opino así», *ídem*, p. 137.

[81] «17 de mayo... A las 9 y media me envía a llamar el Sr. Lamas Pardo por Pepe; voy, me da un abrazo, y me dice que ha estado allí Bernedo –ya ayer estuvo pero no le hallara–, cosa que nunca hace, a decirle que yo estoy agraciado y que va a poner el decreto, etc. Más que, como hasta ahora puede variar, es reservado y no debo decirlo. Gracias a Dios; yo me alegro por mi padre, pero por mí más bien lo siento, pues la toga no es para mí. Así estoy estos días como desazonado interiormente... Por lo visto la gracia se hizo el día de san Isidro. Seguramente nunca le pago al Sr. Lamas: éste, en el oficio con que apoyó mi solicitud, me hacía un favor extraordinario y exagerado hasta el exceso de decir que hacía un favor a S.E. etc», *Diarios*, III, p. 169.

[82] *Diarios*, III, p. 178 (21 de mayo): «A la tarde me da Cabanilles el mayor la enhorabuena en la Academia; y me dice que lo sabe por un sujeto que le ha dicho que "han dado la plaza de lo Civil, no la del Crimen, a un gallego recomendado de Lamas Pardo. Le digo que "puede ser", pero nada más; y que por Dios lo calle hasta ahora, pues pueden chasquearme».

[83] *Diarios*, III, p. 182. En 25 de mayo anota: «L[ama]s escribe a Ber[ned]o que ponga al despacho mi cosa, siquiera para el día de san Fernando... Contesta que lo hará por servirle, avisándole cuando el decreto esté corriente, pero que hasta que la consulta principal no esté resuelta, es regular que nada se adelante», *ídem*, p. 184. El 26 de mayo terminan sus diarios, posiblemente con la marcha a Santiago.

La permanencia en las alcaldías del crimen gallegas fue variada, contrastando la mayor duración en el oficio durante el Sexenio con los cambios de la Década ominosa[84].

Francisco Javier Vázquez	1812	Gaceta 05/10/1815
Juan Pérez Villamil	Gaceta 13/10/1814	
Manuel Lejalde	10/1813	Gaceta 27/05/1815
José de Oromí Martiller	10/1813	Gaceta 06/12/1817
José Salelles y Palos	Gaceta 27/05/1815	09/1821
Eugenio Manuel Cuervo	Gaceta 30/12/1815	09/1821
Félix Andrés Pazos Montenegro	Gaceta 30/12/1815	03/1820
José Núñez y Garrido	Gaceta 05/10/1815	Gaceta 15/03/1825
Miguel Antonio Vigil de Quiñones (*)	Gaceta 25/01/1816	1820
Julián Cid y Miranda	Gaceta 08/06/1809	1820
Joaquín Pérez Villamil	1815	1830
José Manuel Rodríguez Valderrábano	Gaceta 22/05/1819	03/1820
Antonio Neira y Marín	Gaceta 01/07/1826	1826
Gregorio Ceruelo Velasco	Gaceta 14/12/1824	1828
Pascual Méndez Acuña	Gaceta 30/10/1824	1828
Lorenzo Izquierdo y Anaya	Gaceta 01/07/1824	1830
José Lasauca	Gaceta 05/06/1824	Gaceta 15/03/1825
Santiago Martiniano Francisco Pastor	Gaceta 23/11/1824	1832
Carlos Solance Juárez	Gaceta 29/10/1825	1827
Fermín Ladrón de Cegama	Gaceta 29/10/1825	1828
Tomás López Rego	Gaceta 01/07/1826	1826
Cosme Antonio Rodríguez Seoane	04/1827	Gaceta 19/06/1827
Miguel Antonio Vigil de Quiñones (*)	Gaceta 23/08/1827	Gaceta 22/05/1828
Lorenzo María Ferreras	05/1828	19/01/1833
Vicente Puig Samper	Gaceta 18/03/1828	Gaceta 30/06/1829
Agustín de Sojo	Gaceta 11/09/1828	Gaceta 30/06/1829
Antonio José Godinez	Gaceta 11/09/1828	Gaceta 30/06/1829
Joaquín María López de Ayala	05/1828	Gaceta 21/08/1832
José Antonio Navarrete	Gaceta 30/06/1829	1833
Miguel López Andreu	Gaceta 30/06/1829	1833
Juan Sevilla Pozo	Gaceta 09/03/1830	24/02/1832
Manuel Lizana	Gaceta 09/03/1830	Gaceta 25/11/1830
José Antonio Arias Teijeiro	AHN, 15/05/1831	1833
Cristóbal Izquierdo de los Santos	Gaceta 25/11/1830	Gaceta 28/12/1830
Manuel de Gorvea y Calvo	Gaceta 17/03/1831	1833
José Catalán y Calderón	Gaceta 21/08/1832	1833

84 Se han tenido presente para realizar la tabla la *Gaceta*, las *Guías de forasteros*, las sentencias y causas de las Salas del crimen de Galicia.

Por su parte, los fiscales del crimen de la Real Audiencia gallega permanecieron más tiempo que los alcaldes del crimen. Durante el Sexenio desempeñó el oficio Vicente Villares, en 1824 fue designado Domingo Vales Vaamonde, sustituido en 1827 por Tiburcio Eguliz, quien en 1828 dejó paso a José López Requena[85] y en 1832 a Diego de Lamas.

De otro lado, entre los magistrados de las etapas absolutistas de Fernando VII, el que representa, en verdad, el tópico traslaticio del juez malévolo y perseguidor de liberales y delincuentes es el valenciano José Salelles y Palos. En su paso por Galicia había pertenecido a la Junta secreta de Vigilancia creada por Real Orden en 1817, junto con José Joaquín Iriberri y Miguel Antonio Vigil de Quiñones[86]. La actuación de Salelles fue recompensada con la regencia granadina, en la que actuó con igual celo en la represión política. Desde esta ciudad participó en la conjura que desde Cataluña se extendió a favor de los ultramontanos, por lo que en 1827 fue confinado en el castillo de Sagunto[87]. Generó opiniones similares entre los li-

---

[85] Esta plaza fue pretendida por Taboada a la muerte de Vales, según Arias, *Diarios*, I, p. 44. Él mismo escribe que «vino dada por alto la fiscalía de Galicia a López Requena, secretario que fue de la Superintendencia de Policía, antes fiscal del crimen, y luego intendente de Policía y alcalde del crimen de Sevilla; y que ahora no quería otra alcaldía que se le daba, pues dice debe ser oidor. Parece, pues, que no la pretendió, y, en tal caso, todo es tramoya del Ministro para dar lugar a que se decida lo de Taboada, por quien está interesado el Mayor, y que hoy mismo fue a preguntar a N. por su solicitud», *ídem*, p. 55 (18 de febrero de 1828). No quedó el pretendiente satisfecho, ya que «Taboada piensa salir bien en el Consejo, e ir en breve a Galicia, pues parece cosa tratada en el nombramiento de Requena», *ídem*, p. 83 (21 de marzo de 1828).

[86] «En virtud de Real decreto del Rey N. S., se ha creado en esta capital una Junta secreta de Vigilancia, compuesta de los señores ministros de esta Real Audiencia, don José Joaquín de Yriberri, don José Salelles y Palos y don Miguel Antonio Vigil de Quiñones, y que tengo el honor de presidir; en su objeto la conservación de la quietud pública, observación de las personas sospechosas, su persecución y la de los muchos malhechores que infestan la provincia, así como el de adquirir conocimiento del estado de la opinión pública en el Reyno... ha acordado establecer, en todas las grandes poblaciones, correspondencia secreta con personas de conocida providad, de amor decidido al Soberano y a la conservación de sus derechos... vajo la seguridad de que será inviolable el sigilo que exige la naturaleza de la materia de que se trata y que jamás podrá V.S. quedar comprometido por los avisos importantes que solo será savedor S.M., para que tenga el debido conocimiento de que si hay entre nosotros genios reboltosos y facciosos, también hombres de honor y lealtad capaces de contrarrestar los proyectos y maldades de aquellos... La Junta se lisongea con la esperanza de lograr por este medio, y correspondiendo V.S. a la confianza que la merece, un exacto conocimiento de las personas que en ese pueblo y sus inmediaciones deban ser observadas y corregidas, como también del estado de la opinión pública, y que con la oportunidad de sus avisos podrá determinar lo que convenga al mejor servicio del Rey y a prevenir los males que se temen... Coruña, 12 de abril de 1817», en *Colección de documentos históricos. Boletín de la Real Academia Gallega*, Coruña, 1915-1931, tomo III, pp. 240-241.

[87] Pedro Agustín Girón (Marqués de las Amarillas), *Recuerdos. (1778-1837)*, Pamplona, Universidad de Navarra, 1981, p. 17, su fama de realista exaltado devino de haber dictado varias sentencias de muerte contra liberales. Tuvo fama de reprimir con la máxima dureza cualquier atisbo liberal o masónico, Fernando Martínez Laínez, *Como lobos hambrientos: los guerrilleros en la Guerra de la Independencia (1808-1814)*, Algaba, 2007, p. 345. Vid. también, Emilio González López, *Entre el antiguo y el nuevo régimen: absolutistas y liberales: el reinado de Fernando VII en Galicia*, Sada, 1981. Salelles había firmado la sentencia capital contra los que participaron en las muertes de los presos del castillo de San Antón. Fue destituido y encausado por la Sala de alcaldes de Casa y Corte, y si bien resultó absuelto, fue degradado a la regencia de Mallorca. A comienzos de enero de 1828 Arias Teijeiro escribe: «Campos Rey visita a N. de parte de Salelles, contento en Valencia, sin miedo; aunque según escribió Pedrosa a N. aquello estaba malo»,

berales y los realistas moderados. El marqués de las Amarillas, Pedro Girón Agustín Girón, que fue designado capitán general de Granada en octubre de 1832, describe a dicho personaje y el currículo de otro magistrado de la Chancillería:

> «El Regente, don José Salelles, furioso absolutista, detestado en Granada, era el jefe de una Audiencia que entre sus vocales contaba con alguno malvado y no pocos hijos del favor; entre ellos había un estúpido alcalde del crimen, llamado Alejandro Merino, al que habiéndole preguntado yo por su carrera me contestó "que era montero de Espinosa y que cansado de pasar malas noches en la Cámara de S.M., le había pedido una toga y el Rey le había agraciado con aquella"; pues a este hombre tan ignorante como necio fue el que dejó al encargo de la Policía, de que era Subdelegado mi antecesor González Moreno. ¡A tales absurdos lleva el ciego espíritu de partido!»[88].

Cabe pensar que, si desde las instancias oficiales se pensaba eso de tales personajes, la realidad debía ser bastante más dura. De tal manera actuó que, según el propio marqués, tras la promulgación del R.D. de 15 de octubre de 1832 por el que se concedía «la amnistía más general y completa de cuantas hasta el presente han dispensado los reyes» en palabras del monarca, el marqués requirió «las causas de Estado que eran infinitas, y haciendo ver por ministros del crimen de la Real Chancillería, las que estaban en el caso del decreto, tuve el gusto de poner en libertad a un número muy considerable de personas que probablemente hubieran subido al patíbulo». Desde su posición de presidente de la Chancillería, «temeroso del regente, presidí todos los días el acuerdo del Tribunal y solo con mi presencia tuve a raya a aquellos señores de los que solo el regente, con quien muchos no estaban a bien, se hubiera atrevido a entorpecer mis providencias»[89]. Lamentaba, asimismo, que llovieran los chismes, las acusaciones y los avisos, lo cual no solo era peculiar de la ciudad granadina sino de toda la Península.

Tras los procesos de purificación, destituciones y la muerte de algunos magistrados, Luis destaca que ya en 1826 «le corps de magistrats des audiences et chancelleries a été profondément modifié», con lo cual tanto el

---

Diarios, I, p. 8. Es calificado como «juez sanguinario dedicado entonces como casi todos los demás de España al partido del clero y masa carlista, no perdonó medio para acreditar el encono que alimentaba contra los carlistas», según Leon Lopez y Espila, *Los Cristianos de Calomarde y el renegado por fuerza*, Madrid, 1835, pp. 30-31. Antonio Gallego y Burín, Francisco Martínez Lumbreras y Cristina Viñes, *Granada en el reinado de Fernando VII: datos para su historia política*, Granada, 1986, p. 106, tras destacar su fama de realista exaltado desde su etapa en la Audiencia de Galicia, da cuenta que «poco después de su nombramiento como subdelegado de policía –y quizá de ahí la designación de Pedrosa–, Salelles se ve implicado en la impresión de unas proclamas realistas que concitaban a otras provincias a seguir el ejemplo de los "agraviados" de Cataluña sublevados en 1827... El proceso que se le formó con este motivo acabó en traslado provisional a Mallorca regresando posteriormente». Resultó absuelto, pero ante el escándalo fue trasladado. Vid. también Luis, *L'utopie*, pp. 147-148.

[88] Añadiendo: «Parecíanse a estos, con corta diferencia, los demás que desempeñaban los primeros destinos de aquella capital y provincia», en Pedro Agustín Girón, marqués de las Amarillas, *Recuerdos (1778-1837)*, edición y notas Ana María Berazaluce, Pamplona, 1981, tomo III, p. 15.

[89] *Recuerdos*, III, pp. 16-17.

rey como Calomarde habían situado en los tribunales a hombres fieles a su concepción política[90]. El regente de Valladolid, por ejemplo, estaba vinculado con una sociedad carlista[91].

No existía, sin embargo, una opinión unívoca sobre la actuación de los tribunales en materia política. El obispo de León exponía en su informe de agosto de 1825 que la Sala del crimen de Valladolid había dictado «la libertad a los masones y comuneros espontaneados en el último momento». Por esta circunstancia defenderá que «no se permita exercer la magistratura sino es a los amantes del Reyno, mucha exactitud en las purificaciones sin relajar de ningún modo las leyes que lo establecieron primeramente»[92]. El de Orihuela, por su parte, denunciaba que los constitucionalistas «han conseguido providencias de la Audiencia de Valencia que no deben producir otro efecto que el de aumentar los males»; a lo que más adelante añade: «muchísimos realistas verdaderos, y aun algunos pueblos se ven en el día oprimidos por los conocidamente adictos al abolido sistema que tienen la jurisdicción en él, sostenidos por providencias de Tribunales superiores, ganadas por manejos de los que huidos de sus pueblos se abrigan, o residen en las capitales donde están los mismos Tribunales, y con amistades, con intereses y aparentando crueles persecuciones, logran comisiones para justificarlas, y lo consiguen con testigos, sean de la clase que quieran»[93].

Desde su peculiar ideología ultrarrealista, Arias Teijeiro veía con desazón algunos de los nombramientos que se estaban haciendo para las audiencias, lamentando la designación de individuos que desempeñaron altos cargos durante el Trienio o que se manifestaron contra el rey o actuaron contra la Inquisición[94]. Esta misma idea la reproduce en enero de 1830: «Estoy convencido de que, o 1830 es la 2ª parte de 1820, o es el año de la restauración. La revolución lo tiene todo invadido... Todos los destinos

---

90 *L'utopie*, p. 123.

91 «Individuos que componen la Sociedad Apostólica carlista de Valladolid», incluido el regente de la Chancillería. En una *Nota* se lee: «En general pertenecen a esta facción los voluntarios realistas y la mayor parte de los frayles y bajo clero. Todos los principales de esta sociedad están en correspondencia activa con don Juan Bautista Erros, y combiene mucho dar este parte exacto y verídico». AHN, *Diversos-Colecciones*, Depósito de la Guerra, Superintendencia General de Policía del Reino, 164/4.

92 *Informes*, pp. 204 y 209. Gregorio Ceruelo de la Fuente, obispo de Asturias, también dirigía su protesta contra los mismos: «El motivo por que se mantiene, y aun progresa la inmoralidad es la apatía, el poco celo, la condescendencia y aun quizá el apoyo, que se halla en muchos jueces y tribunales: hablo por esperiencia propia, y de otros sugetos interesados en la felicidad del Estado y la Religión», *Informes*, p. 237. El arzobispo de Zaragoza, en septiembre de 1825, manifestaba estar sorprendido con la facilidad que algunos individuos habían conseguido ser purificados. El capitán general de Extremadura advertía que los voluntarios realistas estarían más animados «si por algunos jueces y ayuntamientos, ya que no se les dispense protección, a lo menos no se les vejase y procurase disgustar», *Informes*, p. 385.

93 *Informes*, pp. 220 y 225.

94 En las líneas de los días 10 a 13 de agosto de 1829 además de la mención de la designación de López Andreu para Galicia, por haber pertenecido al Tribunal Supremo de Justicia, agregaba «y a un tal Urbina impurificado y malísimo. La fiscalía de Mallorca se ha dado a un Echevarría ex oidor de Madrid, malísimo, que estaba en Hellín, comprador de bienes de la Inquisición, etc. Contesta a la Cámara que le ha sorprendido su nombramiento (que tal!!!) pero que acudirá por el título e irá a servir a S.M. Así va ello», *Diarios*, I, p. 208.

en general también. Con el mayor descaro se dan togas a Gil de Linares, diputado impurificado, y a otros, cuando SS.EE. deben estar más abatidos y cuando, siquiera para alucinar y por interés propio, debería hacerse alguna concesión a los realistas. Infiérase de aquí hasta qué punto la Cofradía domina a nuestros dirigentes»[95]. Como muestra particular de estas afirmaciones, un mes después señalará: «El hijo de Modet me dijo que Lizana el alcalde del crimen de Galicia y ex Fiscal de Mallorca es perverso, revolucionario decidido, que aún ahora disputaba con él, y muy soberbio. Calomarde envía también a Galicia al buen Sevilla, alcalde de Granada, e hijo de un ex oficial mayor de Guerra y el que trataba tan escandalosamente con la mujer de O'Lawlor, y perverso. Bueno va todo»[96]. Frente a estas decepciones vio con buen ojos el traslado del alcalde Campos de la Chancillería de Granada a la de Valladolid por ser «excelente realista, de tal nervio que cuando la causa de Salelles no quiso declarar ante el bribón de Subiza, porque le dijo: *V. ha sido afrancesado y liberal y según las órdenes vigentes, V. no puede ser juez, etc.*»[97]. Apreciaciones, éstas, que permiten destacar dos asuntos diferentes, pero complementarios: las tensiones políticas que existieron en el seno de algunos tribunales, y que en este caso se ubican en la Chancillería de Granada, con motivo de la causa formada a José Salelles; y, por otro, la desazón por parte de los más acérrimos realistas de no ver cubiertas las plazas de la magistratura por individuos de su misma trayectoria ideológica. La calificación más extensa es la que corresponde al tribunal granadino en 1831:

> «Los malos son los oidores D. Andrés Subiza, D. Manuel José de Vilches, D. José Ayuso y Navarro, D. Antonio Heredia y Begines, D, Antonio Guajardo y Fajardo, D. Mariano Milla, D. Agustín Riquelme y D. José María Seoane; y los alcaldes del crimen D. Mariano Lafuente y Lopetedi, D. Fernando Mª. López, D. Fermín Gil de Linares (el convertido de Manuel, etc.) y el oidor, que ha ido últimamente. Bueno, ninguno; pasaderos, solo D. José Vega Carballo, D. Salvador Fernández Torres, D. Francisco Sáez de Tejada y D. Alejandro Merino; y los alcaldes D. Gregorio Ceruelo, D. Manuel Areizaga, y él, etc.»[98].

Estas calificaciones de Aras Teijeiro pueden hacer pensar que en las Salas del crimen de Galicia recabaron una porción de liberales o realistas moderados. Para comprobar si las aseveraciones de Arias son ciertas o no, podemos considerar las condenas impuestas y las absoluciones declaradas

---

[95] *Diarios*, II, p. 5.

[96] *Diarios*, II, p. 80. A mediados de julio escribirá: «Al buen Lizana de la Audiencia de Galicia han hecho asesor de la Superintendencia de Rentas», *ídem*, p. 258 (14 de julio de 1830). *Estado de los empleados que componen la Real Hacienda de España en fin de 1832*, Madrid, 1833, p. 4. En algunos comentarios coincidía con liberales exiliados. José Presas, *Pintura de los males que ha causado a la España el Gobierno absoluto de los últimos reinados y de la necesidad del restablecimiento de las antiguas Cortes*, Burdeos, 1827, p. 187, afirmaba que la separación de algunos magistrados de las chancillerías y audiencias había sido «con el único fin de agraciar con tales destinos a sujetos inmorales e idiotas y poner en manos de niños la administración de la alta justicia como se ve con don Juan Sevilla, que de edad de veinte y tres años, se le destinó de oidor en la Chancillería de Granada».

[97] *Diarios*, II, p. 319 (21 de agosto de 1830).

[98] *Diarios*, III, p. 110.

en el trienio 1830-1832, que si bien no pueden inducir a resultados concluyentes, sí pueden aportar cierta tendencia si consideramos que los más realistas serían, en principio, defensores de un mayor rigor legal, mientras que los más moderados o los calificados de liberales serían, también en principio, más inclinados a la benignidad. Acudamos, con una lectura crítica, a lo escrito por Arias:

> «Le escriben de Santiago que nunca se vio la prontitud de ejecución que en los asesinatos últimos; que dicen habrá muchos más ladrones ahorcados, pues Pastor los odia y es terrible. Dice que Pastor es un hombre rarísimo en su traje y en todo, a lo Alonso, instruido pero muy romanista»[99].

Santiago Martiniano Francisco Pastor llevaba en la Audiencia de Galicia desde 1825. Desempeñó el cargo de gobernador de las Salas del Crimen en 1831 y 1832. Pues bien, veamos las condenas a la pena capital impuestas, a presentes y ausentes, durante estos años, lo que permitiría comprobar si en 1831 fueron más numerosas tanto las ejecutadas como impuestas a ausentes:

	1826	1828	1829	1830	1831	1832
Muerte, presentes	4	6	4	1	8	5
Muerte, ausente	1	8	7	3	4	0
Total	5	14	11	4	12	5

Los datos avalan que se ejecutaron ocho condenas capitales, es decir, el año que más se vieron en Santiago; pero no fue 1831 el año que más penas de muerte se dictaron por los alcaldes del crimen gallegos. A ellas hay que sumar las impuestas por la jurisdicción militar a finales de diciembre de 1827 a Lázaro Rivadulla, Felipe Rey y Manuel Tendero[100]. Por consiguiente es muy difícil llegar a conclusiones definitivas.

Cabe realizar un cotejo similar en aquellas audiencias cuyos componentes eran tachados por Arias Teijeiro de liberales, con el fin de comprobar si esta vinculación política repercutía o no en el número de condenas a muerte y en el número de causas incoadas por motivos políticos. Insisto en que las penas capitales se dictaron también en procesos por delitos que no tenían connotaciones políticas, pero permite observar cierta tendencia y realizar alguna comparación.

		1826	1827	1828	1829	1830	1831	1832	1833
Granada	Infidencia	98	129	130	104		57		24
	Penas muerte	18	46	27	25		34		18
Valencia	Causas políticas					19	31	21	19
	Penas de muerte	15	10	16	20	39	47	34	11

---

99 *Diarios*, III, p. 158 (12 de mayo de 1831).

100 Pablo Pérez Costanti, *Notas viejas galicianas*, Santiago, 1993, pp. 509-510.

Obsérvese que desde 1830 la Audiencia valenciana incluye unos apartados para las causas políticas, cuyo número es reducido. Lo interesante es su inserción segregada en las tablas y el considerable aumento de las penas de muerte. Si observamos las mudanzas operadas en la composición del tribunal, comprobamos que quien era gobernador de la Sala del crimen valenciana, Ramón de Vicente y Ezpeleta, es nombrado alcalde de Casa y Corte en 1830, siendo sustituido por Salvador Miralles y Cabrera, abogado y militar de origen aragonés, que había sido fiscal de la comisión militar de Zaragoza y alcalde del crimen en Valladolid[101].

Podemos complementar estas apreciaciones ideológicas con los posicionamientos absolutistas que hicieron los capitanes generales, en cuanto presidentes de las audiencias, y los regentes acerca de la función judicial para encuadrar, al menos formalmente, el pensamiento político de la magistratura. Como manifestó el capitán general de Aragón en 1815, el acto del 2 –en ocasiones del 3– de enero era un «día consagrado por la ley para abrir el santuario de la Justicia, está destinado por la misma para recordar a sus sacerdotes las augustas obligaciones de su alto ministerio»[102]. Al año siguiente lo planteaba desde otra perspectiva, al indicar que el acto de apertura anual del tribunal, «nos recuerda las relaciones que tiene, no solo con el soberano, que es quien le ha delegado sus facultades, constituyéndole en administrador de las leyes, sino también respecto a todos los españoles que buscan en él amparo y protección». Razón por la cual ejerce «digámoslo así, una potestad suprema, semejante a la de aquel Divino Juez, que nos ha de juzgar a todos»[103]. En todos los discursos hay continuas menciones al origen divino de la justicia, a la actuación de los magistrados como sacerdotes y a la obediencia que deben a las dos majestades, por lo que la responsabilidad judicial era doble: antes Dios y, por supuesto, ante el rey[104]. En 1817 el discurso del conde de Montijo también se enmarca en los habituales de panegírico de la magistratura, el origen divino de la justicia, la exaltación del monarca y las expresiones retóricas habituales, aunque con menciones explícitas al principio de acuerdo con el cual hay que castigar el delito y compadecer al delincuente[105]. Si atendié-

---

101 Molás Ribalta, *La Audiencia borbónica*, p. 241.

102 *Discurso inaugural que en el día 2 de enero de 1815 dixo a la Real Audiencia de Aragón su presidente el Excmo. Sr. D. José de Rebolledo Palafox y Melzy*, Zaragoza, 1815.

103 *Discurso inaugural que en el día 2 de enero de 1816 dixo a la Real Audiencia de Aragón su presidente el Excmo. Sr. D. José de Rebolledo Palafox y Melzy*, Zaragoza, 1816.

104 El ultrarrealista conde de España se dirigía a los *magistrados* de la Audiencia aragonesa, para quienes «distinguidos por su religiosidad, por su fidelidad y amor al legítimo soberano basta el tener siempre presente que la Justicia dimana de Dios mismo; la encarga al que por su gracia rige sus pueblos, y el soberano deposita en sus jueces la obligación de administrarla en su real nombre con imparcialidad, integridad y firmeza», *Discurso del capitán general del Reyno de Aragón, teniente general de los Reales Exércitos, conde de España, a la abertura del tribunal la Real Audiencia y Real Sala del crimen el 3 de enero de 1825*, Zaragoza, (s/f).

105 «Son los magistrados representantes del Juez supremo, los ministros de su Justicia, los que distribuyen sobre la tierra, los que inexorables como el Dios de quien son imagen, deben dexar caer irremisiblemente el castigo sobre el delito, compadeciendo al delincuente, pero de manera que los hombres teman el castigo y le miren como consecuencia inevitable del crimen... Inexorables para el mal, y compasivos con los delincuentes, afables y sin familiaridad

ramos a estos discursos y cotejáramos sus expresiones con pasajes legales o doctrinales desde la Edad Media, hay que concluir que nada había cambiado a la altura del primer tercio del siglo XIX[106]. En suma, el Altar y el Trono por encima de cualquier otro aspecto.

La fundamentación política también surge en sus oratorias del mes de enero. Las autoridades militares y algunos regentes recuerdan en sus palabras a Hobbes, al hablar de unos hombres que renunciaron a los atributos de su naturaleza a favor de un soberano que dictó leyes y determinó penas en pos de la felicidad pública e individual[107]. En otras ocasiones se rechaza el pacto social o la justicia universal, pues la justicia es considerada una verdad divina inmutable[108]. En el discurso pronunciado por Heredia Bejines de los Ríos en la Audiencia de Valencia en 1825, sin negar el estado de naturaleza, resaltaba el surgimiento simultáneo del orden social y de la ley como momento en el que nacieron los derechos y obligaciones de los hombres. Lo importante era «un gobierno sabio, disposiciones benéficas y el consejo de una religión santa», por lo que las revoluciones eran el contagio moral de la naturaleza humana. Frente a estas situaciones y en sede judicial, el regente destacaba que «la recta administración de justicia es el agente más principal en la máquina de los Estados, es el objeto del cuerpo político». Cotejando la milicia, el sacerdocio y la administración de justicia, sostuvo que «la magistratura tiene que ir acompañada del valor militar contra los ataques del interés privado... le es necesario el celo del sacerdocio, la pureza de sus costumbres, la inocencia de su vida, la rectitud de sus intenciones». Como complemento, en algunos discursos encontramos repetidamente la fundamentación absolutista de la obediencia a las leyes y al soberano.

Los oradores no olvidaron algunas de las esencias de la justicia en tiempos convulsos, como la clemencia, aunque después no la aplicaran. En el discurso del capitán general de Granada de 1815, es decir, el primero tras la restauración absolutista insistía en la unión entre los magistrados y los problemas derivados de la desunión (política) que existía en ese momento y la posibilidad de contagio en el seno de la Chancillería, temiendo que las discordias que entre ellos pudieran surgir provocarían «su desunión en las sentencias, y a decir en la Sala por miras bien diferentes de la

---

con los súbditos, respetuosos, pero no abatidos con los superiores, justifiquemos la alta idea que nuestros empleos deben dar de nuestras personas», en *Discurso pronunciado en el Real Acuerdo de la Chancillería de Granada el 2 de enero de 1817 por el Excmo. Sr. Conde de Montijo y de Baños*, Granada, (s/f).

106 «La Potestad que nos ha confiado el rey a los magistrados que componemos este Superior Tribunal, dimana originariamente de Dios», en palabras de Tadeo Manuel Delgado, *Discurso* (Canarias) 1816.

107 José O'Lawlor, *Discurso* (Granada) 1818. Idea que repetiría unos años después en la misma sede judicial: «desear con ardor la justicia; odiar con magnanimidad el crimen; compadecer con prudencia ilustrada al perseguido; y mirar con virtuosa indignación al delincuente, a el malévolo, a el perseguidor, he aquí las cualidades que forman el carácter de el buen magistrado», *Discurso* (Granada) 1829. También puede leerse la fundamentación del poder del soberano en *Discurso* (Navarra) 1818.

108 Por ejemplo, *Discurso* (Granada) 1820, y *Discurso* (Granada) 1827.

justicia»[109]. A pesar de la represión que se extendía, animaba a compadecer «sin perseguirlos a los que en los tiempos dudosos y difíciles que acaban de pasar, no tuvieron la firmeza necesaria, y cedieron por debilidad a las sugestiones del enemigo, o por temor no osaron acompañarnos a combatirle». Tras el regreso al absolutismo en la década de 1820, el regente vallisoletano solicitaba a sus compañeros que fueran constantes, prudentes y clementes. Esta clemencia debía dirigirse «con respecto a lo pasado, imitando a nuestro Rey y señor, pero inexorables con los reincidentes», esto es, contra los liberales[110].

Por otra parte, existieron problemas de variada índole, pues no cabe reducir la designación de unos u otros personajes para oficios de magistratura solo por razones políticas. En la Audiencia de Extremadura, un enfrentamiento larvado entre un capitán general ultra y un regente moderado, estalló en 1830 con un caso de corrupción y mal funcionamiento del tribunal, que supondría que el regente y un alcalde del crimen fueron apartados, dos más destituidos y otros dos trasladados a las audiencias insulares[111]. En el dictamen que se elaboró por mandato del Consejo de Castilla «on y trouve tout d'abord des accusations d'incompétence et de vénalité», acusándoles de ser destructores de la justicia, bien por ignorancia, bien por otras faltas más graves[112]. El asunto fue sonado. Arias Teijeiro dejó constancia de la instrucción contra sus magistrados, aunque identificándola contra toda la Audiencia y mudando su corrupción, al parecer, económica por la política[113]. La

---

109 *Discurso* (Granada) 1815.

110 *Discurso* (Valladolid) 1827.

111 Arias, *Diarios*, II, p. 277, anota en 31 de julio de 1830: «La vergonzosa expulsión de Prado se ha comunicado a todos los Tribunales. Lo mismo la separación de Seijas, de Mallorca, por prevaricador. Al fin parece separan a todos los ministros de la Audiencia de Cáceres. Parece que San Juan solo informó como otros muchos. Resultan probados chochos escandalosísimos; uno iba de chaqueta, sombrerete y garrote a las ferias; otro dejaba... a su mujer, etc. Y ¿quién los nombró? El fiscal escribe a Lamas que dicen que solo él queda». Los cambios afectaron al regente Miguel de Ágreda, y a los alcaldes del crimen Miguel Lerín Bracamonte (gobernador), Juan Meneses Calvete (que acabó en Canarias), Antonio Martínez Arroyo, Manuel de Rada y Juan Antonio Almagro. Unos fueron depuestos y otros jubilados. En 1831 continuaba Almagro, llegando José María Moxo (regente), Francisco del Castillo (gobernador), Santiago Fernández Negrete, Juan Peinador y Pino y Manuel Barea. El 25 de diciembre de 1830, al mes de su toma de posesión, el marqués de Juras Reales exponía su ocupación «en el restablecimiento del orden y de que el tribunal recobrase su antiguo decoro y el prestigio necesario para que la autoridad sea excercida útilmente», dando curso a números asuntos, mandando «repartir los criminales que despacha el mismo regente con dos oidores en Sala extraordinaria criminal». El Secretario de Gracia y Justicia respondía el 3 de enero: «Enterado y dígasele que desea S.M. continúe así el Tribunal para borrar la mala impresión que han dejado sus antecesores». AHN, MJJ, 4246/92.

112 Vid. Luis, *L'utopie*, pp. 149 y 333.

113 «Se está formando causa a la Audiencia de Extremadura, a instancia de San Juan, por pícara. Los fiscales piden la separación de varios, etc. San Juan en buen sentido», *Diarios*, II, p. 264 (19 de julio de 1830). En agosto escribirá: «Hacen cargo a la Audiencia de Cáceres por su connivencia con los liberales, y ahora, según su agente, por una circular se les manda mirar con indiferencia las causas del liberalismo» (*ídem*, p. 311); y, «Calomarde al fin disuelve la Audiencia de Cáceres. Al regente 1/3 de sueldo, a otros 2/3, a otros nada. Y, ¿a quiénes pone en su lugar? A otros peores. Valderrábano y Arias buenos, aunque arrinconados porque no se contentaban con ser oidores por sus méritos realistas; pero a López Alcira de Granada, impurificado, a Peynador echado de Orense, a otro pícaro, y a Varea, milicianito sin figura, de la Sección de Policía!» (*ídem*, p. 328).

mudanza en la calificación no es baladí porque, como ha mantenido Scholz, «la compétence judiciaire de tel out el juge ou magistrat se révèle comme l'enjeu essentiel de sa trajectoire professionnelle et sociale»[114]. No era lo mismo acusar a unos magistrados de malversación que de comportamientos políticos inadecuados. Al alcalde Almagro se le calificó de díscolo, a pesar de que el se describía como «de buena vida y costumbres, no se le ha advertido adhesión al sistema revolucionario, ni menos ha pertenecido a las asociaciones reprobadas por las leyes». También destacaba su protección a varios realistas desde su puesto en la Audiencia Territorial de La Coruña, salvando la vida a algunos y consiguiendo descubrir a dos de los acusados de la matanza del castillo de San Antón.

La posición de Almagro en los años siguientes pareció variar[115]. Pero la cuestión que debe plantearse surge del mismo expediente incoado a la Audiencia de Extremadura, pues si hubiera sido una magistratura leal a las ideas absolutistas no se hubiera iniciado. Si, por el contrario, era cierta su protección hacia los constitucionalistas, los esquemas de unidad ideológica de estos tribunales no puede generalizarse. El subdelegado de Policía acusaba a regente y Sala del crimen de proteger «las maquinaciones de los revolucionarios»; el superintendente general de Policía afirmaba que «los ministros de dicha Audiencia no gozaban de la mejor opinión, hallándose algunos muy marcados de afección al sistema revolucionario, otros de poca integridad y exactitud, y algunos de poca capacidad y celo, añadiendo que los que se marcaban más por su mala conducta política era, entre otros, don Juan Antonio Almagro». El capitán general afirmaba que, «aunque se decía que fue afrancesado, no lo fue en el sentido perjudicial que puede entenderse, y sí más bien un efecto de hombría de bien por salvar a

---

114 «La compétence judiciaire. Sur l'histoire contemporaine de la justice espagnole», en Johannes-Michael Scholz (coord.), *El Tercer Poder: hacia una comprensión histórica de la justicia contemporánea en España*, Frankfurt am Main, 1992, pp. 297-348, la cita en p. 301, donde añade que «cette compétence est soumise non seulement à la logique interne du droit judiciaire désignant le corpus des règles explicites ou implicites qui gouvernent l'organisation et le déroulement du procès, sorte d'auto-délimitation de l'espace du juridiquement possible, mais aussi aux rapports de force au sein de ce secteur social dont la structure résulte en bonne partie exactement des luttes de compétence».

115 Expuso el regente que «el gran desorden en que halló a aquel Tribunal, le ha ocasionado disgustos que hubiesen dado materia a sentidas quejas a no estar persuadido de que no se debe distraer la atención del Gobierno, sino por motivos que no pueden remediarse de otra manera... El alcalde del crimen don Juan Antonio Almagro, que sin duda tiene instrucción, aunque no en materias de su facultad, le creía capaz de dar a los negocios la conveniente dirección, que era su única esperanza cuando nada podía prometerse, ni del escaso talento del gobernador, ni de los demás alcaldes jóvenes todavía y nuevos en la carrera, mas pronto se le desvaneció esta idea favorable y halló a Almagro díscolo, de malas ideas y orgulloso en todo estremo, doliéndose en gran manera al ver que ha logrado ya extraviar el espíritu de los otros alcaldes, que le miran como un oráculo... que no solo les hace insubordinados... sino que en las votaciones les maneja a su antojo... todo marcha en la Sala al gusto y según las ideas de Almagro». Es calificado de «hombre generalmente tenido por irreligioso». El decano de los abogados se había quejado de él, pues «todas las causas de cierta especie formadas desde 1824, se resiente visiblemente de la preponderancia que Almagro ha tenido siempre en la Sala, añadiéndole haber oído no una sola vez con escándalo que los presos por delitos de la época pasada le llaman a gritos su padrino. Que el Gobernador se queja de que en tratándose de ciertos delitos no se cumple la justicia y se propende a la impunidad». Incluso el obispo de había quejado. AHN, MJJ, 4246/92.

su inocente familia» y había sido consultado para otras plazas de la judicatura. Los fiscales de la Cámara si bien lo consideraron de pocas luces «y malas opiniones, no hay motivo de corrección», a pesar de que su conducta había merecido el desagrado del monarca[116]. En suma, opiniones de todo tipo, sin que ninguna de ellas lo calificara como adicto al absolutismo.

Para comprender algo de lo que afectó a esta Audiencia, resulta interesante apreciar los procesos de naturaleza política conocidos por la Sala del crimen extremeña entre 1826 y 1831, que no son numerosos, pero que sin embargo se incrementan en 1832 para reducirse considerablemente al año siguiente, lo cual, sin duda, hay que vincularlo al cambio de magistrados. Incluso el número de procesos resueltos eses año aumentó con respecto a los anteriores. En cuanto a las penas de muerte se mantienen entre 5 y 8 por año, salvo en 1830 que llegan a 14. En consecuencia, resulta complejo determinar el alcance de la actuación de dicha Sala en procesos de índole política, que desde luego los hubo.

	1824	1826	1828	1830	1831	1832	1833
Comuneros	71		8	1	4		
Blasfemias		4	11	6	8	8	6
Pasquines y proclamas			12	12	9		6
Infidencia		16	35		1	110	6
Expresiones subversivas			24	21	37		14
Reuniones sospechosas			13				
Sociedades secretas					1	23	
Conmoción						4	3
Encubridores de malhechores				5	4	4	8
Emigración a Portugal				25	6	27	1
Libros prohibidos							2
Canciones del abolidos sistema constitucional			5				
Total	71	20	108	70	70	176	46

Las acusaciones de corrupción también alcanzaron a la Audiencia de Valencia en 1832, aunque en este caso fueran señaladas por parte de quien debió ser cónsul francés en dicha ciudad[117]. No aparecen, sin embargo, referencias sobre estas desviaciones en la documentación manejada. Molás ha insistido en la adscripción ideológica de la mayoría de los magistrados valencianos a favor del absolutismo[118]

En el escalón inferior de la judicatura, el no restablecimiento de la jurisdicción señorial y la importancia adquirida por la administración de jus-

[116] AHN, MJJ, 4246/92.

[117] Antonio Moliner Prada, «Un informe francés de 1832 sobre el Reino de Valencia», en *Trienio*, 13 (1989), pp. 131-140.

[118] *La Audiencia borbónica*, pp. 216-225 y 234-248. Destaca que algunos magistrados valencianos debieron su promoción no a méritos jurídicos, sino a la guerra. Incluso aunque fueran realistas, el general Elío se mostró contrario a que hubiera magistrados de origen valenciano en la Audiencia.

ticia letrada, inmediata o mediata, propiciaron que desde la Corte se procediera a la designación de un amplio número de jueces inferiores. La tendencia, asimismo, era que todos los juzgados fueran ocupados por letrados, lo que no se conseguía en los pueblos más pequeños, en los que el alcalde continuaba siendo el juez. Sainz de Andino defendió que el rey nombrara a todos los jueces y magistrados, todos letrados, evitando la intervención de asesores «que se buscan los alcaldes legos, y siendo los que realmente juzgan y deciden los pleitos, no tienen ninguna autoridad pública»[119]. Pero, como expuse en un trabajo anterior, la importancia adquirida por la justicia letrada mediata es fundamental para comprender la evolución de la administración de justicia desde el siglo XVIII. La economía procesal y pecuniaria que conllevaba la justicia asesorada por letrados era evidente, y paralela a la seguridad jurídica en las decisiones judiciales[120]. La implantación de los jueces letrados de partido por la Constitución de 1812 había supuesto un notable avance. Durante las etapas absolutistas también se caminó, sin llegar a implantarse definitivamente, hacia la administración de justicia impartida exclusivamente por letrados. No siempre se impuso este criterio, pues junto a la formación académica, los pretendientes incluían en sus peticiones méritos de guerra, adhesión al Altar y Trono, actividades contra el sistema constitucional, vinculaciones familiares, etc.

En un informe policial de 1825, publicado por Moral Ruiz, se resaltaba que con carácter general en los pueblos gobernaban legos, sin instrucción y en muchísimo lugares analfabetos, por lo que quedaban en manos, como ocurrió en los siglos anteriores, de escribanos o fieles de fechos. Constituían, quienes se iban sucediendo en el oficio, el *partido de la vara*, abusando de su posición para cometer delitos que acababan por quedar impunes, de modo que «se aumentan de día en día en los crímenes, desmoralizan los hombres y apartándoles del justo temor de la justicia, logran que hollando las leyes del Soberano, sea un caos de injusticia y desorden cad pueblo». Afirmaciones que afectaban a los pueblos gobernados por rea- listas, porque a estos males había que sumar los de los pueblos gobernados por constitucionalistas repuestos por haber desempeñado el oficio antes de marzo de 1820, problema que para el informante estaba agravado porque ni el capitán general ni el Real Acuerdo habían encontrado solución: «de manera que existiendo los malos alcaldes y empleados de Justicia, se persigue al realista, se protege al constitucional, y haciendo ilusorias las leyes del Soberano, se hacen insufribles por la ninguna administración de justicia»[121].

Antes de concluir este epígrafe cabe una reflexión sobre la adhesión política de estos magistrados en torno a la figura de Fernando VII y de cuanto representaba. Como hemos visto, Luis ha puesto en duda la unidad

---

119 *Escritos*, II, p. 60.

120 «La justicia letrada mediata: los asesores letrados», en *Anuario Mexicano de Historia del Derecho*, 22 (2010), pp. 438-484.

121 Joaquín del Moral Ruiz, «Un informe policial acerca de la sociedad y la economía del País valenciano en 1825», en Manuel Tuñón de Lara y J.F. Botrel (eds.), *Movimiento obrero, politica y literatura en la España contemporánea*, Madrid, 1974, pp. 115-126.

cerrada en torno al absolutismo, especialmente durante la Década ominosa. En este como en otros aspectos de las etapas absolutistas de dicho monarca quizá convenga distinguir entre ellas, pues si la delincuencia y la represión política fueron diferentes otro tanto cabe advertir de la conducta política de los magistrados. Durante el Sexenio parece existir mayor armonía entre los designados y la política regia. A partir de 1824 la situación es cambiante, pues mientras en el primer cuatrienio es evidente un mayor monolitismo, desde 1827/1828 se reintegran a magistrados y otros oficiales que habían destacado en el Trienio, incluso a declarados como *impurificados*. La magistratura es mayoritariamente proclive al absolutismo, pero quizá la apertura de un frente ultrarrealista y la progresiva importancia de los partidarios de don Carlos pudieron favorecer la presencia de antiguos liberales moderados. Lo que está todavía por determinar es si estos tibios cambios supusieron también una propensión a la moderación en la represión política y una mayor benignidad en las causas comunes. Más adelante volveremos sobre ello.

3. La tramitación procesal: problemas seculares

El proceso criminal se desenvolvía con arreglo a las mismas pautas establecidas en los siglos anteriores y, particularmente, durante el siglo XVIII[122]. Los trámites, garantías y defectos del proceso criminal se mantuvieron con los mismos caracteres que tenía a finales del siglo XVIII, insistiendo los tribunales superiores en el deber que tenían las justicias inferiores de dar cuenta de la incoación y de la tramitación de las causas cada quince días por mano del fiscal; en la obligación de contar con el asesoramiento de letrado, lo que se refleja especialmente en la redacción argumentada de las sentencias de instancia; y en la insistencia de que las causas leves se resolvieran con brevedad, procurando que no llegaran a la Audiencia. Las circunstancias derivadas de los cambios políticos introdujeron, no obstante, graves problemas en cuanto al inicio de los procesos y a la prueba testifical, siempre desde la perspectiva de la realidad práctica judicial, pues la legislación era la secular que no varió.

A partir de junio de 1814 los cambios de régimen político conllevaron un sinfín de problemas pues, por un lado, la concepción ideológica del Estado había mudado de raíz, pero la legislación aplicable en materia criminal era, sustancialmente, la misma; los jueces que tenían que aplicarla variaron en el nivel inferior, puesto que la desaparición de los jueces de primera instancia constitucionales implicó el regreso al esquema jurisdiccional anterior a marzo de 1808, pero en el nivel superior no pocos magistrados –en nuestro caso, alcaldes del crimen– continuaron desempeñando

---

122 Con independencia de las matizaciones que se han señalado con posterioridad, sigue siendo referencia inevitable para comprender el proceso criminal secular, Mª. Paz Alonso Romero, *El proceso penal en Castilla (siglos XIII-XVIII)*, Salamanca, 1982, y el más reciente, *Orden procesal*, ya citado.

su labor jurisdiccional, salvo que fueran declarados impurificados y con los matices señalados en el apartado anterior; y, para no extenderme, los procesos civiles y criminales no resueltos debían continuar su tramitación. Con el objetivo de solventar en este punto los problemas de Derecho transitorio derivados de las causas criminales pendientes, se adoptaron medidas circunstanciales, por lo que no ha de extrañar que en cualquiera de las dos etapas absolutistas se acabaran sentenciando causas iniciadas en los periodos constitucionales por algún «llamado juez de 1ª instancia», calificación que plasmada en numerosos autos. En definitiva, se adoptó mucho de lo antiguo y se innovó relativamente poco.

Frente al desierto en la producción editorial y, por consiguiente, de nuevas obras jurídicas sin ninguna finalidad crítica[123], en algunos de los discursos anuales de apertura de los tribunales encontramos críticas explícitas o veladas a las carencias del proceso, la deficiente actuación de los subalternos o las artimañas de abogados y procuradores, junto con propuestas de mejora. Es cierto que se hacen desde instancias oficiales, pero ante las dificultades para renovar la legislación criminal y procesal desbrozaban un camino para introducir reformas desde el conocimiento de la práctica judicial. Puede pensarse que estaban mediatizadas estas críticas o eran insuficientes, pero al menos se hicieron. Lo común en todos ellos es la incidencia predominante en los asuntos criminales frente a los civiles. De tales discursos hay, sin embargo, alguno crítico no con el sistema sino con ciertas desviaciones del mismo, o con problemas que, por generalizados, no acababan de solventarse. Una última característica, quizá consecuencia de los movimientos en la magistratura a partir aproximadamente de 1828, es la diferencia existente entre los discursos pronunciados antes y después de ese año. Como iremos viendo, a partir de 1830 son mucho más críticos con el procedimiento judicial y sus males enquistados. Desde los estrados se propusieron soluciones para la mejora del enjuiciamiento criminal, probablemente de modo paralelo a las reformas codificadoras que no fructificaron.

Con relación los problemas apuntados, las motivos tradicionales para iniciar un proceso criminal que no traía como causa directa e inmediata la comisión de un delito, por ejemplo por devenir en realidad de disputas previas por asuntos civiles, dejaron paso a falsas delaciones derivadas de rencillas por motivos políticos. Aunque es difícil determinar su alcance real, la incoación de procesos en los que se advierte o se encuentra latente un odio personal y/o político, debieron enfangar la actuación de algunos tribunales[124]. De este modo, vemos presentadas delaciones falsas presentadas

[123] La simplicidad puede apreciarse en la obra de Tapia, *Manuel de práctica forense*, Madrid, 1824, donde con simplicidad aborda el juicio criminal sin mención alguna a cualquier disposición normativa. Incluso, en el seno de los tribunales se mantenían los estilos procesales tradicionales, Antonio Planas Roselló, *Una práctica judiciaria mallorquina de finales del Antiguo Régimen (1815-1820)*, Palma de Mallorca, 2002.

[124] R.O. de 21 de julio de 1826 dictada «con motivo de cierta causa en que fueron comprendidos indebidamente algunos fieles servidores del Rey nuestro Señor», la Sala de Corte puso de manifiesto al rey los males que ocasiona a la administración de justicia y a la seguridad de los particu-

incluso por clérigos[125]. La administración de justicia se convirtió, de este modo, en un medio o instrumento del que los particulares se servían para atacar al que disentía del absolutismo o a aquel con quien se tuvieran disputas de cualquier otra índole. El Proyecto de 1830 señalaba reglas precisas para evitar los perjuicios derivados del arresto y la prisión una vez iniciada la causa, a pesar de que para ordenarlos bastaban «las simples presunciones de ser el autor culpado de un delito que merece pena corporal, y el temor de la fuga (art. 396). Se fijaba un plazo de ocho días desde la puesta a disposición judicial, si dentro de este lapso no se acreditaran «al menos con indicios urgentes, la culpabilidad del detenido», sería puesto en libertad (art. 397). No obstante, se respetaba la discriminación estamental en este punto (arts. 401-402).

Asunto especialmente grave y al que tampoco fue ajena la Policía. Los métodos empleados por los empleados policiales dieron lugar a que desde las instancias oficiales se diera crédito a falsas delaciones, a pesar de que era una nueva institución que no encajaba en los moldes tradicionales de inicio del proceso. De estos inconvenientes se haría eco la literatura[126]. Son abundantes los supuestos de apertura de causa contra personas a las que se califica de «sospechosas»[127] o cuya conducta originó «sospechas» por verse involucrados de diferente manera con los partícipes en la comisión de cualquier delito, de naturaleza política[128] o común[129]. Las sospechas suelen purgarse, en muchos casos, con un simple apercibimiento, puesto que las pruebas en modo alguno son tan claras como la luz del día, con lo cual los jueces optaban por reprender al encausado con

lares, «la inobservancia de las leyes que prohíben admitir ni dar curso a memoriales, cartas, delaciones ni otros papeles anónimos o sin firma de persona conocida, ni menos proceder por ellos a formalizar pesquisas ni otras diligencias que sirvan en juicio». Teniendo presente que «conviene impedir los funestos efectos de tales papeles, se ha dignado mandar... que se recuerde el puntual cumplimiento de las leyes citadas, y que los tribunales, jueces y demás autoridades, observándolas inviolablemente bajo la más estrecha responsabilidad, procuren en su caso descubrir los autores y cómplices de dichos anónimos para imponerles el castigo a que sean acreedores».

[125] ARG, *Sentencias*, 28581, *s.r.* 8.1831 dictada en la causa entre el fiscal de S.M. y don Francisco Rodríguez, cura párroco de Camba, «sobre delación que ha dado contra Juan Casamans y otros como sospechosos en su conducta», en la que enmiendan la *s.v.* 11.12.1822, condenando al clérigo en todas las costas.

[126] Pérez Galdós, *El terror*, pp. 116, 201 o 254, lo ponía de manifiesto.

[127] ARG, *Sentencias*, 28581, s. 4.8.1832 contra Jacobo Caramés «por sospechoso en su conducta», al que absuelven libremente, sin costas, ordenando su libertad, y que se le devuelvan la licencia dada en 15 de octubre de 1830 por el gobernador de la plaza de Málaga y el pasaporte que le concedió el subdelegado principal de Policía de Valladolid el 19 de noviembre de 1830.

[128] ARG, *Sentencias*, 28576, *s.* 12.2.1828 correspondiente a la causa formada militarmente de que conoció el corregidor de Orense contra don Vicente Guerrero por sospechoso en su conducta política y moral.

[129] ARG, *Sentencias*, 28576, *s.* 7.9.1827, contra Manuel María Santiago y otros, en la que a dos de ellos «les encargamos y prebenimos que a lo sucebsivo reformen y mejoren su porte, ebitando tratos y compañías sospechosas, y todo motibo de complicación en causas de robos como la presente, vajo apercibimiento de que en caso contrario serán castigados con toda la seberidad de la Ley». *Crimen*, 382/5, contra Benita Montero por sospechosa en su conducta y dedicarse al arte de adivinar. *Sentencias*, 28576, *s.* 2.12.1828 «por sospechoso de robos», al que le imputan por pena la prisión sufrida a Ygnacio Vilariño, «quedando no obstante sugeto a las resultas de la otra causa formada por la justicia de Folgoso sobre rovo echo a Domingo Botana».

el fin de que se abstuviera en el futuro tales conductas. La tacha social derivada de la causa y la pérdida económica durante la tramitación no tenían remedio para el afectado. En otros casos se tenía por purgada la sospecha con la estancia en arresto[130].

Se alzaron voces contra la actuación policial, atribuyendo a la misma graves males. El obispo de Cartagena denunciaba que los oficiales de la Policía «pueden dar margen a disgustos y desazones por su ligereza en dar crédito a cualquiera delación y valerse de confidentes mal intencionados», detallando un caso en el que indirectamente se vio involucrado[131]. De igual manera, el capitán general de Valencia lamentaba que la Policía hubiera incriminado «del modo más denigrativo que pueda concebir la intriga y la maledicencia, por la falta de criterio que han tenido las noticias que ha sugerido, las cuales han llegado a salir después falsas en esencia y en lo abultado de su lenguaje»[132].

El obispo de Burgos tenía claro cuáles eran los fundamentos de estas denuncias falsas, cuando afirmaba que «estoy persuadido de que estas y otras de la misma clase son efecto de la pasión dominante de prepotencia o venganza de los partidos que hay en los más de los pueblos, y se conservan por desgracia tradicionalmente, entre las familias ligadas, desde mucho tiempo, en dos vandos o parcialidades con este pernicioso objeto»[133]. Otras opiniones discrepaban de esas raíces políticas en los enfrentamientos que se dieron en algunos pueblos[134].

En línea con lo anterior, el obispo de Badajoz lamentaba en 1825 que a pesar de haberse exhortado a la entrega de escritos prohibidos, delatando a los que injuriaran a la religión, resultaba que «en algunas delaciones que se hace tengo visto que nada se justifica, porque temen mucho, y yo temo más, que se aumenten las ofensas de Dios haciéndose perjuros, sin conseguirse la corrección de los males». Lo cual le servía de excusa para solicitar el restablecimiento del Tribunal de la Inquisición[135].

---

[130] ARG, *Sentencias*, 28499, *s.* 12.11.1814 contra don Manuel María Guedella, asistido de curador, para el cual declaran por suficiente el arresto sufrido «para purgar las sospechas que han dado lugar a la formación de esta causa».

[131] Informe de José Antonio Azpeitia, datado el 27 de agosto de 1825, en *Informes*, p. 161.

[132] *Informes*, p. 410.

[133] Informe de Alfonso Cañedo y Vigil de 19 de agosto de 1825, en *Informes*, p. 153. Algo similar manifestó el obispo de Guadix, al señalar que las discusiones en los pueblos no habían disminuido, generando pleitos, «muchos de ellos, acaso justos y otros llenos de pasión. Estos están arruinando y desolando aquel país, y los malos y los buenos vendrán del todo a arruinarse. Los odios se perpetúan y la paz que es la que hace feliz a los pueblos no se afirma», *Informes*, p. 171.

[134] «La causa u origen –afirma el Capitán general de Navarra en su informe de 1825– que ha motivado estos cortos disgustos, ha sido la de pendencias parciales, sin mezcla de asuntos políticos ni de otra especie que puedan ofrecer motivo para hacer observaciones», *Informes*, p. 390. No obstante, como veremos en otro epígrafe, los tribunales navarros habían conocido de más de mil causas de infidencia en 1824.

[135] Informe de Mateo Delgado y Moreno, fechado el 14 de agosto de 1825, en *Informes*, p. 145. Idea defendida ante el obispo de Guadix, por Martín Torres Chacón, cuando requería para los tribunales y toda clase de gobiernos personas relevantes de la mayor cualidad obligadas a «la más pronta y urgente aplicación de las leyes contra sectarios, y si para estas importantes corporaciones [no] se hallaren personas de los méritos que se necesitan, se habili-

Además de lo expuesto y con carácter general se insistió en inadmitir las querellas que fueran superfluas o maliciosas. Entre las primeras, las de palabras livianas mientras no llegaran a producirse injurias reales graves[136], en aras de la brevedad y de la economía procesal.

Una vez iniciado el proceso, los obstáculos, inconvenientes y problemas seculares se repetían. El que aparece, sin duda, como principal es la duración del proceso. Sobre este sustancial problema concurrían los derivados estrictamente de la tramitación y los generados por la actuación de escribanos, relatores, procuradores y abogados, a lo que se atribuían buena parte de los males, pues en todo caso las partes y los jueces se presentan como víctimas procesales de las irregularidades cometidas por aquellos.

Con respecto a las trabas procesales que redundaban en el alargamiento de la tramitación, resultaba evidente que la solución pasaba por imponer la brevedad en la misma. Esta centró parte del discurso del oidor decano sevillano en 1817, añorando tiempos pasados en los que «se formaban pequeños procesos»[137]. De ahí su insistencia para que se cortaran los abusos que impedían el curso breve y detallado de los juicios. Un problema que los magistrados padecían, sin que fueran ellos los directamente responsables, a pesar de cierta permisibilidad. La vinculación entre brevedad y verdad era determinante para la primera. De ahí que alertara contra «demandas maliciosas, contextaciones sutiles y de mañosa construcción, documentos obscuros y de inteligencia doble, excepciones paliadas, pruebas opuestas, relaciones precipitadas, todo contribuye a que no aparezca la verdad». Una verdad que era la luz en los fallos y decisiones, que permitía actuar con imparcialidad en la aplicación de las leyes.

La lentitud en la resolución de las causas criminales ni era nueva ni se solucionó, aun cuando se dictaron disposiciones para favorecerla en la jurisdicción ordinaria, y, por supuesto, a través del proceso sumario seguidos en las causas encomendadas a los consejos de guerra y a las comisiones militares[138]. La celeridad en la tramitación no siempre encaja bien con un proceso de raigambre medieval en el que había que cumplir trámites

---

ten eclesiásticas», *Informes*, p. 187. El obispo de Valencia, Simón López, es tajante: «que se extinga la Policía y se restablezca el Santo Tribunal de la Inquisición», *Informes*, p. 331. En este marco cabe integrar la condena dictada por la Junta de la Fe de Valencia al maestro de primeras letras Antonio Ripoll «por herege pertinaz y acabado» y su relajación a la justicia ordinaria, ejecutándose la pena capital en la horca y a ser quemado por mandato de la Sala del crimen el 30 de marzo de 1826. El auto de la Sala puede consultarse, por ejemplo, en Morales Sánchez, *Historia del Saladero*, II, pp. 442-443, en la que respetando la tradición inquisitorial se disponía que «la quema podrá figurarse pintando varias llamas en un cubo, que podrá colocarse por manos del ejecutor bajo del patíbulo ínterin permanezca en él cuerpo del reo, y colocarlo después de sofocado en el mismo, conduciéndose de este modo y enterrándose en lugar profano». Además no se le dio tres días de preparación, sino tan solo veinticuatro horas, sin asistencia religiosa.

136 *Manual*, pp. 13-14.

137 Lamentación que concluía afirmando: «Monumentos pacíficos son de ellos muchos archivos donde descansan para nuestra admiración y desconsuelo», *Discurso* (Sevilla) 1817.

138 La lentitud judicial era un problema secular nunca resuelto, sobre el que se volvería al final del reinado, como lo recoge el R.D. de 22 de febrero de 1833 «para que los tribunales de justicia abrevien lo posible los términos de los pleitos», *Gaceta* de 26/2/1833.

y plazos. De lo que no hay duda es de la coincidencia de pareceres en este asunto, si bien las medidas solicitadas desde las instancias judiciales fueran la supresión de trámites y, por extensión, se propusiera la de garantías[139].

El regente Manescau alentaba a los magistrados de la Audiencia sevillana sobre el respeto a los trámites procesales y a la brevedad en su substanciación: «la rigorosa observancia de los trámites prescriptos por las leyes para la sustanciación de los procesos, no es bastante para que quedemos persuadidos de haber llenado nuestro deber, si pudieron abreviarse aquellos términos que concedió la ley con sobrada estención para que fuesen suficientes aun a los pleytos más arduos y complicados». Afirmación que completaba con la denuncia de aquellos que aprovechando los términos legales, buscaban alargar los procesos. Problema especialmente grave en las causas criminales en que hubiera presos, «cuya detención de un solo día prolonga en la obscuridad y hediondez de un calabozo los tormentos de un desgraciado»[140]. Además de las calamidades del arresto, enumeraba otras que se podían solventar con una actividad más intensa por parte de los magistrados[141], no solo con mayor dedicación horaria sino también de perseveración en la resolución de los procesos, soslayando lo superfluo para no dilatar el procedimiento.

El discurso del regente Lorenzo Gotarredona de 1831 hizo hincapié asimismo en la brevedad de los procesos y los medios para evitarlos[142]. A pesar de estar centrado en los pleitos civiles, puede entreverse la predilección por la economía procesal y la búsqueda de soluciones a los problemas que podían derivarse de su abuso, pues trámites y garantías procesales eran esenciales en las causas criminales[143], a pesar de que algunas disposiciones de Fernando VII insistieron en la posibilidad de soslayarlas para que los delitos –sobre todo políticos– tuvieran pronto castigo. Se entendía

---

[139] El regente de la Audiencia de Mallorca había expresado en 1817 que «las formas establecidas para toda clase de juicios son un obstáculo a la precipitación y al tiempo mismo proporcionan a veces que los litigantes se transijan, facilitan la demostración de la verdad, que en otro modo no se podría descubrir», en *Oración inaugural*, p. 20.

[140] *Discurso* (Sevilla) 1824.

[141] «Las reveldías, apremios y pedimentos de términos, que se escusarían trabajando todos con más actividad, aumentan las costas a un punto que no es fácil calcular; si la parte es forastera, y se halla ausente gasta también en correos, y tal vez su impaciencia le estimula a emprender un viaje que le arruina; y sobre todo, solo el fallo favorable o adverso de un proceso liberta a las partes de la terrible ansiedad que regularmente atormenta a los que se comprometen en contiendas judiciales», *Discurso* (Sevilla) 1824.

[142] «Evitar pleitos, cortar los que no pueden evitarse, y terminar con brevedad y con el menor dispendio posible los no evitados ni cortados, he aquí el voto de las leyes, y el grande objeto de la administración de Justicia. ¡Horror a los pleitos! Es ésta una guerra en que son pocos los vencedores, y casi todos los vencidos», en *Discurso que en la solemne apertura de la Real Audiencia de Asturias, el día 3 de enero de 1831*, p. 1. De ahí su defensa de los juicios verbales. Con anterioridad, en el discurso del capitán general de Valladolid de 1819 se alegraba de «contemplar esas cárceles, tristes custodias de la humanidad delincuente, desahogadas y casi vacías por el expediente legal que se ha dado con celo a las causas», *Discurso* (Valladolid), 1819.

[143] Entre los abusos mencionaba las providencias precipitadas sin oír las defensas de los demandados y, sobre los testigos, sostuvo que «es increíble hasta que punto llega la ignorancia, si no superstición, de los que litigan en materia de testigos. Todos saben que el testigo de oídas nada vale; pero algunos creen que aumentándose las oídas producen como una opinión y fama pública... Por eso hizo bien el Acuerdo de reducirlos a tres», *Discurso* (1831), pp. 14-15.

desde el absolutismo que eliminando garantías y trámites se obtendría un triunfo rápido y efectivo de la vindicta pública.

De entre todos las alocuciones de los regentes creo que son especialmente relevantes dos de ellas, por incidir en los temas ahora abordados. La primera es la que pronunció Manuel Antonio Caballero ante la Audiencia de Galicia en 1831 pues, lejos del panegírico del Altar y del Trono, se adentra en problemas sin resolver de los procesos judiciales, entre ellos el de la brevedad en la resolución de las causas y la pronta ejecución de las penas[144]. El discurso se inicia situando como *primer oráculo de la bienhechora deidad de la Justicia* el que «la administración de la justicia sea recta y pronta», considerada asimismo como una obligación y una responsabilidad de los jueces hacia el monarca, puesto que en su nombre y autoridad se dispensaba la justicia. A partir de esta idea va desentrañando su contenido, entendiendo que la rectitud de la administración de justicia «no es otra cosa más que la conformidad de las providencias, autos y sentencias de los jueces con las leyes establecidas por el Soberano para gobernar y dirigir sus pueblos, y regular la conducta y acciones de todos los individuos que los componen, a fin de conseguir por este medio breve y seguro los fines que el supremo legislador se haya propuesto al establecerlas». El respeto judicial al legalismo absolutista era la panacea a tantos males, en la medida en que considera que «la primera y más sagrada ley de las leyes es respetar y obedecer las leyes», tanto por lo que se refiere a su aplicación como a la observancia por los demás, de manera que esa sujeción es «lo que realmente caracteriza la recta administración de justicia», dictada con imparcialidad. Las consecuencias de no obedecer las leyes serían funestas y el Estado acabaría pereciendo. Cualquier juez, a través de su autoridad, al juzgar y sentenciar «realiza y reduce a actos particulares las decisiones generales de las leyes», extendiéndose a todos los actos. El marco de este legalismo absolutista[145], en el que no se atisban rasgos liberales del principio constitucional de legalidad, exigía, en línea con los proyectos codificadores, que la correcta aplicación de la ley debía hacerse «sin interpretación, porque los jueces no tienen facultad para interpretar, adicionar,

---

[144] No cabe la misma opinión del discurso del año anterior, que además tuvo que leer el oidor decano por indisposición de Caballero. En el discurso de 1830 hizo una loa a la vieja legislación, sobre todo a las Partidas –«obra que en sí misma tiene vinculada la inmortalidad»– e incluso al Fuero Juzgo, con un matiz: «No basta saber aisladamente las disposiciones legales: será muy propio de nuestro destino ecsaminar quienes fueron los verdaderos autores de este código: qué modelo se tuvo presente al tiempo de su formación, el origen de sus leyes, los aumentos y reforma que sufrió, y las muchas revisiones que de él se hicieron». Tras la oportuna alabanza a Fernando VII como «el mejor de los monarcas», resalta que «decretó la formación de un nuevo código, preparando y dividiendo el terreno del modo más conveniente para que sus leyes hagan felices a todos los pueblos de la Monarquía»; sin perjuicio de que «la Iglesia debe hallar en nosotros sus protectores y conservadores de su disciplina». Concluye con las habituales menciones a los abogados, procuradores y subalternos del tribunal, en *Discurso* (Galicia) 1830.

[145] El regente de Canarias lo expresaba en 1816 de esta manera: «Nosotros debemos observar las leyes, como fieles esclavos de ellas; no hay otro medio de cumplir nuestras obligaciones, son la norma de nuestra conducta, y en saliendo de ella, todo es error, todo es precipicio, todo es injusticia», *Discurso* (Canarias) 1816.

suprimir ni en todo ni en parte las leyes... debe aplicarlas literalmente sin declarar, enmendar, añadir, tirar o mudar», pues sobrepasando este límite gozarían de «una fuerza prodigiosa y sumamente peligrosa», en suma, rechazaba el arbitrio judicial que durante siglos sirvió para administrar justicia y que los liberales, e incluso el legalismo absolutista, deseaba desterrar[146]. Quedaba justificada esta idea, además, porque sin la interpretación judicial la ley conservaría su carácter de imparcialidad[147].

La ley, sin embargo, hay que aplicarla a casos concretos y el juez es parte esencial en su enjuiciamiento, por lo enumeraba una serie de *cuidados* que debían observarse:

- el primero es «asegurarse si el hecho sobre que gira un proceso es cierto, si está legalmente provado, si es constante, si está claro; esta es la primera operación preparatoria para juzgar y sentenciar».

- el segundo es «sentar la cuestión, y después compararla con la ley para decidir su legalidad». En este punto es donde advierte sobre la actuación de los defensores, aspecto acerca del cual tenemos en la actualidad una importante laguna historiográfica. Cada parte defiende sus intereses y objetivos, por lo que el discurso previene contra la astucia de los litigantes de mala fe, capaces de obscurecer, desfigurar, confundir u ocultar los hechos con la finalidad de que el juez no pueda aplicar fielmente la ley, viciando la correcta administración de justicia.

- de la misma manera el juzgador ha de respetar las formalidades legales en la substanciación de los juicios, pues «son las precauciones tutelares y más sagradas garantías que aseguran la recta administración de justicia», debiendo acomodarse a ellas tantos las partes como los juzgadores.

La segunda parte del discurso de Caballero en 1831 se centra en la pronta administración de justicia como complemento necesario a la recta administración de ella. La seguridad personal de los individuos, amparada por el monarca, exige que la administración de justicia sea activa y pronta, y que quienes comparecen ante los jueces o se han visto perjudicados por un delito no padezcan asimismo la lentitud judicial. Sus palabras estaban encaminadas a evitar inquietudes de los afectados, economizando gastos y mediante ello los ministros de la justicia evitarían «las quejas, murmuraciones, sátiras e invectivas que denigran su opinión, imputándoles de que unidos con sus agresores, se conjuran contra él y conspiran de concierto para acelerar su ruina y la de su familia». El argumento de fondo es claro:

> «Si es inocente, un día de dilación es para él y toda su familia un día más de tormento, de angustia, de vergüenza y de envilecimiento, y para sus calumniadores o enemigos, un día más de triunfo. Así debe ser cuanto antes juz-

---

146 En caso contrario, «el que es únicamente depositario y ministro egecutor de las leyes, se convertiría en dueño y señor de ellas, en grave perjuicio y ruina de todos los litigantes. Al Soberano, pues, corresponde esclusivamente esta facultad como compañera inseparable de la alta potestad de establecer leyes», *Discurso* (Galicia) 1831.

147 De ahí que advirtiera contra «los jueces de muchos de estos intérpretes, glosadores y comentadores de las leyes, de muchas contradictorias colecciones de decisiones y sentencia, que son, por decirlo así, como un arsenal en donde las partes vienen a tomar armas para combatirse, para desfigurar, alterar y destruir la ley», *Discurso* (Galicia) 1831.

gado y ampliamente resarcido de todas sus penas, disgustos y males. Si criminal, la espada debe inmediatamente armarse y descargar el castigo a que se haya echo acreedor por sus delitos. El voto público rectificará entonces el decreto de la justicia, y los clamores del pueblo aplaudirán la proclamación del juicio como un anuncio de paz y seguridad»[148].

Razones suficientes para defender que la acción de la ley «debe ser activa y enérgica en su aplicación, y no puede sufrir más lentitud ni dilación que la necesaria para ser rectamente egercida y administrada», ya que los delitos, en nuestro caso, tienen una influencia directa sobre el orden público. Sabemos que la ley pende sobre la cabeza de los individuos, pero «la incertidumbre y lentitud del castigo es un espacio que forja el culpable entre él y la pena, al que dan siempre dilatados ensanches sus esperanzas; por el contrario, la certeza y prontitud con que debe ser juzgado y castigado, la mira como una consecuencia inmediata del delito que va a cometer»[149]. La prontitud en la aplicación de la ley sería la garantía de la seguridad pública, del orden público, de la prosperidad y de la felicidad, puesto que se obtendría una minoración de los delitos. Concluía el regente de Galicia con una advertencia que posiblemente dolió a más de uno de sus compañeros: «No olvidemos que entre todas las injusticias, la más odiosa, la más insoportable es la que se comete a la sombra de las formas judiciales, a nombre de la justicia y por los magistrados mismos que debieran administrarla».

Estos asuntos se convirtieron en punto de encuentro de los responsables judiciales. En el discurso ante la Audiencia ovetense en 1832, Gotarredona señaló como el primero de los males procesales, la prolijidad de los sumarios, pues una vez iniciada de oficio se comenzaban a tomar declaraciones[150], «acumúlanse testigos y más testigos, diez, veinte, treinta, y aun esto es poco. Cuantas citas se hacen, tantas se evacúan, sean o no conducentes... Mientras se pierde del tiempo llenado de ojarasca los sumarios, los pobres reos yacen incomunicados, contando meses y más meses, ¡suspirando por el día en que se les tome la confesión, y se les restituya el uso del habla!» La solución se encontraría en determinar el número preciso de testigos para la averiguación de la verdad.

A pesar de lo expuesto, fueron publicadas disposiciones que se dirigían a la mejora en la tramitación de las causas criminales[151], ya que, como

[148] *Discurso* (Galicia) 1831.

[149] *Discurso* (Galicia) 1831.

[150] *Discurso* (Asturias) 1832. Al inicio del siglo XIX, Gutiérrez, *Práctica criminal*, I, p. 117, resaltaba el poco uso que se hacía de la acusación. Añadiendo más adelante que «suelen denunciarse varios delitos, especialmente de muerte o heridas, por medio de los párrocos u otros sacerdotes, cuya costumbre ha introducido un abuso vituperable que debe remediarse... El recurso a un sacerdote para que denuncie al juez el delito puede hacer perder el más precioso tiempo» (p. 121).

[151] Así, por ejemplo, la R.C. de 22 de julio de 1814 determinó los tribunales a los que correspondía el conocimiento de los negocios que quedaron pendientes en la extinguida Audiencia de Madrid, cuyos dos primeros artículos determinaron que: «1. Toda causa de preso que se hallare ya concluida en términos de mandarse pasar al relator para hacer el apuntamiento, o en poder de este, o señalado día para la vista, se verá y sentenciará por la Sala. 2. Lo mismo podrá hacerse con toda causa criminal, aunque los acusados no estén presos, con tal que tengan sus causas cualesquiera de los tres estados referidos en el número anterior». Por su

ha puesto de manifiesto Alonso Romero a propósito de los procesos políticos tras el primer restablecimiento del absolutismo por Fernando VII, el sistema garantista recogido en las Partidas y la tardanza en la tramitación de los procesos penales, bien fuera por la lentitud judicial o por las estrategias de defensa, retardaban su resolución y el pronto y ejemplar castigo de los acusados[152]. Esta situación fue advertida por Pintos Vieites al poner de manifiesto la brecha que existía entre cierta tradición historiográfica que arranca del siglo XIX y las condenas impuestas a los más conocidos constitucionalistas[153]; tesis de rehabilitación de la administración de justicia fernandina rechazada, desde otra perspectiva y con fuentes diferentes, por Fontana[154] y Lorente Sariñena[155].

Al inicio de la segunda etapa absolutista se adoptaron puntuales medidas para agilizar la resolución de los procesos en la jurisdicción ordinaria, lo que se centró en las causas de menor importancia[156]. Su finalidad última era desalojar las cárceles de acusados por delitos leves, para dejar hueco a los que hubieran cometido delitos de mayor gravedad o lo fueran por razones políticas. Con igual finalidad, en 1824 se dictó otra disposición para garantizar la seguridad jurídica de los presos y su libertad en el caso de que estuvieran presos por causas de poca consideración.

La brevedad se mostraba, en principio, contraria a las garantías procesales. Para el absolutismo estas no contaban, pues buscaban principalmente la celeridad resolutiva para que existiera igualmente celeridad punitiva. Es significativo, en este sentido, lo expresado en la R.O. de 31 de agosto de 1824, que sigue las pautas marcadas de la R.C. de 10 de julio de 1817:

> «Ha llegado a noticia del Rey nuestro Señor la lentitud con que generalmente proceden todos los tribunales del reino en la sustanciación y determinación de las muchas causas criminales, que por desgracia se están formando en ellos, y también que esto sucede a pretexto de no poder separarse de los trámites que las leyes prescriben, resultando de aquí el grave mal de no

---

parte, la R.C. de 19 de febrero de 1815 declaraba el valor que debían tener las actuaciones y sentencias en asuntos civiles y criminales seguidos y sentenciados durante el Gobierno intruso, de la que entresacamos su art. 8: «Que en las causas criminales por delitos comunes pendientes o egecutoriados se entienda lo mismo que se ha establecido para los pleitos civiles en los artículos 1, 2, 3 y 5; en el concepto de que las acciones que se dejan salvas en el 5, no sólo corresponderán al reo, sino también a la parte fiscal, y al acusador, si le hubiere; y de que se procederá en todo sin perjuicio de continuar los reos en sus condenas mientras no se revoquen definitivamente».

152 Alonso Romero, *Orden procesal*, pp. 341-342.

153 Mª. del Carmen Pintos Vieites, *La política de Fernando VII entre 1814 y 1820*, Pamplona, 1958.

154 Fontana, «Represión política y violencia civil en 1823-1833», ya citado.

155 Lorente Sariñena, «Reglamento provisional y administración de justicia (1833-1838)», ya citado, la referencia en p. 224.

156 R.O. de la Regencia del Reino de 12 de agosto de 1823 por la que «deseando proporcionar el alivio que sea compatible con la recta administración de justicia a los que por sus extravíos se hallan presos o detenidos en las cárceles; y teniendo en consideración el peligro a que está expuesta su salud y la de los habitantes de la capital por lo riguroso de la estación; se ha servido resolver que la Sala de Corte dé principio en el día de mañana a una visita de todas las causas pendientes en ella y en los Juzgados de Villa, y proceda desde luego a cortar las de los presos que resulten estarlo por delitos de poca consideración».

hacer prontos y ejemplares castigos, que escarmienten a unos, impongan a otros, y retraigan a todos de cometer crímenes. S. M. no quiere que los tribunales que en su Real nombre administran justicia se separen de lo prevenido en las leyes; pero si les recuerda que en las mismas están dictados los medios de abreviar los procesos..., bien recibiéndolos a prueba por términos cortos, bien haciéndolo con la calidad de todos cargos, bien omitiendo citas no necesarias y diligencias muchas veces inoportunas; y bien sobre todo no permitiendo las dilaciones maliciosas de los curiales, tan frecuentes en el pedido de términos, acuse de rebeldías y otras de esta clase; por lo mismo se ha servido resolver: que sin levantar mano, y ejecutando lo arriba dicho, proceda esa audiencia y todos sus juzgados subalternos a la pronta sustanciación de las citadas causas, dando parte semanal del estado en que se encuentran, y teniendo ademas de las tres horas útiles diarias de asistencia al tribunal y despacho de los negocios, otras tres o más si se considerasen necesarias, pues que en circunstancias extraordinarias, extraordinarios deben ser los trabajos y esfuerzos de todos los empleados para el mejor servicio público; en inteligencia de que así como S. M. tendrá muy presente el mérito que contraigan los que demuestren un verdadero zelo por él para recompensarles dignamente, le tendrá así bien para castigar con severidad y sin contemplación a los que por morosidad, flojedad o impericia no contribuyan eficazmente al logro de sus justas intenciones».

El atraso en la resolución y la acumulación de causas pendientes no se solventaron con estas decisiones coyunturales. Lo que obligó a adoptar otras más formales que eficaces. Una de ellas fue la apertura de los tribunales los días de media fiesta en que no hubiera obligación de oír misa por D. de 16 de diciembre de 1825. Se pidió que los tribunales informaran sobre otras soluciones. La más importante, sin duda, era la prioridad en la resolución de causas con reos presos.

La regulación de los procedimientos en primera instancia establecida en el Proyecto de Código criminal de 1830, diferenciaba a efectos de su inicio entre delitos públicos y delitos privados. Se habilitaban todos los días y horas para principiar las causas por delitos públicos. Manteniendo el criterio secular, el sumario sería secreto (art. 488) y todas las diligencias se recogerían por escrito (arts. 490-491). La comparecencia ante el juez era obligatoria, aunque respetando los privilegios estamentales o de determinados oficios. Desde el auto de oficio se tendría por parte al promotor fiscal. Siempre que hubiera méritos para la prisión, el juez dictaría auto y se verificarían todas las diligencias para poner al reo en prisión. Se omitían los careos y se regulaban las ruedas de reconocimiento. En aras de la brevedad se determinaba que existiendo varias causas por distintos delitos contra las mismas personas se acumularían en el mismo juzgado o en el que determinase el tribunal superior (art. 525). Concluido el sumario, pasaría al promotor, cuya actuación dependía de la gravedad o levedad del delito y de las penas que estuvieren determinadas por ley. A las defensas de los acusados se les daría le mismo plazo que al promotor. El término ordinario de prueba sería de quince días, aunque podía alargarse. Concluido el período probatorio, el juez dispondría de diez días para dictar sentencia si los autos excedieran de quinientas hojas y de veinte si superaran las mil (art. 549). Para los procedimientos en asuntos leves (arts. 555-564), para asuntos graves o amenazas de daño en persona o bienes (arts. 565-576), en causas de delitos graves (arts. 577-664)[157], cuando los reos se acogieran a asilo (arts. 665-673) o en causas contra bandidos públicos (arts. 687-696), el Proyecto introducía una serie de peculiaridades.

Al igual que en siglos anteriores, las irregularidades procesales, los trámites inútiles, las diligencias arbitrarias, la duración indefinida de los procesos, la incertidumbre de los derechos que debían abonarse y, por extensión, «la impunidad de los delitos y la opresión, la miseria y la desolación de los miserables que buscan la justicia y la satisfacción debida de derechos violados», eran responsabilidad en gran medida de los oficiales subalternos y, más concretamente, de los escribanos[158]. Porque el proceso se limitaba a cinco partes esenciales, como aclara Sainz de Andino: demanda o acusación, contestación o defensa, prueba de los hechos, sentencia y ejecución. Por su parte, los redactores del Proyecto de 1830 exigieron que se acreditara: la existencia del delito, lugar y tiempo en que se cometió, la materia o cosa en que se hizo, el sujeto ofendido, el delincuente, los instrumentos con que se perpetró si los hubiere y las causas impulsivas de cometerlo (art. 394).

En el Proyecto de Código de 1830 se arrastra cierta indefinición en materia de pruebas. Así se aprecia en el art. 412 de acuerdo con el cual, «para la imposición de cualquiera pena ha de haber prueba contra el delincuente». Quiebra, de este modo, el principio secular de exigir pruebas vehementes. Las *pruebas completas* eran las declaraciones de dos o más testigos presenciales y libres de toda excepción; la confesión voluntaria hecha y ratificada judicialmente; la escritura pública y directa; y tres indicios graves y urgentes, independientes entre sí y directos los tres a conocer la culpabilidad del acusado en delitos no castigados con la pena capital, «con respecto a los cuales solo se podrá imponer por aquellos la pena inmediata más grave de la ley» (art. 413). No obstante, cuando existieran diferencias en las declaraciones testificales en razón de la persona, tiempo o lugar de la perpetración del delito, quedarían invalidadas (art. 416). Las *pruebas auxiliares* serían las declaraciones de los ofendidos cuando el delito se hubiera cometido de noche, en despoblado u ocultamente; la declaración del ofendido; las declaraciones de encarcelados en delitos cometido en la cárcel; las declaraciones de los testigos de oídas «nunca tendrán más valor que el de la declaración de la persona a quien se refieren»; la confesión extrajudicial de palabra en delitos ocultos probada solo sería un indicio urgente; como también la revisión caligráfica y la de un testigo singular, entre otras pruebas (arts. 417-426).

Conviene apuntar un breve inciso acerca de la tortura como medio de obtención de confesiones por parte de reos y testigos. Como hemos visto, la

---

157 A su vez, para algunos de ellos se establecían singularidades, como por ejemplo para las causas por motines, asonadas o conmociones populares, muertes, infanticidios, heridas, juegos prohibidos, robos, estupro o aborto, entre otros.
158 Sainz de Andino, *Escritos*, II, pp. 61-63.

tortura fue suprimida por mandato de Fernando VII por la R.C. de 25 de julio de 1814, aunque desde finales del siglo XVIII en la documentación judicial consulta no se menciona. Es indudable que, por testimonios conservados, la tortura extrajudicial se continuó aplicando, pero desapareció del proceso criminal. En este sentido, las propias autoridades se encargaron de ponerlo de manifiesto. En la *Gaceta* del 25 de enero de 1817, en la que se daba cuenta de la visita realizada por el rey a la cárcel de Corte, se mencionó la existencia de un potro para dar tormento. Inmediatamente, se pasó por la Sala de alcaldes un oficio a la redacción del periódico oficial para que rectificara la noticia por tal «equivocación»[159].

En la fase probatoria era, donde sin duda, se producía la exasperante lentitud procesal. Los problemas se extendían a su número y el consiguiente alargamiento temporal[160]. A lo cual habría que agregar las ratificaciones de las declaraciones sumariales, pues el sumario más que un valor de instrucción tenía un valor preparatorio. Gotarredona se muestra muy crítico en este aspecto: «que las ratificaciones sean además perjudiciales demuéstralo la experiencia todos los días. No hay reo, por aislado que viva, que deje de tener alguna relación, o conexiones... Luego de tomada al reo la confesión[161], se hace público el sumario, así los parientes como los amigos, todos saben quiénes han declarado en él, y lo que han dicho contra el reo. Desde entonces dirigen todas sus líneas a ver cómo podrán ganar a los testigos, cuando no sea corromperlos». Sus denuncias contra los testigos falsos fueron continuas. Por tanto, no puede extrañar que en buena parte de las sentencias estudiadas incluyan multas y/o apercibimientos a los testigos que declararon falso, se desdijeron o depusieron de forma contradictoria[162]. Más adelante volveremos sobre este asunto.

---

[159] En la noticia se puede leer: «... recorrió los calabozos; entró los cuartos más recónditos; halló el potro donde antes se daba el tormento y, al momento, conmovida su sensibilidad lo mandó quemar, para que no quedase ni aun idea en lo sucesivo de semejante infernal máquina; quiere que se egecute lo mismo en las cárceles de villa y de la corona; y su sabiduría borra para siempre de la memoria de los hombres el instrumento del horror». El oficio de rectificación en AHN, *Consejos*, lib. 1409, exp. 60. Como complemento, Juan José Martinena Ruiz, «Los últimos tiempos del tormento judicial en Navarra», en *Príncipe de Viana*, 171 (1984), pp. 161-182.

[160] «La ley manda que las causas criminales en que se procede de oficio se reciban a prueba con todos cargos por un término prudente y moderado, que no se admitan probanzas superfluas y maliciosas, pero que tampoco se omitan las justas y necesarias. A pesar de eso se dejan pasar los términos, tras de una prórroga se pide otra; y como la defensa de los reos tiene cierto aire de sagrada, y con esta especie de prestigio justo es que sea mirada y respetada, no hay prórroga que no se conceda», en Gotarredona, *Discurso* (1832), p. 9.

[161] Sobre esta advertía Gutiérrez, *Práctica criminal*, I, p. 245, que «es fácil observar, que el juramento no hace decir la verdad nunca a ningún reo; que en el día no es más que una mera formalidad, y que su uso ha disminuido considerablemente la fuerza de los sentimientos de la religión». Para imponer pena al reo era preciso que concurriera alguna otra prueba (p. 247).

[162] La práctica contradice sobremanera lo establecido por la legislación real y también por la literatura jurídica, pues nada tienen que ver con lo establecido por ellas o recogido en sus páginas. Vid. por ejemplo Gutiérrez, *Práctica criminal*, III, pp. 25-26, pues reconociendo lo frecuente que era el perjurio no critique, al menos, la benignidad de los tribunales, que raramente excedían su castigo de una multa. Sin obviar la posibilidad de introducir las tachas a los testigos de la otra parte. Sobre estas, arts. 428 a 452 del Proyecto de 1830. Acerca de las consecuencias legales y opiniones doctrinales Miguel Pino Abad, «La inhabilitación testifical en el Antiguo Régimen», en *e-SLHR*, 18, (2014).

Las concordancias o discordancias entre testigos habían dado lugar a una clasificación de las deposiciones de los mismos para permitir su valoración por parte de los jueces. Elizondo diferenció la declaración *diversificativa*, *obstativa* y *adminiculativa*[163].

Al mismo tiempo, a través de la prueba testifical fueron desmontadas falsas acusaciones relacionadas, por ejemplo, con pretendidas vinculaciones políticas de los denunciados[164]. Los acusados poco podían confesar sobre hechos falsos, por lo que cotejando la delación y la confesión siempre se apreciarían manifiestas contradicciones. Las falsas delaciones podían verse evidenciadas en cualquier momento de la tramitación procesal, pero quedando reflejadas como motivación del fallo en el texto de la sentencia. Así por ejemplo, en 1827 y en tierras de Lugo un juez argumentaba lo siguiente en la sentencia:

> «Y en su consecuencia, debiendo tener en consideración que el reconocimiento que dio impulso a esta causa, según las circunstancias críticas en que se dispuso y los medios de ejecutarlo, fue conocidamente el resultado de una sañosa cábala dirigida por el resentimiento reciente del señor Valcárcel; que este no solo abusó de su autoridad subalterna egerciendo la que no le correspondía en presencia del alcalde real ordinario de la Puebla, más también usurpó el conocimiento privativo de este corregimiento, entrometiéndose a formar una causa criminal en los límites de su jurisdicción; que a pesar de su comportamiento suspicaz y cauteloso, no resulta que los efectos encontrados hayan aparecido en el interior de la casa del D. Ramón Vázquez, sino en su cuadra y huerto, sitios ambos en que por los francos y accesibles, hubo de ser fácil la preparación siniestra de aquel hallazgo, como la hace presumir fundadamente la ocurrencia de reconocerlos sin ser sospechosos, y la muy señalada circunstancia de dirigirse a ellos sin titubear dicho Valcárcel, cabando por sí mismo en los lugares determinados del encuentro que ya anunciara misteriosamente antes de verificarse, y que el indicio contrario de hallarse los papeles envueltos con bulas de la familia Vázquez, además de no estar legalmente acreditada esta circunstancia, se debilita con la posibilidad de haber sido extraídas anticipadamente de su casa, como lo indica un testigo del sumario en su ratificación, o con la presunción de que se haya tomado de paso en la misma al tiempo del registro; como que no consta se examinasen en el acto del reconocimiento el número y calidad de los papeles exhumados, y sí que el mismo Valcárcel los recogió sin manifestarlos a los circunstantes, amañando y estendiendo posteriormente aquella diligencia y las declaraciones

[163] Francisco Antonio de Elizondo, *Práctica universal forense de los Tribunales Superiores de España y de las Indias*, Madrid, 1770, tomo I, p. 129.

[164] ARG, *Crimen*, 494/3, el oficio de la justicia de la Puebla de [Brollón] Ramón Vázquez sobre haber hallado en su casa armas prohibidas, papel de varios sellos y años, y otros papeles subversivos del Gobierno revolucionario (1827). Con mayor concreción el encabezamiento de la sentencia: «En la causa criminal de oficio incoada por el Lizdo. Dn. Manuel González Valcárcel, en el concepto de regidor 1º del Ayuntamiento de la Puebla del Brollón, abrogándose y usurpando una autoridad y jurisdicción que no tenía, seguida después y pendiente ahora en este corregimiento de mi cargo, por disposición de la Real Sala del Crimen de este Reino, contra D. Ramón Vázquez Quiroga del lugar y coto de San Pedro de Crereija, y otros individuos de su familia complicados por infidencia; sobre un reconocimiento y hallazgo de armas inútiles, papel sellado prohibido, y otros documentos hecho en su casa, cuadras y huerto».

de los testigos sin su presencia e intervención, y abusando con respecto a algunos de su simpleza o dependencia; marcando todos sus primeros pasos con la ilegal informalidad que se reconoce, y el espíritu de venganza que, como dice el promotor, vehementísimamente se presume».

No todos opinaban de la misma manera. Blas Joaquín Álvarez de Palma, arzobispo de Granada, expuso que «ninguno de los jueces ordinarios tienen las proporciones que la Policía para indagar con secreto y con fruto los delitos». De ahí la conveniencia de contar con ella, pues «estamos en un tiempo en que se prueba judicialmente cuanto se quiere en contra de la verdad. Para sacar inocente a cualquier reo se encuentran testigos a muy poca costa. La religión del juramento se menosprecia, sin que los jueces más rectos puedan impedirlo»[165]. En suma, los falsos testimonios, según las autoridades eclesiásticas, se empleaban de igual manera para acusar que para conseguir la absolución.

Gotarredona, en la apertura anual de la Audiencia de Asturias en 1830 había incidido en las pruebas y, específicamente, en los testigos falsos, mal endémico que fue especialmente castigado por jueces y tribunales, como tendremos oportunidad de comprobar[166]. El regente asturiano mostraba su indignación contra estos testigos, porque «raro es el proceso donde no vemos testigos, que o dicen menos de lo que saben, o disimulan con artificio la verdad; y otros hay también, ¡ojalá no fuesen tantos!, que abiertamente se perjuran»[167]. Su deseo era que se desterraran o al menos no fueran frecuentes los perjurios, advirtiendo sobre las penas en que incurrían los testigos falsos por cometer no sólo delito, «sino crimen, y crimen vil y abominable», amparándose en ser, además, pecado[168]. En la proyección práctica el problema se centraba en las causas criminales que no existiera otro medio de prueba que la testifical, por lo que traía a colación la facultad de los juzgadores de castigar a los falsos testigos, como dispusieron los Reyes Católicos, «si vieren o presumieren... procédase con toda brevedad y de oficio y *sin esperar la determinación de la causa principal*»[169]. Llegando a afirmar que bastaba con la presunción, pues «en lo criminal, cierto es que no debe procederse sin constar previamente lo que

---

[165] Informe del 16 de agosto de 1825, en *Informes*, p. 166.

[166] También los teóricos denunciaron desde comienzos del siglo XIX este mal, al manifestar que «el perjurio, a pesar de las severas penas prescriptas en las leyes para refrenar a sus autores, ha llegado a ser frecuentísimo, cuando, si se nos permite decirlo, sería muy fácil e importante disminuirle considerablemente», Gutiérrez, *Práctica criminal*, III, p. 23.

[167] *Discurso que en la solemne apertura de la Real Audiencia del Principado de Asturias, el día 2 de enero del año 1830, dijo el señor don Lorenzo Gotarredona*, pp. 4-5.

[168] «Mas no es sólo a Dios a quien ofende el que jura en falso, dice San Isidoro; son tres las personas ofendidas: ofende a Dios, al que menosprecia con el juramento; ofende al juez, porque le engaña mintiendo, y ofende también al inocente damnificándole con su falso testimonio», *Discurso* (1830), p. 7.

[169] *Discurso* (1830), p. 9. Las cursivas en el original. No obstante, lo habitual fue encontrar el castigo de los falsos testimonios en las sentencias definitivas, puniéndolos con días de cárcel, multas y apercibimientos. Así parece reconocerlo Gotarredona, al afirmar que «la falsedad es una incidencia de la causa principal. El castigo del falsario y del reo llamarán más la atención pública y más escarmiento producirán si en una sentencia se decretan, y aun mismo tiempo se ejecutan», inmediatamente insiste en que se castigue tan pronto como se averiguara (pp. 13-14).

se llama cuerpo del delito; pero ésta es una máxima común y contra los testigos falsos deben dispensarse todas las reglas»[170]. Sin olvidar, como se ha apuntado, que el falso testimonio no sólo servía para acusar, sino también para facilitar la impunidad del delincuente.

En otros lugares, los falsos testimonios o el retraimiento de los testigos o delatores a declarar la verdad partía del temor a las represalias por parte del entorno de los acusados, por razones de amistad o por la falsa creencia de aquellos sobre la asunción de gastos procesales, como ocurría en Mallorca[171].

A estos inconvenientes nunca fueron ajenos todos los personajes que, de una u otra manera, intervenían en el proceso. Las diatribas dirigidas contra ellos pretendieron, en numerosas ocasiones de forma consciente, salvar el papel de los jueces y magistrados, que era tanto como salvaguardar la administración de justicia que emanaba del propio rey. Cabe comenzar por las críticas dirigidas hacia unos personajes de raigambre secular y todavía en el siglo XIX figuras clave en el desarrollo del proceso, pues no se puede olvidar que el procedimiento judicial seguía anclado en la práctica procesal de los siglos XVI, XVII y XVIII, donde la actuación de los relatores era esencial. En los discursos se señala dicha actuación como fundamental para la correcta decisión de los tribunales, por lo que cualquier irregularidad originaria un fallo injusto o inadecuado. Más allá de las invectivas contra los relatores[172], hallamos que al hacer recaer sobre ellos la causa de malas o incorrectas decisiones estaban eximiendo a los magistrados de la responsabilidad que estos podían tener.

El discurso leído en Sevilla en enero de 1817 clamaba contra la posibilidad de que los relatores obscurecieran la verdad, lo que «podría remediarse con el improbo trabajo de que los señores jueces examinasen por sí mismos los pleytos; pero ni esto es de su obligación inmediata, a no ser que desconfíen, o lo intrincado del negocio lo exija, ni lo permite la multitud de ellos». ¿Cuál era la misión de estos curiales? El secular: «referir delante de nosotros el estado de los pleytos, y sus ocurrencias substanciales,

---

170 *Discurso* (1830), pp. 10-11. Gutiérrez, *Práctica criminal*, I, p. 124, advertía que «en toda causa criminal lo primero que ha de averiguarse es, según la espresión forense, el cuerpo del delito, pues no habiendo delito justificado no puede haber delincuente».

171 «Anteriormente eran muchas las causas que se sobreseían por la repugnancia de estos habitantes a declarar la verdad de los hechos por temor de venganzas dirigidas contra sus personas o bienes, por la estrecha unión que tienen entre sí los isleños y por la falsa idea de que el mero denunciador de un delito paga los gastos de la causa idea que afortunadamente va poco a poco desapareciendo y la confianza renace entre el juzgado y el testigo, gracias a la mejora de establecimiento de partidos judiciales bien positivo, que se ha dispensado a los pueblos en 1834», según Guillamas, *Estadística judicial*, p. 15.

172 Por ejemplo: «Suprimir hechos, inventarlos, adulterarlos, y pervertirlos, son crímenes que rara vez se cometen, porque rara vez pueden cometerse con impunidad, y aun quando fuesen más frequentes, serían poco temibles porque es fácil evitar sus efectos; otros son más comunes y perjudiciales porque sobre ser más artificiosos, atacan el ánimo de los Jueces, lo conmueven, y perturban el perfecto equilibrio en que debe permanecer hasta el momento de decidir la questión. La vehemencia, o languidez del estilo, la expresión o frialdad de la lectura, la acción, la gesticulación, y hasta las inflexiones de la voz, son otros tantos prestigios con que los relatores pueden fascinar a los magistrados, y contra los que deben estar los magistrados perpetuamente prevenidos», *Discurso* (Aragón) 1815.

quando están próximos a sentencia, o en algunos incidentes que requieren mayor conocimiento, para no exponer nuestra decisión», siendo en virtud de su actuación «parte del juicio». Por ello intimaba para que sus relaciones fueran claras, breves, metódicas, substanciales e indiferentes, por lo cual los relatores deberían estar dotados de ingenio para entender el hecho, literatura «para hacerse capaz del derecho» y elocuencia[173]. Tan importante era su actividad, que el oidor decano dirigiéndose a estos curiales les manifestó que «nuestras conciencias descansan sobre las vuestras».

Otro problema bien conocido por mantenerse el esquema procesal secular era el derivado de la intervención de los relatores. El mariscal O'Lawlor advertía en 1818 en su discurso ante los magistrados del tribunal granadino frente a una mala práctica de estos oficiales –que también puede ampliarse a los abogados–, pues «la idea sola de que una circunstancia omitida o mal presentada puede decidir de la vida, de la honra o de la fortuna de un ciudadano» debía hacerles estremecer, procurando ponerla de manifiesto y asegurar la decisión del alcalde del crimen que hubiera de dictar el fallo[174]. Estas aseveraciones nos conducen a otro problema: ¿puede el juzgador valorar una circunstancia que no ha sido alegada en juicio aunque exista? Si aplicamos el principio tradicional según el cual el juez ha de estar a lo alegado y probado, debería obviarla; pero, si por el contrario, busca la justicia del caso concreto, entonces sí podría hacerlo.

En otros momentos se aduce que el problema de los relatores derivaba de su falta, de su inexperiencia o de ambas causas. Así lo expuso el gobernador de la Sala del crimen de Cataluña al manifestar, en septiembre de 1829, que la dilación en la resolución de las causas criminales dimana, en parte, de la falta de relatores que «formalizasen estractos metódicos». Al tener los relatores las causas en su poder, se advertía cierto retraso en «algunas sustanciadas contra reos ausentes y sueltos al fiado que habían quedado rezagadas (sin duda por la preferencia que recomiendan las leyes en las de reos presos) y la consiguiente imposibilidad de que el despacho tubiese la marcha rápida que yo deseaba, mayormente hallándose la Sala reducida a solos dos relatores, uno de ellos interino y no muy cabal desempeño». El gobernador de esta Sala pidió al regente la cobertura provisional de un relator, que junto al existente auxiliaran en los procesos de reos ausentes o sueltos bajo fianza y en el de despacho corriente, además de incrementar su jornada diaria. Así se determinó, pero no bastó con el trabajo de dos, pues «aunque este número se creía suficiente en otros tiempos cuando el de las causas era mucho menor, y más cabal el desempeño de aquello, no lo es en el día, ni puede suplirlo cumplidamente el ausilio eventual de un tercero, porque han cambiado mucho las circunstancias en ambos puntos». A los problemas orgánicos y procedimentales se agregaba el aumento de los delitos más graves, de lo cual hablamos en otro apartado.

---

173 «Breves, para que se despachen con prontitud; metódicas, para que se forme el verdadero concepto del proceso; substanciales, para que, dexando quanto es inútil e impertinente, se conozca sobre qué ha de recaer la decisión; y últimamente indiferentes, para que el fallo sea cierto y seguro», *Discurso* (Sevilla) 1817.
174 *Discurso* (Granada), 1818.

Su gravedad y atrocidad conllevaron un mayor esfuerzo de los alcaldes del crimen por atajarlos, de modo «que sus causas han sido sustanciadas y falladas con una rapidez que ha satisfecho cumplidamente a la vindicta pública, y este es otro de los motivos porque las causas en que hay reos presos, y que por su naturaleza no exigen ni por la falta de pruebas permiten un castigo pronto y egemplar quedan necesariamente postergadas». De ahí la exigencia de relatores que presentaran extractos metódicos y concisos, lo que no ocurría en la práctica porque «las relaciones de las causas son por lo común más bien una copia de los autos que un estracto de ellos. Los relatores por este medio llenan las horas con menos trabajo, y aunque la Sala y yo particularmente, como encargado de su gobierno, hemos procurado remediar este mal no ha sido posible conseguirlo». Admitía que podían cesarse a los relatores y designar otro, «pero ahí está la dificultad, o por mejor decir la imposibilidad», que lo era retributiva, porque no devengaban derecho y su situado solo alcanzaba los 1.800 reales anuales, debiendo satisfacer con ellos a sus amanuenses. La solución pasaba por convocar opositores para cubrir la vacante, algunos sin tacha política pero tampoco sin la aptitud necesaria. La única expectativa de los relatores del crimen era pasar a una relatoría civil[175].

En 1819 para Carlos O'Donell, capitán general de Castilla la Vieja y presidente de la Chancillería vallisoletana, si la verdad legal de los casos es obra de los hombres y conforme a ella la justicia dicta su fallo, éste es «del cielo». No obstante, también preguntaba:

> «¿Cuántas veces un mal procedimiento legal, una sentencia injusta, no deberán atribuirse a los jueces, sino a los operarios intermedios que conducen el proceso, en cuya formación mecánica rara vez tienen aquellos la más mínima parte, y cuyo extracto y exposición se les hace mil otras truncadamente, moviendo las manos del procurador y del abogado, la más sórdida avaricia, la fraude, el engaño, y otras causas vergonzosas, que el decirlas yo aquí sería profanar el santuario de la justicia?».

Esta denuncia del presidente militar de la Chancillería la olvidamos a menudo, considerando que todos los males de la administración de justicia han de recaer sobre jueces y tribunales. Sus críticas se extendían a relatores, procuradores y abogados. Pero como él mismo añadía:

> «Son conocidas a cuantos tienen la inevitable precisión de buscar la justicia y su derecho en los tribunales muchas de las arterías y astucias con que los agentes y procuradores acumulan negocios sobre negocios a que no pueden dar vado ni expediente; las tramas y ardides con que entretienen, suspenden, y aun evitan la comparecencia personal de las partes, huyendo de la censura, reconvención y examen; las cábalas y manejos secretos con que unos a otros se comunican el estado de los negocios; los resortes reservados que cada uno mueve, y aun noticias de mucho interés e importancia, de cuya comunicación se pueden seguir y siguen a veces perjuicios irreparables; los estímulos con que agitan a los litigantes para seguir las causas, interponiendo apelaciones aun contra toda probabilidad y esperanza de buen éxito,

[175] ACA, *Real Audiencia*, Cartas Acordadas, Registros 1283, ff. 612-619, Oficio de 26 de septiembre de 1829.

nivelando sus cargos y oficios, no por la naturaleza y calidad de las causas, sino por su codicia y provecho propio; y vosotros, Señores, estáis presenciando todos los días la torpeza con que se dejan acusar rebeldías e incurrir en apremios, y otros fuertes remedios legales, que en vez de ser para ellos freno en su conducta, los toman muchos por pretexto y título autorizado para añadir cuentas a cuentas, haciendo pagar a las partes ignorantes e inocentes lo que debía solamente cargar sobre su descuido y negligencia, o sobre su astucia criminal. Con tales operarios, ¿qué obras podrán hacerse? Con tantos estorvos y tropiezos ¿cómo podrá darse un paso seguro? Semejantes agentes no hacen más que su causa propia, tales procuradores no procuran más que su provecho personal»[176].

Por tanto, los errores de los jueces quedan descargados en otros oficiales y operadores vinculados a la administración de justicia[177]. Es parcialmente cierto, pero no exclusivamente porque los jueces, o algunos de ellos, también tuvieron su porcentaje de responsabilidad en tales errores. Con estas palabras se evidenciaba que la potestad judicial, cuya cabeza era el monarca, y sus administradores superiores quedaban a salvo de cualquier crítica por su actuación, con independencia de la aplicación de los mecanismos establecidos para determinar la responsabilidad de los alcaldes del crimen. Para los particulares, los problemas, obstáculos e inconvenientes no eran achacables a ellos.

Los abogados son presentados, al igual que antaño, como personajes capaces de viciar la recta administración de justicia con sus triquiñuelas procedimentales y la buena fe de los litigantes: «El mayor mal de la profesión legal ha procedido del exceso de ingenio, o presunción de los que la manejan; no puede ponderarse de quanto sea capaz el ingenio humano, si es agudo, penetrante y versado en las contiendas forenses; halla admirables sutilezas, inventa, y desentierra mil razones, presunciones, y excepciones que puedan dar buen aspecto al asunto de que trata, pintándole con tal nervio de frases, y palabras, que parece revosa justicia su pretensión; y para que no se crea a él solo, se arma de una vanguardia de autores, que van conformes a su dictamen». Lo que conllevaba, en opinión del regente navarro, Garrido, que no se buscara lo justo, sino «hacer parecer más, o menos provable, y verosímil una cosa»[178].

Soluciones para una pronta y segura administración de justicia fueron propuestas. En el discurso de Sevilla de 1817, Sanz de Velasco adver-tía a los abogados para que iluminaran «con discursos y razonamientos claros y sencillos el camino de la justicia, para que los jueces sepan la verdad», y ante los hechos que debían defender hacer «un juicio firme de la probabilidad del derecho». No se limitó a criticar las dilaciones injustas o capciosas

---

[176] *Discurso* (Valladolid), 1819.

[177] «Este ligerísimo cuadro, y sumaria recopilación de algunos estorvos que los agentes subalternos de los tribunales introducen en el desempeño del alto cargo de la magistratura, recordará, señores, en vosotros la idea de otros muchos, que sería molesto referir, y aun algunos que vuestra penetración, y mayor cercanía y trato con ellos, distinguirá mejor que yo», por lo que les encomendaba su remedio. *Discurso* (Valladolid) 1819. También encontramos estas críticas en *Discurso* (Navarra) 1824.

[178] *Discurso* (Navarra) 1816.

de los defensores para retardar la substanciación del proceso, cargó al mismo tiempo contra el exceso en sus honorarios o la acumulación de asuntos por redundar en perjuicio de la defensa de los interesados.

En 1832 el regente asturiano también dirigía parte de su crítica hacia los defensores de la vindicta pública. En concreto, señalaba el nombramiento de promotores como problema el segundo de los problemas que generaban la prolongación de las causas criminales, pues sólo estaba previsto legalmente en los casos de calidad, no en todos y, sin embargo, «apenas hay causa de oficio en que no se nombre promotor. Y no se contenta con una sola alegación; han de ser dos precisamente lo que menos, además de la conclusión». Este inconveniente conducía a que la parte acusada presentara otros tantos escritos. La solución era drástica, eliminar «unos funcionarios que sólo sirven para alargar los procesos en daño de la causa pública».

A pesar de estos inconvenientes se buscó la consolidación de mecanismos que favorecían la justicia letrada como remedio a las deficiencias que se presentaban, sobre todo, en la instancia inferior. La incorporación (obligatoria) de asesores letrados a la hora de tramitar y, especialmente, de resolver las causas criminales comportó que esos abogados que actuaban como consultores de los jueces inferiores fueran quienes en realidad redactaban la sentencia, que el juez se encargaba de hacer suya, de oficializar, al pronunciarla. Estos letrados trasladaron al texto de las sentencias su forma de redactar las defensas o acusaciones en cualquier otro proceso, es decir, de fundamentar la condena a partir de una enumeración sintética de hechos probados, que fundamentan una calificación jurídica de los mismos para fijar la pena, en cuya determinación entraban en juego esas causas jurídicas sobre las que tanto había escrito la literatura jurídica durante siglos[179].

Las sentencias que redactan los asesores son fundamentales para la comprensión del Derecho criminal finisecular del XVIII y de las décadas anteriores al Código Penal de 1848, con excepción de la breve vigencia del Código de 1822. A través de sus fundamentaciones podemos comprender cómo se aplica la ley, se mantienen las interpretaciones de los juristas y se intenta aplicar la pena más adecuada al delito y al delincuente en virtud del cada vez más limitado arbitrio de los inferiores. En otras palabras, en las sentencias de los asesores durante el período estudiado no vamos a encontrar una fundamentación basada exclusivamente en la ley, eso tardará aún décadas; lo que continuamos encontrado en el reinado de Fernando VII es una justicia basada en el Derecho, de ahí que las sentencias en las causas criminales se funden en él, o lo que es lo mismo en un complejo jurídico en el que entran en juego la ley (mayoritariamente ancestral), la literatura jurídica (anclada en el pasado ilustrado, sin atisbos sustanciales de renovación) y la práctica judicial (que mantiene las pautas de las últimas décadas del siglo XVIII y el primer decenio del XIX).

---

179 «Sentencias criminales en Castilla», ya citado. Abelardo Levaggi, «La fundamentación de las sentencias en el Derecho indiano», en *Revista de Historia del Derecho*, 6 (1978), pp. 45-73.

El regente Gotarredona trazó cada año sus discursos, quizá delineados desde su visión práctica e institucional, problemas esenciales de la administración de justicia. En el discurso de 1833, último que abordo, se detuvo en el arbitrio judicial: «¿será fácil desterrar de los tribunales el arbitrio judicial? Al menos ¿será posible? Si por arbitro judicial entendemos lo que entiende la ley y los buenos profesores, es imposible; pero si se entiende lo que el vulgo piensa, y ojalá fuese sólo el vulgo, entonces diré que semejante arbitrio es una ilusión, una quimera»[180]. Planteaba, en definitiva, la contraposición entre el arbitrio judicial sujeto a la razón jurídica[181] y la arbitrariedad que se achacaba a jueces y tribunales[182]. Frente a la ley para todos en general se alzaba el casuismo judicial, pues los jueces siempre juzgan casos particulares y presentes. Un arbitrio que en materia criminal presentaba unas características loables:

> «Pero, al menos en lo criminal, se dirá no debe negarse algún arbitrio a los jueces. Las leyes, dice Séneca, conviene que sean severas; pero tampoco los jueces deben imponer toda la pena que ellas señalan, porque su objeto es sólo espantar a los malos con el rigor de las penas. Y el Código de las Partidas en equidad y sabiduría no reconoce ventaja a ningún otro, contando a los modernos los primeros, expresamente concede a los jueces la facultad no sólo de aumentar y disminuir las penas, sino también de quitarlas; por consiguiente en lo criminal parece que no puede ponerse en duda el arbitrio de los jueces».

Reconoce que las leyes establecían los límites o parámetros dentro de los cuales debían moverse los jueces, por lo que no cabía que decidieran a su propio albedrío, sino que los jueces debían hacerlo, como señalaban las Partidas, según entendieren que debían hacerlo, «esto es, según les dicte su conciencia, y claro es que los respetos y el arbitrio nunca fueron reglas de conciencia. ¿Dónde está, pues, el arbitrio de los jueces ni siquiera en lo criminal? El buen juez dice una sentencia canónica, tomada de una de las lumbreras de la Iglesia, el buen juez nada hace a su alvedrío, obedece a la ley, juzga según oye, y jamás pierde de vista en sus fallos la índole de los negocios»[183]. En definitiva, como se ha expuesto por la historiografía jurídica, se trataba de un arbitrio judicial reglado[184].

---

[180] *Discurso que en la solemne apertura de la Real Audiencia del Principado de Asturias, el día 2 de enero de 1833 dijo*, p. 3.

[181] «Tampoco es posible reducir a los estrechos límites de un discurso la multitud de reglas prescritas a los jueces para interpretar con acierto las leyes, de que pende su justa aplicación a los casos. Cánones para interpretar en general, cánones para interpretar las leyes propiamente dichas... Y si esto es así, Señores, ¿qué libertad ni qué arbitrio pueden tener en sus decisiones los jueces?», en *Discurso* (1833), p. 10.

[182] «Lo que diré y lo que ellos creen es que cuando no se encuentra una ley adecuada al caso, o cuando las circunstancias hacen dudosa su aplicación, o cuando, en fin, la misma ley encomienda al arbitrio del juez el fallo o la resolución, entonces creen que el juez tiene la libertad de favorecer a su arbitrio a cualquiera de las partes. Por eso apenas hay litigante que no se desvele por averiguar las relaciones y conexiones de los jueces, y que no se pertreche bien a tiempo de recomendaciones y empeños. Tal es, Señores, el arbitrio judicial, según lo entienden los litigantes». A pesar de lo cual lo calificaba de «error de gravísimas consecuencias», en *Discurso* (1833), pp. 4-5.

[183] *Discurso* (1833), p. 14.

Pero, ¿basta acudir a los textos normativos para afirmar cómo actuaron los jueces? En mi opinión, no. Es sabida, y ha sido probada, la separación entre la teoría legal y la práctica judicial en el Antiguo Régimen a partir de la documentación manuscrita de archivo y su cotejo con las colecciones normativas impresas. Si esto fue así hasta el final del reinado de Fernando VII, salvo en los períodos constitucionales en los que estuvo vigente el texto gaditano (y con matices), cabría pensar en que durante el sexenio 1814-1819 y en los años 1824-1833 los jueces mantuvieron los comportamientos de sus antecesores. La respuesta es compleja y no conviene simplificar, pero desde luego que existe una inclinación hacia el arbitrario judicial y, en consecuencia, a no aplicar en los delitos ordinarios la punición legal. Desde otro ángulo, si los jueces se separaban de la literalidad legal, la pregunta subsiguiente es: ¿con sus sentencias beneficiaban o perjudicaban a los reos? Hoy parece demostrado que, salvo hechos muy particulares o sobre delincuentes muy concretos, la inclinación o la tendencia fue hacia la mitigación. Y, de momento, la tercera pregunta es: si en el reinado de Fernando VII se distinguió entre delitos políticos y delitos comunes, ¿los jueces ordinarios y las comisiones militares actuaron con los mismos criterios en ella resolución de cualquiera de ellos? Creo que esta tercera pregunta es la que más matices requiere. Resulta evidente que el carácter sumario del procedimiento militar y la severidad de sus fallos, unido a la ausencia de garantías de los enjuiciados y la represión política que tenían encomendada, pueden inclinar a pensar que desde luego la jurisdicción militar mantuvo sus propios criterios. El problema surge cuando se observa, en primer lugar, el comportamiento diferente de algunas de estas comisiones, por un lado; y, por otro, la imposibilidad de poder llegar a resultados concluyentes sobre la actuación de los tribunales ordinarios en los años en que tales comisiones desaparecieron, puesto que es posible que la represión fuera asumida por las salas del crimen. Pero incluso estas actuaron de forma diferente. Por tanto, habría que estudiar pormenorizadamente cada comisión militar y cada tribunal ordinario, a ser posible del mismo territorio, para poder responder, al menos con cierta aproximación a la realidad, esta pregunta.

Un dato que permite comprobar una mayor sintonía entre las sentencias dictadas por los inferiores, tradicionalmente considerados jueces de rigor, y las pronunciadas por la Sala del Crimen de Galicia es la confirmación de las primeras. Los alcaldes del crimen emplean tres verbos: confirmar, enmendar –con los matices que señalaré– y revocar. Pueden aparecer de forma conjunta: en ocasiones se confirma una parte de la sentencia del inferior, mientras se revoca otra parte o simplemente se modifica el alcance de la pena señalada por el inferior. Estos últimos supuestos, a efectos de la tabla que sigue,

---

[184] Para mayor concreción me remito los trabajos «El Fiscal de S.M. pide se supla a mayores penas. Defensa de la justicia y arbitrio judicial», en *Initium*, 5 (2000), pp. 239-354; y «El arbitrio de los jueces inferiores», ambos citados. Para su proyección doctrinal más general, Massimo Meccarelli, *Arbitrium: un aspetto sistematico degli ordinamenti giuridici in eta di Diritto comune*, Milán, 1998.

los he incorporado a las calificadas de enmendadas, que son aquellas que ni confirman ni revocan sino que sencillamente enmiendan, enmiendan y suplen a un tiempo o entienden la sentencia del inferior de una determina manera. De las sentencias estudiadas, pertenecientes a la serie homónima del Archivo del Reino de Galicia, resulta lo siguiente:

- Sentencias que confirman: 83.
- Sentencias que enmiendan: 101.
- Sentencias que revocan: 93.
- Sentencias que no declaran lo anterior: 114[185].

Sin lugar a dudas uno de los aspectos más interesantes desde el punto de vista jurídico es la motivación de las sentencias. Es cierto que no podemos hablar aún de sentencias plenamente motivadas o motivadas como exigirán las leyes de enjuiciamiento. Pero no es menos cierto que, primero, sí hay una motivación subjetiva, no escrita, del juez o de su asesor que desemboca en un texto relativamente conciso en el que no parece existir motivación. En este punto, sin embargo, es preciso distinguir, primero, tres situaciones: sentencias redactadas por asesores letrados; sentenciadas elaboradas por jueces letrados; y sentencias dictadas por Salas del crimen. En segundo lugar, cabe plantearse si la motivación tiene el mismo significado en las primeras décadas del siglo XIX que tras la promulgación de las leyes de enjuiciamiento, porque si los conceptos van evolucionando quizá nos encontremos que lo que recogieron tales leyes no fue sólo la influencia foránea sino también una práctica judicial propia. A ello puede ayudarnos la distinción entre Derecho y ley, entre justicia de jueces y justicia de leyes. En cualquier caso, si no fuera adecuado hablar de motivación, sí podemos hablar plenamente de fundamentación.

Este continuismo, no equiparable a un anquilosamiento radical, no excluye que se aprecien ligeros cambios. Así por ejemplo, mientras las sentencias anteriores al siglo XIX de ordinario amenazan con el rigor del Derecho en el caso de reincidencia o incumplimiento de la pena; en las sentencias que he estudiado de las etapas absolutistas del reinado de Fernando VII se emplea la fórmula de amedrentar con el rigor de la ley. Derecho y ley no coinciden plenamente, pero la justicia de jueces, que todavía no ha desaparecido, va dejando paso muy lentamente a una justicia de leyes.

Con tres ejemplos, de los muchos que se pueden exponer, podremos ratificar lo expuesto y resaltar sus características. Habrá quien diga que no son buenos ejemplos, pero son los que son, así se redactaron y no es científicamente asumible reparar sólo en los hechos más conocidos por la opinión pública, ya que, sobre todo, son los menos en la intensa actividad judicial, donde hubo y hay de todo. El orden es fácilmente apreciable: una sentencia de un juez letrado, otra redactada por un asesor letrado y, por último, de la Sala del Crimen de la Audiencia de Galicia en la misma causa:

---

[185] En su mayoría son sentencias dictadas en vista por las Salas del Crimen de la Audiencia gallega al conocer en primera instancia, aunque no en todos los casos.

«Fallo atento a los autos y méritos del proceso a que en lo necesario me refiero, que por lo que de ellos resulta, y teniendo en consideración el testimonio dado por la justicia de Neda, y prueva del Vicente Rodríguez, devo de declararlo y lo declaro por suficientemente penado con la cárcel que ha sufrido; y lo apercivo que de volver a dar margen a iguales sospechas como las que arroja contra él esta causa, y no aplicarse al trabajo y vivir recogidamente como Dios manda, será penado con todo el rigor de la ley; y le condeno en las costas de esta causa de que se haga la devida tasa y regulación. Y por esta mi sentencia que ante todas las cosas se consulte con su Excelencia dichos señores de la Sala del Crimen de la Real Audiencia de este Reyno para su aprovación, difinitivamente juzgando así lo mando, pronuncio y firmo»[186].

«En el pleito y causa criminal que en mi Audiencia pende, sobre el golpe dado a Manuel de Abad de que resultó la muerte de que son partes el licenciado D. José Manuel Camaño, promotor fiscal nombrado para su seguimiento; Josef García, alias Gor, arrestado en la cárcel pública de esta jurisdición, Evaristo Piñeiro su procurador, Juan Antonio Doval, alias Lucretes, ausente y en rebeldía, y por su ausencia los estrados de dicha Audiencia.
Fallo atento a los autos y méritos del proceso a que me refiero, teniendo presente que el golpe dado al Manuel de Abad, el que le ocasionó la muerte, ha sido de noche y a las voces que este ha dado acudieron varias personas a socorrerle, a quienes ha dicho y espresado el herido que quienes lo maltrataran havían sido Clemente Durán, y Sebastián de Abal el Maulo, o el hijo de la Maula, que es el mismo Sebastián, repitiendo esto algunas veces, y mui luego bolvió a decir y asentar que los que le ofendieron lo fueron José García Gor, y su hermano Juan Antonio Dobal Lucretes, según así lo declaró, no resultando de lo obrado contra estos otra cosa, ni otro indicio, teniendo en consideración la probanza dada por el promotor fiscal, y la también dada por Evaristo Piñeiro como apoderado de José García, y el certificado de lo que espusieron D. Manuel Sarmiento y Toubes cura párroco de San Martín de Meis, y los presbíteros D. José Buceta, D. Ángel de Pintos y D. Josef Villanueba, que se halla al folio ciento y cinco, de todo lo qual resulta que los titulados reos son personas pacíficas, de buena vida y costumbres, y máxime por las declaraciones de Alberto de Abal suegro del difunto, Manuel de Abal y Rita Escudeiro sus padres, y Eulalia de Abal muger de dicho difunto, y de las más declaraciones que el repetido difunto y llamados reos eran amigos, y conservaban mutua y recíproca amistad, por cuio motibo no podían creer ni presumir fueren los que le maltratasen ni cometiesen semejante alebosía, teniendo en consideración todo esto debo declarar y declaro que el promotor fiscal no ha acreditó lo que acreditar debía; y lo ha hecho el José García Gor, y atendiendo a la larga prisión que sufrió, y está sufriendo, le condeno en la quarta parte de las costas, y en las restantes a Juan Antonio Dobal Lucretes y en seis mese de cárcel en la pública de este juzgado, sin perjuicio de oírle siempre que se presente, o sea cogido. Y a Serafina de Torres testigo que ha dada dos declaraciones en

[186] ARG, *Crimen*, 317/15, *sobre sospechas de ladrón y más que contiene*. Vicente García Díaz, era auditor de Ejército honorario y alcalde mayor de Ferrol. Fue pronunciada el 22 de agosto de 1825. Por Auto de 10 de abril de 1826 se aprobó con las costas del Tribunal.

sumario, que se hallan a los folios diez y nuebe y cinquenta y tres, en las quales se ha implicado en parte, no obstante la interpretación que quiso darle quando se ratificó en plenario, le condeno en quatro ducados de multa aplicados a disposición de su Exa. los Señores de la Real Sala del Crimen y le apercibo que a lo sucesivo siempre que dé alguna declaración, lo verifique con toda claridad, ebitando se sospeche de ella, pena de mayor providencia; y a Clemente Durán y Sebastián de Abal el Maulo les absuelvo, y por esta mi sentencia definitivamente juzgando con acuerdo del subscribiente asesor de oficio nombrado así lo pronuncio, mando y firmo»[187].

«Fallamos atento a los autos y méritos del proceso a que nos referimos, que por lo que de ellos resulta, revocando como revocamos la sentencia dada y pronunciada por la Justicia de San Tomé de Mar en diez y seis de diciembre de ochocientos diez y seis, debemos de condenar y condenamos a José García Gor en ocho años de presidio, y a Juan Antonio Dobal Lucretes en diez años en uno de los de África, sin perjuicio de oír a este último caso se presente o pueda ser avido y en las costas del Tribunal mancomunadamente de que haga regulación la Escribanía de Cámara, y apercibimos a que a lo sucesibo no den motibo a la formación de causas de igual naturaleza, pena que de lo contrario se les tratará con todo el rigor de la ley»[188].

He seleccionado estos tres ejemplos para poder apreciar con mayor detenimiento las diferencias. Con respecto a la primera pueden introducirse más matices, ya que existen otras similares más fundamentadas[189] y otras que por escuetas se limitan a la imposición de pena[190]. La segunda y ter-

---

[187] ARG, *Crimen*, 110/15. José Benito Carvajal. Asesor, Licd. D. Ramón María Araujo y Villarino. Pronunciada el 16 de diciembre de 1816.

[188] ARG, *Crimen*, 110/15, *s.* 23.12.1819.

[189] Por ejemplo: «En la causa criminal que pende en esta Alcaldía primera por comisión de S.E. los señores de la Real Sala del Crimen de este Reino, formada por el Real Oficio de Justicia, entre partes el Licdo. D. Manuel Valcarce y Saavedra, promotor fiscal últimamente nombrado, de la una; José Anido fugado y en rebeldía, Antonio Anido su hermano, el procurador Miguel Traseyra su defensor, Manuel y Juan Anido, aquel padre y este tío de los sobre dichos contemplados reos de la otra, sobre la muerte dada a Teresa Cornide muger de Domingo Silveiro. Vistos. Fallo atento a los autos y méritos de la causa a que me refiero, que por lo que de ellos resulta devo de declarar y declaro por violenta la muerte de la Teresa Cornide y por reo confeso de la misma al José Anido. En consequencia de lo qual devo de condenarle, y le condeno en la pena capital, sin perjuicio de oírle antes de su ejecución presentándose o siendo habido. A Manuel, Juan y Antonio Anido teniendo en consideración no estar probado que cooperasen en la muerte aquella, y a que con la larga prisión que han sufrido puedan decirse suficientemente purgados qualesquiera sospechas que contra ellos se ofreciesen, por aora les relevo de otra pena, y mando se les ponga en livertad aperciviéndoles no obstante a que en lo sucesibo se conduzcan con el porte que corresponde absteniéndose de ratonerías y alborotos sin dar margen a que se sospeche en modo alguno de su condena, en razón de la que cele la Justicia de su domicilio, y a unos y otros les condeno mancomunadamente en las costas de que se haga tasa. Y por esta mi sentencia difinitivamente juzgando, la que con los autos originales se consulte a S.E. los señores de la Real Sala del Crimen de este Reino por medio del señor fiscal. Así lo pronuncio, mando y firmo. Licdo. D. Joseph López de Rivera». Este alcalde primero de Lugo la pronunció el 13 de julio de 1818. La *s.* 4.12.1819, en ARG, *Crimen*, 94/46.

[190] «Fallo atento a los autos y méritos del proceso, a que me remito que por lo que de ellos resulta, debo de condenar y condeno a José de Soto, alias Bimba, vecino de la parroquia de San Esteban de Villamoure, Jurisdicción de Maside, en la pena ordinaria de horca. Y asimismo en todas las costas causadas y que se causaren, sin perjuicio de oírle siempre que se pre-

cera pueden considerarse ejemplos adecuados a las características modélicas de sentencias de asesores letrados y de la Sala. He buscado, por tanto, una muestra ecléctica para el segundo ejemplo. Veamos los elementos que van conformando cada una de ellas.

La sentencia del juez letrado se limita a valorar genéricamente las pruebas, como señalaban numerosas prácticas criminales y procesales, limitándose a castigar con un apercibimiento y las costas, tras valorar para la fijación de la pena la justa causa del tiempo que estuvo en prisión. A pesar de que numerosos historiadores y juristas emplean la expresión «prisión preventiva», ni en siglos anteriores ni en los decenios estudiados aparece esta expresión ni, lo más importante, puede calificarse como tal una prisión eminentemente procesal. Se valora como justa causa o causa jurídica de atemperación de la pena, pero nada más[191]. El apercibimiento lo es bajo el rigor de la ley y no del Derecho. De esta sentencia, además, podemos extraer otro dato importante. Se incoó por sospechas de ladrón y se declaró por suficientemente penado con la cárcel sufrida, no considerándose por la literatura jurídica a ésta como pena corporal y ni siquiera como verdadera pena. Pero el juez manda que se consulte con la Sala del Crimen. En este y en otros muchos casos similares, se ordena consultar no mediando pena corporal, o incluso dictando la absolución[192].

---

sente. Cuia sentencia antes de publicarse se consulte con su Exa. los señores de la Real Sala del Crimen por mano del Sr. Fiscal. Y por esta mi sentencia difinitibamente juzgando como alcalde constitucional de la Xurisdicción de Roucos así lo pronuncio, mando y firmo. Licd. D. Pedro Falcón. Dada a puertas cerradas el 16 de febrero de 1814». La *s.* 17.1.1818 revocó la anterior y le condenó en diez años de presidio en uno de los de África y en todas las costas sin perjuicio de oírle cuando se presentara o fuera aprendido, en ARG, *Crimen*, 82/32, «el oficio de la Justicia de la Jurisdicción de Roucos contra José Bimba sobre haver herido con un tiro a Teresa Fernández soltera, de que resultó su muerte, y en seguida la de una niña que se hallava embarazada».

191 Así lo expuse en «La estancia en prisión como causa de minoración de la pena», citado.

192 «Sobre la muerte de José Fernández de la propia vecindad, cuyo cadáver se halló en el Agra de Chan y Alcarria en el veinte y uno o veinte y dos de noviembre de mil ochocientos veinte y seis. Vista. Fallo atento los autos y méritos del proceso a que me refiero, que por lo que de ellos resulta, y atendiendo a que si bien se hizo constar que José Fernández fue hallado hecho cadáver en el camino de pies que de dicha agra de Chan y Alcarria y lugar de Nine se dirige a la iglesia parroquial de Cespón, y que su muerte procedió necesariamente, según lo que depusieron los cirujanos titulares D. José Ordóñez y D. Miguel González, que reconocieron, e hicieron la disección anatómica de dicha cadáver, de la separación que notaron había padecido la primera y segunda vértebra cervical del lugar que naturalmente devían ocupar, siendo estos dos órganos tan interesantes a la vida del hombre; no así que la separación de dichas vértebras hubiese provenido de haber cahido en el suelo el José Fernández, precisamente de resultas de haber sido impelido o empujado fuertemente por alguna persona estando de pie, pues aunque dichos facultativos... pues dice dicha Real Junta que en ellas no hallaron razones fundadas para expresar categóricamente que la muerte del José Fernández haya sido dada violentamente. Teniendo por otra parte en consideración que este era un pobre labrador, acometido a cada paso de accidentes, según lo dijo su propia mujer. Que en la tardecita y noche del día veinte del expresado mes de noviembre se ocupó con otra muchas gentes en ayudar a recojer de las redes la sardina... (sigue la coartada detallada de cada uno de los que intervinieron en la recogida de la sardina) devo de absolver y absuelvo a Antonio Barbeito, Manuel Muñiz, Pedro López, Manuel González, y Hermenegildo Miranda de toda la culpa y cargo sobre la muerte de José Fernández, mas no así de la que han tenido los tres primeros en haber abandonado al desgraciado Fernández dejándolo expuesto a la inclemencia y rigor de una noche de sumo frío en el lamentable estado en que se hallaba después de haberle tomado bajo su protección y amparo; y por ello, les con-

Sí mejoró la tramitación de los procesos gracias a la intervención de los asesores letrados y a la paulatina extensión de los jueces formados en Derecho, incluso la incorporación de la jurisdicción señorial. Se fue imponiendo irremisiblemente una justicia letrada, aunque no estuviera todavía profesionalizada, como consecuencia de la obligatoriedad de tramitar y resolver con la asistencia de asesor letrado. Lo que coadyuva, junto con otros mecanismos procesales, a reducir al mínimo el arbitrio de los jueces inferiores, mientras que los tribunales superiores continuaron gozando de un amplísimo margen de arbitrio.

La consulta al tribunal superior, habitual en otros Reinos aunque con denominación y características diferentes, se había implantado como trámite obligatorio en aquellas causas en las que se impusieran o se pudieran imponer penas corporales graves, aunque acabó por generalizarse. Mediante esta institución los jueces quedaban privados, por ejemplo, de la última decisión en la imposición de la pena de muerte, tanto civil como natural. El trámite exigía que, una vez redactada la sentencia y por vía del fiscal de la Audiencia, se remitieran al tribunal la misma con los autos originales de la causa. El control se fue intensificando y alcanzó a la tramitación en causas en las que se juzgaron no solo delitos graves[193]. Los jueces inferiores debían dar cuenta a los alcaldes del crimen, por mano del fiscal regio, de lo que fuera adelantando en su instrucción, habitualmente cada quince días. Los autos que se conservan están llenos de estas remisiones, quedando incorporadas incluso las guardas con las que se enviaron los autos originales a la Audiencia. En su vista, los magistrados dictaban los correspondientes autos para que los jueces siguieran conociendo con arreglo a Derecho, adelantando otros trámites u adoptando cualquier medida pertinente, sin excluir la imposición de multas por lo mal obrado o de prevenciones para evitar futuras irregularidades. Si a ello agregamos la obligatoriedad de llevar estadísticas de estas consultas y, en general, de la actividad de los tribunales territoriales, podemos aproximarnos bastante a la realidad de los mecanismos de control de estos años, tanto procesales como estadísticos.

La Sala de alcaldes de Casa y Corte consultaba al rey. En uno de los procesos que más estupor debió de causar a los madrileños, el seguido en 1815 contra el fraile agonizante Juan Crisóstomo San Vítores por haber

---

deno mancomunadamente a los tres sobre dichos en las costas procesales, y les apercibo que de incurrir en lo subcesivo en iguales faltas en perjuicio de la humanidad y caridad cristiana, serán providenciados como corresponde... Y por esta mi sentencia definitibamente juzgando que se dirija con la causa original a S.E. los Señores de la Real Sala del Crimen de este Reyno, por mano del Señor Fiscal de S.M., de acuerdo con el Doctor D. Andrés Fontán, abogado de los Reales Consejos y vezino de la villa de Noya», pronunciada por el juez de Rianxo el 21 de agosto de 1826. Por Real auto de 7 de abril de 1831 la Sala revocó la sentencia anterior y se absolvió libremente a los condenados, salvo las costas, en ARG, *Crimen*, 402/13. Esta responsabilidad por la omisión del deber de socorro también la encontramos en otra muerte conocida por la justicia de Soandres, en el AMCo, C- 6976-10.

[193] Sobre este trámite, me remito al trabajo «La consulta a las Audiencias en el proceso criminal (siglos XVI-XIX)», en *Initium*, 9 (2004), pp. 287-350. Vid. también los arts. 486 y 487 del Proyecto de Código de 1830.

matado a su amante, los alcaldes le hacen presente los hechos de esta «muerte alevosa» y le manifiestan que se ha seguido y sustanciado en unión con la autoridad eclesiástica. Manifiestan que «creyó la Sala conveniente al más rápido curso y conclusión que le ha sido recomendado, desembarazarse de las implicaciones que necesariamente había de ofrecer la complicidad si bien indirecta de los cinco últimos reos y hallándola justificada», había condenado a tres mujeres a reclusión entre uno y ocho años en la cárcel de Corte, «hasta que se habilite la galera o cualquiera otra casa de corrección» y un varón fue absuelto y lo obrado sobre el otro fraile fue remitido al ordinario. De este modo se simplificó el proceso y se procedió exclusivamente contra el reo principal, de manera que «el delito y su cuerpo se halla plenamente justificado, así por el hallazgo y reconocimiento del cadáver y heridas que causaron la muerte, como por el de los instrumentos con que se ejecutó, todos ensangrentados; por las declaraciones de las inquilinas... pero con toda evidencia resulta justificado por la llana confesión que del suceso ha hecho este, con todas sus circunstancias». La Sala detalló con todo detalle las circunstancias en que se produjo la muerte de la muchacha, denotando el ánimo alevoso y la premeditación con la que la había preparado. La defensa del reo se basó en «su estado de debilidad de cabeza que supone en él hasta constituirse en el grado de verdadero maniático, procurando por este camino disculparle en la comisión de un delito tan atroz, o a lo menos disminuir su gravedad». Los alcaldes teniendo presente los hechos, convencida de que el reo no padecía disminución de juicio, que verificó la muerte con premeditación y plena deliberación, calificada de alevosa y atroz «después de resolver dentro de sí este pensamiento, buscando los medios más seguros para no malograle», creyeron que debía de sufrir la pena capital, solicitada por el fiscal, y considerando su condición eclesiástica que se verificara en el garrote tras su degradación canónica, si bien «V.M. determinará como siempre lo más justo»[194].

De esta manera, los jueces inferiores vieron como el impulso de oficio quedaba mediatizado, pues venía marcado por lo señalado por los magistrados, y fueron perdiendo paulatinamente la facultad de resolver unilateralmente, al quedar sometidos a lo que dispusiera el real auto de la Sala del Crimen. Los jueces se habían convertido materialmente en lo que las leyes de enjuiciamiento recogerían décadas después: en un juez de instrucción en las causas criminales graves. Es cierto que la sentencia de instancia era pronunciada por ellos, pero por encima de esa apreciación formal y a primera vista, sus decisiones venían marcadas en caso de ser legos por lo que hubieran redactado los asesores letrados y, sobre todo, por la opinión de la Sala que podía confirmar –con o sin variaciones– el fallo del inferior, anularla o ambas decisiones a un tiempo, determinando la pena que debía imponerse. Así se ordenaba y mandaba con un «devuélvase» al juez inferior.

---

194 *Colección de las causas más célebres e interesantes de los mejores modelos de alegatos, acusaciones fiscales, interrogatorios y las más elocuentes defensas en lo civil y criminal del foro español, francés e inglés por una sociedad de jurisconsultos. Parte española*, Madrid, 1863, tomo IV, pp. 28-32.

El control ejercido por las audiencias fue incrementándose, lo que comporta sustanciales consecuencias: mayor seguridad jurídica al decidir una instancia superior con más ciencia y experiencia; una mayor confianza en la justicia, al revisar el fallo del inferior un tribunal colegiado; la más adecuada tramitación de las causas por el control de los letrados superiores, evitando la comisión de irregularidades u omisiones por los jueces inferiores, lo cual podía generar nulidades en el proceso y la absolución, aunque fuera de la instancia, del acusado; favorecer la economía procesal, al obligar a los inferiores a ir adelantando en las causas, sobre todo de oficio, y evitar los recursos de apelación, una vez que el tribunal superior se ha manifestado sobre el fallo del inferior; y, en fin, favorecer una justicia letrada experimentada a través del control ejercido por los alcaldes del crimen.

En el encabezamiento de la segunda sentencia ya advertimos una calificación jurídica: heridas con resultado de muerte. No se califica la muerte de violenta, ni de causal, ni se emplean otros sustantivos que empiezan a figurar en algunos rollos, como el de asesinato. La sentencia declara, además, que la agresión se produjo de noche. Del golpe en la cabeza no murió al instante, por lo que la víctima dio varios nombres de sus agresores. A pesar de la declaración *in articulo mortis*, las pruebas posteriores no encontraron indicio alguno contra los señalados por el fallecido. A esta falta de pruebas claras como la luz del día se añade la fama, la opinión común de los vecinos, a favor de los culpados, lo que apoyaba una valoración inclinada hacia su exculpación. Pero, sin duda, el argumento más favorable es la amistad entre inculpados y víctimas que respaldaba la presunción –la palabra está empleada en sentido técnico de prueba no plena– de que no había habido alevosía. El asesor sopesa los hechos, sus valoraciones jurídicas apoyadas en las obras doctrinales y concluye en un fallo (implícitamente) absolutorio de la muerte –no le absuelve, sino que se limita a declarar que la acusación no probó la misma, mientras que la víctima sí lo hizo–. Aunque no lo menciona, se apoya en la famosa fórmula «por el justo motivo de proceder» contra él, para condenarle en costas. Asimismo, para la fijación de éstas se sirve de una causa jurídica muy conocida para rebajar la pena: la estancia en prisión, que se considera como una parte de la pena que debería imponerse. Al huido y rebelde, por este mismo hecho que era considerado como una presunción de autoría y no haber padecido la estancia en la cárcel, se le incrementan las costas y se le impone una pequeña estancia en ella. A otros les absuelve. Por último y siguiendo unas pautas habituales desde el siglo XVIII, mantenidas en los mismos términos en numerosas sentencias del primer tercio del siglo XIX, se castiga con una multa a una testigo por modificar su declaración. En todos estos casos, la pena es arbitraria, buscando castigar a cada acusado de acuerdo con lo alegado y probado en el proceso (casuismo).

Frente a la relación escueta del hecho, su calificación, la valoración expresa de las pruebas y la mención de una causa para mitigar la pena que había hecho el asesor letrado, la Sala del Crimen se limita a imponer la pena tras revocar, que no anular, la sentencia pronunciada por el inferior.

Se aprecia, sin embargo, una valoración de los alcaldes de la Audiencia: la minoración de pena al reo que había sufrido la larga estancia en prisión con relación al huido, al que se le impone la que venía siendo la pena ordinaria en los procesos de muerte conocidos por la Sala del Crimen gallega. El apercibimiento con el que concluye la sentencia muestra, como ya apunté, un rasgo de distinción con los siglos anteriores: se amenaza con el rigor de la ley, no con el del Derecho. En cualquier caso, destaca la concisión de los magistrados frente al asesor, al respetar el mandato legal de no motivar las sentencias.

De una lectura detenida de aquellas y otras sentencias podemos intuir que los abogados comenzaban a distinguir entre las circunstancias que afectaban a la responsabilidad o culpabilidad de los reos, de aquellas causas que interesaban en exclusiva a la fijación de la pena[195]. Antes de centrarnos en lo que se desprende de los procesos penales, es preciso contemplar lo reflejado en la obra de referencia, si consideramos las reediciones publicadas. Gutiérrez optaba por clasificar los delitos atendiendo al daño hecho a la sociedad y a la ofensa causada, y no por la consecuencia punitiva[196]. Dicha clasificación, en su opinión, si bien mostraba la diferencia de criminalidad entre hechos, no podía indicar «la diversidad que puede haber en un mismo delito y en la violación de una misma ley por las circunstancias que les acompañen»[197]. En su discurso afirmaba que «debemos dar el nombre de circunstancias de un delito a las que lo hacen más o menos grave para diferenciarlas de las que mudan su cualidad o especie»[198]. Hay una importante novedad en esta afirmación, pues admitía la existencia de circunstancias del delito y no solamente causas de las penas. Por ello acepta la existencia de circunstancia que agrave la culpabilidad por el hecho y, por extensión la pena, no sólo la causa que agrave esta última. Por consiguiente era preciso determinar tales circunstancias para fijar la mayor o menor gravedad de los delitos. Detalla las siguientes: el objeto, la intención y malicia del culpado, su mal ejemplo, su carácter y el del ofendido, los motivos que le llevaron a delinquir, la manera de hacerlo, los instrumentos con que lo cometió, el lugar y tiempo en que delinquió, la reincidencia, el sexo, la edad y otras[199]. No debían considerarse como medidas diferentes, sino que todas juntas constituían la medida para determinar la gravedad de los delitos y, de acuerdo con ella, fijar las penas[200].

Desde el mismo plano teórico, Gutiérrez distinguía el caso fortuito, en el

---

195 Sobre las causas de atemperación, me remito a mi trabajo «De la literatura jurídica al Código penal. Causas y circunstancias en el Derecho histórico español», ya citado.

196 *Discurso*, p. 20.

197 *Discurso*, pp. 22-23.

198 *Práctica criminal*, III, *Discurso sobre los delitos*, p. 26.

199 «Todas las circunstancias que pueden acompañar las acciones criminales se comprenden en este verso latino, digno de tenerse presente. *Quis, quid, ubi, per quos, quoties, cur, quomodo, quando*. Quién cometió el delito, cuál es éste, dónde fue cometido, de qué medios ó instrumentos se valió el delincuente, cuántas veces incurrió en él, por qué motivo, de qué modo y cuándo», en *Discurso*, p. 24.

200 *Discurso*, p. 58.

que se daba ignorancia, de la culpa en la cual faltaba voluntad[201]. La culpa sería menos imputable que el dolo, porque aunque no hay deseo de violar la ley, existe un riesgo de exponerse a violarla y, en consecuencia, ante una misma acción «la pena de la culpa nunca deberá ser igual a la del dolo»[202]. Era necesario, por tanto, considerar la graduación de la culpabilidad, puesto que «no siendo posible determinar todos los diferentes grados de culpa, y siendo por el contrario cosa perniciosa dejar al arbitrio del juez la elección y destino de la pena, deben señalarse tres diversos grados de culpa»[203]. Determinado el grado de dolo o culpa que intervino se fijaría la pena, y esto comportaría la aplicación del principio de proporcionalidad de las penas al hecho delictivo[204].

Estos criterios valorativos encontraban un obstáculo que está presente en las obras de todos los juristas, aun cuando en la práctica judicial solo se tuviera en consideración para los delitos ordinarios o comunes, los cuales tenían un soporte secular difícil de trastocar basado en el arbitrio judicial. El principio de legalidad que Gutiérrez, como otros muchos, plasmó en su obra le conduce a sostener que las sentencias los jueces deberían circunscribirse a castigar a los reos según las leyes, sin excederse de ellas para no incurrir en arbitrariedad, ignorancia o incertidumbre, remitiéndose a Lardizábal para advertir de los problemas que suponía el ejercicio del arbitrio o el condenar un tribunal con penas diferentes un mismo delito. El remedio se encontraría en la aplicación de un sencillo silogismo: disposición legal, hecho que origina la causa, fijación de la pena[205]. Silogismo que, como sabemos, no era tan sencillo de aplicar con sencillez a la realidad delictiva. Sin duda que él la conocía bien, pues concluye el tomo tercero de su *Práctica* señalando unos criterios que matizan la simplicidad anterior, al sugerir a los jueces lo siguiente: «Considerad bien a que clase corresponde el delito cometido, y cuáles son su grado y circunstancias, para aplicar la pena mas justa y conveniente, instruyéndoos suficientemente antes de la medida o cantidad del uno y de la otra, de su proporción entre sí y de los requisitos de aquella para que vaya acompañada de la justicia y utilidad»[206]. El legalismo que defiende parece

---

201 *Discurso*, p. 15, diferencia la imputabilidad entre caso fortuito y culpa, manifestando, entre otras cosas, que «en el acaso falta la voluntad, porque hay ignorancia; mas en la culpa no falta enteramente la voluntad, porque no falta enteramente en el conocimiento... A medida que es mayor el conocimiento de la dicha posibilidad o riesgo, es mayor pues la culpa, y se acerca más al dolo». J.A. del Río, «Tratamiento de la responsabilidad culposa en el Derecho histórico español», en *Información Jurídica*, 314 (1982), pp. 43-65.

202 *Discurso*, p. 18.

203 *Discurso*, pp. 19 y 26.

204 *Discurso*, p. 26. Si existían tres grados de culpa y otros tantos de dolo, deberían señalarse seis grados de penas, consiguiendo con tal relación la proporcionalidad delito-pena que buscaba (p. 75). Las penas también deberían guardar relación o proporcionalidad entre sí (p. 82). Como ejemplo sirva la propuesta de que las penas pecuniarias lo fueran por partes alícuotas y no por cantidades fijas, de tal manera que cada uno pagara en proporción a su patrimonio (pp. 14 y 146). En las sentencias de los jueces gallegos se establece esta proporcionalidad en las penas pecuniarias.

205 *Discurso*, pp. 34-35.

206 *Práctica*, 3, pp. 236-237. La cualidad, según Gutiérrez, nace «de la ley que se viola, del daño que ocasiona su violación en la sociedad, y de mayor o menor influjo que tiene la ley en esta»; mientras que el grado, atendía al dolo o culpa con que se cometía, en *Discurso*, p. 75.

plegarse, que no negarse, a la realidad judicial, al casuismo que indefectiblemente surge cada vez que a un juez o un tribunal conoce un proceso criminal. Se trataba, por tanto, de reducir el arbitrio a unos parámetros: hecho delictivo, grado, circunstancias, pena justa.

Las propias autoridades introdujeron en el discurso anual alguna mención sobre el respeto de la legalidad conjugado la moderación punitiva aplicada a cada caso particular: «Todos exigen de vosotros el castigo de los delinquentes, todos reclaman vuestro rigor para con aquellos, que lo han merecido; y siendo así que cumpliendo exactamente con la ley, no cabe en vuestro arbitrio hacer gracia sino justicia, está sin embargo en vuestro poder aplicar esta misma ley, y moderarla según los casos y circunstancias»[207]. Lo cual no era sino la defensa del arbitrio judicial tal y como se había entendido en siglos anteriores. Desde los estrados navarros, el regente Ubach mantuvo en 1832 que las leyes penales debían aplicarse con rigor para impedir que la impunidad de los delitos se propagara en perjuicio de la personas y de los bienes de todos los individuos del Estado, agregando que «si estas leyes se aplican con excesivo rigor, aumentándose las penas que por ellas se prescriben, el reo se irrita; porque se le hace sufrir una tiranía; su sentimiento transciende a los demás, y se estremece la masa general. Pero si la pena se impone con exacta conformidad a la ley, el reo la lleva con resignación, porque está convencido de su merecimiento»[208]. Un complicado juego de rigor y moderación, de legalidad absolutista y arbitrio judicial.

La ley seguía presente para juristas y jueces como cimiento sobre el que construir. Como ha quedado reflejado más arriba, era una ley anquilosada en concepciones jurídicas medievales, que todos deseaban cambiar, pero quien tenía potestad para hacerlo no lo hacía. No hubo realmente renovación legal, apenas se dictaron unas pocas disposiciones que no cambiaron, salvo en la represión política, el Derecho criminal. Las aportaciones doctrinales ancladas mayoritariamente en el pasado, sí introdujeron algunos elementos para la innovación. Ante este panorama, los prácticos tuvieron poco margen para alterar la situación. A pesar de aborrecer en los textos impresos el arbitrio judicial, sin embargo gracias a él no se aplicaron en las causas criminales las penas legales alfonsinas del siglo XIII. Incluso las concepciones humanitaristas parecen hallarse implícitamente en sus resoluciones. Frente a lo que pudiera pensarse a primera vista o desprenderse de una lectura superficial, los jueces aplicaron básicamente las circunstancias atenuantes de la responsabilidad o las causas mitigadoras de la pena para no imponer las penas más graves, salvo cuando los declarados reos por autores estuvieran fugitivos. Baste adelantar que si bien las leyes de Partidas y las recopiladas exigían en numerosas ocasiones la aplicación de la pena de muerte, al menos desde el siglo XVI los juristas entendieron, en virtud de la interpretación más benigna, que se debía de optar por la muerte civil salvo

---

207 *Discurso inaugural que en el día 2 de enero de 1816 dixo a la Real Audiencia de Aragón su presidente el Excmo. Sr. D. Luis Rebolledo de Palafox y Melzi etc. marqués de Lazán y de Cañizar, caballero Gran Cruz de la Real y Distinguida Orden de Carlos III, Gobernador y Capitán General del Exército y Reyno de Aragón*, Zaragoza, 1816, por Magallón.

208 *Discurso* (Navarra) 1832.

que la propia ley ordenara explícitamente la de muerte natural. Esa misma idea se mantuvo durante el reinado de Fernando VII, si exceptuamos los delitos políticos, el bandolerismo y los cometidos por delincuentes reincidentes, lo que se aprecia singularmente en la Corte y su rastro. Son numerosos los casos en los cuales los delincuentes mudan su nombre para evitar las consecuencias jurídicas de la reincidencia[209].

La segunda alocución se leyó ante los magistrados ovetenses. Gotarredona centró su discurso de enero de 1832, siguiendo cierta lógica anual, en las causas criminales o, más en particular, en la finalidad preventiva y utilitaria de las penas: «cuando la vigilante justicia cae de improviso sobre el delincuente, le convence y le impone el castigo que merece, entonces la pena produce todo su efecto, el malvado paga lo que debe, y atemorizados los buenos, escarmientan en su cabeza»[210]. Es la vieja fórmula de los pregones, sustentada sobre cierto pensamiento utilitarista. Sin olvidar que la prontitud en el castigo de los delitos era otra de las bazas fundamentales[211]. En este aspecto denunciaba un mal que por secular parce tópico: «Tendremos que confesar de buena fe que, generalmente hablando, la administración criminal en España, aunque atendidas todas las circunstancias, no cede a ninguna de cualquiera otra nación, todavía no llegó al punto de celeridad deseado de nuestras leyes. A los sabios del nuevo Código, incumbe averiguar las causas de que procede este mal, y gloria será suya remediarlo»[212].

Pronunciada la sentencia condenatoria, el reo procedía a interponer la súplica, de manera que el último obstáculo para esa pronta administración de la justicia criminal era la sustanciación del recurso, que dilataba la imposición del castigo. Gotarredona recordó, en este sentido, la apelación de las causas criminales graves resueltas por la Audiencia de Asturias ante la Chancillería de Valladolid. La solución dependería de la introducción de algún hecho nuevo u omitido, pues en caso contrario no había pretexto para cualquier dilación, de ahí su elogio al estilo de la Sala de alcaldes de Casa y Corte. Con él se conseguiría, en esta materia, la uniformidad procesal en los tribunales y la más rápida substanciación de las causas, lo que

---

209 Así lo podemos comprobar en una misma gavilla: Miguel Ruiz, alias Perico el Tonto, pasaba por José González; el verdadero nombre de Manuel Hijosa era Justo Rufino Torres; José Toledo se llamaba en realidad Dionisio Muñoz; y, Juan Caballero de Gracia era Francisco Tamayo. Otros fueron Manuel o Tomás de la Cruz era Tomás Sauco; o Félix Rodríguez pasaba por José González. Morales, *Historia del Saladero*, II, pp. 478, 522 y 530. Todos fueron condenados a muerte.

210 «El castigo de los delincuentes no es el único fin de las penas; otros tienen más excelente y de superior esfera, a saber, el escarmiento de los buenos. Y, o yo me engaño, o este fin sólo es el que justifica y hace necesaria la imposición de las penas capitales. Porque ya veis, Señores, que más cuenta tendría al Estado condenar a trabajos de toda la vida a los reos, que entregar al verdugo sus miserables cabezas», *Discurso que en la solemne apertura de la Real Audiencia del Principado de Asturias, el día 2 de enero de 1832, dijo el señor don Lorenzo Gotarredona*, pp. 3-4.

211 Si mediara mucho tiempo entre la comisión delictiva y la ejecución de la pena, en palabras de Gotarredona, «el espectador compasivo ya no ve a un delincuente, sino a un hombre desgraciado», para concluir que: «a castigo pronto, poca compasión y mucho escarmiento; a castigo tardío, mucha compasión y ningún escarmiento. No basta, no castigar; es necesario castigar pronto», *Discurso* (1832), pp. 4-18.

212 «La prolijidad y el nunca acabar de los sumarios, el nombramiento de promotores, los abusos de las pruebas y la ritualidad de las súplicas me suministrarán la materia», *Discurso* (1832), p. 5.

estaba amparado legalmente desde 1502[213]. El Proyecto de Código criminal de 1830 regulaba la segunda y tercera instancias, admitiendo el recurso de apelación, en el que con un escrito de parte, la causa se tendría por conclusa, no recibiéndose a prueba sobre los mismo hechos planteados en la primera. Las sentencias apelación si el delito estuviera castigado con las penas corporales más graves serían vistas con cinco magistrados, aunque con el voto conforme de tres se haría sentencia. Si la pena impuesta fuera la capital, la sentencia sería suplicable aunque todos los votos estuvieran conformes. Las revistas se decidirían por dos salas compuestas por el doble de magistrados que dictó la de segunda instancia. La sentencia de revista sería ejecutiva (arts. 674-686).

Sobre esta materia y con una reflexión más próxima a la realidad, Antonio Ubach, vinculado durante muchos años a la Audiencia de Galicia, ponía en enero de 1834 el énfasis en la crítica que habitualmente hacia la opinión pública a las decisiones judiciales. Adelantaba sus preocupaciones cuando preguntaba sobre la justificación ante Dios y los hombres del cumplimiento de sus obligaciones, considerando que «ejercemos las funciones de Dios», pues juzgar a los hombres era un poder solo de Dios que recibían por delegación del soberano. El problema surgía a continuación: «Así es que apenas ha pronunciado un juez su fallo, pasa este al tribunal de la opinión pública, donde la ignorancia y la malicia entran en competencia con la ilustración y la imparcialidad, para fulminar contra él su justa animadversión». Esa opinión pública, sin duda, era la capitalina, aunque los más furiosos detractores de sus fallos fueran los directamente afectados: «Todos y en particular los litigantes tienen siempre puesta sobre nosotros su atención... y en cuanto se comunica una providencia del tribunal, todas las pasiones que se hallan heridas de ella, recorren la historia de nuestra vida, buscando un dato que les de margen para calificarla por hija de la ignorancia, de la codicia, del resentimiento, de la parcialidad o de la ambición»[214].

De modo análogo se había expresado en 1820 el presidente militar de la Chancillería de Granada, al poner de manifiesto que «el que no ha gozado la dulce satisfacción de ganar su querella, convierte fácilmente su indignación en saeta envenenada para desacreditar a los jueces que han fallado»[215]. Esta crítica de los perjudicados tenía su lado opuesto, que era el abuso de confianza de terceros. Como dato elocuente de la confianza en la justicia granadina y del asentimiento a sus decisiones, resaltaba el reducido número de recursos que se habían interpuesto contra ellas[216]. Es una

---

213 Palabras que recuerdan las recientes sobre el modo de proceder en la sustanciación y determinación de las causas en la Sala de alcaldes de Casa y Corte, «por ser tan atinado debiera adoptarse en todos los tribunales del reino», de Eugenio de Tapia, *Febrero novísimo, o Librería de jueces, abogados y escribanos, refundida y ordenada bajo nuevo método y adicionada con un tratado criminal*, Valencia, 1829, tomo VII, pp. 203-204.

214 *Discurso que en el acto de la apertura de la Real Audiencia de Galicia dijo Antonio Ubach*, Coruña, 1834.

215 *Discurso* (Granada) 1820.

216 «Que examinen la justicia de sus decisiones, que enumeren la prodigiosa multitud de los pleitos y espedientes despachados en el curso del año último, que reflejan sobre el corto

manifestación interesada en cuanto no solo se trata de anuencia o aceptación de la decisión judicial, sino también de las posibilidades económicas para continuar litigando.

Es preciso introducir en este punto un matiz interesante para comprender el funcionamiento de la justicia en las postrimerías del absolutismo. Hace unos años, a partir de los testimonios recogidos en las sentencias criminales de los alcaldes mayores de Galicia, titulé un artículo «El Fiscal suplica a mayores penas». Puse de manifiesto la contradicción entre las decisiones de unos magistrados designados por el monarca y la súplica de otro oficial regio contra las penas impuestas. Mientras los juzgadores decretaban sus condenas en pos de la justicia, el fiscal de su Majestad pedía endurecer las mismas, sin duda guiado por la literalidad legal. Frente a esa fórmula del fiscal incluida en numerosísimas sentencias al tiempo de su notificación, durante el reinado de Fernando VII los fiscales se limitan a darse por enterados o sencillamente notificados de la sentencia. ¿Por qué ese cambio? En mi opinión va parejo al endurecimiento de la represión impuesta por el monarca. Si los alcaldes del crimen no contradicen el fallo de los jueces, hay que presuponer que estos dictaban sus sentencias con arreglo a la ley y, además, de forma rigurosa. El legalismo absolutista se imponía en esas decisiones, en las que, en apariencia, no se daba una contrariedad entre ley y sentencia, o lo que es lo mismo, el arbitrio judicial implícitamente había desaparecido.

No he encontrado sentencia, entre las consultadas de las Salas del crimen de Galicia, recurrida por el fiscal. Este razonamiento coadyuva a explicar el endurecimiento en las condenas con relación a etapas anteriores, pues muestra a unos juzgadores que entran en el juego de la represión impuesta desde la Corte y un defensor de la legalidad regia que colabora a ella. Aun con todo, continuó existiendo un importante margen de arbitrio en los tribunales superiores, quizá más reducido que en los siglos precedentes, por el sometimiento a los designios reales.

Algunas autoridades cargaban contra la mitigación punitiva, señalando a los jueces como responsables, en parte, de ella. Álvarez Campana, capitán general de Andalucía, afirmaba en 1825:

> «no hay duda que la impunidad que produce la interpretación favorable que suele hacerse de las leyes a favor de los reos por una mal entendida compasión de parte del juez o la falta de prueba por reticencia de los testigos que debían darla, y que la omiten por aquella misma circunstancia, hace necesariamente que se irriten los ánimos de los amantes de Su Majestad viendo a los que fueron sus perseguidores más encarnizados en la desgraciada época de la rebelión, disfrutan ahora sin muestras de arrepentimiento, ni aun de agradecer siquiera este beneficio, la libertad y protección de que no son dignos»[217].

número de las discordias que han producido sus decisiones y los pocos recursos estraordinarios que de ella se han entablado, y se convencerán, como yo lo estoy, de que la virtud, la aplicación y la sabiduría, forman el carácter, el distintivo y el cuadro del Tribunal Superior de Granada», en *Discurso* (Granada) 1830.

217 *Informes*, pp. 384 y 390.

Como soluciones a estos problemas jurídicos, el mencionado capitán general elevó a la Corte una serie de propuestas, pidiendo:

> «Se recomendase a los Tribunales la pronta aplicación de las penas a los delincuentes de cualquiera crímenes, y la escrupulosidad más exquisita en los fallos de absolución a los acusados de infidencia por el escándalo y excitación de disgusto que causa su impunidad y el descaro con que se presentan cuando, por la mañosidad y la intriga han logrado un triunfo sobre las leyes y la justicia; que se recomendase a los intendentes de Policía no adoptasen medidas estrepitosas sino en los casos que por su gravedad lo exigen: que guardasen sus providencias restrictivas para las circunstancias en que la corrección de los vicios generalizados o la turbación del orden establecido lo exigieren como remedio necesario, pues si el rigor y la severidad producen resultados felices aplicándolos oportunamente, este mismo rigor que se prodiga sin fundamento, hace odioso al Gobierno de que procede, y pierde su eficacia indudablemente cuando se necesita para corregir los males verdaderos que tiene por objeto; que se den a los pueblos, públicos testimonios de justicia en el veloz castigo de los delinquentes, siguiendo el sabio principio de que la pronta aplicación de las penas, es el medio eficaz de reprimir los delitos; que sepan que existen las leyes en tan recta balanza para proteger al inocente en su seguridad, como para vigilar al culpable e imponerle la pena de sus delitos. Esta debe ser en mi concepto una de las medidas saludables que pueden adoptarse para el fin que V. E. se propone, y con este motivo creo que mi deber es exponerle cuanto convendrá para este mismo logro la conservación de las comisiones militares»[218].

Por último, para la ejecución de las penas corporales se insistió en determinadas formalidades. En este sentido quedó establecido desde 1796 que «a todas las causas criminales en que pudieran imponerse penas capitales, corporales, o aflictivas, asistiese forzosamente con todos los ministros de la dotación de la Sala del crimen el gobernador de la misma», salvo que concurriera enfermedad, ausencia u otro impedimento legítimo, en cuyo caso sería sustituido por el oidor nombrado por el presidente o el regente, «habiendo de suplirse en la misma forma la falta de cualquiera de los alcaldes, donde hubiese dos Salas, por la concurrencia del más moderno de la otra, y donde solo hubiere una, por el oidor más moderno, de suerte que incluso [con] el gobernador asistan cinco ministros». En las Audiencias de Asturias, Mallorca y Canarias, las más reducidas, bastaba la concurrencia de «los que se hallaren en la actualidad, con tal que su número no baje de tres, que son los que se necesitan, estando enteramente conformes en sus votos, para hacer sentencia en los pleitos civiles de mayor cuantía, y en las causas criminales en que se pueda imponer pena capital»[219]. El Proyecto de 1830 dedicó casi medio centenar de artículos a regular la ejecución de las sentencias, particularmente de la ejecución de la pena de muerte (arts. 697-744).

La consecuencia fue la libre absolución de los acusados, sin costas, y la declaración judicial de no obstarles en su conducta y reputación la incoación del proceso, en la que se descubren motivaciones políticas a primera vista,

---

218 *Informes*, p. 353.

219 R.C. de 7 de octubre de 1796. Vid. *Práctica criminal*, I, p. 297.

pero que sin duda esconden litigios personales entre vecinos. Y al contrario, multando, apercibiendo y condenando en costas al delator.

Lo que continuaba sin existir, como en los siglos precedentes y tendremos oportunidad de comprobarlo, era la uniformidad jurisprudencial, entre otras razones, por faltar un vértice capaz de imponerla. Alguna voz se escuchó sobre este particular, cuando López de Vinuesa preguntaba: «¿Por qué pues no sería ventajoso para este tribunal lo que ha sido conveniente en todos los del Reyno? ¿por qué no ha de haber uniformidad, cuando para conseguirla en determinados objetos no hay motivo de chocar ni aun con las preocupaciones vulgares?»[220].

4. Jueces y oficiales de justicia prevenidos

En un trabajo anterior tuve la oportunidad de poner de manifiesto el control de oficio que la Sala del Crimen gallega ejercicio, desde finales del siglo XVIII, sobre los jueces y oficiales vinculados con la administración de justicia[221]. Si las causas llegaban a la Audiencia mal instruidas, dicha irregularidad afecta a las consecuencias punitivas, como pusiera de manifiesto quien fuera fiscal de ella Vicente Vizcaíno Pérez[222]. Durante el reinado de Fernando VII se consolidó dicho control, quedando en las sentencias constancia de ello, tanto por los abusos e irregularidades como por las sanciones derivadas de tales actuaciones. Repasemos estas deficiencias en el conocimiento y resolución de las causas criminales.

Este continuo control durante la tramitación en el juzgado inferior exigía dar conocimiento a la Sala cada quince días de cuanto fueran adelantando en la causa y de cuantos trámites hubieran realizado, por mano del fiscal que interviene activamente[223], lo que evidencia una notable subordinación[224]. Mediante este mecanismo los alcaldes del crimen desarrollaban un control procedimental con el objetivo de evitar irregularidades, y en caso de apreciarse enmendarlas o sancionarlas. Se trata de un mecanismo de sujeción de cualquier juez ordinario a los mandatos del tribunal superior en múltiples aspectos procesales[225], lo que en definitiva se entiende como una

---

220 *Discurso* (Cataluña) 1820.

221 Me remito a mi trabajo «Irregularidades judiciales en el proceso penal», ya citado.

222 *Código y práctica criminal*, prólogo.

223 *Sentencias*, 28576, *s.* 29.3.1832 en la que «se prebiene al corregidor de Castro Caldelas don Bernardo Martínez Risco que en lo subcesivo evite las omisiones que en esta causa se notan sobre el cumplimiento de lo mandado por el fiscal».

224 ARG, *Sentencias*, 28581, *s.* 19.12.1831, en que se multa al asesor y al escribano «y prevenimos a los dos y a don Juan Antonio García y escribano Antonio Villarnobo y Castro que a lo sucesibo no omitan dar parte a la Sala de las causas en que entiendan ni la remesa de testimonios y consulta de los fallos con la misma, vajo apercibimiento».

225 ARG, *Sentencias*, 28499, *s.* 30.1.1819: «Declaramos no aver lugar a las solicitudes del licenciado don Pedro Falcón y José Álvarez escribano y por atentado el procedimiento que han ejecutado contra don Bernardo Vilariño les debemos de condenar y condenamos en todas las costas, y les prevenimos que en lo subcesivo se contengan en sus deberes, observen la moderación que corresponde y respeten los mandatos superiores pena de maior providencia». *Sentencias*, 28576, *s.* 28.7.1831, en que además de declarar la libre absolución del acusado. «pague las costas del Tribunal el juez de Junquera de Ambiar don Juan Fariñas a quien se le

exigencia de actuar conforme a Derecho[226]; o al menos en haber resuelto con arreglo a lo alegado y probado en su tramitación[227].

El control se extendió más allá de los jueces ordinarios, al afectar a los escribanos[228], promotores fiscales[229], ministros de la justicia o alcaides de las cárceles, e incluso a abogados. Por la importancia que adquirieron los asesores letrados, como pieza fundamental en la tramitación y resolución de las causas[230], igualmente fueron objeto de reconvención por parte de la Sala del crimen gallega con el objetivo de administrar por la vía directa o indirecta una justicia letrada con arreglo a las normas procesales[231]. A falta de una

---

previene que en lo subcesivo se abstenga de formar causas de esta naturaleza sin orden del Tribunal». *Sentencias*, 28581, *s.* 19.12.1831 en la que multa la Sala al juez y al escribano en diez ducados y «prevenimos a los dos y a don Juan Antonio García y escribano Antonio Villarnobo y Castro que a lo sucesibo no omitan dar parte a la Sala de las causas en que entiendan ni la remesa de testimonios y consulta de los fallos con la misma, vajo apercibimiento».

226 ARG, *Sentencias*, 28499, *s.* 17.8.1816, se detallan los errores procesales: «se debulevan los autos al referido alcalde mayor para que llamándole por edictos como debió executarlo, sustancie quanto a él la causa como corresponde, la sentencie y consulte. Y por no haverlo echo así, y las demás informalidades que resultan del proceso, multamos a dicho alcalde mayor en cinquenta ducados aplicados a penas de cámara y gastos de justicia del Tribunal, y le prevenimos que en la formación y sustanciación de iguales causas se arregle y proceda en ellas según derecho y no de motivo a que se tome contra él otra providencia más seria».

227 ARG, *Sentencias*, 28576, *s.* 1.5.1828, además de revocar la sentencia del inferior de 6 de diciembre de 1826, «prevenimos al corregidor que ha sido de la ciudad de Betanzos, licenciado don Rafael Gamoneda, que a lo subcesivo caso administre justicia en los fallos de las causas se arregle al resultado de las mismas».

228 ARG, *Sentencias*, 28579, *s.* 18.12.1830, a los escribanos «les apercibimos asimismo que a lo subcesivo sean más obedientes a los preceptos judiciales». *Sentencias*, 28581, *s.* 26.3.1832 en la que se condena al escribano «en treinta ducados de multa aplicados como los de arriva, con apercivimiento de que en las causas en que actuase se arregle a las leyes de su oficio y no incurra en los defectos e ilegalidades que se advierten en la presente, ni se haga sospechosos en autorizar declaraciones y diligencias que se hallen enmendadas y sin salvar, pues en otro caso se tratará con más severidad. Y en cuanto al corregidor don Domingo Sorando, siendo notorio su fallecimiento omitimos hacer pronunciamiento particular».

229 ARG, *Sentencias*, 28576, *s.* 13.11.1830, además de revocar la sentencia del juez de Cayón, la Sala multa a los jueces en cincuenta ducados y al escribano, y «en la pérdida de sus derechos con devolución de los percividos y a todos ellos se les previene... que en lo subcesivo no den marjen a las morosidades que se observan en esta causa», e igualmente al licenciado que actuó como promotor fiscal «si volviendo a hacer de promotor fiscal no se moderase en su lenguaje arreglándose únicamente a lo que previenen las leyes».

230 ARG, *Sentencias*, 28576, *s.* 14.7.1829, en la que se apercibe al asesor «que en lo delante de exacto cumplimiento a lo que se prebenga por la Sala pena de providencia». *Ídem*, *s.* 6.7.1830: «Apercibimos al asesor licenciado don Miguel Casares a que en lo subcesivo en la substanciación de iguales causas se arregle a lo prebenido por las leyes, sin omitir la menor diligencia en descubrimiento de los delitos y sus delincuentes, pena de providencia».

231 ARG, *Sentencias*, 28581, *s.* 8.2.1831 en la cual «al bachiller don Domingo de Mato le absolvemos libremente sin que le obste a su buena opinión el injusto arresto que ha sufrido, y mandamos se le devuelvan los bienes embargados con reserva de su derecho para que en razón de los perjuicios que se le irrogaron, los pueda reclamar contra el juez don José Salgado, y su asesor el licenciado don Antonio Vaamonde y Moscoso, a quienes condenamos en la pérdida de sus derechos con devolución de los percibidos, y les apercibimos que si a lo sucesivo incurrieren en iguales escesos, serán castigados con el rigor de la ley». *Ídem*, *s.* 12.11.1831, se determina que «al juez de Santa Marta don Francisco Pérez le prevenimos que en las ratificaciones y provanzas, no permita a los acompañados que hagan preguntas y reconvenciones impertinentes a los testigos». *Ídem*, *s.* 23.11.1833, por la cual «prevenimos a dicho Licenciado Ermida que en las causas sustanciadas por todos los trámites de derecho en las que fuere asesor entienda el fallo por vía de sentencia y no de auto definitivo como lo verificó últimamente en la presente».

renovación de éstas, la actuación del tribunal se constituye como una garantía para los particulares, por un lado, pues un cuerpo letrado vela por el correcto cumplimiento de los trámites y de los derechos de las partes; pero también interesa al Estado, en la medida en que la persecución del delito y la aplicación de las penas son objeto de una estricta vigilancia. Sujeción a Derecho, pero también economía procesal, para las partes y para el tribunal, pues se intenta conseguir que los procesos no se dilaten en el tiempo por defectos formales y, al mismo tiempo, no colapsar a la Sala con causas de poca monta y recursos por defectos formales.

Las omisiones judiciales que son detectadas y castigadas afectan, por ejemplo, al hecho de no haber practicado las diligencias necesarias para adquirir todos los elementos probatorios, como los instrumentos con los que se ejecutó el delito[232], puesto que a través de ellos se podía descubrir el delito[233] y determinar sus autores[234]. Aspecto que afectaba particularmente a la determinación y comprobación del cuerpo del delito[235]. De ahí que desde la Sala se exija a los jueces el celo adecuado en la persecución del delito[236].

En las sentencias se recogen otras graves deficiencias que no se limitan a simples omisiones, deficiencias subsanables con posterioridad o apatía en la tramitación[237]. Los alcaldes del crimen gallegos castigaron a algún juez

---

232 ARG, *Sentencias*, 28576, *s.* 30.5.1826, en la que se multa al juez y escribano en diez ducados mancomunadamente «por no haber practicado la importante diligencia en busca de la arma con que se egecutó el infanticidio, ni menos echo las preguntas conducentes en la exploración echa a la Antonia Tojo; y a unos y otros se apercive que reincidiendo en iguales omisiones se les castigará con mayor rigor».

233 ARG, *Sentencias*, 28576, *s.* 23.12.1826, se revoca la sentencia del «llamado juez de primera instancia» de Monforte de 4 de diciembre de 1822, apercibiendo «al primero de que en lo subcesivo egerciendo las funciones de pedáneo no omita azer los correspondientes partes a la justicia; así bien condenamos al citado juez y escrivano originario Vicente Arias y más que como tales entendieron en la formación de esta causa, en la pérdida de sus derechos con devolución de los apercividos y les apercivimos que si en lo subcesivo omitieren practicar las conducentes diligencias al descubrimiento de delitos, especialmente de esta naturaleza, se les castigará».

234 ARG, *Sentencias*, 28499, *s.* 13.10.1814, «esperando el Tribunal del celo del referido corregidor, que a lo sucesivo, para justificar exactamente el cuerpo del delito y sus perpetradores, acordará quantas diligencias estén a su alcanze, las quales se echan de menos en este expediente».

235 ARG, *Sentencias*, 28576, *s.* 7.8.1827: «Prebenimos al asesor don Salbador Bodaño y Gil, y al escribano actuario Ramón Casla que en causas de igual naturaleza no omitan ninguna deligencia de las conducentes para la comprobación del cuerpo del delito y reconocimiento de los indiciados de reos por todos y cada uno de los que tengan motibo de haberlos bisto en el acto de delinquir, la qual prebención sea y se entienda repetida a dicho escribano Casal para que en la estensión de aquellas sea más exsacto y esprese con toda claridad lo que en las mismas ocuriese vajo apercibimiento de probidencia a uno y otro».

236 ARG, *Sentencias*, 28581, *s.* 4.6.1833, en la que en la que previenen al juez y al escribano a «que sean más celosos en la captura de los reos mandados arrestar».

237 ARG, *Sentencias*, 28576, *s.* 9.10.1829, en la que «por la apatía que han manifestado en la pronta formación de esta causa y arresto de los delincuentes el juez de Quinta y Cordeyro don Manuel Alvariño y Vutón y su escrivano Francisco Jabier Sorrivas se les multa al primero en quarenta ducados y al segundo en veinte aplicados a penas de cámara y gastos de justicia del Tribunal con apercivimiento de mayor providencia si reincidiesen en yguales omisiones. Asimismo multamos al celador del lugar de Angueyra Gabriel Pose en quince ducados y a Pedro Ameneyro en diez con la propia aplicación y apercivimiento de que en lo subcesivo el celador no omita dar parte ynmediatemente a la autoridad competente de qualquiera alvoroto o acaecimiento criminal, y el Pedro Ameneyro no se detenga un momento so pretexto alguno en prestar el devido auxilio a las autoridades que se lo reclamen».

por parcialidad, al ser evidente que había beneficiado con su actuación a una de las partes implicadas[238]. En otras ocasiones sancionan al juez inferior por la irregular puesta en libertad de los acusados[239], lo cual estaba prohibido cuando hubiera sido impuesta una pena corporal por el tribunal[240] o cuando de la gravedad de la causa se dedujera lo anterior[241]. Prevenciones que también se dirigían hacia la actuación de los custodios[242].

Existen datos de las aportaciones pecuniarias que se hacían a jueces y oficiales de justicia por parte de los particulares «en fonction de la place occupée par l'employé dans la hiérchie du personnel de justice»[243]. En otras

---

238 ARG, *Sentencias*, 28581, en visita general de cárceles de Pascua de Navidad, 24 de diciembre de 1831, «en la cual «por la indolencia y apatía del juez de Doncos don Ramón Santiso y Quiroga, en averiguar la certeza del atestado puesto por el dicho escribano Valcarce, contemporizando en obsequio de la doña Rita para que pudiese ganar tiempo, y en tanto corromper los testigos, buscando al cabo de medio año para darle la fe al escribano José María Carreira que vive a larga distancia, dejando a su numerario y a los más escribanos de su asignación y de las inmediaciones, condenamos al referido juez y escribano Carreira en la pérdida de todos sus derechos con devolución de los que hubiesen cobrado, y les apercibimos que si en adelante diesen motivos para que se sospeche de su legalidad imparcialidad, se usará con ellos de más severa demostración». *Ídem*, *s.* 8.3.1832, además de revocar la sentencia del inferior, le aperciben «que si a los sucesivo contraviniendo a su deber y a las reiteradas prevenciones que en diversas causas le están hechas por el Tribunal volviese a incurrir en la manifiesta parcialidad e ilegalidad que presenta su obrado, se tomará contra él la providencia que es consiguiente».

239 ARG, *Sentencias*, 28581, *s.* 22.11.1831 por la que multan al juez de Vilariño de Conso y a su escribano, a cada uno en diez ducados aplicados en la forma ordinaria, y les apercibimos «que si en lo subcesivo se propasaren a poner a reo alguno en libertad que se acogiese al Real indulto sin haberlo por tal declarado la Real Sala, se acordará contra ellos severa providencia. Y se libre real provisión cometida a la referida justicia, para que por todos los medios que estén a su alcance, procure el arresto del Domingo Alonso, y de verificado lo ponga en conocimiento de la Sala». *Sentencias*, 28579, *s.* 5.10.1830, revoca la sentencia del inferior y condenan al escribano y «advertimos al corregidor de Allariz don Manuel Rodríguez Pérez que en lo subcesivo no ponga en libertad a reo alguno sin previa consulta de la Sala». *Sentencias*, 28576, *s.* 6.7.1830, «por la livertad que le han dispensado el alcalde que ha sido de la jurisdicción de Deza don Josef María Teyjeiro y Francisco Fernández alcayde carcelero a los espuestos Manuel García, Luis y Manuel Choren, Andrés García y Francisco Montouto les multamos a cada uno de los dos indicados en cincuenta ducados».

240 ARG, *Sentencias*, 28581, *s.* 1.5.1832 se multa al asesor y le previene «se abstenga de acordar la libertad de reos a quienes se haya impuesta pena corporal por la Sala, sin consultarla, a cuios mandatos se arregle en sus asesorados».

241 ARG, *Sentencias*, 28576, *s.* 19.2.1828, en la cual «al asesor don Josef Antonio de la Rúa que a las primeras diligencias del sumario acordó la livertad de Francisco de Castro y más adelante la de Antonio Posada quando ya resultara reo convicto del salteamiento echo con armas y en camino la noche del ocho de julio de mil ochocientos veinte y quatro, como también al patrono del promotor Fiscal licenciado Carrasco que abandonando su oficio y obligación de acusador se convirtió en padrino y defensor del mismo Posada minorando su delito y pidiendo su soltura, les condenamos en la pérdida de sus derechos y devolución de los apercividos, y les multamos a Rúa en treinta ducados y a Carrasco en veinte con la aplicación ordinaria y apercivimos a los dos, que si reincidiesen en semejantes excesos se les impondrán las penas señaladas por derecho a los de su clase».

242 ARG, *Sentencias*, 28499, *s.* 18.3.1819, en la cual queda apercibido el «alcaide carcelero de Santa Marta que en lo sucesivo tenga la mayor vigilancia y cuidado con los presos que se hallan a su cargo, pena de mayor providencia», y se condena al alcalde «a que reintegre a su costa a la bolsa de penas de cámara los socorros suministrados a Antonio Dolago y Vicente Rodríguez por la indevida remisión que de ellos hizo a esta Real Cárcel sin mandato especial de la Sala».

243 Luis, *L'utopie*, p. 333, con remisión a los datos aportados por Antonio Miguel Bernal, *La lucha por la tierra en la crisis del Antiguo Régimen*, Madrid, 1979, p. 106: mil reales para el juez y el fiscal, 200 para los subalternos.

ocasiones las acusaciones de corrupción por dinero no figuran en la documentación procesal pero sí en la opinión pública. Los viajeros extranjeros se hicieron eco de esta opinión, que por generalizada está más próxima a una visión indiciaria que a una aproximación a la realidad[244]. Como ha quedado recogido con anterioridad, existieron casos de corrupción en el seno de las audiencias[245]. Quizá el más conocido es el de la Audiencia de Extremadura, si bien la acusación lo fue por connotaciones políticas, lo que conllevó la destitución de una parte de sus magistrados, el traslado de otros y el apercibimiento de alguno más. También los magistrados valencianos fueron acusados de corrupción en 1832 por el cónsul francés[246]. En estos casos, sin embargo, un castigo más grave y llamativo habría implicado el reconocimiento de una mala administración de la justicia real, lo que no era compatible con los presupuestos teóricos en los que se apoyaba.

La pena más habitual en estos casos es la prevención, pero los jueces también pueden ser apercibidos. La diferencia entre ambos castigos es, en mi opinión, puramente subjetiva: mientras la primera se dirige contra los oficios de justicia y es, en consecuencia, específica de ellos[247]; la segunda, por el contrario, tiene un carácter genérico. Junto a ellas son asimismo habituales las multas, entre diez y cincuenta ducados[248], y la pérdida de derechos que debieran percibir por administrar justicia. En este sentido, cuando los alcaldes del crimen resuelven dictando la libre absolución del reo, es relativamente habitual encontrar que, como complemento de tal decisión, el juez y el escribano queden obligados a la devolución de los derechos percibidos, pérdida incrementada con multas y el abono de las costas[249].

---

244 Por ejemplo, «la mauvaise administration de la justice est le principal tort du governement actuel, et c'est par là qu'il périra», según Custine, *L'Espagne sous Ferdinand VII*, tomo II, p. 151.

245 Así lo reconocía el presidente de la Chancillería granadina en 1824: «Las quejas repetidas contra la Administración de Justicia, la rápida fortuna de algunos dependientes hacen sospechar un torpe y secreto manejo con mengua de vuestra reputación. La injuria es grave y de naturaleza de no poderse olvidar... Es por lo mismo urgente averiguar los hechos para castigar a los criminales o imponer silencio a los maldicientes», *Discurso*, p. 9.

246 Moliner Prada, «Un informe francés de 1832», ya citado.

247 ARG, *Sentencias*, 28579, *s.* 23.10.1830, en la que fue condenado el juez de San Esteban de Parga y su escribano en la pérdida de sus derechos y «se les previene que procedan conforme a derecho en las causas que entendieren».

248 ARG, *Sentencias*, 28499, *s.* 18.6.1816, además de revocar la sentencia de la justicia de Puebla de Burón, «por la escandalosa omisión que ha padecido en la substanciación de esta causa igualmente le multamos en cinquenta ducados a las penas de cámara y gastos de justicia del tribunal, y prevenimos que a lo subcesivo sea más exacto en el cumplimiento de sus deveres pena de maior providencia». *Ídem*, *s.* 15.4.1819, «prevenimos a Antonio Calvo sea más puntual y exacto en el cumplimiento de sus deberes, y por el abandono con que ha mirado esta causa el juez y escribano que administraban justicia en Sobrado en el año pasado de mil ochocientos trece se les multa a los dos en sesenta ducados con aplicación a penas de cámara y gastos de justicia del Tribunal, y les prevenimos que no vuelvan a dar motibo a que se tome contra ellos más seria providencia».

249 ARG, *Sentencias*, 28499, *s.* 2.9.1819, se revoca la sentencia dada por la justicia de Noya en 23 de febrero de 1816, absuelven libremente y sin costas a los acusados y «condenamos al juez don Juan Pillado y escribano Manuel Figueirido al perdimiento de los derechos con debolución de los percibidos», además de una multa a cada uno de cinco ducados y las costas.

V. *Extensión de la Jurisdicción militar*

1. Los Consejos de guerra del Sexenio

La finalización de la guerra contra el ejército napoleónico y la vuelta del absolutismo en el verano de 1814 propiciaron el resurgimiento o la aparición de grupos armados dedicados a la delincuencia en las zonas rurales y, como se ha señalado, particularmente en los caminos. Se produce, además, un fenómeno nuevo. Es una etapa que viene marcada por la distinción entre delitos regulados por la obsoleta legislación medieval y moderna, más propicia al arbitrio judicial; y unos nuevos delitos políticos o de Estado, objeto de disposiciones en las que la presión regia poco margen otorgaban a las autoridades encargadas de juzgarlos, puesto que no sólo conocerían de ellos los jueces y tribunales ordinarios sino también la jurisdicción militar[1].

La delincuencia organizada en gavillas no solo fue la de mayor actividad, sino que también resultó ser la más perseguida, no siempre con los resultados deseados por las instituciones de la Corte. Estas gavillas, sobre todo tras la victoria contra el ejército francés, representaron no solo un conjunto de ladrones que atentaban por doquier contra el derecho de propiedad. Eran una fuerza armada que solo podía combatirse con las mismas armas en las manos, por tanto y como resulta obvio por el Ejército. Al intervenir los militares, dotados de jurisdicción propia, y, en principio, considerada con mayor celo represor, la lógica del absolutismo iba a depositar en ella la persecución y enjuiciamiento de estos grupos organizados de delincuentes. No era nueva la competencia de las autoridades militares para reprimir delitos comunes. Sus antecedentes se remontan a los reinados de Carlos III y Carlos IV[2].

Además de estos consejos se crearon comisiones extraordinarias para el procesamiento de quienes atentaran de obra o palabra contra la soberanía de Fernando VII. En consecuencia, mediante dos órganos judiciales diferentes, las autoridades militares actuaron para castigar las actuaciones políticas y los delitos contra la propiedad. En 1824 se perfeccionarán los sistemas represores, y la dualidad de órganos del Sexenio dejará paso a las comisiones militares que asumirán las atribuciones de los consejos de guerra y de las comisiones extraordinarias del período anterior.

La delincuencia organizada en gavillas no solo fue la de mayor actividad, sino que también resultó ser la más perseguida, no siempre con los resultados deseados por los organismos de la Corte. Estas gavillas, sobre

[1] Estas páginas reproducen parcialmente mi trabajo, «Jurisdicción militar y delincuencia patrimonial durante el Sexenio absolutista», en *CHD*, 21 (2013), pp. 155-189.
[2] Dichas medidas se habían adoptado a finales del siglo XVIII, como recoge Gutiérrez, *Práctica*, III, pp. 149-150.

todo tras la victoria contra el ejército francés, representaron no solo un conjunto de ladrones que atentaban por doquier contra el derecho de propiedad. Eran una fuerza armada que solo podía combatirse con las mismas armas en las manos, por tanto y como resulta obvio por el Ejército. Al intervenir los militares, dotados de jurisdicción propia, y, en principio, considerada con mayor celo represor, la lógica del absolutismo iba a depositar en ella la persecución y enjuiciamiento de estos grupos organizados de delincuentes.

Además de estos consejos se crearon comisiones militares para el procesamiento de quienes atentaran de obra o palabra contra la soberanía de Fernando VII. En consecuencia, mediante dos órganos judiciales diferentes, las autoridades militares actuaron para castigar las actuaciones políticas y los delitos contra la propiedad. En 1824 se perfeccionarán los sistemas represores, y la dualidad de órganos del Sexenio dejará paso a las comisiones militares que asumirán las atribuciones de los consejos de guerra y de las comisiones extraordinarias del período anterior[3].

Estas comisiones tuvieron su origen en la ciudad de Cádiz en 1814. Se implantaron en toda España en virtud de la R.O. del Ministerio de la Guerra de 6 de septiembre, bajo la tutela de los capitanes generales[4]. Se determinó que «en el preciso término de tres días forme causa, la sustancie y concluya con arreglo a las leyes militares, que deben obrar en tales casos contra todas las personas que sean acusadas de hablar directa o indirectamente, en qualquier parage que sea, sobre asuntos que toque a la soberanía del Rey jurado solemne y repetidamente por la nación, y reconocido por todas las Potencias de Europa, u otras de su especie capaces de alarmar o causar sediciones, partidos o alborotos, o de distraer a qualquiera persona, o parte del pueblo de la pronta y justa obediencia a las disposiciones del Soberano, y de cumplir las de las autoridades que conspiran al buen orden y seguridad general».

En virtud del R.D. de 26 de enero de 1816 –ratificado por R.C. de 16 de febrero– se dispuso la supresión de las comisiones extraordinarias que entendían de ciertas causas criminales, señaladamente las políticas[5], enco-

---

[3] A partir de la R.O. de 6 de septiembre de 1814, por la cual se ordenó que se procediese sumariamente y con arreglo a la Ordenanza del Ejército contra los que conspiraban contra el sosiego y la tranquilidad pública, Pedro Pegenaute Garde (*Represión política en el reinado de Fernando VII: las comisiones militares (1824-1825)*, Pamplona, 1974, pp. 33-34) afirma que «no debe suponerse que estas Comisiones militares –se refiere a las de 1814– guardan una estricta relación con los tribunales especiales que con el mismo nombre fueron mandados establecer en enero de 1824; puesto que, tanto en el procedimiento como en la competencia (las Comisiones de 1814 fueron creadas para castigar exclusivamente los delitos políticos), las diferencias son evidentes». Es obvio que las Comisiones militares de 1824 vinieron a fundir en ellas las competencias de los consejos de guerra de 1814 y de las comisiones extraordinarias creadas para castigar a los constitucionalistas.

[4] La comisión militar de Cádiz sentenció a tres individuos el 17 de septiembre de 1814 (*Mercurio gaditano* de 19.9.1814). La orden para el establecimiento de la comisión militar de Valencia en *DdV* de 16/9/1814. Manejo los ejemplares digitalizados de la Biblioteca de la Universidad de Valencia.

[5] Entre otras muchas obras, Ignacio Lasa Iraola, «El primer proceso de los liberales, 1814-1815», *Hispania*, 30 (1970), pp. 327-383; y, «El proceso de Joaquín Lorenzo Villanueva (1814-

mendando el conocimiento de las mismas a la jurisdicción ordinaria. Fernando VII alegó «su conciencia» para adoptar esta decisión, entendiendo que cuando los vasallos «son juzgados por los tribunales establecidos por la ley, descansan bajo su protección», mientras que cuando los juzga una comisión «ni mi conciencia puede estar libre de toda responsabilidad, ni mis súbditos pueden disfrutar de la confianza en la administración de justicia». No obstante, en el mes anterior motu proprio el rey había condenado a medio centenar de constitucionalistas, ya que la Comisión de las causas de Estado no había funcionado como él pretendió[6]. Otros encausados por motivaciones políticas no corrieron igual suerte, pues las comisiones militares actuaron excesivo con rigor punitivo. A estas decisiones siguió otro R.D. de 3 de febrero de 1816 por el cual se matizaba el de la semana anterior, manteniéndose la «comisión especial o tribunal» de la Corte para entender las causas de Estado hasta que concluyera las causas pendientes y sus incidencias, «sin mezclarse en la formación de otras nuevas, pasando las delaciones que se presenten a los tribunales designados por la ley». El rey prohibía la admisión, consulta o comunicación de reclamación alguna de las sentencias o providencias dictadas por dicho tribunal o el resto de las comisiones creadas que hubiesen sido aprobadas, limitándose a ejecutarlas. Pero restablecido el Antiguo Régimen con sus instituciones y legislación, estas comisiones extraordinarias no encontraban acomodo entre ellas. Transcurrido el primer año y medio de represión política, especialmente dirigida hacia los personajes más destacados del constitucionalismo, las comisiones creadas para conocer de las causas criminales de naturaleza política cesaron en su actividad.

A diferencia de lo que sucederá en la Década ominosa, durante el Sexenio absolutista no se combinó, al menos por parte de las autoridades, la delincuencia patrimonial con referencias constitucionales o políticas. No encontramos referencias en la documentación oficial a que los ladrones y bandidos juzgados por los consejos de guerra habían aludido, en algún momento de la perpetración de sus hechos, a la defensa de la Constitución de 1812 o habían dado voces a favor de alguno de los muchos conspiradores.

Por otra parte y como quedó expuesto más atrás, Fernando VII poco va a innovar en materia legislativa criminal. Se va a limitar a reproducir, en la mayoría de los casos literalmente, las normas dictadas por su abuelo y su padre. El 22 de agosto de 1814 se expidió la real cédula por la cual se mandan guardar y cumplir las instrucciones insertas para la persecución y

---

1815), en *Cuadernos de Historia. Anexos de Hispania*, 4 (1973), pp. 29-82. Susana García León, «La causa de Estado contra el diputado a Cortes Miguel Ramos Arispe», en *CHD*, 5 (1998), pp. 209-256. Fermín Mayorga, «Causa de estado contra D. Bartolomé José Gallardo», en *Boletín de la Real Academia de Extremadura de las Letras y las Artes*, 18 (2010), pp. 429-518; y, «Causa de estado contra Francisco Fernández Golfín», en *Boletín de la Real Academia de Extremadura de las Letras y las Artes*, 19 (2011), pp. 376-435.

[6] Vid. por ejemplo, Le Brun, *Vida de Fernando Séptimo*, p. 104. Sobre este ámbito, Alicia Fiestas Loza, *Los delitos políticos (1808-1936)*, Salamanca, Universidad, 1977. En todo caso, como apunta Jean-Philippe Luis, *L'utopie*, p. 37, la depuración del Sexenio absolutista es mal conocida, la normativa es insuficiente y las modalidades de su ejercicio confusas. Lasa, «El primer proceso de los liberales», ya citado. Sobre los criterios garantistas en los procesos contra los diputados, Alonso Romero, *Orden procesal*, p. 341.

castigo de los malhechores que infestaban los caminos del reino. Su contenido y finalidad no eran nuevos, pues tomaba su fundamento en disposiciones del reinado de Carlos III[7]. Si a finales del siglo XVIII la formación de numerosas gavillas de ladrones había planteado ya un serio problema de criminalidad, éste se agravó tras la finalización de la guerra contra el ejército napoleónico, pues andaban vagantes, pero organizados, individuos armados que antes de la guerra ya eran malhechores, o habían formado parte en la guerrilla o habían pertenecido al ejército, bien fueran desertores o licenciados sin medios de subsistencia, que encontraron en los robos su medio de vida. Las disposiciones para su disolución no surtieron, en todos los casos, el fin pretendido. De ahí que, apenas transcurridos unos meses del retorno de Fernando VII, se adoptaran medidas para su represión[8]. Esta disposición modificaba la R.O. de 1802 tanto por lo referido al consejo militar que habría de juzgar a estos reos, como en lo referido a la consulta de las sentencias al rey. Eran medidas orientadas a actuar con premura y facilitar el pronto castigo de los aprehendidos.

La mejor forma, y sin duda la única, de combatir a estas cuadrillas armadas era recurrir al ejército. Como en 1784, esta represión se centró en ambas Castillas, Extremadura, Aragón, Andalucía, Valencia y Cataluña por ser «adonde hay mayor necesidad de remedio», extendiéndose con posterioridad a toda la Península y Baleares. El servicio de la tropa voluntaria destinada a su persecución «será tenido y reputado como de guerra en todas sus consecuencias». Correspondía al capitán general, entre cuyas principales obligaciones figuraba el mantener el distrito de su mando libre de malhechores, determinar el número de tropas necesarias para ello, debiendo las justicias de los pueblos proporcionarles la ayuda requerida y noticias para el arresto de dichos malhechores.

---

7 No es admisible señalar como antecedente la Pragmática de 1734 contra los hurtos en la Corte, ni su extensión posterior a otros lugares, como sostuvo Pegenaute, *Represión*, p. 31, porque su conocimiento correspondía a la jurisdicción ordinaria, al menos hasta 1784.

8 «Deseando el Rey mi augusto abuelo poner el más pronto y eficaz remedio a los desórdenes que se experimentaban con motivo de la multitud de cuadrillas de ladrones, contrabandistas y malhechores que se habían formado, tuvo a bien mandar expedir en 29 de Junio de 1784 la Instrucción que se estimó oportuna para el exterminio de tales delincuentes... y habiéndose aumentando en estos últimos tiempos el número de los malhechores por las causas bien notorias de la deserción de los egércitos, libertad que tumultuariamente se había dado a los reos, disolución de algunas guerrillas, que autorizándose con el dictado de defensores de la patria se presentaban en los pueblos consternados ya de sus vejaciones e insultos, y proseguían en ellos fiados en la impunidad que les prestaban las nuevas instituciones, e imposibilidad de las autoridades para castigarlos y contenerlos, tomó el mi Consejo en consideración la necesidad de poner a estos males un remedio no menos conveniente que vigoroso y enérgico, cual lo exigía la seguridad de los caminos, el decoro de la nación y el respeto mismo de la justicia... conformándome con su dictamen en lo principal, he tenido a bien mandar que para la persecución y castigo de los malhechores que infestan les caminos del reino, y hasta que se disipen sus cuadrillas, se guarde la instrucción que he remitido al mi Consejo; y en lo que no estuviese dispuesto en ella, la de 29 de junio de 1784... y que en la administración de justicia en lo criminal se guarden en todos los juzgados y tribunales las leyes existentes en marzo de 1808, derogando, como derogo, cuanto se haya decretado por las cortes que no sea conforme a ellas, como también me propuso el mi Consejo en la citada consulta». A esta real cédula acompañaba una instrucción de igual fecha.

A efectos del enjuiciamiento de los malhechores detenidos, el art. 5 de dicha real cédula establecía que «en cada provincia se destinarán al pueblo que se señale, un número determinado de oficiales, desde brigadier hasta capitán inclusive, para que allí formen un consejo de guerra permanente, al cual asistirá un asesor letrado; de cuyo nombramiento y elección se dará aviso por la Secretaría de Estado y del despacho de la Guerra». Por tanto, la guerra contra estas gavillas y malhecores se llevaba a todas sus consecuencias: ser juzgados por un tribunal militar, aunque asistido por un letrado civil.

La persecución encomendada a militares, y para su enjuiciamiento un tribunal de igual naturaleza. Pero, ¿quiénes podían ser enjuiciados por este consejo de guerra permanente? El art. 7 de la I. de agosto de 1814 lo determina: «Quedarán sujetos a este consejo de guerra todos los malhechores que fueren aprehendidos en camino, campo o despoblado, aunque hayan cometido en poblado el delito, así los que hagan resistencia a la tropa como los que no la hicieren, aunque no se justifique que son reos de otro delito que el de contrabando, siendo aprehendidos fuera de poblado, y los que habiendo delinquido en camino o despoblado se refugiaren a pueblo, y fueren allí aprehendidos»[9]. A disposición de este consejo permanente se pondrían todos los reos aprehendidos, y los efectos y armas con que lo hubieran sido, para ser juzgados y sentenciados. Por tanto, la resistencia armada a la tropa perseguidora deja de ser un elemento clave, bastando tan solo la captura por la partida militar. De esta manera, la I. de 1814 (art. 7) variaba el criterio fijado en la de 1784 (art. 9). En consecuencia, la disposición fernadina ampliaba la jurisdicción militar en detrimento de la ordinaria, a pesar de que ambas instrucciones acompañaran a la R.C. de 1814.

Puesto que se trataba de obviar trámites y castigar en breve plazo a los delincuentes apresados[10], se encomendaba al jefe de la partida militar que los hubiera detenido «la instrucción necesaria del hecho y razón de los testigos presenciales de él, para que pueda por ella formarse la sumaria sin pérdida de tiempo, y constar del delito y delincuente, y administrarse justicia, ahorrando en estos procesos la no necesaria fórmula de los careos, a no pedirlos el defensor del reo por ser convenientes para su defensa». Celeridad en los trámites que no solo permitía juzgar sumariamente a los bandoleros, sino que para conseguirla se prohibió la posibilidad de plantear cualquier tipo de competencias entre la jurisdicción ordinaria y la militar. Con ello se buscó solventar problemas surgidos en la aplicación de la disposición de 1784. El consejo debía proceder conforme a la legislación

---

[9] Al contrario, según el art. 11: «contra los demás malhechores que no fueren de dichas clases ni cómplices, con los que pertenecen a ellas, se abstendrá de proceder el consejo permanente, quedando sujetos a la justicia a quien corresponda el conocimiento de sus causas y delitos», es decir y en principio, a la justicia ordinaria.

[10] La supresión habitual de los careos, salvo cuando fueran conducentes o hubiera discordancia de los testigos con referencia a los hechos, encuentra su origen en la O. de 26 de julio de 1803, dictada por «las dificultades que se tocan, para verificar los careos entre los reos presos en Écija, y los testigos que han declarado en la causa formada contra varios malhechores».

anterior a marzo de 1808 y, por tanto, se entiende que con sujeción a las Reales Ordenanzas militares y asimismo a la I. de 29 de junio de 1784 que se incorporaba, con matices, a la del 22 de agosto de 1814[11].

Resuelta la causa, la sentencia debía sujetarse, igualmente, a la legislación militar, aunque se buscó una aparente garantía al obligar a consultarla a la superioridad. De esta manera el art. 10 de la R.C. de agosto de 1814 establecía los posibles trámites a seguir y fijaba dos soluciones diferentes según el delito:

> «Pronunciada sentencia se remitirá con el proceso al capitán general de la provincia, quien la pasará al auditor de Guerra para que la examine con toda preferencia; si de esta revista del proceso la sentencia resulta arreglada, el capitán general dispondrá se egecute sin dilación; mas si el auditor hallase motivo fundado que ofrezca duda, o exija consultarme el capitán general, como presidente de la Audiencia territorial, nombrará tres ministros de ella, con cuyo dictamen decidirá o me consultará, extendiendo con claridad los fundamentos de la duda y consulta para mi Real determinación. En Castilla la Nueva el Capitán general pasará oficio al presidente de mi Consejo Real, para que nombrados tres ministros de la Sala de alcaldes de mi Casa y Corte decida con el dictamen de todos los procesos de dicha clase que ofrezcan duda[12], o me consulte en caso necesario, según queda prevenido...
>
> Todavía en los casos de resistencia con armas a la tropa, calificada esta, el consejo de guerra llevará a efecto su sentencia sin que sea necesaria la consulta, bastando la aprobación del comandante en gefe de la tropa destinada para este servicio en la provincia. Y lo mismo se observará siempre que fuere militar el reo, o este fuere aprehendido *in fraganti* constando de esta calidad».

Es clara la diferenciación entre los reos que, al tiempo de la aprehensión, hicieran resistencia armada o fueran militares, del resto de los apresados. Los primeros quedaban privados de la garantía que constituía la consulta a la autoridad militar superior.

El consejo de guerra permanente de Castilla la Nueva se estableció unos días después de esta real cédula de agosto de 1814[13]. Quedó formado por

---

11 Art. 9: «En las sentencias de los procesos que ocurrieren, arresto de los reos y calificación de las pruebas y administración de justicia, se observarán las leyes existentes en el año de 1808 al tiempo de la invasión francesa».

12 Así, por ejemplo, en 1815: «No conformándose el capitán general de esta provincia con la sentencia de pena de muerte impuesta a Roque García por el consejo de guerra permanente, me ha pasado el oficio oportuno a fin de que con arreglo a lo prevenido en el art. 10 de la Instrucción inserta en la Real Cédula de 22 de agosto del año último, nombre yo tres ministros de la Sala de alcaldes de Casa y Corte para que se decida con su dictamen el proceso formado a dicho reo; y deseando conciliar este servicio con los demás a que necesita atender la Sala espero que V.S. me propondrá los tres alcaldes que considere en más proporción al fin expresado con la posible brevedad». Fueron propuestos por el gobernador de la Sala Francisco Alfonso de Fuero, Joaquín Sisternes y Ramón Satué. AHN, *Consejos*, lib. 1405, exp. 104.

13 «Siendo por desgracia tan crecido el número de malhechores que infestan los caminos y obstruyen el comercio, por lo qual ha sido indispensable adoptar medidas para cortar de raíz estos males; y siendo también un interés general, por el bien que resulta al Estado, el exterminar este género de hombres que corrompen las buenas costumbres y con su mal exemplo seducen y conducen a su ruina a los jóvenes incautos; ha sido, pues, preciso mirar este inte-

un presidente, ocho vocales con el grado de capitán pertenecientes a los diferentes cuerpos militares de la Corte, cuatro fiscales, dos ayudantes y un capellán, además del secretario. El asesor del tribunal será un abogado madrileño. Su actividad se concentró, sobre todo, en el bienio 1815-1816, en el que al menos se celebraron entre 30 y 40 consejos cada año. Desde noviembre de 1817 se reduce su actividad al enjuiciamiento de soldados que hubieran cometido delitos.

En el *Diario de Madrid* se publicaron hasta 1817 los edictos llamando a alguno de los encausados, los anuncios de la celebración del juicios y algunas sentencias. A través de ellos podemos descubrir la importante función que desempeñaron los fiscales del consejo de guerra, a los que por su condición de instructores se les denominó en ocasiones juez-fiscal. El primer juicio de este consejo de guerra de Castilla la Nueva tuvo lugar el 17 de diciembre de 1814 contra los acusados de «varios delitos», advirtiendo que «los señores oficiales y cadetes de la guarnición que no estén de servicio asistirán al consejo; así como podrán hacerlo todas las personas que gusten»[14]. Por su parte, el consejo de guerra de Valencia dictó su primera condena de muerte el 2 de octubre de 1814[15].

Los consejos de guerra también anunciaban el día, el nombre, los hechos delictivos, la casa en que se celebraban y la misa de Espíritu Santo previa al juicio, aunque solo en los casos más graves contamos con información del resultado del proceso. El juicio se desenvolvía en casa del presidente, a la cual era conducido el reo desde la cárcel y a la que volvía a su conclusión. Entre la celebración de la vista y la ejecución de la sentencia apenas mediaban unos días, pues necesitaba obtener el placet del capitán general[16].

---

resante punto con la gravedad que exige, y en su vista he nombrado un consejo de guerra ordinario, que se denominará de Castilla la Nueva, conforme a la Real Orden de 30 de abril de 1802, que S. M. ha tenido a bien poner en su fuerza y vigor, como también la de 1784, que trata sobre lo mismo; y en su cumplimiento, he nombrado por presidente de este consejo al brigadier de los Reales Exércitos D. Manuel de Villalva, teniente de Rey de esta plaza, por vocales a ocho capitanes de los cuerpos de esta guarnición, que con quatro fiscales, dos ayudantes y un capellán formen este Tribunal permanente. Igualmente he nombrado con el carácter de asesor a D. Lorenzo Hernán López, del ilustre Colegio de abogados de esta Corte, cuyos nombramientos han merecido la Real aprobación. Para que este consejo llene todos sus objetos, conforme a las Reales intenciones de S. M., encargo muy particularmente a las justicias de los pueblos sujetas a mi jurisdicción les faciliten a su presidente o fiscales los informes, noticias y demás documentos que les pidan, en el concepto de quede no hacerlo así, les haré el más severo cargo, y serán responsables a las resultas. Madrid 16 de agosto de 1814. José Arteaga» (*El Procurador del Rey y de la Nación* de 26.08.1814; y en *DdM* de 17.08.1814. Utilizo los números de la Hemeroteca digital de la BNE.

[14] *DdM* de 16.12.1814. Esta apostilla se insertó en los primeros anuncios, pero no tardó en omitirse, pues desapareció desde comienzos de marzo de 1815. De igual manera en Valencia: «Consejo de guerra ordinario. Hoy lunes 16 del corriente se celebra consejo de guerra al paisano Francisco Aznar (alias el Tuno de Algemesí) acusado de robos rateros, en la sala de dicho consejo, calle de las Barcas, casa de la señora condesa de la Concepción, a las nueve horas de la mañana. Se permitirá la entrada a todo sugeto con trage decente que quiera asistir a este acto», *DdV* de 16.01.1815.

[15] *DdV* de 3.10.1814, *Continuación*. En el número del día 20 de octubre se da cuenta de haber destinado a otro reo durante seis años a presidio por robos.

[16] La vista contra Francisco Auñón tuvo lugar el 1 de febrero y fue ejecutado el día 10, *DdM* de

Por su parte, el *Diario de Valencia* publicó las condenas capitales, los reos que habían de sufrirla, el hecho por el que había sido juzgados y el lugar de ejecución[17]. No es habitual encontrar en sus páginas anuncios sobre la celebración del juicio, aunque alguna noticia podemos hallar.

El consejo de guerra de Castilla la Nueva buscó la colaboración de las justicias ordinarias, tanto para el arresto de acusados[18], como también para conocer los posibles antecedentes criminales de los encausados[19], aunque como consecuencia de la guerra no siempre fuera fácil su obtención[20]. Estos antecedentes servían a los jueces militares para agravar las penas al considerarlos reincidentes.

En la referencia de la sentencia siempre se indica que *vista* la causa contra el reo, que se identifica por su nombre y alias, fue condenado a determinada pena y que la sentencia quedó aprobada por el capitán general de Castilla la Nueva, al tiempo que disponía el destino concreto del reo[21]. En ocasiones se insertan apostillas. Como por ejemplo las relacionadas con la pena de azotes: «queriendo S.M. señalar con un rasgo de su real clemencia su glorioso enlace con la Reyna nuestra Señora, ha tenido a bien indultarle de la pena de azotes, mandando cumpla la de presidio»[22].

La actuación de los consejos de guerra permanentes iba más allá del fallo. En las referencias de las sentencias ejecutadas publicadas en el *Diario de Madrid*, es habitual leer alguna admonición del consejo de guerra

---

31.01 y 10.02. 1815. Era soldado del Regimiento de Húsares Españoles, de 33 años, casado y procesado por hurto con homicidio que confesó. Morales, *Historia del Saladero*, II, p. 245.

[17] «Consejo de guerra permanente. Sentencia. Mañana, a las 11 de ella, será pasado por las armas en las inmediaciones de la Real Aduana Francisco Lloret, por el delito de robo en despoblado, y heridas causadas con alevosía y ventaja a Vicente Ripoll, según sentencia de este tribunal, aprobada por el excelentísimo señor capitán general. Valencia 20 de enero de 1815. José A. de la Rosa, secretario», *DdV* de 20.01.1815.

[18] Entre otros supuestos, por oficio del presidente del consejo de guerra permanente, acompañando el del fiscal de la causa contra Raymundo González y Pedro Guijarro, solicitaba el arresto de Manuel Maeso, «o sea Melitón Mayo, que vive calle del Águila, por el cual manifestaba que al haberse enterado que Mayo estaba avecindado en Madrid». El alcalde de barrio «habiendo hecho la investigación correspondiente encontró un tal Manuel Maeso con quien idénticamente conbienen las señas de Melitón Mayo por su edad, por su exercicio, por su familia, y por el tiempo en que se presentó en esta Corte» (AHN, *Consejos*, lib. 1405, exp. 1).

[19] «Hallándome entendiendo como fiscal del Consejo de guerra permanente de esta provincia, en causa contra Gregorio Hernando preso en las Reales cárceles de Villa de esta Corte, sobre haber expendido licencias y pasaportes falsos; y resultando de su misma declaración haber estado preso en las cárceles expresadas, he de merecer de V.S. se sirva mandar que el alcaide de dichas cárceles certifique con arreglo a lo que resulte de los libros de entrada y salida de presos la causa de la prision de Hernando y su éxito, en el concepto de que la prisión de Hernando se verificó en el año pasado de 813 y día 14 de diciembre». 10 de agosto de 1815.

[20] AHN, *Consejos*, lib. 1405, exp. 37. «Resultando por la causa que sigo contra Bruno Crespo, natural de Noblejas, haver sido sentenciado a presidio por ese Tribunal, se servirá V.S. decirme en qué tiempo fue dicha sentencia y los motivos que la originaron, con quanto V.S. sepa sobre el particular y combeniente para la sustanciación de la causa». 6 de febrero de 1816. Por la certificación, resultaba que no había datos de su condena ni había sido comprendido en ninguna de las cadenas que han salido de la Real Cárcel de la Corte. AHN, *Consejos*, lib. 1407, exp. 120.

[21] «... cuya sentencia aprobada por el Escmo. Sr. Capitán general en 3 de agosto, le señaló a Rey el presidio de Melilla», *DdM* de 14.08.1817.

[22] *DdM* de 9.10.1816.

de Castilla la Nueva. Todas tienen idéntica finalidad y actúan como pregón impreso de la decisión del tribunal militar, siendo habitual encontrarlas en las que anuncia el ajusticiamiento de algún reo. Así por ejemplo, se señala: «Tiemblen los malvados con el fin que les aguarda, si no enmiendan su depravada vida, haciéndose útiles al Estado»[23]; «... y se hace saber para escarmiento de los perversos, que deben convencerse de la suerte que les espera si no abandonan su mala vida, ocupándose en honroso trabajo, en beneficio del Estado y propia utilidad»[24]; «... y se ha executado en el día de hoi en esta plaza para escarmiento de los malvados»[25]; o, «Los criminales que no arreglen sus depravadas costumbres vean la suerte que les aguarda, y por el contrario las beneficencias del Soberano que en lugar del castigo desea el arrepentimiento»[26]. Tras el ajusticiamiento de Antonio Sánchez, el famoso *Chorra al aire*, se envió a la Sala de alcaldes de Corte un impreso con el fin de que se fijara en el patio de la Real cárcel de Corte «a fin de que sirva contener a los demás presos en la debida moderación»[27]. Una de las advertencias más peculiares se incluye tras el anuncio de la ejecución de *Lima* y *Derecha* en abril de 1816:

> «... ha sido executada en este día para escarmiento de los malvados, y que se convenzan de la suerte que les espera si no tratan de abandonar su criminal ocupación.
>
> Al paso que este tribunal castiga con el rigor de la ley a los delincuentes para que sirva de freno a otros, sabe distinguir a los verdaderos inocentes, y a aquellos que más bien por un efecto de la debilidad humana, que por depravación de costumbres incurren en delitos leves, así es, que de esta clase ha puesto en libertad, y dirigido a los pueblos de su naturaleza, para que puedan ser útiles al Estado, dedicándose el honroso trabajo a...»[28].

Por su parte, el consejo de guerra de Valencia y Murcia en el anuncio de la sentencia por la que fueron condenados dos desertores y dos paisanos por robos y otros excesos, insertó este texto:

> «Y para que este acto de Justicia, tenga en sí todo el aparato imponedor que exige la vindicta pública y la multitud de bandidos que infestan las provincias, atacando impunemente con tanto descaro y olvidos de sus deberes sociales, la propiedad y seguridad individual del ciudadano indefenso, quiere S.E. consiguiente a la misma sentencia del consejo, que luego que los indicados reos sufran la pena de muerte, sean mutiladas las cabezas de los dos primeros (se refiere a los desertores) por manos del verdugo, y colocadas en

---

23 *DdM* de 18.07.1816.

24 *DdM* de 3.12.1815.

25 *DdM* de 11.01.1816.

26 *DdM* de 23.11.1817.

27 AHN, *Consejos*, lib. 1406, exp. 113.

28 *DdM* de 23.04.1816. Por parte de la autoridad militar se ofició al teniente de corregidor dando aviso de haberse entregado a los reos condenados a muerte y a sus compañeros, quedando los dos primeros en capilla. El 22 de abril de 1816 se oficiaba lo siguiente: «Ahora que es la una y media de la tarde de este día, acavan de sufrir la pena capital de garrote los reos Alfonso Domínguez (alias Lima) y Josef Escrivano, y la de presencia de la ejecución de esta sentencia, y pena de doscientos azotes, los reos Vicente Villaseca, Dionisio Muñoz y Josef Castillo, y la de vergüenza Luis Sánchez Guzmán». AHN, *Consejos*, lib. 1406, exp. 157, y libro 1407, exp. 70.

> los parages más públicos de esta ciudad y la de Orihuela, a fin de que amedrentados los compañeros que todavía inundan los caminos y despoblados, entren en sí mismos, y persuadidos de la irresistible fuerza y vigilancia de la ley, se abstengan ya de continuar en sus desórdenes»[29].

Como complemento de las estas medidas castrenses y represivas, en aras de una mayor eficacia que a la postre resultó frustrada, se dictó el Reglamento de las comandancias militares de 10 de agosto de 1815. En su proemio se exponía la situación de criminalidad existente, achacándola a «las anteriores desgraciadas circunstancias que ha sufrido la nación durante mi cautividad, ya sea en la guerra destructora que ha tenido que sostener, ya por las innovaciones que ha tolerado a consecuencia de ella el sistema general de las cosas». La consecuencia, según sus redactores, fue el aumento de la delincuencia, la comisión de delitos, el perjuicio del comercio y la amenaza a los patrimonios. La solución adoptada fue la creación de estas comandancias[30], que no tardaron en ser suprimidas[31].

A los comandantes se les señalaba como primera obligación, esmerarse «en la persecución de los desertores, ladrones, contrabandistas y malhechores, en el sosiego de los pueblos, en la seguridad de los caminos, en el auxilio a las justicias, en la protección de los vecinos honrados; notarán las faltas de observancia en el cumplimiento de las leyes y disposiciones soberanas» (art. 7). En concordancia con tal deber, el art. 9 disponía que: «No omitirán medio ni modo alguno para enterarse de si en su propia provincia o distrito existe gente de mal vivir, esto es, delincuentes públicos, como desertores, bandidos, contrabandistas y malhechores», a los que se añadían los desertores. Con las noticias obtenidas, deberían proceder a tomar las medidas para su persecución y aprensión, contando con la cola-

---

29 *DdV* de 29.10.1814. Los cuatro fueron pasados por las armas.

30 «... prevalidos algunos hombres con poca religión y sin temor a la justicia han aumentado y aumentan el dolor y angustia de sus conciudadanos, cometiendo los crímenes horrorosos del latrocinio, asesinato, y otros que comprometen la pacífica y dichosa quietud de sus hermanos; y viendo que a pesar de las enérgicas medidas que he dictado no ha podido hasta ahora cortarse de raíz tal desorden, pues inundan los pueblos y campos malvados que afligen a los vecinos y viajantes con continuos robos, muertes y otros delitos de igual naturaleza, sin que el labrador pueda con sosiego atender a sus labores, el comerciante a sus tráficos, el traginero a sus conducciones, ni los demás individuos del Estado a los objetos de su interés sin zozobras ni sobresaltos, y con grave perjuicio por todo y en todas maneras de mi Real erario... cerciorado por experiencia de la necesidad de dictar medidas que los contengan, y castigando a los delincuentes eviten nueva y escandalosa perpetración de delitos públicos por los desertores, ladrones, contrabandistas y malhechores, conciliando al mismo tiempo los intereses más sagrados del Estado para que las leyes tengan el vigor que les conviene, los magistrados y justicias el respeto que les compete, mis disposiciones soberanas la obediencia y cumplimiento que se les debe, todos mis amados vasallos aquella paz y seguridad real e individual que les corresponde para atender a sus propiedades, trabajos y egercicios... he tenido a bien... crear en todas las provincias de la Monarquía comandantes militares, que a la par que se empleen en los objetos que he estimado oportuno confiar a la probada conducta y acreditado servicio de los dignos defensores de mis sagrados derechos y los de la patria, celen, vigilen y contengan los referidos desórdenes».

31 R.D. de 24 de octubre de 1815, «mandando que para llenar su objeto relativo a la persecución de los malhechores y logro de la tranquilidad pública en todo el reino egerzan las autoridades respectivas las facultades que les dan las leyes en los mismos términos que se ha verificado hasta el año de 1808 sin innovación alguna». *Gaceta* de 31/10/1815.

boración de las justicias de su circunscripción. Disposiciones que se adoptarían asimismo con relación a los demás «delincuentes públicos». En todo lo cual, observarían este reglamento y subsidiariamente la R.C. de 22 de agosto de 1814.

Una vez adoptadas las medidas represivas, «en cualquiera de estos casos se actuará una información militar sumaria del suceso, y en el momento de haberse verificado, poniendo a su cabeza la orden con que han procedido los comisionados, la delación firmada por el sugeto que la da (pues no admitirán alguna sin este preciso requisito, y sin que ofrezca comprobación del aviso u noticia), o el oficio de la justicia o autoridad que motiva la prisión». Inmediatamente, el comandante dispondría lo conveniente para su auxilio y «exigirá después de la que fuere oficio motivado u testimonio en que conste la causa u origen del procedimiento, que de ningún modo podrán negar» (art. 13). Tras la prisión de los delincuentes, los trámites se sujetarían a la I. de 1814, «ya sean desertores o vagos, ya malhechores o contrabandistas». Practicada la sumaria, se comunicaría a las autoridades superiores para que dispusieran lo conveniente: remisión de los desertores a sus cuerpos; destinos según la Ordenanza de vagos; o «entrega a disposición del consejo permanente de la provincia de los últimos; en el concepto de que todos los presos que la jurisdicción militar haga por delitos públicos deben ser juzgados por estos tribunales conforme al art. 7 de la Instrucción de 22 de agosto» (art. 15).

El funcionamiento de los consejos de guerra permanentes no debía de satisfacer a las autoridades de la Corte. En su consecuencia, el 19 de septiembre de 1815 se envió a las capitanías generales una real orden del Ministerio de la Guerra para su activación, especialmente en los procesos contra desertores, alertando del «crecido número de causas que se hallan pendientes en los consejos de guerra permanentes de las provincias». Se solicitó al Consejo supremo de Guerra que propusiera lo conveniente para su pronta terminación aunque, mientras no lo resolviera, los capitanes generales deberían aplicar «todo su zelo para activarlas desde luego, y que con respecto a los desertores de segunda vez que no estén complicados en otros delitos, ni estén comprendidos en el soberano indulto de 30 de mayo último, se observe la Real orden de 7 de enero de 1799». De conformidad con esta última y debido al «crecido número de desertores de segunda vez que permanecen en los calabozos de los respectivos cuerpos», se determinó que inmediatamente que se arrestara a un desertor por segunda vez, le recibiera declaración el ayudante, averiguando los motivos que tuvo para reincidir y si existiera alguna excepción importante para su defensa. No probándose ninguna excepción, se le destinaría sin dilación a presidio; pero «si el reo alegase alguna excepción de gravedad, sea procesado y juzgado en consejo de guerra conforme a Ordenanza»[32]. Esta disposición aceleró, ciertamente los procesos resueltos por los consejos de guerra permanentes, puesto que se advierte una gran diferencia numérica entre los resueltos en 1815 y los sentenciados en 1816.

---

[32] *DdV* de 31.10.1815.

En Valencia, su capitán general, Javier Elío, actuó con gran dureza en la represión del bandolerismo y, en general, con los robos en despoblados. Teniendo presente la deplorable situación económica de Valencia y las consecuencias sociales de la posguerra, existieron importantes cuadrillas de bandoleros por todo el territorio valenciano. Contra ellos actuó, bien ordenando su persecución bien confirmando las penas de muerte impuestas por los consejos. En este sentido, contrasta el número de reos ajusticiados por mandato del consejo de Castilla la Nueva con el de Valencia y Murcia, a pesar de entrar en la jurisdicción del primero la Corte y Sitios Reales, lugares de especial protección.

El general Elío utilizó la difusión del Diario de Valencia para dar publicidad a las ejecuciones de delincuentes juzgados por el consejo de guerra permanente, para lo que dispuso la inserción mensual de las condenas de muerte dictadas por este tribunal. Así lo determinó en su circular de 6 de mayo de 1816 «para que en las provincias de mi mando no quede morador que no se halle con noticia del triste fin que han tenido los miserables cuyos crímenes los han conducido a la presencia de la justicia, y para que a todos alcance el aviso del término de espera a los que se separan del camino de la virtud con perjuicio de la sociedad, he determinado circular mensualmente una lista de las sentencias de muerte que se egecutan...»[33]. Elío, incluso, buscó la ejemplaridad de los castigos no solo publicando la noticia de las ejecuciones, sino también ajusticiando a varios reos al mismo tiempo, con independencia de que los paisanos lo fueran en una plaza y los militares en otro paraje. Mientras en Madrid las ejecuciones colectivas son excepción, en Valencia encontramos ajusticiamientos de 5, 7 o 10 reos en el mismo acto.

Los datos de los sentenciados por el consejo de guerra permanente de Valencia y los ordinarios establecidos en Murcia, Alicante y Orihuela en 1816 dan buena cuenta de la represión ejercida por estos tribunales. A pesar de que no aportan datos sobre los hechos juzgados, sí lo hacen sobre la información final de las condenas en la que destaca el 18% de condenas a muerte dictadas por estos cuatro tribunales militares[34]:

[33] *DdV* de 15.05.1816. En el estadillo constaría la condición de soldado o paisano, el nombre, el pueblo de su naturaleza, los delitos que hubiera cometido, la modalidad de la ejecución –pasado por las armas, garrote u horca– y el paraje y día de la ejecución. No todos los condenados fueron ajusticiados en las ciudades sede de los consejos permanentes.

[34] *DdV* de 27.02.1817, reproducido en *DMC* de 17.03.1817. Más información sobre algunos de los enjuiciados en los consejos de guerra valencianos en Manel Arcos i Martínez, *La senda dels lladres. Bandolerisme als voltants de la serra de Mostalla (1806-1839)*, Valencia, 2009, pp. 73-80.

Consejo de guerra permanente de Valencia y Murcia:	
- A pena capital pasados por las armas	16
- A pena capital dados garrote	22
- Destinados a los presidio de África	11
- A otros presidios	16
- Segregados del Consejo pasados a la Justicia real ordinaria	12
- Puestos en libertad en virtud de Reales indultos	14
- Puestos en libertad indemnes en entera libertad	36
- A reclusión tres mujeres	3
- Libertad a una mujer	1
- Total	165
- Total de procesos en que estaban comprendidos	76
Consejo de guerra del reino de Murcia:	
- A pena capital. Dados garrote	2
- Destinados a varios presidios	3
- Idem al servicio de armas	2
- Segregados de la Comandancia y entregados a la Justicia real ordinaria	2
- Puestos en libertad en virtud de Reales indultos	12
- Idem después de haber sufrido la sentencia impuesta	1
- Idem indemnes en entera libertad	16
- Total	39
- Idem de procesos en que estaban comprendidos	16
Consejo ordinario de la plaza de Alicante:	
- A pena capital pasados por las armas	1
- A pena capital ahorcados	2
- Azotes. Destinados a los presidio de África	1
- Total	4
- Idem de procesos en que estaban comprendidos	3
Consejo de Orihuela:	
- A pena capital, pasados por las armas	4
- Destinados a los presidios de África	10
- Destinados a otros presidios	9
- Destinados al servicio de las armas	2
- Segredados del Consejo y pasados a la Justicia Real ordinaria	2
- Puestos en libertad	9
- Total	36
- Idem de causas en que estaban comprendidos	22

Suma general de reos	
A muerte	47
A presidio	50
Al servicio de las armas	38
Entregados a la Justicia ordinaria	16
Indultados	27
En libertad	63
A reclusión	3
Total	244
Total procesos	117

Tras la publicación de este resumen, las páginas del Diario de Valencia no vuelven a insertar ninguno otro plan anual, aunque sí figuran resúmenes trimestrales[35].

Resulta llamativo establecer la comparación entre las penas del cuadro anterior con las corporales dictadas por la Sala del crimen de la Real Audiencia de Valencia, puesto que permite cotejar cómo actúan los tribunales de ambas jurisdicciones. En 1816 los alcaldes del crimen condenaron a muerte a 7 individuos; 409 fueron destinados a presidio; 210 encerrados en la cárcel y hospicios[36]; 45 desterrados; 166 destinados a las armas o trabajos públicos; y se vieron 45 causas de indulto. Estas cifras suponen que mientras las penas de muerte impuestas por la jurisdicción militar alcanza el 18% en el total de sus condenas, las dictadas por la Sala del crimen no alcanza el 1%. Por el contrario, el destino a presidio tiene en el tribunal ordinario mayor peso que en el militar.

El arco punitivo en el que se movió el consejo de guerra de Castilla la Nueva en estos años es muy reducido. Sus condenas tienen un marcado destino militar, siendo el envío a presidio la más habitual. No se mencionan otras penas corporales –destierro– ni la imposición de pecuniarias, que excepcionalmente impuso el consejo permanente valenciano.

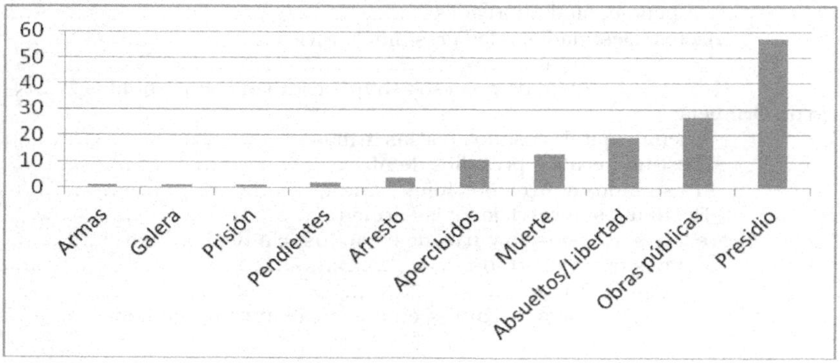

Entre los rematados a presidio predominan los enviados a Ceuta, Melilla o Málaga, pero también al Peñón de Vélez de la Gomera o Alhucemas. Todos los presidiarios salieron de Madrid conociendo su lugar de reclusión ya que, con la aprobación de la sentencia, el capitán general determinaba el lugar de cumplimiento. El destino de obras públicas fueron los caminos de Málaga o el muelle de Valencia.

La pena de azotes es impuesta en la sentencia, pero no es aplicada salvo en un caso. Bien el capitán general al aprobar el fallo, bien alegando el indulto del monarca, la fustigación no se cumple. Tan sólo a Antonio Sánchez le fueron dados el doble centenar de azotes por haber abofeteado

35 *DdV* de 9.7.1817.

36 Sobre la situación de la (nueva) Casa de beneficencia en Valencia en 1826 como encierro disciplinario, Justo Serna Alonso, *Presos y pobres en la España del siglo XIX. La determinación social de la marginación*, Barcelona, 1988, pp. 155-198.

a un testigo, al entenderse como un desacato a la autoridad judicial[37]. En este caso, resulta manifiesta la absoluta discrecionalidad del tribunal en la determinación de esta pena.

La imposición de la pena de baquetas, por tratarse de un castigo estrictamente militar, fue prohibida para los paisanos por R.O. de 26 de junio de 1817. En esta y otras puniciones se diferenciaban las penas fijadas para los militares y las previstas para los paisanos. Incluso, dentro de las primeras habría que distinguir entre las aplicables con carácter general y que no irrogaban infamia, de aquellas que sí lo hacían (horca). No obstante, también se podía agravar la modalidad de ejecución, desaforando al militar o dictando el descuartizamiento posterior al ajusticiamiento[38].

La acrimonia de los consejos de guerra que juzgaban la delincuencia común se extendía, como resulta obvio, de modo singular a la ejecución de la pena capital[39]. Para los militares el ser pasado por las armas no irrogaba infamia, por lo que se entendió que esta modalidad de ejecución implicaba también para los paisanos juzgados por dichas comisiones el no padecerla[40]. El consejo de guerra de Castilla la Vieja conmutó a un reo el

[37] «El escandaloso atentado cometido por Antonio Sánchez (Chorra al aire) de pegar una bofetada a un vecino de Algete en el acto de haberlo reconocido en rueda de presos en la real cárcel de corte, ha sido examinado en este Tribunal; y considerando no solo el desacato a la autoridad judicial, sino también en el mal exemplo que sería dexarle sin castigo por las desgraciadas consecuencias que ocasionaría para la averiguación de los delitos; el consejo ha sentenciado al expresado Antonio Sánchez a que sufra la pena de 200 azotes, sin perjuicio de las demás a que le hagan acreedor los crímenes por que se le está procesando» (*DdM* de 17.11.1816).

[38] El 30 de marzo de 1816 el brigadier Ángel de Ulloa comunicó a la Sala que, «haviéndose condenado por este consejo a Francisco Domingo Lucas, natural de Casasimarro, desertor del Reximiento de Usares españoles, a la pena de garrote, en 20 del presente mes, y haviendo sido aprobada esta sentencia por el Excmo. Sr. Capitán general de esta provincia en 27 del mismo, lo participo a V.S. con inclusión de copia literal de ella, para que disponga su execución, con acuerdo del fiscal de la causa, según lo prebenido por S.M. en la Real orden de 30 de junio del año próximo pasado. En cuya consecuencia, acabo de entregarme del reo, y queda puesto en capilla, para que sufra la pena impuesta el miércoles tres del corriente». A las 12.30 h. del día 3 de abril fue ejecutado. AHN, *Consejos*, lib. 1406, exp. 164; y, lib. 1407, exp. 66. En el primero se inserta copia de la R.O. de 30 de junio de 1815.

[39] «Habiéndose formado causa... sobre varios robos en despoblado, han sido sentenciados por el consejo de guerra de la comisión militar, el Rodríguez, Paja larga, y Reyes a la pena de muerte en horca, y que cortadas sus cabezas se coloquen frente de la Hacienda de Torrequemada; y el González a la de seis años de presidio en Filipinas; cuya sentencia aprobó el excelentísimo señor capitán general y mandádose lleve a debido efecto, se notificó en este día, y se executará el sábado próximo a las once de su mañana en la Plaza Real de San Fernando de esta ciudad; lo que se hace saber al público para escarmiento de los perversos, y que se convenzan de la suerte que irremisiblemente les espera si desde luego no abandonan su criminal ocupación, dedicándose como buenos al honroso trabajo en beneficio del Estado y propia utilidad», *Diario crítico general de Sevilla* de 30.03.1815. En el número del día anterior se anunciaba el consejo de guerra contra dos acusados de robos en despoblado.

[40] El capitán general de Castilla la Nueva expuso al rey en junio de 1815 que, debiéndose imponer por el consejo de guerra permanente la pena de fusilamiento, según la calidad de sus delitos, los paisanos o aprendidos por la tropa, aun cuando era pena reservada por las Ordenanzas a los delitos «puramente militares», al no irrogar infamia, pedía que se conmutase la mencionada por la de horca o garrote a los paisanos. A raíz de esta petición se mandó que la pena de muerte prevista en la R.C. de 22 de agosto de 1814 y dictada por los consejos militares contra paisanos, «por el delito de robos se conmute en la de garrote sea qual fuese la clase del sentenciado, para cuya execución será entregado por la jurisdicción militar a la justicia

garrote por el fusilamiento «por ser hijo de Valladolid, tener padres y mujer y no les fuese de tanta afrenta»[41]. Para eliminar cualquier duda, en virtud de R.O. de 30 de junio de 1815, los paisanos condenados a muerte por estas comisiones serían ejecutados en garrote.

Con arreglo a dicha real orden, los reos civiles sentenciados a muerte por el consejo de guerra permanente de Castilla la Nueva eran entregados, de acuerdo con el fiscal militar, a la jurisdicción ordinaria madrileña para que los ajusticiara. En julio de 1816 el presidente de dicho consejo comunicaba a la Sala de alcaldes de Corte la sentencia dictada contra Joaquín y Pedro Dombón y Mariano Carvajal «por ladrones y asesinos» a la pena de muerte por garrote[42]. El día 17, tras las comunicaciones habituales entre el tribunal militar y la justicia ordinaria para cumplir con la ejecución, fueron ajusticiados[43]. Esta *relajación* también se daba en las restantes penas[44]. No se producía dicha entrega, como es obvio, en el caso de ser pasado por las armas, aun cuando estuviera preso en una cárcel ordinaria[45].

Las sentencias de muerte en garrote dictadas por los consejos ordinarios de guerra valencianos fueron corregidas en su ejecución desde finales de septiembre de 1819, pues aunque los paisanos estaban condenados a garrote «ha sido preciso conmutar la egecución y pasarles por las armas,

---

ordinaria, a fin de que mande y haga que se lleve a efecto dicha pena por egecutor público». Por ejemplo, AHN, *Consejos*, lib. 1407, exp. 61, oficio del corregidor interino dando aviso a la Sala de haberse entregado a la persona de Pedro Torrejón Monturque sentenciado por el consejo de guerra permanente a la pena de muerte (1816), con arreglo a la R.O. de 30 de junio de 1815 y ajusticiado en el garrote el 10 de enero de 1816. *Ibídem*, libro 1408, exp. 27, oficio manifestando haberse entregado a las personas de Pasqual (García) alias Tapetado y Basilio Sánchez, sentenciados por el consejo de guerra permanente a la pena capital de garrote (1817). En la misma causa fue condenado Cirilo Ochoa a presenciar la ejecución y diez años de presidio, todos ellos «por salteadores de caminos en quadrilla con uso de armas». Fueron ejecutados el 20 de junio de 1817. Vid. *DdM* de 21.06.1817.

41 Demetrio Martínez Martel y Abadía, *Diario de Valladolid*, Valladolid, 1885. Edición de la Biblioteca Virtual Cervantes.

42 AHN, *Consejos*, lib. 1407, exp. 69.

43 *DdM* de 18.07.1816: «Vista en este Tribunal la causa seguida contra Joaquín y Pedro Dombón, naturales de la Villa de Ricla, y Mariano Carvajal, de la de Épila, acusados de salteadores de caminos con muertes premeditadas, hallándolos convictos de dichos crímenes en las que executaron con robo a Pasqual y Mariano Ripollés, padre e hijo, y a Esteban Prades, su criado, fueron sentenciados a la pena de muerte; cuya sentencia aprobada por el Excmo. Sr. Capitán general de esta provincia, ha sido executada en este día. Tiemblen los malvados el fin que les aguarda, si no enmiendan su depravada vida, haciéndose útiles al Estado. Madrid, 17 de julio de 1816. Miguel Giró, secretario». En el oficio del corregidor a la Sala dando cuenta del enviado por el presidente del consejo de guerra se indica que fueron condenados a muerte «por ladrones y asesinos». Manifiesta que la justicia ordinaria debería hacerse cargo de los reos «desde el acto en que se verifique su notificación, y acordar todas las disposiciones necesarias hasta que hayan sufrido la pena capital, en inteligencia de que lo he contestado así al señor presidente del consejo permanente, manifestándole que será muy oportuno de que con anticipación pase el caballero fiscal u otro individuo de su tribunal a conferenciar con V.S sobre este asunto, según se ha acostumbrado en yguales casos para conciliar lo convintiente al modo y forma de su puntual cumplimiento» (AHN, *Consejos*, lib. 1407, exp. 69). El 17 de julio ante «un crecido número de gentes», fueron ejecutados (*idem*, lib. 1406, exp. 46).

44 AHN, *Consejos*, lib. 1407, exp. 70. Los no condenados a muerte lo estaban también a «presenciar la justicia». La ejecución se produjo el 22 de abril de 1816.

45 Fue el caso del soldado Francisco Auñón, preso en la cárcel de Corte y condenado a ser pasado por las armas en febrero de 1815. AHN, *Consejos*, lib. 1405, exp. 142.

porque se han ofrecido algunas dificultades para realizar la sentencia del consejo, aprobada por el capitán general, y no convenía a la seguridad pública y la recta administración de justicia suspender ni momentos los efectos del fallo que había recaído contra unos hombres que han ocasionado males de mucha consideración al Estado y a la humanidad»[46]. No constan las circunstancias reales del cambio, pero hay que tener presente que era preciso entregar los reos a la justicia ordinaria para que esta dispusiera el ritual de la ejecución. Es posible que algún conflicto institucional entre la Sala del crimen y las autoridades militares desencadenara esta decisión. También el verdugo planteó inconvenientes y dilaciones. Esta disposición del capitán general se prolongó en el tiempo, pues a partir de esa fecha las condenas de garrote fueron sustituidas por el fusilamiento por la espalda[47].

En la visita que León y Pizarro hizo a Valencia en 1818 podemos encontrar alguna descripción de lo que vio o le contaron: «había una comisión militar que, como siempre, se dirigía también contra los fascinerosos. El tribunal estaba en Murviedro. Se contaban mil cosas; pero del temor de ser apasionados debe excitar nuestra cautela; el hecho es que había ahorcados todos los días, todos como ladrones, aunque el susurro era otro. Yo vivía en casa del duque de Villahermosa, camino de estas ejecuciones, y era tal el disgusto que recibía, a pesar de cerrar las ventanas, que me mudé por esto. El verdugo era delicado, y decían que no tenía los sentimientos de su oficio, se ponía malo, etc.; de modo que, menudeándole los quehaceres, pedía misericordia; entonces se empezó a fusilar»[48].

Sin entrar a valorar este testimonio, sí es cierto, por la información publicada en el Diario de Valencia, que los consejos de guerra dependientes del capitán general de Valencia impusieron un crecido número de penas de muerte, y en particular el ordinario de Sagunto. Además, si atendemos a la proporcionalidad punitiva y cotejamos los datos con otros similares de los tribunales ordinarios, la pena de muerte alcanza un elevadísimo porcentaje en la jurisdicción militar. Puede ayudarnos la comparación entre los condenados a muerte por la Sala del crimen de la Audiencia de Valencia, en la que se conocen causas por delitos patrimoniales y también contra la vida, con los ajusticiados por la jurisdicción militar; y, al mismo tiempo, realizamos el cotejo con las penas capitales dictadas por el consejo de guerra permanente de Castilla la Nueva y por la Sala de alcaldes de Casa y Corte, resulta el siguiente cuadro:

---

[46] *DdV* de 26.09.1819. Sobre el cambio en la modalidad de ejecución, Colón, *Juzgados*, III, pp. 164-167.

[47] Por ejemplo: «Mañana siete serán fusilados por la espalda, por no poder egecutarse la pena de garrote...», *DdV* de 6.10.1819. Igual en *DdV* de 9.10.1819, 5 y 15.11.1819, etc.

[48] Tomado de Javier Herrero, *Los orígenes del pensamiento reaccionario*, Madrid, 1988, p. 400.

	1814	1815	1816	1817	1818	1819
Sala del crimen de la Audiencia de Valencia		9	7	18	6	
Consejo de guerra de Valencia y Murcia	5	3	40	13	10	74[49]
Consejo de guerra de Castilla la Nueva		2	7[50]	4		4
Sala de alcaldes de Casa y Corte		9[51]		7[52]		
Total de ajusticiados en Madrid	3	12	16	10[53]	4	9

Las escasas noticias del consejo de guerra permanente de Castilla la Vieja permiten atisbar que fueron pocos los reos ejecutados. Hasta el momento, solo hay constancia de cuatro sentencias y seis ajusticiados entre 1815 y 1817[54].

Los hechos delictivos por los cuales fueron condenados a muerte los trece reos sentenciados por el consejo de guerra de Castilla la Nueva, fueron los siguientes, por orden cronológico: Francisco Auñón por robo en camino real y muerte con premeditación, convicto y confeso; Julián Manrique, *Seisdedos*, por robos en cuadrilla y otros excesos, y haber hecho violencia a mujeres; Pedro Rodríguez Torrejón, *Monturque*, ladrón y salteador de caminos; Francisco Domínguez Lucas, por deserción, robo en casa de oficiales de más de 300 reales, salteador de caminos y otros excesos; José Escribano, *Derecha*, y Alfonso Domínguez, *Lima*, por ladrones, salteadores de caminos en cuadrilla, violencia a mujeres y resistencia a la tropa de que resultaron muertes; Joaquín Dombón, Pedro Dombón y Mariano Carvajal por salteadores de caminos con tres muertes premeditadas, hallándose convictos de dichos crímenes; Pascual García, *Tapetado*, y Cirilo Ochoa por salteadores de caminos en cuadrilla con uso de armas y reincidentes; Manuel Millán, por ladrón salteador de caminos; y, Antonio

49 En este número figuran todos los condenados por el consejo de guerra de Sagunto, incluido un soldado acusado de reincidente en el crimen de sodomía. Sobre el atentado contra el general Elío en 1818 y la inmediata represión, que no paró con la ejecución de los trece principales acusados en enero de 1819, existe abundante bibliografía.

50 Tres fueron sentenciados a finales de 1815 y ejecutados en 1816.

51 Dato obtenido de J.A. García Borrega, «Delito y sociedad en Madrid en el reinado de Fernando VII", *Estudios de Historia Social*, 20-21 (1982), pp. 227-290. Aunque adjudica estos datos a 1816, en realidad corresponden a 1815.

52 *Discurso pronunciado en la Sala de señores alcaldes de Casa y Corte el día 2 de enero de 1818 por el señor gobernador de ella D. Domingo Fernández de Campomanes*, Madrid, 1818.

53 *Historia del Saladero*, II, pp. 302-305.

54 Un tal Marianillo fue juzgado el 25 de abril de 1815 por «muertes atroces y muchos robos, escalamientos de cárceles en otros pueblos donde estuvo preso algunas veces, y aun en esta de la ciudad estuvo en pocos momentos hacer la fuga», y fusilado el 11 de mayo. El 28 de abril se celebró en la cárcel el consejo contra *Caballo blanco* y sus compañeros, siendo condenados el primero y dos más, presenciado la ejecución el cuarto; y fueron ejecutados junto a Marianillo. El 27 de mayo de 1816 fue ejecutado en el garrote y después descuartizado Manuel Hernández, el Cenizo, por «muchos robos y forzar mujeres... hacía sus salidas para cometer los delitos, y después se volvía a su casa con la mayor serenidad». El 18 dicho septiembre de 1817 fue fusilado Joaquín Collado, quien «había sido sentenciado por la Sala anteriormente a seis años de presidio, y no conformándose con dicha sentencia, pidió que le juzgase la tropa por haber sido sargento, y tomando la causa el consejo de guerra, halló haber sido desertor y pasádose al enemigo en tiempo de campaña con otros delitos», en Martínez Martel y Abadía, *Diario de Valladolid*, Edición de la Biblioteca Virtual Cervantes, ya citado.

Sánchez, *Chorra al aire*, por ladrón salteador de caminos e indiciado gravemente en una muerte.

Las condenas capitales impuestas por el consejo de guerra permanente de los reinos de Valencia y Murcia y los ordinarios vinieron motivadas por unos hechos delictivos similares a los anteriores, aunque en ocasiones se empleara una desmedida violencia personal sobre las víctimas. Los números del Diario de Valencia en los que se da cuenta de las ejecuciones permiten comprobar la calificación que se les dio. Pueden comprobarse, asimismo, las ejecuciones colectivas.

1814	Ventura Saez Onrubia	Crimen de robo con circunstancias agravantes	Fusilado
1814	Salvador Moxica	Desertor. Innumerables robos y otros excesos.	Fusilado
1814	Antonio Rico Pérez, Balseta		Fusilado
1814	Miguel Escorcia	Innumerables robos y otros excesos.	Fusilado
1814	Manuel Soriano, Pimentoncicos	Innumerables robos y otros excesos.	Fusilado
1815	José Sierra	Robo en Valencia con falseo de puertas con llaves maestras	Fusilado
1815	Bernabé Fachó	Robo en despoblado con violencia	Garrote
1815	Vicente Ripol	Robo en despoblado y heridas causadas con alevosía y ventaja	Fusilado
1816	Vicente Cabañes	Muerte con ventajas	Fusilado
1816	Xavier Aparicio	Delitos de robos y asesinatos	Fusilado
1816	Miguel Ibáñez, Miñón de Félix		Fusilado
1816	Gregorio Gómez Regalo	Reincidente en robos y uso de llaves	Garrote
1816	José Tous	Robos y delitos cometidos con la cuadrilla del apodado Vicha y por habre asesinado	Fusilado
1816	Vicente García	Robos con violencia en el camino real de Madrid	Garrote
1816	Juan Cortes	Asesinatos y robos	Garrote
1816	Honofre Navarro	Salteador de caminos, desertor y otros excesos	
1816	Ramón Rodríguez	Robos, muertes y otros excesos juntos en cuadrilla	Fusilado
1816	Blas de Moya		Fusilado
1816	Juan Rodríguez Manzaneque		Garrote
1816	Agustín Serrano		Garrote
1816	Francisco Fernández, Pataquero	Compañero en los delitos de los Moxicas	Garrote
1816	Ramón García	Robos y una muerte que ejecutó	Garrote
1816	D. Anselmo de Urra	Reincidencia en el brutal crimen de sodomía	Fusilado
1816	Agustín Miralles	Robos, muertes, violencia a mujeres cometidos en la partida del nombrado por apodo Curro, a la que se pasaron en tiempo del rey intruso	Fusilado
1816	Jaime Viol		Fusilado
1816	Vicente Rambla		Fusilado
1816	José Francisco Esteller		Fusilado
1816	Pedro Llopis	Robos	Garrote
1816	Miguel Cañamás		Garrote
1816	Vicente Seguí		Garrote
1816	Gabriel Pérez		Garrote
1816	Antonio Soler, Cardador	Además del crimen de ladrón, tenía el de muertes y otros excesos en compañía del facinero Juan Cortés. Robos en cuadrilla	Garrote.
1816	Miguel Vicente	Robos, muertes y otros excesos	Garrote
1816	Vicente Muñóz		Garrote
1816	Domingo Lloret y González	Robado con violencia en la sierra de Penáguila	Garrote
1816	José Boigues	Robos en despoblado con violencia y uso de armas	Fusilado
1816	Francisco	Haber muerto a un soldado	Fusilado

	Bendicto*		
1816	Juan Picheruch	Robos	Garrote
1816	Vicente Estarlic	Robos cometidos en caminos real, despoblados y otros parajes, ejecutados con uso de armas y violencia	Fusilado
1816	Miguel Casiano	Robos en cuadrilla	Garrote
1816	Juan Lluna	Robo en camino real con uso de armas y resistencia a la tropa	Garrote
1816	José Gómez		Garrote
1816	Tomás Balfago		Garrote
1816	Francisco Castellet		Garrote
1816	Manuel Calvo	Robos	Fusilado
1816	Antonio Juan		Garrote
1816	Vicente Gandía		Garrote
1816	Francisco Escrich*	Alevosía	Fusilado
1817	Miguel Cebrián	Robo en despoblado, con violencia y uso de armas	Fusilado
1817	Francisco Zorita	Robo con fractura de una puerta y violencia de otra	Fusilado
1817	Jaime Baquer	Por compañero de los bandidos Juan Soler y Honofre Navarro, y haber concurrido con ellos a robos	Garrote
1817	Vicente Garrido	Por haber cometido en compañía de Honofre Navarro y el Fraret de Agres el robo de la venta del Cañaret, entendida también por la de Mogente, a cuyo dueño sentaron por seis veces sobre el gran fuego que había en la cocina, con desnudez de la parte	Garrote
1817	Francisco Valls, Moreno de Agullente		Garrote
1817	Domingo Albert Lloret		
1817	Mariano Ximeno		Fusilado
1817	José Juan de Ayelo		Fusilado
1817	Gabriel Sierra, Blayet	Robos en cuadrilla y asalto dado con fractura de la puerta a una casa, en cuyo acto del delito fue muerto por la tropa uno conocido por el hermano del Recholer de Ardor, y herido el facineroso Juan Berenguer de Félix (ya ajusticiado) de quien eran compañeros	Garrote
1817	José Sequí		Garrote
1817	Pascual Arlandiz		Garrote
1817	Pascual Terrades	Además de lo anterior, teniendo a más Pascual Terrades el crimen de haber violado en despoblado a una joven de 13 años	Garrote
1817	Pedro Cano, Tort de la Nucia	Resistencia a la tropa, cometido varios robos y haber sido socio en el horroroso asesinato de Vicente Such, alias Curvi, del vandido Juan Cortés, por el que será como este descuartizado.	Garrote
1818	Vicente Dalmau	Desertor y resistencia a la tropa destinada a su aprehensión	Fusilado
1818	Jaime Gordo		Fusilado
1818	Salvador Parets	Robo en la casa-encomienda del infante don Carlos, de la que se llevaron el caudal de S.A. y del gobernador	Garrote
1818	José Vidal, Fraret de Bugergues		Garrote
1818	Francsico Escribá		Garrote
1818	Blas Pérez, Racholer de Ador		Garrote
1818	Mariano Moratall		Garrote
1818	Juan Bautista Puig, Vicha	Delitos de muertes, robos, saqueos, incedio, violencias, prostitución del templo, uso profano de los ornamentos del altar y de otros destinados al culto	Garrote
1818	José Climent, Pepet de la Barraca	Socio en el robo que se hizo en Teulada y cuyso compañeros sufrieron igual pena en 22 de septiembre de 1817	Garrote
1818	Manuel Peiró	Haber robado cantidad de dinero al ordinario de Varcelona en la Atsaneta, término de Torreblanca, en compañía de oyros varios, de los cuales cuatro fueron ajusticiados en dicha villa de Castellón de la Plana en 31 de agosto de 1816	Garrote
1819	Domingo Calatayud, Bollet	Compañero en el robo de los que concurrieron al robo de la centa de la Balsa y quema de su ventero, y por resistencia a la tropa en compañía de su cuñado Honofre Navarro	Garrote
1819	José Casans	Robo nocturno en una casa, cometiendo heridas, rompimiento de puertas, uso de armas y torpe violencia	Garrote/ Fusilado
1819	Ramón Ibáñez		Garrote/ Fusilado
1819	Barolomé Carbonell		Garrote/ Fusilado

1819	Ramón Pallas		Garrote/ Fusilado
1819	Vicente Escrivh de Peña		Garrote/ Fusilado
1819	José Esteve Magraner		Garrote/ Fusilado
1819	José Capilla		Garrote/ Fusilado
1819	Tomás Marín		Garrote/ Fusilado
1819	Bautista Palamós		Garrote/ Fusilado
1819	Matías Clos		Garrote/ Fusilado
1819	José Beltrán, Cames	Robo en el camino inmediato al barranco de Moncada, con violencia y uso de armas	Garrote/ Fusilado
1819	Vicente Taroncher		Garrote/ Fusilado
1819	Xavier Tejadillo, Burrero	Robo en cuadrilla con iguales circunstancias una noche de diciembre en la casa de un tendero	Garrote/ Fusilado
1819	Francisco Devis, Pastor		Garrote/ Fusilado
1819	Manuel Ors, Nelo de la Blanca		Garrote/ Fusilado
1819	Pascual Soler		Garrote/ Fusilado
1819	José Ramos, Santa Ana	Asistir al robo verificado en casa de una viuda, cuyo delito tuvo lugar con violencia y uso de armas, usando traje de militares algunos de los malhechores para lograr por este medio que la justicia no recelase de su objeto, habiendo herido al alcalde del pueblo de cuyas resultas murió	Garrote/ Fusilado
1819	José Alcober, Testa		Garrote/ Fusilado
1819	Tomás Soriano, Ermitañet	Robos y asaltos a casas, cometidos con violencia y uso de armas	Garrote/ Fusilado
1819	Gil Miramunt, Reyet		Garrote/ Fusilado
1819	José Valls, Chrrol		Garrote/ Fusilado
1819	Rufino Masarriego		Garrote/ Fusilado
1819	Vicente Ferrer, Salas		Garrote/ Fusilado
1819	Joaquín Gil, Chino de Catalina	Robo ejecutado en cuadrilla, con violencia y uso de armas, nocturno y simulando ser soldados	Garrote/ Fusilado
1819	Salvador Molinet, Volante		Garrote/ Fusilado
1819	Bautista Palamós Puzol		Garrote/ Fusilado
1819	Ramón Ibáñez, Chamerol		Garrote/ Fusilado
1819	Ramón Pallas, Cali		Garrote/ Fusilado
1819	José Valls, Chorroll		Garrote/ Fusilado
1819	Tomás Soriano, Ermitañet		Garrote/ Fusilado
1819	Pedro Andrés, Peret	Robo verificado en una casa con violencia y uso de armas	Garrote/ Fusilado
1819	Victoriano Peris		Garrote/ Fusilado
1819	Antonio Fox		Fugitivo
1819	Vicente Coll	Robo nocturno en una casa, donde además de haber mediado violencia y uso de armas de parte de los malhechores, hicieron fuego contra la justicia que acudió en auxilio del robado	Garrote/ Fusilado
1819	Joaquín Heres, Toñina		Garrote/ Fusilado
1819	Vicente Bernet,		Garrote/

	Riscle		Fusilado
1819	Pascual Alufre	Robo nocturno de una casa con violencia y uso de armas	Garrote/ Fusilado
1819	José Planelles		Presidio
1819	Ramón Ibáñez Chamerol		Ejecutado
1819	Bartolomé Carbonell		Ejecutado
1819	Rufino Masarriego		Ejecutado
1819	Vicente Sastre	Cómplice en el robo de la diligencia de Valencia a Barcelona. Las circunstancias agravantes con que el reo contribuyó al atentado han obligado a que se le corte la cabeza	Garrote/ Fusilado
1819	Ramón Gaspar, Colloni	Robo ejecutado en cuadrilla, con violencia y uso de armas, en una casa, por la noche, cuyo dueño ha sufrido el ultraje de haberle atado los ladrones una soga al cuello colgándole de un hierro que había a la entrada de su casa, hasta el extremo de perder el sentido, habiéndose libertado de morir en fuerza de las suplicas de su madre	Fusilado
1819	Francisco Catalá, Marchero		Fusilado
1819	Manuel Rubio		Fusilado
1819	Francisco Bielga, Romano		Fusilado
1819	José, Moreno de la Creu		Fugitivo
1819	José Membrado		Fugitivo
1819	Francisco Narbas		Fugitivo
1819	Jacinto García		Garrote
1819	Bernardo Gil Guio	Robo ejecutado de madrugada con violencia y uso de armas en una casa situada en despoblado	Garrote/ Fusilado
1819	Francisco Oriola Lozano		Garrote/ Fusilado
1819	Asensio Rodemas		Garrote/ Fusilado
1819	Manuel, Barret		Prófugo
1819	Vicente Sánchez, Capellá	Robo ejecutado con premeditación, violencia y uso de armas por la noche en casa de una viuda, habiendo insultado los ladrones al alcalde y aun robado después de verificado el principal	Garrote/ Fusilado
1819	Bautista Tormos, Batistez		Garrote/ Fusilado
1819	Miguel Agustín		Garrote/ Fusilado
1819	Ramón Valleres, Ramonet		Garrote/ Fusilado
1819	Pascual Taurá		Garrote/ Fusilado
1819	Vicente Dasi		Garrote/ Fusilado
1819	Agustín Benet	Robo verificado por la noche con violencia y uso de armas en casa de un sacerdote	Ejecutado
1819	Vicente Olmos		Ejecutado
1819	Cristóbal Beltrán		Garrote/ Fusilado
1819	Melchor Izquierdo		Presidio
1819	José Cifre		Presidio
1819	José Ferrer		Presidio
1819	Mariano Ramos		Garrote/ Fusilado
1819	Ventura Pomar	Robo verificado de noche en casa de una mujer con violencia y uso de armas	Garrote/ Fusilado
1819	Tomás Botella, Chinet		Garrote/ Fusilado
1819	José Blasco		Garrote/ Fusilado
1819	Antonio Esteban		Garrote/ Fusilado
1819	Cristóbal Prima	Robos, muertes y otros excesos, complicado y condenado de ladrón salteador de caminos y resistencia armada	Horca
1819	Jacinto García		Horca

Las actuaciones de las partidas militares contra esta delincuencia organizada y las condenas de los consejos de guerra permanentes durante 1815 y 1816 no surtían efecto. Con el fin de reorganizar la situación, por R.O. de 7 de marzo de 1817 quedó dispuesto que el Consejo consultara al monarca «si para conseguirlo sería conveniente establecer nuevas penas y coartar los términos, y dispensar formalidades en las causas contra semejantes delincuentes». Los fiscales del Consejo manifestaron que las leyes del título 17 del libro 12 de la Novísima Recopilación y la R.C. de 22 de agosto de 1814 «contenían cuantas medidas pudiese excogitar la prudencia para la aprehensión y subsiguiente castigo de los ladrones de costumbre, salteadores de caminos, y otros malhechores públicos, que por lo mismo no había necesidad de nueva ley, y que lo que importaba era asegurar la observancia de aquellas por las justicias y autoridades militares con actividad y sin colusión ni disimulo»[55].

Un hecho que favoreció la adopción de un cambio normativo se encuentra en la detención efectuada por un juez ordinario y, sobre todo, a raíz del enjuiciamiento por el consejo de guerra de Antonio Sánchez, *Chorra al aire*[56]. La Sala de alcaldes trató de imponer su jurisdicción ya que había sido capturado por la justicia ordinaria sin auxilio militar. Tan solo el traslado desde a la Corte correspondió a una partida militar, que fue la que puso al reo a disposición de la autoridad castrense, pues tenía pendiente una causa en el consejo de guerra «por cómplice en la muerte de un soldado del Regimiento de Dragones de la Reina y varios robos en la provincia de Guadalaxara», causa anterior a la persecución por los robos en la sierra madrileña. El 6 de julio de 1816 la Sala de alcaldes manifestaba que solo tenía noticia de la aprehensión del bandolero, lamentando que el alcalde de Quijorna no le hubiera dado cuenta «como deviera ni ésta se halla en el caso de entrar en contestación con el capitán general, pues aún está pendiente la resolución de algunas consultas que tiene hechas en defensa de su privativa jurisdicción». Recriminó al juez su actuación conminándole a que manifestara qué motivos había tenido para no ponerle a disposición de la Sala ni dado cuenta al tribunal[57].

Se estaba manifestando implícitamente un enfrentamiento larvado entre la jurisdicción ordinaria y la militar. A principios de abril de 1817 la Sala de alcaldes publicó una circular para evitar los desórdenes producidos

---

[55] Así se expuso en consulta de 26 de marzo, con el fin de dar un «nuevo rumbo» para limitar esta delincuencia. R.C. de 10 de julio de 1817, en *Gaceta* de 7/8/1817.

[56] Su captura fue complicada. Actuaba en la sierra madrileña, habitualmente solo. A comienzos de junio de 1816 había robado a varios hombres en los bosques de San Lorenzo, a pesar de ser «hombre de estatura menos que regular, y fornido, el qual decía se había escapado de presidio». Se afirmaba que «en estos lugares hace robos, y otros excesos, y en tanta conformidad que están todas las gentes afligidas. El día de la Ascensión se nos avisó que estaba robando en la hermita de Santa Ana, jurisdicción de la villa de Pedrezuela...» Las justicias de los pueblos, auxiliadas por hombres armados, no podían aprehenderlo. Se destinaron varios destacamentos militares para conseguir su arresto (*ibídem*, libro 1406, exp. 103). Fue ajusticiado en noviembre de 1817 junto con Manuel Millán por «ladrones salteadores de caminos» (*ibídem*, libro 1409, exp. 43).

[57] AHN, Consejos, lib. 1406, exp. 103.

por malhechores y cuadrillas de ladrones y bandidos que infestan los caminos, maltratando y robando a los pasajeros[58]. Es una disposición que afectaba solo al rastro de la Corte y auspiciaba, por un lado, la necesaria colaboración militar con las justicias ordinarias en la represión de la criminalidad; pero, por otro, la preeminencia de la justicia ordinaria en la substanciación y resolución de estas causas, obviando la jurisdicción militar. Con ella se trataba de delimitar la actuación de la autoridad militar y de los jueces y tribunales ordinarios, en la línea que se adoptará poco después. Sin perjuicio de que los interesados no tuvieran la certeza, o sí, de qué jurisdicción estaba procediendo. En este sentido, existieron intentos para desplazar causas iniciadas por los consejos de guerra hacia la justicia ordinaria o provocar algún conflicto jurisdiccional[59].

Estos litigios no solo se originaron entre instituciones de la Corte, sino también fuera de ella. Los conflictos entre la jurisdicción militar con otras en la persecución, aprehensión y enjuiciamiento de bandidos y malhechores que delinquían en despoblado, también se dio con la Hermandad. Conflicto puntual que se resolvió a favor de ella siguiendo lo establecido en disposiciones anteriores, concluyendo que la R.C. de 1814 «limita la autoridad de los consejos permanentes al conocimiento y determinación de las causas criminales contra los reos aprehendidos por la tropa en caminos y despoblados sin concurrencia principal de las justicias ordinarias; mas cuando estas obran por sí, aunque auxiliadas de la fuerza armada, las funciones de esta son secundarias y dependientes en su modo, lo que no atribuye derecho de proceder»[60].

---

[58] «Por repetidas providencias está mandado a todas las Justicias la persecución y castigo de los malhechores y cuadrillas de ladrones y bandidos que infestan los caminos, maltratando y robando a los pasageros; igualmente lo está, para evitar tales desórdenes, que cada una en su término ronde, zele y averigüe lo que ocurra, procediendo a la aprehensión de los delincuentes y gentes sospechosas, valiéndose en caso necesario del auxilio de la tropa destinada a este objeto, arreglándose para ello a las órdenes e instrucciones comunicadas, y avisando sin dilación a la Sala de cualquiera ocurrencia. En el día se han hecho demasiado frecuentes estos insultos en las inmediaciones de la Corte, sin embargo de las partidas de tropa que están acantonadas en los pueblos de...». Con este fin, el capitán general dictó sendas instrucciones para que los comandantes de partidas militares y las justicias de los pueblos, procediendo de común acuerdo, mejoraran dicha persecución. A la vista de ello, «la Sala ha acordado se prevenga a V. de su orden "ponga en egecución cuantas reglas están dictadas para semejantes casos, redoblando su zelo en el reconocimiento de los caminos, mesones, ventorrillos y parages sospechosos, procediendo a la prisión de las gentes que lo sean, formándoles causas, y dando luego cuenta a la Sala por mano del Sr. Fiscal; en inteligencia de que de cualquiera omisión o disimulo que se notare en su término se hace a V. responsable, y se tomará la providencia que corresponda"» (*Gaceta* de 3/04/1817).

[59] En octubre de 1816 Jacinta Sáenz, mujer de Raimundo González acusado de «cómplice en diferentes robos», solicitó el indulto de la pena que le correspondiera o que se determinara pronto su causa. La Sala de alcaldes manifestó que estaba «preso en la cárzel de Corte a disposición del consejo de guerra permanente en donde pende su causa y por lo mismo no ha podido la Sala en cumplimiento de dicha Real orden tomar la providencia conveniente, haviendo solo podido averiguar que el citado Raymundo González con un consorte llamado Pedro Guijarro se hallan presos desde el 20 de abril de 1815». AHN, *Consejos*, lib. 1406, exp. 94. González fue condenado a seis años de presidio en África y Guijarro a dos de obras públicas en Málaga por robos (*DdM* de 7.01.1817).

[60] C. del Consejo de 30.04.1817. AHN, *Consejos*, lib. 1409, exp. 186.

En este marco hay que encuadrar la R.C. de 10 de julio de 1817 por la cual se establecieron nuevas reglas para la aprehensión y castigo de malhechores, evitar que se repitieran sus violencias y robos, y afianzar la tranquilidad y seguridad pública[61]. Se pretendía una mayor colaboración entre las tropas destinadas a la persecución de malhechores y las autoridades judiciales, relevando de su conocimiento a los consejos de guerra establecidos en las provincias, salvo cuando se resistieran con las armas a su aprehensión, con lo cual se reducía el ámbito personal de estos consejos. En concreto, se descargó a los consejos de guerra «de la formación de procesos y causas a los reos que las tropas aprehendieren en el campo o en poblado, exceptuando los casos en que aquellos hicieren fuego o resistencia con arma blanca», de acuerdo con la I. de 29 de junio de 1784, lo que conllevó la modificación parcial del reglamento inserto a continuación de la R.C. de 22 de agosto de 1814 (art. 4). Por tanto, se mantenía el privilegio jurisdiccional para los militares, pero se separaba la competencia entre jurisdicciones por la resistencia armada a la partida militar. Reservándose las autoridades de la Corte el conocer periódicamente cuanto se avanzara y resolviera en estos asuntos[62].

La consecuencia en la restricción de la competencia jurisdiccional militar era que los ladrones y malhechores capturados por la tropa serían inmediatamente puestos a disposición de las Salas del crimen de las chancillerías y audiencias, «por las cuales deberán ser procesados, juzgados y castigados conforme a las leyes del reino, a excepción únicamente de los reos militares, los cuales quedarán exentos de la sujeción a la jurisdicción ordinaria» (art. 5). No obstante, para facilitar un rápido castigo, dichos tribunales «en la formación de los procesos de esta clase omitirán cualesquiera diligencias excusables que no fueren necesarias o muy convenientes para la completa averiguación de los hechos sustanciales, en cuanto al delito y sus perpetradores, cómplices y auxiliantes, y estando las causas en estado de plenario se estrecharán los términos para su conclusión y sentencia,

---

[61] *Gaceta* de 7/8/1817. Los capitanes generales deberían requerir de las autoridades municipales y de cualquier persona noticias exactas «del estado de inseguridad en que se hallaren los pueblos y los caminos del distrito de su mando, pongan en movimiento continuo y ordenado todas las tropas disponibles que estuvieren a sus órdenes, a fin de hacer efectiva la aprehensión de los ladrones y malhechores públicos, adoptando para conseguirlo las disposiciones que les sugieran su prudencia y zelo, cometiendo su egecución y la dirección de la fuerza a gefes activos de conocida honradez y zelo, y dando aviso a los Acuerdos de las Audiencias y Chancillerías, a los corregidores y justicias para que por su parte coadyuven las operaciones en cuanto fuere necesario o conducente». Sobre lo cual se llevaría el oportuno control, como determinaba el art. 8.

[62] El art. 9 obligaba a capitanes generales y chancillerías y audiencias a dar parte al Consejo «de lo que se egecute y adelante en la aprehensión de foragidos, en la formación de sus causas, y en el restablecimiento de la seguridad de los pueblos y caminos; expresando los capitanes generales los reos aprehendidos por la tropa, y el día, parage y motivo de la prisión; y los Acuerdos lo harán también de las causas pendientes, sugetos presos o comprendidos en ellas, su delito, día en que empezaron, y estado que tengan; noticiándose igualmente en los mismos partes o con separación, los robos y excesos que se cometan en sus distritos, con designación del pueblo a que corresponda el territorio en que se verifiquen, para que con estas noticias puntuales, y el conocimiento de los casos particulares que ocurran, pueda el mi Consejo acordar las providencias conducentes a que alcance su autoridad, o consultarme lo que fuere necesario». Otra copia se enviaría al Secretario de Gracia y Justicia.

concediendo los puramente precisos para que los reos puedan probar las exenciones legales que no estuvieren bastantemente acreditadas en el sumario» (art. 6). Brevedad procesal, eliminación de trámites y privación de garantías a estos malhechores. Con el fin de evitar la benignidad de los tribunales ordinarios y como manifestación del legalismo absolutista, el art. 7 prohibía rebajar la condena capital en los casos legalmente previstos, es decir, en los delitos de robo calificado la impondrían irremediablemente «sin arbitrio a conmutarla en otra alguna», de acuerdo con la P. de 31 de diciembre de 1598 (Novísima, 3, 2, 10), de acuerdo con la cual se observarían las leyes recopiladas no derogadas por otras. Conforme a esta disposición y para conseguir los objetivos regios, «se restablecerá el orden y modo de proceder contra los bandidos y salteadores que anduvieren en cuadrilla, determinado y prescrito por la ley 1, tít. 17, lib. 12 del mismo código, la cual deberá ponerse en plena egecución y observancia por los tribunales y justicias en sus respectivos territorios, procediendo con toda actividad» (art. 8).

Con fecha 26 de agosto de 1817 el Secretario de Estado y del Despacho de la Guerra se dirigía a los capitanes generales mediante una orden comunicando que el rey había suspendido los efectos de la R.C. de 10 de julio «por la cual se establecían reglas para la aprehensión y castigo de malhechores hasta nueva determinación». El conflicto institucional subyacente había estallado. Las autoridades militares enfrentadas al propio Consejo Real habían conseguido, de momento, una victoria al paralizar la prevalencia de la jurisdicción ordinaria, salvo en los casos detallados.

Fue preciso esperar a una posterior disposición del Secretario de Estado de Gracia y Justicia para conocer un nuevo resultado en este enfrentamiento. El 2 de diciembre de 1817 dirigía a las Capitanías generales una nueva real orden que tenía como apoyo el informe elaborado por cuatro ministros del Consejo supremo de Guerra y otros tantos del Consejo de Castilla, mandado redactar tras la suspensión ordenada el 26 de agosto de la R.C. de 10 de julio. Fernando VII se inclinó por el lado castrense, teniendo igualmente presente las razones que habían movido a su abuelo y a su padre a dictar la Instrucción de 1784 y las RR.OO. de 30 de marzo de 1801 y 10 de abril de 1802, por las que se atribuía a la jurisdicción militar el conocimiento de las causas de todos los reos aprehendidos por la tropa, aun cuando no formalizasen resistencia. Aludía, sin embargo, al incremento del número de malhechores y de delitos por «las circunstancias pasadas» como causa para la promulgación de la R.C. de 22 de agosto de 1814, cuyo objeto había sido «el pronto castigo de los muchos bandidos que infestaban los caminos y poblaciones, cometiendo los más atroces atentados». Como tampoco se había conseguido el completo resultado que se buscaba, «a pesar de los buenos resultados que ha producido dicha Real cédula», dispuso la observancia de la disposición de 1814 mientras el Consejo supremo de la Guerra resolvía lo pertinente, «quedando sin efecto alguno la de 10 de julio del presente año publicada por el mismo tribunal»[63]. La balanza se inclinaba ahora del lado militar.

La reiteración de estas medidas a través de disposiciones posteriores da cuenta de la importancia cuantitativa y cualitativa de la criminalidad organizada, no siendo suficientes ni estos textos normativos ni la actuación de las autoridades judiciales y militares. Lo cual obligó a buscar soluciones complementarias, como la de recompensa a los juzgadores que destacaran en la persecución de estos delincuentes[64]. También se favoreció a las partidas de paisanos dedicados a la persecución agavillados[65]. Estas medidas no ofrecieron, por los datos que conocemos, los resultados esperados, puesto que la delincuencia de todo tipo no descendió ni en número ni en gravedad[66]. La respuesta gubernativa fue hacer responsables a las autoridades que no consiguieran rebajar esa criminalidad[67].

---

[63] *DdV* de 25.12.1817. Las referencias a las consultas del Consejo de 22 de abril de 1818, 18 de enero y 28 de julio de 1819 solicitando el levantamiento de la suspensión de la R.O. de 10 de julio de 1817, en *Actas del Consejo de Ministros (1828)*, Madrid, 1990, p. 57, sesión de 23 de febrero de 1828.

[64] De acuerdo con la R.O. de 12 de septiembre de 1818 «una de las primeras atenciones de los tribunales superiores y jueces inferiores del reino es el conservar el orden y seguridad publica en sus respectivos territorios, persiguiendo e imponiendo con toda prontitud las penas establecidas por las leyes». Para conseguir tal objetivo se ordenaba que los presidentes y regentes de las chancillerías y audiencias dieran cuenta al rey «del zelo y vigor de los alcaldes del crimen en la persecución, formación de causas y castigo de ladrones, para atender a dichos ministros con proporción a este mérito en sus sucesivos ascensos; y también que se prevenga a la Cámara no admita solicitudes para prorrogar en sus varas a los corregidores y alcaldes mayores, ni para trasladarlos a otras sin que presenten certificación de las Salas del crimen de sus territorios de su conducta en la persecución de malhechores; en la inteligencia de que será desatendido el corregidor o alcalde mayor en quien se note omisión, condescendencia o cualquiera otro defecto en tan interesante servicio». Las solicitudes de otros oficiales de la administración de justicia «que se distingan en esta persecución», serían preferidas. Por auto de la Sala del crimen de Valladolid, de 9 de noviembre de 1818, se ordenaba a todas las justicias del territorio de la Chancillería para su cumplimiento adoptar «los medios que les dicte su celo para el exterminio de los ladrones, que infestan los caminos, y perturban el orden y la tranquilidad pública con la mayor desenvoltura», haciendo responsables a aquellas de su pronta comunicación al tribunal «no solamente de los robos que se cometan en sus respectivos términos, sino también de las causas que formaren, y de las precauciones que hubiesen tomado para su persecución y aprehensión», pues es caso contrario se les tendría por pasivo e indolentes y se les castigaría con el mayor rigor. Este último en la Colección de pragmáticas y otros documentos de la Universidad Autónoma de Barcelona.

[65] «Granada. El día 22 del actual sufrió la pena de muerte ejecutada en garrote vil, el llamado Pedro Ortega, autor de varios asesinatos y robos en despoblado. Al mismo tiempo de poner en capilla a este reo introducían en la cárcel otros siete ladrones de camino, presos por los hermanos *Botijas*, quienes después de haber obtenido el indulto, trabajan con celo infatigable en la persecución e malhechores. Se refiere que al felicitarlos alguno por la captura de aquellos criminales, contestaron: *esta gente no vale nada, luego caerán otros más gordos, y dentro de poco no quedará ni siquiera uno*», en *La Revista Española* de 30/8/1833.

[66] Eso a pesar de la dureza que se siguió contra algunos delincuentes. Entre otros: «Pablo Guimil, Josef María Arias y Manuel Rodríguez, reos del robo intentado en cuadrilla, y resistencia hecha a los dependientes de la Policía en casa del coronel D. Luis Vasalo, según se anunció en la *Gaceta* de 19 de julio último, han sufrido ayer la pena de horca impuesta por la comisión militar ejecutiva. Presenció la ejecución con dogal al cuello el criado del referido coronel, Benito Ramón Rodríguez, el cual ha sido también condenado a 10 años de presidio con retención por su inteligencia con los citados reos» (*Gaceta* de 13/8/1831). El 2 de julio de 1831 sufrió la pena de muerte de horca un reo «por haber herido alevosamente al alcalde de Ontígola, en el acto de estar este ejerciendo jurisdicción» (*Gaceta* de 5/7/1831).

[67] R.O. de 29 de enero de 1828 en la que se ponía en evidencia que «los repetidos atentados

En cualquier caso, ni la dura represión militar directa, ni la actuación de los consejos de guerra, ni la que correspondía a la justicia ordinaria lograron mitigar la criminalidad patrimonial de la posguerra. A esta situación hay que añadir que desde el estamento militar se lamentaba que las justicias ordinarias no castigaran con el rigor legal.

A partir de 1818 apenas volvemos a tener noticias del consejo de guerra permanente de Castilla la Nueva, aunque sí de la actuación del consejo de guerra de oficiales generales que, en la mayoría de los casos, actúa contra soldados y oficiales que han cometido muertes violentas y robos, por lo cual han abandonado su destino. También procedió en 1818 contra el paisano Lorenzo Aragón, José Muñoz, alias el Bobero, y otros reos por «robos, muertes y otros varios excesos». Los reos consiguieron ausentarse de Madrid y evadirse momentáneamente de la justicia militar[68]. Pronto fueron apresados, siendo sentenciados en junio de 1819[69]. La sentencia, fallada por unanimidad, «en atención a resultar convencidos por pruebas indubitables y claras de robo en Corte, caminos reales y en cuadrilla, con reincidencia continuada en estos crímenes y muerte al tiempo de la egecución de ellos», condenó –a la vista de las mentadas causas de agravación de la pena– a muerte de horca conmutada por la de garrote, de acuerdo con la R.O. de 30 de julio de 1815, a los dos mencionados –si bien Lorenzo Aragón se hallaba ausente y rebelde–, a José Moreno, alias el Chulo, y Manuel Royo. A otros dos reos en diez años de presidio, si bien contra uno de ellos se seguía otra causa ante la jurisdicción ordinaria por una muerte violenta y heridas. A otro ladrón, cuatro años de presidio «por la misma complicidad», sin perjuicio de otro proceso que se le seguía por otra muerte violenta. Dos soldados fueron remitidos a sus cuerpos y apercibidos, sin perjuicio de ser juzgados ulteriormente por los demás delitos. Las dos mujeres encausadas «por sus auxilios prestados a algunos de los reos» fueron destinadas a seis años de reclusión en la casa galera u otra similar y apercibidas, y una más «por iguales motivos y en los mismos términos» por de cuatro años.

La R.C. de 4 de marzo de 1819 declaró abolidos los consejos de guerra

---

cometidos en diferentes direcciones con las valijas de la correspondencia de oficio y del público y sus conductores, han llamado muy particularmente la atención del Rey nuestro Señor, cuyo Real ánimo está íntimamente convencido de la necesidad de prontos y eficaces remedios para contener males de tan perjudicial trascendencia». El rey ordenó al Consejo de ministros fijar las medidas que convendría adoptar para la persecución y exterminio de ladrones y en vista de ello, «sin perjuicio de lo que más adelante se disponga con aquel objeto, sean responsables las autoridades de los pueblos de los robos y excesos de esta especie que se cometan en sus respectivos distritos». Arias Teijeiro escribirá: «¡Habrá disposición más revolucionaria! La Mesa dirá entre otras cosas que, si esto se adopta, será preciso dar otra ley para obligar a ser alcaldes. Este es el gran parto, después de 3 años o más que ha principiado el célebre expediente de malhechores», *Diarios*, I, p. 29.

68 *DdM* de 17.07.1818.

69 *DdM* de 23.06.1819, donde se inserta completa la sentencia del consejo de guerra ordinario. José Muñoz, el Bolero, fue preso el 28 de setiembre de 1817; José Moreno, el Chulo, el 13 de mayo de 1819; y Manuel Royo el 20 de junio de 1819. Fueron procesados «por haber derribado una estatua de piedra que estaba en la fuente de Perales de Tajuña, e incendiado dos cabañas de guardas, por cuyos delitos fueron indultados, ignorándose el que cometerían después para ser condenados a muerte en garrote, cuya pena sufrieron el 23 de junio de 1819» (Morales, *Historia del Saladero*, II, pp. 330-331).

creados antes y después de la R.O. de 6 de septiembre de 1814, dejando solo subsistentes los recogidos en las Ordenanzas militares, pero también el ordinario de oficiales para enjuiciar a los malhechores[70]. Este último tenía una doble jurisdicción: la castrense, que es la privativa, y la ordinaria criminal para causas en las que se hubiera hecho resistencia armada a la tropa, que es la acumulada. Los consejos de guerra permanentes cesaron, pero la represión la asumieron los ordinarios, incluso con mayor dureza.

Los últimos meses de 1819 fueron especialmente activos para la jurisdicción militar de Valencia. Meses en los que funcionó enérgicamente el consejo de guerra en Sagunto para juzgar a los malhechores que infestaban las tierras valencianas, aunque la dura represión política de Elío tras su frustrado homicidio también debió de estar presente[71].

El 11 de agosto insertaba el capitán general en el Diario de Valencia una larga nota dando cuenta de que en varias causas incoadas por la Capitanía figuraban tres acusados de «varios robos, muertes y otros excesos, (que) resultaban complicados y condenados de ladrones salteadores de caminos y aun de muchos atentados». Habían sido perseguidos infructuosamente, hasta que reunidos en una barraca de la Albufera «para ejecutar un robo en aquella misma noche con otros varios malhechores», fueron sorprendidos por una partida de fusileros. Rodeados, hicieron fuego contra la tropa, cuyo mando ordenó quemarla para que salieran, si bien «la resistencia de estos monstruos fue proporcionada a sus crímenes». Uno de ellos fue abatido y los otros dos capturados, aunque uno herido. En la refriega murió un miñón y dos resultaron heridos. Ante estos hechos, Elío ordenó que se les formase inmediatamente el proceso y se les juzgase. Capturados el día 4 de agosto, los dos que sobrevivieron fueron ahorcados una semana después, «y para que no se liberte la memoria de Cervera de la infamia de la condena que no puede sufrir, se le ha incluido en la sentencia». Asimismo, Javier Elío se vanagloriaba del fin de estos malhechores y

---

[70] La R.O. de 2 de agosto de 1815 requería al Consejo supremo de la Guerra para que elevara al rey una relación circunstanciada de todos los tribunales militares, entre ellos los consejos permanentes y comisiones creadas por R.O. de 6 de setiembre de 1814. El Consejo elevó al rey el 31 de octubre de 1818 su consulta, de la cual trae consecuencia la R.R. de 22 de febrero de 1819. El art. 2 de la cédula de marzo estableció: «Que permanezcan solo los consejos que señala la Ordenanza general del Ejército, la de los regimientos de Guardias de Infantería, y la Real orden de 18 de abril de 1799, que son: el de Generales para las causas de los oficiales en delitos militares, el cual ha de conocer también de aquellas en que entendía la comisión militar que se estableció en todas las Capitanías generales por la Real orden de 6 de setiembre de 1814; el consejo ordinario de oficiales para los delitos de la tropa, y las causas de malhechores de que trata la Real cédula de 22 de agosto de 1814; y el consejo extraordinario para los sargentos, cabos y soldados graduados de oficiales; que en la formación de los procesos, nombramiento de vocales y modo de dar sus votos se observe exactamente lo prevenido en la Ordenanza».

[71] Este consejo ordinario funcionó entre 1815 y 1819: «D. Anastasio Navas, abogado y capitán de artillería graduado de comandante, fiscal militar que había sido del consejo de guerra que, durante el mando de Elío, desde 1815 a 1819, funcionaba en Sagunto y de cuyas sentencias y opiniones hablaban los periódicos liberales, lo que dio motivo a Navas para salir a la defensa del Consejo de que formó parte, publicando unas hojas sueltas bajo el título de *Cartas de la abuela a la nieta*, y de esta a la otra», Luis Tramoyeres Blasco, «Periódicos de Valencia», *Revista de Valencia*, 1, 1881, p. 515.

de que la mayor parte de sus compañeros estaban descubiertos y presos, y anunciaba que en pocos meses irían desapareciendo «todos los enemigos del orden y de la sociedad», pudiendo «el valenciano honrado vivir tranquilo en su casa en el seno de su familia, y el caminante andar sin la misma zozobra que ahora»[72]. También invitó a los valencianos para que delataran a otros malhechores, «seguros de no tener nada que temer de ellos», prevención que debía de estar muy presente en muchos individuos, sobre todo, de las zonas más despobladas. Fundamentaba su petición en que «todas las leyes divinas y humanas autorizan a perseguir a esta raza de asesinos, ladrones y atentadores a la autoridad del Rey, y de un pueblo cristiano y civilizado...»[73]. La idea es poner de manifiesto a los valencianos que, gracias a la jurisdicción militar, se estaba consiguiendo la represión de la criminalidad que atemorizaba al reino[74]. Quizá por contraposición a la habitualmente más benévola justicia ordinaria, amparada en una secular tradición jurídica, y no sometida a la obediencia estricta de las órdenes superiores.

Ese interés en la rápida resolución de los procesos y en su inmediata ejecución, queda palpable en la actuación del consejo de guerra de la plaza de Sagunto que, continuando «el descubrimiento de los horrorosos atentados cometidos por los muchos malhechores presos en dicha plaza, de cuyos hechos se presentan las más convincentes pruebas», concluyó la causa contra cinco reos quedaron sentenciados a garrote, sustituido por el fusilamiento. Se les acusaba de haber cometido «otros muchos crímenes, pero como las pruebas de los dos citados han producido el resultado más completo para condenarles por ellos, se ha omitido proceder sobre los demás para adelantar el pronto castigo que exigía la crítica situación a que semejantes bandidos habían reducido el reino»[75]. Esta determinación motivó que los miembros de esta cuadrilla fueran ejecutados, por los mismos o diferentes hechos, en fechas distintas[76].

La noticia más impactante de la dureza con la que actuaba la jurisdicción militar en tierras valencianas la encontramos en el *Diario de Valencia* de 15 de octubre de 1819:

---

[72] En la noticia de las ejecuciones del 7 de octubre señalaba que «la muerte de estos malvados, confesos algunos, y otros convictos de sus crímenes, asegura a los habitantes de estos Reinos la tranquilidad de sus hogares que con tanto escándalo ha sido interrumpida hasta el día; y yo espero que el castigo de tales monstruos, y el que se imponga a los que quedan presos en la referida plaza, contra quines se siguen causas con la mayor actividad, se extingan los desórdenes que por todas partes afligían a los honrados vecinos y traficantes, atacados continuamente en sus casas y caminos, cuya desgraciada suerte lloran todavía algunas familias», *DdV* de 6.10. 1819. En términos similares, *DdV* de 9.10.1819.

[73] *DdV* de 11.08.1819.

[74] En *DdV* de 15.11.1819 se lee: «El público que ve la actividad con que la jurisdicción militar le proporciona el castigo de semejantes monstruos, hallará en esto el interés con que procura la tranquilidad y seguridad pública que yo me prometo conseguir enteramente en el distrito de mi mando a beneficio de estos egemplares de justicia, contra los que tan escandalosamente se habían empeñado en perturbar el buen orden».

[75] *DdV* de 9.10.1819.

[76] Por ejemplo, *DdV* de 5 y 15.11.1819 y 17 y 22.12.1819.

> «Veinte y tres malhechores de los condenados a pena capital en el Fuerte de Sagunto por la Jurisdicción militar, han sido fusilados con pocos días de intermisión, y se han impuesto destino de presidio a otros, que complicados en las mismas causas tenían en su apoyo la falta de justificación tan completa, como exigen las leyes para la imposición del último suplicio. Hoy sufrirán esta pena... todos los que hasta el día han sido juzgados tenían contra sí una multitud de excesos, habiéndose elegido el medio de procesarles por uno solo cuando había suficiente justificación, procurando por este medio el pronto castigo de los malos para satisfacción de la vindicta pública».

De los cuatro ajusticiados en Madrid durante 1820, dos de ellos fueron condenados a muerte por el consejo de guerra de Castilla la Nueva, procesados por delitos de rapto, estupro, robos y resistencia armada a la autoridad. Fueron fusilados el 5 de enero de 1820[77]. En Valencia, algunos salvaron la vida al proclamarse el día fijado para su ajusticiamiento la Constitución de 1812[78].

Cabe concluir este epígrafe con las palabras de José de Palafox en su discurso como presidente de la Audiencia de Aragón en 1815, en las que destacaba el «íntimo enlace y esta armonía de la magistratura y la fuerza pública, que se reputó tan útil al tiempo de establecerse, es todavía más necesario en la época en que nos hallamos. La urgentísima obligación de resistir a los usurpadores que intentaban sojuzgarnos, aumentó la fuerza pública dándola un ascendiente proporcionado a su importancia y una plenitud de autoridad dictada por la necesidad misma»[79]. La mano armada no solo defenderá el territorio contra el enemigo exterior, sino que tiene encomendada la represión del enemigo interior, del ideológico y del que hace uso de las armas para cometer sus delitos.

2. Las Comisiones militares

Las medidas del Sexenio absolutista, con los precedentes normativos de los dos reinados anteriores, se trasladarían al bienio inmeditamente posterior a la caída del régimen constitucional en 1823, e incluso a los últimos años de vida de Fernando VII. El monarca continuó sirviéndose tanto de los tribunales ordinarios como de la jurisdicción militar para la represión política. Las nuevas comisiones reprimieron con dureza tanto la

---

[77] Estos dos soldados eran Antonio Castañeira y Ramón Anglés, de 21 y 32 años respectivamente (Morales, *Historia del Saladero*, II, p. 350). Habían sido apresados el 31 de diciembre de 1819.

[78] El consejo de guerra ordinario de Alcoi sentenció en marzo de 1820 a un grupo de malhechores entre los que había paisanos y un desertor a la pena de muerte por hechos ocurridos en 1817, pena que debía ejecutarse los días 9 y 10 de marzo de 1820, pero este día se promulgó la Constitución gaditana. Arcos, *La senda dels lladres*, pp. 83-84. El 9 de febrero de 1820 otros cuatro habían sido pasados por las armas (*ídem*, p. 82).

[79] *Discurso* (Aragón) 1815.

delincuencia de las gavillas como la política[80]. La actuación de una de estas comisiones, la de Castilla la Nueva, fue especialmente cruenta, propagándose a todas ellas sus aspectos más represivos, aunque no puede generalizarse sin matices. No todos los que pasaron por ellas fueron condenados a muerte, pues hubo de todo, aunque el mero hecho de ser juzgado por una de estas comisiones ya era de por sí castigo suficiente por todas las adherencias que conllevaba esta penuria procesal. Lo que no se puede poner en duda es la desproporcionalidad entre los hechos en virtud de los cuales cualquiera podía ser encausado y la pena impuesta[81].

En virtud de R.O. de 13 de enero de 1824, cuya vigencia se preveía circunstancial[82], se creaba en todas las capitales de provincia, incluidas las Baleares, una comisión militar ejecutiva y permanente[83], con sujeción a lo dispuesto por la Secretaría del Despacho de Guerra. El razonamiento para atribuir el enjuiciamiento de la delincuencia contra la propiedad en la Corte –que, no se olvide, era un lugar especialmente protegido–, se fundamentaba en el número de robos que se cometían en ella; al tiempo que se les encomendaba explícitamente la represión de aquellos que atentaran contra el poder del monarca. En el prefacio de esta disposición se aprecian con claridad ambos aspectos, el que se refiere a la delincuencia política y el que atañe a la delincuencia común:

> «habiendo llegado a mi noticia que en algunos pueblos del reino existían hombres que, pertinaces y obstinados en sus extravíos, o acostumbrados a vivir y medrar en el desorden, alteraban la tranquilidad pública, ya profiriendo expresiones contra los sagrados derechos del Trono y en favor de la abolida Constitución, ya forjando y esparciendo noticias falsas que alarmaban a mis fieles vasallos, y ya turbando el sosiego público con violación de las más sagradas obligaciones; e informado al propio tiempo de que la seguridad de los caminos públicos se hallaba comprometida por cuadrillas armadas que interrumpían el comercio y el tránsito, causando los daños y perjuicios que eran notorios... Y como hubiesen llamado también mi sobe-

---

80 «Volviose a reproducir el terror de 1824; creáronse de nuevo las comisiones militares, que tornaron a ejercer desde luego sus horribles funciones; promulgáronse nuevos decretos de proscripción y de muerte; sorprendiéronse correspondencias y conspiraciones más o menos auténticas, de que fueron víctimas el librero D. Antonio Miyar, el médico Torrecilla, y hubiéranlo sido también el ingeniero Marcoartú y D. Salustiano Olózaga, a no haberse arrojado aquel por un balcón para evitar su prisión, y evadido este milagrosamente de la cárcel de Villa, donde estaba incomunicado. Y llegó a tal extremo el ensañamiento del bando dominante, que condujo al patíbulo a un infeliz zapatero de la calle de San Antón, llamado Juan de la Torre, por haber exclamado en un momento de exasperación: «*Libertad, ¿dónde estás, que no vienes?*», y desterró al alcalde de corte, don Andrés Oller, por haberse negado a firmar este jurídico asesinato», Mesonero, *Memorias*, p. 56. Torrecilla fue apresado en Manzanares por el alcalde mayor de Pozuelo de Calatrava.

81 Andrés Martínez, alias Pizco, fue condenado a diez años de presidio con retención y doscientos azotes, «convencido de los delitos de adicto al sistema constitucional, manifestado con canciones y espresiones, blasfemo e irreligioso». Los azotes fueron ejecutados por la jurisdicción ordinaria, auxiliada por un reducido piquete de soldados, en *DdM* de 16 de septiembre de 1824.

82 Art. 18: «Las disposiciones que contiene esta Real orden subsistirán por todo el tiempo que lo exijan las circunstancias que la motivan».

83 Cabe reproducir la referencia crítica del trabajo de Pegenaute Garde, *Represión política*, ya citado; y las críticas efectuadas, entre otros, por Fontana, «Represión política y violencia civil», también citado.

rana atención los robos que hacia algún tiempo se estaban cometiendo en la Corte, ya en las calles públicas, y ya en las casas particulares, con violencia a veces de puertas y ventanas, consideré como uno de los medios más oportunos que pudieran acordarse para impedir tales delitos y asegurar la tranquilidad, a que era tan acreedor el vecindario de la capital de la Monarquía, el de sujetar a sus perpetradores a la jurisdicción y juicio de las Comisiones Militares, ejecutivas y permanentes, y a las penas señaladas en las leyes 3ª y 5ª, título 14, libro 12 de la Novísima Recopilación –que regulaban los hurtos en la Corte de 1734 y su aclaración de 1735–, y en el artículo segundo de la Real orden de 31 de agosto de 1772, cuyo tenor se insertó en otra circular expedida por el mismo Ministerio en 22 de enero de dicho año. La ejecución de estas medidas extraordinarias debió prolongarse por todo el tiempo que lo exigiesen la conservación de los derechos de mi soberanía y del orden y tranquilidad pública»[84].

Estaban compuestas por militares designados por los respectivos capitanes generales «entre los que por su acrisolada lealtad y aptitud» merecieran su confianza, asistidos por un asesor, cuatro fiscales e igual número de secretarios. Lo más interesante es su ámbito material, al quedar sujetos a su jurisdicción:

- Los que desde el 1 de octubre de 1823 se hubieran declarado o en lo sucesivo lo hicieran «con armas o con hechos de cualquiera clase, enemigos de los legítimos derechos del Trono, o partidarios de la Constitución de Cádiz». Precepto en el que se insistiría meses más tarde, de modo que cualquier revolucionario al que se aprehendiera con armas, sería entregado a una comisión militar para ser enjuiciado sumariamente, en detrimento de la jurisdicción ordinaria[85].

---

[84] R.O. de 4 de agosto de 1825 determinando la supresión de las comisiones militares. Texto más clarificador que el proemio de la R.O. de 13 de enero de 1824: «Habiendo llegado a noticia del Rey nuestro Señor que en algunos pueblos del Reino existen hombres que pertinaces y obcecados en sus extravíos; o acostumbrados a vivir y medrar en el desorden, han alterado la tranquilidad pública, ya profiriendo expresiones contra los legítimos derechos del Trono y en favor de la abolida constitución, ya forjando y esparciendo noticias falsas que alarman a los fieles vasallos de S. M., y ya turbando el sosiego público con violación de las más sagradas obligaciones; e informado al propio tiempo de que la seguridad de los caminos públicos se halla comprometida por cuadrillas armadas que interrumpen el comercio y el tránsito, causando los daños y perjuicios que son notorios; deseando S. M. proveer de pronto remedio a males de tanta gravedad, persuadido de lo mucho que influye para evitar los delitos el rápido castigo de los que los cometen, y con presencia de las leyes y Reales ordenes que en varios tiempos y en semejantes circunstancias se han expedido, ha tenido a bien resolver lo siguiente...». Pueden verse ejemplos de condena a la horca por robo dentro de la Corte en *Gaceta* 11/9/1824 y 28/11/1824, por ejemplo.

[85] R.O. de 14 de agosto de 1824, en la que a pesar del indulto de 1 de mayo anterior y «la necesidad que hay de sacar las cosas por algún tiempo de su orden regular, y ejecutar castigos prontos que sirvan de penas a unos, de freno a otros, y de confianza a todos en la recta e invariable justicia de S.M.; se ha servido resolver que cualquiera revolucionario que sea aprehendido con las armas en la mano, o envuelto y mezclado en conspiraciones y alborotos que se dirijan a turbar el orden y sosiego público, y a establecer el sistema anárquico felizmente abolido, inmediatamente sea entregado a una comisión militar, para que breve y sumariamente lo juzgue y ejecute lo juzgado; dando cuenta después de lo que haya hecho; todo ello sin embargo de las providencias que en contrario se hayan dictado hasta aquí por el tiempo que lo exija la necesidad, sin perjuicio de las órdenes mas ejecutivas que se hayan comunicado por el Ministerio del cargo de V.E., y mientras S. M. no determine otra cosa». En *Gaceta*

- Los que desde la misma fecha hubieran escrito o escribieran papeles o pasquines dirigidos a los mismos fines.

- Los que en parajes públicos hablaran contra la soberanía de Fernando VII o en favor de la abolida Constitución de 1812.

- Los que sedujeran o procuraran seducir a otros con el objeto de formar alguna partida.

- Los que promovieran alborotos que alteraran la tranquilidad pública, cualquiera que fuera su naturaleza o el pretexto para ello. Hasta aquí los supuestos políticos.

- Por último, los ladrones y malhechores que en caminos y casas de campo fueran aprehendidos por cualquier tropa o por los voluntarios realistas[86]. La persecución de las gavillas, la mayoría dotadas de armas de fuego, hacía imprescindible el empleo de la tropa para detenerlas. Si, además, se enfrentaban a los perseguidores se entendía que estaban atacando a militares y, por tanto, por este hecho quedarían dentro de su ámbito jurisdiccional. En aplicación de este precepto fueron condenados a muerte por la comisión militar de Castilla la Nueva y ejecutados ocho reos «aprehendidos con resistencia a los voluntarios realistas de Monteagudo en el chozo de Carboneros de la dehesa de Alcolea, de cuyas resultas fue uno muerto de los primeros, y otro se fugó, cuya cuadrilla, que se componía de diez, fue perseguida a vivo fuego por dichos realistas hasta que consiguieron su captura»[87]. Sin obviar que, en ciertos casos, los agavillados eran manifiestos defensores del sistema constitucional[88].

La redacción de la real orden se refiere a los que, en cualquier grado de autoría, interviniesen o cometiesen alguno de los hechos mencionados en último lugar. Esta disposición fue mucho más allá en consonancia con la represión sobre la delincuencia patrimonial, puesto que «se tendrán por

---

20/10/1824 se puede leer como la comisión militar de Castilla la Nueva ordenó fusilar por la espalda a varios revolucionarios aprehendidos con las armas en la mano y a otro reo convencido de inteligencia y envuelto en una conspiración contra el monarca, juzgados breve y sumariamente con arreglo a las RR.OO. de 14 y 20 de agosto de 1824.

[86] Arts. 2 y 3 de la R.O. de 13 de enero de 1824. No obstante, Pegenaute, *Represión política*, pp. 30-31 lamentaba que «el aspecto más duramente juzgado y, paradójicamente, el menos estudiado, al menos desde un punto de vista estrictamente histórico, es el que hace referencia a la competencia de las comisiones militares».

[87] Se trataba de Ignacio Vergara, de 30 años y trajinante; Antonio Rodrigo, de 26 años y labrador; Jacinto Martínez, de 29 años y mozo de labor; Manuel Antonio Lomaz, de 50 años y trajinante; Félix Orozco, de 22 años y jornalero; Pedro Máximo Romero de 25 años y cortador; Juan Marón de 28 años y revocador; y Evaristo Toledo, de 28 años y labrador. *DdAM* de 7.6.1825. En febrero había sido ahorcado Alfonso Morcillo, alias Mincheta, «confeso y convicto de los delitos de robo de la diligencia y otros en despoblado, y por mano armada en compañía de su hermano Cabeza de Martillo, el famoso ladrón Polinario de Revuelto, Perico el murciano (ya difuntos) y otros de esta orda de foragidos que ocupaban Despeñaperros», *DdAM* de 9.2.1825.

[88] Felipe Calderón, casado, de 41 años y vecino de Quintanar de la Orden, fue condenado a la horca «por el atroz y horrendo delito de haber cantado repetidamente hallándose en la cárcel de aquella villa, canciones revolucionarios, componiendo las letrillas de expresiones las más impías e irreligiosas contra Jesucristo, Sumo Pontífice y nuestro Augusto Soberano, concluyéndolas con el estrivillo criminal en sumo grado de muera Fernando y la Religión, y viva el que quiere Constitución, regravándose más su delito por hallarse ya sentenciado a diez años de presidio a consecuencia del robo que hizo con otros a la diligencia», *DdAM* de 10.1.1825.

sospechosos, y podrán ser detenidos por la tropa, todos los que halle ésta en los caminos y parages despoblados sin pasaporte, y vestidos con trage impropio a su ejercicio, tal como el de prendas militares en individuos que actualmente no corresponden al Ejército, entregándolos a las comisiones militares para que, indagando sus costumbres y modo de vivir, les apliquen las penas que merezcan según las leyes» (art. 4). Este precepto alteraba un principio jurídico esencial por el cual para condenar a alguien era preciso que las pruebas fueran tan claras como la luz del día, si bien la práctica judicial había aplicado y aplicaba, como veremos después, a los sospechosos de haber cometido delito la purga del arresto padecido mientras se solventaba la causa, o la absolución de la instancia por si aparecieran nuevas pruebas. Lo que sí avanza este precepto, con respecto a las obras jurídicas y a la práctica forense, es un criterio para concretar quién debía ser considerado sospechoso, y además se vincula implícitamente con ese numerosísimo grupo de individuos a los vagantes por doquier. El esquema jurídico de la posguerra contra el ejército napoleónico se reproducía.

El ámbito personal de estas comisiones era universal, porque las sospechas o la perpetración de los hechos delictivos mencionados conllevaba el desafuero para cualquiera de sus autores, salvo las restricciones fijadas con respecto a los eclesiásticos que, sin embargo, también podían ser encausados[89]. Por contraposición, quedaba prohibido a estas comisiones el conocimiento de cualquier otro hecho delictivo no enunciado en los arts. 2 y 3 de la citada disposición. Frente a su establecimiento y actuación es conocida la oposición navarra[90].

El procedimiento para solventar estas causas criminales ante la jurisdicción militar era el establecido en las Ordenanzas militares, dentro del término fijado en ellas o «en el más corto posible, bajo la responsabilidad del presidente, vocales y fiscal, debiendo omitirse el evacuar citas inconducentes, y también la formula de los careos, como no necesaria, a no pedirlos el defensor del reo por ser convenientes para su defensa»[91]. En el supuesto de

---

[89] Art. 15: «Los que incurran en los delitos de que deben conocer las comisiones militares ejecutivas permanentes, que son los expresados en los artículos 2º y 3º, quedan desaforados, sea cualquiera su clase, grado, estado y condición, sin excepción alguna, a cuyo fin deroga S. M. todas las órdenes, leyes y reales cédulas, en cuanto se opongan a esta... bien que si el reo fuese eclesiástico, es la voluntad de S. M. que aunque la comisión forme la causa, sea esto como se previene en la Real orden de 13 de setiembre de 1815, que queda vigente». El art. 16 concretaba este ámbito universal en dichos delitos y trataba de evitar los conflictos jurisdiccionales: «Como esta disposición no ha de tener efecto retroactivo, quiere también S. M. que las justicias ordinarias continúen conociendo de las causas que hayan principiado sobre los mismos delitos, cuyos reos estén ya presos al establecimiento de las comisiones, y que las sustancien y determinen a la mayor brevedad según las leyes; pero desde el establecimiento de las comisiones militares, si las justicias aprehendiesen alguno o algunos reos de dichos crímenes, deberán entregarlos a los presidentes de las mismas comisiones con la sumaria que dichas justicias hayan formado sobre el hecho; practicándose lo mismo en su caso con los aprehendidos por la Policía».

[90] Río Aldaz, «Liberales, absolutistas», ya citado.

[91] Las restricciones probatorias del art. 5 afectarían, por tanto, a la convocatoria de testigos y careos con estos o entre los acusados. El art. 12 regulaba el proceso contra ausentes, que serían llamados por edictos; pero cuando se presentaren o fueran arrestados, continuarían por el procedimiento ordinario. La lentitud de jueces y tribunales ordinarios en la resolución de las causas criminales se denunciaría, desde el Gobierno, en la R.O. de 31 de agosto de 1824.

plantearse dudas durante el procedimiento, el asesor letrado debería informar[92]. En concreto, su dictamen era necesario cuando los reos aprehendidos por el mismo delito fuesen muchos, sin duda pensando en revueltas populares o gavillas de ladrones. En estos casos se formarían procedimientos separados «para abreviar de este modo la sustanciación, y el pronto castigo o libertad de los acusados». De igual manera informaría, concluida la causa, sobre la existencia o no de defectos procesales (arts. 6 a 8).

Desde el punto de vista de la defensa de los acusados, se dejaba al absoluto arbitrio de estas comisiones la valoración de las pruebas a favor o en contra de los reos, obviando las apreciaciones que sobre ellas estaban plasmadas en la doctrina secular. Declarándose de modo expreso que la embriaguez no serviría como causa para una posible mitigación de la pena[93]. Prevalecían las reglas procesales del juicio sumario y una regulación tendente a la incriminación de cualquier acusado, que no gozaba de garantías suficientes de defensa[94].

Pero la teoría legal es muchas veces incompatible con la realidad práctica, máxime cuando intervienen letrados, uno de los cuales, en ciertos casos, tenía que salvar de la pena capital a su defendido. Garantías proce-

[92] La literatura nos ha transmitido el comportamiento sumiso o condescendiente del asesor ante presidente de la comisión, Pérez Galdós, *El terror*, pp. 261-262.

[93] «Art. 6. No deberá servir de excepción la embriaguez para la imposición de la pena, probado que sea que el delincuente era consuetudinario en este exceso, y que le inducía a otros, así como no lo es para el soldado según la ordenanza general del ejército. Art. 7. Queda al prudente e imparcial criterio judicial la fuerza de las pruebas en favor y en contra del procesado». Sobre cómo pudieron interpretarse estos preceptos a tenor del relato de Pérez Galdós, *El terror*, pp. 146-147 y 293-294. En las primeras páginas podemos leer novelada la que pudo ser una discusión en el seno de la comisión madrileña a propósito de un principio básico en Derecho: «Causa de D. Benigno Cordero y de su hija Elena Cordero por conspiración... -¡Alto! -gritó una voz desde el otro extremo de la sala. Era la de Pipaón que se adelantó extendiendo su mano como una divinidad protectora. -Si es criminal perdonar al culpable, criminal es, criminalísimo, condenar al inocente -dijo con énfasis-. Yo me opongo, y mientras tenga un hálito de vida alzaré mi voz en defensa de la inocencia. -Vaya, recomendaciones habemos -observó Garrote riendo-. Eso no puede faltar en España. Favorcillo, amistades, empeños... Mientras tengamos eso, no habrá justicia en nuestro país... ¡Recomendación! Yo empezaría por ahorcar esa palabra. Me repugna. -No se trata aquí de recomendar a un amigo a la generosidad de D. Francisco -dijo el cortesano poniéndose rojo de tanto énfasis-. Es que la inocencia de D. Benigno está ya tan clara como la diáfana luz del día. ¿Le consta a usted que no? -A mí no me consta nada -repuso Navarro alzando los hombros-. Si no le conozco... Pero me ha llamado la atención una cosa, y es que se han sentenciado en este mismo momento varias causas por desacato, por exclamaciones, por besos, por sacrilegio, sin que hayamos oído una voz que se interese por los reos; pero aparece una causa de conspiración (al decir esto dio una gran palmada) y en seguida vemos venir la recomendación. Si no hay gente más feliz que los conspiradores... Yo no sé cómo se las componen, que siempre encuentran amigos». Vid. lo que a este propósito mantenía la doctrina, Gutiérrez, *Practica criminal*, III, pp. 234-235. Restablecidas las comisiones militares, la de la Corte condenó a la horca en 1831 a un reo «por el gravísimo delito de embriaguez», aunque llevando pendiente al cuello un cartel que decía «Por revolucionario», en Morales Sánchez, *Historia del Saladero*, II, p. 581.

[94] «Pero señora Genara de mis pecados, aquí no hay causas, ni jurisprudencia, ni ley, ni sentencia, ni testimonio, ni pruebas, ni nada más que el capricho de la Comisión Militar y de la Superintendencia, sometidas, como usted sabe, al capricho más bárbaro aún de los voluntarios realistas... Sí, el Gobierno necesita ahora más que nunca demostrar gran celo para perseguir a los liberales. Los voluntarios realistas le acusan de que ahorca poco», Pérez Galdós, *El terror*, pp. 233-234 y 259.

sales y celeridad judicial pronto se enzarzaron en las comisiones militares. El presidente de la de Castilla la Nueva, que era la radicada en Madrid, no tardó en protestar por las dilaciones que resultaban en las comparecencias de testigos y peritos, «porque estando estos sujetos a otras jurisdicciones, tienen los fiscales que oficiar a sus jueces naturales, según el orden establecido, para que concedan su permiso; lo cual a veces no se consigue con la brevedad que conviene y corresponde a la naturaleza de las mismas causas». A raíz de ello, se dictó la R.O. de 26 de febrero de 1824 de acuerdo con la cual «todo individuo que, según la ley, pueda y deba declarar ya en la forma ordinaria o ya por certificación, requerido que sea para ello directamente por la comisión militar de esta Corte, lo verifique desde luego; entendiéndose esto mismo con respecto a los peritos, y sin necesidad de que ni antes ni después de declarar o certificar se pase aviso a la autoridad de quien dependa el testigo o perito», haciéndose extensiva al resto de comisiones. Las implicaciones que conllevaba la defensa de los reos encausados ante las comisiones y, quizá un cierto rechazo a las mismas, debió provocar la renuncia de algunos defensores, lo cual entraba en contradicción con el procedimiento sumario mediante el cual Chaperón pretendía resolver estas causas. Para remediar este obstáculo, otra R.O. del 5 de marzo siguiente aclaró que «ningún oficial pueda excusarse del cargo de defensor, sino en los casos establecidos».

Sustanciado el juicio, si no hubiera defectos o estos se hubieran subsanado, y antes de emitir sentencia, los defensores tendrían un plazo al arbitrio del presidente de la comisión –prorrogable[95]– para que presentaran sus escritos. Concluido este trámite, la comisión dictaría el fallo, oído el asesor[96]. Las condenas impuestas se sujetarían a las establecidas en las Reales Ordenanzas Militares y en particular a lo prevenido en el D. de 4 de mayo de 1814 que declaraba nula y sin ningún valor y efecto la Constitución y demás decretos de las Cortes[97]. La sentencia así redactada se elevaría al capitán general, aunque sería el auditor de guerra quien la examinaría. Hubo diversidad de fallos según las comisiones[98]. Si el resultado fuera confirmatorio, la máxima autoridad militar ordenaría su ejecución

---

95 La petición de prórroga podía constituir un gravamen para el defensor, pues «en caso de pedir prórroga concederá una que no pase de tres días, examinando después al tiempo de pronunciar el fallo, si dicha solicitud de prórroga fue o no necesaria, o justa, imponiendo al defensor, en el caso contrario, la pena correccional que estime oportuna» (art. 8).

96 De acuerdo con el art. 9: «Los asesores no tendrán voto para el fallo, con arreglo a lo establecido para los procesos militares; pero ilustrarán a los vocales antes de la votación, que se verificará por el orden que previene la ordenanza; y cuando la sentencia que recaiga no esté arreglada a la opinión del asesor, lo pondrá este por escrito, y se unirá a la causa».

97 Pueden verse en *Recopilación de penas militares según Ordenanza y Reales Órdenes hasta noviembre de 1806 con las obligaciones del soldado, cabo y sargento de Infantería, Caballería y Dragones y otros particulares para la instrucción de los mismos* [por] *D.J.S.C.P.*, Madrid, 1825.

98 La causa de Joaquín Capapé ante la comisión militar de Aragón es esclarecedora: de los diecisiete vocales del Consejo de guerra tres le sentenciaron a muerte, seis a encierro perpetuo y ocho lo absolvieron, «de cuya diversidad nacía la monstruosa distancia que se observaba en los fallos de la comisiones militares que entendían de un mismo delito», Bayo, *Historia de la vida y reinado de Fernando VII*, III, pp. 252-253.

inmediata, como se detalla para la pena capital[99]; mientras que en caso contrario, el capitán general, en su condición de presidente de la Real Audiencia, designaría tres magistrados de ella para que emitieran su dictamen. Habida cuenta de que la Comisión militar de Castilla la Nueva integraba el territorio de la Corte, la designación de los tres magistrados se haría por dicha autoridad militar y el gobernador de la Sala de alcaldes de Casa y Corte (art. 11). Con su dictamen podría decidir o, en caso de duda, consultarlo con el Consejo Supremo de Guerra.

Como lo importante era el castigo, en virtud de una R.O. de 18 de abril de 1825 las comisiones ejecutivas debían consultar con el capitán general las providencias de sobreseimiento[100]. De esta manera, todas las decisiones adoptadas por las comisiones, condenatorias o absolutorias, estaban sometidas a dicha autoridad, puesto que «es más conforme al espíritu de la R.O. de 11 de enero del mismo año [1824], a la causa pública y mejor administración de justicia». En el caso de la insurrección de Getafe, ni siquiera cabía juicio previo, pues si a la primera intimación de los mandos militares no se entregasen, serían pasados por las armas de acuerdo con la R.O. de 17 de agosto de 1825.

Otro R.D. de 9 de octubre de 1824, dictado a consecuencia de una consulta del capitán general de Castilla la Nueva y de otra de la Comisión de Valencia[101], estableció las penas aplicables en el ámbito de competencia de estas comisiones. Penas que se impondrían a cualquier reo encausado por las mismas, pues en el supuesto de tratarse de privilegiados serían desaforados[102]. La lectura de esta disposición permite comprobar la mayor concreción de los hechos punibles con respecto a disposiciones anteriores y la rudeza con que se castigaban. Se determinó la pena de muerte para «los que desde el día 1 de octubre del año próximo pasado se hayan declarado, y los que en lo sucesivo se declaren con armas o con hechos de cualquiera clase

---

[99] Art. 14: «Las penas de muerte se llevarán a efecto, ejecutoriado que sea el fallo, por mano del ejecutor de justicia donde le haya, y donde no por la tropa, según está prevenido anteriormente».

[100] *Gaceta* de 3/5/1825.

[101] «Habiendo dado cuenta al Rey nuestro Señor de la exposición del presidente de la comisión ejecutiva militar de esta Corte y del dictamen del auditor de Guerra, con que me la dirigió V. E. en 5 de marzo del presente año, solicitando aquel que se haga una graduación de penas proporcionadas a la mayor o menor gravedad de los delitos que comprende el artículo 2 de la Circular de 13 de enero último, y enterado S. M. de ella, como igualmente de las dudas propuestas por la comisión militar de Valencia con motivo de la causa formada contra Salvador Lloréns, acusado de haber gritado muera el Rey; y no pudiendo su Real ánimo mirar con indiferencia el notorio y vergonzoso abuso que los revolucionarios hacen de su innata clemencia, en desdoro de su dignidad, con trascendental perjuicio del bien y tranquilidad de sus Reinos y escándalo de la Europa; violentando su natural sensibilidad en beneficio de tan caros objetos, tuvo a bien oír el dictamen de su Consejo supremo de la Guerra en este asunto...». Esta disposición no se publicó en la *Gaceta* sino que se hizo en los lugares públicos acostumbrados. Sobre su aplicación particular, Irene Castells Oliván, «Conspiraciones liberales durante la Ominosa década en el País Valenciano (1826-1831)», en *Estudis d'Historia Contemporania del Pais Valencia*, 4 (1983), pp. 67-98.

[102] «Art. 10. Todo español de cualquier clase, calidad y distinción, queda sujeto a estas penas, y bajo el juicio de las comisiones militares ejecutivas, en conformidad del Real decreto de 11 de setiembre de 1814, por el que S. M. tuvo a bien en las causas de infidencia o ideas subversivas, privar del fuero que por su carácter, destinos o carrera les está declarado».

enemigos de los legítimos derechos del Trono, o partidarios de la Constitución publicada en Cádiz en el mes de marzo de 1812», al declararse que eran reos de lesa-Magestad (art. 1); los que desde igual fecha «hayan escrito o escriban papeles o pasquines dirigidos a aquellos fines» (art. 2); los que «seduzcan o procuren seducir a otros con el objeto de formar alguna partida, si se probare que ha mediado algún acto positivo, como entrega de dinero, armas, municiones o caballos, quedan declarados reos de lesa-Magestad», en principio, porque también podían ser castigados con una pena arbitraria (art. 4); aquellos que «promuevan alborotos que alteren la tranquilidad pública, cualquiera que sea su naturaleza o el pretexto de que se valgan para ello, si el alboroto se dirigiese a trastornar el Gobierno de S. M. o a obligarle a que condescienda en un acto contrario a su voluntad soberana, se declaran reos de lesa-Magestad» (art. 5); los que gritaran «muera el Rey», por ser calificados como reos de alta traición (art. 8); los masones, comuneros y otros calificados de sectarios, «atendiendo a que deben considerarse como enemigos del Altar y los Tronos», a quienes se confiscarían además sus bienes «como reos de lesa-Magestad divina y humana», salvo que hubieran obtenido el indulto de ese 1824 (art. 9); y, por último, quienes «usen de las voces alarmantes y subversivas de *viva Riego, viva la Constitución, mueran los serviles, mueran los tiranos, viva la libertad*», de acuerdo con el R.D. de 4 de mayo de 1814, «por ser expresiones atentativas al orden y convocatorias a reuniones dirigidas a deprimir la sagrada persona de S. M. y sus respetables atribuciones» (art. 11). Hay que reconocer que en cualquiera de estos supuestos entraría la actividad de cualquier liberal[103]. No obstante, Pegenaute resaltó la diferencia existente entre la teoría legal y la práctica judicial o, por mejor decir, el tópico de las abundantes penas de muerte impuestas por estas comisiones y que, según él, no se corresponden con la realidad de sus sentencias[104], aunque se adviertan numerosos abusos y sin duda esté presente la presión ejercida desde el Gabinete y de los voluntarios realistas, como nos trasmitió la literatura. Creo, sin embargo, que la jurisdicción militar al igual que la ordinaria se mostraron más propensas a respetar el prin-

---

[103] La versión novelada la encontramos en Pérez Galdós. Téngase presente, además, como recoge el escritor canario, que podían ser arrastrados hasta el patíbulo y después descuartizados como reos de lesa majestad, *El terror*, p. 60. Además, en una circular reservada de 4 de octubre el superintendente de Policía mandó clasificar a los sospechosos en dos estados, uno de hombres y otro de mujeres, «de cualquier edad, sexo o condición que fuesen: 1. Adicto al sistema constitucional. 2. Voluntario nacional de Caballería o Infantería. 3. Individuo de una compañía o batallón sagrado. 4 Reputado por masón. 5. Tenido por comunero. 6. Liberal exaltado o moderado. 7. Comprador de bienes nacionales. 8. Secularizado. Este catálogo, que comprendía miles y miles de individuos, sirvió desde entonces a la Junta secreta de Estado y a la Policía para vigilar a los inscritos, prenderlos con el menor pretesto, y entregarlos a las comisiones militares para que a su voluntad los inmolasen a la venganza», Bayo, *Historia de la vida y reinado de Fernando VII*, III, p. 245.

[104] «Parece indudable que las diatribas de los autores decimonónicos resultan exorbitantes. De otro modo, y si el decreto del 9 de octubre se hubiese aplicado en toda su extensión, no sería fácil explicar por qué los extractos de sentencias no reflejan las "innumerables" penas de muerte, que únicamente fueron aplicadas en aquellas provincias de mayor actividad liberal y solo para aquellos que eran apresados con las armas en la mano y formando parte de cuadrillas revolucionarias», *Represión política*, p. 38.

cipio de legalidad absolutista cuando se enjuiciaban delitos políticos, que cuando se juzgaban delitos comunes. Detrás de los primeros está una legislación coetánea y dictada por el monarca que los situó en sus puestos jurisdiccionales, mientras que con respecto a los segundos existía una larga tradición jurídica secular. A falta de profundizar en la actuación de estas comisiones o de sacar a la luz nueva documentación y a la vista de los datos publicados, desde luego que las penas capitales no fueron innumerables, pero sí proporcionalmente más numerosas que en las impuestas por los tribunales ordinarios y en virtud de hechos más nimios. Afirmación que puede sostenerse tanto respecto de los hechos políticos como de criminalidad patrimonial organizada. Se reproducían los parámetros vistos al final del Sexenio con respecto a las penas corporales más graves.

Serían condenados a presidio entre cuatro y diez años, con cláusula de retención, «los que en parages públicos hablen contra la Soberanía de S. M. o en favor de la abolida Constitución, si sus conversaciones en público contra la soberanía de S. M., y en favor de la abolida constitución, no produjesen actos positivos, y fuesen efecto de una imaginación indiscretamente exaltada», fijándose la duración temporal «según las circunstancias, las miras que en ellas se hubiesen propuesto, y la mayor o menor trascendencia de su malicia» (art. 3). Enviados a presidio entre dos y cuatro años los que promoviendo alborotos que alteraran la tranquilidad pública «si el movimiento tuviese origen de causa imprevista, y que no se dirija a tan punible objeto», y proporcionalmente a los cómplices y auxiliadores (art. 5).

El procedimiento de las comisiones militares es desconocido en su aplicación práctica. Para adentrarnos en él puede servir de muestra el proceso seguido ante la Comisión militar de Galicia contra Pedro Cabana en 1825[105]. Esta causa se inició por auto del juez ordinario de Puentedeume el 7 de febrero al darle cuenta el carcelero «de una carta escrita y firmada al parecer de Pedro Cabana que poco tiempo hace salió de esta cárcel destinado a uno de los presidios de África por ladrón de gavilla y se halla para cumplimiento de su condena en el depósito de la ciudad de la Coruña, dirigida a Francisco Fernández, Madrileño, preso en esta villa también por ladrón de la gavilla de Monfero, en la que le dice aquel en todo el mes de febrero ha de estar Quiroga con treinta mil hombres en La Coruña, y que Mina biene con otros tantos por Portugal, que en Valladolid salió una guerrilla de liverales que cojió la guardia de la cárcel, y se llevó los presos consigo, que por La Coruña todo estaba resuelto mandando expresiones a Prieto capitán de la gavilla de Neda hasta Vivero, y a los demás compañeros, de que se infiere que las gavillas de ladrones que se han alzado de poco tiempo a esta parte, pueden degenerar en facciones trastornadoras del gobierno Real de S.M. y que entre todas hay la mayor comunicación»[106]. Una curiosa carta

[105] Causa formada contra Pedro Cabana acusado de haver escrito una carta subversiva en contra del Gobierno de S.M. y otras expresiones iguales proferidas posterior a ella, en Archivo Militar Intermedio de Ferrol, Fondo Administrativo, caja 1466/4. Plaza de La Coruña. 1825.

[106] El acusado estaba sentenciado por la Sala de crimen de 10 de diciembre de 1824, por robos cometidos en gavilla, a seis años a presidio de África. De la cuerda de presidiarios que salió de Coruña fue excluido Cabana para que pudiera seguirse la causa contra por la comisión militar.

en la que se entremezcla la delincuencia patrimonial organizada con el liberalismo, como se hizo en otras ocasiones desde las instancias absolutistas. Es probable, no obstante, que el presunto autor de la carta hubiera adquirido noticias de estas tramas en la propia cárcel.

La justicia ordinaria eumesa remitió los hechos a la jurisdicción militar. La celeridad en la tramitación se advierte desde el primer momento. El 21 de febrero de 1825 el presidente de la Comisión nombró secretario a un capitán graduado, al tiempo que se ordenaba trasladar a Pedro Cabana a la cárcel real de Coruña «para que sea puesto en un calabozo e yncuminicado hasta recivirle su declaración». Dos días después le fue tomada declaración en la que negó haber escrito carta alguna al Madrileño en ningún tiempo, además de insistir en que «ni la carta, letra, ni firma de ella, no es suya». Apercibido de que dijera vedad, volvió a negar que la carta fuera de él y negó su contenido. Tras lo cual el fiscal, como haría con posterioridad, solicitaba a la comisión «se me diga si falta algún requisito para perfeccionarla, o si estándolo suficientemente, puedo proceder a su elevación a proceso, que me parece ser indispensable en semejantes delitos».

Puesto que el cuerpo del delito era la carta, se nombraron como peritos calígrafos a dos maestros de primeras letras. El primero declaró que «aunque no puede aseberar si no son o son del mismo puño o pulso, a lo menos tienen semejanza en los finales que puso en la P y algunas otras letras». El segundo coincidió con él. Las posibles dudas sobre la autoría quedaron resueltas con las declaraciones testificales de quien recibió la carta para su entrega y la de quienes vieron dársela al destinatario. El 23 de marzo se tomó confesión al reo, quien insistentemente negó y ratificó su primera declaración. Todos los trámites estuvieron dirigidos por el fiscal militar. Solo tras su confesión el acusado pudo designar defensor, obviamente militar, quien debió acudir al domicilio del fiscal «a prestar el juramento que prebiene la ordenanza» y recibir las ratificaciones de los testigos que se hallan en los autos. Tras lo cual, y a presencia del defensor o en presencia de la justicia ordinaria de Puentedeume, los testigos ratificaron sus declaraciones.

Concluida la fase probatoria, el 2 de abril el presidente de Comisión acordó que pasara la causa al asesor para los fines establecidos en el art. 8 de la I. de enero de 1824. El día 8 se entregaron al teniente de Artillería que actuaba como defensor «por el término de cuatro días como le previene el señor presidente en su anterior decreto». Tres días después pasaron al fiscal. A pesar de esta celeridad, el capitán general requirió al presidente de la Comisión la pronta resolución de esta causa. Por fin, el día 13 el fiscal se dirigió al presidente manifestando hallarse todo concluido para que se sirviera mandar reunir el consejo. Ese mismo día presentó su escrito de acusación.

El fiscal dio por probada la autoría de la carta por las declaraciones, cargos y confrontaciones, a pesar de que el acusado se mostró negativo en sus declaraciones. El cuerpo del delito estaba acreditado por «tener mucha semejanza y ser bastante indiciada a la letra que usa Pedro Cabana». Además contaba con la declaración de «cinco testigos presenciales que declaran y confirman ser suya», entre ellos la conductora de la misiva que «confiesa con sencillez y buena fe de quién la recivió»; el segundo porque la vio escribir y entregar a la anterior; el tercero además porque «le consta esto con toda certeza por hallarse en aquel entonces emparejado con Cabana en una misma cadena», al igual que el cuarto; mientras que el quinto no la vio escribir pero sí entregar. Cuatro testigos más confirmaron quien fue la conductora de la carta. En consecuencia, todos ellos «son fidedignos, háviles, aptos e idóneos, en atención a que el odio y mala voluntad que protesta el acusado, y afirman tres testigos en contra de otros tres de los primeros, no prueva haya nacido de materia grave o capital, según se señala en los Juzgados Militares[107], deduciéndose por consiguiente que sus deposiciones juradas sin esxepción y concordantes en lugar, tiempo y circunstancias substanciales, hacen plena prueba». Incluso a pesar de la discrepancia entre testigos, la balanza se inclina por el mayor número de los que fundamentaban la acusación. En suma, contra Cabana se encontraría «el cuerpo del delito en unión de cinco testigos presenciales, quatro más en circunstancias afirmatibas, y los poderosos indicios que arroja de sí el proceso... Por todo lo qual concluyo por el Rey a que Pedro Cabana sufra la pena de ser ahorcado señalada en el artículo segundo de la Real Orden de nueve de octubre del año próximo pasado de mil ochocientos veinte y quatro».

El 15 de abril el fiscal certificaba que, después de haber oído la misa de Espíritu Santo, se habia juntado el Consejo en casa del brigadier Luis Antonio de Rueda, gobernador militar de La Coruña, que era su presidente, los coroneles Gaspar Valledor, Jose Antonio Soto, Ramón Luis, Emigio María Saavedra, el teniente coronel Domingo Antonio Pita y el sargento mayor Juan González, como jueces, con asistencia del asesor. Se hizo relación del proceso y leída la defensa del teniente Antonio Cartón, «fue conducido en buena custodia el reo Pedro Cabana, y presentado a los señores del Consejo, y haviéndose tomado por mi juramento en la forma prevenida de decir verdad fue preguntado por el señor presidente y demás vocales sobre los puntos de información que contra él se le han expuesto con asistencia de su defensor el referido don Antonio Cartón, y no produjo en su descargo razón que minore su crimen, y después de haber conferenciado y visto las defensas del papel que aquí se inserta se volbió el reo con la misma custodia a la prisión, y después pasó el consejo a votar».

Mientras que el fiscal presentó su escrito dos días antes de la celebración del juicio, el defensor lo hizo ese mismo día. Comenzaba su escrito alegando la inverosimilitud «o por mejor decir los dislates y embustes contenidos en el todo de la carta cuya estensión se atribuye a mi cliente... la constituyen enteramente fingida y discursiva por los enemigos de aquel, con el objeto de perjudicarle y hacerle el daño que les inspiró el odio y mala boluntad que le profesan». Este argumento es de los más habituales en cualquier defensa, pero a mayor abundamiento «aun cuando su conducta y sus crímenes no los constituyesen inveraces, y capaces de qualquier atentando, son nulos y de ningún valor» por estar basados en el odio y mala voluntad de los testigos, sobre todo achacable a la portadora de la carta.

---

107 Véase Félix Colón de Larriátegui, *Juzgados militares de España y sus Indias*, Madrid, 1817, tomo III, pp. 316-325.

Argumentaba, asimismo, que no podía caber en la cabeza de Pedro Cabana el contenido de ella, no siendo susceptible «de contener un obgeto de trascendencia alguna contra la seguridad y tranquilidad pública». No obstante lo cual y aunque el fiscal no lo mencionó, al acusado le perjudicaban sus antecedentes de ladrón, de manera que «es verdad que mi cliente no es uno de aquellos hombres de cuya inocencia se pueda hacer un panegírico, pues al cabo está destinado a presidio por otros crímenes; mas en la presente causa no le resulta motivo de que se le agrave la pena que ha merecido». Por último, señalaba contra la pericial que solo se apoyaba en la semejanza en los finales y algunas letras, «sin aseverar que fuese o no de su puño». Concluía pidiendo la exención de toda pena para su defendido.

Los votos escritos de los vocales de la comisión militar son reproducción literal unos de otros. Salvo el nombre y la firma, todos son iguales en sus términos, a pesar de que dos vocales incluyeron la cláusula de retención y el resto no. Conforme a este *formulario* se dictó la sentencia. Reproduzco el voto escrito de uno de los vocales y el texto de la sentencia para poder apreciar esta exactitud y conformidad en los motivos:

Haviéndome enterado de lo que en esta causa resulta contra el acusado Pedro Cabana; hallando completamente provado haver sido el auctor de la carta subversiva que suena dirigida a Francisco Fernández, preso en la cárcel de Puentes de Eume; teniendo en consideración que su contenido no se dirigía a trastornar el legítimo Gobierno de S.M. y ser solo efecto de la ignorancia y malignidad, reconociéndose en él al mismo tiempo su adhesión y afecto al extinguido sistema constitucional; todo bien examinado, es mi voto sea condenado a diez años de presidio con retención en uno de los de África con arreglo al espíritu del artículo tercero de la Real Orden de nueve de octubre de 1824. Coruña 15 de abril de 1825. [Sigue la firma]

Visto por el Consejo de Guerra el proceso formado contra Pedro Cabana acusado de haber escrito una carta subversiva, de que hizo relación el fiscal don Antonio Márquez y Donallo, y comparecido en él el reo; todo bien examinado, oída la conclusión fiscal, y la defensa que por el acusado hizo el teniente don Antonio Cartón; hallado plenamente provado haber sido el autor de la susodicha carta, que suena dirigida a Francisco Fernández preso en la cárcel de Puente de Eume; teniendo en consideración que su contenido no se dirigía al punible objeto de trastornar el legítimo gobierno de S.M. y ser solo efecto de la ignorancia y malignidad, reconociéndose en él al mismo tiempo su adhesión y afecto al estinguido sistema constitucional, según la unanimidad de votos, ha condenado el Consejo y condena al referido Pedro Cabana a diez años de presidio con retención en uno de los de África, a donde estaba ya destinado en seis por su anterior delito, con arreglo al espíritu del artículo tercero de la Real Orden de nueve de octubre del año próximo pasado de mil ochocientos beinte y quatro. Coruña, quince de abril de mil ochocientos beinte y cinco.

La sentencia fue comunicada al capitán general, quien se conformó con ella y destinó al reo al presidio de Ceuta[108]. Pocos días después, puesto que ambas autoridades militares se situaban en ciudades diferentes, le fue notificada al reo y comunicada al juez de rematados.

De esta causa, que reconozco es una solo, se pueden extraer, sin embargo, algunas conclusiones. La primera, que los resúmenes publicados en la *Gaceta de Madrid* son incompletos, al menos, por lo que respecta a la Comisión Militar de Galicia, lo cual probablemente se pueda extender a otras. En segundo lugar, que el procedimiento está sustancialmente en manos del fiscal. En tercer lugar, la colaboración de la justicia ordinaria en esta causa, algo que no siempre sucedió y por lo que surgieron los correspondientes conflictos jurisdiccionales. En cuarto lugar, que el acusado no cuenta con defensor hasta después de su confesión, por lo que prácticamente toda la fase sumarial está dirigida por el fiscal militar contra él. El juicio se desarrolla en la casa del presidente y no en una sede judicial militar. El plenario se desenvuelve con brevedad y la sentencia se redacta a continuación de conformidad con los votos escritos de sus vocales, en términos literales. Por último, existe una sujeción estricta a la legalidad absolutista, que sirve de motivación para la imposición de la pena, aun cuando se mencione también la literatura jurídica militar.

Con la experiencia del Sexenio, los redactores de la R.O. de 13 de enero de 1824 en previsión de que pudieran surgir obstáculos en la persecución y enjuiciamiento de malhechores como consecuencia de la acumulación de las jurisdicciones encargadas de perseguir los delitos, estableció el oportuno procedimiento para resolver estos conflictos[109]. Conflictos que, como veremos, se dieron.

Entre las sumarias tramitadas por la jurisdicción militar en la antigua provincia de Tuy se encuentran oficios de la jurisdicción real reclamando para sí el conocimiento de algunas causas y peticiones de los acusados de no haber sido sometidos a ella. Es un aspecto poco tratado, pero que demostraría que la justicia municipal intenta enervar la prolongación jurisdiccional de las autoridades militares en hechos delictivos que no son de gravedad y en los que se ven involucrados paisanos y militares que no se encuentran de servicio. Ciertamente ambas son jurisdicciones reales, pero creo que existe en las protestas de la justicia ordinaria viguesa un intento

---

108 «Santiago. 31 de mayo de 1825. Me conformo y le destino al Presidio de Ceuta, debolviendo este expediente al Sr. Presidente de la Comisión militar para que disponga su cumplimiento. Eguía».

109 Art. 17: «Contra los malhechores o reos que no fuesen de dichas clases, ni cómplices, se abstendrá de proceder la comisión militar ejecutiva permanente, quedando sujetos a las justicias a quienes corresponda el conocimiento de sus causas y delitos; y si todavía ocurriese duda sobre si el conocimiento de alguna causa corresponde a la comisión militar u a otra jurisdicción, es la voluntad de S. M. que remitiéndose en el estado en que se halle al capitán general, la pase este a un oidor, y al auditor de Guerra, para que decidan, y que en caso de discordia nombre otros tres oidores para que por sí vean la causa y determinen, estándose a lo que decidan; y si la duda ocurriese en Castilla la Nueva, deberá observarse lo mandado en el artículo 10 de esta Orden, remitiéndose a este Ministerio un extracto de la causa con certificación de los dictámenes de dichos Ministros, para conocimiento de S. M. y demás efectos que haya lugar».

por defender a los paisanos frente a las autoridades militares y sus procedimientos. No obstante, en la documentación manejada, que son diligencias sumariales, siempre acaba conociendo el juez militar, aunque terminen estos trámites con sobreseimientos y puestas en libertad[110].

Uno de estos ejemplos surge a raíz de unos hechos en los que se entremezclaban malos tratamientos de palabra y de obra entre militares y paisanos, mediando una celebración festiva y bebida. En principio, este enfrentamiento correspondería al juez ordinario, pero los soldados alegaron que durante la refriega se levantaron voces contra el rey para que, de inmediato, correspondiera la causa a la jurisdicción militar[111]. El hecho fue el siguiente: en 1825 durante la romería de san Juan de Pinche un militar es herido en la cabeza con un bastón y alega que durante la pendencia con dos paisanos, estos insultan al rey. El juez militar dispuso que fueran conducidos los culpados a la cárcel. Se desenvuelve la sumaria con el reconocimiento médico y las declaraciones de los acusados, que son encarcelados, y de los testigos. Las heridas quedan en un segundo plano y se convierte en sustancial el insulto al monarca, por lo cual los acusados pasan a ser tratados como reos de consideración[112]. Con fecha 6 de julio se entregó el sumario al brigadier coronel para que lo pasara a la comisión militar. Conocida la tramitación de esta sumaria, el juez real ordinario reclama con cierto tesón el conocimiento de la causa. Los presos se quejaron de su situación, «sin que hasta el presente se les haya tomado declaración por su juez competente, ni otro alguno ni exigido testigos que están prontos a dar para acreditar realmente la certeza del incidente ocurrido la tarde del veinte y quatro de junio anterior»[113].

El juez real de Vigo insistirá en la puesta a su disposición de los reos argumentando que se trataba de delitos que le correspondía conocer[114]. El

---

[110] Incluso podían llegar hasta la Corte. En la sesión del Consejo de Ministros de 12 de noviembre de 1825 se dio cuenta por el Secretario del Despacho de Guerra «de un espediente formado con motivo de la causa instruida en Galicia por la fuga de la Real cárcel de La Coruña, de dos presos complicados en el horroroso asesinato cometido con los infelices realistas del castillo de san Antón, para que se decidiese si el conocimiento de la misma corresponde a la Audiencia de aquella provincia o al juzgado militar», remitiéndose a la junta creada para resolver estas competencias, en *Actas del Consejo de Ministros (1824-1825)*, p. 407.

[111] Sumaria criminal contra los paysanos Ventura Piñeyro y Agustín Casal por haver herido al soldado de la Cuarta Domingo Fernández, y dicho expresiones indecorosas en menos precios de la Sagrada persona de S.M. que Dios guarde (1825), en Archivo Militar Intermedio del Noroeste, Fondo Vigo, caja 3/18. 1825. Al parecer todo surgió cuando la mujer de uno de los reos fue insultada y el militar recibió un bofetón.

[112] «Vigo. 2 de julio de 1825. Todos los calabozos del fuerte del Alaxe están llenos de presos, pero como en uno hai solo un reo de consideración por capitán de gavillas, pueden asegurarse en el mismo los presos de que trata este oficio, si así lo conceptúa necesario el que suscrive».

[113] El 23 de julio de 1825 los reos suplicaban «se sirba mandar que dicho coronel dé los causales que haya tenido para tomar contra nosotros una medida tan violenta, se nos tome en su vista declaración y en fin que se nos hoiga, y de lo contrario, hablando reberente, protestamos la queja ante S.E. el capitán general del Reyno sin perjuicio de hacerlo al mismo tiempo no solo al señor juez real ordinario, a cuya jurisdicción pertenecemos, sino también de la Real Audiencia».

[114] La justicia ordinaria manifestaba a la castrense que «dispuse su pronto arresto a la cárcel ordinaria, y di de ello parte a V.E. en la propia fecha para que de ello pudiese tener conocimiento el mismo ayudante (del Regimiento provincial de Tuy), y me remitiese la causa que hubiese principado a formar para yo continuar en su procedimiento». La justicia militar continuó con su sumaria y solicitó el arresto de la mujer de uno de los acusados. El juez ordina-

3 de agosto estaba concluida la sumaria militar. En el oficio de remisión se señala que la importancia de la causa, a pesar de lo pedido por la jurisdicción ordinaria, no estaba en las heridas, «y sí lo es el alto crimen de insultar la Real Persona del Rey N.S. como consta de la sumaria, motivo porque en el dictamen asesorado de 2 del corriente se acuerda no deber pasar aquella a la jurisdicción Real y ordinaria y sí a la comisión militar formada para juzgar a todos lo que insultan la Persona del Rey N.S.». El asesor militar de la comandancia de la provincia de Tuy, tras criticar el parte médico y no insistir en los malos tratamientos, desvía el asunto exclusivamente hacia la vertiente política, de manera que «es mi dictamen que los agresores se pongan con toda seguridad e igualmente la muger del Ventura Piñeyro pues que resulta cómplice en el delito; por lo que respecta al ulterior progreso y conocimiento de esta causa devo decir que como el principal delito, y el que merece un egemplar castigo resulta ser la profanación injuriosa de S.M. contemplo pertenece al Tribunal de la Comisión Militar, creado para castigo de semejantes atentados, cuio presidente es en esta provincia el Excmo. Señor Comandante general, a quien deberá V.S. remitir la causa y reos, luego que el referido fiscal practique todo lo que ba indicado y concluia dicho sumario». Quizá no sea tan curiosa la conclusión de esta sumaria, a falta de conocer mejor la actuación de la justicia militar durante el reinado de Fernando VII, porque el fiscal pidió sobreseer la causa puesto que las declaraciones de los testigos no eran contestes y el herido se hallaba restablecido. En consecuencia, pidió la libertad para los reos, a lo que accedió la autoridad militar el 6 de agosto de 1825.

La actuación de algunas de estas comisiones militares fue publicada extractada en la *Gaceta de Madrid* y en otros periódicos[115]. No consta, sin

---

rio se negó y volvió a reclamar la causa «que quisiese haber formado, por no poder para ello conocerle jurisdicción sin manifestarme los fundamentos en que pudiese apoyarla», extrañándose de la insistencia del juzgado militar y extrayendo a los acusados de la prisión ordinaria en la que se encontraban. Reclamó, otra vez, «la remesa no solo de qualquier proceso que se hubiese formado sino con la entrega de dichos mis domiciliarios al alcayde carcelero de cuya custodia se habían extraído... manifestándole con más claridad el derecho que me asistía para conocer de los delitos y saber la causa de su probenencia, aun quando tocasen en la raya de esceptuados, porque en tal caso sí debía yo desprenderme de juzgarlos y pasar el proceso con los reos al tribunal que fuese competente». Daba cuenta, por último, de que los acusados llevaban un mes de arresto y habían recurrido a él porque «no solo han sido mobidos del quarto de prebención al Fuerte de la Alaxe, sino que hasta ahora, ni por confesión, ni declaración que se les hubiesen tomado saben el motibo de tan prorrogado arresto; sobre todo lo qual reclaman los deberes de la autoridad que me compete como su juez natural... Yo que en mi modo de pensar siempre fui opuesto a chocar con ninguna autoridad, ya no puedo desentenderme de tomar parte en iguales procedimientos porque la superioridad del Tribunal Real si a él elebasen la queja de mi abandono dichos mis domiciliarios, como me lo prometen, no podrá de reprender mi exacción». Oficio fechado el 25 de julio de 1825.

[115] *DMC* de 27.1.1825: «Vista por la Comisión militar ejecutiva de esta plaza, en 27 de noviembre próximo pasado, la causa escrita contra José Fernández Arjona, de edad de 25 años, natural de Puerto Real, vecino de esta ciudad, de estado soltero, acusado de haber herido con un arma prohibida a Francisco Riamonde, de esta vecindad, sentenció al referido Arjona por unanimidad a la pena de seis años de servicio de las armas, en una de la compañías fijas de Ceuta. Remitida la causa a la aprobación del Excmo. Sr. Capitán general de Andalucía, y no conformándose su auditor de guerra con la sentencia, la pasó S.E. a tres ministros de la Audiencia de Sevilla, quienes fallaron conformándose con el dictamen de aquel letrado, que te-

embargo, que se cumpliera el mandato de informar cada quince días a la autoridad de la Corte de cuantas causas se fueran conociendo.

Pegenaute, a partir de la información publicada por algunas comisiones militares en la *Gaceta*, resalta las contradicciones en sus sentencias. Por ejemplo, la de Andalucía, que actuó básicamente en Sevilla, Cádiz y Campo de Gibraltar, y a pesar de la deficiencia en los datos suministrados, permite comprobar que «junto a dictámenes que muestran cierta rigidez en el procedimiento y ajuste a lo dispuesto en las reales órdenes, hay otros que dan una impresión diametralmente opuesta»[116], aunque olvida que el fallo depende de la valoración de la gravedad del hecho concreto que se castiga[117]. Entre los primeros figurarían las tres condenas de muerte pronunciadas en 1824, frente a los 29 absueltos o los 30 puestos en libertad, sin olvidar el envío a presidio de 37. Pero hay excepción, pues una treintena de reos que participaron o ayudaron en el desembarco y toma de Tarifa en agosto de 1824 fueron pasados por las armas como reos de alta traición[118]. No obstante, esta información es parcial y no refleja otras ejecuciones extraoficiales o al margen de cualquier fallo judicial[119].

En la información de otras comisiones no consta que decretaran penas capitales, como las de Aragón o de Navarra (aunque resalta el número de enviados a presidio); mientras que la de Castilla la Nueva o la de Valencia dictaron numerosas condenas de muerte: 38 –22 por delitos comunes y 16 por políticos– en quince meses la primera[120]; y 41 la de Valencia-Murcia en un año[121]. Esta última parece mantener la misma línea represora del Sexe-

niendo por compurgado el delito con los cuatro meses de prisión que ha sufrido el Arjona, se sobreseyese en la causa, poniéndolo en libertad y condenándole en las costas, con el apercibimiento que de volver a incurrir en igual hecho mayor o menor, se le impondrá irremisiblemente la pena de cuatro años de presidio».

116 *Represión política*, p. 53.

117 Andrés Negrete fue condenado por la comisión militar de Cádiz a dos años de trabajos en las obras públicas el 22 de mayo de 1824 «acusado y convicto de haber proferido palabras sediciosas en una posada de esta ciudad», *DMC* de 27.8.1824. La misma comisión condenó a dos gaditanos a cuatro años de presidio «por haber dado voces subversivas», aunque el Capitán general redujo la de uno de ellos a dos años de presidio correccional en Cádiz, *DMC* de 16.12.1824. Por la aprehensión con un cuchillo prohibido, un reo fue condenado a seis años de presidio en África, *ibídem* de 16 de octubre de 1824. En otra similar, en este caso por uso de arma prohibida, pero «no hallándose completamente probado este delito y sí su indicio», fue desterrado de Cádiz y remitido al Puerto de Santa María, bajo vigilancia de la autoridad, *DMC* de 23.10.1824.

118 *DMC* de 8.9.1824 y 1.10.1824.

119 Fontana, *La crisis*, p. 172 resalta que, «además de la violencia oficial, reflejada en la *Gaceta*, no es más que una pequeña parte de la que realmente se ejercía, alentada o, por lo menos, consentida por el Gobierno», por lo aunque a lo largo de 1824 se publican cerca de cien ejecuciones en aquella, «si hemos de hacer caso a persona tan bien informada como el cónsul francés en Barcelona, tan solo en Cataluña y en el breve espacio que media de octubre a diciembre de 1824, se habrían producido 2.044 asesinatos, la mayor parte de ellos a causa "de diferencias de opinión"». Sin poner en duda la terrible situación, pero sí el número, he de señalar que dicho dato numérico no encaja, sin embargo, con otras noticias coetáneas ni con los estadillos anuales de la Audiencia.

120 Además destinó a presidio a 135, mientras que entre absueltos y puestos en libertad suman 72. En el tiempo de su existencia conoció de 380 causas, de las que no ha llegado toda la información. Pegenaute, *Represión política*, pp. 58-59.

121 Si se establece el oportuno cotejo entre los encausados y las penas de muerte impuestas,

nio. La comisión de Granada[122], en la que se incluye Málaga, conoció bastantes delitos políticos, procedentes en su mayoría de esta última capital[123]. La comisión gallega sentenció durante 1824 siete causas de las que, salvo una, corresponden a delitos comunes (y de ellas 17 a robos en cuadrilla), en las que fueron encausados 35 individuos: tres condenados a muerte (uno de ellos prófugo), diecinueve enviados a presidio, tres apercibidos, dos a otras penas y ocho puestos en libertad[124]. Hay que destacar en la actuación de la comisión gallega un punto importante: «Además de la siete causas que anteceden se han fallado otras 34, de las cuales 18 han sido falladas por la Comisión, de que se remitiesen a los acusados en ellas a las justicias de que dependían, por no corresponder la clase de delitos a su atribución; y las 16 restantes por ser su formación dimanada de delitos de corta entidad, han sido falladas a castigos correccionales de prisión»[125]. Podemos recurrir a cierta tabla comparativa para apreciar la actuación de las comisiones y de las salas del crimen respecto a las penas de muerte en 1824.

Granada	Comisión militar	
	Salas del crimen	21
Valencia	Comisión militar	41
	Sala del crimen	3

El comienzo de su actividad fue, por los datos recogidos por Pegenaute, muy lenta y los individuos encausados en junio, salvo en el caso de las comisiones de Castilla la Nueva, Valencia y Andalucía, muy pocos, o ninguno como en Galicia y Granada. La situación mudó tras el R.D. de amnistía del 1 de mayo y, sobre todo, con el cambio de Gobierno y las conspiraciones del verano de 1824, lo que se aprecia en el incremento de reos juzgados por las comisiones a partir de agosto[126]. Es decir, se vendría a ratificar la idea de que aquella medida de gracia no tuvo ninguna repercusión en la realidad. La amenaza legal, sobre todo contra los liberales, acabaría por plasmarse en las penas de la disposición de octubre de 1824, lo

---

es sin duda la comisión valenciana, cuyo ámbito territorial era Valencia, Murcia y Cartagena, la que con mayor dureza actuó. Si se tiene presente, a mayores, que de las 41 penas de muerte, 24 lo fueron por delitos políticos y 17 por comunes, la fama nefasta de la comisión de Castilla la Nueva debería trasladarse a la valenciana. Los datos numéricos en Pegenaute, *Represión política*, p. 75.

122 Quedó constituida el 29 de enero de 1824. Oficio del capitán general de igual fecha en BUGr.

123 Pegenaute, *Represión política*, pp. 68-69.

124 Pegenaute, *Represión política*, pp. 65-66.

125 *Gaceta* de 10/7/1825. Por ejemplo, ARG, Sentencias, 28576, *s.* 12.2.1828, «correspondiente a la causa formada militarmente de que conoció el corregidor de Orense contra don Vicente Guerrero por sospechoso en su conducta política y moral», por la que se le condenó en cien ducados, se ordenó la inutilización de las pistolas ante el ministro semanero y la puesta a disposición del Capitán general de la carabina. *Sentencias*, 28576, *s.* 17.2.1827 por la cual se condena Román Rodríguez en seis años de presidio en África, «yncluyéndose en ellos los quatro que le estarán ympuestos por Real auto de tres de diciembre de mil ochocientos veinte y tres en causa formada militarmente sobre rovo al abad de Tameyga».

126 *Represión política*, pp. 47-49.

que se trasladaría a la conciencia ciudadana al entender el Gobierno que era la mejor formar de extirpar el liberalismo futuro. Pero tampoco surtió los resultados que se esperaban, en parte debido a la lentitud con la que continuaban procediendo las comisiones, salvo la de la Corte[127]. Lo cual obligó a dictar una nueva disposición con el fin de que los capitanes generales se preocuparan de vigilar la actividad de las comisiones que estuvieran bajo su supervisión para que, con arreglo a la legalidad, despacharan las causas con la celeridad exigida; por supuesto vigilar la actitud de los vocales de las comisiones, incluidos los presidentes; y, reservar al rey la decisión sobre las causas que se elevaran al Ministerio de la Guerra[128]. No obstante, las opiniones de alguna de las autoridades militares implícitamente aludidas mostrarían su disconformidad con tal valoración[129].

No puede dudarse que, en ocasiones, las penas capitales estaban determinadas de antemano, por lo que el proceso ante la autoridad militar era un mero ritual sin contenido. Así se procedía cuando, por ejemplo, las gavillas de ladrones generaban en la comunidad de un determinado territorio una importante alarma y el temor de sus habitantes a perder sus vidas o sus bienes. No todos los agavillados aprehendidos fueron castigados con la misma pena. De acuerdo con su grado de participación, la Comisión militar de Castilla la Nueva en 1825 sentenció a Marcelino Ramiro a la pena de muerte y a sus compañeros a la de doscientos azotes –ejecutada inmediatamente después de presenciar el ahorcamiento– y diez años de presidio, salbo uno que solo lo fue a cuatro, «por ladrones de varios robos en cuadrilla y en caminos reales, siendo el primero capitán seductor, quien incitó a los demás para reunirse y cometerlos»[130].

En pocos meses concurrieron varios factores que propiciaron la suspensión de las comisiones militares. En primer lugar, no debió ser ajeno a esta decisión cierto suceso que acabó en el Consejo de Ministros. El 17 de abril de 1825 se produjo un *lance escandaloso* entre el famoso mariscal Chaperón y un oficial de la Secretaría de Estado en la Puerta del Sol madrileña. El enfrentamiento verbal trajo como consecuencia el arresto del segundo, que fue conducido a la comisión militar. De acuerdo con su ver-

---

[127] Pegenaute, *Represión política*, p. 51.

[128] La R.O.C. de 14 de octubre de 1824, en la que tras exponer los males derivados de la Constitución que motivaron la creación de las comisiones militares, señala que a estas se dieron «instrucciones y reglas suficientes para llenar debidamente sus atribuciones dirigidas al más pronto y eficaz castigo de los delitos; muy persuadido S. M. de que la brevedad de los sumarios y la ejecutiva administración de justicia convenían sobre manera para disipar muy luego los males, y para dar a sus pueblos la tranquilidad y paz tan apetecidas como necesarias. Repetidamente recomendó S. M., y previno la clase de sugetos de que debían componerse dichas comisiones militares, y esperaba que el zelo de los capitanes generales y su convencimiento de lo que exigía la voluntad soberana al establecerlas, hubiese correspondido al saludable objeto de su instituto, reclamado y dictado por la justicia; mas por desgracia no ha sido así, y a excepción de la Comisión de Castilla la Nueva, en las demás advierte S. M. demasiada lentitud, y una marcha poco conveniente a su Real servicio».

[129] Pegenaute, *Represión política*, p. 51, sostiene la conveniencia de tomar en consideración otros aspectos socio-económicos para entender la actuación de cada comisión. Más datos en *Informes sobre España (1825)*, Pamplona, 1966.

[130] *DdAM* de 21.3.1825.

sión, de la que tuvo noticia el Consejo en la reunión del día siguiente, el oficial se había acercado al presidente de la comisión de Castilla la Nueva «para recomendarle a una muger a quien se seguía causa y que se halla en la cárcel enferma y cargada de hijos», cuyo hermano era «muy realista». El general le contestó que todo Madrid y personas de Palacio se habían interesado por ella, «pero que todo era inútil, porque aunque no resultase nada de la causa, la habría de podrir en la prisión». En opinión del declarante, Chaperón «era uno de aquellos hombres en quienes no exerce jamás imperio alguno la razón». Las voces reclamaron la atención de quienes se encontraban en aquella plaza, requiriéndole el oficial para que no escandalizase al público, pero «empezó a sacudirles con el bastón amenazando a todos que los llevaría a la comisión militar; que viendo el exponente con el mayor dolor estas tropelías le expuso que aquello era insultar al público, y desacreditar al Gobierno, haciendo odiosas las comisiones militares». El general replicó, entre otras cosas, «que con el terror, y más terror habían de salbar a la Nación dichas comisiones». Como el gentío debía ir en aumento, el oficial le requirió para seguir discutiendo en su casa, pero «prevaliéndose en el camino de una autoridad arbitraria, le mandó con el tono más insolente que fuese preso» y que si se resistía lo llevaría atado. Ya en la Comisión, Chaperón ordenó su conducción a un calabozo del cuartel de Inválidos, privado de comunicación. El oficial le manifestó su empleo y rango, solicitando inútilmente ser llevado a presencia del Ministro de la Guerra. Tal sería el alboroto que acudieron otros jefes y oficiales militares que sofocaron al general, manifestando al oficial que bastaría con mandar activar la causa de la mujer y que pronto quedaría en libertad. Pero, «el exponente le respondió que nunca había pedido ni deseado esto último, sino que se satisficiesen pronto los derechos de la justicia, haciéndole varias observaciones acerca de su atropellamiento, a lo que le replicó que si bolbía a hablar de esto, insistiría en su primera resolución». El oficial de la Secretaría guardó silencio y «salió horrorizado considerando la desgracia de los que son acusados ante un Tribunal que tiene por presidente, a tal hombre»[131].

---

[131] *Actas (1824-1825)*, sesión del 18 de abril de 1825, pp. 196-198. Años más tarde volvería a dejar constancia del lance en *Memoria justificativa que dirige a sus conciudadanos el general Córdoba en vindicación de los cargos que por la prensa nacional y extrangera se han hecho a su conducta militar o política en el mando de los ejércitos de operaciones y de reserva*, Madrid, 1837, pp. 497-499: «Las comisiones militares de odioso y triste recuerdo, tenían al reino sumido en la aflicción y el terror. La de Madrid, como todos saben, sobresalió por el deplorable y funesto celo de su fanático presidente. Yo pugné cuanto era dable por derribarlas, porque como realista y como español me avergonzaba del descrédito que recaía sobre el partido y la nación que toleraba tan monstruoso tribunal. Mi gestión fue tan ardiente que llegó hasta hacerme conducir preso a la comisión militar de la capital por su propio presidente... La esposa de un tal Vil laba o Villalba, refugiado en el extranjero, había sido presa por haber cantado o dejado cantar en su casa canciones constitucionales». Después de relatar la discusión en la Puerta del Sol, da cuenta que «la conducta del presidente de la comisión halló sin embargo defensores y sustentadores en el ministerio, no solo porque se había ejercido contra mí, sino porque generalizando yo la cuestión, dejé a un lado la personal para dirigir mi queja contra la institución que en sí misma me irritaba mucho más que mi agravio; pero el señor ministro Zea, muy adverso también a las comisiones militares, y muy favorable al partido mode-

El Consejo de Ministros acordó que se diese cuenta de este suceso en la siguiente reunión, pero no consta que se hiciera. Sin embargo, el Secretario de Gracia y Justicia dio cuenta de una consulta que el Consejo de Castilla había dirijo al rey «sobre los inconvenientes que se originan de que las comisiones militares continúen con las facultades que tienen en el día, por estar en contradicción con nuestras leyes». En el mismo sentido había elevado otra consulta la Sala de alcaldes de Casa y Corte[132]. Resulta evidente que dentro del absolutismo fernandino algo se movía contra esa expansión e intervención de la jurisdicción militar. No solo era un debate, que no llegaría por razones obvias a enfrentamiento, entre letrados y militares, o entre facciones del absolutismo. Era una forma de ejercer la justicia.

Hubo que esperar a la reunión del Consejo del 27 de abril de 1825 para conocer la resolución de lo acontecido entre el general y el oficial. El Ministro de Estado había enviado un oficio reservado al capitán general de la provincia preguntándole sobre lo acontecido, cuya contestación leyó con algunos otros documentos que incluía y «acordó el Consejo que se hiciese a Chaperón una seria reconvención»[133]. Puede vislumbrarse que, a partir de ese momento y unido a las peticiones de los altos tribunales citados, las comisiones militares estaban muy heridas y era cuestión de tiempo el que desaparecieran, como así sucedió. El propio Chaperón fue trasladado a la plaza de Badajoz.

En segundo lugar y como he apuntado, desde la perspectiva letrada no encajaban adecuadamente dentro del marco legal tradicional las comisiones militares en la persecución y enjuiciamiento de los delitos, sobre todo de los cometidos por las gavillas de ladrones que infestaban todo el territorio peninsular. La represión de los delitos contra la propiedad encontraba su punición en las leyes de Partidas y de la Novísima Recopilación, es decir, competía su conocimiento y resolución a la jurisdicción ordinaria, no a la militar. Así se expuso a Fernando VII por el Consejo de Castilla según el preámbulo al D. de 4 de agosto de 1825, cuyo fundamento también se encuentra en el anterior de 26 de enero de 1816, en virtud del cual se mandó «cesar en su egercicio a las comisiones que entienden en causas criminales, y que estas se remitan a los tribunales respectivos, ante quienes comparecerán los delatores, quedando sujetos a las resultas del juicio»[134].

---

rado, se puso de parte mía, esforzando las vivísimas representaciones que hice al rey, a quien dije: "Que la justicia administrada por aquel odioso tribunal tomaba el carácter de una venganza horrible y furiosa, que tenía consternado al país, y afligidos a sus buenos servidores; y que el decoro de las insignias militares que S. M. mismo vestía pedía con urgencia la supresión con tanto anhelo deseada; etc., etc.» El rey mandó instruir con premura un expediente que, entorpecido por el partido fanático, dio al fin la supresión de las comisiones militares"».

[132] *Actas (1824-1825)*, sesión del 20 de abril de 1825, p. 198.

[133] *Actas (1824-1825)*, sesiones del 27 de abril y 5 de mayo de 1825, pp. 207 y 216.

[134] «... aunque a poco tiempo de creadas dichas comisiones me expuso mi Consejo su falta de armonía con el sistema de nuestra legislación, y aun con los decretos que Yo tenía expedidos sobre supresión de las que había creado después de restituido al Trono de mis Mayores en 1814, concluyendo con proponer su cesación, no tuve a bien deferir a sus deseos por entonces, reservándome hacerlo cuando las circunstancias lo permitiesen. Por desgracia no ha sido tan corto este plazo como Yo me prometía... En situación tan poco ventajosa, y cuando ape-

A pesar de la supresión de estas comisiones, la delincuencia organizada no cesó, ni los liberales dejaron de conspirar para restablecer la Constitución. Por lo cual no puede extrañar la petición del capitán general de Andalucía «pidiendo se establezca en Sevilla un consejo de guerra permanente para juzgar a los malhechores aprendidos por la tropa en despoblado». La propuesta implica regresar a lo establecido en la R.C. de 1814. En el seno del Consejo de Ministros se plantearon dudas acerca de si esta disposición había sido o no derogada[135]. El informe que Álvarez Campa envió al duque del Infantado, de 13 de agosto de 1825, partía de la necesidad de asegurar la tranquilidad, una vez que se había ordenado cesar a las comisiones militares, proponiendo que para prevenir mayores desórdenes «se recomendase a los Tribunales la pronta aplicación de las penas a los delincuentes de cualquiera crímenes, y la escrupulosidad más exquisita en los fallos de absolución a los acusados de delitos e infidencia... que se den a los pueblos, públicos testimonios de justicia en el veloz castigo de los delincuentes, siguiendo el sabio principio de que la pronta aplicación de las penas, es el medio más eficaz para reprimir los delitos; que sepan que existen las leyes

nas se habían empezado a reunir y reorganizar los cuerpos de mi Ejército, y los de Voluntarios Realistas carecían de armas, vestuario e instrucción, no hubiera sido posible contener a los perturbadores del orden de otro modo que con ejemplares frecuentes de un pronto y ejecutivo castigo, sin necesidad de observar todos los trámites y formalidades legales como en tiempos ordinarios y pacíficos. Pero como por una parte la misma energía y actividad con que las comisiones militares han correspondido a su instituto haya aminorado los delitos que dieron motivo a su creación; y por otra me haya representado la Sala de alcaldes de mi Casa y Corte, que planteada mi Guardia Real y suficiente fuerza de tropa de línea; formados también y armados en la mayor parte de los pueblos los cuerpos de Voluntarios Realistas; y finalmente, pronunciada la opinión general en favor del Altar y del Trono, no hay que temer las horribles escenas del Gobierno revolucionario, ni necesidad de que permanezcan las comisiones militares». El Consejo elevó al rey una consulta sobre las comisiones el 25 de junio de 1825, apoyando la representación de la Sala de alcaldes y recordando los R.D. de 26 de enero de 1816, sobre que las causas criminales no fuesen juzgadas por comisiones, y de 19 de abril de 1825, acerca de la observancia de las leyes fundamentales de la Monarquía, indicando «que a esta clase pertenecían tanto las que determinaban y establecían los jueces y tribunales por donde debían ser juzgados mis fieles súbditos, y los respectivos límites de su ejercicio y facultades, como las que habían puesto siempre bajo la Real jurisdicción ordinaria el conocimiento de todas las causas civiles y criminales de todos los que no gozaban de fuero privilegiado; y de consiguiente el de los delitos cometidos a las comisiones militares, ejecutivas y permanentes, en los cuales no solo se habían tenido por competentes los magistrados reales, sino que en los más principales de conspiración, asonadas y robos ejecutados dentro de la Corte les daban dichas leyes jurisdicción exclusiva, sin poder alegarse excepción de fuero aun el más privilegiado». Incluso se habían planteado dudas a la Sala de alcaldes para el caso de asumiera el conocimiento de las causas de robos ejecutados dentro de la Corte y su rastro, concretándose en «si los hurtos hechos sin violencia, escalamiento o rompimiento de pared, tejado o puerta principal, y sí solo con fractura de puerta interior, arca, cofre, escritorio o papelera con llave falsa o ganzúa se debían estimar cualificados para imponerles la pena de muerte que señalan las Reales Pragmáticas de 1734 y 35, o castigarlos como simples con penas arbitrarias según las circunstancias y demás prevenido en derecho, conforme a lo mandado en Real declaración de 1746»; y si entendiendo que el robo doméstico era cualificado, «por la circunstancia de infidelidad y mayores daños que consigo envolvía, estaban o no comprendidos los primeros hurtos domésticos en la pena de muerte, aunque no llegasen a la suma designada en Real decreto de 1764». Fernando VII se conformó con lo relativo a la supresión de las comisiones militares, siguiendo el dictamen de los fiscales».

135 *Actas (1824-1825)*, sesión del 12 de noviembre de 1825, p. 409.

en tan recta balanza para proteger al inocente en su seguridad, como para vigilar al culpable e imponerle la pena de sus delitos». Por ello, su propuesta estaba dirigida a la conservación de las comisiones militares, de las que resaltaba su «prestigio de severidad, de delicadeza, de prontitud y estricta aplicación de las penas», puesto que si bien los fallos estaban dictados por vocales militares, lo hacían con el oportuno asesoramiento letrado, «que ilumina y decide en las dudas que pudieran ocurrir a los vocales». Por si este asesoramiento jurídico no bastara, contaban con un procedimiento garantista de recursos, «que consta de dos apelaciones, al paso que los demás juicios criminales que se siguen por la jurisdicción ordinaria solo tienen una». Para concluir su discurso en favor del mantenimiento de estas comisiones resaltaba su configuración orgánica frente a las Salas del crimen, por constar «de un número muy reducido de jueces que se verían abrumados con esta sobrecarga de causas, a más de las que deben decidir como relativas a los delitos más comunes», quedando fuera de sus posibilidades la celeridad en la resolución de las causas; mientras que, al contrario, con las comisiones integradas por el número de jueces y fiscales que fuera necesario, se podían solventar dichos inconvenientes[136].

Los realistas más acérrimos preferían la actuación de las comisiones militares, de la policía y de los voluntarios frente a los jueces y tribunales ordinarios. No solo se trataba de una cuestión procedimental, era, sobre todo, decisoria. Llegado el caso se puede acusar a los jueces y magistrados de corruptos y administrar justicia bajo cohecho[137].

A pesar de todo, las autoridades militares de cada territorio continuaron desplegando la persecución contra los bandoleros con la misma intensidad y aplicando el idéntico rigor en la imposición de castigos que en otros tiempos. La publicación de estas actuaciones y la ejecución de las penas fue uno de los medios utilizados por las máximas autoridades militares para refrenar esta delincuencia organizada[138]. No se permitía cualquier minoración puni-

---

[136] «Es de delicadeza, de prontitud y de estricta aplicación de las penas que tienen a su favor esos Tribunales, como son débiles los argumentos que algunos proponen en contrario. Es pues, uno de ellos el que los individuos de que se componen no pueden tener acierto en sus providencias por carecer de nociones de jurisprudencia; no es esta un arcano impenetrable para los militares, y desgraciadamente son tan conocidas en nuestro tiempo las penas debidas a los conspiradores y sediciosos por la necesidad de aplicarlas, como los medios de que se valen para perpetrar esta clase de crímenes por la funesta experiencia de sufrirlos; pero aun supuesta esta ignorancia de las penas queda sin embargo un argumento irresistible en favor de aquellos, por los trámites mismos de esta forma de juicios. Los fallos de las comisiones militares se arreglan a las luces y conocimientos legales del asesor que concurre a ellos, y que ilumina y decide en las dudas que pudieran ocurrir a los vocales: tampoco por sí pueden ser ejecutoriados, pues necesita la aprobación del capitán general que la concede previo dictamen del auditor de Guerra, y en discernimiento de este con la consulta de tres ministros de la Audiencia respectiva; de modo que la suerte de los hombres en estos Tribunales, no solo se gradúa por letrados, sino que consta de dos apelaciones, al paso que los demás juicios criminales que se siguen por la jurisdicción ordinaria sólo tienen una». *Informes*, pp. 356-359.

[137] «Lo común que se ha hecho, o por lo menos se cree generalmente sea la avaricia de la mayor parte que administran justicia, y execren cualquier destino, pues se sabe que a todos se les ha de mover con dinero y el que más da más consigue», según el obispo de Orihuela, *Informes*, p. 226.

[138] En el informe del capitán general de Valencia-Murcia de 17 de octubre de 1825 da cuenta que «las expresadas partidas de los infames Gato y Llorqueta quedan ya diseminadas y han

tiva, como lo demuestra la petición de un auditor Guerra que consideraba benigna la condena impuesta por un consejo de guerra[139].

La persecución también iba acompañada de medidas procedimentales sumarias para ejecutar las penas más duras tan pronto como fueran aprehendidos los agavillados. Medidas que en bastantes ocasiones se dictaron contra gavillas concretas[140].

No tardaron en alzarse voces que reclamaban la vuelta de las comisiones militares. El propio Secretario de Gracia y Justicia propuso, en septiembre de 1826, la adopción de diferentes medidas para asegurar la tranquilidad de España. Entre otras, «crear comisiones egecutivas y permanentes en las provincias que confinan con Portugal, compuestas de militares, de letrados y de oficiales realistas, que conozcan de todos los delitos que se

sufrido su condigno castigo infinitos aprehendidos que han sido fusilados en el acto con arreglo a la Real orden de 17 de agosto último de que dio lugar el acontecimiento del difunto Bessieres», *Informes*, pp. 407-408. Noticia que pronto se divulgó: «A las diez y media de la noche de ayer recibí un parte relativo a la refriega que tuvieron tres confidentes que con mi autorización estaban comisionados para la prisión de los bandidos de la gabilla revolucionaria del Gato y Llorqueta, siendo el resultado haber muerto a Domingo Hervás, apodado Llorqueta, y presos Salvador Montes y García, alias el Blanco, Bernardo Primo y Hervás, alias el Becosar, y Bernardo Martínez y García, alias el Pillo, todos vecinos de la villa de Carlet, principales compañeros de los cabecillas, cuyos malvados sufrirán luego el condigno castigo a que se han hecho acreedores por sus enormes crímenes. Valencia 9 de noviembre de 1825. Carvajal. Consecuente al anuncio que di por suplemento al día de ayer de esta ciudad acerca de la prisión que se ha realizado de los principales compañeros de la gavilla revolucionaria del Gato y Llorqueta, llamados Salvador Montes y García, alias el Blanco; Bernardo Primo y Herbás, conocido por el Becosar, y Bernardo Martínez y García, por el Pillo, vecinos de Carlet, aprehendidos a viva fuerza en un huerto inmediato a Algemesí, debo añadir, como de conformidad con lo que me ha propuesto el señor auditor de Guerra, sufrirán la pena de muerte pasados por las armas a las 3 de la tarde de este día en el llano que hay estramuros de esta ciudad junto a la Ciudadela los referidos individuos. Este fin tan desgraciado tendrán bien pronto los demás que han pertenecido a tal orda infame como revolucionaria, porque disuelta y desorganizada van errantes sin otro remedio que caer en poder de la Justicia. Y para que los habitantes de estas provincias de mi mando vivan con la firme esperanza de que mis desvelos son todos consagrados a su pacífico reposo, les acomulo con este anuncio otra prueba de las muchas que han esperimentado de los buenos resultados que han tenido mis disposiciones para esterminar la vil canalla... Valencia 10 de noviembre de 1825. Carvajal», *DMC* del 22.11.1825.

139 José Guillot Legudinet fue condenado por el consejo de guerra ordinario de Cádiz, «acusado de haber proferido las espresiones de viva la Constitución y otras subversivas... a la pena estraordinaria de seis años de presidio en uno de los de África con la que no se ha conformado el auditor de Guerra por ser benigna», por lo que fue remitida al Consejo de Guerra que le impuso diez años de presidio en Ceuta, *DMC* de 6.10.1827.

140 R.O. de 2 de mayo de 1826 y C. de 6 de mayo del Capitán general de Andalucía: «En el momento que reciba esta orden ponga en acción todas las tropas que están a sus órdenes, así como los Voluntarios Realistas, para perseguir y esterminar al facineroso Alonso Corona y toda su cuadrilla; en el supuesto de que S. M. prefija a V. E. el término de veinte días, en los cuales han de ser todos pasados por las armas, conforme al Real Decreto de 21 de agosto último, sin que quede uno solo, porque será de su mayor desagrado el que no tenga el más exacto cumplimiento esta su última Real resolución sobre este asunto, facultando a V. E. para que persiga y castigue a los encubridores, ya sean justicias de los pueblos, dueños de cortijadas, pastores, traginantes o cualquiera otra persona, pues quiere que de una vez se acabe semejante gente... En su consecuencia y para llevar a efecto inmediatamente lo prevenido por S. M. he dispuesto las siguientes reglas. 1º En cada pueblo de la provincia se nombrará una partida con fuerza competente de Voluntarios Realistas escogidos entre los más bizarros y peritos en el terreno, que sin descansar se ocupe del esterminio de estos malhechores...», *DMC* de 19.5.1826.

cometan contra la seguridad del Estado; con arreglo a los decretos que regían las comisiones militares»[141]. En Cádiz continuó ejerciendo un Tribunal especial militar, que conoció de delitos ordinarios en los que, al menos, se habían utilizado armas, como por ejemplo en riñas[142].

La privilegiada situación jurisdiccional de Navarra y las restricciones de la jurisdicción militar en su territorio, hace necesaria una mención particular. Téngase presente que, como en otros territorios, en cumplimiento de la R.C. de 13 de enero de 1824 se estableció en Pamplona la correspondiente comisión militar. Entre las causas que conoció hubo una que originaría el contrafuero contra este tribunal militar[143]. El navarro José Alberdi fue acusado de haber dado un bofetón al comandante de la guarnición francesa. La Diputación puso de manifiesto al virrey la vulneración del Derecho navarro, y la hermana del acusado recurrió ante los tribunales del Reino para que conocieran del proceso. El fundamento de la oposición a la actuación de la comisión era el estricto respeto al ordenamiento jurídico navarro, como por otra parte siempre se había hecho por parte de los reyes. Se reclamó «la observancia de nuestros fueros y leyes, y la de las libertades, exenciones y prerrogativas, en que con arreglo a ellas deben gozar nuestros naturales... solo quiere la estabilidad y cumplimiento de aquellos, que los navarros solo pueden ser juzgados por la Real Corte y Supremo Consejo, alcaldes ordinarios y demás autoridades designadas por las leyes, prohibiendo absolutamente el ejercicio de toda otra jurisdicción, y que aquellos sean presos ni juzgados en causas civiles ni criminales, ni aun en las de Estado y Guerra por otros distintos tribunales». Resultaba un evidente agravio, sin perjuicio de haberse resuelto la causa criminal por dichos

---

141 *Actas (1826-1827)*, p. 10.

142 «Vista por el Tribunal Especial Militar la causa seguida en él contra José Sánchez, natural de Sevilla, de edad de 30 años, de ejercicio panadero, y Manuel Rodríguez, natural del Puerto de Santa María, de edad de 29 años, ejercicio albañil, vecinos de esta ciudad, por habérseles aprehendido riñendo, el primero con una navaja prohibida y el segundo con un zapato, han sido sentenciados el Sánchez a la pena de seis años de presidio en África, y el Rodríguez que sirviéndole de corrección la prisión sufrida, sea puesto en libertad, apercibiéndole para lo sucesivo; cuya sentencia ha merecido la aprobación del Excmo. Sr. Capitán general». *DMC* de 4.2.1827. Un zapatero, aprehendido con un arma prohibida, fue destinado a presidio por seis años por este mismo tribunal, *ibídem* de 22 de julio de 1827. En cambio, por sentencia del Tribunal Especial Militar de 7 de julio de 1826, un santanderino de 14 años fue enviado dos años al presidio correccional «por la muerte que causó jugando con unos palillos puntiagudos al joven Manuel Hidalgo, hallándose presos en la Real Cárcel, ha sido sentenciado en atención a su menor edad», *DMC* de 8.7.1826. Otro joven de 16 años aprehendido con un arma blanca prohibida fue destinado al mismo correccional por un año «en atención a su menor edad» y otro de 18 por tres, «en consideración también de su corta edad y mal estado de salud», *DMC* de 22.4.1826. En cambio, un hombre de 47 años aprehendido con una navaja prohibida fue destinado por la comisión militar gaditana a cuatro años al presidio de Ceuta, *ídem* de 2 de diciembre de 1824.

143 Véase, desde una perspectiva crítica por los planteamientos esgrimidos, Pedro Pegenaute Garde, «Planteamiento de la represión política en Navarra durante el reinado de Fernando VII», en *Príncipe de Viana*, pp. 317-339. La comisión militar navarra juzgó a 129 individuos en 34 causas, de los cuales 52 lo fueron por delitos políticos y 77 por delitos ordinarios. Este reducido número contrasta con el elevado juzgado por los tribunales ordinarios de Navarra, dato que no contrastó Pegenaute y que matizaría su afirmación sobre el «el carácter exiguo del liberalismo navarro en aquellos años».

tribunales, ahondando en que «no pudo establecerse en esta capital la comisión militar para juzgar a los naturales del Reino, y tampoco haber juzgado y sentenciado en ella al dicho José Alberdi, pues el conocimiento de su causa era propio y peculiar de la Real Corte en primera instancia, en la que se le hubiera impuesto la pena correspondiente a su delito con la rectitud y justificación que le caracterizan»[144]. Por ello en las últimas Cortes del Reino de Navarra, celebradas en 1828-1829, se reclamó la nulidad de los RR.DD. de 13 de enero y 23 de agosto de 1824, así como la prisión y sentencia dictada contra Alberdi. Nulidad dictada por decreto de 18 de septiembre de 1828[145].

A pesar de la oposición a las comisiones militares y su desaparición, varios capitanes generales insistieron y se manifestaron propicios a su restablecimiento, apoyándose en la situación de delincuencia, sobre todo organizada, que existía en sus respectivos territorios. Para soslayar cualquier duda, una R.O. de 26 de agosto de 1828 dispuso el cese definitivo de las comisiones militares[146].

---

[144] Todo lo cual reconociendo las Cortes navarras que «que el establecimiento de semejantes comisiones y de otras medidas extraordinarias adoptadas por V. M., son una prueba inequívoca de lo mucho que se interesa en la tranquilidad y felicidad de los pueblos que la Divina Providencia ha puesto a su cuidado; pero como en este Reino pueden conseguirse tan laudables objetos, dejando libre y expedito a los Reales Tribunales el ejercicio de la jurisdicción que V. M. y las leyes le tienen concedida, y pudieron proceder por procesos dispensativos según la clase de los delitos, nos vemos obligados a reclamar su observancia, y de consiguiente la nulidad del establecimiento de aquella comisión militar y el de la sentencia pronunciada y ejecutada contra el preso Alberdi. Iguales consideraciones militan, para que no tenga efecto ni se observe en este Reino, la Real orden de 23 de agosto del año de 1824, para que sean juzgados militarmente todos los que se aprehendan con las armas en la mano, o envueltos en conspiraciones y alborotos dirigidos a turbar el sosiego y orden público, pues a más de ser contra la disposición de las leyes que se llevan citadas, se mandó imprimir y circular por el Real Consejo sin audiencia de nuestra Diputación, ni haber venido con la correspondiente auxiliatoria, requisitos indispensables uno y otro...».

[145] *Cuaderno de las leyes, y agravios reparados a suplicación de los tres Estados del Reino de Navarra, en sus Cortes Generales, celebradas en la ciudad de Pamplona los años 1817 y 1818 por la Magestad Real del Señor Rey don Carlos VI de Navarra y III de Castilla y en su real nombre por el Excmo. Señor Conde de Ezpeleta de Beire... con acuerdo de los del Real y Supremo Consejo del mismo Reino de Navarra que asistieron con él en dichas Cortes*, Pamplona, 1829, ley VI.

[146] «Los capitanes generales de Galicia, Valencia, Extremadura, Granada y Andalucía elevaron sucesivamente al Rey nuestro Señor varias exposiciones, haciendo presente la necesidad de establecer comisiones militares o consejos de guerra permanentes en sus respectivas capitales para juzgar las causas de la multitud de malhechores que infestaban los caminos, y se aprehendiesen por las partidas de tropa destinadas al efecto. Tuvo a bien S. M. acceder a estas exposiciones, en vista de las fundadas razones en que se apoyaban, y considerando los buenos efectos que en otras ocasiones había producido; y no obstante lo resuelto en la Real cédula de 4 de agosto de 1825, se establecieron efectivamente en las capitales mencionadas las comisiones militares o consejos de guerra permanentes. El pronto y ejemplar castigo que se consiguió de muchos ladrones y malhechores, hicieron conveniente esta medida; mas sin embargo el Rey nuestro Señor, que infatigable en su paternal solicitud ha restituido la paz y tranquilidad a sus pueblos, y que sobre todo anhela porque la administración de justicia se verifique según las leyes y decretos que sabiamente dictó en beneficio de aquellos, considerando concluidos los motivos que tuvo para establecerlas, ha resuelto que inmediatamente cesen las comisiones militares o consejos de guerra permanentes de Galicia, Valencia, Extremadura, Granada y Andalucía, o de cualquiera otra provincia de sus dominios de España e Islas adyacentes; que la indicada Real cédula de 4 de agosto de 1825 se lleve en todas sus

La actuación de la jurisdicción militar fue clave en la represión contra los disidentes del absolutismo gubernamental. Así se puso de manifiesto ante la situación política en Cataluña que se vislumbraba desde algún tiempo atrás[147]. Con el precedente del fusilamiento de Bessiers en Molina de Aragón en agosto de 1825, por mandato del rey y orden del conde de España, la autoridad militar continuó actuando con dureza[148], incluso contra otros realistas, sobre todo a partir de 1827. Téngase presente que el 9 de septiembre de este año, Fernando VII revistió al mentado conde «de todo el poder de su regia autoridad para modificar las sentencias impuestas a los delincuentes, o para perdonar a los rebeldes, estendiéndola a la destitución de los generales, gefes, autoridades y empleados de todos los ramos que no mostrasen la más activa decisión en el círculo de sus respectivas obligaciones para contener y reprimir la rebelión»[149]. Una explícita manifestación de la potestad absoluta en lo judicial.

Sin insistir en el movimiento realista catalán, cabe mencionar el proceso seguido contra el agraviado o malcontent Juan Rafi Vidal. Arrestado en Tarragona mientras la visita regia, el conde de España, como capitán general de Cataluña, ordenó al conde de Mirasol la instrucción de la causa contra Vidal y Olives, cuyo fallo estaba predeterminado. El 7 de noviembre de 1827 fueron ejecutados junto a sus compañeros «en cumplimiento de la orden del Rey, nuestro señor (Q.D.G.), por haber faltado, como militares y como vasallos, a la fidelidad que le debían, por haber sido gefes y autores de la criminal y escandalosa sublevación en el corregimiento de Tarragona, y formado en él una junta revolucionaria», siendo pasados por las armas, con el mayor sigilo y anunciándose a la ciudad mediante dos salvas[150].

---

partes a puro y debido efecto, entregándose las causas pendientes a los jueces y tribunales respectivos, con lo demás que en la misma se previene».

[147] Fontana, *La crisis*, pp. 190-193.

[148] Más de un centenar de militares que custodiaban Olivenza desertaron y pasaron a Portugal en septiembre de 1826. Fueron condenados a pena de muerte de ser aprenhedidos. Renovando al mismo tiempo los RR.DD. de 17 y 25 de agosto de 1825 contra quienes colaboraran con los delincuentes mencionados en estas disposiciones. Bayo, *Historia de la vida y reinado de Fernando VII*, III, p. 288.

[149] Bayo, *Historia de la vida y reinado de Fernando VII*, III, p. 300.

[150] El texto en Antonio Pirala, *Historia de la guerra civil y de los partidos liberal y carlista*, Madrid, 1856, tomo I, p. 46. Transcribe en p. 319 la orden del conde de España: «Capitanía general del ejército y principado de Cataluña. Conviniendo al servicio del Rey nuestro señor (Q. D. G.), y al cumplimiento de sus soberanas disposiciones recibir declaraciones indagatorias sobre los antecedentes de la escandalosa y criminal rebelión y sublevación que atacando la legitima y absoluta autoridad de S. M., se dirigía a sumir su principado de Cataluña en todos los horrores de la más lamentable anarquía, hallándose preso en el fuerte real de esta plaza el coronel graduado de infantería don Juan Rafi Vidal, ayudante del subinspector de voluntarios realistas del campo de Tarragona, que sublevó todo el corregimiento titulándose comandante general, e instalando y presidiendo una junta criminal, imprimiendo proclamas sediciosas, intimando la rendición a esta plaza, bloqueándola, ocupando militarmente el paso del Coll de Balaguer, impidiendo el tránsito y haciendo fuego contra el tercer batallón del regimiento de infantería de línea de San Fernando, y un destacamento de caballería, de que resultaron oficiales y soldados heridos, y caballos muertos, añadiendo a estos delitos el levantar de las arcas reales, ayuntamientos y depositarias, los fondos pertenecientes a la real hacienda, exigiendo por rescate de su vida y persona cantidades a los pacíficos vasallos del rey, se servirá vd. recibir al espresado Rafi Vidal una declaración que abrace los particulares indica-

La represión llevada a cabo por el conde de España en Cataluña es conocida, dándose cuenta de la ejecución de un buen número de militares acompañados de algunos civiles. Fusilamientos a los que siguió la horca como una manera particular de infamia y afrenta hacia los ejecutados[151]. Con la llegada del rey a Tarragona, algunos de los sublevados se espontanearon ante él en búsqueda de la clemencia real que les evitara el castigo máximo. Se achaca a la connivencia entre Calomarde y el capitán general de Cataluña la represión posterior contra algunos de ellos. Los que no huyeron, fueron condenados a la pena capital o destinados a presidio. En muy pocos días, entre la salida y el regreso del rey, en Tarragona hubo cuatro ejecuciones anunciadas por salvas de cañón. En Barcelona la represión militar comenzó en diciembre de 1827. El gobernador militar «imponía multas a diestro y siniestro con razón o sin ella», de modo que a las imploraciones de los castigados se las iba aumentando, «y allí no había apelación». El subdelegado de Policía también procedía contra los absolutistas más reaccionarios valiéndose, según Del Castillo, de una policía secreta formada por pillos, ladrones, salteadores y asesinos, por lo cual «en la mayor parte de las causas aparecen los mismos sugetos, unos como delatores, y otros como testigos». Para los procedimientos judiciales, el capitán general «no se olvidó de elegir fiscales suficientes por sí para, sin necesidad de carear a los acusados ni decirles quienes era su acusador, condenar a estos al suplicio o a diez años de presidio con retención»[152]. Con la excusa de una conspiración para proclamar la Constitución, «de treinta en treinta, de cuarenta en cuarenta eran en una noche vilmente sorprendidos y encerrados», mezclados los perseguidos políticos con los delincuentes, transcurriendo largo tiempo sin que se les tomara declaración y amenazados por los fiscales con la horca si no declaraban la verdad. El primer ejecutado fue el coronel José Ortega, quien intentó suicidarse mediante una incisión efectuada con un hueso de gallina. No consiguió su objetivo y acabó siendo fusilado el 19 de noviembre de 1828, como otros jefes, oficiales y suboficiales, empleados de rentas, un pintor o un profesor de lenguas modernas, «por sentencia debidamente asesorada, pronunciada por el Juzgado de guerra del Principado de Cataluña»[153].

---

dos, procurando averiguar los puntos siguientes...». Vid. también, *Documentos del reinado de Fernando VII: Los agraviados de Cataluña*, Pamplona, 1972. Jaime Torras Elías, *La Guerra de los Agraviados*, Barcelona, 1967. La visión novelada de la represión del conde de España en Abdó Terrades, *La esplanada. Escenas trágicas de 1828*, Barcelona, 1835; y la de Pío Baroja, *Las Furias*.

[151] Véase la descripción de Joaquín del Castillo, *La ciudadela inquisitorial de Barcelona*, Barcelona, 1835, obra objeto de censura. Cabe recordar que se había actuado de igual manera el 22 de enero de 1819 con la ejecución de quienes conspiraron en Valencia contra el capitán general. Mientras Joaquín Vidal, malherido, fue degradado y ahorcado, sus compañeros fueron fusilados y «los cadáveres casi mutilados de aquellas victimas, fueron en seguida colgados en racimo al lado del de Vidal», *Memorias del coronel Juan Van Halen*, II, pp. 179-180.

[152] Del Castillo, *La ciudadela*, pp. 50-51.

[153] En un bando de este día, el capitán general, afirmaba, entre otras cosas, que «convictos o confesos los primeros, en los autos de acusación por declaración, ratificación y confrontación, con arreglo a las leyes para semejantes privilegiadas causas, oídos los alegatos de sus defensores nombrados de oficio, según práctica de los tribunales en causas de esta naturaleza entre los gefes más respetables del ejército, por sentencia debidamente consultada y asesorada,

Tras el fusilamiento «se vieron los tristes troncos de las víctimas ser conducidos por presidiarios a la horca de antemano puesta en medio de la esplanada, frente la Ciudadela, lugar de ejecución», siendo sus restos comidos por los perros[154]. Los procesos estuvieron plagados de irregularidades porque el mando militar había decidido el fin de estos individuos, quienes no pudieron elegir defensor e incluso se les privó de escoger a su confesor. Las ejecuciones en grupo se volvieron a reproducir, por ejemplo, el 26 de febrero y el 30 de julio de 1829[155]. Además, «de tiempo en tiempo se hacían remesas de desgraciados a Ceuta, Tarifa y demás presidios a donde fueron desterrados en mayor número de 400 inocentes»[156]. Las descripciones sobre la persecución a otros individuos da idea del ensañamiento contra ellos, especialmente en las cárceles civil y militar. Represión que se extendió a sus familias, pues «las personas desterradas a 6 leguas del radio de Barcelona, puertos, costas marítimas y fronteras pasaron de 1800, mucha parte de las cuales eran familias de los condenados a destierro y que habían sufrido la pena capital»[157]. Todo ello sin contar con las muertes ordenadas y cuyas víctimas fueron paseadas.

La situación lejos de quedar calmada con la represión en Cataluña, se agravó. Se aprecia un repunte de las causas conocidas por los tribunales, sin duda reflejo del incremento de criminalidad. Asimismo se sucedieron actos contra la autoridad del propio monarca, diseminados por todo el territorio. Intentos de levantamientos frustrados por diferentes circunstancias, que llevaron a Fernando VII a endurecer las medidas dirigidas contra los liberales. Situación complicada para el Gobierno absolutista por los aconte-

---

el Juzgado de guerra ha pronunciado la pena capital impuesta a los conspiradores y sediciosos que atentan a los sagrados, legítimos, absolutos derechos del Rey, a la seguridad de sus plazas y dominios, con arreglo a las leyes y Reales decretos de 17 y 21 de agosto de 1825, mandados observar espresamente en este Principado, la que anunciada por el cañón de la Ciudadela», en Del Castillo, *La ciudadela*, pp. 211-216. La Relación de los acusados, confesos y convictos en la causa de conspiración que han sufrido la pena de muerte en el día de hoy (26 de febrero de 1829), con arreglo a las Leyes y Reales decretos de 17 y 21 de agosto de 1825, en *DMC* de 17.2.1829. Fueron un total de diez, entre los que se encontraba el teniente coronel Rovira y José Sans, alias Pep-Morcaire, acusado de haber cometido atroces delitos entre los que figura una muerte violenta, contrabando, robos sacrílegos y conspiración.

[154] La descripción completa de este horroroso espectáculo y un grabado representativo del mismo, en Del Castillo, *La ciudadela*, p. 55.

[155] El bando del conde de España fechado el 26 de febrero señalaba que «el curso de la causa contra la conspiración intentada en la capital del Principado de Cataluña para renovar los lamentables escesos de la impiedad y de la rebelión de 1820, habiendo pasado por todos los trámites de la ley para semejantes privilegiados casos, y producido una completa convicción del delito en los acusados, cuya relación va adjunta, la ejecución de la pena de muerte en que han incurrido con arreglo a las leyes y reales decretos de 17 y 21 de agosto de 1825 se ha verificado en la mañana de este día, anunciada por el cañón de la real Ciudadela. Es de desear que este justo castigo sea el último por tan horrendo crimen cual el de alta traición. El juzgado de guerra y la autoridad esperan que el escarmiento será saludable a todos; pero en todo evento debe tenerse entendido que el imperioso deber de aplicar las leyes en justa defensa del Altar y del Trono legítimo y del reposo del Estado contra toda rebelión y sedición, presidirá siempre sus fallos», en Del Castillo, *La ciudadela*, pp. 217-221. Los restantes bandos están redactados en términos similares.

[156] Del Castillo, *La ciudadela*, p. 65.

[157] Del Castillo, *La ciudadela*, p. 100.

cimientos que sucedían en Francia. En estas circunstancias se comprende el tenor del R.D. de 1 de octubre de 1830, que reproducía las penas establecidas en agosto de 1825 contra los revolucionarios que fuesen aprehendidos con armas, determinando asimismo las establecidas para quienes les prestasen ayuda de todo tipo o tuvieren correspondencia con exiliados.

El temor a todos estos hechos condujo a la reposición de las comisiones militares, para consuelo de recalcitrantes realistas[158], aunque por poco tiempo. El 8 de marzo de 1831 el Secretario de Gracia y Justicia comunicaba al gobernador del Consejo de Castilla una real orden dictada «en atención a las críticas y peligrosas circunstancias actuales, que de día en día van presentando un aspecto más serio, y siendo ya considerable el número de forasteros que se hallan refugiados en esta Corte». En su virtud se ordenaba que el Superintendente de Policía elaborara un plan para expulsar de Madrid «a todas las personas que inspiren recelo y no acrediten domicilio fijo», particularmente a los oficiales indefinidos, ilimitados e impurificados; que se estableciera una comisión militar en la Corte; y, por último, que se recordara a todas las autoridades su obligación de mantener la quietud pública. En su traslado a la Sala de alcaldes se disponía el cumplimiento de esta disposición «y otras varias que se han comunicado con igual objeto a perseguir malhechores y revolucionarios», advirtiendo que en Madrid existían vagabundos vendiendo bienes de poco valor, «que son otros tantos pretextos para el robo, el espionaje y la concurrencia a cualquier desorden». Insistía el gobernador del Consejo en que se averiguara y vigilara la conducta de cualquier individuo sospechoso. La Sala dispuso que los alcaldes de cuartel formaran con urgencia «dos expedientes reservados, uno para la averiguación de las personas sospechosas de criminalidad por cualquier concepto, y otro para dar ocupación a los revendedores que, a pretexto de tales, se entregan a la vagancia, al espionaje y al crimen»[159]. En definitiva, el establecimiento de un control policial de una parte importante de la población de Madrid.

Por R.D. de 11 de marzo se estableció la comisión militar de la Corte[160], y por otro posterior del día 18 se establecieron de nuevo y bajo las reglas anteriores para la represión de delitos en un momento de gran agitación por las intentonas liberales[161]. A imitación de lo acaecido unos años

---

158 Arias, *Diarios*, II, p. 381, 19 de septiembre de 1830: «Ayer el ministro comunica a nuestra Inspección una Real orden para que se fusile a los revolucionarios en el acto que se cojan. Es decir, la de Bessieres; que era escusado circular de nuevo».

159 Morales Sánchez, *Historia del Saladero*, II, pp. 569-572.

160 «Parece que la comisión militar y comandancias militares [están] ya decretadas. Dicen que Ulman presidente; Caban[ille]s citó a Chaperón. Cavia y otros [dicen] que Chaperón se hizo pastelero en Cáceres, que siempre [estaba] con negros etc. También Teij[eir]o dijo lo mismo, pero serían apariencias», Arias Teijeiro, *Diarios*, III, p. 31 (10 de marzo de 1831). Tras publicarse el decreto y hacer un resumen en su dietario, escribe: «Ya no produce el efecto que tantos esperaban», *Diarios*, III, p. 48.

161 El proemio del R.D. de 18 de marzo de 1831 afirmaba que: «Las escandalosas y temerarias incursiones que la facción rebelde ha tenido la osadía de verificar por varios puntos del Reino; los inesperados acontecimientos de Cádiz y de la Isla, y otra multitud de hechos altamente criminales ocurridos simultáneamente en distintos pueblos, han convencido plenamente mi Real ánimo de la existencia de un foco revolucionario que poniendo por obra los planes que en otros países trazan los corifeos y directores de las sectas tenebrosas, nada omite de cuanto entiende

antes, por otra disposición del 19 de marzo se encomendó a la comisión militar ejecutiva y permanente de Castilla la Nueva, que era la de la Corte, el conocimiento de los robos en ella y su rastro[162]. No obstante, se advierten algunas diferencias con las disposiciones anteriores. Ahora se decreta como única comisión la de Madrid, mientras que la formación de las restantes queda a voluntad de los respectivos Capitanes generales (arts. 1 y 2), que acabaron implantándolas. Otra diferencia se aprecia en su composición, pues su presidente debería pertenecer a la clase de mariscal de campo o de brigadier, un asesor letrado –que en Madrid sería un alcalde de Casa y Corte elegido por el capitán general de Castilla la Nueva, y en las restantes un magistrado de la Chancillería o Audiencia nombrado por su presidente de la misma– y seis vocales militares de la clase de jefes, asistidos por fiscales y secretarios.

Quedaron sujetos al juicio de estas Comisiones, según los artículos 5 y 6, en términos similares a los de 1824 si bien incidiendo en la finalidad política por los temores ante las diferentes tentativas liberales:

> «Los que desde el día de su respectiva instalación cometan los delitos de que tratan los artículos 2, 3, 4, 5, 6, 7, 8 y 9 de mi soberano decreto de primero de octubre del año pasado de mil ochocientos treinta; siendo del cargo del Superintendente general de Policía remitir a los capitanes generales, donde aquellas se establezcan, las listas de que trata el artículo 6 de dicho decreto para la aplicación a los reos de la pena que allí se establece y de las demás que merezcan por sus hechos posteriores; pero los criminales de que trata el artículo primero de dicho decreto serán castigados del modo y en los términos que en el mismo se previene.
>
> Igualmente quedan sujetos al juicio de las mismas comisiones los que des-

---

puede convenir para llevar adelante la obra de iniquidad que aquellos se han propuesto. Verdad es que las consecuencias de tales atentados han sido cuales podían y debían esperarse del valor y decisión de mis tropas, de las tantas veces ya acreditada lealtad de los Voluntarios Realistas, y del íntimo convencimiento en que, recordando tiempos de odiosa memoria, se halla todo el Reino, de que su felicidad y tranquilidad depende de la conservación de sus antiguas y veneradas leyes y de la del Trono en que Dios me colocó... En todas partes las hordas revolucionarias han sido batidas y destrozadas... la sana política y la obligación en que me hallo de prevenir los delitos para evitar que en su comisión tomen parte los incautos por seducción o por engaño, han convencido igualmente mi Real ánimo de que las penas hasta aquí establecidas en las leyes y reales decretos contra los perpetradores de tan atroces y criminales atentados no son ni pueden ser suficientes para retraerlos, si antes de su aplicación se han de observar los trámites y solemnidades que para los tiempos tranquilos previenen las mismas leyes». Por ello se remitía a la R.O. de 13 de enero de 1824. Hay que considerar las intentonas de Valdés, Espoz y Mina o Torrijos, de neto carácter liberal. Irene Castells, *La utopía insurreccional del liberalismo: Torrijos y las conspiraciones liberales de la Década ominosa*, Barcelona, 1989. José Cepeda Gómez, *El ejército español en la política española (1787-1843): conspiraciones y pronunciamientos en los comienzos de la España liberal*, Madrid, 1990.

162 Tras aludir a la creación de las comisiones militares en enero de 1824 y su cese en agosto de 1825, afirmaba que «estaba mi Real ánimo muy distante de creer que pudieran volver a repetirse los desórdenes y frecuentes robos que dieron margen a aquella disposición extraordinaria. Empero, y por desgracia de algún tiempo a esta parte, ha sido amenazada en varios puntos la tranquilidad pública por las maquinaciones y tentativas de los revolucionarios, y al propio tiempo con desdoro de las autoridades y menosprecio del alto respeto que merece el lugar de mi residencia, se ha visto también atacada la seguridad de los bienes y personas de sus honrados vecinos, perpetrándose y llevándose a efecto varios robos y asesinatos».

de la época ya expresada en el artículo anterior se declaren, con armas o con hechos, enemigos de los legítimos derechos de mi Trono, o partidarios de la abolida Constitución, los que escriban papeles o pasquines dirigidos a los mismos fines, los que hablen contra mi soberanía, los que seduzcan o intenten con palabras, promesas o dádivas seducir a otros para retraerlos de su fidelidad a mi Real Persona, o para formar alguna partida que tenga por fin coadyuvar a los planes de la facción rebelde, y los que esparzan noticias alarmantes relativas a las fuerzas de la misma facción o de cualquiera otra cosa de igual naturaleza, que prudentemente pueda inspirar temor en el ánimo de los pacíficos vecinos»[163].

Se buscaba en ambos preceptos una represión eminentemente política, mientras que la delincuencia común quedaba aparentemente en un segundo plano, pero no por ello se dejó de actuar con el mismo rigor contra esta[164]. De ahí que se volviera a reiterar la conveniencia ya señalada en 1824 de que se solventaran con celeridad, omitiendo cuantos trámites entorpecieran la rápida resolución, todo ello con arreglo a la Ordenanza militar, «en el término que esta previene o en el más corto posible... debiendo omitirse la evacuación de citas inconducentes y también la fórmula de los careos, como no necesaria, a no pedirlos el defensor por ser oportunos para la defensa» (art. 7). En este punto, nada se innovaba, pues básicamente se viene a reproducir el D. de 1824, tanto en las consultas elevadas al capitán general o la separación entre la jurisdicción militar y la ordinaria, o el desafuero de los privilegiados sometidos a ellas[165]. Incluso, se toma del decreto precedente su carácter circunstancial o temporal.

La punición era la graduada por el mentado R.D. de 1 de octubre de 1830, «y para los otros que van señalados y que no están comprendidos en dicho decreto, se observará lo establecido en la Ordenanza y leyes del Reino» (art. 12). Este decreto recogía los castigos contra facciosos y revolucionarios, reiterando los previstos en 1825[166]. Extendía la pena de muerte en la

---

163 Los más exacerbados realistas la entendieron de la siguiente manera: «Ayer salió orden para fusilar a todos los revolucionarios cogidos», Arias, *Diarios*, II, p. 35, 13 de marzo de 1831.

164 «A virtud de sentencia impuesta por la Comisión militar ejecutiva y permanente de esta provincia mañana a las once y media de ella deben sufrir la pena de muerte en horca José María Arias, Pablo Guimiel y Ramón Rodríguez, por haber intentado robar en cuadrilla, la noche del 14 de julio último al coronel retirado D. Luis Vasallo en su casa-habitación de Carabanchel de Arriba, habiendo hecho resistencia con armas prohibidas a los ministros que componían la ronda de policía, cuyo acto presenciará con dogal al cuello por su complicidad Benito Ramón Rodríguez, criado del citado coronel, siendo después destinado por diez años a presidio con retención en la plaza de Melilla. Para auxiliar a los dependientes de justicia en la ejecución se hallarán en la plazuela de la Cebada a las once de la misma dos piquetes», en *DdAM* de 11.8.1831.

165 Se introdujo el mantenimiento de la competencia en las causas vivas en el art. 18, al disponer que «las justicias ordinarias y las militares continuarán conociendo de las causas que hayan principiado o principien a instruir sobre los mismos delitos hasta la instalación de las comisiones militares, y las sustanciarán y determinarán a la mayor brevedad con arreglo a las leyes y reales decretos; pero si desde que aquellas se instalen tienen noticia de haberse cometido alguno de los expresados en los artículos 5 y 6 formarán sumaria para acreditar el hecho, y con el reo o reos, si pueden ser habidos, la remitirá a la respectiva comisión, practicando igual entrega la Policía con los que aprehenda con las diligencias que instruya».

166 El art. 1 mantenía en su fuerza y vigor los arts. 2, 4 y 5 del R.D. de 17 de agosto de 1825 «contra los rebeldes que fueren aprehendidos con las armas en la mano en cualquiera punto del territorio español».

práctica a cualquier colaborador o cómplice de los delitos citados, amparándose en la legislación de Alfonso X[167]; a las autoridades municipales cuya omisión en dar cuenta de las autoridades civil y militar del partido se juzgara maliciosa, pues en otro caso la pena sería inferior[168]; y, a los que maquinaran en el interior del Reino para actos de rebeldía contra la autoridad del rey o promovieran conmociones populares, que llegaran a manifestarse por actos preparatorios de su ejecución, es decir, aun cuando el *iter criminis* no hubiera llegado a su plenitud (art. 7).

Para otros hechos, las penas, aunque corporales, eran menores. Los que acogieren u ocultaren en su casa algún rebelde, con conocimiento de ello, serían enviados cuatro años a presidio y multados con quinientos ducados (art. 4); el que «por el solo hecho de tener correspondencia epistolar con cualquiera de los individuos que emigraron del Reino a causa de hallarse complicados en los crímenes políticos del año veinte al veinte y tres», sería castigado en dos años de cárcel y doscientos ducados de multa, «sin perjuicio de que si la expresada correspondencia tuviese tendencia directa a favorecer sus proyectos contra el Estado», ya que en este caso se consideraría traidor y condenado a muerte; aquellos que con persuasiones y consejos incitaran a cualquiera acto de insurrección y a perturbar de cualquiera manera el orden público, serían destinados de seis a diez años de presidio, «según las circunstancias peculiares de cada caso» (art. 8); y, aquella persona que teniendo noticia de cualquier complot contra la seguridad interior y exterior del Estado no lo denunciase inmediatamente, sufriría la pena de dos a ocho años de prisión o de presidio «conforme al grado de criminalidad que le resulte, y a la gravedad del objeto de la maquinación»[169].

Pronto comenzó a actuar en Madrid por las noticias aportadas por Arias Teijeiro[170]. Uno de los principales liberales, el famoso librero Miyar,

---

[167] Art. 2: «Las personas que presten auxilio de armas, municiones, víveres o dinero a los mismos rebeldes, o que favorezcan y den ayuda a sus criminales empresas por medio de avisos, consejos o en otra forma cualquiera, serán considerados como traidores, y condenados a muerte conforme a las leyes 1 y 2, título 2, de la Partida 7».

[168] Art. 3: «Los individuos de ayuntamiento y justicia de los pueblos, cuyo territorio sea invadido por cualquiera fuerza armada rebelde, y no den parte a las autoridades civil y militar del partido en el término compuesto de hora y media por legua de distancia que haya desde el lugar de la invasión hasta la cabeza de partido, serán presos, formándoseles causa. Si de esta resultare haber sido maliciosa su omisión y con ánimo de ayudar a los rebeldes, se les impondrá la pena de muerte; y si solo hubiesen obrado por negligencia y descuido, se les condenará individualmente a la multa de mil ducados, y a seis años de presidio en uno de los de África».

[169] La persecución de estos hechos eran más propios de la Policía. Por ejemplo, AHN, Diversos-Coleciones, *Depósito de la Guerra*, 164/2, Correspondencia interceptada por los agentes de la Superintendencia General de Policía del Reino de los años 1826 y 1827. De hecho, no he encontrado referencias de causas por correspondencia ante las comisiones militares.

[170] El 18 de marzo apunta: «Arrestos esta noche al librero Miyar, al comisario Torrecilla, etc. Antonelli se escapó por un balcón... Tenía éste reciente correspondencia con Mina; los encontramos poniendo proclamas... Dicen que uno de ellos, a quien han perdonado y dado 10.000 reales, les delató; y que mañana debía estallar esto», *Diarios*, II, pp. 42-43. Tres días después más arrestos. El 13 de abril: «Dicen que algunas prisiones esta noche» (*idem*, p. 103). El 16: «Anoche prisiones» (*idem*, p. 112). Hubo más casos de ofrecimiento de dinero por liberales que iban a ser arrestados. En Elche uno ofreció 2.000 reales al primer voluntario que le arrestó y

sería condenado a muerte[171]. No fue el único[172]. Eran los estertores de un régimen que moría ejecutando opositores. La actuación de esta comisión alcanzó cotas de rudeza similar a la precedente[173], aunque la opinión de los ultrarrealistas fuera la contraria[174]. Hay una expresión, empleada por Arias, que expresa con crudeza la visión de los realistas: «se prende mucho pero se ahorca poco»[175]. Por razones obvias, la proyección de las comisiones militares sobre los viajeros extranjeros era otra. Para el marqués de Custine la situación europea y la efervescencia política en numerosos lugares de España eran las razones del establecimiento de dichas comisiones: «C'est une terreur royaliste. Ces tribunaux et leurs agents, arrêtent, jugent et exécutent en trois jours les ocupables, ou pour mieux diré les *suspects!*». Tuvo la oportunidad de conocer el caso de Miyar por lo que le hablaron en Madrid[176]. Dejaba testimonio que un ciudadano, denunciado ante la comisión militar por los voluntarios realistas, «aurait peine à se disculper, et pourrait périr victime de la simple déposition d'un ennemi: la méfiance est à son comble»[177].

30.000 al alguacil mayor para que le dejasen huir (*ídem*, p. 129). Vid. también, Morales Sánchez, *Historia del Saladero*, II, p. 589.

[171] El 9 de abril de 1831, Arias, *Diarios*, III, p. 92, refleja: «Ponen en capilla a Miyar a pesar de los dos millones ofrecidos». Su mujer acudió al rey, sin ningún éxito. Algunos personajes debieron moverse para obtener el indulto, que no llegaría. El día 11 fue ahorcado. Arias, con su aberración a todo lo liberal, escribe: «Ahorcan a Miyar; sereno en lo posible –los negros de la Carrera, en especial un longista cierran las tiendas–, deja millón y medio a su mujer», *ídem*, p. 95. La causa contra Miyar en *Colección de las causas más célebres e interesantes de los mejores modelos de alegatos, acusaciones fiscales, interrogatorios y las más elocuentes defensas en lo civil y criminal del foro español, francés e inglés por una sociedad de jurisconsultos. Parte española*, Madrid, 1863, tomo V, pp. 176-382. Los relatos de los ajusticiados más conocidos por su condición de liberales pueden verse en Victoriano Ameller y Mariano Castillo, *Los mártires de la libertad española, o sea historia de las personas notables del partido liberal de nuestro país que han perecido en el cadalso, o sucumbido víctimas de la tiranía de sus convicciones políticas*, Madrid, 1853.

[172] «Ahorcan a Juan de la Torre, que ha muerto muy contrito y como buen católico. Si no saben estos hombres las felicidades que les damos... Llevaba al cuello un cartel "Por revolucionario": todas son satisfacciones al realismo», Arias, *Diarios*, II, p. 69, 29 de marzo de 1831.

[173] En *El Vapor. Periódico mercantil, político y literario de Cataluña* de 5.11.1833 se publica que la Comisión militar de Castilla la Nueva había condenado a muerte, pasados por la armas, a «algunos de los cabecillas del movimiento sedicioso de Talavera»: tres oficiales de voluntarios realistas, un cadete, un oficial y un teniente de caballería. Quedaron por sentenciar dos oficiales realistas de Mombeltrán, implicados en la misma conspiración.

[174] Con respecto a la composición de la comisión militar de la Corte escribe el 30 de marzo: «Son Amo, presidente, Mallén, Casasola, Durán (los 3 buenos) pero Casasola renuncia por enfermo; Miró, Villa y Ribas el amigo de Cardona; parece que la mayor parte no fueron propuestos por el Liñán. Zorrilla es el asesor», *ídem*, p. 74. Desde los primeros días de abril comenzó a actuar. En mayo la realidad se imponía: «Mallén echaba demonios esta tarde; la comisión militar es una pantomima y nada más: ninguna causa la envían... Esto es lo que yo siempre creí», *ídem*, pp. 138-139. Sin embargo, asienta el 5 de mayo que el coronel Vaca comunica que «va la comisión militar a sentenciar a los cabos y soldados presos»; y el día 9 «escribe que la comisión militar ha sentenciado 500 soldados a 10 años de presidio y 250 a 4 de recargo en el Ejército; que va a juzgar los oficiales, la Junta, etc.; que siguen muchas prisiones, expulsiones de Cádiz, etc; que se harán más, pues allí no quedará sino Religión y Rey», *ídem*, p. 150.

[175] *Diarios*, III, p. 137, 3 de mayo de 1831, a propósito de la información que llegaba de Murcia.

[176] Custine, *L'Espagne sous Ferdinand VII*, I, pp. 95-99.

[177] Custine, *L'Espagne sous Ferdinand VII*, I, p. 100.

En mayo de 1831 fue asesinado el gobernador militar de Cádiz y se reactivó la represión en los territorios más cercanos. El marqués de Custine da cuenta que inmediatamente «le roi, éclairé trop tard sur le danger qu'il court, a multiplié les arrestations à Séville, à Madrid, à Cadix, à Grenade. Des commissions militaires on été formées dans tout le royaume, et quelques exécutions, commandées par cette justice si expéditive qu'elle en est barbare, ont exaspéré l'Espagne»[178].

En todo caso, estas comisiones no encajaban en el modelo secular. De nuevo se reprodujeron las reticencias de la Sala de alcaldes de Casa y Corte, pues este tribunal extraordinario iba en perjuicio de sus atribuciones y significaba un demérito en su actividad para controlar Madrid[179]. La respetuosa protesta dirigida al rey a finales de junio de 1831 tuvo como excusa un oficio de «una comisión subalterna del capitán general de la provincia», en la que manifestaba que la Sala tomara a su cargo los reos que debieran ser ajusticiados. Los alcaldes de Corte entendían que «la Sala es un tribunal supremo en el ramo criminal, sin apelación ni recurso alguno para otro, y parece ser indecoroso a su dignidad se le diga o mande cargarse de un cuidado, o sea responsabilidad de reos que no la pertenecen». Se amparaba en la disposición normativa que regulaba las funciones de estas comisiones militares en punto a la ejecución de la pena capital, es decir, se aplicaría el procedimiento ya conocido: los reos paisanos se ponían a disposición de la justicia ordinaria y se ejecutaría por el verdugo, estando en el ínterin en las cárceles y no en cuarteles. En definitiva, la comisión debía dirigirse a la justicia madrileña y no a la Sala en cuanto a los paisanos condenados a muerte[180].

Un buen número de los arrestados por cuestiones políticas estaban ebrios. Algo similar había ocurrido en el bienio 1824-1825, cuando los efectos etílicos habían llevado a un buen número de ciudadanos a manifestarse a favor de la Constitución y contra Fernando VII, y por prolongación a viajar hacia la eternidad o a los recintos militares de África. Resulta conocido que la ebriedad se aplicaba, según la doctrina jurídica secular, como causa de mitigación de la pena. Por esta vía no debió faltar quien se salvara de la horca. El obstáculo fue que la legislación fernandina impidió alegarla. Incluso hubo quien se negó a invocarla para que se mitigara su pena[181].

Estas comisiones militares continuaron conociendo y sentenciando a la pena capital a grupos de malhechores, tanto por muertes violentas[182], co-

---

[178] *L'Espagne sous Ferdinand VII*, II, p. 165. Para entender la visión absolutista de estos hechos, *El obispo de Cádiz a sus diocesanos con motivo del asesinato cometido en la persona del señor gobernador de esta plaza y demás ocurrencias de los primeros días de este mes*, Cádiz, 1831.

[179] La Sala de alcaldes había condenado a un individuo por revolucionario, que apresado el 22 de marzo fue ejecutado el 29 siguiente. Morales Sánchez, *Historia del Saladero*, II, pp. 581-587.

[180] Morales Sánchez, *Historia del Saladero*, II, pp. 575-577.

[181] «También dijo como ayer D. Juan José López que el reo de anteayer no alegó borrachera, que dijo que sus expresiones fueran dichas porque así lo sentía», en Arias, *Diarios*, III, p. 75.

[182] *El Vapor* de 6.8.1833: «En este día han sufrido la pena de muerte en garrote ordinario Pe-

mo por robos[183]. Respecto de estos últimos, la comisión militar de la Corte tenía encomendada la aplicación de la famosa Pragmática de 1734 que castigaba con extrema dureza los robos en Madrid y su rastro[184]. A tenor de la escasa información que se tiene, la comisión militar de Granada fue especialmente dura con los robos en despoblado[185]. Por fin, en virtud de R.D. de

---

dro García Gómez (alias Rava), Pedro Pérez y Timoteo Moya, vecino, el primero de Ciempozuelos, y los últimos de Titulcia de donde era alguacil el Pérez, todos sentenciados por la comisión militar, ejecutiva y permanente de esta provincia por robo y muertes violentas de Antonio Diez y Prudencio Sanz, cuyos cadáveres se hallaron en 11 de enero último atados y degollados en dos cuevas del barranco de Valdelagrara, término de Chinchón y camino de esta Corte. Pedro García Gómez ha sido en seguida descuartizado, y su cabeza se colocará frente del lugar donde cometió su delito. Dicen que mañana entrarán en capilla otros cuatro malhechores. Tiempo hace que no se habían repetido estos fúnebres espectáculos. ¡Dios quiera que el escarmiento contenga a los malvados!».

183 «Ayer sufrieron la pena de garrote ordinario Diego Catalina García, natural de Terrinches, partido de Alcaraz (Mancha), de 27 años, soltero y traginero, y Julián Solo, natural de Arabaca (Madrid), de 31 años, soltero y jornalero; ambos sentenciados por la Comisión militar por heridas y robos cometidos en 29 de noviembre último en el sitio titulado de los Cuatro caminos, término de Canillejas. Presenció la sentencia su cómplice Celedonio Obispo, natural de Chamartín, de 28 años, soltero y jornalero; condenado a 10 años de presidio con retención en África, así como a 8 años de reclusión Josefa Martínez, natural de Zaragoza, casada, por encubridora. Los dos infelices que sufrieron la última pena habían estado ya en el presidio del Real canal de Castilla, de donde desertaron», *El Vapor* de 1.10.1833. «Ayer a las doce de la mañana sufrieron la pena de garrote ordinario en el sitio acostumbrado, Domingo Cao Alfeirán, natural de Meville; Matías Villela, que lo era de Terreira; Juan Pérez, de Santa María de Sillobria en Galicia; y José Valles, de Fuente el Olmo, en Castilla la Vieja; todos sentenciados por la comisión militar ejecutiva de esta provincia. Su delito es el de haber asaltado el día 19 de noviembre del año último la casa de Juan Pablo García, vecino de Fuente el Saz, maltratándole e hiriéndole después de haberle robado», *ibídem* de 9 de agosto de 1833. ARG, *Sentencias*, 28581, *s.* 6.11.1832 por «malos tratamientos a José Sánchez Raposo de que resultó su muerte», por la que se condena al reo en cuatro años de obras públicas en Málaga, costas y apercibimiento, «y para los efectos consiguientes se ponga certificación de esta real sentencia en la causa formada militarmente contra Manuel Castro, Nicolás de Soto y otros por ladrones pendiente en la escrivanía de cámara de D. José Suárez de Pazos».

184 R.D. de 19 de marzo de 1831 por el que se disponía que la comisión militar de Castilla la Nueva conociera de los delitos de robos. Se vuelven a reproducir los argumentos de enero de 1824, «por la brevedad con que en observancia de las leyes militares instruía la comisión militar los procesos, y fijaba la suerte de los reos», y asimismo con lo previsto en agosto de 1825, se le encomendaba que «conozca y entienda también exclusivamente, sin distinción de clase ni fuero contra todos los que desde el día en que la misma comisión se establezca, cometan en esta Corte y su rastro el delito de robo o el de actos preparatorios y dirigidos a él, tales como el de amenazar a las personas, o el de violentar o intentar con hecho, violentar puertas, ventanas o cerraduras con aquel fin, ya se ejecuten de día o por la noche los robos o actos criminales dirigidos a tal objeto, ya sean aquellos en mucha o poca cantidad, ya en dinero o en efectos de cualquiera clase, y bien sean aprehendidos los delincuentes por tropa, por ministros de justicia o por cualquiera otra autoridad o persona». Estos procesos debían instruirse con arreglo al R.D. de 18 de marzo, bastando para la justificación del delito lo previsto en la P. de 23 de febrero de 1734; mientras que «para la graduación e imposición de penas se tenga por robos calificados, y como tales dignos de la capital, los que se cometan con violencia, escalamiento o rompimiento de pared, tejado o puerta principal, fractura de puerta interior, arca, cofre, escritorio o papelera con llave falsa o ganzúa; considerándose simples, y sujetos a las penas arbitrarias, conforme a mi Real declaración de 1746, los hurtos domésticos, o de cualquiera otra calidad a que no acompañe alguna de las expresadas circunstancias, aunque lleguen o pasen de la cantidad de 50 pesos».

185 En la *Gaceta* de 8/3/1832 y 30/6/1832 se inserta un extracto de las sentencias dictadas por la comisión militar de Granada: el menor Juan Almansa, acusado de robos en despoblado y del asesinato del corregidor de Mancha Real, fue condenado a garrote, arrastrado y cortada

21 de julio de 1834 se ordenó su cese en todo el Reino.

El absolutismo fernandino daba sus últimos estertores a través de las ejecuciones de liberales ordenadas por estas comisiones. Una represión que fue acompañada en algunos territorios con las penas capitales decretadas por las salas del crimen, pues no puede olvidarse que también la justicia ordinaria continuó castigando con cierta dureza los mismos delitos, aunque no en la proporción que la jurisdicción militar. Todo ello sin dejar de tener presente la oposición a las atribuciones y actuación de estas comisiones por parte de los tribunales ordinarios. Los absolutistas siempre prefirieron los procedimientos expeditivos y sumarios de la jurisdicción militar para castigar las desviaciones políticas, por un lado, y la inseguridad provocada por la delincuencia patrimonial organizada.

---

su cabeza y mano; Juan Zapata por robos en despoblado y otros excesos, a garrote; Tomás Linares, el Fraile, y Manuel Ortega, por robos en despoblado, a diez años de presidio y doscientos azotes; Juan Rodríguez Díaz, el Dragón, por robos en cuadrilla y en despoblado, a garrote; Francisco Rodríguez, alias Banderas, José Jiménez, José Cozano y Francisco Sanz Marín, alias Quico, a garrote, que sufrieron el mismo día, el tercero por asesinato y los cuatro por robos en cuadrilla y despoblado; y, Pedro Granados, por robos en despoblado, a garrote.

VI. Todos bajo vigilancia

En virtud de un R.D. de 12 de marzo de 1815 se creó el Ministerio de Seguridad, pública a cuyo frente se situó al mariscal de campo Pedro Agustín de Echávarri[1]. Se justificaba su creación en el escándalo y desorden que atribuía a quienes califica de malévolos, y en la comisión de delitos «por diferentes clases de personas poco agradecidas a los deseos y desvelos con que me he dedicado a remediar los desórdenes que se advierte». Sus funciones quedaron determinadas en el art. 3 del Reglamento: «velar sobre la puntual observancia y execución de las leyes, autos acordados, decretos y providencias concernientes al asunto en lo material y formal que comprehende, corrigiendo, multando y aplicando a los contraventores a los destinos que en dichas ellas y decretos estuviesen señaladas». En el caso de que a raíz de sus procedimientos resultara descubierto algún delito, perjuicio a tercero o motivo para formar instancia judicial, debería pasarlo al Tribunal de justicia, «que con el ministro lo constituirán los dos togados, otorgando las apelaciones al Consejo». Para evitar conflictos debería dejar expeditas las facultades de las autoridades judiciales de la Corte[2].

Tomadas estas medidas, en R.O. de 10 de mayo de dicho año se justificaba el establecimiento del Ministerio de seguridad pública «con la idea de evitar delitos y castigos, que son una consecuencia sensible, pero necesaria para reprimirlos». A continuación se entra en la verdadera razón, la represión política al margen de la legislación secular: «ha creído que el curso ordinario y lento de las leyes no podía embarazar las maquinaciones de los malvados, y que las circunstancias extraordinarias en que se veían todos los estados reclamaban una autoridad que preservase la tranquilidad general con un método breve y acomodado a las mismas circunstancias». Con el fin de conservar la autoridad real, su absolutismo, buscaba refrenar a quienes trataran de subvertir su poder. Los (buenos) absolutistas nada tendrían que temer, mientras que los (malos) liberales sufrirían por su vil comportamiento[3].

---

[1] Estaría asistido por dos alcaldes de Casa y Corte como asesores letrados. Fueron designados un alcalde del crimen de Valencia, Martín de Castañeda, y un fiscal de la Chancillería de Valladolid, Manuel Echávarri. De acuerdo con el Reglamento de 15 de marzo de 1815 formarían tribunal para los casos que se señalaran (art. 2). Vid. Morales Sánchez, *Historia del Saladero*, II, pp. 262-269.

[2] Las reticencias de la Sala de alcaldes se manifestaron señalando que se hallaban «llenos de amargura todos los ministros por considerar que V.M. se halla tal vez poco satisfecho de su desempeño», a pesar de que habían mantenido el orden en la Corte. En su opinión, sentían «una medida que cree deprimir el concepto de su acendrada lealtad», y se hallaban dolidos porque Fernando VII había desatendido sus observaciones y sancionado las sentencias del ministro «sin el menor obstáculo». El 7 de julio la Sala volvió a insistir en sus argumentos contra las arbitrariedades de este Ministerio. Estos documentos en Morales Sánchez, *Historia del Saladero*, II, pp. 264-268.

[3] «El que ama al Rey y a su patria, el que desea su quietud y prosperidad, el que en su casa, en los parages públicos e inocentes reuniones manifiesta su honradez, su espíritu de justicia, un carácter justo y sentado, su adhesión al orden y a la tranquilidad; en suma, el que sea amante del Rey y de su patria, ¿qué tiene que temer de este Ministerio? ... Los que deben te-

Se trataba de una institución que no terminaba de acoplarse en las anquilosadas estructuras del Reino y de la Corte[4]. El Consejo Real recibía la O. de 8 de octubre de 1815 por la cual se suprimía el Ministerio de Seguridad pública, cesando todos sus empleados. Sin duda, demasiadas instituciones concurrentes para perseguir a los liberales y posiblemente no pocas arbitrariedades y falsas delaciones[5]. Suprimido el Ministerio quedaron, sin embargo, causas pendientes. Para resolverlas se determinó que el Consejo de Castilla recogiese las causas, expedientes y papeles, dictaminando sobre el despacho que habría de darse a cada uno. Fueron clasificados por ministros del propio Consejo, pero quedaban pendientes las causas derivadas de comisiones específicas en varios lugares del reino, determinándose que su conocimiento pasara a las chancillerías y audiencias «para que las sigan y determinen según corresponda en justicia, prefiriendo las en que haya presos, para que conforme a las rectas intenciones de S. M. no se prolonguen sus prisiones, o se deshaga el agravio que se les haya causado por el Ministerio de Seguridad»[6].

El control de personas sospechosas se extendió por todo el territorio. Las autoridades militares o judiciales dictaron bandos o autos para que cualquier vecino diera cuenta a las justicias de individuos que levantaran sospechas, con el fin de adoptar las medidas necesarias para prevenir la comisión de delitos, actuaciones contrarias al poder soberano o simplemente proceder a su identificación[7].

---

mer a este tribunal son los hombres ociosos y vagamundos, que por no tener una industria, un empleo u otro género de propiedad que los ate y una con su patria y monarca, están apercibidos a todo linage de demasías; deben temerle los genios de discordia y descontento que libran todos sus placeres en la inquietud general, en las cuitas y sinsabores de sus conciudadanos, y en la confusión y desorden de todas las clases y estados; deben temer los que por ser tolerados indebidamente en la respetable mansión, en la dulce morada del Rey, la profanan todos los días, o con la libertad de sus ideas o con la malignidad de sus ensayos y discursos; deben temer aquellos que huyendo de las provincias en donde son perfectamente conocidos vienen a la Corte a sorprehenderla con sus fingidos servicios y patriotismo, a sondear el espíritu de sus colegas, a observar achacosamente la situación de todos los negocios, y formar aquellas gavillas impolíticas y peligrosas que toman a su cargo desacreditar al gobierno y al mismo monarca».

[4] En Navarra existió una oposición formal a su establecimiento, Del Río Aldaz, «Liberales, absolutistas moderados y ultras», ya citado.

[5] Así parece desprenderse de la consulta elevada por el Consejo al rey para formar «un apuntamiento exacto de los defectos, arbitrariedades e injusticias que se adviertan en cada una de ellas». Por ello se reconocía la posibilidad de que «alguno de sus amados vasallos haya sufrido opresión o agravio por providencias verbales u órdenes del Ministro, sus dependientes y egecutores», los cuales debían ser comprendidos en el citado apuntamiento. *Gaceta* de 13/1/1816. Morales Sánchez, *Historia del Saladero*, II, p. 268 afirma que en los 289 procesos recogidos «se notaba la falta de conocimientos jurídicos al par que de buena fe, toda vez que en ellos se imponían castigos por simples decretos marginales, muchos de ellos sin firmar», y en muy pocos se aplicaron los principios de justicia y equidad.

[6] C. del Consejo Real de 9 de enero de 1816.

[7] Por ejemplo: «Que todos los vecinos, dueños y arrendadores de haciendas, cortijos, huertas, caseríos, posadas, mesones y ventas que estubiesen dentro de su jurisdicción, no permitan se recoja en ellas persona alguna sospechosa, o que se ignore quien es, y que si por algún accidente irremediable se verificare, den inmediatamente aviso a la respectiva Justicia para que proceda a la averiguación de su calidad y arresto, si fuese malhechor; y si alguno los recepta,

A pesar de su corta existencia tuvo tiempo de actuar y emplear la publicidad para amedrentar a cualquiera que dudara o se opusiera al absolutismo. Una de las causas de las cuales conoció fue la del *Café de Levante*, «donde con la mayor impudencia, desacato y atrevimiento ponían en ridículo las constantes virtudes del mejor de los Reyes, formaban planes contra la seguridad de su trono, manifestaban sus deseos de que el tirano Napoleón dominase la España como el único medio que podía hacerla feliz... con otros hechos de la misma criminalidad». Los acusados no llegaron a ser condenados a la penal capital, pero fueron destinados a presidio con cláusula de retención[8]. Como veremos en otras ocasiones, también declaró absueltos a personas que habían sido delatadas falsamente[9].

Siguiendo los precedentes policiales, por R.D. de 8 de junio de 1823 se creó la Superintendencia de vigilancia pública para todo el Reino, cuyo principal cuidado «es velar sobre la conducta de las personas que se hayan hecho o se hagan sospechosas por sus opiniones y principios contrarios a la Religión y al Trono» (art. 2). Con el fin de facilitar el control y la represión política que tenía encomendada, por otro posterior de 18 de junio se derogó todo fuero en los procedimientos en que actuara. Quedó encargada de la detención y puesta a disposición judicial de los sospechosos, incluso de controlar a los jueces para que actuaran con la diligencia debida, dando cuenta en otro caso a la superioridad. No encajaba esta institución en la estructura tradicional ni era aceptada por la mentalidad de los absolutistas

oculta, o no da cuenta puntualmente, se le prenda, forme causa y dé cuenta a la Sala para providenciar lo que competa. Que las mismas Justicias, auxiliadas de los vecinos de su confianza, ronden freqüememente por las noches, registren con el mayor cuidado y cautela los parages donde acostumbra a refugiarse la gente de mal vivir, y hallando alguno practiquen quanto queda prevenido. Que se zele y cuide muy particularmente por las justicias la observancia y cumplimiento de las órdenes expedidas sobre los pasaportes, y encontrando sin él a persona sospechosa procedan en la forma dicha. Que se haga un estrecho encargo a los dueños de las panaderías, tabernas, tiendas, y carnicerías o sugetos encargados para la venta de estos efectos y otros de primera necesidad, para que siempre que se les presente a comprarlos algún sugeto desconocido de quien se recele sospecha, ya por su porte, contestación inconcreta y nada conforme a las preguntas tribiales que se les suele y acostumbra hacer como son de dónde es, a qué parage camina, quién le acompaña, qual es el objeto de su viage, qué géneros transporta, y otras semejantes, den prontamente aviso a la justicia la que proceda a su prisión y demás dispuesto haciendo saber por medio de bando o en otra forma a los tales vendedores, que si no cumplen puntual y exactamente con este importante encargo, se les tratará como a los receptadores», auto de la Sala del Crimen de la Audiencia de Aragón, de 11 de marzo de 1815, en Archivo Municipal de Zaragoza, 34/3-5, caja 8202. Hay reproducción digital.

[8] Juan Antonio Hurtado, calificado como abogado intruso en la Corte, por seis años al presidio de Alhucemas; Manuel Figueroa Vázquez, al de Vélez de la Gomera por ocho; Francisco Meseguer, agente de negocios, durante seis a Ceuta, y así sucesivamente. Quedaron todos apercibidos de no incurrir «en los horrorosos crímenes por que han sido condenados» y sometidos a vigilancia en sus destinos. Solo un músico de la capilla real fue absuelto bajo apercibimiento. *Gaceta* de 6/5/1815.

[9] Por ejemplo, «Esteban Álvarez de Neira, tratante de tocino y salchichero de S.M. fue delatado de perturbador de la tranquilidad pública y propalador de voces contrarias a la soberanía, que tan justamente reside en S.M.; y por resultado del espediente que se le instruyó ha sido declarado inocente, y absuelto de los cargos que se le imputaban, sin que ahora ni tiempo alguno puedan ofender la buena fama y opinión que tenía antes de esta novedad». *Gaceta* de 10/8/1815.

más conservadores o reaccionarios, por lo que el 18 de octubre de ese mismo año quedó extinguida. Por eso mismo se recurrió a reponer instituciones que sí habían existido, por lo que a partir de enero de 1824 se encomendó la represión, fundamentalmente política, a la Superintendencia general de Policía del Reino[10].

En virtud de la R.C. de 8 de enero de 1824, desarrollada por el Reglamento de 20 de febrero[11], se estableció la Superintendencia general de la Policía del Reino. Proyectando su visión paternalista hacia el más eficaz control de sus súbditos, Fernando VII manifestaba «como una de las más importantes el arreglo de la Policía de mis Reinos, la cual debe hacerme conocer la opinión y las necesidades de mis pueblos, e indicarme los medios de reprimir el espíritu de sedición, de extirpar los elementos de discordia, y de desobstruir todos los manantiales de prosperidad». No se trataba solo de atender a la policía urbana, a la mejora y control de la actividad ciudadana. Detrás de este espíritu paternal se encontraba la vigilancia de sus vasallos. Se creaba una estructura piramidal en cuyo vértice se situaba el Superintendente general[12], sometido a la inmediata autoridad del rey, en la Corte se establecerían comisarios de cuartel al mando de celadores de barrio, y en las provincias intendentes en las capitales y subdelegados en las cabezas de partido. En las circunscripciones territoriales inferiores entre policía y justicia se producía cierta confusión. Según el art. 10 en las capitales donde hubiera Chancillería o Audiencia, podría el Superin-

[10] Sobre los antecedentes, Pablo Sánchez León y Leopoldo Moscoso, «La noción y la práctica de policía en la Ilustración española: la Superintendencia, sus funciones y límites en el reinado de Carlos III (1782-1792)», en *Actas del Congreso Internacional sobre Carlos III y la Ilustración. El Rey y la Monarquía*, Madrid, 1989, vol. 1, pp. 495-512. Antonio Risco, «Espacio y control social: la Superintendencia General de Policía para Madrid y su rastro (1782-1808)», en Virgilio Pinto Crespo y Santos Madrazo Madrazo, *Madrid en la Época moderna. Espacio, sociedad y cultura*, Madrid, 1991, pp. 97-130. Ana María Fernández Hidalgo, «La seguridad ciudadana en Madrid durante el siglo XVIII: la Superintendencia general de Policía y la Comisión reservada», en *Anales del Instituto de Estudios Madrileños*, 33 (1993), pp. 321-356. Sobre estos organismos y para la época que nos ocupa, Marta Lorente Sariñena y Fernando Martínez Pérez, «Orden público y control del territorio en España (1822-1845). De la Superintendencia general de Policía a la Guardia civil», en *Revista Jurídica Universidad Autónoma de Madrid*, 19 (2009), pp. 195-210. Fernando Flores del Manzano, «La Intendencia de Policía de la provincia de Extremadura: un acercamiento al régimen represivo de Fernando VII», en *Alcántara*, 18 (1989), pp. 49-70. Juan F. Fuentes, «Datos para una historia de la Policía política en la década ominosa», *Trienio*, 15 (1990), pp. 97-124. Sobre los planes de seguridad de Fernando VII, Enrique Martínez Ruiz, *Policías y proscritos. Estado, militarismo y seguridad en la España borbónica*, Madrid, 2014, pp. 531-574.

[11] Este Reglamento consta de dos partes, la destinada a la Policía especial de la Corte y la de las provincias, detallando la estructura y atribuciones en cada caso.

[12] Que lo era superior de la Policía del Reino y particular de la de Madrid (art. 1 Reglamento de la Policía de Madrid). El art. 3 determinaba sus atribuciones como jefe de la madrileña, entre otras: dictar bandos, previa aprobación del rey, sobre materias de sus atribuciones privativas; cuidar que comisarios, celadores y otros empleados dieran partes diarios «de todas las ocurrencias que interesen al orden y a la tranquilidad de la capital»; dar cuenta al rey dos veces por semana, o más si fuere necesario, de tales sucesos; dar a las autoridades judiciales y administrativas de cuantas noticias les pidieran, siempre que no se trata de asuntos de naturaleza reservada; y, pedir a esas mismas autoridades los datos o noticias necesarias para la averiguación de los delitos.

tendente proponer al rey el nombramiento como intendente de cualquiera de los ministros togados del Tribunal, como sucedería en la mayor parte de los casos. Los corregidores y alcaldes mayores serían, a su vez, subdelegados natos de la Policía en sus partidos.

El art. 13 enumeraba las atribuciones privativas de la Policía. Junto a aspectos de control y fomento municipal, se detallan otras de control sobre los individuos, como la formación de padrones[13], la expedición y visado de pasaportes[14], licencias para establecer posadas, cafés o tabernas y la expedición de licencias de caza. El siguiente precepto especifica las atribuciones acumulativas, sin perjuicio de las facultades de las jurisdicciones real o privativas y de las autoridades gubernativas. Son estas las que más afectan a la represión de actividades consideradas ilícitas o que pudieran dar lugar a comportamientos contra las buenas costumbres, de ahí que les correspondieran celar por los lugares «en que se reúnen habitualmente muchas personas» o en la recogida de mendigos, niños extraviados, expósitos y gitanos sin domicilio. Las enumeradas entre el séptimo y el decimocuarto lugar son las que inciden sobre la actividad considerada delictiva:

- Evitar que se introdujera «por las fronteras de mar ni de tierra obra alguna, en cualquier idioma que sea, sin que el introductor presente orden expresa Mía, o la correspondiente licencia del Consejo, expedida en vista del ejemplar remitido previamente a él, u oído el Subdelegado general de imprentas y librerías de Reinos». En esta materia desarrolló una importante actividad[15].

---

[13] La conocida como Junta secreta de Estado ordenó a la Policía la formación de padrones de individuos que hubieran defendido o se hubieran beneficiado del régimen constitucional. Bayo, *Historia de la vida y reinado de Fernando VII*, III, p. 186. Sobre las listas formadas en Barcelona, Del Castillo, *La ciudadela*, pp. 109-111. Sobre la elaboración de un censo de liberales en 1826, Juan Francisco Fuentes Aragonés, «Geografía del liberalismo español en la Década Ominosa: Emigración política y exilio interior», en A. Alberola y E. Larriba (eds.), *Élites y revolución en España. Homenaje al profesor Gérard Dufour*, Alicante, 2010, pp. 309-331.

[14] A través de ellos se limitaba y controla la circulación de todos los españoles. Por orden del Superintendente de 31 de julio de 1824 quedó prohibido dar pasaporte para Madrid sin su consentimiento «a ninguna de las personas comprendidas en el decreto de 4 de octubre o en el Real indulto de 1 de mayo, aun cuando sean naturales de la Corte, o tengan ganada la residencia conforme a las leyes, ni tampoco a los sugetos sospechosos, sin saber antes el objeto y justo motivo que tengan para ello, dando V.S. cuenta a esta Superintendencia con la debida anticipación y nota correspondiente, como de todas las personas visibles que vengan a Madrid, espresando el motivo de su venida y circunstancias que puedan hacerla más o menos digna de atención», ejemplar de la BUGr. Sobre estos documentos, Mariano García Ruipérez y Juan Carlos Galende Díaz, «Los pasaportes, pases y otros documentos de control e identidad personal en España durante la primera mitad del siglo XIX. Estudio archivístico y diplomático», en *Hidalguía*, 302 (2004) pp. 113-144 y 303 (2004) pp. 169-208. Sobre el control policial a los viajeros extranjeros, Custine, *L'Espagne sous Ferdinand VII*, I, p. 173.

[15] Por ejemplo, el bando de del Superintendente general de 14 de noviembre de 1824 para la recogida de libros, pinturas y láminas «fruto de la más abominable prostitución, y que tanto han contribuido a la corrupción de las costumbres» (*Gaceta* de 20/11/1824). El intendente de Policía de Granada, en agosto de 1824, previno a los alcaldes con el fin de que emplearan su celo «para recoger los egemplares de una representación dirigida a S.M. desde La Coruña en 16 de noviembre de 1821 que empieza: "El pueblo de La Coruña a quien con justicia se apellida segundo baluarte de la libertad; y concluye: Dígnese V.M. acceder a lo manifestado en esta exposición, como lo reclaman la salud y el sosiego de sus súbditos", de cuyo egemplares

- Como complemento de la anterior, «aprehender, previa información secreta, y con acuerdo del Subdelegado general de imprentas, o de los particulares de las provincias según los casos, cualesquiera libros que se hayan introducido sin los requisitos prevenidos», con la obligación de entregar los reos de estas infracciones a las autoridades competentes para la imposición del castigo señalado por las leyes. Asimismo, «impedir la entrada, circulación y lectura de periódicos, folletos, cuadros satíricos, caricaturas u otros cualesquiera papeles o estampas en que se ataque mi Persona o regalías, o se ridiculicen o censuren las providencias de mi Gobierno», además de arrestar a los culpables[16].

- Proceder al arresto de quienes «profieran obscenidades y blasfemias, o injurias contra mi Persona, a los amancebados, borrachos, a los indiciados de cualquier delito o contravención, a los vagos, jugadores de oficio y mal entretenidos», con la misión de entregarlos a la justicia. La falta de dedicación al trabajo podía desembocar no ya en la acusación de vagancia, sino también en la de ladrón. El control de la población por parte de las autoridades y agentes policiales dio lugar a que algunos individuos fueran detenidos y puestos a disposición de la justicia por simples sospechas de comisión o participación en hurtos y robos[17].

- Perseguir a los ladrones de los pueblos y caminos, para cuyo objetivo podrían «acordar recompensas en los casos extraordinarios para conseguir su captura».

- Impedir las cuadrillas y reuniones tumultuarias cuando consideraran que amenazan «la tranquilidad de las ciudades, de los campos o caminos, y las coaliciones de jornaleros para hacer subir el precio de los jornales».

- La persecución de asociaciones secretas, «ora sean de comuneros, masones, carbonarios o de cualquiera otra secta tenebrosa que exista hoy o existiere en adelante», sobre todo considerando la clandestinidad de sus reuniones. Los apostólicos serán controlados, pero no perseguidos.

- Evitar el contrabando con la necesaria colaboración de los Resguardos de Rentas.

---

me remitirá V. cuantos puedan ser habidos; estando a la mira al mismo tiempo de la conducta que observen los individuos de la adjunta lista, que la firmaron, si existiese en ese pueblo alguno de ellos». Ejemplar de la BUGr.

[16] En cumplimiento de este mandato, el Superintendente de Policía dictó el bando de 14 de noviembre de 1824 por el que se ordenaba que las intendencias policiales de provincia «sean las encargadas de recoger todos los libros que se hayan introducido de países estrangeros, o bien, impresos en España desde 1 de enero de 1820, como también las láminas y pinturas obscenas y escandalosas, fruto de la más abominable prostitución, y que tanto han contribuido a la corrupción de las costumbres; con el objeto de calificar aquellos, e inutilizar estas».

[17] ARG, *Crimen*, 317/15, *causa formada por el Subdelegado de Policía de Ferrol contra Vicente Rodríguez indiciado de ladrón* (1825). La sentencia del alcalde mayor de Ferrol de 22 de agosto de 1825, «teniendo en consideración el testimonio dado por la justicia de Neda, y prueva del Vicente Rodríguez, devo de declararlo y lo declaro por suficientemente penado con la cárcel que ha sufrido; y lo apercivo que de volver a dar margen a iguales sospechas como las que arroja contra él esta causa, y no aplicarse al trabajo y vivir recogidamente como Dios manda, será penado con todo el rigor de la ley». El auto de Sala de 10 de abril de 1826 aprobó esta sentencia.

En el desempeño de estas atribuciones, los oficiales de la Policía podían recabar la colaboración de la fuerza armada (art. 15) y obligar al cumplimiento de sus decisiones con multas (art. 17).

Los arrestados por la Policía deberían ser entregados a la justicia «de sus fueros respectivos» en el plazo de ocho días[18]. El privilegio jurisdiccional solo sería derogado «respecto a los reos presuntos de conspiración contra el Estado, y a los de contravención a los reglamentos de Policía». Es más, los «reos presuntos de conspiración podrán continuar a disposición de la Policía todo el tiempo que ella necesite para averiguar las ramificaciones de sus planes» (art. 16). De modo paralelo, los dependientes de esta institución debían colaborar con la justicia para conocer el paradero de individuos escondidos u ocultos. Para facilitar su actuación, los jueces y autoridades les transmitirían todas las noticias que resultaran de denuncias, expedientes y procesos que estuvieran conociendo «y que la Policía necesite para descubrir el hilo de cualquiera maquinación contra la seguridad y el reposo público» (art. 18). Conforme a esta actividad, el art. 168 del Reglamento de Policía de Madrid exigía a los empleados de la Secretaría de la Superintendencia «guardar un sigilo profundo sobre todos los negocios de que entiendan», pues en caso contrario si se comprometiera el interés de algún asunto perderían su empleo.

La concurrencia de instituciones en la represión política trajo consigo quejas y conflictos entre ellas[19]. En este sentido, los obstáculos en la actuación de las comisiones militares no solo eran achacables al funcionamiento interno o a las justicias ordinarias. También se levantaron quejas sobre la actuación de los subdelegados de Policía y, en general, contra los agentes de esta institución, bien por ineptitud, bien por atribuirles un origen o propensión hacia lo liberal[20]. La mentalidad de los defensores del absolutismo no

[18] El art. 178 del Reglamento de la Policía de Madrid aclaraba que «como la autoridad de la Policía no se extiende a juzgar los delitos, los empleados de ella que en uso de sus facultades acumulativas conozcan preventivamente de alguno, entregarán sin dificultad los reos a su juez competente, siempre que este sobrevenga en el acto de la aprehensión, y los reclame antes de que la Policía los haya asegurado y empezado a instruir la competente sumaria. Si los reos están ya presos por los empleados de Policía, no podrán ser reclamados por los Jueces competentes sino después de los ocho días que la Policía puede retenerlos para la instrucción del sumario».

[19] A pesar de que los arts. 174 y 175 del Reglamento de Policía de Madrid determinaron que ningún juez, tribunal o autoridad turbará a la Policía en el ejercicio de sus atribuciones privativas, y que por su parte «la Policía evitará ocasiones de choques y competencias, desempeñando con circunspección las funciones acumulativas que se le señalan en el art. 14 del mismo decreto, y allanando las desavencias por medio de pasos amistosos y confidenciales, siempre que en ello no padezca el interés de la seguridad y la tranquilidad que le está especialmente encomendado».

[20] El arzobispo Rafael de Vélez ensalzaba a las autoridades policiales de Santiago: «El gefe de ella aquí y el secretario son buenos, decididos por S.M. y sus derechos; de otro de los empleados (me parece que es el que está en La Coruña) sé que también es de la mejor conducta; pero de los demás he oído decir son inútiles, tiran de sueldo nada más». Lo cual no le impidió sostener, asimismo, que en «las operaciones de la Policía [que] salen al público se combinan el odio de todos» o «desearía Sr. Excmo. se extinguiese la Policía y se mandase a sus destinos anteriores todos sus empleados», *Informes*, pp. 258-260. El arzobispo de Tarragona fue menos impulsivo: «La Policía en este punto de Tarragona no creo que esté muy bien montada, aunque no se puede dudar de los buenos sentimientos del subdelegado», *ídem*, p. 314.

aceptó de buena gana esta nueva institución. Así lo puso de manifiesto, a fines de junio de 1825, la comisión militar de Castilla la Vieja al capitán general. Señalaba en su escrito que «lo que motiva el entorpecimiento de algunas causas, lo insustancial de muchas y causa primaria que distrae y roba su atención al ver una multitud de ellas formadas por la intriga, y otra no pequeña parte en que es indispensable el sobreseimiento por no descubrir el autor o autores de los crímenes cuyo castigo se trata», quejándose de los sospechosos que andaban libremente con pasaportes expedidos por las autoridades policiales. Pero fue más allá, porque con estos comportamientos se generaban «tantos y tantos sumarios de ningún valor por su utilidad y de mucho peso por ser efecto de calumniosas delaciones», además de que la Policía «nombra sus comisionados para formar algunas causas, a quienes señala crecidas dietas para cuya percepción no esperan a las veces su finamiento y separándose del reglamento que debía ser el régulo de sus operaciones, multan y aperciben sin perjuicio de remitir los sumarios a esta comisión»[21]. En la misma línea que su superior, el presidente de la comisión militar de Castilla la Vieja señala como perjudicial el establecimiento de la Policía, «emanando de este ramo el entorpecimiento de muchas causas, lo insustancial de otras, y un crecido número formadas por la intriga, con el sobreseimiento de otras en que no es dable averiguar el autor o autores de los crímenes que trata de castigar»[22]. Frente a la pasividad y connivencia que se atribuía a la Policía con los liberales, siempre se ensalzaba la actuación de las autoridades militares y de los voluntarios realistas, salvo excepciones puntuales, contra los enemigos del absolutismo[23]. Fuentes señala como causa del rechazo del ultraabsolutismo hacia la Policía el haberse centrado más en las tareas informativas que en las represivas[24]. Desde el seno de la institución policial se reconocía que si bien la población la aceptó como un organismo añadido para velar por la seguridad, pronto descubrieron sus deficiencias y lentitud de reacción, «pues que careciendo de la fuerza armada,

---

[21] *Informes*, pp. 378-282. El capitán general de Castilla la Vieja se quejaba porque «parece sin duda que la Policía trata de abrogarse y absorberse las facultades de todas las autoridades del Reino», habiendo advertido que «cualquier intendente de Policía puede contrariar mis disposiciones hasta el punto de hacer peligrar la seguridad del Estado», *Informes*, pp. 374-375.

[22] Informe del brigadier Antonio Alonso Ortega, incorporado al del capitán general de Castilla la Vieja, de 3 de julio de 1825. El de la Comisión de 29 de julio, incide en las mismas razones, *Informes*, pp. 378-379. La inocencia de alguno de los delatados se publicó a instancias del Intendente de Policía de La Mancha, aunque a continuación también figure una larga lista de arrestados (*Gaceta* de 25/11/1824).

[23] Como muestra, baste lo expresado por el obispo de Guadix, Juan José Cordón, en 1825: «En los dos años que llevamos de esterilidad en estos países debían estar infestados de ladrones y cortada toda comunicación de unos pueblos con otros y lo cierto es que no se hoye desgracia alguna. Si se comete algún robo al momento es cogido el ladrón, porque de los pueblos más inmediatos salen los realistas, muchas veces sin armas porque no las tienen, y los delincuentes son conducidos a la cárceles», *Informes*, pp. 175-176. La mayoría de los informes episcopales se deshacen en elogios de los voluntarios realistas, frente a las precauciones y críticas que dirigen a la Policía.

[24] Juan Francisco Fuentes Aragonés, «*Cherchez la femme*: exiliadas y liberales en la Década Ominosa (1823-1833)», en *Historia constitucional. Revista Electrónica de Historia Constitucional*, 13 (2012), pp. 383-405, la referencia en pp. 390-391.

son vanos sus esfuerzos e inútil su perspicacia y vigilancia»[25].

Existen numerosos testimonios en los cuales se achaca a sus integrantes pasividad en la persecución de los delitos, connivencia con los liberales o, directamente, de serlo. El obispo de Badajoz afirmaba en 1825 que «por lo que hace a los de la Policía, es para mí un negocio muy obscuro: no sé que hayan tenido parte en los desórdenes»[26]. Salvo Pedrosa, intendente de Policía de Granada, bien conocido por sus actuaciones contra los liberales, las quejas contra ella surgen por todo el reino. En todo caso, los tentáculos de la Policía consiguieron tejer un perfecto dispositivo para infiltrarse entre posibles constitucionalistas[27].

La estructura piramidal partía del Superintendente y se ramificaba progresivamente por toda la Península. El 3 de mayo de 1825 emitía Juan José Recacho un bando dirigido no solo a sus subordinados sino también al resto de los españoles para alertar de los excesos revolucionarios y las medidas gubernativas adoptadas para su castigo que, en principio, se reducían a multas de cierta cuantía[28]. Las infracciones, todas de naturaleza política, eran:

---

[25] Así se recoge en el informe publicado por Moral Ruiz, «Un informe policial», ya citado.

[26] *Informes*, p. 148.

[27] «Instrucciones para el número 99. Inmediatamente que llegue al sitio donde va destinado, entregará la carta adjunta, sin dar al sujeto a quien se dirige más conocimiento de su comisión que el que se espresa en la misma carta. Todos los correos dará parte o partes bajo el sobre-escrito de don Carlos Gómez Oriol, en Badajoz, poniendo otro 2º para el que confiere esta comisión. No perderá ocasión de introducirse con las personas que puedan dar buenas noticias, valiéndose para ello de todos los recursos y arbitrios que están al alcance del comisionado, que debe conservar siempre el carácter de una persona particular. Procurará siempre verse con la persona a quien va recomendado la víspera del día de correo, para adquirir o rectificar noticias que haya adquirido a fin de que puedan ser exactos los avisos... Si acaso hubiese alguna ocurrencia de tal tamaño e importancia que exija su comunicación grande celeridad, tomará el mismo nº 99 la posta y presentándose en Badajoz entregará el pliego en propia mano... solo sí se le encarga que de ninguna manera deje traslucir que pertenece al ramo ni al Gobierno. Madrid julio 9 de 1825». Rubricado. Más adelante figura la regla para el uso de la cifra empleada por los empleados de Policía, además de información extraída de la correspondencia interceptada. También hay billetes con información sobre delincuencia ordinaria: «El Cacaruco y el Bochinero, con 3 compañeros más están rovando en el Campo de Calatrava, y según dicen están protegidos por las autoridades de Manzanares de donde es natural el primero; hacavan de rovar en el monte de Arenas de San Juan a don N. Ruiz capitán de la compañía de granaderos realistas de la ciudad de Almagro, con otras jentes que venían en los carros de Braulio Nieto y José Caro» (s/f). También contiene listas de «Individuos que componen la Sociedad Apostólica carlista de Valladolid», incluido el regente de la Chancillería. En una *Nota* se lee: «En general pertenecen a esta facción los voluntarios realistas y la mayor parte de los frayles y bajo clero. Todos los principales de esta sociedad están en correspondencia activa con don Juan Bautista Erros, y combiene mucho dar este parte exacto y verídico». AHN, *Diversos-Colecciones*, Superintendencia General de Policía del Reino, 164/4.

[28] «A los habitantes de esta capital y de todas las provincias del Reino. Hago saber: que exigiendo la seguridad del Estado reprimir los escesos revolucionarios de toda especie, adoptando medidas justas y enérgicas, que afiancen sobre bases sólidas el paternal gobierno del Rey Nuestro Señor, y desvanezcan hasta las esperanzas perturbadoras del orden, la Policía dirigirá sus operaciones de manera que se prive a los malavenidos con la tranquilidad pública de la posibilidad de perturbarla. Los revolucionarios de todas las naciones y de todas las épocas, los primeros tiros los han hecho a las autoridades, porque desacreditadas estas se paraliza su acción, y los maquinadores tienen campo libre para atacar al Gobierno con seguridad y éxito favorable a sus perversas intenciones. La comunicación de cartas y noticias, las más veces supuestas, el excitar la desconfianza de las autoridades con invectivas y calumnias contra los

«I. Ninguna persona, de cualquiera clase o condición que sea, podrá zaherir o denigrar las providencias del Gobierno de S. M.; y en el caso de que alguna sea sorprendida en el acto, o convencida de este delito, será inmediatamente arrestada, y entregada al Tribunal competente.
II. El que ofenda de palabra, o por escrito, a las personas constituidas en autoridad civil, militar, o eclesiástica, será tratado en la misma forma que los comprendidos en el artículo anterior.
III. Los dueños de las fondas, cafés, casas de villar, tabernas y demás establecimientos públicos de cualquiera clase, evitarán en ellos las discusiones o conferencias políticas, y las disputas o reyertas acaloradas entre los concurrentes, denunciando al celador de su barrio las conversaciones en que se censuren las disposiciones del Gobierno, bajo cualquier pretexto que se tome, o se trate de planes o designios contra la seguridad y reposo de los habitantes, o se falte al respeto debido a nuestra Santa Religión, a las autoridades, y a las buenas costumbres. Los infractores sufrirán por primera vez cien ducados de multa, doscientos por la segunda, y por la tercera serán cerrados sus establecimientos.
IV. La persona que esparza noticias alarmantes o subversivas contra los soberanos derechos de S. M., o contra su Gobierno y Tribunales, será arrestada para imponerla el correspondiente castigo según las leyes.
V. Toda persona que reciba por el correo o por cualquier otro conducto papeles anónimos que hablen de materias políticas, o de las disposiciones del Gobierno, los presentará inmediatamente a la Policía para que haga de ellos el uso conveniente; evitando que se copien o se circulen, bajo la pena de cien ducados de multa, sin perjuicio de quedar sujeta a formación de causa si hubiera copiado hecho circular dichos papeles con fines siniestros. Igual pena se aplicará a la persona que lea o sepa de semejantes anónimos, sino diese cuenta inmediatamente a la Policía.
VI. En el mismo caso serán considerados, y sufrirán igual pena, los que reciban, lean, o copien papeles o cartas firmadas que hablen de la misma materia en sentido subversivo, sino diesen cuenta inmediatamente a la Policía, para las providencias que convengan.
VII. Los que tengan reuniones públicas o secretas, en las cuales se murmuren las disposiciones del Gobierno, o se pretenda desacreditar a éste

que ocupan los primeros puestos en el Reino, y aun contra personas Augustas, de quienes jamás debe hablar cualquiera que se llame español, sino con el mayor respeto y veneración, son ardides ya por desgracia muy conocidos en la perseguida España. Por estos inicuos medios fue preparada la espantosa revolución que ha hecho gemir tres años a los leales vasallos... siendo tan justo como general el odio de los españoles a la anarquía reglamentada, que llamaron Constitución Española, es inconcebible como algunos, hasta de aquellos que noblemente combatieron el sistema desolador, adoptan hoy sin conocerlo máximas revolucionarias, convirtiéndose en instrumentos ciegos de la democracia, pues ponen de hecho en egercicio el principio de la soberanía popular, destructor de toda monarquía. Se hace por consiguiente necesario desterrar abusos tan detestables... por tanto, después de haber consultado a S. M., y con su Soberana Real aprobación, Mando exactamente observados los artículos siguientes... VIII. Los comisarios de cuartel, los celadores de barrio, y todos los demás agentes de Policía en la Corte; los intendentes de las provincias, los subdelegados, y los jueces encargados de Policía de los pueblos cuidarán de la ejecución y puntual observancia de este Bando en sus respectivos distritos. Y para que llegue a noticia de todos, y nadie pueda alegar ignorancia, se fijará un ejemplar impreso de este Bando en los sitios públicos y acostumbrados de esta Corte, en las capitales y pueblos de las provincias del Reino». Ejemplar digitalizado de la BUGr.

por medios directos o indirectos, serán procesados, y además de las penas que les señalan las leyes pagarán la multa de cien ducados cada uno de los concurrentes».

Para la obtención de noticias sobre hechos delictivos, la Policía recurrió a los delatores, personajes de toda calaña que se convirtieron en medios esenciales para conocer a sus autores. Llegaron a valerse de condenados a muerte, a quienes se recompensaban sus servicios al absolutismo para evitar pasar a la otra vida[29]. Sin desdeñar errores policiales pasaron a la literatura posterior[30].

Con independencia de las críticas, la Policía adquirirá una notable importancia en la persecución del liberalismo, pues a pesar de la desaparición de las comisiones militares y de las críticas a las autoridades, eran una institución esencial para la represión contra masones y comuneros. En este sentido cabe destacar la condena regia a siete masones de Granada, aprehendidos *in fraganti* al tiempo de una iniciación, de los cuales cinco eran militares y dos civiles. La actuación del famoso alcalde del crimen Pedrosa iniciaba su camino represivo y la del regente Salelles continuaba. Con fecha 21 de agosto de 1825, Fernando VII firmaba en San Ildefonso el Real Decreto cuyo contenido disponía lo siguiente: «Habiendo sido aprehendida en la ciudad de Granada por la actividad y zelo de la Policía del Reino una Logia de masones en el acto de estar en tenebrosa sesión, revestidos de sus ridículos ropages, y circundados de los instrumentos y emblemas de que usa esta reprobada secta, enemiga del Altar y del Trono; y debiendo castigarse con prontitud y ejemplarmente, con arreglo a las leyes y a mis Reales decretos, una tan descarada osadía de estos criminales, que ha escandalizado a mis fieles y religiosos vasallos, he tenido a bien decretar lo siguiente: Art. 1º. Todos los individuos aprehendidos in-fraganti en la Logia de masones de Granada sufrirán en el preciso término de tres días, después de publicado en dicha ciudad este mi real decreto, las penas que imponen las leyes de estos mis reinos, y señaladamente mi real cédula de 1 de agosto de 1824. Art. 2º. Todos los que fueren aprehendidos en lo sucesivo, y en cualquiera punto del

---

[29] El gobernador de la Sala de alcaldes elevó una consulta comunicando que estaba procediendo contra Manuel Plano –cuyo nombre aparece entre los condenados a presidio por la comisión de Navarra en 1824– en causa de Estado, y colocado contiguo a Severiano Chillarón. Este trabó amistad con el primero y «le da cuenta de particulares que pueden conducir al descubrimiento de lo que se desea; que entre otras cosas le ha enviado escritos de Plano pidiendo dinero a sus corresponsales en que les amenaza tendrán que sentir si no le socorren; que aunque estos trabajos serán tal vez inútiles no puede prescindir de ellos y le atormenta la especie de que estando quizá próximo el Chillarón a sufrir el último suplicio por la sentencia de la Junta del Real Patrimonio, no solo quedará sin progreso el intento presente, sino que clamará Chillarón por los servicios que ha prestado mediante a que no podría tener otro obgeto que el de conseguir la piedad de S.M. el indulto de la última pena». El Consejo de Ministros se limitó a responder que se cumpliesen las leyes. Chillarón acabó en la horca. *Actas (1829)*, sesión de 13 de junio de 1829, p. 132.

[30] «Dijo que está empleado en la biblioteca del duque de Frías y que hace poco le fueron a prender por revoltoso, y equivocándose los de policía, en vez de cogerle a él cogieron al archivero y le plantaron en la cárcel. Cuando el Rey lo supo se rió mucho, y dijo a Calomarde: "*Tan malos sois como tontos*"», Pérez Galdós, *Los apostólicos*, p. 113.

Reino, del mismo modo que lo han sido en Granada, serán juzgados y castigados en el propio perentorio término de tres días»[31]. Fueron ejecutados el 10 de septiembre.

Aun a pesar de estas actuaciones represoras, en 1827 el capitán general de Granada y el regente de su Chancillería pidieron la remoción o traslado de varios intendentes de Policía, corregidores, alcaldes mayores y otras autoridades «por las sospechas que infunde su conducta, y que se establezcan comisiones militares, en dicho pueblo y en Málaga, para castigar con energía a los infidentes»[32]. El reclutamiento de los agentes policiales estaba detrás de muchas de estas críticas. Por ejemplo, en Barcelona el subdelegado de Policía fue sustituyendo «a cuantos no estaban iniciados de ángeles exterminadores» por expresidiarios, que de este modo se convertían en celadores o desempeñaban otro oficio policial[33].

Estas críticas y un funcionamiento no adecuado a las pretensiones gubernativas motivaron la promulgación del R.D. de 19 de agosto de 1827[34]. Se redujo su estructura por necesidades económicas. Del superintendente dependerían los subdelegados de provincia y, más en concreto, en las ciudades donde residan las chancillerías y audiencias, los regentes o uno de los oidores o alcaldes del crimen; en las capitales de provincia, los corregidores y así sucesivamente vinculando el empleo policial con la función judicial[35]. En todos los casos serían designados los que gozaran «de buena opinión, sean adictas al Gobierno monárquico y capaces de desempeñar el encargo» (art. 3). Para evitar nuevos conflictos institucionales de cualquier tipo se simplificaron sus atribuciones. El art. 20 limitaba estas a «la vigilancia dentro y fuera del Reino en las conspiraciones contra el orden legítimo y seguridad del Estado, a cuyo fin se facilitará por los respectivos Ministerios la competente cooperación», pues en todas las enunciadas en el art. 8 del R.D. de 8 de enero de 1824 también intervendrían las autoridades municipales. Continuaban conservando las enumeradas como acumulativas y que han quedado recogidas más arriba (art. 21).

Quizá por la experiencia acumulada y sin duda por la vinculación entre atribuciones policiales y judiciales en unos mismos individuos, las personas

---

31 *Gaceta* de 23/8/1825. Vicente de la Fuente, *Historia de las sociedades secretas antiguas y modernas en España y especialmente de la Franc-masonería*, Lugo, 1871, tomo III, p. 671. A continuación los datos de la causa contra el marqués de Cabriñana por iguales motivos.

32 *Actas (1826-1827)*, sesión del 21 de febrero de 1827, p. 128.

33 «Una policía secreta –añade Del Castillo– formada de la hez de los pillos, ladrones, salteadores y asesinos estaba constituida para perder a cuantos les viniesen a las manos», *La ciudadela*, pp. 50-51.

34 Se achacaba falta de unidad y sencillez en la organización de la Policía, aunque a continuación señala los verdaderos problemas que no eran otros que los presupuestarios.

35 En la Exposición que Sainz de Andino dirigió a Fernando VII sobre la situación política del Reino advertía como un importante problema la propensión «a la confusión de la autoridad civil con la autoridad judicial, o lo que es lo mismo, del poder con la jurisdicción, y este es el defecto cardinal de cuantos Reglamentos de policía se han publicado en España, incluso el de 8 de enero de 1824 que, concentrado en la policía casi todas las funciones del gobierno civil y una gran parte de las judiciales, trastornó enteramente los elementos del sistema general de Gobierno», escollo salvado parcialmente en el R.D. de 14 de agosto de 1827, según él, *Escritos*, II, p. 79.

arrestadas por la Policía serían puestas a disposición de los jueces y tribunales de sus respectivos fueros en el plazo de tres días (art. 22). De este modo se conseguía agilizar el inicio del proceso y, por extensión, la imposición del castigo.

Se buscaba que cualquier español delatara a cualquier otro realizara la mínima acción sospechosa[36], como pudiera ser leer. No quedaba en ello. Los celadores, vigilantes y confidentes de la Policía hicieron seguimientos detallados a determinados individuos[37], daban cuenta a sus superiores de cuanto oían[38], abrían las cartas y trasladaban a la superioridad su contenido[39], o recababan información del extranjero a través de las delegaciones en la Corte o los periódicos. Igualmente expedían circulares a las justicias de los pueblos, con la descripción de los perseguidos, para su arresto bien por propia iniciativa[40], bien a instancias del Superintendente. Es decir, que el paternalismo fernandino en realidad era un leviatán que buscaba controlar todo, nada escapaba a su conocimiento y, por añadidura, a su represión.

Una posterior R.O. de 25 de septiembre de 1833 reorganizó la Policía, en principio conforme al D. de enero de 1824 y la reforma de 1827, sur-

---

[36] Para ampararlos jurídicamente, por R.O. de 9 de mayo de 1831, que a su vez trae consecuencia de otra de 31 de abril, los que delataran cualquier información de hechos o indicios contra la seguridad pública no serían responsables ante los tribunales de los avisos dados a la Policía.

[37] Por ejemplo: «Madrid 30 de junio de 1827. Esta mañana no salió Rosell de su casa hasta dadas las 8, y después de entrar en el Estanquillo, y unirse a otro cavallero joven, con quien ya le vi acompañado, marcharon juntos a la calle de Carretas y casa nueva nº. 4 de donde salieron a más de las 3; el último se separó a la puerta de Rosell y otros dos, y al llegar a la del Sol, lo hicieron estos, y el que me ocupa marchó recto a su casa, le vi despojarse de ropa y existir hasta dadas las 11, que se trasladó al cuartel de Alabarderos...». AHN, Diversos-Colecciones, Depósito de la Guerra, Superintendencia General de Policía del Reino, 164/3, Partes remitidos por la Intendencia de Policía de la Provincia de Madrid a la Superintendencia General de Policía del Reino del año 1827.

[38] Como muestra: «Madrid 30 de junio de 1827. Manuel García, oficial del ramo de alcabalas, dice "haber oído leer una carta de Cataluña, a un amigo suyo, en que hablando de las ocurrencias de aquel Principado, espresa no ser necesario absolutamente envío de tropas para mantener la tranquilidad; y que el medio único de que jamás se altere, es remover media docena de sugetos, así mirados como funcionario". Parte de Celador 6», AHN, Diversos-Colecciones, 164-3.

[39] AHN, Diversos-Colecciones, Depósito de la Guerra, Superintendencia General de Policía del Reino, 164/2, Correspondencia interceptada por los agentes de la Superintendencia General de Policía del Reino de los años 1826 y 1827. Pueden encontrarse numerosas cartas con origen o destino a los presidios.

[40] Por ejemplo: «Intendencia de Policía de la Provincia de Segovia. Año 1826. Nº. 43. En cumplimiento de varias órdenes que me han sido comunicadas por la Superintendencia general de Policía del Reino, se hace indispensable averigüe V. si en ese distrito de su cargo se hallan los sugetos siguientes. José Antonio Agudo, soltero, natural del pueblo de Labros, en la provincia de Guadalajara. Sus señas: edad 30 años, estatuta 5 pies, pelo castaño claro, ojos azules, nariz afilada, color trigueño, lleva capote pardo, chaqueta y calzón de paño negro, chaleco id. calzado de abarcas. Pedro Montehano Jover, fugado de la cárcel de Molina. Sus señas: estatua 5 pies, 3 pulgadas, ojos azules, nariz regular, cara larga, color trigueño, sin patilla. Braulio Archidona, José Ponce y Antonio Morales, prófugos de la cárcel del Tovoso... Y en caso de ser habidos cualesquiera de dichos sugetos procederá V. a su segura prisión dando inmediatamente cuenta a esta Intendencia para acordar las demás providencias que correspondan. Dios guarde a V. muchos años. Segovia 6 de noviembre de 1826. Ambrosio de Eguía e Irigoyen. Sr. Alcalde encargado de Policía de...». Ejemplar en la Biblioteca Digital de Castilla y León. Hay otros de julio y agosto de ese mismo año.

giendo ahora los subdelegados principales de provincia. La Policía continuó manteniendo atribuciones acumulativas en las materias que aquí interesan.

Otro de los grandes pilares del absolutismo fernandino fue el constituido por los voluntarios realistas[41]. Su concepción como cuerpos paramilitares, a semejanza de la Milicia nacional pero situado en las antípodas políticas, les permitió actuar tanto en la persecución de malhechores en las zonas rurales donde no alcanzaba la actuación del Ejército, como proceder a la represión política a través de las denuncias y delaciones contra quienes fueran sospechosos en su conducta. Los defensores de los voluntarios realistas se encuentran en el sector ultra absolutista. Como ha quedado apuntado, frente a la actuación de la Policía, obispos o militares realzaban a estos cuerpos por cuanto entendían que su actuación era eficaz y su adhesión al Altar y al Trono inquebrantable. Por supuesto que, desde el ángulo liberal, eran odiados por sus denuncias y actuaciones arbitrarias[42].

Intervinieron en apoyo de las autoridades gubernativas y judiciales, prestando auxilio por ejemplo, en «la guardia de la cárcel, el auxilio a la justicia, la conducción de presos y patrullas en los pueblos, desempeñan también en muchas ocasiones el servicio extraordinario de persecución de malhechores y contrabandistas con tal ventaja por el conocimiento que tiene de los reos y del terreno, que son muchos los ladrones que han aprehendido, y no pocas las aprehensiones de fraude que han realizado»[43].

Los voluntarios ejercieron de bastión armado y político del absolutismo en las poblaciones. No hacía falta emplear sus armas contra los liberales o los tibios absolutistas, pues bastaba señalarles o emplear la violencia verbal para atemorizar. Por personificar la defensa absolutista, en ocasiones ellos mismos fueron objeto de la reacción[44].

---

41 Sobre la importancia de estos, Miguel Ángel Sánchez Gómez, *Sociedad y política en Cantabria durante el reinado de Fernando VII. Revolución liberal y reacción absolutista*, Santander, 1989. Juan Sisinio Pérez Garzón, «Absolutismo y clases sociales. Los voluntarios realistas de Madrid (1823-33)», *Anales del Instituto de Estudios Madrileños*, 15 (1978), pp. 295-310. Ramón del Río Aldaz, «La formación del cuerpo de voluntarios realistas en Navarra (1823-33)», en *Museo Zumalacárregui. Estudios Históricos*, 2 (1992), pp. 209-237. Antonio Lorenzana Fernández, «Los voluntarios realistas de la ciudad de León (1823-1833)», en *Estudios Humanísticos*, 20 (1998), pp. 113-136. Alfonso Braojos Garrido, «Los voluntarios realistas, un vacío en la historia militar de Andalucía», en *Milicia y sociedad en la baja Andalucía (siglos XVIII y XIX). Actas de las VIII Jornadas Nacionales de Historia Militar*, Sevilla, 1999, pp. 481-488. Luis Sorando Muzás, «Los Voluntarios Realistas de Zaragoza (1823-1833)», en *Emblemata*, 3 (1997), pp. 237-276. José M. Ortiz de Orruño, «La militarización de la sociedad vasca en el tiempo de paz: los naturales armados (1823-1833)», *Vasconia*, 26 (1998), pp. 23-40. Federico Suárez Verdeguer, «Los Cuerpos de Voluntarios Realistas: notas para su estudio», en *AHDE*, 26 (1956), pp. 47-88.

42 Tras el restablecimiento del absolutismo en 1824, las cárceles «rebosaron otra vez de presos, encerrados por el capricho de los voluntarios realistas o de sus parciales», según Bayo, *Historia de la vida y reinado de Fernando VII*, III, pp. 166 y 177.

43 Así se manifestaba el capitán general de Andalucía en 1825, *Informes*, p. 354.

44 Una partida armada pidió en un pueblo valenciano la lista de los voluntarios realistas, Moral Ruiz, «Un informe policial», ya citado.

VII. *Una delincuencia fruto de tiempos convulsos*

1. La visión general de unas circunstancias

La Guerra contra el invasor francés iba a sembrar un amplio campo para la delincuencia, en especial la armada organizada en cuadrilla que ya venía actuando desde las últimas décadas del siglo XVIII. No por eso dejó de existir una delincuencia común u ordinaria, la de aquellos que mataban a su mujer, o insultaban al vecino por las tierras o herían en una taberna al contrario tras beber unos vasos de vino. Esta delincuencia ha existido siempre. Junto a ella surgirá, como estamos viendo, un nuevo ámbito delictivo, el político, en el que absolutistas y liberales respaldarán disposiciones para condenar al contrario por lo que piensa, lee o habla. Empleando una expresión apuntada más arriba, junto con los delitos «más comunes», surgirán con fuerza los delitos políticos.

El razonamiento absolutista del Derecho penal y del Derecho procesal-penal quedó reflejado en el *Manifiesto de los persas*. La Constitución de 1812 se convierte para ellos en el origen de toda criminalidad, la más común y la política. Sus redactores achacaron todos males al sistema constitucional y a los preceptos en que se plasmó. En este sentido, se manifestará en el párrafo 69 que en el capítulo 3.º de la Constitución de 1812, que versa sobre la administración de Justicia en lo criminal, «se presenta el método con que ha de procederse contra los reos. Las ideas en abstracto a veces aparecen con un colorido lisonjero; pero contraídas a la práctica no permiten ejecución; así es, que dictada la Constitución, los caminos y poblados están llenos de malhechores, no se experimenta el castigo, los ofendidos miran como infructuosa la queja, resueltos más bien a tomarse la justicia que a reclamarla, y los jueces se consideran impedidos de aplicar remedio, hallando una dificultad en cada artículo; de forma, que solo hallamos libertad en el delincuente, y esclavitud en el buen vasallo»[1]. Las garantías reconocidas por la Constitución conducían indefectiblemente, según ellos, a la impunidad de los delitos y al aumento de la criminalidad[2]. Unos años después, en un dis-

---

[1] *Representación y manifiesto que algunos diputados a las Cortes Ordinarias firmaron en los mayores apuros de su opresión en Madrid, para que la Magestad del Señor D. Fernando el VII a la entrada en España de vuelta de su cautividad, se penetrase del estado de la nación...*, Madrid, 1814, pp. 34-36.

[2] «70. Los muchos delitos no son efecto de la revolución sino de la impunidad. Si ninguno ha de ser preso, sin que preceda información sumaria (capaz de formar concepto sobre ella, de que merece ser castigado con pena corporal), y asimismo un mandamiento del juez por escrito que se notifique en el acto de la prisión: el juez no puede prender en un pronto, y la queja está de más en el momento, porque no puede haber autoescrito sin previa información escrita, y entre tanto escribir, el reo se ha fugado. El delito en despoblado queda impune; y el hecho en poblado, sin posibilidad de acusación; porque los delincuentes no se han de presentar al público a come-

curso de Heredia Bejines de los Ríos pronunciado en la Audiencia de Valencia en 1826, reconocía la existencia de estos nuevos delitos: «Grandes y continuas han sido ciertamente nuestras tareas, difíciles las circunstancias, nueva la clase de delitos, nuevos los ardides para obscurecerlos»[3].

Sin duda es una etapa que viene marcada por la distinción entre delitos ordinarios o comunes, regulados por la obsoleta legislación medieval y moderna, más propicia al arbitrio judicial; y los delitos políticos o de Estado, objeto de nuevas disposiciones, en las que la presión regia poco margen otorgaba a las autoridades encargadas de juzgarlos, puesto que no sólo conocerían de ellos los jueces y tribunales ordinarios, sino también la jurisdicción militar.

Desde una perspectiva estrictamente jurídica y si repasamos los delitos contra el rey regulados desde las Partidas, así como sus penas, cabe destacar, en mi opinión, que muy poco se innovo. Sí es cierto que se actualizaron comportamientos, se generalizaron penas y, sobre todo, se abuso en su imposición. Pero si leemos con detenimiento el texto alfonsino y hacemos lo propio con las disposiciones dictadas en las etapas absolutistas del reinado de Fernando VII, veremos cómo la blasfemia contra el rey es considerada delito de lesa majestad humana, y a ello no escaparon los juristas[4]. Las nuevas circunstancias políticas son las que generan, desde la perspectiva absolutista, la conveniencia de actualizar conceptos. Los delitos que con anterioridad se presentaban como esporádicos y cometidos, habitualmente, con carácter individual, en estos años se han convertido en habituales y colectivos. Contra esto lucha el monarca, valiéndose de la represión a través de comisiones o consejos militares, de la policía y de la jurisdicción ordinaria[5].

Son numerosos los ejemplos de persecución política desde el verano

---

ter sus excesos, ni todo vasallo puede ir rodeado de una guardia, para que le sirva de testigo en cuanto le ocurra. 71. Verdad es, que el artículo 292 dice: que in fraganti todo delincuente puede ser arrestado y conducido a la presencia del juez: y aunque rara vez un ofendido, esforzado pueda sorprender al reo y presentarlo, existe la misma dificultad de la información y la obligación de presentar en el pronto todos los pasos de una sumaria a instancia de parte, sin que la vindicta pública ponga nada suyo para defender de oficio al vasallo, como está obligada: y así se ve, que según la Constitución no se conocen causas de oficio en que la ley por la seguridad del Estado (en delitos que no tienen delator) procure el castigo del reo para el escarmiento de otros; pues se impiden las fundadas causas de inquirir, y por el artículo 306 se excluye por regla general hasta el reconocimiento de la casa en que haya presunta de estar lo robado, el cómplice, el delincuente mismo, u cualquiera otro cuerpo de delito, y si bien es verdad que dicho artículo añade la excepción: sino en los casos que determine la ley para el buen orden y seguridad del Estado; aún no ha llegado esta ley desde el 18 de marzo de 1812, y los delitos se han multiplicado de día en día». Otro tanto afirmaron respecto del auto motivado de prisión y la presentación ante el alcaide para su cumplimiento.

[3] *Discurso* (Valencia), 1826.

[4] A comienzos del siglo XIX, Gutiérrez, *Práctica criminal*, III, p. 29: «De muchas maneras puede cometerse el delito de lesa Magestad humana según nuestras leyes. Se comete: cuando se dirige contra la persona del Rey, como si se procurase matarle, herirle, prenderle o deshonrarle...» Los delitos de lesa majestad de primer orden estarían castigados, según P. 2, 2. 2 y 4 con la pena capital y confiscación de bienes.

[5] Diego San José, *Martirologio fernandino: víctimas y verdugos del absolutismo, 1814-1833*, Buenos Aires, 1931.

de 1814[6]. En la ciudad de La Coruña no tardaron en adoptarse medidas contra un buen número de liberales, muchos de ellos comerciantes[7]. Las razones diversas, dirigiéndose unas contra individuos y otras contra colectivos. En el proceso más numeroso y en el que se calificaron los acusados en cinco categorías[8], se dictaron penas de muerte contra Marcelino Calero Portocarrero, Manuel Pardo de Andrade, Ignacio Peñaflor, José Connock y destacados militares, otros destinados a presidio como Pablo Jérica, la mayor parte de los comerciantes suspendidos temporalmente del acceso a cualquier oficio público y multados con cantidades elevadas y, por último, nueve acusados resultaron absueltos. Para su imposición se estableció el 13 de marzo de 1815, de conformidad con el D. del día 8 anterior, una Comisión especial de Justicia[9]. Los problemas socio-económicos no tardaron en aparecer, pues la persecución contra algunos comerciantes coruñeses repercutió en el embargo de sus establecimientos por resultas de las causas instruidas, con el consiguiente deterioro económico de otras familias y la reducción del tráfico colonial[10]. Tras la intentona de Díaz Porlier en septiembre de aquel año, la represión se extendió, aunque las cifras de encausados van desde los 113 a los 243, actuándose con mayor rudeza contra los militares que contra los civiles, de los cuales uno fue condenado a fusilamiento, otros multados y la mayor parte absueltos[11].

Surgió, pues, un nuevo tipo de delincuencia fruto de los vaivenes políticos. El constitucionalismo luchó contra el absolutismo, y una vez que

---

[6] *Mercurio gaditano* de 19.9.1814. La comisión militar de esta ciudad formó proceso y sentenció a tres individuos el 17 de septiembre de 1814. Al primero por manifestar «en varios sitios públicos que venía el rei Padre, y que se reponía la Constitución; excitando a los dueños de los puestos de carnes no los quitasen, pues volvía el régimen antiguo o constitucional», por lo que fue acusado de reo de sedición «aunque no en aquellos términos que exige la lei para imponer la última pena», por lo que fue «puesto en la argolla a la vergüenza pública por espacio de cuatro horas, con una inscripción encima que diga: *La comisión militar condena a este hombre por sedicioso a que sufra esta pena el espacio de cuatro horas, y que concluidas, sea destinado a presidio por cuatro años*». El segundo lo fue a diez años de presidio «por producir expresiones subversivas y contra la autoridad de nuestro augusto soberano el señor don Fernando VII». A un tercero por arrancar un bando, se le impuso por pena el arresto sufrido.

[7] Sobre esta persecución, María Luisa Meijide Pardo, *Contribución al estudio del liberalismo*, La Coruña, 1983, p. 28, donde recoge la acusación del fiscal sobre Calero de ser «uno de los más acérrimos promovedores de la corrupción de ideas políticas y religiosas». También recogido en Antonio Gil Novales, *Las sociedades patrióticas (1820-1823)*, Madrid, 1975. Manuel Ortuño Martínez, «El verano de 1814 en Madrid y Pamplona», en *Huarte de San Juan. Geografía e Historia*, 18 (2011), pp. 385-413.

[8] ARG, *Crimen*, leg. 168/16.

[9] Citada por Luis Alonso Álvarez, *Comercio colonial y crisis del Antiguo Régimen en Galicia (1778-1818)*, Santiago de Compostela, Xunta de Galicia, 1986, pp. 241-242, a partir de la Serie *Expedientes políticos* del Archivo Municipal de Coruña. Vid. también, María Rosa Saurín de la Iglesia, *Manuel Pardo de Andrade y la crisis de la Ilustración: (1760-1832)*, La Coruña, 1991.

[10] Alonso Álvarez, *Comercio colonial*, p. 242.

[11] Recogidas en Alonso Álvarez, *Comercio colonial*, p. 247. La lista de Vicente de la Fuente, *Historia de las sociedades secretas antiguas y modernas en España*, Madrid, III, pp. 469-470. Un estado de la cuestión en Irene Castells, «El liberalismo insurrecional español (1815-1833)», en Xosé Ramón Barreiro, *O liberalismo nos seus contextos. Un estado da cuestión*, Santiago de Compostela, 2008, pp. 71-87. Con carácter más amplio, Roberto L. Blanco Valdés, *Rey, Cortes y Fuerza armada en los orígenes del Estado liberal (1808-1823)*, Madrid, 1988.

Fernando VII pisó de nuevo la península en 1814, a su vez, se produjo el movimiento contrario. Al iniciarse el año 1820 el capitán general Eguía afirmaba ante los magistrados granadinos que «por desgracia, ¿en qué tiempos ha habido más crímenes de Lesa Magestad Divina y Humana? ¿En qué tiempos ha habido la insubordinación, los robos y los asesinatos que en el día»[12]. Vicente de Quesada, capitán general de Granada, lo expresaría en términos similares en su discurso de 1824: «nuevo linage de crímenes por fruto de las alternativas y tránsitos de Gobierno»[13]. A la Constitución gaditana se imputa el origen de toda la criminalidad existente:

> «... colocando en el Trono de san Fernando a una fantasma intrusa, bajo cuyo nombre egerció su inicua usurpación y tiranía, debilitó la piedad religiosa de los españoles que es el fundamento de las buenas costumbres; introdujo el libertinaje, autorizó el robo y fomentó los desórdenes de todas clases; sucedió la triste y amarga época de la anarquía en que se acabó de perder el respeto al Altar y al Trono. ¿Cómo se había de conservar a la tranquilidad y seguridad de nuestros semejantes? Crecieron pues los delitos de todo género. La irreligión, la infidencia, el homicidio, el robo, la difamación, la calumnia, la división, los partidos, las sociedades impías, las máximas más absurdas tornaron el más alto buelo»[14].

No fue el único que se manifestó en este sentido. El conde de España, capitán general de Aragón en 1826, achacaba toda la criminalidad al período constitucional, por lo que según él «la desmoralización ha echado profundas raíces consecuencia precisa de los calamitosos tiempos que ha pocos años afligieron a la patria; durante ellos el imperio de la ley fue roto, el orden social desquiciado, la virtud hollada, el vicio se entronizó, hasta lo más sagrado que es la sacrosanta religión de nuestros padres fue vilipendiada; no debemos pues admirarnos de que tantos males hayan producido los amargos frutos del robo, del asesinato, del perjurio, de la infidelidad de los matrimonios, y la depravación de costumbres»[15].

La situación socio-política presenta numerosas situaciones de enfrentamiento entre vecinos, unas conocidas y otras insondables, según fueran *negros* o *blancos*, hubieran participado en las instituciones constitucionales o no, en suma, una acción-reacción por motivaciones ideológicas[16]. Existen ejemplos esclarecedores. La Regencia absolutista concluía su proclama del 19 de junio de 1823 con vehemencia, afirmando que «será constante en perseguir a cuantos con una rabia infernal han cubierto de luto nuestros corazones»[17]. No tardó en hacerse efectiva este anuncio[18].

---

[12] *Discurso* (Granada) 1820. Resulta llamativo que pronunciara estas palabras el 3 de enero, cuando Riego se había sublevado dos días antes.
[13] *Discurso* (Granada), 1824.
[14] *Discurso* (Granada), 1827.
[15] *Discurso* (Aragón) 1826.
[16] Desde el bando realista, *Nota de los asesinatos de que se ha podido tener noticia que cometieron los constitucionales desde últimos de diciembre de 1821 hasta últimos de 1823*, Barcelona, 1826.
[17] *DdM* 21/6/1823. Vid. Peset y Peset, «Legislación contra liberales», ya citado.
[18] «Más de mil y quinientas personas fueron sepultadas en las cárceles públicas de Zaragoza

En estas circunstancias se cometieron todo tipo de atropellos derivados del rencor político, o al menos encubierto bajo el talión de las represiones habidas durante la vigencia de la Constitución y las sucedidas con posterioridad al triunfo del absolutismo. La situación alcanzó tal grado de virulencia, que las represalias indiscriminadas obligaron a la Secretaría de Gracia y Justicia a dictar la C. de 1 de junio de 1814 tratando de distinguir a los individuos según su actuación en pos de la Constitución o no, mandando que agentes de Policía y jueces procedieran a la calificación de aquellos contra quienes existieran pruebas de abuso en la conducta que hubieran tenido hasta entonces; exonerando del arresto y poniendo en libertad a los que prudentemente se esperara no pudieran alterar el sosiego público[19]. Dulces palabras condescendientes –paternales, como era propio del absolutismo– con aquellos que podían adherirse al cambio absolutista, pero con fines represivos sobre aquellos que más participación o vehemencia habían mostrado en defensa del sistema constitucional. Los primeros no serían tratados como delincuentes, mientras que los segundos ya eran considerados implícitamente reos[20]. Era una primera medida que, por lo que ocurriría después, debió tener poca aplicación. Convendría, sin embargo y a pesar de sus similitudes, establecer los rasgos diferenciados de la persecución política entre el sexenio y la que se produjo durante la Década ominosa, puesto que por los datos contrastados en esta última etapa se actuó con mayor dureza. En palabras de Luis, a partir de 1823 «une politique cohérente est mise en place pour contrôler le pays. Elle combine répression, surveillance policière et épuration»[21].

---

por el más vil populacho, acaudillado por los frailes; el Trapense horrorizó en Navarra la humanidad *y* la decencia con tales crueldades cometidas en los hombres y tales torpezas en las mugeres, que la pluma se resiste a describirlas; en Madrid centenares de individuos gimieron en las mazmorras, hasta que compraron con el oro la libertad; en la Mancha el Locho y sus satélites robaron, asesinaron y escalaron las casas a la luz del sol, para saquearlas y violar a las desgraciadas mugeres; y en Córdoba, hacinados en los encierros españoles beneméritos, eran arrojados en un pilón lleno de agua». A medida que Fernando VII se acercaba a Madrid, fueron desterrados centenares de individuos, en Bayo, *Historia de la vida y reinado de Fernando VII*, III, pp. 114 y 181.

[19] «El Rey –señalaba la circular– ha observado por las noticias que llegan diariamente al Ministerio de Gracia y Justicia, que se ejecutan prisiones de personas, las cuales, aunque por las opiniones que acaso han manifestado, hayan dado muestras de afecto a las novedades que se iban introduciendo, y que a haber tomado consistencia habrían acarreado a la nación grandes males; todavía la opinión común no las señala por tumultuantes y sediciosas, de manera que puedan, estando en la libertad que los demás gozan, comprometer la tranquilidad y sosiego público. Por donde los arrestos de tales personas contristan a las familias a que pertenecen, y a otras muchas con quienes tienen relaciones de amistad y de parentesco». El margen de arbitrio concedido a los juzgadores fue amplio, como apunta Luis, *L'utopie*, p. 37.

[20] Se disponía, por ello, que tanto la Policía como los jueces, «procedan conforme a estas sus Reales intenciones a la calificación de personas contra quienes haya pruebas de abuso en la conducta que hayan tenido hasta ahora, excusando el arresto de aquellas de quienes prudentemente se espere que no puedan alterar la tranquilidad y orden público, y poniendo en libertad a las de estas circunstancias que se hallen actualmente arrestadas, tomando otras providencias si fueren necesarias porque las exija la justicia para contenerlas en su deber».

[21] Luis, *L'utopie*, pp. 39 y 96, ha llamado la atención sobre este particular, pues tras los inconvenientes que surgieron con la causa de Estado a los antiguos diputados, «la leçon ne fut

Nuevos desafueros que se pusieron de manifiesto en la R.O. de 1 de julio de 1824 en la que se denunciaban estos hechos[22]. El odio y la venganza no solo se desenvolvió al margen de la administración de justicia, sino que ésta también fue utilizada por los particulares como medio de represalia[23]. Bajo la excusa de que desaparecieran los enfrentamientos entre sus vasallos, el monarca determinó el sobreseimiento «en todas las causas formadas desde el restablecimiento del Gobierno legítimo por las vejaciones causadas a los partidarios del llamado régimen constitucional, dejando a los procesados en absoluta libertad sin costas, y alzando inmediatamente el secuestro de los bienes que se les hayan embargado». Quedaron exceptuados de este beneficio los casos de asesinato o en aquellas en hubiere reclamaciones sobre daños y perjuicios graves causados a tercero. Fue una medida, como veremos al abordar los indultos, de escasa repercusión, al menos en los datos oficiales.

El obispo de Orense, Dámaso Iglesias, en octubre de 1825 resaltaba que en su diócesis no había existido persecución contra los liberales, algunos de los cuales gozaban de plena libertad de movimientos. El problema en tierras orensanas procedía de «otra clase de desórdenes», los delitos cometidos por ladrones, «pero de una clase que hace temer lleven sus ideas más adelante. Vemos que los más de estos robos, o casi todos ellos, son a eclesiásticos, y de aquellos mismos que saben los ladrones que no tienen otra cosa de substancia, que robarles por su conocida pobreza y escasez

---

pas perdue: même si la question fut débattue para la suite pendant le *década ominosa*, pour procéder à une destitution pour raisons politiques, jamais plus au XIXe siècle on n'employa la voie d'un procès mené en bonne et due forme par l'appareil judiciaire... Quand les mêmes questions se posent en 1823, on rappelle l'expérience antérieure pour la rejeter». Resaltando el diferente tratamiento dado a los magistrados dependiendo de si eran afrancesados o liberales.

22 Las autoridades francesas, las que ayudaron a reinstaurar el absolutismo fernandino, tuvieron que tomar medidas para evitar arbitrariedades sanguinarias. El 8 de agosto de 1823 el duque de Angulema había dictado una orden para evitar que las autoridades españolas hicieran arrestos sin la autorización de los jefes militares franceses, quienes pondrían en libertad «a todos los que hayan sido presos arbitrariamente y por ideas políticas, particularmente a los milicianos que se restituyan a sus hogares», en Bayo, *Historia de la vida y reinado de Fernando VII*, III, pp. 125-128. Sobre los actos inmediatos al restablecimiento del absolutismo contra los liberales, *ibídem*, p. 184.

23 «Algunos vasallos del Rey, adictos a la legítima Soberanía, que fueron perseguidos durante la dominación de los revolucionarios por haberse manifestado fieles a la causa del Trono, se abandonaron a su resentimiento después de restablecido el Gobierno legítimo, y con ofensa de las leyes atropellaron las personas y bienes de varios individuos que, aunque se habían señalado por su conducta criminal en los tres años de calamidad, estaban ya bajo la protección de las autoridades reales, a quienes tocaba exclusivamente juzgarlos. Tales desórdenes no podían ser tolerados por ninguna consideración, y los tribunales administrando justicia imparcialmente procedieron contra sus autores, y lograron conservar la tranquilidad, conteniendo los efectos de una venganza que hubiera cubierto el reino de luto perpetuando los odios; pero en estos procedimientos fueron envueltos hombres por otra parte recomendables en razón de su lealtad y sacrificios y el Rey nuestro Señor no podía olvidarse de ellos después de haber indultado por su decreto de 1. de mayo último a los sostenedores de la revolución». También advertía de estas situaciones el presidente de la Chancillería de Granada en 1824, al señalar que «no siempre las apariencias son seguros medios de juzgar, no siempre es tan malo el reo como se pinta, y acaso escondidos arcanos una vez revelados presentarían menos delincuente al reo acusado que al mismo acusador», *Discurso*, pp. 11-12.

en que quedaron. Pero sí de los que están reputados y se han distinguido por más adictos al Altar y al Trono; y de tantos robos como se han hecho, no tengo noticia de que hayan entrado en casa de liberal alguno, o que tienen la opinión de tal, aunque sea rico»[24].

Las pasiones desatadas podían constituir un mayor germen de criminalidad, lo que también advirtieron destacados absolutistas, que sin embargo acabarían por generarla[25]. El conde de España, desde su posición ultra reaccionaria, manifestaba ante los magistrados aragoneses en 1825:

> «... el más pronto como egemplar castigo caería irremisiblemente contra cualesquiera que osare atentar a los sagrados derechos del Altar y del Trono legítimo en cuya defensa estaríamos siempre prontos a sacrificarnos. Pero una revolución, cual otra furiosa tempestad, deja agitadas las olas de las pasiones antes que llegue a restablecerse la deseada calma; en esta situación, la venganza suele anticiparse a la Justicia que es la primera entre las supremas atribuciones que el Rey legítimo tiene de Dios solo. La Justicia castiga debidamente; pero la Justicia no se venga. Magistrados: sed siempre prontos e impávidos para castigar el asesinato y el robo bajo cualesquier color que se presente. El delito y cualesquiera acto arbitrario es una ofensa contra Dios, es un atentado contra la Justicia, que el Rey solo puede egercer»[26].

Resulta significativo que quien llevó a cabo una de las mayores represalias políticas se manifestara de esta manera. Su conocida actuación en Cataluña es, sin duda, una manifestación de venganza.

La persecución política llevó aparejada hechos colaterales tremendamente terribles[27]. Por la estadística de la Audiencia de Zaragoza, en 1829 conoció diez causas de suicidio. Resulta llamativo este dato si se pone en relación con una anotación de Arias Teijeiro en sus *Diarios* en la que da cuenta del suicidio, en Zaragoza, del antiguo diputado a Cortes Villa, cuando lo iban a trasladar a Barcelona, y otros doce más «mordiéndose las arterias, atacándose el corazón con los huesos de la carne, etc»[28].

Los bienes de los liberales encausados se emplearon, al parecer, para indemnizar a los realistas por los perjuicios pasados. Lo cual generaba, sin duda, circunstancias propicias para convertir en delincuentes a individuos privados de todo patrimonio. Y al contrario, buscar vías de recompensa a los absolutistas perseguidos durante el Trienio[29].

---

24 *Informes*, p. 214. La causa de ello no se encontraba en la pobreza, según él, sino en «la demasiada libertad en que se les deja a muchos liberales». A lo que añadía que los nuevos nombramientos de jueces y ayuntamientos por el Real Acuerdo de Galicia iba muy lento.

25 Como mantuvo Fontana, no puede reducirse toda la violencia civil de la Década ominosa al enfrentamiento político entre bandos, en «Represión política y violencia civil», ya citado. Vid. Del Castillo, *La ciudadela*, *passim*.

26 *Discurso* (Aragón) 1825.

27 En junio de 1823 el Secretario del Despacho de la Guerra, Sánchez Salvador, prefirió el suicidio a caer en poder de las nuevas autoridades absolutistas, Bayo, *Historia de la vida y reinado de Fernando VII*, III, p. 110. Meses después algunos de los involucrados en los asesinatos del castillo de San Antón de Coruña hacían lo mismo, *ibídem*, p. 225.

28 *Diarios*, I, p. 263, 19-21 de octubre de 1829.

29 «En Cataluña, meten en las cárceles a todos los que directa o indirectamente tuvieron parte

No es propósito de estas páginas incidir en la legislación que castigó la disidencia política, fundamentalmente porque es la materia más y mejor tratada de estas etapas. Con tan abundante historiografía, las aportaciones que se pudieran hacer aquí no aportarían novedad alguna. En la bibliografía, tanto la decimonónica como la más actual, se detalla la aplicación práctica de disposiciones como el R.D. de 6 de diciembre de 1823 por el cual se encomendaba a las autoridades de la Corte el mayor celo contra las sociedades secretas, a las cuales se acusaba de la revolución en España y de la independencia de los territorios de América[30]. Para su plasmación el fiscal presentaba unos días después un largo informe sobre la prohibición de la masonería. Tal era la animadversión hacia estas sociedades, y en particular hacia la mencionada, que en el R.D. de 1 de mayo de 1824 por el que se concedía indulto y el perdón general, quedaban expresamente exceptuados los que hubieran pertenecido a sociedades secretas. Más explícita fue la R.C. de 1 de agosto de ese mismo año por la que se prohibían «en los dominios de España y las Indias, todas las congregaciones de francmasones, comuneros y otras sociedades secretas, cualquiera que fuera su denominación y objeto». El 25 de septiembre de 1825, Fernando VII promulgaba una nueva disposición indicando ante quién debían espontanearse los que pertenecieran a sociedades secretas. La posterior R.C. de 9 de octubre prevenía que «los francmasones, comuneros y demás sectarios» debían ser considerados como enemigos del Trono y del Altar, quedando sujetos a la pena de muerte, y confiscación de bienes.

En este temeroso ambiente político contra los liberales fue juzgada Mariana de Pineda por un procedimiento *ad hoc*. No correspondió su conocimiento a ninguna comisión militar sino que, en principio, iba a ser enjuiciada por la Sala segunda del crimen de Granada. No obstante, durante su tramitación y en virtud de real orden, se encomendó su conocimiento y resolución al alcalde del crimen y Subdelegado de Policía Ramón Pedrosa, con la condición de que si impusiera la pena capital procedería su revisión por la Sala de alcaldes de Casa y Corte. El alcalde del crimen dictó su pena de muerte y elevó la consulta de la sentencia, con arreglo a este procedimiento inhabitual, al tribunal de la Corte, que ratificó la pena capital. Mariana de Pineda fue ejecutada por garrote el 26 de mayo de 1831[31].

---

en la sublevación; y con sus bienes, indemnizan a los liberales a quienes los sublevados causaron perjuicios. Así, se hace con los realistas lo que en 1823 se debió hacer con los "negros". Cataluña se va plagando de ladrones», Arias, *Diarios*, I, p. 69 (9-13 de marzo de 1828).

30 «Una de las principales causas de la revolución en España y en América, y el más eficaz de los resortes que se emplearon para llevarla adelante habían sido las Sociedades secretas, que bajo diferentes denominaciones se habían introducido de algún tiempo a esta parte entre nosotros frustrando la vigilancia del Gobierno, y adquiriendo un grado de malignidad, desconocido aun en los países de donde tenían su primitiva procedencia». El objetivo era remediar «esta gravísima dolencia moral y política», a la que no alcanzaban «nuestras leyes, dirigidas a cortar el daño, y que por lo menos era necesario ampliarlas o contraerlas a las circunstancias en que nos encontrábamos, redoblando las precauciones para descubrir las referidas asociaciones y sus siniestros designios».

31 José de la Peña y Aguayo, *Doña Mariana Pineda. Narración de su vida, de la causa criminal en la que fue condenada al último suplicio y descripción de su ajusticiamiento en 26 de mayo de 1831*, Albacete, 1842, en pp. 68-98 los escritos del fiscal y del defensor.

Partiendo del hecho de que no todas las causas por motivaciones políticas llegaban a las Salas del crimen de chancillerías y audiencias debido a la intervención de la jurisdicción militar, sí cabe presentar la siguiente tabla con la información facilitada por los tribunales. Datos que exigen unas aclaraciones previas. En primer lugar, la Audiencia de Mallorca nunca aportó datos sobre estas causas, la de Navarra no lo hace a partir de 1827 y, en cambio, Valencia las inserta desde 1830. En unos casos se incluyen genéricamente bajo el epígrafe de *infidencia* (Granada, Navarra, Aragón) y en otros casos bajo el de *conspiración e infidencia* (Corte, Galicia). Los estados del resto de tribunales son mucho más detallados, pues además de los mencionados se citan, según los casos: blasfemias, sospechosos de su conducta, reuniones sospechosas (o clandestinas), alborotos, expresiones subversivas, folletos y fijación de pasquines, proclamas (alarmantes), expresiones subversivas (y contra S.M.), comuneros, masones, insultos a los voluntarios realistas, emigración a otro reino, causas de Estado, rebelión, canciones del abolido sistema, revolución e indulto, sediciones, palabras obscenas y escandalosas, sociedades secretas, conmoción, libros prohibidos, sublevación, subversión y propalación a favor de la Constitución.

	1814	1815	1816	1817	1818	1819	1824	1825	1826	1827	1828	1829	1830	1831	1832	1833
Corte														73		
Valladolid			61		21	19			246		64	121				
Granada	79	121							98	129	130	104		57		24
Galicia														30	21	
Sevilla											32	10	13	15		2
Asturias											122	41	17	3	3	4
Extremadura	20	25					71		20		108		70	70	176	46
Navarra			36	6	6	6	1.150		14	0						
Aragón			31	17	23	7					38	10			90	84
Cataluña				24	14	3	14		96	135	144					
Valencia													19	39	21	19
Canarias										1						

Llama la atención de este cuadro, particularmente, el millar largo de causas por infidencia conocidas por los altos tribunales navarros. A pesar de la falta de información, es posible que pueda ponerse en relación esta cifra con la oposición navarra a la comisión militar.

En la Chancillería de Valladolid se advierte el abultado número de causas en 1826, quizá fruto del cese de las comisiones militares. El incremento que en 1832 se da Extremadura hay que ponerlo en relación con los cambios habidos en la composición de su Sala del crimen a raíz de los hechos detallados más arriba, de ahí que mientras en otros casos –salvo Aragón– disminuyen este tipo en causas en el tribunal extremeño aumenten. Los datos de la Audiencia de Cataluña en el trienio 1826-1828 hay que vincularlos a la llegada del conde de España como capitán general en 1827 y a la sublevación de los *malcontens*. En Granada el cambio de capitán general se produjo con la llegada en 1823 de Álvarez Campana, férreo defensor de las comisiones militares, y una ciudad en la que hemos visto se originó una transcendental represión contra masones en 1825. Por el contrario, en Asturias se aprecia una sustancial disminución a partir de 1828. En 1832 el cónsul francés en Valencia daba la cifra de 400 presos por motivos políticos, entre los que se contaban algunos militares, comerciantes y oficiales de Hacienda[32].

El enfrentamiento ideológico y las consecuencias sociales de la guerra, primero, y del nuevo cambio político, después, unido a la alarma y efectos que causaban las cuadrillas de ladrones que existían por todo el territorio nacional permitieron a los gobiernos absolutistas establecer vínculos propagandísticos entre liberales y malhechores. El capitán general de Valencia, en el informe que envío a la Corte en octubre de 1825, comentaba que el gobernador militar de Alicante había manifestado a su antecesor en el puesto, «las sospechas que infundía el haberse engrosado la cuadrilla de ladrones que infestaba el término de Monforte y los temores de conspiración que se ofrecían por la unión que los liberales tenían con dichos malvados»[33]. Las autoridades tratarán de vincular en algunos territorios liberales con malhechores y cuadrillas de ladrones, o viceversa. Es cierto que en el seno de las gavillas de ladrones se refugiaron liberales perseguidos, o que en algunos hechos delictivos se dieron gritos a favor de la Constitución, pero es indudable la actuación del poder político tendente a unir la ideología liberal con la criminalidad patrimonial, fuera o no cierto. En la costa levantina se había advertido la presencia de buques llamados *colombianos* «que infundían sospechas de proteger a los revolucionarios... pues con la vista de aquellos que acaso tendrían el doble objetivo de ejercitarse en el contrabando extrayendo la sustancia y riquezas de estos Reinos, se alucinaban una porción de hombres bien avenidos con el sistema revolucionario»[34].

No puede olvidarse, por supuesto, la grave situación económica: de las familias[35], de los pueblos[36] y del Estado[37]. La pérdida de las colonias, sus

---

[32] Moliner Prada, «Un informe francés», ya citado.

[33] *Informes*, pp. 399-400.

[34] Informe de 17 de octubre de 1825 de José María Carvajal, capitán general de Valencia-Murcia, en *Informes*, p. 408.

[35] Arias, *Diarios*, II, p. 60, escribe el 2 de febrero de 1830: «Ya hoy han subido el aceite y subirán el vino. Con este pretexto ya iban a subir el pan, si el corregidor no amenazara con la argolla de la plaza»; «No hay un cuarto para contribuciones, los frutos así baratísimos» (*ídem*, II, p. 232, 4 de julio de 1830); «Mucho disgusto y mucha pobreza en Galicia» (*ídem*, II, p. 243, (2 de julio de 1830); «Carta de padre sobre la infinidad de males de Galicia: cosecha escasa, miseria extrema, contribuciones sobre contribuciones... en fin, empleados negros, inmoralidad e irreligión» (*ídem*, II, p. 275, 30 de julio de 1830): «Los tahoneros quieren subir el pan dos o tres cuartos; el corregidor no quiere más que uno. Así, hoy ha escaseado mucho el pan» (*ídem*, II, p. 278, 31 de julio de 1830); «Sestelo se despide. Insiste en sus lástimas de Galicia aniquilada con contribuciones sin tener un cuarto y dispuestos los ánimos a todo; en ello convienen cuantos escriben o vienen de allá» (*ídem*, II, p. 399, 1 de noviembre de 1830); «El cura de Villar de Ortelle, excelente realista, escribe al Sr. Lamas la miseria de allí, aburrimiento general, que los paisanos no tienen con qué pagar las contribuciones, que cualquier cosa es temible si no hay alguna modificación en tiempo» (*ídem*, II, p. 401, 2 de noviembre de 1830). Si así se aprecia la situación desde la Corte, la realidad sería mucho más calamitosa.

[36] «Los pueblos desesperados, empobrecidos, y sin poder pagar las contribuciones», Arias, *Diarios*, I, p. 209 (10-13 de agosto de 1829); «Viene escandalizado de ver cómo están los pueblos, tan miserables como desmoralizados, en especial esa Mancha... Todos los pueblos están alarmados con nuestros arreglos. Se conoce la necesidad manifiesta, pero, como salen del

repercusiones en el comercio exterior e interior, las malas cosechas o el aumento del precio del trigo, entre otros factores, repercutieron en una pobreza generalizada[38]. A la penuria económica hay que añadir los fenómenos atmosféricos que dieron al traste con las cosechas y producciones en algunos territorios[39], aumentando la pobreza de las zonas rurales, precisamente en las que más actuaban las cuadrillas de ladrones[40]. Un gran número de individuos que forman parte de gavillas y cuadrillas de ladrones desarrollan una vida absolutamente normal, pero ante la necesidad se unen esporádicamente para cometer robos y obtener un rendimiento para subsistir. Cometido el delito, regresan a sus casas para seguir trabajando en el campo o en cualquier otra actividad, como denunció el capitán general de Castilla la Vieja.

Las grandes ciudades o los lugares donde se acumulaba una ingente población se entiende que son propicias para esconder malhechores o permitir que pasen desapercibidos. El obispo de Guadix, en su informe de agosto de 1825, lo concretaba con relación a las minas de Las Alpujarras, donde, por la información que recabó, había «cerca de trece mil hombres de distintos países y la mayor parte de ellos compuesta de desertores, asesinos, ladrones y de toda clase de gentes». Sin intervención de los empleados de Policía era la causa, en su opinión, de la criminalidad que amparaba la sierra[41].

Las informaciones enviadas por los capitanes generales en 1825 muestran alborotos, alteraciones y conflictos populares. Prácticamente todos –pues los hubo políticos– tienen como causa la situación económica: bien fuera derivada de las nuevas imposiciones hacendísticas[42]; la represión contra el contrabando, cuyas operaciones al margen de la Hacienda real permitían completar la renta familiar al no abonar los correspondientes

---

Gobierno, todos temen», *ídem*, p. 211 (14-16 de agosto de 1829). Lo cual generó alborotos en algunos pueblos, tanto contra las autoridades municipales, como en Seseña (*Diarios*, II, p. 221), como contra los jornaleros procedentes de otros lugares.

[37] Son abundantes, por ejemplo, las referencias de Arias en sus *Diarios*: «La cosa está malísima y acaso está ya inminente la bancarrota... Se ha pasado orden a Correos, para que no pagara a los empleados. A Loterías se piden dos millones» (I, p. 66, 6 de marzo de 1828); «Resulta este año un déficit de 305 millones» (I, p. 96, 9-13 de marzo de 1828).

[38] Por todos, Fontana, *La crisis del Antiguo Régimen*, pp. 261-283. Miguel Artola, *La Hacienda del siglo XIX. Progresistas y moderados*, Madrid, 1986, pp. 51-112.

[39] «Nuevo pedrisco en Cazorla que ha acabado con todo. Lo mismo hubo días atrás en Talavera y Badajoz. Dicen también en parte de Galicia, etc.», Arias, *Diarios*, I, p. 171 (27 de junio de 1829).

[40] «En Sierra Morena, partidas de 400 y más hombres, ladrones, etc. Por Ayamonte se reúnen a todos los contrabandistas, indefinidos, y hasta llevan cañoncejos. Nunca más contrabando», Arias, *Diarios*, II, p. 280, 2 de agosto de 1830.

[41] *Informes*, p. 181.

[42] El capitán general de Andalucía, en agosto de 1825 informaba que: «El 1º de enero tuvo lugar en Lucena, Cabra y Aguilar una pequeña conmoción popular fulminada contra el derecho de puertas mandado establecer en aquellos días, y que resistieron varios jornaleros mal impuestos de la sumisión absoluta que debían a las determinaciones de S.M. y persuadidos que les irrogaba un enorme perjuicio... pero en el momento en que llegó esta efervescencia, aunque de carácter poco malicioso, a noticia de los jefes y oficiales de voluntarios realistas...», en *Informes*, p. 350. En otro extremo peninsular, Vicente Fernández Benítez, *Carlismo y rebeldía campesina: un estudio sobre la conflictividad social en Cantabria durante la crisis final del Antiguo Régimen*, Madrid, 1988.

derechos[43]; o la posibilidad de verse privados de jornales por la llegada de cuadrillas procedentes de otros lugares para las tareas agrícolas[44]. Desde luego que los festejos desencadenaron otro tipo de alborotos[45]. Si desde las instancias gubernamentales se ponía de manifiesto la gravedad de la situación, ¡cuál sería la verdadera realidad!

Contrastan estas informaciones con lo afirmado por el obispo de Tarazona en 1825 y los informes que recabó de otras autoridades. Frente a lo que acabamos de ver, en la mencionada ciudad y su partido «no han ocurrido en todo el año corriente escesos ni desórdenes ya individuales, ya en reunión, que hayan alterado o podido alterar la tranquilidad pública; por el contrario a pesar de la esterilidad de las cosechas y pobreza del país, en esta ciudad y pueblos vecinos se ha gozado perfecta sin intermisión». En Agreda lo mismo y, desde Alfaro, además de ratificar esta idea, se ponía el ejemplo que desde octubre de 1824 en que tomó posesión el nuevo corregidor hasta agosto siguiente «no se ha presentado en su Tribunal causa alguna de robo, sin embargo de la calamidad que se ha padecido por la dilatada sequedad, y por no haber podido sembrar la mayor parte de este feraz regadío»[46]. Incluso «en los caminos no hay temor ni peligro; ni en poblado ni en despoblado se cometen robos, ni tampoco en los campos o en las huertas, por la vigilancia y esmero de las patrullas».

Los miedos de la población y la repercusión que tenía la actuación de las gavillas de bandidos, la importancia que adquirió el derecho de propie-

---

[43] El capitán general de Andalucía afirmaba que, además del interés personal, «envuelve de suyo la contumacia en el comercio ilícito, tan prohibido por las leyes como destructor de las rentas del Estado, si bien no ataca la forma de gobierno», en *Informes*, pp. 350 y 352.

[44] El Capitán general de Andalucía informaba que en Algaba, a mediados de marzo, se produjo «una asonada, promovida por los jornaleros del país, que pretendían lanzar a los forasteros, cordobeses y granadinos, que acosados de la calamidad y miseria sufrida con la escasez de lluvias en sus provincias, llegaron en número considerable a aquel punto para emplearse en la siega del campo y demás labores del campo, y por consiguiente bajaron el precio de los jornales con perjuicio de los trabajadores del pueblo». La autoridad militar entendía que las causas «tuvieron por base a más de la ignorancia y rusticidad de sus autores, la calamidad e indigencia que la falta de lluvias ha ocasionado a cuantos individuos libran su sustento en las faenas del campo», *Informes*, pp. 351-352. Por su parte el de Extremadura daba cuenta que un alboroto en Almendralejo, del que resultó muerto el juez, se produjo por «querer los jornaleros del pueblo lanzar a los forasteros que habían concurrido a la siega», siendo condenados cinco a varios años de prisión, absolviendo a otros y la causa principal seguía contra los tres reos principales fugados.

[45] En Jaraíz por suspenderse el festejo del toro que se iba a correr, sus responsables fueron castigados con una pena correccional. En otras festividades religiosas, la bronca entre jóvenes provocó la intervención de los voluntarios realistas, lo que la dotó de ciertos ribetes políticos, con el resultado de una muerte, si bien «no puede graduarse este incidente sino bajo el aspecto de un delito común que será castigado con todo el rigor de las leyes luego que se concluya la causa», *Informes*, pp. 384 y 390. Los anteriores y estos desórdenes no eran nuevos. Véase los trabajos de Javier Ruiz Astiz, «Cencerradas y matracas en Navarra durante el Antiguo Régimen: funciones y objetivos», en *Hispania*, 245 (2013), pp. 733-760; «Escenarios de la conflictividad: motines y desórdenes públicos en la Navarra del Antiguo Régimen», en *Estudios Humanísticos. Historia*, 10 (2011), pp. 123-149; «Tensiones y protestas en el campo: análisis de la situación de Navarra a finales del Antiguo Régimen», en *Príncipe de Viana*, 254/2 (2011), pp. 121-133; y «Castigos impuestos a los causantes de desórdenes: la actitud de los tribunales de Navarra durante la Edad Moderna», en *Sancho el Sabio. Revista de cultura e investigación vasca*, 34 (2011), pp. 23-54.

[46] *Informes*, pp. 294, 296 y 298. A lo más, algún alboroto sin importancia en las tabernas.

dad y su continua vulneración por aquellos, conllevó que, desde una perspectiva cualitativa que no cuantitativa, fuera considerada su actuación como la que debía de ser objeto de mayor represión por la inseguridad y alarma generalizada que provocaba, con independencia de que las autoridades negaran lo evidente. En el informe enviado al duque del Infantado por el capitán general de Castilla la Vieja en 1825, se incorporaba una relación de delitos que, en su opinión, «demuestra el corto número de malhechores, ladrones y desertores aprehendidos en el vasto distrito de ella»[47]. Si repasamos la relación de los dieciocho sucesos, la mayor parte han sido cometidos por ladrones organizados –incluidos voluntarios realistas–, lo cual no cubre la laguna del resto de la delincuencia común. Cabe deducir que la delincuencia patrimonial fue tratada en términos paralelos a la represión política, en cuanto a su persecución, jurisdicciones implicadas y condenas.

A pesar del aumento de la delincuencia en la década final, la propaganda gubernamental intentaba minimizar la situación y ensalzar el paternalismo regio como garante de la reducción de la criminalidad. Las estadísticas sirvieron para ensalzar la posición del Fernando VII como monarca capaz de reducir (aparentemente) la criminalidad, aunque la información judicial no avale precisamente la loa que se hizo desde la *Gaceta de Madrid* en 1830 si se observan todos los delitos cometidos y no sólo los mencionados en el periódico gubernamental[48]. Otros datos estadísticos

---

[47] *Informes*, pp. 363 y 365-368 (Partes dados a la Superioridad desde primero de enero hasta fin de agosto del corriente año, de los malhechores aprehendidos y otras ocurrencias que ha habido en la provincia).

[48] «Los tribunales son el barómetro por donde se conocen las costumbres del pueblo, y por donde el gobierno calcula el estado de su moralidad. Los crímenes son el resultado necesario de la desobediencia a la voluntad del Soberano, y el origen de la corrupción pública: así es que en todos los gobiernos se trata de reprimir sus progresos con leyes que jamas podrán dictarse acertadamente si no se conoce a fondo el grado de esta. Para llenar tan importante objeto determinó S. M. que todos los años se remitiese por los tribunales del reino un estado de las causas criminales falladas en el discurso de él, a fin de comparar, examinar y adoptar las providencias más enérgicas pira cortar los crímenes. Los estados de 1828 presentaron una multitud de causas criminales que hicieron pensar seriamente al Rey nuestro Señor en los medios de reprimirlos, y el estado general de las causas criminales en 1829 justifica el éxito del ilustrado zelo del Monarca y su gobierno, resultando de su comparación que en 1829 no se formó causa alguna por delitos de desafío y prevaricación, y hubo menos que en el año de 1828: 88 causas de homicidios; 2 de envenenamiento; 47 de violaciones y de estupros; 53 de blasfemias; 12 de falsificaciones de moneda; 64 de infidencia y subversión. Tal es el cuadro lisonjero que se presenta a todo buen español, al investigar la estadística de nuestros tribunales en los dos últimos años, resultado feliz debido al restablecimiento de la moral y a las mejoras hechas por S. M. en la educación general del pueblo. La mejora de las costumbres llamó desde luego la soberana atención de S. M., que afianzando con providencias sabias las relaciones entre los padres e hijos y protegiendo los derechos de los esposos y los intereses de los súbditos, ha hecho cambiar la conducta civil de estos, y ha procurado, generalizando hasta en la clase ínfima la educación, ir haciendo laborioso, ilustrado y morigerado a un pueblo en quien una serie continuada de revoluciones había arraigado la inmoralidad y la inobediencia a las leyes origen fecundo del vicio. Así es que se han disminuido considerablemente los crímenes en el año de 1829. No se han visto a comerciantes culpables por una quiebra escandalosa arrastrar en su ruina al negociante infeliz, de quien, debían garantir su fortuna y promesas. La violencia, el rapto, la seducción y el adulterio, no han profanado tanto el lecho doméstico; han sido menos frecuentes los robos y asesinatos, y el horrendo crimen de subversión no ha precipitado a tantas familias. Se ha evitado, en una pala-

posteriores no concuerdan con la publicidad emanada del Gobierno. A pesar de que no tenemos la totalidad de planes elaborados por chancillerías y audiencia correspondientes a 1828 y 1829, sí es posible comprobar que lo expresado en el elogio oficial no coincide exactamente con la realidad.

	Valladolid		Granada		Asturias		Aragón		Valencia	
	1828	1829	1828	1829	1828	1829	1828	1829	1828	1829
Muertes	157	249	466	316	14	9	370	319	210	310
Desafío	1	No incluyen datos sobre este delito								
Heridas	342*	543	677	578	70	74	473	481	286	371
Violación, estupro y amancebamiento Incontinencia	51	87	59	74	28	16	61	92	36	30
Blasfemia					22	41*				
Robo	312	499	464	584	80	82	252	432	285	429
Infidencia y subversión Conducta política	51	108	130	104	76	*	38	10		
Varios excesos			509	569	160	165	456	553	338	396
Totales			2305	2225	450	346	1650	1887	1155	1536

Se advierte un mayor grado de criminalidad en los territorios de la antigua Corona de Aragón frente a la de Castilla, en la que sí se aprecia cierta disminución en los delitos contra las personas, no así en los patrimoniales. En cualquier caso, lo que si delatan las estadísticas es el incremento en el número de causas criminales que fueron despachadas por las Salas del crimen a partir de 1824. Los datos aportados por la Audiencia de Valencia pueden servir de ejemplo. Prácticamente se duplican durante la Década ominosa el número de causas resueltas con respecto al Sexenio absolutista. En el bienio 1827-1828 se redujeron, pero en 1829 volvieron a incrementarse de forma notable, para marcar una cierta estabilización a partir del año siguiente. Lo veremos con mayor detalle más adelante al abordar la delincuencia territorial. Hay que tener presente, asimismo, la repercusión de los indultos.

Resulta complicado establecer algún criterio uniforme para entender la litigiosidad criminal que llega a las chancillerías y audiencias a lo largo de ambas etapas absolutistas. En el siguiente gráfico puede comprobarse que mientras en los tribunales de Navarra y Asturias se mantiene en 1826 y 1828 una actividad similar, que incluso podría extenderse a Valencia; en el caso de ambas chancillerías, Extremadura y Cataluña existe

bra, a una multitud de infelices, el que entregándose al crimen, fuesen víctimas del rigor de la justicia, y sirviesen de escarmiento y aflicción al pueblo, espirando en el cadalso, o arrastrando una triste y penosa existencia en las cárceles y presidios, sirviendo de oprobio a sus familias, y de horror a sus compatriotas. Bendigamos el zelo del Rey nuestro Señor que en solo un año ha sabido mejorar tanto la moral pública, disminuyendo por consecuencia los crímenes, y entreguémonos a la lisonjera esperanza de que progresivamente se irán extinguiendo, hasta podernos presentar a la Europa algún día con aquéllas virtudes que adornaron a nuestros padres, y les conciliaron el respeto y admiración del universo», *Gaceta* de 18/5/1830.

una mayor disparidad, más acusada en los dos primeros tribunales aunque en sentido opuesto.

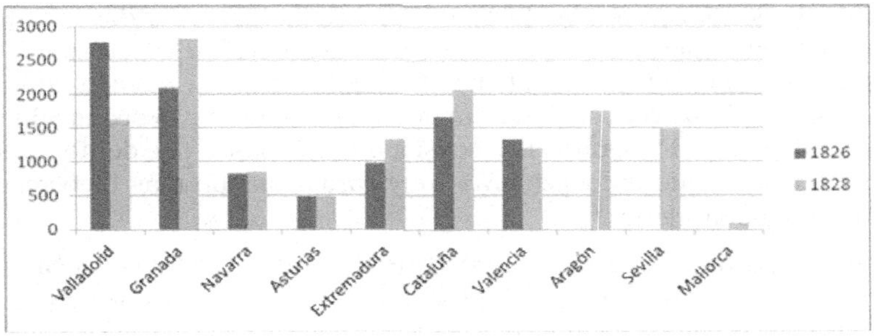

A pesar de las dificultades y de las matizaciones de que puede ser objeto por falta de información completa, se puede trazar un promedio de causas criminales para todos las chancilerías y audiencias partiendo de las cifras aportadas por ellas y teniendo presente el número tribunales que cada año aportó sus datos. Resulta evidente entre las más de tres mil causas de la Chancillería de Granada y las 89 de la Audiencia de Canarias, según la información de 1827, existe una manifiesta disparidad. Pero el promedio marca las diferencias entre la criminalidad de ambas etapas absolutistas demostrando, una vez más, su incremento en la década final, siempre que relacionemos el número de causas conocidas por dichos tribunales con el número de delitos cometidos en sus respectivos territorios.

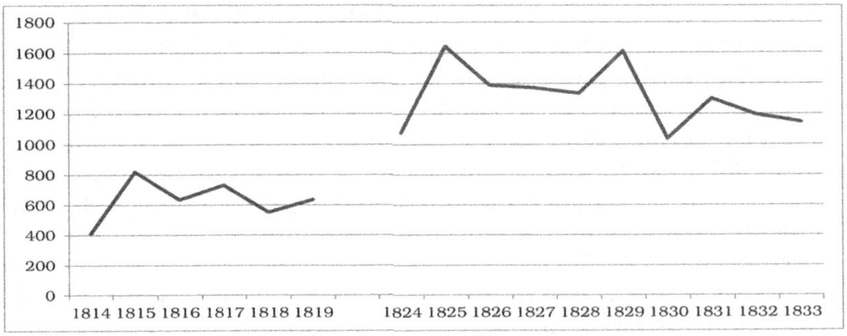

Acudamos a fuentes no oficiales para acercarnos a la realidad. La descripción que hace Mesonero Romanos del Madrid de 1815 nos adentra en la descripción de unas medidas legales y una actuación judicial y policial que tenían poca efectividad:

> «En vano la autoridad, que por otra parte estaba desarmada, sin más fuerza que la de algunos alguaciles con sus varas de junco, desplegaba el más terrible rigor contra los malhechores; en vano se reprodujo la tremenda ley recopilada sobre robos en la corte y despoblado –se refiere a la Pragmática de 1734–; en vano los severos alcaldes de Casa y Corte, distribuidos por cuarteles, sentenciaban diariamente y condenaban a la última pena a los

reos; en vano la Comisión militar permanente les ayudaba en este riguroso ejercicio; en vano unos y otros ahorcaban, fusilaban, descuartizaban y colocaban en los caminos los restos de los penados; restos que, recogidos el Sábado de Ramos por las hermandades de la Paz y Caridad, eran expuestos al público al pie de la torre de Santa Cruz; horrible espectáculo, que corría parejas con el que solía haber enfrente, delante del edificio de la Cárcel de Corte, donde se veía casi diariamente algún cadáver desconocido hallado en las calles o en los campos, y ocasionado en riña o accidente –casi ninguno por suicidio, que entonces eran muy raros– siendo más bien resultas de la miseria y abandono»[49].

La situación de la Corte, quince años después, tampoco había cambiado en demasía y, a pesar de las disposiciones legales para reprimir la delincuencia, dentro y fuera de Madrid los resultados parecen ser bastantes adversos. Los castigos aumentaron, pero ello no redundó en la bajada de la criminalidad. Así lo describe el mismo Mesonero Romanos:

«La seguridad pública de la propiedad y de las personas era completamente un nombre vano, por falta de vigilancia en la autoridad. Conocidos son los nombres de los *Niños de Écija, Jaime el Barbudo* y *José María*, y otros héroes legendarios de esta calaña, que eran dueños absolutos de carreteras y travesías, y con quienes las empresas de trasportes, y hasta el mismo Gobierno y la Real familia tenían necesidad de entrar en acomodos y pagar tributos, a manera de seguro, por no ser molestados, o bien que, indultados alguna vez de las penas merecidas, venían con ciertas condiciones a convertirse en escolta de los mismos viajeros que antes desvalijaban o hacían perecer. En las ciudades y en el mismo Madrid no eran menos frecuentes los ataques contra la propiedad y las personas, ejecutados, no con ingeniosos procedimientos ni estudiada astucia, sino franca y descaradamente, en medio del día, en las calles un tanto extraviadas y escalando por las noches los balcones de las casas, violentando las puertas y penetrando en las habitaciones; y en cuanto a las personas, recuerdo, entre otros varios, el secuestro de una señora, vecina de mi casa, arrancada violentamente del brazo mismo de su marido en una noche de verbena de San Antonio, y el de otra, muy conocida también, que saliendo de tertulia en la calle de Atocha, acompañada por un criado, fue arrastrada por dos audaces libertinos hasta el alto de San Blas, donde saciaron en ella su brutal apetito, bien que, sorprendidos a pocos pasos por unos serenos (únicos vigilantes de aquel tiempo), fueron reducidos a prisión, y a los ocho días pagaron en el mismo sitio con sus vidas aquel infame atentado. Pero ¿qué más? Hasta el mismo claustro se vio contagiado de este desenfreno, siendo teatro del horrible asesinato del Abad de San Basilio, perpetrado por su misma comunidad; y pudiera recordar también otro fraile, agonizante de la Orden de San Camilo, que vi conducir al patíbulo por haber dado muerte, y con los más repugnantes detalles, a una mujer con quien tenía relaciones»[50].

Se mantuvo, asimismo, una delincuencia común como en cualquier

---

[49] *Memorias de un setentón*, p. 180.

[50] Mesonero, *Memorias*, p. 56. Se trata de la causa del famoso Juan Crisóstomo San Vitores, ya referida. Custine, *L'Espagne sous Ferdinand VII*, I, p. 77, deja constancia del relato que le hicieron de la muerte de un correo inglés a plena luz del día en Madrid.

otra época. Por los *Diarios* de Arias Teijeiro conocemos algunos de los delitos que se produjeron en Madrid, ciertamente graves por las repercusiones que conllevaron y que se dejan traslucir en sus anotaciones. El 9 de febrero de 1828 da noticia de varios hechos graves: «En la calle del Príncipe, a la una y media del día, asesinaron a la criada de una casa que robaron; y al mismo tiempo se hizo otro robo en el Café de Lorencini. Antes de ayer mataron al administrador de San Fernando y a un portero, que llevaban dinero por aquel sitio, aunque no pudieron robarlo todo, por lo fuerte de las arcas. Mucho se multiplican los robos en estos días»[51]. Otras referencias lo son de oídas. Al día siguiente de la anotación anterior, escribe: «Me contó don Antonio que en Cádiz una madre acaba de degollar tres hijos, el mayor de 7 años para casarse con uno, que no quería aquellos»[52]. Las muertes por amoríos, reales o pretendidos, continuaron sucediendo[53]. Esa inseguridad de la Corte se intentaba atajar, en ocasiones, con redadas de vagos[54] o de liberales[55]. En todo caso, las autoridades no conseguían su pretensión, reflejada en numerosos textos de la época, de asegurar «la conservación del orden, paz y tranquilidad de sus pueblos».

La pregunta que conviene hacerse, antes de entrar en aspectos concretos, es la referida a la importancia de la delincuencia patrimonial frente a la violencia personal. En otras palabras si es cierto, como parece transmitirse desde el siglo XIX, que la delincuencia patrimonial adquirió tal importancia que dejó en un segundo plano a la violencia ejercida contra las personas. Antes de responder a esta cuestión acudamos a una tabla en la que, por un lado, he incluido las causas de muerte y heridas, aunque en el caso de figurar los datos numéricos en cursiva estos son parciales, como sucede en la Audiencia de Galicia, en cuyas tablas las heridas o malos tratamientos de obra se incluyeron en «varios excesos»[56]; y, por otro, las de robos, raterías e

---

[51] *Diarios*, I, p. 51. Algunos de sus autores son conocidos por haber sido ejecutados.

[52] *Diarios*, I, pp. 51-52. En marzo señala: «Continúan aquí los robos», *ídem*, p. 79; «Robo, de mucha consideración a Torre Muzquiz» (*ídem*, II, p. 382, 19 de septiembre de 1830).

[53] «El prendero de la calle de Bordadores, echado de Palacio por negro, degüella a su mujer embarazada y mata al ama de cría que la defiende; y se hiere algo a sí. Dicen que en una carta dejó dicho que la mataba por su trato con un teniente de San Ginés (en efecto trataba con alguno) y que pensaba matar a los hijos, porque no eran suyos», Arias, *Diarios*, II, p. 334, 27 de agosto de 1830. La Corte había presenciado con anterioridad sucesos similares. María Dolores Madrid Cruz, «El arte de la seducción engañosa: algunas consideraciones sobre los delitos de estupro y violación en el Tribunal del Bureo. Siglo XVIII», en *CHD*, 9 (2002), pp. 121-159; y «Honor y muerte en el Madrid del Antiguo Régimen: el delito de homicidio en la jurisdicción especial de Palacio», en José Sánchez-Arcilla (Ip), *El arbitrio judicial en el Antiguo Régimen. España e Indias (siglos XVI-XVIII)*, Madrid, 2012, pp. 327-401.

[54] «Muchas prisiones de vagos etc, por los alcaldes de Corte. Uno se ha llevado a cuantos había en el café de Levante, incluso un capitán o coronel. Se ha cogido un voluntario robando, llamado Chillarón de la 3ª del 2º», *Diarios*, I, p. 54.

[55] «Bermúdez me cita esta noche, para que con reserva busquemos espías que entren en las tabernas y en otras partes, examinen lo que se dice aun haciéndose pasar por liberales», Arias, *Diarios*, II, p. 36, 13 de marzo de 1831.

[56] Una tipología de violencia personal no mortal, Pedro Porras Arboledas, «El delito de injurias de obra en el corregimiento de Úbeda (1582-1842)», en José Sánchez-Arcilla (Ip), *El arbitrio judicial en el Antiguo Régimen. España e Indias (siglos XVI-XVIII)*, Madrid, 2012, pp. 571-624.

incendios. La tabla se configura de la siguiente manera: en la primera fila correspondiente a cada tribunal se incluye las causas por violencia personal, en la segunda la delincuencia patrimonial; y, en la última columna se determinan los promedios anuales y la proporción entre ambos, en cada caso de acuerdo con el número de años de los cuales tenemos información.

		1814	1815	1816	1817	1818	1819	Total	Media	Proporción
Valladolid	Personal			312		457	273	1042	350	2,15
	Patrimonial			177		162	150	489	163	
Granada	Personal	173	281	452	463		523	1892	378	1,26
	Patrimonial	122	420	340	346		266	1494	299	
Extremadura	Personal	113	186					299	149	1,12
	Patrimonial	121	146					267	133	
Navarra	Personal			63	80	105	137	385	96	1,68
	Patrimonial			38	65	64	60	227	57	
Aragón	Personal			149	323	226	298	996	249	1,57
	Patrimonial			109	184	183	156	632	158	
Cataluña	Personal				168	124	120	412	137	0,79
	Patrimonial				168	202	151	521	173	
Valencia	Personal		156	294	251	218		919	230	1,13
	Patrimonial		140	230	234	209		813	203	
Mallorca	Personal	39						39	39	0,95
	Patrimonial	41						41	41	

		1824	1825	1826	1827	1828	1829	1830	1831	1832	1833	Total	Media	Proporción
Valladolid	Personal			630		499	792					1921	640	1,76
	Patrimonial			353		327	527					1207	362	
Granada	Personal	1003		600	1123	1140	939		1146		1110	6612	944	2,37
	Patrimonial	275		451	530	464	584		538		551	3451	493	
Extremadura	Personal	290		369		519		386	436	*165*	*151*	2264	323	1,06
	Patrimonial	103		199		232		363	429	584	533	2443	349	
Navarra	Personal	113		228	410	289		255	298		282	1875	268	2,44
	Patrimonial	55		136	182	104		86	101		102	766	109	
Aragón	Personal					847	810			702	1027	3386	846	1,77
	Patrimonial					270	454			487	695	1906	476	
Cataluña	Personal	104		686	392	572						1754	438	1,56
	Patrimonial	189		288	280	365						1122	280	
Valencia	Personal	485	672	533	562	496	681	675	734	751	656	6245	624	2,02
	Patrimonial	201	328	265	246	285	429	314	343	361	304	3076	307	
Mallorca	Personal					16		10	8	24	17	75	15	0,5
	Patrimonial					38		23	19	45	24	149	30	
Sevilla	Personal					557	383	246	299		400	1885	377	1,16
	Patrimonial					282	339	342	319		341	1623	324	
Galicia	Personal								*126*	*52*		178	89	0,16
	Patrimonial								628	450		1078	539	
Asturias	Personal			35		92	91	91	103	122	118	652	93	0,96
	Patrimonial			49		81	85	83	121	124	132	675	96	
Canarias	Personal				23									2,3
	Patrimonial				10									
Corte	Personal								49					0,23
	Patrimonial								212					

De ambos cuadros cabe extraer varias conclusiones, al menos parciales y sin perjuicio de la nueva documentación que pueda salir a la luz. En primer lugar, la multiplicación de causas criminales, y por tanto de hechos delictivos que llegan a conocimiento de los tribunales, durante la década final del reinado, tanto en términos absolutos como relativos si atendemos a las medias anuales. En segundo lugar la prevalencia mayoritaria de las causas por violencia personal, salvo en el caso de Extremadura, en donde existe una mayor importancia de la delincuencia patrimonial durante la etapa final, al igual que en Mallorca. Como ya apunté, de los datos de las Salas del crimen gallegas no pueden extraerse conclusiones, siendo esa diferencia ficticia. En la Corte y su rastro los procesos por robos cuadruplican los de violencia personal, si bien entiendo que, como en el caso de Canarias, los datos no son significativos para poder llegar a conclusión alguna. En el territorio de la Chancillería de Valladolid los parámetros en ambas etapas muestran una proporcionalidad más reducida en la última década entre causas por violencia personal y delincuencia patrimonial; mientras que en la jurisdicción valenciana las muertes y heridas prácticamente duplican los robos y hurtos en la segunda etapa absolutista. Hay que resaltar, asimismo, que la relación entre violencia personal y delincuencia patrimonial se mantiene en Aragón dentro de unos parámetros similares durante dichas etapas. En Navarra hay un evidente crecimiento de las causas por violencia personal durante los diez últimos años contemplados. También en Cataluña se aprecia un notable incremento de dicha violencia física, que abordaremos con más detalle en un epígrafe posterior. En el lado opuesto se encontraría Mallorca, donde disminuyen ligeramente las causas criminales, aunque la información del Sexenio se reduce a un año y, por tanto, no es significativa.

De otra parte, Trinidad señaló hace algunos años la relación entre los derechos reconocidos por la sociedad liberal y la graduación criminal[57]. En mi opinión creo que se pueden adelantar sus afirmaciones a las dos últimas décadas del siglo XVIII. Afirmaciones con las que, por lo demás, estoy de acuerdo. La sociedad preliberal y, desde luego, la liberal tuvieron como fundamento de su preeminencia burguesa la propiedad, por lo que resulta lógico situar a ésta en un lugar preponderante en la defensa de los derechos y, en consecuencia, castigar con dureza cualquier vulneración de la misma. En sus palabras, «la propiedad será el bien que jurídicamente gozará de mayor resguardo, pero a su vez serán los delitos contra la propiedad los más numerosos», adoptando en los territorios donde predominan las zonas rurales la forma del bandolerismo. En mi opinión estas son ideas traslaticias, no contrastadas con la realidad. Como se puede apreciar en las tablas y en el mapa, tales afirmaciones distan bastante de las cifras aportadas por los tribunales acerca del número de causas criminales conocidas por ellos. En algunos casos, el número de procesos por violencia

---

57 *La defensa de la sociedad. Cárcel y delincuencia en España (siglos XVIII-XX)*, Madrid, 1991, p. 86.

personal –muerte y heridas– prácticamente duplica a los de delincuencia patrimonial. Por tanto, conviene por lo menos matizar, cuando no desterrar, algunos tópicos sobre la delincuencia del primer tercio del siglo XIX.

En segundo lugar, Trinidad coloca los bienes relacionados con la seguridad del Estado y del bien público, es decir, habría que situar en este plano los delitos políticos o contra el sistema social. No obstante, es posible introducir otro matiz, ya que en los bienios 1814-1815, 1824-1825 y 1830-1831 el absolutismo situó estos bienes y los delitos dirigidos contra ellos, al menos, en el mismo plano legislativo que los anteriores y, aunque todavía desconozcamos muchos aspectos, en el plano jurisdiccional. Basta ver la represión a través de las comisiones militares, su ámbito jurisdiccional y las penas impuestas.

En tercer lugar, sitúa los bienes relativos a la integridad física y moral de las personas. Aquí convendría matizar más, porque numéricamente, como hemos visto, la violencia personal fue más abultada que la delincuencia patrimonial, o cuando menos igual. No obstante, cuando se profundiza en las condenas dictadas por jueces y tribunales sobre muertes violentas, por ejemplo, se comprueba que se castigan igual o incluso más levemente que los robos en gavilla, es decir, no existe proporcionalidad en la imposición de penas. Por último, Trinidad no habla de otros delitos, pero las estadísticas permiten observar la pérdida de interés jurídico y sin duda social, que no religioso, de otros hechos delictivos, en concreto de la mayor parte de los tratos carnales ilícitos.

A la vista de la información que he podido recoger, la principal conclusión a la que llego es que España era, sobre todo, un territorio violento, donde los hechos delictivos contra las personas superan los cometidos contra las cosas. Si sumáramos las causas por armas prohibidas y la violencia verbal, la diferencia sería incluso algo mayor. ¿Cuáles pudieron ser las razones de esta situación? Es muy complicado fijar una conclusión general para todo el territorio. La economía agropecuaria extremeña y la cercanía a Portugal pueden explicar esa prevalencia de la delincuencia patrimonial en este territorio. Aspectos que podríamos, quizá, trasladar a Galicia si contáramos con más información. Tampoco el mito del bandolerismo andaluz posterga la importancia de la violencia personal en las jurisdicciones territoriales de Granada y Sevilla. Las raíces de esta criminalidad podemos buscarla en los enfrentamientos por la propiedad –sobre todo en pueblos y aldeas– en una situación de notable pobreza tras la guerra y los problemas de crisis económica generalizada[58]. Las discusiones, acaloramientos y el mismo odio político sin duda estuvieron detrás de algunas de estos procesos, y probablemente de muertes y heridas que no llegaron a conocimiento judicial. En algunas causas consultadas correspondientes a las Salas del crimen de Galicia es habitual encontrar la embriaguez como otro aspecto sustancial en estos hechos, a partir de la cual se degenera hacia la violencia.

[58] Miguel Artola, *La Hacienda del siglo XIX. Progresistas y moderados*, Madrid, 1986, p. 125 es tajante: «a lo largo de la década no hay la menor huella de crecimiento económico».

Podemos añadir alguna tabla más, poniendo en relación población y causas criminales totales resueltas los tribunales en 1819 y 1826, partiendo del censo de 1797, por ser el utilizado al menos hasta el Trienio constitucional, y el de 1826[59].

1819	Población	Causas	Por habitante
Chancillería de Granada	2.576.579	1267	2033
Chancillería de Valladolid	2.158.238	578	3734
Audiencia de Cataluña	858.818	391	2196
Audiencia de Aragón	657.376	688	955
Tribunales de Navarra	221.728	307	722

1826	Población	Causas	Por habitante
Chancillería de Granada	3.070.849	2092	1468
Chancillería de Valladolid	2.907.574	1625	1789
Real Audiencia de Valencia	1.256.095	1448	867
Real Audiencia de Cataluña	1.116.461	1660	673
Real Audiencia de Extremadura	556.780	970	574
Real Audiencia de Asturias	464.565	491	946
Tribunales de Navarra	288.244	817	353

Por los datos recogidos en ambas tablas, y en particular sobre los tribunales de los cuales tenemos información en ambos años, se evidencia un incremento de causas criminales en 1826 que llega casi a duplicar el número de causas por habitante. Quizá el ejemplo más significativo es, una vez más, el de Cataluña, pues si en 1819 su Audiencia conocía de una causa por cada 2.196 habitantes, siete años después es una por cada 541 almas. Estos datos quedan ratificados si consideramos, de la misma manera las causas por violencia personal y por delincuencia patrimonial. Navarra se presenta como el territorio donde las causas criminales son proporcionalmente numerosas de acuerdo con su población en ambos años. En el lado contrario se encuentra Castilla la Vieja, pues es donde menor número de causas conocen las Salas del crimen.

1819		Violencia personal		Delincuencia patrimonial	
	Población	Causas	Por habitante	Causas	Por habitante
Granada	2.576.579	523	4927	266	9686
Valladolid	2.158.238	273	7906	150	14388
Cataluña	858.818	120	7157	151	5688
Aragón	657.376	298	2206	156	4214
Navarra	221.728	137	1618	60	3695

[59] José Canga Argüelles, *Diccionario de Hacienda para el uso de los encargados de la suprema dirección de ella*, Londres, 1826, p. 249. Para el censo de 1826, *Anuario Estadístico de España correspondiente a 1859-1860 publicado por la Comisión de Estadística General del Reino*, Madrid, 1860, p. 75.

1826		Violencia personal		Delincuencia patrimonial	
	Población	Causas	Por habitante	Causas	Por habitante
Granada	3.070.849	600	5118	451	6809
Valladolid	2.907.574	630	4615	353	8237
Cataluña	1.116.461	686	1627	288	3877
Navarra	288.244	228	1264	136	2119
Valencia	1.256.095	533	2357	265	4740
Extremadura	556.780	369	1509	199	2798
Asturias	464.565	35	13273	49	9481

Se ratifican también los datos generales en cuanto a la violencia personal y a la delincuencia patrimonial. En primer lugar, se aprecian las notables diferencias entre 1819 y 1826 que, sin duda, se pueden extender a ambas etapas absolutistas. En segundo lugar, se confirma el mayor número de causas por violencia con relación a la población, en todos los territorios, y en comparación con la delincuencia patrimonial. En tercer lugar, el territorio de la Chancillería de Valladolid es el que genera menos causas por muertes, heridas y robos en relación a su población. En ambos años, Navarra se presenta como aquel en el que hay un mayor número de causas criminales por los motivos apuntados. En Cataluña las causas por violencia personal tienen un notable incremento en 1826 con respecto a siete años antes.

Si observamos un período más amplio, cotejando exclusivamente las causas por muerte y heridas –aunque para 1802, 1805 y 1807 no hay cifras de estas últimas– con las causas por robos conocidas por la Chancillería de Granada, omitiendo las de heridas, podemos apreciar que la situación descrita se daba antes de concluir el siglo XVIII, pero se agravará en los últimos años del reinado.

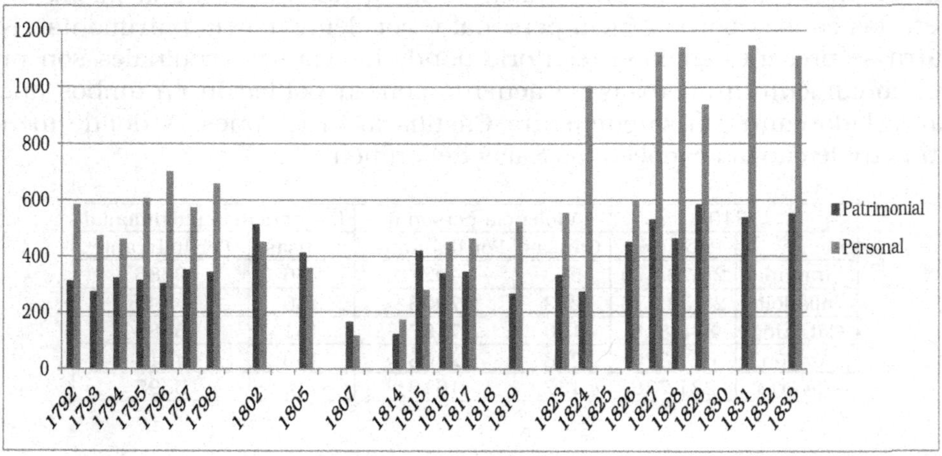

2. La delincuencia común

A) Hechos delictivos

Como en cualquier época, junto a los hechos políticos considerados delictivos, se cometieron multitud de delitos contra las personas, contra su patrimonio, contra su honor, contra los bienes eclesiásticos, etc. Los apartados siguientes están destinados a adentrarnos en algunos de los aspectos sustanciales de la delincuencia ordinaria o común, sin desdeñar supuestos reales que faciliten la comprensión de la situación.

a) Violencia contras las personas

Se acaba de exponer el resultado comparativo entre la delincuencia personal y la patrimonial, resaltando el clima de violencia en el que vivía la sociedad española de aquellas décadas convulsas. Se trata, ahora, de concretar algunos aspectos de la misma.

Los planes o estados aportados por las audiencias no son uniformes al concretar los supuestos de muerte. En los impresos de Granada, Navarra o Mallorca se limitan a indicar «muerte». En consecuencia, en todos ellos se debieron incluir las muertes violentas, las casuales, el hallazgo de cadáveres, etc. Así lo hace también el tribunal de Aragón durante el Sexenio. Lo mismo ocurre con los estados valencianos hasta 1829, en los planes del año siguiente bajo un mismo epígrafe se incluyen muertes, suicidios e infanticidios y se dedica otro al envenenamiento, y desde 1833 se segregan en homicidio, parricidio, infanticidio y envenenamiento. En los planes de la Chancillería de Valladolid, como en los de Aragón desde 1824, en los de Extremadura y Sevilla se distinguen entre muerte, infanticidios y suicidios. Incluso se incluyen en algún caso el hallazgo de cadáveres. En los tardíos de la Sala de alcaldes y de Galicia se agrupan homicidios y asesinatos, junto a infanticidios y suicidios. La Audiencia asturiana durante la Década final diferencia entre muerte violenta y muerte casual, junto con los casos de infanticidio. Es sin duda la Audiencia de Cataluña la que introduce una mayor concreción, especialmente en muertes de familiares: homicidio, asesinato, parricidio, matricidio, fratricidio, infanticidio, antropofagia y hallazgo de cadáveres. Como dato anecdótico, entre las causas de las que conoció la Audiencia de Cataluña figura uno de antropofagia en 1826. He incluido en todos los casos de muerte, siempre que aparecen diferenciados, los envenenamientos.

Llama poderosamente la mención de los infanticidios, no siendo casos muy numerosos dentro del conjunto de muertes. Puede entenderse que su inclusión en los planes se debió a la importancia que se dio a la exposición de niños en las R.C. de 20 de enero de 1794 y 11 de diciembre de 1796, promulgadas al poco tiempo de iniciarse la impresión de los estados anuales. A través de la legislación real se trató de evitar los infanticidios facilitando la exposición en determinados lugares y la protección a las madres que lo hicieran, mencionando y privilegiando la efectuada en caso de extrema necesidad.

	1814	1815	1816	1817	1818	1819	1824	1825	1826	1827	1828	1829	1830	1831	1832	1833
Corte														49		
Valladolid			137		129	88			289		157	249				
Granada	103	281	236	229		209	306		258	455	463	361		403	0	464
Galicia														126	52	
Sevilla											286	186	136	162		149
Asturias									35		22	17	37	36	38	30
Extremadura	36	61					58		176		237		128	158	165	151
Navarra			23	32	14		25		78	118	74		65	68		
Aragón			81	168	117	121					374	329			367	414
Cataluña				63	44	36	49		308	193	249					
Valencia		37	87	88	61		124	263	177	200	210	310	232	216	210	209
Mallorca			11								0		0	0	1	0
Canarias										10						

Con el fin de facilitar la visión de esta violencia personal, según territorios, baste comparar las causas que conocieron los tribunales de los cuales tenemos más información. Es fácil comprobar el notable incremento que se produce a partir de 1824 en cuatro tribunales, los de Granada, Extremadura, Navarra y Valencia.

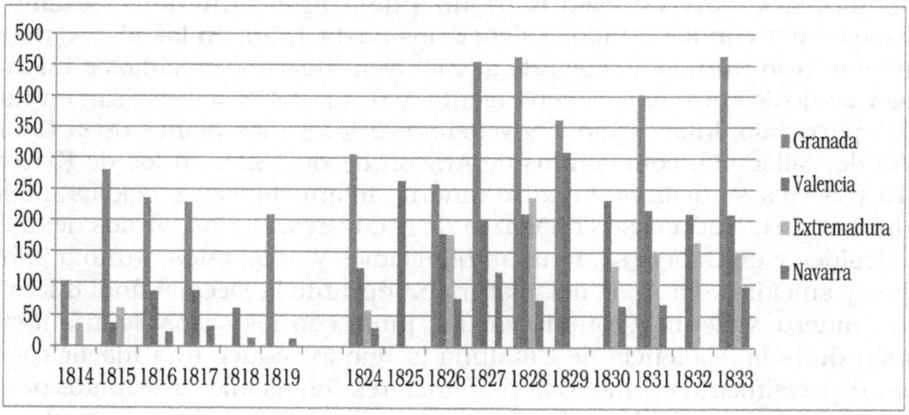

El caso de la Sala del crimen de Valencia muestra esa tendencia creciente en el número de causas que llegan al tribunal y son resueltas por él, aunque no se distinga el «tipo» delictivo. Es posible que este número de muertes sea uno de los motivos por los cuales los capitanes generales dictaron bandos contra las armas prohibidas.

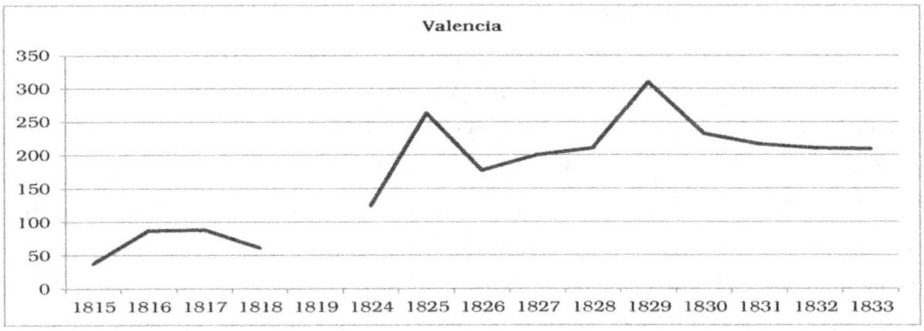

Desde una proyección temporal más amplia, la Chancillería de Granada muestra una mayor homogeneidad en el número de causas por muerte que llegaron a conocimiento de sus salas entre finales del siglo XVIII y en el último decenio absolutista, a pesar de las variaciones anuales.

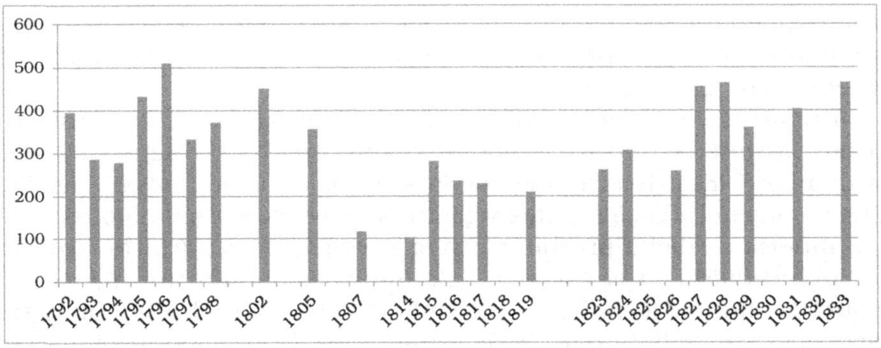

El calificativo de *violenta* es esencial en la determinación de la responsabilidad criminal del reo y como tal figura en el encabezamiento de la sentencia por tratarse de un motivo sustancial. No es habitual encontrar la calificación de homicidio –aunque técnicamente lo sea– en la documentación judicial de la Audiencia de Galicia, optándose por el de muerte violenta, quizá por tratarse un término más genérico y que permitía una mayor discrecionalidad a la hora de concretar la penalidad al caso concreto[60]. Es muy complicado determinar en qué consistía la violencia. El art. 116 del Proyecto de 1830 define el homicidios como «el matamiento criminal de

[60] ARG, *Crimen*, 94/46, *el oficio de la justicia de la ciudad de Lugo contra Manuel de Anido y otros sobre la muerte dada a Teresa de Cornide* (1814). Sentencia del alcalde primero de Lugo de 13 de julio de 1818: «En la causa criminal que pende en esta Alcaldía primera por comisión de S.E. los señores de la Real Sala del Crimen de este Reino, formada por el Real Oficio de Justicia, entre partes el licdo. D. Manuel Valcarce y Saavedra, promotor fiscal últimamente nombrado, de la una; José Anido fugado y en rebeldía, Antonio Anido su hermano, el procurador Miguel Traseyra su defensor, Manuel y Juan Anido, aquel padre y este tío de los sobre dichos contemplados reos de la otra, sobre la muerte dada a Teresa Cornide muger de Domingo Silvero. Vistos. Fallo atento a los autos y méritos de la causa a que me refiero, que por lo que de ellos resulta devo de declarar y declaro por violenta la muerte de la Teresa Cornide y por reo confeso de la misma al José Anido. En consequencia de lo qual devo de condenarle, y le condeno en la pena capital, sin perjuicio de oírle antes de su ejecución presentándose o siendo habido».

hombre o mujer»; mientras que, sin mencionar el término asesinato, el art. 118 señala que incurre en pena de muerte, «así el que manda matar a otro como el que le mata»; entre ambos preceptos, se dispone que «el que con premeditación o alevosía mate a otro», también incurre en pena de muerte. Sainz de Andino, en el art. 781 de su Proyecto, en mi opinión se acerca más a la idea de muerte violenta al establecer que comete homicidio «el que mata a otro o le causa la muerte por consecuencia y efecto natural y necesario del daño material que haga a su persona»; y entendía que sería cualificado, entre otras razones, por el modo en que se ejecuta, agregando que por esta razón «será cualificado el que, además de ser voluntario y con ánimo e intención de dar muerte se hubiere hecho con premeditación o con alevosía» (art. 790), detallando los preceptos siguientes el homicidio premeditado y declarando el art. 798 que «el que mata alevosamente es asesino»[61], considerando asimismo como alevosa la muerte por envenenamiento o por armas. La calificación de muerte violenta de los autos judiciales conlleva, en mi opinión, una agravación que vendría determinada por las circunstancias concurrentes y, más en particular, por la alevosía tal y como se entendía en aquellos años.

Entre otros supuestos calificados de violentos, podemos acudir al proceso por la muerte de un clérigo en el que resultaron acusados algunos matrimonios[62]. El primer motivo de la sentencia dictada por el juez letrado de Lugo, considerados los autos y méritos de la causa, es «no ofrecer duda, que la muerte de dicho presbítero ha sido violenta». A partir de ahí reconstruye lo sucedido con el cadáver, que fue trasladado a un lugar diferente de aquel en que acaeció la muerte. Al desconocerse el autor material, la consecuencia inmediata para la determinación de la responsabilidad de los encausados deriva de las presunciones jurídicas seculares: «su cuerpo después de muerto fue trasladado a la huerta del Castillo, y puesto en ella a la mano, ejecutándose esto por la solana de la casa en que habitaban Manuel Silba y Francisco de Castro, confinante con dicha huerta y hacia cuia solana tiene salida la casa aquella, obrando así la presunción contra los habitadores que heran de la misma, y por consiguiente contra los repetidos Silva y Castro y sus mujeres»[63]. Por las mismas razones –parentesco y salidas y entradas la noche de la muerte– resultó acusado el suegro del primero. Para reforzar la acusación contra este último, el juez aduce que, aunque «no hubiese tenido parte e intervención en dicha muerte, a lo menos no pudo dejar de ser sabedor de ella». Apoyado en estas presunciones jurídicas, pero en ningún caso en hechos objetivos y probados, el juez condenó a los dos principales acusados en ocho años de presidio en África, sus mujeres en dos años de cárcel, el suegro «atendiendo a su mayor hedad» en cuatro años de presidio en Ferrol y otro individuo «que se hallaba

61 Parece reproducir las palabras de Gutiérrez: «Los homicidas alevosos se llaman también con toda propiedad asesinos», aunque a continuación matiza, en *Práctica*, III, p. 51.
62 ARG, *Crimen*, 246/2, *el Oficio de la Justicia sobre la violenta muerte de José Rodríguez, presbítero* (1823).
63 Se refiere a una ley del Fuero Real recogida en *Novísima*, 12, 21, 16.

en aquel entonces viviendo en la casa del insignuado hornero Antonio Balín, distrahido con una hija de este, y separado de la compañía de sus padres, y que en aquella propia noche resulta haber estado en comunicación con el Manuel Silva, subido y bajado a su casa» en seis años de servicio en el Ejército si fuera apto, o por igual tiempo en la Marina. Todos ellos fueron apercibidos para que en el futuro no dieran margen a sospechas sobre su conducta, porque ciertamente no había contra ellos más que pruebas muy vagas. Por si esto no bastara, el juez también condena al padre y al hermano de la víctima «respecto a que aunque no hayan sido causa próxima ni remota de la muerte... sin embargo no se han conducido con la lisura devida en sus declaraciones, omitiendo en algunas de ellas lo que después han confesado», aunque valorando la prisión que habían sufrido se limitó a apercibirles que en futuras declaraciones dijeran la verdad y no ocultaran nada. Solo tres encausados resultaron absueltos de la instancia[64].

Llama la atención que el juez letrado basara la motivación jurídica de la sentencia en presunciones jurídicas de raigambre secular que conducen solo a sospechas, y dictara unas penas tan duras. La literatura jurídica había ahondado en el principio según el cual era preferible absolver al delincuente que condenar al inocente. Este juez hizo caso omiso de tal principio y, puesto que había cuerpo del delito, no buscó a los autores sino que se conformó con los vecinos más cercanos al lugar donde apareció el cadáver, convertidos en sospechosos por esta circunstancia de acuerdo con la presunción legal[65]. Basándose en dicho principio y en que las pruebas para condenar a la pena ordinaria tenían que ser tan claras como la luz del día, y constando en esta causa prueba plena alguna, la Sala del crimen absolvió de la instancia a los principales condenados por el juez de Lugo[66].

Otras presunciones actuaban como prueba fehaciente de la autoría de la muerte perpetrada con mayor consistencia. Una de las más habituales era la huida de cualquier acusado, aunque a esta confesión implícita se acumularan diversas pruebas. Las huidas tras la comisión del delito o las fugas una vez iniciada la causa debieron ser frecuentes. Algunos marchaban camino de lugares poblados, quizá para esconderse de la persecución judicial más cercana. La Corte parecía un buen lugar para ocultarse, pero la actividad policial y judicial en ella daba al traste con las expectativas de estos reos condenados por muertes[67]. No obstante, la mejora de la eficacia policial, el control por parte de las autoridades municipales o de barrio y el control a través de los pasaportes, comenzó a dificultar esta vía ocultamiento.

---

[64] Sentencia de 4 de agosto de 1824.

[65] Vid. Novísima, 12, 21, 16.

[66] Sentencia de 14 de julio de 1825.

[67] AHN, *Consejos*, lib. 1409, exp. 122 (1817). Don Francisco Núñez, vecino del Barco de Valdeorras y residente en la Corte, había sido procesado y sentenciado en rebeldía a la horca por la muerte de una vecina, «cuya sentencia se ha consultado ya a la Sala del crimen de la Real Audiencia de Galicia». La Sala de alcaldes de Corte ordenó su arresto inmediato y la puesta a disposición del tribunal gallego. No tardó en ser encarcelado. En los mismo términos, se ordenó la captura de Juan López Bermún por la muerte con arma de fuego de Domingo Pérez, en *ibídem*, exp. 150 (1817).

Una de las muertes más sorprendentes, entre las consultadas, fue la de Josefa Gómez, conocida por la Valentina, ocurrida en 1826 en la ciudad de Lugo[68]. Sorprendente por los autores que se vieron involucrados en este hecho, entre ellos un clérigo. La prolija sentencia de la justicia ordinaria luguesa, de 27 de noviembre de aquel año, aporta valiosa información sobre esta muerte calificada al inicio de *violenta*. Los hechos ocurrieron una noche de enero en una taberna, en la que el principal acusado había dado cuenta de cierta cantidad de aguardiente. Estaban acusados y arrestados en la cárcel de Lugo Carlos Barreiro y Antonio Tato, el presbítero Francisco Díaz en la Real Cárcel de La Coruña y Guillermo Quilley en el Hospital civil lugués, como enfermo en virtud de certificación de facultativos. El juez va detallando los hechos y declaraciones que implicaban a cada uno de los acusados. A Tato le inculpaban sus manifestaciones antes del reconocimiento y alzamiento del cadáver, como declararon algunos testigos, aunque en su confesión dio una interpretación diferente a las mismas. Sobre Barreiro recaían «los grandes desafíos que también resultan provados» con los cuales conminaba a la difunta, según las declaraciones de las huérfanas y otros testigos. De igual manera, se tuvieron presentes las contradicciones en las confesiones de los declarados como reos. Asimismo, el juzgador tiene «en consideración y como indudables los acaecimientos ocurridos en la noche del día once de enero en la taberna de José Vieito» según declaraciones de los acusados y testigos. Por si esto no bastara, como en épocas anteriores, el juzgador acude a la voz pública de la comunidad: «teniendo así bien presente la notoriedad que siempre subsistió y subsiste en este pueblo, y aun el susurro que havía en él, antes del allazgo de dicho cadáber según algunos testigos lo han declarado, que los agresores de dicha muerte lo havían sido los tres referidos Barreiro, Tato y presbítero Díaz, y que de esta voz pública nada han podido desvanecer con sus pruebas, antes al contrario se confirmó más y más, sin que fuese sindicada otra alguna persona, y que por las causas compulsadas se viene en conocimiento de la conducta de los dichos Barreiro y Tato, resultando como resulta haver cuerpo de tan grabe delito, atendiendo a todas estas consideraciones y más mérito del proceso, que cotejadas unas con las otras constituien una prueba tan beemente y clara que no admite la menor duda».

Los reos no privilegiados, por los motivos enumerados, fueron condenados a la horca, mientras el presbítero por su condición privilegiada lo fue en instancia a diez años de reclusión en la cárcel (eclesiástica) de corona del reino. Quilley «respecto tamvién ha sufrido golpes de los que resulta imposibilitado» fue destinado por seis años a las obras públicas de La Coruña o de Ferrol, y su mujer en dos años de arresto en la pública de Lugo. La mayor parte de los testigos fueron multados por las variaciones en sus

---

[68] ARG, *Crimen*, 597/1, *el oficio de la justicia de la ciudad de Lugo contra D. Francisco Díaz presbítero y otros sobre la violenta muerte dada a Josefa Gómez conocida como la Valentina* (1829).

deposiciones[69]. El 5 de julio de 1828 dictaban los alcaldes del crimen de la Real Audiencia su primera sentencia, pasada en autoridad de cosa juzgada un año después, rebajando a diez años de presidio en África la condena de Barreiro y Tato, aunque al primero con cláusula de retención; mientras Quilley o Heiley vio disminuida la duración temporal en su destino. En 1829 fue condenado definitivamente el presbítero en ocho años con destino al servicio de los hospitales de Ceuta, si bien antes de ejecutarse la sentencia y de conformidad con la R.O. de 16 de agosto de 1828 debía consultarse con el decano gobernador del Consejo de Castilla con oficio del gobernador de las Salas del crimen de Galicia[70].

Una de las muertes que más conmocionó la Corte ocurrió en 1817[71]. Más atrás quedaron reflejadas algunas de las circunstancias. El fraile agonizante Juan Crisostómo San Vítores dio muerte a una joven con la que mantenía relaciones[72]. La muerte se verificó, como afirma el fiscal, «con instrumento contundente, punzante y cortante». Calificado de unos de los más horrendos contra los principios de la humanidad, de la religión y sociales, solicitaba que se aplicara todo el rigor de ley y, en suma, la pena del talión. Por todas las circunstancias que rodearon la muerte, el fiscal califica de asesinato el hecho, «porque atendidas y convinadas todas las circunstancias del delito no como quiera es atroz: es una alevosía, un asesinato y un abuso sacrílego de lo más precioso y sacramental que le estaba concedido al padre Juan Crisóstomo». Detallando que antes del día en que sucedió, ya se había formado el propósito de matar a su víctima, preparó el instrumento para cometer la muerte, aseguró su ejecución, consumó «sus inicuas maquinaciones» y ocultó en lo posible el cadáver. En suma:

> «Todo este cuadro de circunstancias reúne los requisitos de homicidio alevoso, y de un asesinato, según la propiedad y significación de estas palabras en el buen lenguaje castellano; y de que tratan las leyes eclesiásticas y civiles cuando el hombre se trabaja y busca varios arbitrios para matar al otro, como puntualmente sucede en nuestro caso».

La defensa poco podía alegar frente a la confesión de los hechos, por lo que reclamó que se suavizaran y moderaran las penas capital y de degradación canónica solicitadas por la acusación. Centró sus argumentos, básicamente, en el estado mental del fraile, pues «en su pueblo y entre los que le conocían de dentro y fuera de su orden se había granjeado por algún tiempo el concepto de *loco*, aunque no de furioso». Por lo que manifestaba a la Sala «cuán problemático es fijar los grados de culpa de este religioso». Sin embargo, la sentencia canónica dispuso su degradación y, aunque pedía que se le tratara con misericordia, la sentencia de los alcaldes de Casa y Corte, tras calificar los hechos de muerte alevosa, falló su

---

[69] Sentencia del alcalde real ordinario de Lugo de 27 de noviembre de 1826.
[70] Sentencia de la Sala del crimen de 11 de julio de 1829.
[71] Se hace eco del hecho, Le Brun, *Vida de Fernando Séptimo*, pp. 128-129.
[72] *Colección de las causas más célebres...*, IV, pp. 1-68.

ejecución en garrote[73]. Calificación que permite vincular los conceptos de muerte violenta, empleado por la Audiencia de Galicia, y de muerte alevosa.

Por otra parte, las discusiones más triviales podían degenerar en una trifulca con armas de por medio. Así ocurrió en Lugo en marzo de 1818 durante una partida de naipes en la que participaban la víctima, clérigo de menores, y otros personajes privilegiados[74]. Según la sentencia asesorada de la justicia luguesa, en esta muerte calificada de violenta, medió ofuscación y provocación, por lo que el acusado no debía ser condenado a la pena ordinaria sino a una inferior[75]. Su motivación, cuyos argumentos encontramos en la literatura jurídica secular, era la siguiente:

> «con atención a que claramente consta que puestos a jugar, en dicho día veinte y cinco de marzo, el juego llamado del monte, el D. Alonso Quiroga, D. Josef Valqueira del lugar de Matela, jurisdicción de Neira de Rey, y en el quarto de posada de este, Ramón Núñez, de oficio tornero, D. Manuel Suárez, y el D. Josef González, muerto, con otros varios sin jugar en el propio quarto, tallando o sosteniendo el juego el D. Alonso, y el Valquieira pagando, y los otros tres apuntando, y después de hechas algunas jugadas como apuntase el D. Josef González muerto, dos quartos a una carta, que no le acomodava al D. Alonso, y sobre ello tuviesen reyerta, y sus dares y tomares, llegando al estremo de arrojárselos por la mesa adelante, y a dar a este un bofetón, o dos, retornándole otro el González al D. Alonso, siguiéndose de aquí el sacar este inmediatamente un cuchillo, y clavárselo sin dudar por la ligereza con que fue, a lo que se presume poder evitarlo los circunstantes, de que se siguió la muerte, es palpable y evidente lo fogoso y acalorado de la mente, que en tal estado y caso se hallaban los dos, sin ánimo sosegado, libre y sereno, de que se sucediese aquella, y por lo tanto no susceptible el D. Alonso de la pena ordinaria de muerte, y sí acrehedor a otra menor, para su enmienda y escarmiento, y de otros exenplo»[76].

Aunque no se menciona en la sentencia, el asesor debió tener presente la consideración hidalga del autor y el altercado previo, pero no su fuga, por lo que fue condenado en ocho años de servicio a las armas, en el regi-

---

73 También se alegaron, pocos años después, razones políticas en el asentimiento del rey a la condena. Según Le Brun, el heho cometido por el fraile había tambaleado su política contra los liberales, «y juró lo había de dexar ahorcar, a pesar de las representaciones que hicieron para su indulto todos los obispos que había en Madrid, los eclesiásticos en cuerpo, el Nuncio de su Santidad, y las comunidades religiosas... y quando supo disponían llevar para moverle el cuerpo de San Isidro, y aun el sacramento, según se dixo, se marchó fuera de la Corte hasta que se verificó el suplicio. Aquí acaso por la primera vez se unió el carácter de Fernando y su propensión a la venganza con la justicia para satisfacer a la sociedad ultrajada y escandalizada», en *Vida de Fernando Séptimo*, p. 129.

74 ARG, *Crimen*, 144/7, *el oficio de la Justicia de la ciudad de Lugo contra D. Alonso Quiroga y más cómplices en la violenta muerte dada a D. José González* (1818). Un suceso por hechos similares acaecido en 1817 en Raquel Iglesias Estepa, *Crimen, criminales y reos. La delincuencia y su represión en la antigua provincia de Santiago. 1700-1834*, Santiago, 2007, pp. 74-75.

75 Gutiérrez, *Práctica*, III, *Discurso*, p. 12: «También se advierte una mezcla de violencia y voluntad en aquellos delitos cometidos en los primeros impulsos de una vehemente pasión como de ira, dolor, u orgullo que por ofuscar el ánimo o cegar el entendimiento, arrastra casi involuntariamente a su perpetración; y de aquí es que tales delitos no han de castigarse con tanta severidad como los que se cometan de propósito o con plena deliberación».

76 Sentencia de 27 de marzo de 1819.

miento que determinara el capitán general, y no siendo apto a un presidio de África por igual tiempo. No obstante, la Sala del crimen valoró la desproporción entre ambas penas, pues la dureza de la segunda era notablemente superior. Por ello, los alcaldes del crimen redujeron la duración temporal del presidio a la mitad, si no fuera apto para el ejército[77].

La muerte violenta podía derivar o ser resultado añadido del robo. Con cierta frecuencia los delincuentes perpetran un robo y durante su comisión resulta muerta la víctima. En estos casos, los tribunales actúan con el rigor dureza legal y en consecuencia con severidad. Baste, entre otros muchos ejemplos, la sentencia de los alcaldes de Casa y Corte en la que condenaron a la horca a tres vecinos de Colmenar de Oreja «por el delito de robo y asesinato cometido en la casa y persona de Juliana Antonia García, viuda de Alfonso Ureña, de la misma vecindad». La cabeza del principal reo debía ser puesta a cuarenta pasos de dicha villa[78].

Los parricidios aparecen integrados en la fórmula de *muerte* violenta. Las calificaciones de las muertes violentas de parientes son muy variadas, sin que se empleen en los escritos de autos las denominaciones específicas de parricidio, fratricidio, uxoricidio, etc.[79]. En este sentido, vemos calificada la muerte de la esposa como «alevosa muerte dada a su mujer», y a su autor como «asesino de mujer embarazada y próxima al parto»[80]. La causa se complicó por los defectos en la cesárea y disección del cadáver, la huida a Portugal del autor de la muerte y los problemas legales para su extradición, como se puso de manifiesto en la sentencia[81]. Además, el asesor del juez apreció las circunstancias en las que acaecieron los hechos a efectos de valorar el alcance de la prueba legal para la determinación de la pena: «la prueba del promotor por la circunstancia de la menor hedad de José y Josefa hijos de ambos cónyuges, y testigos de ella, ora del sacrificio, obs-

[77] Sentencia de 4 de agosto de 1820.

[78] *DdM* de 1.8.1825. Además del ritual del ajusticiamiento, «para la egecución de la segunda parte de la sentencia en el reo Jesús Irala se hallará poco antes de anochecer de este mismo día en la referida plazuela de La Cebada un piquete de un cabo y seis caballos del 5º Ligeros, que deben escoltar al ejecutor, escribano y alguaciles al punto en que haya de verificarse».

[79] Sobre estos problemas conceptuales, José Sánchez-Arcilla Bernal, «El arbitrio judicial en la Nueva España. Los delitos contra la vida en las cuerdas de reos», en *ídem* (I.p.), *El arbitrio judicial en el Antiguo Régimen. España e Indias (Siglos XVI-XVIII)*, Madrid, 2012, pp. 435-512.

[80] ARG, *Crimen*, 246/1. Sentencia de 2 de julio de 1824 «en el pleito y causa que en esta mi Audiencia pendió y pende entre partes Manuel Fernández, promotor fiscal creado para ella, y de la otra Domingo Zúñiga reo ausente, y en rebeldía sobre la muerte alevosa que sufrió Tomasa Ojea y su feto, mujer del sobre dicho al influjo de puñaladas que recibió a alta noche del veinte y tres al veinte y quatro de octubre del año retro-próximo en su propia casa y cama».

[81] *Idem*. «Vistos: tomando en consideración que ya no pueden enmendarse los descuidos que hubo e indica el promotor en la operación cesara y disección del cadáver de Tomasa Ojea por la corrupción a que el tiempo redujo los cuerpos de la madre y feto que admás de la dificultad que refiere en su oficio de diez de marzo, folio quarenta, el cónsul español para el arresto y conducción de Domingo, no se egecutaron las heridas productoras de las muertes con ballesta, arcabuz, o escopeta que requiere la concordia de ambas Magestades Católica y Fidelísima para la respectiva entrega de reos refugiados en sus Reynos. Que la omisión en enterar a los parientes y deudos de Tomasa, de la causa para que saliesen a ella o se apartasen no les obsta para acusar quando les acomode dentro del término legal». Se refiere al art. 4 de la Concordia entre Felipe II y el rey Sebastián, plasmada en la P. de 29 de junio de 1569 (*Novísima*, 12, 36, 4).

curidad de la pieza en que se egecutó, y más obserbaciones que se dejan percibir no la componen plena y conveniente para la imposición de la pena ordinaria, aunque sí de vehemente presunción legal contra dicho Domingo». Por tanto, la autoría que había quedado probada desde luego con la huida, quedaba mitigada por la imposibilidad de construir una prueba plena, lo que impedía decretar la pena ordinaria, que en este caso sin duda sería la de muerte en la horca, minorándose a la diez años de presidio en Ceuta, con retención, apercibimiento de mayor rigor, las costas y gastos de asistencia a la difunta, quedando a salvo el derecho de los parientes de acusar al «alevoso agresor». En sustancia se le condenaba a pena de muerte civil.

En una de las causas estudiadas, el marido agresor, que al parecer sufría alguna demencia y finalmente murió antes de ser sentenciado, mató a su mujer con golpes de azadón en la cabeza. A pesar de las lagunas en la documentación, es interesante el auto asesorado dictado por el juez de Puenteareas el 7 de abril de 1826 por las consideraciones que hace:

> «Resultando del precedente sumario como resulta la muerte de Julián Sobrino, actor del golpe que según exposición de los zirujanos causó la de su muger Manuela Amil; y respecto a que con aquella se acava el delito y la pena, no siendo de los casos exceptuados en que se juzga los delinquentes aun después de muertos; no haviendo por lo mismo para que entrar en mayor yndagaciones en orden al estado de Julián, sobre cuia enfermedad los facultativos no declararon como devían, hallándose el mismo o peor defecto en el reconocimiento del cadáver de la Manuela; pues en quanto a lo primero hay demencias de muchas clases, y a lo segundo los golpes pueden causar la muerte de varios modos, todo lo que sería preciso circunstanciar si hubiese de seguirse la causa; por lo dicho y más que informa, se debe clausurar y clausura a fin de que no tenga más progreso con prevención a los zirujanos... para que a lo subcesivo en iguales o parecidos casos arreglen sus procedimientos y exposiciones al arte de que deven estar ilustrados»[82].

El art. 123 del Proyecto de Código criminal de 1830 determinaba que «el que matase con premeditación o alevosía» a su padre, hijo, hermano, marido, mujer, suegro o yerno –no enumera a la suegra y a la nuera- serían considerados parricidas y condenados a pena de muerte afrentosa. La principal novedad se introduce en el precepto siguiente, pues «en la misma clase de parricidas» se considerarían los que en las mismas circunstancias mataran a los obispos, magistrados y jueces, o a sus jefes y superiores en el orden militar o civil. Nos encontramos, por tanto, con una manifestación singular del paternalismo absolutista. Más respetuoso con la tradición secular, pero al mismo tiempo introduciendo una regulación más técnica y adecuada a los tiempos, el Proyecto de Sainz de Andino califica el parricidio de homicidio cualificado por razón de la persona, siempre que se hubiera cometido voluntariamente a sabiendas y con intención de matar

---

[82] ARG, *Crimen*, 317/6, el oficio de la justicia de la jurisdicción de Sobroso sobre la muerte que dio Julián Sobrino a su mujer, Manuela Amil hallándose aquel demente. El 5 de febrero de 1827 se declaró por pasado en autoridad de cosa juzgada el auto definitivo dado en esta causa el 22 de septiembre de 1826, en cuanto las partes no interpusieron ningún recurso.

aun cuando no concurriera premeditación y alevosía, pues bastaba que el autor fuere padre o madre legítimo o natural, o ascendiente legítimo en cualquier grado de la víctima; si el autor fuere hijo o hija legítima o natural, o descendiente legítimo; o si el homicidio lo fuera del otro cónyuge o hecho en hermano (art. 802). Los parricidas serían conducidos al garrote con túnica encarnada, los pies descalzos y portando un cártel con el rótulo de parricida (arts. 38 y 788).

Como he señalado, en algunos estados o planes elaborados por las audiencias figuran causas por infanticidio[83]. La penosa situación social y económica durante los períodos absolutistas afectó, sin duda, más a las mujeres que a los hombres. Viudas, huérfanas o mujeres desasistidas tuvieron numerosos problemas para subsistir. La prostitución, por los datos que conocemos, fue una escapatoria para poder vivir, asunto sobre el que volveremos más adelante. Lo cual implicó que un buen número de mujeres acabara en la marginalidad social. En otras ocasiones, algunas mujeres se dedicaron a servir, lavar o planchar en casas ajenas, quedando a merced de los amos. Estas y otras causas que desconocemos debieron provocar que mujeres solas, no casadas o amancebadas, quedaran embarazadas. El temor a las posibles consecuencias sociales o morales o la penuria para poder criar a sus hijos, sin desdeñar causas naturales, pudo llevar a estas mujeres a exponer o matar a sus hijos recién nacidos.

Si atendemos a los datos aportados por las audiencias llaman la atención por su número los de Aragón, Asturias y Galicia. A conocimiento de las Salas del crimen gallegas llegaron en 1831 ocho causas y en 1832 otras cinco. En la Audiencia asturiana entre 1828 y 1833 existe alguna causa por este delito, pero se aprecia un incremento en el trienio 1830-1832. Las cifras más elevadas las encontramos en la Audiencia de Aragón. Por la información recabada, entre 1828 y 1833 no bajaron de cinco las causas que llegaron a este Tribunal, aunque en 1828 y 1829 sean 10 y 9, respectivamente. En las restantes Salas del crimen consta el conocimiento de dos o tres causas por año, como media aproximada, con picos de 5/6 como en Valladolid en 1816 y 1826, o en Cataluña en este último año.

Los autos que se han conservado en la Audiencia de Galicia son extremadamente duros y de una crudeza sin par. De entre todos ellos, merece destacarse el proceso incoado por el alcalde del cuartel del Seminario de Santiago en 1830 para la «averiguación del actor o actores del ynfanticidio de una niña que en la mañana del 13 de julio de este año se halló muerta en

[83] José María Stampa Braun, «Las corrientes humanitaristas del siglo XVIII y su influencia en la concepción del infanticidio como "delictum exceptum"», en *ADPCP*, 6 (1953), pp. 47-78. José Sánchez-Arcilla Bernal, «Los delitos en particular. El Infanticidio», en Emma Montanos Ferrín y José Sánchez-Arcilla Bernal, *Estudios de Historia del Derecho criminal*, Madrid, 1990, pp. 142-155. Carmen Carracedo Falagán, «El infanticidio durante la Edad Moderna en Castilla», en Dalia Álvarez Molina *et alii*, *Mujer e investigación*, 1995, pp. 147-155. Para su acercamiento a la realidad de algunos territorios, Lola Valverde Lamsfús, *Entre el deshonor y la miseria: infancia abandonada en Guipúzcoa y Navarra, siglos XVIII y XIX*, Bilbao, 1994. Vicente Pérez Moreda, *La infancia abandonada en España (siglos XVI-XIX)*, Discurso de ingreso en la Real Academia de la Historia, Madrid, 2005.

el depósito del lugar común de la casa n. 20 de la calle de la Poza de Bar»[84]. A través de ellos podemos permite seguir la vida de la acusada durante algunos años. Fue descubierto un feto entre la inmundicia del retrete común y por las manchas de sangre no tardó en descubrirse a la madre, que contaba con treinta años y había llegado a Santiago procedente de Pontevedra, donde había servido en una casa. En el reconocimiento ocular se comprobó que había sido puesto el párvulo en ese lugar de propósito. La acusada alegó que padecía «ocupación de estómago» y la noche anterior tras una evacuación se sintió aliviada, pero «reunidos todos estos pormenores infieren que el estado de esta muger es el de una recién parida». Por su débil situación física fue mandada ayudar en la cárcel con puchero, aunque arrastraría al menos hasta 1836 enfermedades por falta de atención. El fiscal le puso «por cargos el infanticidio» y pidió que fuera condenada a la pena de la ley. El defensor negó la comisión de un infanticidio y mantuvo la inculpabilidad de su parte. Fue condenada el 1 de enero de 1831 en diez años de cárcel con retención en la Real de Santiago, que en el fondo era una pena de muerte civil, y al tiempo de notificársele «la entendió muy por menor». A pesar de la dureza con la que fue condenada, sin duda por no haberlo expuesto, dista bastante de la penalidad fijada en las Partidas para el parricidio, del que el infanticidio sería una de sus manifestaciones, o incluso de la señalada en el art. 612 del Código penal de 1822. El primer Proyecto de Código criminal determinaba que comete infanticidio «el hombre o mujer que mata un niño al nacer o recién nacido», enumerando las formas de comisión: ahogándolo, sofocándolo de intento, arrojándolo a un pozo o a la calle, exponiéndolo a la inclemencia o de cualquier otra manera para que muera (art. 125). Estas formas de perpetración eran las habituales, como hemos visto. La pena sería la de muerte para el autor, mientras que los que auxiliaran o persuadieran a la mujer para hacerlo, serían castigados con dos años de reclusión.

La exposición de menores continuó castigándose a pesar de las medidas adoptadas para evitar la muerte de los infantes[85]. Dentro de aquella se castigara con mayor severidad la exposición en un lugar solitario que la hecha en otro público y frecuentado[86].

---

[84] ARG, *Crimen*, 676/5. Un supuesto muy similar, conocido por la Sala de alcaldes de Casa y Corte, en García Borrega, «Delito y sociedad en Madrid», p. 278. Otro infanticidio fue castigado con cuatro años de cárcel más diez de destierro por los alcaldes del crimen gallegos el 30 de mayo de 1826, aunque también castigó al juez y al escribano de la causa «por no haber practicado la importante diligencia en busca de la arma con que se egecutó el infanticidio, ni menos echo las preguntas conducentes en la exploración echa a la Antonia Tojo», ARG, *Sentencias*, 28576. Meijide, *La mujer de la orilla*, p. 164 da cuenta de unas prostitutas de Cambados, supuestas infanticidas. Con mayor detalle para el territorio gallego a finales del Antiguo Régimen, Iglesias Estepa, *Crimen*, pp. 84-89.

[85] Gutiérrez, *Práctica criminal*, III, p. 49 va más allá y distingue las consecuencias punitivas del aborto, del infanticidio y de los hijos menores: «La muerte de un hijo en edad madura es más grave que el aborto voluntario y el infanticidio, porque con la primera se priva a la patria de un hombre que la sirve, cuando con el segundo solo se le quita la esperanza de un ciudadano, y en el tercero aun hay alguna incertidumbre».

[86] Gutiérrez, *Práctica criminal*, III, pp. 46-47. El Proyecto de Código criminal de Sainz de Andino regula con detalle la exposición en los arts. 928-941.

Los suicidios que llegaron a conocimiento de las Salas del crimen son los cometidos en la ciudad de su sede, salvo que hubiera quedado frustrado y por la pena se hubiera planteado algún recurso[87]. Por este motivo, su número hay que considerarlo limitado con relación a los que se pudieron producir en todo el territorio de su jurisdicción. Como también se ha apuntado, no en todos los estados o planes publicados por los tribunales superiores figura el apartado dedicado a este hecho, de manera que entre las muertes (genéricas) hay que incluir los suicidios que pudieran haberse producido, y cuyas causas fueron conocidas por los tribunales. En cualquier caso, a partir de los datos con que contamos, cabe resaltar que salvo en tres tribunales y en tres años concretos, nunca superaron las cinco causas anuales, siendo lo ordinario en los años de los que tenemos información que fueran una o dos las causas despachas por las Salas. Las excepciones son Cataluña con nueve causas en 1828, Aragón en 1829 con diez y la Sala de alcaldes de Casa y Corte en 1831 con igual número. Los motivos, causas y personajes que dieron lugar a su incoación es probable que haya que vincularlos a la opresión política en la mayor parte de los autos. En el caso de Zaragoza, como apunté más atrás, existe cierta información y las causas del suicidio tienen motivaciones de persecución política[88]. Para el caso de Barcelona los hechos debieron ser similares, como consecuencia de la dura represión adoptada por el conde de España tras la visita de Fernando VII en el año señalado[89]. Para Madrid no tengo datos ni comparativos con otros años, ni suficiente información que avale la posibilidad de que también fueran motivados por la desesperación ante la persecución política, aunque sin duda coincide con el acoso a los liberales y la ejecución del librero Antonio Miyar, la fuga de Olózaga, etc. En cualquier caso, recogiendo la frase de Pérez Galdós: «Antes el suicidio que la horca»[90]. Además por la información entresacada de la documentación manuscrita, también hay hechos en los que parece concurrir algún tipo de

[87] Gutiérrez, *Práctica criminal*, III, p. 65, da cuenta de una práctica que no he visto reflejada en la documentación manuscrita, pues además de las penas previstas en R. 8, 23, 8, «ha añadido la práctica la pena de colgar el cadáver del suicida preso y acusado por delito digno de muerte». A pesar de que también recoge la opinión de fray Benito Jerónimo Feijoo, *Teatro crítico universal*, Pamplona, 1785, tomo VI, discurso I, paradoja 15, pp. 83-90, alegando que quienes cometían suicidio se encontraban furiosos o dementes y, en buena argumentación jurídica, incapaces de delinquir.

[88] Arias Teijeiro, *Diarios*, I, p. 263 (19-21 de octubre de 1829).

[89] El ejemplo más cruel y conocido es el del coronel José Ortega, quien lo intentó con un hueso de gallina, no consiguió su objetivo, fue fusilado y ahorcado en noviembre de 1828, Del Castillo, *La ciudadela*, p. 84. «Algunos se suicidaron en los calabozos, contándose más de diez y siete suicidios dentro de los calabozos de la ciudadela», Cayetano Rosell (dir.), *Crónica general de España o sea Historia ilustrada y descriptiva de sus provincias*, Madrid, 1865, vol. VII, p. 132. El relato novelado en Francisco José Orellana, *El conde de España o la Inquisición militar*, Barcelona, 1856, en particular el libro tercero.

[90] *Los apostólicos*, p. 204. En *El terror de 1824*, p. 170 lo expresa de otra manera: «Muchos de los sentenciados a la última pena han sido ejecutados ya; otros se han suicidado con opio o abriéndose las venas». Sobre la vinculación entre convulsiones políticas y suicidios, José Martínez Pérez, «Suicidio, crisis política y medicina mental en la Francia del siglo XIX (1801-1885)», en *Frenia*, I-2 (2001), pp. 39-65.

enfermedad[91]. No se emplea el sustantivo suicidio, sino que se opta por describir el hecho o el medio para cometerlo.

Los desafíos que llegaron a conocimiento de las Salas del crimen fueron, a pesar de las prohibiciones, muy escasos[92]. Es posible que algunos de ellos estén encubiertos en el apartado genérico de muertes, heridas o en ese cajón residual que era el de excesos. A las Salas del crimen de Valladolid llegó uno en 1828; y a la de Extremadura otro en 1828, en 1831 y en 1832.

En materia de muertes, aunque con un tratamiento singular, encontramos los envenenamientos. No contamos con toda información precisa de datos numéricos a partir de los estados o planes[93]. Su inclusión, en todo caso, supone cierta relevancia dentro del contexto criminal y de repercusión pública, aunque desde la perspectiva cuantitativa y cualitativa sea muy limitada o prácticamente nula. En Valladolid un caso en 1828 o en Sevilla dos en 1830. En 1829, como vimos más arriba, tan solo se computaron dos causas de envenenamiento en todos los tribunales. Llaman la atención los datos de la Audiencia de Cataluña, pues encontramos: cuatro en 1817, uno en 1818, tres en 1819 y cinco en 1826. Desconozco las condenas impuestas, pero en la Audiencia de Galicia no parece que fueran excesivamente duras[94].

Entre las causas estudiadas de las Salas del crimen de la Audiencia de Galicia he encontrado causas en las que el disparo accidental de un arma de fuego causa la muerte de personas cercanas al autor. En ellas se entremezcla el uso de armas, heridas con resultado de muerte o ésta directamente, la unión matrimonial entre reo y víctima, la ausencia de información para determinar si se trataba de un caso de violencia conyugal y, en todos ellos[95], la

---

[91] ARG, *Sentencias*, 28576, el fiscal con Antonia Raposo «sobre haver intentado ahogarse», por lo que resulta condenada en seis meses de cárcel que sufra en la Real donde se halla, concurriéndole su marido con los alimentos, y en la costas y apercibimiento de mayor rigor (*s.* 22.8.1829).

[92] Lo cual no tiene su correspondencia en la criminalística, puesto que, a diferencia de otros delitos más habituales, le dedica mayor atención. Por ejemplo, Gutiérrez, *Práctica criminal*, III, pp. 51-59. En estos pasajes afirma que «a pesar de aquella real –se refiere a las penas impuestas por Fernando VI en 1757– determinación se frecuentan tales delitos y quedan impunes o se castiga con mucho menor rigor del que prescribe. Su impunidad o indulgencia se debe principalmente a la opinión bárbara e insensata de ser una infame cobardía no desafiar al que hace un agravio y no aceptar el desafío». Como vimos más atrás en 1829 no llegó a los tribunales ninguna causa por desafío.

[93] Contrasta esta ausencia de información con el tratamiento que dedica Gutiérrez, *Práctica criminal*, I, pp. 131-139, al envenenamiento y los síntomas para su determinar su presencia. Vid. arts. 120 del Proyecto de 1830, y 799 del Proyecto de 1831. Este último declaraba que «la muerte que se cause por medio del envenenamiento será considerada como alevosa, cualquiera que sea el modo en que hayan empleado o suministrado al ofendido las sustancias venenosas que se la hayan causado con mayor o menor prontitud».

[94] ARG, *Crimen*, 218/5, *el oficio de la justicia de la ciudad de Santiago contra Vicenta Fernández procesada por haver envenenado a su ama Dª. Manuela Pérez, muger de D. Sebastián Pérez y de que resultó su muerte* (1822). Sentencia de la Sala del Crimen de 26 de junio de 1824 por la que fue revocada la sentencia del juez de Santiago de 30 de junio de 1822 y condenó a la acusada en dos años de reclusión en la cárcel de Santiago.

[95] Otro caso de parricidio involuntario por el disparo accidental de un arma de fuego, ocurrido en Ampuero en 1824, en *Colección de las causas más célebres...*, I, pp. 287-321. El fiscal

alegación de la inexperiencia en el manejo de tales armas, lo que conllevaba la determinación de que la muerte no fuera calificada de violenta, sí de culposa o accidental, acabando, por tanto, con un castigo muy leve[96] o la absolución[97]. El carácter casual de la muerte facilitó en otro caso el apartamiento de los parientes de la víctima. Eso sí, con el apercibimiento de que el encausado «en lo sucesivo se abstuviera de enredar con armas que no conoce»[98].

Voluntariedad o casualidad que es difícil de probar en ocasiones. Quizá por esta razón, el autor huía por el resquemor a ser juzgado y condenado a la pena capital aun cuando el disparo hubiera sido fortuito. En 1813 un disparo de arma de fuego terminó con la vida de una mujer y su feto. La huida del agresor hizo recaer sobre él la presunción de autoría, agravando el ya de por sí atroz delito. No obstante, mientras el juez ordinario le condenaba a la pena de horca, la Sala del crimen redujo la condena a los diez años de presidio en África quizás sopesando esa falta de voluntariedad a pesar de continuar huido[99].

Como en cualquier período de la Historia y en cualquier lugar, existieron individuos violentos y propensos a provocar desgracias físicas a otras personas. Este es el caso de Juan Mantiñán, alias Taramba, que en 1824 fue condenado a seis años de presidio en las obras de La Coruña por herir a dos marineros[100]; y en 1826 lo fue como autor de la muerte violenta de otro individuo acaecida en junio de ese mismo año. Sus fechorías, según

---

entendía que el arma disparada era de las prohibidas, nadie vio el suceso, por lo que los testigos eran de oídas y la víctima falleció a las pocas horas, y «de este resumen debe inferirse con arreglo a la ley que la muerte fue intencionada». Puesto que las pruebas no eran vehementes para imponer la pena ordinaria, el acusado fue condenado a diez años de presidio en África con retención, y a la privación de empleos, grados y condecoraciones.

[96] ARG, *Crimen*, 467/2, *el oficio de la Justicia de la villa de Pontevedra contra José Carvallo sobre la muerte de su muger, dimanado de un tiro disgraciadamente* (1823). Sentencia de 11 de octubre de 1823 por la que declaró «por desgraciada la muerte de la Rosa Lorenzo, muger del José Carvallo; apercibo a este que a lo subcesibo no use de armas de fuego, por su inectitud; y por el justo modo de proceder le condeno en las costas de la causa de que se haga tasa». En suma, ni verdadero delincuente, ni reo de parricidio.

[97] ARG, *Crimen*, 143/28, *el oficio de la justicia de la villa de Padrón sobre la muerte de Mariña de Otero, causada por un tiro de pistola* (1820).

[98] ARG, *Crimen*, 88/33, *el oficio de la justicia de la villa y Jurisdicción de Brollón contra Antonio Méndez sobre la muerte de Rosa Ramos causada de un tiro de escopeta* (1815). Auto de Sala de 22 de enero de 1819.

[99] ARG, *Crimen*, 82/32, *el oficio de la Justicia de la Jurisdicción de Roucos contra José Bimba sobre haver herido con un tiro a Teresa Fernández soltera, de que resultó su muerte, y en seguida la de una niña de que se hallava embarazada* (1813). Sentencias de 16 de febrero de 1814 y 17 de enero de 1818, respectivamente.

[100] ARG, *Crimen*, 407/1, *el oficio de la justicia de la ciudad de La Coruña contra Juan Mantiñán alias Taramba sobre la violenta muerte dada a Vicente Gómez* (1826). La sentencia del alcalde mayor interino de 6 de marzo de 1824 condenó a Taramba a seis años de presidio con destino a las obras públicas de Coruña, además de los gastos ocasionados en la curación de los heridos y en el aditamento de los mismos durante la curación, regulados por personas inteligentes. Asimismo en la satisfacción a los heridos de cuatro reales diarios a cada uno por los días que hubieran dejado de trabajar desde que fueron heridos hasta su completa curación. Los taberneros fueron apercibidos que si tuviesen «a deshora de la noche la taberna abierta, despachasen vino, o consintiesen reuniones en ella, serán castigados con más severidad».

se lee en los autos, eran habituales. Varias notas caben destacar de los procesos instruidos contra Taramba: la facilidad de ensañarse contra terceros esgrimiendo armas blancas, las reyertas están vinculadas con tabernas y en consecuencia mediando ebriedad, la existencia de deficiencias en la ejecución de las condenas y el miedo a denunciar hechos criminales por el temor, en este caso, no a la justicia sino al delincuente. Así se puso de manifiesto en la última sentencia:

> «Fallo atento a los autos y sus meritos, a que me refiero y según lo que de ellos resulta, no pudiendo dudarse que la muerte dada al matriculado Vicente Gómez fue efecto de la puñelada que recibió la noche del veinte y nueve al treinta de junio último, a inmediaciones de la fuente de Santa Margarita, menos que Juan Mantiñán (a) Taramba fue el autor de ella, en medio de que solo depone como testigo presencial Ramón Gómez, hermano del difunto, sin duda porque los vecinos de la inmediación, viendo impugne al Mantiñán en los más excesos que anteriormente había cometido, y penetrados del carácter asesino, le temieron y ocultaron la verdad, suponiendo nada oyeran, o bien porque tal vez se hallaron entregados al sueño, lo que se haze conciliable con la hora en que precedió comprobada la manifestación que del subceso hizo al amanecer el Ramón a sus vecinos Josef Corral y Baltasar Martínez, cuias declaraciones enervan la de aquel. Calificado igualmente el delito por la inmediata fuga del agresor Mantiñán, y paso premeditado que ha dado de hacerse con pasaporte solicitado fuera del distrito a que correspondía; así como porque es un echo estuvo la noche del recordado día veinte y nueve en la taverna de Ramona Sánchez, de donde salió después que el Vicente Gómez, y su citado hermano; haver precedido al asesinato camino de la casa del mismo en recta retirada de la taverna, y agregarse a todo los requerimientos anexos de la quimera que en día idéntico tuviera con el muerto, y otros en San Roque de afuera de la que saliera fuertemente apaleado, y por ello amenazara con especialidad al Vicente, de que se las havía de pagar, expresiones hijas lexítimas de la perversidad de su corazón vengativo y cruel en todos los sentidos, por lo que unánimes asientan los testigos del sumario, con datos irrefragables que evidencia la causa anterior formada en este juzgado, y escribanía de D. Claudio Francisco Vázquez, en que se halla condenado a quatro años de obras públicas, según se reconoce del Real Auto de Vista de fecha doce de septiembre último, inserto en el testimonio dado por el escribano de cámara D. Gonzalo Agustín de Brañas, que tiene presente puñeladas mucho antes dadas a Josef de la Iglesia y Matías Suárez, que no se quejaron a la justicia por temor de perder la vida y presunción del asesinato que cometió en Montevideo; todo lo que por una parte presenta un quadro espacioso de maldades ejecutadas por el reo en el discurso de su vida, sin que hasta ahora haya satisfecho la primera; y por otra parte, una serie de echos que manifiestan el asesinato de Gómez, premeditado, y que señalan el autor con aquella claridad de que es subsceptible un echo nocturno. Debo de condenar y condeno al Juan Mantiñán (a) Taramba en diez años de presidio que sufra en uno de los maiores de África; además de los quatro de obras públicas a que está confinado por el motivado Real Auto de doce de septiembre último, y en las costas, como a que reintegre a la viuda e hijos de la víctima Vicente Gómez en los perjuicios que se le han irrogado, hasta donde alcanzen sus

vienes, a prudente regulación de peritos; y mando que sin perjuicio, presentándose, o siendo aprendido, se le oiga antes de la ejecución...»[101].

Uno de los aspectos que más llama la atención de esta sentencia es que a pesar de ser calificada la muerte de violenta y, sobre todo, sin valorar la incorregibilidad del acusado no fue condenado, de conformidad con los criterios jurídicos de la época, a pena de muerte. Lo cual vuelve a evidenciar, una vez más, que el arbitrio judicial siempre tendió a la mitigación, buscando cualquier resquicio jurídico para atemperar las penas legales.

El caso relatado y otros de muerte y heridas fueron en numerosas ocasiones efecto inmediato de la embriaguez y las riñas. Pero como admitía la doctrina, previeron los proyectos normativos y admitía la práctica judicial, no siempre la embriaguez fue causa de minoración de la pena, sobre todo cuando no se probaba plenamente o era habitual[102]. Entre otros muchos supuestos de heridas con resultado de muerte cabe reseñar la ocurrida en la Corte la noche del 25 al 26 de julio de 1815, en la que murió un joven de cordel a manos de otro joven asturiano, dedicado a vender buñuelos. Mientras ambos estaban en una taberna de la calle Pozas la víctima no convidó al agresor, quien «se dio por quexoso, y le provocó a la salida de suerte que vinieron a las manos». Los separaron, cayendo al suelo el agresor y «enfurecido se levantó, corrió precipitadamente, alcanzó a este (la víctima), le cogió, y causándole dos heridas, le quitó la vida sin poder articular palabra». El autor huyó del lugar, aunque fue alcanzado y «se le encontró lleno de sangre, y con una vayna de arma blanca en el pecho, que trataba de ocultar cautelosamente». El fundamento de su condena por la Sala es el siguiente: «Ha estado negativo, y excepcionado embriaguez, pero se halla convencido tan completa y legalmente como que le vieron preparar la arma a la carrera, acercarse al muerto, cogerle, caer este, y huyr, contextándolo diferentes personas, de cuyos dichos resulta una prueba plena, capaz de haber hecho a su defensor dar por supuesta la perpetración del delito; y la borrachera, aunque se han esforzado a persuadirla algunos testigos de su prueba, está en contradicción con haberse dado por sentido de que no le convidase el muerto, podido seguirle con precipitación, distinguiéndole para ofenderle entre los otros que le acompañaban, y persuadido del mal hecho haberse puesto en fuga. Acostumbrado a borracheras, jugador y mal conceptuado, llevaba prevenida una arma y ha savido ocultar en tan pocos momentos... La consideración a todo y como a alevoso omicida en la Corte, se le ha impuesto la pena ordinaria de muerte de horca, y sin embargo de que articuló

[101] Sentencia de 24 de octubre de 1826: «En la causa criminal formado de oficio que ante mí pende y se litiga entre partes. De la una Diego José Rilo, promotor fiscal; contra Juan Mantiñán (a) Taramba, sobre la violenta muerte dada al matriculado Vicente Gómez la noche del veinte y nueve al treinta de junio de este año, reo fugado que se halla en rebeldía de la otra».

[102] Sobre el particular y para esta época, Pedro Ortego Gil, «De la literatura jurídica al código penal: causas y circunstancias», ya citado. José Sánchez-Arcilla Bernal, «La Administración de Justicia inferior en la Ciudad de México a finales de la época colonial: (I) La punición de la embriaguez en los Libros de los Reos (1794-1798)», en *CHD*, 7 (2000), pp. 309-456.

nobleza, que tampoco ha provado en suficiente forma»[103]. Se mentan dos causas tradicionales de agravación punitiva, el modo alevoso de comisión y el lugar privilegiado en que se cometió. No obstante, siempre hay que tener presente la valoración de otras circunstancias[104].

Por otra parte, las heridas y los malos tratamientos de obra o bien figuran bajo una rúbrica independiente en los estados elaborados por los tribunales, o unidos a otros delitos (armas, por ejemplo) y con toda probabilidad incluidos dentro de «otros excesos» cuando no hay mención específica a aquellas[105]. El término habitualmente empleado en las estadísticas es heridas. Eran hechos tan habituales que dieron lugar a una clasificación teórica que apenas he visto reflejada en la jurisprudencia práctica: «Aunque hay muchas diferencias con respecto a sus resultas, pueden reducirse todas a seis clases. Unas son *leves*, otras *incurables*, otras *mortales por accidente*, otras *mortales por falta de socorro*, otras *por lo común o por la mayor parte*, y otras en fin *son absolutamente mortales*»[106].

Desde el punto de vista numérico, salvo en el caso de las Audiencias de Asturias y Mallorca, se aprecia un incremento de causas criminales por estos hechos a partir de 1824 con relación al período absolutista anterior, como quedó apuntado también más atrás. La Sala del crimen mallorquina es la que menos procesos conoció por estos hechos.

	1814	1815	1816	1817	1818	1819	1824	1825	1826	1827	1828	1829	1830	1831	1832	1833
Valladolid			175		328	185			341		342	543				
Granada	70		216	234		314	697		342	668	677	578		743		646
Sevilla											271	197	110	137		251
Canarias										13						
Asturias											70	74	54	67	84	88
Extremadura	77	125					232		193		282		258	278		
Navarra			40	48	91	124	83		152	292	215		190	230		185
Aragón			68	155	109	177					473	481			335	613
Cataluña				105	80	89	55		378	199	323					
Valencia		119	207	163	157		361	409	356	362	286	371	443	518	541	447
Mallorca			28								16		10	8	23	17

Comparando el número de causas por heridas en los tres tribunales de los que más datos he podido recabar, se puede observar con facilidad el

103 AHN, *Consejos*, lib. 1404, exp. 42, consulta de la Sala primera de 24 de octubre de 1815. El rey «quedó enterado». Probablemente fue ejecutado el 8 de noviembre de 1815, bajo el nombre de don Miguel de Romo, *Relación nominal*, p. 16.

104 Francisco Trapero, alias Camisones, fue condenado a muerte por los alcaldes de Corte, «por el delito de haber herido a María Vega Maldonado y a Francisco Barajas, sus convecinos, de cuyas resultas falleció el último», *DdAM* de 5.9.1825.

105 La Chancillería de Valladolid empleó varias rúbricas: heridas, heridas, malos tratamientos e injurias y heridas, malos tratamientos y armas prohibidas. En la Audiencia de Sevilla en 1830 se emplea heridas, malos tratamientos, injurias, insultos y atropellamientos. En la de Mallorca para los años que conservamos información se utiliza la de heridas y riñas. En Extremadura en 1833 se debieron computar con las riñas.

106 Gutiérrez, *Práctica criminal*, I, p. 156.

incremento cuantitativo de las mismas. Cotejo que no debe hacer olvidar todas aquellas trifulcas que provocaron heridas y malos tratamientos, con independencia de que no llegaron a conocimiento judicial, o al menos a la instancia superior. A lo que cabe agregar la ausencia de información para delimitar en qué grado estos procesos provenían de enfrentamientos políticos o derivados de otras causas[107].

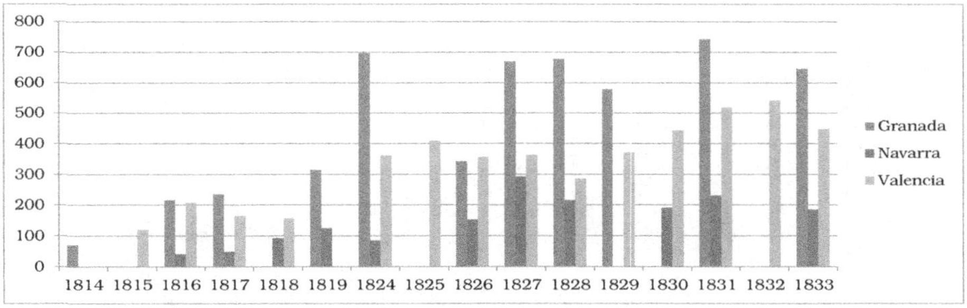

Si atendemos a la importancia porcentual del grupo heridas o heridas y malos tratamientos de obra en el conjunto de los tribunales, cabe admitir un significativo grado de violencia en los años estudiados, como se apuntó en un epígrafe anterior. Si pensamos, asimismo, que en otros delitos también se producían malos tratamientos de obra, como puede suceder en algunos supuestos de robo, la conclusión a la que cabe llegar es que la sociedad española en su conjunto era una sociedad violenta. Por ejemplo, en la Chancillería de Granada las causas por heridas en todos los años de los que conservamos noticias son las más numerosas, sobre todo a partir de 1826 aunque antes y después queden algunos años ligeramente por debajo de los robos. En el conjunto de estos años del reinado fernandino las causas por heridas alcanzaron el 22,5%, ligeramente por encima de los robos y, en consecuencia, constituyeron el principal grupo delictivo. Con mayor detenimiento los estudiaremos más abajo al abordar la delincuencia territorial. Si observamos un período más amplio, se comprueba el aumento de este grupo de causas en la Década ominosa.

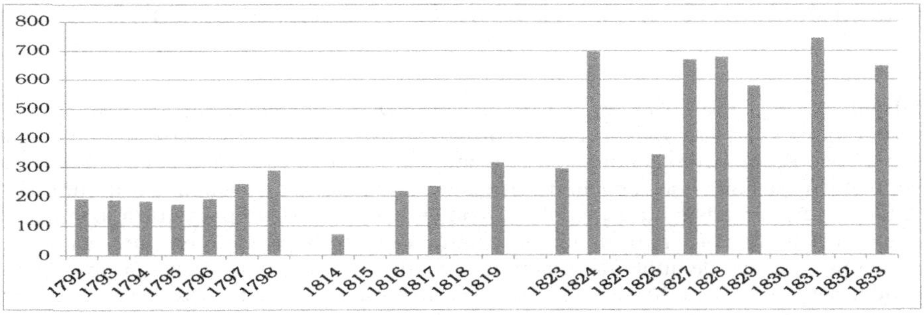

[107] Pueden consultarse al respecto los trabajos de Ruiz Astiz, ya citados.

Sin volver a incidir en las diferencias entre las dos etapas absolutistas del reinado de Fernando VII, sino buscando el promedio de causas que llegaron anualmente por razón de heridas a conocimiento de chancillerías y audiencias, podemos apreciar los territorios en los que fueron más frecuentes estos casos de malos tratamientos de obra. Los tribunales omitidos no permiten obtener datos de sus planes o estados.

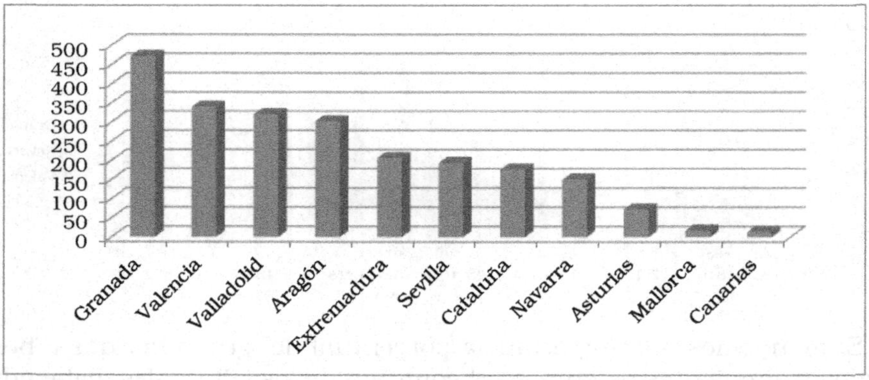

En los casos de heridas con resultado de muerte cuyo origen se encuentra en una disputa o reyerta, se alega de ordinario la provocación previa de la víctima, la riña o la ofuscación en aras de obtener la exención de la responsabilidad o una condena leve. Así, por ejemplo, la valoración de la ira o provocación y la duración del arresto procesal, conllevó para un reo coruñés en 1818 una pena leve, todavía más reducida por el tribunal, con relación a otros supuestos de malos tratamientos de obra[108].

Para la determinación de la pena en los casos de heridas con resultado de muerte jugaba un papel sustancial la concurrencia o no de alevosía. El principal problema podía derivar de la falta de pruebas, entre otras la ausencia de testigos que presenciaran el hecho. Esta deficiencia probatoria implicaba que apenas podían recogerse indicios a lo largo de la sumaria información. La falta de pruebas plenas arrastraba consigo, según los principios seculares, la imposibilidad de condenar al autor con la pena ordinaria, quedando el castigo mitigado de manera sustancial[109]. Si, por un

[108] Así por ejemplo, ARG, *Crimen*, 144/5, *el oficio de la justicia de la Villa de Noya contra Juan de Castro sobre los malos tratamientos hechos a Pablo de Castro de que resultó su muerte* (1818). En la sentencia dictada, que omite la fecha, el juez valoró el tiempo de prisión y le condenó en dos años de servicio de armas, siendo acto, y no siéndolo en un año al presidio de La Coruña. Asimismo fue apercibido «con la maior severidad para que a lo subcesibo se contenga sin lebantar la mano ni ofender a otro grabe, ni libremente en tales acontecimientos, y siempre que sea de qualquiera ofendido, dé quenta a la justicia para punirse según corresponda, pena que de no hacerlo se le castigará con maior probidencia». El a. de 21 de enero de 1820 le rebajó la pena a dos años de destierro cinco leguas de distancia del pueblo de su domicilio, pudiendo redimirlo pagando 50 ducados a las bolsas de penas de cámara y gastos de justicia. También citado por Iglesias, *Crimen*, pp. 76-77.

[109] ARG, *Crimen*, 430/1, *el oficio de la justicia del coto de La Graña de Villaronte, y des-*

lado, la fuga determinaba la presunción de autoría, por otro, la ausencia de alevosía minoraba el grado de culpabilidad del huido.

En una de las causas estudiadas contrasta la fundamentación del juez inferior y la decisión final de la Sala del crimen gallega. Como vimos en un epígrafe anterior, un herido mortalmente delata antes de su fallecimiento a cuatro vecinos como autores del hecho, señaladamente a dos de ellos. De estos dos últimos, uno fue arrestado y el otro consiguió huir. El juez inferior, que se limitó a pronunciar el texto presentado por su asesor, basó la condena en la manifestación *mortis causa* de la víctima, a pesar de no existir otros indicios; las declaraciones de algunos eclesiásticos por las cuales «resulta que los titulados reos son personas pacíficas, de buena vida y costumbres», a las que agregaba las declaraciones de parientes de la víctima en las cuales se puso de manifiesto que «el repetido difunto y llamados reos eran amigos y conservaban mutua y recíproca amistad, por cuio motibo no podían creer ni presumir fueren los que le maltratasen ni cometiesen semejante alebosía»; a lo cual sumaba la larga estancia en prisión; y, en suma, que el promotor fiscal no probó nada. Sobre estos motivos se limitó a castigar a los encausados en las costas a ambos, pena agravada al huido en seis meses de cárcel. La Sala del crimen revocó la sentencia del inferior condenando a ambos acusados a presidio en África, pero valorando la situación de cada uno: al arrestado, por la estancia en prisión del reo, le impuso ocho años; mientras que al huido, al recaer sobre él la presunción de autoría, le destinó por diez años a presidio[110].

En materia de heridas con resultado de muerte se aprecia una valoración muy diferente entre las condenas impuestas por las justicias inferiores, sin duda cercanas a los actores de los hechos, y las dictadas por los alcaldes del crimen de Galicia, alejados de valoraciones subjetivas sobre los acusados y su entorno. En las sentencias dictadas por los jueces, los motivos para la imposición de penas leves son explícitos, lo que no encontramos en las sentencias del tribunal superior. Por tanto, es difícil determinar las valoraciones realizadas por la Sala, pero después de consultar un buen número de ellas

---

pués la de Villalba por comisión de la Sala contra Juan Campomayor por haber dado una puñalada a Juan do Seijo, de que resultó su muerte (1827). Sentencia de 8 de abril de 1828: «Fallo... y declaro: a Juan Campomayor fugado sin saverse de su paradero, ni haverse presentado a los llamamientos de la Justicia, por reo y actor de la muerte violenta, aunque no de alebosía, cometida en la persona de Juan Seyjo, en la noche del dos de octubre del año de mil ochocientos y veinte y siete; pero no cooperante en ella con pruebas reales y efectivas, más que por los indicios remotos que se hechan de ver del obrado, a la Josefa Varela, soltera, y en razón del trato que aún conservaba con el finado, a pesar de su carácter violento, y mala conducta de que hacen mérito los testigos... y condenar como desde luego condeno a dicho Juan Campomayor a tres años de presidio en el de La Coruña, y con destino en las obras públicas de la provincia, sin perjuicio de ser hoydo siempre que se presente o sea havido». El fiscal pediría con posterioridad que se incrementara la condena hasta los cuatro o cinco años de presidio en África.

[110] ARG, *Crimen*, 110/15, *el oficio de la justicia de la Villa y Xurisdición de Santo Thomé del Mar contra Josef García alias Gor, y Juan Antonio Bal sobre haber erido mortalmente en la cabeza a Manuel de Abad, de que resultó su muerte* (1815). Sentencias de 16 de diciembre de 1816 y 23 de diciembre de 1819, respectivamente.

creo que los alcaldes del crimen gallegos se atuvo más al resultado que a las circunstancias intrínsecas del maltrato de obra. Así lo podemos comprobar en una muerte acaecida en Trives en 1827, en cuya resolución el juez inferior entendió que de las heridas no podía deducirse que se tratara de un homicidio voluntario, ni determinarse el modo en que se produjo la muerte y la identidad del agresor. Por ello absolvió a los acusados[111], pero para que no cupieran dudas, achacó parte de la responsabilidad de la muerte a la víctima: «Por último atento el difunto Vicente Alonso por la salida afuera de su casa a deshora fue culpable en cierto modo, concurrió a la causa de su desgracia, se declara no haver lugar a la indegnización de perjuicios que reservó Joaquina Álvarez su conjunta». La Sala revocó la sentencia, les denegó el beneficio del indulto de 25 de mayo de 1828 que solicitaron los cinco acusados y condenó a dos de ellos, absolviendo solo de la instancia al resto[112].

Tradicionalmente las injurias, verbales o reales, fueron un campo en el que la propia legislación reconocía a los juzgadores el ejercicio del arbitrio judicial, debiendo valorar las circunstancias concurrentes: quién, a quién, cómo, donde, etc. Los Proyecto de Código criminal trataron de delimitar dicho arbitrio a los márgenes señalados en sus respectivos articulados. El texto de 1830 recogió bajo la rúbrica de «heridas y otros daños corporales» (arts. 133 a 146), una serie de supuestos, graduando la culpabilidad, la gravedad de los resultados y la concurrencia de circunstancias agravantes. Con mayor precisión, el Proyecto de Sainz de Andino diferenció entre las heridas y lesiones que no causaran la muerte (arts. 845-872) de las muertes, heridas y lesiones causadas en desafío o en riñas y peleas concertadas (arts. 873-883). En estos preceptos, y con la sistematización pormenorizada de su autor, se distinguían las heridas por el lugar en que se ocasionaron, la gravedad de las mismas, las circunstancias agravantes que concurrieran o las personas sobre las que se cometieran. En otras palabras, quedaba reducida al articulado de una ley lo que venía siendo práctica de jueces y tribunales, es decir, se trataba de convertir el arbitrio judicial en preceptos de una ley.

---

[111] ARG, *Crimen*, 478/6, *el oficio de la justicia de la Puebla de Trives contra Domingo Pérez, Juan Fernández y más cómplices en la violenta muerte dada a Vicente Alonso* (1827). Sentencia del juez de la Puebla de Trives de 23 de septiembre de 1828: «Vistos... y arreglándose a su resultado, con especialidad teniendo presente que por las certificaciones de los facultativos resulta que las heridas no fueron de necesidad mortales, que tanto por esto, como por el instrumento, lugar a donde fueron echas y otras circunstancias que persuaden los autos viene a deducirse que el omicidio no fue voluntario, admás de que tampoco está probado precisamente el modo y quién fue el agresor. Contempla su merced comprendidos a los cinco acusados en la gracia del indulto concedido por S.M. a que están acogidos en tiempo y forma, y siendo preciso así lo declara y por la propia razón les absuelve de la pena en que proporcionalmente a la culpabilidad que contra ellos arroja el proceso devían sufrir, ya por hallarse combencidos los tres primeros haver salido y permanecido fuera de sus casas a deshora de la noche sin justificar el motivo ni obgeto que articularon para ello, e ya porque contra los dos segundos admás de las declaraciones de aquellos aparecen del obrado indicios bastantes veementes. Pero condenándoles en las costas procesales...».

[112] Real Auto de 14 de julio de 1829 por el que fue condenado Domingo Pérez en ocho años de presidio a África y Juan Fernández en dos años a las obras públicas de la ciudad de La Coruña. Quedaron absueltos de la instancia otros tres acusados. La condena en costas fue personalizada.

Las deficiencias en la asistencia sanitaria, propias de aquella época, están detrás de que numerosos supuestos de heridas que acabaron en un desenlace mortal. El socorro de vecinos o personas cercanas, si se prestaba, de ordinario no conseguía la curación y el fallecimiento no tardaba suceder. En otras ocasiones, las heridas con resultado de muerte destaparon casos manifiestos de omisión del deber de socorro. En uno de ellos acaecido en Rianjo, a pesar de que la muerte fue considerada en principio como voluntaria, finalmente se determinó que había sido natural, producida por una caída que provocó lesiones irreparables[113]. El juez absolvió a algunos convecinos de la víctima de toda la culpa y cargo en la muerte, «mas no así de la que han tenido los tres primeros en haber abandonado al desgraciado Fernández dejándolo expuesto a la inclemencia y rigor de una noche de sumo frío en el lamentable estado en que se hallaba después de haberle tomado bajo su protección y amparo». Por ello les condenó mancomunadamente en las costas procesales y les apercibió «que de incurrir en lo subcesivo en iguales faltas en perjuicio de la humanidad y caridad cristiana, serán providenciados como corresponde»[114]. Se entremezcla en esta fundamentación la obligación del deber de socorro, amparada incluso en un sustrato religioso, con el temor o la prevención de quienes ayudaron a la víctima de ser acusados de su muerte en virtud del juego de las presunciones jurídicas.

Cabe traer a colación la clasificación de Gutiérrez, que había manifestado que las heridas mortales por falta de auxilio eran las que «no siéndolo absolutamente ni por lo común quitan la vida a los enfermos, por no haberse aplicado pronta y oportunamente los socorros que exigían, y con los que un facultativo hábil, si hubiese llegado a tiempo, habría logrado hacer una cura feliz»[115].

Otro caso de omisión del deber de socorro es el eje de un proceso contra unos soldados realistas que acudieron a una romería en Cayón para

---

[113] ARG, *Crimen*, 402/13, *el oficio de la justicia de Rianjo sobre la muerte dada a José Fernández* (1826). En la sentencia de 21 de agosto de 1827, redactada por el doctor noyés Andrés Fontán, se manifiesta que, «si bien se hizo constar que José Fernández fue hallado hecho cadáver en el camino de pies que de dicha agra de Chan y alcarria y lugar de Nine se dirige a la iglesia parroquial de Cespón, y que su muerte procedió necesariamente, según lo que depusieron los cirujanos titulares D. José Ordóñez y D. Miguel González, que reconocieron, e hicieron la disección anatómica de dicha cadáver, de la separación que notaron había padecido la primera y segunda vértebra cervical del lugar que naturalmente devían ocupar, siendo estos dos órganos tan interesantes a la vida del hombre; no así que la separación de dichas vértebras hubiese provenido de haber cahido en el suelo el José Fernández, precisamente de resultas de haber sido impelido o empujado fuertemente por alguna persona estando de pie, pues aunque dichos facultativos... pues dice dicha Real Junta que en ellas no hallaron razones fundadas para expresar categóricamente que la muerte del José Fernández haya sido dada violentamente. Teniendo por otra parte en consideración que este era un pobre labrador, acometido a cada paso de accidentes, según lo dijo su propia mujer. Que en la tardecita y noche del día veinte del expresado mes de noviembre se ocupó con otra muchas gentes en ayudar a recojer de las redes la sardina...»

[114] Por auto de 7 de abril de 1831 fue revocada la sentencia asesorada del juez de Noya, absolviendo libremente a los acusados.

[115] *Práctica*, III, p. 157.

vigilar y evitar las trifulcas que en estos ambientes festivos ocurrían habitualmente[116]. Así lo puso de manifiesto el promotor fiscal al resaltar que «es bien sabida la ribalidad con que se miran los vecinos de dos pueblos o feligresías distintas en las romerías, ferias y otras concurrencias públicas, sus baladronadas y provocaciones... No hay duda de que en los anteriores años ha habido desgracias en el campo de los Milagros las noches del día siete de septiembre». Durante el festejo, la víctima fue herida mortalmente «con instrumento punzante y cortante en el sitio más peligroso de su tronco», aprovechando un alboroto provocado entre un grupo de individuos de la tierra de Cayón y los miembros de la patrulla[117]. Aguantó un tiempo desangrándose, sin que los patrullantes se ocuparan de él. El promotor fiscal insistía en «la indiferencia con que le miraron» a pesar de que, calmada la situación, advirtieron que el hombre se hallaba herido y en un estado deplorable, como ratificaron varios testigos:

> «en que esponen que a tiempo que se hallavan vajo el cubierto de junto a la capilla los hombes de que se componía la patrulla quisieran arrestar a dicho Eugenio Campelo, a cuio tiempo les contestó que bastante preso estava de resultas de una puñelada que acababa de recibir en el vientre, fue lo mismo manifestarla que disponer le echasen en ella un poco tabaco de polvo, asegurándole sanaría mui luego, desistiendo del arresto desde entonces cuio medicamento, a parecer de los patrullantes, se le aplicó a la herida y ligó con un pañuelo encarnado que el mismo ofendido tenía en el bolsillo, retirándose de concluida esta operación los de la patrulla sin cuidar más del enfermo, que a haverlo recogido a una casa, y dar parte del echo inmediatamente al juez que dicta según correspondía, sin duda se facultarían facultativos para que sin retardo concurrieren a reconocerle, y de aplicadas a tiempo las medicinas conducentes, quizá no havría fallecido, lo que se corrobora más bien por lo declarado por el médico y zirujano que practica-

[116] AMCo, C-6977-16, *Causa formada de oficio por la justicia de la Xurisdicción de la villa de Caión sobre el motín ejecutado en la noche del día siete de septiembre de 1815 en el campo de la Virgen de Nuestra Señora de los Milagros, de que resultó la muerte de Eujenio Campelo, vezino de Santa María de Cambre* (1815).

[117] Así lo refleja la sentencia sobre la muerte de Eugenio Campelo: «Fallo atento los autos y méritos del proceso a que me refiero, que por lo que de ellos resulta, y atendiendo a las declaraciones indagatorias que el Joaquín Sánchez y más comprendidos en la cabeza de esta sentencia tienen dado que han ratificado en sus respectivas confesiones, asentando escepto el Sánchez, Díaz, Valdomir y el Montero que la noche del siete de setiembre del año pasado de mil ochocientos quince recurrieran el campo de Nra. Señora de los Milagros diferentes veces con el objeto de mantener la tranquilidad entre las gentes que han concurrido al santuario cuia festividad se celebró en el subsiguiente día ocho, sin observar la menor nobedad hasta como cosa de las doze de la noche de dicho día siete que han oído en el medio del campo una especie de motín adonde se presentaran procurando averiguar la causa que lo preparara, y con efecto oían que lo mozos de la Mariña insultavan a quienes se les acomodava vertiendo repetidas veces las espresiones de que viviese la Mariña, notando al paso se davan empujones que procuraron con todo orden apaciguar y que a pesar de ello no lo pudieran conseguir, y que uno de aquellos queriendo descargar un palo sobre la caveza de un cabo del Regimiento Provincial de Betanzos, llamado Antonio García Alén, este lo havía sostenido en el aire con el sable con que diera diferentes latigazos a aquel, que aunque intentaran arrestarles se obscurierran entre el concurso de gentes; quedando desde este entonces el motín calmado, sin que a pesar de subsistir en el campo de Nuestra Señora de los Milagros no vieran ni han oído de sus resultas saliese herido alguno...»

ron el reconocimiento del cadáver pues dicen que la herida es de las que se llaman mortales por falta de auxilio[118], cuia culpable omisión que se nota de parte de los patrullantes en no haver cumplido exactamente con sus deveres no debe dispensarse, no obstante de que no resulta de la causa fuesen los que han dado la puñelada al Campelo».

Los miembros de la patrulla acusados de esta falta de socorro al moribundo guardaron silencio en sus declaraciones. En consecuencia, el juez carecía de pruebas suficientes para condenarles por la muerte. Sí lo hizo por esa falta de asistencia, y tomando en parte de pena la cárcel que habían sufrido, les multó a cada uno en cuatro ducados y les apercibió «seriamente para que a lo subcesivo cumplan con más exactitud con los encargos que se les pongan a su cuidado, vajo la pena que de no hacerlo se les castigará con maior rigor»[119].

b) Delincuencia patrimonial

Los robos continuaron cometiéndose por individuos solitarios[120], pero sobre todo por grupos organizados en cuadrillas o gavillas, con un capitán y con asignación de tareas concretas a cada uno de sus miembros. Existen, en consecuencia, dos modalidades esenciales de delincuencia patrimonial: una que apenas causa alarma y que no afecta al orden público, cometida por alguna persona en solitario; y, otra perpetrada por grupos, más o menos numerosos, que hace cundir el desasosiego en determinados territorios, provocando el temor y alterando en orden. La figura secular del *ladrón famoso* había dejado paso a la del bandolero, más vinculado con el salteador de caminos. En los textos jurídicos se obvia la antigua denominación para generalizar la de bandido o bandolero; mientras que en la legislación y en la documentación judicial se emplea en numerosas ocasiones la más genérica de malhechores. No es mi intención centrarme en esta delincuencia en grupo, pues ha sido objeto de amplia y solvente historiografía[121]. Tan solo remarcar la concepción normativa sobre ellos e incidir en los robos y hurtos cometidos esporádica o habitualmente por individuos solitarios, que no constituyen gavilla.

---

[118] Expresión similar a la empleada por Gutiérrez, *Practica*, I, p. 156, de heridas mortales por falta de socorro.

[119] Sentencia de 19 de agosto de 1816 del juez ordinario de la villa y jurisdicción de Cayón. El art. 132 del Proyecto de 1830 disponía que «el homicidio casual que dimana de acciones lícitas o de notables descuidos, es culpable y se castigará con cuatro años de destierro».

[120] AHN, *Consejos*, lib. 1409, exp. 35 (1817), *Oficios para la execución de la sentencia de muerte de horca impuesta a Gerónimo Álvarez, alias el Niño, y Bonifacio Martín*. El primero había robado 120.000 reales en dinero y objetos a un comerciante de El Escorial, por la noche y en casa de la víctima con amenazas y malos tratamientos, habiendo entrado en ella con violencia. El segundo lo estaba por dos robos ejecutados en caminos, con arma de fuego, y dentro del rastro de la Corte. «Ambas consultas vajaron el día 7 de mayo a la Sala y a ambos reos se les puso en capilla en el propio día sin embargo de ser de distintas causas». Fueron ejecutados el 9 de mayo de 1817.

[121] Me remito a la citada al comienzo de estas páginas.

Salvo casos muy puntuales, la criminalidad que provoca mayor alteración en la población y en el poder en estos años era la generada por las cuadrillas de ladrones. En los proyectos de Código criminal se plasmó la concepción jurídica que debería adoptarse en los textos normativos sobre el bandolerismo. El Proyecto de 1830, cuyo tenor siguió el de 1834, distinguía entre robo simple, «el que sin consentimiento de su dueño toma lo ajeno sin fuerza ni violencia» (art. 222), del robo cualificado, que se cometía «quitando o tomando las cosas ajenas con fuerza o violencia» (art. 243). Concretando que se verificaba la fuerza sobre las personas con malos tratamientos de obra, amenazas de muerte, yendo en cuadrilla y con armas (art. 244). El art. 245 concreta: «Se entenderá por cuadrilla de ladrones la de cuatro hombres de los cuales alguno lleva armas»[122]. Por tanto, fija el número mínimo y añade la presencia necesaria de un arma, con independencia de que fuera blanca o de fuego, aunque estas comenzaban a ser las más habituales. Las penas para el capitán o jefe de las gavillas sería la pena de muerte, y la comisión de heridas o el empleo de armas contra los dependientes de la justicia que los persiguieran conllevaría la misma pena (arts. 249-251). Sainz de Andino en su propuesta regula los bandos o cuadrillas de malhechores, dentro de los delitos contra la seguridad interior del Estado, exigiendo que pasaran de siete personas que obraran mancomunadamente y de acuerdo para, juntos o separados, incendiar, devastar, asesinar, saquear, apoderarse o destruir a mano armada propiedades del Estado o de particulares (art. 357). Con posterioridad, dentro de los delitos cometidos contra los particulares, diferencia el hurto, perpetrado cuando fraudulentamente y sin usar fuerza y violencia se apodera de efectos muebles ajenos (art. 1036); del robo, que comete el que ilegítimamente y usando violencia y fuerza contra las personas o las cosas se apodera de efectos muebles (art. 1004), detallando que entre los medios de violencia contra las personas estaba el portar armas, aunque no se usaran, o inferir amenazas (art. 1005). Como circunstancia agravante del robo menciona en segundo lugar que «los ladrones sean dos o más en número» y en tercer lugar que «formen cuadrilla de bandoleros o salteadores de caminos» (art. 1016)[123]. La variación numérica encuentra su explicación en el art. 1020,

[122] Además, por la alarma social que causaban y la minoración de la autoridad regia, los arts. 687 a 696 regularon el procedimiento especial en las causas de bandidos públicos. El primero de estos preceptos, modificaba el criterio numérico precedente: «La cuadrilla de ladrones compuesta de seis o más individuos armados que hubiese cometido dos, tres o más robos en despoblado, ya con fuerza, ya maltratando o hiriendo o matando a los robados, ya aprendiendo ganados, efectos o personas, y teniéndolas en rehenes hasta que les remitan las cantidades que por medio de avisos o esquelas hubiesen pedido a sus dueños, ya degollando ganados o incendiando mieses, arbolados o cortijos, o derribando cercas, o haciendo otro daño grave, serán considerados como bandidos públicos».

[123] Los salteadores de caminos, sin embargo, no siempre actuaban de forma violenta. Inglis dio cuenta de que mientras a un viajero lo habían asesinado en la sierra granadina por haberse resistido, él se limitó a entregar cierta cantidad cuando vio descender a dos hombres armados con pistolas en la faja: «They, however, adopted a different mode of supplying their needs, thinking it safer to ask for money, as guards of the road, than as robbers.», en *Spain in 1830*, II, p. 255.

de acuerdo con el cual: «Son bandoleros y salteadores de caminos los que abandonando todo modo honesto de vivir, hacen profesión de robar en pandilla, ya en los mismos caminos o ya en los pueblos donde pueden introducirse con el mismo objeto. Siempre que llegue a tres el número de salteadores que se hayan juntado en la perpetración de un robo, se entiende cometido en cuadrilla». Su jefe sería condenado a muerte (art. 1021) y, en este caso, el resto de la cuadrilla debería presenciar la ejecución (art. 1024). Sin duda la aportación más interesante de Sainz de Andino es la concepción del bandolero como un delincuente profesional, para cuya determinación no se exige que hubiera sido condenado con anterioridad.

Para poder calibrar el pensamiento que los juristas tenían sobre el bandolerismo son interesantes las consideraciones que se hicieron por los miembros de la primera junta redactora a las observaciones que se habían hecho por la segunda junta revisora en enero de 1832[124]. Los redactores habían seguido contra los bandidos la legislación recopilada por «los incalculables y efectivos bienes que produce su aplicación», extrañándose los revisores que se hubieran separado en este punto «de los sentimientos de humanidad que se ha seguido en todo el Código». Lamentaba la primera junta que hubiera sido «harto frecuente en España la aparición de partidas de bandidos que ayudados por la fragosidad del terreno y de otras causas han traído en consternación por dilatados años provincias enteras de la Península», mencionando expresamente a las partidas de los Niños de Écija, Melchor y Merino, Jaime el Barbudo, los Mojicas y José María (Tempranillo). Todas las gavillas, menos la última, «sucumbieron a la eficacia de esta ley (de 1784)»[125], por lo que se había evitado la transacción con el último, pues mediante aquella se habían facilitado las divisiones internas de las gavillas y su aprehensión, ya que siempre había alguno que se arrepentía en busca del perdón. Desde la perspectiva procesal, se actuaba contra ellos en rebeldía, citándoles en los estrados y continuando la causa hasta sentencia, permitiendo que se presentaran dentro de los quince días siguientes para defenderse. Solo se negaba este último derecho:

> «... a los que de ninguna manera comparecen, y contumaces y reveldes insisten en permanecer en la carrera del crimen. La fama pública los condena ya entonces como bandido famosos e incorregibles, el proceso los ha sentenciado por pruebas irrecusables, y el darles audiencia no sería nunca más que una fórmula rutinaria que entorpeciendo la urgencia del castigo haría ilusoria la justicia. La ley los considera como incorregibles, como miembros fuera de la sociedad, como seres destituidos de razón, y en tal estado para que la justicia produzca todos los efectos que es menester y exige el bien general del Estado, la ejecución debe ser pronta y del momento, y la vida de un hombre que por sus atrocidades dejó de serlo es pequeño sacrificio en comparación de los derechos que la sociedad reclama».

---

[124] ACGC, sesión de 20 de septiembre de 1833, pp. 112-116. Vid. arts. 690-692 del Proyecto de 1830.

[125] La noticia de la ejecución de la partida de Merino y Melchor en *Miscelánea del comercio, artes y literatura* de 7/2/1820. Puede consultarse en la Hemeroteca digital de la BNE.

Se entremezclan en este párrafo fundamentos legales seculares, teorías jurídicas sobre la incorregibilidad de los delincuentes y su castigo agravado y privación de derechos procesales de los individuos que han quebrantado los pactos sociales, en beneficio de los derechos de la sociedad a vivir sin temor. La idea de extraer de la sociedad al delincuente no era nueva, pues se había utilizado en el siglo XVI en la literatura jurídica tomándolo de la medicina. Si, además, no es considerado como hombre sino como alimaña, tampoco habría inconveniente en negarle cualquier derecho a quien carece de razón según los postulados absolutistas.

Por otro lado, Fernando VII que apenas innovo en materia legislativa contra la delincuencia común, reiteró la vigencia de la famosa Pragmática de 1734 dictada para castigar los hurtos en la Corte. La dureza de esta disposición en algunos casos quedó en letra mojada[126], pero en otros sirvió para ajusticiar a los ladrones que más que actuar en Madrid lo hacían en los lugares circundantes, tanto por parte de los tribunales ordinarios como por las comisiones militares, sin duda estas con mayor dureza[127]. La agravación venía dada por el lugar de comisión y no por la cantidad[128].

Hay que pensar que, acabada la guerra contra el ejército napoleónico, numerosos individuos encontraron en los robos su modo de subsistencia, aunque como veremos inmediatamente esta idea hay que matizarla por el notable incremento de la delincuencia patrimonial al iniciarse la década de 1830. La persecución y enjuiciamiento de estas partidas de bandoleros no solo fue atribución de la jurisdicción ordinaria, sino muy especialmente de la militar desde finales del siglo XVIII[129]. Fernando VII se sirvió de los procedimientos que habían establecido su abuelo y su padre para tratar de restablecer el orden público[130]. Si observamos un período amplio en la

---

[126] Así lo había manifestado Meléndez Valdés en relación a los hurtos cometidos por los domésticos. Vid. Pedro Ortego Gil, «Hurtar a los de casa: notas sobre hurtos domésticos», en *CHD*, nº. extraordinario (2010), pp. 449-470.

[127] Por R.C. de 4 de agosto de 1825 se ordenó «que se guarde la distinción prescrita por las leyes entre hurtos simples y cualificados», de conformidad con lo que se había establecido en 1734, 1735 y 1746, de modo que: «Art. 3. Que la Sala de alcaldes de mi Casa y Corte en la imposición de penas por hurtos cometidos dentro de la Corte, se atempere a lo que se le previno por el Consejo en siete de febrero de mil setecientos setenta y siete; y tenga por cualificados no solo los que se cometan con violencia, escalamiento o rompimiento de pared, tejado o puerta principal, sino también los que se ejecuten con fractura de puerta interior, arca, cofre, escritorio o papelera con llave falsa o ganzúa. Art. 4. Que los hurtos domésticos a que no acompañe alguna de las expresadas circunstancias, por más que lleguen o pasen de la cantidad de cincuenta pesos señalada en el Real decreto de mil setecientos sesenta y cuatro, no se entiendan cualificados; y sí solamente simples y sujetos a las penas arbitrarias, conforme a la Real declaración de mil setecientos cuarenta y seis».

[128] En la consulta de la Sala segunda de 29 de agosto de 1814, se señala que la cantidad robada es «cosa accidental para el castigo» en los robos cometidos en la Corte, además de no encontrar en la causa consultada «arbitrio para dejarle de imponer atendidas las leyes, que tratan de robos qualificados en la Corte, la pena de muerte en la horca», AHN, Consejos, lib. 1403, exp. 61/2.

[129] Delincuencia que venía siendo perseguida con anterioridad, J.M. Palop Ramos, «La militarización del orden público a finales del reinado de Carlos III. La Instrucción de 1784», *Revista de Historia Moderna*, 22, 2004, pp. 453-486.

[130] Este asunto lo he tratado con mayor profundidad en «Jurisdicción militar y delincuencia patrimonial durante el Sexenio absolutista», ya citado.

Chancillería de Granada, las causas por robo no tuvieron tanta incidencia en la posguerra.

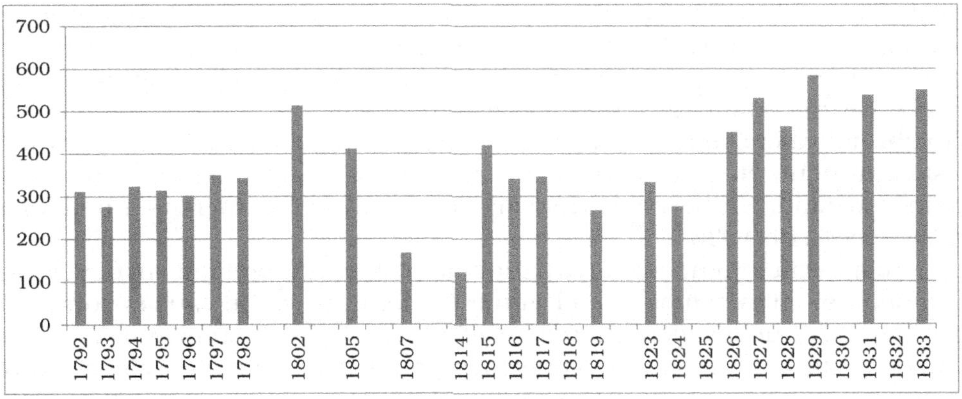

Es importante introducir un inciso. Es habitual hacer hincapié en los delitos cometidos por hombres, tanto por lo que afecta a los políticos –donde son abrumadora mayoría– como a los comunes. Pero existe otra criminalidad que es generada por mujeres. En este sentido, hay suficientes testimonios de la participación y colaboración de mujeres, hermanas o compañeras en las gavillas.

Si observamos la tabla, puede advertirse en algunas audiencias el incremento de causas por robos es exponencial, sobre todo en el segunda etapa absolutista y, más en particular, a partir de 1830, que en el caso de Extremadura es notable; mientras que en los ámbitos territoriales más reducidos se observa cierta prolongación mantenida.

	1814	1815	1816	1817	1818	1819	1824	1825	1826	1827	1828	1829	1830	1831	1832	1833
Corte														195		
Valladolid			174		157	146			341		312	499				
Granada	122	420	340	346		266	275		451	530	464	584		538		551
Galicia														583	414	
Sevilla											329	380	354	323		381
Asturias									49		80	82	80	119	123	130
Extremadura	121	146					103		194		213		338	448	551	499
Navarra			38	65	64		83		136	182	104		86	101		102
Aragón			109	184	183	156					252	432			476	663
Cataluña				188	202	151	91		288	260	356					
Valencia		140	230	234	209		201	328	265	246	285	429	314	343	361	304
Mallorca			41								38		23	19	45	24

Si buscamos establecer el promedio de causas conocidas por los tribunales, teniendo presente los años de los cuales tenemos información y el número de causas conocidas por ellos de robos, hurtos y raterías, el resultado es el siguiente gráfico. La circunstancia de hallarse Galicia en el lugar donde mayor violencia patrimonial se cometió es debido a que solo conservamos de su Audiencia las noticias de 1831 y 1832, cuando en todos los territorios se incrementaron los procesos por esta causa. Más fiables son los datos de Granada, Valencia, Navarra y Extremadura. En el primer caso y con sus altibajos presenta una mayor uniformidad, al igual que en tierras navarras donde no representa esta delincuencia un factor notable. En el tribunal valenciano se aprecia la diferencia entre las dos etapas absolutistas, aunque en la última existe, con la excepción de 1829, una cierta homogeneidad. En tierras extremeñas es manifiesto el incremento al inicio de la década de 1830.

Se aprecia la tendencia paulatina al incremento de la delincuencia patrimonial si entendemos que el aumento del número de causas conocidas por las Salas del crimen guarda relación con dicho incremento. Si observamos el número de causas conocidas por la Audiencia de Valencia veremos, con altibajos, esta tendencia, sin olvidar que la actuación de la jurisdicción militar en esta circunscripción tuvo una considerable importancia en la persecución y castigo de la delincuencia patrimonial.

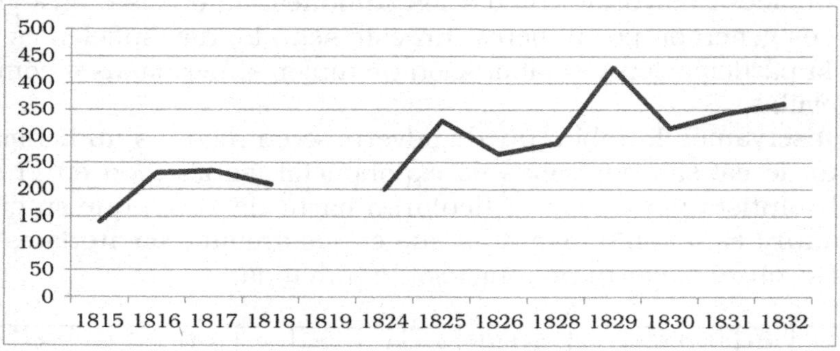

Tras el regreso del absolutismo, no tardaron las autoridades judiciales, o en su caso los capitanes generales, en dictar medidas preventivas contra esta delincuencia, sobre todo destinadas a las zonas rurales donde se podían mover con más inmunidad estas cuadrillas. La Sala del crimen de la Audiencia de Aragón en su auto de 11 de marzo de 1815 no solo constaba la evidencia sino que dictaba una serie de preceptos para intentar detener a los delincuentes y sus colaboradores, achacando en parte ese incremento de la criminalidad a la omisión de las justicias municipales[131].

131 «Viendo la Sala que lejos de extinguirse los malhechores, se aumentan diariamente hasta el punto de formar quadrillas numerosas, que roban a todo aquel pasagero que tiene la desgracia de caer en sus manos, de que se sigue la privación del trato y comercio, la constante inquietud de los viageros, el sobresalto de los pueblos, y una consternación general que ocasiona tantas y tan funestas conseqüencias, al ver que las familias no están seguras en sus casas, ni aun en sus mismos lechos; considerando que el aumento de estos delitos procede del poco zelo y vigilancia de las justicias, y de la falta de cumplimiento a las órdenes y providencias de buen gobierno tantas veces repetidas; y no habiendo olvidado los distinguidos ser-

En primer lugar, se ordenaba la difusión y publicación del auto por todos los pueblos de las siguientes medidas, encomendando especialmente a las autoridades municipales su cumplimiento:

> - «Que si en los pueblos o sus territorios respectivos se cometiese algún robo o anduviesen malhechores, dichas justicias procuren por todos medios su prisión, valiéndose al efecto, si da lugar el caso del auxilio de tropa, y en su defecto del de paisanos, y si fuese necesario se comunique aviso a las justicias inmediatas para que con gente armada salgan a los parages que se cite y de ellos sigan con conocimiento a los que tengan por oportuno, trasterminando, si fuese preciso, en seguimiento de dichos delinquentes, procurando en tales, reuniones la mayor armonía, y que todos unánimes se dirijan a un fin tan interesante.
> - Que inmediatamente se cometan semejantes delitos, o anden por sus territorios tal clase de gente, den cuenta dichas justicias al corregidor de su respectivo partido para que tome las providencias convenientes a su aprensión, y a la Sala lo executen dentro de veinte y quatro horas.
> - Que los citados corregidores participen luego a este Tribunal las providencias que hayan acordado y sus resultas, haciéndolo, como también las justicias por mano del fiscal de S. M.
> - Que quando por parte de éstas se consiga la prisión de los reos, y no tengan seguridad en sus cárceles, o justo motivo para recelar que violentamente puedan ser extrahidos, dispongan su traslación a las cárceles, cabezas de partido, y por lo tocante al de ésta capital a las Reales de Corte, cuyos corregidores o alcaldes mayores de aquellas los reciban, custodien y den cuenta, y las justicias lo hagan de lo resolutivo de las sumarias, que pronta e instructivamente deberán formar, valiéndose para las primeras diligencias, del fiel de fechos, en defecto de escribano real o público; que para los gastos de avisos, satisfacer los paisanos destinados a prender los reos, expedir ordenes al efecto, facilitar el auxilio de tropas y demás necesario al intento, se tome el caudal bastante de los propios y arbitrios de los respectivos pueblos, llevando cuenta y razón, lo que se abonará como se previene en Reales Pragmáticas expedidas al efecto.
> - Que igualmente se cumpla por dichas justicias la observancia sobre el porte y uso de armas, sin permitirlo sino en los días, tiempo y caso que prescriben las leyes, baxo las penas que las mismas imponen a los contraventores.
> - Que si algún vecino honrado verificase la prisión de algún malhechor, o fuese causa de facilitarla por sus noticias, lo hagan presente las justicias a la Sala, que procurará por los medios que previenen las leyes, se premie su mérito, e igualmente se hará con las justicias en iguales casos; y por lo contrario si alguna fuese omisa en el cumplimiento de quanto queda dispuesto, se le impondrá irremisiblemente la pena de suspensión de oficio y demás que ordenan las propias Leyes, en inteligencia de que en este particular no se disimulará la más pequeña falta.

---

vicios que en semejantes casos han solido hacer algunas justicias y particulares, que zelosos del bien de sus semejantes, separando de sí todo temor, han hecho prisiones de hombres los más facinerosos. A efecto pues de evitar rápidamente tanto daño, y conseguir el logro de los días de tranquilidad de que son tan acreedores los habitantes de este benemérito Reyno, no menos que de la seguridad de sus personas y propiedades...» AMZa, 34/3-5, caja 8202.

- Que a qualquier que prendiese y presentase a la justicia a algún pariente suyo, individuo de las quadrillas de salteadores, por el mismo hecho se le librará a éste de toda pena afrentosa».

La publicación de bandos por parte de las autoridades, sobre todo militares, para contener el orden público estaban encaminadas en numerosas ocasiones a reiterar los castigos contra los ladrones, sin importar las leyes recopiladas vigentes. Hemos visto la actuación de la actuación de la jurisdicción militar en este asunto a partir de 1814. Al mismo tiempo muestran la situación real de delincuencia patrimonial generalizada y la impotencia de las autoridades para reducir los delitos. Baste recoger el publicado por el marqués de Castelldosrius, a la sazón gobernador militar de Cádiz, el 17 de marzo de 1817, del que entresaco el siguiente párrafo:

«... Aunque la multitud de robos, y raterías que se experimentaban en esta ciudad, me movió a publicar en 1º de febrero del año pasado de 1816 el bando que es notorio, imponiendo con arreglo a la ley de Partida la pena de 200 azotes a todo ladrón[132], sin perjuicio de la causa y de agravarle hasta la capital según la clase del hurto, y entonces vi contenido este exceso; advierto con dolor que se ha vuelto a continuar con el mayor descaro tal crimen, quebrantándose rexas, arrancando escalones, y cometiéndose otras violencias, sin duda porque los viles perpetradores de tan feos delitos fundan la esperanza de su indemnidad en los trámites dilatados de los juicios que a veces son causa de que no se les prueben con toda la formalidad debida. Este inconveniente es el que las leyes y Reales ordenes han querido evitar en aquellos crímenes, que por su gravedad merecen un pronto y exemplar castigo; de aquí la Real instrucción y órdenes Reales para que los bandidos y malhechores sean procesados militarmente; de aquí otras Soberanas disposiciones... Declaro nuevamente que el ladrón será castigado con la pena de 200 azotes y ocho años de presidio en África, según, y en los términos que lo determiné en el citado bando de 1º de febrero. Y para quitar a la expresada clase de delinqüentes la esperanza de la dilación, declaro también, que siguiendo el espíritu de las referidas leyes y Reales órdenes, serán juzgados breve y sumariamente en el orden militar; cuyo sistema seguiré igualmente con los vagos, jugadores, viciosos, y mal entretenidos, que son los más proporcionados para toda clase de delitos, a fin de que desaparezca de una vez esta raza tan odiosa, tan criminal y tan perjudicial al Reino y sus habitantes. Y para que llegue a noticia de todos, ninguno alegue ignorancia, y sepan que, a pesar de los sentimientos de mi corazón, seré inexorable en el castigo del robo»[133].

Junto con estas disposiciones generales, también se dictaron otras destinadas al apresamiento de cuadrillas singulares, como sucedió en Extremadura con la de Melchor y Merino, trasladadas a otros tribunales. Además, las ejecuciones colectivas de bandoleros fueron difundidas ampliamente, como la cuadrilla de Écija en 1817 o la de Montellano en 1819. Estos últimos fueron apresados por catorce paisanos y tres soldados, diri-

[132] Remisión a P. 7, 14,18. La ley alfonsina, sin embargo, estaba modificada por otras recopiladas.
[133] *DMC* de 18.03.1817. Más extenso y pormenorizado es el bando militar de Javier Elío de 26.05.1816 publicado en *DdV* de 2-5.06.1816.

gidos por el alcalde, apresando a ocho de ellos a pesar del enfrentamiento que hubo[134].

La concurrencia de similares circunstancias durante el Sexenio y la Década reprodujeron situaciones análogas de criminalidad, sobre todo los hechos delictivos cometidas por cuadrillas que, organizadas para la comisión de robos fundamentalmente, se disolvían perpetrado el delito, para reagruparse tan pronto como fuera preciso para ejecutar el siguiente. Las justicias podían incoar la causa criminal, pero ante la falta de suficientes pruebas, cuando no la connivencia con sus autores, hacía quedar en el limbo procesal sus actuaciones. La Real Chancillería de Valladolid dictó en noviembre de 1818 una providencia, reiterada en 19 de mayo de 1827, determinando los preceptos para la persecución de ladrones y previniendo a las justicias acerca de la necesidad de agilizar los procesos judiciales:

> «Que de algún tiempo a esta parte se habían dado a las Salas diferentes noticias oficiales por las justicias de varios pueblos, manifestando haberse ejecutado dentro y fuera de ellos frecuentes robos con uso de armas prohibidas, e insultos a las personas robadas; y aunque en cada uno de los casos de que han dado parte se han dictado las oportunas providencias para la persecución de los autores de tales escesos y su ejemplar castigo, conforme a lo determinado por las leyes, continuaban no obstante repitiéndose escandalosamente, por manera que ningún vecino se consideraba seguro en su hogar, y mucho menos los viajantes y trajineros, que precisados a cruzar diariamente los caminos por razón de su tráfico, se veían de continuo asaltados y robados por partidas de malhechores, que reuniéndose cautelosamente para cometer sus crímenes, se disolvían en el momento mismo en que los consumaban, y restituían a los puntos de donde habían salido, y en los que contaban con asilo seguro por la protección que se les dispensaba. Igual era la situación lastimosa de casi todos los pueblos sujetos a la jurisdicción de esta Real Chancillería en noviembre del año pasado de 1818; y para mejorarla, restituir la tranquilidad de que carecían, y castigar debidamente a los autores, cómplices, y encubridores de tales escesos, se formó por las Salas la Instrucción de 16 de dicho mes, que círculo a los corregidores, alcaldes mayores, y demás justicias de los pueblos de su territorio, y muy en breve tuvieron la satisfacción de ver cumplidos los loables objetos que se propusieron en su espedición; pues, aprehendidos muchos de los foragidos que infestaban este país, sufrieron la pena a que sus crímenes les había hecho acreedores; y temerosos otros de esperimentar la misma suerte, lo abandonaron, quedando por consiguiente libre de los malvados, y seguros todas los vecinos y caminantes para poder dedicarse a sus respectivas faenas sin el menor recelo; pero los corregidores, alcaldes mayores, y demás justicias, olvidando, por desgracia, cuanto en dicha circular se les prevenía, y contentándose solo con formar causa cuando se les da parte de algún robo cometido dentro o fuera de poblado, no cuidan, como es de su obligación, de recorrer los caminos, reconocer las ventas y demás que hay en sus respectivos territorios para saber las personas que cruzan por aquellos y se acogen en estas, como tampoco de examinar la

[134] *Gaceta* de 15/9/1818. Fueron ejecutados el 6 de mayo de 1819 en Sevilla.

conducta y modo de vivir de muchas que sin destino conocido se abrigan dentro de los mismos pueblos, y el resultado es la frecuencia de los robos, insultos y latrocinios que por desgracia se están esperimentando de seis meses a esta parte, y que no han podido menos de escitar el celo del Real Acuerdo, y estimular el de las Salas del Crimen para mandar, como desde luego mandan, recordar el más puntual y exacto cumplimiento de la citada circular de 16 de noviembre del año pasado de 1818»[135].

Para conseguir su finalidad, ordenaba que las justicias, con el auxilio de las tropas de realistas, y de acuerdo unas con otras adquirieran noticias inspeccionando caminos, montes y cañadas para sorprender con mayor facilidad a salteadores y rateros. Los jueces podrían, y deberían adquirir estas noticias por sí o mediante informadores[136], a los que se les pagaría con lo obtenido de penas de cámara, gastos de justicia y propios de los pueblos. A los venteros, mesoneros[137], guardas de montes, molineros y ermitaños se les imponía la obligación de dar cuenta reservadas de los ladrones que buscaran el abrigo de estos edificios, castigándolo en caso de omisión. Lo cual se extendía a barqueros y pastores. Para facilitar su aprehensión se pagaría una onza de oro por cada ladrón arrestado, de conformidad con la R.O. de 30 de marzo de 1818. Verificada la captura y con el fin de no causar gastos a los pueblos, se les trasladaría, con el pertinente apoyo militar, a la cárcel de la capital o cabeza de partido, sin duda por ser más seguras.

Lo más interesante de las órdenes de la Chancillería vallisoletana afecta a la actuación jurisdiccional de los jueces inferiores: «Todas las justicias empleadas en la persecución de ladrones podrán estralimitarse de su jurisdición, y en todos los tránsitos se les facilitarán los auxilios que pidieren y necesitaren, dando cuenta a las Salas de los que se mostrasen indiferentes en ocasiones semejantes». El auxilio entre las justicias se facilitaba al soslayar las formalidades en requisitorias y exhortos para conseguir «el buen éxito de la empresa, tan recomendable por todas consideraciones». Con el objetivo de no dilatar el proceso instruido contra los autores principales, «las justicias formarán piezas separadas contra los encubridores o auxiliadores de los ladrones, remitiéndoles igualmente a las cárceles de la capital o cabeza de partido cuando resulten méritos contra ellos para la prisión». A los que anduvieren sin pasaporte, de acuerdo con lo fijado en la

135 Providencia de 10 de mayo de 1827 de la Sala del crimen de la Chancillería de Valladolid. Copia de la base de disposiciones de la Universidad Autónoma de Barcelona.

136 «Las justicias del distrito de esta Real Chancillería en el término preciso de quince días contados desde que reciban esta circular, informarán a las Salas acerca de los ladrones o malhechores que se hayan dejado ver en sus respectivas jurisdicciones, así de a pie como con caballo, puntos de su apoyo o abrigo, con todo lo demás que crean conducente para la ilustración de las Salas, por quienes se acordarán las sucesivas providencias que convengan hasta limpiar el distrito de gente tan perjudicial» (art. 18).

137 Para estos, además, se establecía otra carga: «Las justicias visitarán con frecuencia las casas de juego, tabernas, mesones, y muy cuidadosamente las ventas que hubiere en despoblados, las ermitas solitarias sin culto, haciendo que las lleven diariamente lista de todos los huéspedes que llegasen, sentándoles todos en un libro que deben conservar en su poder, a fin de que en todo tiempo puedan tomarse de él las noticias necesarias» (art. 10).

R.O. de 13 de julio de 1818 y cuanto hubiera determinado la Policía, si fueran sospechosos «con motivo fundado», se les incoaría causa. Pero las sospechas se extendían también a los mendigos, pordioseros y, en general, se ordenaba a los jueces «examinar prolija y detenidamente la conducta y modo de vivir de todos aquellos que en sus respectivos pueblos no tengan destino u oficio conocido», procediéndose judicial con arreglo a la pragmática de vagos, dando parte a las Salas del crimen por mano del fiscal de S.M. «acompañando lista bien circunstanciada».

Al igual que en el procedimiento ordinario, en el término de cuarenta y ocho horas los jueces, por mano del fiscal, tenían la obligación de dar cuenta a la Sala del crimen del suceso y en el plazo de quince días de la formación de la causa, y con otras informaciones en el caso de no ser aprehendidos los malhechores[138]. Se hizo hincapié en las pruebas para la determinación de lo robado[139], permitiendo la acumulación de las mismas para hechos posteriores. Cualquier omisión en estos trámites supondría el envío de un receptor por la Sala, a costa del juez, y la imposición de la pena correspondiente «según el grado de culpa o malicia que se las justificase». Otras omisiones por parte de los jueces, les haría «responsables con sus personas y bienes de cualquiera robo que se ejecute en sus respectivos términos, y sufrirán además la pena que las Salas tuviesen a bien imponerlas, atendida su apatía y abandono en el cumplimiento de todos y cada uno de los artículos preinsertos». Por último, se determinó que «por ahora» no percibirían derechos, salvo los gastos personales imprescindibles, sin perjuicio de lo ordenado por la Sala del crimen.

En Valencia, como se observa en la tabla anterior, entre 1824 y 1828 es en 1825 cuando se resolvieron un mayor número de causas por robos. Una parte de ellos fueron cometidos por una conocida gavilla, cuyos componentes resultaron condenados a muerte por la Sala del crimen, poniéndose de ejemplo por el capitán general para refrenar estos delitos[140]. Se

---

[138] Todavía se recordaba al inicio del siglo XIX los casos de Corte cuyo conocimiento en primera instancia correspondía a los alcaldes de Casa y Corte o del crimen de las audiencias y chancillerías: «Son casos de corte en lo criminal la muerte segura, el rapto o fuerza hecha a muger, el quebrantamiento de tregua o camino, el incendio de casa u otro edificio, la traición contra el Soberano o el Estado, la alevosía, el reto o desafío, la falsificación de sello o moneda real, el encubrimiento de malhechores o deudores en castillo o fortaleza, en lugar de señorío o abadengo repugnando su entrega a la justicia, el crimen de prender a alguno o tomar sus bienes por propia autoridad, el ser ladrón conocido o condenado en rebeldía por algún delito, y la resistencia de concejo o persona poderosa a la ejecución que se haga por débitos reales en virtud de Real provisión», en Gutiérrez, *Práctica criminal*, I, p. 5.

[139] «Las justicias tendrán particular cuidado en examinar a los robados, sin causarles otra dilación que la precisa, tomando las señas posibles de los ladrones, caballos, armas, y demás que pueda aprovechar para venir en conocimiento de ellos, para hacerles cargos en el caso de que sean aprehendidos en lo sucesivo». Por su parte, Gutiérrez, *Práctica criminal*, I, p. 169 llamaba la atención de la poca diligencia de los jueces inferiores en la comprobación de la existencia previa de los objetos robados en posesión de las víctimas, puesto que sin cuerpo del delito no había tal.

[140] «Capitanía general del Ejército y Reynos de Valencia y Murcia. En la mañana de este día han sufrido la muerte en horca en la plaza del Mercado de esta capital Vicente Conca y Vendrell, y Ramón Sáez (apodado Pocarropa), ambos naturales de la villa de Carler, por ser otros

continuaba con la misma práctica que había marcado Elío en la etapa absolutista precedente.

Lejos, muy lejos, de haber desaparecido con la intervención de las comisiones militares o las ejecuciones de algunos agavillados por la misma, esta delincuencia se mantuvo en el tiempo. En las Navidades de 1828 a 1829, el capitán general de Andalucía envió un oficio a la Corte acerca de la tropa necesaria «para exterminar las muchas partidas de ladrones que infestan aquella provincia». Solicitaba, y el Gobierno aceptó, quinientos hombres, haciendo recaer el mayor coste que supondría sobre los pueblos de los partidos en que hubiera ladrones, pero «inventándose algunas reglas ingeniosas por medio de las quales puedan quedar libres del repartimiento los pueblos o partidos que aprehendan los ladrones o los delaten con fundamento o cierto éxito, o se ofrezcan, bajo su responsabilidad, a libertar su distrito de malhechores»[141].

Por supuesto que la jurisdicción ordinaria intervenía en el castigo de los hurtos y robos. En la primavera de 1827 los robos en la jurisdicción territorial de la Sala de alcaldes de Casa y Corte, en particular los sacrílegos, fueron numerosos. El 25 de abril de aquel año, la Sala manifestaba que «hay ocasiones en Madrid en que la vigilancia y celo de los alcaldes de Corte no ha sido bastante a contener el delito de robo ni aún de los vasos sagrados y otras alhajas de los templos e imágenes, y esto en el tiempo en que sus personas eran más consideradas y su autoridad respetada en todo ejercicio de la jurisdicción ordinaria»[142]. Las causas de esa pérdida de autoridad se debían tanto a la multiplicidad de fueros y jurisdicciones, como a que la insubordinación que se atribuía a la calificada de clase ínfima del Estado desde el periodo –para ellos, revolución– constitucional. Pero también había que repartir culpas, pues estos robos no debían extrañar como consecuencia del descuido o abandono en que se hallaban las iglesias. El remedio que se planteó fue que los alcaldes de barrio tomaran noticias de las personas sospechosas, lo cual a su vez permitió condenar a unos al

---

de los que componían la gavilla de bandidos del Gato y Llorqueta, cuya sentencia les ha sido impuesta por la Sala del crimen de esta Real Audiencia. Lo que hago saber a los habitantes de estas provincias de mi mando, para que vean el triste fin que han tenido estos desgraciados, pagando con sus vidas los atroces crímenes que han cometido, teniendo que prometerse lo mismo sus compañeros, como la esperiencia lo acredita, pues por el infatigable celo de las partidas que tengo destinadas para el esterminio de tan fatal semilla, me prometo que en breve desaparecerán de este hermoso suelo hombres tan malvados. Valencia 8 de noviembre de 1825. Carvajal», *DMC* del 22.11.1825. El 7 de septiembre de 1825 fueron pasados por las armas José Riera y Bayxauli y José Escriba, de la *gavilla revolucionaria* de Gato y Llorqueta, «que a más de ladrones y asesinos, tienen por objeto alterar la pública tranquilidad y atentar contra los sagrados derechos del Rey N.S., y como esto sea un movimiento de rebelión...», *DMC* de 21.9.1825. Repárese en la vinculación entre agavillados y liberales.

[141] *Actas (1829)*, sesión del 3 de enero de 1829, p. 3. En la que también se vio el presupuesto de lo que podría costar una compañía de ciento veinte hombres para conservar la tranquilidad y seguridad en los alrededores de Madrid. Se habían producido problemas para conseguir tropas, pues la Sala de alcaldes de Casa y Corte se quejó de no habérsele facilitado para enviar a presidio a don Agustín Fort, alias marqués de Guaraní, o para trasladar a Madrid a don Juan Antonio de Rojas.

[142] Texto reproducido y tomado de García Borrega, «Delito y sociedad en Madrid», pp. 253-254.

servicio de armas por vagos y mal entretenidos, a otros al presidio correccional de El Prado por raterías, otros fueron desterrados por sospechosos y por no servir para el ejército, y catorce mujeres acabaron en la galera «por sus costumbres relajadas». Aplicando esta medida extraordinaria habían sido condenadas 63 personas «en poco más de un mes». Un número mayor lo había sido por el despacho ordinario. Pero los problemas no concluían aquí, porque los condenados se fugaban, quedando frustrada la ejecución de la sentencia.

Asimismo, en Galicia se desató cierta alarma por los continuos robos en iglesias. Es conocido que la geografía gallega y la dispersión de su población situaban a numerosos templos en lugares apartados en los que se guardaban objetos de gran valor y fácil transporte. Un oficio del Capitán general de 25 de junio de 1829 alertaba del aumento de este tipo de robos, reclamando información y que se adoptasen medidas. Otro oficio posterior del gobernador de las Salas del crimen, fechado el 30 de octubre, incidía sobre los continuos robos de iglesias, disponiendo que se le manifestaran los motivos que influían en estos escalos y robos. Desde Coruña se contestó que muchas de ellas eran viejas y sus puertas, ventanas o tragaluces estaban situados a poca altura, por lo que era fácil asaltarlas[143]. En 1831 y 1832 las causas por robos representaban un porcentaje sustancial en el conjunto de las conocidas por la Audiencia gallega.

Otros hurtos o robos agravados punitivamente, según la doctrina secular, por razón del lugar eran los cometidos en la Corte y Sitios reales. En un robo efectuado en Madrid, los autores hirieron a la tendera en el cuello: «la herida aunque no mui penetrante ofendió la vena ungular externa, y produjo tal derrame de sangre, que ha constituido a la paciente en una situación de que al dar la fe de sanidad local, pronostique el facultativo vendrá a parar en una hidropesía de difícil curación». Había, además, testigos que vieron a los tres autores con la víctima. El robo fue de apenas ochenta reales, algunas ropas, efectos y dos sortijas de valor ignorado. Esperaron a que anocheciera y, según sus declaraciones, la llevaron «al quarto donde tenía la cama, y herida ya en el cuello, la forzaron subcesivamente los tres y el primero repitió la violencia atándola en el suelo junto a la cama, hechándola un colchón encima, y paseándola como si quisiesen ahorgarla». Así la dejaron y marcharon con lo robado dejando las puertas abiertas, la casa sin luz y ella desmayada. Un vecino dio cuenta de la situación de la casa a los alcaldes de barrio y de cuartel, facilitando a la moribunda los auxilios temporales y espirituales. Dos de ellos fueron reconocidos con posterioridad en una calle y perseguidos. El autor principal logró escabullirse al arrestar por equivocación a otro individuo. Los dos arrestados negaron los hechos, pero la sumaria contenía suficientes pruebas contra ellos, siendo reconocidos por la tendera en una rueda, «sin embargo de sus años y su devilidad, con el auxilio de los anteojos». Se hicieron otras ruedas con las testigos que no los reconocían, «porque la una les vio al obscurecer, y la otra dice, que no puso cuidado en los rostros,

[143] AMCo, *Municipal*, caja 6665.

y sí solo en alguna de sus ropas». A uno, sin embargo, le delataba un pañuelo que por aquellos días llevaba en la cara y siendo falsa la única cita del otro. La sentencia señalaba que los hechos «han agravado las pruebas resultantes contra ellos, por las quales sin embargo de su negativa, les ha creído la Sala conbencidos legalmente del delito de robo en la Corte con quebrantamiento y malos tratamientos a una anciana, que probablemente morirá de sus resultas, y mui indiciados en la fuerza», por todo lo cual fueron condenados a la horca en diciembre de 1815[144]. Sin duda, la Pragmática de 1734 y su renovada vigencia están en el fundamento jurídico de la sentencia. El rey quedó enterado y el 10 de enero de 1816 fueron ajusticiados[145].

Esta agravación no solo se encuentra en la punición de la pragmática de 1734, sino que fue aplicada también por la comisión militar ejecutiva de Castilla la Nueva en 1825 en una causa por el robo de dos duros en la Corte[146]. La cantidad, sin embargo, no era lo importante[147], pues lo sustancial era haberlo cometido dentro del rastro de la Corte.

En ocasiones conocemos las circunstancias que desembocan en la perpetración de robos. A los fugados de presidio, y en general de la acción de la justicia, el único medio de subsistencia era el robo en lugares despoblados. Se ha insistido en el bandolerismo colectivo –la cuadrilla de Melchor y Merino supero el medio centenar–, pero junto a él hubo otro individual o compuesto por un grupo muy reducido de dos o tres individuos. Entre estos, además de Antonio Sánchez, podemos citar a Juan Ramón Luis Fernández de Cires prófugo, junto con otros dos presidiarios, del depósito de rematados de Málaga donde estaba condenado a las obras públicas[148]. Aprovechando la orografía consiguieron llegar hasta la Tierra de Toledo, y «armados ya con caravinas reincidieron en robos y con violencia en caminos» asaltaron a unos carboneros lo poco que tenían. Con posterioridad, en las cercanías de Móstoles «en camino y a tres leguas de esta Corte», es decir, dentro del territorio especialmente protegió de su rastro, volvieron a robar a otras personas, «habiéndoles atado y no teniendo necesidad de amenazarles con las armas por lo indefensos que iban». De esta manera continuaron robando en los caminos a diferentes vecinos de los pueblos cercanos. Pudo ser arrestado, pero en el traslado de vuelta a Málaga, en el tránsito de Daimiel a Manzanares salieron cinco hombres

---

144 AHN, *Consejos*, lib. 1407, exp. 59 (1816).

145 También acabó siendo apresado el tercer reo, Francisco (Pedro) Torrejón, alias Matute (Manturque), que a diferencia de los otros dos fue agarrotado. *DdM* de 11.1.1816.

146 Fue condenado a la horca Juan Antonio Rodríguez, «cuyo reo al principio de la causa dijo llamarse Manuel Rodríguez... la cual ha sido impuesta por el delito de robo de dos duros, ejecutado a las 12 del día 1º del corriente en la subida de la calle de los Ángeles, a Francisco Díez, de oficio carbonero», *DdAM* de 9.3.1825.

147 Manuel Franco fue condenado a la horca por la comisión militar «por estar confeso y convicto del delito del robo dentro de la Corte de 4.461 reales y medio de vellón, los mismos que por este tribunal han sido devueltos a su propietario», *DdAM* de 18.4.1825. Es decir, el anterior lo fue por 40 reales y este por cinco veces más.

148 AHN, *Consejos*, lib. 1409, exp. 39. Sus compañeros llegaron hasta Madrid, pero al pedirles el posadero sus pasaportes por sospechosos, provocaron un altercado y fue detenido uno, mientras el otro consiguió escapar.

armados que a la fuerza le pusieron en libertad. Finalmente preso, Cires «está confeso y convicto de los expresados tres rovos en camino, con armas y dos de ellos a las inmediaciones de esta Corte», es decir, existían causas que agravaban su pena, sin perjuicio de la aplicación de la Pragmática de 1734. Se habían podido recuperar las caballerías y otros objetos, además de su probada nobleza que repercutirían como causas de minoración de la pena. No obstante, la Sala le condenó conforme a la ley a sufrir la pena de muerte de garrote según las formas acostumbradas en mayo de 1817. Se insistió mucho, sin duda por la frecuencia y alarma social que provocaban, en que se trataba de «rovos en camino con uso de armas y amenazas», además de haberse cometido dos de ellos en las inmediaciones de Madrid. El rey quedó enterado. El condenado se unió en la capilla a otro reo (Juan Sánchez) también condenado a la horca, «cuia justicia ha de presenciar otro reo». Fue ajusticiado el 4 de junio de aquel año.

Continuaron cometiéndose raterías o robos de pequeña cuantía. Por esta misma circunstancia, sus autores debían reiterarlos todas las veces que podían para, en muchos casos, poder subsistir. Tal reiteración comportaba la calificación de incorregible para su autor o autora. Este es el caso de Luisa Villar, que resultó condenada en tres ocasiones por estas sustracciones de escaso valor, y cuyo arrojo o necesidad la llevó a robar en casa del regente de la Audiencia de Asturias[149]. El fiscal del crimen de Galicia puso de manifiesto dicha incorregibilidad y la naturaleza de los bienes robados:

> «Habiendo reconocido detenidamente la causa formada contra Luisa Villar sobre robo ejecutado en la casa del Sr. D. Jacobo Teigeiro, como también la sentencia definitiva remitida en consulta, dice que la incorregibilidad de esta delinquente en el vicio detestable de introducirse astutamente en lo interior de las casas a robar todo lo que halla fácil de transportar de un lugar a otro, está justificada en estos autos. Tres son las sentencias que se han pronunciado contra la procesada por haber cometido delitos de igual género al presente. Por la primera dada en el año de 13 fue condenada a 4 años de destierro a 10 leguas de distancia de este pueblo. En el de 815 fue pronunciada la segunda y condenada esta reo en dos años de cárcel, influyendo como es de creer en la grabedad de este fallo el no haber dado prueba alguna de enmienda, dándola sí de continuar en el vicio de robar; y la tercera es la de que se trata en esta causa, porque se le impone la pena de 6 años de cárcel en la de Vivero. Sin embargo, vemos que la referida delinquente empeñada en llebar adelante su prurito, manifestando por otra parte poco o ningún respeto a aquellos castigos, sigue en su enorme obcecación, teniendo el atribimiento de entrar en la casa de dicho Sr. Teixeiro y robar las piezas de ropa que constan de autos, de que está combicta y confesa; sin contenerla el ser a las 9 o 10 de la mañana del día en que se executó el delito, el estar aquella llena de gente reconocida para ver la Procesión de Corpus Christi; y finalmente sin causarla ningún respeto la debida consideración a la circunstancia de ser la casa de un señor ministro de un

[149] ARG, *Crimen*, 143/8, *el oficio de la justicia de esta ciudad contra Luisa Villar sobre el robo ejecutado en la casa que habitaba en esta plaza el Sr. D. Jacobo Teijeiro, rexente de la Real Audiencia de Obiedo* (1818).

Tribunal Subperior. Bajo estos supuestos y atendiendo a lo indeleble que es e incorregible en la procesada el vicio susodicho, teniendo presente además que los años de cárcel no producen en ella un verdadero arrepentimiento es de sentir el fiscal que entendiéndose Luisa Villar condenada en dos años de cárcel que sufra en la de las Herrerias con bergüenza pública, se confirme la sentencia que remite en consulta el alcalde mayor. O determinará la Sala lo que mejor le parezca».

Su habilidad en la perpetración no debía ser muy importante, ya que no solo había sido condenada sino que por esta causa estaba presa en la cárcel pública de Vivero. Su necesidad era tan manifiesta que estaba mandada ayudar por pobre[150]. El defensor incidirá, precisamente, en esta situación de necesidad para mantenerse y subsistir con el objetivo de reclamar la benignidad del Tribunal, alegando asimismo su desamparo familiar[151]. Necesidad que, a su vez, conduciría a la demencia, puesto que al arriesgarse a robar en una casa céntrica de la ciudad, frecuentada por numerosas personas, asegurada por criados y en una festividad señalada, «no se puede explicar de otra manera que con la demencia del que lo ejecuta o con la ciega necesidad que pudo dar motivo a executarlo». El propio fiscal había pedido su reconocimiento médico para comprobar una posible demencia o preñazgo. La conclusión era evidente: «quando no parezca disculpable, la malicia decrece estraordinariamente y sería llevar a lo sumo el rigor de la ley, que a otro aspecto y circunstancia mantendría toda su fuerza». La Sala del crimen gallega debió valorar, sin embargo, su incorregibilidad y la personalidad de la persona robada, por lo que le impuso la pena de vergüenza pública, cuatro años de reclusión en la cárcel de Vivero y la obligación, una vez cumplidos, de retirarse a su pueblo[152].

Por otra parte, los estados presentados por los tribunales también incluyen, en algunos casos, los incendios, que son delitos de naturaleza típicamente patrimonial, aun cuando puedan tener en su origen algún ánimo de conseguir un daño físico sobre terceros. Desconozco las razones de su mención específica por algunos tribunales, pero los estragos que podían derivarse de estos hechos sin duda originaban gran alarma entre la pobla-

---

150 Auto de Sala de 3 de diciembre de 1818.

151 Su defensa pedía la absolución de los seis años de arresto en la cárcel de Vivero, «y quando a ello no haya lugar por algún superior motivo, relevarla de la pena de bergüenza pública pedida por el señor fiscal, es así de hacer porque sería acumular sobre el aflixido dolores después de que seis años de prisión no son capaces de vencer y aflixir, no ya la sensibilidad más débil, pero sí también el carácter más duro y feroz no pudiendo percibirse en los suios agonías e inquietades que la necesidad de tanto encierro llevan consigo... Que la falta de educación y la mayor devilidad de su sexo, sin padre, hermano ni tutor que por algún medio obcurriese a prevenir los deslices de su carácter por modificar es decir, señor que cúmulo de desgracias no podrían por menos de impeler a mi parte a una absoluta necesidad de aventurar su subsistencia o comprometerse en subcesos equívocos para poder mantenerse y susbsitir».

152 Sentencia de 20 de abril de 1819. Se conserva la ejecución de la vergüenza el 21 de abril de 1819. La rea fue llevada por el oficial público en una caballería de albarda, «desnuda de medio cuerpo arriva, con un pie de amigo al cuello, se le sacó por otras calles públicas, y se pudo de manifiesto según costumbre sus delitos a voz de pregonero, y en seguida fue restituida a su prisión».

ción, y las dificultades para conseguir su extinción. La Chancillería de Valladolid conoció en 1826 de 12 incendios según su estado, o de 29 por lo publicado en la *Gaceta*. Es más probable la primera cifra si consideramos que en este mismo tribunal hay cierta uniformidad y conoció 15 causas de incendio en 1828. En cualquier caso, es un número mayor que los conocidos en 1816 y 1819 que fueron tres y cuatro, respectivamente. La Audiencia de Aragón presenta un mayor número de causas entre 1828 y 1833, pues llegan a alcanzar las 32 en este año[153]. También las Salas del crimen gallegas conocen de quince causas en 1831 y nueve en 1832. Llama la atención la realidad en Cataluña, pues se pasa de un incendio en 1817 y otro en 1818 a la situación en la Década ominosa: 22 en 1826 y 32 en 1828. Esta diferencia entre el primer y el segundo período absolutista también se advierte en Extremadura pues hay un número elevado de causas de incendio que tiende a incrementarse: frente a las cinco de 1826, son diecinueve en 1828, una menos en 1831 y llegan a 32 en 1832. En Asturias, por el contrario, se mantiene una proporción muy reducida[154], pues no pasan de tres ni bajan de uno entre 1828 y 1833, posiblemente por sus características climáticas. De Valencia solo contamos con los datos a partir de 1830[155], por lo que probablemente en años anteriores figuraron dentro del apartado de varios excesos. Lo mismo sucedió, sin duda, en los planes de otros tribunales.

El delito de incendio fue objeto de atención por los Proyectos de 1830 (arts. 184-196) y 1831 (arts. 1073-1080). El primero declaraba que era indiferente para determinar su gravedad y penas que el fuego empleado fuera habitual y se pusiera inmediato, o que fuera de otra clase de combustión. Incluso dedicaba un precepto singular al incendio de montes públicos o comunes. De acuerdo con las circunstancias que concurrieran y el bien quemado, la pena podían alcanzar la de muerte.

Dentro de la delincuencia patrimonial en sentido amplio, aunque también dentro de los delitos contra la Corona o el Estado, se encuentran los delitos contra la Real Hacienda y, específicamente, el contrabando. Escapaba su conocimiento a la jurisdicción ordinaria, pues era privativa de la de Hacienda, aunque su persecución era obligación de todas las autoridades[156]. La normativa del reinado de Fernando VII, hasta 1830, fue básica-

---

[153] Son 18 en 1828, 22 en 1829, 11 en 1832 y 32 en 1833.

[154] De la Audiencia de Canarias poco podemos decir, tan solo que en 1827 hubo dos incendios.

[155] En 1830, 9; en 1831, 4; en 1832, 8; y en 1833, 3.

[156] En marzo de 1825 tuvo lugar en Valverde del Camino, «otra conmoción producida por los vecinos de aquel pueblo que se ocupan en el trato ilícito del contrabando, con motivo de haber aprehendido una partida de Voluntarios Escopeteros de Andalucía, veintitrés cargas de ropa y veintitrés bestias que pertenecían a varios vecinos del citado pueblo; pero el orden se restableció tan luego como llegó la tropa», en *Informes*, pp. 350 y 352. No obstante, el de Castilla la Vieja ponía reparos, porque «el contrabando ha sido también reprimido, haciendo interesantes aprehensiones; y aun sería su celo más activo, si se les diese con más prontitud la parte que el Rey Nuestro Señor les tiene concedida; pero sucede lo contrario y aún más, que depositados los géneros los consume la polilla, o los crecidos gastos de almacenaje no deja apenas remanente que perciban», *Informes*, p. 373. Incluso el obispo de Orihuela en su informe de agosto habla del «escandaloso, publicísimo y descaradísimo contrabando que se

mente la que se había dictado desde finales del siglo XVIII[157].

El Proyecto de Código criminal de 1830 dedicó su título vigésimo quinto a los delitos contra la Real Hacienda, enumerando entre ellos la usurpación o apropiación de rentas, el tráfico de géneros estancados, la importación o exportación de géneros o efectos de comercio ilícito, la falta del manifiesto de géneros y efectos en las aduanas, su desembarco fuera de los puertos o el abuso de exigir o cobrar derecho o impuestos no establecidos (art. 306). De acuerdo con la modalidad y cantidad defraudada se fijan las condenas.

Las necesidades hacendísticas y la persecución del delito de contrabando movieron a Sainz de Andino a redactar el Proyecto de ley penal sobre los delitos de fraude contra la Real Hacienda, que fue presentado al rey en marzo de 1830 y convertido en Ley el 3 de mayo de ese mismo año[158]. Estaba dirigido fundamentalmente a reprimir el contrabando, aunque su objeto era más amplio al incluir la defraudación en el pago de contribuciones, la connivencia con los empleados de la Hacienda Real, la resistencia armada a los mismos o la falsificación de documentos públicos vinculados a aquella. Su art. 2 especificaba los bienes o efectos sobre los que recaía el contrabando y el grado de culpabilidad por el modo de cometerlo. A modo de código, enumeraba las circunstancias agravantes de este delito, entre ellas, la conducir géneros de ilícita procedencia por tierra, yendo en cuadrilla de tres o más hombres a pie o a caballo (art. 7). El art. 16 concretaba la escala punitiva que iba desde el comiso –pena común en todo tipo de contrabando– a la pena de muerte en garrote. Para los supuestos de resistencia violenta se estableció una regulación especial (arts. 75-77). Se fijó asimismo un procedimiento especial estos delitos, atribuyendo la jurisdicción privativa de los mismos al superintendente general de la Real Hacienda en primera instancia para todos los cometidos en el reino, pudiendo

---

hace de toda clase de géneros y efectos», *Informes*, p. 226. Rafael Vélez también denunció la multitud de barcos contrabandistas frente a la costa gallega, aprovechando cualquier momento para saltar a tierra y vender sus géneros, poniendo un ejemplo en la ría de Arosa, *Informes*, p. 262. Más datos para Galicia en Iglesias, *Crimen*, pp. 201-204.

157 Vid. José Luis Bermejo Cabrero, «Dos aproximaciones al contrabando en la España del Antiguo Régimen», en *CHD*, 4 (1997), pp. 11-60. Miguel Pino Abad, *Persecución y castigo de la expropiación ilegal de bienes en Castilla (siglos XIII-XVIII)*, Madrid, 2014. Sobre su persecución por la jurisdicción militar a finales del siglo XVIII, M. A. Melón Jiménez, *Los tentáculos de la Hidra: contrabando y militarización del orden público en España (1784-1800)*, Cáceres, 2009. Aurora Gámez Amián, «Aproximación al contrabando en las costas meridionales durante el Siglo XVIII y la primera mitad del XIX», *Cuadernos de Ciencias Económicas y Empresariales*, 9-10 (1982), pp. 23-41. Sobre las características del desarrollado en algunos territorios en particular, Alberto Angulo Morales, «En los límites de la marginación: represión del contrabando en el País Vasco (siglos XVIII-XIX)», en Iñaki Reguera Acedo *et alii*, *Marginación y exclusión social en el País Vasco*, Bilbao, 1999, pp. 187-210: y , «El mundo al revés: La visión del contrabando por los representantes de la Hacienda Real y pública en el País Vasco (siglos XVIII y XIX)», en *Sancho el Sabio*, 7 (1997), pp. 79-96. Ricardo Montes Bernárdez, *De contrabandistas y carabineros en la Región de Murcia durante el siglo XIX*, Murcia, 2003. Rafael Vallejo Pousada, «La reforma de la Hacienda de López Ballesteros y el origen de la regulación del delito fiscal en la España contemporánea», en *AHDE*, 67 (1997), pp. 1791-1812.

158 Había precedido la R.O. de 10 de febrero de 1830 para reprimir el contrabando que se realizaba en los pueblos de la Nestosa y del valle de Carranza, realizado al amparo de la libertad de consumos.

ejercerla por sí o por medio de sus subdelegados. La segunda y tercera instancia correspondía al Consejo de Hacienda (arts. 125-126). A esta jurisdicción quedaban sujetas «todas las personas contra quienes se proceda por delitos de contrabando y defraudación, de cualquier jerarquía, clase, estado y condición que sean, sin excepción alguna», detallando el art. 134 el ámbito material de los procedimientos judiciales en los delitos de contrabando.

c) Armas prohibidas

Las consecuencias de la guerra supusieron, entre otras circunstancias, el uso habitual de armas, tanto blancas como de fuego. A su término y pese a las medidas que se adoptaron para proceder a un desarme entre la población[159], el uso de las mismas continuó sin que las prohibiciones antiguas y nuevas surtieran el efecto deseado. A su vez, esta generalización de todo tipo de armas bien puede ponerse en relación con el elevado índice de violencia personal y, por supuesto, con la delincuencia patrimonial.

Bajo el epígrafe de armas prohibidas encontramos en los estados presentados por los tribunales las causas contra los que son hallados con alguna de ellas[160], sin que conste que se hubieran servido de las mismas para cometer algún otro delito. Es difícil determinar una tendencia o marcar unos parámetros que expliquen el conocimiento de estos delitos por las chancillerías y audiencias. Son pocos los datos que conocemos, e incluso en algún año se reúnen en el mismo apartado heridas, malos tratamientos y ar-

[159] En este sentido puede citarse el bando del capitán general de Valencia de 26 de mayo de 1816 (*DdV* 2-5/6/1816), cuyos arts. 7 a 11 estaban dedicados a esta materia. El primero de ellos, tras aludir a la vigencia de la P. de 26 de abril de 1761 (Novísima, 12, 19, 19), por la cual se prohibía el uso de pistolas, trabucos y carabinas que no llegaran a cuatro palmos de cañón, puñales, almaradas y otras armas blancas, con la excepción concedida a nobles, «debo recordar que para poder llevar las armas permitidas, tengo mandado por mis decretos de 3 de mayo y 9 de junio que hayan de proveerse los que las tengan de licencias de sus respectivas justicias, con el visto bueno del gobernador o comandante de armas del partido, y las cuales se darán gratis a todo vecino de la clase que fuere si por su conducta no se hiciese sospechoso al alcalde o regente de la jurisdicción». Todas las autoridades devían velar por su cumplimiento, y particularmente «seguirán recogiendo los fusiles, bayonetas y tercerolas, como armas del Rey». No obstante, el art. 9 señaló que «las justicias podrán tener en depósito un número de diez o doce armas de las permitidas, para usarlas, en el caso de que por aparecer en el distrito de su jurisdicción alguna cuadrilla de malhechores, deba valerse de sus vecinos para perseguirlos y aprehenderlos, en este acto dejará de exigirse la licencia para usarlas, siempre que sea acompañada esta gente armada de uno de los miembros de justicia, con documento competente que lo acredite». Las penas iban desde la multa y la pérdida del arma hasta la imposición de «un castigo ejemplar» por la tercera vez, pero advertía que «para imponer solo estas penas deberá preceder la justificación de ser vecino de honrada conducta el que se haga acreedor a ellas, pero si no lo hiciese será tratado como sospechoso y detenido hasta averiguar su vida».

[160] Gutiérrez, *Práctica criminal*, III, p. 195, incluye el uso de armas prohibidas entre los delitos contra la policía, es decir, «la desobediencia o quebrantamiento de aquellas leyes patrias prohibitivas de varias acciones, que aunque son poco o nada criminales por sí mismas, pueden tener malas resultas, u ocasionar crímenes o males a los ciudadanos». Sobre su uso a finales del Antiguo Régimen en Madrid, Duñaiturria, *La justicia en Madrid*, pp. 453-461.

mas[161], lo que ratifica su vinculación con la violencia personal; y en otros tribunales no constan datos específicos, por lo que también pudieron incluirse bajo el de varios excesos. Si consideramos la información de la Audiencia de Valencia, que es la más completa que he conseguido, se aprecia un incremento notable durante la Década ominosa frente a lo ocurrido durante el Sexenio, marcando los puntos más elevados en 1824-1826 y 1830. En el resto de los Tribunales se atisba la misma distinción, situando a las Salas del crimen de la Chancillería de Granada como las que más causas conocieron por «uso de armas», especialmente en 1827, es complicado determinar la razón de este elevadísimo número. Quizá haya que ponerlo en relación con una R.O. del Ministerio de Gracia y Justicia de 4 de junio de 1836 dirigida al Superintendente de Policía para la recogida de armas a los individuos que hubieran pertenecido a la Milicia nacional, cuerpos francos, batallones sagrados y similares[162]. La prohibición de la fabricación de armas por particulares para el ejército, la armada, voluntarios realistas y demás tropa real, dictada en diciembre de 1827 no debió de influir[163].

	1814	1815	1816	1817	1818	1819	1824	1825	1826	1827	1828	1829	1830	1831	1832	1833
Valladolid			6		14	16			46			17				
Granada		23	82	104		68	102		74	634	114	129		109		51
Sevilla											30	46	15	15		14
Asturias													23	12	7	6
Extremadura											29		28	17	15	16
Aragón			17	15	17	32					82	49			32	70
Cataluña				15	9	9	22			30	47					
Valencia		21	30	26	23		90	117	101	83	45	83	110	81	66	72

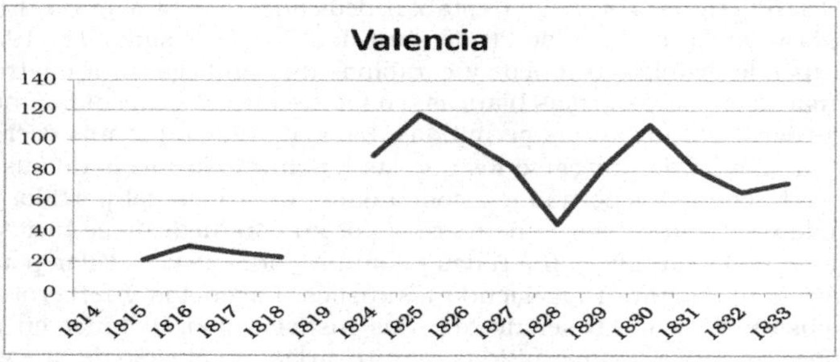

Son diversas las razones por las cuales la población española estaba tan armada. Antes de la guerra contra el ejército napoleónico ya debían de existir un buen número de ellas en manos de los españoles, fueran delincuentes o no, a juzgar por los datos de la Chancillería de Granada que ve-

161 Chancillería de Valladolid en 1828.
162 *Gaceta* de 27/7/1826.
163 *Gaceta* de 20/12/1827.

remos a continuación. La guerra incrementó el volumen de armas, sobre todo de fuego. A su conclusión y a pesar de alguna medida para el desarme, es probable que la mayor parte de la población las conservara, dándose cierta permisibilidad, pues el número de procesos conocidos en dicho tribunal se redujo. Los enfrentamientos entre liberales y absolutistas especialmente a partir de 1822, junto con la inseguridad creada por la delincuencia organizada, propició que el número de armas se incrementara entre los paisanos. El desarme de los cuerpos creados durante el período constitucional no se verificó en los términos pretendidos y buena parte de los licenciados debió quedarse con sus armas. Algunas disposiciones propiciaron que su número entre los paisanos aumentara todavía más. En 1826 se permitió a los voluntarios realistas la introducción por un año del armamento que necesitasen. Cabe pensar, por tanto, que el número de causas criminales por razón de armas prohibidas fue inversamente proporcional al número de las que existían en poder los paisanos.

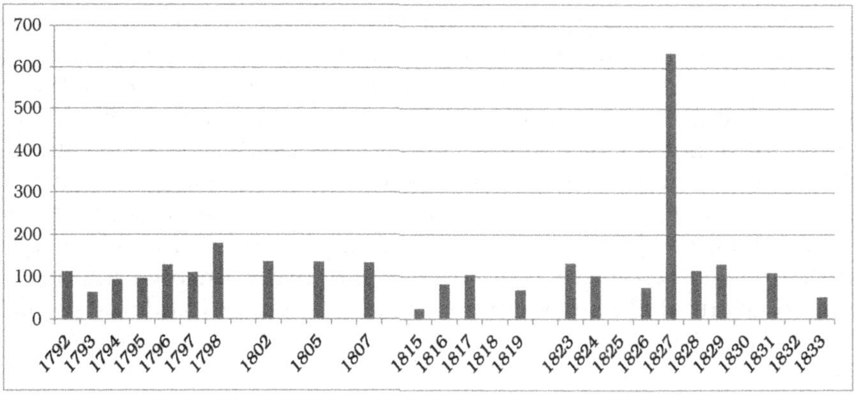

Aunque los tribunales navarros no aportaron datos segregados de las causas por armas prohibidas, sí tenemos noticias de su uso con posterioridad a 1824, como veremos en un epígrafe posterior, de lo que resultó un aumento importante en los hechos delictivos de heridas y muertes.

El Proyecto de 1830 prohibía la fabricación, introducción, venta, y compra de armas blancas o de fuego, enumerando las prohibidas y las permitidas. Estos hechos estaban castigados con la pérdida del arma y multa, alcanzando su uso un año de reclusión (arts. 159-162). Con el detalle acostumbrado, el Proyecto posterior (arts. 430-441) también penaba la fabricación, venta, introducción y uso de las armas que enumeraba con carácter general. Se detallaba la punición de cada hecho, matizando el art. 437 que «en todo delito cometido con uso de armas prohibidas se tendrá ésta por circunstancia agravante para graduar la pena corporal».

d) Tratos carnales ilícitos

Aun cuando los tratos carnales fuera del matrimonio continuaron siendo pecado, se aprecia una considerable pérdida de importancia social y jurídica de la mayor parte de los castigados como tales. Las duras penas legales establecidas contra quienes cometieran el pecado nefando fueron quedando olvidadas durante el siglo XVIII, de manera que aún manteniéndose como delito fueron imponiéndose penas más leves. Los amancebamientos también perdieron repercusión social y los adulterios quedaron disimulados en aras de la conservación del matrimonio. Otros delitos mantuvieron una persecución relativa, como las fuerzas a mujeres, los estupros y la prostitución. Estas concepciones sociales, trasladadas a la actuación de los juzgadores son las que pueden explicar que los tratos carnales ilícitos, en general, no representen un porcentaje importante en ninguno de los tribunales ni en ninguno de los años de los que tenemos información.

El término habitual empleado en los planes anuales, en particular en los más simplificados, es el genérico de *incontinencia*, que engloba a todos los hechos delictivos en los que media una relación carnal[164]. En ocasiones la incontinencia es ocasiones calificada de pública. En los estados más detallados estas causas se agrupan bajo diferentes conceptos: *violación y estupro* –se emplea el término violación y no el tradicional de fuerza–, *amancebamiento, adulterio, estupro violento, rapto*[165], *incesto, escándalo, prostitución* y *lenocinio*. La terminología no parece unívoca incluso dentro del mismo tribunal[166]. Un ejemplo: en la Audiencia catalana se incluyen

---

[164] Para Gutiérrez, *Práctica criminal*, III, p. 161, la *incontinencia* «comprende todas las especies de uniones ilegítimas entre personas de diverso sexo, y la corrupción que ocasiona puede decirse *doble*, por necesitar desde luego del concurso de dos sujetos». Identifica incontinencia con deshonestidad, cometiendo estos delitos «los que no gocen en términos lícitos y permitidos de los placeres sensuales». Incluye en ellos el amancebamiento, la prostitución, el estupro, el rapto, la fuerza o violación, el incesto, el adulterio y la poligamia, insertando por último la sodomía y la bestialidad aunque como delitos contra natura. Para su remedio más prefería «un buen plan de educación, con especialidad para las mugeres», que la imposición de penas. Es significativo que el título 26 del libro primero del Proyecto de Código criminal de 1830 llevara la rúbrica «de los delitos de incontinencia de todas especies»; y el de 1831 los abarcara bajo la de «delitos de incontinencia con ofensa o daño privado».

[165] Tan solo se computan cuatro casos en la Audiencia de Barcelona en 1817, 1819 y 1829. Los arts. 339 a 344 del Proyecto de Código criminal de 1830 se ocupaban de este delito.

[166] Al respecto, véase las matizaciones conceptuales de José Sánchez-Arcilla Bernal, «Violación y estupro. Un ensayo para la historia de los "tipos" del Derecho penal», en *Anuario Mexicano de Historia del Derecho*, (22) 2010, pp. 485-562. Para algunas visiones prácticas, anteriores y coetáneas, al período estudiado María Dolores Madrid Cruz, «El arte de la seducción engañosa: algunas consideraciones sobre los delitos de estupro y violación en el Tribunal del Bureo. Siglo XVIII», en *CHD*, (9) 2002, pp. 121-159. José Antonio Sánchez Suárez, «Mujer y violencia: violación, estupro, malos tratos y asesinatos a comienzos del siglo XIX», en Cinta Canterla González, *VII Encuentro De la Ilustración al Romanticismo. La mujer en los siglos XVIII y XIX. Cádiz, América y Europa ante la modernidad*, Cádiz, 1994, pp. 347-352. Pablo José Abascal Monedero, *La infidelidad y el adulterio en España. Estudio histórico-legal*, Córdoba, 2009.

25 causas de incontinencia en 1826; mientras que en 1828 no se computa ninguna, pero sí 15 de amancebamiento. Con mayor claridad lo comprobamos en la Audiencia de Valencia, puesto que entre 1815 y 1829 los datos se incluyen en el apartado *incontinencia*, mientras que en 1830 figura un epígrafe con la rúbrica estupros, amancebamientos y escándalos públicos[167]. Los raptos, cuando se mencionan, son absolutamente excepcionales.

Algunos delitos en los cuales existe una relación carnal plantean dudas en cuanto a su encaje dentro de los tratos carnales ilícitos, pues subyace en ellos una concepción bastante más profunda sobre el fundamento de su punición. En este sentido, puede ser dudosa la inclusión en este apartado del adulterio, ya que en realidad atacaría la honra del marido y vulneraría uno de los sacramentos, con independencia de que lleve anexo el trato carnal[168]. Lo mismo ocurre con la bigamia y la poligamia, pues entiendo que se trata de un delito contra la religión, en la medida en que lo atacado es el vínculo matrimonial[169]. En términos similares, por tratarse según la concepción de la época de un delito de lesa majestad divina cabría apuntar lo mismo respecto a la sodomía, que en cualquier caso apenas aparece mencionada, lo que evidencia la pérdida de importancia criminal de este delito en la vida práctica, aun cuando se mantuviera su punición legal[170]. Es posible que las audiencias hayan incluido en el apartado residual de «varios excesos» algunos de estos hechos, aunque no puedo sostenerlo con rotundidad[171]. Llama la atención que en las tablas de algunas Salas del crimen ni se lleguen a mencionar algunos de estos delitos de rela-

---

167 No figura ninguna causa por adulterio, ni por prostitución, ni por lenocinio.

168 Las causas de adulterio conocidas por las Salas del crimen son poco numerosas. En la Sala primera de Valladolid fueron 3 en 1816 y en otros años de los que tenemos información, ni se mencionan; aunque queda la duda si se trataron procesalmente o se incluyeron bajo el epígrafe de amancebamientos, quizá por su menor impacto social.

169 Contamos con cuatro casos en 1819 y uno en 1826 conocidos por la Sala primera de Valladolid. Los primeros, posiblemente, aprovechando las circunstancias de la posguerra. También en la Audiencia de Barcelona hallamos dos en 1817 y 1818. Gutiérrez, *Práctica criminal*, III, p. 185, afirmaba que «una grande violación del sacramento del matrimonio y un adulterio continuado es la poligamia». Aunque menciona las penas para este delito, incluida la de marca, se remite a las previstas en la Pragmática de 1566 y sus conmutaciones, advirtiendo que aunque estas disposiciones solo mencionaban a los hombres y casados dos veces, lo era «por ser la poligamia mucho más rara en las mugeres que en los hombres» (p. 189).

170 Así se recoge implícitamente por Gutiérrez, *Práctica criminal*, III, pp. 190-191. El art. 323 del Proyecto de 1830 condenaba al autor del delito de bestialidad o de sodomía a quince años de deportación a una isla.

171 Puede deducirse de algunas disposiciones. R.O. de 21 de febrero de 1815 por la cual se encargó al Consejo de Castilla el castigo de «los escándalos y delitos públicos, palabras obscenas y las irreverencias en los templos»; reiterada por otra O. de la Regencia de 22 de septiembre de 1823. C. de 10 de marzo de 1818 del Consejo Real que «reitera el puntual cumplimiento de lo prevenido en la R.O. de 22 de febrero de 815, a efecto de que sean castigados bajo la forma que expresa los escándalos y delitos públicos, como voluntarias separaciones de matrimonios, palabras obscenas, las irreverentes a los templos y otras». R.C. de 15 de marzo de 1829 relativa a la corrección de la licencia de costumbres que se nota, principalmente en la separación voluntaria de matrimonios y en los amancebamientos públicos. Además y de forma más pormenorizada, la C. de 7 de abril de 1829 incluyó una real orden y un bando «señalando las penas que se han de aplicar a los que cometan irreverencias en los templos», que en algún caso llegaba a los diez años de presidio.

ción carnal. La Audiencia de Mallorca no computa en sus estados anuales ninguna causa de trato carnal.

En la siguiente tabla recojo el número de causas despachadas por las chancillerías y audiencias, con la excepción de la Sala de alcaldes de Casa y Corte y la consabida de la Audiencia de Canarias por contar con la información en ambos casos de un año, lo que no resulta suficientemente significativo. Salvo algún repunte en años concretos (1825 en Valencia, 1829 para Granada, o a partir de ese año con respecto a Aragón), con carácter general mantiene una gran uniformidad el conocimiento de estas causas a lo largo de las etapas absolutistas. El mayor número de causas en Granada sin duda hay que vincularlo a la larga prelacía de Blas Joaquín Álvarez de Palma (1814-1837); mientras que las de Aragón pueden vincularse a la figura de Bernardo Francés Caballero, arzobispo de Zaragoza, considerado amigo del monarca y partidario de la Inquisición.

	1814	1815	1816	1817	1818	1819	1824	1825	1826	1827	1828	1829	1830	1831	1832	1833
Corte														72		
Valladolid			41		64	36			32		51	87				
Granada		83	57	111		60	34		41	85	59	74		86		61
Galicia														37	41	
Sevilla											52	60	55	42		48
Asturias									23		28	16	11	19	16	22
Extremadura	0	8					0		0		19		33	27	19	21
Navarra			5	5	25	15	19		25	28	57		59	36		40
Aragón			22	28	30	45					62	93			90	84
Cataluña				20	13	13	11		38	33	62					
Valencia		26	32	22	11		15	52	41	28	36	30	41	62	48	35
Mallorca		0									0			0	0	0

La media de causas conocidas por año en cada tribunal situaría en primer lugar al principal núcleo urbano del reino, aunque la información recabada es muy escasa para mantener esta afirmación. A la Corte siguen la Chancillería de Granada, la Audiencia de Aragón y el tribunal vallisoletano. En estos delitos, a pesar de que existe un ligero incremento entre las causas del sexenio y de la década posterior, sin embargo se aprecia de igual manera una mayor uniformidad que con respecto a las derivadas de delitos contra las personas y el patrimonio. La presión moral de los eclesiásticos, la consiguiente de las autoridades civiles y en su seno de las municipales, junto con las medidas para mantener con carácter general *las buenas costumbres*, se mantuvieron durante ambas etapas absolutistas.

En cualquier caso y salvo repuntes anuales concretos, mantiene las diferencias habituales entre ambas etapas absolutistas del reinado y cierta uniformidad en cada una de ellas. Así lo podemos comprobar en el siguiente gráfico comparando los datos de los cuatro tribunales de los que tenemos más información.

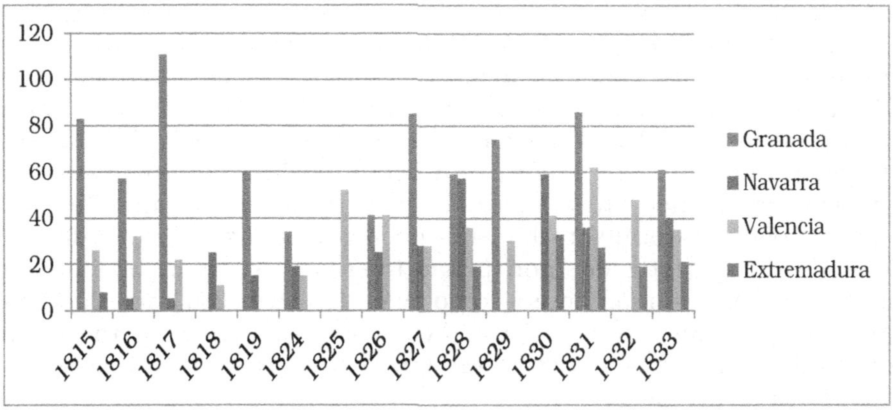

Con respecto a las Salas del crimen gallegas los datos apuntan, sin duda, a una menor intencionalidad de los alcaldes a la hora de conocer estos delitos, porque mientras en 1831 hay 31 causas por incontinencia, solo 6 lo son por violación y estupro; aumentándose la diferencia en 1832, ya que los primeros ascienden a 40, mientras que de los segundos solo se incluye un caso. Algo similar ocurre en la Audiencia de Cataluña, pues a pesar de la minuciosidad en la relación de los diferentes tratos carnales prohibidos, en ninguno de los años se menciona el adulterio, y los casos de amancebamiento son reducidos durante el Sexenio: tres de incontinencia en 1819; dos entre amancebamiento e incontinencia en 1818; y ninguno en 1819. En la Audiencia de Extremadura también se aprecia implícitamente la falta de interés por conocer de este tipo de hechos, pues no se menciona adulterio alguno, las causas de incontinencia son muy bajas en número y el «tipo» *escándalo* apenas llega a 15 en 1831. El siguiente gráfico de la Chancillería de Granada permite apreciar la pérdida de importancia judicial, creo que por falta de repercusión social, de los delitos englobados genéricamente bajo el epígrafe de incontinencia.

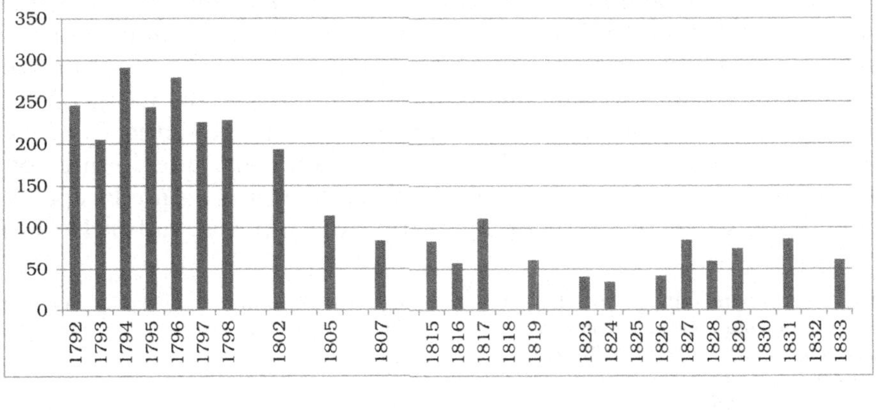

Las razones por las cuales son tan reducidas las causas resueltas por las Salas del crimen en materia de tratos carnales ilícitos puede derivar de varias circunstancias concurrentes: los cambios sociales producidos desde 1808, aunque con anterioridad y como quedó apuntado, la frecuencia del adulterio en las grandes poblaciones «le hacía parecer leve»[172]; la penuria económica, que retrae de litigar; una ligera pérdida de importancia de la influencia eclesiástica en la sociedad, aunque no en las manifestaciones del poder; evitar la punción de estos hechos delictivos acudiendo a otras figuras jurídicas castigadas con penas inferiores, o, incluso, aludiendo a ellas con un vocablo más difuso como es el de *escándalo*, vinculado a cierta exposición pública de estos tratos carnales. De esta manera, se pudieron considerar, además, causas leves que no deberían llegar a conocimiento del tribunal superior.

Como apuntaba Gutiérrez el amancebamiento, «a que puede agregarse algún otro de incontinencia, con mucha diversidad según sean las personas que le cometan», continuaba siendo un «trato ilícito y continuado entre hombre y muger» que podía ser cometido por seglares o clérigos, casados o solteros. En la medida en que se veía afectado el honor o la honra de las personas, aspecto crucial en aquella época, recomendaba que, en primer lugar, cualquier persona respetable y en particular el párroco, amonestara a los amancebados para que cesasen el trato, evitando las iras del marido si la mujer fuera casada; y si persistiera el seglar en su «torpe trato, se le procesará por mal entretenido», desterrándolo o destinándolo al servicio de armas. Por el contrario, «el amancebamiento entre soltero y soltera seglares no se encuentra prohibido ni en las Partidas ni en la Recopilación»[173], por lo cual quedaba su represión a las autoridades eclesiásticas, salvo que hubiera resultas de ese trato, como hijos o escándalo. En otro lugar mantendrá que para los delitos de incontinencia debe-ría imponerse «el castigo más proporcionado y conveniente, en cuyo supuesto habrá de echarse mano, ya del destierro del pueblo del domicilio, ya de penas correctoras, y en cierto modo vergonzantes, y ya de otras infamatorias, según sean los casos y las personas»[174].

Asimismo, los delitos de incontinencia y su habitualidad fueron considerados como causa de directa del incremento de abortos e infanticidios. Gutiérrez así lo afirmaba: «especie de este crimen –se refiere al homicidio– es el aborto voluntario que los grandes progresos de la incontinencia pública han hecho demasiado común en nuestra España y otros países»[175]. No siempre se trataba de abortos voluntarios, puesto que como es sabido la mortalidad de fetos y recién nacidos era en aquella época muy elevada. Es posible que la ocultación de estas muertes naturales lo fuera

---

[172] Gutiérrez, *Práctica*, III, p. 181. Iglesias, *Crimen*, p. 167, apunta que en la Galicia eminentemente rural de esta época todavía estaba arraigada la permisividad sexual de raíz pretridentina.
[173] *Práctica criminal*, III, pp. 163-165.
[174] Gutiérrez, *Práctica criminal*, III, *Discurso*, p. 72.
[175] *Práctica criminal*, III, p. 45.

para evitar los problemas derivados de la incoación de un proceso por aborto[176].

En los casos de amancebamiento creo que, más que perseguir su castigo, los jueces optaban por intentar que la relación entre casado y soltera terminara y, sobre todo, proteger los valores que entonces tenía el matrimonio si el varón estaba casado, pues entre solteros siempre hubo mayor permisión. En este sentido, es difícil encontrar procesos por tratos carnales entre solteros, aunque es posible que de existir cierta represión sobre ellos se encaminaría hacia el *tipo* de escándalos y su punición por la vía del apercibimiento. No obstante, los amancebamientos esconden una mayor complejidad de la que puede aparecer a primera vista, porque no solo las justicias pueden actuar de oficio o a partir de una delación, sino que las querellas pueden presentarse por la manceba abandonada o engañada tras varios años de relación, sin olvidar los hijos que pudieran existir de la relación carnal continuada. Este fue el caso de Juliana Crespo, huérfana de padre y madre, quien a finales de 1824 presentó una querella en la que «decía que se hallaba embarazada de seis meses, y que su autor hera Ygnacio Roldán, de estado casado y sin familia... del mismo que parió otras dos veces y con quien hace cinco años lleba trato de amistad y comunicación»[177]. ¿Por qué espera, tras cinco años y varios partos, a querellarse? Pienso que pudo verse desasistida y sin manutención para la prole. La esposa engañada salió en defensa de su marido, pero el fiscal al concluir el mes de marzo de 1825 afirmaba que el acusado está convencido de repetidos amancebamientos públicos y debía merecer el condigno castigo, «y no mereciendo por ahora consideración la pretensión que suena hecha a nombre de su muger, así por la calidad del delito, como por ser este de reincidencia en el Roldán», entendía que no debía ponérsele en libertad, es decir, consideraba que al amancebado le correspondía pena corporal. La sentencia del juez inferior, dictada el 20 de junio de 1825, ratificaba la probanza del fiscal, de la cual «resultan las reincidencias del Ygnacio

176 ARG, *Crimen*, 478/8, *causa formada por el juez de Villanueva de los Infantes sobre averiguación de los particulares contenidos en un papel anónimo dirigido a la Sala en que se hacía mérito de la muerte de un niño que diera a luz doña Gertrudis Sánchez* (1827). El auto asesorado de la justicia de 22 de agosto de 1825 declaraba que fue un mal parto o aborto natural. Por auto de Sala de 25 de febrero de 1828: «En atención a resultar de la causa formada por la Justicia de la jurisdicción de la Arnoya haver sido natural la muerte de la prole que diera a luz doña Gertrudis Sánchez, sin que haya podido descubrirse el autor del anónimo, sobreséase en este particular, y se condena en las costas mancomunadamente a D. Vicente Sánchez, su hermana Dª. Gertrudis, D. Benito Diego y D. Clemente González, alcalde y escribano respectivo por el poco celo que desplegaron en la formación de la causa, omitiendo el parte que devieron dar al superior tribunal como está presentado». ARG, *Crimen*, 292/2, *el oficio de la Justicia de la Jurisdicción de Mesía contra Felipa González sobre la muerte de una criatura que parece haver dado a luz, cuyos guesos han sido hallados* (1825). Por auto de 30 de noviembre de 1825 se la puso en libertad bajo caución, porque los huesos que había cogido un perro no parece que fueran de feto humano. Otro de 31 de octubre de 1826 puso perpetuo silencio en la causa.

177 ARG, *Crimen*, 335/3, el oficio de la justicia de la jurisdicción de Riós contra Ignacio de Roldán de estado casado sobre amancebamientos públicos.

Roldán en sus tratos y comunicaciones indevidas con mugeres diferentes, pero al mirando al mismo tiempo que la conserbación y tranquilidad del matrimonio es una felicidad del Estado, así como qualquier descomposición en esta parte, y más fundamentalmente la separación de los consortes le producen los resultados más perjudiciales», valorando al mismo tiempo el riguroso arresto del acusado durante cinco meses y la posibilidad de que se prolongara mientras la Sala de decidiera, le dio dicho arresto como castigo a sus delitos, las costas del proceso y «se le apercibe que no reteniendo a lo subcesivo su conducta dentro de los límites que por toda ley están marcados para evitar esta clase de excesos, se le destinará a las armas por seis años». Resulta evidente que el arresto procesal había purgado su culpa, sin necesidad de acudir a la imposición de la pena más grave, puesto que lo importante dentro de las concepciones imperantes era salvar el matrimonio, sin que para la querellante conste reparación alguna. Por auto de febrero de 1826 se le agravó la condena, pues fue castigado a cuatro meses de obras públicas en Coruña, y tras su cumplimiento quedaba apercibido «pase a vivir honestamente con su muger Josefa Gómez bajo la vigilancia de la Justicia de su domicilio». Es ahora con este fallo, como destacara el fiscal, cuando se trata de darle un escarmiento y servir de ejemplo a otros que continuaran con iguales tratos carnales en perjuicio de la vida conyugal[178].

La prevalencia moral acerca de la conservación del matrimonio, como asunto crucial, y los gastos que suponía cualquier tramitación de una causa criminal, como aspecto secundario, lo vemos en la siguiente escritura de transacción:

> «En la parroquia de San Pedro de Soandres, a cinco días del mes de octubre de 1814, ante mí el escribano y testigos, parecieron presentes Benito Riveiro, curador ad litem de Dorotea Mariño, muger de Gabriel García de la una parte, Manuel García, José da Ponte y con él su muger Ana da Ponte, así como igualmente Amaro da Rigueira, curador por esta nombrado, de la otra, todos vecinos de esta dicha parroquia, e dixeron unánimes y conformes, nemine discrepante... [Se detalla que fue presentada querella, se recibió sumaria, resultaron arrestados José da Ponte, su mujer y Manuel García, se les embargaron sus bienes, pero no se consiguió arrestar al principal acusado]... En cuio estado reconociendo el querellante, y más aquí otorgantes los crecidos gastos que hivan a originárseles, la mala transcendencia y perxuicios que yndudablemente ocasionarían, nada menos que la desunión de dos berdaderos y enlazados matrimonios, tanto para el bien espiritual, quanto para el temporal, a yntercesión de algunas personas de conocido carácter y calidad que en ello han mediado, desean-

[178] Intimado, contestó el 17 de abril de 1826 que «a pesar de serle desagradable lo contra él sentenciado por los muchos perjuicios que se le irrogan a su casa y labranza en particular con la salida de los quatro meses a la ciudad de La Coruña en un tiempo en el que ha pesar de estar en la cárcel procura disponer de su labranza por la proximidad que tiene a su casa y familia, y en que así a todo sus padres y hermanos le protejían, obedece lo mandado por S.E. y procurará cumplir su condena quando sea de su superior agrado». En 5 de mayo de 1826 se remitió oficio al juez de rematados. Sufrió convulsiones y se retrasó el cumplimiento de la condena.

do la devida tranquilidad, unión y evitar escándalo, con miramiento a todo ello y a que el Gabriel García, su muger la Dorotea, como la Ana da Fonte, son menores de los veinte y cinco años de hedad, confiesan hallarse y transigidos entre ellos mismos, en estos términos. Primero que con la mayor humillación suplican y piden perdón a su Divina Majestad de qualquiera injuria u ofensa, que los tres arrestados le tengan hecho de obra, palabra o pensamiento, sin embargo de que aseguran no haver dado el más leve causal para la formación de la causa de que se trata. Segundo que también se perdonan y remiten respectivamente... Tercero, que atento al reiterado Gabriel se ha ausentado sin saberse fixamente de su paradero, ha de ser visto que el Manuel su padre ha de pone todos los medios y practicar las más activas diligencias, para su presentación y reunión con su muger la Dorotea, a fin de que vivan juntos, se traten con aquel cariño y afecto propio a los berdaderos enlazados con el sagrado vínculo matrimonial... Quarto, que el Ponte y la suia, aunque protestan no haver cometido delito de lenocinio, adulterio, ni cornudo, que les haga desmerecer de su honestidad y buen vivir, deseando evitar toda sospecha y murmuración entre los vecinos, y conserbarse como berdaderos ligados, a fin de que cese todo reparo, de propio mutuo consienten y prometen ynmediatamente que se les ponga en livertad, marcharse de esta parroquia, y pasar a avecindarse y residir distate de ella dos o tres leguas, sin tractar ni comunicarse más en público ni en secreto con el Gabriel García. Quinto y último, respecto la Dorotea llevó al matrimonio una baca, su principal quinientos reales y procreó una cría, y actualmente está preñada... Piden y suplican al señor juez que conoce de la causa, u otro que pueda hacerlo, que en vista del traslado de este ynstrumento se sirva ponerles en livertad, y les haigan a todos los celebrantes apartados como lo están para siguirla ni prosiguirla, a menos que sea para el cumplimiento y exacción de este contrato. Y juraron»[179].

El texto es suficientemente expresivo de la preeminencia moral del matrimonio, por lo cual se trata de evitar la acción penal y las consecuencias que de ella pudieran derivarse, tanto las económicas del proceso, como las de fama pública de los interesados y honor de los que se consideraban deshonrados. En cualquier caso, la mujer siempre resultaba más punida que el marido. Así, por ejemplo, en el Proyecto de Código criminal de 1830 la mujer adúltera, por el solo hecho de serlo, sería recluida por cuatro años en casas religiosas o establecimientos a propósito (art. 332); mientras que el marido solo sería castigado cuando matara o hiriera a su mujer o al cómplice (art. 334). La regulación propuesta por Sainz de Andino era bastante más avanzada, aunque seguía castigando a la adúltera con pena de reclusión y pérdida de todos los derechos de la sociedad conyugal (art. 915). Al varón se le considera copartícipe y no cómplice, previendo que tras un año de arresto saliera desterrado del lugar donde residiera el marido. La principal novedad se halla en el art. 922, aunque la regulación sea ciertamente laxa, pues el marido que tuviera manceba en la

179 AMCo, C-6976-10, *Criminal de Benito Riveiro, como curador ad litem de Dorotea Mariño, muger de Gabriel García contra el Gabriel su marido, Ana da Ponte, muger de José da Ponte de la Iglesia (alias el Señorito) y otros sobre amancebamiento*. Juzgado de Soandres (1814), f. 32.

misma casa en la que habitare con su mujer, sería reprendido judicialmente y multado. Sigue sin reconocerse el adulterio del casado, pero al menos su amancebamiento se incluía al final del párrafo dedicado al adulterio.

La pena del adulterio, y en concreto la puesta a disposición del marido engañado de los adúlteros[180], fue rechazada por la Iglesia. Asimismo, Felipe V, sin mentarlo y junto con los duelos, había prohibido las «satisfacciones privadas que hasta ahora se han tomado los particulares por sí mismos, afirmando que «prohíbo de nuevo a todos generalmente sin escepción de personas el tomarse por sí las satisfacciones de cualquier agravio e injuria, bajo las penas impuestas»[181]. En el fondo no se estaba castigando un trato carnal ilícito, sino la injuria provocada en la honra del marido engañado, como se mantenía a comienzos del siglo XIX, pues siendo adulterio el acceso de hombre con mujer casada, sabiendo que lo era, «por el acceso del marido con otra muger, aun cuando sea casada, no causa daño ni deshonra a la suya, siendo así que, además de la afrenta, mayor por cierto de lo que publica la depravación, puede seguirse de la deshonestidad de ella gran perjuicio al marido». La evolución social y la mitigación de la discriminación estamental o la pérdida de importancia de la honra debieron de influir en una moderación social hacia su rechazo, de modo que Gutiérrez advertía que, a pesar de ser un crimen muy grave y que afectaba al orden social, «la frecuencia con que se comete, especialmente en las grandes poblaciones, le hace parecer leve». De ahí que frente a las duras penas fijadas en la legislación real, «en el día, pues, vemos que todos los tribunales superiores e inferiores han substituido a ellas otras más arbitrarias y más suaves, atendidas todas las circunstancias, como la de presidio, destierro o multa al adúltero, y la de destierro o reclusión a su cómplice»[182]. Con toda seguridad fueron muchos más los hechos de adulterio que los reflejados en la información facilitada por las audiencias, donde su número es muy bajo. Quizá la razón principal se halle en la necesidad de mantener oculta la deshonra sufrida por el marido, puesto que de acusador podía verse condenado a la mofa y el descrédito social[183].

Con respecto al estupro, la legislación de Partidas fue modificada por la práctica judicial y la influencia canónica, de ahí que, según Gutiérrez, «lo que vemos frecuentemente es, que adoptando lo dispuesto por el Derecho canónico, se condena al estuprador a que se case con la estuprada si esta quisiese, o a que la dote según sus circunstancias y las facultades de aquel, y reconozca la prole si la hubiese, aunque en el caso de dotarla ha recibido también la práctica el imponer la pena de destierro, presidio u

---

[180] Vid. Novísima, 12, 28, 1-5.

[181] R.C. de 21 de octubre de 1713 (=*Novísima*, 12, 20, 3).

[182] *Práctica criminal*, III, pp. 181-185.

[183] Cabe recordar que entre los axiomas referidos al delito, Gutiérrez, *Práctica criminal*, III, *Discurso*, p. 17, enumeraba en cuarto lugar el siguiente: «No siempre es necesario castigar las acciones por otra parte punibles, y algunas veces sería peligroso divulgar crímenes ocultos con castigos públicos». Cabría añadir que, si no hay proceso es más difícil que se conozca el adulterio.

otra, según sean las personas», si bien el estuprador podía exonerarse de estas obligaciones sentando plaza de soldado[184]. Hay que tener presente que estas causas debieron ser relativamente habituales si consideramos las medidas adoptadas por Carlos IV y ratificadas por su hijo. El primero en R.C. de 30 de octubre de 1796 determinó que en las causas de estupro no se encarcelase a los reos cuando diesen fianza de estar a Derecho, y «si el reo no tuviese con qué afianzar de estar a Derecho, pagar juzgado y sentenciado, o de estar a Derecho solamente, se le dexe en libertad, guardando la ciudad, lugar o pueblo por cárcel, prestando caución juratoria de presentarse siempre que le fuere mandado, y de cumplir con la determinación que se diese en la causa». El segundo lo ratificó por C. de 28 de agosto de 1830[185].

Cuando mediara fuerza sobre mujeres[186], Gutiérrez indicaba que «en el día se impone a los forzadores de mugeres, no resultando herida u otra desgracia la pena de presidio o galeras, según sean las personas y las circunstancias del delito». No obstante, de acuerdo con las Ordenanzas militares si el forzador fuera soldado podía llegar a ser pasado por las armas o cuando menos enviado por diez años a algún presidio en África o seis a los arsenales[187]. En estos términos, el art. 350 del Proyecto de Código criminal de 1830 castigaba al autor de un estupro cometido con fuerza o violencia a seis años de obras públicas; tiempo que se reducía a la mitad si fuese efecto de la seducción, si ella fuera menor de 16 años y el mayor de 18. No obstante, el estupro de una menor de doce años sería castigado con las penas del rapto. Con su habitual detalle, Sainz de Andino distinguió el forzamiento, sin preceder rapto (arts. 897-908), del estupro con seducción de mujer púbera, virgen y honesta menor de 18 años (arts. 909-914). Las penas señaladas a los diferentes supuestos regulados guardan bastante coherencia con las impuestas por la práctica judicial.

El principal problema planteado en estas causas de estupro, violento o no, radicaba en la prueba. Hubo autor que se mostraba poco propicio a los reconocimientos médicos en los estupros; más aún con respecto a las pruebas que pudieran aportarse en materia de violación, lo que permite apreciar la mentalidad de la época[188]. Entre las causas consultadas de las

---

184 *Práctica criminal*, III, p. 172. Vid. el Informe de la Chancillería de Valladolid de 1796 sobre las causas de estupro en *Colección de las causas más célebres...* tomo II, pp. 141-155.

185 *Novísima*, 12, 29, 4 y *Colección de Decretos del Rey Nuestro Señor Fernando VII*, XIV, Madrid, 1830.

186 «Especies de heridas hechas en la persona y en el honor son el estupro y la violación que no debemos pasar en silencio, con especialidad el primero que la flaqueza mugeril hace sea mucho más frecuente que el segundo», Gutiérrez, *Práctica criminal*, I, p. 160.

187 *Práctica criminal*, III, p. 179.

188 Entendía que el *crimen de violación* era «la violencia que se hace a una muger para abusar de ella contra su voluntad... Cuando se comete éste delito sin testigos, como es regular, lejos de ser fácil justificarle parece casi imposible que un solo hombre pueda cometerle, no habiendo mucha desproporción en la edad, o no valiéndose de algún artificio como del uso de los narcóticos u otras cosas semejantes; pues la muger tiene más medios para oponerse a la violación que el hombre para vencer la resistencia que se le opone. Las pruebas de la violación se han de sacar de la comparación que se haga entre la edad de la muger acusadora y del acusado, y entre

Salas del crimen de la Audiencia de Galicia he encontrado una interesante causa de estupro en la que resultó acusado un hombre casado, voluntario realista –circunstancia nada baladí para aquellos años–, y que falleció antes de que concluyera el proceso. La víctima era una niña de diez años[189]. Como había recogido Gutiérrez[190], en la tramitación de esta causa adquirió una importancia sustancial el reconocimiento médico de la víctima y su agresor, pues ella presentó una infección que se achacaba al forzamiento con violencia ejecutado por el acusado. El pudoroso fiscal no se mostraba muy partidario de dicho reconocimiento, puesto que, como en otros casos de tratos carnales ilícitos, lo más importante era salvar la conservación del matrimonio. A pesar de esta prevención, se realizó el examen médico al acusado y resultó que no padecía enfermedad venérea alguna, o al menos esto fue lo que se asentó por escrito. En su consecuencia, el fiscal resaltó la falsedad de la declaración de la niña y la necesidad de sobreseer la causa inmediatamente[191]. Al ser la infección venérea de la víctima la principal

---

las fuerzas de ambos; como también de las señales de violencia que se hallen en las partes sexuales; pero sin embargo siempre o casi siempre que se trate de averiguar aquella, se advertirá mucha oscuridad, y podrán padecerse crasas y fatales equivocaciones. Por otra parte no es muy difícil que una muger sagaz se valga de la seducción, o de otros artificios para quejarse luego de haber sido violada», Gutiérrez, *Práctica criminal*, I, p. 165.

[189] ARG, *Crimen*, 540/8, el oficio de la justicia de la ciudad de la Coruña contra Antonio Monelos «por haber estuprado a Juana Fontela, hija de Pedro, de edad de 10 años». Un caso similar en Iglesias, *Crimen*, p. 95

[190] Así Gutiérrez, *Práctica criminal*, I, p. 164, después de recoger cómo debería realizarse el reconocimiento de la estuprada, mantiene que «a vista de todo lo espuesto, que hemos leído con bastante reflexión, igualmente que lo que nos dicen sobre lo mismo otros autores clásicos, no podemos menos de opinar, que nunca o casi nunca debiera tratarse en juicio de probar el desfloramiento ni virginidad como cosas improbables por la falencia de todas las señales y por los artificios a que se puede recurrir, mayormente cuando aun pudiendo deponerse alguna que otra vez sobre ellas, se necesitan tanta instrucción y sagacidad para descubrirlas, que muy raro facultativo se hallará capaz de hacer tal descubrimiento, y de consiguiente casi todos han de formar juicios errados o inciertos».

[191] El escrito del promotor fiscal del 24 de octubre de 1828 a partir de lo recabado en el sumario manifestaba que «de éste solo se deduce que Juana Fontela joven de tierna edad, asegura haber sido violentada por Antonio Monelos, quando transportándoles una silla de cavallería desde Oza al lugar de Palabea, le ofreció por ello una libra de pan, y que en el camino y en lugar de no poder ser obserbado la hechó en el suelo, y abusó de su devilidad, de cuio suceso supone le resultaron las purgaciones que promobieron su declaración. Obserba el promotor que esta niña trajo sin emvargo la libra de pan para casa, no se quejó de ella, ni menos el rubor que debiera producirle aquel subceso, se hizo reparable para con su familia hasta que se conoció su enfermedad, y a ella dio la salida que queda espuesta. Todos los más que depusieron en el sumario, son el eco de esta niña, cuia malicia es conocida y notoria, pues a ser ignocente y sencilla, o conocer la maldad de la acción no hubiera acetado el presente, de quien en tanto grado supuso le habían ofendido, y dejara de traerlo a cada, manifestando inmediatamente en ella aquella acción, sin esperar que la necesidad le empeliese a que fuese conocida. El juzgado, con prudencia y sobrada previsión, pretendió esforzar y aclarar las circunstancias de aquel lebe dicho, a justa propuesta de los facultativos que la reconocieron. Estos manifestaron que podrían agravarse los indicios de este supuesto si reconocido el Antonio Monelos, padeciese un vicio capaz de inferir la enfermedad de la Juana Fontela. Al promotor, si le es permitido hablar con la franqueza necesaria a su encargo, le parece que si bien así podría conseguirse el objeto de los facultativos, se ofendió el rubor de un hombre casado, y aun se le metió en discordia con su coniuje, quando las leyes respetan tanto la paz y la unión de los matrimonios. ¡Cómo es posible que una virtuosa esposa pueda olvidar nunca, el que a su marido se le juzga y hacen operaciones tales con él,

prueba de cargo, y no sufrirla el acusado, por auto de la justicia de Coruña de 30 de octubre de 1828, conformándose con lo expresado por el promotor, se afirmaba que a pesar de las diligencias practicadas no resultaba prueba contra el acusado «de que fuese el actor del delito que motibó el procedimiento ni lo aislado de la declaración de la joven Juana Fontela, y más recividas, facilitan medio de mayor adelantamiento, por ello y que a la imbersa el aserto de aquella en parte se hace sospechoso, y en parte está desmentido, lo primero por el tiempo que medió desde el día en que se supone haber sido violentada al en que lo descubrió a su madre, y lo segundo porque los facultativos sacan indegne a Monelos», dispuso, sin perjuicio del derecho de la víctima y su padre a que se continuara la causa en el caso de descubrirse nuevos indicios, el sobreseimiento del proceso, dejándolo abierto y enviándolo en consulta a la Sala del crimen. No obstante, el fiscal, amparándose en un auto de la Sala, pedía al juez que impusiera «al acusado las penas que las leyes del Reino prescriven al delito porque es procesado, hallando en el expediente méritos suficientes para ello». La sentencia definitiva del alcalde mayor de Coruña volvió a fundamentarse en la falta de pruebas de la parte acusadora y en el reconocimiento médico que desvanecía la declaración de la menor, por lo que absolvió a Monelos de culpa y cargo, añadiendo en la declaración que «este procedimiento no pueda causarle nota que estorbe la paz y unión del matrimonio», reservando el derecho a la parte actora para continuar si tuvieran datos más fundados. Con posterioridad, los alcaldes del crimen ordenaron un careo que no llegó a realizarse por fallecer el acusado.

La mención al incesto, aunque existe, pudiéramos calificarla de meramente testimonial. Las alusiones a ellos se centran en los años posteriores a 1827. La Audiencia de Cataluña conoce una causa en este año, la de Extremadura dos en 1830 e igual número la de Valencia en 1833. La Sala del crimen sevillana es la que más procesos conoció por este motivo: uno en 1829 y 1830 y dos en 1831. Del resto de tribunales no tenemos noticia. Quizá por algunos de los motivos ya apuntados se guarda silencio: la conservación del matrimonio o el escándalo familiar. Tampoco puede rechazarse como sólido argumento, la dominación paternal de raigambre secular[192].

---

creiéndole haber sido infiel! Pero se hizo el reconocimiento, de él resultó que el Antonio Monelos no padecía la enfermedad que se buscaba, capaz de producir la que tenía la Juana Fontela; y si es una verdad indisputable que no hay efecto sin causa, careciendo de auqella el procesado, es imposible hubiese sido el que produjo las purgaciones a la Juana Fontela, y por consiguiente no puede ser más clara y terminante la falsedad de su deposición, capaz de graduarla por la malicia que se infiere del procedimiento tiene la niña... Y en tal estado, y fundado en las razones espuestas, así como lo determinado por derecho, que quiere que los procesos sean acabados luego que conste no haber motivo para su prolongación, y teniendo también a la vista que las enfermedades venéreas pueden ser generadas por los padres en sus hijos, y haver sucedido muy bien que la Juana Fontela, resultase de tal motibo u otros vicios, y enrriendos que los niños suelen cometer, como lo enseña la esperiencia, y nos lo demuestra el actor del vicio solitario y otros, a pesar nuestro, cree que el juzgado pueda mandar sobreseer en esta causa».

[192] Los arts. 325 a 331 del Proyecto de Código de 1820 diferenciaba entre el incesto entre padres e hijos del cometido entre hermanos del mismo matrimonio. La justicia debía velar por salvaguardar a la prole incestuosa.

Los casos de sodomía también son prácticamente nulos en las estadísticas anuales. Desde luego que la Iglesia siguió condenándola. Los textos de la literatura jurídica continúan aludiendo a los castigos medievales y modernos, que jueces y tribunales no imponían[193]. No obstante, por lo que observé en la práctica de la Real Audiencia de Galicia y de su Sala del crimen durante el siglo XVIII, destaca la imposición de penas muy leves a reos acusados de sodomitas en comparación con los crueles castigos legales previstos para este delito. Posiblemente, una mayor permisibilidad social o la ocultación de estas conductas por los círculos más cercanos, debió influir en la reducción del número de hechos que llegaron a conocimiento de las chancillerías y audiencias. La de Aragón conoció dos casos en 1828 y 1829, y la de Sevilla otros dos en el primero de los años citados. No hay más rastro en las noticias publicadas por los tribunales, ni siquiera en los muy detallados planes de la Audiencia de Cataluña. A pesar de esta laguna estadística, en los informes emitidos en 1821 y 1822 por las audiencias territoriales sobre el proyecto de Código penal se manifiesta el interés por mantener su punición. Desde el poder se reconoció su gravedad al ser uno de los delitos exceptuados en el R.D. de 20 de octubre de 1830 para resultar beneficiado por el indulto general[194].

La prostitución visible continuaba siendo un problema destacado por algunos criminalistas desde los inicios del siglo XIX. En este sentido, Gutiérrez alertaba de lo poco eficaces que habían sido las medidas históricas contra este tráfico, manifestando que «otros procuraron con empeño exterminarla, aunque tan inútilmente como lo sería el intentarlo en nuestra España, con especialidad en la Corte y demás pueblos considerables, donde infinitas rameras con sus trages escandalosos, gestos lascivos y palabras deshonestas, llevando como en triunfo el vicio por los lugares más públicos»[195]. Entendía como penas más adecuadas para su contención la infamia y la privación de ciertos derechos, honores o facultades a las mujeres, «pero vemos que se las destierra o pone en alguna reclusión, cuando causan algún escándalo, o tienen pervertido algún hijo de familia u hombre casado, con especialidad dándose queja contra ellas, o despreciando las amonestaciones que se les hubiesen hecho». De acuerdo con su discurso, no podía permitirse lupanar o casa pública de prostitución, debiendo sancionar a las justicias que los consintieran. No obstante, de acuerdo con las concepciones heredadas sobre la preeminencia socio-jurídica del varón, «contra el hombre que cometa alguna deshonestidad con muger pública,

---

193 Antes de la guerra se reconocía que era «un crimen común en los presidios». Vid. Salillas, *Evolución*, II, p. 513, nota.

194 Acerca de su evolución legislativa en el siglo XIX, Julián Gómez de Maya, «El codificador ante el pecado nefando», en *AHDE*, 83 (2013), pp. 139-184. El Proyecto de Código criminal de 1831 reguló el forzamiento sodomítico, castigándolo igual que el de mujer (art. 905).

195 *Práctica criminal*, III, p. 168. Vid. Matilde Cuevas de la Cruz y Luis Enrique Otero Carvajal, «Prostitución y legislación en el siglo XIX. Aproximación a la consideración social de la prostituta», en María Carmen García-Nieto (coord.), *Ordenamiento jurídico y realidad social de las mujeres: siglos XVI a XX. Actas de las IV Jornadas de Investigación Interdisciplinaria*, París, 1986, pp. 247-258.

no ha señalado ninguna pena nuestra legislación, así como ni tampoco la prescribieron las leyes romanas; y por lo tanto aunque la meretriz salga embarazada, no podrá quejarse del autor de su preñez, ni reconvenirle por ninguna indemnización»[196]. Esto último tendría consecuencias nefastas y traería aparejados, por ejemplo, infanticidios por parte de mujeres que quedaran abandonadas.

La prostitución, sin duda por causas de necesidad vital, debió generalizarse por todo el territorio, aunque su repercusión fuera básicamente local y en poblaciones o comarcas de cierta entidad[197]. Si los desastres de la guerra y la persecución política afectaron a muchos hombres, fueron numerosas las mujeres que, ante la penosa situación en la que se encontraron, tuvieron que abandonar sus lugares de origen para encontrar alguna subsistencia. Se generó así un mercado de la prostitución. Su persecución se encomendó, sobre todo, a la policía y, por ello, apenas llegaron procesos sobre estas mujeres a conocimiento de los altos tribunales, de ahí que sea desconocida su realidad judicial.

A la Corte, terminada la guerra, debieron concurrir numerosas mujeres necesitadas de lo más imprescindible. Algunas optaron dedicarse a la prostitución para poder subsistir. Su represión normativa no tardó en imprimirse. Por R.O. de 18 de febrero de 1815 se ordenó recoger a las «más culpadas y deshonestas» o «mugeres prostitutas y abandonadas»[198]. El problema con el que se toparon las justicias es que las casas de corrección de Madrid no estaban preparadas para «recoger todas las mugeres que viven con abandono», pero tampoco podían quedar impunes ni permitirse sus escándalos[199]. Advirtiendo la dificultad de su remedio, «dicta la prudencia se elija y adopte un término que haga compatible alguna tolerancia con la conducta de ellas menos viciada o pública», por lo cual la Sala de alcaldes y los de barrio «corrijan este abuso y hagan obscurecer un vicio tan escandaloso y perjudicial a la juventud, tomando las providencias que juzguen más oportunas contra las que se presenten más culpadas y deshonestas», entre las cuales se afirmaba que se encontrarían muchas separadas de sus maridos, padres, hermanos u otros parientes «por solo vivir a su libertad, a las quales (precedido el conducente examen y averiguación) harán se reúnan con aquellos, aperciviendo y amonestando severamente a las demás se abstengan de cometer insulto, ni escándalo en las calles, paseos y demás sitios de concurrencia pública». Por lo tanto, parecía consentirse implícitamente la prostitución oculta, la que se desenvolvía en casas y

---

196 *Práctica criminal*, III, p 170.

197 Isaura Varela González, «Casas de mancebía y meretrices callejeras. Un espacio clandestino en Santiago durante el siglo XIX», en *Semata*, 21 (2009), pp. 225-239.

198 AHN, Consejos, lib. 1405, exp. 127. Más abajo trataremos los problemas en la ejecución de la vergüenza.

199 El problema se planteó en otras ciudades populosas. El Consejo Real instó a la Audiencia de Sevilla en 1817 para que promoviera proyectos para la creación de sendas casas de corrección, una para hombres y otra para mujeres, sin ningún resultado, en Francisco Vázquez García y Andrés Moreno Mengíbar, *Poder y prostitución en Sevilla: siglos XIV al XX*, Sevilla, 1995, vol. 2, p. 72.

habitaciones privadas; persiguiendo por el contrario la pública de los lugares concurridos, que por las noticias conservadas debía darse a cualquier hora del día y de la noche. En la medida en que las disposiciones normativas se hacen eco de este problema, sobre el que recae un importante grado de moralidad, cabe pensar que en la realidad diaria se hallaba bastante generalizado. Como remedio a estas situaciones se intentarán crear casas de corrección a iniciativa de la Audiencia, de la autoridad militar, de los eclesiásticos o de particulares.

El castigo de algunas de estas mujeres mantuvo las pautas de infamia y mofa de los siglos anteriores a través de la exposición a la vergüenza. En 1817 fue condenada, por los alcaldes de Casa y Corte, Antonia Inés a diez años de reclusión en la galera y a la vergüenza pública, emplumada, por «rufiana o alcahueta en su casa tienda de vinos generosos»[200].

En ciertas ciudades la alarma provocada a las autoridades políticas y eclesiásticas ante la cantidad de mujeres en esta situación llegó a conocimiento de la Corte. El capitán general de Valencia lamentaba en 1825 la pasividad de la Policía para poner remedio «a la prostitución de una multitud de mujeres cuya livianidad, su abandono hasta dormir en plazas y calles públicas, llegó a un extremo que ofendía la candorosa virtud precipitando a la juventud incauta, que me obligó a dirigirme a la autoridad del reverendo señor arzobispo para que excitara el celo de los curas párrocos a que con sus amonestaciones pintasen a tales desgraciadas la fealdad de sus vicios y el precipicio a que se exponían». Las quejas de la autoridad militar hicieron mella en la policía valenciana[201], que realizó la correspondiente redada, pero no por la prostitución, sino porque «estaban cometiendo rapiñas en el mercado y otros parajes públicos, y de que tiempo hace tenía yo acordado su prisión, colocación y destino». Tal debía ser su número, que estaban organizadas en «compañías distribuidas en varios parajes para ejecutar sus robos»[202].

Insistía la máxima autoridad militar valenciana en exigir a la policía que manifestara las medidas que iba a adoptar para impedir «la vagancia y lupanar de tales mujeres que fueron echadas de la capital a los pueblos de su naturaleza, ya que por desgracia falta un asilo que pueda contenerlas con aprovechamiento cuando con el mayor dolor he visto que han vuelto bien las mismas, y acaso otras a inundar las calles y plazas». Para evitarlo, había elaborado un plan para su recogimiento[203]. Así pues, el destierro o la obligación de volver a sus pueblos de nada servía porque, con seguridad, en ellos no tenían resulta su subsistencia[204].

---

200 AHN, *Consejos*, lib. 1409, exp. 42.

201 El arzobispo de Valencia, en su informe de agosto de 1825, alegaba como causa de la desconfianza del pueblo fiel al rey, «el ver y observar la protección que generalmente dispensan las autoridades de Policía a esta clase de enemigos de la tranquilidad pública», *Informes*, p. 330.

202 *Informes*, pp. 410-411.

203 *Informes*, p. 411.

204 Más información en Jean-Louis Guereña, *Prostitución en la España contemporánea*, Madrid, 2003, en particular pp. 32-84.

En 1829 se retomaron las medidas normativas contra la prostitución. En este marco social hay que insertar el R.D. de 28 de febrero de dicho año relativo a la corrección de la licencia de costumbres que se nota, principalmente en la separación voluntaria de matrimonios y en los amancebamientos públicos[205]. Asimismo, esta disposición facultó a las autoridades de policía para que «persiguiesen a las mugeres prostitutas y las destinasen a casas de corrección o a donde juzgasen conveniente». No obstante, los fiscales del Consejo, y éste al rey, expusieron «los inconvenientes que ofrecía la espresada facultad por la imposibilidad de que, egerciéndola la Policía dentro del círculo de las de su instituto, se observasen las formalidades prevenidas por las leies para la sustanciación de las causas y defensas de los procesados». Ello dio lugar a la R.O. de 12 de agosto de 1830, por la que quedó sin efecto la anterior, disponiendo que continuara a cargo de las justicias y de los tribunales «la corrección y castigo de las mugeres que se entreguen a la prostitución, para evitar el escándalo y otras funestas consecuencias de su relajada conducta»[206].

Frente a la escasa atención que dedicó el Proyecto de Código criminal de 1830 a la prostitución, el texto redactado por Sainz de Andino se ocupó ampliamente «de la prostitución y otros actos de incontinencia lúbrica en que no hay ofensa personal». Los arts. 547 a 571 regulaban con detalle los aspectos más variados de ella, desde la actividad del alcahuete o del que facilitaba casa para su ejercicio, a los partos clandestinos en casas de prostitución o los infanticidios, la responsabilidad de jefes o maestros de establecimientos de enseñanza, beneficencia o corrección y ascendientes o maridos que la propiciaran. El último de los preceptos mencionados entendía por prostituta la mujer «que públicamente hace comercio de su cuerpo, entregándose livianamente a hombres diferentes». La pena prevista para las mujeres que ejercieran la prostitución públicamene y con escándalo, era el destierro del lugar donde ejercieran, el confinamiento en el de su origen y el quedar bajo vigilancia de la autoridad, salvo que reincidieran, pues en este caso serían recluidas entre dos y cuatro años (art. 570).

No todos los tribunales incluyen un apartado dedicado a la prostitución y al lenocinio, por lo que es probable que alguna Audiencia los computara entre las causas de amancebamientos o en varios excesos. Se advierte, al menos en la Audiencia de Sevilla, una mayor persecución del lenocinio, a pesar de que los casos despachados fueron limitados[207]. El lugar

---

[205] Se dictaron medidas con anterioridad. El Capitán general de Extremadura circuló en 1825 una orden contra los escándalos públicos, elogiada por el obispo de Badajoz porque «he visto en mi obispado casarse varios amancebados de muchos años, y reunirse muchos más divorciados, que habían hecho inútiles las amonestaciones pastorales de sus párrocos», en *Informes*, p. 148.

[206] ACA, Real Audiencia de Cataluña, Cartas acordadas, Registro 1284 (1830), f. 455.

[207] En 1828 conoce un caso de prostitución; mientras que en ese año y en 1830 son cuatro las causas resueltas. La Audiencia de Extremadura conoció de un lenocinio en 1828. Frente a las penas legales contra los lenones, se mantuvo la práctica vergonzante de emplumarlos o darles azotes. El art. 360 del Proyecto de 1830 castigaba al marido que consintiera el amancebamiento público o la amistad escandalosa de su mujer con otros con dos años de destierro.

opuesto se encuentra la Audiencia de Cataluña, que resuelve un mayor número de causas de prostitución que de lenocinio. Así, por ejemplo, en 1817 conoce dos causas de lenocinio frente a las catorce de prostitución; o en 1828 mientras son cuatro de las primeras, las segundas llegan hasta veinticinco.

e) Delitos contra la administración de justicia

Uno de los asuntos que más se repite en las sentencias, tanto de los jueces inferiores como de la Sala del Crimen gallega, es el castigo impuesto a los testigos que declararon falso durante el proceso. Vimos en páginas anteriores las quejas de algunas autoridades acerca de las falsas delaciones y falsos testimonios por razones políticas. La misma situación se daba en las causas criminales por delitos comunes. Si se actúa contra los jueces y los escribanos, partes fundamentales en el juicio, lo mismo cabe sostener con respecto a los testigos, partes esenciales en la prueba y, por extensión, en la determinación de la culpabilidad de los acusados. Pero en realidad se castiga el atentado contra «la religión del juramento» y que suponía vulnerar las leyes del Altar y del Trono, un sacrilegio y un delito.

Su punición se aplica de oficio por el juez o por el tribunal en la sentencia definitiva por lo que, más que considerarse un verdadero delito y como tal castigarse con arreglo a la legislación antigua pero vigente, los juzgadores, sobre todo los inferiores, castigan la falsedad testifical como un perjuicio a la correcta administración de justicia, por mucho que se invoque en ocasiones «la sagrada religión del juramento».

El castigo impuesto de ordinario a los testigos es la multa. Su cuantía puede variar, aunque no alcanzo a determinar el fundamento o los elementos de valoración que determinan su importe[208]. En cualquier caso, el tribunal actúa con gran rigor[209], exigiendo su pago, o alternativamente fijando una pena corporal sustitutiva[210], y por supuesto apercibiéndoles hacia el futuro[211] o privándoles de la posibilidad de ser testigo en ulteriores pro-

---

208 ARG, *Sentencias*, 28499, *s.* 27.9.1814 en el pleito y causa contra Benito Martínez y Antonio González, alias Canaleta, en la que algunos testigos son multados con 6 ducados.

209 ARG, *Sentencias*, 28576, *s.* 7.8.1832 «sobre la muerte de Matías Vázquez», en la que condenan «a los testigos de la prueba dada por la Manuela Mosquera en un año de recargo sobre las condenas que se le hayan impuesto por sus respectivas causas».

210 ARG, *Sentencias*, 28581, *s.* 8.3.1832, «sobre malos tratamientos hechos al Sarmiento», en que resultan multados varios testigos «en diez ducados a cada uno, aplicados en la forma ordinaria, y resultando insolventes en un mes de cárcel que sufran en la pública de Tuy, y les apercibimos... que a lo sucesivo respeten según corresponde la religión del juramento y profesen más verdad en sus deposiciones juradas, so pena de mayor providencia».

211 ARG, *Sentencias*, 28576, *s.* 6.4.1826 contra Francisco José Vigo, en la que se multa a varios testigos de la prueba de este en diez ducados cada uno, aplicados penas y gastos, «y a falta de vienes para su pago, se les condena en un mes de obras públicas en la plaza de La Coruña, apercividos que en lo subcesivo sean más veraces y respetuosos con la religión del juramento, pena de mayor rigor». *Sentencias*, 28581, *s.* 12.11.1831 contra Santiago Gómez, alias Chabuco, y otros acusados de haber pertenecido a una gavilla, en la cual a los testigos

cesos, de forma temporal[212] o vitalicia[213]. Esta represión del falso testimonio induce a pensar que, junto con las pruebas objetivas como el hallazgo de los instrumentos de la comisión delictiva, la prueba testifical tenía un mayor valor probatorio del que tradicionalmente se ha venido considerando, y al mismo tiempo se evitaba el pecado de jurar en vano, de ahí que siempre se les exigiera la veracidad en sus deposiciones[214]. Castigo y advertencia que podía extenderse a los escribanos por las irregularidades en la plasmación de los testimonios[215]. Estas penas se comprueban particularmente en los fallos que absuelven a los acusados, imponiendo penas a los querellantes y a sus testigos.

No es preciso volver a insistir en los problemas que plantearon los falsos testimonios, bien fueran por motivaciones políticas u otro tipo de revanchismo, con el fin de atemorizar y enviar a la cárcel, al menos durante una temporada, a cualquier individuo y causar estragos en su economía familiar. Algunos jueces llegaron, en el texto de la sentencia, a pormenorizar en extremo las contradicciones de los testigos entre lo manifestado en la sumaria y lo expresado en plenario. Así una simple variación en la concreción horaria llevó a multarles, además de apercibirles sobre la conveniencia de que en futuras ocasiones fueran más veraces. Las cuantías de las multas dependen del arbitrio del juez, así como de la valoración que da a los testimonios pronunciados[216]. Los ejemplos se multiplican en la documentación judicial.

«les apercibimos que sean más consiguientes en sus deposiciones y declaren con verdad».

212 ARG, *Sentencias*, 28576, *s.* 21.11.1829, «sobre malos tratamientos echos a Antonio Rodríguez y más que contiene» por la cual a dos testigos les suspenden «de testificar en juicio por espacio de diez años» y les multan en cincuenta ducados.

213 ARG, *Sentencias*, 28581, *s.* 21.3.1833 «sobre extracción de reales provisiones y otros papeles», en la que Francisco Varela es condenado en seis meses de cárcel en la de su domicilio «y le privamos de ser testigo en causa alguna».

214 ARG, *Sentencias*, 28576, *s.* 30.9.1828 contra José Mariño por robos en la que los alcaldes del crimen aperciben a unos testigos para que en lo sucesivo fueran más veraces.

215 ARG, *Sentencias*, 28581, *s.* 26.3.1832, «sobre malos tratamientos a María Dolores Cortiñas, de que provino su muerte», en la que son multados varios testigos en cinco ducados, «y apercivimos a los dos primeros que en adelante respeten como corresponde la religión del juramento en las declaraciones que prestaren pena de mayor providencia. Advertimos a doña Joaquina Pineda sea más exacta en sus deposiciones judiciales. Condenamos al escribano... en treinta ducados de multa aplicados como los de arriva, con apercivimiento de que en las causas en que actuase se arregle a las leyes de su oficio y no incurra en los defectos e ilegalidades que se advierten en la presente, ni se haga sospechosos en autorizar declaraciones y diligencias que se hallen enmendadas y sin salvar, pues en otro caso se tratará con más severidad».

216 ARG, *Crimen*, 597/1, el oficio de la justicia de la ciudad de Lugo contra D. Francisco Díaz presbítero y otros sobre la violenta muerte dada a Josefa Gómez conocida como la Valentina (1829). Sentencia del alcalde ordinario de Lugo de 27 de noviembre de 1826: «A Manuel Modia, su muger Josefa Díaz, por haver minorado sus declaraciones en plenario, se les multa a cada uno en seis ducados. A Pedro Eiras por haver aseverado que quando saliera de matar los cerdos de casa de José Fernández en su primera declaración asegura ser las nueve y media, y en la ramificación las once, se le multa en ocho ducados. A Gerónimo López atendiendo al tiempo que hace sufre de arresto, se le ponga en livertad y multa en dos ducados. A José Fernández Madruga, Dª. Rosa Sánchez y su hermana Dª. Tomasa, al primero por la variedad del obrador, con toda la demás casa, se le multa en ocho ducados, y apercibe a todos tres que a lo sucesivo profesen más verdad, y atendiendo a que Benita Varela, que benefició la aguardiente a Antonio Tato, en compañía de Antonio Soto, aquella declara que pasaba de las ocho y el otro que serían las

De otra parte, encuadrado dentro de los delitos contra la administración de la justicia se hallan las fugas y escalamientos de cárceles[217]. Las cárceles servían de bien poco[218]. A los delincuentes presos siempre les quedaba la posibilidad de fugarse de las cárceles en las que estaban arrestados, bien mediante sobornos, rotura de puertas o ventanas, descuido de guardas o auxilio exterior[219]. Cuando la propia normativa da cuenta de la frecuencia de las fugas[220], y así lo atestigua la documentación judicial manuscrita, sin duda que fueron más numerosas.

No es preciso detenerse a describir la situación carcelaria de la época. A pesar de algunos proyectos y propuestas para su mejora, apenas se avanzó. La ruina de los edificios y las peculiaridades con las que eran custodiados los presos en numerosos lugares, facilitaban su fuga. Con la colaboración de los custodios o sin ella, cualquier fuga suponía un obstáculo

---

nueve, deven considerarse conformes y contradictorios con Manuel López, José Díaz y Ana Castro, quienes aseguran ser entre once y doce de la noche, se multa a estos con Ángel López, Francisco Arias, Narciso Martínez, Pedro Mundiña, Esteban de Castro, Josefa Fernández Mira y otros, en ser sobre las nueve de la noche y que de paso Tato y Soto vevieran aguardiente. Y mediante María Fernández en su primera declaración afirmó no haver visto en su casa al Antonio Tato en la noche del once de enero y en plenario manifiesta haverlo visto después de ñas diez de la noche adelantando su marido José Isidro García que eran las once y media, se les multa a cada uno en diez ducados. A Antonia Cela, Ramona Pardo aleas Fabeira, su hija Juana, Bernarda de Neyra, por haver faltado a la verdad en sus primeras declaraciones, y lo mismo Antonio Fabrequies, Andrés de Neira, Antonia da Cal, Antonio de Neyra, Antonio Mourenza y Rosa Romay, teniendo en consideración la cárcel que esta ha sufrido, se les multa a cada uno en quatro ducados, y unos y otros aplicados de por mitad a penas de cámara y grandes gastos de esta causa, mediante a que de los reos no se hallan vienes embargados susceptibles de cubrirlos, y a todos apercibo seriamente que a lo subcesibo sean más veraces en sus dichos bajo más severa providencia. Y respecto a algunos de los multados es notoria su falencia y por lo mismo voluntariamente se prestaron a declarar, al que no apronte la multa impuesta se le condena en un mes de cárcel que sufra en la pública de esta ciudad».

[217] Véase la R.C. de 7 de octubre de 1796 que prohibía imponer penas a los reos de resistencia a la justicia, escalamiento de cárcel y otros sin que precediera su declaración, audiencia de sus excepciones y defensas y la oportuna prueba legal del delito y delincuente, es decir, sin la incoación del oportuno expediente.

[218] Sobre el particular, Pedro Ortego Gil, «El vehemente impulso y justo deseo de recobrar la libertad (Notas históricas sobre fugas de cárcel)», en *Dereito. Revista Xurídica da Universidade de Santiago de Compostela*, 22, número extraordinario (2013), pp. 399-440.

[219] Pérez Galdós recoge las circunstancias literarias, pero cercanas a la realidad, en que se desarrollaron las fugas en la Corte, como la famosa de Salustiano Olózaga, por ejemplo en *Los apostólicos*, pp. 229-231.

[220] R.O. de 25 de mayo de 1824: «La larga experiencia de los tiempos ha enseñado que uno de los motivos que más han influido en la impunidad de los crímenes ha sido el seductor medio del soborno, que ha facilitado la fuga de las prisiones de reos de delitos más atroces. Teniendo esto presente S. M., y con el justo fin de evitar la repetición de un abuso tolerado que ocasiona males de grave trascendencia, se ha servido resolver: 1. que en la cárcel o parage donde se hallen reos de conspiración o de aquellos que por excluidos de la amnistía estén bajo el imperio de las leyes, se dé una guardia mandada por oficial. 2. que los de esta clase, cuyas causas se sigan en pueblo donde no haya tropas del Ejército ni cuerpo de Realistas, se trasladen a los que la tengan para su mejor custodia. 3. que tanto los comandantes de dichas guardias como los alcaides de las cárceles, respondan con sus personas de dichos reos, cuya fuga se considere respecto a los primeros como complicidad en los crímenes de que estos fueron acusados, y se procederá a su arresto, formación de causa e imposición de las penas que por as leyes estén señaladas a dichos delitos», en *Gaceta* de 8/6/1824.

para la ejecución de la justicia, por lo cual se entendía que debían ser duramente castigados agravándose la pena cuando rompieran sus prisiones para huir o cometieran actos de violencia contra los guardas. Son abundantes los testimonios e incidentes incoados por ellas.

En 1818 se fugaron varios presos de la cárcel de Santa Marta de Ortigueira, hecho en el cual mediaron armas prohibidas y hubo resistencia cualificada a la justicia[221]. De acuerdo con el grado de culpabilidad de cada uno de los fugados y su resistencia a la justicia fueron condenados los presos por el juez inferior. El reo principal fue castigado con doscientos azotes –con la peculiaridad de llevar al cuello los instrumentos con los que realizó su fuga– y diez años de presidio africano. El carcelero fue apercibido y el guarda absuelto de la instancia[222]. El fiscal del crimen se conformó con estas condenas, pero la Sala las rebajó considerablemente[223]. El doble centenar de azotes fue la pena habitual impuesta por la Audiencia gallega para las fugas agravadas.

No siempre actuaron con tanta benevolencia los alcaldes del crimen de la Audiencia gallega. Así se comprueba con un reo fugado tras habérsele notificado su destino por diez años a un presidio de África, en cuyo incidente también resultó condenado el alcaide carcelero[224]. La sentencia ase-

---

[221] ARG, *Crimen*, 143/40, *incidente de la causa de conmociones populares de la villa de Santa Marta de Ortigueira contra Antonio Lago y Antonio García sobre la fuga que hicieron fugándose de la cárcel, fracturando la prisión y uso de armas prohibidas* (1818). Sobre otros supuestos de fuga en tierras gallegas, incluso de una masiva en Pontevedra, en 1819, Iglesias, *Crimen*, pp. 151-154.

[222] La causa los era «sobre escalamiento de cárcel con fracturas de las prisiones, uso de armas prohividas y resistencia qualificada a la justicia», resultando condenado Antonio de Lago en doscientos azotes «que deverá sufrir en los sitios públicos y acostumbrados de la ciudad de La Coruña, llevando pendientes al cuello el cuchillo y los instrumentos con que fracturó las prisiones» y en diez años de presidio en África. Vicente Rodríguez «por no haber sido su resistencia tan qualificada», lo fue en vergüenza pública «con el cuchillo e instrumentos con que rompió las prisiones colgados al cuello» y en seis años de presidio en África, sin perjuicio de la pena que se le fuere impuesta en la causa principal sobre la violenta muerte de Vicente Cao. Antonio García, reo fugado y en rebeldía, quedó condenado en vergüenza pública y seis años de presidio. Martín Pérez, alcaide carcelero, fue apercibido para que «en lo subcesivo no haga salidas de la cárzel sin dejar algún hombre de confianza encargado de la custodia de los reos por su quenta y riesgo, sin usar de comisiones de alguacil, pues no acomodándole el servir el empleo de alcayde carcelero por los tres reales diarios que le están asignados puede hacer dimisión o solicitar mayor dotación». Ignacio Prieto, por no resultar ningún indicio contra él, resultó absuelto de la instancia.

[223] Sentencia de 18 de marzo de 1819 por la que Antonio García fue condenado en dos años de presidio a las obras públicas de Coruña; a Antonio de Lago le imputaron «en parte de la pena el tiempo que lleva sufrido de cárcel, de la que mandamos se le ponga en libertad»; y con respecto a Vicente Rodríguez que se tuviera presente lo que contra él resultara en la causa principal sobre la muerte de Vicente Cao. El carcelero fue apercibido para que tuviera mayor vigilancia y cuidado con los presos que se hallen a su cargo, absolviéndole de la instancia.

[224] ARG, *Crimen*, 278/3, *el oficio de la Justicia de la Jurisdicción de Redondela contra Gerónimo Acero, alcayde carcelero, sobre la fuga de Manuel José Rincón, después de havérsele notificado sentencia del Tribunal condenándole a diez años de presidio en África, que no quebrantara pena de la vida* (1824). Rincón era uno de los integrantes de la gavilla de Puenteareas. Había sido condenado en 1823, con arreglo al Código Penal, a un año de obras públicas, pero por sentencia de la Sala del crimen de 14 de febrero de 1824 se agravó su pena hasta los diez años de presidio con retención y en calidad de gastador.

sorada del juez de Redondela se limitó a multarle por los daños provocados en su fuga, mientras que el alcaide lo fue en un año de arresto –que ya había cumplido ampliamente–, a la privación perpetua del oficio y a una pequeña multa para la época. La Sala, sin embargo, recargó al reo principal en dos años, sobre los diez que ya tenía con retención, reduciendo considerablemente la del carcelero[225].

La Sala de alcaldes de Casa y Corte lamentaba en 1827 que «una de las causas que indudablemente influyen a la perpetración y frecuencia de excesos tan escandalosos es la evasión que por medio de la fuga consiguen los delincuentes del cumplimiento de sus respectivas condenas»[226]. Por mucho que la Sala intentara administrar breve y rectamente justicia:

> «sus fallos han de quedar frustrados por la inseguridad de los presidios y aún más de la conducción de los rematados que resulta no solo la impunidad sino el que hasta los menos pervertidos reincidan en los mismos o mayores crímenes por la confianza de que nunca llegaron a sufrir el castigo merecido toda vez que puede eludirlo con la fuga; llega ya a tal extremo este abuso que apenas se forma una causa de las ordinarias que no sea contra un desertor de presidio de la cadena. Los recursos y aumentos de pena que disponen leyes contra tales prófugos y aún las de azotes e infamia son inútiles e ineficaces, éstas porque recaen en personas que desconocen todo sentimiento de pundonor y vergüenza; y aquellas porque tendrán el mismo cumplimiento que las primeras condenaciones si no se provee de remedio a la ninguna vigilancia y reprobado manejo de los encargados en la conducción y custodia de dichos rematados»[227].

---

225 Sentencia de 3 de julio de 1825 dictada contra el reo fugado y el alcaide carcelero «sobre el yncidente de fuga de aquel, fractura de prisiones y escalamiento de cárcel», condenó al fugado «sujeto no solamente a la pena de diez años de presidio con retención, según aparece de la sentencia del Real Tribunal, que motivó su arresto, sino que también le condeno a que el rompimiento de aquel se tenga a la vista, y en consideración para la retención yndicada, quando llegue el caso con audiencia final, multándole para penas de cámara y gastos de justicia en seiscientos maravedís, y la satisfacción de los daños ocasionados en la cárcel y prisiones de esta villa». El alcaide carcelero fue condenado en un año de arresto y seiscientos maravedís, privándole de su destino, sin que en tiempo alguno lo pueda ejercer, pero atendiendo a los diez y seis meses de carcelería, «se le declara por cumplida esta pena y a los dos se les condena mancomunadamente en las costas de este incidente». Por real auto de 21 de abril de 1827 se revocó la sentencia anterior, condenando al fugado en dos años de recargo en el presidio de África a que estaba destinado con retención por un robo cometido en gavilla y «en los gastos de la composición de la cárcel, y prisiones fracturadas», ampliando la del alcaide en dos meses más de arresto.

226 García Borrega, «Delito y sociedad», p. 254.

227 Incluso durante los traslados. En virtud de la R.O. de 23 de octubre de 1829 «habiendo acreditado la experiencia que por un reprensible descuido de las justicias se repiten con frecuencia y escándalo las fugas de los reos que son conducidos por tránsitos a las autoridades que los reclaman, y convencido S. M. de la imperiosa necesidad de poner término a semejantes abusos, ha tenido a bien mandar que V. I. prevenga a las justicias que se las hará responsables de la fuga de los reos que al ser conducidos de un tránsito a otro se escapasen por la falta de seguridad y poco zelo en su conducción, procediéndose por ello contra dichas autoridades a la formación de la correspondiente causa e imposición de pena a que se hayan hecho acreedoras». Disposición que fue complementada con la R.O. de 1 de enero de 1831 disponiendo que fuera de cargo de las justicias «el procurarse fuerza armada para la conducción de los reos de uno a otro pueblo», reconociéndose «la frecuencia con que se verifican tales fugas».

El hecho más agravado de fuga en la legislación era, lógicamente, aquel en el que mediaba la muerte del carcelero. Es cierto que la muerte, por lo general violenta, es el delito cuyas resultas son más graves, pero no deja de ser el efecto del delito inicial, esto es, de la fuga[228]. Así aparecía regulado en las Partidas. No obstante, la pena impuesta dependía del grado de participación e, incluso, del conocimiento que se tuviera de los planes de fuga. Quizá con ánimo de evitarlas mediante la imposición de penas más graves, Sainz de Andino abordó el castigo de las fugas y evasiones de presos de las cárceles y establecimientos penales con gran dureza, estableciendo además una jerarquía punitiva de acuerdo con la pena impuesta al reo fugado y la persona que por acción u omisión la permitiera (arts. 485-509).

La Audiencia de Cataluña incluyó un epígrafe específico a las fugas de cárcel en sus estados de 1827 y 1828, dando cuenta de once y veinte causas, respectivamente. Las Salas del crimen de Valladolid también permiten comprobar que fugas y escalamientos de cárceles fueron habituales, sobre todo en la segunda etapa absolutista: 33 en 1826, 29 en 1828 y 37 en 1829. Más inseguras eran las cárceles extremeñas, pues su Audiencia llegó a conocer de 78 fugas en 1828 y 36 en 1830. En la Chancillería de Granada se llegaron a registrar 111 causas en 1828, reduciéndose en los años posteriores (69 en 1831 y 60 en 1833). En Sevilla, respecto de los años de los cuales tenemos noticias, también 1828 presenta el número más elevado con 46, llegando a descender en los años sucesivos sobre la veintena a excepción de 1831 que alcanza las 37 causas.

Merinero Martín recoge testimonios de las autoridades judiciales extremeñas que muestran preocupación por la frecuencia de las fugas, achacando la responsabilidad a las justicias por la dejadez en la vigilancia y por no exigir responsabilidad a los alcaides, que incluso se valían de presos para que sirvieran de llaveros. En 1830 existían poco más de un centenar de reos fugados de sus quince cárceles, algunos de ellos por varias muertes y asesinatos, robos y fugas. Se reconocía que algunos habían conse-

---

Determinándose por otra R.O. de 8 de abril de 1831 que «todo desacato cometido contra la justicia causa desafuero y deja sujeto a ella al que lo cometa por privilegiado que sea, ha venido en declararlo así por punto general... mandando que todas las justicias del Reino conozcan de los delitos que cometan en su territorio los fugados de presidio, y que imponiéndoles la pena a que se hayan hecho acreedores, los remitan después al gefe del presidio a que correspondan para que también les imponga el recargo que merezcan».

[228] ARG, *Crimen*, 130/1, *el oficio de la justicia de la villa de Monforte de Lemos sobre la fuga que hicieron de aquella cárcel y muerte que dieron al carcelero* (1816). La sentencia del alcalde de Monforte de 7 de abril de 1832 «sobre fuga de la cárcel de esta villa, a la que precedió la muerte del alcaide carcelero Manuel Carnero» declaró que «teniendo en consideración que aunque D. Antonio Vázquez no asistió a la muerte dada al alcaide carcelero por ser uno de los que se hallaban en el calabozo, pieza separada del apresentado en donde se consumó el delito, no por eso desvaneció los cargos que contra él resultan de haver tenido alguna noticia de tal maquinación, y el no haverse presentado en la misma cárcel, según lo han verificado algunos de sus compañeros, una vez que sienta haver sido forzado para salir de ella, permaneciendo desde aquella época hasta la presente fugado en el Reyno de Portugal». En consecuencia de estos motivos le condenó en dos años de obras públicas en el correccional de La Coruña, sin perjuicio de lo que resultara de otras causas que existían contra él.

guido fugarse de dos o tres cárceles[229]. La cercanía de la línea fronteriza facilitaba su inmunidad.

En la documentación emanada de las audiencias son muy escasos los casos de prevaricación o cohecho. En Cataluña se recogió un caso en 1824 y ocho en 1826. Es posible que algunas de ellas, precisamente por ese reducido número, los incluyeran en el apartado de otros excesos. En ocasiones se recogen bajo la denominación de capitulaciones de corregidores (Valladolid). El control de oficio efectuado por los alcaldes del crimen de los tribunales y reflejado en las sentencias era un medio incuestionable de control, cuya eficacia se manifestaba al resolver las consultas y las apelaciones.

El Proyecto de Código criminal de 1830 agrupa el título vigésimo cuarto del libro primero los delitos contra la administración de justicia, cuyos autores siempre están vinculados con la misma: magistrados, jueces, relatores, escribanos, fiscales o abogados. En primer lugar destaca que las faltas de aplicación y de celo en su administración se reservaban al cocimiento del Gobierno (art. 295), lo que da idea del control gubernativo sobre los juzgadores. Entre los hechos castigados se enumeran la parcialidad en la adopción de las decisiones judiciales, la violación del deber de secreto, la apropiación de bienes abusando de sus atribuciones, el soborno y la prevaricación.

Asimismo son escasas las noticias acerca de los supuestos de resistencia a la justicia, pues solo son mencionados en los estados de Aragón, Cataluña, Granada, Sevilla, Valencia y Valladolid. Habría que añadir a ellos las resistencias hechas por las cuadrillas de ladrones a las partidas perseguidoras, hechos que en realidad no se enjuiciaron por este delito sino por el de robo u otros de violencia personal. La Sala aragonesa solo lo computa en los años finales del reinado (22 en 1832 y 25 en 1833). En la Audiencia barcelonesa fueron muy escasos en el bienio 1827 (7) - 1828 (9)[230]. Como en otros casos, en la Chancillería de Granada es donde mayor número de causas se resolvieron, incluidas bajo los epígrafes de desacato a la autoridad y falta de respeto a la justicia: 117 en 1828, 91 en 1831 y 70 en 1833. La de Valladolid presenta, por resistencia e inobediencia a la justicia, cifras similares a otros tribunales, aunque como sucede en el resto de ámbitos delictivos con mayor incidencia en la segunda etapa absolutista: 22 en 1816, 38 en 1818, 34 en 1819, 118 en 1826, 90 en 1828 y 121 en 1829. Los datos conocidos en Valencia son más reducidos y muestran cierta uniformidad en el último cuatrienio del reinado de Fernando VII: 31 en 1830, 48 en 1831, 39 en 1832 y 35 en 1833. La circunstancia de no mencionarse con anterioridad indica que debieron subsumirse en el apartado de varios excesos. El tribunal sevillano es el que más información aporta y permite comprobar cómo en 1828, al igual que en otros tribunales, conoció más causas por este motivo, para con posterioridad marcar una línea descendente.

---

229 *La Audiencia de Extremadura y el sistema penitenciario (1820-1868)*, Mérida, 1991, pp. 77-79. Aportando detalles a continuación sobre la manera de verificarse, sobre todo mediante la colaboración desde el exterior. Las fugas fueron castigadas según los casos.

230 En los planes de la Audiencia de Cataluña de 1818 figuran como «excesos contra las autoridades».

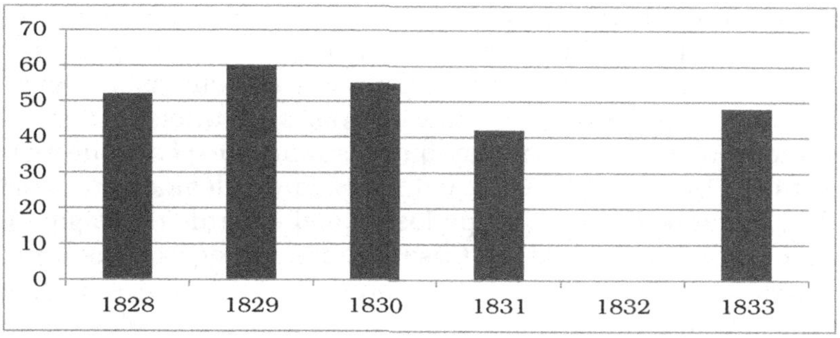

El Proyecto de Código de 1831 los arts. 391 a 405 regularon las violencias, ultrajes e injurias hechas a autoridades y funcionarios en el ejercicio de sus atribuciones, entendiéndose que debería ser en el ejercicio de las que le fueran propias y dentro de los límites marcados por las leyes. Supuestos diferentes de los que se opusieran o resistieran a la ejecución de las leyes y providencias judiciales o gubernativa (arts. 378-390).

f) Otros delitos

Para terminar este capítulo queda por referirnos a ese gran apartado residual en el que acabaron sumidos la mayor parte de los delitos cometidos en cada territorio, es decir, el de «varios excesos» u «otros excesos». La mayor parte de los delitos agrupados bajo estos epígrafes fueron, sin duda, considerados leves o menores por interesar en su mayoría a los particulares y no causar graves daños o repercusión. Es difícil determinar el criterio exacto de su inclusión[231]. Las ediciones del Diccionario de la Real Academia de estos años tampoco ayudan, ni siquiera la literatura jurídica. Cabe hacer una aproximación a su contenido mediante un procedimiento de descarte y a través de la comparación con los planes o estados detallados de otros tribunales. Desde luego en este cajón residual hay que computar los procesos por injurias verbales[232], riñas, falsificaciones de documentos[233], juegos prohibidos, etc. La Chancillería de Valladolid, por los datos que conservamos, no dedicó ninguna rúbrica a «varios excesos», por lo que

[231] En *Novísima*, 12, 16, la rúbrica del título es «De los gitanos, su vagancia y otros excesos».

[232] No consideradas como un mal tratamiento de palabra, sino como un delito «contra el honor o la reputación de ciudadano», cuya variedad era tal que resultaba prácticamente imposible fijar la pena correspondiente a cada una. Era habitual imponer la de desdecirse u honrar a estilo de la Sala, pero sobre todo condenar con penas pecuniarias, en las que se aprecia la mentada diversidad, afectada además por las variaciones dinerarias. Vid. Gutiérrez, *Práctica criminal*, III, pp. 69-79.

[233] Extraña que Gutiérrez, *Practica criminal*, III, pp. 154-155 continúe reproduciendo la dureza de la legislación penal contra escribanos falsificadores y omita cualquier mención de la mitigación en la práctica.

si excluimos los delitos tratados en epígrafes anteriores, como los de violencia personal, delincuencia patrimonial, tratos carnales ilícitos y, quizá, delitos contra la administración de justicia, podemos acercarnos a cuáles eran los hechos incluidos por otros tribunales en este cajón residual. Omito los datos de la Audiencia de Canarias, por su reducido interés y porque tampoco recogen esta rúbrica. Hay que resaltar el excesivo número en Galicia durante el bienio 1831-1832 y de la Sala de alcaldes en el primero de los citados, en ambos casos agrupados bajo el epígrafe de «vagancia y otros excesos», aunque los alcaldes de Casa y Corte segregaron las injurias –hay que entender verbales– y las falsificaciones. Los tribunales de Navarra dedicaron un apartado a «excesos» y en ellos integraron todos los delitos no encajables en muerte, heridas, robos, infidencia, incontinencia y vagancia. Esto supone en el caso navarro, como veremos más abajo, que el 35% de las causas conocidas por dichos tribunales quede incluido en esta rúbrica. Algo similar ocurre con la Audiencia Mallorca, pues si excluimos las causas por levas de 1816 y 1833 que distorsionan los resultados, en el apartado de «varios excesos» se incluyen más de la mitad de los delitos conocidos por su Sala del crimen, excluyendo las muertes, robos y riñas y heridas.

Los estados presentados por la Audiencia de Aragón son uniformes a lo largo de todo el período estudiado. En ellos figura el correspondiente apartado de excesos. En él se incluyeron las causas no derivadas de muertes, robos, heridas, armas prohibidas, leva, vagancia, incontinencia ni infidencia. Por tanto el listado de delitos que habría que incluir es bastante amplio.

La Audiencia de Asturias en 1826 alude a «varios excesos», pero a partir de 1828 rubrica este apartado como «injurias y otros excesos». Si cotejamos los planes de ambos años vemos que en el segundo se han segregado del apartado de excesos las causas por heridas y malos tratamientos, armas, conducta política, falsedad y perjurio y vagancia. Muertes, robos e incontinencia completaban el cuadro en del estado de 1826.

Menos compleja resulta la delimitación en los cuadros de la Audiencia de Cataluña por las enumeraciones pormenorizadas que contiene. En el trienio 1816-1818 el número de causas que se mencionan bajo la rúbrica de varios excesos es relativamente pequeño: 100, 86 y 82, respectivamente. No se incluyeron, por ejemplo, los delitos de falsedad, las causas contra la justicia o las injurias verbales. El año 1826, en el que el estado es menos detallado, el número de causas por excesos aumenta considerablemente (339), mientras las injurias (170) figuran bajo otra rúbrica y, comparando, resulta que entre aquellas de excesos habría que computar las de armas, riñas, vagancia o juegos prohibidos. En los dos años posteriores las causas por insultos o por insultos y atropellamientos figuran segregadas de las injurias.

Con mayor claridad aparece el contenido absolutamente residual de este apartado en los estados de la Audiencia de Sevilla. Para los años de los que contamos con información impresa, se cuenta entre 220 y 127 causas. En ellas no se incluyen, puesto que tiene rúbrica propia, las derivadas de juegos prohibidos, vagancia, falsedades, insultos, injurias, riñas, armas, fugas de cárcel y desacato a la autoridad. Al no computarse como excesos las injurias verbales, las riñas o los juegos, solo cabe pensar que se incluyeron las causas absolutamente leves, como pudieron ser las de ebriedad u otras de policía urbana.

En la Audiencia valenciana hasta 1829 sus estados solo incluían muertes, heridas, robos, incontinencia y varios excesos. Es a partir del año siguiente cuando aparecen más pormenorizados mencionándose el número de causas por razones políticas, resistencia a la autoridad, escalamiento y fugas de cárcel, vagancia y conducta sospechosa, suplantación de instrumentos y moneda falsa que, por la comparación con los planes precedentes, debían estar comprendidas para el epígrafe genérico de excesos. Desde luego que si atendemos a la plantilla de 1833 hay una mención de lo que se computaba: «injurias verbales y otros excesos».

En la Chancillería de Granada hasta 1827, inclusive, los apartados son: muerte, robos, heridas, armas, infidencia, incontinencia y excesos. A partir de ese año –salvo 1829– se desgajan de este último y, en consecuencia, hay que pensar que estaban integrados en ellos las causas por desacato a la justicia o falta de respeto a la autoridad, fuga de cárcel, moneda falsa, falsedad (sin especificar) e injurias. Aun con ello, en 1831 ascendieron a 320 y en 1833 a 220. Por tanto, siguen incluidos bajo el término genérico de excesos un buen número de causas por delitos de lo más variado. Los planes anuales de la Chancillería fueron homogéneos desde 1792 hasta 1828, pero incluso si sumanos a partir de esa fecha las causas segregadas de este apartado, podemos apreciar las divergencias anuales.

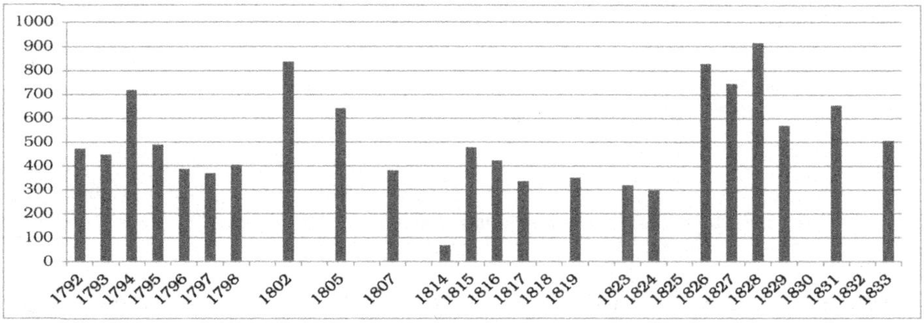

El repaso por las tablas de la Audiencia de Extremadura también plantea numerosas matizaciones en este punto. Hay años (1814, 1826, 1828, 1830 y 1831) donde las injurias tienen su propia rúbrica, como también a partir de 1828 la vagancia, los sospechosos, las riñas o los malos tratamientos y amenazas, las causas por armas prohibidas o los delitos de falsedad. En suma, es probable que durante el Sexenio y los primeros años del restablecimiento absolutista los enumerados en último término hubieran sido incluidos en ese epígrafe residual.

En consecuencia, bajo esa rúbrica se comprenden un número desconocido de delitos, mayoritariamente considerados leves, y cuya inclusión depende del tribunal y del año que consideremos. En la mayoría de sus estados debieron computarse las causas por injurias verbales, juegos prohibidos, delitos no graves contra las autoridades, conductas sospechosas, engaños y falsedades.

Tan solo se han incluido en los datos del gráfico el numeral que aparece en el apartado donde figura la palabra excesos, de ahí que las variaciones importantes se deban a la segregación, como se comprueba en el posterior de la Audiencia de Valencia.

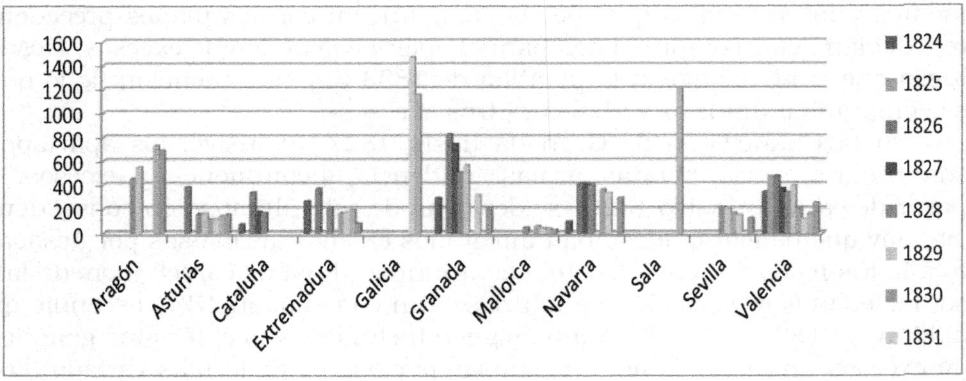

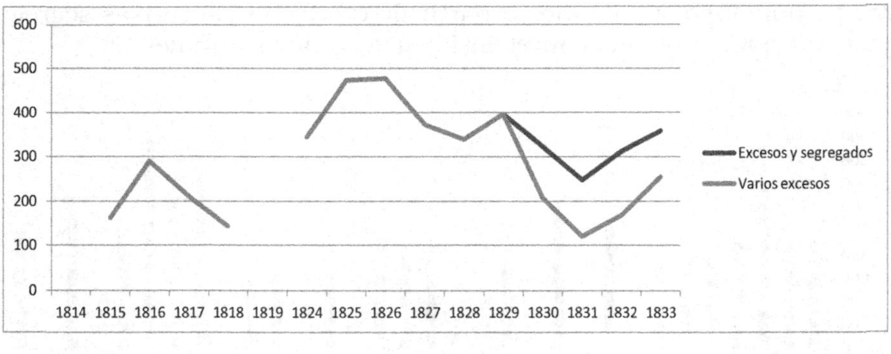

Algún caso que sin duda se incluyó bajo la rúbrica de excesos, son casos muy peculiares. La evolución cultural, salvo en las grandes urbes y en grupúsculos intelectuales, continuó siendo muy elemental. A pesar de la actuación de las Juntas de la Fe, la persecución inquisitorial contra adivinadores y otros personajes había desaparecido. Su tratamiento ya no era el de actuaciones pecaminosas contra Dios sino el de hechos basados en el engaño y la estafa en los que se abusaba de la confianza o la buena fe de las personas. A pesar de este cambio, continuó castigándose con cierto rigor a los autores de estas argucias. En 1826 la policía detuvo en la ciudad de Santiago a una mujer por su conducta sospechosa y dedicarse al arte de adivinar o, como lo califica el fiscal, de supercherías[234]. La acusada había sido condenada con anterioridad. La justicia compostelana llegó a imponerle la pena de azotes, desproporcionada para la época y escasamente aplicada, y reclusión. En el mes de octubre el fiscal del crimen pidió su moderación, si bien buscando cierta notoriedad pública en el castigo: «Que en la sentencia que en ella se consulta le parece solo podrá aprobarse quitándose la pena de azotes en que se condena a Benita Montero, imponiéndosela en su lugar la de ser emplumada, rebajándosela los años de reclusión, y exceptuándose de entre las prendas que la Benita deba llevar colgadas al cuello, y ser después quemadas, los exemplares del impreso que al fin, a pesar del abuso que se ha hecho de él, es cosa buena; y moderándose también la pena de presidio en que se condena a Juan Andrés Otero. La Sala sin embargo resolverá lo más justo». Los alcaldes del crimen siguieron el parecer transcrito y condenaron a la acusada a vergüenza pública y cuatro años de cárcel, denegándosele con posterioridad la petición de indulto[235]. Indudablemente es una pena arbitraria, por la que se buscaba cierta notoriedad para precaver a los ilusos y mofarse de la embaucadora.

La vagancia continuó siendo objeto de tratamiento específico por considerarse perniciosa para la sociedad[236]. La mayor parte de los tribunales dieron cuenta de las causas criminales por este motivo. Vagos y malentretenidos fueron objeto de una represión singular, englobados dentro de un cuadro más amplio de gentes de mal vivir. Este apartado figura en la mayor parte de los planes anuales elaborados por los tribunales, aunque su importancia numérica es muy reducida. En el caso de la Audiencia aragonesa se distingue entre leva (Sexenio) y vagancia (Década)[237]; la Chanci-

---

234 ARG, *Crimen*, 382/5, *causa formada por el señor intendente de Policía de esta provincia contra Benita Montero por sospechosa en su conducta y dedicarse al arte de adivinar, y Josef Andrés Otero. Presos en esta Real cárcel.* En el oficio de la Policía se adjuntaron varios papelitos cerrados a modo de cartas, una baraja vieja con 39 naipes y otros elementos.

235 El Real auto de 18 de enero de 1827, por el que se revocó la sentencia por el alcalde segundo de Santiago de 15 de diciembre de 1816, condenó a Benita Montero «a que salga de la cárcel en que se halla, emplumada y montada en bestia de albarda en un día de mercado por las calles públicas y acostumbradas de esta expresada ciudad, llevando colgado del cuello la baraja, el papel de receta que se halla firmado al reverso del escribano Rafael Quiroga, los pelos, cerdas, algodón y lana que se halló en su casa, con boz de pregonero que publique su delito, y en quatro años de cárcel. A don Josef Andrés Otero se le condena igualmente en dos años de presidio en el de la ciudad de La Coruña». Otro de 6 de agosto de 1828 determinó que no había lugar a la gracia del indulto. La ejecución de la pena de vergüenza presentó algunos obstáculos que detallaré en un epígrafe posterior.

236 La C. del Ministerio de la Guerra de 31 de mayo de 1815 disponía, entre otras cosas, que los que «se encuentren vagando y mendigando en esta Corte y demás pueblos del reino podrán ser arrestados por la Seguridad pública como perniciosos a la sociedad; pues que con la observancia de las precedentes reglas será más decorosa su subsistencia, y más digna la situación de los defensores del Rey y de la patria, evitándose así la vagancia, que bajo los auspicios de haber militado con gloria en la próxima pasada guerra es el egercicio de algunos con descrédito de la noble profesión militar, y del justo y paternal gobierno de S. M., que no les desampara» (art. 5).

237 La Exposición de motivos del Proyecto de Código de 1830 resaltaba que las levas «que se adoptan como un remedio general contra los vagos y mal entretenidos, que enseguida se destinaban al Ejército o la Marina, están también olvidados, recogiendo ahora algunas de estas gentes los hospicios y casas de corrección, de donde salen con facilidad» (Lasso, *Crónica*, 5-II, p. 139).

llería de Valladolid solo lo hace en 1816[238], aunque en la última etapa diferencia en algunos años entre vagancia y «vagancia y sospechas de su conducta». La de Mallorca solo menciona, en 1816 y 1833[239], leva, que por otra parte guarda relación con la vagancia. La de Cataluña los incluyó en 1826 dentro del apartado de excesos, al igual que la de Extremadura durante varios años, si bien esta última incluirá a partir de 1826 un apartado de vagancia, o sendos de «vagancia y gitanos» y «sospechosos y vagancia» en 1830. La de Galicia al computar juntas las causas de vagancia y otros excesos presenta unas cifras desmedidas (1472 en 1831 y 1157 en 1832)[240], al igual que la Sala de alcaldes de Casa y Corte en 1831 (1215), por lo cual he optado por evitarlas en este punto. Navarra solo computa los procesos por vagos hasta 1824, de manera que con posterioridad están incluidos en el de excesos, quizá por representar una amenaza al orden público muy baja. Granada o Asturias, por ejemplo, no computaron estas causas criminales de forma separada. La de Valencia los incluye en el apartado de varios excesos hasta 1829, de modo que el número de estos desciende ligeramente en 1830 por ese tratamiento separado de la «vagancia y conducta sospechosa». En el siguiente cuadro llama la atención el elevado número de causas por vagancia conocidas por la Sala del crimen de Cataluña en 1828, año de dura represión en estas tierras[241]; y en la de Extremadura en 1832, que en parte pudo estar vinculada a los cambios en la composición de la Audiencia. Las causas del reducido número en el resto de tribunales pudo deberse a que estos procesos, una vez ventilados por los jueces municipales, difícilmente fueron recurridos, salvo que el vago no fuera tal y contara con recursos suficientes para litigar en la instancia superior.

	1828	1829	1830	1831	1832	1833
Aragón	5	22			7	20
Asturias	5	4	11	8	7	5
Cataluña	491					
Extremadura	9	12	30		249	30
Navarra						
Sevilla	34	48	24	14		30
Valencia			19	18	35	13
Valladolid	42	35				

238 R.O. de 4 de junio de 1816 por la que «hallándose el Exército con una baxa considerable, de resultas de las licencias expedidas a los cumplidos, no menos que la que han producido los muertos, sentenciados e inválidos; y siendo necesario establecer de una vez la fuerza del Exército», se ordenó, reproduciendo el texto normativo de 1775, que «en la más posible brevedad se ejecute en la Corte y en las demás capitulares y pueblos del Reino un leva general de todos los vagos y ociosos que vivan distraídos y mal entretenidos».

239 La primera corresponde a la leva general de todos los vagos y ociosos que viven distraídos dispuesta por R.O. de 4 de junio de 1816. Por C. de 30 de octubre de 1816 se ordenó extinguir los depósitos que se establecieron en las provincias por la anterior disposición para la reunión de vagos, desertores y dispersos (*Gaceta* de 19/11/1816).

240 Vid. también Iglesias, *Crimen*, pp. 141-146.

241 I. de 4 de marzo de 1828 para la ejecución de la leva general mandada hacer en el Principado por R.O. de 16 de diciembre de 1827.

La propuesta codificadora de Sainz de Andino conceptuaba a los vagos en su art. 442: toda persona desconocida y sin domicilio cierto que no acredite su procedencia, ni tenga calidad ni modo de vivir conocido, que era la más común en la documentación judicial por las sospechas que infundían; los menestrales, artesanos y jornaleros desaplicados que por desidia, holgazanería y entretenimiento en los vicios dejan de trabajar voluntariamente la mayor parte del tiempo sin proveer a su subsistencia, más propio del control, gubernativo que del judicial; quienes para encubrir su ociosidad aparentan ejercitasen en algún tráfico ambulante; y, los que estando en aptitud de trabajar mendigan públicamente su subsistencia. A los que el art. 446 añadía los menores de 17 años que no vivieran con su padres o parientes. La pena general del delito de vagancia, siempre que no concurrieran alguna de las circunstancias del art. 450 –tres individuos no familiares, nocturnidad, falta de documentación, entre otras–, de dos a seis meses de arresto aplicados en alguna labor, tras los cuales serían conducidos a sus lugares de origen. En caso de primera reincidencia, los solteros y aptos serían destinados al Ejército o a la Marina; con la segunda el destino serían las obras públicas. Los mendigos que pidieran en poblaciones que contaran con hospicios o casas de misericordia, serían considerados vagos.

De otro lado, la moral de la época y la legislación castigaban determinados juegos por considerarlos ilícitos[242]. Es curiosa la carta dirigida por una mujer a Fernando VII, en enero de 1815, para que se prohibieran los juegos en las tabernas de la Corte[243]. En su representación exponía que «muchas familias honradas y decentes se hallan padeciendo los mismos trabajos y disturvios, penas y aflicciones que padece la exponente, siendo la cusa de que a pesar de las severas órdenes y providencias que repetidamente hai expedidas sobre el particular, los señores taberneros haciendo menosprecio de ellas, consienten en sus casas tabernas así en las horas del día como en las que son privadas por la noche a los hombres de familia en el juego de naipes, y aun hombres y mugeres mezclados en el mismo vicio, executando lo mismo de noche en quartos interiores y reservados de que proviene que esta reunión da el maior fomento a toda clase de vicios de esto provine la desunión de los matrimonios, el abandono que los maridos hacen de las mugeres de bien, recogidas y virtuosas, y de sus infelices hijos que tal vez con las malas ideas, y malos exemplos de los padres, se pervierten, y unos y otros son miembros corrompidos de la república...». Solicitaba que se cumplieran las órdenes y bandos de la Sala de alcaldes

---

242 Acerca de la posición legal y doctrinal de los juegos, Gutiérrez, *Práctica criminal*, III, 203-212. Véase la amplia visión evolutiva dada por Miguel Pino Abad, *El delito de juegos prohibidos. Análisis histórico-jurídico*, Madrid, 2011. En el *DdM* del 31 de julio de 1816 se publicó un bando de la Sala de alcaldes del día anterior en el que se reproducía la Orden de 10 de octubre de 1771 y la Resolución de la Sala de 13 de julio de 1782 por las que se prohibían diferentes juegos, castigándose a los contraventores con penas pecuniarias, de cárcel, destierro «y demás expresadas conforme a las reincidencias».

243 AHN, *Consejos*, lib. 1405, exp. 34.

de Casa y Corte, con el fin de cortar de raíz tales abusos. La Sala manifestó que ya tenía tomadas las providencias convenientes sobre lo expuesto. No obstante, en junio del año siguiente se aprobó el bando declarando estar plenamente vigentes las dadas sobre juegos prohibidos, debiendo velar los alcaldes de Corte acerca de su ejecución, para lo cual procedieron a dictar un nuevo bando sobre juegos prohibidos de naipes, azar, envite y otros[244]. La norma se reiteraba porque, obviamente, no se respetaba la prohibición.

El bando de la Sala de alcaldes de Casa y Corte del 30 de julio de 1816 comenzaba recordando la P. de 6 de octubre de 1771 acerca de la prohibición de los juegos de envite y otros «como perjudiciales a la causa pública»[245]. Se admitía en aquel texto que, a pesar de las prohibiciones, «se experimenta que en lugar de contenerse los transgresores, ha crecido extrahordinariamente el desorden en el uso de los tales juegos prohibidos». Por ello se reiteraba la prohibición para que ninguna persona de cualquier calidad y condición «juegue, tenga o permita en su casa» los juegos de naipes que se enumeran, los de envite y otros de suerte y azar, «aunque tampoco se expecifiquen con sus propios nombres, y el vicio y la ociosidad haya inventado e invente, y a ellos pongan nuevos títulos», bajo las penas de la citada disposición de 1771, que expresamente se enumeran (art. 1). En previsión de que los transgresores no tuvieran bienes con los cuales pagar las penas pecuniarias, se determinó que por la primera vez pasarían diez días en la cárcel, el doble en la segunda y treinta en la tercera, saliendo además en esta última desterrados por un año; mientras que los dueños de las casas en que se jugaran, sufrirían duplicadas las penas anteriores; siendo vagos o malentretenidos, «sin oficio, arraigo, ni ocupación, entregados abitualmente al juego, o taures, garitos o fulleros, que cometieren o acostumbraren cometer dolos o fraudes», además de las penas pecuniarias serían castigados desde la primera vez con cinco años de presidio en los regimientos fijos, siendo nobles, o igual tiempo aplicados en los trabajos públicos, siendo plebeyos; mientras que los dueños de la casas en que se jugara, «si fueren de la misma clase, tablageros o garitos, que las tengan abitualmente destinadas a este fin, sufrirán las mismas penas respectivamente por tiempo de ocho años» (art. 2). En consecuencia, la habitualidad y el vicio acostumbrado se convierten en causa de agravación de la pena; mientras que la diferencia estamental juega en beneficio de los privilegiados. Los preceptos siguientes aclaraban las diferentes modalidades, cantidades, bienes, días y horas en que se podía jugar a otros juegos permitidos; y, se concretaban los lugares en que no se podía jugar a ninguna clase de juegos (tabernas, figones, hosterías, bodegones, mesones, botillerías, cafés u «otras casas públicas»). Los infractores no podrían alegar sus privilegios, ya

---

244 AHN, *Consejos*, lib. 1406, exp. 115; y lib. 1407, exp. 22, dando cuenta de la real orden aprobando la publicación del bando de juegos prohibidos, suprimiendo la pena de cinco años de arsenales (art. 2), sustituyéndola por la de trabajos públicos en canales y caminos (1816).
245 Pino Abad, *El delito de juegos prohibidos*, pp. 99-119.

que quedaban derogados todos los fueros y, por tanto, sujetos todos los delincuentes a la jurisdicción real ordinaria.

Si quienes jugaban eran, además, mujeres y lo hacían en tabernas, el reproche moral era considerablemente mayor. En una causa iniciada por la justicia de Santiago en 1827 se dieron estas circunstancias[246]. El alcalde segundo formó causa contra unas mujeres, a las que envío a la Cárcel Real, «por haber sido cogidas en una taberna jugando con una baraja compuesta de cuarenta naipes, aquel prohivido y contra los que también tiene declamado los ministros del Altar como ofensores a Nra. Sta. Religión». A pesar de la dureza de la sentencia del juez inferior[247], y de la petición del fiscal que entendía, como en el caso de la adivinadora, que bastaba con la exposición a la vergüenza pública, una corta reclusión, el posterior destierro y el control por parte de las autoridades, la Sala fue más benigna con ellas[248].

El Proyecto de Código criminal de 1831 dedicó el título séptimo del libro segundo a los desórdenes, vicios y escándalos contra las buenas costumbres. Entre estos hechos punibles figura la embriaguez (arts. 516-520), los juegos prohibidos (arts. 521 537), las obscenidades (arts. 538-546) y la prostitución, a la que ya nos hemos referido.

Fueron escasos los procesos criminales por razón de moneda falsa. En el tribunal zaragozano se conocieron, de acuerdo con los datos recabados,

---

[246] ARG, *Crimen*, 484/5, *el oficio de la justicia de esta ciudad contra doña Francisca Sánchez y Carmen Rey por habérseles aprendido en una taberna y una baraja, usando de juegos prohibidos*.

[247] La sentencia de la justicia de Santiago de 17 de julio de 1827, «sobre uso de juegos prohividos», condena a Francisca Sánchez en dos años de cárcel «teniendo en consideración su mayor hedad», y cumplidos en destierro a diez leguas, «vajo señalamiento que ella haga del distrito en que quiera residir, no siendo pueblo mayor, a fin de exigir de la justicia el que cele sobre su conducta, mediante que aunque el delito de que fue acusada es digno de mayor castigo, no resulta acreditado según debía al tiempo de formarse esta causa, quedando solo en clase de prueba la confesión de la reo, pero detallada con la enmienda desde año y medio a esta parte». También apercibió a un matrimonio «con igual pena, siempre que a lo subcesivo reincida en alojar personas de igual clase que la Francisca Sánchez, sin examinar su modo de vivir, por cuia omisión se les condena con esta mancomunadamente en las costas».

[248] «El Fiscal de S.M. vista esta causa dice: Que la pena que se imponga a Francisca Sánchez le parece será más arreglada y más conforme a la calidad del delito y al resultado del proceso, siendo la de que se la presente a la bergüenza pública por espacio de dos oras atada a un poste en el sitio y en la manera de costumbre, de que sufra después algunos meses de cárcel y que en seguida se destierre a distancia de seis u ocho leguas por unos cuatro años encargándose su especial vigilancia a la justicia del pueblo que escogiere para su residencia; por lo que la Sala rebocando en quanto a dicha Sánchez la sentencia consultada podrá serbirse resolber así, o como alle más justo. Santiago, julio 28 de 827». Se dictó otra sentencia por la Sala del crimen el 22 de diciembre de 1827. Francisca Sánchez alega, desde la Cárcel real de Santiago el 26 de junio de 1828, ser mayor de sesenta años «y a pesar de todo se alla sentenciada a dos de cárzel que mirando, y teniendo consideración a su edad, espera se le reduzcan en dos años a lo que tiene sufrido desde su notificación, y además tomársele en cuenta la prisión que padeció antes de la probidencia de los señores...». En otra petición de 6 de marzo de 1829, «suplica a V.E. que mediante dicho têrmino es pasado se sirvan mandar que en el día precisamente se ponga en livertad a la que habla». Por real auto de 14 de marzo de 1829 se declara por cumplido su arresto «y se le haga saber fige domicilio para cumplimiento de lo qual y más prebenido en aquella le libre certificación cometida al alcalde segundo de esta ciudad».

tres en 1829 y dos en 1833. Los planes presentados por la Audiencia de Cataluña son más detallados al diferenciar entre fabricación y expedición de moneda falsa, situándose alrededor de seis el número de causas en los años de los que tenemos información. La misma distinción hallamos en los datos de la Sala del crimen de Sevilla: cuatro casos de fabricación (1829, 1830 y 1831) y quince de expedición (1828, 1829, 1830, 1831 con cuatro y 1833 con seis). Alguna más llegó a conocimiento de la Chancillería de Granada, computándose de forma individualizada a partir de 1828: ocho en este año y dieciséis en 1831. Los monederos falsos se contabilizan en Valencia de forma independiente a partir de 1830, llegando a siete en el cuatrienio (1830-1833). En Extremadura se cuentan seis causas de fabricación en 1828, y su reducido número hizo que en 1832 y 1833 se sumaran las de falsificación de firmas y de moneda (7 y 11 en total). En las Salas del crimen de Valladolid son testimoniales, pues los procesos contra monederos falsos no pasaron de dos por año. En 1831 se cuenta uno en Galicia y dos en la Corte. Quizá puedan vincularse estos delitos a los lugares con mayor desarrollo comercial. La gravedad de su fabricación, que ataca a una regalía esencial y, por tanto, es considerado sustancialmente como de lesa majestad más que como de falsedad[249], traía como consecuencia el ser uno de los excluidos de cualquier indulto[250].

B) Territorio y delincuencia

Una vez vista la delincuencia material, procede aproximarse a la territorial. Para tal fin vincularé la delincuencia a cada una de las circunscripciones judiciales superiores de acuerdo con los datos aportados por sus respectivos tribunales. No podemos realizar este estudio con relación a la Sala de alcaldes de Casa y Corte ni a la Audiencia de Canarias. En ambos casos tan solo contamos con las referencias delictivas de un año, a pesar de que en el primer caso la información de los castigos impuestos por sus alcaldes es mayor. Tampoco es más significativa la información obtenida de la Audiencia de Galicia, pues sus Salas del crimen no aportaron noticias sobre el conjunto de los hechos delictivos que llegaron a su conocimiento hasta los últimos años del reinado de Fernando VII, una vez iniciada la década de 1830. En este caso, por la escasa información recabada, prácticamente dos tercios (64,63%) de la criminalidad queda englobada bajo el epígrafe residual de «vagancia y varios excesos», donde hay que incluir

---

249 Gutiérrez, *Práctica criminal*, III, p. 155, aunque reconoce que fabricar moneda es un delito de lesa majestad de segundo orden, lo estudia entre los delitos de falsedad. En otro lugar afirmará que «la alteración o falsedad de las monedas, que es otro delito de avaricia, y no de lesa Magestad, cuya soberanía no pretende usurpar su autor, puede castigarse con pena pecuniaria», en *ídem, Discurso*, p. 73.

250 Entre otros, R.D. de 25 de mayo de 1828: «No gozarán de este indulto los reos de crimen de lesa majestad divina o humana, de alevosía, de homicidio de sacerdote, de fabricación de moneda falsa...»

por falta de rúbricas específicas las heridas y las injurias –los malos tratamientos en general, que en otros territorios representan un porcentaje relativamente elevado–, las resistencias a la justicia, las fugas y un conjunto de delitos muy variado pero de escasa o nula repercusión. Siguen en importancia cualitativa y cuantitativa los robos, con cerca de un 25%, aunque con una moderación importante en 1832[251]. Las muertes violentas son el 4% del total de delitos, si bien en 1831 se computan 115 asesinatos y homicidios, para quedar rebajados al año siguiente a 47. Entre ambos años se produjeron 13 infanticidios. Con una importancia muy reducida figuran las causas por tratos carnales ilícitos que no llegan a alcanzar el 2% y los delitos políticos con apenas el 1,25%. En mi opinión y a pesar de la falta de concreción en el epígrafe de excesos, en Galicia los robos y los malos tratamientos en general supondrían, probablemente, más de la mitad de las causas cuya resolución correspondió a sus Salas del crimen en el bienio 1831-1832, que son los años de los que contamos con información del tribunal. Es conveniente recordar que no todos los hechos delictivos llegaron a conocimiento del tribunal y, en ocasiones, ni siquiera alcanzaron resolución judicial alguna por recaer acuerdo entre los interesados.

En el extenso territorio de la Chancillería de Valladolid y gracias a la detallada información elaborada por sus Salas del crimen, el reparto porcentual de las causas sobre las que conoció es muy similar al que vamos a encontrar en otros tribunales. Como acabo de apuntar para el caso de Galicia, las causas por robos y por heridas vienen a representar más de la mitad de las conocidas por los alcaldes del crimen vallisoletanos[252]. Si a ellas unimos los procesos de muertes, estos tres grupos superan el 70% de las conocidas por sus alcaldes del crimen. Destacando, asimismo, la importancia de la violencia personal (muertes y heridas) que alcanza el 46%. Los tratos carnales ilícitos no llegan el 5%, lo que denota su escasa relevancia, si bien dentro de ellos los estupros son la mayoría, posiblemente porque las afectadas o sus parientes buscaran una mayor ecuanimidad en la determinación de las dotes, frente a las posibles presiones que pudieran haber sufrido los jueces inferiores. Llaman la atención en este grupo los cuatro casos de bigamia o poligamia conocidos en 1819, fruto sin duda de las circunstancias subsiguientes a la guerra. Con respecto a los delitos fundados en la conducta política, la mayor parte de ellos pertenecen al año 1826, probable e inmediata consecuencia de la desaparición de las comisiones militares pues se encomendó su conocimiento y resolución a la jurisdicción ordinaria. Dos años después su importancia cualitativa había

---

[251] Este dato es similar al aportado, a partir de otra documentación, por Iglesias, *Crimen*, p. 96, nota 160.

[252] Aunque es preciso incluir alguna matización, pues con respecto a los estados de 1826 (*Gaceta* de 20/11/1827), se matizó con posterioridad que: «Van también inclusas en el segundo estado entre las causas por heridas de la Chancillería de Valladolid, algunas de injurias y malos tratamientos que deben ser las menos en número; pues esta falta de distinción solo se encuentra en una partida de 292, correspondiente a la Sala segunda del crimen» (*Gaceta* de 24/11/1827).

perdido una notable importancia. Destacan también por su porcentaje relativamente alto los delitos contra la administración de justicia, recalcando de nuevo el año 1826 y, en general, los años de la década de 1820, puesto que en algún año sobrepasa el centenar de causas. De entre las falsedades, como sucede en otros tribunales, la mayor parte de las mismas corresponden a las documentales. La determinación de los tribunales para que no se incoaran procesos por hechos livianos y, por supuesto, la restricción para que llegaran a ellos, se puede comprobar, por ejemplo, en la escasa incidencia de las causas por injurias verbales. Destacar que en sus tablas, bastante detalladas, no figura ninguna rúbrica con la palabra excesos.

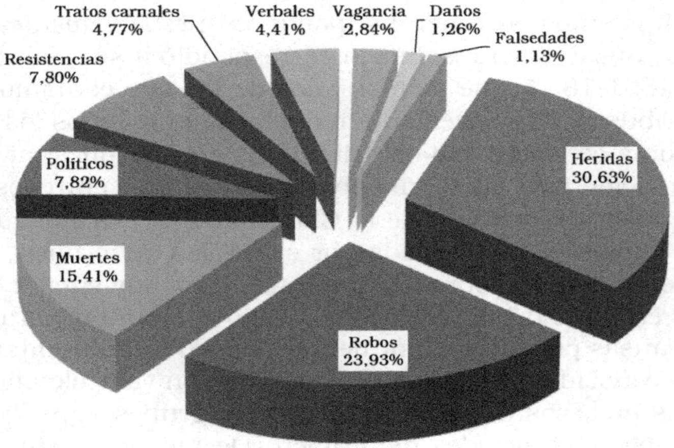

Como quedó apuntado con anterioridad, se puede comprobar el incremento del número de procesos criminales durante la segunda etapa absolutista en comparación con la primera del reinado de Fernando VII. Mientras que antes de 1820 no llegan al millar las causas resueltas por las Salas del crimen vallisoletanas[253], a partir de 1826 no bajan de 1.100.

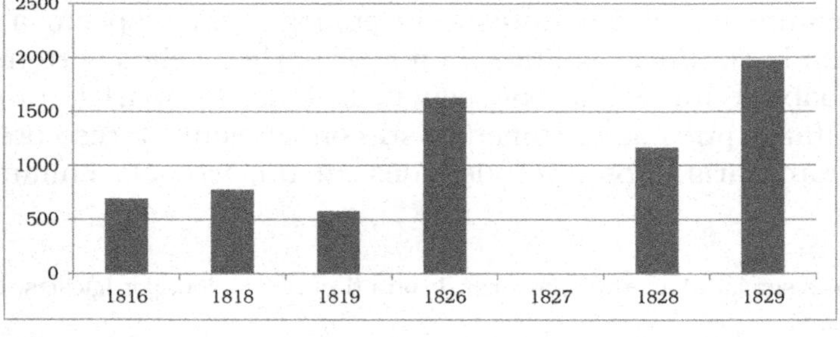

[253] El capitán general de Castilla la Vieja, presidente de la chancillería de Valladolid, se alegraba en 1819 de contemplar las cárceles «desahogadas y casi vacías por el expediente legal que se ha dado con celo a las causas», *Discurso* (Valladolid), 1819.

La Chancillería de Granada muestra, en los principales delitos un esquema muy similar, pero en los restantes presenta más diferencias. También sus Salas del crimen conocieron entre robos y heridas prácticamente un 45% de las causas. Y si agregamos a ellas las de muerte –que muestran una estabilidad numérica en cada uno de las dos etapas– alcanzan el 60% del global, con unos porcentajes ligeramente más reducidos que los de Valladolid. Porcentaje que se eleva si consideramos el uso de armas prohibidas, vinculado de ordinario a los tres grupos delictivos citados. En el ámbito de las injurias verbales los porcentajes en el tribunal granadino son más bajos que en su homónimo vallisoletano. En los tratos carnales ilícitos muy similares, apreciando la decadencia de su importancia numérica, como ya quedó reflejado más atrás. No obstante, en las causas por conducta política las diferencias son apreciables. Es cierto que las Salas del crimen de Granada pasarán a la historia por haber condenado a muere, a finales del reinado de Fernando VII, a Mariana de Pineda y por la persecución política desarrollada por el famoso Pedrosa, que actuó como subdelegado de Policía, pero en el bienio 1828-1829 conoció el doble de causas políticas que en los años 1831 y 1833, y aun con ello son la mitad que en el tribunal de la Meseta norte.

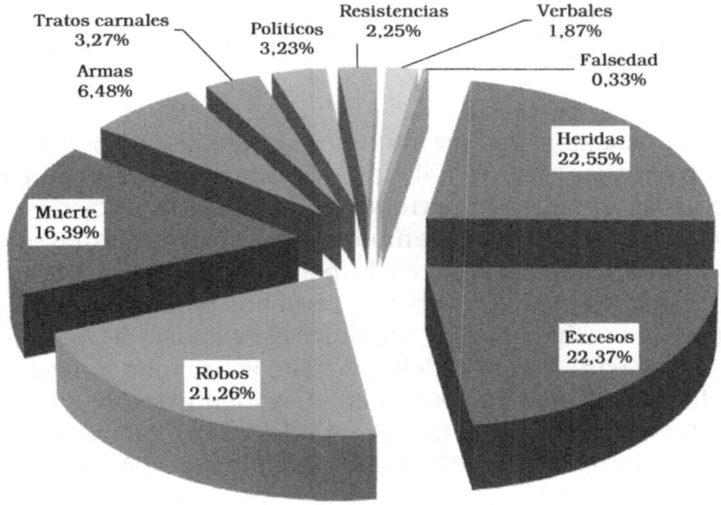

Atendiendo al número de causas criminales conocidas por las dos Salas del Crimen granadinas, podemos apreciar el aumento de la litigiosidad criminal en la última década del reinado con respecto al sexenio 1814-1819, ya que se llegan a duplicar prácticamente durante todo el decenio el número de causas de la anterior etapa absolutista. Al mismo tiempo podemos apreciar cierta estabilidad en el número de causas resueltas por ambas Salas entre 1815 y 1819; mientras que durante la década final del reinado hay mayor variación, con el vértice superior en 1827, año en que o bien se fenecieron procesos iniciados a partir de 1824 o los alcaldes del crimen agilizaron la resolución de un buen número de causas, destacando el grupo de «otros excesos», en el que entran multitud de hechos delictivos. En 1827 se duplicaron, por ejemplo, las causas de incontinencia del año anterior; pero son sobre todo los delitos de armas prohibidas los que superan con creces a toda la serie, distorsionando la homogeneidad media de esta década y sin que haya encontrado el motivo de tan elevado número. He incluido algunos años del reinado de Carlos IV para facilitar la visión comparada, que permite comprobar una ligera mengua en las causas durante el Sexenio absolutista con relación a los años anteriores a la guerra, y el considerable incremento en el número de procesos criminales conocidos por las Salas del crimen de Granada a partir de 1824[254].

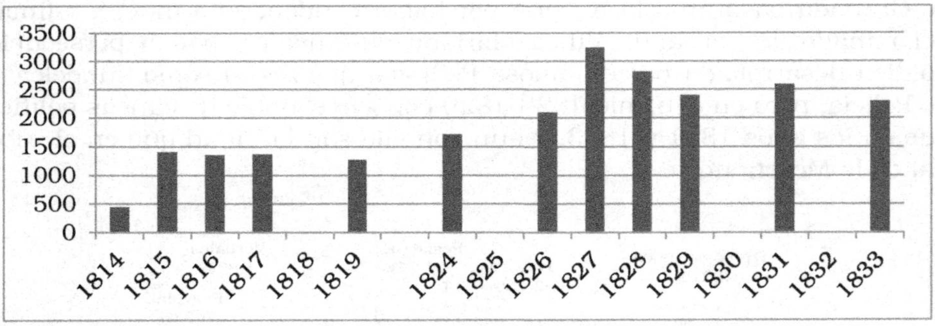

Pudiera pensarse que los procesos criminales disminuyen durante el Sexenio absolutista por las dificultades dinerarias para litigar, pero este fundamento no restaría importancia a las causas iniciadas de oficio. La disminución de la población tampoco parece ser determinante. La actuación de la jurisdicción militar en la persecución de la delincuencia patrimonial organizada no debe tenerse presente porque la serie corresponde en exclusiva a la Chancillería. Sí pudiera ser causa de tal mengua la falta de estructuras para frenar la delincuencia, sobre todo a nivel municipal. El número de robos, como se aprecia en el siguiente gráfico, aproximadamente se mantuvo en los niveles previos al inicio de la guerra; mientras que las causas por muertes sí presentan una disminución más acusada durante el Sexenio. En la medida en que contemos con más información podremos comprobar si estas consideraciones resultan adecuadas a la realidad de la serie anual iniciada en 1792.

---

[254] La mayor parte de estos planes o estados pueden consultarse en la Biblioteca Universitaria de Granada, o en la Biblioteca Virtual de Andalucía.

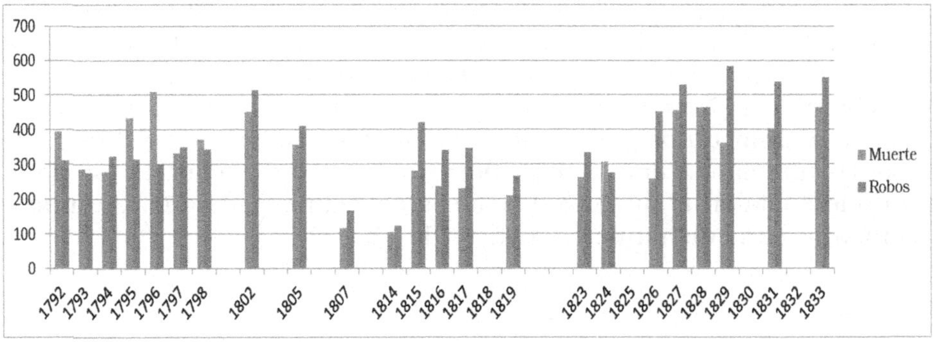

La Audiencia de Sevilla mantiene unos porcentajes similares a los de otras Audiencias de Castilla, pero también presenta sus matices[255]. En el apartado de muertes está cercana al 16% de causas. Este nivel porcentual se equipara prácticamente al de heridas, que sin embargo es más reducido que en otros tribunales. En cambio, las causas por robos superan los porcentajes de las restantes audiencias al fijarse en el 31%. Sí es más alto el de causas por tratos carnales ilícitos, llegando a duplicar el porcentaje de otros tribunales. Los procesos por razones políticas son bastante reducidos, sin duda debido a los años de los cuales tenemos datos. Las causas por injurias verbales presentan una cierta relevancia porcentual por aparecer segregadas del apartado de excesos. La violencia personal (34,34%) y la patrimonial (31,19%) se encuentran prácticamente equiparadas a diferencia de lo que acaece en otros tribunales, al suponer dos tercios del total de causas.

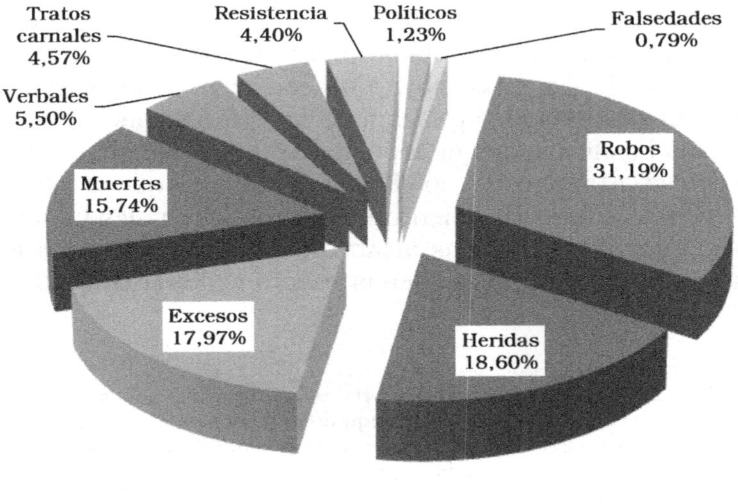

255 El regente Manescau resaltaba en 1824 que los magistrados sevillanos «por su rectitud, probidad y pureza pueden presentarse como modelos a los de la Península», en *Discurso* (Sevilla) 1824.

No contamos con datos suficientes para apreciar, siquiera de forma aproximada, la evolución de las causas falladas en la Audiencia sevillana durante el reinado de Fernando VII, salvo para los últimos años de la Década ominosa. No obstante, como quedó reflejado en un gráfico anterior podemos realizar un pequeño cotejo con algunos de los años del reinado de su padre apreciando que, a diferencia de otras audiencias, no se produjo tanta diferencia en el número de causas conocidas cada año. Se muestra, sin embargo, una disminución a partir de 1828[256].

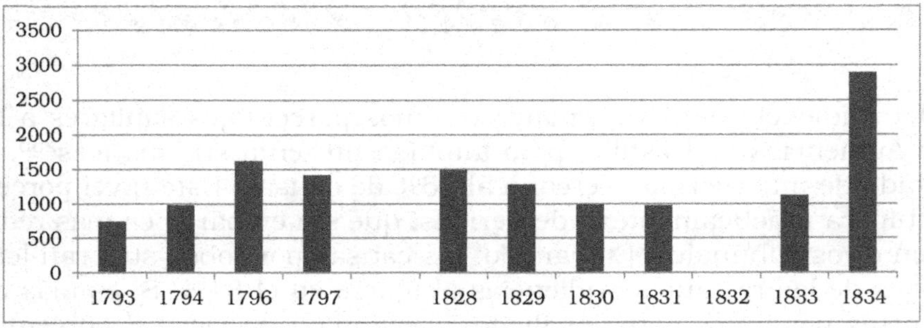

Para la Audiencia de Asturias contamos con la relación completa entre 1828 y 1833, ambos inclusive[257]. Los datos arrojan similitudes en materia de robos con lo ya expuesto al acercarse, sin llegar, al 25%, superar el 18 % en materia de heridas y presentar un porcentaje del 4% en las causas por tratos carnales ilícitos. Cabe destacar que los robos se incrementan desde el inicio de la década de 1830 con respecto a los años precedentes. Las muertes, sin embargo, no llegan a representar el 7% del total. Por el contrario, las causas políticas superan el 8%, aunque existe una notable desproporción entre años, pues la mayor parte de ellas corresponden a 1828. La uniformidad en las tablas impresas provoca, una vez más, que bajo el apartado de «excesos» haya que comprender los delitos contra la administración de justicia, la vagancia, los juegos, las falsedades documentales o las falsificaciones de moneda. Lo cual trae aparejado la importancia de este apartado, como en el caso de Navarra que veremos inmediatamente. En cualquier caso, mientras en otros tribunales la suma de causas de muertes, robos y heridas alcanza o se sitúa próxima a los dos tercios, en la Audiencia asturiana apenas supera el 48% del total.

---

256 En 1828 el regente Ignacio Marín Sánchez reiteraba ante sus compañeros de tribunal que «a vuestro ejemplo y rectitud se debe la tranquilidad y sumisión de toda esta provincia, a vuestra pronta administración de justicia que sean gobernados por la razón y la ley, a vuestra constancia e integridad la calma de todo resentimiento particular, a vuestro infatigable trabajo y desvelo, que se haya desterrado cuasi en un todo el crimen en esta provincia; que cada cual esté reunido a su familia, disfrutando con seguridad lo suyo, a vista de los castigos que se imponen a los extraviados y miembros podridos el Estado», *Discurso* (Sevilla) 1828.

257 Santos Coronas, *Discursos de regentes y manifiestos de pleitos*. Menéndez González, «La Real Audiencia de Asturias», ya citado.

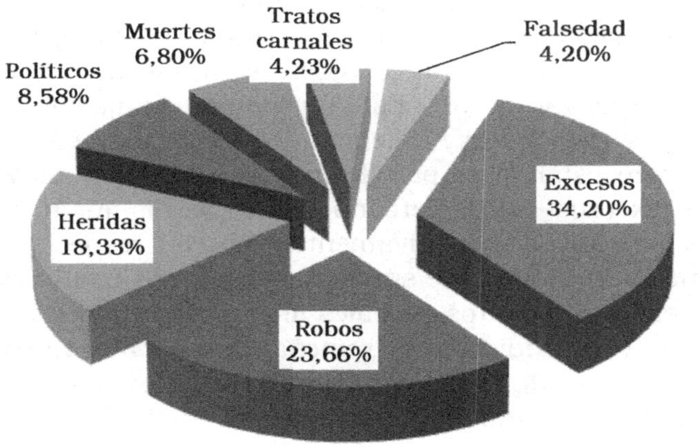

Considerando el número de causas conocidas anualmente por el tribunal asturiano se aprecia una considerable homogeneidad en los años del reinado de Fernando VII de los cuales conservamos información, siempre entre las cuatrocientas y las quinientas causas. Aunque la distribución por ámbitos delictivos presente algunas diferencias, como he señalado, las variaciones máximas entre anualidades se sitúan sobre el 20%, encontrándose el límite inferior en 1829 y el superior en 1828, que tan solo tiene una causa de diferencia con 1826. No obstante, a partir del límite inferior cada año se advierte un incremento medio ligeramente superior al 3%. Variaciones que se hicieron más acusadas en los años posteriores, tal y como quedó reflejado en el gráfico que sobre esta Audiencia figura en el epígrafe que aborda las circunstancias generales de la criminalidad.

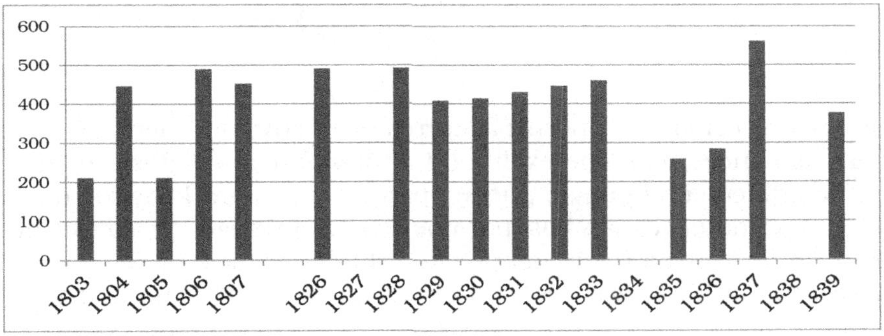

La Audiencia de Extremadura elaboró los planes anuales con un detallado inventario de delitos, incluso mencionando alguno específico de estas tierras como la emigración a Portugal –que he incluido entre los delitos políticos– enumerada en los estados de 1831 y 1832. Con relación a las muertes, se acerca ligeramente al 13%, que si bien no llega a alcanzar a otras audiencias castellanas, es relativamente similar, en particular con la sevillana. Las causas por heridas sí se encuentran en parámetros semejantes. Los procesos por delitos contra el patrimonio y, singularmente los robos, sí están en consonancia con el resto de territorio, quizá algo más crecido porque se advierte un incremento considerable al iniciarse la década de 1830, lo que lleva a alcanzar el 30%. Este último porcentaje coincide básicamente con el de robos visto en la Audiencia de Sevilla. Las causas por conducta política también están a la par de las conocidas por otros tribunales. El apartado de «excesos» queda cercano al 27%, por lo que nos encontraríamos en este caso en un nivel relativamente bajo con respecto al homónimo de otros tribunales, debido a que sus planes impresos contienen una lista más amplia de delitos. Los tratos carnales ilícitos tienen escasa relevancia en la actividad de la Real Audiencia extremeña, aunque a partir de 1828 se aprecia un ligero incremento en relación a otros anteriores de los cuales tenemos datos. También son residuales las causas por injurias verbales.

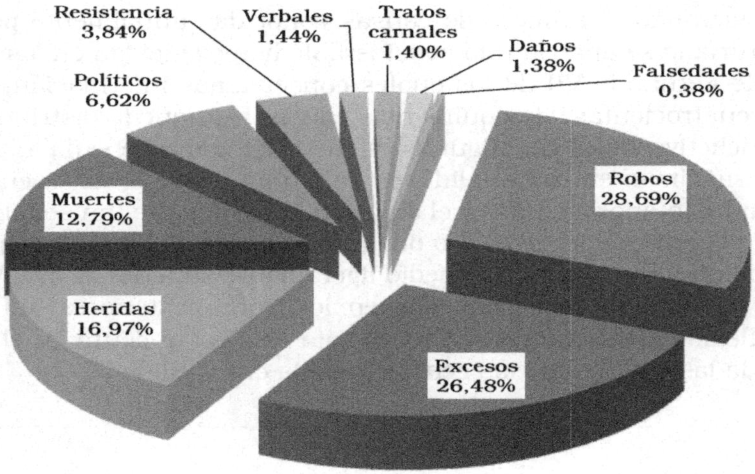

Si establecemos la oportuna correlación entre número de causas y número de condenados –he excluido indultados y absueltos–, resultaría el siguiente gráfico en el que se puede apreciar que, para los años de los que conservamos datos de ambos parámetros, el número de condenados es superior al de causas resueltas por la Sala del crimen extremeña, de manera acentuada en el año 1832, año en el que se dio una actividad muy importante en su resolución, sin duda consecuencia del cambio en la composición de su Sala del crimen, como se apuntó con anterioridad, y una reactivación en el despacho de los procesos criminales. No creo que este aumento en el conocimiento de causas criminales se deba exclusivamente a un incremento de la actividad criminal en estos años finales del reinado. Lo que sí puede sostenerse es la existencia de una nutrida delincuencia en grupo. Este aspecto puede ponerse en relación, sin duda, con la importancia que en el conjunto de procesos tienen los robos, que sin otros delitos patrimoniales como los incendios, se aproxima al 30% del total.

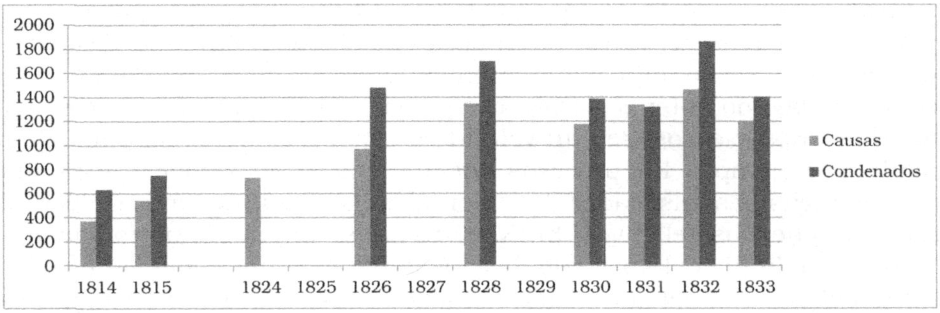

No se han computado en los gráficos anteriores las noticias relativas a 1819 por ser muy parciales. Entre el 17 de mayo y el 24 de diciembre de este año las causas por robos vistas y sentenciadas por su Sala del crimen ascendieron a 416, de las que resultaron 486 reos[258].

Podemos profundizar algo más en la delincuencia territorial extremeña porque contamos con el número de causas conocidas por la justicia de Badajoz en 1832, publicada por Marcos Arévalo[259]. Si establecemos la comparación con las causas que, por los mismos delitos, conoció la Audiencia de Extremadura este año resulta un cuadro casi parejo. A pesar de no conocer los datos exactos correspondientes a la provincia de Cáceres, resulta evidente que solo una parte de las causas criminales procedentes de Badajoz llegó a ser conocida por la Sala del crimen, pues es preciso considerar sobreseimientos, absoluciones y, por supuesto, falta de recursos pecuniarios para recurrir al tribunal.

	Badajoz	Extremadura
Muerte	134	155
Heridas (Riñas)	278	215
Robos	448	551
Incendio	19	32
Resistencia a la Justicia	49	46
Amancebamiento (Escándalo)	15	19
Blasfemias	8	8
Motivos políticos	37	137
Encubridores de malhechores	4	4
Vagancia	32	215
Varios excesos	193	195
Armas prohibidas	17	15

258 *Miscelánea de comercio, artes y literatura* de 7/2/1820. La noticia concluía: «Se ve con placer en dicho manifiesto que los principales pueblos de Estremadura han contribuido con fondos, ya mensualmente, ya por una vez, y con partidas permanentes, ya armadas en la ocasión. ¡Honor a los tres dignos magistrados, que han limpiado de foragidos aquella interesante provincia!».

259 *El hacinamiento, la marginación y la pena de muerte: la cárcel de Badajoz en el siglo XIX*, Badajoz, Diputación, 1984, p. 116, a partir de la información publicada por el Boletín Provincial de Badajoz en 1833.

Las Salas del Real Consejo y de la Corte Real de Navarra presentan diferencias con respecto a los tribunales castellanos. Hay que destacar la homogeneidad de las tablas a lo largo de todos los años –en total once– de los que he podido obtener datos, aunque su sencillez provoca que el apartado de «varios excesos» sea un verdadero cajón residual en el que hay que incluir, por ejemplo, los procesos por armas, las resistencias a las justicias, las fugas, las falsedades documentales, las falsificaciones de moneda, entre otros hechos delictivos. En Navarra adquiere gran importancia cuantitativa y cualitativa el apartado de causas por conducta política, ya que se acercan el 18%, duplicando cuando menos el porcentaje de otros tribunales, quizá por la oposición ya expuesta a la comisión militar por entender que su establecimiento suponía contrafuero. Destaca, sobre todo, el año de 1824 en el que se llegaron a conocer más de un millar de causas, para desaparecer de las tablas en los años siguientes, sin que quepa reconducir esa laguna al apartado de excesos. Sin duda fue una manera de defender la foralidad frente a la actuación de la comisión militar. Por el contrario, el porcentaje de muertes violentas es la mitad, aproximadamente, del que hemos visto en otros tribunales. Otro tanto cabe señalar con respecto a las causas por robos y por heridas, cuyos porcentajes son mucho más reducidos, alrededor de un 10%, que el visto en las Chancillerías de Valladolid y Granada, o en otras audiencias. Las causas por tratos carnales alcanzan un porcentaje muy parejo al de otros territorios.

Si eliminamos los delitos políticos, cuyas causas fueron resueltas en 1824, por la distorsión que crea en el conjunto de los años de los cuales tenemos información, el grupo de «excesos» alcanzaría prácticamente el 45%, seguido de las causas por heridas que ascendería a casi el 26%. Los robos llegarían a superar el 15%, mientras que las causas por muertes se situarían en el 8%. La violencia personal en conjunto se aproxima al 30% del total, cuya repercusión causaría alarma en sus Cortes.

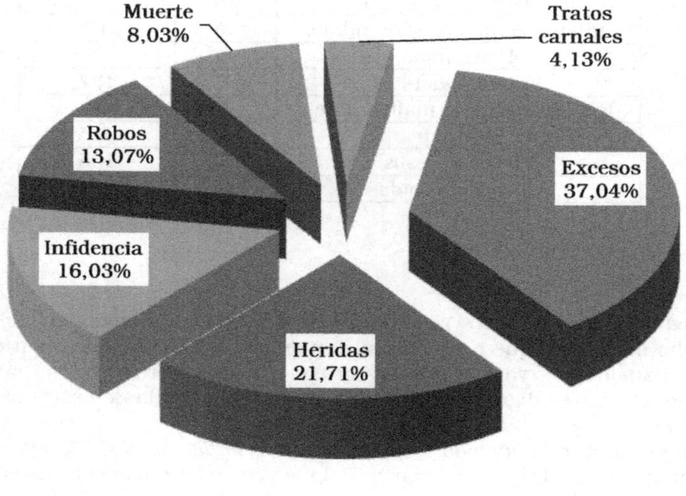

Para comprender la situación delictiva de Navarra resulta de singular interés lo declarado en 1828 por sus Cortes en la ley XVIII. En ella se detalla que «uno de los mayores males, ocasionados en este reino por resultas de la guerra de la invasión de Napoleón y del sistema llamado constitucional, ha sido la desmoralización general y cierta ferocidad en las costumbres desconocida de nuestros padres, y que ha producido los más funestos efectos en la multiplicación y frecuencia de asesinatos, homicidios alevosos y otros crímenes semejantes». El remedio para hacer frente a esta grave situación o al menos para su reducción, era «desterrar el uso de armas prohibidas, por ser mucho más útil y conveniente prevenir, o evitar los delitos que el hacer leyes para castigarlos». Por tanto, la primera medida fue una redundante prohibición: «Nadie podrá usar de armas prohibidas», salvo los empleados públicos de acuerdo con las disposiciones legales. La interdicción se dirigía contra las armas cortas de fuego y las armas blancas de punta afilada (arts. 2, 3, 4 y 5). Para que no cupieran dudas sobre la calificación jurídica de los actos delictivos y su castigo, los artículos 10 a 12 dejan clara la culpabilidad y responsabilidad por su uso:

> «Que todo homicidio, cometido con arma prohibida, se reputará por doloso, y se castigará con la pena capital; esceptuándose únicamente los ejecutados en propia y natural defensa; y aún en este caso sufrirá su autor la pena correspondiente al uso de la arma, pues en el hecho de usarla unos y otros hay un verdadero dolo, y cierta premeditación, o a lo menos, predisposición y ánimo de delinquir.
>
> Que cualquiera que hiriere con arma prohibida, aunque no resulte la muerte, deba sufrir la pena correspondiente a la herida, según la gravedad y circunstancias, a más de la que queda señalada por el uso de la arma.
>
> Que las penas que quedan señaladas en los artículos anteriores no puedan minorarse, reformarse ni conmutarse por los Tribunales y que tampoco puedan indultarse»[260].

El decreto del virrey matizó estas disposiciones, aclarando que la responsabilidad por el uso del arma en defensa propia «debe entenderse si antes del acto hubiere hecho uso de ella». Agregando sobre el art. 11 que, «teniendo presente que por el conato del crimen no es compatible más de una pena, ordenamos que cuando ocurra herida con arma prohibida, si la pena que merece el agresor fuere menor que la del uso del arma, se imponga ésta con el aumento que corresponda por la herida, y si fuere mayor, se imponga la de la herida con el aumento que corresponda por el uso de la arma en cuanto cupiere». Se busca la proporcionalidad punitiva.

Los datos parecen mostrar otra realidad, puesto que si comparamos los porcentajes de causas por muertes violentas del resto de España el de Navarra es de los más bajos. Es cierto que en 1827 hubo un considerable número de ellas despachadas por los altos tribunales navarros –118 en total–, pero este número se vio reducido considerablemente en los años posteriores.

---

[260] *Cuadernos de la leyes y agravios reparados a suplicación de los tres estados del Reino de Navarra en sus Cortes generales, celebradas en la ciudad de Pamplona los años 1828 y 1829...*, Pamplona, imprenta de Longas, 1829.

En cualquier caso, las cifras por causas de muerte violenta fueron mucho más numerosas en los años posteriores a 1823. En consecuencia, la normativa de las Cortes navarras concuerda con la situación de alarma social que se estaba viviendo en este territorio. Partiendo de la población atribuida al mismo en el censo de 1826, que es de 288.244 almas, y el número de procesos criminales por muertes violentas, resulta la siguiente tabla:

	1826	1827	1828
Procesos por muerte violenta	76	118	74
Muerte por almas	3792	2442	3895

Aunque los estados aportados desde Navarra no incluyen ningún apartado específico a computar las causas por uso de armas, parece evidente que debieron incluirse en el residual de «excesos». De ahí que, quizá por las medidas adoptadas contra ellas, se aprecie en los años posteriores al bienio 1826-1827 una reducción importante en el total del epígrafe de excesos.

Oliver ha destacado que, a pesar de advertirse un incremento de los delitos contra la propiedad en Navarra, «hasta las últimas décadas del ochocientos fueron mayoritarios los delitos contra las personas»[261]. Si atendemos a los datos reflejados en el gráfico anterior, sigue existiendo un predominio de la violencia personal también durante las etapas absolutistas del reinado de Fernando VII. Es cierto que los delitos cometidos por las cuadrillas de bandidos tienen mayor repercusión en la comunidad, sin duda por su reiteración y alarma, por ser los mismos autores y por el ámbito territorial sobre el que repercuten. Frente a estos delitos, la violencia personal, manifestada en riñas y heridas, es más cercana, afecta a un reducido número de individuos y su repercusión no sobrepasa en muchos casos el ámbito local. Desconozco hasta qué punto estaba enraizada este tipo de violencia personal en las comunidades navarras, pero parece que hubo una continuidad de larga duración, pues conciliando lo manifestado por Oliver –sobre los precedentes del siglo XVIII– con los datos porcentuales que he señalado, parece que este tipo de violencia se mantuvo, al menos, hasta mediados del siglo XIX. Si como afirma este historiador, «a mediados del ochocientos destaca el capítulo de lesiones, pero también el de homicidios y otro tipo de violencias personales», algo similar cabría sostener de las primeras décadas de la centuria posterior.

Con relación al número global de causas resueltas por el Consejo Real y por la Corte Real de Navarra hay que advertir que, salvo el año 1824 por el número ya mencionado de causas por infidencia y 1827 por un incremento desmedido en el número de causas por violencia física –muerte y heridas– y delincuencia patrimonial –robos–, prácticamente siempre se mantuvo alre-

---

261 Pedro Oliver Olmo, «Pena de muerte y procesos de criminalización (Navarra, siglos XVII-XX), en *Historia Contemporánea*, 26 (2003), pp. 269-292.

dedor o por debajo de las ochocientas causas despachadas por año durante la década absolutista, aunque este número represente más del doble de las vistas en el sexenio. Sin embargo lo que más llama la atención es la comparativa entre número de causas y de condenados, pues mientras en los restantes tribunales, por razones lógicas, el segundo supera al primero, en el de Navarra sucede al contrario. Es difícil encontrar una explicación por la falta de datos más precisos, aunque podemos aventurar que tal desproporción se debe a que no se incluyeron los apercibidos, multados y absueltos. Hipótesis que es especialmente significativa respecto de 1824, año en el que se incoaron el mayor número de causas por infidencia, lo cual permite suponer que la mayor parte de las mismas se resolvieron mediante apercibimientos, multas, absoluciones o sobreseimientos. En suma, solo se asentaron en los estados las penas corporales, desechando las restantes.

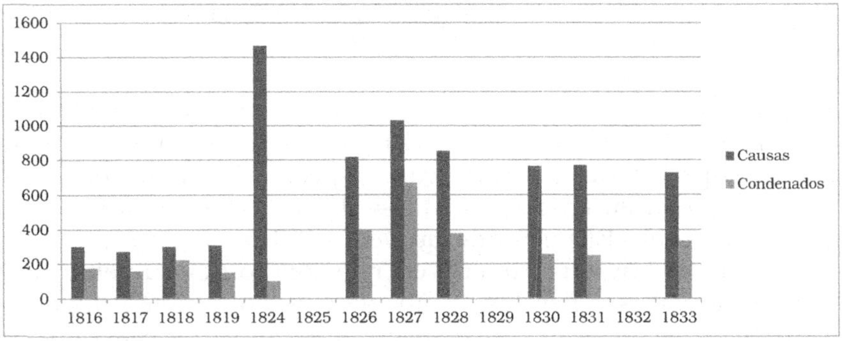

La Audiencia de Aragón presenta, a grandes rasgos, similitudes con algunos de los tribunales castellanos en cuanto al conocimiento de causas criminales. Si observamos el gráfico, extraído de los datos uniformes durante los siete años de los que he conseguido obtener información, comprobaremos que los tres grandes apartados –muertes, heridas y robos– presentan porcentajes similares a otras audiencias y chancillerías, acercándose al 70% en su conjunto. Al descomponer esa cifra comprobamos que las causas por muertes ascienden al 17%, las heridas son el 25% y los robos superan el 23%. Recuérdese el auto de la Sala del crimen aragonesa de marzo de 1815 exponiendo el incremento diario de cuadrillas numerosas dedicadas al robo, apreciándose un aumento del número de causas por este motivo de 1816 a 1817-1818. Con lo cual la violencia personal asciende al 42%, cifra sin duda destacada. Los tratos carnales se mantienen en torno al 4%. Los delitos políticos, por el contrario, suponen un ámbito prácticamente residual, pues apenas superan el 1%, a pesar de la represión ejercida. Cabe resaltar un aspecto apuntado con anterioridad, pues es preciso poner en relación el número de causas por suicidios con el de causas por motivaciones políticas de 1829: exactamente diez en ambos casos. El apartado de «excesos» se sitúa en el 28%, similar a Extremadura, y por tanto en unos parámetros intermedios dentro del conjunto de tribunales.

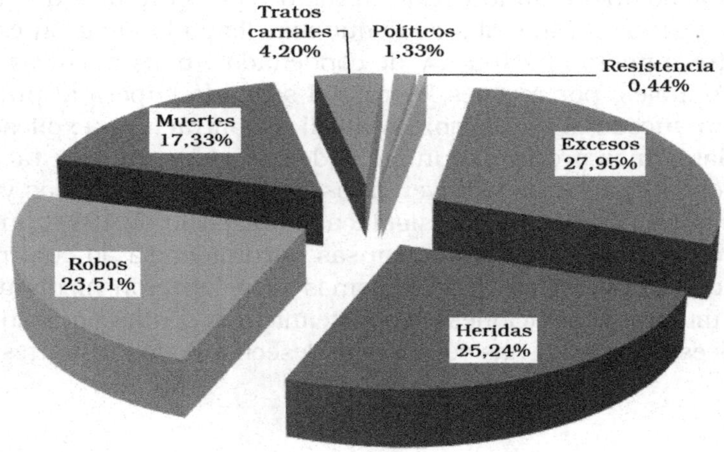

Tampoco se diferencia mucho la Sala del crimen de Aragón con relación al conocimiento de causas durante el período estudiado, mostrando un número superior en la década con respecto al sexenio precedente[262], pues en la segunda etapa absolutista se llega a triplicar prácticamente el número de procesos. El hecho de que en 1833 se superaran las dos mil quinientas causas hay que ponerlo en relación con el aumento de la violencia física –muertes y heridas– y un incremento también importante de la delincuencia patrimonial con respecto a los años precedentes, aunque los hechos delictivos se remonten a algunos años antes.

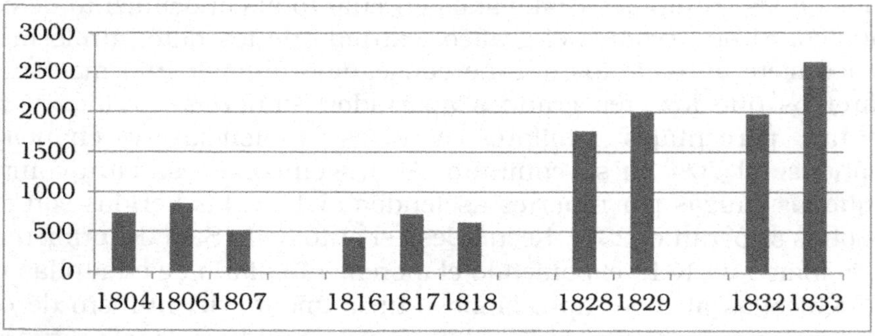

[262] No obstante, su presidente (militar) ya advertía del incremento del número de causas en 1815, achacándolo a los abogados: «No ha introducido el probabilísimo error más pernicioso en el foro que el de suponer que un abogado, quando exerce las funciones de acusador, o de patrono puede pedir cosas que no creería ser licito conceder, si exerciese las de juez. Mas por desgracia no hay otro que más haya cundido, porque en él han encontrado los hombres un medio para saciar la codicia, la ambición, y otras pasiones todavía más vergonzosas, y un pretexto para cohonestadas a este error ha acrecentado el numero de los pleitos, ha eternizado su duración, ha multiplicado las injusticias, ha eclipsado el esplendor de los jurisconsultos, y ha excitado en algunos filósofos el deseo de excluirlos de las repúblicas», *Discurso* (Aragón) 1815.

Por lo que respecta a la Audiencia de Cataluña encontramos que los tres grandes ámbitos delictivos –muertes, heridas y robos–, representan prácticamente el 60% de las causas que resolvió. El apartado de muertes es ligeramente reducido, aunque encontramos en él alguna peculiaridad, como el único caso por antropofagia de todos los que he tenido noticia. Pero no debemos de olvidar, en primer lugar, las noticias reseñadas acerca de las muertes consecuencia del enfrentamiento político a partir de 1823 y que no llegaron a conocimiento del tribunal; y, en segundo término, la represión del conde de España a través de la jurisdicción militar. El grupo de malos tratamientos físicos estaría en la media de las causas del conjunto de la Península, como también el de robos, que en sus estados impresos aparece con la oportuna calificación –abigeato, sacrílego–. Las causas por tratos carnales se encontrarían en la media nacional. Aparece más elevado de lo habitual el apartado de injurias verbales. Los procesos por conductas políticas también estarían en la media con relación a los restantes tribunales. El famoso apartado de «excesos» no presenta ninguna peculiaridad destacable, pues en conjunto se mantiene en parámetros similares a otras audiencias. Conviene hacer notar que, a comienzos de 1820, el regente achacaba al progreso económico de Cataluña la baja tasa de criminalidad, aunque porcentualmente esto no era exactamente así[263].

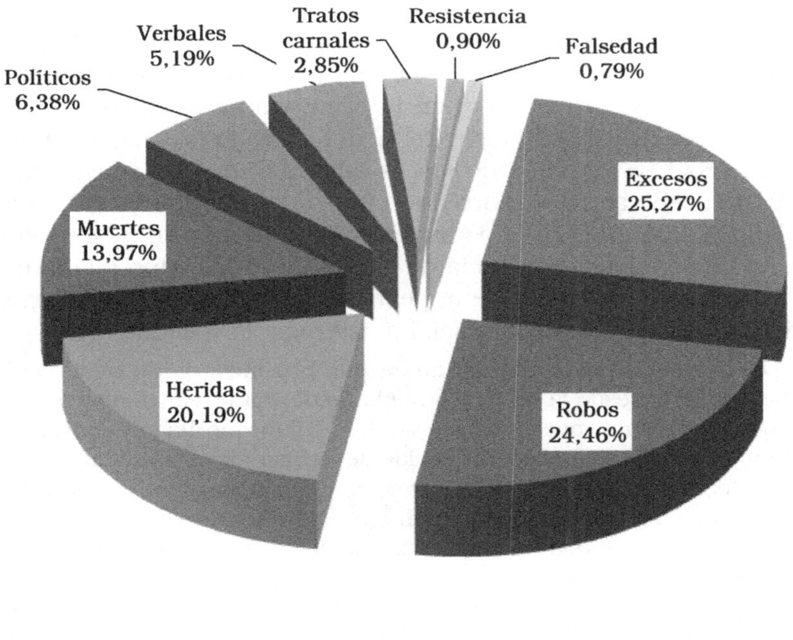

263 «Nosotros, señores, administramos justicia en la provincia mas industriosa de España, y donde por consiguiente se cometen menos delitos que en otras, guardada proporción con su población», *Discurso* (Cataluña) 1820.

Cataluña sigue la estela de la mayoría de los tribunales en cuanto a la diferencia existente ente el número de causas conocidas en el primer sexenio y en la última década. A pesar de las limitaciones que he encontrado para aportar más datos, tenemos dos series de tres años correlativos, a los que hay que añadir 1824. Para el primer trienio, los límites estarían entre las 555 causas de 1817 y las 391 de 1819, situándose el año central precisamente en la media aproximada de ambos con 466. En el trienio posterior se aprecia un aumento considerable de causas, llegando como mínimo a duplicar las del precedente hasta superar las dos mil causas en 1828, debido a un incremento delictivo generalizado, pero también a las cerca de quinientas causas de vagancia resueltas este año. Se ha excluido en la siguiente tabla el apartado genérico de «expedientes y recursos».

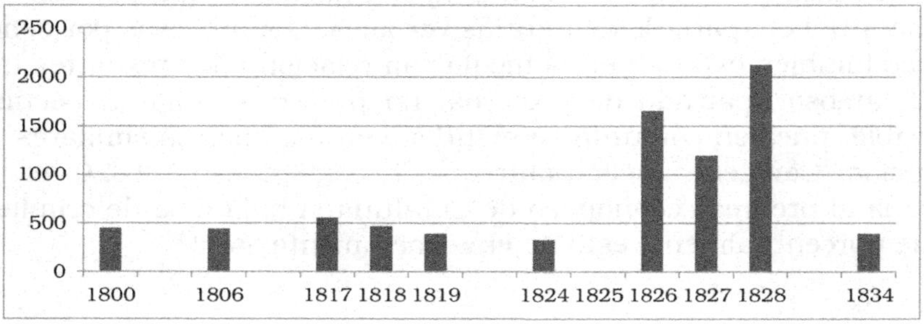

He encontrado un argumento por la cual se justificaba el alto número de penas capitales impuestas por la Audiencia de Cataluña, que permite comprender además la variación en la criminalidad más común. El gobernador de su Sala del crimen se dirigió al del Consejo de Castilla el 26 de septiembre de 1829, acompañando los estados del mes de agosto, insertando una serie de observaciones, entre las cuales enumeraba la conveniencia de dividir dicha sala en dos para poder resolver el retraso en la acumulación de causas, no debida a la negligencia de los magistrados, sino a la falta de relatores y al aumento incesante de la delincuencia. En su exposición, el gobernador del crimen de Cataluña reflejaba, además, la realidad:

> «Los delitos se han multiplicado en esta provincia de un modo increíble, especialmente desde la rebolución del año de veinte. Antes de aquella ominosa época eran muy pocos los asesinatos, como que hago memoria que en el tiempo que serví la plaza de alcalde del crimen de esta misma Audiencia, para la cual se dignó S.M. nombrarme en mil ochocientos quince, casi todos los reos que sufrieron la pena capital eran ladrones y salteadores de caminos, y en el día es muy digno de atención que los condenados a muerte por la Sala desde febrero a agosto del corriente año, que llegan al número de doce en presencia, y seis en ausencia, todos lo han sido por asesinatos y homicidios, y entre ellos uno que mató a su muger, otro que quitó inhumanamente la vida a dos hijas suyas de tierna edad, y otro que asesinó a su esposa y a un niño de pecho hijo suyo, en el mismo regazo de su madre»[264].

---

264 ACA, *Real Audiencia de Cataluña*, Cartas Acordadas, Registros, 1283, ff. 613v-619.

Los datos manejados ratifican esta manifestación del gobernador de la Sala del crimen de Cataluña. La siguiente tabla atestigua que el incremento de robos no alcanzó a duplicarse entre 1817-1819 y 1826-1828; mientras que entre ambos trienios, el de muertes se quintuplicó.

	1817-1819	1826-1828	Variación
Muertes	143	750	(x) 5.24
Robos	541	947	(x) 1.75

Esto permite concluir, al menos provisionalmente, que existió una violencia personal superior a la delincuencia patrimonial. Incluso en las causas por heridas se advierten incrementos muy parecidos. Cabe, pues, ratificar con otra información las afirmaciones acerca de la violencia civil desenvuelta en Cataluña durante la última década del reinado de Fernando VII señalada por Fontana[265]. Aunque posiblemente esa violencia personal no solo tuviera un origen político, sino que fuera consecuencia de un clima social hostil de muy variada naturaleza. Las noticias aportadas por el cónsul francés en Barcelona y alguna afirmación escrita fuera de España con posterioridad a estos años de inicio de la década final son, en mi opinión, ciertas en los hechos y erróneas en los números[266]. Incluso, la comparación entre el texto original y su transmisión posterior permiten descubrir cómo se distorsionó, o simplemente se apuntan valoraciones[267].

---

[265] Fontana, «Represión política y violencia civil», ya citado.

[266] Se hacía responsable de estas muertes a la Sociedad apostólica el *Ángel exterminador*. Se afirmaba que «en setiembre 1825, celebró esta sociedad una junta general en el monasterio de Poblet en Cataluña, a la cual asistieron 127 prelados (léase prebendados) y fue presidida por el arzobispo Creux; hallóse también en ella el vicario general de Barcelona Avellá, electo obispo de Ceuta. En ella se resolvió influir y poner todos los medios para que los oficiales indefinidos que se refugiaron en Barcelona, y pasaban entonces de 600, fuesen obligados a trasladarse a los pueblos de su naturaleza; por cuyo medio se lograría separarlos, y separados que fuesen acabar con ellos en una noche, sirviéndose para ello de la reserva de los voluntarios realistas. Esto se descubrió por dos hacendados que habían concurrido á aquella atroz reunión fascinados por los monges de Poblet. Horrorizados al oír aquella crueldad dieron cuenta de ella al intendente de Policía. Redobló este la vigilancia, y no paró hasta descubrir la madriguera que tenían en Barcelona. Mas quando iba a echarse sobre ella, recibió orden del Gobierno, para que lejos de perseguir esta sociedad la prestase su protección». Dando cuenta inmediatamente de las familias refugiadas, que en Barcelona pasaban de tres mil.

[267] El marqués de Miraflores traslada los hechos a 1825, aunque respeta el texto, en *Documentos a los que se hace referencia en los Apuntes histórico-críticos sobre la Revolución de España por el marqués de Miraflores*, Londres, 1834, tomo II, p. 352. A partir de él hay variaciones: «Según otros autores no menos dignos de fe que el marqués de Miraflores, a fines de 1825 pasaban de 4.000 los liberales asesinados y de 1.700 los condenados a muerte por los tribunales», Fernando Garrido, *Historia de las persecuciones políticas y religiosas*, Barcelona, 1866, volumen VI, p. 1028. En otros se habla de «los liberales del ejército disuelto que habían perdido la vida en los pueblos y caminos a manos de la más fría venganza», Bayo, *Historia de la vida y reinado de Fernando VII*, III, p. 297.

Ocios españoles de emigrados, tomo III, nº. 11, febrero de 1825, pp. 142-143, *El Ángel exterminador*.	Melchor Fernández Almagro, *Orígenes del régimen constitucional en España*, Barcelona, 1928, p. 171.
Por los partes dados a la Audiencia de Barcelona, hasta fines de octubre de 1824, habían sido asesinados en los caminos y en los pueblos, 1828 individuos, entre los cuales se contaba un diputado de la provincia de Barcelona don N... Estos infelices habían pertenecido la mayor parte al exército constitucional; y como este se licenció, los iban asesinando quando se retiraban indefensos a sus casas; los demás eran propietarios o personas que se habían declarado a favor de las leyes fundamentales del Reyno.	Solo en el territorio de la Audiencia de Barcelona, y hasta octubre de 1825, se tramitaron mil ochocientas veintiocho sentencias de muerte.

No es lo mismo una muerte violenta, se considere un homicidio o un asesinato, que una sentencia de muerte. Nadie duda de la represión política amparada gubernativamente, pero conviene matizar cómo se realizó. La violencia civil o de facto de la que habla Fontana es evidente que se dio no solo en Cataluña sino en otras partes de España[268]. En unos casos, proporcionalmente los menos, la condena de muerte llegó tras un proceso judicial, bien de tribunales civiles o de comisiones militares. En otros se actuó por la vía de los hechos, de manera que posiblemente cierto número de represaliados hallados en lugares –caminos, barrancos, vericuetos– diferentes a los de su procedencia no pudieron ser identificados y las diligencias judiciales se instruyeran bajo la rúbrica de «hallazgo de cadáver» por las justicias municipales[269]. En cualquier caso, llama la atención que no se insistiera en estos hechos con posterioridad a la muerte de Fernando VII y que el texto de *Ocios españoles* sea casi fuente única de referencia. Sería conveniente desempolvar la documentación judicial, e incluso los libros parroquiales de defunción, para comprobar el alcance numérico de esta represión.

De acuerdo con la información recaba por Inglis, con el regreso al abolsutismo en 1823, en la ciudad de Barcelona entre dos y tres centenares

[268] Tras el licenciamiento de algunos cuerpos de ejército, «verificose el desarme con tal desorden que se perdieron la mayor parte de las armas y caballos; los soldados se restituyeron a sus hogares mendigando el sustento y devorando los insultos del populacho, porque se les negaron los socorros de marcha», Bayo, *Historia de la vida y reinado de Fernando VII*, III, p. 194.

[269] En este sentido, Fontana trae a colación dos ejemplos y, concretamente el segundo, relata el hallazgo de tres cadáveres, muertos «al parecer con bala de fusil» y probablemente «milicianos o afectos al partido revolucionario», en «Represión política», p. 321, nota 66. Es significativo que en 1827 y 1828 figuren 45 y 67 causas de hallazgo de cadáveres despachadas por la Audiencia de Cataluña según los planes correspondientes a estos años. Cifra importante si consideramos que las causas de homicidio fueron 140 en cada uno de ellos.

de milicianos nacionales fueron destinados al presidio de Ceuta, añadiendo que «their crime was said to be, unadvised talk in the coffee houses; but this was never ascertained, because no form of trial was gone through; and three years have not elapsed, since a man was hanged at Barcellona, without any one knowing what crime he had committed»[270].

Por otra parte, la información de la Audiencia de Valencia es homogénea hasta 1830, año a partir del cual aparecen nuevas rúbricas para computar con mayor minuciosidad otros delitos que, sin duda, hasta ese momento estuvieron incluidos en el apartado de «varios excesos». He simplificado, no obstante, la exposición del gráfico, incluyendo estos delitos en el apartado mencionado para facilitar su exposición homogénea. Las causas por muerte –muertes violentas, infanticidios y suicidios– se acercan porcentualmente a las conocidas por otros tribunales. Otro tanto cabe señalar con relación a los robos, que superan el 23% y las causas por heridas, que a partir de 1830 incluyen bajo una misma rúbrica heridas, malos tratamientos, injurias, insultos y atropellamientos. Estos tres grupos delictivos suman prácticamente los dos tercios de las causas despachadas. Si agregamos las causas por armas prohibidas a las de heridas, estas supondrían un porcentaje más elevado con respecto a otros tribunales, al sobrepasar el 33%. Los tratos carnales también guardarían equivalencia con los conocidos en otras audiencias y chancillerías. Por último, el apartado de excesos también estaría a la par, aproximadamente, a los de otras audiencias. He segregado las causas contra la administración de justicia –resistencias y fugas, básicamente– por representar un porcentaje interesante, a pesar de que en los estados de otros tribunales se incluyen dentro del apartado residual.

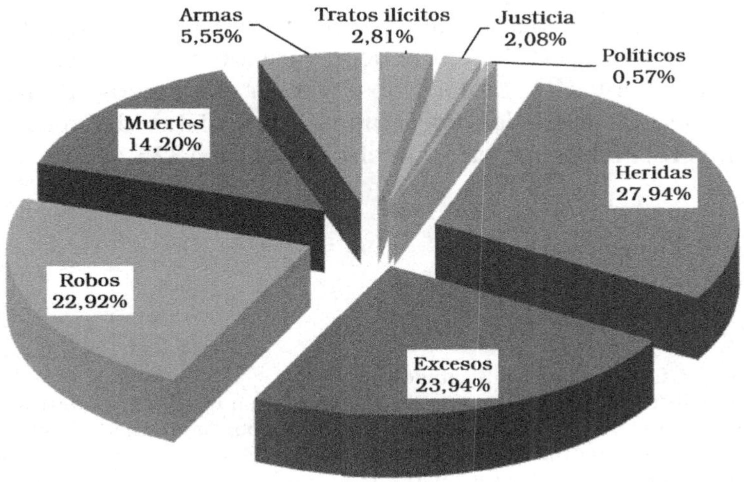

[270] *Spain in 1830*, I, p. 315,

En un informe policial redactado en 1825 sobre la situación en Valencia, se ponía de manifiesto que la seguridad pública era la primera queja de sus habitantes, considerándose una plaga las partidas de ladrones que «no tan solo roban, fuerzan y asesinan en los caminos y casas de campo sino que asaltando los pueblos, saquean los propietarios con toda la extensión de la palabra». Se calculaba en mil hombres la suma de estas partidas. En el texto del informe se da cuenta de varios ejemplos en los que cuadrillas de doce, veinte o cuarenta hombres entran en los pueblos, roban a los vecinos y en ocasiones matan a algún de ellos[271].

Resultaba imposible negar la evidencia. El regente de la Audiencia valencia reconocía en enero de 1826 el grado de criminalidad en su jurisdicción. En todo caso, es excepcional encontrar un discurso de estas características, en el que la máxima autoridad judicial admita la comisión de graves delitos en su territorio:

> «hay delitos por doquiera; aún es seguida la carrera del crimen; hay malvados que castigar; hay vicios que frenar... a la autoridad toca, por los medios que previenen las leyes, conocer estos delincuentes; desviarlos, si es dable, del camino peligroso que siguen, o imponerles en caso necesario el castigo que merezcan... Si todas las justicias del territorio hubieran procedido con distinguido celo en este punto, tal vez no habrían aparecido las partidas de facinerosos que tanto crímenes han cometido en los distritos de Alcira, San Fernando y Sierra de Crevillente, crímenes que continuarían con todo su furor, si no los hubiesen contenido la energía de nuestro digno presidente el capitán general de este reino, las sabias providencias del Consejo, y las acertadas disposiciones del real Acuerdo y Sala del crimen»[272].

La situación era tal, que la Sala segunda de lo civil fue encargada de auxiliar a la del crimen, llegando a conocer en 1826 de un total de 437 causas –la del crimen alcanzó las 1081– entre causas de muerte, heridas, armas prohibidas, robos, incontinencia, varios excesos e indulto, sin computar los expedientes[273]. Es fácil observar en el siguiente gráfico las diferencias numéricas entre las dos etapas absolutistas del reinado de Fernando VII, con el límite superior precisamente en 1825.

---

271 Moral Ruiz, «Un informe policial», citado.

272 *Discurso* (Valencia) 1826. Reconociendo a continuación que «casi a nuestra presencia ha habido malévolos, que tomándose la justicia por su mano, han cometido asesinatos y otros delitos premeditados y horrorosos, que han querido cohonestar con especies frívolas, y con denominaciones que perpetúan la memoria de nuestras desgracias. La tolerancia o impunidad de estos crímenes adelantaría a continuarlos, y su repetición progresiva, favorable a la enemistad y a la venganza, recaería indistintamente sobre todos. Dése a estas causas la celeridad posible, como se hace con las demás, y que a estos y a todos los delincuentes castigue con igualdad el brazo fuerte e imparcial de la justicia».

273 *Planes del número de pleytos y expedientes... despachados en el año de 1826 por la Real Audiencia de Valencia.*

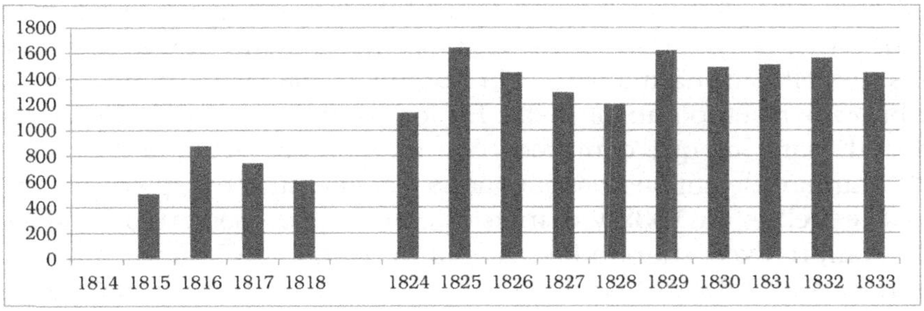

La Sala del crimen de Mallorca puede considerarse un oasis en materia criminal[274]. Además del reducido número de las que llegaban a ella, la mayor parte de las que conoció fueron de entidad menor. Si exceptuamos las causas por la leva de 1816 y 1833, además de reconocer las deficiencias de haber mantenido durante todo el período estudiado una tabla simplificada, los resultados son llamativos. Las causas por muerte, como ya se apuntó, no llegan al 2% y la práctica totalidad corresponden al año 1816. Los robos sí superan, por poco, la media de otros territorios, lo cual venía de atrás, pues en las islas y, sobre todo, en la de Mallorca eran habituales algunas cuadrillas de bandoleros[275]. El porcentaje por heridas –unidas a riñas– es similar a las de Asturias o Sevilla, por ejemplo. Todos los demás delitos encuentran acomodo en el apartado de «varios excesos», de modo que superan la mitad de las causas de las que conoció la Audiencia mallorquina. En suma y con independencia de los porcentajes que corresponden a los grandes apartados –muertes, heridas y robos–, el resultado de conjunto es similar al visto en la Audiencia de Asturias, pues esos tres bloques apenas superan el 48%, correspondiendo el resto a causas derivadas del resto de delitos.

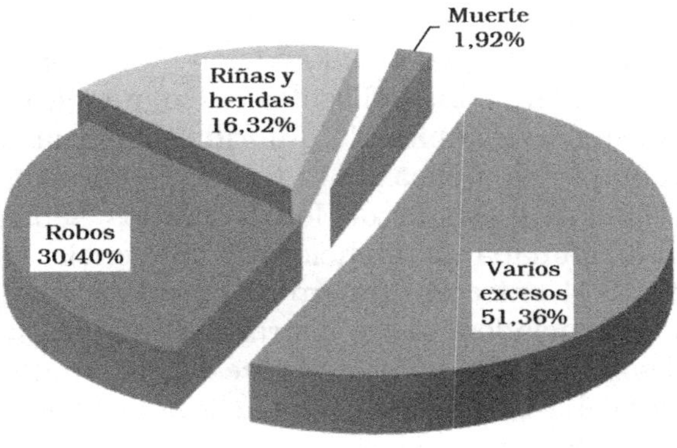

[274] Salvo para los datos anteriores a 1830 es imprescindible la consulta de la obra de Guillamas, *Estadística judicial de las Islas Baleares*, ya citado.

[275] La P. de 13 de octubre de 1749 señala que en Mallorca eran «muy frequentes los robos, especialmente en caminos, retirándose los reos a la montaña en quadrillas, donde hacen que los mantengan los que tienen casas en ellas, y con cuyo asylo es sumamente difícil prenderlos».

Al contrario de lo que sucede en otras circunscripciones judiciales y siempre teniendo presente la escasez de información, el mayor número de causas resueltas anualmente por la Audiencia mallorquina hay que situarlo en la primera etapa absolutista. En los últimos años del reinado de Fernando VII, para los que contamos con más datos, hay que destacar el reducido número de causas despachadas, pues el límite superior se sitúa en las 110 resueltas en 1832 y el inferior con 74 procesos en los años 1831 y 1833, siempre exceptuando las causas derivadas de la leva, pues en caso contrario las 277 del último de los años mencionados situarían a éste muy por encima de las trescientas. No se han computado las consultas, declaraciones de indulto ni sobreseídas. A pesar de lo expuesto, se puede apreciar el incremento de procesos criminales y, sin duda de criminalidad, de los años posteriores a la muerte de Fernando VII.

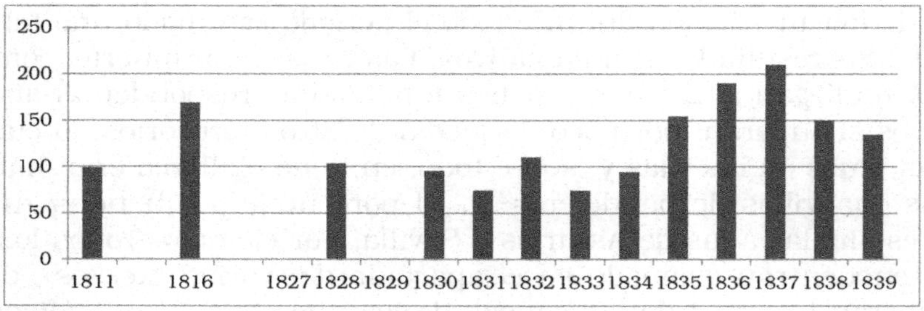

Guillamas no encontraba razones claras del aumento de procesos y de criminalidad posterior a la muerte de Fernando VII. Él mismo reconocía que era tarea ardua, pues los economistas lo atribuían «a la menor producción de productos y por consiguiente a la mayor miseria, circunstancia no probada y hasta contradicha en una memoria brillantemente escrita y publicada por la Diputación provincial»; los juristas «a la ineficacia de la legislación penal, a la necesidad de su revisión y de proporcionar las penas con los delitos»; y los moralistas y filósofos, a los que daba mayor crédito, a «la relajación del estado de familia: la autoridad paterna se ha debilitado y debilita cada día más, y es ineficaz para formar buenos hijos». Contraponía la situación en Mallorca con la de los territorios septentrionales de la Península. Pero le llamaba la atención la diferencia existente durante quinquenio 1829-1834 entre el número de causas incoadas y el reducido número de reos sentenciados. Entre las razones de esta notable diferencia se encontraba el sobreseimiento de los procesos criminales[276].

También destacaba el magistrado del tribunal balear la escasa delincuencia, incluida la personal: «el asesinato era casi desconocido en estas islas, el carácter pacífico y noble de sus pobladores no admitía la criminalidad hasta este punto, las riñas y golpes eran comunes, mas la pasión de la venganza va desenvolviéndose y progresando rápidamente». Aunque

[276] *Estadística judicial*, p. 15.

también desde en el ámbito del regocijo se originaban daños personales. Las bodas daban lugar a procesos causados por heridas de arma de fuego[277].

De otra parte, podemos acercarnos al mapa porcentual de procesos por muertes –muertes en general, homicidio, parricidio, infanticidio, abortos, suicidio y asesinatos– conocidas por las Salas del crimen, teniendo presente que son el resultado relativo del conjunto de las que conoció cada Audiencia y sobre los años para los cuales he conseguido obtener datos. En estos resultados hay que señalar las dudas acerca de los datos referidos a la Sala de alcaldes de Casa y Corte y a la Audiencia de Canarias por contar tan solo con la información de un año. Prevención que se extiende a la cifra porcentual de Galicia que solo recoge la información de dos años. La media del conjunto de los tribunales cabría situarla en torno al 11%, distinguiéndose la excepción de Mallorca por su escasa criminalidad sobre la vida de las personas, y asimismo las similitudes de Asturias y Navarra (cabría hablar de Galicia, aunque los datos de apenas dos años no permiten incluirla con los tribunales de estos territorios). Con carácter general, el porcentaje medio de procesos por muerte en el conjunto de ambas etapas absolutistas, a falta de conseguir más datos, se centra en las circunscripciones territoriales más reducidas (Asturias, Navarra y Mallorca). En el lado opuesto se encontraría la Audiencia de Aragón, ambas chancillerías y el tribunal sevillano. No obstante, estas cifras varían si a las causas por muerte sumamos las de heridas para completar la visión de la violencia personal, como se expuso en un apartado anterior.

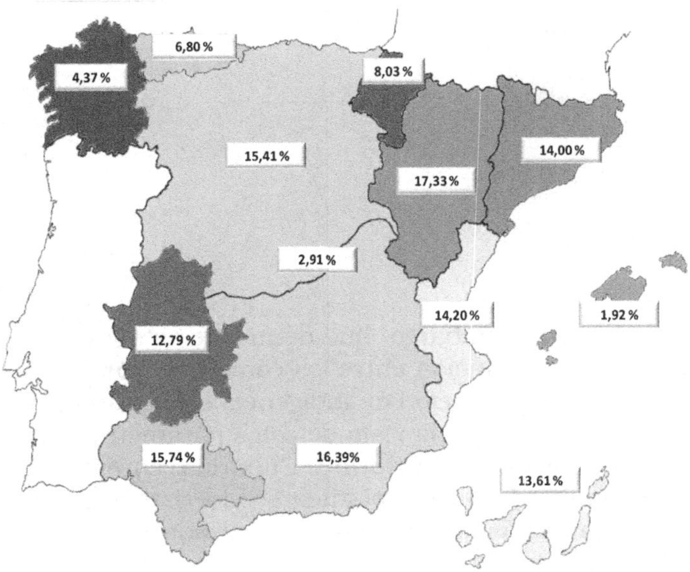

[277] En Ibiza «se festeja a las novias en los días de sus desposorios con tiros de arcabuz dirigidos inmediatos a las piernas, de cuya costumbre se originan procesos en reclamación de daños y perjuicios causados por las heridas, que muchas veces imposibilitan a las jóvenes llevar a efecto sus bodas», *ídem*, pp. 17-18.

Si repetimos esta comparación –total de causas criminales conocidas y número de años de cada tribunal– para determinar la media de los delitos patrimoniales (robos, hurtos, abigeatos, hurtos sacrílegos, estafas, incendios y usura), el mapa resultante muestra una mayor homogeneidad que el anterior, ya que con la excepción de Navarra –incluyamos o no las causas por delitos políticos en el global– el margen estaría entre el 22 y el 30%, pudiendo fijarse la prácticamente en el 25%. Lo que da idea de la importancia de la delincuencia patrimonial en el conjunto de la península. Cabe resaltar, no obstante, que en la Audiencia de Mallorca figura un porcentaje muy elevado de causas por robo, con respecto al total de las que conoció, no solo por cierta tradición de partidas de ladrones desde el siglo XVIII, sino porque al no haber apenas causas por muerte, el porcentaje de esta delincuencia patrimonial resulta ser más elevada en su conjunto. La media del reino se situaría alrededor del 22%.

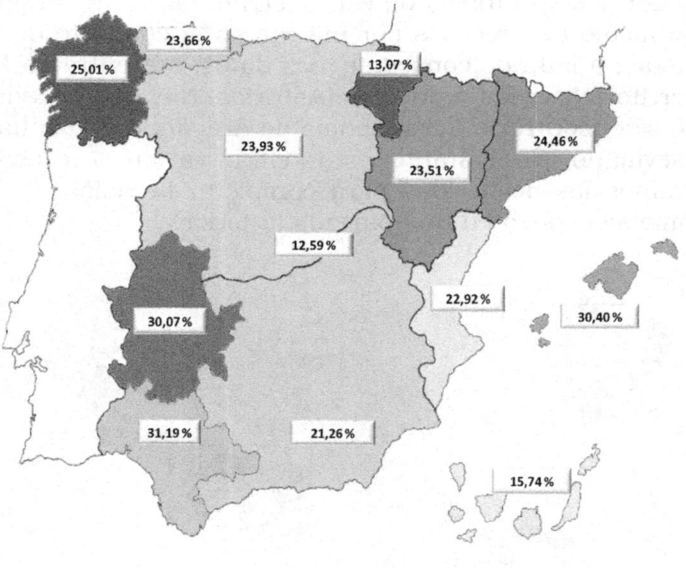

Hay que advertir, sin embargo, que dentro de este grupo de delitos patrimoniales no se hace distinción entre los cometidos por gavillas de bandoleros o por individuos en situación de indigencia que lo único que buscan es poder subsistir. No obstante, a la vista de estos parámetros tan homogéneos –con la excepción de Navarra, la Corte y Canarias, en estos dos casos con las matizaciones apuntadas– cabe plantearse si existieron, o no, zonas con mayor o menor delincuencia patrimonial organizada para cometer hurtos y robos, cualquiera que fuera su calificación. Incluso zonas que tradicionalmente han sido consideradas como tierra de bandoleros, quizá por esa conciencia social traslaticia que convierte en verdad lo que no siempre lo es, no presentan diferencias con otras que han carecido de ese tópico. Lamentablemente y por las lagunas historiográficas actuales, tampoco aparecen computadas en estas cifras las causas conocidas por la jurisdicción militar –consejos y comisiones militares– por robos cometidos por partidas de bandoleros, razón por la cual los porcentajes señalados deberían de elevarse para aproximarnos a la realidad global de la delincuencia patrimonial.

A la vista de esta relativa uniformidad cabe preguntarse si los factores locales o territoriales de cada una de las circunscripciones judiciales, que coinciden en ocasiones con territorios homogéneos en cuanto a su cultura e instituciones, influyen en la conflictividad delictiva o en la configuración criminal de las causas resueltas por chancillerías y audiencias. Creo que, posiblemente y a falta de más datos que completen los aquí manejados, no existen factores locales determinantes, al menos, en la delincuencia patrimonial (salvo en Navarra, quizá), pues en caso contrario se advertirían mayores diferencias entre Galicia y Valencia o entre Extremadura y Mallorca, por ejemplo.

Puede alegarse que las tablas comparativas sobre la violencia personal y la delincuencia patrimonial del Sexenio y de la Década absolutistas presentan diferencias sustanciales con los mapas señalados, pero no debe olvidarse que en aquellas si incluyeron también los delitos de heridas, por lo cual si atendiéramos a ambos grandes grupos de hechos delictivos el mapa resultante sería el siguiente. Es preciso advertir que tanto la Sala de alcaldes de Casa y Corte como la Audiencia de Galicia no incluyeron en sus estados un apartado específico de heridas, por lo que en el mapa solo figura el porcentaje relativo de causas de muerte. La cifra superior corresponde a la violencia física (muertes y heridas) y la inferior a la delincuencia patrimonial y, como puede apreciarse a primera vista, con la excepción de Mallorca y las lagunas mencionadas, la primera superó a la segunda.

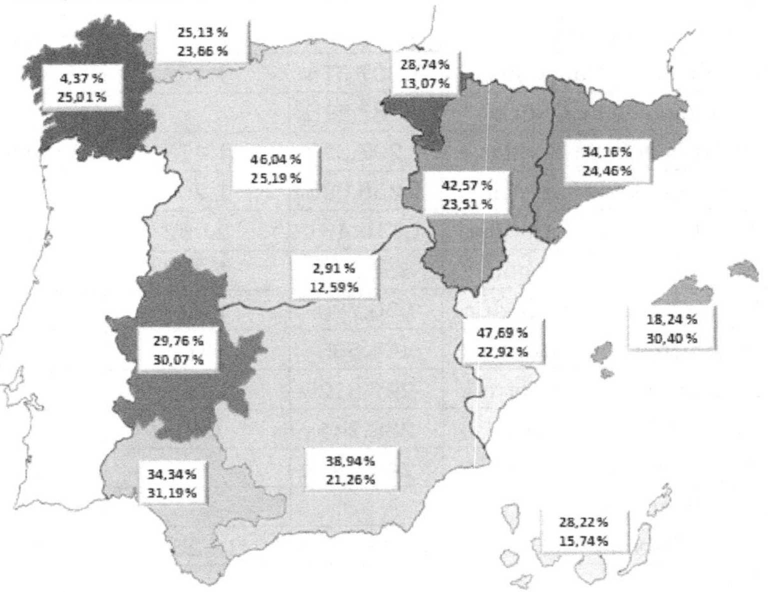

Por otra parte, pueden establecerse, con todas las reservas por los datos que disponemos, las pertinentes vinculaciones entre población, litigiosidad y condenados. Una primera aproximación la podemos obtener para 1819, aunque sean menos de la mitad los tribunales sobre los cuales se puede establecer el oportuno cotejo. Comparativa que permite apreciar las diferencias cuantitativas a las que se hizo mención más atrás entre ambas etapas absolutistas.

Distrito	Población (1797)	Total Causas	Causa/Almas
Chancillería de Granada	2.576.579	1.267	2.033
Chancillería de Valladolid	2.158.238	578	3.734
Audiencia de Cataluña	858.818	391	2.196
Audiencia de Aragón	657.376	688	955
Tribunales de Navarra	221.728	307	722

Puesto que conservamos las cifras de causas criminales conocidas por las chancillerías y audiencias en 1828, con la repetida salvedad de Canarias, Sala de alcaldes de Casa y Corte y Galicia; y contamos con los datos del censo de 1826, sin entrar a valorar los diferentes matices que se han hecho, vamos a tomar como referencia dichas cuantificaciones con la finalidad de determinar qué porcentaje de causas fueron resueltas en relación con el número de almas. A lo cual cabe agregar que al tratarse de procesos fallados en 1828 es probable que la mayor parte tuvieran su origen en hechos cometidos dos o tres años antes.

Distrito	Población	Total Causas	Causa/Almas
Chancillería de Granada	3.070.849	2.821	1.089
Chancillería de Valladolid	2.907.574	1.166	2.494
Real Audiencia de Galicia	1.585.419		
Real Audiencia de Sevilla	1.297.323	1.478	878
Real Audiencia de Valencia	1.256.095	1.200	1.047
Real Audiencia de Cataluña	1.116.461	2.062	541
Real Audiencia de Aragón	856.219	1.760	486
Real Audiencia de Extremadura	556.780	1.321	421
Real Audiencia de Asturias	464.565	492	944
Sala alcaldes Casa y Corte	297.812		
Tribunales de Navarra	288.244	853	338
Real Audiencia de Mallorca	242.893	103	2.358
Real Audiencia de Canarias			
España	13.940.234	13.256	1.052

De ello resulta que, para el año en cuestión, en Navarra fue donde proporcionalmente se resolvieron un numero más alto de causas en relación a su población, seguida de Extremadura; mientras que Valladolid y Mallorca se encontrarían en el lugar opuesto. Las cifras globales por el número de causas son en la Chancillería de Granada o en la Real Audiencia de Cataluña las más elevadas.

Si consideramos los acusados condenados -he eliminado tanto los absueltos como los condenados solo en costas, porque estos en su mayoría lo eran de la instancia- los resultados son diferentes. De nuevo tomando como visión inicial el año 1819, podemos observar unos índices bajos de condenados con relación a los años de la última etapa absolutista que se insertarán a continuación.

Distrito	Población (1797)	Condenados 1819	% Condenados	Condenado/Almas
Chancillería de Granada	2.576.579	1.326	0,05	1.943
Chancillería de Valladolid	2.158.238	333	0,01	7.417
Audiencia de Cataluña	858.818	792	0,08	1.250
Audiencia de Aragón	657.376	766	0,01	961
Tribunales de Navarra	221.728	183	0,06	1.498

Respecto del año 1828, para este cotejo contamos con información referida a la Corte y a Galicia. El primer dato que se observa es que existe un mayor número de condenados que de causas, lo cual permite suponer que existe una delincuencia grupal. En segundo lugar, el importante grado de delincuencia que existe en la Corte y en las grandes concentraciones de población, como en Cataluña, aunque en otros territorios, como en el caso de Extremadura, puede justificarse por la cercanía de la frontera.

Distrito	Población	Condenados 1828	% Condenados	Condenado/Almas
Chancillería de Granada	3.070.849	3.632	0,12%	845
Chancillería de Valladolid	2.907.574	923	0,03%	3.150
Real Audiencia de Galicia	1.585.419	1.195	0,08%	1.327
Real Audiencia de Sevilla	1.297.323	1.882	0,15%	689
Real Audiencia de Valencia	1.256.095	1.023	0,08%	1.228
Real Audiencia de Cataluña	1.116.461	2.132	0,19%	524
Real Audiencia de Aragón	856.219	381	0,04%	2.247
Real Audiencia de Extremadura	556.780	1.700	0,31%	328
Real Audiencia de Asturias	464.565	472	0,10%	984
Sala alcaldes Casa y Corte	297.812	1.852	0,62%	161
Tribunales de Navarra	288.244	471	0,16%	612
Real Audiencia de Mallorca	242.893	70	0,03%	3.470
Real Audiencia de Canarias				
	13.940.234	15.733	0,11%	886

Si representamos estos datos en un gráfico ordenado podemos comprobar esa mayor delincuencia cualitativa en la Corte, que supera considerablemente la media de España. Quizá sea más difícil para el año 1828 determinar si dicha delincuencia se concentró mayoritariamente en las grandes poblaciones, o si estos datos habría que matizarlos con los delitos cometidos en los caminos que se dirigían a ellas. En el lado opuesto el reiterado caso de Mallorca. De esta manera, mientras en el rastro de la Corte encontramos un delincuente por cada 161 almas, en Mallorca esa cifra asciende a 3.470. En cualquier caso, las cifras del Sexenio resultaron mucho más reducidas.

VIII. La proporcionalidad punitiva: todas son penas arbitrarias

La obra de Beccaria y su reflejo en España a través de Lardizábal tendrán notable influencia en diferentes criminalistas, al extremo que Gutiérrez también redactará su particular *Discurso sobre los delitos y las penas.* Desde una perspectiva que conjugue teoría y práctica, observamos en esta obra de transición la discordancia entre el sostenimiento del principio de legalidad absolutista, que obligaría a jueces y tribunales a aplicar el tenor literal de las leyes o en su caso recurrir al soberano, y la adecuación de esas mismas disposiciones legales en combinación con las posiciones doctrinales y la práctica a cada caso enjuiciado, es decir, la conveniencia de recurrir al arbitrio judicial (reglado) para determinar el castigo adecuado a cada delincuente[1].

El rechazo hacia el arbitrio judicial, equiparado por un buen número de juristas y de la opinión pública a la arbitrariedad, tendrá sus manifestaciones en España[2]. Retomando la *Exposición* que Sainz de Andino dirigió al rey, y puesto que de la observancia y el cumplimiento estricto de la ley se trataba, los jueces y tribunales serían los principales obligados a respetarlas. El principal objetivo era «atajar y contener la arbitrariedad con que proceden los tribunales en la administración de justicia», lo que considera el desorden más grave en el gobierno del Estado[3]. Como otros juristas de la Ilustración y europeos equipara arbitrio y arbitrariedad judicial, calificando, por consiguiente, de manera negativa al primero: «El arbitrio judicial ha sido, Señor, en todos los tiempos la ponzoña de la administración de justicia, el azote de la inocencia, el escudo de la corrupción y el germen de los grandes trastornos políticos»[4]. Atribuye al arbitrio/arbitrariedad judicial una intromisión en la potestad legislativa que pertenece en exclusiva al monarca como titular de la soberanía[5]. La solución resulta obvia: «ligar estrecha-

---

[1] Me remito a lo expuesto más extensamente en mi trabajo «El arbitrio de los jueces inferiores», citado. Resulta de consulta imprescindible para su comprensión, Meccarelli, *Arbitrium*, ya citado. Acerca de su realidad práctica, Duñaiturria Laguarda, *La justicia en Madrid*, ya citado; y Susana García León, *La Justicia en la Nueva España. Criminalidad y arbitrio judicial en la Mixteca Alta (Siglos XVII y XVIII)*, Madrid, 2012.

[2] El regente Asta entendía que la equidad (arbitrio) de la que abusaba el magistrado implicaba la usurpación de los derechos del soberano, debiendo respetarse solo la equidad sustancial de la ley, *Discurso* (Navarra) 1827.

[3] *Escritos*, II, p. 49.

[4] *Escritos*, II, p. 49.

[5] «La autoridad de los magistrados se está sobreponiendo cada día a la voz soberana del legislador», añadiendo más adelante que «la tendencia habitual e imperiosa del hombre revestido de cualquiera especie de autoridad es extenderla y aumentar su poder, ha fomentado sobremanera el arbitrio judicial, dándole una extensión que nunca pudo caber en la mente de los legisladores, porque si bien estos dejaron en algunos casos a la prudencia de los jueces que

mente el bastón de los jueces a la voluntad de la ley». Legalidad frente a arbitrariedad, asunto sobre el que ya se había declarado Carlos III y la Constitución de 1812, desde ángulos políticos diametralmente opuestos, pero coincidentes en sus fines. El arbitrio judicial, aun cuando fuera reglado, es tenido por el peor de todos los males de un buen gobierno. Sainz de Andino recurre a las palabras de un conocido jurista gallego, Juan Francisco de Castro, para ahondar en su razonamiento: «El arbitrio es peligroso no solo en jueces ignorantes, o no suficientemente capaces, y no menos en los precipitados y apasionados, sino que aún en jueces íntegros es causa de muchas incertidumbres, porque son de muy varia regulación los ingenios»[6]. Interpretaciones personales de cada juez amparadas en numerosas ocasiones, según Sainz de Andino, en otro de los males, esto es, el acudir «continuadamente a las fuentes cenagosas de los tratados escolásticos de los intérpretes, que parecen haber trabajado de propósito para hacer dudosa e incierta la jurisprudencia de la mayor parte de la Europa»[7].

Evitar el arbitrio conllevaba la desaparición de las penas arbitrarias o extraordinarias. Solo deberían imponerse las penas legales u ordinarias. Para conseguirlo la proposición era clara: «Severidad inflexible con los criminales, Señor, irremisibilidad en la aplicación de las penas prescritas por las leyes, actividad y energía en la persecución de los delitos, y celo infatigable en precaverlos y asegurar el mantenimiento del orden por los medios legales», evitando vejaciones arbitrarias a los reos[8]. El propio Sainz de Andino lo había plasmado en diferentes preceptos de su proyecto de Código criminal al abordar las disposiciones generales sobre la aplicación de las penas[9]. Pero,

---

ampliasen o moderasen el rigor de la disposición de Derecho, esta facultad quedaba siempre sujeta, en lo esencial, al círculo marcado en la misma ley para usarse de ella con arreglo al sentido y espíritu de esta; lo cual está muy distante del arbitrio libre y absoluto que se han abrogado los magistrados de guiarse, muchas veces, más bien por lo que impropiamente llaman equidad que por las reglas de justicia adoptadas por los legisladores, pretextando insuficiencia, obscuridad o inoportunidad de las disposiciones de derecho», *Escritos*, II, pp. 50-52.

6 *Escritos*, II, p. 52.

7 A lo que añadirá: «El foro está inundado de una plaga de comentadores, glosadores y casuísticas que se han ingerido a reguladores de las acciones humanas a pretexto de explicar la mente de los legisladores y acomodar la aplicación de sus disposiciones, cuando casi no han hecho otra cosa que obscurecerlas, truncar su sentido genuino, mutilar sus textos y extraviar y confundir a los jueces y a los letrados que cometen la imprudencia de abandonar el estudio de las fuentes naturales del Derecho, para nutrirse con el agua corrompida y adulterada de las doctrinas escolásticas», *Escritos*, II, pp. 53-54.

8 Sainz de Andino, *Escritos*, II, pp. 63-64. El rechazo al tormento lo manifiesta al pedir que la ley impidiera al juez imponer «ninguna vejación arbitraria, ninguna dureza, ningún desmán con el desgraciado, que no por estar procesado y encarcelado debe ser maltratado, ni considerado reo, hasta que una sentencia formal lo ha calificado de tal».

9 El Proyecto de Sainz de Andino era estricto en este punto: «Art. 131. A ningún delito puede imponerse otra pena que la que se halle establecida por la ley antes de su perpetración... Art. 133. Las penas prescritas por las leyes para delitos determinados, no pueden aplicarse a delitos diferentes por ampliación ni analogía de caso a caso... Art. 147. Siempre que la pena prescrita en la ley sea fija y determinada, los jueces la aplicarán irremisiblemente sin atender a otra circunstancia alguna que las que se expresen en la misma ley para hacer la calificación del delito... Art. 151. Los tribunales no podrán en ningún caso hacer remisión de las penas establecidas por las leyes ni adoptar en su aplicación otras modificaciones que las que aquellas autorizan expresamente».

como tendremos oportunidad de ir comprobando, en España la realidad judicial estaba su muy alejada de estos paradigmas doctrinales, a pesar de que en otros Estados ya tuvieran vigencia legal.

Desde las instancias oficiales también se rechazaba el mecanismo de aplicación de las leyes a través del arbitrio judicial. En su discurso de 1815, el capitán general de Aragón alertaba a los magistrados que «los libros que leemos, las circunstancias en que nos hallamos, y los estímulos de nuestro interés individual, nos pueden inducir a tergiversar las leyes para acomodarlas a nuestras opiniones particulares, transformándonos, de ministros que somos de ellas, en legisladores y árbitros supremos de nuestros conciudadanos»[10]. Precisamente eso era lo que hacían los juzgadores, tener presente la ley y adecuarla a cada caso enjuiciado de conformidad con la ciencia jurídica. A esas alturas del siglo XIX, ¿habría algún juez o tribunal dispuesto a amputar la mano al escribano que falseó un instrumento público en virtud de la aplicación estricta de la legislación vigente? Gracias a esas interpretaciones la legislación de los siglos XIII o XVI, por ejemplo, se adecuaba a las circunstancias del siglo[11]. Lo cual no evita que, de forma habitual y machacona, se haga hincapié en el legalismo absolutista. En los discursos de las autoridades la negación del arbitrio judicial está presente, achacando incluso al mismo cierta benignidad en el castigo frente al rigor de las leyes. No obstante, también se reconocía la necesidad de acudir a la atemperación punitiva en el caso que se estuviera enjuiciando[12].

En relación con lo acabado de expresar, es conocido que las Salas del crimen, en cuanto tribunales y por ello órganos colegiados, gozaron de mayor arbitrio judicial que los simples jueces. Prácticamente fueron los únicos que gozaron de verdadero arbitrio[13]. Esta realidad se advierte pronto cuando se coteja la redacción de una sentencia dictada por un juez inferior, con asesoramiento o sin él si fuera letrado, y la pronunciada por un tribunal. La concisión con la que están redactadas estas últimas no impide que, en ocasiones, la causa –o una de ellas– que conlleva a la imposición de la pena se exprese en el texto. En los apercibimientos pueden aparecer de manera implícita por la manera en que se redactan. En otros casos, es

---

[10] *Discurso* (Aragón) 1815.

[11] Gutiérrez, *Práctica criminal*, III, *Discurso*, p. 27. Más adelante reconocerá que «la humanidad de los jueces y magistrados, debidas con especialidad a los venerables preceptos de la verdadera religión, y a las brillantes luces de la sana filosofía, han impuesto silencio a las leyes crueles y sanguinarias, dictando penas, aunque arbitrarias en parte, más humanas y dignas de nuestro tiempo» (p. 46). Lo mismo había mantenido Lardizábal, *Discurso*, cap. 25, n. 35, cuando afirmaba que muchas leyes, por su antigüedad, habían sido sustituidas por «el arbitrio judicial, o la impunidad de los delitos».

[12] «Todos exigen de vosotros el castigo de los delinquentes, todos reclaman vuestro rigor para con aquellos, que lo han merecido; y siendo así que cumpliendo exactamente con la ley, no cabe a vuestro arbitrio hacer gracia sino justicia, está sin embargo en vuestro poder aplicar la misma ley, y moderarla según los casos y circunstancia», *Discurso* (Aragón) 1816.

[13] Sobre las restricciones del arbitrio judicial de los jueces me remito a mi trabajo «El arbitrio judicial de los jueces inferiores», en Sánchez-Arcilla, *El arbitrio judicial*, ya citado.

la propia calificación del hecho delictivo el que permite atisbar su fundamento, puesto que una muerte puede ser casual o violenta, pero si se expresa en cualquier sección del papel de la sentencia que fue alevosa, la causa aparece más nítida en cuanto determina la forma de perpetración del delito[14]. En el caso de los delitos en que se hubiera producido la muerte de la víctima es difícil encontrar, como ha expuesto Sánchez-Arcilla, los sustantivos homicidio o asesinato, por ejemplo[15]. Los jueces inferiores siempre fueron más expresivos en sus sentencias pues, en la medida en que califican los hechos, insertan argumentos para motivar sus fallos[16].

Esta contradicción entre legalidad y arbitrio judicial, entre teoría legal y teoría doctrinal, en definitiva entre teoría y práctica, presentaba un rasgo difícil de conciliar: la proporcionalidad de las penas. El arbitrio judicial atiende al casuismo, pero no resuelve desde un criterio general la proporcionalidad en el castigo de los delitos. Desde el siglo XVIII se venían reclamando leyes, códigos, que plasmaran ese principio. La realidad se desenvolvía por otras vías. Lo hemos visto: robos castigados con la pena capital y homicidios cualificados con el destino a presidio. De ahí las propuestas para delimitar los criterios que hicieran las penas proporcionales a los delitos cometidos y a las circunstancias que en ellos concurrieran.

Las influencias del pacto social se dejaron sentir entre nuestros penalistas, de manera que el daño provocado a la sociedad y la mayor o menor ofensa cometida se concebirán como la principal pero no única medida de los delitos. Es por ello que si estos criterios sirven para diferenciar la perversidad entre unos y otros delitos, es decir, la violación de unas u otras leyes, «no pueden indicarnos la diversidad que puede haber en un mismo

---

14 ARG, *Sentencias*, 28576, *s.* 2.10.1830 en la causa «sobre la muerte alevosa de Roque González». Y unas orejas se pueden cortar empleando alevosía, *Sentencias*, 28581, *s.* 28.9.1831 «sobre malos tratamientos hechos a Nicolasa do Pico de once años de edad cortándole alevosamente las orejas».

15 Aunque haya excepciones. ARG, *Sentencias*, 28581, *s.* 24.3.1832 en la causa criminal entre el fiscal con Antonio de Castro y Manuel de Castro (ausente y rebelde) «sobre robo y asesinato del maragato José Alonso».

16 Baste un ejemplo: «En la causa de oficio que en este mi juzgado ordinario pende sobre la muerte aleve y segura de la persona de D. Manuel Rodicio, dependiente del Resguardo de Allariz... Fallo... Que respecto el actor de la alevosía por la publicidad, presunciones del sumario y plenario, y especialmente por el reconocimiento de la cámara y cuchillo del difunto es el Francisco Fernández Triojo a quien por el resultado de los mismos actos se dio muerte por la fuga que intentava en la conducción de su persona y tránsito de la extinguida caveza de partido de Maceda de Limia, a la de igual clase de Ginzo de Limia, que le reclamaba por esta propia causa, y que en cuanto a los demás compañeros, solo se individualizan con más o menos presunciones el Francisco Fernández Chucurrutilla, José Cabajo alias Cañete, vecinos de Bustelo da Beiga, y Vicente Prol Marra de La Graña, sin que resulte cuál de ellos o de los demás compañeros ignorados asestó el palo al D. Manuel Rodicio, y cuio echo ha devido originar la extracción de su arma y muerte con ella, haciendo compatible la absolución del ignocente con el castigo del más culpado, por lo que contra estos resulta, y que a no ser tales reos no se fugaran ni estubieran en reveldía, sin perjuicio de oírlos si fuesen havidos, debo de condenarlos y los condeno mancomunadamente a estos tres y al Fernández Trigo en las costas, y a los primeros admas en cuatro años de obras públicas en la capital de la provincia, con apercivimiento de que a lo subcesivo no den sospechas contra su conducta ni en sus tráficos ni en sus echos», en ARG, *Sentencias*, 28575.

delito y en la violación de una misma ley por las circunstancias que les acompañen»[17]. Siguiendo este discurso se pondrá de manifiesto que, «las otras medidas» que debían acompañar a la primera y principal «para venir en conocimiento de la mayor o menor enormidad de los delitos, son el objeto, la intención y malicia del culpado, su mal exemplo, su carácter y el del ofendido, los motivos que le impelieron a delinquir, la manera de hacerlo, los instrumentos con que lo hizo, y el lugar y tiempo en que delinquió, la reincidencia, el sexo, la edad, etc». No era una enumeración cerrada, pues éstas «y otras que queden concurrir en una incalculable diversidad de casos, contribuyen a caracterizar la más o menos atrocidad de los crímenes, y son otras tantas medidas de ellos; sino es que digamos que son una sola medida, o que consideradas todas junto con el perjuicio y agravio hechos a la sociedad, forman o constituyen la única y verdadera medida de los delitos». La conclusión es que las circunstancias del delito son «las que lo hacen más o menos grave para diferenciarlas de las que mudan su cualidad o especie»[18]. En su conjunto constituirían la medida para determinar la gravedad de los delitos y, en consecuencia, determinar la pena aplicable al hecho cometido[19].

A pesar de lo expuesto, Gutiérrez no distinguió siempre con meridiana claridad entre circunstancias y causas. Así, por ejemplo, según él la reincidencia justificaría una pena más grave porque «muestra un ánimo más pervertido, y que no ha sido suficiente el primer castigo para refrenar al reo»[20]; es decir, de la acción no se desprende mayor culpabilidad, sino la exigencia de mayor punición. Defiende, además, los postulados precedentes acerca de las justas causas para atemperar la pena en términos similares a como lo expresaron los juristas del siglo XVI, con independencia de emplear el vocablo que acabará por imponerse, al afirmar que en la imposición de las penas «deben tenerse presentes la calidad y diferencia de las personas, su clase, estado y empleo, pues según estas circunstancias deben aumentarse o moderarse, y aún hacer alguna diferencia en el modo de imponerlas»[21]. En los Proyectos de Código penal se mantuvieron, pero diluidos, ciertos privilegios de origen estamental.

El mentado jurista propone una serie de axiomas en su *Discurso* sobre las penas, y que veremos corroborados en la práctica judicial, entre los que cabe destacar los siguientes: la pena es injusta, si es inútil; la pena es injusta, si es demasiado severa; la severidad de las penas no es el medio más eficaz de contener el curso de los delitos; la impunidad es una consecuencia ordinaria de la atrocidad de las penas; deben castigarse con más rigor que

[17] Gutiérrez, *Práctica criminal*, III, *Discurso*, pp. 22-23.

[18] Gutiérrez, *Práctica criminal*, III, pp. 236-237, y *Discurso*, pp. 24-26. Circunstancias que reconduce a las preguntas del Derecho romano. Sobre este particular, me remito a mi trabajo, «De la literatura jurídica al código penal: causas y circunstancias», ya citado.

[19] *Discurso*, p. 58.

[20] *Discurso*, p. 59. En los hurtos cometidos por el mismo delincuente «se agrava la pena a causa de la freqüencia del delito», en *Compendio*, p. 53, n. 5.

[21] *Discurso*, p. 58, con mención de algunos ejemplos.

los delitos de la misma especie, aquellos de que es más fácil precaverse; no siempre merecen unos mismos delitos una misma pena; es mejor arriesgarse a que se escape el culpable, que castigar a un inocente; es justo y necesario circunscribir las penas dentro de límites estrechos; y en la interpretación de las leyes es mejor disminuir que aumentar[22].

Para la determinación de las penas aplicables por los juzgadores comienza a difundirse la necesidad de discriminar no solo entre dolo y culpa en la perpetración del delito, sino también el deber de recurrir a la determinación de los diferentes grados en ambos casos[23]. Este camino de construcción teórica, en el que realmente concurren ideas manifestadas con anterioridad, llevaría a diferenciar el grado del delito de su cualidad, lo cual facilitaba, por ejemplo, distinguir el grado de culpabilidad de los diversos individuos que pudieran intervinieran en un delito:

> «Cuantos tengan parte directa o indirecta en el delito serán reos, mas no todos lo serán en un mismo grado, porque no todos manifiestan igual perversidad en la violación de la ley, de suerte que la cualidad del delito será común en todos sus autores y el grado será diverso. Igualmente por el expresado método habrá dos medidas, una para distinguir el valor relativo de los diferentes delitos, y otra para distinguir el de un mismo delito acompañado de circunstancias diversas. El mayor o menor influjo que tiene sobre el orden social la ley violada, será la primera medida, y el grado de dolo la segunda»[24].

Propuestas dirigidas a limitar el arbitrio de los jueces, buscando una mayor proporcionalidad entre el delito y su pena. El hecho de que una buena parte de la legislación penal se retrotraía a los siglos XIII o XVI, y por supuesto al siglo XVIII, dificultaba esa ansiada proporcionalidad sin aplicar el arbitrio judicial que era lo que se pretendía restringir al máximo y con ello prescribir definitivamente la existencia de las penas extraordinarias o arbitrarias. Afirmaba el regente Juan Garrido, «la ley positiva incapaz de contar los infinitos grados de la malicia humana, no puede siempre señalar con exactitud la justa medida de las penas; pero la misma ley pone en nuestras manos este descubrimiento tan difícil»[25]. Esta limitación secular trataron de salvarla los proyectos de Código criminal buscando concretar legalmente la graduación delictiva para conseguir la proporcionalidad penal[26].

Aunque los penalistas españoles de finales del siglo XVIII y del primer

---

22 *Práctica*, pp. 56-57. Además, a mayor facilidad para delinquir, mayor castigo que sirva de freno, como afirma en p. 59, citando el ejemplo del homicidio ejecutado con veneno.

23 Vid. los axiomas undécimo a decimocuarto referidos al delito enumerados por Gutiérrez, *Práctica criminal*, III, *Discurso*, pp. 18-19.

24 Manuel de Lardizábal, *Discurso sobre las penas*, Madrid, 1782, cap. 4, § 2. Opiniones ampliamente difundidas por José Marcos Gutiérrez.

25 *Discurso* (Navarra) 1816.

26 Así, por ejemplo, el art. 21 del Proyecto de 1830 declaraba: «En los delitos se considerarán tres grados de malicia; máximo, medio e ínfimo...» El art. 42 por su parte establecía que «en la calificación de los cuasidelitos se considerarán tres grados de culpa: culpa lata o máxima, culpa media o leve y culpa levísima o mínima». Ambos preceptos concretaban cada uno de los requisitos exigibles en cada supuesto.

decenio del siglo XIX delimitan, aún con dificultades y dudas conceptuales, las circunstancias del delito y las causas de la pena, la jurisprudencia, sin embargo, parece más anquilosada en el empleo del vocablo causas para atemperar la pena al caso enjuiciado, cuando éste tuviera pena legal fijada, mientras que el de circunstancias se usa cuando la propia ley permite al juzgador emplear todo su arbitrio. Como señalo, los juzgadores no son muy propicios a utilizar el término circunstancias, por lo que no podemos determinar su verdadero significado a comienzos del siglo XIX sin acudir a las obras jurídicas impresas. Como reflejé en un trabajo anterior[27], Álvarez de Posadilla diferencia las circunstancias por oposición a la sustancia. Tales circunstancias eran, según él, las siguientes: «tiempo y lugar en todos, instrumentos en algunos, materia en que se cometen, en todos los que son contra preceptos negativos y consisten en hecho, efectos y señales, sujeto ofendido latamente tomado en todos»[28]. Las primeras circunstancias o *accidentes* del delito eran el tiempo y lugar; seguía el instrumento con que se cometió el delito; la materia en que se cometen; efectos y señales; y, sujeto ofendido[29].

Con más detalle se expresa Gutiérrez, en la medida en que rechaza que se consideren las penas impuestas como criterio de clasificación de la gravedad de los delitos, opta por otro que gire en torno al perjuicio y la ofensa causados a la sociedad. Este criterio permite diferenciar la criminalidad entre hechos delictivos, poniendo de manifiesto «la diversidad que puede haber en un mismo delito y en la violación de una misma ley por las circunstancias que les acompañen»[30].

En el discurso razonado del Gutiérrez se sostiene, considerando la realidad normativa, que si las leyes en las que están fijadas las penas son antiguas, debería optarse por buscar penas necesarias o útiles. La consecuencia lógica, valorando el momento en que lo escribió, es que «han de ser igualmente lo más moderadas que sea posible, atendidas todas las circunstancias»[31]. Así lo recoge entre los axiomas de las penas: «La pena es injusta si es demasiado severa»[32].

Aun cuando no fuera reimpresa su obra hasta el final del reinado de Fernando VII, cabe hacer una mención a Vilanova y Mañés puesto que distingue entre circunstancia y causa. Entendía que para la graduación esen-

---

27 «De la literatura jurídica al código penal», ya citado.

28 Juan Álvarez de Posadilla, *Práctica criminal por principios; o modo y forma de instruir los procesos criminales de las causas de oficio de justicia contra los abusos introducidos*, Madrid, 1802, tomo I, p. 77.

29 Álvarez Posadilla, *Práctica*, I, pp. 77-96.

30 *Discurso*, pp. 20-23.

31 «Bastando por ejemplo para contener el robo cuatro años de trabajos en las obras públicas, no deberán ser de arsenales ni galeras», *Discurso*, p. 43. Pese a lo interesante de la propuesta, estas penas -que no estaban previstas en las disposiciones regias, pero sí otras más graves- eran las que venían imponiendo, haciendo uso del arbitrio judicial, los tribunales superiores -al menos, la Audiencia de Galicia-. En suma, la propuesta de José Marcos Gutiérrez ya se daba en la práctica y, precisamente, gracias al instrumento que se pretendía desterrar, el arbitrio.

32 Gutiérrez, *Práctica criminal* III, *Discurso*, p. 56.

cial de la pena «se atiende a la gravedad del delito; y ésta se mensura por la variedad de las circunstancias con que se cometió; las cuales no son siempre unas mismas; son diferentes, y a las veces raras e insólitas». Recurre a las Partidas (P. 7, 31, 8) para enumerar los *accidentes* del delito: quién es el delincuente, quién la víctima, el lugar, la causa del delito; el instrumento; el tiempo y la ocasión; o la habitualidad, costumbre y la frecuencia[33]. Como otros autores, intenta salvar la aparente contradicción entre la obligatoriedad de imponer la pena legal, que el juez no podrá aumentar, disminuir, remitir o conmutar; con la facultad, admitida en Derecho, de poder modificar la pena ordinaria con justa causa[34]. Para resolver la disyuntiva, defiende que «será mejor poner en plan metódico los casos, que en sentir común proporcionan la concurrencia decantada e inductiva de justa causa para aumentar o disminuir las penas de la ley»[35]. La distinción entre circunstancia, que afecta a la responsabilidad y, por extensión, a la pena[36]; y la causa, que afecta solamente a ésta última, es manifiesta[37]. Sin olvidar las causas de exención de la responsabilidad[38].

En otra sede he profundizado en la delimitación histórica entre circunstancia del delito y causa de la pena en el proceso de transición del Antiguo Régimen al período codificador[39]. No voy a reproducir cuanto allí está expresado, pero sí aludir resumidamente a algunas de las causas que todavía se citan en las sentencias de los jueces, particularmente de los inferiores, durante las etapas absolutistas aquí tratadas para la atemperación de la pena al hecho juzgado y al delincuente, en definitiva a la vinculación entre arbitrio y casuismo en aras de una búsqueda de la justicia. En este sentido, sin duda la causa más habitualmente empleada por los jueces gallegos para mitigar la pena que debería imponerse al reo por el delito cometido es la estancia en prisión, a la cual prestaré atención con mayor detenimiento más adelante. Se emplean formulaciones similares a esta: «habida consideración a la prisión sufrida...»[40]. En cuanto causa que se valora, a través de la práctica judicial acaba imponiéndose el arresto sufrido por el acusado durante la tramitación del proceso como verdadera pena.

La menor edad se emplea igualmente para determinar una reducción

---

[33] Senén Vilanova y Mañés, *Materia criminal forense o tratado universal teórico y práctico de los delitos y delincuentes en género y especie para la segura y conforme expedición de las causas de esta naturaleza*, Madrid, 1807, tomo I, pp. 4-5.

[34] *Materia criminal forense*, II, pp. 393-395. A continuación, manifestaba que «justa causa se ha dicho que debe proporcionar el alivio y atemperancia de la pena... no debe ser fantástica y voluntaria, sino robusta, racional y procedente».

[35] Inmediatamente enumeraba las causas de agravación y de atenuación de la pena. *Materia criminal forense*, II, pp. 396-398.

[36] Había que considerar «el ser, o calidad entitativa del propio delito, y la graduación que merece por sus circunstancias, pudiendo éstas minorar su culpa y pena», *Materia criminal*, II, p. 369.

[37] Afirmaba que «sin justa causa no puede alterarse la pena de la ley y de costumbre», *Materia criminal forense*, II, p. 395.

[38] «Quitar a otro la vida fácilmente se advierte, que es una iniquidad, pero no cometerá injusticia, el que usa de su defensa propia», *Discurso* (Navarra) 1816.

[39] «Causas y circunstancias en el Derecho histórico español», ya citado.

[40] Así lo planteé en «La estancia en prisión», ya citado.

de la pena[41], aunque los proyectos la consideren como circunstancia que disminuye el delito[42].

La demencia es considerada, al menos, como causa de minoración de la pena. Es objeto de mayor atención, destacando su tratamiento como verdadera enfermedad más que como elemento jurídico. Es posible, pues carezco de información para sostenerlo con rotundidad, que los efectos de la guerra, las alteraciones políticas y la situación económica de buena parte de la población, llevaran a cierto número de individuos a padecer enfermedades mentales. Los expedientes de locura pretendieron evitar desórdenes sociales y recluir a los afectados en el Hospital de Gracia de Zaragoza o en otros más cercanos[43].

Otra de las mencionadas habitualmente es la reincidencia en el mismo o diferente delito. En realidad no se trata de una circunstancia que en sí agrave la culpabilidad –aunque en alguna ocasión parece atisbarse– sino de una causa para agravar la pena. Aspecto que se manifiesta reiteradamente en los apercibimientos, como veremos al abordarlos. Las declaraciones en este punto son abundantes bajo la fórmula «y si reincidiere en iguales crímenes» se le impondrá tal pena o se le castigará con el rigor de las leyes.

La diferencia estamental todavía se encuentra presente, aunque no con la intensidad de antaño. Luis Alejandro Procopio de Bassecourt, capitán general, se dirigía a la Audiencia de Aragón matizando, sin rechazarlas, las discriminaciones estamentales en favor de una aplicación igualitaria de la pena al afirmar que «cuando la ley determina la pena que al delincuente se le ha de imponer por su delito, la calidad de la persona, a no ser que la misma ley haga clasificación, no debe servir de obstáculo para que deje de imponerse»[44]. Los Proyectos muestran dudas por la completa abrogación de

---

[41] ARG, *Sentencias*, 28576, *s.* 1.10.1829 en la causa «sobre malos tratamientos echos a Andrea García de cuyas resultas acaeció su aborto y muerte»: «en atención a la menor edad de Juan Carro le declaramos por bastante pena la prisión sufrida».

[42] Así se pronuncia, por ejemplo, el art. 28 del Proyecto de 1830. El Proyecto de Sainz de Andino la considera circunstancia que atenúa la criminalidad por la persona del delincuente (art. 181). El art. 31 del Proyecto de 1834 la enumera entre las circunstancias que disminuyen el delito.

[43] ARG, *Crimen*, 641/1, *procedimiento formado por el señor alcalde del crimen y cuartel del Seminario en virtud de parte del alcalde del barrio de San Lorenzo sobre averiguación de la demencia de Lorenzo Anido*. Se le había denunciado por dar «vozes de manera que no deja descansar al vecindario y jurando que a de matar una ermana». Se dictó auto el 24 de mayo de 1830 para que el médico del Real Acuerdo y el cirujano de la Real cárcel reconozcan «al que se dice demente Lorenzo Anido». Los facultativos declararon que lo hallaron en una cama muy andrajosa y asquerosa, completamente desnudo y con los brazos y las piernas fuertemente ligados. En suma, «el aspecto y disposición física y moral de este sugeto hera la de un verdadero demente». La Policía ya lo había arrestado en la cárcel real durante seis meses, llegando a ponérsele en otro momento grillos y esposas para evitar que atacara a la gente. El 8 de julio el fiscal afirmaba, «como ya manifestó en otro expediente igual a este hace tiempo, el asunto de que trata no tiene por obgeto crimen alguno que lo sugete al conocimiento de las Salas de este ramo en justicia, y sí es más propio como gubernativo y de mera policía, o bien del subdelegado principal de la misma, o del Real Acuerdo, a qualquiera de cuyas autoridades le parece que puede pasar este expediente, con oficio del señor governador para que el Lorenzo Anido, como loco declarado y expuesto a cometer desórdenes, que deben evitarse, sea trasladado a uno de los establecimientos de esta ciudad».

[44] *Discurso* (Aragón) 1826.

los privilegios estamentales y la implantación del principio de igualdad[45].

En este marco, se alzaron judiciales más atentas a la realidad de las circunstancias de la evolución jurídica. En este sentido, el omnipresente López de Vinuesa afirmaba que «el simple estudio de las leyes produciría poquísimas ventajas, si los que deben aplicarlas no meditasen las variedades innumerables que diferencian unos casos de otros: y si no advirtiesen también en el estado, las ocupaciones y la civilización de los hombres la necesidad de modificar y aún de abolir aquellas reglas que si bien en otras circunstancias serían obra de la sabiduría, su conservación solo podría serlo de la vanidad o del interés personal». Evidenciando que leyes, fueros y costumbres eran en gran parte disposiciones reglamentarias que sufrían las vicisitudes del tiempo. Por ello se alegraba del R.D. de 2 de diciembre de 1819 por el cual se iniciaban los pasos, que como sabemos no llegarían a su fin, para la redacción de un Código criminal y las medidas sobre confiscación y transmisión de la infamia[46].

Junto con las exigencias legales de graduación delictiva y proporcionalidad punitiva se olvida a menudo el interés del Estado. En el discurso ante la Chancillería de Granada en 1818, el mariscal O'Lawlor animaba a los magistrados a «demostrarles que la indignación que excita en vosotros la vista de un delito, es el grito de la ley que clama contra el culpado y provoca su pena, y que en su aplicación obra el zelo de la justicia unido al interés del Estado, sin producir nunca el más ligero deseo de venganza»[47]. A pesar de estas palabras no puede olvidarse la situación de represión política que se vivió durante el reinado de Fernando VII, sobre todo en la Década ominosa, donde hubo más de represalia que de interés por aplicar la justicia.

Frente al arbitrio en el enjuiciamiento de los delitos más comunes conocidos por la jurisdicción ordinaria, la justicia militar aplicó con mayor rigidez el principio absolutista de legalidad, por lo que es precisamente en ella donde se observa un menor grado de arbitrio judicial, pero es opinión común que en ella sí hubo un mayor grado de arbitrariedad.

En suma, durante las etapas absolutistas del reinado de Fernando VII jueces y tribunal continuaron, como regla general, imponiendo en sus fallos penas arbitrarias para el castigo de los delitos. Es una tendencia acusada que se puede comprobar consultando la documentación judicial conservada de chancillerías y audiencias. La prevalencia de las penas arbitrarias no fue, desde luego absoluta, pues en virtud del aludido casuismo, existieron casos –hurtos en la Corte, agavillados, muertes alevosas– en los que por las circunstancias concurrentes o la ausencia de causas para mitigar las penas legales, se dictaron las penas ordinarias previstas en la ley. Lo cual es fácilmente comprobable, como veremos, respecto de la pena capital.

---

45 El art. 59 del Proyecto de 1830 disponía que: «Lo esencial de las penas no se variará por el diferente estado o consideración civil de las personas; pero en el modo se guardarán las distinciones debidas a los nobles e hidalgos, y a los que gozan por ley de nobleza especial». La pena es la misma, pero en su cumplimiento se respeta viejos privilegios estamentales.

46 *Discurso* (Cataluña) 1820.

47 *Discurso* (Granada) 1818.

1. ¿Estilo punitivo?

Uno de los aspectos más interesantes al abordar el estudio estadístico de las penas, partiendo de los planes o estados anuales publicados por las chancillerías y audiencias de los cuales conservamos noticia, es la posibilidad de determinar si existió, a pesar de la movilidad de sus magistrados, un estilo punitivo en el seno de cada uno de los tribunales; o si, por el contrario, en todos ellos se actuó conforme a las mismas pautas y, en consecuencia, los porcentajes de las diferentes penas presentan unos parámetros uniformes.

De nuevo hay que hacer hincapié en que los datos estadísticos son oficiales, no todos ellos son uniformes ni dentro del mismo tribunal ni durante los años estudiados[48], la delincuencia como hemos visto varía entre territorios –aunque se aprecia en buena parte de ellos cierta homogeneidad–, el número de causas y delincuentes es diferente y, por último, tenemos lagunas anuales de diferente importancia. En cualquier caso con la información que manejamos sí podemos ver alguna tendencia que conduce a la discriminación punitiva entre tribunales, pues mientras en algunos de ellos no consta –insisto que por los datos conservados– que dictaran la pena de azotes ni en el sexenio absolutista ni durante la década posterior, otros sí lo hicieron.

Existe, además, un aspecto sustancial. Los datos de Valladolid, Navarra, Aragón, Valencia y Mallorca se refieren solo a las penas corporales, por lo que no tenemos suficiente información del número de penas no corporales, sobre todo multas y apercibimientos, decretados por sus tribunales. Este matiz permite afirmar que en esta época el destierro era considerado definitivamente como una pena corporal. Por el contrario, las informaciones procedentes de la Sala de alcaldes de Casa y Corte y de las Audiencias de Extremadura, Sevilla y Cataluña son muy detalladas, concretando si las penas se impusieron a reos presentes o ausentes, los diferentes presidios de destino, o el envío a la galera o a un castillo, entre otros. A partir de 1828 se advierte en algunos de ellos una mayor concreción de las penas impuestas, detallando la modalidad o insertando otras que si bien se llevaban años imponiendo en la práctica no aparecían individualizadas.

---

[48] Así ocurre con los estados de 1826 publicados en *Gaceta* de 20/11/1827. Para entender los datos es preciso acudir a la *Gaceta* de 24/11/1827: «3ª... En el último estado convendría, a lo menos en las penas más graves, distinguir las condenas de las ejecuciones efectivas; pero sólo de los 19 sentenciados a muerte en Madrid, se sabe que 4 lo fueron en ausencia; de los 5 en Galicia 1; y de los 71 en Cataluña 54. El tribunal de esta provincia distingue también los ausentes condenados a azotes, trabajos públicos, presidio y reclusión... 7ª. De los destinados a las armas por el Consejo de Navarra que se sientan en el estado tercero, debe descontarse un número desconocido de condenados a trabajos públicos, que no ha podido ponerse en su casilla propia, por estar unido en el original al de los primeros. Se ha colocado en esta el total, por la probabilidad de que le pertenezca la mayor parte; porque de las tablas de las dos Salas, la primera contiene 109 destinados a las armas solamente, y la segunda 118 a las *armas y trabajos públicos* sin distinción; de los cuales, por pequeña que sea la parte de los aplicados al servicio militar, parece que habrá de formar el mayor número, agregada a la suma primera».

Esta diversidad en el modelo estadístico permite efectuar comparaciones entre las mentadas penas corporales impuestas por los diferentes tribunales, pero impide hacerlo con las que, sin duda, parece que fueron las mayoritarias, es decir, multas y apercibimientos.

Estados solo con penas corporales	Valladolid Navarra Aragón Mallorca Valencia
Estados simplificados con la totalidad de penas.	Granada Galicia Asturias
Estados completos de penas	Corte Sevilla Extremadura Cataluña

La consecuencia de esta variedad estadística va a influir en los porcentajes que resultan, por ejemplo, en la imposición de la pena capital, pues en algunos casos, como en Valladolid, aparecen ciertamente elevados con relación a los tribunales de los cuales tenemos una información más pormenorizada. En consecuencia, mientras para las penas corporales los cotejos entre tribunales son más exactos, no puede decirse lo mismo respecto del conjunto de penas. Esta distorsión permite añadir otro aspecto significativo, pues para aquellos tribunales de los que tenemos información completa y detallada, el porcentaje de las penas no corporales, en particular multas y apercibimientos, llega a alcanzar, cuando no superar, el 50% del conjunto de las impuestas. En suma, a mayor información de los tribunales, mayor importancia sustancial de las penas leves.

No se pueden dejar pasar las dudas acerca de cómo figuran computadas las penas. Pienso que se contabilizaban solo las penas principales. Con respecto a la capital no cabe vacilaciones. Sí deben surgir con relación, por ejemplo, al envío a presidio o a la reclusión en una casa galera. En su momento llamé la atención acerca de que los azotes no podían considerarse pena accesoria de las galeras o del presidio[49]. En los fallos judiciales se puede imponer a un reo diez años de presidio y doscientos azotes, ambas y sin distinción entre principal y accesoria son una pena. Lo mismo cabe señalar de mujeres enviadas a reclusión tras ser paseadas o expuestas a la vergüenza pública. En estos y en otros supuestos es donde surgen las dudas acerca del cálculo: se computa en presidio y en azotes o se suma solo la primera. No puedo resolver estas cuestiones de forma terminante, máxime cuando me consta que, como veremos más abajo, la pena de azotes se impuso como pena única para ciertos delitos, por ejemplo por los alcaldes del crimen gallegos para algunas fugas de cárcel. Las dudas se pue-

---

49 «Algunas consideraciones sobre la pena de azotes durante los siglos XVI-XVIII», en *Hispania*, 212 (2002), pp. 849-905.

den hacer más arduas si tenemos presente que en la práctica totalidad de las sentencias se incluyen apercibimientos. Desde luego que realizando varias operaciones con estos últimos, probablemente solo se computaron los apercibimientos a los que se les impuso como única pena, salvo en los planes anuales en que se distinguió entre multados y apercibidos y apercibidos solamente, como en las tablas de la Audiencia de Extremadura. A pesar de estas dudas mi opinión es que se computaron, por un lado, las penas de larga duración, sin sumar en otro apartado las que llevaran en composición, es decir, en el caso citado de presidio y azotes, solo se tenía presente la primera; y, por otro, las penas únicas, por ejemplo en el rúbrica de azotes cuando se ordenaba la fustigación sin más.

De las Salas de alcaldes de Casa y Corte contamos con nueve estados anuales de penas, si bien la mayor parte de ellos pertenecen al decenio final del reinado[50]. Son unas tablas muy completas en las que, junto con las penas ordinarias, se da cuenta de los conducidos a otras cárceles, muertos en la Real, los cadáveres recogidos, los reos puestos a disposición de otras autoridades, los soldados entregados a sus cuerpos y los reos ausentes. En su cuanto al número enjuiciados se observa un aumento en dicho decenio con relación al sexenio anterior, aunque a partir de 1832 se aprecia una disminución importante que pudo deberse, entre otras razones, a un mayor control preventivo de índole policial, a cierta disminución en la represión política, a la intervención de la jurisdicción militar en delitos comunes y a la pérdida de transcendencia de algunos delitos que, por esta misma razón, no llegaron al tribunal, quedando en la primera instancia, como puede ser el caso de injurias verbales o tratos carnales, aunque en sentido contrario pudiera alegarse el alto porcentaje de penalidad liviana. La correcta instrucción de los procesos puede ser la razón subyacente del ínfimo número de absoluciones dictadas por dichos alcaldes. No obstante, la falta de información sobre los delitos cuyas causas llegaron a conocimiento de las Salas impide descubrir las verdaderas razones de estas diferencias.

[50] El estado de 1815 en AHN, Consejos, lib. 1406, exp. 158. Los de 1817 y 1828 en los *Discurso* del Gobernador de la Sala de 1818 y 1829. Los de 1826 y 1831 en *Gaceta* 20/11/1827 y 14/02/1832. Los de 1827, 1830, 1830 y 1832 en Pablo Gafas, *Justicia, Gobierno y Policía*, pp. 618-619 .

El gráfico siguiente muestra el promedio anual en la imposición de penas por parte de los alcaldes de Casa y Corte. Llama la atención, a primera vista, la importancia de las penas más leves, esto es, los apercibimientos, las multas y la imposición de las costas como único castigo, pues en su conjunto ascienden al 73,75%. A gran distancia se encuentra la reclusión masculina y femenina –las destinadas a galera que en 1815 fueron tan solo quince, supera el centenar entre 1827 y 1831, para quedar en 77 en 1832 y 47 al año siguiente, representando en su conjunto el 2,64 de promedio anual– y el presidio correccional, que son computados por separado y que en total suman poco más del 20%. Otras penas corporales como el servicio de armas, los azotes o la exposición a la vergüenza, sobre todo estas dos últimas, son testimoniales, si bien en 1826 hubo un total de 22 fustigados y sometidos a la vergüenza, mientras que en 1831 fueron 10 los reos azotados. La pena de muerte, a pesar de las relaciones de ajusticiamientos que presenciaron los madrileños en estos años, no supone en el conjunto de las penas impuestas por los alcaldes de Casa y Corte un porcentaje relevante, ya que se queda en el 0,40%, aunque varían las dictadas entre las 23 de 1828 y las tres de 1833.

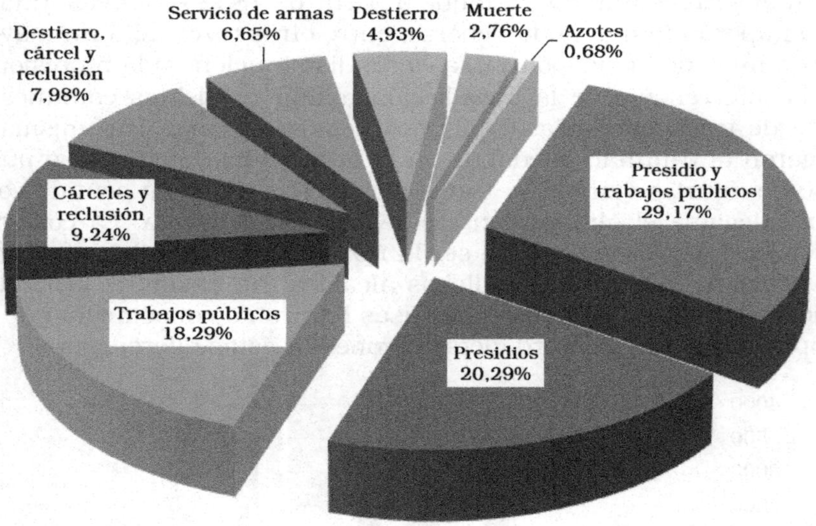

De la Chancillería de Valladolid contamos con los datos de tres años en cada una de las etapas absolutistas. La información de los correspondientes a la segunda etapa son más completos en cuanto facilitan el número de condenados, indultados y, particularmente, de absueltos. En el siguiente gráfico se aprecia las notables diferencias numéricas de condenados en ambas etapas absolutistas.

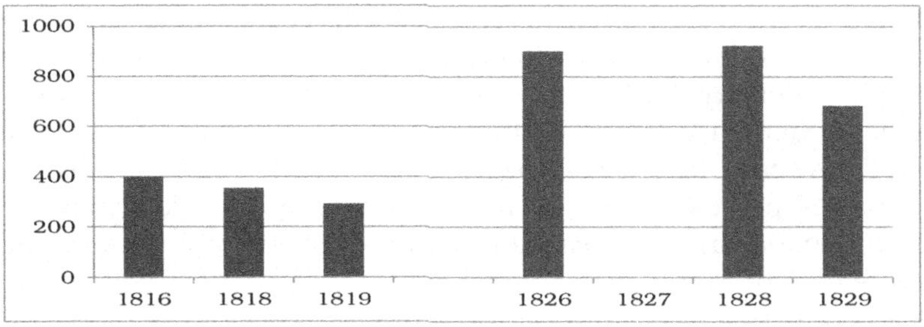

Como ya se ha apuntado, solo reseñan las penas corporales, por lo que no podemos conocer el número o porcentaje de las penas pecuniarias y de los apercibimientos. Esto distorsiona la proporción entre el conjunto de las penas. No obstante, es interesante abordar el alcance porcentual de su actividad punitiva. La pena de vergüenza no aparece en los planes redactados por la Chancillería, y la imposición de los azotes es muy reducida, aunque tanto en 1816 como en 1829 nueve reos fueron fustigados. El destierro ha perdido una importancia considerable, pues ronda el 7% en los años en los que figura de manera independiente, pues en 1828 no figuran desterrados. La pena principal dictada por sus alcaldes del crimen fue el presidio, que unido a los trabajos públicos, supera ligeramente los dos tercios de las penas decretadas. Hasta 1826 ambas penas figuran segregadas, pero a partir de 1828 aparecen figuran bajo el mismo epígrafe, llegando a alcanzar este último año los 643 destinados a presidio y trabajos. También a partir 1828 se recogen juntos los enviados a destierro, cárcel y reclusión. Por esta diversidad en las operaciones, he optado por separar en el gráfico las respectivas rúbricas. Los enviados al servicio de armas presentan un porcentaje más elevado que en otros tribunales. El siguiente gráfico representa esta distribución que, por las razones apuntadas, figura simplificado.

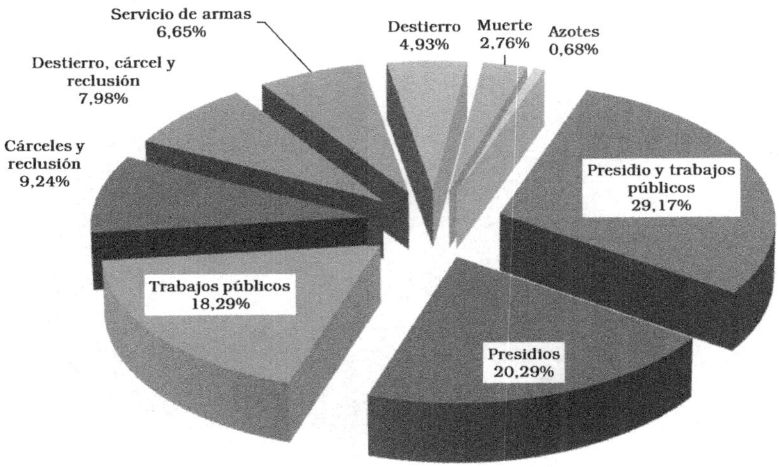

Veamos ahora los datos de la Chancillería de Granada. En primer lugar, el número de condenados permite observar, de modo paralelo a los datos de las causas enjuiciadas, el incremento durante el segundo período absolutista de la delincuencia y de los delincuentes. En el primer período, el trienio 1815-1817 presenta la parte álgida del mismo, descubriendo que en 1819 los condenados por este tribunal fueron menos que en los años anteriores. Durante la década final del reinado topamos con un vértice en el año 1827, que lo es del trienio en el que se computan más condenados (1826-1828) y de la serie conservada. A falta de los datos de 1830 y 1832, el quinquenio 1829-1833 presenta una evidente homogeneidad. En el siguiente gráfico figura una proyección temporal más extensa para facilitar una mejor comparación del número de condenados, aunque en 1823 y 1824 no figuran multados y apercibidos. Si se compara este gráfico con el de causas conocidas por las Salas del crimen granadinas veremos las similitudes que guardan las variaciones anuales.

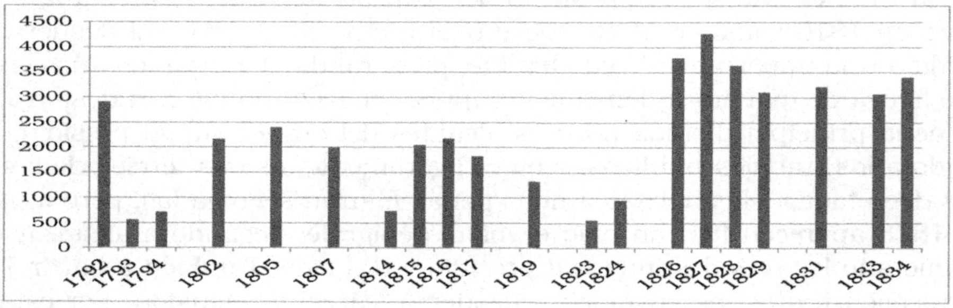

El siguiente aspecto nos lleva a determinar la imposición porcentual de penas en el conjunto de años del reinado de Fernando VII de los que hemos obtenido información, teniendo presente las citadas lagunas, y que en 1817 y 1828 figuran por separado multas y apercibimientos.

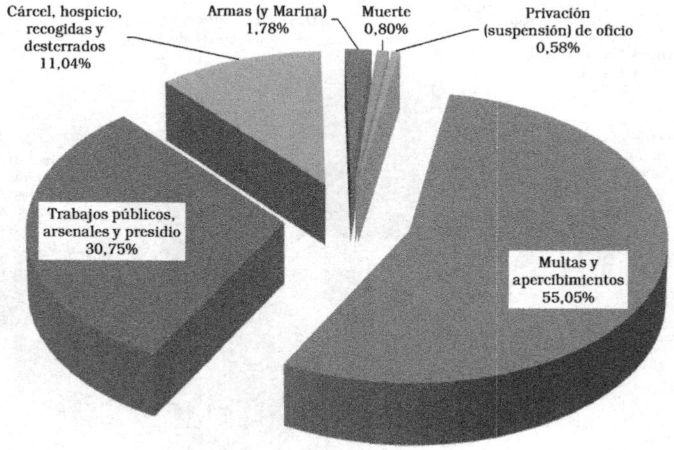

Resulta explícito que las penas más leves suponen más de la mitad de las impuestas. Sigue en importancia el encerramiento militar que llega a alcanzar el 30% de los castigos determinados por ambas Salas del crimen. A este encierro le sigue, a gran distancia, el de cárcel temporalmente reducida –el previsto para mujeres y menores– y el destierro que, sin duda, tampoco representaría por sí solo un porcentaje elevado. Del mismo modo no destacan los condenados al servicio militar, con toda seguridad para hombres casados y algunos vagos. La pena de muerte en el global no representa, porcentualmente, una muestra significativa, pero si consideramos aisladamente los años 1817, 1827 (sobre todo), 1828, 1829 y 1831 su imposición es cuantitativamente destacada, a pesar de no detallarse las realmente ejecutadas y las impuestas en rebeldía a fugitivos. Si atendemos estrictamente a los datos conocidos y a falta de rebuscar en la documentación manuscrita de las causas sentenciadas, la Chancillería de Granada no impuso durante este período ni la pena de azotes ni la de vergüenza pública.

Frente a los más altos tribunales en rango, la Audiencia de Galicia presenta un cuadro punitivo diferente. Es necesario resaltar que, a diferencia de la información sobre los delitos de los que conoció, las tablas impresas de este tribunal contienen información precisa sobre las penas. Introducen, además, un aspecto interesante y que veremos más abajo: diferencian entre las penas capitales impuestas a reos presentes (presos) y a reos ausentes. Los azotes y la vergüenza aunque son porcentualmente castigos de escasa relevancia, no obstante se continuaron dictando. En concreto, siete reos –probablemente todas mujeres– fueron expuestos a la vergüenza en 1826 y el mismo número azotados en 1828. Todavía en 1833 fueron condenados a la fustigación cuatro reos. Los destinados a presidio continúan representando un número elevado, aunque en los años de los que conservamos noticia (1826-1832, salvo 1827) superados ligeramente por los enviados al presidio de las obras públicas de Coruña que actúa y funciona realmente como presidio correccional por la finalidad pretendida por sus alcaldes del crimen. Llama poderosamente la atención el elevado porcentaje de reos enviados a cárcel por tiempo determinado, prácticamente un 17%. Los condenados a la pena capital y los destinados al servicio de armas se sitúan en ambos casos alrededor del 1%. El aspecto a mi juicio más relevante es el que afecta a los declarados penados con el arresto sufrido durante la tramitación del proceso y a los apercibidos, cuyo porcentaje supera el 42% y hace que las penas no corporales –la prisión procesal parece que sigue sin considerarse pena corporal– sean las más numerosas. En otras palabras, las condenas leves suponen un porcentaje elevado que si se une a los indultados y absueltos, mostrarían a los alcaldes del crimen gallegos como ciertamente benévolos. No obstante, distingamos en primer lugar la situación de los encausados. En el conjunto de los años de los cuales tenemos información, los condenados (con independencia de la pena impuesta) supondrían el 54,76%, los absueltos (no se especifica si del juicio o de la instancia) el 13,72% y los indultados el 31,53%, aunque el reparto anual presente lógicas variaciones, que veremos con mayor concreción en siguientes epígrafes.

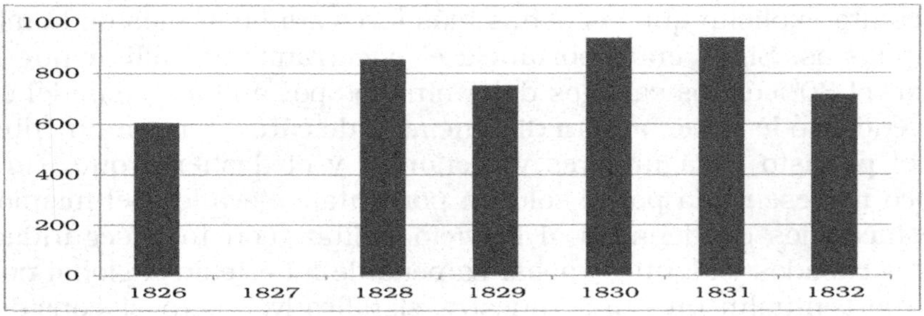

El reparto porcentual en conjunto de las penas impuestas por las Salas del crimen de la Audiencia de Galicia en estos años es el siguiente:

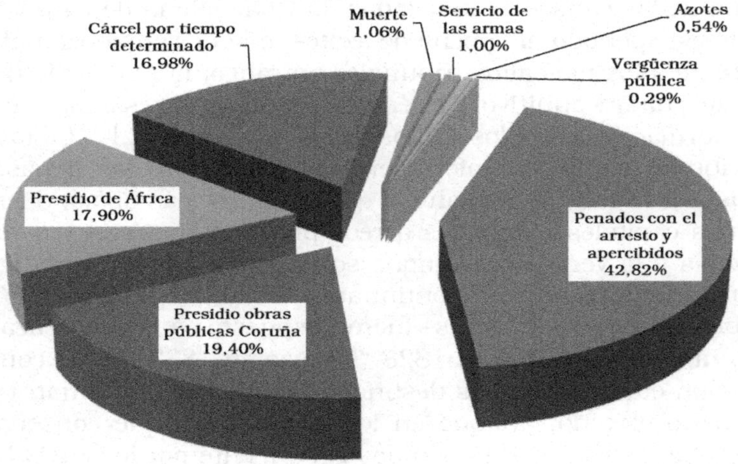

Los estados presentados por la Audiencia sevillana son detallados en extremo. En sus tablas se distingue la modalidad de ejecución de la pena capital y de los azotes, se concreta el presidio al que son destinados los rematados, el tipo de destierro, los lugares de reclusión o las variantes de los apercibimientos[51]. Por la información que contienen sus tablas, este

[51] Aunque depende de los años, a partir de 1828 son especialmente concretos. Con carácter general, en ellos se enumeran las siguientes rúbricas: muerte, muerte a horca, muerte de horca y arrastrados, muerte de horca y cortada la mano, muerte de horca en ausencia, garrote en ausencia y presentes, azotes, azotes con dogal al cuello y presenciar la pena de horca, azotes y vergüenza pública, vergüenza pública, presidio, presidio en África con retención y sin ella, presidios y arsenales, trabajos públicos, presidios y arsenales, presidios en África con retención y sin ella, presidios en ausencia, presidio en Cádiz, presidio en Cádiz y Málaga, obras públicas, obras públicas en ausencia, destierro en la forma ordinaria, destierro, destierro del domicilio, reclusión en cárcel, reclusión, recogidas y toribios, Real casa galera y reclusión en cárcel, Real casa galera y reclusión en cárcel en ausencia, reclusión en casa de dementes, prisión, reclusión y destierro, reclusión en un castillo, prisión por pena, armas y Marina, puestos bajo la vigilancia de la justicia, puesto bajo vigilancia de la justicia con apercibimiento, privación y suspensión de oficio, multas y apercibimientos, apercibidos con multa, apercibidos solamente, prevenidos (jueces y justicias prevenidos y apercibidos).

tribunal fue bastante más duro que el gallego, por ejemplo. Esto es así porque más del 83% de los encausados resultaron condenados, mientras que los absueltos (se distinguen las modalidades) e indultados se sitúan en ambos casos sobre el 8%. Destaca el número de condenados en 1829.

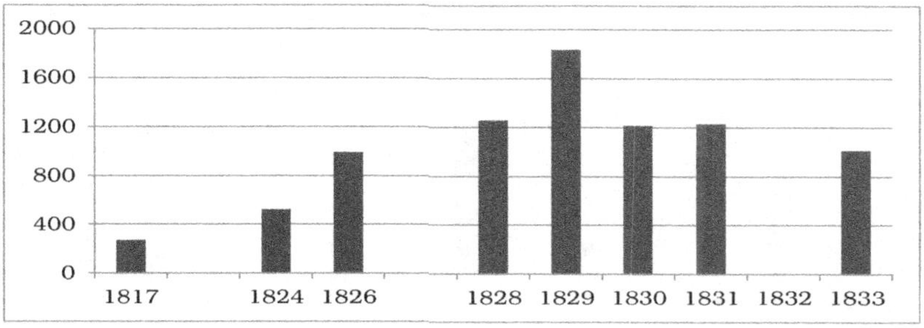

La severidad de los alcaldes del crimen sevillanos también se observa en la distribución porcentual de las penas. El destino a presidio y obras públicas acapara poco más del 42%. Si a éste sumamos el de reclusión en diferentes lugares nos situaríamos en el 60%. Las penas de muerte en su conjunto, impuestas a presentes y ausentes, suponen el 1,13%, destacando algunas ejecuciones colectivas de bandoleros, aunque no figuran otras también colectivas ordenadas por la jurisdicción militar. Los azotes y la vergüenza son meramente testimoniales, si bien en 1817 suman entre ambas ocho, que fue el año que más se dictaron. Los destierros y el destino de armas o marina se sitúan por debajo de los restantes tribunales. Se inserta en sus planes a partir de 1828 la puesta en vigilancia de la justicia, con o sin apercibimiento. El resultado porcentual de multados y apercibidos se sitúa cercano al 29%, sustancialmente inferior al visto en Galicia.

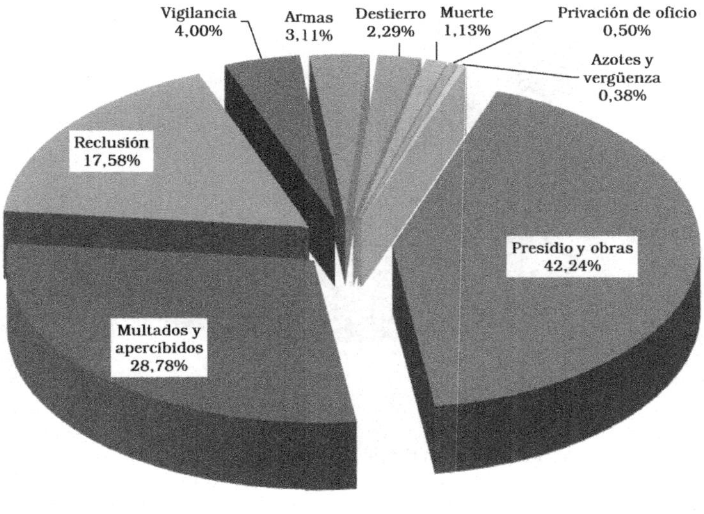

La Audiencia de Asturias, de la que contamos con información para los años anteriores a la guerra y, en el marco temporal de estas páginas, a partir de 1826, guarda una notable uniformidad en cuanto al número de condenados. En los últimos años del reinado, la cifra de condenados osciló entre los 472 y los 576.

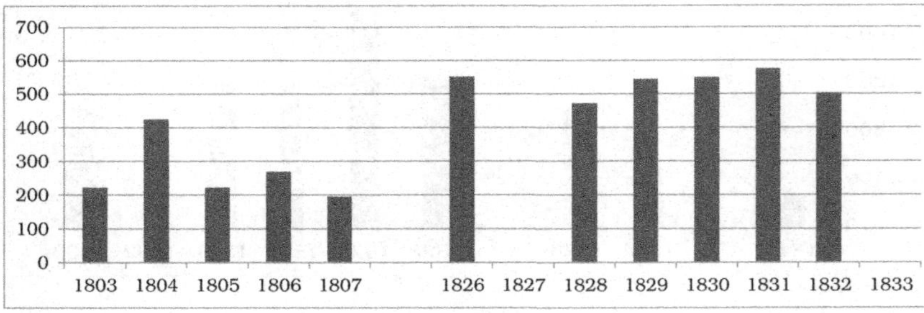

Con relación a las peculiaridades de las penas impuestas, resalta sobremanera el porcentaje de multados y apercibidos puesto que sobrepasa el 80%. Los destinos de encierro militar son la segunda modalidad de pena impuesta por la Sala del crimen asturiana, mientras que el servicio de armas es prácticamente testimonial. La pena de muerte sí presenta algún matiz interesante, como las 5 impuestas, respectivamente, en 1826 y 1828, reduciéndose a una anual durante el trienio 1830-1832, lo cual distorsiona el porcentaje global de la imposición de la pena capital en el Principado[52]. El destino a presidio o a obras públicas es la más numerosa de las corporales, aunque unidas a la reclusión en diferente lugares y al destierro apenas superen el 15% del total.

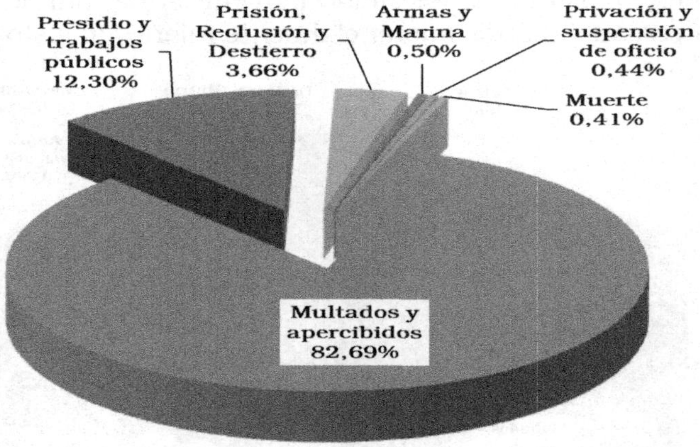

[52] En 1815 había condenado a una parricida, que falleció antes de la ejecución. Al año siguiente otro condenado a la pena capital por una muerte violenta obtuvo el indulto del Viernes Santo. En 1822 el tornillo del garrote se rompió y el reo fue fusilado. En 1827 un padre que mató su hijo fue ahorcado; a otro se le dio garrote por una muerte violenta; y un tercero condenado a la horca por falsificador, apeló a la Chancillería de Valladolid y le fue conmutada dicha pena. Estas noticias en Ciriaco Miguel Vigil, *Asturias monumental*, Oviedo, 1887, pp. 206-207.

La Audiencia de Extremadura se aproxima, en cuanto a porcentajes, a los de la Chancillería de Granada. Como en otros tribunales, a partir de los estados de 1828 se observa una enumeración más detallada de penas. No se distingue entre reos presentes y ausentes, ni las modalidades de ajusticiamiento, pero en cambio están pormenorizados los destinos de los presidiarios[53]. Las penas capitales, aunque los planes anuales no distinguen entre las dictadas contra reos presentes y ausentes, no representan un porcentaje destacable en comparación con otros tribunales, a pesar de lo cual descuella el año 1830 con 14 condenas capitales[54]. También se observa que la pena de azotes se recupera desde el inicio de esta década, aunque en el conjunto de años estudiados sea casi testimonial[55].

Por el contrario, los alcaldes del crimen extremeños optaron ampliamente por destinos cerrados militares, presidios y arsenales, teniendo una importancia destacada los de Málaga y Badajoz. En consecuencia, se decantan preferentemente por el destino cerrado y utilitarista, que sirva de corrección y al mismo tiempo repercuta en las obras que interesan al Estado. Hay que recalcar que los estados anuales de este tribunal diferencian los lugares de destino de los presidiarios, concretando, por ejemplo, los que van destinados a los presidios menores de África. A este encierro habría que agregar el mitigado de trabajos públicos, por lo que su importancia es realmente destacada. La pena de cárcel o el arresto dado por pena o la misma dictada como pena, así como el encierro en hospicios, completa el ámbito de la reclusión. Por ello, el encerramiento, militar o civil, se presenta como la segunda modalidad en importancia de las penas impuestas por este tribunal. El servicio de armas, a diferencia de otros tribunales, es inusual y existen años en los que ni siquiera se impone.

Por último y como se ha apuntado, se mantiene la inclinación a imponer condenas leves. Las multas y apercibimientos alcanzan el 53% de las penas impuestas, es decir, la punición más leve alcanza la primacía entre las condenadas dictadas por el tribunal extremeño.

---

[53] La relación completa es la siguiente: muerte; azotes; arsenales; arsenales de carraca; arsenales de Cádiz; presidios; presidios de África; a Ceuta; a Málaga; a los presidios menores de África; Algeciras; al de Tarifa; a Badajoz; a Santoña; Cartagena; Filipinas; trabajos públicos, arsenales y presidio; canal de Castilla; trabajos públicos; armas; prisión; prisión o multa; reclusión; prisión, reclusión y destierro; prisión por pena; pena de cárcel; casas de beneficencia; isla de Cuba; destierro; destierro o multa; privación (y suspensión) de oficio; privación de testificarse; honrarse; honramiento a estilo de la sala; multas y apercibimientos; multados y apercibidos; apercibidos solamente; bajo la vigilancia de la justicia.

[54] Entre mayo y diciembre de 1819, que no aparecen computadas en los gráficos, por las razones apuntadas más atrás, la Sala del crimen de Extremadura dictó 24 penas de muerte. Entre ellas habría que computar correspondientes a la partida de Melchor y Merino, en *Miscelánea de comercio, artes y literatura* de 7/2/1820. El 22 de marzo de 1830 fue ajusticiado en Plasencia el capitán Genaro León, jefe de una conocida cuadrilla. Vid. Fernando Flores del Manzano, «"Los muchachos de Santibáñez" y otras cuadrillas facinerosas en la Extremadura contemporánea», en *Alcántara*, 28 (1993), pp. 7-38. Vid. Gutmaro Gómez Bravo, *Crimen y castigo: cárceles, justicia y violencia en la España del siglo XIX*, Madrid, 2005, pp. 51-52.

[55] Es posible que se aplicara a reincidentes o a fugados como en la Audiencia gallega.

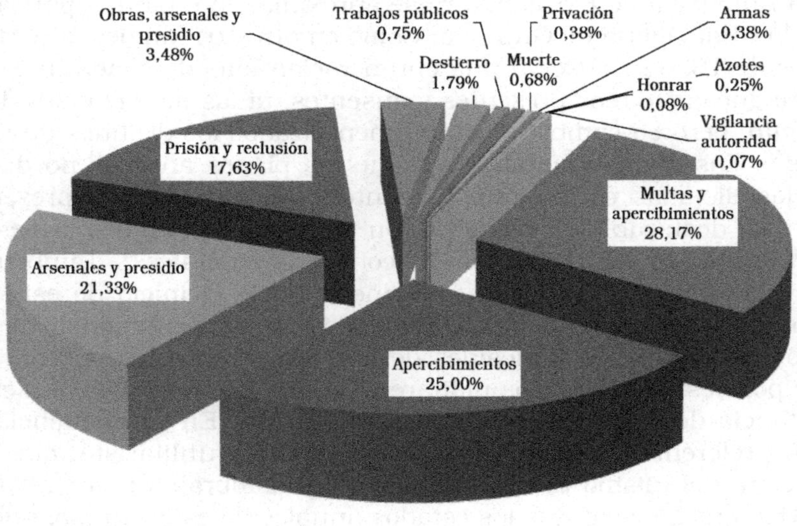

La Sala del crimen extremeña aportó en los últimos años del reinado de Fernando VII más información sobre el número de condenados, absueltos e indultados. Desde luego que el número de condenados en la última etapa absolutista en tierras extremeñas aumentó considerablemente con respecto a los primeros años, como tendremos oportunidad de comprobar en epígrafes posteriores.

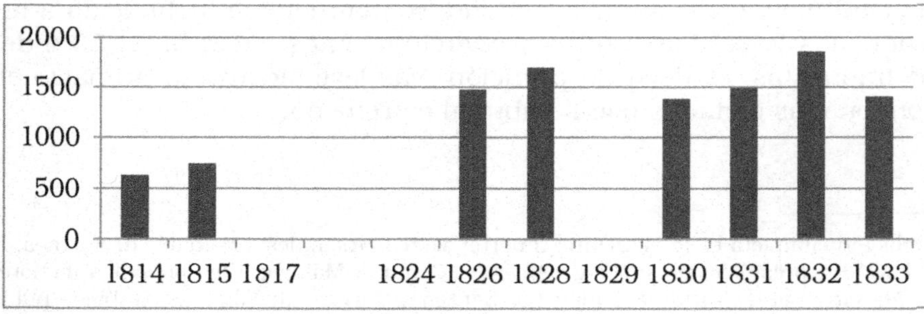

Los resultados porcentuales de la Audiencia extremeña en estos últimos años permiten resaltar una evidente inclinación a la punición y una muy escasa tendencia a la absolución. Cabe destacar, asimismo, que en 1832 consta que fueron amnistiados 789 individuos.

Las penas impuestas por el Consejo Real y por la Corte Real de Navarra, salvando la laguna de multados y apercibidos, muestra una indubitada presencia del presidio, que unido a la reclusión en general, superan los dos tercios de las penas corporales decretadas. El destierro, considerada por tal, tiene una mayor importancia que en otros territorios, aunque el porcentaje debería reducirse al tener en consideración el conjunto de las penas impuestas. Indudablemente faltan las no corporales y, entre ellas, sobre todo las pecuniarias. Hay que destacar el elevado porcentaje de penas de muerte, sin distinción entre presentes y ausentes. La explicación de esta cifra hay que buscarlo en la aludida falta de cómputo de las no corporales.

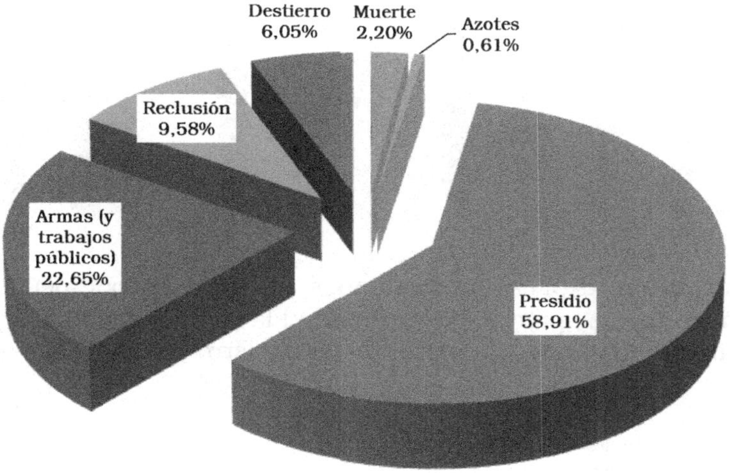

El número de condenados a penas corporales en Navarra no sufrió fluctuaciones importantes, salvo el ya consabido incremento durante la Década ominosa con respecto al Sexenio anterior, y el número de castigados en el año 1827.

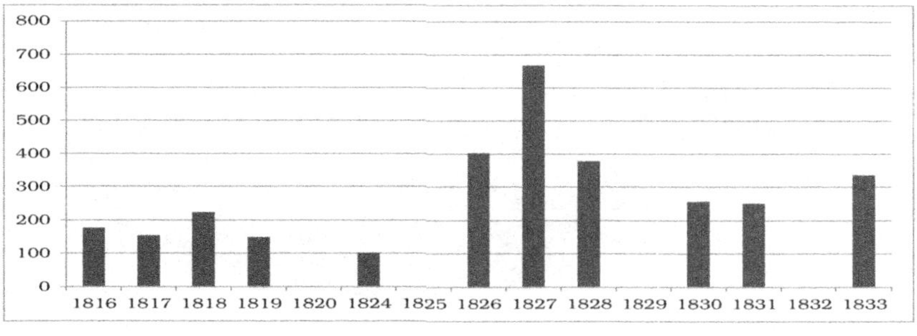

La Sala del crimen aragonesa tan solo aporta información sobre la imposición de las penas corporales, incluida la reclusión en cárceles y hospicios y el destierro. Esta última sin una relevancia significativa (1,97%). Resalta en estos datos el número de penas de muerte, sin diferenciar entre las impuestas a presentes y ausentes, del bienio 1828-1829, junto con las de 1833. También se impusieron azotes con carácter testimonial durante los años finales del reinado de Fernando VII, al igual que en Extremadura, pues en los planes de los primeros años no figuran. La pena corporal más destacada entre las impuestas por la Sala del crimen de Aragón es el destino a presidio, pues representa el 61%. Durante la década final adquiere importancia el envío de presos a la construcción del canal de Aragón, al variar entre cien y poco más de doscientos los destinados en cada año de los que tenemos información. El número de penados presenta notables variaciones a lo largo de los años. Hay que resaltar que este tribunal no aporta información sobre el número de absueltos, pero sí recoge las cifras de indultados.

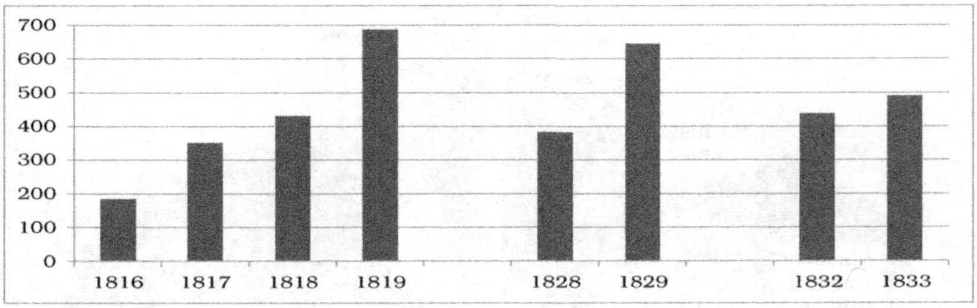

El gráfico que explica los resultados distribuidos por penas es el siguiente, en el que se aprecia con rotundidad la prevalencia de las penas utilitaristas al Estado y, por otra parte, las de encierro en diferentes lugares.

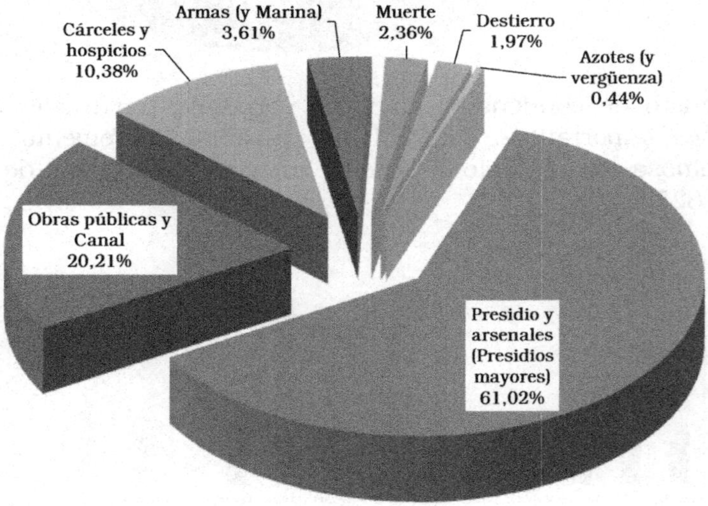

Los estados más detallados de una Audiencia en ambas etapas absolutistas corresponden a la de Cataluña[56]. Sus alcaldes del crimen también

56 El listado completo, sin diferenciar por años, es el siguiente: muerte presentes, y de estos cortada la cabeza y la mano derecha; muerte en horca, arrastrados y cortada la cabeza; muerte en horca, arrastrados y cortada la cabeza en ausencia; muerte de horca; muerte de horca y arrastrados; muerte de horca, arrastrados y cortada la mano; muerte presentes; muerte en horca en ausencia; muerte en ausencia; muerte; garrote; garrote presentes; garrote en ausencia; descuartizados; descuartización presentes; descuartización en ausencia; cortada la cabeza; cortada la cabeza y mano derecha presente; cortada la cabeza y mano derecha en ausencia; pasados por el sitio del suplicio con dogal; pasados por el sitio del suplicio con dogal en ausencia; presenciar la sentencia de muerte de horca; azotes y pasar por debajo del patíbulo; azotes con dogal al cuello y presenciar la pena de horca; azotes presentes; azotes

destacan por el elevado porcentaje de acusados condenados frente al de absueltos e indultados. La progresión de condenas se aprecia desde 1826, pero es el año 1828, ya con el conde de España al frente de la capitanía general, la que presenta el mayor número de condenados. Por el contrario, 1824 muestra el número más elevado de indultados, aspecto sobre el que volveremos al final, aunque pueden apreciarse el diferente alcance anual entre condenados, absueltos e indultados. Y a pesar de lo repetido, no puede olvidarse que en tierras catalanas la jurisdicción militar tuvo una amplia actividad condenatoria en los últimos años del reinado de Fernando VII, información que no figura en ninguno de los planes anuales enviados por la Real Audiencia. Se aprecia con nitidez el incremento del número de condenados en el trienio 1826-1828 con respecto a los años anteriores.

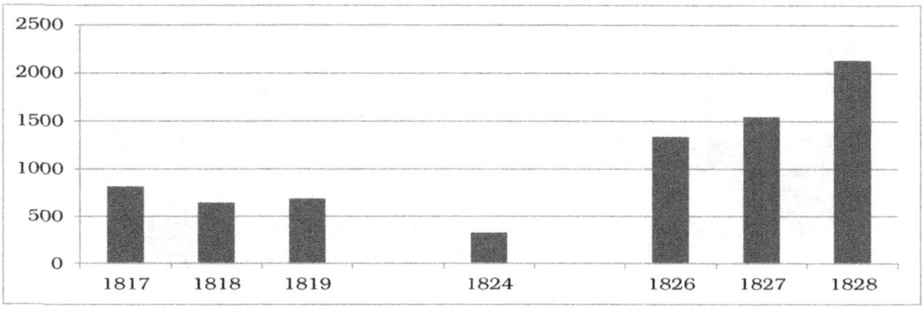

En cuanto a la distribución por penas, de nuevo resaltan los apercibidos y prevenidos, cuya cifra prácticamente llega al 27%, a los que si unimos el porcentaje de multados y apercibidos –que figuran juntos en 1824, 1826 y 1827– alcanzaría el 39%. Entre las penas no corporales, los únicamente multados suponen el 3,59% y los sometidos a vigilancia de la autoridad se sitúan en el 1,48%, superaría a los de la Sala del crimen extremeña, que es la otra que inserta esta pena en su listado. El destierro también se mantiene en un porcentaje muy bajo, que no llega al 2%, aunque indudablemente es más elevado si pudiéramos computar a los exiliados. Sí destaca, en comparación con otros tribunales, el porcentaje en la imposición de la pena de azotes, que si bien mantiene un número comparativamente reducido, supera con creces las cifras porcentuales vistas. Las penas de

ausentes; azotes; azotes y vergüenza; presidio; presidio en África con retención; presidio en África con retención en ausencia; presidio en África (sin retención); presidio en África y extrañamiento perpetuo del reino; presidio en África en ausencia; presidio en Tarragona; presidio en Tarragona y afrenta pública; presidio en Tarragona en ausencia; obras públicas; obras públicas en ausencia; presidio en la Real Ciudadela; presidio correccional de la Real Ciudadela de esta plaza; presidio en la Real Ciudadela en ausencia; trabajos públicos, arsenales y presidio; destierro; destierro del Principado; destierro del domicilio; extrañamiento del reino; extrañamiento perpetuo de los dominios españoles; armas y marina; armas y marina en ausencia; prisión, reclusión y destierro; prisión por pena; reclusión en la Real casa galera; reclusión en la Real casa galera y afrenta pública; reclusión en la Real casa galera en ausencia; reclusión en la Real casa de la caridad; reclusión en un castillo; que la prisión les sirva de pena; a la casa de los locos; puestos bajo vigilancia de la autoridad (justicia); puestos bajo la vigilancia de la justicia con apercibimiento; privación y suspensión de oficio; prevenidos; apercibidos (solamente); multas y apercibimientos; multados; y, pago de costas solamente.

reclusión tienen una importancia evidente, pues entre los rematados a presidio, recluidos en prisión u otros lugares y enviados a las obras públicas alcanzan el 44%. De ellas, además, los recluidos con fines utilitaristas representan prácticamente un tercio de los condenados por la Audiencia de Cataluña. El gráfico simplificado es el siguiente.

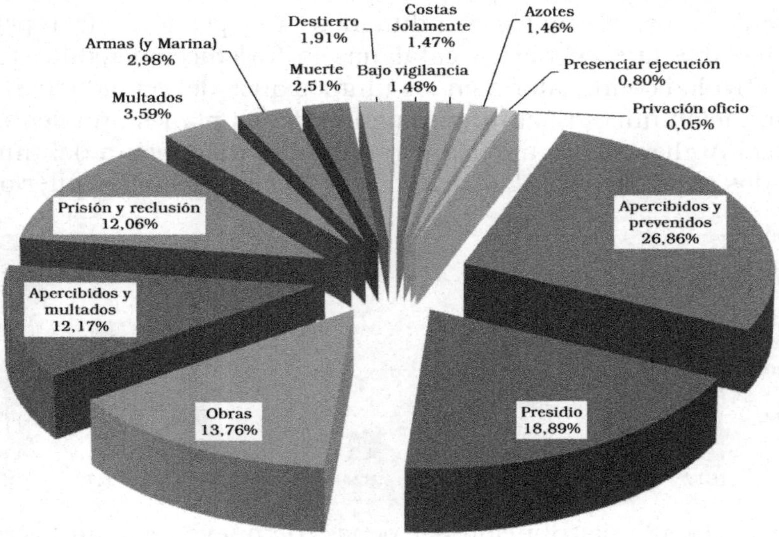

La Sala del crimen de Valencia si por un lado tan solo inserta en sus tablas las penas corporales, incluido el destierro, omitiendo cualquier referencia a las penas que no tienen tal carácter; por otro, contamos con la serie anual más completa. Salvo para los tres últimos años del reinado, no contamos con referencias al número de absueltos, pero sí de la cifra de causas por indulto y del número de amnistiados en 1833. Aun cuando pudiera pensarse, como en otros tribunales, que el número más alto de condenados lo fue en el bienio 1827-1828, se puede comprobar que en el caso valenciano las cifras van en aumento entre 1829 y 1832, ambos inclusive, para descender drásticamente el último año del reinado. De modo parejo a la actividad de otras Salas del crimen, en Valencia también se advierte la diferencia entre el Sexenio y la Década absolutista.

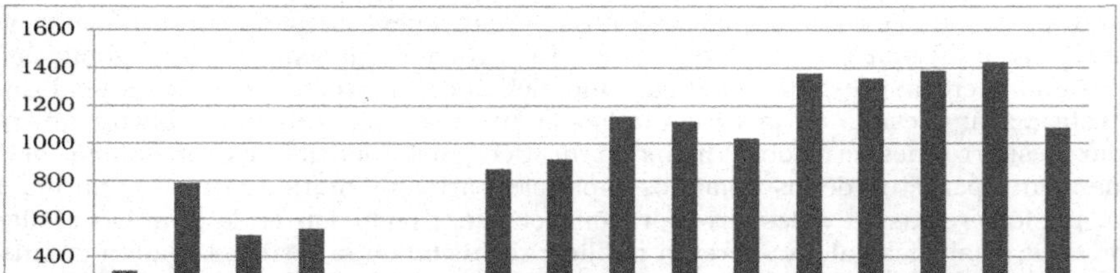

Con respecto a la distribución de las penas –que como se ha señalado se refiere solo a las corporales– es preciso resaltar la importancia del destino a presidio, que alcanza el 69,56%, manteniéndose dicha importancia a lo largo de los años, aunque es el año 1829 con más de 1.100 rematados el que descuella entre los restantes. Siguen, a mucha distancia, la reclusión en cárceles y hospicios, y en menor medida en las obras públicas. Los destinados al servicio de armas o a la marina alcanzan el 5%. La pena de azotes solo figura en los planes valencianos a partir de 1830 –como en Extremadura y Aragón–, con cifras que si no son destacables en toda la serie, sí lo son en el último cuatrienio del reinado. Como veremos en un epígrafe posterior, también conviene resaltar el número de condenados a muerte en el trienio 1829-1831, aunque no consta las que realmente llegaron a ejecutarse; y sin postergar que tal cifra se incrementa notablemente si computamos los condenados a la pena capital por la justicia militar, de la que solo tenemos noticias hasta el momento de los años del sexenio. En cualquier caso, en el caso de las Salas del crimen valencianas, existe una manifiesta agravación de la punición entre 1829 y 1832, ambos incluidos, que se relaja en 1833.

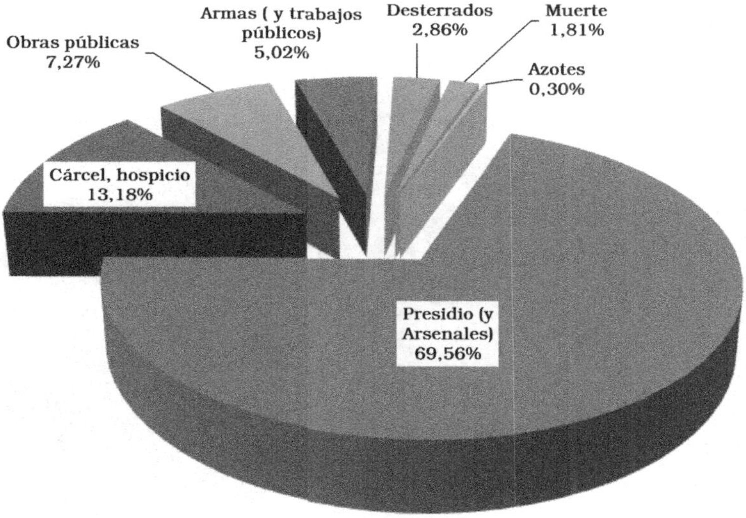

En la Audiencia de Mallorca no hay un número destacado de condenados, siempre a tenor de los datos oficiales y con la advertencia ya apuntada de que solo se enuncian las penas corporales. Con la excepción de 1816, único año del sexenio del que disponemos de información, los años comprendidos entre 1828 y 1833 dan cuenta de la escasa delincuencia en las islas. Pero, curiosamente, el año con menos condenados (1832), apenas una veintena, fue aquel en el que se impuso la única pena capital que conocemos[57].

[57] La remisión es obviamente a Guillamas, *Estadística judicial de las Islas Baleares*, ya citado.

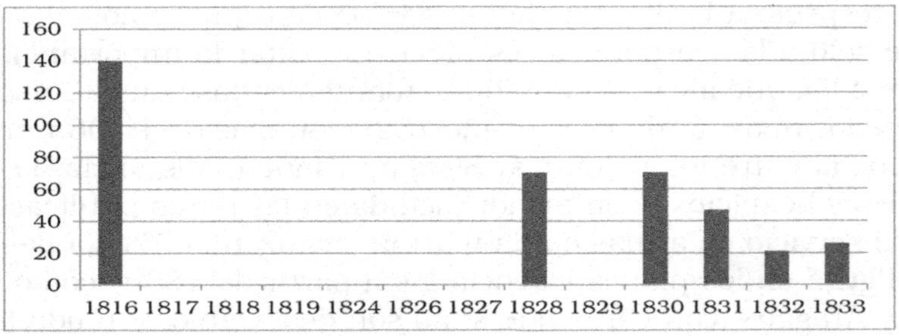

Si atendemos a las modalidades punitivas, podemos observar que no se impuso la pena de azotes ni la de vergüenza pública por el tribunal mallorquín, que el destierro desaparece desde 1831 –aunque porcentualmente sea importante por su imposición en 1816– o que la pena de muerte solo figura en una ocasión. Los trabajos en las obras públicas representan un porcentaje destacable, aunque los destinados cada año a partir de 1828 no superen los 17. La cárcel se impone para un número reducido de individuos, lo mismo que el servicio de armas o marina. Es destacable el porcentaje de los destinados a presidio que se acerca a la mitad de las penas corporales impuestas por la Sala del crimen de Mallorca.

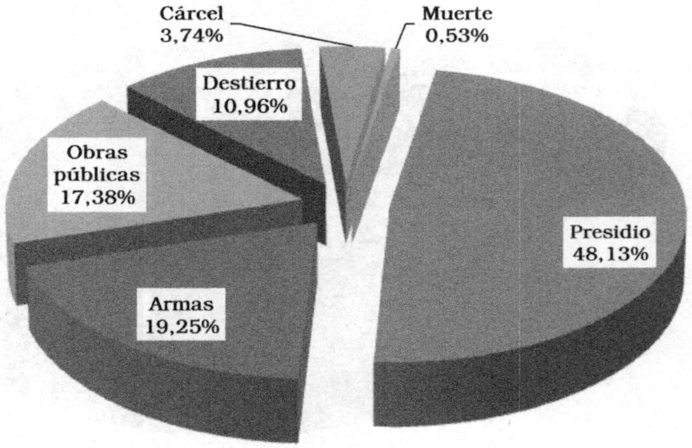

Con los datos expuestos hay que responder la pregunta de si existió o no un estilo punitivo en cada tribunal. Con todos los matices que se puedan hacer, creo que sí existió una tendencia en alguno de ellos a la imposición de ciertas penas y a la postergación de otras. Es más. En aquellos tribunales de los que contamos con más información, la tendencia mayoritaria muestra la inclinación o preferencia por la imposición de multas y apercibimientos. Pero si, además, cotejamos las causas más graves, como las muertes, a las que correspondería también un elevado número de penas capitales, advertiremos que no existe relación con las que, de acuerdo con la teoría legal, debieron decretarse. De ahí también el alto número de destinados a los diferentes presidios, correccionales o africanos. Lo cual me induce a pensar que las penas de muerte impuestas, y particularmente las ejecutadas, se escogieron no solo con una finalidad estrictamente expiatoria, sino también con otra preventiva, o por mejor decir, con el objetivo de amedrentar, a lo cual también coadyuvaban las ejecuciones colectivas –casi siempre de ladrones– o los anuncios de los ajusticiamientos por parte de las autoridades. A falta de más información, sospecho que se ejecutaron más por robos y razones políticas que por muertes violentas, ratificando así las opiniones de otros historiadores. Pocas, con mucha publicidad y contra reos muy determinados, para conseguir un mayor efecto de temor en toda la población[58].

Otra pregunta que cabe hacerse es si, repasadas las penas impuestas por los tribunales, nos encontramos ante una tipología legal o alegal. En la práctica judicial diaria al resolver cada proceso es indudable, como criterio general, la consolidación de las penas extraordinarias o arbitrarias frente a las ordinarias o legales. Estas penas extraordinarias están amparadas por el ordenamiento jurídico, puesto que los juzgadores no se inventan nuevas puniciones. Solo imponen las recogidas en los cuerpos legales. Es cierto, sin embargo, que desde finales del siglo XVIII se comenzaron a incluir en los fallos judiciales nuevas cláusulas que acabarían por convertirse en penas, como la vigilancia por parte de la autoridad. Al final, todas son legales[59], en el sentido de que todas ellas figuran dentro de las disposiciones normativas vigentes, aunque no estuvieran previstas para el delito en cuestión y, en este otro sentido, fueran arbitrarias.

García Borrega afirmó, sobre los datos punitivos puntuales de la Sala de alcaldes de Casa y Corte correspondientes a 1802 y 1816 (en realidad de 1815), que, «en los primeros años del reinado de Fernando VII se castigó más extensa e intensamente que a comienzos de siglo antes de la guerra, lo que debió ser paralelo a un aumento de hechos delictivos que se experimentó en este período crítico de la historia social madrileña»[60]. Conviene introducir, sobre sus afirmaciones, un importante matiz, si en 1802 fueron 1.659 los sentenciados, el número de absueltos, apercibidos, prevenidos y multados asciende a 1244 (75%); y en 1815, de 1599 sentenciados, la cifra de estos sumada a la de condenados en costas, es de 1084 (67,8%). Salvo en la imposición de penas de muerte[61], las restantes corporales presentan similitudes numéricas. Las diferencias, por tanto, no parecen tan abismales. Creo, además, que conviene, como mínimo, no generalizar pues existen tribunales de los que contamos con más información que no responden a dicha afirmación. Sirva de muestra, como quedó reflejado más arriba, la acti-

---

[58] Vid. Oliver Olmo, «Pena de muerte y procesos de criminalización: (Navarra, siglos XVII-XX)», ya citado.

[59] Sin necesidad de recurrir a los proyectos de final del reinado, la sujeción a vigilancia especial de las autoridades llegará a recogerse en el CP de 1882, art. 28, entre las penas no corporales, enumerada antes que el apercibimiento. El art. 78 la regulaba con detalle.

[60] «Delito y sociedad en Madrid», p. 261.

[61] En 1815 fueron ajusticiados 9 reos. En 1802 no cita ninguno, pero en Pérez y Monedero, *Relación nominal*, p. 11 se citan dos: uno ahorcado y otro fusilado. Al menos este último no fue ajusticiado por sentencia de la Sala. Más datos estadísticos en Pablo Gafas, *Justicia, Gobierno y Policía en la Corte de Madrid*, pp. 625 y 627.

vidad de la Chancillería de Granada: en 1802 resultaron condenados 2.158, de los cuales 1326 tan solo fueron multados y apercibidos (61.4%); y, en 1815, de 2040 condenados, a multa y apercibimiento lo fueron 1.212 (59,4%). Sí serán y más acusadas las diferencias, como hemos visto y veremos, entre el sexenio 1814-1819 y, sobre todo, la década 1824-1833.

En cualquier caso, la mayor parte de las penas continuaban teniendo sustancialmente una finalidad expiatoria y, a través de ella, se pretendía que también la tuvieran intimidatoria[62]. Ciertamente, con numerosos inconvenientes, se iban abriendo camino otras de naturaleza correccional. Trinidad ha sostenido que el absolutismo estaba basado en los castigos públicos e intimidatorios, mientras que los liberales rechazan los primeros y el recurso a la violencia como instrumento para mantener el orden, «incluso se manifiesta en la dureza con la que se trata a los enemigos políticos»[63]. Creo, sin embargo, que deben matizarse tan tajantes afirmaciones. La regulación de la ejecución de la pena de muerte en el Código penal de 1822 no difiere de la realidad judicial del Antiguo Régimen y, por supuesto, de la empleada durante los últimos reinados del siglo XVIII. La selección establecida en el mismo Código sobre cuántos debían sufrir la pena capital (art. 103), no aparece, al menos de forma expresa, en la práctica judicial absolutista. Es cierto, como reflejan las estadísticas, que en Madrid hubo proporcionalmente más ejecuciones durante el absolutismo fernandino que en el Trienio, pero al mismo tiempo hubo menos encarcelados[64]. En el cómputo de los reinados de Fernando VII y su hija no hay tanta diferencia en cifras totales, aunque sí en las porcentuales considerando los años de reinado[65]. Incluso si tomamos como referencia la pena de azotes, su imposición cualitativa es muy reducida y se aplica, casi en su totalidad, en supuestos de fuga realizados por ladrones. No hay, como en si-

---

[62] «No puede dudarse, que si los suplicios no son capaces de aniquilar los delitos, por lo menos, los disminuyen considerablemente, porque, los malos huyen de delinquir por el temor de la pena», *Discurso* (Granada), 1827.

[63] *La defensa de la sociedad*, p. 130.

[64] «Hay un resumen comparativo entre los que han sido presos y ajusticiados durante los 27 años de régimen absoluto y el número de aquellos que corresponden al gobierno constitucional, cuyo resultado es como sigue:

Total ajusticiados durante el régimen absoluto...	231
Idem durante todo el régimen constitucional.....	139
Diferencia de más en tiempo del absolutismo....	182
Total presos durante el régimen absoluto..........	50487
Idem durante el régimen constitucional...........	75160
Diferencia de más tiempo en el constitucional...	24673

De modo que si por desgracia han sido más las prisiones verificadas bajo el imperio de los principios liberales, por fortuna fueron menos las ejecuciones», en Roberto Robert, *El Saladero de Madrid*, Barcelona, 1863, pp. 154-155. Se refiere en conjunto al período comprendido entre 1800 y 1859. Cuyas páginas se contienen también en *Prisiones de Europa*, Madrid-Barcelona, 1863, tomo II, pp. 175-358, las cifras en p. 327.

[65] Fueron ejecutados 259 durante el reinado de Fernando VII y 221 durante el de Isabel II, en Manuel Torres Campos, *La pena de muerte y su aplicación en España*, Madrid, 1870, p. 36. Aunque en el reinado isabelino las penas capitales impuestas por los tribunales españoles se incrementaron notablemente en la década de 1830.

glos anteriores, otro número diferente a los doscientos. Incluso su imposición por algunos tribunales es meramente testimonial. Podemos ir más allá y señalar que en ambas épocas hubo delitos que, regulados en las leyes, apenas se persiguieron.

Siguen teniendo un peso importante las penas más leves, como las multas y los apercibimientos, aunque el número de absoluciones tienda a reducirse. La pena de azotes y, sobre todo la de vergüenza, o desaparecen de la práctica de algunos tribunales o tan solo se imponen en caso de fugas y ladrones agavillados no condenados a muerte, a pesar del repunte a comienzos de 1830. La pena de destierro cae numéricamente porque existen nuevas posibilidades de castigo. Se consolida la pena de vigilancia por parte de la autoridad o de los familiares, destinada a prevenir la futura comisión de nuevos hechos delictivos o para adecuar el comportamiento de menores y mujeres, sobre todo solteras, a las costumbres morales imperantes. Lo mismo cabe asentar de los destinos punitivos con una intención utilitarista para los fines del Estado, como el de obras o trabajos públicos. Con carácter general, la indiscutible importancia de la reclusión en sus diferentes modalidades. Hay que subrayar la agravación en los ajusticiamientos, incrementando la crueldad y el horror en la ejecución de la pena capital, como veremos a continuación.

No es necesario insistir en que estas son las penas impuestas por los tribunales ordinarios. A ellas sería preciso sumar las dictadas por los consejos y comisiones militares que, como vimos, tuvieron atribuciones para perseguir y enjuiciar delitos ordinarios, singularmente los políticos y los cometidos por cuadrillas de malhechores. Incluso podríamos sumar las ejecuciones ordenadas por mandato gubernativo en una época de represión política y de la que no queda constancia en la documentación judicial, o a lo sumo el único rastro sea el de los cadáveres hallados en el campo o en otros lugares.

Es difícil fijar una jerarquía punitiva clara, pero de la práctica observada en los tribunales y, singularmente de las Salas del crimen de la Audiencia de Galicia, el resultado sería el siguiente, sin perjuicio de las matizaciones que se harán en cada rúbrica y de los períodos temporales inferiores a los señalados en la tabla. Cada tribunal pudo presentar variantes o eliminar prácticas anteriores, por ejemplo, con relación a algunas penas corporales. En este sentido, no consta que en todas las audiencias se amputara la mano derecha a los ajusticiados, aunque en los casos más graves se pasara al descuartizamiento una vez cumplida la pena capital.

Pena de horca, arrastrado y descuartizado
Pena de horca
Pena de garrote
Presenciar la ejecución, 200 azotes, 10 años de presidio en África, con retención y calidad de gastador
200 azotes, 10 años de presidio en África, con retención y calidad de gastador
200 azotes
10 años de presidio en África, con retención y calidad de gastador
10 años de presidio en África
10 años de presidio con destino a las obras públicas, con retención
8 años de presidio con destino a las obras públicas de Málaga
6 años de presidio con destino a las obras públicas de La Coruña
10 años de reclusión (cárcel/galera), con retención
10 años de reclusión (cárcel/galera)
Vergüenza pública
10 años de servicio de armas o marina
10 años de destierro
Prisión temporal y multa
Multa y apercibimiento
Multa
Desdecirse
Apercibimiento/Prevención
Sujeción a vigilancia de la autoridad

Es complejo responder de forma unívoca a la pregunta que preside este epígrafe. No puede sostenerse, por falta de uniformidad e inexistencia de un tribunal unificador de la jurisprudencia, que existió un estilo común en chancillerías y audiencias. No obstante, se puede observar en todos ellos una preferencia indudable, en primer lugar, por las penas más leves, multas y apercibimientos; y, en segundo lugar, por la pena de reclusión en sus diferentes modalidades. Las diferencias, sin embargo, surgen a la hora de determinar su importancia dentro de las impuestas por cada tribunal. La comparación, como se ha expuesto, es más aproximada cuando se hace con las penas corporales, pues tenemos datos para ellas de todos los tribunales.

Al mismo tiempo, en todos los tribunales se observa la pérdida de importancia de penas seculares, aunque en el caso de la fustigación se aprecie cierto resurgir al comenzar la década de 1830. La anécdota no debe hacernos perder de vista su carácter absolutamente residual en la práctica judicial, porque en la legislación vigente seguía establecida. La pena de azotes se vio afectada por los cambios de sensibilidad social y jurídica. La pena de destierro, a mi juicio, pierde importancia por la posibilidad de enviar a sus principales destinatarios a lugares donde conseguir su corrección. No hay un rechazo manifiesto por razones morales, simplemente basta con aplicar un criterio utilitarista. De este modo no se crea un estilo punitivo, pero se crean unos parámetros a los cuales se van adecuando los alcaldes del crimen de chancillerías y audiencias. Adecuación en la que primarán, asimismo, las necesidades de mantenimiento del orden absolutista dentro de cada territorio.

2. La pena de muerte y sus rituales

La aplicación de la pena de muerte se mantuvo durante el absolutismo, tanto por razones políticas, como para el castigo de los delitos comunes. En 1825 el regente de la Audiencia de Valencia, tras resaltar que la vida es el primero y más apreciado de todos los bienes, afirmaba que «podrá perderse cuando la voluntad de la ley así lo determina, cuando las pruebas practicadas al intento, estén claras; cuando se hayan respetado y cumplido las fórmulas y trámites, y permitido los medios de defensa no contrarios a la administración de justicia. Entonces el delincuente se resignará con la sentencia pronunciada, verá su castigo en las leyes, y en la imposición de las penas hallará el hombre de bien la seguridad de la inocencia y no los peligros de la arbitrariedad»[66].

Tras el regreso al absolutismo, pronto surgió el debate acerca del método para la ejecución de la pena capital, pues las Cortes habían suprimido la horca. Las dudas se plantearon en la Sala de alcaldes de Casa y Corte con respecto a la ejecución de Antonio Rodríguez acusado de cometer un robo y calificado de demente. Condenado a horca, a raíz de una petición extraordinaria fue indultado[67]. Las dudas planteadas por la Sala de

---

[66] *Discurso* (Valencia), 1825.

[67] «Paso a V.E. de acuerdo con la Sala la adjunta consulta que hace la 2ª a S.M. relativa a la sentencia de muerte de horca (si no tuviese a bien estimar que subsista el Decreto de las Cortes generales y extraordinarias que la abolió, subrogándola en la de garrote) impuesta a Antonio Rodríguez, natural de Cáceres de 24 años, soltero, sin destino, por el robo executado a don Andrés Sevillano...», AHN, Consejos, lib. 1403, exp. 61/2. En la consulta de la Sala segunda de 29 de agosto de 1814, se señala que la cantidad robada era accidental para el castigo, alegando que el reo fue licenciado del Ejército «por demente». La respuesta, fechada el 2 de septiembre, fue escueta, señalando que el rey quedaba enterado de la sentencia de muerte de horca impuesta a Antonio Rodríguez por el robo. El corregidor prohibió la corrida de anunciada para ese día porque «esta ocurrencia podrá aumentar el concurso de las gentes a la execución de la justicia en el reo Antonio Rodríguez, y mucho más con la novedad del otro reo que debe salir a presenciarla de orden de S.M.». No obstante, el acuerdo de 5 de septiembre, además de comunicar al capitán general las medidas oportunas, encarga a los dos alcaldes más modernos «que ronden desde la cárcel hasta el lugar de la execución de la sentencia de muerte de garrote que se ha de executar en el reo Antonio Rodríguez, y otro señor alcalde alrededor del Tribunal». En oficio 4 de septiembre, el Secretario de la Guerra da cuenta que la víspera por la tarde y al salir el rey de Palacio, «se puso en su Real presencia Benito Arias Figueroa (o como se llame) y tubo la osadía de pedirle a nombre del pueblo indultase la pena de la vida al reo que se halla en capilla. Posteriormente, estando S.M. en el palacio del duque de Híjar, volvió a presentarse el mismo Figueroa, y tomando por segunda vez el nombre y voz del pueblo, volvió a instar por la gracia del indulto excitando y apelando al pueblo, y como que escuchase a S.M. a que accediese a él. Este gravísimo delito de usurpar la voz del pueblo, de invocarle y excitarle a que arrancase con clamor la piedad del Rey un indulto perjudicial a la administración de justicia, es de tanta gravedad por su naturaleza y circunstancias, que envuelve los de desacato a la Real Persona, sedición y alboroto popular... es un delito notorio

alcaldes, tras relatar los pormenores de su delito y confesión, estaban concebidas en los siguientes términos: «En vista de todo la Sala, examinada la causa con la circunspección necesaria, no ha encontrado arbitrio para dejarle de imponer atendidas las leyes que tratan de robos qualificados en la Corte la pena de muerte en la horca, si V.M. no tubirere a bien estimar que subsista el Decreto de las Cortes Generales y Extraordinarias, que la abolió, subrogando la de garrote».

Durante el Sexenio este debate sobre el método de ajusticiar a los reos no concluyó en ninguna decisión terminante[68]. En este sentido, los tribunales continuaron decretando el ahorcamiento, que conllevaba nota de infamia, y el garrote[69]. Incluso aplicando ésta a las mujeres[70]. Cuando actuaba la jurisdicción militar de ordinario se emplea el fusilamiento no solo contra militares, sino llegado el caso también los paisanos fueron pasados por las armas, asunto al que se aludió al abordar los consejos de guerra.

La pena capital se dictó contra los acusados de atentar o poner en cuestión los derechos del monarca; a quienes provocaban muertes violentas, sobre todo a las cometidas empleando armas; los condenados por robos calificados, como los cometidos en cuadrilla, en despoblado o añadiendo la muerte de la víctima; a algunas muertes alevosas; y, a los hurtos domésticos y sacrílegos. En suma y como quedó reflejado más atrás, fue dictada para castigar ciertas muertes violentas, sobre todo a robos cualificados, y por supuesto a los delitos políticos.

---

que no exije audiencia ni proceso y sí castigo pronto y grave, que sirva de escarmiento para que ninguno se atreba a repetirlo». Con estos argumentos, la Junta de Estado declaró a Arias Figueroa «reo de delito capital, pero por conmiseración y piedad, que la pena de la vida que por el tal delito merecía, le sea conmutada en vergüenza pública, poniéndole a la vista del pueblo, al tiempo de la ejecución del reo por cuyo indulto clamó. Y que vuelto a la cárcel donde actualmente se halla sea trasladado en ocasión oportuna el presidio del Peñón, donde permanezca por diez años, y del qual no salga sin expresa orden de S.M.». Otras circunstancias de este hecho, en Le Brun, *Vida de Fernando Séptimo*, pp. 63-65.

68 Los datos sobre las consultas en el seno del Consejo de Castilla, en José María Puyol Montero, «La abolición de la pena de horca», en *CHD*, 4 (1997), pp. 91-140, en concreto p. 110.

69 Sobre el restablecimiento de las penas de horca, garrote y azotes en 1814, ANH, Consejos, L. 1403, exp. 9, 5 de noviembre de 1814. Se instruyó a instancias de los alcaldes del crimen sevillanos, porque «habiéndose visto en esta Real Sala del crimen que presido una causa seguida contra tres reos presos en esta cárcel por el delito de robos con qualidad; entre las condenas que se le han impuesto, lo es la de que su sentencia se les notifique a la vista del patíbulo, y que después sufran doscientos azotes», aunque tenía por derogados los Decretos de las Cortes, buscaba cierta unificación sobre la aplicación y ejecución de estas penas. El gobernador de las Salas de alcaldes de Casa y Corte acordó remitirle certificación de las órdenes que, en este sentido, se habían emitido. Para este tipo de penas, Bermejo Cabrero, «Tormentos, apremios, cárceles y patíbulos», ya citado.

70 Con diferencias, incluso por la misma causa: «Debiendo sufrir en el día de mañana la sentencia de muerte Cayetano Hernando, Jacinto García y Manuel de la Cruz, presos en la real cárcel de Corte por robos, malos tratamientos y heridas, de que resultó muerte, los dos primeros en horca, y el tercero en garrote, la que asimismo ha de sufrir de esta manera D. Ramón Barrutia, preso igualmente en la propia por la muerte violenta que dio a su muger doña Manuela Garaitia Goitia...», en *DdAM* de 30.9.1826. Lo cual acostumbraba con respecto a hombres y mujeres: «Debiendo sufrir en el día de mañana la sentencia de muerte en horca Antonio López y la de garrote Dolores García, presos en la real cárcel de Corte, por el robo de alhajas y dinero ejecutado en la habitación de D, Manuel María de la Orden, habiendo ahorcado a su criado Pedro Sánchez...», en *DdAM* de 23.8.1826.

La ceremonia, en cualquier caso, respeta el ritual secular, con amplia y visible participación de la milicia, especialmente en Madrid, para cubrir la carrera hasta el patíbulo y guarnecerlo[71]. Como escribió Pérez Galdós «lo más cruel y repugnante que existe después de la pena de muerte es el ceremonial que la precede y la lúgubre antesala del cadalso con sus cuarenta y ocho mortales horas de capilla»[72]. Notificada la sentencia al reo en la cárcel, es puesto en capilla. El mismo día o al siguiente, es conducido desde ella hasta el portal de la cárcel, donde se le viste con la túnica, capuz y soga de esparto, se le monta en una cabalgadura y se le conduce por las calles al lugar de la ejecución[73], que en Santiago se encontraba extramuros, en el inmediato campo de la ermita de Santa Susana[74]. A los reos eclesiásticos

---

[71] «Para auxiliar en este día a los subalternos del tribunal de la Sala de Sres. alcaldes de la Real Casa y Corte en la ejecución de la sentencia de muerte en horca, con calidad de arrastrado, que ha impuesto a Vicente Muñoz, por la violenta que dio a su muger María de la Encarnación Pérez, haber herido a su criada Narcisa de Lastra, e intentado suicidarse en la madrugada del 27 de agosto próximo, se hallarán a las once y media de la mañana en la plaza de la Cebada un piquete del tercer regimiento de granaderos de la Guardia Real de Infantería compuesto de 100 granaderos con sus correspondientes oficiales, y otro del de coraceros de la misma de un capitán, un subalterno y 50 caballos. A la misma hora se hallarán en la Real cárcel de Corte un sargento y 12 caballos de la compañía ligera de Castilla la Nueva, y un subalterno y 30 soldados del Regimiento Infantería de Saboya 5º de línea, cuyo oficial a su llegada a ella se presentará al Ilmo. Sr. Gobernador de la Sala a recibir instrucciones, debiendo dejar de su piquete verificada la justicia un cabo y seis soldados que custodien el cadáver hasta que la Paz y Caridad lo hayan recogido», *DdAM* de 3.9.1830.

[72] Añadiendo que «casi es más horrendo que la horca misma aquella larga espera y agonía entre la vida y la muerte, durante la cual la víctima es expuesta a la compasión pública como son expuestos a la pública curiosidad los animales raros. La ley, que hasta entonces se ha mostrado severa, muéstrase ahora ferozmente burlona, permitiéndole la compañía de parientes y amigos y dándole de comer a qué quieres boca. Algún condenado de clase humilde prueba en esos dos días platos y delicadas confituras, cuyo sabor no conocía. Señores, sacerdotes y altos personajes le dan la mano, le dirigen vulgares palabrillas de consuelo, y todos se empeñan en hacerle creer que es el hombre más feliz de la creación, que no debe envidiar a los que incurren en la tontería de seguir viviendo, y que estar en capilla con el implacable verdugo a la puerta es una delicia», en *El terror*, p. 71. Pero son las últimas páginas de esta obra (298-347), las que describen con detalle novelado las últimas horas de quien iba a ser ajusticiado, criticando el plazo a través del pensamiento del condenado: «Sarmiento deploraba que la justicia de aquellos tiempos hubiese fijado en cuarenta y ocho horas el plazo de la preparación religiosa. Con diez o doce horas había bastante, según él» (p. 327). Marcos Arévalo, *El hacinamiento*, p. 132, detalla que los gastos excesivos en la manutención de cinco reos condenados a muerte en agosto de 1830, motivaron, que para las siguientes se cambiara de fondero. Sobre ciertos aspectos de los ajusticiamientos José Llorca Ortega, *Capilla de reos de muerte, depósitos de cadáveres y sepulturas de ajusticiados en la Valencia del siglo XIX*, Valencia, 1990; y, *Cárceles, presidios y casas de corrección en la Valencia del XIX (Apuntes históricos sobre la vida penitenciaria valenciana)*, Valencia, 1992.

[73] «La iglesia, por cuya libertad tiene habido tantos debates y contiendas, contribuye con servicio personal a la real cárcel. Vése esto quando hay ajusticiado en ella, que tienen que concurrir ambos cleros secular y regular; y que esto sea una obligación, se conoce en que las comunidades mandan los coristas, que es como tirar a cumplir y llenar hueco... En los ajusticiados, es mayor el auge, pues no solo está exenta de contribuir en nada la real cárcel, sino que recibe un testimonio de como cumplen todos sus obligados. La justicia, la iglesia, la tropa y el pueblo, acompañan al paciente hasta el patíbulo; e yo no hallo que otro obsequio pueda hacerse al príncipe más grande en el apretado lance de morir», Fandiño, *Memoria*, pp. 25 y 27

[74] Sobre la construcción y ubicación del cadalso en Badajoz, Marcos Arévalo, *El hacinamiento*, pp. 134-136.

condenados a la pena capital no se les conduciría con el gorro negro[75]. El capuz sí se empleaba para otros reos[76], por lo que se mantenía una tradición que incluso respetó el Código penal de 1822 y los proyectos posteriores. El ejecutado quedaba pendiente durante unas horas[77]. Si no se ordenaba su descuartizamiento, la cofradía de rigor solicitaba el cuerpo –o la parte que quedara de él– del ajusticiado para proceder a su entierro[78].

Algunos viajeros extranjeros, sobre todo los que visitaron Madrid, tuvieron la oportunidad presenciar ejecuciones, dejando testimonio de su experiencia[79]. En la Plaza de la Cebada se situaba la horca en uno de los late-

---

75 Sesión del Consejo de Ministros de 3 de noviembre de 1825, *Actas (1824-1825)*, pp. 400-401.

76 ARG, *Sentencias*, 28576, *s.* 15.10.1827 contra José García, Bernardo Largoet, el Castrador, y otros, en la que el primero fue condenado «en la pena ordinaria de muerte de horca que sufra en la villa del Ferrol, para lo qual salga de la cárcel donde se halla montado en bestia de albarda, con capuz y puntas blancas y pregonero delante que publique sus delitos, y de esta forma sea conducido por las calles más públicas hasta el sitio de costumbre donde se halle levantada la horca, de la que sea suspenso hasta que pierda su vida natural. A Bernardo Largoet, el Castrador, asimismo le condenamos en la propia pena de muerte de horca, sin perjuicio de ser ohido si se presentare o fuere havido».

77 Para el caso de Badajoz, Marcos Arévalo, *El hacinamiento*, pp. 131-137, donde detalla los aspectos asistenciales previos y posteriores a la ejecución. Antonio Garrido Aranda, «Hacer morir en Ceuta: los ajusticiados en los siglos XVIII y XIX», en Luis Palacios Bañuelos (coord.), *De puntillas por la Historia*, Córdoba, 1997, pp. 105-120.

78 ARG, *Sentencias*, 28581, *s.* 27.3.1832, dictada por cinco alcaldes del crimen, contra Pedro Villar «sobre varios robos en gavilla», teniendo presente varias causas y revocando las sentencias en ellas dictadas, le condenan «en la pena ordinaria de orca, y en su consequencia mandamos salga de la cárcel en que se halla con capuz y puntas blancas, montado en bestia de albarda con soga de esparto al cuello y pregonero delante que publique su delito, y en esta conformidad sea conducido por las calles públicas y acostumbradas de esta ciudad hasta que llegue al sitio en que esté colocada la orca, y en ella sea aorcado hasta que pierda la vida natural». El mismo día se le notificó en la cárcel de Santiago, con asistencia de un piquete de tropa con su comandante y también algunos sacerdotes, «le notifiqué la real sentencia de muerte antecedente, leyéndola en voz clara e inteligible que bien lo entendió, siendo acto continuo después de puesta en sus pies una barra de grillos trasladado a la capilla situada en el centro de la cárcel, acompañado de uno de los sacerdotes, en cuyo punto ha quedado con las centinelas correspondientes dispuestas por el caballero comandante». Vuelto a buscar, se ordenó que «fuese conducido al portal de la propia cárcel como así se egecutó, bestido de túnica, capuz y puntas blancas, y soga de esparto al cuello, siendo luego montado en bestia de albarda, y en esta conformidad acompañado de varios religiosos y sacerdotes, así como la venerable congregación de Misericordia salió por las calles públicas de costumbre hasta el campo llamado de Santa Susana, donde estaba levantada la horca, leyéndose en el tránsito el pregón de sus delitos, y sin detención apeado el espresado Pedro Villar subió al patíbulo, y quedó suspenso y muerto naturalmente, retirándome acto continuo a dar cuenta a S.E. los señores de la Sala quedar egecutada la real sentencia, como así lo verifiqué, sin haber ocurrido novedad alguna. Todo lo que así pasó y de ello certifico. Juan Mora Peña. En Santiago el mismo día veinte y nuebe, siendo ya dadas las cinco de la tarde me constituí en el campo de Santa Susana, a cuyo punto concurrió la venerable congregación de Misericordia, y previne al oficial público bajase de la horca al finado en ella, Pedro Villar, lo que tubo efecto y luego hice entrega del cadáver a dicha congregación, conforme a lo mandado por el Tribunal que lo ha recogido, y de ello certifico».

79 Mathurin-Joseph Brisset, *Madrid ou observations sur les moeurs et usages des espagnols au commencement du XIXe siècle*, Paris, 1825, tomo II, pp. 165-173, donde transcribe la idea de que una justicia rigurosa es una injusticia presenció la ejecución en la Plaza de la Cebada de una joven criada, autora de un robo a su amo, y de su amante, que le aconsejó y ayudó en el delito. Creo que se refiere a Ramona Crucelegui y José Suárez, a quienes se dio garrote el

rales. La mañana de la ejecución, «des hommes, vêtus de noir, s'en allaient de rue en rue avec une sonnette, et demandaient des aumônes et des prières pour les *pauvres condamnés*». Brisset resaltaba que «le moindre vol, à Madrid, est puni de la *horca*. Les voleurs, dans ce pays, on toujours été poursuivis sévèrement». A continuación argumenta la necesidad de establecer penas proporcionadas al delito. Deja constancia de la asistencia a los reos en la capilla, resaltando que los habían casado la víspera, y camino del patíbulo. Como otros autores, resaltaba que ese tiempo previo «c'est une lente agonie que la route qu'ils ont à faire pour aller mourir». Detalla cómo los guardas de la Puerta de Toledo tomaban el asno del primer paisano para que condujera a los condenados. Mientras la Plaza había sido tomada por los soldados, formando un gran círculo, y «déjà un gros homme, avec une veste de velours brun et un chapeau qui luí couvre la figure, est sorti de l'eglise voisine». Despojado de su capa y sombrero, «il a déjà franchi le grand escalier du milieu; il regarde tranquillement la corde qu'il déroule de la traverse». La comitiva se acerca con redoble de tambor y plegarias de los clérigos. La mujer venía en primer lugar, respondiendo a las oraciones, y «on ne peut l'apercevoir sous le grand bonnet qu'elle porte comme les soeurs de la charité», mientras sus cabellos caen «sur sa robe de religieuse». Reproduzco el resto del relato porque permite comprender cómo actuaba el verdugo:

> «Une dernière confession l'arrête au pied du fatal escalier; cachée sous le manteau du prêtre, elle écoute ses consolations tandis qu'on lui attache les pieds. Quand elle a fini, le bourreau, en le tenant sous les bras, la tire a lui et lui fait monter ainsi l'escalier, Chacune de ses marches, qu'elle ne franchit point sans douleur, est sous l'invocation d'un saint ou d'une sainte... On s'arrête quand on est arrivé à la hauteur de la traverse. La patiente, assise sur l'avant-dernière marche, a la tête entre les jambes de l'exécuteur, placé sur le dernier degré. Il passe autour de son cou la corde fatale. Sa coiffure est tombée. Ses longs cheveux couvrent encore sa figure. Elle les écarte avec ses mains attachées... Elle est jeune et belle. Elle regarde le peuple d'un oeil calme. Elle recommence l'aveu de sa faute, et témoigne de nouveau son repentir. «Me pardonnez-vous, et prierez-vous pour moi?», dit-elle d'une voix élevée. Et le peuple: «Oui! oui! pardon et prières pour la coupable repentante!». Le prêtre commence le *credo*, elle le répète. «Allez à

24 de enero de 1824, y el hecho lo fue por robos cometidos en la Corte. Ella tenía 23 años y él 27. Cfr. Morales Sánchez, *Historia del Saladero*, II, p. 444. Inglis presenció una ejecución en Barcelona, aportando detalles previos a la ejecución, como la recogida de limosnas, o la colocación de una capillita con una virgen y una cruz cerca del patíbulo. El reo fue acompañado por varios cientos de penitentes para obtener indulgencias. Además, «two accomplices of the felon also accompanied him, that they might benefit by seeing him hanged; and a friar of the Franciscan order, was his spiritual guide... After having been led to the altar, and then below the cross, where he repeated a number of prayers, he ascended the platform attended by the friar, who carried a large cross in his hand. When the offices of religion were concluded, the man wished to address the people, and twice began "Mis Hermanos", but his voice was instantly drowned by shouts from a crowd at some distance behind the platform, no doubt so instructed; and when he found that he could not be heard, he gave the signal, and the executioner immediately leapt upon his shoulders, and swung off the platform; while the friar continued to speak, and extend the cross towards him, long after he was insensible to its consolations», en *Spain in 1830*, II, pp. 387-389.

la gloire éternelle!», dit-il tout à coup en l'interrompant. Le bourreau a fait un mouvement qui l'éloigne de l'escalier. Il entraîne avec lui la coupable. Tous deux tombent et tournent dans l'espace qui sépare les deux poteaux..... Il reste encore un instant sur ses épaules tandis que ses valets la tirent par les pieds; il saute par terre quand c'est fin»[80].

La asistencia de las hermandades y cofradías a los ajusticiados era previa[81], simultánea y posterior a su trance final. Los problemas surgieron, como en Badajoz, por cuestiones secundarias. La hermandad de La Caridad tradicionalmente se hacía cargo del cadáver, bajándolo de la horca, amortajándolo y velándolo en la misma plaza, antes de darle sepultura. Como detalla Marcos Arévalo, en 1824 se acordó llevar los restos del ajusticiado hasta la iglesia que se acordara, para que fueran los sepultureros los que llevaran el cadáver al camposanto. Al año siguiente fundamentaron su decisión de no acudir hasta el cementerio, porque «ahora estas justicias se repiten con frecuencia, quando antes solían transcurrir 30 o más años de una a otra, y haverse introducido la novedad de irse a fusilar los presos en la cárzel al baluarte de Santo Domingo, cuando antes se verificaba en el castillo, y los demás ejecutados en la plaza alta, sitios próximos a la cárzel»[82]. La autoridad religiosa se había hecho eco de las quejas por la ejecución del 1 de mayo, en que después del funeral, los cadáveres fueron conducidos sin su acompañamiento. La desidia cada vez mayor de las cofradías asistenciales –que, por otra parte, sufrieron durante estos años una inactividad importante–, llevó al verdugo a quejarse a comienzos de agosto de 1830 de haber realizado las funciones de la hermandad con tres reos a los que ahorcó[83]. Hay

---

80 «L'autre ocupable attendait non loin de là, entouré d'un cortége semblable à l'autre. Il était vêtu d'une espèce de surplis blanc, et avait la tête couverte d'une calotte grise. Sa pâleur était horrible, et cependant je ne sais quel sourire résigné parut sur ses lèvres quand il entendit la cloche qui se mit à sonner les derniers moments de sa maîtresse». Acaba el relato con la asistencia de los cofrades que recogieron los cuerpos, mientras el verdugo marchaba tranquilamente.

81 «En la Pontificia y Real iglesia de los Italianos de esta Corte, habrá el ejercicio de agonía que se ha establecido, se empezará a las 11 de la mañana y consistirá en manifestar a su Magestad Sacramentado, en seguida se hará la recomendación del alma para Felipa Reba, que va a sufrir la pena de garrote, después seguirán las jaculatorias correspondientes a la agonía, durará el espacio de una hora ínterin se haga el ejercicio se tocara la campana para la concurrencia de los fieles, los que podrán encomendar a su Divina Magestad a la pobre infeliz que va a sufrir la pena de muerte, después se reservará a su Divina Magestad y se le dirá el *Ne Recordaris*; se advierte que el Santo Cristo que está en dicha iglesia sobre una mesa con luces que se pone luego que ponen en capilla a los reos que han de sufrir la muerte, tiene varias indulgencias que se pueden ganar por las almas de los mismos reos; se suplica a este vecindario que procuren los que puedan a contribuir dando estos sufrajios a las almas de estos pobres infelices», en *DdAM* de 5.3.1824.

82 Se quejaba dicha hermandad, además, de la hora de las ejecuciones, pues las cuatro de la tarde era «hora intempestiba incómoda», cuando con anterioridad se verificaba por la mañana. En cualquier caso, el entierro era por la tarde. *El hacinamiento*, pp. 135-136.

83 La cofradía protestó, manifestando que siempre asistía a los ajusticiados hasta darles sepultura. Asimismo manifestó que ignoraba quién pagaba los serones, tela de las túnicas y su confección, que «regularmente serán satisfechos por los fondos de los pueblos a donde estos pertenecen». Además, el verdugo se tenía que desplazar desde la sede de la Audiencia hasta Badajoz acompañado de un piquete, como detalla Marcos Arévalo, *El hacinamiento*, p. 136. En Jaén el enfrentamiento se produjo entre el gremio de sastres y el verdugo de Granada, Lara López, «El sexenio absolutista en Jaén (1814-1820)», ya citado, p. 349.

que subrayar que la represión política aumentó, como se afirma en el texto transcrito, el número de ajusticiamientos, a diferencia de lo que había ocurrido antes del reinado de Fernando VII.

A imitación de la Cofradía de la Paz y la Caridad de la Corte, se estableció otra en Guadalajara, que pidió ser incorporada a la de Madrid en 1818 y al año siguiente solicitó al Consejo de Castilla gozar de las mismas prerrogativas que la cofradía matriz[84].

Basándose en la documentación de la cofradía de la Vera Cruz de Pamplona y de la Asociación de caridad de las cárceles de Pamplona, Oliver presenta un cuadro similar en cuanto a la actividad asistencial de sus hermanos antes, durante y después de las ejecuciones[85]. Desde la recogida de limosna hasta su entierro, llegándose a diferenciar durante la ocupación francesa la sepultura entre los ahorcados (San Lorenzo) y los agarrotados (San Saturnino). Enfatizando, también, sobre algunas ejecuciones colectivas, como la de los cuatro bandidos de Lanz, sentenciados por la Real Corte el 1 de julio de 1818 y cuyo suplicio no se produjo hasta comienzos de diciembre. No fue la única colectiva, pues en febrero de 1825 se ejecutaron tres hombres por homicidio, dos por lo mismo en 1827, tres por la misma causa en diciembre de 1828, otros dos en septiembre de 1829 e igual número en diciembre de 1833. No solo bastó con ahorcarlos y en algún caso darle garrote[86], sino que en el caso de los bandidos los cadáveres fueron descuartizados. Este ritual posterior se utilizó en los suplicios de 1818 y primeros de 1825. A partir de diciembre de este último año, se optó por cortarle la mano derecha, ambas o el brazo derecho, añadiendo en las causas de parricidio y siguiendo la tradición romana su lanzamiento al río.

A medida que avanza la última década del reinado comienzan a atisbarse algunas modificaciones en cuanto al ajusticiamiento[87]. La pena de muerte dejó de ejecutarse en horca, optándose por el garrote. Parece que la Audiencia de Sevilla lo aplicó con cierta frecuencia antes de su generalización; y esta modalidad se adoptó para un caso específico en la Chancillería de Granada, en el que estaba involucrado un voluntario realista[88]. Por R.C de 28 de abril de 1832 acabó por generalizarse[89]. En estas disposiciones se

---

[84] José Ramón López de los Mozos, «Extracto de las constituciones de la Real Archicofradía de Nra. Sra. de la Caridad y Paz al cuidado de los reos de muerte», en *Wad-Al-Hayara*, 7 (1980), pp. 337-346. El capítulo 31 regula la forma en que debía asistir a los reos sentenciados a la pena de muerte. Las *Constituciones de la Real y primitiva archicofradía de Nuestra Señora de la Caridad y Paz, sita en la iglesia parroquial de Santa Cruz de esta Corte*, Madrid, 1797, se habían centrado en aspectos organizativos.

[85] Oliver Olmo, «Pena de muerte y procesos de criminalización», ya citado.

[86] En Navarra durante las dos primeras décadas del siglo XIX se optó por la ejecución del garrote por no conllevar la infamia de la horca. A partir de la reacción de 1824 se volvió a emplear. Oliver Olmo, «Pena de muerte y procesos de criminalización», citado.

[87] Ángel Rodríguez Sánchez, *Morir en Extremadura: la muerte en la horca a finales del Antiguo Régimen (1792-1909)*, Cáceres, 1980. Puyol Montero, «La abolición de la pena de horca en España», ya citado.

[88] C. del Consejo Real de 6 de mayo de 1828, por la que se concedía «la gracia de que en el caso de merecer algún voluntario realista la pena del último suplicio, se le aplique la de garrote».

[89] El art. 64 del Proyecto Código criminal de 1830 era terminante: «La pena de muerte será

incide en lo afrentosa que era la horca para los reos y en la infamia que su ejecución producía en los reos, y aunque no se diga en sus familiares, por lo que la pena capital «se ejecute en garrote ordinario, la que se imponga a personas del estado llano; en garrote vil la que castigue los delitos infamantes sin distinción de clase, y que subsista, según las leyes vigentes, el garrote noble para los que correspondan a la de hijos-dalgo». En realidad, hay que retrotraer el origen de esta abolición a una nefasta ejecución sucedida en Madrid de un grupo de ocho ladrones el 15 de junio de 1829 (la partida de Severiano Chillarón). Los verdugos (el de Madrid y el de Toledo) lo hicieron tan mal y duró tanto el ajusticiamiento (alrededor de cuatro horas), que dos de los frailes asistentes escribieron al Consejo de Castilla para que se empleara otro medio menos infamante y más eficaz. El verdugo de Toledo se arrojó con un reo, tropezó y cayó al suelo sin sentido. El reo quedó revolviéndose hasta que uno de los criados y el verdugo de Madrid le tiraron de las piernas para evitarle más sufrimiento. Al de Madrid le ocurrió algo similar. Fueron los aprendices del ejecutor madrileño los que, bajo su dirección, concluyeron la ejecución[90].

El primer condenado a garrote por la Sala del crimen de Galicia del que tengo noticia –sin duda pudo haber otros condenados con anterioridad, ya que en 1833 constan cinco condenados a muerte[91]– fue un padre que maltrató a su hija y huyó para no ser castigado, en diciembre de 1833[92].

En Madrid las ejecuciones de garrote se hacían la Plaza de la Cebada, mientras que los pasados por las armas lo eran a las afueras de la villa. Los consejos de guerra valencianos no solo ordenaron las ejecuciones en las poblaciones de su sede[93], sino también en otras localidades[94]. Durante 1819 el fuerte de Sagunto presenció un buen número de fusilamientos.

---

siempre de garrote, y solo será el tablado enlutado para los nobles, hidalgos, y para los que gocen de nobleza personal por su estado o por su destino y profesión». El ritual para la ejecución quedaba regulado en los arts. 697-719 con todo detalle. Con mayor detalle regulaban su ejecución los arts. 38 a 47 del Proyecto de Sainz de Andino.

90 Todos los antecedentes de la supresión en Puyol, «La abolición», pp. 126-130. Sobre la ejecución el 15 de junio de 1829 de los reos que están en el origen de las iniciativas para abolir la horca, Morales, *Historia del Saladero*, II, pp. 550-552. Sobre cuanto rodeaba a una ejecución en garrote, le debemos a Mariano José de Larra su descripción en «Un reo de muerte», publicado en *Revista Mensajero* de 30 de marzo de 1835, y artículo recogido en *Obras completas de Fígaro*, Madrid, 1837, pp. 526-530.

91 Vid. el cuadro de las penas impuestas en Galicia. Téngase presente que el 28 de abril de 1832 se abolió la pena de horca, y en 1832 la Sala del Crimen de Galicia dictó 8 penas de muerte.

92 ARG, *Sentencias*, 28581, *s.* 19.12.1833 contra don Basilio Troncoso por «malos tratamientos a su hija».

93 En la ciudad de Valencia los agarrotados lo fueron en la plaza del Mercado. Los fusilamientos se realizaron debajo del torreón de Santa Catalina, entre las puertas de San José y Cuarte; pero también en el rincón inmediato a la Real Aduana. En el caso de que hubiera paisanos y soldados involucrados en la misma causa y sentenciados a muerte, eran ajusticiados en sus respectivos lugares a la misma hora.

94 «En el pueblo de la Nucia se egecutó el día 17 del corriente la sentencia de garrote, impuesta por este tribunal...» a un total de cinco reos, *DdV* de 2.08.1816. El 31 de agosto fueron ejecutados cuatros ladrones en Castellón, *ídem* de 6 de septiembre de 1816. «El día 21 sufrieron en el pueblo de Beniarrés la pena de muerte que les fue impuesta por este tribunal...», *DdV* de 28.01.1818. En Alcoy constan tres ejecuciones el 5 de septiembre de 1816.

Un jurista castellano del siglo XVI afirmaba que el arbitrio de los jueces podía extenderse a la forma de ejecutar la pena de muerte, de modo que podía agravarse o moderarse su ejecución en determinados supuestos[95]. Si la vista del patíbulo se empleaba para amedrentar a reos y pueblo, o la obligación de presenciar el ajusticiamiento decretado para algunos reos suponía una agravación de la pena de azotes y envío a presidio, las operaciones posteriores a la ejecución implicaban acrecimiento en la severidad empleada contra determinados reos. En determinados casos[96], los alcaldes del crimen y los jueces actuaron con una crueldad propia de épocas anteriores y del mayor autoritarismo, pues se prodigó el descuartizamiento de los reos ejecutados. Los relatos de los fedatarios que asisten al suplicio son detallados. Contamos, entre otras, con la minuciosa descripción de la ejecución de Fernando Manuel Taboada y Somoza en 1818, condenado a la pena ordinaria de muerte en la horca, con la calidad de arrastrado y descuartizado por haber cometido numerosos delitos[97]. A pesar de la extensión del relato del escribano, merece ser transcrito por los detalles que aporta:

> «En la ciudad de La Coruña a doce días del mes de septiembre del año de mil ochocientos diez y ocho, yo escribano de Cámara para dar cumplimiento a la sentencia antecedente pasé a la capilla de la cárcel Real de este

---

[95] Me remito al trabajo, «Notas sobre el arbitrio judicial usque ad mortem en el Antiguo Régimen», en *CHD*, Número extraordinario. Homenaje al Prf. Pérez-Prendes, (2004), pp. 211-233.

[96] No siempre. ARG, *Sentencias*, 28579, *s.* ?.5.1830 contra don Diego Pérez Acosta y otros «sobre la muerte de Manuel Amoedo y robo echo en la casa del cura de Caldelas», por la que fue condenado a la ordinaria de horca, sin que se añadiera ninguna cualidad. *Sentencias*, 28581, *s.* 31.10.1831, firmada por cinco alcaldes del crimen contra Pablo Blanco «sobre la violenta muerte dada a Ygnacio Cordeiro», condenado en la pena ordinaria de muerte en horca, y en las costas; el fiscal se da por notificado, a lo que sigue la notificación al reo: «En el apresentado de la Real Cárcel de esta capital siendo la ora de la una de la tarde del día de hoy treinta y uno de octubre de mil ochocientos treinta y uno. Constituido yo escribano de S.M. havilitado de Cámara en esta situación, y comparezido ante mi a medio del alcayde carcelero, el que dijo ser y llamarse Pablo Blanco contenido en la real sentencia antecedente, se la lehí y notifiqué en su persona, que quedó enterado, no firma por asentar no saber, y de ello certifico», y a la una y cuarto se le notificó a su procurador. *Ídem*, *s.* 8.2.1831, pronunciada a puertas cerradas, contra José Regueiro y otros «sobre los malos tratamientos hechos a Froilán García de cuyas resultas murió», en la que se condena a Juan de Mato en la pena ordinaria de horca.

[97] ARG, *Sentencias*, 28499, *s.* 10.9.1818 por lo que resultaba de las causas formadas por la justicia del coto de Friolfe, por el robo intentado al cura de la parroquia de Triolfe, de la justicia de la jurisdicción de Domis y Creijente por el robo y malos tratamientos hechos al cura de la feligresía de Creijente, de la justicia de Castro Caldelas por la muerte de su cuñado y de la del oficio de justicia de Orense por intentar fugarse de aquella cárcel, revocando todas las sentencias pronunciadas en ellas, los alcaldes del crimen le condenaron «a que salga de esta Real cárcel con soga de esparto al cuello, capuz y puntas blancas y arrastrado en un cuero tirado por bestia de albarda será conducido por las calles públicas y acostumbradas de esta ciudad con voz de pregonero que publique su delito hasta el campo de la orca, de la que será suspenso hasta que naturalmente muera, y a que haviendo muerto en ella le hagan cuartos, y se ponga uno en el pueblo de san Juan de Friolfe, otro en el de San Julián de Creijente, otro en el sitio do Cichón parroquia de Piedra Fita jurisdicción del Castro Caldelas, y otro en el de Santiago de Laje, jurisdicción de san Pedro de Puertomarín». Se le notificó en la cárcel real y con presencia de varios religiosos de Santo Domingo, San Agustín y San Francisco y otros diferentes sacerdotes, siendo la hora de las diez y cuarto de la mañana, disponiendo que fuese conducido a la capilla de la cárcel. En el CP de 1822, art. 40, establecía como vestimenta ordinaria la túnica y capuz negro, salvo para el asesino, cuya túnica era blanca y la cabeza descubierta.

Reyno en la qual hallé a Fernando Manuel Taboada a quien estaban exortando y auxiliando barios religiosos de las órdenes de Santo Domingo, San Francisco, San Agustín y algunos eclesiásticos, estando presente José Carnero oficial público y ejecutor de la justicia, le hice saber bajase a la pieza que sirbe de cuerpo de guardia a dicho Fernando Manuel Taboada en la conformidad que se hallaba bestido, con túnica y capuz blanco lo que ejecutó poniendo al sobredicho en un cuero atado según costumbre y tirado por caballería de albarda, le sacó a la Plazuela de la misma cárcel en donde se hechó el pregón publicando el delito por que se le mandaba aorcar, y hacerle después quartos fixándolos en los sitios que designa la citada sentencia, y luego con mi asistencia, la de quatro ministros alabarderos armados, dos alguaciles del juzgado del alcalde mayor de esta ciudad, subrogados en lugar de los dos ordinarios que debían acompañarme, y una escolta de soldados correspondientes a la guarnición de la Plaza al mando dicha tropa de un capitán, a que acompañaron diferentes religiosos y sacerdotes que hiban exortando y auxiliando a dicho reo, fue conducido este por las calles públicas y acostumbradas al campo de la orca en donde se hallaba fijada esta, le subió a ella el oficial público y dio muerte al referido Fernando Manuel Taboada, quedando colgado pendiente de los cordeles. Pregonó el mismo oficial público que ninguna persona quitase ni extragese de aquel sitio al cadáber, hasta que otra cosa fuese mandada pena de la vida. Todo lo que ha presenciado Ramón Losada al pie de la orca a donde fue conducido en compañía del citado Fernando Manuel Taboada desde la Cárcel Real montado en otra caballería de albarda, y de que egecutado esto con el auxilio de los quatro alabarderos y dos alguaciles continuó dicho Losada en aquella disposición por las calles públicas y acostumbradas a sufrir la pena de azotes, que así tubo efecto en los sitios señalados y concluido se restituyó al mismo Ramón Losada por el oficial público a la cárcel real haciendo entrega de su persona al alcaide de la misma, con lo qual me retiré a dar quenta de todo lo referido a S.E. los señores de la Sala. Y para que conste como igualmente de que el Fernando Manuel Taboada y Ramón Losada salieron de la misma cárcel a las diez y media de la mañana de hoy, lo pongo por certificación que firmo como escribano de cámara originario. Pedro López de Verea.

Razón de lo que se dirá. En la dicha ciudad de La Coruña a los mismos doce días del mes de septiembre año de mil ochocientos diez y ocho. Yo escribano de cámara siendo la hora de las quatro de la tarde del día de hoy hice saber a José Carnero ejecutor de la justicia la sentencia antecedente para que la ponga en egecución en lo que resta y pase a darle cumplimiento en su persona, que dijo estaba pronto a berificarlo, y al efecto concurrió al campo de la orca lo mismo que hice yo el infraescrito escribano de Cámara para reconocer en la misma orca y pendiente de los cordeles en la conformidad que había quedado en la mañana de este día el cadáber de Fernando Manuel Taboada el que bajó dicho oficial público, y le cortó y separó de su cuerpo los quatro quartos entendiéndose tales las piernas y brazos por junto a los hombros y aquellas por el encage de la rodilla, introduciendo inmediantemente cada uno de ellos en un cajón de madera que al efecto tenía preparado, y lo restante de dicho cadáber se entregó al mayordomo y cofrades del Cristo de la Misericordia de esta ciudad en virtud de lo mandado por la Sala en este día, quienes lo recibieron y pusieron un ábito de sayal de nuestro padre San Francisco, y en un ataúd lo condujeron a darle sepultura eclesiástica acompañado de la comunidad de San Francisco, y de otras barias personas. Y habiendo recogido el oficial público a su poder los referidos cajones entroduzidos ya en ellos los quartos y cargados en una caballería que al intento tenía preparada emprendió el viaje en el mismo acto con asistencia del recetor comisionado Juan Guerra, dos ministros alabarderos, dos alguaciles del juzgado del alcalde mayor, seis soldados y un cabo de auxilio que ha facilitado el señor gobernador de esta plaza, a consequencia del oficio que ha pasado el de la Real Sala al Excmo. Sor. Capitán general, a ebaquar lo prevenido en la sentencia antecedente y real auto de diez del corriente. De todo lo qual yo el infrascrito escribano de cámara certifico. Pedro López de Verea»[98].

Otra muestra es la siguiente descripción, que puede herir la sensibilidad de cualquier lector, de una ejecución en Santiago de Compostela:

> «Razón. En la ciudad de Santiago y día dos de octubre de ochocientos veinte y ocho. Yo escribano de Cámara pongo por diligencia como siendo la ora de cinco de la tarde de hoy me constituí en el campo nombrado de Santa Susana acompañado de cuatro alabarderos del Tribunal, y después de haver reconocido existían los cadáberes de los ajusticiados, Antonio do Pico y Antonio San Esteban, en el mismo ser y estado que quedaron por la mañana, prebine al oficial público los descendiese y procediese a los más que señala la real sentencia condenatoria de los pacientes, y en efecto habiéndolos bajado y colocado sobre una mesa procedió a separar las cabezas de los hombros de los dos referidos, y habiéndolo verificado introdujo cada una en su cajón correspondiente que estaba preparado a este fin, y clabado según costumbre se hizo cargo de ellos el recetor Ignacio de Prado que havía concurrido a dicha situación en virtud del real auto del día de aier que se le hizo saber en la misma fecha, y el restante cuerpo de dichos cadáberes fue entregado acto continuo a la Cofradía de la Misericordia en virtud de lo mandado»[99].

---

98 Sigue el auto de 10 de septiembre de 1818 para que el verdugo fuera a los pueblos a colocar los cuartos, «haciendo publicar en cada sitio al tiempo de la fijación los delitos que ha cometido el citado reo, y la pena en que incurrió por voz del mismo oficial de justicia, y que ninguna persona sea osada a quitar aquellos, pena de la vida», poniendo el receptor certificación de ello. Siguen los oficios para la ejecución y concurrencia de tropa y alguaciles. Por último, el escrito del mayordomo de la Santa Hermandad de Coruña dirigido al gobernador de la Sala el crimen para que se les entregara el resto del cadáver y hacer el entierro en el convento de san Francisco. En Madrid desde las ejecuciones de diciembre de 1833 el descuartizamiento no se verificaba en el cadalso sino en las inmediaciones del cementerio, según Morales Sánchez, *Historia del Saladero*, II, p. 621.

99 A ésta había precedido otra ejecución. ARG, *Régimen interno*, leg. 29201/6, *Expediente sobre la ejecución de una sentencia contra una partida de rebeldes del Regimiento de Infantería de Burgos, acusados de dar muerte al capitán del Regimiento provincial*: «Gobierno de las Salas del Crimen de la Real Audiencia de Galicia. Ajusticiados. Habiendo de ponerse en capilla en el día de hoy a la hora de las 11 un reo arrestado en la Real cárcel de esta ciudad, condenado a la pena hordinaria de horca, lo participo a V.S. a fin de que [haciéndolo presente al Ve. Cabildo de esta e Metropolitano, tachado] se sirva disponer que algunos religiosos concurran a la misma cárcel a prestarle los auxilios espirituales que corresponda. Ilegible la firma. Al margen: Oficios, Encargo al alcaide ponga en incomunicación a los presos el día que se ponen en capilla al reo. Tener cuidado ante todo que esté corriente el oficial público. Oficio al Sr. Deán. Oficio a las comunidades y a la Misericordia que representa el señor Arcediano

En la documentación de la Audiencia de Galicia y a diferencia de cuanto he visto entre los siglos XVI y XVIII, en el reinado de Fernando VII he podido comprobar una mayor incidencia del descuartizamiento posterior a la ejecución de la pena capital[100]. Con anterioridad, los reos eran recogidos por la correspondiente cofradía para darles sepultura sin que, por la documentación que manejé, se llegara a trocear el cadáver, aunque en algún caso es posible que se hiciera[101]. En el período absolutista los testimonios de su aplicación se multiplican en todos los tribunales. En suma, considero que la crueldad post óbito fue mayor en el primer tercio del siglo XIX.

Con carácter más general, de los estados proporcionados por las audiencias llaman la atención los de Cataluña, porque los años del absolutismo se conserva una crueldad no concorde con las ideas imperantes en Europa. Me refiero al agravamiento de la infamia del reo ejecutado mediante el previo arrastramiento hasta el patíbulo, considerado una cualidad[102], y el

---

de la Reina». A continuación, los escritos de la primera ejecución: «Debiendo egecutarse en el juebes próximo una sentencia de muerte en horca, dada por S.E. los Sres. de la Real Sala del crimen de la Real Audiencia de este Reino, hes indispensable el que V. dé las disposiciones convenientes a que se coloque el patíbulo en el sitio de costumbre y ponga a mi disposición dos alguaciles de su juzgado vestidos de ceremonia con la caballería cabalar, a las diez de dicho día con este motivo, aunque tan pronto reciba este oficio bien digo a V. se sirva poner en parte segura, que no sea la cárcel, a la muger de José León de Soto y sus hijas en la que subsistan hasta las 7 de la tarde del mismo juebes que las ponga en livertad. Lo participo a V. de orden del Sr. Governador de las Salas... Al alcalde 1º de esta ciudad». Otro oficio de 30 de septiembre de 1828, en Santiago: «Debiendo ejecutarse en el juebes próximo dos del estante de octubre, una sentencia de horca en esta ciudad dada por S.E. los señores de la Real Sala del crimen de este Reino, hes indispensable que V. dé las disposiciones combenientes a que se coloque en la noche anterior a dicho día el patíbulo en el sitio de costumbre y pongan a mi disposición dos alguaciles de su juzgado, vestidos de ceremonia con cuatro caballerías cabalares, a las diez de dicho día, a cuia hora también tendrá V. preparados y a la orden del oficial público dos cajones según estilo para colocar en ellos las cabezas de dos reos que después de ahorcados han de ser decapitados y en el día de hoy hará se entreguen a dicho oficial público dos cueros por curtir para la conducción de los memorados reos arrastrando hasta el patíbulo...». El reo pertenecía a la gavilla de Puentedeume, López Morán, *El bandolerismo*, p. 76. La descripción del descuartizamiento de Baltasar Gutiérrez y Vicente Ramón Richard en Madrid el 6 de mayo de 1816 en Morales Sánchez, *Historia del Saladero*, II, pp. 282-283.

[100] ARG, *Sentencias*, 28499, *s.* 15.4.1819 contra Manuel García de Sexto, jefe de una gavilla por cuya condición fue condenado «en la pena ordinaria de muerte de horca, que se execute en la ciudad de Santiago en cuia cárzel se halla en el sitio acostumbrado, saliendo de aquella para este con soga al cuello y bestia de albarda, y habiendo perdido la vida sea desquartizado por el verdugo, y se fixen la caveza en el pueblo principal de la jurisdicción de Abeancos, y cada uno de los quatro quartos en los de la villa de Padrón, Santa Eulalia de Codeso, Ulloa y Monterroso, y ninguna persona sea osada a quitar pena de la vida, todo lo qual mande executar inmediatamente el alcalde primero de la ciudad de Santiago bajo su responsabilidad, prestándole las justicias los auxilios que pida al efecto y dando cuenta a la Sala de haberlo cumplido».

[101] Así lo recogí en «La aplicación de la pena de muerte en el Reino de Galicia durante la Edad Moderna», en *Obradoiro. Revista de Historia Moderna*, 9 (2000), pp. 143-170.

[102] Así, la *Gaceta* de 17/6/1824 daba cuenta de que en la capital, «hoy entre las doce y una han sufrido la pena de horca cuatro reos del asesinato de D. Matías Vinuesa». La única prueba contra ellos era haberles visto marchar en el grupo que se dirigió a la casa del confesor real, Bayo, *Historia de la vida y reinado de Fernando VII*, III, p. 225. Años después: «Ayer sufrieron la pena de horca con evidentes señales de arrepentimiento cristiano Francisco Herraiz y Frutos Campana Tabalina, condenados por la Comisión militar ejecutiva, a causa del robo de vasos sagrados ejecutado el mes último en el pueblo de Rejas» (*Gaceta* de 9/2/1832). En

posterior descabezamiento o amputación de la mano derecha, en cuanto representa el pensamiento y la acción del delito. No era desconocida esta agravación *post mortem* en aquel territorio, empleándose «quando hay en dicho caso la circunstancia agravante de homicidio de clérigo, o de hurto sacrílego, o de ser capataz de ladrones el reo, se añade el cortamiento de la mano derecha»[103]. Gracias a sus detallados planes, podemos distinguir con claridad el número de reos ejecutados y aquellos condenados a muerte en ausencia, esto es, por hallarse fugitivos. En 1824 no se diferencia. Tampoco en 1826, aunque en este año sabemos que 54 se hallaban en ausencia.

	1817	1818	1819	1824	1826	1827	1828
Muerte presentes, y de estos cortada la cabeza y la mano derecha	0	12	0				
Muerte en horca, arrastrados y cortada la cabeza							4
Muerte en horca, arrastrados y cortada la cabeza en ausencia							3
Muerte de horca			10			3	4
Muerte de horca y arrastrados						1	
Muerte de horca, arrastrados y cortada la mano						1	
Muerte presentes	10						
Muerte en horca en ausencia						11	5
Muerte en ausencia	15	6	8				
Muerte				2	71		
Garrote		1					
Garrote presentes	2						
Garrote en ausencia						3	
Descuartizados			4				
Descuartización presentes	5						
Descuartización en ausencia	1						
Cortada la cabeza			3				
Cortada la cabeza y mano derecha presente	1						
Cortada la cabeza y mano derecha en ausencia	2						

En la legislación medieval la mutilación de la mano derecha está prevista específicamente para los escribanos falsarios. Durante el reinado de Fernando VII, y al menos en el siglo XVIII, no tengo constancia de mutila-

---

1831 «en virtud de sentencia dada por la Sala de señores alcaldes de la Real Casa y Corte, ha sufrido anteayer la pena de muerte en horca, poniéndosele al pecho después de la ejecución un cartel que decía *Por traidor*, D. Josef Torrecilla, procesado como cómplice y director de tramas revolucionarias. Murió con las más relevantes muestras de cristiano arrepentimiento. Con tan buenas disposiciones ha sufrido hoy la pena de horca en calidad de arrastrado, Juan Antonio Rodríguez, condenado a ella en la misma Sala de señores alcaldes, porque en la noche del 7 de este mes asesinó en la cárcel a Gregorio Martín cabello, con quien estaba preso por robo» (*Gaceta* de 23/8/1831). A muerte de horca «con calidad de arrastrado» fueron ejecutados por la Sala de alcaldes de Casa y Corte dos reos «por haber asesinado al presbítero don Francisco Gallardo y a Vicente Cacho» (*Gaceta* de 20/8/1831).

[103] «Es particular de Cataluña, como parece de Cortiada decis. 107. num. 37. y 38., que el ladrón, que una sola vez ha robado en camino público, tiene ya pena de horca, y se reputa como ladrón público o famoso, que ha hurtado diferentes veces. Del num. 39. *ibid.* consta, que quando con el hurto está complicado el crimen de homicidio se castiga el reo a ser azotado, desorejado, atormentado *in carita* de los cómplices y receptadores, atenaceado, degollado, y desquartizado: la pena de desorejar, como queda dicho, y de atenacear hace muchos tiempos, que no está en uso», Ramón Lázaro de Dou i Bassols, *Instituciones del Derecho público general de España con noticia particular de Cataluña*, Madrid, 1802, tomo VII, p. 385.

ciones de miembros a reos vivos[104]. Pero en las décadas que nos interesan del siglo XIX, incluso en fechas muy avanzadas, sí se cortó la mano derecha a los cadáveres de algunos ajusticiados. Esta cualidad agravada tuvo su ritual, presentando ciertos matices según los lugares[105], pudiendo acudirse a otros medios para facilitar su conservación mientras permaneciera expuesta a la intemperie en el lugar señalado[106]. La fritura no era novedad, pero sí una extravagancia. El caso más conocido de un cadáver de reo *frito* fue el del bandolero Jaime Alfonso el Barbudo, apresado en agosto de 1823 y ajusticiado el 5 de julio de 1824 por sentencia de la comisión militar de Murcia. Su cadáver fue descuartizado, fritos sus restos para evitar una rápida putrefacción y expuestos dentro de unas jaulas en diferentes lugares de Murcia donde había cometido delitos[107].

---

104 Sí a reos ajusticiados. Ejemplos anteriores en la década de 1780, en Duñaiturria, *La justicia en Madrid*, pp. 224-225. Arrastrado, horca, corte de la mano y de la cabeza para muerte violentas alevosas y acordadas. La cabeza no se cortó en otra no calificada de tal. Durante la Guerra de la Independencia, una sentencia de 1809 en Raymundo Ferrer, *Barcelona cautiva, o sea Diario exacto de lo ocurrido en la misma ciudad mientras la oprimieron los franceses*, Barcelona, 1816, III, CLI-CLVII.

105 La comisión militar de Castilla la Nueva condenó al teniente Juan Federico Menage, «procesado por el atroz y horrendo crimen de haber intentado envenenar las aguas de la Fuente del Berro, a la horca «y consiguientemente la mano derecha cortada, que mantuvo pendiente del cuello mientras permaneció el cadáver en el suplicio», *Gaceta* de 21/5/1825, y *DdAM* de 15 y 16.4.1825. Juan Velasco, acusado de un robo sacrílego y sospechoso de otros más, fue ahorcado el 9 de mayo de 1827, y «cortada la mano derecha, que ha de colocarse a 200 pasos del puente de Segovia», *DdM* de 9 de mayo de 1827. La comisión militar ejecutiva de Cádiz condenó a Pablo Palacio, por la muerte del gobernador de aquella ciudad, a ser arrastrado, ahorcado y «cortada la mano derecha, colocándose esta en una jaula de hierro a la parte exterior de la puerta de Tierra», pena ejecutada el 8 de marzo de 1832, *Gaceta* del 15/3/1832.

106 Santiago de Alvarado y de la Peña (Diego Bustoso Linares), *Cartilla Real novísima teórico-práctica reformada, o sea Manual de escribanos principiantes, procuradores y curiales*, Madrid, 1830, pp. 606-608 inserta un modelo de sentencia de muerte con la calidad agravada de arrastrado y cortada la mano, así como los testimonios que debía levantar el escribano: «¿Cómo estenderá el escribano la diligencia de cuando se le corta la mano u otro miembro al cadáver, o descuartiza? Luego incontinenti, para dar cumplimiento a lo mandado en la sentencia antecedente, N. Ejecutor de sentencias de esta dicha etc, en presencia de mí el infrascrito escribano y de la de dichos alguaciles cortó la mano derecha al cadáver de N. que estaba (y aún quedó) pendiente de la horca hasta que otra cosa se mande por el señor D. N. juez de estos autos, o por competente; y dicho ejecutor se la llevó para freírla, y después fijarla en el sitio que en la referida sentencia se manda. Y para que conste, lo pongo por diligencia. Dando de todo fe. ¿Cómo espresará el escribano la diligencia de fijarse la mano en donde manda la sentencia? Doy fe como en el día de hoy, y siendo las tantas horas de la tarde, con poca diferencia, N. ejecutor de sentencias, asistido de tantos alguaciles, y acompañado de mí el escribano, salió de tal lugar para tal parte; y siendo como tal hora de la misma tarde, llegó a tal partido o sitio donde se hallaba una cruz de madera, en señal de la muerte de N. y vía recta a vista de la tal parte, donde vivía éste, fue puesta la propia mano (u otro miembro), según afirmó dicho ejecutor, que se cortó al cadáver de N. que estaba puesta dentro de una gavia de hierro (o en otro puesto) fijándola al cabo de un palo, que se clavó en tierra (o del modo que fuere) con bastante seguridad y firmeza, donde quedó; y luego con voz alta e inteligible se publicó por N. pregonero, el pregón siguiente: don N. etc., manda que persona alguna, de cualquier estado y calidad que fuere, sea osada a quitar la mano (o lo que fuere) del cadáver de N. que se halla fijada en este palo, pena de la vida. Y para que conste, lo pongo por diligencia, siendo presentes por testigos etc.»

107 Entre otras muchas obras dedicadas a este personaje, Antonio Escudero Gutiérrez, «Jaime "El Barbudo": un ejemplo de bandolero social», en *Estudis d'Historia Contemporania del Pais Valencia*, 3 (1982), pp. 57-88.

Además de la horca y el garrote, el fusilamiento adquirió una notable importancia no solo en el caso de militares, sino también en el de paisanos sometidos a la jurisdicción castrense y condenados por consejos o comisiones militares, bien los fueran por motivaciones políticas o delitos comunes[108]. En principio, estos últimos debían de ser condenados a garrote y no ser fusilados por ser pena privativa y no infamante prevista para delitos puramente militares[109]. No siempre se respetó. En Valencia se multiplicaron de tal manera las ejecuciones de penas de muerte en garrote dictadas por el tribunal militar contra bandidos que el verdugo, por circunstancias no aclaradas, planteó tantos inconvenientes, que el capitán general, el famoso Elío, ordenó a finales de septiembre de 1819 que fueran pasados por las armas a pesar de ser paisanos: «por las circunstancias de sus delitos... ha sido preciso conmutar la egecución y pasarles por las armas, porque se han ofrecido algunas dificultades para realizar la sentencia del consejo, aprobada por el capitán general, y no convenía a la seguridad pública y la recta adminuistración de justicia suspender ni momentos los efectos del fallo que había recaído contra unos hombres que han ocasionado males de mucha consideración al Estado y a la humanidad»[110].

También cabe reseñar el aumento de las ejecuciones múltiples que se acrecentaron en la medida en que eran apresadas gavillas enteras o grupos de liberales[111]. Hay grupos de delincuentes de diez ajusticiados al mismo

---

108 La *Gaceta* de 29/3/1831 daba cuenta del fusilamiento por la espalda de tres militares acusados de asesinato del gobernador militar de Cádiz. El fusilamiento se había empleado unos días antes contra una gavilla: «Relación de los individuos que han sido fusilados en Los Barrios la tarde del 22 de marzo próximo por haber pertenecido a la gavilla del difunto Manzanares. Esteban Camps, segundo comandante. Diego Caballero. Josef Babot. Josef Rivero Pliego. Cristóbal Pérez Moreno. Manuel Nieto Barragán Francisco Gutiérrez. Pedro de Maya. Francisco Espreda y Diego Hillome. Estos reos han dado al morir muestras de cristiano arrepentimiento; siendo de notar que Diego Hillome, sastre de oficio, vecino de Gibraltar, y protestante de religión, se convirtió también al catolicismo estando en capilla. Lista de los individuos de la misma gavilla, libertados de la pena capital, y sentenciados a 10 años de presidio, por ser menores de edad y haberse acogido voluntariamente a la clemencia de las leyes. Francisco Manzano. Manuel Tomás Ovich, Josef Morales Díaz y Juan Espinal. Toda la Península goza de perfecta tranquilidad» (*Gaceta* de 5/4/1831). La justicia militar valenciana había empleado este método para ajusticiar paisanos en 1819. Cfr. mi trabajo, «Jurisdicción militar y delincuencia patrimonial», citado.

109 El capitán general de Castilla la Nueva expuso en 1815, como vimos, que estando fijado el fusilamiento por la Ordenanza para delitos puramente militares, el consejo de guerra permanente había dictado la pena de ser pasados por las armas, según la calidad de sus crímenes, a los reos paisanos o aprendidos por la tropa. Como el fusilamiento «no irroga infamia en los que la sufran, pedía que comutase para los expresados reos paisanos en la ordinaria de garrote u horca según su clase». Tras el dictamen del Consejo de la Guerra se dispuso que se observe en adelante por regla general que, perjuicio de la R.C. de 22 de agosto de 1814, la pena de muerte impuesta por los consejos permanentes de guerra a los paisanos por el delito de robos «se conmute en la de garrote sea qual fuese la clase del sentenciado», entregándose a la justicia ordinaria para su cumplimiento por el ejecutor público.

110 *DdV* de 26.09.1819. Sobre este cambio en la modalidad de ejecución, Colón de Larriategui, *Juzgados militares*, III, pp. 164-167. La descripción de un fusilamiento verificado en Barcelona en Adolphe Bourgoing, *L'Espagne. Souvenirs de 1823 et de 1833*, París, 1834, pp. 228-232.

111 El 5 de septiembre de 1824 fueron ahorcados cinco reos por robo en cuadrilla con armas, con edades comprendidas entre los 22 y los 55 años. El 26 de mayo de 1825 lo fueron nueve

tiempo, pero el mayor número corresponde a los apresados en intentonas militares[112].

En estos últimos casos, en los que la represión política empleaba todo su poder, se respetó la legalidad absolutista, pero la imposición de la pena de muerte no siempre se ajustó a las garantías procesales. Una de estas situaciones fue presentada por el Ministro de Gracia y Justicia, al exponer el oficio de un juez que había sentenciado a la pena capital a dos individuos acusados de alta traición por el desembarco en Almería, los cuales impetraban la clemencia del monarca. El Consejo de Ministros «después de haber observado que estos sugetos habían sido juzgados y sentenciados por solo un magistrado, acordó que se remitiesen los autos al Consejo de Castilla, para que consulte con la brevedad posible, si la sentencia que ha recaído en ella, está arreglada, y conforme a las leyes, y si se halla en estado de que S.M. la apruebe»[113].

Surgieron en ocasiones problemas de competencias, sobre todo, con la jurisdicción militar. La Sala del Crimen de Aragón se dirigió el 16 de marzo de 1826 elevó un expediente «con motibo de haver tenido que mandar suspender la egecución de la pena de muerte del reo Manuel Higueras por la formal competencia introducida por aquel capitán general poco antes de sacar para el patíbulo a dicho reo». Su mujer, además, había solicitado la gracia del indulto. El gobernador del Consejo entendía que, para que los tribunales no ignoraran las resoluciones generales, era conveniente que se les comunicaran todas ellas o que tuviera efectos de comunicación general la publicación anual en la *Colección de Decretos*. Con respecto al procedimiento y la competencia, proponía «se señale un término o estado de la causa para la reclamación del fuero, y que nada sea capaz de impedir la egecución de las sentencias una vez pronunciada... y que el reo sufra la pena que le impuso la Sala (cuya jurisdicción, aunque no huviese sido competente, la havía él prorrogado consintiendo la sentencia de presidio con que

---

en la horca y uno en garrote, cuyas edades oscilaban entre los 23 y 50 años, por robos en cuadrilla, en poblado y despoblado, y resistencia. El 8 de junio siguiente otros ochos, entre 21 y 30 años, por robos en cuadrilla y homicidios. Morales Sánchez, *Historia del Saladero*, II, pp. 472-473 y 478-479. De los 55 componentes de la gavilla de Merino y Melchor, 14 fueron ajusticiados, según noticia recogida en *Miscelánea de comercio, artes y literatura* de 7/2/1820.

112 No solo en la Corte, en Badajoz el 17 de mayo de 1825 se ejecutaron varios presos, cinco lo fueron el 2 de agosto de 1830, dos el 18 de enero de 1831 y otros dos el 28 de febrero de 1832. Sin contar la imprecisión numérica de 1825, se contabilizan catorce ajusticiados entre 1825 y 1833, pues el condenado a muerte de este año murió en prisión. Al menos uno fue fusilado y a otro se le dio garrote, pues se le conmutó la horca por haber sido voluntario realista. Estos datos en Marcos Arévalo, *El hacinamiento*, p. 138.

113 *Actas (1824-1825)*, sesión del 27 de abril de 1825, pp. 207-208. El 25 de agosto de ese mismo año, sin embargo, el antiguo regidor madrileño Pablo Iglesias y el teniente Antonio Santos fueron ejecutados en la horca, con la calidad de arrastrados, *DdAM* de 24.8.1825, en la que se anuncia la ejecución. *Historia del Saladero*, II, pp. 480-514. En la sesión el Consejo del 15 de enero de 1825 se dio cuenta de las diligencias hechas por un oidor granadino contra Iglesias, acordándose que el reo con la causa se trasladaran a Madrid, *Actas*, p. 142. Más datos en Francisco Rodríguez de la Vega, *Los últimos momentos de don Pablo Iglesias*, Madrid, 1835. Eusebio Martínez de Velasco, *Don Pablo Iglesias, mártir de las libertades patrias, 1820-1825*, Madrid, 1862. Vid. *Escritos del conde de Ofalia*, Madrid, 1894, p. 413.

antes le havía castigado por otro robo) porque así lo exije la Justicia». Admitía la posibilidad de que la clemencia real conmutara la capital «en la inmediata de 10 años de presidio con retención en uno de los de África». El Consejo de Ministros acordó manifestar al rey su conformidad con lo propuesto por el gobernador, «mandando al mismo tiempo que no sirba la reclamación del fuero si no se hiciese desde el principio de la causa»[114].

Si entramos en los datos resultantes del cotejo de las tablas publicadas por los tribunales ordinarios, podemos acercarnos a la realidad numérica, sin olvidar que detrás de cada condena hay una persona. Teniendo presente las lagunas anuales que existen y sin distinguir entre ambas etapas absolutistas, podemos establecer la media anual de las impuestas por cada uno de aquellos, con independencia de los matices que se harán a continuación, ya que hubo años en los cuales se decretaron un bastantes y otros en que dicho número se redujo considerablemente. Insistir en que solo se refieren las fijadas por los tribunales ordinarios, ya que la jurisdicción militar, por los escasos datos conocidos, impuso un número bastante mayor.

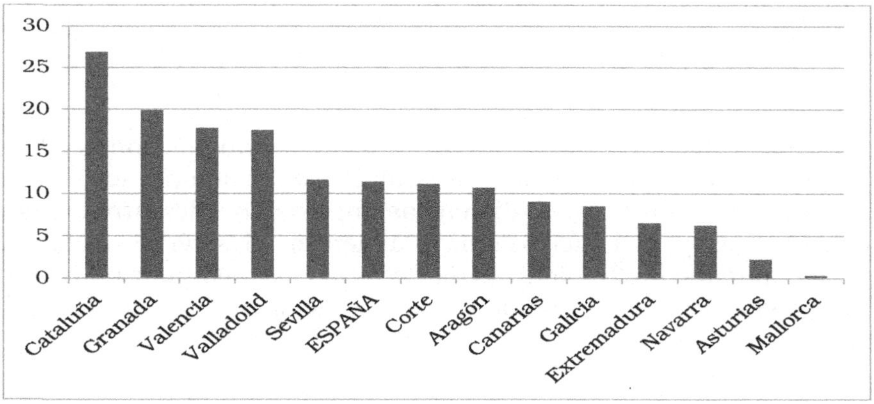

La Sala de alcaldes de Casa y Corte no destaca, a pesar de ser Madrid el principal núcleo de población. Las chancillerías guardan cierta homogeneidad en esta media. Las audiencias castellanas más antiguas guardan asimismo una evidente uniformidad, de la que se separan, curiosamente, las dos audiencias creadas en el siglo XVIII. Navarra se mantiene entre ambos grupos de audiencias castellanas. Donde se aprecian mayores diferencias es en los tribunales de la Corona de Aragón. El elevado porcentaje de penas capitales impuestas en Cataluña viene distorsionado por las penas de muerte en 1826, aunque con los matices que se indicarán a continuación. La Audiencia aragonesa se mantendría en una situación intermedia entre las chancillerías y audiencias castellanas. El caso excepcional es el de Mallorca, con solo dos penas de muerte impuestas en los seis años de los que tenemos información, y con una notable lejanía temporal. La

114 Consejo de 14 de marzo de 1827, *Actas del Consejo de Ministros (1826-1827)*, pp. 137-138.

posición del tribunal valenciano se debe también al elevado número de condenas impuestas en el trienio 1830-1832, en que se dictaron 120 penas en total. La serie completa de la Sala del crimen valenciana se refleja en el siguiente gráfico, en el que se puede apreciar con claridad que sus alcaldes del crimen fueron especialmente duros en los últimos años del reinado. Por tanto, a la cuestión planteada al final del epígrafe IV.2, la respuesta en el caso valenciano es que los cambios en las salas del crimen a partir de 1828 no supusieron, en este caso, una mayor benignidad en el tratamiento de los reos, antes al contrario como se refleja bien en el gráfico.

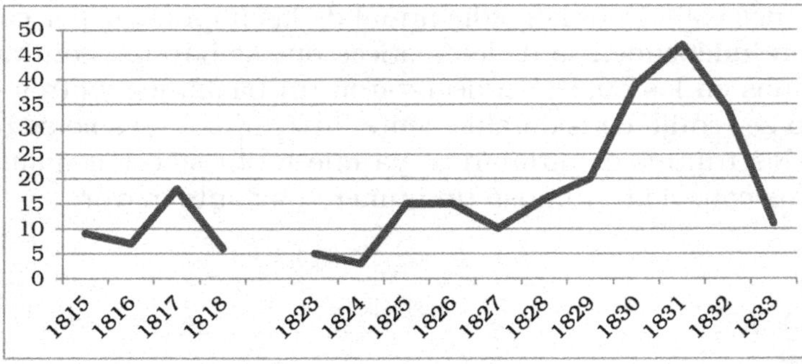

Podemos cotejar los datos de 1826 y 1828 puesto que son los dos años de los que tenemos información más completa aportada por los tribunales. En este gráfico se observa las diferencias anuales no solo entre las diferentes chancillerías y audiencias, sino también en el seno de cada una de ellas. He eliminado las Audiencias de Canarias y Aragón por no haber conseguido hasta el momento datos de su actuación; y respecto de Mallorca no impuso ninguna en 1828.

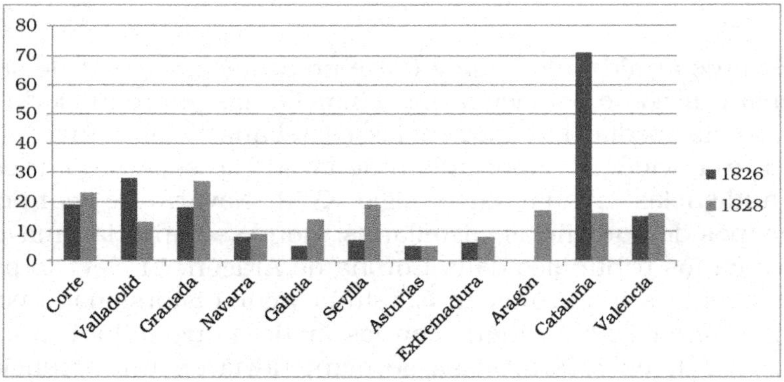

Las cifras anteriores deben ser matizadas, en primer lugar, porque se refiere a las condenas de muerte contenidas en el texto de las sentencias y, por tanto, sin distinguir entre las dictadas contra reos presentes (presos) y reos ausentes (huidos). En otras palabras, son cifras diferentes las penas impuestas en la letra del fallo judicial y las que realmente llegaron a ejecutarse. En este sentido, cabe resaltar que las dictadas por el tribunal catalán alcanzaron en 1826 el elevado número de 71, que es la cifra anual más alta de las que he encontrado, si bien 54 lo fueron en ausencia. Diferencias que no se circunscriben a ese año, aunque en él sea mucho más acusado. Con esta información podemos discriminar mucho más entre lo plasmado en la sentencia y la realidad de las ejecuciones. Sin olvidar que no están sumadas las condenas capitales dictadas por la autoridad militar y que, en el caso catalán, fueron muy numerosas durante el mandato del conde de España como capitán general.

	1817	1818	1819	1826	1827	1828
Presente	18	13	17	17	5	8
Ausente	18	6	8	54	14	8
Total	36	19	25	71	19	16

Lo mismo sucede este año en otros tribunales. En la Audiencia de Galicia encontramos también esta distinción para algunos años de la década final del reinado. En 1832 fueron ajusticiados los cinco sentenciados.

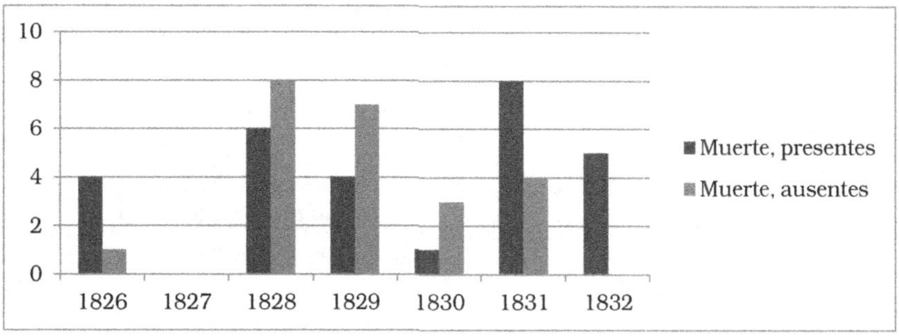

Insisto en que los datos son parciales al no contar con la información estadística completa, y tampoco incluirse las condenas de muerte impuestas por la jurisdicción militar. En este sentido, con respecto a las ejecuciones en Madrid sí tenemos datos fehacientes de todos los presos que acabaron en el cadalso, bien ahorcados, agarrotados o fusilados[115]. El total

[115] «Adicción a la orden de la Plaza del 23 de setiembre de 1824. A las 5 de esta tarde la Comisión militar egecutiva ha puesto en capilla para ser fusilados por la espalda los cabos del regimiento de Caballería Cazadores Reina Amalia Cipriano de la Fuente y Tomás Murciano, presos en la Real cárcel de Villa, por el delito de haber intentado restablecer el sistema anárquico, y ser enemigos de la Soberanía del Rey N.S., cuya sentencia han de sufrir en el alto de la fuente Castellana, mañana a las 11 de ella; y al efecto se hallarán formados media hora antes en este punto un piquete compuesto de un subalterno, un sargento, un tambor, dos cabos y 20 hombres de cada uno de los cuerpos que guarnecen la plaza; otro piquete de igual fuerza, y a la misma hora del regimiento provincial de Lorca en la expresada Real cárcel para conducir a los reis; el regimiento Reina Amalia se hallará formado, y de él saldrá el número

siempre es superior a las condenas de presente impuestas por la Sala, al sumarse las decretadas por la justicia militar. Lo cual es más evidente, aunque carecemos de datos aproximados, en los años 1824 y 1825 cuando la represión política fue más dura y la actuación de la comisión militar presidida por Chaperón dejó evidencias de su crueldad[116], si bien ya venía precedida por la actuación del consejo militar en los años del Sexenio[117].

Año	Presos	Condenados a muerte en Madrid[118]	Ajusticiados por orden de la Sala de alcaldes	% Muerte/Presos
1814	1199	3		0,25
1815	1581	12		0,76
1816	1330	16	9	1,20
1817	1078	10	7	0,93
1818	1273	4		0,31
1819	1190	9		0,75
1824	2946	41 (22 por la Comisión militar, hasta 20/10)		1,39
1825	3151	38 (15 al menos por la Comisión militar)		1,20
1826	2131	16	19 (incluidos 4 ausentes)	0,75
1827	2423	10	9 (más 3 en rebeldía)	0,41
1828	3009	14	13 (más 10 en rebeldía)	0,46
1829	2404	14		0,58
1830	2745	5	5 (más 1 en rebeldía)	0,18
1831	2843	16	10 (más 2 en rebeldía)	0,56
1832	2717	11	5 (más 4 en rebeldía)	0,40
1833	2979	21	3	0,70

necesario para hacerles fuego», *DdM* de 24 de septiembre de 1824. En el número del 27 de septiembre figura la orden de plaza para «ser pasado por las armas por la espalda Tomás Sáez, por el delito de capitanear la gavilla de constitucionales, que parte de ella aprehendió la justicia de Tarancón y de otros pueblos, la cual se dirigía a restablecer el sistema anárquico, declarada toda enemiga de la Soberanía del Rey N.S.».

116 La información está sacada de Pérez y Monedero, *Relación nominal*, ya citado. Morales Sánchez, *Páginas de sangre. Historia del Saladero*, volumen 2. Roberto Robert, *El Saladero de Madrid*, Barcelona, 1863. *Gaceta de Madrid*, *DdM* y *DdAM*.

117 Sobre ello, me remito a «Delincuencia patrimonial y jurisdicción militar», ya citado.

118 Han sido incluidos los indultados de los que se tiene noticia y que lo debieron ser una vez ejecutoriada la sentencia. En 1815 lo fue Pablo López, *El cojo de Málaga*. Felipa Riva en marzo de 1824. Juan Antonio Rodríguez fue perdonado en 1825. Este mismo año fueron indultados Miguel Martínez, fray J.C. González y Francisco Díaz. Al año siguiente Antonio Moreno y Joaquín Sotero. A finales de 1831 lo fue Antonio García y en enero de 1832 Miguel Fernández y Victoriano Rivas.

Cuando se dispuso la desaparición de la Comisión militar de Castilla la Nueva, las causas que estaban pendientes pasaron a la Sala de alcaldes. Fueron 157 causas y 651 procesados, ninguno de ellos condenado a muerte y tan solo ocho a azotes y presidio[119].

También podemos establecer el cotejo entre las condenas capitales impuestas por el Consejo Real y la Corte Real de Navarra, a partir de los planes o estados que conservamos de estos tribunales, con las ejecutadas en la ciudad de Pamplona. Los datos de estas últimas fueron publicados por Oliver Olmo a partir de la documentación de la cofradía de la Vera Cruz pamplonesa[120]. Sin embargo, no todas las penas de muerte se ejecutaron en la capital[121], ni se incluyen los pasados por las armas. Los datos oficiales, extraídos de los estados anuales de los tribunales navarros, son los que figuran en la fila superior, y los aportados por Oliver en la inferior.

	1816	1817	1818	1819	1824	1825	1826	1827	1828	1829	1830	1831	1832	1833
Consejo Corte	6	7	11	3	6		5	12	9		0	0		9
Ejecuciones en Pamplona	1	2	5			4		3	3	3	1		2	3

Con independencia de estos datos numéricos que esconden vidas humanas, son interesantes las apreciaciones que hace Oliver sobre las penas de muerte, valoraciones que coinciden con trabajos publicados en el siglo XIX sobre los ejecutados en Madrid y las conclusiones que he venido realizando en otros trabajos[122]. Con respecto a la Corte, conocemos que se ejecutaron más penas de muerte en 86 años del siglo XIX que en los dos siglos anteriores juntos. Lo mismo hay que señalar para el caso de Pamplona. De ahí que, frente a posturas historiográficas traslaticias de tópicos insostenibles a la vista de la documentación de archivo, concluye que «la aplicación de la pena de muerte no fue ni constante ni masiva, al menos a los ojos y en las historias de vida de los habitantes de ciudades de tipo medio como Pamplona... Una cosa era la amenaza de la norma que contemplaba la pena de muerte, otra la fortaleza del momento de su dictado por un tribunal, y otra

[119] Del resto, 60 destinados a los presidio mayores, 22 a presidio correccional, 25 desterrados, 1 destinado a castillos, 1 destinada a la galera, 105 absueltos libremente, 191 absueltos y condenados en costas y 238 puestos en libertad, *Gaceta* de 5/11/1825.

[120] Pedro Oliver Olmo, «Pena de muerte y procesos de criminalización», citado.

[121] Más información en Fernando Videgáin, *Bandidos y salteadores de caminos: historias del bandolerismo navarro del siglo XIX*, Pamplona, 1984.

[122] *Relación nominal*, ya citado. Hasta 1799 se computan 341 condenados, de los cuales 325 fueron ejecutados; mientras que en el siglo XIX, hasta el año de referencia, fueron 708 condenados, de los que 655 fueron ejecutados. Entre el regreso de Fernando VII y finales del año 1833 se computan 259 condenados a muerte en Madrid, de los cuales y salvo error solo fueron indultados 10. Durante el Trienio se cuenta solo diecinueve ejecutados. Algunas observaciones ya las planteé en «El Fiscal de S.M. pide se supla a mayores penas», en «El arbitrio judicial de los jueces inferiores», ambos citados; y en «La conmutación de penas: una revisión histórica», en *Initium*, 17 (2012), pp. 263-344.

más, la de la efectiva aplicabilidad de la fase de ejecución penal». Basándose en la información recogida afirma que «en líneas generales ha de admitirse que la pena capital fue poco usada en el Antiguo Régimen», mientras que por el contrario, «en la Pamplona de las dos primeras décadas del siglo XIX, se ejecutó judicialmente a casi las mismas personas que en todo el siglo XVII, a la mitad de las que murieron a manos de la justicia navarra en todo el XVIII»[123]. Las razones que afirma como fundamento de este incremento punitivo, y que en mi opinión pueden extenderse al resto de España, se encuentran en los cambios económico-estructurales y, sobre todo, en la conflictiva situación sociopolítica.

En cualquier caso, los datos publicados avalan que durante el primer tercio del siglo XIX, al menos, las penas de muerte impuestas, y sobre todo ejecutadas, aumentaron considerablemente. También lo ha puesto de manifiesto recientemente Amigo Vázquez al afirmar, de forma concisa y tajante, que en Valladolid «las cifras de ejecuciones se dispararían en los 33 primeros años del siglo XIX», achacando este incremento a diferentes razones: la presidencia militar de la Chancillería provocó un aumento de reos militares ejecutados, aunque dudo de este motivo acudiendo a criterios estrictamente jurisdiccionales, salvo que hubiera concurrido desaforamiento; por supuesto, la crisis del Antiguo Régimen y su inestabilidad sociopolítica; la represión sobre los afrancesados subsiguiente a la guerra; y los vaivenes políticos de la década de 1820, siendo estos los que provocarían ejecuciones «por delitos comunes pero especialmente por motivos políticos, siendo muchos reos fusilados». Al menos, según sus datos, hubo 180 ejecuciones a las que asistió la cofradía de la Pasión, entre las que incluye las decretadas por la comisión militar[124]. En Jaén se ahorca entre 1815 y 1816 a más de ochenta personas por fallos de la justicia ordinaria y de la comisión militar[125]. En otros lugares, bastó con levantar la horca para amedrentar[126].

Es relevante poner en relación la población penitenciaria que pasó por las cárceles madrileñas con el número de reos condenados a muerte, incluidos los indultados tras estar ejecutoriada la sentencia, que en estos años fueron once. Esta comparativa puede realizarse para el caso de Madrid. El resultado es el siguiente.

---

123 Oliver Olmo, «Pena de muerte y procesos de criminalización», citado.

124 Lourdes Amigo Vázquez, «Del patíbulo al cielo. La labor asistencial de la Cofradía de la Pasión en el Valladolid del Antiguo Régimen», en Francisco Javier Campos y Fernández de Sevilla (coords.), *La Iglesia española y las instituciones de caridad*, El Escorial, 2006, pp. 511-542.

125 Lara López, «El sexenio absolutista en Jaén», ya citado.

126 Tras la llegada de Enrique O'Donnell al gobierno militar de Cádiz, «una mañana amaneció puesta la horca que quedó permanente, y en la plaza de San Antonio, que es el primer paseo de aquella ciudad», Le Brun, *Vida de Fernando VII*, p. 110.

Año	Presos	Condenados a muerte	% Muerte
1814	1199	3	0,25
1815	1581	12	0,76
1816	1330	16	1,2
1817	1078	10	0,93
1818	1273	4	0,31
1819	1190	9	0,75
1824	2946	41	1,39
1825	3151	38	1,2
1826	2131	16	0,75
1827	2423	10	0,41
1828	3009	14	0,46
1829	2404	14	0,58
1830	2745	5	0,18
1831	2843	16	0,56
1832	2717	11	0,4
1833	2979	21	0,7

Si atendemos exclusivamente a los ajusticiados y el método de ejecución, teniendo presente asimismo la naturaleza del delito y que en la relación se incluyen los condenados por la Sala de alcaldes de Casa y Corte y por las comisiones militares, el resultado es el siguiente[127]:

	Reos	Mujeres	Políticos	Horca	Garrote	Fusilamiento	Indultados
1814	3			2	1		
1815	12		1	9	1	2	1
1816	16			12	4		
1817	10			5	5		
1818	4			4	1		
1819	9			6	3		
1824	41	4	18	21	10	10	3
1825	38		4	34	3	1	4
1826	16	1		13	3		2
1827	10			5	5		
1828	14			14			
1829	14			11	3		
1830	5			5			
1831	16		4	15		1	1
1832	11			9	2		3
1833	21				21		
Total	240	5	27	165	62	14	14

127 *Relación nominal*, ya citado. Insisto que van incluidos los sentenciados por la Sala de alcaldes de Casa y Corte, las Comisión militar ejecutiva de Castilla la Nueva y la jurisdicción militar. Más datos en Morales Sánchez, *Páginas de sangre. Historia del Saladero*, vol. II, en el que encontramos, además de los nombres, el delito, datos biográficos del reo y detalles sobre su ejecución.

Como he señalado, los planes o estados anuales de las chancillerías y audiencias no son exactamente iguales en cuanto a la enumeración. Solo tienen en común las penas corporales. Por este motivo, en el siguiente mapa se detalla el porcentaje que representó de media en cada tribunal la pena de muerte con relación al resto de las corporales. Este porcentaje hay que reducirlo si tomamos en consideración el conjunto de las penas impuestas. En este sentido, por ejemplo, en el caso de la Audiencia de Cataluña considerando solo las penas corporales, la capital representa el 4,62%, mientras que si atendemos al global de las impuestas se reduce al 2,51%, que sigue siendo una cifra considerable. Siempre teniendo presente que se refieren estas cifras al total de las fijadas en sentencia tanto para reos presentes como ausentes. En el caso de la Chancillería de Granada, el porcentaje se reduce hasta el 0,74%; y el de la Audiencia de Asturias queda rebajado en dos puntos. En el caso de la Sala de alcaldes de Casa y Corte, mientras las penas de muerte representan el 0,40% en el total de sus estados anuales, sin embargo se eleva al 1,59% computando solo las corporales.

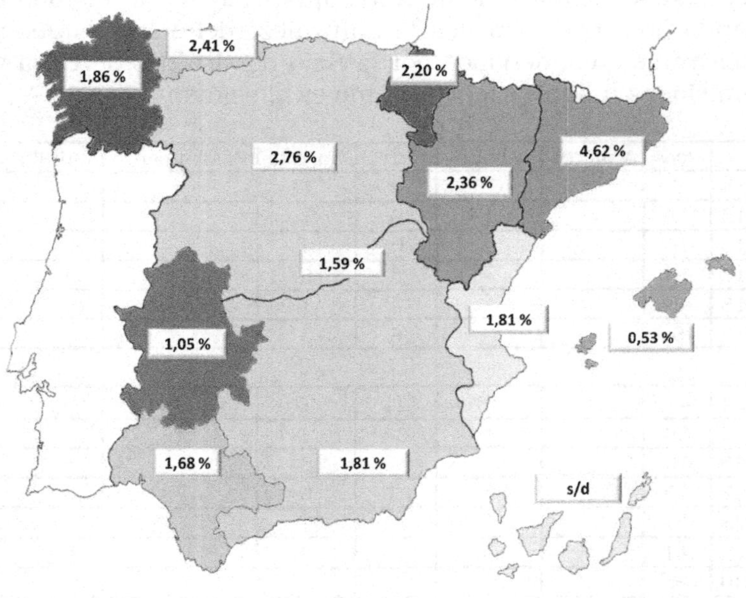

Son, por tanto, datos globales que distorsionan parcialmente la severidad judicial en años concretos, pero nos aportan en cambio una visión de conjunto del período estudiado. En cualquier caso, con los porcentajes señalados en el mapa, la media total para todos los tribunales y años de los cuales conocemos los datos se sitúa en el 2,05% en el total de penas corporales. No obstante, existe importantes variaciones según los años y el tribunal. Puede servir de muestra, a pesar de las lagunas, la información de la Chancillería de Granada desde 1792 hasta 1848. Se puede apreciar los cambios entre etapas políticas, reinados y años. Los años de la década final del reinado de Fernando VII aun mostrando un incremento notable en la imposición de la pena capital en el texto de las sentencias, no llega a las cifras de la década de 1840. Hay que admitir, sin embargo, que el número de indultos y conmutaciones fue mayor en esta última.

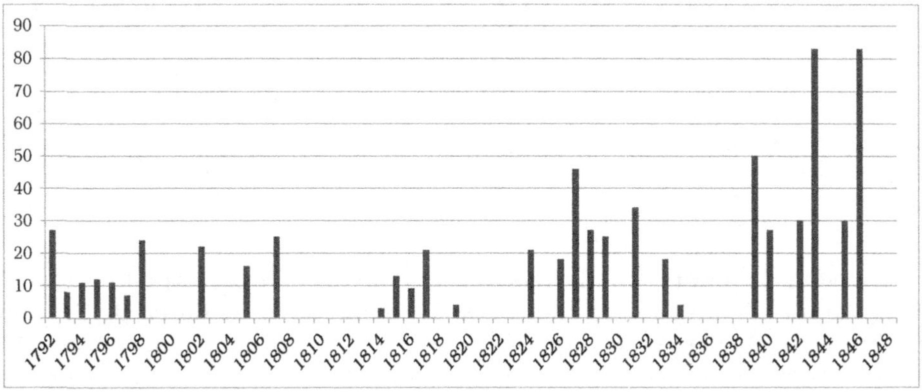

Para ratificar estas afirmaciones, que concuerdan en lo sustancial, adelanto los resultados aún parciales sobre las cifras de condenas de muerte impuestas a lo largo del siglo XIX por los tribunales ordinarios –y algunos militares– y que será objeto de un trabajo más específico. Los datos correspondientes a la primera mitad del siglo son todavía parciales, si bien en 1826 y 1828 las cifras se aproximan al total. Para la segunda mitad los datos en la práctica totalidad de los años son globales. Aparecen reflejados los condenados, presentes y ausentes, y los indultados que previamente fueron sentenciados a la pena capital. Es fácil observar que durante el reinado de Fernando VII, sobre todo en la segunda etapa absolutista, se incrementaron las condenas a muerte, pero no fue su reinado cuando se dictaron el mayor número de penas capitales por las audiencias. Faltan, insisto, la mayor parte de las penas capitales falladas por los comisiones o consejos militares, por lo cual se incrementarían notablemente las cifras en determinados períodos. Por ejemplo, en 1819 por la actuación de la autoridad militar en Valencia contra cuadrillas de malhechores; o al inicio de la década de 1830 en Granada, entre otros muchos ejemplo[128].

[128] «Granada. 24 de septiembre. El día 13 de agosto del corriente año ha sufrido la pena de muerte en garrote Manuel López Gil, acusado de salteador de caminos y otros graves crímenes, en unión con la banda de los llamados Botijas, que tantos daños han causado en el reino de Jaén... El día 22 de este mes han sufrido la pena de muerte en garrote Diego Barnedo, Juan Isidro Sánchez, Manuel de Martos (a) Conejo, Juan Manuel de Teba, Josef González (a) el Alpargatero, Josef Cobo Ortega, Josef Prieto y Juan de Dios López (a) la Jota: presenciando la justicia Antonio Arias (a) el Dragón, Francisco de Sales Yeguas y Rafael de Lara (a) Agujero, condenados a 10 años de presidio con retención en África: en 8 del mismo presidio, Manuel Montijano y Francisco Zucar (a) Pacoco; y en dos años de cárcel Juana Cobo Ortega y Antonia Carazo; acusados de salteadores de caminos y otros graves crímenes, en unión con la banda de los citados;

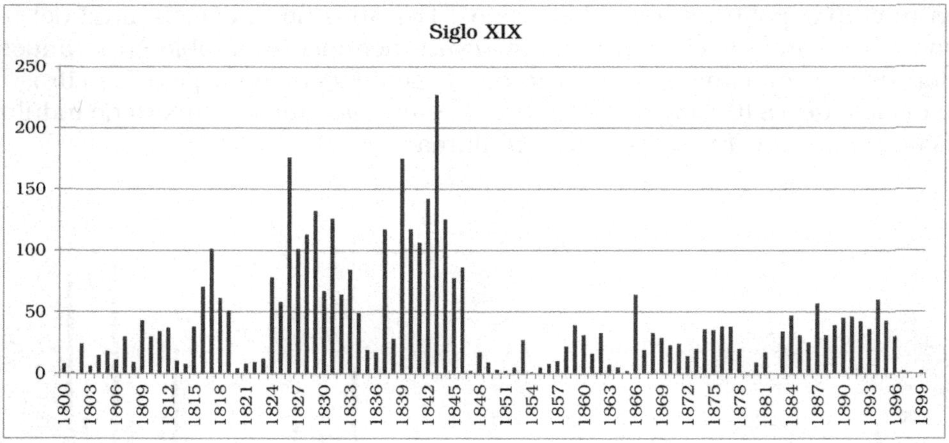

La pena de muerte conllevó otro requisito cruel a partir de la R.O. de 30 de septiembre de 1830. Con motivo de la ejecución en la horca de Sebastián Domínguez en la villa de Osuna, se habían originado unos cuantiosos gastos que ascendían a la nada desdeñable cifra de 11.167 reales. Alarmado el intendente de Málaga del gasto para los propios municipales, dio cuenta al director general de Propios. La decisión que finalmente se adoptó por la Secretaría de Gracia y Justicia fue que «esta clase de gastos se satisfaga por los que resulten reos o por los fondos de justicia y penas de Cámara, y no por los de Propios». Por tanto, los ajusticiados podían llegar a asumir el abono de la parafernalia de su ejecución. No obstante, debieron pasarse los correspondientes cargos a los gastos de justicia y penas de cámara.

Los problemas no acabaron ahí, porque la justicia ordinaria también intervenía en algunas ejecuciones dictadas por la jurisdicción militar. En la R.O. del Ministerio de la Guerra de 13 de agosto de 1833 se daba cuenta que

todo en ejecución del fallo pronunciado por la comisión militar ejecutiva y permanente», *Gaceta* de 6/11/1831. Son abundantes estas noticias: «Comisión militar ejecutiva y permanente de Granada. En 7 de febrero de 1832 se falló la causa instruida por la comisión militar ejecutiva y permanente de esta capital contra Juan Almansa, menor, vecino de Linares, acusado de varios robos en despoblado, y del horroroso asesinato cometido en la persona de D. Rodrigo Sanjurjo, corregidor de Mancha Real, condenándolo a la pena de ser arrastrado y muerto en garrote vil, cortándole después la cabeza y mano, colocando aquella a 200 pasos del pueblo de su vecindad, en el camino más público; y ésta a igual distancia de la villa de Mancha Real, cuya sentencia ha sido ejecutada en 23 del actual. En 11 de febrero de 1832 se falló la causa instruida por la expresada comisión militar contra Juan Zapata, vecino de Almería, acusado de robos en despoblado y otros excesos, condenándolo a la pena de muerte en garrote, que sufrió en 23 del mismo», en *Gaceta* de 8/3/1832. Otra más: «Comisión militar ejecutiva y permanente de Granada... Juan Rodríguez Díaz, alias el Dragón, vecino de Osuna, ha sido condenado por la expresada comisión militar a la pena de muerte en garrote vil ejecutada en 18 del mismo por el delito de robos en cuadrilla y despoblado. Francisco Rodríguez, alias Randeras, Josef Jiménez, Josef Cozano y Francisco Sanz Marín, alias Quico, los dos primeros vecinos de Luque, el tercero de Cuevas bajas, y el cuarto de Cártama, han sido condenados por dicha comisión a la pena de muerte en garrote vil, que sufrieron el día 24 del mismo por delito de asesinato, Jiménez y Cozano, y de robos en cuadrilla y despoblado todos cuatro. Pedro Granados, vecino de Alvox, acusado de robos en despoblado, ha sido condenado por este tribunal a la pena de muerte en garrote vil, que sufrió el 16 del actual», en *Gaceta* de 20/6/1832.

por las dilaciones ocurridas en la ejecución de la sentencia de muerte en horca impuesta por la comisión militar ejecutiva de Cádiz a José Manuel Rodríguez (alias el Gallego), por no haber ejecutor en dicha plaza, ni quien pagase los gastos de ejecución, había fallecido el reo en prisión, «dejando ilusorias las disposiciones legales y la satisfacción de la vindicta pública». Por su parte, el presidente de la misma comisión militar ejecutiva había reclamado los gastos que solicitaban el verdugo y otros acreedores por el suplicio de muerte del reo Pablo Palacios, por el asesinato del gobernador de aquella plaza, al carecer de fondos de penas de Cámara. Dicho presidente se había dirigido al ordenador del Ejército para que, con arreglo a la R.O. de 31 de enero de 1832, dispusiese su abono, a lo que le había contestado no hallarse autorizado para ello[129]. Estos asuntos llegaron al Consejo de Guerra, que entendió que su presupuesto no debía sufragar los expresados gastos, por ser ajenos de sus atenciones y por estar prevenido en otra R.O. de 22 de diciembre de 1802 que fuesen satisfechos por los fondos de penas de cámara o de los de bienes propios de los pueblos. A la vista de todos los antecedentes, se resolvió, por regla general, que siempre que la jurisdicción militar, en causas que conociera en virtud de la jurisdicción ordinaria y privativa que le estuviera legalmente cometida, impusiera a algún reo la pena capital, sus gastos se pagarían por la Hacienda militar; pero cuando procediera militarmente, a consecuencia de reales órdenes especiales, dimanadas de circunstancias o motivos particulares contra reos paisanos, que de no existir tales disposiciones, serían procesados y castigados por sus jueces competentes, se abonarían por los fondos de penas de cámara, y no habiéndolos por los de propios del pueblo en que se ejecutara, es decir, con arreglo a la R.O. de 1802.

Las Salas de alcaldes de Casa y Corte, al igual que otros tribunales como las Audiencias de Galicia y Cataluña, impusieron como pena accesoria el presenciar la ejecución de otros reos[130]. Se trataba de reos condenados a sufrir a continuación azotes y destinados por diez años de presidio en África con retención.

No deben olvidarse los daños colaterales de las sentencias de muerte, sobre todo en procesos políticos. Como se apuntó con anterioridad, el número de suicidios de presos liberales para evitar que la justicia absolutista los ahorcara, debe tenerse presente. En segundo lugar, es preciso destacar la situación de desamparo en muchos casos de las familias, tanto de los reos como de las víctimas.

---

[129] En Jaén se habían planteado conflictos similares por el abono de 2.890 reales derivados de la ejecución de un soldado condenado por la comisión militar, Lara López, «El sexenio absolutista en Jaén», ya citado.

[130] Entre otros muchos ejemplos, AHN, *Consejos*, lib. 1409, exp. 39, formado en virtud de una consulta elevada al rey por la Sala 2ª de Corte saldada con la sentencia a la pena capital por el procedimiento del garrote dictada contra el referido individuo, natural de San Vicente de la Barquera, prófugo junto a otros reos del Depósito de Rematados de Málaga donde estaba destinado a obras públicas, por diversos robos en caminos a mano armada, donde figura que además de este reo sería ejecutado otro, uno en la horca y el otro en el garrote, debiendo presenciar la ejecuciones un tercero (1817). El castigo de presenciar los ajusticiamientos de otros reos venía de tiempo atrás, siendo recogido incluso por el CP de 1822.

3. La pérdida de importancia de azotes, vergüenza y destierro

A lo largo de las páginas anteriores se ha puesto de manifiesto la escasa repercusión numérica que tuvieron algunas penas, puesto que continuaron con el declive que venía advirtiéndose desde finales del siglo XVIII, aunque continúen aplicándose, por ejemplo para castigar a ladrones famosos o reincidentes y fugas[131]. En todos los tribunales, la pena de azotes se encuentra ocasionalmente en relación con el conjunto de reos sentenciados. La cifra de reos azotados debió considerarse tan reducida por algunas Salas, que en las tablas de Granada y de Aragón desde 1828 figuran bajo la misma rúbrica las penas de azotes y vergüenza pública. El tribunal granadino no contabiliza ningún azotado, quizá porque los que pudieron haberlo sido recibieron otra pena temporal que fue la que se computó[132]. En los tribunales navarros no consta que se dictara la fustigación a partir de 1824. Por el contrario, la Audiencia de Sevilla diferencia modalidades: azotes con dogal al cuello y presenciar la pena de horca, azotes (sin más) y azotes y vergüenza. El tribunal de Barcelona es el que enumera con mayor detalle todas las variantes que decretó y que permiten diferenciar las modalidades agravadas de las que no lo eran: azotes y pasar por debajo del patíbulo; azotes con dogal al cuello y presenciar la pena de horca; azotes y vergüenza; y, azotes, distinguiendo entre los dictados contra reos presentes y ausentes. Cabe recordar que, al menos desde el siglo XVIII, se encuentra esporádicamente la agravación de presenciar el ajusticiamiento del compañero antes de sufrir los azotes.

La supresión de la pena de azotes durante la etapa gaditana planteó dudas en los tribunales sobre la vigencia de esta legislación abrogatoria tras la vuelta de Fernando VII. Para resolverlas se redactaron las oportunas

---

131 La publicidad era fundamental: «A las once y media de la mañana de este día debe hallarse al frente de la real cárcel de Corte un piquete del regimiento primero de Celadores Reales de un sargento y 10 caballos para auxiliar a los ministros de justicia en la ejecución de la sentencia de 200 azotes impuesta a Isidoro María Gallego, Pascual Cabo *y* Ramón Monleón, por la fuga que intentaron hacer en la expresada real cárcel, barrenando con pólvora el murallón del patio grande, y a más diez años de presido en África con retención y aplicación a los trabajos más duros, sobre las condenas que anteriormente tenían impuestas por otras causas, en cuyo anterior delito se halla comprendida Juliana Suárez, por el que asimismo ha sido sentenciada a seis años de reclusión en la galera y a que acompañe a los tres referidos en la carrera», en *DdAM* de 24.8.1826.

132 Aunque la justicia militar sí lo hizo. «Granada. 24 de septiembre... El día 14 del mismo sufrieron la pena de 200 azotes y 10 años de presidio con retención en los de África, Francisco Blanca, acusado de salteador de caminos y otros crímenes, en unión con la banda de los mismos Botijas... todo en ejecución del fallo pronunciado por la comisión militar ejecutiva y permanente», en *Gaceta* de 6/11/1831; y «Comisión militar ejecutiva y permanente de Granada. Tomás de Gámez, alias el Fraílete, vecino de Linares, y Manuel Ortega, de Cabra del Santo Cristo, acusados de robos en despoblado, han sido condenados por este tribunal a 10 años de presidio con retención, en el Peñón el primero, y el segundo en Alhucemas, y a la pena de 200 azotes cada uno, que sufrieron el día 12 de Mayo último», en *Gaceta* de 20/6/1832.

consultas[133], que dieron como resultado la promulgación del R.D. de 14 de octubre de 1814 por el cual se dispuso su restablecimiento «señaladamente contra los ladrones», entendiendo que era un mandato general para todas las capitales de provincia, donde por ser más numerosa su población la ejecución permitía «presentar castigos públicos para atajar en lo posible los infinitos delitos que se cometen».

	1814	1815	1816	1817	1818	1819	1824	1825	1826	1827	1828	1829	1830	1831	1832	1833
Corte			3	3					*22*	4	6		4	10	0	1
Valladolid			9		0	1			1		4	9				
Granada	0		0	0		0	0		0	0	0	0		0		0
Galicia									4		7	2	3	6	4	
Sevilla				8			2		5		4		1	2		2
Asturias									0		0	0	0	0	0	
Extremadura	0	0							0		0		2	6	8	2
Navarra			5	4	4	0	0		1	0	2		0	0		3
Aragón			0	0	0	0					2	7			5	2
Cataluña				33	31	28	2		11	2	2					
Valencia		0	0	0	0		0	0	0	0	0	0	10	15	7	9
Mallorca			0								0		0	0	0	0
Canarias										0						

Conviene destacar, puesto que destaca a primera vista en la tabla, el número de condenados a fustigación en la Audiencia de Cataluña en el trienio 1817-1819, cuya importancia numérica (92 en total) se separa de la práctica habitual de los restantes tribunales. En cualquier caso, por las noticias conservadas, salvo la Sala de alcaldes en 1826 y el tribunal valenciano en 1831, nunca se superaron las quince en un año. Es igualmente significativa la reactivación que se observa en su imposición a partir de 1830 en algunas audiencias –Valencia y Extremadura–, sobre todo en el tribunal valenciano, aunque pueden plantearse dudas sobre por qué hasta dicho año no figuraban bajo un epígrafe específico. En Granada, Asturias y Mallorca no consta que se impusieran hasta este mismo año. Por el contrario, los tribunales de Galicia y Sevilla mantuvieron su imposición. Contrasta ese mentado incremento en algunos tribunales cuando ninguno de los tres proyectos de Código criminal incluía los azotes entre las penas. Máxime en la Corte cuando en 1831 fueron condenados diez reos a la fustigación.

---

[133] En ANH, Consejos, L. 1403, exp. 25, encontramos el expediente relativo al restablecimiento de la pena de azotes para la tranquilidad y seguridad pública, creyendo la Sala de alcaldes, en octubre de 1814, «conveniente poner en execución la pena de azotes prescrita en alguna de ellas principalmente contra los ladrones y sus auxiliantes», a pesar de su abolición por las Cortes, resaltando que «no entra la Sala en la questión política de si debe o no... pero sólo sí crehe ser muy útil y aun precisa en las grandes poblaciones donde siendo más frequentes los delitos (tachado, crímenes) se necesita de castigos públicos para contenerlos». Entre otros muchos casos, en *ídem*, L. 1409, exp. 83, encontramos que un reo, de 27 años y desertor, fue condenado a doscientos azotes y diez años de presidio en Melilla, con retención, por robar un reloj de plata a un consejero del de Órdenes, además de «haver echo resistencia y dado de golpes a los ministros de Justicia que al tiempo de conducirlo a dicha Real Cárcel y por el robo de dos sábanas de la enfermería de la misma» (1817).

De hecho, si establecemos, con los datos conocidos, el promedio anual por tribunal, el resultado evidencia esta presencia mínima, que a nivel porcentual del número global de presos condenados es, con los matices apuntados, meramente testimonial.

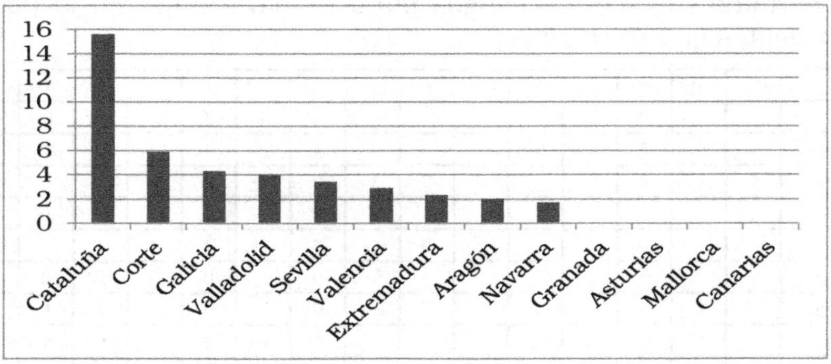

En todos los casos se impusieron doscientos –a diferencia de lo que había sucedido en los siglos anteriores en los que se encuentra cincuenta o cien[134]– junto con diez años de presidio en África. La pena del doble centenar de azotes y el envío a un presidio de África, con la cláusula de retención, se trataría en lo sustancial de un castigo heredero de la pena de muerte civil, aunque sin las consecuencias jurídicas tan graves que llegó a tener[135]. En la jerarquía punitiva, se sería la pena inmediatamente inferior a la de muerte (natural).

Se ordena dejar las espaldas como una penca a reos a quienes se considera incorregibles, por eso es común verla impuesta a los que intentaban o conseguían evadirse de la cárcel y, mayoritariamente, a individuos condenados por actuar en gavilla como había reclamado la Sala de alcaldes de Casa y Corte[136]. La publicidad de su ejecución se consideró sustancial, por lo que tanto podían darse en la ciudad sede del tribunal como en los lugares donde cometieron el delito o donde se hubieran fugado[137], para facilitar el conoci-

[134] Para mayor detalle me remito a un trabajo anterior, «Algunas consideraciones sobre la pena de azotes durante los siglos XVI-XVIII», ya citado.

[135] Por muy tardía, resulta todavía más significativa ARG, *Sentencias*, 28581, s. 4.8.1833, «sobre robos en gavilla», por la que se condena a Carlos Lastra en diez años de presidio a uno de los de África, con retención y calidad de gastador, aplicándole a los trabajos más duros, y a que sufra doscientos azotes.

[136] Además de las citadas, ARG, *Sentencias*, 28499, *s.* 10.9.1818, el fiscal y la Sala con Fernando Manuel Taboada y Somoza y Ramón Losada. *Sentencias*, 28576, *s.* 11.11.1830, el fiscal con Pedro Triva, Ramón y José Alvite y otros «sobre rovos en gavilla y receptación de la misma». *Sentencias*, 28581, *s.* 6.6.1832, el fiscal con Manuel Martínez «fugado de la cárcel de la Coruña, y José Álvarez... sobre el asalto y robo de la casa del cura de San Esteban de Morás». Con mayor detalle y con ejemplos de estos años, lo he abordado en «*El vehemente impulso y justo deseo de recobrar la libertad*», citado. Vid. Iglesias, *Crimen*, pp. 299-300.

[137] ARG, *Sentencias*, 28576, *s.* 28.7.1832, pronunciada a puertas cerradas, entre el fiscal con Juan Barreiro Rabelo, José Pérez Preto, Juan Fernández de la Grunas Yugado, Bernabé Penas y otros sobre robos, condenándoles en doscientos azotes y diez años de presidio en África, con retención y calidad de gastadores, «cuia pena de azotes se ejecute en cuanto al Pérez Preto en esta ciudad, y por lo que toca al Barreiro Rabelo en el pueblo que determinase el Exce-

miento y difusión del triunfo de la justicia en el territorio en el cual los condenados hubieran delinquido.

La vinculación entre azotes y fugas de cárcel se llega a extender, incluso, a los propios alcaides, como le sucedió al de la cárcel de corona de Orense en 1831 por «haber salido de la cárcel acompañado de dichos dos presos a deshora de la noche a robar»[138].

El ritual para la fustigación era el secular[139], sin variaciones aparentes salvo en los supuestos agravados como se venía haciendo desde finales del siglo XVIII[140]. Desde la cárcel los reos eran conducidos por las calles en una bestia de albarda con voz de pregonero, que anunciaba sus delitos, hasta ser restituidos al lugar de origen. En las sentencias se plasma bajo la fórmula de condena a «azotes que sufra por las calles públicas de esta ciudad en la forma acostumbrada»[141]. Con mayor detalle puede bastar la siguiente descripción:

> «... acto continuo cumpliendo con lo mandado, hallándose el oficial público instruido de ello, me acompañé de cuatro alavarderos del Tribunal y dos alguaciles de este Ayuntamiento, Jorge Roel y Melchor Quinteyro, e hice entender al alcayde hiciese entrega del propio reo José Álvarez al dicho oficial público, como lo ejecutó, por quien fue montado en bestia de albarda y desnudándole de sus ropas de medio cuerpo arriba, le colocó en el pescuezo y manos el pie de amigo, en cuya conformidad salió dicho reo por las calles públicas de esta ciudad, en cuyas esquinas, después de que el memorado ejecutor de justicia Manuel Carnero leía en alta e inteligente voz el pregón correspondiente, le dio con una penca de suela las azotes de estilo, concluyendo en cada una de estas acciones con las expresiones de "Quien tal hizo, que tal pague", y en esta forma fue restituido a la cárcel llebada por el ramal la bestia en que se hiba montado y con la conducente escolta de fuerza armada, haciéndose cargo de él el referido alcayde, de que certifico»[142].

No solo se sufría el azote físico, sino también el pecuniario. De acuerdo con el arancel de derechos de la cárcel de Corte, de febrero de 1832, «cada

---

lentísimo Señor Capitán General de Valladolid como juez de los presidiarios del Canal de Castilla la Vieja en cuios trabajos consta se hallaba ocupado en febrero de este año».

138 ARG, *Sentencias*, 28576, *s.* 8.8.1831, pronunciada a puertas cerradas, el fiscal con José Souto, alcaide de la cárcel de Corona de la ciudad de Orense, José Rodríguez y José Domínguez.

139 «Quando ocurre salir alguno a pasear las calles, nada tiene de que cuidar, ni la real cárcel para que molestarse; pues el escribano de cámara, alabarderos y oficial público, que siempre acompañan, están obligados a proporcionarle cavalgadura, parafrenero, paso franco, y más que corresponda y no sé yo qué señor o título tenga mayor privilegio», Fandiño, *Memoria*, p. 26.

140 ARG, *Sentencias*, 28499, ejecución de la sentencia en el pleito y causa entre el fiscal y la Sala con Fernando Manuel Taboada y Somoza y Ramón Losada, en 12 de septiembre de 1818: «Todo lo que ha presenciado Ramón Losada al pie de la orca a donde fue conducido en compañía del citado Fernando Manuel Taboada desde la Cárcel Real montado en otra caballería de albarda, y de que egecutado esto con el auxilio de los quatro alabarderos y dos alguaciles continuó dicho Losada en aquella disposición por las calles públicas y acostumbradas a sufrir la pena de azotes, que así tubo efecto en los sitios señalados y concluido se restituyó al mismo Ramón Losada por el oficial público a la cárcel real haciendo entrega de su persona al alcaide de la misma».

141 ARG, *Sentencias*, 28576, *s.* 15.12.1827, en el pleito y causa entre el fiscal con José Rodríguez Guecho, Domingo González Cancela y Lázaro Rivadulla.

142 ARG, *Sentencias*, 28581, *s.* 6.6.1832, el fiscal con Manuel Martínez, certificación del escribano Ramón Iglesia. La penca de suela podía mojarse en vinagre para herir más.

uno de los presos que sufran la pena de azotes y vergüenza pública, pagará 15 reales de vellón al alcaide de la cárcel y 24 si sufriesen pena capital»[143]. En Madrid no consta la imposición de la vergüenza pública desde 1828, y en los años en que se computó sin los azotes, no pasaron de dos reos.

Mayor pérdida de importancia y prácticamente inaplicada es la pena de vergüenza pública. Es bastante inusual y cuando se aplica recae sobre todo en mujeres, aunque no sea exclusiva de ellas[144]. Como un vestigio residual, el método ordinario conlleva emplumar a la condenada[145]. Apunté en otro lugar que, en ocasiones, la pena de vergüenza se imponía con la de azotes[146], aun cuando la fustigación pública conlleva implícita la primera[147]. Como acabamos de ver en los planes o estados anuales de las Audiencias de Sevilla y Cataluña figura como una de las modalidades agravadas la imposición conjunta de azotes y vergüenza pública.

La ejecución ordinaria de esta pena planteó algunos inconvenientes al verdugo de Santiago en 1826, prueba manifiesta de que apenas se había aplicado en los últimos años. La rea fue condenada por la Sala «a que salga de la cárcel en que se halla, emplumada y montada en bestia de albarda en un día de mercado por las calles públicas y acostumbradas de esta expresada ciudad, llevando colgado del cuello la baraja, el papel de receta que se halla firmado al reverso del escribano Rafael Quiroga, los pelos, cerdas, algodón y lana que se halló en su casa, con boz de pregonero que publique su delito, y en quatro años de cárcel»[148]. El alcalde segundo fijó la ejecución de la vergüenza para un jueves, «día señalado como de mercado público y de los de mayor concurrencia en esta ciudad», al tiempo que requería la presencia de dos alabarderos del tribunal. La hora de la ejecu-

143 Rafael Salillas, *La evolución penitenciaria en España*, Madrid, 1916, pp. 169-171. Vid. también, Fernando Cadalso, *Los presidios españoles y las colonias penales*, Madrid, 1891, e *Instituciones penitenciarias y similares en España*, Madrid, 1922, p. 201.

144 Lo mismo que sucede con los azotes, cabe reproducir para la vergüenza. Hemos visto más atrás los problemas que se plantearon en Madrid para su ejecución. También se impuso en la citada sentencia de 20 de mayo de 1807, en ARG, *Particulares*, 29201/6.

145 Antonia Inés encausada «por rufiana o alcahueta en su casa tienda de vinos generosos», fue condenada el 20 de junio de 1817 a «vergüenza pública emplumada y a diez años de galera». Para la ejecución de la primera «embargará una caballería menor que pondrá a disposición del executor y todo lo demás que fuese correspondiente al cumplimiento de dicha sentencia». Pero el alguacil mayor de Madrid respondió que la caballería estaría pronta, «pero todo lo demás que fuese correspondiente, como ignoro las circunstancias que pueda tener la sentencia, podrá haver falta involuntaria que deseo no la haya, y espero que se sirva detallar o señalar las prevenciones que se hayan prevenir, o suministrar por mi parte, que en tal caso estoy seguro que no habrá falta». La respuesta era tan dudosa como la petición: «deben ser las mismas que en iguales casos se han acostumbrado», en AHN, Consejos, lib. 1409, exp. 42.

146 «La pena de vergüenza pública (siglos XVI y XVIII). Teoría legal castellana y práctica judicial gallega», en *ADPCP*, LI (1998), pp. 155-206.

147 ARG, *Sentencias*, 28576, *s.* 19.2.1828, pronunciada a puertas cerradas, en el pleito y causa entre el fiscal con Román Rodríguez, Francisco de Castro, Juan Pérez Paco y otros, por la que condenaron al primero «en la pena de vergüenza pública y que sufra doscientos azotes».

148 ARG, *Crimen*, 382/5, causa formada por el intendente de Policía contra Benita Montero «por sospechosa en su conducta y dedicarse al arte de adivinar», y José Andrés Otero, presos en la Real cárcel.

ción se retrasó porque el ayuntamiento no aprontó lo indispensable, «especialmente para la compra de los instrumentos que reclama el oficial público». Así lo puso de manifiesto el verdugo al señalar que «cumplirá por su parte con su obligación, pero debe esponer que atento en la Real Cárcel no hay pie de amigo alguno, y que se necesita para la puntual ejecución del Real auto, se dispone mandar a hacerlo, y aun tanvién una mordaza por si se precisa en el acto de la misma ejecución, abonándosele como es debido el ynporte de uno y otro». El ayuntamiento compostelano se negó a franquear estos gastos de justicia. Por fin, unos días más tarde y tras la notificación de la sentencia a la condenada en la Cárcel real, se procedió a su cumplimiento según el procedimiento secular, teniendo cuidado de no pasar por lugares que gozaran de inmunidad eclesiástica, que en la capital gallega eran muy numerosos:

> «Incontinente entró en el mismo aposento el oficial público, el qual en cumplimiento de lo que le estaba prevenido desnudó a la Venita de medio cuerpo, le colocó el pie de amigo, ligándole en él las manos y cuello, en seguida la emplumó y colgó al cuello la baraja, papel de receta que se hallaba firmado al reverso por el escribano Rafael Quiroga, los pelos, cerdas, algodón y lana y la hizo montar en una bestia de alvarda que tenía preparada al efecto, y tomada esta por el ronzal, la sacó a diez pasos de distancia de la puerta principal de la Real Cárcel, en donde a la faz del público y en alta voz ha leído el pregón original que al efecto se le entregó en el día de ayer; y en esta postura con la misma asistencia de alabarderos y alguaciles, y la escolta de quince soldados, dos cabos y un sargento colocada en el centro salió y anduvo por las calles más públicas y acostumbradas de esta ciudad, y a voz de pregonero se publicó su delito en los sitios también de costumbre, y de esta suerte sin tocar en sagrado ni otro parage que goce de inmunidad eclesiástica, la yntrodujo en la postura referida el mismo oficial público en dicha Real Cárcel, ejecutándose todo conforme a lo dispositivo del mencionado Real auto sin que en toda la marcha obcurriese novedad».

Se mantuvieron algunas referencias esporádicas a la aplicación de la argolla para la exposición a la vergüenza pública. De las escasas noticias que he encontrado acerca de su imposición en el territorio gallego, los alcaldes del crimen condenaron a una acusada de juegos prohibidos «en la pena de vergüenza pública que sufra por espacio de dos horas puesta en la argolla en la plaza del Hospital de esta ciudad en la forma acostumbrada»[149]. Hay que resaltar que frente a otros tribunales donde no consta su aplicación y ni siquiera se menciona en las tablas anuales, la Audiencia de Galicia impuso siete condenas de vergüenza en 1826 y todavía tres en 1831.

El art. 70 del Proyecto de 1830 establecía que la pena de argolla no excedería de cuatro horas y siempre iría unida a la de obras públicas, confinamiento en un castillo o fortaleza, o deportación a alguna isla. En parecidos términos se expresaba el art. 92 del Proyecto de 1834, aunque prohibía imponerla a quienes gozaran de nobleza, a los mayores de 70

---

[149] ARG, *Sentencias*, 28576, *s.* 22.12.1827, la justicia de Santiago contra Francisca Sánchez «sobre juegos prohibidos»; y *Sala del Crimen*, 484/5.

años, a los menores de 17 y a las embarazadas. Con mayor detalle, Sainz de Andino mantenía en su proyecto la pena de exposición a la vergüenza pública y detallaba su cumplimiento: «se ejecutará sobre un cadalso que se levantará en alguna plaza teniéndosele de pie con las manos atadas y el cuello sujeto por medio de una argolla a un madero, sobre el cual y en la parte que esté más alta que la cabeza del reo, se fijará un cartel que anunciará el nombre de éste, su delito y condena» (art. 56).

El destierro se impone por jueces y tribunales muy limitadamente. Es una pena destinada sobre todo a mujeres, aunque también hubo hombres desterrados[150]. En Galicia los lugares excluidos son los que venían siendo habituales a finales del siglo XVIII, esto es el pueblo, la jurisdicción o el reino y siempre la Corte y Sitios reales[151].

Con respecto a estos últimos, se venía prestando una especial atención a la seguridad de la Corte y evitar que su población se incrementara con los condenados madrileños o de otros lugares. Por C. de la Sala de alcaldes de Casa y Corte de 29 de abril de 1816 se ordenaba a las justicias de los pueblos de la provincia de Madrid «no permitan por ningún concepto residir en ellos a las personas desterradas o mandadas salir por estas autoridades»[152]. Resulta evidente que los desterrados buscaban instalarse en los lugares más cercanos a su morada, incluso dentro del perímetro acotado. Idea que ratifica el contenido de alguna otra disposición posterior[153].

---

[150] ARG, *Sentencias*, 28499, *s.* 18.7.1816, por la que la Sala del Crimen condenó a Gregorio Rodríguez y Antonio Ferreiro en dos años de destierro del respectivo pueblo y jurisdicción. Se hace imprescindible, para la compresión de la regulación e interpretación doctrinal de esta pena en la época contemporánea, la consulta de Gómez de Maya, *Culebras de cascabel*, pp. 595-772.

[151] ARG, *Sentencias*, 28499, *s.* 19.2.1814, entre el fiscal con Luisa Villar en rebeldía, que confirmaba la del juez de primera instancia de Coruña el 20 de noviembre de 1813, entendiéndose el destierro a la distancia de diez leguas de esta ciudad, Madrid y Sitios Reales. *Ídem*, *s.* 30.4.1816, por la que se condenó «a la Francisca Sanchez en uno de destierro a la distancia de diez leguas de la jurisdicción de Diomonde, Madrid y Sitios Reales».

[152] «Noticiosa la Sala de que diferentes personas desterradas o mandadas salir por las autoridades de esta Corte fijan su residencia en los pueblos del rastro, y particularmente en los más cercanos a ella, ha acordado que V.m. no permita residir en ese pueblo sino a aquellos sugetos que sean vecinos, o tengan un motivo justo o licencia para subsistir en él, procediendo contra los sospechosos a lo que haya lugar...».

[153] R.O. de 12 de febrero de 1817, en la que se expresaba que los afrancesados comprendidos en el R.D. de 30 de mayo de 1814, «se introducen y permanecen en esta Corte, a pesar de la vigilancia de los magistrados, por la benignidad con que se les obliga a cumplir lo mandado en el caso de ser descubiertos». Para remediarlo, se ordenó cumplir con lo dispuesto por la Sala de alcaldes, en 14 de Julio de 1814, y, en su consecuencia «se imponga la multa de cincuenta ducados a cualquiera de los individuos que expresa el artículo 2º del Real Decreto referido, si fuere aprehendido contraviniendo a él, debiendo sufrir un mes de prisión en el caso de insolvencia; que además se imponga a dichos individuos la pena de destierro a cuarenta leguas de la Corte, la cual se les hará cumplir remitiéndolos a su costa o por tránsitos de justicia en justicia al pueblo que elijan para su residencia, a menos que diesen fiador abonado para responder de su salida de Madrid en el término de veinte y cuatro horas, y de la presentación en su destino en el que corresponda y le señale el Juez; y que a los vecinos que reciban o alojen en sus casas a tales personas sin dar cuenta, o que contribuyan de cualquier modo a su ocultación y permanencia en Madrid, se les exija igual multa de cincuenta ducados, o haga sufrir un mes de cárcel en defecto de bienes. Pero si los contraventores fuesen de los comprendidos en el artículo 1. del citado Real Decreto, es asimismo la voluntad de S. M. que verificada su prisión en esta Corte o en cualquier

En ocasiones el destierro se impone tras el cumplimiento de una pena de reclusión[154], lo que conllevaba en la práctica de la Audiencia gallega obligar a la rea a fijar un domicilio conocido y quedar sometida a la vigilancia de la autoridad señalada[155].

En todo caso, el destierro quedó relegado por diferentes vías: el incremento de los apercibimientos individualizados, el sometimiento a vigilancia por parte de autoridades y familiares de la conducta, las multas y sobre todo, en mi opinión, por la fórmula de dar por pena el arresto sufrido, el incremento del que se padecía o la imposición de una prisión temporal muy reducida por el tiempo o por el lugar de cumplimiento. Se evitaba de esta manera la reincidencia de los desplazados en otros lugares y se mantenía al grupo familiar o parental unido. Incluso se empleó una fórmula novedosa hasta donde he podido comprobar: redimir el destierro mediante cierta compensación económica[156].

Los planes de los tribunales son muy dispares en cuanto al cómputo de los destierros. La Audiencia de Aragón solo incluyó la rúbrica destierro y la de Galicia no los ubicó en ningún epígrafe a pesar de que los impuso. Su número fue tan reducido que es habitual que en las tablas figure con otras penas. Habitualmente aparecen sumados los reos condenados a prisión, reclusión y destierro (Asturias, o la Sala de alcaldes de Casa y Corte a partir de 1826). La mayor variedad se encuentra en los planes de Granada: cárcel, hospicio, recogidas y destierro; prisión, reclusión y destierro (1826); o solo destierros/desterrados (1817 y 1828). La Chancillería de Valladolid inserta el apartado destierro, cárcel y reclusión a partir de 1828, pero en 1829 mientras una sala del crimen computa solo los condenados a destierro, la otra los suma con enviados a prisión y reclusión. El tribunal sevillano distingue, según los años, el «destierro en la forma ordinaria» (1817), del destierro del domicilio y del destierro genérico (a partir de 1828). En los estados de

---

pueblo del Reino, e instruidas las diligencias con toda brevedad, sean remitidos de justicia en justicia o con custodia a sus expensas hasta la frontera, imponiéndoles además la multa de cien ducados, o dos meses de cárcel, si no pudiesen pagarlos, y que sus receptadores, auxiliadores, y los que en cualquiera forma contribuyan a su ocultación y permanencia en los dominios de S. M. sufran iguales multas o prisión, aplicándose aquellas en ambos casos en la forma ordinaria, si no hubiese denunciador, pues de haberlo se le entregará la mitad de su importe».

154 ARG, *Sentencias*, 28576, *s.* 30.5.1826, por la que se condenó a Antonia Tojo en cuatro años de cárcel, que sufrirá en la de Vivero, «y cumplidos que sean en diez años de destierro del pueblo de su naturaleza y seis leguas de distancia».

155 ARG, *Sentencias*, 28499, *s.* 26.1.1819 en la cual Bernarda López fue condenada en ocho meses y cumplidos quedaba desterrada de Coruña, diez leguas de distancia, «señalando el pueblo donde fije su residencia, encargándose a la justicia de él cele sobre su conducta». *Sentencias*, 28576, *s.* 22.11.1827, en la cual Francisca, además de la vergüenza y dos años de cárcel, «cumplidos los quales salga desterrada a seis leguas en contorno de esta y más capitales del Reyno, para lo qual se le haga saber fige domicilio en que quiera residir, y al que señale sea conducida de justicia en justicia con encargo a esta cele y vigile su conducta».

156 Sirva de buen ejemplo el a. de 21.1.1820: «Entendiéndose condenado Juan de Castro en dos años de destierro cinco leguas de distancia del pueblo de su domicilio, cuia condena pueda redimir aprontando cinquenta ducados en las bolsas de penas de cámara y gastos de justicia, se aprueba y ejecute la sentencia dada por el juez de la villa de Noia con las costas de el Tribunal de que se haga tasación», en ARG, *Crimen*, 144/5.

la Sala del crimen de Extremadura se diferencia a partir de 1828 el destierro del «destierro o multa», posibilidad también aplicada en Galicia como hemos visto. Solo las tablas de la Audiencia de Cataluña distinguen con claridad el territorio excluido: durante el primer sexenio tan solo mencionan destierro, aunque en 1819 hay un extrañamiento del reino[157]; a partir de 1827 distinguen entre el destierro del domicilio (el más numeroso), del Principado y el extrañamiento perpetuo de los dominios españoles. Esta multiplicidad de fórmulas para computar los reos desterrados hace preciso matizar la siguiente tabla: en letra redonda figuran exclusivamente los desterrados; en letra cursiva los desterrados, recluidos y encarcelados.

	1814	1815	1816	1817	1818	1819	1824	1825	1826	1827	1828	1829	1830	1831	1832	1833
Corte			65	84						119	233		56	81	78	177
Valladolid			25		16	15			50		*223*	*129*				
Granada	47		105				*245*		*222*			*499*		30		25
Galicia									0		0	0	0	0	0	
Sevilla				7	0		24		0		37	62	23	20		16
Asturias									*19*		*16*	*33*	*17*	*14*	*18*	
Extremadura	20	8							0		45		43	4	10	3
Navarra			16	22	28	19	5		19	64	6		2	4		2
Aragón			6	15	6	7					1	4			17	15
Cataluña				19	23	14			*127*	0	38					
Valencia		18	45	51	8		21	14	13	10	28	18	130	24	10	5
Mallorca			31								9		1	0	0	0

En Mallorca, quizá por su condición insular y salvo en 1816, su Audiencia no parece inclinada a imponer esta pena. Destacan, por el contrario, los desterrados de la Corte en 1828 y de Valencia en 1830. Resulta obvio que en estos números no figuran el elevado número de exiliados por motivaciones políticas que, además, arrastraron a sus familias[158]. En Navarra se observa un cambio de tendencia a partir de 1828, hasta quedar como una pena testimonial. En la Corte los desterrados representan solo el 3,59%[159].

---

157 Acerca del extrañamiento en la época contemporánea y desde la perspectiva legal, Gómez de Maya, *Culebras de cascabel*, pp. 375-467.

158 Véase, entre otros trabajos, Antonio Moliner Prada, «La diplomacia española y los exiliados liberales en la década ominosa», en *Hispania*, 181 (1992), pp. 609-627. Rafael Sánchez Mantero, «El exilio liberal en tiempos de Fernando VII», en Amancio Isla Frez, Ofelia Rey Castelao *et alii*, *Invadidos, exiliados y desplazados en la Historia*, Valladolid, 2009, pp. 107-124. Gonzalo Butrón Prida, «El exilio liberal y afrancesado en el reinado de Fernando VII: un breve estado de la cuestión», en José Luis Casas Sánchez y Francisco Durán Alcalá (coord.), *Los exilios en España (siglos XIX y XX)*, Priego, 2005, vol. 2, pp. 69-83. Fuentes Aragonés, «*Cherchez la femme*», ya citado.

159 No se computan los datos de 1826 porque este año se incluyeron en un apartado los enviados a prisión, reclusión y destierro.

En el Proyecto de 1830 el destierro aparece regulado en los arts. 68 y 69. El límite de su duración se duplica con respecto al tradicional, pues llega a los veinte años; y en cuanto a la exclusión territorial, determinaba que nuca sería inferior a veinte leguas del pueblo del domicilio del reo, del lugar del delito y de Madrid y Sitios reales. El Proyecto de Sainz de Andino regulaba tanto la deportación (art. 50), el extrañamiento del Reino (art. 63), la confinación (arts. 82-84) y el destierro (art. 85), reduciendo el territorio excluido a diez leguas del fijado en la sentencia –provincia, distrito o población–, que debería cumplir en el plazo de veinticuatro horas tras la notificación y acompañado de los dependientes de la justicia hasta el límite que se determinara.

Es fácil comprobar que las tres penas abordadas en este epígrafe se mantienen, pero apenas se imponen[160]. Han perdido tal importancia que van quedando como restos a extinguir del pasado. Incluso puede apreciarse que los tribunales, en cierta medida, dan pasos más claros para su desaparición que el legislador.

4. La reclusión: entre el arresto y el presidio

En estas décadas del siglo XIX la cárcel está considerada en un doble aspecto: sigue siendo lugar de custodia, para lo cual se emplea habitualmente el término arresto; y ese tiempo se puede considerar, en el texto de la sentencia, como una parte de la pena o como la misma pena decretada contra los encausados. Diferente del arresto (cárcel procesal) es la reclusión en una prisión (cárcel punitiva), llámese presidio o galera. La distinción es importante a efectos procesales y a efectos penales.

A) Cárcel procesal: el arresto

Se ha sostenido, y en mi opinión es parcialmente cierto, que la privación de libertad fue paralela al reconocimiento de ésta como «un valor que estaba por encima de todos»[161]. Lo cual es así para los períodos constitucionales, pero no explicaría suficientemente la importancia que adquirió la reclusión en un recinto cerrado durante el siglo XVIII, no solo por la desaparición de las galeras y la transcendencia adquirida por los presidios, sino también por la mentada valoración a efectos de la fijación de la pena en la sentencia.

Una consolidación que no está exenta de dudas sobre la naturaleza de la cárcel. En este sentido, Heredia Bejines, en el discurso de apertura de 1825 en la Audiencia de Valencia, resaltaba que «las penalidades de su custodia,

---

[160] El preámbulo del Proyecto de Código criminal de 1830 afirmaba que «de los destierros y reclusión en castillos y fortalezas se usa poco» (Lasso, *Crónica*, 5-II, p. 139).

[161] Trinidad, *La defensa de la sociedad*, p. 113. Lejos de nuevas construcciones doctrinales, la práctica judicial la venía considerando como verdadera pena.

con arreglo a lo prevenido por las leyes, no les afligieron sino el menor tiempo posible: la prisión sufrida mientras dura el juicio no es una pena, es la obra de la necesidad y no puede estenderse a más de lo que esta exija»[162]. La práctica judicial, sin embargo, venía rompiendo lentamente con la tradición secular de origen romano.

En este desarrollo conceptual de la prisión, dentro del ámbito del Derecho penal regio, jugó un papel esencial la consideración del tiempo en que el acusado estuviera en la cárcel durante la tramitación del proceso como una causa para minorar la pena legal u ordinaria, que debería imponerse[163], hasta configurarse como parte de la pena y, asimismo, como pena *per se*. Evolución que se consolida paulatinamente a pesar de las reticencias que se aprecian en los proyectos de Código criminal, en los que «la cárcel no se considerará jamás como pena, sino como medio de asegurar las personas de los reos y precaver su fuga», como recogía el art. 57 del texto de 1830.

Las condiciones carcelarias, aun cuando se estuviera sufriendo la prisión procesal, eran denigrantes para el preso y nefastas para su familia[164]. Desde las instancias oficiales se llegó a admitir en una ocasión, al menos, estos problemas. Fue el regente Manescau, en su arenga a la Audiencia sevillana, quien lo puso de manifiesto al denunciar la lentitud de los trámites procesales con la consiguiente extensión temporal del arresto, conmovido de «esos desdichados que llegan a desear los improbos trabajos de un presidio, y hasta el último suplicio, por no gemir más tiempo bajo el inmenso peso de las calamidades que en todos los sentido abruman en las cárceles»[165].

La vida de los encarcelados durante el desarrollo del proceso judicial conllevaba sufrimientos concurrentes: estar largo tiempo encerrado en unas condiciones de salubridad y alimenticias desastrosas, la agravación de estar gastando el patrimonio en trámites procesales, abandonando la hacienda y dejando en una lastimosa situación a la familia. Las visitas apenas cumplían con su finalidad[166]. De ello da buena cuenta la *Memoria* sobre la Cárcel Real

---

162 *Discurso* (Valencia) 1825. En otros términos, pero en el mismo sentido *Discurso* (Navarra) 1824.

163 «La estancia en prisión como causa de minoración de la pena», citado. En ocasiones consta explícitamente, todavía en esta época, su valoración como causa para rebajar la condena. ARG, *Sentencias*, 28576, *s.* 5.9.1833 «sobre la violenta muerte dada a Francisco Rielo», en la cual «havida consideración al tiempo de arresto que lleva sufrido don Vicente Ramos Noboa le debemos de condenar y condenamos en ocho años de presidio a uno de los de África». *Ídem, s.* 3.9.1829 que enmienda la del inferior, pues «en atención al tiempo de arresto que lleva sufrido Isabel Arias, entendiéndose dos años de cárcel los cuatro impuestos por el real auto de veinte y ocho de marzo último, aprobatorio de la sentencia del inferior».

164 Ya apreciaba Gutiérrez, *Práctica criminal*, I, p. 293, que «solo la formación de un proceso y una prisión, cual suele serlo en el día, son un grave castigo, no solo para el que se cree culpado, sino asimismo para su triste familia, parientes y amigos».

165 *Discurso* (Sevilla) 1824.

166 En 1812 se realizaba en Coruña de esta manera: «Lo que echa el resto y hace indisputable la grandeza de la Real cárcel, es que los últimos días de audiencia de cada semana tiene la precisa obligación el real acuerdo y sala de señores alcaldes, de enviar una diputación a la real cárcel, a saber cómo está, y si se le ofrece algo; y esta diputación no va como quiera *ad honorem*, sino de todo respeto; precedida de los escribanos de cámara, relatores, abogados, y procuradores; los señores ministros, vestidas las mismas togas que llevarían si fuesen hacer

de Coruña, escrita en 1812 por un conocido liberal gallego, y que sirve para adentrarse en estos padecimientos. Su autor define a la perfección la finalidad de la cárcel: «instituidas para depósito del hombre mientras no se expía de lo que fuere acusado, execrables escuelas del delito»[167]. Detallando su esencia más genuina: «Nadie ignora que por cárcel se entiende un lugar seguro para tener los hombres como en depósito, mientras no se averigua la verdad de lo que fueren acusados»[168]. En suma, lugar de custodia. Y ¿cuáles eran sus consecuencias para los encerrados? Desde luego los padecimientos derivados de un farragoso proceso:

> «La eternidad de nuestras fórmulas judiciales; la corruptela de ser *ad libitum* el término del sumario; y la indispensable plaga de últimas las causas de los pobres, hace más estragos en la sociedad, que acaso harían sueltos los mismos reos. ¿Quántos hombres de bien, que por una casualidad vinieron a la cárcel, corrompió la larga estancia en ella, degenerando en delinqüentes con tal aprendizage? No parezca esto exageración, que la experiencia lo está demostrando diariamente. El dilatado tiempo que se les detiene sin venir al caso; el ocio en que yacen, la miseria y calamidad en que están sumergidos, la compañía y trato con los réprobos, y la hambre y el horror que por todas partes los rodea, les osifica el corazón haciéndole insensible e indiferente al bien o al mal»[169].

La solución pasaría para su autor por asimilar las ventajas del juicio por jurados –no se olvide que se publicó en 1812–, evitando brazos inactivos en la cárcel consumiendo del erario y remediar el destino de aquellos que padecieran sentencias equivocadas. La situación real era otra. De las circunstancias en que vivían los reos aporta suficiente información para conocer su estructura y funcionamiento. La Real de Coruña estaba destinada para reos de consideración. Había sido construida a comienzos del siglo XVIII en la Plaza del Parrote empotrada en la muralla que daba al mar, al tiempo que se levantaba el palacio de la Capitanía general. Su interior, para quien la sufrió y se calculaba que cabrían unos trescientos reos, era desolador:

> «Su entrada obscura y triste, y sus piezas del mismo modo, pequeñas y poco ventiladas. Las rejas, sobre ser como gateras, y estar dobles, tienen unos pontones por adentro que del todo privan la luz y ventilación. Por la casuali-

---

corte al soberano; y todo con tanto aparato y grandeza; que bien se echa de ver la seriedad del asunto, y calidad de quien se obsequia...El mismo Real Acuerdo, en cuerpo y con todo el respeto de que es susceptible, tiene la indispensable obligación de admitir tres visitas cada año a la real cárcel; en que hay que notar dos particularidades dignas de saberse. Una es, que el Real Acuerdo tiene que estar de ceremonia y los habitantes de la real cárcel no, ni siquiera mudan de trage, y la otra que no obstante la satisfacción de estos, y presentarse particularmente, y no en cuerpo, el real acuerdo tiene que pagar cada visita en el mismo día, llueva o vaya sol, sin que por pretexto alguno pueda eximirse», Fandiño, *Memoria*, pp. 25-26. Aun con todo, los arts. 471-483 del Proyecto de Código criminal de 1830 continuaron regulándolas.

[167] Fandiño, *Memoria*, p. 9.

[168] Fandiño, *Memoria*, p. 13.

[169] Fandiño, *Memoria*, pp. 9-10. Exponiendo su propia experiencia: «Triste el alma, y abatido el cuerpo en tal destino, nada más pensé los primeros meses, que molestar con súplicas la superior atención de S. E. los señores de la Real Sala del Crimen, hasta que gastado y molido, llegué a desengañarme que la cosa debe ir por sus pasos contados» (p. 11).

dad con que están repartidas, y calidad de las piezas a que corresponden, puede compararse la Real cárcel a una conejera, pues a excepción de la que apodan Presentado, y la habitación del alcayde que está encima, no hay una que no parezca una madriguera. Tiene dos enfermerías, una para hombres, y otra para mugeres, tan impropias con el nombre en el sentido que se entiende la voz, que más parecen sitios destinados al depósito de momias, que a remendar la pobre vida. Los demás aposentos están reducidos a diez piezas, y quatro calabozos, pues aunque hay otros subterráneos, y dos en el hueco de una gruesa pared, están sellados y prohibidos como execrables a la humanidad.

Así como en las cortes y ciudades grandes hay calles y plazas, que tomaron nombre de los personages que en ellas edificaron o vivieron, del mismo modo las piezas de la Real cárcel tienen los suyos de los sugetos más famosos que las habitaron e hicieron época en sus anales. Así vemos el quarto de Deza, llamado así por los nobles que de esta parte de Galicia vinieron a parar en él. El de Tormentos por ser el destinado a este horror quando se usaban. El de Peña por la larga estancia del caballero de este apellido. El del Frayle por el mismo motivo del tercerón de Mellid. El de Valladares por lo que en él estuvieron los señores de este título. El de Cadenas por ser el que las tiene. El de Casqueyro, por debido honor a este sugeto. El de las mugeres por ser la habitación de ellas. Y a este modo los otros dos que los tienen de los que actualmente los habitan. Los calabozos conservan advocaciones de santos, como señal indeleble de la religión de quien los bautizó. Santa Rita y Santiago son los patronos más conocidos que honran con sus nombres tales zahúrdas.

La capilla en que se dice misa los días que dispone nuestra santa madre Iglesia, solo tiene de bueno excitar la moral consideración de los muchos afligidos que en ella estuvieron agonizando las quarenta y ocho horas que median de la sentencia al patíbulo: por lo demás, mejor parece soportal de una casa que sitio destinado para el culto»[170].

La vida en su interior generaba riñas o robos, pero también permitía el juego, con independencia de que todas estas acciones estaban prohibidas[171]. Al entrar en ella era necesario realizar ciertos pagos: «Págase por el ingreso en la Real cárcel veinte y ocho reales de feudo a su alcayde; tres más de luz el plebeyo al quarto donde vaya; y el noble dos docenas de velas al presentado. Por especial y antiquísimo privilegio se exime de leudar al alcayde, a todo el que nada tenga, pero no de las otras pagas que son irremisibles y de rigurosa exacción hasta vender la camisa... suyos o agenos se le hacen depositar en bolsas, quatro ducados para fondos de la llamada ración diaria»[172]. A quien osara fugarse de la cárcel que dependía inmedia-

[170] Fandiño, *Memoria*, pp. 15-17.

[171] El tono sarcástico no falta: «No puede fixarse el propio carácter de los habitantes de la cárcel, por la irregularidad de sus acciones, y porque en muchas no es fácil averiguar si obran libremente o por necesidad. El luxo, v. g. es desconocido; la embriaguez, muy rara; la sobriedad, laudable; el asesinato, nunca visto; el sufrimiento, exemplar; ¿pero quién creerá que igualmente que estas buenas costumbres, es comunísimo el robo, freqüentes las riñas, continuo el juego, punible el despilfarro; y execrables la ira y la desesperación?», *Memoria*, p. 19.

[172] Fandiño, *Memoria*, p. 20. Sobre la práctica tan prohibida como aceptada del pago de una *patente* o *bienvenida*, Gutiérrez, *Práctica*, I, p. 204.

tamente de la Audiencia, y aplicando su práctica judicial, le llegaría el doble centenar de azotes y diez años de presidio[173].

El autor de la *Memoria* es tajante: «El gobierno de la cárcel, a primera vista, y para el que no se pare a examinarlo; parece monstruoso». Esto era así por la multiplicidad de autoridades que ejercían atribuciones sobre ella: «Su origen emana de la ley; y el poder executivo reside en la Real Sala del crimen, quanto a lo judiciario; en el señor superintendente, quanto a lo económico político; en el señor alguacil mayor, quanto a la población, despoblación y existencia del Estado; y en el alcayde, quanto a todo»[174]. El oficio de alcaide fue oficio familiar, hasta configurar una dinastía[175]. Sin olvidar la potestad y jerarquía que había entre los presos.

Sobre la situación de las cárceles durante el Sexenio tenemos buena noticia por los informes recabados de todas las jurisdicciones, enviados a las respectivas audiencias y cuyo destinatario final fue el Consejo de Castilla, a raíz de la promulgación de la R.C. de 25 de julio de 1814 por la cual se pretendía iniciar un proceso de mejora de estos establecimientos[176]. La informa-

---

173 «El adjetivo real, con que se lisonjea la vanidad de los príncipes, sus fundaciones y establecimientos, aquí es de distinto significado, pues solo tiene de realidad ser más aciago, y para reos de consideración; y por privilegio, doscientos azotes y diez años de presidio al que escale semejante monumento», Fandiño, *Memoria*, p. 13.

174 Fandiño, *Memoria*, pp. 20-21. Con la sorna habitual, agrega: «Quando los señores gobernador del Crimen, superintendente, o alguacil mayor, en particular y cada uno de por sí, gustan disponer, el gobierno entonces es monárquico. Quando lo hace la Real Sala o Real Acuerdo, aristocrático. Quando los presos se aunan a reclamar qualquier fuero o privilegio común, es puramente democrático. Quando el alcayde por sí, y ante sí dispone, mixto de los tres anteriores. Y quando los llaveros como primeras dignidades de la grande sociedad, despótico».

175 «Su nombramiento pertenece al señor alguacil mayor, y la aprobación al real acuerdo. Son siempre sujetos instruidos en su obligación, y capaces de mirar a ojos enjutos el horror más grande. Los principales privilegios y regalías del alcayde, además de los emolumentos que le correspondan; son poder casarse y hacer legítima la prole que tenga durante matrimonio. Segunda las nupcias, si por desgracia o fortuna se le muere la primera consorte. Poder andar cubierto por las calles, plazas, y paseos públicos y privados. Comer por su dinero de lo que quiera y como quiera. Dormir en cama o tablado según le acomode. Sentarse o estar en pie los ratos que no tenga que hacer. Y por este orden otros muchos que sería prolijo referir. Como quiera, en el reyno de Galicia no hay grande, título, ni señor, que tenga tantos esclavos como él, ni a menos costa. Don Ramón Varela, padre del actual, y primero en el orden de los Ramones conocidos, fue alcayde muchos años, y hombre verdaderamente digno de serlo; adicto a sus obligaciones, pasó la vida con tranquilidad y estimación. Don Antonio I, su hijo sucedióle en el mando. De género de las prendas de su padre, y fue depuesto por una omisión de su oficio. Don Carlos I, su hermano, tomó las riendas del gobierno que no supo regir el precedente. Adoptó a su sucesor dividiendo con él el mando. Fue de corto expediente, aunque pacífico y silencioso. Murió en mayo de 810. Don Ramón II quedó solo por la muerte de su hermano. Gobierna felizmente, y es de buenas intenciones», *Memoria*, pp. 29-30.

176 «... que se instruya el expediente oportuno con audiencia de los fiscales del mi Consejo, para que en todos los pueblos, si es posible, y de pronto en las capitales, se proporcionen o construyan edificios para cárceles seguras y cómodas, en donde no se arriesgue la salud de los presos, ni la de las poblaciones, ni la buena administración de justicia, haciéndose los reglamentos convenientes para fijar un sistema general de policía de cárceles, por el que se llenen los objetos de su establecimiento, y los delincuentes no sufran una pena anticipada, y acaso mayor de la que corresponda a sus delitos, o que tal vez no merezcan en modo alguno, y para que estos mismos establecimientos no consuman parte de la renta del Erario, y se destierre la ociosidad en ellos, lográndose que los presos durante su estancia en la reclusión se hagan laboriosos, contribuyan a su manutención, y salgan corregidos de sus vicios, y vasallos útiles».

ción fue estudiada por Bermejo con carácter general[177], aunque con posterioridad se han investigado las de algunas circunscripciones en particular[178]. En 1814 se iniciaron los trámites para el estudio de la situación penitenciaria en España, para lo cual era fundamental reunir cuantas noticias fuera posible a partir de la documentación reunida por chancillerías y audiencias. La recopilación de dicha información fue lenta y variopinta, pues estos documentos, como señala el mencionado historiador del Derecho, «no guardaban orden ni relación entre sí». A partir de la información original se hicieron copias y resúmenes, haciendo hincapié en las cárceles de las localidades más importantes o con mayor densidad de población. Los fiscales del Consejo ratificaron en su informe la deplorable situación existente en estos recintos, pues al haber cárcel en la mayor parte de los pueblos y ciudades las diferencias entre unas y otras eran importantes, puesto que no existía una política carcelería sino lugares de reclusión seculares. Una vez conocida la situación se elaboraron propuestas de mejora, «bajo la idea de que muchas de las pretendidas innovaciones venían de atrás, por más que no hubieran encontrado la oportuna aplicación». El informe de los fiscales se reflejó en la consulta del Consejo de octubre de 1818.

En Valencia, como recoge Bermejo, casi la mitad de la población contaba con cárceles en buenas condiciones, pero no albergaban ningún preso y en otras las deficiencias derivaban de su capacidad o insalubridad. La solución para el fiscal era mejorar las cárceles de la capital y principales poblaciones, la corrección de sus deplorables condiciones y la separación entre presos. Cualquier población carecía de cárcel «segura, sana, dotada y con las proporciones que son regulares». El principal obstáculo para su remedio, como resulta obvio, era la dotación económica. Los presos se sostenían de la limosna y en muchos lugares eran edificios «reducidos e inútiles, sin ventilación y muchas de sus estancias calabozos subterráneos, húmedos y hediondos». Las Torres de Serranos albergaban de ordinario alrededor de doscientos presos; mientras que la casa galera que estaba prevista para cincuenta mujeres acogía a cerca de un centenar; y solo las cárceles de San Narciso se consideraban buenas, teniendo capacidad para trescientos presos en invierno y doscientos en verano[179].

---

[177] Bermejo Cabrero, «Tormentos, apremios, cárceles y patíbulos», ya citado. Con carácter más general, Pedro Fraile, *Un espacio para castigar. La cárcel y la ciencia penitenciaria en España (siglos XVIII-XIX)*, Barcelona, 1987. Sobre otras propuestas, José Enrique García Melero, «Proyectos de cárceles en la Real Academia de Nobles Artes de Madrid (1826-1853)», *Espacio, tiempo y forma. Historia del Arte*, 14 (2001), pp. 147-188. Fernando J. Burillo Albacete, *El nacimiento de la pena privativa de libertad*, Madrid, 1999.

[178] Por ejemplo, en Merinero Marín, *La Audiencia de Extremadura y el sistema penitenciario*, ya citado.

[179] Con mayor detalle en Serna Alonso, *Pobres y presos*, pp. 130-132. Véase también Juan Manual de la Vega y Rodríguez, *Breve discurso acerca de la necesidad y ventajas del naciente establecimiento de la Excelentísima ciudad de Valencia llamado Casa de Probación de jóvenes arrepentidas*, Valencia, 1835, donde planteaba una cruda realidad: «Por otra parte nadie ignora que la Real Casa Galera de esta ciudad, es como un presidio destinado a purgar en él sus crímenes las mugeres, las cuales acabado el tiempo de la condena que señalan las leyes, son puestas en libertad. ¿A dónde irán entonces? El solo hecho de haber estado en la galera

En el territorio aragonés solo figuraban tres poblaciones con cárceles en condiciones, sobre todo las de la capital, donde existía además una casa galera para cerca de un centenar de mujeres procedentes también de Navarra y las provincias vascas[180]. Similar descripción se encuentra en Mallorca, donde la real de Palma era la que se encontraba en mejores condiciones.

En el territorio de la Audiencia de Cataluña las diferencias se producen incluso entre grandes poblaciones, contrastando la situación de la de Barcelona con la de Gerona, donde los presos estaban recluidos en un convento[181]. A estas deficiencias se añadía la situación de las cárceles de poblaciones que habían sido de señorío, donde la realidad era todavía más calamitosa. La Sala del crimen de la Audiencia de Cataluña daba cuenta en 1819 de «estar llenos de presos rematados los depósitos de la Ciudadela y Monjuich y haber además un crecido número de ellos en las cárceles, que no son admitidos ya en aquellos depósitos». Solicitaba, en consecuencia, los fondos necesarios para conducirlos a sus destinos, «cuya libertad puede comprometer la seguridad y tranquilidad de los que declararon en sus causas; y retraer a los demás de verificarlos en otras, inutilizándose así el descubrimiento de los delitos y su castigo». A su vez, los gobernadores de los presidios rechazaban admitirlos por falta de caudales. Por ello se dictó la orden para que el Ministerio de Hacienda facilitara el caudal necesario para dar solución a ambos problemas. No obstante, el intendente de Cataluña negaba que no hubiese disposición de facilitar fondos para enviar remesas de presidiarios a Málaga, pues el problema económico se solventaba «una vez que se hallan los presidiarios fuera del depósito en el qual resultan otros tantos de menos a devengar». En realidad los obstáculos se centraban en que «faltando tropa para el más indispensable servicio de las plazas y del cordón de sanidad se ha tocado siempre el inconveniente del gran vacío que iba a producir en aquellas importantísimas atenciones la saca de partidas para escolta». Lo cual no había impedido enviar en los siete meses que van desde febrero a septiembre de dicho año 260 rematados, «bien que aunque fuese mayor, no

---

lleva consigo nota de infamia pública, por la que de ordinario son excluidas de la entrada en los establecimientos piadosos y aun de las casas particulares para el servicio. Tampoco se atreven a regresar al pueblo de su naturaleza, y no pocas veces sus mismos parientes se niegan a recibirlas» (p. 14).

180 Mónica Vázquez Astorga, «Establecimientos penitenciarios en Zaragoza en el siglo XIX», en *Revista de Historia Jerónimo Zurita*, 87 (2012), pp. 313-338, en particular pp. 330-331. En 1820 la cárcel municipal de Zaragoza continuaba sin reunir las necesarias condiciones de salubridad y seguridad. Asimismo da cuenta de que las sentencias de muerte se ejecutaban en la misma plaza en la que se vendían los abastos, por lo que en 1827 se pensó trasladar el patíbulo a otro lugar más conveniente para la salud pública.

181 En Gerona existían importantes problemas en la manutención de los presos, expuestos por el gobernador de aquella ciudad en mayo de 1819, en cumplimiento de la O. del Consejo de Castilla de 12 de enero que ordenaba elaborar un plan conveniente para solventarlos sin recargar a los pueblos de impuestos, ni asignar una cantidad fija para un dispendio variable, pero que «fuese bastante a la subsistencia del crecido número de encarcelados que hoy tenemos». Denunciaba lo perjudicial que eran los arbitrios a los pueblos, «en razón de que muchos justicias se desentendían de aprender los malhechores a cambio de no recargar al vecindario con el costo de la manutención». ACA, Real Audiencia, Cartas acordadas, Registros 1276, ff. 36-388.

se verían libres las cárceles de haber de contener algunos como se ha verificado hasta aquí y es preciso que suceda recayendo esta separación en aquellos que por haber sufrido pena infamatoria de azotes alarma su vista a los demás confinados que se desdeñan de alternar con ellos, de que han nacido alguna vez alborotos y desastres dentro del depósito»[182].

En Galicia, ya conocemos la descripción de la cárcel real coruñesa. Pero lo que caracteriza las cárceles de este territorio deriva de la multiplicidad de jurisdicciones, por lo que el número de cárceles era tan numeroso, como también la lamentable situación de la mayoría de ellas por diferentes motivos. Bermejo destaca, y así lo puse de manifiesto en otros trabajos, como un rasgo importante de las jurisdicciones gallegas la participación de los vecinos en la custodia de los presos, lo que les generaba un grave detrimento en el caso de tener que vigilar y trasladar a cárceles seguras a cualquier arrestado. No obstante, resalta «los planteamientos reformistas de los fiscales», que reclamaban una nueva planta que evitara los perjuicios a los vecinos convertidos en custodios por decisión de las justicias, las continuas fugas de presos y las represalias sobre aquellos. Reclamaban, incluso, el establecimiento de casas de corrección e incluso de hospicios. La Sala del crimen gallega incidió en la deficiencias de la administración de justicia por ejercerla personas sin instrucción, algo ya denunciado por Vizcaíno Pérez, y la necesidad de afrontar una distribución carcelaria que permitiera el establecimiento de nuevas cárceles conforme a las ideas existentes en Europa, aunque los arbitrios para ello no existieran. En 1826 se propondría la creación de una casa-galera en Santiago[183].

De la información de la Chancillería de Valladolid, Bermejo resalta que de más de mil doscientos lugares con cárceles, solo 167 las tenían en buen estado. La Sala del crimen se dirigió a las justicias en mayo de 1817 para recabar la pertinente información, debiendo responder a un formulario que ha estudiado Pérez Álvarez para las provincias de León, Zamora y Toro[184]. Se requerían datos sobre los edificios, los oficiales encargados de la custodia y la atención a los presos. Con respecto al primer aspecto, se alega la destrucción de algunas cárceles durante la guerra y su estado ruinoso o de abandono, adoleciendo la mayor parte de notables deficiencias en su seguridad. En poblaciones pequeñas se podía habilitar cualquier edificio como cárcel circunstancial, para luego trasladar al preso a otra cercana y más segura. Las principales eran las situadas en las capitales mencionadas y la de Astorga, seguidas de aquellas poblaciones que eran la cabecera de alguna jurisdicción y, por último, las de algunos pueblos de las zonas rurales. En Zamora se había

---

182 ACA, Real Audiencia, Cartas acordadas, Registros 1276, ff. 641-643.

183 Además, en ese año la Audiencia solicitó la creación de una casa-galera para mujeres, argumentando que al enviarlas a la cárcel «se vuelven peores y ociosas... sumidas en la desnudez y miseria», en Baudilio Barreiro Mallón y Ofelia Rey Castelao, *Pobres, peregrinos y enfermos: la red asistencial gallega en el Antiguo Régimen*, Santiago de Compostela, 1999, p. 90, con cita de María Luisa Meijide Pardo, *La mujer de la orilla: visión histórica de la mendiga y prostituta en las cárceles, galeras de hace dos siglos*, Sada, 1996.

184 «Arquitectura carcelaria y presos en las provincias de León y Zamora a comienzos del siglo XIX», en *CHD*, 12 (2012), pp. 205-231.

establecido una casa galera desde en 1767, aunque con posterioridad se habilitó para la corrección de las mujeres una zona en el Hospicio[185]. Entre las primeras, salvo la zamorana, las restantes sufrían el paso de los siglos y sus deficiencias eran proporcionales a su inseguridad y a la facilidad para fugarse, lo que se constataba en un buen número de ellas y se consideraban ineficaces para albergar presos peligrosos. La falta de capacidad suficiente era otro de los problemas detectados. La custodia era otra de las principales deficiencias que se apuntaban, pues solo unas pocas contaban con un alcaide remunerado, asumiendo las funciones de custodios o las justicias o algún vecino desfavorecido. La situación de los presos era deplorable, tanto por las condiciones de los edificios, como la duración de su estancia y los problemas existentes para su manutención, a los que habría que unir el abono de diferentes cantidades ilegales o los enfrentamientos entre ellos.

En la Chancillería de Granada se observa parecida desigualdad a la de otros territorios, destacando por su importancia, capacidad y población recluida las cárceles de Almería, Córdoba y la propia capital, seguidas de las ubicadas en las cabeceras de los partidos y siendo deficiente en otras poblaciones. La Audiencia sevillana puso de manifiesto las diferentes condiciones entre los calabozos de su cárcel real, aunque los principales problemas derivaban del nombramiento del alcaide y la corrupción que era su consecuencia, pues la situación de los presos dependía del abono de ciertas cantidades. En Canarias las deficiencias provenían de la falta de jueces y de cárceles. La Audiencia de Asturias no conocía cárcel segura en su territorio. En Extremadura, las principales cárceles eran las de Badajoz y Mérida con alrededor del centenar de presos, aunque del resto la Audiencia puso en tela de juicio la información recabada e incidió en la lamentable situación de los encarcelados[186].

Bermejo dedica especial atención a la información relativa a la Real cárcel de Corte y a otras madrileñas, sobre las que se presentaron propuestas de reforma en cuanto al edificio y su personal. La cárcel de Corte junto con la cárcel de la Villa, dependiente del concejo, eran los establecimientos carcelarios tradicionales. En el resto del territorio dependiente de la Sala de alcaldes de Casa y Corte existían algunas cárceles donde habitualmente solo se hallaban presos por hechos de poca consideración. Respecto de la población reclusa en las cárceles madrileñas, al abordar en el epígrafe anterior la relación entre presos y ajusticiados en la Corte, hemos visto que por sus dos cárceles pasaban anualmente unos dos mil presos, bajo la vigilancia de una escasa dotación de personal y con otros inconvenientes de personas que

---

[185] Alberto Martín Márquez, «La Casa Galera y fábrica de paños de Zamora: ejemplo de beneficencia eclesiástica en el siglo XVIII», *Anuario del Instituto de Estudios Zamoranos Florián Ocampo*, 11 (1994), pp. 481-508. María Isabel Galicia Pinto, *La Real Casa Hospicio de Zamora. Asistencia social a marginados (1798-1850)*, Zamora, 1985.

[186] Juan Carlos Galende Díaz, «Las cárceles extremeñas durante el s. XIX», en *Revista de Estudios Extremeños*, 46-3 (1990), pp. 631-654. Merinero Martín, *La Audiencia de Extremadura y el sistema penitenciario*, ya citado.

también realizaban tareas en ella[187]. El hacinamiento propició los enfrentamientos entre los presos, que provocaron algunas muertes violentas[188]. Podemos apreciar las variaciones anuales de esas cifras en el siguiente gráfico.

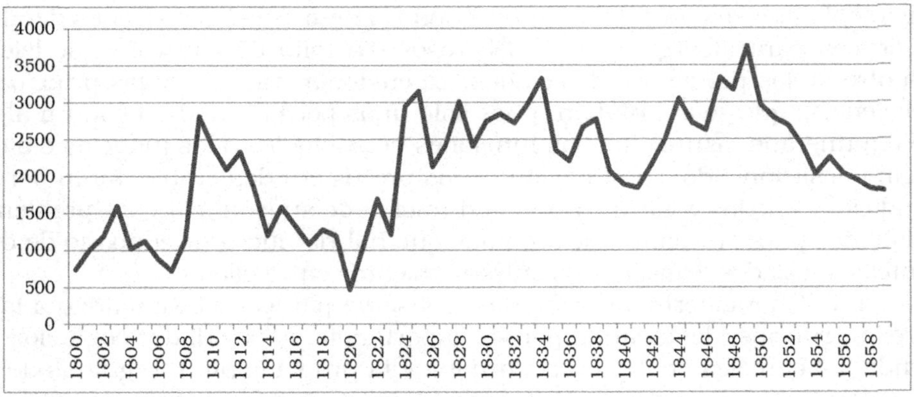

Esta información incidió en las cárceles existentes que funcionaban no como lugares de cumplimiento de condenas, sino como cárceles procesales en las que los reos padecían durante la tramitación de la causa y esperaban el veredicto. Las reformas no llegaron a estos establecimientos durante el reinado de Fernando VII y la situación continuó deteriorándose. En 1831 el quebranto de la cárcel de las Torres de Serranos se considerable irreversible, pero dos años después todavía no se había solucionado el problema[189].

Por lo expuesto, no puede extrañar, tras leer las páginas de la citada *Memoria*, la importancia jurídica dada a este arresto procesal en las sentencias de la Sala del crimen de Galicia, al valorarlo como causa para templar los castigos, al menos desde las últimas décadas del siglo XVIII. Lo que se aprecia en las sentencias de los alcaldes del crimen gallegos, y creo que del resto de tribunales durante período aquí estudiado, es que el arresto es más que un lugar de custodia, sin que durante la tramitación del proceso se considere como pena. Desde luego que no puede configurarse, por mucho que se repita en la historiografía, como una prisión preventiva, expresión que nunca aparece en la documentación judicial. Es solo en el momento de dictar sentencia cuando ese tiempo de arresto se convierte en parte[190] o en el todo de

[187] Robert, *El Saladero de Madrid*, pp. 153-155.

[188] Varios reos fueron condenados a la horca por: en julio de 1824 Juan Blanco por «homicidio en la persona de Juan Bautista Lafranco, cometido en el patio grande de la Cárcel de Corte, donde se hallaban presos y procesados por distintos delitos»; Antonio Erao, en 1826, «procesado por ladrón, hirió gravemente a Celestino López, preso en la Cárcel de Villa, de cuyas resultas murió»; Juan Antonio Rodríguez en agosto de 1831 por «haber asesinado alevosamente a su compañero de prisión Gregorio Martín Cabello», siendo además arrastrado y descuartizado por reincidente, en Morales Sánchez, *Historia del Saladero*, II, pp. 462, 521 y 594.

[189] Serna Alonso, *Presos y pobres*, p. 140.

[190] ARG, *Sentencias*, 28499, *s.* 15.3.1814 sobre robo contra varios individuos, uno de los cuales, teniendo en consideración el arresto sufrido, fue condenado en dos años de presidio en Ceuta. *Sentencias*, 28576, *s.* 3.9.1829, «sobre amancebamiento con José González», que «en

la pena impuesta[191], bajo las fórmulas *entendiéndose, imputando* o *declarando*. Esta imputación se concreta en algunas sentencias como una parte de la pena[192]. Se justifica esta decisión, incluso de forma explícita, por los padecimientos había sufrido el sentenciado durante su arresto[193].

El paso por la cárcel durante el desarrollo del proceso sirve también para purgar la culpa, bien proceda de un hecho probado, bien de las sospechas que dieron lugar a su incoación[194]. Quizá por esto, en algunos fallos

---

atención al tiempo de arresto que lleva sufrido Isabel Arias, entendiéndose dos años de cárcel los cuatro impuestos por el real auto de veinte y ocho de marzo último, aprobatorio de la sentencia del inferior». *Ídem, s.* 10.11829 «sobre el rovo echo en el lugar de Sezes y otros varios», en la que abiertamente con respecto a dos reos condenados a las obras de Coruña, «ymputándoseles por parte de pena el arresto que llevan sufrido», como también a dos mujeres condenadas a varios meses de cárcel, imputando por parte de pena la prisión que han sufrido. *Sentencias*, 28579, *s.* 16.11830, «sobre el allazgo de un niño enterrado en el pórtico de la iglesia de san Pedro de la Villa de Vivero»: «por lo que resulta y imputando por parte de pena el arresto que lleba sufrido María Vizoso, y entendiéndose ocho los diez años de cárcel impuestos a la misma, debemos de confirmar y confirmamos con las nuevas costas la Real sentencia de nuebe de julio del año próximo pasado». *Ídem, s.* 19.10.1830, «sobre la vida escandalosa de la Manuela Fernández»: «Imputando por parte de pena el arresto sufrido por Manuela Fernández, José Sánchez y Josefa Vermúdez, su muger, debemos de condenar y condenamos a la Manuela Fernández en seis años de cárcel en la de su domicilio...». *Sentencias*, 28576, *s.* 23.4.1831 «sobre la muerte de Roque González» en la cual en atención al arresto sufrido por Blas Romero le absuelven de la instancia y a Manuela Rodríguez se le da por pena la prisión sufrida.

[191] ARG, *Sentencias*, 28499, *s.* 23.11819, contra un menor al que se condena «en un año de arresto que sufra en la cárcel de dicha ciudad, y en todas las costas de la causa... entendiéndose que pueda redimir el año de arresto aprontando cien ducados de multa en las bolsas de penas de cámara y gastos de justicia del Tribunal». *Sentencias*, 28576, *s.* 22.12.1827, contra Francisca Sánchez «sobre juegos prohibidos», castigada en vergüenza, «en dos años de arresto en la cárcel donde se halla, contados desde el día de su prisión, cumplidos los quales salga desterrada». *Ídem, s.* 2.9.1830 sobre haber insultado a su padre, desafiándole con un cuchillo, por la que fue condenado en seis meses más de arresto. *Ídem, s.* 22.9.1831 «sobre rovo de un paraguas», en la cual «teniendo en consideración el arresto sufrido por María Ángela Blanco, devemos de condenar y le condenamos en dos meses más de cárcel en la pública en que se halla».

[192] ARG, *Sentencias*, 28499, *s.* 11.12.1816 que confirma la sentencia del juez inferior de 16 de junio de 1813, «entendiéndose los días de cárcel que se imponen a los en ella comprendidos la multa de diez ducados a cada uno». *Ídem, s.* 15.4.1819 «sobre robos» en la que imputan a uno de los acusados «en parte de pena, la larga prisión que sufre, de la que le pongan en libertad». *Ídem, s.* 18.3.1829, en la que imputan a Antonio Dolayo, en parte de pena, el tiempo que lleva sufrido en la cárcel de la que se le ponga en libertad. *Sentencias*, 28576, *s.* 10.2.1829, por «ynsultos echos al tiempo del sorteo de la Quinta», en la que «ynputándole por parte de pena la prisión sufrida a Josef González, el menor, debemos de condenarle y le condenamos en la multa de quarenta ducados en la forma ordinaria, los que no aprontando al término de un mes sufra dos de cárcel en la de la capital». *Ídem, s.* 10.1.1829 «sobre el rovo echo en el lugar de Sezes y otros varios», a Francisca Rodríguez de Cota en cuatro años de cárcel, a Dominga de Prado en seis meses y a Andrea Bernadal en cuatro en la de Lugo, imputando a las dos últimas por parte de pena la prisión que han sufrido, e igualmente se imputa por pena a Josefa Díaz y Beatriz Ortas la prisión sufrida.

[193] ARG, *Sentencias*, 28499, *s.* 8.10.1814 en la cual se dispone que la pena impuesta Rosa Arias y Catalina Márquez se entienda de dos años de cárcel; mientras que a Romualdo Álvarez, Cayetana Rodríguez, su mujer, y Benita Álvarez, su hija, se les da «por bastante pena el largo arresto e incomodidades que han sufrido por la formación de la presente causa».

[194] ARG, *Sentencias*, 28499, *s.* 12.5.1814, en la que al reo se le impusieron dos años de presidio en Ferrol, «teniéndose en consideración el arresto que ha sufrido», y a otro se le puso en libertad «considerándole suficientemente purgado de la complicidad en esta causa con el arresto que ha sufrido». *Ídem, s.* 12.11.1814 se declara por suficiente el arresto sufrido en la pública

judiciales se indica que no es toda la pena que correspondería imponer, pero es bastante[195].

El inicio del cómputo temporal de la condena se presenta, desde el punto de vista práctico, como un sustancial aspecto cualquiera que fuera la modalidad de reclusión. El asunto no es baladí, considerando el tiempo que podía transcurrir entre las sentencias de instancia, vista o revista, e incluso la notificación a los reos. No en todas las sentencias surge este apunte. De aquellas en las que explícitamente se detalla podemos entresacar diferentes fórmulas que generan de nuevo un notable casuismo:

- La más beneficiosa para cualquier reo era que se computara la duración temporal desde el momento en que fue arrestado[196], es decir, prácticamente desde la incoación de la causa. Hay que considerar que la pena impuesta es un arresto, por lo que significa alargar su estancia en el lugar de custodia durante el proceso[197].
- Comenzar a computar desde el momento en que se dictó sentencia por el juez inferior, lo que podía suponer, habida cuenta del tiempo transcurrido hasta que la Sala se pronuncia por primera vez, que la condena estuviera casi cumplida, o hubieran transcurrido varios meses[198].
- Iniciar el cómputo desde la fecha de la notificación de la senten-

Coruña «para purgar las sospechas que han dado lugar a la formación de esta causa». *Ídem, s.* 12.6.1819 en la que los alcaldes del crimen declaran «aver purgado suficientemente Francisco López, Juan Olbe y José Fernández los indicios porque fueron procesados con el largo arresto que llevan sufrido de él, que se les ponga inmediatamente en libertad», apercibidos.

195 ARG, *Sentencias*, 28499, *s.* 27.9.1814, en la que, para los dos reos, "declaramos por pena bastante el arresto que han sufrido Benito Martinez y Antonio González, alias Canaleta, a quienes se les ponga en libertad», apercibidos. *Ídem, s.* 8.10.1814, en la cual a varias procesadas se les da «por bastante pena el largo arresto e incomodidades que han sufrido por la formación de la presente causa». *Sentencias*, 28576, *s.* 9.8.1827, «sobre malos tratamientos echos a Juan Gila», entendiéndose por bastante pena el arresto sufrido por José del Río y Juan Cordero. *Ídem, s.* 4.2.1830 «por sospechosos de ladrones», en la cual a un reo «ymputándole como le imputamos por parte de pena el arresto sufrido le condenamos en seis años al propio presidio». *Sentencias*, 28581, *s.* 4.6.1831, en la que se imputan a dos reas «por pena bastante el arresto que llevan sufrido».

196 ARG, *Sentencias*, 28499, *s.* 25.4.1816, que confirma la sentencia del corregidor de Betanzos de 7 de septiembre de 1815, entendiéndose la pena de presidio impuesta a Florencio Liñares «desde el día de su arresto». *Sentencias*, 28576, *s.* 14.4.1831, contra José García por «haver intentado rovar un paraguas y un bastón al señor don Diego Alcalá Galiano oydor de esta Real Audiencia cometiendo otros excesos», que enmienda la de vista de 29 de octubre de 1829, condenándole en seis meses de cárcel contados desde el día de su arresto.

197 ARG, *Sentencias*, 28576, *s.* 22.12.1827 contra Francisca Sánchez «sobre juegos prohibidos»: «y en dos años de arresto en la cárcel donde se halla, contados desde el día de su prisión».

198 ARG, *Sentencias*, 28499, *s.* 15.3.1814, contra Joaquín Baquero, Fernando Garcia, Antonio Fariñas, Santos Blanco y otros, en la que a uno de los condenados «se le conmuta el servicio a las armas en que viene condenado por el inferior, en quatro años de presidio en el Ferrol los que deverán contarse desde seis de mayo de ochocientos once en que se dio la sentencia por aquel». *Ídem, s.* 25.5.1816, que confirma la dada por la justicia de San Esteban de Rivas de Sil el 8 de mayo de 1811 con respecto a Alberto Vázquez, entendiéndose la pena de presidio en ella impuesta desde el día de su pronunciación.

cia, máxime si no había transcurrido mucho tiempo y el reo no había recurrido[199].

- Calcular el inicio de la condena impuesta desde la fecha de la sentencia de vista dictada por la Sala del Crimen, o desde la interposición del recurso de suplicación[200].
- También podía optarse por el criterio negativo, esto es, descontar el tiempo que llevara en la cárcel del total de la condena[201].

Este problema se llegó a plantear en el Consejo de Ministros. En la sesión de 29 de mayo de 1827 se resolvió el conflicto entre la Secretaría de Guerra y la de Gracia y Justicia a raíz de una real orden expedida por esta última «para que los comandantes de los presidios no den sus licencias a los confinados, sin que hayan cumplido todo el tiempo de su condena y para que no se cuente este, como es costumbre, desde el día en que se pronuncia la sentencia si no desde el día en que se entrega testimonio de ella al Juzgado de rematados». El Consejo, a pesar de lo expuesto, considerando «que algunos infelices sufren una larga detención en las cárceles desde que se les intima la sentencia hasta que se entrega el referido testimonio, y que no es justo les resulte este asunto de pena», acordó proponer al rey que no se llevase a efecto la mentada real orden[202].

La estancia procesal en la prisión generaba también a las autoridades sustanciales problemas para mantener por la falta de una política carcelaria acorde con el sistema penal existente. En primer lugar a las instituciones municipales, que padecían en sus arcas la situación y acumulación de presos. Valga de muestra, por ejemplo, el oficio de la Sala del crimen de Galicia, datado el 13 de mayo de 1829, para que las justicias cuando condenaran presos a la cárcel real de Santiago pagaran dos meses adelantados de socorro y dieran fianza de continuar haciéndolo[203].

Más grave fue el reiterado hacinamiento en las cárceles de reos por sentenciar y reos rematados a la espera de marchar a su lugar definitivo de cumplimiento. Buen ejemplo de estos problemas es Madrid, donde sus

---

[199] ARG, *Sentencias*, 28499, *s.* 6.12.1814, que confirma la sentencia de la Justicia de Santiago de 16 de julio de 1814, «entendiéndose empezar a cumplirla desde que esta nuestra sea notificada, y la sobredicha justicia remita inmediatamente a la cárcel real al reo Pedro Antonio César para pasar a su destino».

[200] ARG, *Sentencias*, 28499, *s. r.* 19.8.1814 entre Cayetano de Barcia y Francisco Salgado con Juan Bautista Fernández y el fiscal, que confirma la pronunciada en vista el 10 de enero de 1814, «entendiéndose contados los quatro años de presidio impuestos a Cayetano Barcia y los tres a Francisco Salgado desde el referido diez de enero, y la justicia de San Miguel de Melias remita a la cárcel real con el seguro necesaria la persona de Francisco Salgado y venida que sea se pasen al juzgado de rematados los testimonios de su condena, lo propio que se verifique de luego a luego en quanto a Caietano de Barcia». *Sentencias*, 28576, *s.r.* 9.10.1830, que enmienda el real auto de 18 de septiembre de 1829 dictado contra José Arias, «sobre averiguación de dos estupros con dos jóvenes de tierna edad», en la que «teniendo en consideración el tiempo que lleva de arresto desde que interpuso el recurso de suplicación, devemos de condenar y condenamos a José Arias en tres años de obras públicas».

[201] ARG, *Sentencias*, 28576, *s.* 20.2.1830 contra Luis Cadaval por «haber dado una puñalada a Pelayo Martínez», en virtud de la cual se revoca la del alcalde mayor de Noya de 16 de agosto de 1829, condenándole en un año de cárcel «con descuento del tiempo que lleva sufrido».

[202] *Actas (1826-1827)*, p. 197.

[203] AMCo, *Municipal*, caja 6665.

cárceles estuvieron atestadas durante estos años a la vista de las numerosas dificultades que se plantearon a las autoridades[204]. Los problemas del hacinamiento y la falta de seguridad de los reos motivaron la orden del Secretario de Gracia y Justicia de 7 de enero de 1815, trasladada a la Sala de alcaldes el 18, con el fin de obligar a los alcaides de las cárceles de la Corte a cumplir con sus obligaciones y evitar los desórdenes que en ellas se observaban: «permitiendo a todas horas la entrada y salida de gentes de ambos sexos y de todas clases, las varias conversaciones poco decorosas y francachelas que tienen con los presos, el ningún recogimiento que se adbierte en ellos mui impropio del estado en que se encuentran, y lo demás que públicamente se ha reparado y que han devido evitar los alcaydes en cumplimiento de sus encargos»[205]. Tres días después compareció el alcaide de la cárcel de Corte ante el gobernador de la Sala. Con la información obtenida, el gobernador respondió que, en cumplimiento de lo ordenado, «sin embargo de no haberse advertido en la cárzel de Corte por mí, ni los alcaldes que concurren con frecuencia y a todas horas del día, y noche, los abusos que expresa la soberana resolución, ha hecho entender ésta al alcaide, quien me pidió le permitiese hacer su exposición por escrito acerca del orden, policía y tranquilidad que se observa en la cárzel que está a su cargo... Aseguro a V.E. que en la cárzel de Corte no se han cometido semejantes abusos, y no obstante vigilaré, y celarán los alcaldes para impedir que los haya».

No tardó en reproducirse el problema, si es que llegó en algún momento a solucionarse. En mayo de 1817 se ordenó que se enviara el menor número de presos a la cárcel de Corte hasta que saliera la cadena de presidiarios camino de su destino[206]. En el testimonio que origina esta decisión se señala que dicha cárcel «está sumamente recargada pues pasa de 300 el número de los que hay en ella». Con intención de agilizar los procesos y su ejecución, el gobernador de la Sala de alcaldes había dispuesto que se le remitiera una lista de los presos que se hallaran en ella, sus delitos y estado en que se encontrara la tramitación de su causa y si se inició de oficio o a instancia de parte[207]. Dos años después se buscaban otras salidas, incluso para delincuentes sentenciados a los que se destina a unas cárceles saturadas. En este sentido, la R.O. de 22 de marzo de 1819 dispuso que los reos de contrabando no fueran destinados a los hospicios o casas de misericordia, «supuesto que mejorando el sistema de policía de cárceles pueden en ellas ser útiles para sí y para el Estado»[208].

---

204 Por ejemplo, O. del presidente del Consejo de Castilla de 1 de enero de 1815 por la que se hace preciso desahogar las cárceles de presos, requiriendo la remisión de una lista con los rematados a presidio para disponer la salida de una cadena con la posible brevedad, AHN, Consejos, lib. 1404, exp. 104.

205 AHN, Consejos, SACC, libro 1405, exp. 35.

206 AHN, Consejos, lib. 1408, exp. 10.

207 AHN, Consejos, lib. 1408, exp. 119. Se incluyen los presos a disposición de la Sala, los presos por cárcel segura, rematados y rematadas por aquella, rematados a distintos destinos, etc.

208 La C. de 25 de noviembre de 1817 había destinado a los hospicios a los reos de contrabando, aunque se buscaba ahora «que los criminales no se confundan con los inocentes recojidos en los hospicios o casas de misericordia donde no exista departamento particular de co-

Es difícil determinar el número exacto de presos en las cárceles que dependían directamente de los tribunales. Más arriba quedaron recogidas las cifras de los presos en las dos cárceles de Madrid, la de Corte y la de la Villa[209]. Con respecto a la primera, los datos de 1828 y 1831 permiten apreciar ese movimiento a partir de los ingresados en dicha cárcel.

	1815	1827	1828	1830	1831	1832	1833
Ordinarios por causas	1.060	1.710	2.034	1.630	2.470	2.714	2.646
Civiles por deudas	1	0	0	0	1	0	0
De comisiones	388	483	525	1.102	127	180	599
Por cárcel segura	11	7	20	51	38	2	6
Total	1.460[210]	2.200	2.579	2.783	2.636	2.896	3.251

	1815	1827	1828	1830	1831	1832	1833
Enero		186	297	320	252	391	293
Diciembre	295		239		391		
Por Sala		96	131	166	171	171	190
Por cárcel segura		4	9	14	18	6	6
Por Policía		20	2	3	24	18	26
Por el capitán general		26	9	8	2	2	4
Por varias comisiones		151	88	61	176	96	385
Total		297	239	252	391	293	611

A pesar de estos números, se aprecia cierta agilidad en la resolución de la situación de los presos teniendo presente la cifra de los existentes en enero y diciembre de cada uno de los citados años y la autoridad que dictó su encarcelamiento.

El mismo problema de hacinamiento se extendió por recintos civiles y militares en ambas etapas. A la aglomeración se unía la falta de manutención. En la cárcel real de Santiago se produjo también la acumulación de presos. Diego Alcalá Galiano, como presidente de la Junta de caridad y superintendente de dicha cárcel, había alertado al Real Acuerdo en diversas ocasiones desde junio de 1827 sobre «las funestas consecuencias que pueden resultar del escesivo número de presos con que se halla recargada

rrección... en la opinión de S.M. podría mejorarse el sistema de policía interior de cárceles, introduciendo en ellas algunos ramos de industria, en términos que pudieran contribuir los presos a su propia y menos infeliz subsistencia con el trabajo corporal, y adquirir los hábitos de laboriosidad que tanto influyen sobre las costumbres, convirtiendo unos hombres nocivos en hijos útiles al Estado».

209 El estado de 1815 en AHN, Consejos, lib. 1406, exp. 158. Los de 1817 y 1828 en los *Discurso* del Gobernador de la Sala de 1818 y 1829. Los de 1826 y 1831 en *Gaceta* 20/11/1827 y 14/02/1832. Los de 1827, 1830, 1830 y 1832 en Pablo Gafas, *Justicia, Gobierno y Policía*, p. 626. Vid. Francisco Lastres y Juiz, Francisco, *La cárcel de Madrid (1572-1877)*, Madrid, 1877. Pedro Trinidad Fernández, «La reforma de las cárceles en el siglo XIX: las cárceles de Madrid», en *Estudios de Historia Social*, 22-23 (1982), pp. 69-188.

210 Se agrega en Nota que: «En este año se han conducido veinte y tres reos a otras cárceles. Ha fallecido en esta uno. Se han recogido cinco cadáveres a quienes se ha dado sepultura en la eclesiástica». AHN, Consejos, lib. 1406, exp. 158.

la cárcel Real», cuya solución pasaba porque las justicias de los pueblos no resultaran «morosas en concurrir con el socorro necesario para la manutención de aquellos». El citado órgano de gobierno emitió un real auto el 16 de octubre de 1829 autorizando el citado oidor y presidente de la Junta, en representación el Acuerdo, para que en su condición de superintendente dictara las providencias más enérgicas para que las autoridades municipales morosas hicieran efectivo «el preciso apronto de alimentos, y socorros debidos a los pobres presos de dicha Real cárcel»[211].

Dictada la sentencia se iniciaban los trámites para salir de la cárcel, casi siempre a otro lugar de reclusión[212]. El cumplimiento de las penas en recintos cerrados se va a consolidar como el eje central del régimen punitivo durante estos años[213]. El presidio para hombres y la galera para mujeres, se imponen por jueces y tribunales con mayor habitualidad que otras penas manteniendo la tendencia que se advierte desde finales del siglo XVIII. Aún reconociendo la naturaleza procesal de la cárcel durante el desarrollo de la causa criminal, Gutiérrez sostenía, a comienzos del siglo XIX, que se imponía para delitos leves, por lo cual debía incluirse entre las penas corporales y se podía emplear, sin necesidad de procedimiento, por vía de corrección y no de pena, por ejemplo para injurias leves[214].

B) La reclusión femenina: la galera

La reclusión es la pena habitual entre las mujeres, junto con los apercibimientos y las multas. La casa galera, o simplemente la galera, era el lugar de reclusión propio de ellas[215]. La decadente situación de algunas

---

[211] Documento digitalizado en *Galiciana*.

[212] Aunque no siempre: «Condeno a Marcelo Quintas a que en qualquiera tiempo que pueda ser habido sea arrestado a la cárcel pública por espacio de dos meses, en los que permanezca en la prisión en pena de lo que informa la causa, y de la fuga que ha hecho sin haberse presentado a pesar de ser llamado por los edictos que se han fixado», sin fecha (*circa* 1818), en ARG, *Crimen*, 134/30. Para otras Audiencias, por ejemplo, Merinero Martín, *La Audiencia de Extremadura y el sistema penitenciario*, ya citado. Serna Alonso, *Presos y pobres*, citado.

[213] Para la evolución del Derecho penitenciario decimonónico español, Carlos García Valdés, *La ideología correccional de la reforma penitenciaria española del siglo XIX*, Madrid, 2006; *Del presidio a la prisión modular*, Madrid, 1997; *Los presos jóvenes (Apuntes de la España del XIX y principios del XX)*, Madrid, 1991; «La ejecución de la pena privativa de libertad. Siglos XIX y comienzos del XX», en *La administración de justicia en la historia de España. Actas de las III Jornadas de Castilla-La Mancha sobre investigación en archivos*, Guadalajara, 1999, pp. 969-996; «Derecho penitenciario militar: una aproximación histórica», en *ADPCP*, 39 (1986), pp. 771-836, en particular pp. 780-790, para la época aquí estudiada.

[214] *Práctica criminal*, III, *Discurso*, p. 133.

[215] Gema Martínez Garrido, *Galerianas, corrigendas y presas. Nacimiento y consolidación de las cárceles de mujeres en España. 1608-1913*, Madrid, 2002. Adela García Vázquez, «Siglo XIX y principios del XX. Los presos jóvenes. La galera de mujeres. Derecho penitenciario militar», en Carlos García Valdés (dir.), *Historia de la prisión: teorías economistas*, Alcalá de Henares, 1997, pp. 199-217. Para el caso gallego, María Luisa Meijide Pardo, *La mujer de la orilla: visión histórica de la mendiga y prostituta en las cárceles galeras de hace dos siglos*, Sada, 1996, con especial referencia a las pp. 83-100 para conocer su régimen. Serrana M.

cárceles y otros lugares de encierro de mujeres, propició que las galeras recibieran cierto apoyo desde las instituciones judiciales y municipales durante el reinado de Fernando VII[216]. No obstante, en las poblaciones en que no hubiera galera, el lugar de cumplimiento para las mujeres era la propia cárcel[217]. Conviene tener presente las dificultades que surgieron en Coruña y Santiago para el establecimiento de una casa galera[218].

La gravedad de la reclusión impuesta a las mujeres cuando el lugar de cumplimiento es una cárcel y no una casa galera se determina por el lugar de cumplimiento (cárcel real o del lugar de su domicilio), duración (meses o años) y con la cláusula de retención o sin ella. En la práctica judicial gallega, los alcaldes del crimen fijan en cada caso el lugar de cumplimiento, que puede variar desde la cárcel en la que se hallaran arrestadas[219], la que fuera de su domicilio[220], la pública de alguna población importante[221], la de su

---

Rial García, «Solas y pobres: las mujeres de las ciudades de Galicia ante la marginalidad y la prostitución», en *Semata*, 16 (2005), pp. 301-332; y, «El control de la prostitución en el siglo XVIII compostelano: la fundación de la casa de la galera», en Cinta Canterla González (coord.), *De la Ilustración al Romanticismo. VII Encuentro la mujer en los siglos XVIII y XIX: Cádiz, América y Europa ante la modernidad*, Cádiz, 1994, pp. 331-338. Para Navarra, Lola Valverde Lamsfús, «Entre la corrección y el castigo: la casa de la galera de Pamplona en los siglos XVIII y XIX», en *Príncipe de Viana. Anejo*, 16 (1992), pp. 567-578. María Dolores Pérez Baltasar, *Mujeres marginadas: las Casas de Recogidas de Madrid (siglos XVIII-XIX)*, Madrid, 1984. Con carácter general, Enrique Sanz Delgado, «Disciplina y reclusión en el siglo XIX: criterios humanizadores y control de la custodia», en *ADPCP*, 55-1 (2002), pp. 109-202.

216 Como ejemplo de su creación, reglamentación y acerca de la Asociación se señoras para ejercitar la caridad con las presas de la galera puede consultarse *Ordenanzas de la galera de Valencia formadas por don Francisco Xavier Borrull y Vilanova, oidor jubilado de esta Real Audiencia, siendo director de dicho establecimiento*, Valencia, 1834.

217 «Por haver faltado a la verdad en la suia Ángela Paramós que fue el quarto se la condena a que sufra dos meses de cárcel», sentencia del Justicia mayor de Tuy de 31 de diciembre 1806, en ARG, *Crimen*, 1/12. «Imputamos en pena a Jacinta Fernández la prisión sufrida», en *Crimen*, 597/1, sentencia de la Sala del Crimen de 5 de julio de 1828. No sólo se computó como parte de la pena, sino por toda ella. «Álzanse a Ángela Paramos los dos meses de cárcel que le impone la justicia y se confirma el apercibimiento que le hace», real auto de 4 de julio de 1808 de la Sala del Crimen, *Crimen*, 31/12. «Condenamos a Vicenta Fernández en dos años de reclusión en la cárcel de aquella ciudad», sentencia de la Sala de 26 de junio de 1824, en *Crimen*, 218/5. «A María Toiriz mujer del Castro y Antonia Díaz mujer del Silba en dos años de cárcel», sentencia de la justicia de Lugo 4 de agosto de 1824, en *Crimen*, 146/2. Entre otras muchas. Vid. Paloma de Villota Gil-Escoín, «Violencia y represión contra la mujer bajo Fernando VII, 1814-1833», en María Carmen García-Nieto (coord.), *Ordenamiento jurídico y realidad social de las mujeres. Siglos XVI a XX. Actas de las IV Jornadas de Investigación Interdisciplinaria*, París, 1986, pp. 195-222. En 1819 en la ciudad de Badajoz las prostitutas fueron enviadas al hospicio, ocupado entonces por tropas de Infantería, no siendo admitidas, por lo cual se solicitó a la Secretaría de Gracia y Justicia la creación de una casa de reclusión para prostitutas y mujeres, como detalla Marcos Arévalo, *El hacinamiento*, p. 123.

218 Vid. María Luisa Meijide Pardo, *Mendicidad, vagancia y prostitución en la España del siglo XVIII: la casa galera y los departamentos de corrección de mujeres*, Madrid, 1992.

219 ARG, *Sentencias*, 28581, *s.* 4.6.1831 en la cual Pascua de Puga fue condenada en seis meses de cárcel en la que se hallaba. *Sentencias*, 28576, *s.* 7.8.1827, por robos, siendo una de las acusadas penada con dos años de encierro en la cárcel donde se hallaba.

220 ARG, *Sentencias*, 28499, *s.* 3.10.1816, en la que Andrea Mojón es condenada en cuatro meses de reclusión en la casa que haya destinada en la provincia y, no habiéndola, en la cárcel de su jurisdicción.

221 ARG, *Sentencias*, 28576, *s.* 10.1.1829 «sobre el rovo echo en el lugar de Sezes y otros va-

jurisdicción o hasta la real de la sede de la Real Audiencia –Coruña o Santiago–. En ocasiones, finiquitada la estancia en la cárcel, las condenadas deben cumplir otra pena, bien sea destierro[222], bien fijar un domicilio y quedar bajo la vigilancia de la justicia, ambas a la vez[223], o subsistir bajo el control paterno[224]. En ocasiones, después de cumplir en la galera, pasaban a establecimientos de arrepentidas y recogidas[225].

Su duración puede ser de unos pocos meses o alcanzar los cuatro años[226]. Éste es el límite habitual de la pena temporal de reclusión para mujeres, que podía ser agravada con vergüenza pública, destierro y vigilancia de la justicia[227]. Solo he visto superar dicho límite cuando la mujer es condenada como autora en delitos con resultado de muerte[228], y en casos

---

rios», en le cual, mientras los hombres van a presidio, las mujeres son castigadas en cuatro años de cárcel, seis y cuatro meses en la de Lugo, imputando a las dos últimas por parte de pena la prisión que han sufrido.

222 *Sentencias*, 28576, *s.* 30.5.1826, en la que resulta condenada Antonia Tojo en cuatro años de cárcel en la de Vivero, «y cumplidos que sean en diez años de destierro del pueblo de su naturaleza y seis leguas de distancia», encargando a sus padres «que en lo subcesivo sean más exactos en sus deberes a efectos de evitar los extravíos de su familia».

223 ARG, *Sentencias*, 28499, *s.* 26.1.1819 contra Bernarda López condenada en ocho meses de cárcel en la Real de Coruña, donde se halla, y cumplidos salga de esta ciudad desterrada a diez leguas de distancia, «señalando el pueblo donde fije su residencia, encargándose a la justicia de él cele sobre su conducta».

224 ARG, *Sentencias*, 28499, *s.* 23.11.1816, en la que dos hermanas resultan condenadas en un mes de cárcel en la pública de su jurisdicción, con prohibición a la primera de poder entrar en la parroquia de Perdecanas, ni vivir en ella, ni en otra casa que la de su padre hasta tomar estado bajo apercibimiento y «sobre lo que cele la justicia de su pueblo»; y a la segunda de que «en lo sucesibo respete como es debido su propio honor, y la religión del juramento».

225 Meijide, *La mujer de la orilla*, pp. 134-135.

226 ARG, *Sentencias*, 28499, *s.* 12.5.1814 por la que Antonia do Marco resulta penada en cuatro años de cárcel en la de la jurisdicción de su domicilio. *Ídem*, *s.* 14.9.1816 en la que mientras el hombre es enviado por diez años a presidio, con retención, la mujer es condenada en cuatro años de cárcel. *Sentencias*, 28579, *s.* 16.11.1830 contra Ángel Mosteiro, su mujer Josefa Cabezas y otros «sobre averiguación de la muerte de Francisco Mosteiro», ella es condenada a cuatro años de reclusión la cárcel real de Santiago.

227 ARG, *Sentencias*, 28499, *s.* 20.4.1819 «sobre robo ejecutado en la casa que habitaba en esta plaza el Sr. Jacobo Teijeiro», por la cual resulta condenada en vergüenza pública y «en quatro años de cárcel en la de la villa de Vivero, y que concluidos se retire al pueblo de su naturaleza del que no salga de modo alguno, celando la justicia sobre su conducta»; y, *Sala del Crimen*, 143/8. *Sentencias*, 28576, *s.* 22.12.1827 contra Francisca Sánchez por juegos prohibidos por la que fue condenada en vergüenza pública, «en dos años de arresto en la cárcel donde se halla, contados desde el día de su prisión, cumplidos los quales salga desterrada a seis leguas en contorno de esta y más capitales del Reyno, para lo qual se le haga saber fige domicilio en que quiera residir, y al que señale sea conducida de justicia en justicia con encargo a esta cele y vigile su conducta, haciendo se dedique a un trabajo honesto con apercibimiento de que quebrantando dicho destierro será reducida a la cárcel, al paso que si reincidiese en delitos de la clase porque ha sido procesada se le impondrá más riguroso castigo»; y, *Sala del Crimen*, 484/5.

228 ARG, *Sentencias*, 28576, *s.* 1.10.1829 por los «malos tratamientos echos a Andrea García de cuyas resultas acaeció su aborto y muerte», resultando condenada Teresa Méndez en ocho años de cárcel en Betanzos. *Ídem*, *s.r.* 4.2.1830 por los «malos tratamientos echos a Andrea García de cuias resultas ha muerto», en la que enmendando la de vista de 1 de octubre de 1829 condenan a Teresa Méndez en seis años de cárcel en la que se halla. Si al reo principal no se le aplica retención, a las mujeres se les rebaja la estancia, *Sentencias*, 28576, *s.* 31.8.1833 por una muerte violenta, en la que el reo principal va destinado diez años a presidio, y las mujeres ocho y cuatro años de cárcel en la pública en que se hallaban.

de infanticidio[229]. En estos supuestos la permanencia llega alcanzar los diez años[230], agravándose incluso con la cláusula de retención[231]. En otras ocasiones el encarcelamiento se dicta como incremento del que ya se estaba cumpliendo[232].

Los delitos por los cuales fueron condenadas las mujeres a pasar una temporada en la cárcel son muy variados: intentos de suicidio[233], a pesar de lo previsto en la legislación; robos o raterías[234]; convivencia o connivencia con gavilla[235]; fuga de cárcel[236], hecho que evidencia una diferencia sustan-

---

229 ARG, *Sentencias*, 28579, *s.r.* 16.1.1830 contra María Vizioso «sobre el allazgo de un niño enterrado en el pórtico de la iglesia de san Pedro de la Villa de Vivero», en la cual «imputando por parte de pena el arresto que lleba sufrido María Vizoso, y entendiéndose ocho los diez años de cárcel impuestos a la misma».

230 ARG, *Sentencias*, 28581, *s.* 1.1.1831 con Josefa Villar, «sobre averiguación del actor o actores del infanticidio de una niña que en la mañana del trece de julio del año último se halló muerta en el depósito del lugar común de la casa nº 20 de la calle de la Poza de Baz», condenada «en diez años de cárcel con retención que supla en la Real de esta ciudad (de Santiago)»; y, *Sala del Crimen*, 676/5. *Ídem*, *s.* 1.3.1832 sobre una muerte violenta, en la que el reo va a presidio africano con retención a los trabajos más duros y la rea es condenada en diez años de prisión «la más estrecha con retención que sufra en la Real Cárcel».

231 ARG, *Sentencias*, 28576, *s.* 7.8.1832, por «la muerte de Matías Vázquez», en la que tres reos van destinados un decenio a presidio, con retención, y la rea «en diez años con retención en la cárcel de La Coruña».

232 ARG, *Sentencias*, 28579, *s.* 18.12.1830 contra don José Alonso y otros, en la que dos reas fueron condenadas «admás del arresto que lleban sufrido, en cuatro años de reclusión en la cárcel de Mondoñedo» y a una tercera a dos años de cárcel en la misma.

233 ARG, *Sentencias*, 28576, *s.* 22.8.1829 contra Antonia Raposo «sobre haver intentado ahogarse», condenada en seis meses de cárcel en la Real de Santiago, donde se hallaba, concurriéndole su marido con los alimentos. *Sentencias*, 28579, *s.* 26.6.1830 por «la violenta muerte de Juan Antonio Canosa», en la que el autor es condenado a diez año de presidio, aplicado a los trabajos más duros, y su mujer en ocho años de reclusión en la cárcel de la capital.

234 ARG, *Sentencias*, 28576, *s.* 17.10.1829 «sobre rovo de ropas y tocinos», en la que dos de las reas son condenadas en dos años de cárcel en la pública de Coruña, y otra en seis meses. *Sentencias*, 28579, *s.* 22.5.1830 contra Mariana Garciana, «sobre robo echo en casa de Manuel de Soto», condenada en seis meses más de cárcel, pena que consintió. *Sentencias*, 28576, *s.* 22.9.1831 contra María Ángela Blanco, por el robo de un paraguas, en la que «teniendo en consideración el arresto sufrido por María Ángela Blanco, devemos de condenar y le condenamos en dos meses más de cárcel en la pública en que se halla». *Ídem*, *s.* 17.2.1827 sobre robos, en cuyo fallo Antonia Álvarez es condenada en dos años de cárcel en la de Vigo. *Ídem*, *s.* 13.12.1828, por robos, mientras la rea es condenada en dos años de reclusión en la cárcel de Coruña, los hombres son enviados a presidio en África. *Ídem*, *s.* 16.10.1830, «sobre el rovo de porción de géneros», la mujer es penada con dos años de reclusión en la cárcel de Coruña. *Sentencias*, 28579, *s.* 28.1.1830 por robos en la que Manuela Rodríguez, alias Patrona, es condenada en otros dos años de reclusión en la cárcel de Orense donde se halla. *Ídem*, *s.* 3.6.1830 contra María Vega «sobre robo de madejas y otros efectos», a un año de reclusión en la cárcel de La Coruña. *Sentencias*, 28576, *s.* 27.9.1831 contra María Francisca Fernández «sobre rovo de varios efectos», a un año de cárcel en la pública donde se halla. *Ídem*, *s.* 11.6.1831 contra Dominga Piñeiro por «rovo de varias alhajas» a cuatro años de reclusión en la cárcel en la que se halla. *Ídem*, *s.* 13.9.1832, contra un matrimonio por robo de cerdos, ella condenada en uno de cárcel en Coruña. *Ídem*, *s.* 11.2.1832 por robo de dinero, condenada Rosa Fernández, alias Chavala, en cuatro años de cárcel en Coruña y Gertrudis Verea en un año en la real donde se halla. *Sentencias*, 28581, *s.* 15.3.1832 «sobre robo de dinero a Francisco Baquero, soldado licenciado», por la que tres mujeres son condenadas en dos años de reclusión en la cárcel del Ferrol.

235 ARG, *Sentencias*, 28499, *s.* 15.4.1819 contra la gavilla mandada por Manuel García de Sexto, en la que dos mujeres son penadas con dos años de cárcel, y otras dos en uno que cumplan en las de sus domicilios; mientras que a un matrimonio les declaran «suficientemen-

cial cuando el delito es cometido por hombres; amancebamiento[237]; abandono de familia[238]; malos tratamientos[239]; o presunto infanticidio[240].

García Borrega publicó los datos de las mujeres presas en la cárcel de Corte madrileña en 1828, información que traía como causa una posible epidemia por el hacinamiento en que se encontraban[241]. Esta documentación permite conocer sus edades, estado civil, procedencia y delitos que habían cometido. Tan solo una de ellas condenada por complicidad en una muerte. De las 72 presas, veinte lo estaban por robo, sospechas o complicidad en ellos, y cuatro más por sospechas de contrabando; veintidós por escandalosas y alborotadoras; por tratos carnales ilícitos o mala conducta, quince; una por blasfemia y otras dos por sospechosas. Él mismo llamó la atención sobre el porcentaje de presas encarceladas por prostitutas, «más reducido de lo que cabría esperar», por cuanto no se perseguía en sí la prostitución, sino sus formas públicas, es decir, a las «escandalosas».

C) La reclusión correccional y utilitarista: trabajos y obras públicas

Como afirma Serna Alonso, «durante un tiempo el trabajo forzado en las obras públicas fue el espejismo de recambio, la solución menos costosa, la

---

te penados con el arresto que lleban sufrido». *Sentencias*, 28576, *s.* 22.7.1830 por el «rovo de un aderezo de oro echo a Ana Moure», cuya autora es castigada a un año de cárcel en la Real de Santiago. *Sentencias*, 28581, *s.* 31.8.1833, contra una gavilla por «robos y hacer armas contra la tropa», en la que condenan a María Vicente da Toca «en cuatro años de reclusión en la cárcel del Ferrol, a cuyo efecto se encarga a dicha justicia de Celanova procure por todos los medios posibles su captura».

236 ARG, *Sentencias*, 28579, *s.* 28.10.1830 contra Dominga Vázquez, en su ausencia y rebeldía, «sobre la fuga que hizo de la cárcel de la villa de Puerto Marín», condenada en tres meses de cárcel en la de su domicilio.

237 ARG, *Sentencias*, 28579, *s.* 19.10.1830 «sobre la vida escandalosa de la Manuela Fernández», en la cual «imputando por parte de pena el arresto sufrido por Manuela Fernández, José Sánchez y Josefa Vermúdez, su muger, debemos de condenar y condenamos a la Manuela Fernández en seis años de cárcel en la de su domicilio».

238 ARG, *Sentencias*, 28581, *s.* 11.6.1831 contra Josefa de Castro, condenada en dos años de cárcel «que sufra en la Real de esta ciudad, finalizados los cuales no pueda volver a esta dicha ciudad sin permiso de la Real Sala, y sea remitida de Justicia en Justicia a la de su domicilio, para que disponga haga vida conyugal con su marido, cele y vigile su conducta formándola en su caso la correspondiente causa».

239 ARG, *Sentencias*, 28576, *s.* 14.8.1832, contra Ángela Fernández, alias das Botas, por «malos tratamientos echos a Juana Míguez y otros excesos», condenada dos años de cárcel en la pública en que se halla.

240 ARG, *Sentencias*, 28576, *s.* 21.6.1827 contra Felipa Martínez «sobre atribuírsele haber dado muerte a un niño que diera a luz», castigada con cuatro años de cárcel en la villa de Monforte. *Sentencias*, 28581, *s.* 3.4.1832 contra Carmen Domínguez y María Rodríguez, «sobre la muerte de un niño que la primera dio a luz», por la cual se condena a la primera en cuatro años de cárcel en la pública de Padrón, e imputan a la segunda «por pena la prisión sufrida, de la que se le ponga en libertad».

241 «Delito y sociedad en Madrid», pp. 268-270.

alternativa más rápidamente rentable»[242]. De esta manera, los reos realizan trabajos en el exterior de los recintos donde están recluidos. De ahí que fuera calificada por Salillas como *hijuela* o sucedánea *de la de presidio*[243]. Son obras de interés para la burguesía y la aristocracia de determinados capitales, que ven mediante este trabajo cómo se mejoran los caminos, se construyen muelles portuarios y canales o se adecentan los accesos a la Corte. Cuando la iniciativa privada no era suficiente, se requería a las autoridades para que emplearan esta mano de obra.

El famoso Reglamento de los presidios de corrección de Madrid de 13 de diciembre de 1805 dispuso el empleo de presidiarios «en todas las obras públicas que se deban ejecutar a costo de los fondos de la villa, y señaladamente en los caminos, paseos y travesías»[244]. No podía ser destinado a estas obras cualquier presidiario. Serían tratados *con distinción*, de modo que «en los trabajos del centro de la Corte, y de los paseos más inmediatos y más frecuentados, solo se les podrá emplear a los presidiarios de condenas limpias, y de ninguna manera a los que hayan sido condenados por robos y otros delitos de esta clase, a los cuales se deberá alejar de la población»[245]. En cualquier caso, estos presidiarios a los que se apartaba de la concentración de personas, lo serían por robos de escasa cuantía o relevancia. Lo más importante, a mi juicio, es la expresión *condenas limpias*, porque no dejaba de ser una pena[246]. A estos trabajos temporales se destinaron, ciertamente, reos de

---

242 *Pobres y presos*, p. 122. Una aportación más interesante es la que realiza, Sanz Delgado, «Disciplina y reclusión en el siglo XIX», ya citado.

243 *Evolución penitenciaria*, II, pp. 81 y 83. En 1807 fue modificado. Cabe recordar asimismo la R.O. de 23 de julio de 1802 y el Reglamento del presidio industrial de Cádiz de 26 de agosto de aquel mismo año, modificado en 1805, al que se destinarían vagos y delincuentes por semanas, meses y años según la gravedad de sus delitos, aplicándose a los talleres o a las obras públicas de la ciudad; y, la Ordenanza para el gobierno de los presidios arsenales de 1804 a los que podían destinarse reos por «delitos limpios» y con edad y robustez para las faenas que en ellos se desarrollaban, intentando su corrección para que, cumplida la condena, resultaran ser benéficos artesanos. Salillas, *Evolución*, II, pp. 177-211 y 225-240.

244 Estaría situado «en paraje sano y ventilado, distante de las puertas principales de esta población y de los caminos y paseos que frecuentan las Reales Personas, y se llamará Presidio de Corrección de Madrid». Reglamento aprobado por Su Magestad a consulta del Consejo para el mejor gobierno y dirección de los presidio de corrección de Madrid. Debía convertirse en el modelo para los que se establecieran en el resto de España. Con la reforma de 1807 se determinó que habría en la Corte «dos presidios, uno para los reos de condenas limpias y otro para los de las demás». Gregorio Lasala Navarro, «Condena a obras públicas», en *Revista de la Escuela de Estudios Penitenciarios*, 132 (1958), pp. 79-88. Pablo Castellanos, «El presidio modelo de Madrid», en *Revista de la Escuela de Estudios Penitenciarios*, 133 (1958), pp. 242-248. Fernando Burillo, *El origen de la pena de prisión*, citado. Enrique Sanz Delgado, «Disciplina y reclusión en el siglo XIX» ya citado. José Llorca Ortega, *Cárceles, presidios y casas de corrección en la Valencia del XIX. Apuntes históricos sobre la vida penitenciaria valenciana*, Valencia, 1992.

245 Salillas, *Evolución penitenciaria en España*, tomo I, p. 45. Pablo de Alzola y Minondo, *Las obras públicas en España: estudio histórico*, Bilbao, 1899, pp. 389 y 400.

246 Con posterioridad se plantearían propuestas similares. Entre otras, Francisco Xaveir de Tabanes, *Memoria que tiene por objeto manifestar la posibilidad y facilidad de hacer navegable el río Tajo desde Aranjuez hasta el Atlántico*, Madrid, 1829 p. 41. Francisco Javier de Cabanes, *Memoria acerca del establecimiento de aguas minerales y termales de Panticosa*, Madrid, 1832, pp. 119-120, propuso el empleo de «doscientos desterrados de condenas limpias de los tribunales de Aragón y Navarra, con sus correspondientes capataces: estos con sus asigna-

delitos leves. Todo ello, sin olvidar el Reglamento General de los Presidios Peninsulares, de 12 de septiembre de 1807, que marca una sustancial diferencia con el trabajo realizado en los arsenales y en los presidios del Norte de África. El propósito era establecer un presidio en las capitales de las capitanías generales, si no lo hubiera, por lo que en la mayor parte de las ciudades sedes de chancillerías y audiencias existiría uno, salvo en Oviedo y Canarias[247]. El fin correccional se manifestaba, en primer lugar, en intentar desterrar la ociosidad; y, en segundo término, ocupar a los presidiarios en servicios del presidio, trabajos públicos, obras municipales y talleres. En las obras podrían trabajar por contrata o asalariados.

Mano de obra barata y finalidad utilitarista en la imposición de esta pena. Los penados están recluidos en el presidio, pero durante el día trabajan en las obras de ciudades principales. En este sentido y como ha quedado expuesto en el epígrafe anterior, en los estados anuales de algunos tribunales se computan conjuntamente los destinados a presidios y trabajos públicos. Aunque Salillas apuntaba que el destino de trabajos públicos y la de presidio se distinguían por la menor gravedad del delito como por señalamiento de la obra en las inmediaciones del tribunal[248], esto último debe ser objeto de matización por lo que se dirá a continuación.

Las Salas del crimen de Galicia condenan en una proporción importante a las obras de la ciudad de La Coruña, o en su caso de las de Ferrol. Las obras públicas coruñesas fueron el destino temporal de un numeroso grupo de condenados por las Salas del crimen gallega[249]. La duración de esta condena varió según la culpabilidad de los reos, pudiendo encontrarse entre las más leves de uno o seis meses[250] (como incremento de otra ya impuesta[251]) y la agravada de 6 años[252], aunque esta última no es muy habitual.

---

ciones; aquellos con sus socorros, que les da el presidio, todos a las órdenes del protector».

247 Salillas, *Evolución*, II, pp. 463-538.

248 *Evolución penitenciaria*, II, p. 83.

249 Entre otras: «Dos años de obras públicas con destino a las de La Coruña», en *Crimen*, 597/1 (1828). «Dos años a las obras públicas de la ciudad de La Coruña», en *Crimen*, 478/6 (1829). «Tres años de presidio en el de La Coruña, y con destino en las obras públicas de la provincia», *Crimen*, 430/1 (1828). «Seis años de presidio con destino a las obras públicas de esta plaza», en *Crimen*, 407/1 (1824). Sobre este destino coruñés, también, Iglesias, *Crimen*, p. 304.

250 ARG, *Sentencias*, 28579, *s*. 23.10.1830 «sobre robo de una charretera de plata», en la que «imputando por parte de pena el arresto sufrido a José González, le debemos de condenar y condenamos en seis meses de obras públicas a la ciudad de La Coruña». *Sentencias*, 28581, *s*. 6.8.1833 «por haber intentado herir con una nabaja a Antonia Casani y viajar sin pasaporte», seis meses en las obras públicas de esta plaza.

251 ARG, *Sentencias*, 28576, *s*. 16.9.1828, contra Juan Manuel Álvarez en rebeldía, entendiéndose condenado en otros seis meses más de obras públicas con destino en Coruña, «en lugar de los cinquenta ducados impuestos por el inferior». *Sentencias*, 28579, *s*. 23.9.1830 «sobre robo de una charretera de plata», en que tras imputar por parte de pena el arresto sufrido, el reo es condenado en seis meses de obras públicas a la ciudad de La Coruña.

252 ARG, *Sentencias*, 28499, *s*. 11.11.1819 contra Luis y Fernando Campo y otros, entendiéndose los seis años de presidio impuestos cuatro con destino a las obras públicas de esta plaza; y los ocho en que se condena a Manuel do Campo, seis con el mismo destino, sin perjuicio de oírles cuando fueran arrestados o se presentaren. *Sentencias*, 28576, *s.r.* 20.11.1830, contra el escribano Nicolás Antonio de Neira y otros «sobre falsedad de un ynstrumento echo a Bernardo García» condenan a Manuel Couto en seis años de obras públicas en Coruña. *Sentencias*,

Lo ordinario en cuanto al lapso temporal es encontrar destinos de uno[253], dos, tres y cuatro años[254]. Nunca he visto una condena superior al sexenio, lo cual marca una importante diferencia, no solo temporal, con el destino a presidio. Tampoco se agrega a esta pena la cláusula de retención. No obstante, sí he encontrado supuestos de recargo anual en el mismo destino de trabajos públicos hasta el límite de los seis años[255].

El envío al presidio de Ferrol, esto es, a las obras de esta plaza lo encontramos en las sentencias de la Sala del crimen de Galicia con anterioridad a 1816. No lo he visto impuesto con posterioridad a dicho año. De hecho, por R.O. de 29 de agosto de 1818, quedando solo siete hombres en el presidio del arsenal de Ferrol, se dispuso que pasaran al correccional de Coruña, no admitiéndose más presidiarios en los arsenales[256]. Su duración se fija en uno, dos[257], cuatro[258] o seis años[259], en este caso como supuesto agravado[260].

Cuando esta pena de obras públicas ha de agravarse, el destino fijado por los alcaldes del crimen gallegos es, como se expuso, Málaga[261]. Su origen se encuentra, según Salillas, en la acumulación de rematados en el depósito de esta ciudad sin salida determinada, por lo que para solucionar esta situación fueron empleados, en principio, en la limpieza de las poblaciones[262].

Los trabajos públicos son un destino que se emplea accidentalmente como alternativo a los no aptos para las armas, pero admitiendo también la

---

28581, *s.* 8.2.1831 «sobre los malos tratamientos hechos a Froilán García de cuyas resultas murió», cuyo autor fue condenado a la horca y el segundo reo en seis años de obras públicas de La Coruña. *Sentencias*, 28576, *s.* 22.9.1832 «sobre aprensión de un cuchillo prohivido y falta de respeto a una patrulla», condenado el reo seis años de obras públicas en Coruña.

[253] ARG, *Sentencias*, 28576, *s.* 7.7.1831 «por haverle cogido una navaja prohivida desafiando a Andrés González», un año de obras públicas en Coruña.

[254] ARG, *Sentencias*, 28499, *s.* 15.4.1819 contra una gavilla en la cual, después de los reos destinados a presidio africano, se condenó a otros cinco en cuatro años de presidio con destino a las obras públicas de Coruña y a uno más en dos.

[255] ARG, *Sentencias*, 28576, *s.* 12.2.1828, correspondiente a la causa formada por la Policía contra Benito Álvarez, por habérsele aprendido con una carabina y siete cartuchos, por la que resultó condenado «en dos años más de recargo sobre los cuatro que está sufriendo en las obras públicas de la ciudad de La Coruña sobre habérsele aprendido con contrabando».

[256] Salillas, *Evolución*, II, p. 168.

[257] ARG, *Sentencias*, 28499, *s.* 14.5.1814, entendiéndose el destino de seis años de presidio impuestos a Clemente Nogueira ocho al servicio de las armas en cualquiera de los Regimientos de S.M., y no sirviendo dos a las obras públicas de la plaza de Ferrol. *Ídem*, *s.* 12.5.1814, contra José Reinoso y otros, por la que fue destinado dos años al presidio de Ferrol. *Ídem*, *s.* 30.4.1816 por robos, en la que los dos primeros reos fueron condenados en un año a las obras públicas del Ferrol.

[258] ARG, *Sentencias*, 28499, *s.* 14.5.1814 contra Antonio Martínez, entendiéndose el destino de seis años de obras públicas en cuatro de presidio en el de Ferrol.

[259] ARG, *Sentencias*, 28499, *s.* 20.9.1814, contra Juan Rey, condenado en seis años de presidio en el Departamento de Ferrol.

[260] ARG, *Sentencias*, 28499, *s.* 15 de marzo de 1814 contra Joaquín Baquero, Fernando García y otros, en la que a uno de los reos «se le conmuta el servicio a las armas en que viene condenado por el inferior, en quatro años de presidio en el Ferrol lo que deverán contarse desde seis de mayo de ochocientos once en que se dio la sentencia por aquel» y a dos ausentes en seis años de presidio en Ferrol.

[261] Según Sebastián de Miñano, en 1826 el depósito de presidarios de Málaga pasaba de 1500 (*Diccionario geográfico-estadístico de España y Portugal*, Madrid, 1826, tomo V, p. 372).

[262] *Evolución*, II, pp. 11 y 80-85.

posibilidad de redimirse de él mediante el abono de cierta cantidad de dinero. Por tratarse de una condena más gravosa el trabajo en las obras, su duración temporal se reduce incluso a la mitad[263]. Al contrario también, porque el envío por un mes a las obras de Coruña figura como *commutatio in peius* si no se abona una multa[264], o se dicta en lugar de la multa impuesta por el inferior[265]. Al menos en una ocasión los alcaldes del crimen justificaron el envío a este destino por tratarse de un casado[266].

Los hechos delictivos por los cuales la Sala del crimen de la Audiencia de Galicia destina a los reos a las obras de La Coruña son, fundamentalmente, robos[267], cuyo valor no debió de ser elevado[268], de alimentos[269] o de alguna cabeza de ganado mayor[270] –lo que evidencia una pérdida de importancia del

[263] ARG, *Sentencias*, 28576, *s.* 6.12.1827 «sobre malos tratamientos echos a Ramón Aldrei», por la que el acusado es condenado en seis años al servicio de las armas, «caso de ser útil, y no siendo en tres años de obras públicas con destino a las de la ciudad de La Coruña».

[264] ARG, *Sentencias*, 28576, *s.* 6.4.1826 contra Francisco José Vigo, en la que resultan multados varios testigos de su prueba y «a falta de vienes para su pago, se les condena en un mes de obras públicas en la plaza de La Coruña».

[265] ARG, *Sentencias*, 28576, *s.* 16.9.1828 contra Juan Manuel Álvarez, en rebeldía, entendiéndose condenado en otros seis meses más de obras públicas con destino en Coruña, «en lugar de los cinquenta ducados impuestos por el inferior».

[266] ARG, *Sentencias*, 28581, *s.* 22.11.1831, «sobre malos tratamientos a Luis Vázquez y Manuel Sánchez»: «Respecto Domingo Alonso es de estado casado, le debemos de condenar y condenamos en cuatro años de presidio en el correccional de La Coruña».

[267] ARG, *Sentencias*, 28499, *s.* 15.4.1819 contra Benito Varela y otros, por la que resulto condenado en cuatro años de presidio con destino a las obras públicas de Coruña, las costas y apercibido «que no reincida en los delitos de robo pena de mayor providencia». *Sentencias*, 28576, *s.* 31.5.1827 «contra los cómplices en el robo de relojes echo a D. José Agentos», en la que un reo es condenado en un año de obras públicas con destino a las de Coruña, «y por la salida de la cárcel de los dos referidos permitida por Josef Creo porque se formó incidente, cuio paradero se ignora, igualmente condenamos a este en otro año de obras públicas al mismo destino». *Ídem*, *s.* 10.1.1829 «sobre el rovo echo en el lugar de Sezes y otros varios», en el que dos de los condenados lo fueron a dos años a las obras públicas de Coruña, «ymputándoseles por parte de pena el arresto que llevan sufrido» y a otro en un año. *Ídem*, *s.* 30.5.1829, por «extracción de dinero y otros efectos» dos años de obras públicas en Coruña. *Ídem*, *s.* 7.10.1830 «por ladrones y receptadores», en la que el reo principal es condenado en cuatro años de obras públicas en Coruña, «y en consideración a la prisión sufrida por Ramón Albarellos en dos años al propio destino». *Sentencias*, 28581, *s.* 21.3.1833 «sobre robo echo en casa de Vicente Álvarez», en que se impuso dos años de obras públicas.

[268] ARG, *Sentencias*, 28576, *s.* 16.10.1830 «sobre el rovo de porción de géneros a don Manuel López» por el que se destina al reo en dos años de obras en Coruña. En otras ocasiones, se rebaja esta condena, *Ídem*, *s.* 27.1.1831 «sobre robo de una caja de concha guarnecida en plata echo a don José Otero, maestro de obras de esta ciudad a tiempo que se hallaba en la Santa Iglesia Catedral», cuyo autor fue condenado en cuatro años de obras públicas en la ciudad de Coruña. *Sentencias*, 28581, *s.* 6.9.1832 «sobre el robo hecho en casa de doña Joaquina Núñez Salgado», condenan al autor en un año a las obras públicas de la plaza de La Coruña y «a restituir a Doña Joaquina Núñez Salgado los ciento cuarenta reales y dos sábanas que le ha robado».

[269] ARG, *Sentencias*, 28576, *s.* 25.5.1830 «sobre rovo de maíz», cuyo autor fue destinado dos años a las obras públicas en Coruña. ARG, *Ídem*, *s.* 2.12.1828 por el robo de un colmenar, cuyo autor fue destinado a dos años de obras públicas en Coruña.

[270] *Sentencias*, 28576, *s.* 22.8.1829 «sobre rovo de una caballería», cuyo autor fue condenado en dos años de presidio con destino a las obras de Coruña. *Ídem*, *s.* 13.9.1832 «sobre rovo de cerdos», cuyo autor resultó condenado en un año de obras públicas de Coruña. *Ídem*, *s.* 16.2.1832 «sobre rovo de un macho», dos años a las obras públicas de La Coruña.

abigeato no cometido por gavilla–. En otros robos parece que no concurrían en su perpetración circunstancias o causas de agravación[271], o incluso es indudable que se sopesaron conjuntamente el *iter criminis* con la calidad de la persona robada para no imponer una pena corporal más dura[272]. El robo de las limosnas de una iglesia, sin embargo, se considera agravado y, en consecuencia, la duración de la condena se eleva a seis años[273].

Pero no solo robos, también para otros delitos no considerados especialmente graves como malos tratamientos de obra[274], falsedad documental[275] o falso testimonio[276]. En otras ocasiones llama la atención la aplicación de este destino por tratarse de estupros con menores y no aplicarse las penas previstas legalmente, que eran sustancialmente más duras[277].

Por otra parte, a partir de 1826 se presenta la iniciativa de crear un pre-

---

[271] ARG, *Sentencias*, 28499, *s.* 15.4.1829 por robos, cuyos autores fueron destinados a cuatro y dos años de presidio con destino a las obras públicas Coruña. *Sentencias*, 28579, *s.* 28.1.1830 por robos, «ymputando por parte de pena el arresto sufrido por los reos, debemos de condenar y condenamos a Narciso Blanco en dos años a las obras públicas de la plaza de La Coruña».

[272] ARG, *Sentencias*, 28576, *s.* 9.10.1829 «sobre haver yntentado rovar un paraguas y un bastón al señor Don Diego Alcalá Galiano, oydor de esta Real Audiencia, con maltratamiento de su persona y la de otros sugetos que le acompañavan cometiendo otros excesos», en la que el segundo condenado lo es en cuatro años de obras públicas en Coruña y al tercero «ynputándole por parte de pena la prisión sufrida, también le condenamos en dos años al propio destino de las obras públicas».

[273] ARG, *Sentencias*, 28576, *s.* 28.4.1829 «por haver rovado el peto de Ánimas de la parroquia de san Adrián de Vieyte», seis años de presidio con destino a las obras públicas de Coruña.

[274] ARG, *Sentencias*, 28576, *s.* 8.10.1829 «sobre malos tratamientos echos a Ursula y Benita das Figueiras», un año de obras públicas en Coruña. *Ídem*, *s.* 27.5.1830 por insultar a su padre y desafiarle con un cuchillo, dos años de obras públicas en Coruña. *Sentencias*, 28581, *s.* 23.8.1832, «sobre malos tratamientos a su muger y otros excesos», condenado en un año a las obras públicas de la plaza de La Coruña; se le notificó en la cárcel «y pide a S.E. los Sres. de la Sala se sirvan ponerle a la mayor brevedad a disposición del Sr. Juez de rematados para cumplimiento de la condena que se le impuso». *Ídem*, *s.* 1.5.1832 «sobre malos tratamientos echos a Manuel Reboredo», dos años a las obras públicas de la plaza de La Coruña.

[275] ARG, *Sentencias*, 28576, *s.* 7.10.1828 en causa sobre falsedad de un instrumento, cuyos principales autores fueron condenados en dos años de presidio a las obras públicas de Coruña. *Ídem*, *s.r.* 5.2.1829 por la que se enmienda la de 7 de octubre de 1828, «e ymputándole por parte de pena la prisión sufrida a don Ramón de Castro, debemos de condenar y le condenamos en la multa de cien ducados... los que satisfará al término de un mes, y pasado no lo haciendo sufra un año de obras públicas en la ciudad de La Coruña». *Ídem*, *s.* 12.2.1831, «sobre suplantación de una orden», un año de obras públicas en Coruña. *Sentencias*, 28581, *s.* 21.3.1833 «sobre extracción de reales provisiones y otros papeles» un año a las obras públicas de esta plaza.

[276] ARG, *Sentencias*, 28576, *s.* 6.7.1830 «sobre la violenta muerte dada a Francisco Rielo» en la que «por la falta de verdad con que han declarado ante la justicia de Deza así bien les condenamos al primero en quatro años de obras públicas a la ciudad de La Coruña, y a los otros quatro en dos al propio destino». *Ídem*, *s.* 9.10.1830, «sobre averiguación de dos estupros con dos jóvenes de tierna edad», en la que «teniendo en consideración el tiempo que lleva de arresto desde que interpuso el recurso de suplicación, devemos de condenar y condenamos a José Arias en tres años de obras públicas con destino a la ciudad de La Coruña». Adviértase la agravación del segundo.

[277] ARG, *Sentencias*, 28576, *s.* 20.2.1830 por ser «acusado de haber forzado e inficionado de mal venéreo a María Manuela Morales de edad de diez años», condenado en dos años de obras públicas en Coruña, aunque se demostró que no había sido él quien infectó a la víctima.

sidio correccional en Coruña[278], aunque hasta cinco años después no encontramos la primera mención en las sentencias de los alcaldes del crimen gallegos. En realidad, se trataba de un cambio de concepción en el destino a las obras públicas de la ciudad coruñesa[279]. Hubo más. En un oficio de la Intendencia de Policía de Galicia de 20 de febrero de 1826 se daba cuenta de la orden de 27 de enero del Superintendente general del Reino en la que exponía su interés para «poner remedio a los males que causa a la nación el número excesivo de personas de ambos sexos entregados a la holgazanería y miseria, y celoso en buscar medidas que no pesen sobre el Erario, exhausto al presente, para corregir los vicios y entretener con utilidad pública, a los vagamundos». Para tal fin, recababa informes para el «establecimiento de un presidio correccional en cada capital de provincia». Las opiniones debían emitirse con arreglo a unas preguntas o bases. La base primera de la consulta era: «Qué ventajas sacará esta provincia del establecimiento de un presidio correccional para hombres y una casa de disciplina para mugeres». Las siguientes se referían a los arbitrios, su organización y reglamentación y si deberían estar bajo la inspección inmediata del intendente de Policía. La quinta preguntaba «por qué delito se podrá poner pena de presidio». También se requería opinión sobre el trabajo que habría de dárseles a los recluidos[280].

Los ediles coruñeses contestaron a este requerimiento el 20 de febrero de 1826, dejando clara la finalidad correctora buscada. En su escrito manifestaban que «el establecimiento de las casas de corrección no parece se debe llamar presidio, porque en estas más bien se trata de enseñar y dirigir la jubentud de uno y otro sexso por delitos y faltas incipientes y capaces de enmienda, que de imponer la pena de presidio siempre infamante, y digna de aquellos sujetos embegecidos en el vicio, de alma endurecida y capterizada». De ambos establecimientos, el masculino y el femenino, se esperaban grandes ventajas en todas las ciudades del reino. En su opinión, el establecimiento correccional de hombres debía ponerse a cargo de un director secular o eclesiástico de «costumbres dulces y sin mancilla», siendo partidarios de sujetar estos establecimientos a la inspección de los obispos en conformidad con la R.C. de 13 de enero de 1824. Sus destinatarios deberían ser «hombres, muchachos o jóbenes no endurecidos en el crimen», dedicados al aprendizaje de la carpintería, la herrería y otros trabajos similares; mientras que las mujeres «podrán hilar, calcetar, y coser con grandes ventajas del público y del Exército, de hospitales militares y

---

278 AMCo, Actas, C-93, ayuntamiento extraordinario de 31 de enero de 1826: «A un oficio del señor intendente de Policía de este Reino, pidiendo bases para formar un presidio correccional para hombres y mujeres holgazanas y de mal vivir; acordó la ciudad pase a los señores diputados de abastos y procurador general para que se sirban informar lo que se les ofrezca y parezca sobre el particular». La idea es reformar el existente de obras, por otro mucho encaminado a la finalidad correccional.

279 ARG, *Sentencias*, 28581, *s.* 5.2.1831, contra los acusados del sobre el robo hecho al abad de Curantes: «Entendiéndose condenados Lorenzo Rey y Dionisio Vicente en cuatro años de obras públicas al correccional de La Coruña».

280 AMCo, *Municipal*, leg. 7144.

civiles...». En la ciudad de Coruña, «la casa para mugeres se presenta más fácil de hacer y sostener, sin gravamen alguno después de hecho el material del edificio del Estado, porque teniendo como tiene la fábrica de los cigarros establecida en la Palloza que ocupa algo más de setecientas mugeres; hecho el edificio de corrección contiguo a la fábrica, o muy inmediato, pueden las penitenciadas reemplazar a las que con pretesto de la fábrica no aprenden las obligaciones propias de su sexso». Respecto a su organización interna, respondían que «las bases del reglamento de éstas (casas) son arvitrarias en todas las naciones donde las hay, pero entre nosotros tenemos entendido que podrá servir de tipo para las que estime proponer a S.M. el señor Superintendente de Policía, la que de muchos años se hallan adotadas en el Hospicio de la ciudad de Oviedo, que sostiene sin perjuicio alguno ni costo del Estado»[281]. Cumplido el término de la condena impuesta por los tribunales, «es de esperar resulten muchachos y muchachas útiles a sí mismos y al Estado».

Lo más interesante es la determinación de los hechos por los cuales debía destinarse a estos presidios, es decir, la respuesta a la quinta pregunta: «Por qué delito se podrá poner la pena de presidio correccional y que penas deben ser puestas en corrección. A nuestro juicio, sola la jubentud en los hombres hasta los 25 o 30 años, y en las mugeres aún en la edad proveta, dejando el juicio a los tribunales que juzguen sus causas y delitos de menos perjuicio, transcendencia y daño a la sociedad, que podremos señalar: ciertas raterías domésticas en las ciudades, y en los campos el robo de huertas, de legumbres o frutas, desovediencia reincidente a padres, maestros, tutores o curadores; inaplicación y vagancia; injurias de alguna importancia, sin que sean gravísimas; desonestidad de solteras y casadas, cuando sea escandalosa y como tal combencida»[282]. Por tanto, delitos de escasa relevancia patrimonial o vinculados a la conveniencia de reformar ciertas costumbres según la mentalidad de la época. Se trasluce un evidente paternalismo moral que pretende reformar castigando sin exceso.

Durante 1831 se menciona en algunas sentencias el destino al presidio correccional de la Coruña, con una duración de uno, tres o cuatro años[283].

---

[281] Vid. *Ordenanzas aprobadas por S.M. para el régimen y gobierno del Hospicio y Hospital Real de huérfanos, expósitos y desamparados que de su orden y baxo patronato y protección se ha empezado a erigir en la ciudad de Oviedo*, s/l, 1752.

[282] AMCo, *Municipal*, leg. 7144.

[283] ARG, *Sentencias*, 28581, *s.* 3.9.1831, contra Pedro Lorenzo Corbeira por robo, en que «teniendo presente la Real orden de veinte y ocho de febrero de mil ochocientos veinte y nuebe, y habida consideración al tiempo de arresto que lleva sufrido Pedro Lorenzo Corbeyra, se suple y enmienda el real auto de trece de mayo de este año, y le condenamos al mismo Corbeyra en tres años de presidio al correccional de La Coruña... y se remita con oficio del señor Gobernador de las Reales Salas al Supremo Consejo de Guerra, según se prebiene en la citada Real orden». Cabe resaltar que esta es la primera o una de las primeras sentencias en la que se cita explícita y concretamente una disposición normativa en este tribunal. La remisión es al decreto mandando la irremisible aplicación de las penas establecidas por las leyes contra los juramentos, blasfemias, palabras torpes y otros crímenes y excesos (*Gaceta* de 10/03/1829). A partir de esta sentencia se multiplican las menciones al citado presidio correccional, que en realidad ya funcionaba aunque no con esa calificación. *Ídem*, *s.* 6.8.1831, contra Rosendo

Curiosamente sólo es en ese año cuando se utiliza la mencionada calificación. Los delitos por los que resultaron enviados son robos, la mayoría, y uno de malos tratamientos.

Sin entrar en noticias anteriores, en 1824 el capitán general de Granada se había dirigido el Secretario de Guerra «pidiendo que se le permita extraer del presidio de Málaga el número de presidiarios que necesite para las obras mandadas construir en aquel distrito, poniendo igualmente a su disposición la tropa necesaria para cubrir y custodiar los diferentes puntos donde aquellos trabajasen», y puesto que eran frecuentes los delitos y deserciones entre estos reos, solicitaba que fueran juzgados por un consejo de guerra dependiente directamente de la Capitanía general y no por el tribunal especial establecido en Málaga. Aceptando esta propuesta, la R.O. de 6 de junio de 1824 consideraba «muy conveniente que a los presidiarios se les ocupe en las expresadas obras, y que los que así fuesen destinados a ellas estén sujetos y sean juzgados en todos los delitos que cometan por el consejo de guerra que propone el mencionado capitán general, sin sujeción alguna al tribunal establecido en Málaga, mientras se hallen destinados en las citadas obras»[284].

El destino a las obras públicas de Málaga se comienza a imponer por la Sala del crimen de Galicia a partir de 1827. Los reos eran empleados en las obras de prolongación del muelle y la construcción de carreteras en aquella circunscripción. Su presidio era, además, caja general de rematados. En la primera sentencia, que permite comprobar la graduación de las condenas, el destino por cuatro años al presidio de Málaga se impone tras el destino de presidio a África en una causa contra una gavilla[285]. Igual destino se decretó contra un escribano por falsario[286]. La duración temporal es de tres[287], cuatro –lo más habitual[288]–, seis[289] y ocho años[290]. La mayor parte de las cau-

Dono, «sobre el robo hecho en la celda del padre, sacristán del convento de San Agustín de esta ciudad» a cuatro años al presidio correccional de La Coruña. *Ídem*, *s.* 12.11.1831 contra un grupo de individuos «acusados de haber pertenecido a una gavilla de foragidos que infestaba el país de Santa Marta de Ortigueira en el año de mil ochocientos veinte y siete», en la cual uno de los condenados lo es en dos años de presidio al correccional de La Coruña».

284 *Gaceta* de 12/6/1824.

285 ARG, 2875, *Sentencias*, *s.* 15.10.1827, contra José García, Bernardo Largoet, el Castrador, Santiago López, alias Piernas Zambas, y otros.

286 ARG, *Sentencias*, *s.* 30.8.1828 contra Diego do Pacio y otros.

287 ARG, *Sentencias*, 28579, *s.* 22.5.1830, «sobre una puñalada a Jacobo Rey», por la que se condena a uno de los reos «por lo que contra él resulta de ambas causas en tres años en las obras públicas de la plaza de Málaga».

288 ARG, *Sentencias*, 28576, *s.* 7.8.1832, «sobre la muerte de Matías Vázquez», en la que tras imponer tres destinos de diez años a África y otro en Coruña, se castiga al quinto reo en cuatro años con destino a Málaga y al sexto en dos años a las obras públicas de Coruña.

289 ARG, *Sentencias*, 28576, *s.* 14.7.1829, contra Carlos María Delgado por «haver percivido partida de reales a beneficio de cartas suplantadas y otros excesos», aunque en revista se le incrementó a ocho años, sentencia de 27 de agosto de 1829. *Ídem*, *s.* 9.10.1829, al reo principal en la causa por «aver yntentado rovar un paraguas y un bastón al señor Don Diego Alcalá Galiano, oydor de esta Real Audiencia, con maltratamiento de su persona y la de otros sugetos que le acompañavan cometiendo otros excesos». *Ídem*, *s.* 4.9.1830 al acusado de los «malos tratamientos echos en las personas de Pedro y Luis González hermanos deque resultó la muerte de este último».

290 ARG, *Sentencias*, 28581, *s.* 4.5.1831 por «sobre la violenta muerte dada a Domingo Mo-

sas versan sobre muertes o malos tratamientos de obra.

La visión utilitarista de estos destinos, a través del trabajo y del aprendizaje de diferentes oficios, fue generalizándose. En 1830 se afirmaba que las obras del puerto de Alicante «están cubiertos con los presidiarios del correccional que el Rey nuestro Señor concedió a la junta protectora para el servicio de la empresa: con los presidiarios se tripulan las pontonas que van a las canteras a cargar sillares y escolleras de grande magnitud... a estos confinados se les enseña también la labra de sillares y todo lo perteneciente a canteros, manejando con destreza el pico, picoleta, escoda, cincel y escuadra; asimismo de carpinteros para componer y construir los útiles que se gastan en la obra; y en una palabra la instrucción es continua por ser la mayor parte labradores, y por los que van cumpliendo el tiempo de su confinamiento, a fin de dejar a otros enseñados que reemplacen y cubran los indicados destinos»[291]. Insisto, mano de obra de barata, utilidad civil de sus esfuerzos y obras para el desarrollo económico de los lugares que contaban con el trabajo de estos condenados, porque no todo fueron paseos para el ornato público.

Los destinos de los presidiarios a determinadas obras públicas vinieron establecidos por disposiciones gubernativas, puesto que se trata de contratas administrativas y de mano de obra bajo el control del Estado. En este sentido, la R.O. de 27 de septiembre de 1831, dictada a solicitud de la empresa encargada de las obras del Canal de Castilla y en aplicación de lo previsto en el art. 29 de la R.C. de 17 de marzo anterior[292], estableció que «a fin de hacer fácil, seguro y poco dispendioso el reemplazo de los presidiarios destinados a las obras del Canal de Castilla, las Salas del crimen de Valladolid, Santiago, Oviedo y Pamplona, y la de alcaldes de la Real Casa y Corte, condenen a dichas obras los reos que anteriormente enviaban a los presidios de Málaga o de África, ha acudido a S. M. la dirección de la empresa del mencionado Canal, solicitando se digne hacer extensiva la expresada soberana resolución a todos los Tribunales y Juzgados dependientes de la jurisdicción de la Real Hacienda». Con esta medida se pretendía cubrir con celeridad las bajas que ocurrieran entre los condenados y mantener el ritmo de las obras. En su consecuencia se acordó que todos los reos sentenciados o que se sentenciaren por los juzgados de la Real Hacienda, y que dependieran de la Superintendencia general, serían destinados a cumplir sus condenas en las obras de este canal, para lo cual se establecería un deposito o caja general de rematados en Valladolid, «en donde los recibirá y se

---

dia», por la que se condena a los ausentes y rebeldes en ocho años de presidio a Málaga.

[291] *Gaceta* de 8/5/1830.

[292] Según el art. 20 de la R.C. de 17 de marzo de 1831: «Se pondrán a disposición de la compañía 2400 presidiarios sacados de los depósitos más cercanos» (*Gaceta* de 26/4/1831). Estos presidiarios serían entregados en Santander. Con carácter general, Marcial Antonio López, *Descripción de los más célebres establecimientos penales de Europa y los Estados Unidos, de la aplicación práctica de sus principios y régimen interior a las casas de corrección, fuerza y reconciliación que pudieran plantearse en España con grande utilidad del Real Erario, y otros resultados no menos importantes*, Valencia, 1832, volumen II, pp. 246-253. Salillas, *Evolución*, II, pp. 93-97.

hará cargo de todos la empresa».

En 1832 se proponía el empleo de más de tres mil presidiarios para la construcción de las carreteras de Granada a Madrid, Málaga y Motril. En la adjudicación de las obras se estimaba su conclusión en cuatro años y medio «si se completa el número de 3500 presidiarios que han de emplearse en dichas obras; de cinco años y medio si aquellos solo llegasen a 3.000; de seis años y medio...»[293]. En la construcción de la carretera de Bailén a Granada y Málaga se estableció, una vez adjudicada la contrata, que las brigadas de presidiarios que se hallaban construyendo el camino de Granada a Málaga pasaran a integrarse con las de Jaén, «para activar la ejecución de las obras por el orden progresivo que está estipulado, abonándose dos reales y medio por plaza, como ya se hace respecto a los presidiarios que existen en el día a las inmediaciones de Jaén». Con el fin de agilizar dicha construcción, se ordenaba que el gobernador de Málaga remitiera a dicha carretera el mayor número de presidiarios que fuera posible, al igual que y los de Ceuta y Cartagena, hasta completar el número previsto en la contrata, siendo de cuenta de los empresarios la manutención, vestuario y hospitalidad. El Gobierno vigilaría el exacto cumplimiento de esta obligación de los asentistas «para que el trabajo forzado que deben prestar los presidiarios se haga compatible con lo que requieren la humanidad y los piadosos sentimientos de S.M., aun respecto de aquellos que están cumpliendo las condenas a que se han hecho acreedores por sus extravíos y por decisión de los tribunales»[294].

Cada Chancillería y Audiencia destinó habitualmente a las obras más cercanas, aunque para los supuestos agravados los envían a zonas más apartadas siempre dentro de la Península, por ejemplo de Coruña a Málaga. Los datos aportados por los diferentes tribunales en sus estados anuales, en algún caso, incluyen esta pena con indicación de una obra concreta, como el Camino imperial (Sala de alcaldes de Casa y Corte), el Canal de Castilla, la fortificación de Badajoz (Audiencia de Extremadura)[295], el Canal Imperial de Aragón una vez retomadas las obras entre 1826-1827[296], o el grao de Valencia[297]. En las cifras de la siguiente tabla figuran no solo los condenados bajo la rúbrica de obras o trabajos públicos, sino que también he incluido los destinados al presidio correccional de Málaga o Badajoz, por ejemplo. Los problemas de su concreción pormenorizada derivan, en la mayor parte de los casos, porque esta pena se computa con otras de carácter militar (presidios, arsenales o armas, como sucede en el caso de Granada y Navarra). En cursiva figuran estos últimos supuestos. En los casos en que solo se indica escuetamente presidio, he optado por omitir la referencia numérica.

[293] *Gaceta* de 17/1/1832.
[294] *Gaceta* de 26/2/1833.
[295] Juan Arévalo, *El hacinamiento, la marginación y la pena de muerte (la cárcel de Badajoz en el siglo XIX)*, Badajoz, 1984. Hay edición digital.
[296] Al menos desde 1828 se insertan en las tablas de la Audiencia de Aragón la rúbrica «obras públicas y canal». Vid. *Memoria histórica del Canal Imperial de Aragón*, Madrid, 1833.
[297] Serna Alonso, *Pobres y presos*, pp. 122-124 y 139.

	1814	1815	1816	1817	1818	1819	1824	1825	1826	1827	1828	1829	1830	1831	1832	1833
Corte			106	81					*369*	150	*153*		161	*160*	159	130
Valladolid			96		105	116			332		*643*	*392*				
Granada	*353*	*496*	*525*	*518*		*403*	*697*		*1.385*	*1.504*	*1.014*	*832*		*745*		749
Galicia									*135*		*168*	*142*	*139*	*212*	*135*	
Sevilla									*806*		156			346		204
Asturias									*48*		*67*	*52*	*64*	*78*	*83*	
Extremadura	*108*	71							*370*		*209*		*199*	374	*433*	*316*
Navarra			*29*	*9*	*23*	*33*			*118*	*162*	*93*		*83*	*82*		68
Aragón											100	189			226	213
Cataluña						114	52		*461*		377					
Valencia		*16*	*116*	*52*	*31*		*41*	*18*	*60*	55	*27*	*42*	*104*	179	423	403
Mallorca											14		17	16	10	8

El primer Proyecto de Código criminal enumeraba esta pena entre las corporales (art. 6) y, manteniendo la práctica existente, estos trabajos solo se impondrían a los hombres (art. 48). Se fijó, además, la siguiente equivalencia: cada año de minas y arsenales equivaldría a dos años de reclusión y dieciocho meses de obras públicas (art. 51). La duración de la pena de obras públicas no podría exceder de veinte años (art. 68). El Proyecto de 1834 respetó esta regulación, fijando el límite inferior en seis meses y omitiendo la cualidad de retención (art. 95).

El Proyecto de 1831 desarrollaba más esta pena. En primer lugar, distinguía entre los trabajos violentos y perpetuos y los trabajos públicos temporales en los arsenales y presidios para los delitos enormes; y las obras públicas municipales para los delitos comunes (art. 36). Las dos primeras tenían, además, el concepto de penas infamantes (art. 37) y los reos se tendrían por muertos civilmente (art. 51), aunque si el reo resultara condenado a trabajos públicos perpetuos no asistiría a la ejecución de sus compañeros (art. 47). Esta pena se agravaba todavía más con el destino: las posesiones españolas de Asia o América «para emplearlos en las faenas más duras y penosas del servicio público que haya en el punto designado de su condena, sin dejarles más tiempo de reposo que el absolutamente indispensable para que no peligre su vida» (art. 48). Más leves eran considerados los trabajos públicos en arsenales y presidios, cuya duración no pasaría de los veinte años, aunque «vivirán en encierro con grillete y cadena y solo saldrán de él en cuadrilla para trabajar» de conformidad con los reglamentos y dándoles «el descanso necesario para la conservación de su salud» (art. 55); quedando además «en estado de incapacidad moral para la administración de sus bienes» durante su cumplimiento (art. 62). Por último, los condenados a las obras públicas municipales serían destinados al depósito correccional de la respectiva provincia, saliendo a las obras –canales, caminos, edificios públicos de aseo u ornato u otra cualquiera de comodidad o utilidad común– en cuadrilla y con una cadena ligera (art. 78). La regulación plasmada por Sainz de Andino acoge buena parte de la práctica judicial, pues como hemos visto, las condenas más leves tenían por destino lugares cercanos y obras de interés municipal; mientras para que otras más graves el destino está más alejado, las obras públicas son de mayor envergadura y, por tanto, el trabajo más duro.

D) El presidio: reclusión de cumplimiento

Las penas de cárcel impuestas a hombres son poco significativas y de muy reducida duración[298], pues no sobrepasan unos meses, oscilando entre dos[299], cuatro[300] o seis[301], llegando en ocasiones al año, aunque con la posibilidad de redimirlo mediante dinero[302]. También el arresto carcelario se emplea esta pena como alternativa al impago de las multas impuestas[303], o para purgar las sospechas que recaían sobre alguno de los encausados[304].

---

298 ARG, *Sentencias*, 28576, *s.* 31.8.1826, notificada en el Hospital Real, por la que se condenó a Esteban Montero en 15 días de cárcel en la pública de Santiago. *Ídem*, *s.* 7.7.1831, «en averiguación de la muerte de un feto que se halló en el campo de Noguedo», en dos años de cárcel en la de la capital de su provincia.

299 ARG, *Sentencias*, 28576, *s.* 15.10.1827, por una muerte, en la que uno de los complicados fue condenado, posiblemente por muy leves sospechas de participación o trato con los autores, en dos meses de cárcel en la pública de Ferrol. *Sentencias*, 28579, *s.* 23.9.1830, en la que uno de los implicados es condenado en dos meses de cárcel en Santiago. *Sentencias*, 28581, *s.* 13.10.1831 por «el robo hecho en la tienda de D. Juan Constanti, clavador de fino en esta ciudad», en la que el segundo reo es tan solo condenado en «dos meses de arresto en donde se halla». *Ídem*, *s.* 22.5.1832 contra Vicente Codesido, alias Farrouxa, «en ausencia y rebeldía, sobre haver disparado un tiro de escopeta a Agustín Vila», por el que se le envío dos meses a la cárcel, en los gastos de curación, dietas de los facultativos y en todas las costas.

300 ARG, *Sentencias*, 28499, *s.* 17.8.1816, por la que dos reos, tachados de ociosos, son condenados en cuatro meses de cárcel. *Sentencias*, 28576, *s.* 9.6.1832 contra Fernando Casal y Seijas «por haver cometido varios excesos en la casa de Domingo Seoane», penado con seis meses de cárcel en la Real donde se hallaba.

301 ARG, *Sentencias*, 28581, *s.* 15.12.1831 por «el robo y malos tratamientos hechos a juan Fernández de Baralla», en la cual a Benito, el Portugués, le condenan en seis meses de cárcel en la de Lugo. *Ídem*, *s.* 9.2.1832 «sobre asalto y robo de la casa del cirujano don Benito Álvarez y malos tratamientos al mismo y su muger», resultando condenados en seis meses más de cárcel que sufran en la que se hallan cuatro reos, en los gastos de curación, perjuicios causados a las víctimas. *Ídem*, *s.* 21.3.1833 «sobre extracción de reales provisiones y otros papeles», en la que el último condenado, que es un testigo de la causa, los es en seis meses de cárcel en la de su domicilio.

302 ARG, *Sentencias*, 28499, *s.* 23.1.1819 contra don Ramón Seijas, asistido de curador, condenado «en un año de arresto que sufra en la cárcel de dicha ciudad... entendiéndose que pueda redimir el año de arresto aprontando cien ducados de multa en la bolsas de penas de cámara y gastos de justicia del Tribunal».

303 ARG, *Sentencias*, 28576, *s.* 28.6.1828, por la que es condenado Álvaro Castelo en veinte ducados de multa aplicados en la forma ordinaria, «y en su defecto en quatro meses de cárcel». *Sentencias*, 28576, *s.* 22.5.1828, en la que se multa a Domingo Fernández en diez ducados, «los que no aprontando al término de ocho días sufra dos meses de cárcel».

El presidio, como señalé, es la reclusión principal o preeminente, de los hombres[305]. La graduación de la dureza vendría determinada, como en épocas anteriores, por la ubicación geográfica del recinto respecto a la sede del tribunal[306], el domicilio o lugar de origen de los reos, los trabajos impuestos y la duración. El presidio en África podía ser con o sin retención, destinado como gastador o a la guarnición y entre cuatro y diez años. Frente a él tenemos el presidio peninsular, como el correccional de Coruña o el de Ferrol. Las condenas más graves de presidio van acompañadas de otras penas que denotan la gravedad del delito cometido.

El Reglamento de 12 de septiembre de 1807 va a determinar la regulación de los presidios peninsulares, cuya finalidad se centraba en aprovechar la mano de obra barata que encarnaban los condenados. Castigo y utilidad se funden en estos establecimientos, tratando de romper con la esencia del presidio militar africano. La Ordenanza General de Presidios del Reino de 14 de abril 1834 vendría a cerrar este período, recogiendo buena parte de la experiencia acumulada y las propuestas elaboradas durante tres décadas. Los presidios peninsulares quedaron para reos castigados a penas temporalmente limitadas. El destino por diez años siempre lo fue a África por ser el límite superior desde el siglo XVII, quedando la mayoría de los presidiarios en este

---

304 ARG, *Sentencias*, 28499, *s.* 12.5.1814 contra José Reinoso, Margarita Álvarez y otros en la cual ella es condenada en seis meses de cárcel y otra en un año, pudiendo ser habidas; quedando José Álvarez en libertad, «considerándole suficientemente purgado de la complicidad en esta causa con el arresto que ha sufrido».

305 Con interés para la época estudiada, Aurora María Rabanal Yus, «En torno a los llamados presidios menores o plazas de Melilla, Peñón de Vélez de la Gomera y Alhucemas en el siglo XVIII», en *Anuario del Departamento de Historia y Teoría del Arte*, 5 (1993), pp. 121-130. Ricardo Zapatero Sagrado, «Los presidios, las cárceles y las prisiones», en *ADPCP*, 39-2 (1986), pp. 511-568. Marta Lorente Sariñena, «El abandono de los presidios menores (siglos 18-19)», en *Initium*, 1 (1996) (Homenatge al Profesor Josep M. Gay i Escoda), pp. 731-752. Pedro-Alejo Llorente de Pedro, «La deserción militar y las fugas de los presidiarios en el Antiguo Régimen: especial estudio de su incidencia en los presidios norteafricanos», *Anuario de la Facultad de Derecho de Alcalá de Henares*, 2005-2006, pp. 106-131; «La pena de presidio en las plazas menores africanas hasta la Constitución Española de 1812», *en ADPCP*, 61-1 (2008), pp. 265-330; y, *El penitenciarismo español del Antiguo Régimen aplicado a su presidio más significativo: Orán-Mazalquivir*, Madrid, Ministerio del Interior, 2005. Llorca Ortega, *Cárceles, presidios y casas de corrección en la Valencia del XIX*, ya citado. Juan Rafael Benítez Yébenes, «El presidio de Melilla: antecedentes histórico-normativos de la libertad condicional en España, y proyección de futuro de esta institución», en *Akros: La revista del Museo*, 4 (2005), pp. 71-82. Antonio Carmona Portillo, «Presidiarios en África algunas consideraciones sobre los condenados al presidio de Alhucemas (1700-1870)», en *Isla de Arriarán. Revista cultural y científica*, 18 (2001), pp. 137-152; y, «Camino del Presidio: aproximación al estudio de la cárcel de Málaga como lugar de tránsito de los penados del Norte de África a finales del siglo XVIII», en *Isla de Arriarán. Revista cultural y científica*, 11 (1998), pp. 215-228.

306 Al arsenal de Ferrol se remitirían los destinados por la Chancillería de Valladolid, Consejo Real de Navarra, Audiencias de Galicia y Asturias, y demás jueces de estas circunscripciones. Al de Cádiz irían los reos de Andalucía, Extremadura y Canarias. Al de Cartagena los de Castilla la Nueva, Murcia y Corona de Aragón. De acuerdo con la P. de 12 de marzo de 1771, art. 4 (Nov. 12, 40, 7). Téngase presente la Orden de S.M. comunicada por el Supremo Consejo en 1826 para que las chancillerías y audiencia informen sobre el establecimiento de presidios en las provincias.

caso sujetos a la cláusula de retención.

Los alcaldes del crimen de Galicia delimitan la duración de la condena a presidio de acuerdo con la culpabilidad de cada uno de los condenados[307]. De acuerdo con este criterio, el destino a los presidios el norte de África varía entre los diez y cuatro años. Llegado al depósito de rematados de Málaga y salvo que viniera determinada en la sentencia su destino, su gobernador los distribuía según la necesidad entre Ceuta, Melilla, Algeciras, Peñón de Vélez y Alhucemas[308].

En la jerarquía punitiva de la época, la pena inmediatamente inferior a la capital (muerte natural) era el destino por diez años a presidio en África, con la cláusula de retención, acompañada de la pena de azotes[309], y en los supuestos más graves a presenciar la ejecución del compañero[310]. En definitiva, una reminiscencia de la muerte civil prevista en Partidas. También podía ser dotada esta pena de alguna cualidad agravada en destino, específicamente la de ser empleado como gastador[311] o aplicado a los trabajos más penosos[312]. El fundamento, que al menos se encuentra implícito en la con-

---

[307] ARG, *Sentencias*, 28576, *s.* 30.9.1828 sobre robos por la que son condenados los reos principales en diez años de presidio a África con retención y calidad de gastador y apercibimiento de la vida si quebrantase o reincidiese; otros a ocho y seis años al mismo destino; y uno más es enviado cuatro al presidio de Ceuta. *Ídem*, *s.* 1.5.1828, por la que condenan a dos reos en diez años de presidio en África con retención, que no quebrante pena de la vida, a un tercero en otros diez años también con retención, y al cuarto ocho años. *Ídem*, *s.* 10.1.1829 por «el rovo echo en el lugar de Sezes y otros varios» por el que resultaron condenados el principal en diez años de presidio a África con retención, y el segundo en cuatro años al propio destino.

[308] Vilanova y Jordán, *Cárceles y presidios*, p. 157, nota.

[309] ARG, *Sentencias*, 28576, *s.* 19.2.1828 por asalto de noche en un camino con armas, en la que el reo principal es condenado «en la pena de vergüenza pública y que sufra doscientos azotes, y a Juan Pérez Paco con el propio Román en diez años de presidio a África, con retención y calidad de gastadores, que no quebranten pena de la vida, y la misma si reincidiesen. A Francisco de Castro en otros diez años al mismo presidio. A José Parada en ocho años en calidad de gastador y a Antonio Posada en diez con la propia calidad de gastador». *Ídem*, *s.* 11.11.1830 por «rovos en gavilla y receptación de la misma», en la cual Pedro Rivas es condenado en diez años de presidio en uno de los de África, con retención, y antes a doscientos azotes dados en Santiago.

[310] ARG, *Sentencias*, 28499, *s.* 10.9.1818 contra Fernando Manuel Taboada y Somoza y Ramón Losada por causas de robos y malos tratamientos hechos a clérigos y la muerte del cuñado del primero, además de un intento de fuga, el primero a pena de horca y el segundo «en diez años de presidio en uno de los de África y en clase de gastador del que no salga bajo pena de la vida sin espresa licencia de S.M. o de esta Real Sala, y en la pena de doscientos azotes, y a que presencie la muerte del Fernando Manuel Tavoada». *Sentencias*, 28576, *s.* 15.10.1827, en la que el reo principal es condenado a la horca y «a Juan Rodríguez del Campo y Juan Beceyro, a que presencien la egecución de la pena impuesta a Josef García, y sufran seguidamente doscientos azotes, y admas les condenamos junto con Andrés Martínez, alias Pota, a diez años de presidio en África con retención; y en diez años del mismo presidio a Juan María López alias das Bacas, a Florencio Vizoso también le condenamos en seis años del propio presidio de África...».

[311] ARG, *Sentencias*, 28576, *s.* 7.8.1832, «sobre la muerte de Matías Vázquez», en la cual resultan condenados tres reos en diez años de presidio a uno de los de África, con retención, y uno solo en calidad de gastador. *Sentencias*, 28581, *s.* 6.6.1832 contra Manuel Martínez «fugado de la cárcel de la Coruña, y José Álvarez... sobre el asalto y robo de la casa del cura de San Esteban de Morás», en la cual el segundo es condenado en doscientos azotes y en diez años de presidio en África «con retención y calidad de gastador».

[312] ARG, *Sentencias*, 28581, *s.* 21.3.1832 «sobre la violenta muerte dada a D. José Valcarce»

dena, es la gravedad del hecho o la incorregibilidad[313]. En un caso concreto, a un reo es tal la agravación del destino en presidio, que difícilmente se adivina la causa por la cual no le impusieron la pena de muerte natural[314]. De ahí que, en dichos supuestos, en la cláusula de quebrantamiento de presidio siempre se amenaza con imponer la pena de la vida[315].

Estudié en otro lugar la cláusula de retención[316], institución penal que permitía, por la vía de derecho –e incluso de hecho–, alargar la duración real del cumplimiento de la condena impuesta por el tribunal sentenciador. La mayoría de los delitos en los cuales se impuso esta cláusula fueron de violencia contra las personas[317], robos en los que concurrieron circunstancias de

---

en la que el autor es condenado en diez años de presidio en África, con retención, y aplicado a los trabajos más penosos.

313 ARG, *Sentencias*, 28576, *s.* 22.12.1827 contra Francisco Rodriguez Molinero y otros sobre robos, por la que le condenaron «a que cumpla y extinga la pena que anteriormente le fue ympuesta de diez años de presidio con retención en uno de los mayores de África, la qual condena no quebrante pena de la vida y la misma si reincidiese en iguales delitos». *Ídem, s.* 16.9.1830 «sobre el asalto y rovo echo en la casa de Juan Barreyro»: «Se condena a Tomás Varela a que cumpla los diez años de presidio en uno de los de África con retención impuestos en la real sentencia de vista pronunciada en seis de diciembre de mil ochocientos veinte y uno y confirmada por la de revista de veinte y nueve de marzo de mil ochocientos veinte y dos dadas en la causa formada por la justicia de Pruzos en que entendió después el llamado juez de primera ynstancia de la ciudad de Betanzos», sin perjuicio de las que le correspondieran en otra causa por el robo y muerte de un fraile. *Ídem, s.* 28.7.1832 por un robo por el cual Juan Barreiro Rabelo, José Pérez Preto y Juan Fernández de las Grunas fueron condenados en doscientos azotes y diez años de presidio en África, con retención y calidad de gastadores. *Sentencias*, 2858, *s.* 24.5.1833 por robos en gavilla: «Por lo que resulta de las causas formadas por las justicia de Poulo sobre robo al presbítero D. Felipe Mosquera, por la de Mezonzo sobre robo de dos baras a doña Josefa Pérez, por la de Folgoso sobre el asalto y robo de la casa de Domingo Botana y otras, y por la de Mezonzo y continuada por el corregidor de Betanzos contra Pedro González y otros sobre robos en gavilla, debemos de condenar y condenamos a Lucas Francisco Vilariño en diez años de presidio en África con retención, sin perjuicio de que cumpla la condena que le ha sido impuesta por real auto definitivo dado en diez y siete de agosto de mil ochocientos treinta en la causa formada por la justicia de Mesía sobre el asalto y robo echo en casa de Lorenzo Martínez».

314 ARG, *Sentencias*, 28581, *s.* 4.8.1833 por robos en gavilla, condenan a Carlos Lastra en diez años de presidio en África, con retención y calidad de gastador, aplicándole a los trabajos más duros, y a que sufra doscientos azotes.

315 ARG, *Sentencias*, 28499, *s.* 15.4.1819 contra una gavilla de ladrones acusados de diversos robos, cuyo cabecilla Manuel García de Sexto fue condenado a muerte y los tres siguientes en diez años de presidio en uno de los de África con retención, el primero en clase de gastador y con pena de la vida si lo quebrantase; y otros siete en ocho años también a presidio. *Sentencias*, 28576, *s.* 26.11828, en la que «entendiéndose apercibido Benito Díaz con la pena de la vida si quebrantare el presidio con retención ympuesto», confirman la del inferior.

316 «La indeterminación temporal de las sentencias en el siglo XVIII: la cláusula de retención en presidio», en *Perspectivas jurídicas del Estado de México. Revista del Tribunal Supremo de Justicia del Estado de México*, 1-4 (enero-junio 2003), pp. 103-123.

317 ARG, *Sentencias*, 28579 *s.* 26.6.1830 «sobre la violenta muerte de Juan Antonio Canosa», por la que Vicente Canosa es condenado en diez años de presidio a África con retención, calidad de gastador y aplicación a los trabajos más duros, el que no quebrante pena de la vida. *Ídem, s.* 22.4.1830 por la «la violenta muerte dada a Juan Justo y Bernardo Freigido», los dos acusado son enviados diez años de presidio a África, con retención, y un tercero por ocho años. *Ídem, s.* ?.5.1830 por «la muerte de Manuel Amoedo y robo echo en la casa del cura de Caldelas», en la que tras el reo condenado a la horca, se impone al segundo diez años de presidio en África con retención, encontrándose los dos huidos. *Sentencias*, 28581, *s.* 7.5.1831 por «la violenta muerte

gravedad[318], los realizados en gavilla[319], o por el concurso de violencia personal y patrimonial[320]. Los que llevan la cláusula de retención siempre son condenados a diez años[321], pero no todos los condenados a diez años sufren esta carga[322]. A semejanza de otras penas temporales, como las galeras o la prisión, la permanencia vitalicia en presidio había quedado reducida en el siglo XVII a diez años para que los reos no se desesperaran.

El alzamiento de la retención dependía del rey o de la autoridad judicial que hubiera dictado la condena. Pero tal alzamiento no procedía de oficio, sino que eran los propios presidiarios quienes debían solicitarlo una vez cumplida la pena[323]. Esta circunstancia generó numerosos problemas. En los

---

dada a su muger», el marido es condenado en diez años de presidio en África, sin retención. *Ídem*, *s.* 17.7.1832 «sobre la violenta muerte dada a Tomás Álvarez», en la que se condena al autor en diez años de presidio a África con retención. *Ídem*, *s.* 24.7.1832 contra Francisco de Pazos «en ausencia y rebeldía sobre la muerte de su hermano Andrés» por la que fue condenado en diez años de presidio a África, con retención. *Ídem*, *s.* 23.11.1833 por una muerte violenta condenan al autor en diez años de presidio en África con retención, dictada por seis alcaldes del crimen, lo que permite descubrir cierta discrepancia entre los alcaldes del crimen. *Ídem*, *s.* 30.3.1833 por la «violenta muerte dada a Catalina Barrio», es condenado el autor en diez años de presidio en África con retención. *Ídem*, *s.* 28.2.1833 en causa sobre muerte con arma blanca y fuga, condenan Benito Álvarez Barquero en diez años de presidio en África con retención», sin perjuicio de oírle cuando se presente o fuere habido.

318 ARG, *Sentencias*, 28576, *s.* 7.8.1827, en la que el reo principal es condenado en diez años de presidio a África con retención, por el robo efectuado al cura de Santa María de Lamas. ARG, *Ídem*, *s.* 5.6.1830 por el «robo de un cáliz de plata del convento de Santa María de Conjo, extramuros de esta ciudad», por la que el reo fue enviado diez años de presidio a uno de los de África, con retención. *Ídem*, *s.* 21.4.1831 por el «rovo de un cáliz y patena de plata con que fue aprendido Ramón Cupeiro», al que condenaron en diez años de presidio a uno de los de África, con retención, «sufriendo antes en la ciudad de La Coruña en cuia cárcel se halla doscientos azotes». *Sentencias*, 28581, *s.* 19.7.1832 por robos con armas de fuego por la cual se condena al reo principal en diez años de presidio a África con retención, a dos más en otros diez al mismo presidio, y a un cuarto en cuatro también a África.

319 ARG, *Sentencias*, 28576, *s.* 15.12.1827, por la confirman la condena impuesta a José Rodríguez Guecho, «y aumentando la pena entonces ympuesta con proposición a lo justificado nuevamente en esta ynstancia, debemos de condenarle y le condenamos en doscientos azotes que sufra por las calles públicas de esta ciudad en la forma acostumbrada y en diez años de presidio en uno de los mayores de África, con retención, que no quebrante pena de la vida, y la misma si reincidiese en yguales delitos».

320 ARG, *Sentencias*, 28581, *s.* 24.31832 «sobre robo y asesinato del maragato José Alonso», en la cual los dos hermanos autores son condenados en diez años de presidio en África con retención.

321 Por ejemplo, ARG, *Sentencias*, 28576, *s.* 6.7.1803, contra Juan Barreiro, alias Ravelo, y otros, unos prófugos y otros en rebeldía, por robos en la que José Pérez Preto es condenado en diez años de presidio en uno de los de África con retención; Ravelo, en ocho; y José Lorenzo Rabecho en seis al mismo destino. *Ídem*, *s.* 9.6.1832 contra José Pérez Quintana, alias El Asturiano, por robos, condenado en diez años de presidio en África con retención.

322 ARG, *Sentencias*, 28576, *s.* 7.9.1833, por «robos echos en las casas de Antonio Fernández, José Lemos y otros», los dos reos principales en diez años de presidio a uno de los de África, con la calidad de retención uno de ellos, otro en seis, y un cuarto en cuatro con destino al propio presidio.

323 AHN, *Consejos*, lib. 1406, exp. 8, *expediente formado a consequencia de Real orden de 26 de enero de este año sobre que la Sala consulte a Su Majestad en razón del alzamiento de retención de presidio que sufren los reos Josef Solo y Josef Juárez* (1815). Este último había sido sentenciado en 1805 a diez años de presidio a Puerto Rico con retención, por desertor de presidio y varios regimientos y sospechoso en robos. Se mandó buscar la causa, pero la contestación

años posteriores a la guerra tenemos noticias de las dificultades burocráticas para encontrar la documentación necesaria para verificar el cumplimiento completo de la condena y proceder, en consecuencia, a la resolución positiva o negativa de la retención. Los desastres ocurridos en Madrid y la multiplicidad de jurisdicciones, con sus peculiares procedimientos, perjudicaron a reos que cumplían condenas con anterioridad a la invasión. En uno de los casos conocidos, se advertía a los alcaldes de Corte que «en la Sala no existe el archivo de Policía, ni a ella se pasó para archivar causa alguna de las que por dicho juzgado se formaron ante el Sr. D. José Marquina», añadiéndose poco después que «todas las causas que se siguieron en el juzgado de vagos y policía quedaron, unas en el Archivo de aquella oficina, Casa de Correos, y otros en poder de D. José Marquina, y por lo mismo no existen en mi poder, ni papel alguno de aquellos ramos»[324]. Solo los informes favorables y las cláusulas que se les impusieron facilitaron el alzamiento de la retención y la liberación de los presos[325], porque solo se conservaron algunos testimonios documentales pero no la causa original.

En 1830 se planteó, a raíz de la petición de unos presidiarios, la disyun-

---

fue: «Ni en los espedientes ni en las pocas órdenes que han dexado existe la causa que V.I. me pide». La autoridad militar de Ceuta remitía a la Sala en noviembre de 1814 los datos de la condena: había llegado a dicha plaza el 10 de diciembre de 1805, sentenciado por R.O. de 28 de septiembre anterior a diez años de presidio con retención a Puerto Rico; durante su cumplimiento se le hizo una baja de tres años: uno por la Junta Suprema de Sevilla por O. de 18 de julio de 1808 a los de su clase, y dos por el Real indulto de 2 de septiembre de 1815; por lo cual había terminado su condena el 28 de septiembre de 1812. El gobernador militar les consideraba «acreedores a esta gracia por la buena conducta que han observado durante su destierro en aquella plaza». José Solo había sido sentenciado con otros dos reos en 21 de marzo de 1805 a diez años de presidio en África, en causa instruida por un alcalde de la Hermandad de Madrid «por robo de ganado cabrío y otros excesos», en la noche del 8 de junio de 1804. En total había robado 24 cabezas y se sospechaba que había perpetrado otro delito similar.

324 En una *Nota* se lee: «De público y notorio se sabe que el Sr. D. Josef Marquina Galindo, ministro que fue del Supremo Consejo y Gobernador de la Sala, reunió los empleos de juez de Policía y de Vagos; que los expedientes formados como juez de Policía se conserbaban en su casa, y los de vagos en el despacho que havía en la Casa de Correos; que con el motibo del alboroto ocurrido el día diez y nuebe de marzo del año de mil ochocientos ocho fue saqueada la casa de dicho señor Marquina, y quemados los papeles que en ella se encontraron; que en el mismo año haviendo entrado las tropas francesas en la capital, se apoderaron de la Casa de Correos y despacho de la Comisión de vagos, en donde se estableció un cuerpo de guardia». Juárez tuvo que reiterar su petición, poniéndose de manifiesta la poca probabilidad de encontrar su causa. A la vista de lo cual, «sería muy duro dilatarle la pena por más tiempo a la sombra del extravío de unos papeles, en cuya ocultación no ha podido influir, la Sala... entiende muy propio de la generosidad y piedad que distingue a V.M. el que se le conceda la licencia de regresar con tal que fige su residencia en el pueblo de su naturaleza, cuya justicia cele su conducta sin permitirle venir a Madrid pena de otros 10 año de presidio» (Minuta de consulta de 28 de junio de 1815).

325 «Y respecto a que el pueblo de su naturaleza dista 20 leguas de esta Corte, en cuyas inmediaciones fue el robo confesado, y aun el otro de que hay sospechas; atendidos los buenos informes de su conducta, no encuentra la Sala reparo en que siendo del agrado de V.M. se le alce la retención, concediéndole la licencia bajo la precisa calidad de que se fixe a residir en el pueblo de su naturaleza, presentándose a la xusticia, la que cuidará bajo su responsabilidad de observar su conducta, sin permitirle venir a Madrid ni Sitios Reales con apercibimiento de que siendo encontrado en ellos se le volverá a presido por otros diez años, sin necesidad de seguimiento de causa. V.M. sin embargo resolverá lo más acertado» (Consulta de 25 de marzo de 1815).

tiva entre la rebaja temporal de la condena o el alzamiento de la cláusula de retención. Para ellos parecía mucho más interesante esto último, porque la pena temporal tenía fecha fija de cumplimiento, mientras que la reducción lo era sobre el tiempo de la condena, pero no sobre la retención[326]. Para resolverla, se dictó la R.O. de 16 de junio, «ínterin y hasta que se termine el reglamento que para lo sucesivo ha de servir de regla en este asunto». Fue dispuesto que las autoridades militares de las que dependían rematados y confinados, «no concedan rebajas de ninguna especie, sino en los casos precisos marcados por reales ordenes, citándolas en las certificaciones que expidan de licencias de cumplidos con encargo especial, para evitar las arbitrariedades y abusos que se notan en esta parte; que por ningún pretexto alcen por sí la retención de los reos que tengan esta cláusula en sus condenas, ni concedan mayor rebaja que la de la tercera parte del tiempo contenido en las mismas, aunque se reúnan muchos motivos de rebaja, siendo de consiguiente cierto y seguro en su cumplimiento por lo menos el tiempo de las dos terceras partes de cada condena, exceptuándose de tales rebajas en totalidad a los condenados con la cualidad de retención, que deben cumplir los diez años día por día, y obtener el alzamiento de aquella por real orden, como actualmente se ejecuta». De acuerdo con este criterio general, se denegó al solicitante el alzamiento que pedía[327], ordenándose que fuera restituido a presidio el beneficiado indebidamente[328].

---

326 *Gaceta* de 17/7/1830: «Enterado el Rey nuestro Señor de la instancia promovida por el confinado en Melilla D. Juan Josef Gutiérrez, en solicitud de que se le alce la cláusula de retención que tiene en su condena, en lugar del año de rebaja que le ha sido concedido, e igualmente que a tres de sus compañeros que se hallan en su caso, llamados Benito Mórage, Pedro Ignacio Ruiz y Gregorio Mochales, por la salida que hicieron al campo infiel la noche del 11 de agosto de 1825; y conformándose S. M. con lo que sobre el particular le ha expuesto ese Supremo Tribunal, se ha dignado resolver...» El solicitante era bien conocido en Aragón. Archivo Histórico Provincial de Zaragoza, Real Audiencia, *Causas penales*, J/9016/1, autos formados contra Don Juan José Gutiérrez, alias el Andaluz, José Júdez alias el Cañamón, vecinos del lugar de Báguena, y otros, sobre robos y fuga de presidio; J/9017/1, autos formados contra Don Juan José Gutiérrez y otros vecinos del lugar de Báguena, sobre varios robos; J/9018/1, autos formados contra Don Juan José Gutiérrez y otros vecinos del lugar de Báguena, sobre varios robos; causa contra don Juan José Gutiérrez, vecino de Báguena, sobre su fuga del presidio de Melilla; y expediente sobre la solicitud de don Juan José Gutiérrez acerca de que se le libre certificación de su prisión.

327 La causa de la solicitud se encuentra, como sucediera en el siglo XVIII, en las arbitrariedades de ciertas autoridades militares para conceder licencias a los presidiarios, por lo cual se trató de averiguar «el motivo que tuvo el veedor de Melilla para conceder a Gutiérrez su licencia, como los en que se funden las rebajas extraordinarias que se le hayan concedido para darle por cumplido en el corto tiempo que ha permanecido en el presidio, se reclame al mencionado veedor de Melilla copia literal de la licencia expedida a Gutiérrez, expresiva de las Reales órdenes en cuya virtud se concedió las rebajas y alzamiento de la retención, manifestando cada caso, circunstancia, día, lugar y personas que intervinieron en el motivo de cada rebaja que se le haya aplicado, con el expediente de ella, si le hubiese, previniéndole se abstenga de alzar retenciones sin expresa Real licencia, y arregle por ahora a lo que sobre rebajas se expone en lo principal».

328 «Por lo respectivo a la justa reclamación de la Real Audiencia de Aragón, quiere S. M. se la haga saber por conducto del Ministerio de Gracia y Justicia que ese tribunal se ocupa en precaver tales abusos, y que activándose la prisión de Gutiérrez, no obstante la indebida licencia, que se le recogerá y remitirá al Consejo, se traslade con seguridad a la caja de Málaga, y

Los condenados a ocho años de prisión pueden ser reos principales[329], si bien en la mayoría de los supuestos aparecen condenados por dicho este tiempo los segundos o terceros reos enumerados en las sentencias, lo que permite suponer su grado de autoría y culpabilidad[330]. La condena puede ser agravada al destinarles como gastadores[331]. Los hechos delictivos causa de sus condenas son los mismos que en el caso del decenio, fundamentalmente robos[332], falsedades documentales y malos tratamientos[333]. En una de las sentencias encontramos como causa explícita de la reducción punitiva la larga estancia en prisión[334], por lo que implícitamente cabe suponer que la condena sin dicha causa serían los diez años.

Los destinos por seis años a uno de los presidios de África no son habituales en este tipo de condenas. Por las razones expuestas, el grado de culpabilidad también delimita la duración de la pena de manera que, en el caso de partidas de delincuentes, los condenados en un sexenio casi siempre aparecen mencionados en los últimos lugares de la sentencia. Los delitos por los cuales se impuso son robos cometidos en cuadrilla[335] y malos

---

de allí a Melilla, de donde no salga sin expresa Real orden de alzamiento de retención por este Ministerio de mi cargo, cuyo caso particular y determinación sobre él se comunique al gobernador de Málaga y al de Melilla para la pronta restitución y conservación de Gutiérrez al presidio... y consecuente a sus acordadas de 27 de enero último, en que además de los indicados presidiarios hacía mención de Pablo Moreno Rinconada, Benito Duran Salgado y Josef Méndez Berdión, como comprendidos en el mismo caso que D. Juan Josef Gutiérrez, y a quienes comprende la anterior soberana resolución» R.C. de 16 de junio de 1830.

329 ARG, *Sentencias*, 28576, *s.* 27.7.1830 «sobre falsedad de un instrumento hecho a Bernardo García» por la que los dos principales acusados fueron destinados ocho años a uno de los presidios de África, quizá por la edad de uno de ellos.

330 ARG, *Sentencias*, 28576, *s.* 4.2.1830 contra José Antonio Senra, alias Judas, José Paredes, Ventura da Cal, Juan Benito Martinez y Juan Antonio de Castro alias Tamborileyro (prófugos estos dos) y otros «por sospechosos de ladrones», en la que cuatro de ellos fueron condenados en ocho años al mismo presidio que el principal acusado, cuya condena ascendía a los diez años.

331 ARG, *Sentencias*, 28576, *s.* 19.2.1828, en la que el condenado en tercer lugar lo es en ocho años en calidad de gastador, por asalto de noche con armas en un camino.

332 ARG, *Sentencias*, 28576, *s.* 30.9.1828, contra don José Mariño sobre robos, en la que dos acusados fueron destinados por ocho años a un presidio de África. *Sentencias*, 28581, *s.* 19.12.1831, en la causa criminal contra José Prieto da Serra, Antonio Pérez, José Pérez, Juan de Bereijo, Antonio Piñón, José Piñón y otros «sobre robos», en la que cuatro de ellos fueron destinados por ocho años a presidio africano. *Ídem*, *s.* 17.5.1832 por el «robo de la casa de don Antonio Suárez», en la cual rebajan a ocho años los diez impuestos en un auto anterior. *Ídem*, *s.* 4.6.1833 contra Cayetano Eimil, alias Minguín, por «robos en gavilla», en ocho años de presidio en África.

333 ARG, *Sentencias*, 28579, *s.* 11.5.1830, por los «malos tratamientos a Fernando Carballo, de que resultó su muerte», cuyo autor fue enviado ocho años a uno de los presidios a África. *Ídem*, *s.* 22.4.1830 por «la violenta muerte dada a Juan Justo y Bernardo Freigido», cuyos autores principales fueron condenados por diez años y un tercero durante ocho. *Ídem*, *s.* 16.11.1830 «sobre averiguación de la muerte de Francisco Mosteiro», por la cual fue condenado Ángel Mosteiro a ocho años de presidio en África. *Sentencias*, 28581, *s.* 19.12.1833 contra un padre «sobre malos tratamientos a su hija», por la que fue condenado a garrote y a un tío en ocho años de presidio en África. *Ídem*, *s.* 11.12.1833 por «malos tratamientos a su muger Dolores Soler», resultando condenado en ocho años de presidio en África.

334 ARG, *Sentencias*, 28576, *s.* 5.9.1833 por «la violenta muerte dada a Francisco Rielo», en la que «havida consideración al tiempo de arresto que lleva sufrido don Vicente Ramos Noboa le debemos de condenar y condenamos en ocho años de presidio a uno de los de África».

335 Vid, por ejemplo, ARG, *Sentencias*, 28576, *s.* 8.8.1831 contra José Souto alcaide de la cárcel de Corona de la ciudad de Orense, José Rodríguez y José Domínguez «sobre haber sali-

tratamientos de obra[336].

Los condenados a cuatro años de presidio africano –no enviados expresamente al de Ceuta– fueron muy pocos y, sobre todo, en fechas muy tardías[337]. Por debajo de esta duración no encontramos ningún destinado al otro continente. Estos reos están implicados, como los anteriores, en causas criminales de robos[338] o en muertes violentas, sin que podamos conocer su grado de participación o la causa por la cual se minora la pena legal[339].

El destino en el norte de África también supuso para algunos reos la posibilidad de alcanzar la libertad. La desesperación de los presidiarios y la cercanía de la libertad, aunque en territorio desconocido, continuaba llevando a algunos de estos, como en siglos precedentes, a pasarse a los moros. Como remedio para aminorar esta deserción, el gobernador de Ceuta proponía en 1829 que se mitigara su castigo, ampliando para ello el art. 14 del Tratado de paz con Marruecos[340].

Podemos establecer una tabla que muestra los destinos de presidio de acuerdo con la duración impuesta por las Salas del Crimen de Galicia[341], entendiendo que los de Ferrol, Coruña y Málaga son en realidad los presidios cuyos reclusos son empleados en la construcción de obras públicas[342]:

---

do el Souto de la cárcel acompañado de dichos dos presos a deshora de la noche a robar», por lo cual estos dos fueron destinados por seis años a presidio en África.

336 ARG, *Sentencias*, 28581, *s.* 28.9.1831 contra Manuel Casal Patiño «sobre malos tratamientos hechos a Nicolasa do Pico de once años de edad cortándole alevosamente las orejas», condenado en seis años de presidio a uno de los de África y, como en estos casos, gastos de curación.

337 Con alguna excepción. *Sentencias*, 28499, *s.* 26.2.1814 en la causa entre Luisa Vermúdez, viuda, con José Méndez y José Francisco Mellid Bolaño, por la cual destinaron a estos dos por cuatro a uno de los presidios de África. *Ídem*, *s.* 29.3.1814 contra Isidro Amigo, Ignacio Cobas, otros en la que se imponen condenas de ocho, seis y cuatro años de presidio. *Sentencias*, 28576, *s.* 22.11.1827 contra Jacobo Caramés, condenado en cuatro años de presidio a África.

338 ARG, *Sentencias*, 28576, *s.* 13.12.1828 contra don Andrés Ulloa, Simón Miguélez y otros sobre robos que van sucesivamente condenados en diez, seis años y cuatro con destino a África. *Ídem*, *s.* 10.1.1829, «sobre el rovo echo en el lugar de Sezes y otros varios», mientras el primer reo va destinado por diez años, el segundo solo por cuatro. *Sentencias*, 28581, *s.* 19.7.1832 contra José Alba, Ramón Cao, Juan Savín y otros «sobre robos» con armas de fuego, en la cual el tercer condenado lo es en cuatro con destino a África. *Sentencias*, 28576, *s.* 7.9.1833 por «robos echos en las casas de Antonio Fernández, José Lemos y otros», los dos primeros a diez años, el tercero a seis años y el cuarto por cuatro de presidio a uno de los de África. *Sentencias*, 28581, *s.* 17.8.1833 por el «sobre robo echo a D. Pascual Armas», cuyo autor es condenado en cuatro años de presidio en África.

339 ARG, *Sentencias*, 28576, *s.* 2.10.1830 por «la muerte alevosa de Roque González», los cuatro primeros condenados en diez años y el siguiente solo en cuatro. *Sentencias*, 28581, *s.* 25.6.1833 «sobre las violentas muertes de Juan Justo y su criado Bernardo Freygido», condenado el autor en cuatro años de presidio en África.

340 *Actas (1829)*, sesión del 16 de mayo de 1829, p. 103. Para los precedentes, Llorente de Pedro, «La deserción militar y las fugas de los presidiarios», ya citado.

341 «En el reyno de Galicia, es corte y cabeza de todas sus cárceles; y mixto con las principales de España, juntamente con el Rey nuestro Señor, tiene las colonias de Ferrol, Coruña, isla de León, Cartagena, Ceuta, Melilla, Peñón, Alucemas, Carmen, Havana, Manila y otras varias por todo el mundo S.M. como soberano, provista los empleos mayores, y surte de víveres; pero la población es peculiar y privativa de las reales cárceles», [Fandiño] *Memoria*, pp. 22-23.

342 Afirmaba Salillas que la generalización de la pena de presidio en la de trabajos públicos, resultando esta última una pena localizada para su cumplimiento, «establece una nueva escala, rebajando considerablemente el máximo y el mínimo», en *Evolución*, II, p. 14.

Tan solo he encontrado una sentencia en la cual los alcaldes del crimen de Galicia destinan a un reo a presidio en las lejanas Filipinas. El rematado estaba acusado de diferentes robos y, al parecer, ya se había escapado de alguna cárcel. Sus antecedentes delictivos determinaron que la conducción a destino debía verificarse, asimismo, con gran cuidado y vigilancia[343].

AÑOS	DESTINOS
10	África
8	Málaga, África
6	Ferrol, Coruña, Málaga, Ceuta, África
4	Coruña, Málaga, Ceuta, África
3	Coruña
2	Ferrol, Coruña, Ceuta
1	Coruña

Para concluir estos aspectos, hay que tener presente que la C. del Ministerio de la Guerra de 5 de junio de 1816 determinó que «las sentencias que dieren los tribunales, respecto de los que sean destinados a presidio, sean ciertas y terminantes; y que en las condenas de los desterrados no se subdivida el tiempo de su extinción en forzoso y arbitrario, sino a voluntad de S.M.»[344]. Este último inciso hacía referencia a la tradicional distinción que

[343] ARG, *Sentencias*, 28499, *s.* 12.7.1814 contra Gregorio Quintáns, alias Merlo, por diferentes robos, condenado «en diez años de presidio en Filipinas con retención y sin perjuicio de que cumpla o acave de cumplir en el propio presidio los otros diez años que con igual calidad de retención se le impusieron en la sentencia definitiva pronunciada por el alcalde de la ciudad de Santiago en cinco de agosto de mil ochocientos tres en causa que se formó sobre los rovos echos en el Hospital de las Carretas de dicha ciudad, tienda de Antonio Cabo en la misma y estanquillo del Son, confirmada por la Sala en veinte y quatro de septiembre de mil ochocientos quatro... le apercivimos que si reincidiere en iguales crímenes o quebrantase el presidio a que se le destina se le impondrá la pena ordinaria de muerte. Y a fin de que no se fugue según es de temer ni quebrante el presidio, el alcaide carcelero cele particularmente sobre su custodia hasta el acto de entregarlo para que baia a cumplir su condena y verifique su entrega con prisiones que no recogerá hasta que esté en poder de la tropa a quien se entregue, la que deverá ser instruida de las qualidades de este reo, y además hágase la correspondiente exposición a S.M. a efecto de que se digne expedir orden al director o xefe del presidio para que con singularidad cuide de su custodia».

[344] En virtud de la R.O. de 20 de enero de 1815 se determinó que pasasen a Ceuta la tercera parte de los presidiarios del reino, el intendente de Castilla la Vieja trasladó a Lucas del Pozo desde Ciudad Rodrigo a Valladolid, pues estaba sentenciado por su Sala del crimen a seis años de obras públicas, cuatro forzosos y dos a voluntad de la Sala. Los alcaldes del crimen se interesaron por los motivos del traslado, quedando insatisfechos de su respuesta. Se planteó un conflicto, tras una nueva discusión sobre la contestación, sobre las facultades de la Sala para intervenir en el asunto, la pena impuesta y si el reo estaba comprendido o no en la rebaja de dos años fijada por el indulto de 2 de setiembre de 1814. El intendente recurrió al Consejo de la Guerra. Al final, el rey resolvió que el intendente cumplió exactamente con la O. de enero de 1815, pero añadiendo que las sentencias de los tribunales fueran ciertas y terminantes. Lucas del Pozo quedaba beneficiado por la rebaja de los dos años impuestos por la Sala de la Chancillería, y también de otros dos del indulto general de septiembre de 1814. Para evitar posteriores conflictos, daba nuevo vigor a las RR.OO. de 9 de enero de 1783 y 21 de agosto de 1784, sobre rematados a presidio, de manera que «excepto el presidio de Madrid, cuya directa dependencia es del Presidente del Consejo Real, y los destinados a arsenales,

se incluyó en numerosas sentencias acerca del cumplimiento forzoso y voluntario (arbitrario) del destierro, en el que quedaba al arbitrio del juez o tribunal sentenciador decidir, una vez cumplida la parte forzosa, si el reo debía seguir cumpliendo el tiempo restante.

Por otra parte, la severidad legal, por un lado, y la importancia adquirida por el presidio en la práctica judicial conllevó necesariamente un aumento en el número de rematados a presidio. La consecuencia más inmediata fue su hacinamiento en edificios obsoletos y los problemas de salubridad. Los presidios, en particular los menores, continuaron recibiendo reos condenados por cualquier jurisdicción. Entre las soluciones propuestas la más inmediata pasaba por la imperiosa reducción de su población, evitando por ejemplo las epidemias y sin olvidar los gastos que ocasionaban los presidios de África[345]. No siempre las autoridades interesadas, las judiciales y las militares, actuaron de forma coordinada en este asunto, lo que dio origen a diferentes conflictos. Así pues, al problema del hacinamiento se unió el de los conflictos jurisdiccionales.

En marzo de 1825 a instancias del encargado de negocios de Francia y con la intervención de la Secretaría de Gracia y Justicia se puso de manifiesto «el estado de insalubridad en que se hallan algunas cárceles del Reino, especialmente la de Cádiz, y los medios para mejorarlas y evitar contagios que indican los físicos franceses de aquel hospital militar». Se entendió que un buen medio para solventar este problema es que se «abrevien las causas cuanto fuere posible, para que los presos disminuyan de este modo y no permanezcan en las prisiones más tiempo que el absolutamente preciso para su destino o absolución», por lo que en virtud de real orden se encomendaba a los capitanes generales que dictaran las resoluciones oportunas para que fuera adoptada esta solución por jueces y tribunales[346].

El tiempo de condena y las condiciones de su cumplimiento provocaron que algunos presidiarios intentaran fugarse o desertar. Apresados de nuevo, las autoridades militares, por la vía gubernativa, les duplicaban el tiempo de condena. Se producía, por tanto, un conflicto de jurisdicción. Estos conflictos no eran nuevos, pues mientras las condenas eran impuestas por jueces o tribunales ordinarios, su cumplimiento dependía directamente de las autoridades militares. Los presidiarios acudían a la jurisdicción ordinaria, más

toda clase de confinados y desterrados, los presidios mayores y menores, brigadas de desterrados, depósitos de rematados de Málaga, caxas y presidios correccionales del Reyno están sujetos a la jurisdicción de Guerra; sus causas y delitos que en ellos se cometan pertenecen a los gobernadores e intendentes como jueces de rematados, y su apelación al Supremo Consejo de la Guerra con inhibición absoluta de qualquier otro Tribunal; y por último que los Capitanes generales, Gobernadores, Intendentes y demás Autoridades civiles y militares se abstengan de poner en libertad ningún confinado, ínterin no reciban la real orden al efecto, comunicada por la vía reservada de este Ministerio de mi cargo, excepto en los casos expresados en las órdenes citadas; debiendo los Tribunales hacerlo por medio de oficios-atentos, y no de provisiones, según se manda en la de 5 de enero de 1805». R.O. de 5 de junio de 1816.

345 La Exposición de motivos del Proyecto de Código criminal de 1830 afirmaba que los presidios de África eran «costosísimos» (Lasso, *Crónica*, 5-II, p. 139).

346 O. del Secretario de Gracia y justicia de 15 de marzo de 1825 dirigida al Capitán general de Granada y presidente de su Real Chancillería. Copia digital de la BUGr.

benigna para ellos que la castrense. Así quedó reflejado en una R.O. de julio de 1828, comunicada al capitán general de Valencia[347], pero extensible a todas las autoridades militares. Teniendo presente que en el presidio de Málaga «que es caja general de rematados, el que comete simple deserción no ha tenido ni tiene más pena que aplicarle gubernativamente, sin formársele proceso, cuatro meses de recarga, la pérdida de las rebajas ganadas en brigada y la del tiempo que ha estado ausente, poniéndose nota en su condena»; se resolvió por punto general que esta medida se aplicara en todos los restantes presidios del reino[348].

Especial atención merece la reclusión en Ceuta. El presidio ceutí fue asignado como destino por las Salas del crimen gallegas en muy pocas de sus sentencias, en las cuales se omite la fórmula «a uno de los de África». Es más, en alguno de los fallos se distingue entre el presidio de Ceuta y presidio de África[349]. Esta diferencia es más evidente cuando el destino es el Regimiento Fijo de esta ciudad[350]. Puesto que entre los presidios africanos existían diferencias, en alguno de los fallos de los alcaldes del crimen gallegos se destina al reo expresamente a uno de los mayores[351]. La elec-

---

347 En virtud de un expediente promovido por varios confinados en el presidio del arsenal de Cartagena, «en solicitud de que no tenga efecto la recarga de tiempo que les ha impuesto el comandante del presidio de Alicante por el delito que cometieron de deserción; como también de la instancia presentada por... reos rematados del citado presidio, en reclamación de la misma gracia, y que tampoco se lleve a efecto la sentencia que por igual delito les ha sido impuesta de permanecer en el presidio doble tiempo del que les falta para extinguir sus condenas».

348 El origen de esta disposición es una consulta del gobernador de Málaga al Consejo de Guerra sobre cómo proceder en distintas circunstancias con respecto a varios confinados de aquel presidio, entre otras: «1. Que al presidiario que haya desertado del presidio sin cometer otro delito y sea aprehendido, se le recarguen gubernativamente cuatro meses sobre el tiempo de su sentencia, perdiendo los beneficios de rebajas que pudiera haber ya ganado; y si por el contrario, además de la deserción cometiere algún otro crimen, bien al ejecutarla, o estando prófugo, quede sujeto al resultado de la causa que se le forme ante el juzgado privativo del citado gobernador, sin perjuicio de aquella recarga. 2. Que al presidiario, que arrepentido de la fuga se presente voluntariamente para acabar de extinguir su condena, y no se le justifique más delito que el de la simple deserción, no se le imponga pena, ni aumente aquella, siempre que su presentación la verifique en el término de 20 días; pero que pasado este, aunque después se presente voluntariamente, se le impongan cuatro meses de recarga, perdiendo el tiempo de la ausencia...». También se reguló la situación de los desertores que se alistaron en los voluntarios realistas, facilitando el beneficio penal si no hubieran cometido delitos feos.

349 ARG, *Sentencias*, 28576, *s.* 30.9.1828 sobre robos, en la que los principales reos son condenados a diez, ocho y seis años de presidio a África, mientras que otros lo fueron en cuatro al presidio de Ceuta.

350 ARG, *Sentencias*, 28581, *s.* 26.3.1832 «sobre malos tratamientos a María Dolores Cortiñas, de que provino su muerte», se condena al autor en diez años al servicio de las armas en el Regimiento Fijo de Ceuta, y no siendo útil en ocho años de presidio a África. *Ídem*, *s.* 17.12.1833 «sobre título de escribano con el que ejerce oficio y otros documentos», que condena al autor en diez años de servicio a las armas en el Regimiento Fijo de Ceuta, se ponga a disposición del Capitán General, y en caso de no ser apto «al efecto se entiendan los diez años de presidio en África».

351 ARG, *Sentencias*, 28576, *s.* 22.12.1827 contra Francisco Rodriguez Molinero y otros sobre robos, por la que ordenan que «cumpla y extinga la pena que anteriormente le fue ympuesta de diez años de presidio con retención en uno de los mayores de África». *Ídem*, *s.* 15.12.1827 contra José Rodríguez Guecho y otros, por la cual resulta condenado en doscientos azotes y «en diez años de presidio en uno de los mayores de África, con retención».

ción entre uno y otros, cuando se hace de forma expresa, solo puede encontrarse en la responsabilidad penal achacable al reo rematado. La duración temporal en esta plaza africana fue de dos, tres, cuatro, seis y hasta un máximo de ocho años, por delitos de robo, malos tratamientos[352] o intentos de fuga[353], que deben considerarse agravados con respecto a los cometidos por otros delincuentes que fueron enviados a las obras públicas de la península y, a su vez, más mitigados con respecto a los cometidos por reos destinados a «presidio de África».

En 1828 el presidio de Ceuta acabaría desbordado por el gran número de reos rematados a él. El gobernador de la ciudad solicitaba que se aprobara la decisión que había adoptado «de no admitir en ella más presidiarios, en atención a pasar de tres mil los que existen en el día, a no haver quartel en que encerrarlos, a caer diariamente de sesenta a setenta que es preciso trasladar al hospital, y a hallarse infestada una parte de los confinados y aun los Regimientos de África, Fixo y Compañía de Artillería, solicitando por lo tanto se mande suspender por ahora la remisión de más confinados». La situación se debatió en el Consejo de Ministros y «atendiendo a la indispensable necesidad de aliviar todos los presidios, no solo por los enormes gastos que originan sino también por no haver ni aun edificios en que alojar a los que se hallan en ellos», se acordó plantear al rey que se dignase «indultar a los sentenciados por delitos leves como contrabando, etc., con motivo del plausible día de San Fernando y de la feliz pacificación de Cataluña, mediante el mucho tiempo que hace no haverse concedido indulto alguno», y, para el caso de concederse, se pedirían las listas de aquellos que podían ser perdonados[354]. Como veremos en el apartado dedicado a los indultos, así se hizo y en virtud de la concesión regia un número importante de reos resultaron beneficiados. La medida sin embargo no tardó en frustrarse, pues en poco tiempo volvió a incrementarse el número de rematados a presidio.

---

352 ARG, *Sentencias*, 28499, *s.* 10.1.1814, en la que son destinados al presidio de Ceuta, un reo por cuatro años, otro por tres y al reo fugitivo por ocho. *Ídem, s.* 15.3.1814, en la que el principal acusado es absuelto y dos reos son condenados en cuatro años de presidio en Ceuta, mientras a que a un tercero, teniendo en consideración el arresto sufrido, solo en dos años. *Ídem, s.* 18.6.1816 contra Miguel Arcay, la que se condena en seis años de presidio en el de Ceuta. *Sentencias*, 28576, *s.* 6.10.1829, «sobre malos tratamientos echos a Antonio Ledo», en el que autor es condenado a seis años de presidio con destino a Ceuta. *Ídem, s.* 19.9.1829, «sobre el rovo echo en la casa taverna de San Lorenzo de Olas», en la cual los autores son enviados por cuatro años al presidio a Ceuta.

353 ARG, *Sentencias*, 28576, *s.* 11.4.1829 contra Lorenzo Tasende «por sospechoso de ladrón» en virtud de la cual supliendo y enmendando el real auto de 26 de septiembre de 1826, fue condenado en dos años más de reclusión sobre los seis que se le habían impuesto con destino al presidio de Ceuta por sentencia de 13 de octubre de 1821 en causa formada «por la justicia de la villa de Padrón contra una gavilla de ladrones que infestavan aquel país», y «sin perjuicio del resultado de la otra causa formada en septiembre de mil ochocientos veinte y uno sobre alvoroto causado por los presos de la cárcel de esta ciudad con objeto de fugarse e yntentando quemar la misma por la qual fue condenado en reveldía a cuatro años más de presidio al propio de Ceuta».

354 Sesión del Consejo de Ministros de 30 de abril de 1828, en *Actas (1828)*, pp. 131-132. Advirtiéndose también que fueran remitidos a Ceuta sin tocar Tarifa por los riesgos sanitarios que pudieran producirse.

Los condenados a presidio por todas las Salas del crimen en 1828, con la excepción de Canarias y teniendo presente que algunos tribunales sumaron conjuntamente los rematados a presidio y obras públicas y que Granada segregó los condenados a reclusión, ascendieron a 4.750, que es la cifra anual más importante tras el año 1826. En este último año, sin conocer los datos de Aragón y Mallorca, ascendieron a 5.127. A pesar de la escasa información que tenemos para 1827, creo que en este año existió un número considerable de rematados a presidio. Por tanto, no puede extrañar la impaciencia de las autoridades militares para la resolución de este problema. En el gráfico siguiente figuran los datos aportados por las chancillerías y las audiencias, matizando que en la mayor parte de ellos no se distinguió entre los rematados a los distintos presidios de África y los destinados a los presidios de las obras públicas en plaza peninsulares. Son números globales, sin que podamos determinar cuántos se hallaban fugitivos de la justicia y, por tanto, no llegaron a ingresar. Por tribunal este es el resultado correspondiente al año 1828:

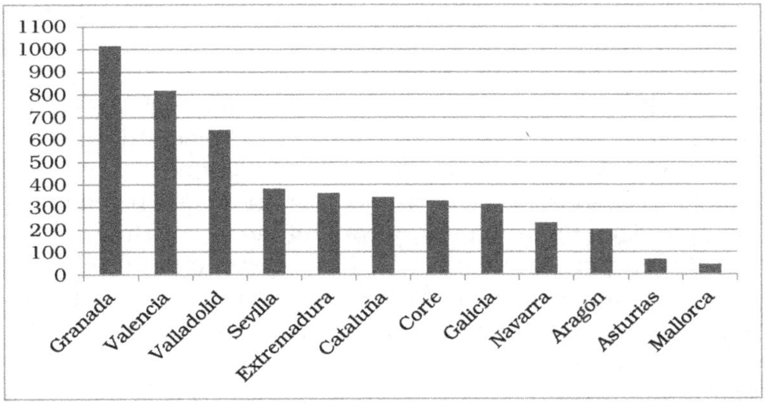

Por otra parte, la pena de presidio, por la autoridad que la decretaba y la autoridad que velaba por su cumplimiento, venía planteando serios problemas desde tiempo atrás, sobre todo centrados en el cumplimiento dentro de estos recintos castrenses. A finales del siglo XVIII se habían tratado de solucionar algunos de estos problemas siguiendo el criterio de preferencia de jueces y tribunales sobre los mandos castrenses. Sin olvidar que era regalía del monarca la concesión de indultos y medidas de gracia. Este mismo criterio hubo de aplicarse en 1819, ya que en virtud de una R.O. de 20 de enero, dictada a raíz de una representación que había elevado la Audiencia de Mallorca a Fernando VII, dando cuenta de haber remitido al presidio de Alhucemas a un reo para que cumpliera diez años por un robo de sesenta mil pesos, «sin embargo de la licencia absoluta que presentó este delincuente, dada por el gobernador militar de dicho presidio, a tiempo que no llevaba cumplido más que tres años de la expresada pena». Para evitar en el futuro estas situaciones se mandó a los comandantes o gobernadores de los presidios «no concedan indultos ni den libertad a los reos rematados sin conocimiento del tribunal que entendió en la causa, y sin la real aprobación».

Al año siguiente se adoptó otra solución. Por la R.O. de 23 de marzo de 1829 quedó determinado que los reos destinados a presidio por los tribunales civiles pasaran a cumplir las condenas en los presidios menores de África o a los otros del Reino, salvo en los de Ceuta y Tarifa por quedar estos reservados para militares, y considerarse aquellos más a propósito para los reos de grandes delitos o delincuentes incorregibles[355]. Esta medida debió solucionar en parte el problema. Con todo, en el verano de este año el capitán general de Granada insistía en la necesidad de minorar la población de confinados en Alhucemas, revisando si la medida de haber reunido en Ceuta y Tarifa todos los presidiarios militares y de Marina, «puede hacerse extensiva a los presidios menores, distribuyéndose los civiles en los demás puntos»[356].

En otros territorios, las autoridades militares continuaban actuando por la vía de hecho ante la situación de hacinamiento de los presidios. La Sala del crimen de Aragón y el subdelegado principal de Policía de Extremadura pusieron de manifiesto a comienzos de 1828 «los abusos que están cometiendo los comandantes de los presidios rebajando años de condena a los confinados en ellos y concediéndoles licencias temporales hasta para los pueblos donde han perpetrado sus delitos». El Consejo de ministros consideró de gravedad esta actuación, acordando proponer al rey la remisión de estas instancias al Consejo de Guerra, «con el fin de que revea la legislación y reglamentos que rigen en la materia y consulte lo que estime conveniente para evitar los graves perjuicios que se están experimentando»[357]. Los comandantes de los presidios concedían la libertad a algunos presidiarios como solución pragmática para reducir el número de rematados. La disyuntiva era clara: o reducir el hacinamiento, con independencia de que surgiera un conflicto entre autoridades y, por extensión, se produjera una merma importante

---

[355] Se entendió «ser absolutamente preciso para que aquellos fines se consigan, que se separen dichos reos de los que a virtud de sentencias de los demás tribunales se hallan en los mismos destinos, y que igualmente se fije para lo sucesivo el punto o puntos en que los militares que por sus delitos merezcan igual pena, cumplan la que se les señale, sin estar mezclados con otros». Para tal fin, se ordenó que los capitanes generales y el gobernador de la plaza de Ceuta, remitieran relaciones circunstanciadas de todos los individuos que había en los presidios del distrito de su mando. Una vez instruido el expediente, y tomado en consideración «la necesidad de que queden a disposición de los tribunales civiles y demás autoridades del reino algunos presidios que por su calidad y particulares circunstancias ofrezcan la seguridad que es de apetecer, para que los reos de grandes delitos o de incorregible conducta, cumplan en ellos las penas que los mismos tribunales los consideren acreedores; con presencia de todo ha tenido a bien resolver el Rey nuestro Señor que los reos militares juzgados por tribunales militares, que en lo sucesivo sean destinados a presidio, sufran esta pena precisamente por el tiempo que se les señale en los de Ceuta y Tarifa, y que los tribunales civiles y las otras autoridades que impongan la misma pena a los delincuentes sujetos a sus respectivas jurisdicciones, los destinen a los presidios menores de África o a los otros del reino, excepto los referidos de Ceuta y Tarifa», *Gaceta* de 19/5/1829.

[356] *Actas (1829)*, sesión de 11 de julio de 1829, p. 175.

[357] Sesión del 16 de febrero de 1828, en *Actas (1828)*, p. 49.

de la justicia criminal; o provocar conflictos en su interior y facilitar epidemias. Asimismo, la Sala de alcaldes de Casa y Corte y el regente de la Audiencia de Extremadura elevaron sus quejas por «los graves perjuicios que se originan de que los comandantes de los presidios concedan su libertad a los confinados en ellos, sin haver cumplido el tiempo de sus condenas»[358].

El hacinamiento, sin embargo, iba en aumento porque el número de rematados a presidio y la falta de adecuación de los existentes o la imposibilidad de construcción de otros nuevos, impedían la resolución de todos los inconvenientes. El Consejo de Ministros trataba de buscar nuevas soluciones para remediarlo, sin menoscabo de la administración de justicia y de la represión de la criminalidad, por un lado; y, sin perjuicio de los establecimientos militares de reclusión. En su reunión del 29 de diciembre de 1833, el Secretario de la Guerra insistió en el excesivo número de presos que había en todas las cárceles de la Corte[359], por lo que había ordenado que salieran para Málaga los que estuvieran condenados a presidio. Entre las soluciones que se aportaron, estaba la ya conocida de ordenar la conclusión de las causas criminales con brevedad en los juzgados civiles y militares, evitando el hacinamiento. Se convino que por parte del Secretario de Gracia y Justicia se consultara al Consejo de Gobierno «si no le parece que sería oportuno (administrando Justicia) sobreseer y cortar las de menos gravedad, como se ha hecho varias veces, imponiendo a los reos penas menores que las que pudiesen corresponderles llevándose las causas por todas las instancias, y sentencias»[360]. La idea era que los acusados se conformaran con penas reducidas, sin necesidad de continuar con el procedimiento o los recursos, salvo en el caso de penas graves.

Corresponde ver ahora los datos obtenidos de los planes anuales elaborados por las chancillerías y audiencias. Como en otros aspectos, debe tenerse presente que en las tablas de algunos de estos tribunales se incluyen en el mismo epígrafe el presidio, los arsenales y los trabajos públicos. Para su diferencia se han puesto en letra cursiva. La Sala de alcaldes de Casa y Corte durante el primer sexenio computa independientemente los presidiarios, pero al menos en 1826 los agrupa bajo el epígrafe de trabajos, arsenales y presidio, para distinguir desde 1827 entre los enviados a presidio y los que quedaban en el presidio correccional. En Valladolid sucede lo mismo, pues hasta 1826 hay una rúbrica para presidio y desde 1828 se agrupan los que van a presidio y trabajos públicos. En las tablas de las Salas de Galicia desde 1826 se diferencian los rematados a presidio de los condenados a presidio en las obras públicas de la plaza de La Coruña.

---

358 *Actas (1829)*, sesión del 29 de julio de 1829, p. 199.

359 Sesión de 8 de diciembre de 1833, *Actas del Consejo de Ministros (1833-1839)*, p. 76.

360 *Actas del Consejo de Ministros (1833-1839)*, p. 107. Véase también la sesión de 7 de enero de 1834, *ídem*, p. 113.

	1814	1815	1816	1817	1818	1819	1824	1825	1826	1827	1828	1829	1830	1831[361]	1832	1833
Corte			130	84					369	310	328		322	395	255	256
Valladolid			173		140	109			298		*643*	*392*				
Granada	*353*	*496*	*525*	*518*		*403*	*671*		*1.385*	*1.504*	*1.014*	*832*		*745*		749
Galicia									68		145	138	153	207	148	
Sevilla				156			432		*806*		383		344	428		309
Asturias									*48*		*67*	*52*	*64*	*78*	*83*	
Extremadura	*185*	105							*370*		364		286	374	575	408
Navarra			107	100	138	78	81		231	378	230		133	131		214
Aragón			135	273	345	589					202	304			141	209
Cataluña				261	307	181			*461*	268	344					
Valencia		186	409	293	379		724	799	956		818	1.111	1.062	834	692	474
Mallorca			35								44		44	31	10	16

Con carácter más específico, la Audiencia de Valencia fue propicia a imponer en sus fallos esta pena en un número bastante elevado, marcando el punto superior en 1829 y 1830 al superar el millar de condenados a presidio. No obstante, en los planes del tribunal valenciano a partir de 1831 se segregaron los condenados a obras públicas, que hasta el año anterior venían siendo computados junto con los presidiarios. La gráfica siguiente muestra la evolución del resultado sin dicha separación (negro), y el cambio de cálculo (gris).

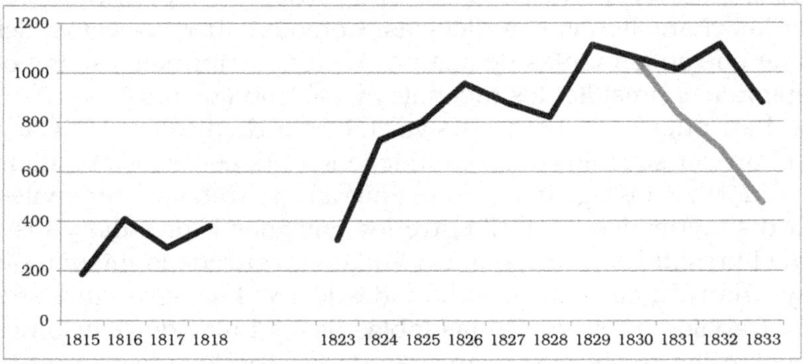

Si establecemos algún cotejo, por ejemplo anual, podemos observar que existen diferencias importantes entre las penas de presidio impuestas en los años 1826 y 1828, siendo más numerosas en el primero de ellos.

---

361 Otras fuentes dan para este año la cifra de 9.272 presidarios, en Vilanova y Jordán, *Cárceles y presidios*, p. 160. Sumando las cifras aquí detalladas de 1829, 1830 y 1831, se ajustaría su resultado a aquel número.

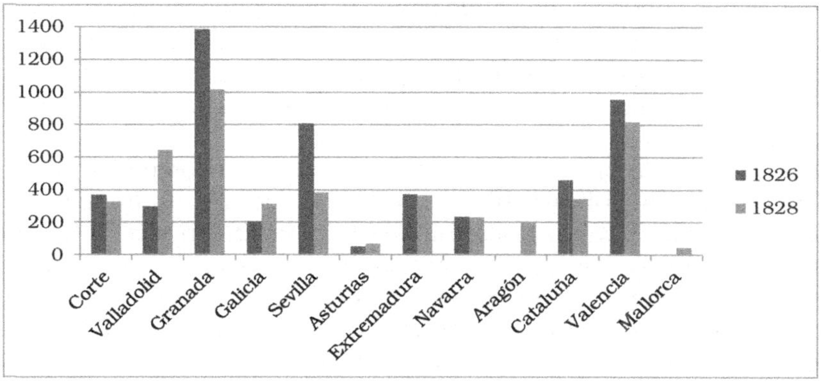

La importancia cuantitativa del presidio en la Chancillería de Granada viene dada, precisamente, por la suma que se hace en sus planes anuales del presidio y de los trabajos públicos. El resultado para los tribunales de los que he obtenido más información refleja la importancia que tuvo en Granada y Valencia.

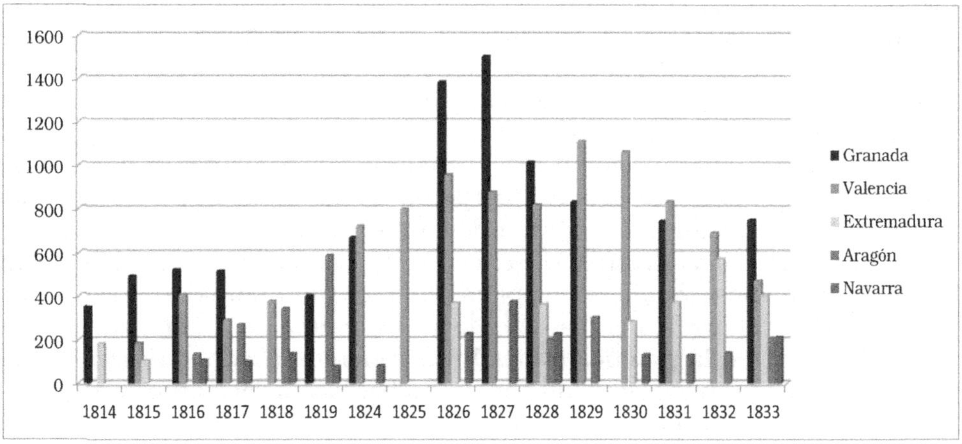

Una última matización en este apartado. Ha sido destacada, con razón, la importancia de la reclusión desde los inicios del siglo XIX, bien fuera en un presidio –u otro recinto militar–, en una prisión –galera, por ejemplo– o en otro centro –hospicio, casa de recogidas–. Pero, como veremos más abajo, por encima de la reclusión, se encontraban los apercibimientos, esas admoniciones para modificar la conducta que había dado lugar a la incoación de la causa. Por tanto, sin minusvalorar la prisión en sus diferentes modalidades, hay que admitir que, en la práctica, no fue la pena cuantitativamente más impuesta durante el reinado de Fernando VII; pero sí la más importante de las corporales impuestas a los hombres.

Esta apreciación puede marcar, y creo que debe, una notable diferencia entre el paternalismo punitivo del absolutismo destinado a delitos de escasa gravedad, que en algunos casos acabaron integrándose en las faltas; de la legalidad codificada, que hizo de la reclusión su pena más sustantiva. A lo cual pueden agregarse también las limitaciones procesales que se impondrán para que asuntos de poca transcendencia no llegaran hasta los tribunales de apelación.

El Proyecto de la primera Junta enumeraba entre las penas corporales la de arsenales, minas y obras públicas, la de confinamiento temporal o perpetuo a castillos, fortalezas o a alguna isla y la reclusión (art 6). Desde luego que es un listado con nítidas reminiscencias romanas. A pesar de la duración señalada, la pena de confinamiento y la de reclusión no podrían pasar de veinte años (art. 68), duplicando de esta manera la duración temporal vigente desde el siglo XVII, pero eliminando la cláusula de retención. Para su traslado al lugar de reclusión se mantenía el procedimiento de entregar a los reos en los depósitos de rematados (art. 723). Desde allí y «cuando hay número suficiente para formar cadena», el gobernador de la Sala de gobierno y de acuerdo con ésta, designaría un comisionado para la conducción y requeriría el auxilio de la autoridad militar (art. 724). Especial atención se puso en establecer los requisitos para verificar el cumplimiento de la condena. En primer lugar, se determinaba que «las licencias de cumplidos se darán por el tribunal que impuso la pena» (art. 729), de manera que los gobernadores o jefes de los lugares en que se hallaran los recluidos pedirían a los tribunales respectivos al inicio de cada trimestre (enero, abril, julio y octubre) las licencias correspondientes a los meses posteriores. En cada licencia individual se indicaría el día en que cumpliera la condena (732).

Por su parte, el Proyecto de 1831 señalaba, entre las penas para los delitos enormes, el encierro solitario perpetuo, la confinación en los presidios de África y la reclusión en una casa de corrección por más tiempo de cinco años, que tendrían asimismo el concepto de penas infamantes; mientras que para los delitos comunes, las penas de reclusión temporal en una casa de corrección y el arresto en cárceles (art. 36). Sainz de Andino recuperaba penas olvidadas en la práctica judicial. En concreto, desde al menos el siglo XVII no se imponían penas vitalicias, reduciéndose a diez años la duración máxima, aunque con posterioridad se insertara la cláusula de retención. El art. 49 detallaba las condiciones en las que se cumpliría el encierro solitario perpetuo: en fortalezas, casas de corrección u otra prisión segura «en que el reo pueda ser reducido a vivir en un calabozo estrecho sin comunicación de especie alguna, ocupado en los trabajos que sean de su elección o en los que se le impongan», considerándosele muerto civilmente. Los confinados en los presidios de África desempeñarían el servicio fijado por sus respectivos gobernadores, dándoles para su sustento la retribución reglamentaria, a pesar de que durante el cumplimiento de la condena quedarían privados de la administración de sus bienes. El tiempo en presidio no excedería, en principio, de quince años (arts. 58, 59 y 62). Los reos condenados a reclusión la cumplirían en casas correccionales ocupados en algún oficio o arte mecánico de acuerdo con su sexo, edad y capacidad física y moral. Lo obtenido por su trabajo redundaría en beneficio del establecimiento para sufragar los gastos de alimentación, vestido y limpieza de los encerrados (arts. 60 y 61). Los condenados a prisión en una fortaleza, temporal o perpetuamente, quedarían recluidos en un castillo, ciudadela o fuerte sin comunicación con el exterior y desempeñando algún trabajo (art. 79). El arresto en cárceles no superaría el año, durante el cual los reos se mantendrían a sus expensas o serían obligados a ejercer algún trabajo en beneficio del establecimiento (art. 80).

Este Proyecto también preveía medidas especiales para los menores de catorce años y para los mayores de setenta. Respecto de las mujeres «se harán en aplicación de las penas corporales establecidas por la ley, las variaciones siguientes» (art. 125): la pena de trabajos temporales en presidios y arsenales se sustituiría por la reclusión en un establecimiento correccional por el mismo tiempo; la de confinamiento en presidio o en prisión en una fortaleza por igual tiempo en un convento u hospital de su sexo, «con obligación de ocuparse en los trabajos que le designe la superiora». Para los eclesiásticos también se mitigaban las condiciones de su cumplimiento. En todos los casos se fijaron medidas limitadas para rebajar o remitir estas penas (título 1º, libro 3º).

5) Otras condenas limpias: el servicio de armas

Como en etapas anteriores[362], el destino de armas por cierto tiempo se aplica sobre todo a jóvenes[363] y casados que delinquen por primera vez. Asimismo y siguiendo los precedentes, es habitual destinar al servicio militar a quienes se considera que incurren en vagancia[364]. Los delitos por los cuales se impone, además acabado de mencionar, son los robos de escasa cuantía o

---

362 Me remito a mi trabajo, «Notas de política criminal, arbitrio judicial y servicio de armas durante la Edad Moderna» en *Revista de Historia Militar*, 94 (2003), pp. 89-116; y a la bibliografía allí citada. Para lo que aquí interesa y en esta época, José Cepeda Gómez, «El Ejército de Fernando VII», en *Aproximación a la Historia militar de España*, Madrid, 2006, vol. II, pp. 425-432. Consuelo Maqueda Abreu, «La restauración de Fernando VII y el reclutamiento militar», en *Revista de Historia Militar*, 62 (1987), pp. 71-92. Fernando Fernández Bastarreche, *El Ejército español en el siglo XIX*, Madrid, 1978; y, *Sociología del Ejército español en el siglo XIX*, Madrid, 1978.

363 Por ejemplo, ARG, *Sentencias*, 28499, *s.* 27.7.1816, en virtud de la cual Alberto da Silva, hijo del reo principal, fue destinado por el tiempo de seis años al servicio de las armas en el Regimiento que señalare el Capitán General del Reino.

364 ARG, *Sentencias*, 28576, *s.* 11.2.1832, en causa «sobre rovo de dinero», en la que a Ramón Martínez «por su vagancia, así bien le destinamos por seis años al servicio de las armas», en el regimiento que determinara el capitán general siendo útil, y en otro caso en dos años de obras públicas en La Coruña. *Ídem, s.* 14.2.1832, contra Manuel Villar «sobre vagancia», resultando condenado en ocho años al servicio de las armas en el Regimiento que el capitán General tenga a bien designarle siendo útil, «y en otro caso se le condena en dos años de obras públicas a la ciudad de La Coruña». *Ídem, s.* 12.4.1832, contra Cayetano Rodríguez «sobre vagancia», en la que resultó condenado «al servicio de las armas por el tiempo de ordenanza en el Regimiento a que el Excmo. Sr. Capitán General de este Egército y Reyno tenga a bien destinarle, para cuyo efecto se le ponga a su disposición con el competente oficio del Señor Governador de las Salas».

importancia y algunos malos tratamientos no graves. Desde una perspectiva cualitativa, se mantuvo entre las penas de escasa imposición por jueces y tribunales salvo para los grupos señalados.

Hay que tener presente, como se apuntó más arriba, que los problemas para organizar el ejército tras la guerra dio lugar a una leva y, en consecuencia, a tratar de reclutar como tropa entre quienes vagaban por ciudades y pueblos del reino. Los tribunales colaboraron, destinando, todos los años a algunos reos, vagos y casados fundamentalmente, al servicio de armas.

El primer destino es el Ejército, salvo que el reo no reuniera las capacidades físicas necesarias porque entonces es destinado a la Armada. El destino definitivo era señalado por la autoridad militar[365], aunque en algún caso la Sala del Crimen lo concretó en la sentencia –al Regimiento fijo de Ceuta, por ejemplo– sin duda por la condición de los condenados[366]. A diferencia de lo que sucedía a finales del siglo XVIII, se establecieron diferentes equivalencias o destinos alternativos (armada u obras públicas[367]), como veremos más abajo. Incluso se admitió la posibilidad de redención mediante el abono de una crecida cantidad pecuniaria[368].

El servicio utilitarista y la necesidad de remediar algunos conflictos que se habían producido entre las autoridades castrenses y las judiciales con relación a los destinos militares de algunos reos a finales del siglo XVIII, determinó la publicación de la R.O. de 8 de mayo de 1817 por cual para remediar «el mal estado que pueden tener los buques de guerra con la frecuente aplicación que se hace de la gente de leva para el servicio de bajeles, que la admisión de levos, precedido el reconocimiento por los comi-

---

365 ARG, *Sentencias*, 28581, *s.* 7.7.1831, por la que don Joaquín García fue condenado en seis años al real servicio de las armas en uno de los regimientos de S.M., en que fuere destinado por el Excmo. Sr. Capitán general de este Ejército y Reino, a cuyo fin se le pase el correspondiente testimonio y oficio por el presidente de la Sala».

366 ARG, *Sentencias*, 28581, *s.* 26.3.1832, en causa sobre malos tratamientos con resultado de muerte, se condena a don Pablo Suárez, fugitivo, en diez años al servicio de las armas en el Regimiento fijo de Ceuta, y no siendo útil en ocho años de presidio a África. *Ídem*, *s.* 17.12.1833, en causa «sobre título de escribano con el que ejerce oficio y otros documentos», en la que fue condenado don Manuel Yáñez Méndez en diez años de servicio a las armas en el Regimiento fijo de Ceuta, puesto a disposición del capitán general, y en caso de no ser apto «al efecto se entiendan los diez años de presidio en África».

367 ARG, *Sentencias*, 28499, *s.* 14.5.1814, entendiéndose el destino de seis años de presidio impuestos a Clemente Nogueira ocho al servicio de las armas en cualquiera de los Regimientos de S.M., y no sirviendo dos a las obras públicas de la plaza de Ferrol. *Sentencias*, 28576, *s.* 6.12.1827, en la causa formada contra Nicolás de la Iglesia «sobre malos tratamientos echos a Ramón Aldrei», en la que fue condenado en seis años al servicio de las armas, «caso de ser útil, y no siendo en tres años de obras públicas con destino a las de la ciudad de La Coruña». *Ídem*, *s.* 13.3.1828, por la que se condena a Ramón de Cierna en seis años al servicio de las armas siendo útil, para lo cual se ponga a disposición del Capitán General, «y no siéndolo se les destina por dos años a las obras públicas de la ciudad de La Coruña».

368 ARG, *Sentencias*, 28499, *s.* 3.10.1816, por la que los alcaldes del crimen aplican «a Manuel Deza al servicio de las armas por el tiempo y espacio de ocho años en uno de los Regimientos de S.M. a que le destine el Excmo. Sr. Capitán General de este Reino, y no siendo apto para ello le condenamos a los trabajos de las obras públicas de esta plaza por término de cuatro años, cuyo destino podrá redimir aprestando la multa de trescientos ducados en penas de cámara y gastos de justicia del Tribunal».

sionados, sea solo de las provincias litorales», por entender que eran de profesión y ejercicio marineros. En otras ocasiones, se trataba de solucionar problemas derivados del incumplimiento o quebrantamiento de las condenas, evitando repetir en los mismos destinos[369].

La expresión condenas limpias se utilizó con relativa frecuencia para calificar a los reos que podían ser destinados a ciertos destinos. La R.O. de 10 de noviembre de 1818, de reemplazos, dispuso en su art. 2: «Que por la misma proporción de bajas y cumplidos, se repartan a prorrata entre los mismos cuerpos del Ejército y Marina, los sentenciados a las armas por condenas limpias». Años después, la R.O. de 24 de mayo de 1827 por la que se mandó la formación del Regimiento fijo de Ceuta con arreglo al Reglamento de 2 de marzo de 1825, permitió la integración de los presidiarios «de buena disposición y condenas limpias que puedan extraerse del presidio». No obstante, en 1828, al discutirse el hacinamiento que existía en el presidio de Ceuta, deliberó el Consejo de Ministros sobre diversas consultas de autoridades militares acerca de los desertores por primera vez, sentenciados a las armas por los tribunales civiles, y sobre los prófugos presentados por las juntas de remisión, por haberse ordenado el 9 de febrero «que no se enviasen más individuos de estas clases a Ceuta, por estar más que completo el Regimiento fixo de dicha plaza y por los graves daños que pudieran originarse de la reunión en la misma de un excesivo número de delinquentes»[370].

Si observamos los destinos de armas impuestos por las chancillerías y audiencias en los años de los cuales tenemos datos, observaremos la absoluta disparidad entre ellas e, incluso, en el seno de alguna de las mismas.

---

369 En la R.O. de 22 de septiembre de 1817 el Secretario de Gracia y Justicia daba cuenta que, por «los peligros que amenazaban a Ceuta, de resultas de lo mal compuesta y abastecida que está su guarnición, y también acerca de la necesidad que existe, con respecto a dicha plaza, de no enviar de nuevo a él los presidiarios pasados, según encargan las leyes sobre la materia; y habiendo dado cuenta de este asunto al Rey nuestro Señor, elevando igualmente a su augusto conocimiento el parecer del Inquisidor general, interesado en contener la fatal apostasía que suelen producir en los referidos individuos los ejemplares de verse restituidos a un presidio generalmente poco provisto de medios de subsistencia, como los demás de África». Por tal motivo, ordenó el cumplimiento de las leyes recopiladas, en particular de Novísima 12, 40, 8, «por la cual se manda que a los presidiarios que deserten de los presidios de África o del continente se les envíe a Puerto-Rico para otro tanto tiempo como el que se les impuso en sus condenas; y si esta ley, en cuyo cumplimiento parece se ha introducido bastante relajación por las circunstancias apuradas del Reino en una época reciente, no puede ser siempre llevada a efecto en cuanto se refiere a Puerto-Rico por continuar todavía la falta de recursos para transportes marítimos de tal especie, uno de los males que nos acarreó la indicada causa, siempre es la voluntad del Rey que subsista en pleno vigor el espíritu de aquella soberana disposición, a saber, la práctica de no restituir al mismo presidio los presidiarios fugados, y después aprehendidos o presentados, como en el caso de Tánger». El objetivo era evitar más deserciones de presidiarios. La situación no era nueva, Llorente de Pedro, «La deserción militar y las fugas de los presidiarios», ya citado.

370 Sesión del Consejo de Ministros de 30 de abril de 1828, en *Actas (1828)*, p. 131. Véase la R.O. de 4 de junio de 1827, en la que se ordenaba formar (de nuevo) el Regimiento fijo de Ceuta, fundándose, entre motivos, en «el singular beneficio de sacar de una miseria espantosa a muchas familias cargadas de hijos, que deben perecer en la vagancia con los vicios inseparables de ella».

	1814	1815	1816	1817	1818	1819	1824	1825	1826	1827	1828	1829	1830	1831	1832	1833
Corte			25	55					66	131	140		137	145	86	79
Valladolid			28		37	24			46		40	61				
Granada	10	12	0	0		63	7		45	89	89	105		63		50
Galicia									20		10	5	0	6	7	
Sevilla				22			3		36		26	49	35	43		43
Asturias									1		1	7	2	2	3	
Extremadura	6	15							0		5		43	0	0	3
Navarra			29	9	23	33	0		118	162	93		83	82		68
Aragón			19	15	23	43					4	18			3	5
Cataluña				11	28	24	2		22	18	115					
Valencia		16	116	52	31		41	18	60	55	27	42	104	76	37	19
Mallorca			67								2		3	0	0	0
Canarias										0						

Cabe resaltar, en cuanto a los planes de los tribunales, que en las correspondientes a la Audiencia de Aragón, durante la primera etapa absolutista se recogieron bajo el epígrafe de leva los condenados que en la segunda aparecen bajo la de vagancia. Asimismo, las elevadas cifras de Mallorca en 1833 corresponde también a una leva, si bien ya en 1816 destinó un número importante de condenados al servicio de armas a raíz de la leva. Los alcaldes de Casa y Corte mantuvieron entre 1827 y 1831 unas cifras similares que son, con carácter general, las más elevadas de todas las series. Con respecto a otros tribunales, destacan los destinados al servicio militar en Navarra en el bienio 1826-1827, particularmente el segundo año. Existen años en determinados tribunales que son relativamente altos para lo que venía siendo habitual, como en Granada en 1829 o Valencia en 1816 y 1830. Por lo demás, en el polo opuesto se situa la Audiencia de Asturias, o la de Mallorca sin computar la leva.

En 1828 se planteó en el seno del Consejo de Ministros la conveniencia de hacer una leva de ociosos, vagos y malentretenidos en Valencia «por contener los escandalosos robos que están cometiendo en dicho Reyno». El gobernador del Consejo Real y el regente de la Audiencia valenciana estaban en contra de tal medida. Además, «no es posible destinar al Exército en las circunstancias actuales, a los que de ella resultasen como también de que no hay presidios a donde enviarlos». El problema, por tanto, no se solucionaba por la via judicial. Ambas autoridades acordaron plantear al rey su rechazo, y al mismo tiempo instruir un expediente «para ver si los reos de graves delitos se les podrá enviar a La Havana, Puerto Rico o Islas Marianas»[371]. De este modo, los presidios peninsulares o de los territorios adyacentes quedarían liberados y se podrían destinar a ellos a vagos y malentretenidos. Los costes y la negativa de los militares a incorporar al Ejército individuos calificados de vagos frustraron esta iniciativa.

[371] *Actas (1828)*, sesión de 23 de abril de 1828, pp. 126-127.

La media de destinados al servicio de las armas o de la Marina por cada tribunal refleja también algunas peculiaridades. Debe tenerse presente que la configuración, personal e ideológica, del Ejército absolutista de Fernando VII no debió ser muy propicia a incorporar delincuentes, aunque estos hubieran sido castigados por delitos leves. Cabe resaltar la elevada media de los destinados a este servicio por los alcaldes de Corte y por los tribunales navarros en relación al resto de tribunales. Ciertamente no era una pena afrentosa y, como ya expuse en otro trabajo, se trataba de un castigo dirigido a reos primerizos, casados y a algunos vagos y jóvenes a los se pretendía castigar, reformar y obtener una utilidad con su servicio. El promedio de enviados a las armas, de acuerdo con las tablas de los tribunales y el número de años de los que he podido obtener dicha información, es la siguiente.

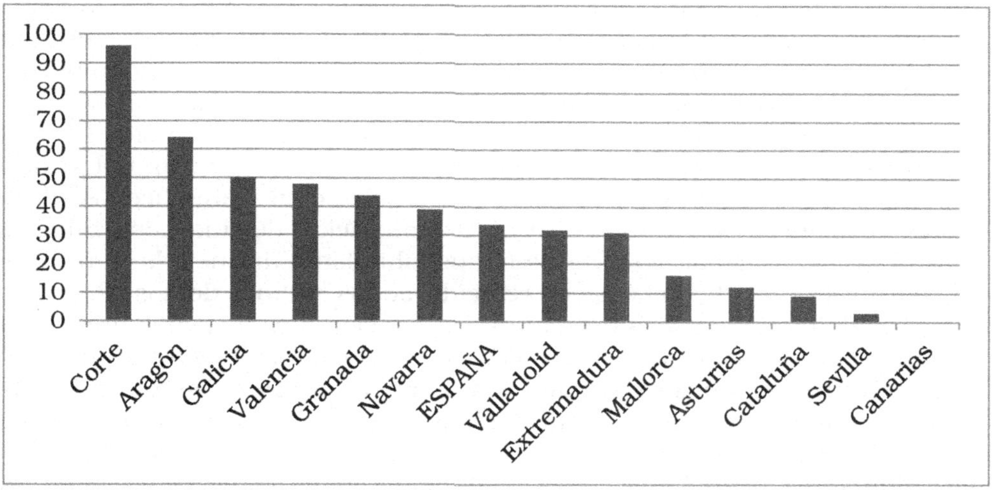

El Proyecto de 1831 no enunciaba esta pena entre las corporales, sin duda por las nuevas concepciones acerca de los reemplazos y las características que debían reunir los soldados. Por el contrario, el Proyecto de Sainz de Andino enumeraba entre las penas previstas para los delitos comunes «el servicio forzado a cuerpos fijos del Ejército o a los bajeles de guerra» (art. 36). Determinándose que se cumpliría en los cuerpos determinados por los Ministerios de Guerra y Marina para dar guarnición permanente en los presidios y arsenales. En ningún caso, las autoridades militares podrían concederles licencias temporales, rebajas del servicio salvo por razones de salud ni promoverlos a empleo o cargo alguno (art. 81).

6) Apercibimientos, prevenciones y sometimiento a vigilancia

Los apercibimientos siguen teniendo una gran importancia al sustituir o complementar a otras penas más graves[372]. Existe un apercibimiento genérico en numerosas sentencias, convertido prácticamente una fórmula judicial: en caso de reincidencia, se impondrá mayor rigor, todo el rigor, el rigor de las leyes, mayor providencia. Junto a él, se mantienen los apercibimientos individualizados que afectan a la conducta futura del sentenciado (casuismo), evitando la reincidencia en iguales comportamientos a los que se juzgan o lo que entienden que son excesos. Como complemento de estas conductas y que los apercibidos se sujeten a ellas se agrega, en ocasiones, el sometimiento a la vigilancia de la autoridad, civil o eclesiástica, o de los parientes, sobre todo del padre. En cualquier caso, los apercibimientos mantuvieron la importancia cuantitativa y cualitativa del siglo XVIII con relación a las restantes penas. Sus fines han sustituido, como se apuntó, a los que se pretendían conseguir con los destierros, que se reducen de manera sustancial.

Con el apercibimiento se busca, en definitiva, una enmienda de la conducta que ha llevado al sentenciado ante un juez o un tribunal, evitando que se incoaran nuevos procesos por iguales o similares hechos[373]. En otras ocasiones, es consecuencia de la imposición de una pena mitigada por el delito principal, con lo que el apercibimiento anuncia la imposición de mayor severidad en el caso de reincidir en los mismos delitos[374].

Los datos estadísticos presentan con relación a estas penas numerosas lagunas porque, como apuntamos con anterioridad, algunas audiencias solo insertaron en sus planes anuales las penas corporales. De los tribunales que computaron en sus respectivas tablas los apercibimientos unas los suman a los multados, e incluso distinguen entre los apercibidos solamente y los multados y apercibidos. Todo lo cual dificulta su concreción pormenorizada, por lo que se resalta en cursiva los casos en que la pena de apercibimiento va unida a otra. Asimismo, puesto que son pocos los tribunales que diferenciaron la prevención, sin duda debido a su vinculación con el apercibimiento, he optado por sumar ambas penas ya que, puesto que su número es muy limitado, no repercuten en la aproximación porcentual.

---

[372] «Apercibimientos penales en la práctica criminal de la Real Audiencia de Galicia (siglos XVII y XVIII)», en *CHD*, 3 (1996), pp. 11-41.

[373] ARG, *Sentencias*, 28576, *s.* 12.6.1828, el fiscal con Manuel María de Araújo: «... apercivido de que no enmendando su conducta será tratado con mayor rigor». *Sentencias*, 28581, *s.* 13.10.1831, el fiscal de S.M. con Vicente Cidranes, su mujer Ángela Vilas y otros «sobre el robo hecho en la tienda de D. Juan Constanti clavador de fino en esta ciudad», en que además de las penas, «apercibimos a ambos que si en lo sucesivo dieren motivos a iguales procedimientos y no reformasen su conducta serán tratados con todo rigor».

[374] ARG, *Sentencias*, 28499, *s.* 29.5.1819, el fiscal y la Sala con Alejandro García y Anastasio García, condenados a presidio y «les apercibimos seriamente que en los sucesivo no reincidan en los delitos que prepararon la formación de esta causa, pena de que se les tratará con todo el rigor de las leies».

Las cifras aportadas por los alcaldes de Casa y Corte son especialmente altas, puesto que multados y apercibidos representan el 40% del total, superando los apercibidos el millar en 1830 y 1831, aunque en los bienios anterior y posterior rondaran la mitad. La Chancillería de Granada, salvo en 1817 y 1828, agrupa las multas y los apercibimientos; al igual que sucede en Asturias, de ahí que entre ambas lleguen al 82,69% de la totalidad de las penas impuestas por el tribunal ovetense. La Sala del crimen de Extremadura diferencia entre multados y apercibidos y apercibidos solamente. En las tablas de Galicia tan solo figuran los «declarados penados con el arresto y apercibidos». La Audiencia de Cataluña mantuvo un apartado para los apercibidos solamente, salvo en 1826; y en este año, 1824 y 1827 también incluyó otro para los multados y apercibidos. Del mismo modo, el tribunal sevillano distinguió entre los apercibidos con multa de los apercibidos solamente, al menos, desde 1828; incluso en 1829 concretó los seis reos puesto bajo vigilancia de la autoridad con apercibimiento. En todos ellos y desde una perspectiva porcentual, los apercibimientos –solos o sumados a las multas– suponen una cifra elevada, que denota la importancia numérica de las penas más leves en la práctica judicial.

	1814	1815	1816	1817	1818	1819	1824	1825	1826	1827	1828	1829	1830	1831	1832	1833
Corte			460	725					*2.596*	596	636		1.083	1.070	493	470
Granada	*313*	*1.212*	*1.426*	641		*689*	*0*		*2.084*	1.998	*1.222*	*1.614*		*1.946*		*1.871*
Galicia									*244*		*335*	*319*	*506*	*362*	*289*	
Sevilla				35			7		*22*		*375*	817	*454*	375		294
Asturias									*476*		*382*	*449*	*461*	*396*		
Extremadura	*368*	*480*							*972*		*1.129*		674	*717*	*758*	601
Cataluña				399	171	235	118		*644*	*718*	*632*					

Los hechos delictivos por los cuales se imponen los apercibimientos son robos de escasa cuantía, de alguna cabeza de ganado o de bienes de consumo, así como a quienes en otros casos no son autores materiales, pero existen sospechas de su actuación en ellos o se ven implicados con posterioridad como receptadores; falsedad testimonial; desacatos a la autoridad; y malos tratamientos sin consecuencias graves. La vagancia también se menciona vinculada a estos delitos. A partir de tales hechos se fija reo por reo su conducta ulterior en el texto de la sentencia. Por dicho casuismo, resulta compleja la sistematización de estas conductas razón por la cual la enumeración que se detalla a continuación no pretende ser ni completa ni excluyente:

- apercibimientos dirigidos a evitar comportamientos sospechosos o indiciarios en la comisión o participación en la perpetración de hechos delictivos[375]. Se les amenaza, en caso de quebrantar la conducta determinada

[375] ARG, *Sentencias*, 28576, s. 30.9.1828, la Justicia de San Miguel de Goyán con don José Mariño sobre robos, en la que otros resultaron apercibidos «que si en lo subcesivo dieren motivo a que se sospechase de su conducta se les tratará con el rigor correspondiente».

por el juez o la Sala, con el rigor del Derecho. Por ejemplo, evitando cualquier intervención en la compra o receptación de bienes[376] o no volviendo a dar cobijo a individuos sospechosos[377], u omitiendo en este caso el dar parte a la justicia.

- aquellos que obligan a respetar a jueces[378] y otras autoridades o personas constituidas en dignidad o privilegiadas[379].
- apercibimientos hechos a los testigos para que en lo sucesivo declararan con mayor sujeción a la verdad[380]. Por extensión, algunos acusados fueron advertidos de la obligación que tenía de comunicar a la justicia la comisión de delitos, evitando las omisiones en que habían incurrido[381].

---

376 ARG, *Sentencias*, 28576, *s.* 7.10.1830, el fiscal con Ramón Albarellos, Gabriel López y Manuel Pérez Valdés y José Rodríguez Castrado «por ladrones y receptadores», apercibido el primero «de que si en lo sucesivo volviese a receptar en su casa gente de mal vivir y el Pérez Valdés diere lugar a iguales procedimientos serán tratados con más rigor». *Ídem*, *s.* 5.6.1830, el fiscal con José María Fariña, doña Josefa Araújo, «sobre robo de un cáliz de plata del convento de Santa María de Conjo, extramuros de esta ciudad»: «Apercivimos al contraste de esta ciudad don Francisco Revoredo a Andrea García y a Cosme Cortés que si en lo subcesivo presentándosele alhajas sospechosas no las retubiesen dando parte inmediatamente a la autoridad competente serán tratados con todo rigor». *Sentencias*, 28581, *s.* 19.12.1831, el fiscal de S.M. y José Prieto da Serra, Antonio Pérez, José Pérez, Juan de Bereijo y otros sobre robos: «Apercivimos a unos y otros que si a lo sucesibo incurrieren en iguales delitos de robos y receptación de ladrones se les tratará con mayor rigor».

377 ARG, *Sentencias*, 28499, el fiscal con Romualdo Álvarez, Cayetana Rodríguez, Benita Álvarez y otros: «apercibiéndoles como seriamente se les apercibe que a lo sucesivo eviten recoger en su casa personas sospechosas... igualmente se les apercibe que a lo adelante no faciliten ventas de efectos de gentes que no sean conocidas, pues de incurrir en iguales faltas se les tratará con el rigor y penas de los mismos ladrones».

378 ARG, *Sentencias*, 28581, en visita de cárceles de 24 de diciembre de 1831, el fiscal de S.M. y don Pedro González Valcarce y doña Rita Losada, «sobre malos tratamientos ejecutados por esta y falta de respeto al referido escribano Valcarce»: «la apercibimos que si en lo sucesivo no respetase cual corresponde a los funcionarios públicos y ejecutores de la justicia, y atentase contra cualquiera de ellos, será castigada con todo el rigor de las leyes».

379 ARG, *Sentencias*, 28576, *s.* 22.5.1828, el fiscal con Domingo Fernández, multa y apercibido «que si en lo sucebsivo reincidiese en semejantes atentados y no respetase, según corresponde, a los ministros de justicia será tratado con más rigor».

380 ARG, *Sentencias*, 28576, *s.* 6.4.1826, entre el fiscal con Francisco José Vigo, por la cual se multa a varios testigos de su prueba, «apercividos que en lo subcesivo sean más veraces y respetuosos con la religión del juramento, pena de mayor rigor». *Sentencias*, 28581, *s.* 4.5.1831 «sobre la violenta muerte dada a Domingo Modia», en la cual «les apercibimos de que sean más veraces en sus deposiciones, y eviten a lo sucesivo ocurrencias de semejante naturaleza, pena de más severa providencia». *Sentencias*, 28576, *s.* 7.8.1832, el fiscal con José Mosquera, Manuel Vázquez y otros «sobre la muerte de Matías Vázquez», en la que «se le apercive que si en las declaraciones que prestaren no profesas en verdad faltando tan conocidamente a la religión del juramento se les impondrá mayor castigo». *Sentencias*, 28581, *s.* 8.3.1832, el fiscal y Fernando Sarmiento y Zelaya con Vicente Brey y Manuel Brey «sobre malos tratamientos hechos al Sarmiento», en que multan a varios testigos y aperciben «que a lo sucesivo respeten según corresponde la religión del juramento y profesen más verdad en sus deposiciones juradas, so pena de mayor providencia».

381 ARG, *Sentencias*, 28576, *s.* 22.12.1827, la justicia de Santiago contra Francisca Sánchez «sobre juegos prohibidos», apercibiendo a tres de los implicados «a que si en lo subcesivo receptasen en sus casas personas de semejante vivir, omitiendo dar parte a la autoridad, serán tratadas con más rigor, y lo propio la Carmen Rey si volviese a ser cojida en iguales entretenimientos dando crédito a supersticiones». Sentencias, 28576, *s.* 31.8.1833, el fiscal con Josefa Paz, Andrés Valiño y otros «sobre la violenta muerte de Alejo Monteyro», en que resulta apercibido

- dirigidos a que el castigado busque trabajo[382] y evite la vagancia o la ociosidad[383], añadiendo en ocasiones la obligación de fijar la residencia en un determinado lugar, facilitando su control y evitar la reincidencia. En el fondo se pretende que el apercibido lleve una vida moralmente adecuada[384].

- apercibimientos derivados del incumplimiento parcial de una pena anterior –que se diluye en la cláusula de quebrantamiento[385]–, o advirtiendo al reo sobre la reforma de sus costumbres una vez que hayan cumplido completamente la pena principal y evitar con ello cualquier reincidencia[386]. Es decir, el apercibimiento se convierte en una fórmula añadida a penas más graves[387]. Con este mismo fin, se pretende soslayar la incoación

---

uno de ellos «que si en lo subcesibo contribuyere a la ocultación de semejantes crímenes, omitiendo dar parte de ellos en casos de igual naturaleza será castigado con más rigor».

[382] ARG, *Sentencias*, 28581, *s.* 5.11.1831, el fiscal de S.M. con José Casal Somoza y Juan Bueno «sobre el robo de una bolsa de dinero a Ventura de Tunez»: «y les apercibimos que si en lo sucesivo incurriesen en iguales delitos, y no reformasen su conducta, dedicándose a algún oficio u ocupación onesta se les tratará con todo rigor». *Ídem, s.* 31.7.1832, el fiscal de S.M. con Benito Fernández, alias Pedrín, «sobre robo y malos tratamientos echos a Juan Fernández de Baralla», en que «le apercivimos de que en lo subcesivo reforme su conducta y se dedique a oficio u ocupación honesta so pena de que en otro caso se le castigará con todo rigor». *Ídem, s.* 23.8.1832, el fiscal de S.M. con Juan Carballo «sobre malos tratamientos a su muger y otros excesos», apercibido de «que si en lo subcesivo incurriese en iguales excesos, y no se dedicare a oficio u ocupación honesta, se le castigará con maior rigor».

[383] ARG, *Sentencias*, 28499, *s.* 17.8.1816, entre el fiscal y la Sala con Francisco Riazola, Juan Antonio Casal, Antonio Baldoviño y Antonio Casares: «en quatro meses de cárzel, y les apercivimos a estos que procuren en lo subcesivo dedicarse al trabajo evitando la ociosidad. Y al Riazola que no dé motivo a que se sospeche de su conducta».

[384] ARG, *Sentencias*, 28576, *s.* 27.1.1831, el fiscal con don Benito Ojea, «acusado de varios excesos», al que se le imputa por pena «la larga carcelería sufrida, le condenamos en todas las costas, y mandamos se le ponga en libertad, quedando empero vajo la vigilancia de la Policía cuanto al cumplimento de su deber de reunirse en vida maridable con su muger doña Gaspara Álvarez, y apercibido para que a los sucesibo no buelba a entrar en Madrid y Sitios Reales sin expresa Real licencia, so pena de ser habido como inobediente, contumaz a los soveranos mandatos de S.M. a cuyo efecto se deja abierta la causa para continuarla en cualquiera caso de reincidencia».

[385] ARG, *Sentencias*, 28576, *s.* 26.1.1828, el fiscal con Benito Díaz: «entendiéndose apercibido Benito Díaz con la pena de la vida si quebrantare el presidio con retención ympuesto».

[386] Entre otras, ARG, *Sentencias*, 28499, *s.* 15.4.1819, entre el fiscal y la Sala con Juan Casal, Antonio Pérez, Manuel Oliveros y Micaela Sánchez (en rebeldía), «sobre robos»: «y apercibimos que si cumplidas sus condenas diesen motibo a la formación de causas de esta naturaleza serán castigados con todo el rigor de la Ley». *Ídem, s.* 20.4.1819, el fiscal y la Sala con Luisa Villar: «en la pena de vergüenza pública, que sufra por las calles públicas de esta ciudad, y en quatro años de cárcel en la de la villa de Vivero, y que concluidos se retire al pueblo de su naturaleza del que no salga de modo alguno, celando la justicia sobre su conducta, con apercibimiento de que si reincidiese en los delitos que motivaron la formación de la causa será tratada con todo el rigor de las leyes»; y, *Sala del Crimen*, 143/8, «sobre robo ejecutado en la casa que habitaba en esta plaza el Sr. Jacobo Teijeiro». *Sentencias*, 28581, *s.* 19.7.1832, el fiscal de S.M. con José Alba, Ramón Cao y otros sobre robos, en que resultan apercibidos algunos de ellos «que si cumplidas sus condenas reincidiesen en iguales delitos se les impondrán mayores penas». *Ídem, s.* 4.8.1833 «sobre robos en gavilla», en que al reo condenado a presidio y azotes «le apercibimos que si reincidiese en iguales delitos, o quebrantase dicho presidio se le impondrá la pena de la vida».

[387] ARG, *Sentencias*, 28576, *s.* 22.12.1827, la justicia de Santiago contra Francisca Sánchez «sobre juegos prohibidos», condenada a vergüenza, destierro y «para lo qual se le haga saber fige domicilio en que quiera residir, y al que señale sea conducida de justicia en justicia con encargo a esta cele y vigile su conducta, haciendo se dedique a un trabajo honesto con aper-

de ulteriores procesos criminales[388].

De la lectura de las sentencias es muy complicado determinar si en ellas, con anterioridad a la publicación del Código penal de 1822, se puede dilucidar la diferencia entre apercibimiento (acto culpable, destinado a evitar la reincidencia, mayor severidad) y reprensión (acto reprensible, deseo de enmienda) judicial. El Proyecto de Código criminal de 1830, reproducido en este punto en el de 1834, enumeraba entre las penas civiles el apercibimiento y la reprensión judicial (arts. 7), determinándose que los apercibidos oirían la sentencia en el tribunal (art. 739) y la reprensión judicial se haría en audiencia pública por ante el escribano de la causa (art. 740). El Proyecto de Sainz de Andino omitía la mención al apercibimiento en el art. 36, pero enumeraba como última pena en los delitos comunes la reprensión judicial, cuyo cumplimiento se haría por el tribunal manifestando al reo el delito en el que incurrió, «amonestándole que se enmiende y apercibiéndole de ello bajo la pena de reincidencia», pudiendo verificarlo en audiencia pública o a puerta cerrada con asistencia del escribano y algunos testigos (art. 91). El art. 108 de este texto permite comprender el concepto de su autor sobre él: «El apercibimiento judicial no tendrá el concepto de pena sino de una amonestación paternal que el tribunal haga al individuo en quien no resultando que haya cometido un delito, aparecieren faltas, descuidos o imprudencias que sean ocasión de perpetrarlo o de incurrir en alguna infracción de un deber».

Las prevenciones se mantuvieron para jueces, escribanos y otros oficiales de la justicia en los textos de las sentencias. Las Salas del crimen de Galicia actuaron de oficio, como lo venían haciendo desde el siglo XVIII. Por eso llama la atención que, una actuación que ya se daba en la práctica, fuera reclamada por memoriales dirigidos al rey[389]. Habían desaparecido residencias y visitas, pero no los mecanismos procedimentales para que, a través de comisiones o de oficio al tiempo de ser informados del avance del proceso o en la sentencia, los Tribunales y los jueces tuvieran que responder de sus irregularidades y abusos.

---

cibimiento de que quebrantando dicho destierro será reducida a la cárcel, al paso que si reincidiese en delitos de la clase porque ha sido procesada se le impondrá más riguroso castigo».

[388] Como muestra, ARG, *Sentencias*, 28499, *s.* 29.5.1819, el fiscal y la Sala y don Manuel Anido con don Antonio Jacinto: «y le apercibimos que a lo sucesivo no incurra en los excesos que motivaron la formación de esta causa ni en otros algunos, pena de que será tratado con todo el rigor de las leyes».

[389] «Podría expedirse un real decreto mandando que todos los Tribunales y justicias del Reino se arreglasen, en los procedimientos judiciales, a las disposiciones terminantes de las leyes de la Novísima Recopilación sobre la sustanciación de los juicios, sin separarse de ellas en manera alguna ni tolerar su infracción a pretexto de los usos que en contrario se hayan introducido en los juzgados respectivos, encargando estrechamente a los Consejos, chancillerías y audiencias que velasen sobre el esacto cumplimiento de esta disposición, y que examinando con atención los procesos que vayan a dichos Tribunales en grados de apelación y revista, o por recurso extraordinario, procedan con arreglo a derecho contra los jueces que resulte haber contravenido a ella y que hubiesen dado lugar en los pleitos a dilaciones y diligencias que, sin utilidad manifiesta para aclarar la verdad, solo sirven para prolongar el procedimiento y causar gastos y perjuicios a las partes», Sainz de Andino, *Escritos*, II, p. 65.

En los estados anuales de los tribunales tan solo se mencionan los prevenidos en los correspondientes a la Sala de alcaldes de Casa y Corte, pero sumados a los apercibidos (1816, 1871, 1828 y 1831). De la Sala del crimen de Cataluña solo conocemos los prevenidos en 1827 (96) y 1828 (184); y, en las tablas de la Audiencia de Sevilla se indica con claridad que son «jueces y justicias prevenidos», siendo el tribunal del que más información conservamos en este punto.

	1817	1824	1828	1829	1830	1831
Jueces y justicias prevenidos y apercibidos	35	7	43	63	39	45

En su momento diferencié entre apercibimiento y prevención. No obstante, se advierte en algunas de las resoluciones de la Sala del crimen de Galicia, posteriores a 1826, cierta confusión que bien puede achacarse a la finalidad común de ambas penas, es decir, fijar una conducta de futuro jurídicamente irreprochable[390]. La confusión es aparente. La diferencia estriba en que la prevención se considera una pena más leve que del apercibimiento. Puede ayudarnos a comprender dicha distinción el siguiente este pasaje de una sentencia de los alcaldes del crimen gallegos de 1831, en que multan a juez y escribano «y prevenimos a los dos y a don Juan Antonio García y escribano Antonio Villarnobo y Castro que a lo sucesibo no

[390] Entre otras y como muestra, ARG, *Sentencias*, 28576, *s.* en vista general de cárceles de 23 de diciembre de 1826, entre el fiscal con Juan López Penso y otros, por la que «condenamos al citado juez y escrivano originario Vicente Arias y más que como tales entendieron en la formación de esta causa, en la pérdida de sus derechos con devolución de los percividos y les apercivimos que si en lo subcesivo omitieren practicar las conducentes diligencias al descubrimiento de delitos, especialmente de esta naturaleza, se les castigará como corresponda». *Ídem, s.* 9.10.1829, el fiscal con Jacinto Mayán, Andrés García y otros «sobre haver yntentado rovar un paraguas y un bastón al señor Don Diego Alcalá Galiano, oydor de esta Real Audiencia, con maltratamiento de su persona y la de otros sugetos que le acompañavan cometiendo otros excesos»: «Y por la apatía que han manifestado en la pronta formación de esta causa y arresto de los delincuentes el juez de Quinta y Cordeyro don Manuel Alvariño y Vutón y su escrivano Francisco Jabier Sorrivas se les multa al primero en quarenta ducados y al segundo en veinte aplicados a penas de cámara y gastos de justicia del Tribunal con apercivimiento de mayor providencia si reincidiesen en yguales omisiones. Asimismo multamos al celador del lugar de Angueyra Gabriel Pose en quince ducados y a Pedro Ameneyro en diez con la propia aplicación y apercivimiento de que en lo subcesivo el celador no omita dar parte ynmediatemnete a la autoridad competente de qualquiera alvoroto o acaecimiento criminal, y el Pedro Ameneyro no se detenga un momento so pretexto alguno en prestar el devido auxilio a las autoridades que se lo reclamen». *Sentencias*, 28581, *s.* 30.5.1831, el fiscal de S.M. con don Ramón Núñez y Andrés Fernández «sobre estafas y otros excesos», en la que «por las informalidades e irregularidades cometidas por los licenciados don Francisco Alonso y don Vicente Neira Gallardo, promotor fiscal, que entendieron en esta causa, se les condena en la pérdida de sus derechos con devolución de los percibos, y se les apercibe que si en lo sucesivo en sus provehidos y peticiones incurriesen en iguales defectos se les impondrá maior pena». *Ídem, s.* 8.3.1832, el fiscal y Fernando Sarmiento y Zelaya con Vicente Brey y Manuel Brey «sobre malos tratamientos»: «Así bien, apercivimos al alcalde mayor de Crecene, licenciado D. Manuel del Viso, que si a los sucesivo contraviniendo a su deber y a las reiteradas prevenciones que en diversas causas le están hechas por el Tribunal volviese a incurrir en la manifiesta parcialidad e ilegalidad que presenta su obrado, se tomará contra él la providencia que es consiguiente».

omitan dar parte a la Sala de las causas en que entiendan ni la remesa de testimonios y consulta de los fallos con la misma, vajo apercibimiento»[391]. En este caso, la cláusula de quebrantamiento para el supuesto de reincidir es el apercibimiento por ser más grave.

La prevención impuesta de oficio por el tribunal es interesante en cuanto pone de manifiesto las deficiencias de la administración de justicia municipal, las omisiones judiciales y los errores o irregularidades en la tramitación. No siempre son las partes interesadas quienes ponen de manifiesto tales deficiencias ante el tribunal. Es éste el que actúa de oficio en aras, sin duda, de una mejora en la administración de la justicia criminal. En suma, la prevención está vinculada a las irregularidades cometidas en la administración de justicia y por defectos procedimentales[392]. Todo lo que no estuviera encuadrado directamente en estas deficiencias, irregularidades u omisiones, por su menor transcendencia es probable que fuera reconducido al apercibimiento[393]. De las fuentes consultadas, sin embargo, no

---

[391] *Sentencias*, 28581, *s.* 19.12.1831, el fiscal de S.M. y José Prieto da Serra, Antonio Pérez y otros sobre robos. De hecho, en la jerarquía punitiva del art. 28 del CP de 1822, figura primero el apercibimiento y a continuación la prevención. Vid. también José Mª. Manresa, *Ley de Enjuiciamiento civil comentada y esplicada*, Madrid, 1856, tomo I, p. 163.

[392] Entre otros muchos ejemplos, ARG, *Sentencias*, 28499, *s.* 18.6.1816, el fiscal y Miguel Arcay: «A don Pedro Antonio González Ramos juez que ha sido en dicha villa por la escandalosa omisión que ha padecido en la substanciación de esta causa igualmente le multamos en cinquenta ducados a las penas de cámara y gastos de justicia del tribunal, y prevenimos que a lo subcesivo sea más exacto en el cumplimiento de sus deveres pena de maior providencia». *Ídem*, *s.* 17.8.1816, el fiscal y la Sala con Francisco Riazola, Juan Antonio Casal, Antonio Baldoviño y Antonio Casares, en la cual por no haber llamado por edictos a un acusado, le multan y «prevenimos que en la formación y sustanciación de iguales causas se arregle y proceda en ellas según derecho y no de motivo a que se tome contra él otra providencia más seria». *Sentencias*, 28576, *s.* 1.5.1828, el fiscal con Luis de Souto, Blas Vázquez y otros, en la cual «prevenimos al corregidor que ha sido de la ciudad de Betanzos, licenciado don Rafael Gamoneda, que a lo subcesivo caso administre justicia en los fallos de las causas se arregle al resultado de las mismas». *Sentencias*, 28579, *s.* 5.10.1830, el fiscal de S.M. y don Pedro Murias, Vicente Seoane y otros «sobre el asalto y robo de la casa de don José Martínez cura de Santa Eulalia de Golpellanes», «advertimos al corregidor de Allariz don Manuel Rodríguez Pérez que en lo subcesivo no ponga en libertad a reo alguno sin previa consulta de la Sala». *Sentencias*, 28581, *s.* 1.5.1832, el fiscal con José Rodríguez, alias Ruas, «sobre malos tratamientos echos a Manuel Reboredo», en que multan al asesor letrado «le prevenimos se abstenga de acordar la libertad de reos a quienes se haya impuesta pena corporal por la Sala, sin consultarla, a cuios mandatos se arregle en sus asesorados». *Ídem*, *s.* 12.11.1831, el fiscal de S.M. con Santiago Gómez (a) Chabuco, Baltasar Gómez y otros «acusados de haber pertenecido a una gavilla de foragidos que infestaba el país de Santa Marta de Ortigueira», en la cual «al juez de Santa Marta don Francisco Pérez le prevenimos que en las ratificaciones y provanzas, no permita a los acompañados que hagan preguntas y reconvenciones impertinentes a los testigos». *Ídem*, *s.* 4.6.1833, «sobre robos en gavilla», por la que multan al escribano «y le prevenimos y al Juez que ha sido de la misma jurisdicción en el año de mil ochocientos treinta y uno que sean más celosos en la captura de los reos mandados arrestar».

[393] ARG, *Sentencias*, 28576, *s.* 1.10.1829, el fiscal con Teresa Méndez y Juan Carro (rebeldía) «sobre malos tratamientos echos a Andrea García de cuyas resultas acaeció su aborto y muerte»: «apercivimos al mayordomo pedáneo de Buado Juan López que en lo subcesivo acaeciendo alguna quimera entre sus vecinos procure averiguar inmediantemente el resultado de ella, dando parte a la autoridad competente». *Ídem*, *s.* 14.7.1829, el fiscal con Carlos María Delgado, «sobre haver percivido parida de reales a beneficio de cartas suplantadas y otros excesos», en la que resultan apercibidos varios jueces para «que si en lo subcesivo administrando justicia no exigiesen el título a los cirujanos que llegasen a avecindarse en sus

pueden extraerse conclusiones definitivas[394]. En este sentido, de igual manera que existen jueces y oficiales apercibidos, también se encuentran en las sentencias reos desvinculados de la administración de justicia que son prevenidos[395], aunque estos supuestos son realmente excepciones.

La determinación de una conducta en el apercibimiento por parte del tribunal conduce, por lógica, al encargo para que la justicia inferior u otras autoridades vigilen y celen porque la misma se respete[396].

---

jurisdicciones, como también el pasaporte o cartas de seguridad que ydentifiquen sus personas, se acordará contra ellos la providencia que corresponda. También apercivimos al licenciado don José Meléndez asesor que ha sido en esta causa, que en lo delante de exacto cumplimiento a lo que se prebenga por la Sala pena de providencia». *Sentencias*, 28581, *s.* 28.6.1832, el fiscal con don Pedro Antonio Sánchez, escribano, «sobre excesos en el ejercicio de su oficio», multado y «le apercibimos que si en lo sucesivo no se condugere con la pureza y legalidad que corresponde en el desempeño de su oficio se le suspenderá de él, y tomarán las demás providencias a que haya lugar». *Ídem*, *s.* 11.12.1833, en la causa «sobre malos tratamientos a su muger Dolores Soler» en la que aperciben al alcalde primero del primer barrio y cuartel y a los celadores, «que en lo subcesivo den parte sin la más pequeña dilación de los excesos que obcurran en aquellos, pues si incurriesen en omisión igual a la que se advierte en esta causa, se tomará contra ellos la providencia correspondiente».

394 ARG, *Sentencias*, 28576, *s.* 6.7.1830, el fiscal con Juan Barreiro, alias Ravelo, José Pérez Prieto, José Lorenzo Ravecho y otros, unos prófugos y otros en rebeldía, «sobre robos»: «Apercibimos al asesor licenciado don Miguel Casares a que en lo subcesivo en la substanciación de iguales causas se arregle a lo prebenido por las leyes, sin omitir la menor diligencia en descubrimiento de los delitos y sus delincuentes, pena de providencia». *Sentencias*, 28579, *s.* 18.12.1830, entre el fiscal de S.M. con don José Alonso Lastra, doña Josefa González Miernes y otros, en la que tres jueces son apercibidos para que como tales cumplieran con sus deberes y a los escribanos «les apercibimos asimismo que a lo subcesivo sean más obedientes a los preceptos judiciales». *Sentencias*, 28581, en visita de cárceles de 24 de diciembre de 1831, el fiscal de S.M. y don Pedro González Valcarce y doña Rita Losada, «sobre malos tratamientos ejecutados por esta y falta de respeto al referido escribano Valcarce»: «Y por la indolencia y apatía del juez de Doncos don Ramón Santiso y Quiroga, en averiguar la certeza del atestado puesto por el dicho escribano Valcarce, contemporizando en obsequio de la doña Rita para que pudiese ganar tiempo, y en tanto corromper los testigos... condenamos al referido juez y escribano Carreira en la pérdida de todos sus derechos con devolución de los que hubiesen cobrado, y les apercibimos que si en adelante diesen motivos para que se sospeche de su legalidad imparcialidad, se usará con ellos de más severa demostración».

395 ARG, *Sentencias*, 28576, *s.* 19.2.1828, el fiscal con Román Rodríguez, Francisco de Castro, Juan Pérez Paco y otros, en la que a los absueltos «les prevenimos que en las declaraciones que prestaren no omitan quanto les conste movidos de consideración alguna». *Ídem*, *s.* 7.3.1829, el fiscal con Manuel Oubiña «sobre vagancia», absuelto pero «le prevenimos procure un modo de vivir conocido y honesto». *Sentencias*, 28579, *s.* 18.12.1830, el fiscal con don José Alonso Lastra, doña Josefa González Miernes, doña Francisca Miernes, Francisco Barata y otros, prevenido uno de ellos «no admita en su casa a lo subcesivo alhajas de personas sospechosas», mientras que los jueces son apercibidos. *Sentencias*, 28581, *s.* 3.4.1832, el fiscal con Carmen Domínguez y María Rodríguez «sobre la muerte de un niño que la primera dio a luz», le imputan por pena la prisión sufrida «y la prevenimos que en adelante no dé lugar a que se le comprenda en semejantes causas». *Ídem*, *s.* 23.11.1833 en una causa sobre muerte violenta, por la que «prevenimos al Miguel Martínez cele la conducta de sus hijos y no les permita la concurrencia a semejantes ni otras reuniones, especialmente de noche».

396 Por ejemplo, ARG, *Sentencias*, 28499, el fiscal con Alberto Vázquez y Josefa Vázquez (en rebeldía), *s.* 25.5.1816: «... y apercivimos que a lo subcesivo no den motivo a que se sospeche de su conducta pena de que serán castigados con el rigor de las leyes, y que así lo observen y cumplan cele y cuide dicha justicia». *Ídem*, *s.* 23.11.1816: «con prohibición la primera de poder entrar en la parroquia de Perdecanas, ni vivir en ella, ni en otra casa que la de su padre hasta tomar estado vajo apercibimiento de que lo contrario será castigada, y sobre lo que cele

La vigilancia bajo la autoridad judicial o bajo la paternal es impuesta, sobre todo, a mujeres, aunque no de modo exclusivo, pues se decreta sobre menores e incluso sobre hombres casados. Encontramos resoluciones en las que se obliga a una esposa o a un esposo a que reinicien la vida maridable bajo la inspección de la justicia[397]. Si los reos son menores se encomienda al padre su vigilancia[398], pero si son mayores o solteras este encargo se atribuye a la justicia[399]. Por tanto, creo que más que una pena vinculada objetivamente a unos hechos, como lo puede ser el apercibimiento, se trata de una medida de carácter fundamentalmente personal puesto que se fija por razón de los reos y no de los hechos que hubieran perpetrado.

El Proyecto de 1831 enunciaba como pena común a los delitos enormes y comunes la sujeción temporal a la vigilancia de las autoridades. Los arts. 97 a 100 concretaban su configuración punitiva. El primero establecía que las personas sujetas a la vigilancia, ahora especial, de las autoridades estaban obligadas «a seguir las reglas de buena conducta que éstas les prescriban»[400]. Procedía su imposición no solo en aquellos delitos para los que estuviera determinado por ley, pues se ampliaba a los condenados a trabajos públicos en arsenales y presidios; extendiéndose a los que hubieran sufrido confinación o reclusión en ellos si excediera su pena de cinco años. Los reos que hubieran cumplido la de obras públicas municipales, o extrañamiento temporal, reclusión por cinco o menos años o prisión en fortaleza, quedarían sujetos a vigilancia de las autoridades por la mitad del tiempo cumplido; salvo que hubiera sido condenado por reincidente, en cuyo caso se alargaría por el tiempo de la condena corporal. En

---

la justicia de su pueblo». Para comprender esta figura punitiva durante el siglo XIX es referencia esencial Gómez de Maya, *Culebras de cascabel*, pp. 673-772.

397 ARG, *Sentencias*, 28581, *s.* 11.6.1831, en la que resulta condenada Josefa de Castro en dos años de cárcel, «sea remitida de justicia en justicia a la de su domicilio, para que disponga haga vida conyugal con su marido, cele y vigile su conducta formándola en su caso la correspondiente causa». *Sentencias*, 28576, *s.* 27.1.1831, que libera a don Benito Ojea «quedando empero vajo la vigilancia de la Policía cuanto al cumplimento de su deber de reunirse en vida maridable con su muger doña Gaspara Álvarez».

398 ARG, *Sentencias*, 28499, *s.* 12.11.1814, el fiscal con don Manuel María Guedella, con curador *ad litem*, que declaró por suficiente le arresto sufrió en la cárcel pública «para purgar las sospechas que han dado lugar a la formación de esta causa se haga entrega de su persona a su padre don Juan Guedella para que cele sobre su conducta, procurando por su parte darle aquel destino que sea correspondiente a su clase y educación». *Ídem*, *s.* 23.11.1816, que condenó a dos hermanas en un mes de cárcel, entre otras penas a vivir en casa de su padre «hasta tomar estado vajo apercibimiento de que lo contrario será castigada, y sobre lo que cele la justicia de su pueblo».

399 ARG, *Sentencias*, 28499, *s.* 26.1.1819, en que resultó condenada Bernarda López en ocho meses de cárcel y destierro de Coruña, «señalando el pueblo donde fije su residencia, encargándose a la justicia de él cele sobre su conducta». *Sentencias*, 28576, *s.* 22.12.1827, contra Francisca Sánchez por juegos prohibidos, en que además de vergüenza y arresto, se le impuso destierro «para lo qual se le haga saber fige domicilio en que quiera residir, y al que señale sea conducida de justicia en justicia con encargo a esta cele y vigile su conducta».

400 Se concretaban en la presentación en los períodos que se marcaran y en cualquier otra ocasión en que extraordinariamente fueren llamadas; a sujetarse a las restricciones que se les prescribieran en cuanto al trato con otras personas; y, a no ausentarse de la población «sino con motivo conocido, por tiempo determinado y con licencia de la autoridad».

los delitos contra el soberano y la seguridad del Estado se impondría siempre la vigilancia de las autoridades por el tiempo que fijara el tribunal, atendidas las circunstancias del delito y la culpabilidad del reo.

Desde luego que tiene una evidente importancia, y no solo en la cárcel, la vigilancia disciplinar de la que habla Foucault[401], pues ésta también se extendería a los apercibimientos que fijan las conductas para el futuro o, es obvio, en la vigilancia encomendada a justicias, clérigos o padres sobre las mismas. Una disciplina que no se ejerce exclusivamente en recintos cerrados, sino también fuera de los mismos.

En las tablas de la Audiencia de Cataluña se reflejan los condenados a vigilancia de la autoridad a partir de 1827, diferenciando los que solo recibieron esta pena y los que, además, fueron apercibidos, cuya cifra es considerablemente mayor; y en la de Extremadura a partir de 1830, aunque este año tan solo fueron dos y seis al siguiente. Su número en cualquier caso es extremadamente reducido. Del resto de los tribunales, aunque conocemos que se impusieron en las sentencias, no puedo aportar ninguna información añadida.

7) Multas, costas y resarcimiento de daños

Las multas, consideradas de forma individualizada, no alcanzan un porcentaje relevante puesto que en la mayor parte de las ocasiones se imponen con apercibimientos, tanto en los estados anuales de los tribunales como en las sentencias. No obstante, la laguna mencionada con anterioridad en los planes que solo reflejan las penas corporales y la diferente forma de computar las penas en los restantes, impiden conocer con exactitud que número de condenados lo fue solo en multa[402]. En suma, los datos que podemos obtener de las estadísticas con relación a las multas son muy deficientes y de ellos no se pueden extraer ni siquiera aproximaciones de su realidad. En cursiva figuran los estados en los que se sumaron multados y apercibidos.

	1814	1815	1816	1817	1818	1819	1824	1825	1826	1827	1828	1829	1830	1831	1832	1833
Corte			180	258						284	253		361	241	165	95
Granada	*313*		489				0		*2084*			*1.614*		1.208		1177
Sevilla					0		0		*22*		*75*		*41*			
Asturias									*476*		*382*	*449*	*461*	*478*	*396*	
Extremadura	*368*	*340*							*972*		472			*163*	*285*	
Cataluña				0	0	0	*38*		*644*	*229*	269					

[401] *Vigilar y castigar*, Madrid, 1992, pp. 180-182.

[402] Gutiérrez, *Práctica criminal*, III, *Discurso*, p. 146 se oponía a su generalización al sostener que «de las penas pecuniarias se ha hecho casi siempre el mayor abuso, prescribiéndolas imprudentemente contra todos o casi contra todos los delitos; y combinándolas con otras muy diversas», cuando deberían destinarse a refrenar los delitos de codicia dineraria.

Estas lagunas nos encaminan a la documentación manuscrita, particularmente a los textos de las sentencias. Con carácter general y en una primera lectura, conviene destacar que la mayor parte de ellas vienen determinadas en ducados. Son muy escasas las que vienen en reales y prácticamente ninguna en maravedíes, salvo cuando se trata de calcular los resarcimientos por daños. Las multas se aplican siempre, por mitad, a la Cámara real (penas de cámara) y a las bolsas de gastos de justicia. Cuando el juez inferior no lo dicta de este modo, las Salas del Crimen se apresuran a determinarlo.

Puede establecerse de forma aproximada la cuantía de las multas[403], ya que el estilo resolutorio de la Audiencia de Galicia –es probable que existan variaciones notables en los restantes tribunales– parece ajustarse a unos mismos parámetros, por ejemplo con relación a las impuestas a los testigos. Los límites, mínimo y máximo, habituales que he encontrado en los textos de las sentencias son diez y trescientos ducados, aunque las hay por debajo del mínimo[404]. Insisto en que la práctica totalidad de los casos van acompañadas de apercibimientos. Asimismo, no deben olvidarse las conmutaciones de penas corporales por multas (redenciones) que veremos más adelante.

Excesos en el ejercicio de su oficio de escribano	300 ducados
Omisiones y desaciertos en la substanciación de la causa	150 ducados
Falsedad en un instrumento (imputado por pena el arresto)	100 ducados
A escribano por falsedad de instrumento (presidio correccional)	100 ducados
Abandono en la administración de justicia en la causa	60 ducados
Por lo que resulta contra juez y escribano	60 ducados
Falsos testigos (suspensión temporal de testificar)	50 ducados
Omisión del juez en la substanciación del proceso	50 ducados
No haber procedido en la tramitación del proceso con arreglo a Derecho	50 ducados
Estafas y excesos cometidos por juez (privación perpetua de oficio)	50 ducados
Juez por morosidad en la tramitación de la causa	50 ducados
Juez y carcelero que permiten libertad de preso	50 ducados
Al asesor por liberar un reo condenado a pena corporal por la Sala	50 ducados
Insultos en el sorteo de quintos (imputado por pena el arresto)	40 ducados
A juez por apatía en la formación de la causa y arresto de delincuentes	40 ducados
Asesor que acuerda la libertad de un preso	30 ducados

403 Gutiérrez, *Práctica criminal*, III, *Discurso*, p. 147, afirmaba que «las multas no han de ser tan leves que se miren con desprecio y no causen ningún efecto».

404 Gutiérrez afirmará a comienzos del siglo XIX que «las multas prescritas en nuestras leyes antiguas se hallan enteramente sin uso como inútiles, porque con el considerable aumento de la moneda y de las riquezas, han llegado a ser tan leves, que no pueden servir de freno a ningún delito; y porque en vista de esto las leyes más nuevas, según se han ido estableciendo, han señalado multas más graves», en *Práctica*, III, *Discurso*, p. 146.

Falta de rigor en el escribano de la causa	30 ducados
Al escribano por defectos e ilegalidades en el proceso	30 ducados
Al juez por omisiones al inicio de la formación de la causa	25 ducados
Promotor fiscal que abandona su obligación y oficio de acusar	20 ducados
A escribano por apatía en la formación de la causa y arresto de delincuentes	20 ducados
Vida escandalosa	20 ducados
Al celador por no dar parte inmediato de hechos delictivos	15 ducados
Falta de veracidad y respeto al juramento por testigos	10 ducados
Falta de respeto a los ministros de la justicia	10 ducados
Por omisión en el auxilio a la justicia	10 ducados
A juez y escribano por poner un reo en libertad acogido al indulto	10 ducados
Omitir la consulta a la Sala del crimen	10 ducados
Al escribano por la falta de celo en la captura de reos mandados arrestar	10 ducados
Falsos testigos	6 ducados
Falta de veracidad de los testigos y al juramento	5 ducados
Negligencia de los carceleros	4 ducados

Si observamos la relación de hechos por los cuales multaron las Salas del crimen de la Audiencia gallega, es fácil comprobar que todos ellos están vinculados con la administración de justicia. Las multas aquí detalladas son las decretadas de oficio por los alcaldes del crimen por las irregularidades cometidas por los juzgadores inferiores y oficiales de Justicia, cuya finalidad última era evitarlas en lo sucesivo. En estos casos, parece que la cantidad básica, que puede agravarse o mitigarse, son los cincuenta ducados tratándose de jueces; y diez ducados para los testigos. Sin embargo, no puede reducirse a estos casos la imposición de multas. La falta material documental sobre las multas impuestas por los jueces inferiores impide llegar a cualquier tipo de conclusión. En cualquier caso, la multa estaba prevista para hechos de escasa relevancia, por lo que resultaba más barato pagar las impuestas por los jueces ordinarios que recurrirlas ante el tribunal superior.

Los estados anuales de los tribunales son parcos a la hora de facilitar información de la cuantía total recaudada por multa. La Chancillería de Granada recaudó por este concepto en 1831 un total de 25.161 ducados (276.7711 reales); dos años después, ascendió a la suma de 27.750 ducados (305.250 reales); y en 1834, 24.741 ducados (272.151 reales).

El último artículo del Proyecto de 1830 señalaba que las multas impuestas por los jueces locales o de partido se ingresarían sin deducción alguna en el fondo de penas de cámara y en el de gastos de justicia, por mitad, como venía siendo tradicional. Como de costumbre, Sainz de Andino fue mucho más preciso en su Proyecto, al señalar que las multas impuestas por la comisión de delitos se harían efectivas sobre los bienes de los delincuentes, pero «si resultare insolvente se le recluirá en una casa correccional sujeto a ocuparse en los trabajos de ella por un tiempo proporcionado al importe de la multa», salvo que se le hubiera impuesto además alguna pena corporal de prisión o arresto por más de un año o extrañamiento del Estado. A continuación se detalla la proporción: diez reales por cada día de reclusión, sin que pudiera exceder ésta de un año cualquier que fuere la cantidad fijada (art. 92). Si el reo abonare antes la multa, sería puesto en libertad inmediatamente (art. 93). Las multas impuestas por un mismo delito a varias personas se abonarían, por regla general, nominalmente según lo determinado en la sentencia, salvo que la ley hubiera previsto la mancomunidad (art. 96).

El Proyecto final del reinado, recogía en su art. 63 que cuando la ley determinara la multa y el delincuente fuera pobre, «se le impondrá por cada 20 ducados un mes de reclusión, sin que nunca pueda exceder de un año». Las multas, según este texto de 1834, siempre se ingresarían en el fisco, salvo que la ley expresamente determinara otra cosa. Las decretadas por los jueces inferiores se repartían en los fondos de penas de Cámara y gastos de justicia (art. 807).

En materia de costas, las sentencias incluyen en principio la mancomunidad, pero es habitual encontrarlas distribuidas por partes alícuotas de acuerdo con la culpabilidad de cada reo a partir de la condena impuesta en la sentencia[405]. Del mismo modo, se imponen a los absueltos de la instancia, nunca a los absueltos libremente, en aplicación del criterio de que solo correspondía su abono al reo. En este punto parecen coincidir la práctica judicial y las propuestas legislativas. El minucioso Proyecto de Sainz de Andino determinaba que la condena en costas «se impondrá generalmente bajo el concepto de responsabilidad civil del delito y no en el de pena a todos los que resultaren reos», con independencia de su grado de autoría, distribuyéndose cuando fueran muchos en proporciones iguales y «designando según el grado de culpabilidad de cada uno la parte de costas que deba satisfacer», sin perjuicio de que si resultara insolvente su parte podría exigirse a los demás (art. 110). En todo caso, si no hubiera méritos para imponer al acusado una pena legal, o un apercibimiento o exigirle una fianza de buena conducta, no podría imponérsele en ningún caso la condenación en costas (art. 111). Su impago no supondría motivo para el ingreso o retención en prisión, sino que se procedería contra sus bienes (art. 112).

Para los absueltos ya se propugnaba el correspondiente resarcimiento o reparación de los daños ocasionados con la tramitación de la causa. En este sentido se pronunciaba Gutiérrez, al sostener que «siendo absuelto del todo un acusado por haber demostrado su inocencia, debiera indemnizársele en cuanto fuese posible de todos los perjuicios que se le hubiesen ocasionado,

---

[405] Sirvan de ejemplo las siguientes. ARG, *Sentencias*, 28499, *s.* 23.11.1816, el fiscal y la Sala con Domingo Antonio Villaverde, como padre de Francisco Villaverde: «Se condena a la propia Francisca en la tercera parte de las costas, y en las dos restantes a don Ramón Torrado cura de Perdecanas». *Sentencias*, 28576, *s.* 7.8.1827: «A Juana Villar en dos años de encierro que sufra en la cárcel donde se halla, y en una cuarta parte de las costas con el Rodríguez, y en las tres cuartas partes restantes al expresado Manuel María Santiago». En otras se emplean fórmulas genéricas para una concreción posterior: «en las costas por su parte causadas».

y fuesen además reparables, puesto que a veces recibimos de la mano misma de la justicia tan terribles males, que no pueden repararse jamás sino con una estéril compasión»[406].

El abono de los gastos de curación, de las dietas de los facultativos o de los perjuicios personales vienen declarados en las sentencias dictadas en causas de malos tratamiento de obra y en supuestos de falsas acusaciones[407]. Algunas de las datadas sobre todo al final del período estudiado, son interesantes en la medida en que determinan el lucro cesante durante el proceso de convalecencia de la víctima, ya que los jueces tasan en dinero cada día de los que necesitaron para su recuperación[408]. En otros supuestos los magistrados señalan una cantidad global[409].

El art. 56 del Proyecto de 1830 disponía que «la indemnización o resarcimiento de daños y perjuicios causados por el delito procede en todas las causas criminales, y se comprenderá en las sentencias aun cuando después sea necesario apreciarlos o justificarlos en determinada cantidad». Con mayor detalle, el Proyecto de 1831 regulaba en los arts. 113 a 116 esta obligación, fijando que «en todo delito que haya causado daño material, pérdida o perjuicio, se impondrá a los reos reparación y resarcimiento íntegro de estos mismos daños», sin perjuicio de las multas como indemni-

---

406 *Práctica criminal*, I, p. 294.

407 ARG, *Sentencias*, 28576, *s.* 8.10.1829, contra José de Pin «sobre malos tratamientos echos a Úrsula y Benita das Figueiras», por la que resultó también condenado a los gastos de curación y dietas de los facultativos. *Ídem*, *s.* 20.21830, contra José Cobas «acusado de haber forzado e inficionado de mal venéreo a María Manuela Morales de edad de diez años», igualmente condenado en los gastos de curación y dietas de facultativos. *Sentencias*, 28579, *s.* 23.10.1830, contra varios acusados «sobre allanamiento de la casa de Pedro de Castro, extracción de un prófugo y muerte dada a Felipe Paz», en la que algunos resultaron condenados en los gastos de curación y dietas de los facultativos. *Sentencias*, 28576, *s.* 23.6.1831, en la que Jacobo Cao acusado de conato de robo, fue absuelto pero obligado a pagar «los gastos de la curación de la herida de Bentura Rey».

408 ARG, *Sentencias*, 28581, *s.* 19.12.1833, contra un padre por malos tratamientos a su hija, en la que aquel resultó a garrote, en las dos terceras partes de las costas, dietas de facultativos, gastos de curación «de la maltratada Josefa Pérez y perjuicios causados a ésta regulados en tres reales diarios contados desde dos de julio hasta seis de septiembre ambos del año próximo pasado». *Sentencias*, 28576, *s.* 12.4.1832, dictada en la causa «sobre el atentado cometido en la casa de Carlos Varela con maltrato de este y más familiares, yntentando estraerle unas bacas», cuyos reos fueron condenados en los gastos de curación, dietas de facultativos que asistieron a los maltratados y, «además a que satisfagan a cada uno de estos por razón de formales perdidos tres reales diarios contados desde el nueve de septiembre de mil ochocientos treinta hasta el veinte de octubre del propio años los del Carlos Varela».

409 ARG, *Sentencias*, 28576, *s.* 6.10.1829, contra Santos de Lago «sobre malos tratamientos echos a Antonio Ledo», en la que resulta condenado a presidio, gastos de curación del herido y en cien ducados aplicados al mismo por razón de daños y perjuicios. *Sentencias*, 28581, *s.* 28.9.1831, en la causa «sobre malos tratamientos hechos a Nicolasa do Pico de once años de edad cortándole alevosamente las orejas», en la cual Manuel Casal fue condenado a presidio a uno de los de África y en todas las «dietas de los facultativos y gastos de curación causados a Nicolasa do Pico, y a que satisfaga a esta doscientos ducados por vía de indemnización de los daños y perjuicios que se la han seguido». *Sentencias*, 28576, *s.* 29.3.1832, contra «los que forzaron y maltrataron a Clara Folla», condenados en los gastos de curación de la maltratada, dietas de los facultativos y «a que paguen a aquella cien ducados por razón de daños y perjuicios que se le han causado con la propia mancomunidad».

zación del daño moral provocado en ciertos delitos. En principio, este resarcimiento sería mancomunado entre los que resultaran culpables de su perpetración, de acuerdo con su grado de culpabilidad. También recogía las medidas para satisfacer estos daños en caso de insolvencia.

Cabe reseñar que los jueces que sobrepasaban sus atribuciones eran penados con la pérdida de sus derechos y, en supuestos graves, con el abono de multas.

Por último, el Proyecto de 1830 si bien no abrogó la confiscación de bienes, determinó que no tendría lugar existiendo ascendientes o descendientes (arts. 8 y 55). Para su cumplimiento se recurriría a la autoridad administrativa con el fin de descubrir y ocupar los bienes (art. 742).

8) Conmutaciones y redenciones por precio

En un trabajo anterior afirmé que, a pesar de cuanto se ha escrito acerca de la conmutación de penas, es muy difícil determinar cuándo los jueces la aplicaban y cuándo optaban en realidad por la atemperación de la pena, habida cuenta de que mediante ambas vías el resultado era el mismo, con independencia de que fuera *in melius* o *in peius*.[410] Sólo cuando el juzgador emplea el verbo conmutar podemos conocer que se optó por esta vía. Si nos atuviéramos tan sólo a la legislación, podríamos pensar que la conmutación se aplicó en numerosas ocasiones; si consideráramos, asimismo, la doctrina jurídica y la práctica judicial, las dudas serían numerosas al permitir pensar que sólo había mitigación de la pena. Pues bien, de todas las sentencias estudiadas, tan solo en tres sabemos indubitadamente que los jueces optaron por la conmutación[411].

La I. de 16 de julio de 1803 sobre penas pecuniarias[412], que complementaba la Ordenanza de 27 de diciembre de 1748, determinó que a las personas pudientes –discriminación económica y no estamental– se les impondrían penas pecuniarias en lugar de las aflictivas de cárcel, detención y otras semejantes por delitos leves, al mismo tiempo que los tribunales podrían conmutar las penas de presidio en pecuniarias «permitiéndolo la clase de delito». La justificación de esta decisión era que «sobre ser útil al aumento de fondos que necesita la administración de justicia, producirá

[410] Con carácter general me remito a mi trabajo «La conmutación de penas: una revisión histórica», en *Initium*, 17 (2012), pp. 263-344.

[411] ARG, *Sentencias*, 28499, *s.* 15.3.1814, en la cual a Antonio Fariñas «se le conmuta el servicio a las armas en que viene condenado por el inferior, en quatro años de presidio en El Ferrol lo que deverán contarse desde seis de mayo de ochocientos once en que se dio la sentencia por aquel». *Sentencias*, 28576, *s.* 15.7.1829, contra Leandro Vázquez «sobre de maíz», en la que supliendo y enmendando el real auto de 4 de agosto de 1829, «debemos de conmutar y conmutamos el año de obras públicas ympuesto a Leandro Vázquez en uno de cárcel que sufra en la de su domicilio». *Ídem*, *s.r.* 15.7.1830 «debemos de conmutar y conmutamos el año de obras públicas ympuesto a Leandro Vázquez en uno de cárcel que sufra en la de su domicilio».

[412] *Novísima*, 12, 41, 21 (en realidad 20).

más escarmiento y menos malas conseqüencias en muchas familias». Quizá por la necesidad de reprimir políticamente a cualquier individuo sin atenerse a criterios estamentales, por R.O. de 29 de agosto de 1824 se prohibió conmutar las penas aflictivas en pecuniarias, derogando el citado capítulo quinto de la I. de 16 de julio de 1803. Los supuestos de redención por dinero de la pena corporal que he encontrado son ciertamente pocos, en todos ellos se da a esa cuantía la naturaleza de multa para que no pierda su esencia penal[413]. También cabían los supuestos contrarios, es decir, en las sentencias se fijaron las penas corporales alternativas para aquellos reos que no pudieran afrontar el pago de multas[414]. El art. 98 del Proyecto de 1834 declaraba que las penas corporales no podían conmutarse en pecuniarias «cuando la ley no lo determine».

En las condenas al servicio de armas impuestas por el tribunal gallego, puesto que el destino final no solo dependía de la voluntad de los jueces sino de la idoneidad de los reos para el servicio militar, se fija habitualmente como destino alternativo las obras públicas cercanas de Ferrol o Coruña.

Téngase presente que la conmutación de la pena de muerte respondía asimismo a un criterio utilitarista para los fines del Estado. Así se admitía por un conocido regente asturiano: «más cuenta tendría al Estado condenar a trabajos de toda la vida a los reos, que entregar al verdugo sus miserables cabezas»[415].

El cuadro de equivalencias resultante de las sentencias de las Salas del crimen de la Audiencia de Galicia es el siguiente.

---

413 ARG, *Sentencias*, 28499, *s.* 1.2.1816, por la que confirman la sentencia dada por la justicia de Mondoñedo en 2 de julio de 1811, «entendiéndose que Bartolomé Ramos y Antonio García puedan redimir el año de servicio a la limpieza y obras públicas en que se le condena aprontando cada uno treinta ducados de multa, aplicados a penas de cámara y gastos de justicia». *Sentencias*, 28499, *s.* 23.1.1819, que revoca la dada por el alcalde mayor de Mondoñedo, por lo que condenan «al menor Francisco Marful en un año de arresto que sufra en la cárcel de dicha ciudad... entendiéndose que pueda redimir el año de arresto aprontando cien ducados de multa en las bolsas de penas de cámara y gastos de justicia del Tribunal».

414 ARG, *Sentencias*, 28576, *s.* 22.5.1828, que condena a Domingo Fernández en diez ducados de multa, «los que no aprontando al término de ocho días sufra dos meses de cárcel». *Ídem*, *s.* 10.2.1829, contra José González, el menor, «sobre ynsultos echos al tiempo del sorteo de la Quinta», condenado a una multa de cuarenta ducados en la forma ordinaria, «los que no aprontando al término de un mes sufra dos de cárcel en la de la capital».

415 Gotarredona, Discurso (Asturias) 1832, p. 4.

	Años servicio de armas	Años Presidio	Años Obras públicas	Prisión	Multa (ducados)	Modalidad[416]
1814	8	6	2			A
1814		4	6			M
1816	8		4 en Coruña		300	A + R
1816			1		30	R
1816			2 en Ferrol		50	R
1816				2 meses	20	R
1819				1 año	100	R
1819		4 África	2 Coruña			M
1819		6	4 Coruña			M
1819		8	6 Coruña			M
1827	6		3 en Coruña			A
1827	6		4 en Coruña			A
1828	6		2 en Coruña			A
1828		4 África	2 Coruña			M
1830			1	1 año domicilio		C
1832	8		2 Coruña			A
1832	6		2 Coruña			A
1832	10 Reg. Ceuta	8 África				A
1832				6 meses	25	R

9) Cláusula de quebrantamiento

Más que hablar de la cláusula de quebrantamiento como en los siglos anteriores[417], encontramos, sobre todo, apercibimiento con el fin de evitar la reincidencia. Cambió su contenido. Se elimina la expresión «so pena» para dejar paso a la amenaza, en caso de reincidencia, de mayor rigor, todo el rigor, más rigor o el rigor de las leyes[418]. Desde esta perspectiva general, la cláusula de quebrantamiento, en sentido estricto, desapareció[419]

---

416 A(lternativa), C(onmutación) o R(edención) o M(itigación) o moderación por la Sala del Crimen con respecto a la pena del inferior.

417 Sobre ella, véase mi trabajo «Arbitrio judicial y cláusula de quebrantamiento de pena», en *Initium*, 15 (2010), pp. 271-314.

418 Como dato residual la encontramos, de nuevo, a partir de 1831. ARG, *Sentencias*, 28576, *s.* 27.1.1831, por la que don Benito Ojea, acusado de excesos y «apercibido para que a los sucesibo no buelba a entrar en Madrid y Sitios Reales sin expresa Real licencia, so pena de ser habido como inobediente, contumaz a los soveranos mandatos de S.M. a cuyo efecto se deja abierta la causa para continuarla en cualquiera caso de reincidencia». *Sentencias*, 28581, *s.* 31.7.1832, contra Benito Fernández, alias Pedrín, «sobre robo y malos tratamientos echos a

Tan solo se mantuvieron cláusulas de quebrantamiento individualizadas para los condenados a las penas corporales más graves, lo que se advierte bajo la admonición de ser castigados con la vida, pues era la única pena que quedaba por imponer[420].

Es posible que una mejora en los mecanismos de cumplimiento de las penas, sobre todo de reclusión, y el control ejercido por justicias y autoridades policiales redundara en una mayor pérdida de importancia de esta cláusula, pues en las sentencias de las Salas de crimen de Galicia salvo en el caso de las condenas corporales más graves o en los apercibimientos deja de incluirse. Muestra de los supuestos recogidos en la serie de *Sentencias* de la Audiencia gallega es la tabla que aparece al final de este epígrafe.

El Proyecto de Sainz de Andino reguló en los artículos 1144 a 1156 la agravación de pena a los que quebrantaran sus condenas, concretando la correspondiente a cada una de ellas. Por ejemplo y sin detallar todos los supuestos planteados, el reo condenado a trabajos perpetuos que se fugare no podría obtener ningún tipo de beneficio penitenciario, y si cometiere cualquier otro delito sería condenado a muerte. Para los reos condenados a trabajos públicos, reclusión u obras públicas municipales que se fugaren o quebrantaren de cualquier modo su condena se fijaba una graduación: habiendo cumplido más de la cuarta parte y menos de las tres cuartas partes, perdería todo el tiempo cumplido, principiando de nuevo su cómputo; si hubieran superado las tres cuartas partes, se le aumentaría

---

Juan Fernández de Baralla», en la que queda apercibido «de que en lo subcesivo reforme su conducta y se dedique a oficio u ocupación honesta so pena de que en otro caso se le castigará con todo rigor». *Sentencias*, 28581, *s.* 6.11.1832, contra Juan Ayerbe, «sobre malos tratamientos a José Sánchez Raposo de que resultó su muerte», condenado cuatro años a las obras de Málaga «y el apercivimos que en lo sucesivo se abstenga de incurrir en iguales excesos, so pena de ser castigado con mayor rigor».

[419] Prácticamente ninguna en cerca de cuatrocientas sentencias consultadas. ARG, *Sentencias*, 28576, *s.* 22.12.1827, contra Francisca Sánchez «sobre juegos prohibidos», condenada a vergüenza y seis años de destierro, «con apercibimiento de que quebrantando dicho destierro será reducida a la cárcel, al paso que si reincidiese en delitos de la clase porque ha sido procesada se le impondrá más riguroso castigo». *Sentencias*, 28581, *s.* 19.12.1831, contra José Prieto da Serra y otros «sobre robos», en que se le impuso «dos años de recargo en el presidio en el que se halla, no los quebrante vajo apercibimiento de cumplirlos doblados».

[420] ARG, *Sentencias*, 28499, *s.* 12.7.1814, contra Gregorio Quintáns, alias Merlo: «y le apercivimos que si reincidiere en iguales crímenes o quebrantase el presidio a que se le destina se le impondrá la pena ordinaria de muerte». *Ídem*, *s.* 15.4.1819, contra los acusados en diversos robos, en que se condenó a Manuel Fernández Heras, en diez años de presidio en uno de los de África con retención, en clase de gastador, y «con pena de la vida si lo quebrantase». *Sentencias*, 28576, *s.* 22.12.1827, contra Francisco Rodriguez Molinero y otros sobre robos, por la cual se le condenó «a que cumpla y extinga la pena que anteriormente le fue ympuesta de diez años de presidio con retención en uno de los mayores de África, la qual condena no quebrante pena de la vida y la misma si reincidiese en iguales delitos». *Ídem*, *s.* 15.12.1827, contra José Rodríguez Guecho y otros, condenado a doscientos azotes, diez años de presidio en uno de los mayores de África, con retención, «que no quebrante pena de la vida, y la misma si reincidiese en yguales delitos». *Ídem*, *s.* 19.2.1828, contra Román Rodríguez, Juan Pérez Paco y otros, condenados estos a diversas penas, incluida la de diez años de presidio a África, con retención y calidad de gastadores, «que no quebranten pena de la vida, y la misma si reincidiesen». Entre otras muchas más en las que se repite la misma fórmula.

en la mitad de la fijada en la sentencia; y si no alcanzaran una cuarta parte, se comenzaría de nuevo y se le aumentaría un tercio de la fijada judicialmente. El condenado que quebrantare el servicio forzado en el Ejército o en la Marina, sería enviado a las obras públicas municipales por el tiempo que restara para su cumplimiento.

Pena	Cláusula quebrantamiento
Diez años de presidio en África, con retención y clase de gastador y doscientos azotes	Pena de muerte
Diez años de presidio en África, con retención y clase de gastador	Pena de muerte
Diez años de presidio en África con retención	Pena de muerte
Diez años de presidio en África	Doblado
Diez años de presidio en Filipinas con retención	Pena de muerte
Destierro	Cárcel
Dos años de presidio	Doblado
Apercibimiento	Severa providencia
Apercibimiento	Todo el rigor del Derecho
Apercibimiento	Mayor rigor
Apercibimiento	Rigor de las leyes
Fijar domicilio	Destinado donde corresponda
Retirarse a su pueblo	Rigor de las leyes

10) Absoluciones

En materia de absoluciones se mantienen los criterios precedentes[421], aunque en la práctica se comenzarán a advertir algunos cambios de tendencia, al menos numérica. Se mantuvieron las absoluciones de la instancia, siempre con imposición de las costas causadas a los absueltos; mientras que a quienes se concedía la libre absolución, lo eran sin ellas. En los fallos judiciales se declara que los absueltos sean inmediatamente puestos en libertad[422], manifestación que no se insertaba con anterioridad al siglo XIX en la práctica gallega. Más interesante para los absueltos eran los pronunciamientos favorables insertos en las sentencias[423]; o al contrario, cuando quedaban

---

[421] Para los precedentes me remito a mi trabajo «*Innocentia praesumpta*: absoluciones en el Antiguo Régimen», en *CHD*, 10 (2003), pp. 71-125.

[422] ARG, *Sentencias*, 28581, *s.* 4.8.1832 contra Jacobo Caramés «por sospechoso en su conducta», al que se le absuelve libremente, sin costas y se ordena poner inmediantemente en libertad. *Ídem, s.* 5.5.1832 sobre robos, en la que el acusado fue absuelto de la instancia con las costas, y se ordenó su puesta en libertad inmediatamente.

[423] ARG, *Sentencias*, 28499, *s.* 29.3.1814, en el pleito y causa contra José Couso, alias Galante, absuelto de ella y además «declaramos que la larga prisión que por ella ha sufrido no puede servirle en tiempo alguno de demerito a su reputación, reservándole el derecho para que en quanto a daños y perjuicios que se le hayan seguido con motivo de dicha prisión pueda repetirlos como mejor vierte convenirle». *Ídem, s.* 6.4.1816, por la cual la libre absolución

sujetos a las resultas que pudieran surgir de otros procedimientos[424]. A los encausados que fueron libremente absueltos se les reservó su derecho a proceder contra quienes les habían acusado o formado proceso, para que pudieran resarcirse de los daños sufridos[425].

De todos los tribunales, el que se mostró más reacio a dictar absoluciones o sobreseer las causas de las cuales conocía fue la Sala de alcaldes de Casa y Corte. En la información que manejamos no constan los indultados, pero existe una diferencia sustancial entre el porcentaje de condenados (95,38%) y el de absueltos (4,62%)[426]. Esta disparidad puede explicarse, entre otros motivos, por la consideración de la Corte y su rastro como un coto privilegiado en el que cualquier hecho delictivo podía ser penado con mayor severidad, puesto que el lugar de comisión era considerado como causa para la agravación de la pena, sin perjuicio de las disposiciones específicas para reprimir los robos en Madrid, por ejemplo. Pero también, como se apuntó más arriba, por la correcta instrucción de las causas que llegaron a su conocimiento.

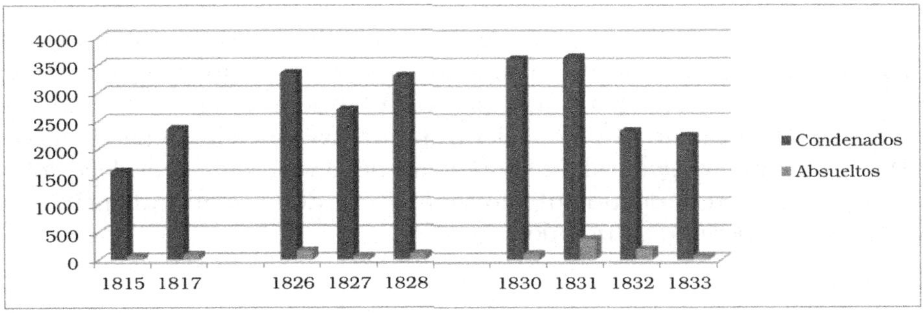

de una de las mujeres lo fue «con declaración de que el procedimiento seguido contra la primera no pueda en ningún tiempo deprimir el buen concepto y opinión que gozare». *Ídem, s.* 6.7.1816, en la que tres individuos fueron absueltos libremente, sin costa alguna y «declaramos que el procedimiento de esta causa en que han sido comprendidos no pueda perjudicarles en la opinión y concepto que mereciesen antes de su formación». *Sentencias*, 28576, *s.* 11.6.1831 «sobre rovo de varias alhajas», en la que una de la encausadas fue absuelta libremente y sin costas, «sin que este procedimiento le obste en tiempo alguno a la buena opinión que mereciere con reserva de su derecho contra la Dominga Piñeiro para que en razón de los daños y perjuicios causados use de él de lo que viere convenirle, y se le ponga en livertad».

[424] ARG, *Sentencias*, 28499, *s.* 29.3.1814, en la que don Luis Antonio Blanco quedó absuelto de la instancia «sin perjuicio de las providencias que se hayan tomado o puedan tomarse en otra qualquiera causa de las en que se halla complicado». *Ídem, s.* 12.7.1814 en la que una parte de los acusados fueron absueltos, «cuia absolución no les aproveche respecto de lo que resulte contra ellos en otras causas que se les han formado o formen de nuevo». *Sentencias*, 28576, *s.* 7.3.1829 contra Manuel Oubiña «sobre vagancia», absuelto de la instancia con las costas, «y le prevenimos procure un modo de vivir conocido y honesto».

[425] ARG, *Sentencias*, 2858, *s.* 8.2.1831 «sobre los malos tratamientos hechos a Froilán García de cuyas resultas murió»: «Al bachiller don Domingo de Mato le absolvemos libremente sin que le obste a su buena opinión el injusto arresto que ha sufrido, y mandamos se le devuelvan los bienes embargados con reserva de su derecho para que en razón de los perjuicios que se le irrogaron, los pueda reclamar contra el juez don José Salgado, y su asesor el licenciado don Antonio Vaamonde y Moscoso».

[426] Los datos pertenecen a reos absueltos, salvo en 1826, donde expresamente se incluyen las causas sobreseídas.

Por su parte, la información de la Chancillería de Valladolid presenta matices. En primer lugar, las tablas de la década de 1810 incluyen los condenados e indultados, pero no los absueltos. En segundo lugar y como se ha repetido en otros epígrafes, solo incluyó en sus planes anuales las penas corporales. Por estas razones, he preferido calcular solo los porcentajes de acusados absueltos en los años de los que conservamos información pertenecientes a la segunda etapa absolutista. En el conjunto de estos tres años resulta un 76,08% de condenados y un 23,92 de absueltos.

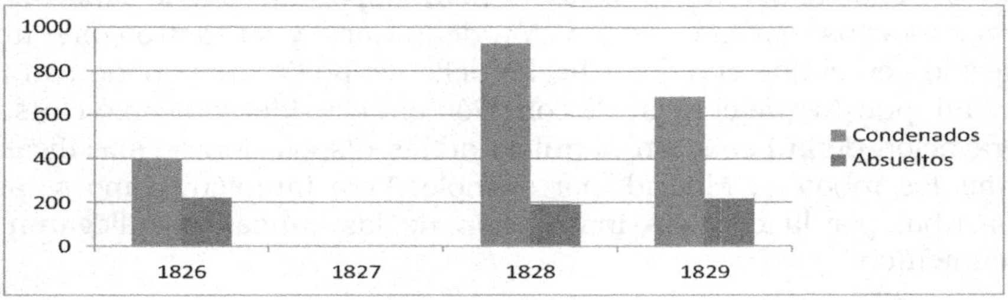

Los datos comparativos en la Audiencia gallega nos permiten descubrir una reducción porcentual de absoluciones con respecto a épocas anteriores[427]. De acuerdo con los datos de sus planes anuales, los condenados prácticamente alcanzan el 78%, mientras que los absueltos apenas superan el 20%. Con carácter general, la absolución de la instancia prevalece sobre la libre absolución en la documentación manejada de la Real Audiencia de Galicia durante el período estudiado.

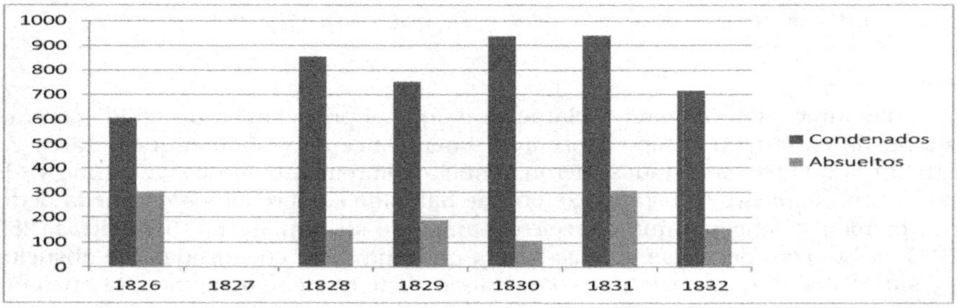

La Audiencia de Sevilla, que facilita todos los años la información que aquí interesa, se muestra muy reticente a absolver, bien del juicio, bien de la instancia. Téngase presente que los cálculos se hacen sobre el conjunto de penas, no solo sbre las corporales. Salvo en el año 1817, en los años de la última década del reinado sus alcaldes del crimen se mostraron especialmente severos. El 83,29% resultó condenado, quedando el 16,71% absuelto[428]. En general este tribunal se muestra manifiestamente inclinado a condenar, lo que resulta especialmente manifiesto en 1829.

[427] Para los datos de siglos XVI a XVIII me remito a mi trabajo «Innocentia praesumpta», ya citado.

[428] En 1817 y 1824 se insertó un *item* con causas sobreseídas, y en 1826 se incluyeron juntos absueltos y causas sobreseídas.

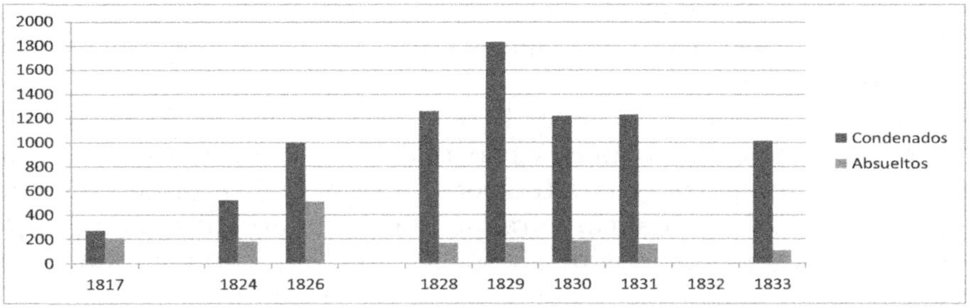

Sin llegar al rigor de la Audiencia sevillana, la extremeña también es severa con los enjuiciados. En este caso los cálculos se han realizado sobre el conjunto de penas, no solo sobre las corporales y con la limitación de los años de la década final. El número de condenados en conjunto, de los años con que contamos datos, se eleva al 74%, y el de absueltos al 26%, que es una cifra alta con relación a otros tribunales. Destacan los años 1828 por la práctica equiparación numérica de unos y otros, y 1831, con 1493 condenados y solo 188 absueltos, aunque este año csasi la mitad de los condenados resultó tan solo multado y apercibido.

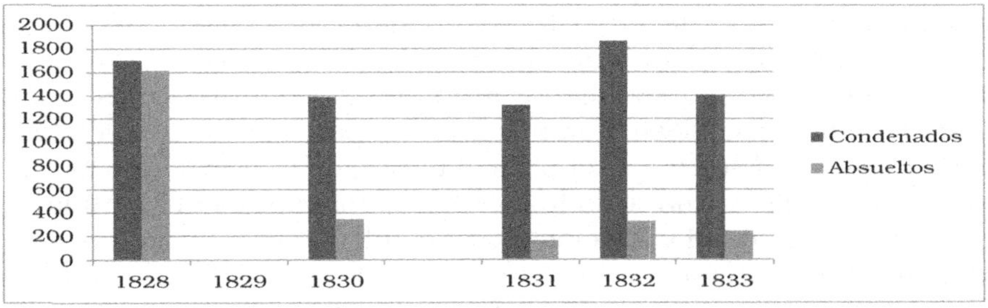

En la Audiencia de Cataluña, con respecto a los siete años de los que tenemos información precisa sobre el conjunto de penas dictadas, cabe reseñar que la relación porcentual entre condenados y absueltos presenta una amplísima diferencia: 86% frente al 14%. Probablemente este gráfico muestre con meridiana claridad el incremento del número de condenados en los referidos años de la década de 1820 con relación a la década precedente. Dependiendo de los años, en sus tablas se computan los absueltos a requisición de días, absueltos libremente y absueltos y causas sobreseídas. Estos datos confirmarían la severidad con que actuó su Audiencia.

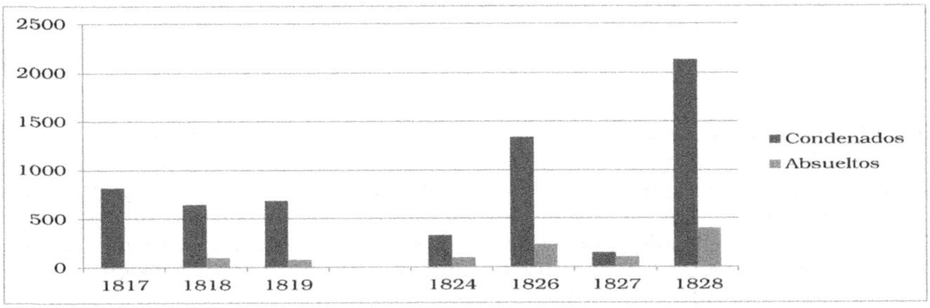

De la Audiencia valenciana tan solo conocemos las cifras de absueltos durante trienio 1831-1833. De ellas resulta que el 83,74% fue condenado y solo el 16,26% resulto absuelto.

Cabe preguntarse, a la vista de estos resultados, y en particular del reducido porcentaje de absueltos con referencia a los datos de los siglos precedentes, el motivo de esta situación. La principal razón, en mi opinión, es la preemiencia de la justicia letrada, bien fuera administrada por jueces letrados o por legos asistidos de asesor letrado. Por una vía o por otra, los jueces inferiores instruyen mejor las causas criminales, cumpliendo con trámites y garantías, a diferencia de lo que sucedía con anterioridad a los años finales del siglo XVIII. El dominio de la legislación procesal y criminal permite sujetarse a su contenido, cumpliendo con todos los requisitos. La famosa queja de Vizcaíno Pérez, en sus tiempos de fiscal de la Audiencia de Galicia, contra la instrucción de los jueces inferiores[429], cuyo resultado práctico era un elevado número de absoluciones, había dejado paso a otra en la que el cumplimiento de las exigencias procesales eran respetadas. Es posible que convenga contemplar otra razón. La imposición de multas y apercibimientos pudieron encubrir irregularidades procesales o actuaciones contra indiciados o sospechosos de haber perpetrado algún delito que, en buena lid procesal, deberían haber quedado absueltos. Puede añadirse asimismo la posibilidad de que quienes siendo inocentes, pero habiendo sido condenados por el juez inferior a una multa, o a unos días de arresto o a un apercibimiento, desistieran de recurrir por el coste de la justicia. En cualquier caso, insisto en que el principal fundamento creo que se encuentra en una administración de la justicia predominantemente letrada.

Atendiendo solo a la relación entre condenados y absueltos en estos tribunales, en el extremo más severo aparece la Sala de alcaldes de Casa y Corte, que apenas absolvió al 5,3%. En el extremo opuesto, la Chancillería de Valladolid, con cerca del 24%, seguida de la Sala del crimen de Galicia. En posiciones intermedias, Sevilla con cerca del 17% y Cataluña con el 14% de absueltos. La explicación del tribunal madrileño tiene una explicación ya conocida, la especial protección jurídica de la Corte. Por tanto, los porcentajes de Cataluña y Valladolid parece que marcan los límites en los que se debieron desenvolver el resto de tribunales.

El Proyecto de Sainz de Andino declaraba en el art. 158 que cuando no hubiera prueba bastante para declarar culpable y condenar al acusado, sería absuelto y puesto en libertad. Si hubiera indicios, podría el tribunal apercibirle u obligarle a prestar fianza de buena conducta.

---

429 «En el (tiempo) que he servido esta Fiscalía de lo Criminal en esta Real Audiencia de Galicia, he observado que en muchas de las causas que vienen a ella por consulta faltan las precisas circunstancias para comprobar el cuerpo del delito, por cuyo defecto, y otros que se advierte en la substanciación, no se puede condenar a los reos en las penas que prescribe el Derecho en aquel caso, ni ellos defenderse de la acusación», en *Código y práctica criminal arreglada a las Leyes de España que para dirección de los alcaldes y jueces ordinarios y escribanos reales escribió*, Madrid, 1797, tomo, I, p. III.

11) Indultos (de gracia y de hacinamiento)

Desde luego que, en teoría, uno de los aspectos destacados de este reinado fue la reiterada concesión de indultos, de los que invariablemente quedaron excluidos los acusados de atentar contra la religión o el monarca. En cualquier caso, siempre aparece la figura paternal del rey que con su generosidad o benignidad perdona a alguno de los hijos, de lo cual se deja la oportuna referencia impresa para general conocimiento. La mayor parte de los acusados o sospechosos, sin embargo, no se vio beneficiada por ese aparente paternalismo regio.

Fueron varios, pero de dudoso alcance, los indultos generales durante las etapas absolutistas de Fernando VII[430]. Puede entenderse su concesión en el mantenimiento de un sistema tradicional de gracias, pero al mismo tiempo delata, por el contrario, la situación de los presos, sobre todo políticos, y evidencia la limitación práctica de estas medidas. Los hubo dictados con ocasión de acontecimientos regios, aunque en otros se ad-

---

[430] R.D. de 14 de octubre de 1814 por el que se concede un indulto general a todos los presos que se hallasen en las cárceles de Madrid (*Gaceta* de 13/9/1814). Prorroga del término fijado en el indulto de 30 de mayo de 1814 por cuatro meses más (*Gaceta* de 24/10/1815). R.D. de 29 de setiembre de 1816 concediendo indulto general por el casamiento de S. M. y hermano (*Gaceta* de 3/10/1816), extendido a las Indias por R.C. del Supremo Consejo de Indias de 24 enero de 1817 (*Gaceta* de 11/3/1817). R.C. de 12 de mayo de 1817 que declara que el concedido en 14 de octubre de 1814, sea y se entienda con respecto a los reos de contrabando limitado a la pena corporal. R.D. de 10 de setiembre 1817 por el que se concede un indulto general por el feliz parto de la Reina. R.C. de 10 de febrero de 1818 concediendo indulto a los defraudadores de Rentas Reales que sean capaces de él en la forma que se expresa. C. de 22 de abril de 1819 por la cual los que le gocen no están exentos de satisfacer las costas y gastos causados en el proceso. R.D. de 9 de noviembre de 1819 en virtud del cual concede S. M. uno general a todos los que sean capaces de él, y puedan gozarlo sin perjuicio de tercero y de la vindicta pública (*Gaceta* de 28/10/1819). R.C. de S.M. y Sres. del Supremo Consejo de Indias para la concesión de indulto general a los delincuentes que sean capaces de él en la península e islas adyacentes con motivo del enlace de S.M. (*Gaceta* de 15/1/1820). R.C. de 1 mayo de 1824, concediendo indulto y perdón general por los delitos que expresa cometidos desde principios de 1820 a 1 de octubre de 1823, a los que hayan tenido parte en los disturbios, excesos y desórdenes ocurridos en estos Reinos, con el objeto de sostener y conservar la pretendida Constitución política de la Monarquía (*Gaceta* de 20/5/1824). R.O. de 31 julio de 1824 que determina que no le obtendrán aunque le soliciten en persona los infidentes y malversadores empleados en la Real Hacienda. R.O. de 28 de setiembre de 1825 según la cual no servirán los indultos del delito de contrabando sino a los que personalmente tuviesen la dicha de alcanzarle de S. M.. R.O. de 24 de febrero de 1826 indultando a los que han roturado terrenos en las épocas que se expresa, con arreglo a la de 1 de julio de 1824. R.D. de 25 de mayo de 1828 que concede indulto general con motivo del feliz viaje de S. M. y de la festividad de San Fernando (*Gaceta* de 31/5/1828. ARG, *Régimen interno*, leg. 29212/160). R.D. de 20 de octubre de 1830 que concede un nuevo indulto general por el feliz parto de la Reina (*Gaceta* de 26/10/1830. *Régimen interno*, leg. 29212/159). La R.O. de 20 de febrero de 1832 fija las personas, casos y fechas que son aplicables, las gracias del Real indulto de 17 de diciembre de 1830. Por R.O. de 30 de junio de 1832 se aclara el indulto concedido en 25 de mayo de 1828. R.D. de 7 de octubre de 1832, concediendo indulto general –«por el cual se concede la amnistía más general y completa, de cuantas hasta el presente se hayan dispensado»– a los presos que se hallen en las cárceles de Madrid y demás del Reino, teniendo presente todas las condiciones y circunstancias que contiene el R.D. de 20 de octubre de 1830, (*Gaceta* de 9/10/1832). Se han omitido los concedidos a militares.

vierte la necesidad de vaciar parcialmente los grandes recintos carcelarios, esto es, los presidios.

Continuaron concediéndose los indultos del Viernes Santo, como era secular[431]. De acuerdo con el procedimiento establecido, concluyendo 1814, la Cámara requirió al gobernador de la Sala de alcaldes de Casa y Corte que le remitiera dos causas para conceder los respectivos indultos del año 1815[432]. Debía enviar «dos causas originales con los correspondientes extractos de reos de muerte, que sean de aquellas en que no haya parte que pida, ni intervenga asesinato u otro de aquellos crímenes feos y enormes, indignos de perdón por sus circunstancias, y por la vindicta pública, si se interesa gravemente en el castigo». Las escribanías de cámara elaboraron las listas de las causas de muerte que en ellas pendían –detallando los hechos, sus autores, víctimas y circunstancias– y de las que constaban se seguían ante las justicias de los pueblos de su jurisdicción. Se requirió a los jueces, por mano del fiscal, diferentes procesos, detallando los nombres y los hechos delictivos (muerte y heridas, muerte a su mujer estando «posehido de licores», muerte en riña, muerte en la cárcel de Guadalajara, heridas por arma de fuego de que resultó muerte...). El fiscal determinó que estas causas, salvo una, se ajustaban a los requerimientos de la Cámara, «por no tener circunstancias de atrocidad, traición, ánimo prodictorio, y demás que las excluiese de la gracia de indulto, al paso que en todas no hai parte interesada que pida, antes al contrario hai remisión de culpa de los parientes inmediatos de los que han sido ofendidos principalmente». La exclusión citada se refería a un proceso por heridas provocadas por arma de fuego y resultado de muerte, porque en ella «hay una muerte violenta con el uso de arma prohivida con graves penas por repetidas leyes, y que en ningún caso pudo llevar el autor del delito, sin ánimo prodictorio y criminal e intención de ofender, qual se presume con sólido fundamento, huvo en Víctor Martínez matando al mudo Faustino Rodríguez sin una causa grave que pudiese excitar sus pasiones en términos que sobreviniese turbación capaz de impedir la reflexión»[433]. La Sala plena acordó remitir la causa seguida por la justicia de Valdepiélagos contra Juan Valle por la muerte a golpes de su mujer y la seguida contra Francisco Delgado por la justicia de Alcobendas por la muerte de un vecino de San Sebastián de los Reyes con un tiro de escopeta a raíz de una quimera entre vecinos de ambos pueblos, en cuya causa habían sido comprehendidos otros cuatro reos ya indultados. Todas las demás se devolvieron a las justicias para su continuación. En la concesión de los indultos particulares debía tenerse presente, en principio, a la víctima o sus familiares[434].

---

431 Inmaculada Rodríguez Flores, *El perdón real (siglos XIII-XVIII)*, Salamanca, 1971.

432 AHN, Consejos, lib. 1404, exp. 47.

433 No consta que este reo fuera ajusticiado según Pérez y Monedero, *Relación de nominal*.

434 Así lo recogerá, el R.D. disponiendo que en los delitos en que haya parte agraviada, aunque se haya procedido de oficio, no se conceda el indulto sin que preceda perdón suyo, y que en los que haya interés o pena pecuniaria tampoco se conceda sin que preceda la satisfacción o el

En otra lista de solicitudes enviada a la Sala de alcaldes de Casa y Corte para dar cumplimiento a la R.O. de 27 de julio de 1815 podemos comprobar que un buen número de quienes elevan la petición son esposas de presos o reos condenados[435], pero también de algún marido que hace lo propio para su mujer. Los hechos son variados, como también el alcance de la petición: una mujer solicita el indulto para su marido «del tiempo que le falta para cumplir el año de condena al presidio del Prado... por haber comprado un par de mulas que resultaron robadas»; un bodeguero solicita la puesta en libertad de su mujer, «arrestada por no haber satisfecho cierta multa que se le impuso»; un reo sentenciado a seis años de presidio en África «por haber comprado de buena fe unas prendas robadas en el rastro», se limita a impetrar «la gracia a que se le considere acreedor»; un yerno y su cuñada ruegan el indulto del padre de ésta, sentenciado a seis años de presidio africano «por haber salido con un cuchillo la noche de San Pedro»; otra esposa lo solicita por su marido prófugo, de los seis meses en las obras del Prado «a que fueron sentenciados sus compañeros para la execución de cierto robo de corta consideración»; una madre lo implora la rebaja de dos años de presidio en Ceuta para su hijo, «o que se le conmute en el del Prado de esta Corte»; otra esposa lo solicita para su marido por los seis meses precisos de obras públicas a que estaba condenado por trato ilícito con cierta mujer; en otra solicitud se pide la conmutación de seis años de presidio en Ceuta por «la de los caminos imperiales, a fin de poderse casar con él, según tienen convenido»; un sentenciado pide el alzamiento del año de presidio en el Prado pagando 50 ducados; un hermana lo implora por un hermano «preso por suponérsele falsamente autor del robo executado a Antonio Gómez viniendo de Casarrubios a esta Corte con dos cargas de vino»; de nuevo una esposa para su marido sentenciado por diez años a África con retención «solicita la gracia que sea del Real agrado»; y otra más pidiendo la conmutación de ochos años de presidio impuesta a su marido «por la extracción de quince sombreros de la fábrica donde trabajaba»[436].

Las razones de los indultos particulares fueron muy variadas. Llaman la atención las de algunos reos condenados por sentencia ejecutoria a la pena de muerte que, ante el temor a sufrirla, se convertían en delatores. Ramón Moreno, alias Ramoncillo, consiguió en 1826 el indulto por este procedimiento. Estaba condenado por la segunda Sala de alcaldes por robo y dos muertes violentas cometidos cerca de Almagro un año antes, además de injuriar al rey y amenazar a la justicia. Fernando VII quedó enterado del fallo y fue puesto en capilla el 9 de agosto de 1826. La ejecución se suspendió porque el alcalde de Guadalajara había informado que el reo

---

perdón de la parte, que deberá valer para el interés o pena correspondiente al fisco y aún al denunciador (*Gaceta* de 11/10/1817). Lo cual es reiteración de lo ya dispuesto por Carlos III en 1771. Se volvería a reproducir en el real decreto de indulto general de 1830 como inciso final.

435 Un ejemplo de 1817, en este caso ante el juez ordinario de Pontevedra, en Iglesias, *Crimen*, p. 326. Para peticiones en la Corte, Meijide, *La mujer de la orilla*, pp. 187-190.

436 AHN, Consejos, lib. 1404, exp. 96.

había descubierto un intento de fuga de la cárcel alcarreña, destruyendo una pared para salir de ella. Le fue conmutada la ordinaria en la inmediata inferior, siendo rematado al presidio del Peñón de la Gomera por diez años, aplicados a los trabajos más duros[437].

El 19 de octubre de 1816 Fernando VII visitó la Real cárcel de Madrid, acompañado del gobernador y de la Sala, indultando algunos presos y presas por delitos susceptibles de ello[438]. El resultado de esta visita regia es el siguiente:

Concedido	Hombres	26
	Mujeres	21
Negado	Hombres	57
	Mujeres	19

García Borrega puso en relación las solicitudes de indulto conservadas en la documentación de la Sala de alcaldes con la delincuencia en la Corte y el rastro de su jurisdicción para los años 1814, 1816 (por 1815), 1827 y 1831[439]. El principal inconveniente de este cotejo lo encuentro en que al quedar excluidos del indulto los delitos más graves y atroces, las peticiones de ellos quedarían reducidos a peticiones parciales, de conmutación o a lo que cupiere. Así, por ejemplo, mientras en 1831 da cuenta de 18 robos y hurtos, por los datos publicados por la propia Sala estos ascendieron a 195, representando ese año el 11% de las causas resueltas por sus alcaldes[440]. No obstante, como reconocía aquél, sus datos «no nos permiten sacar conclusiones definitivas sobre la frecuencia del delito, que solo podemos intuir cualitativamente... pero marcan una pauta para reconstruir la tipología del delito». Es cierto que la información estadística de la Sala con relación a las causas y los delitos es muy escasa, no tanto en cuanto a las penas, pero no creo que la mejor fuente para determinar la posible incidencia de los hechos delictivos sean los indultos.

Por otra parte, son interesantes los problemas jurídicos que se plantearon en la Sala de alcaldes a raíz de una petición de indulto al amparo del concedido en septiembre de 1816[441]. La consulta de 13 de noviembre de este año se elevó al Consejo teniendo presente además los otorgados en 1802 y 1814. Un sentenciado por sospechas de robo de una mula en Canillas solicitó ser comprendido en el decreto de indulto de acuerdo con una precisa lectura del art. 4. En la misma causa la mujer de un reo destinado por cuatro años a Melilla lo imploró. Los alcaldes advirtieron que «en el citado real decreto no se exceptúa de indulto expresa, y terminan-

437 Morales Sánchez, *Historia del Saladero*, II, pp. 524-525.
438 AHN, Consejos, lib. 1406, exp. 6. En algún caso se introdujeron ciertas condiciones: «conviniendo su mujer», «conviniendo su marido», «en cuanto a la fuga».
439 «Delito y sociedad en Madrid», pp. 263-267.
440 *Resumen general de las causas y pleitos que se han despachado en todo el año 1831*, en *Gaceta* 14/2/1832.
441 AHN, Consejos, lib. 1406, exp. 99.

temente, el delito de hurto, por cuya razón acordó se buscasen los anteriores». En el de 1814 se advirtió que estaban exceptuados los delitos de hurto y desafío, mientras que en el posterior no se insertaba esta excepción. La Sala entendía que «S.M. ha concedido esta gracia baxo el supuesto de que no resulte perjuicio a 3º ni a la vindicta pública, y que en este concepto tan general deben contemplarse excluidos de ella los que incurran en qualquiera de los dos referidos crímenes», reconociendo que era precisa una declaración terminante sobre esta duda, «máxime en la presente época en que [abocados a un inbierno se necesita reprimir, tachado] tanto abunda por todas partes la plaga de ladrones y hay necesidad de reprimir en lo posible el delito de hurto, escarmentando sus perpetradores en vez de concederles el indulto». Incluso se había recibido en consulta una sentencia asesorada de un juez, dictada por el robo de cinco ovejas, en que manifestaba que «aunque son merecedores de la pena de presidio, sin embargo estando perdonada y remitida en el indulto general de 29 de septiembre último, se les declara comprendidos en él».

Algún reo se fugó tras la notificación de la sentencia para buscar en la Corte el indulto real. Es el caso de Nicolás de Silva, vecino de Lugo, condenado a diez años de presidio en Ferrol por ser uno de los principales autores de la muerte de don Antonio Álvarez Vilariño[442]. En julio de 1815 se denegó su indulto y la Sala de alcaldes de Casa y Corte ordenó su arresto y puesta a disposición de la Real Audiencia de Galicia. En noviembre era detenido en Madrid por un alguacil y un portero de la Sala. Una semana después la noticia era conocida por el regente coruñés. El problema para su traslado a Galicia era la falta de medios económicos de su Sala del crimen, por lo que se dispuso su traslado de justicia en justicia (conducción por tránsitos). El 17 de enero de 1816 quedó a disposición de la Real Audiencia.

Por los datos recabados de las chancillerías y audiencias, los indultos de 1816 (matrimonio del rey) y 1817 (parto de la reina) debieron tener una relativa importancia, aunque no comparable con el de 1828. La importancia numérica de este último podemos observarla en el siguiente gráfico.

Resulta más interesante, como se ha recogido al tratar las absoluciones, comparar cuando es posible el número de condenados y de indultados para comprobar el alcance de las medidas. Pero es mucho más llamativo comparar las tres fechas citadas de concesión de indultos generales con los problemas que vimos al abordar la situación carcelaria, en particular con el hacinamiento en que se hallaban los presidios y las cárceles. De esta manera comprenderemos que detrás de los indultos no se hallaban realmente acontecimientos regios, sino graves problemas en los principales centros de reclusión. En otras palabras, fueron indultos de hacinamiento.

---

[442] AHN,Consejos, lib. 1405, exp.204 (1815).

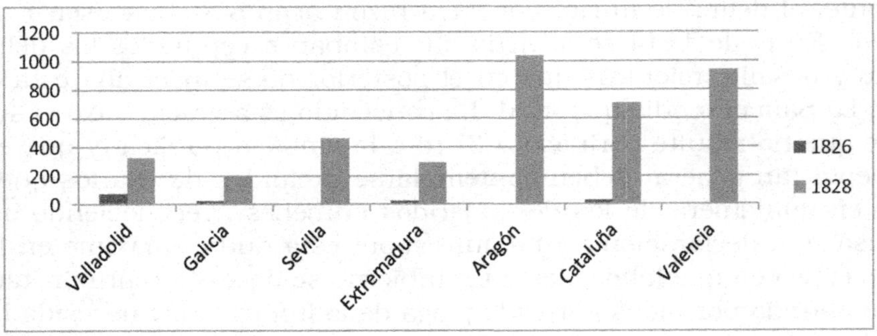

La represión política se advierte con claridad en el indulto concedido por la R.C. de 1 de mayo de 1824, en la que quedaban excluidas las conductas constitucionales de todo tipo[443]. Tomando las palabras de Pérez Galdós, la amnistía de 1824 por la que se concedía «indulto y perdón» era tal que «se perdonaba a todo el mundo y se exceptuaba después a todo el mundo»[444], por lo que calificaba a esta disposición de «decreto de una sangrienta burla»[445]. El resultado es conocido. Una buena parte de los teóricos beneficiarios acabó en el exilio. El alcance de los indultos de 1824, según los datos de la Audiencia de Cataluña son muy diferentes y permiten comprobar las restricciones con las que se concedió el primero. El reducidísimo número de los beneficiados en julio fue debido a que se

443 Este indulto no contentó a los ultrarrealistas ni a los liberales, pero es que además entre el 1 y el 20 de mayo Calomarde había ordenado a la Policía formar las listas de los exceptuados para su arresto, «y calificando a su placer a los autores principales de la revolución de 1820, llenáronse los calabozos con nuevas víctima», en Bayo, *Historia de la vida y reinado de Fernando VII*, III, p. 222. Aunque para contentar a los apostólicos, el 1 de julio indultó a los absolutistas que hubieran cometido cualesquiera delitos, salvo el asesinato.

444 Para comprender tal afirmación basta leer el R.D. de 1 de mayo de 1824: «Art. 1. Concedo indulto y perdón general, con relevación de las penas corporales o pecuniarias en que hayan podido incurrir, a todas y cada una de las personas que desde principios del año de 1820, hasta el día 1 de octubre de 1823, en que fui reintegrado en la plenitud de los derechos de mi legítima Soberanía, hayan tenido parte en los disturbios, excesos y desórdenes ocurridos en estos Reinos, con el objeto de sostener y conservar la pretendida constitución política de la Monarquía, con tal que no sean de los que se mencionan en el artículo siguiente. Art. 2. Quedan exceptuados de este indulto y perdón, y por consiguiente deberán ser oídos, juzgados y sentenciados con arreglo a las leyes, los comprendidos en alguna de las clases que continuación se expresan...». Se enumeran hasta quince excepciones concretas o amplias. Los no exceptuados «disfrutarán del beneficio del referido indulto, y por consiguiente gozarán de libertad civil y seguridad individual». No obstante, según el art. 4 los que no siendo excluidos o los estuvieran «solamente por opiniones políticas, serán puestos en libertad, y se desembargarán sus bienes, no obstante que hayan ejercido autoridad judicial política, militar, administrativa o municipal, o hayan tenido empleos y destinos bajo el llamado gobierno constitucional». A pesar tal declaración, la sospecha pendería sobre ellos, pues «se observará sin embargo, y celará por las autoridades respectivas, la conducta de aquellos individuos que han dado evidentes pruebas de adhesión al régimen constitucional; y si su conducta sucesiva fuere la de vasallos fieles, no serán inquietados en manera alguna; pero si con acciones, con escritos, con discursos tenidos en público, o por cualquiera otro medio, tratasen en adelante de alterar el orden, serán procesados y castigados con todo rigor como reincidentes».

445 *El terror de 1824*, pp. 116-117. Sobre las circunstancias para la adopción del indulto de 1824, Luis, *L'utopie*, pp. 94-95.

trataba de absolutistas perseguidos durante la etapa liberal que, abolido el régimen constitucional, se tomaron la revancha contra las personas que los habían denunciado[446].

Indulto de 1 de mayo de 1824		Indulto de 1 de julio de 1824	
Comprendidos en el indulto simplemente	607	Comprendidos en el Real indulto	22
Comprendidos en el indulto y puestos bajo vigilancia de la justicia	326		
Que se continúe la causa	88		
Remitidos al juez del Breve	19		
Declarados libres y sin costas	104		

Incluso se reprodujeron serios problemas de competencias e interpretación en su aplicación en indultos posteriores[447].

Estas concesiones graciosas del rey escondían en ocasiones problemas más profundos. Las concepciones políticas asentadas en los diferentes órganos de gobierno del Reino se dejan traslucir en la discusión previa a la adopción de ciertas medidas. La divergencia entre los moderados y los ultrarrealistas se advierten en esta materia, pues mientras el Consejo Real estaba en contra de la amnistía para los liberales[448], no sin ciertas discrepancias en su seno[449], ésta acabará por decretarse.

En la sesión del Consejo de Ministros de 8 de mayo de 1828 se especificaron las condiciones del indulto, aplicándose «a todos los reos capaces de él existentes no solamente en la cárceles y a los rematados sino también a los que subsisten en los presidios», con las excepciones «de delitos que en estos casos suelen hacerse pudiendo añadirse para que no haya lugar a ninguna

---

[446] R.O. de 1 de julio de 1824 mandando que se sobresea en todas las causas formadas desde el establecimiento del Gobierno legítimo, por las vejaciones causadas a los partidarios del llamado régimen constitucional, exceptuando los casos de asesinato y daño de tercero.

[447] El regente y las Salas del crimen de Cataluña manifestaron «haber tenido que suspender la ejecución de la pena de muerte, impuesta a José Prats vecino de Manresa (por el asesinato de una mujer verificado pocos días antes de la entrada de las tropas aliadas), a virtud de la reclamación del comandante general francés vizconde Ruiet, producida por la esposición del reo de estar comprendido en el artículo 9 del Real indulto de 1 de mayo del año último, como uno de los capitulados en Tarragona, y ser acreedor como tal a las garantías de la capitulación», a lo que el Consejo de Ministros se limitó a manifestar que la Sala del crimen procediera con arreglo a las leyes. Sesión de 3 de noviembre de 1825, en *Actas (1824-1825)*, p. 400.

[448] Arias Teijeiro anota a comienzos de enero de 1828: «El Consejo se ha decidido felizmente contra la amnistía. Algunos pícaros querían apoyarla. Pero el corregidor Gil habló enérgicamente, manifestando las continuas maquinaciones de los "negros, quienes –dijo–, han perdido la batalla y querían apoderarse del botín. El Consejo pedirá perdón para los catalanes, pero jamás la amnistía para los que causan todos nuestros males», *Diarios*, I, p. 7.

[449] «Cuando se presentó en el Consejo la consulta sobre amnistía, hicieron voto particular a favor de ésta, Puig, Marín, Suárez-Valdés, Fernández del Pino, Hevia, Torres-Consul, y no sé si Heredia. Se está extendiendo la refutación de esos votos. Si se hubiese adherido a los amnistiantes el Decano, ellos hubieran vencido... Los afrancesados trabajan lo que no es creíble para lograr la amnistía; y es muy de recelar lo consigan. Al Consejo de Estado nada se ha dicho, porque se sabe cómo votaría en su totalidad», Arias, *Diarios*, I, pp. 15-16. Hevia, desde luego, se manifestaba radicalmente en contra, *ídem*, p. 37.

equivocación, que deban completar su servicio militar en el Fixo de Ceuta los que hayan sido aplicados a este cuerpo por pena de deserción u otro motivo, y declarándose expresamente que por la parte de Hacienda serán comprendidos en el indulto todos los que hayan cometido delitos de contrabando así como exceptuados de él los que hayan cometido el delito de infidencia a la Real Hacienda»[450]. Es decir, por razones de hacinamiento.

El indulto general concedido por el R.D. de 25 de mayo de 1828 era teóricamente amplio, aunque solo afectaba a delitos considerados no graves. Su texto sería tenido presente en posteriores disposiciones. De acuerdo con él se beneficiaría:

> «a todos los reos capaces de él, y señaladamente a los de delitos de deserción de mi Ejercito y Armada, o de los presidios, fuga de cárcel, contrabando, y defraudación de mis Reales Rentas, embriaguez, heridas, injurias, amancebamiento, fuga de presos, cencerradas, rondallas, uso de armas prohibidas y demás de igual clase. Serán comprendidos en este indulto todos los reos sujetos a la jurisdicción ordinaria, a la de Guerra, Marina, Real Hacienda, y cualquiera otra que existan en las cárceles de la Peninsula e Islas adyacentes, los sentenciados o rematados, y también los que se hallen en los presidios o arsenales por dichos delitos cumpliendo sus condenas con tal de que estas no pasen de cinco años; entendiéndose que los que hubiesen sido aplicados al Regimiento fijo de Ceuta por pena de deserción u otro motivo deberán completar su servicio militar en dicho cuerpo. No gozarán de este indulto los reos de crimen de lesa Magestad divina o humana, de alevosía, de homicidio de sacerdote, de fabricación de moneda falsa, de espia, de incendiario, de blasfemia, de sodomía, de hurto, de cohecho y baratería, de falsedad, de resistencia a la Justicia, a la fuerza armada y al resguardo de mis Reales Rentas; el de mala versación de mi Real Hacienda, infidencia y poco zelo en los empleados, y la falsificación de guías para extraer o introducir cosas prohibidas en el Reino; el de homicidio o heridas causadas al comandante de cualquiera buque estando a bordo, o a los oficiales del Ejército y Marina hallándose mandando en acción; el de sublevación intentada o cometida en buques de mi Real armada, o entre las tropas de tierra, y cualquiera otro que tuviese por objeto alterar o preparar la alteración del orden establecido para el gobierno de mis Reinos».

Si tenemos presente la importancia numérica de los procesos criminales conocidos en cada tribunal, observaremos que los indultados serían, básicamente, los acusados en delitos de tratos carnales ilícitos, armas y, sobre todo, los enumerados en ese gran cajón residual que era el de varios u otros excesos. La mayor parte de ellos castigados con penas no corporales –multas y apercibimientos–, o a lo sumo con destierro o un breve tiempo trabajando en las obras públicas. Incluso los que estuvieran cumpliendo condenas leves en presidio, siempre con el fin de reducir el hacinamiento carcelario y evitar que, una vez solucionado parcialmente, volvieran a reproducirse. Todos los demás delitos, mayoritariamente de violencia personal o delincuencia patrimonial, quedaban excluidos. Es decir, el indulto hay que vin-

[450] *Actas (1828)*, p. 148.

cularlo directamente a las causas criminales leves, lo cual podría haber supuesto una evidente economía procesal en la actividad de los tribunales superiores al reducir el número de causas que llegaban a su conocimiento. En unos casos fue así, como en la Chancillería de Granada que desde 1827 a 1829 fue reduciendo las cifras de causas: 3247, 2821 y 2399, respectivamente. En cambio en la Sala del crimen valenciana en ese trienio la situación cambia: 1291, 1200 y 1619 causas. En Valladolid se pasa de las 1166 en 1828 a las 1974 del año siguiente. Mientras que en la Audiencia de Sevilla en el mismo bienio se pasa de 1487 a 1279. Por tanto, no cabe llegar a una conclusión indubitada en este punto.

De la información aportada por las audiencias y chancillerías no podemos extraer conclusiones importantes, ya que no en todos los casos se indica cuántos se concedieron (por ejemplo en el caso de Mallorca o Navarra en la segunda etapa). En el caso de Navarra (sexenio) o Valencia se trata de causas en las que se solicitó el indulto, mientras que en otros planes anuales son el número de indultados. En el caso de Extremadura, en 1832 se incluyeron bajo el epígrafe de amnistía.

En algún plan anual se detallan los concedidos y los denegados, sin que se pueda determinar si existió algún criterio homogéneo, salvo la aplicación estricta de la disposición legal por virtud de la cual se determinaba su concesión, ya que esta se verifica de modo individualizado[451]. Sin duda 1828 (viaje del rey y festividad de san Fernando) y 1831 (parto de la reina) destacan cómo los años en los cuales se declararon más reos beneficiados por esta gracia. Pero como tuvimos la oportunidad de comprobar al abordar la pena de presidio, la realidad que se esconde detrás del indulto de 1828 no fue el viaje real ni la onomástica del rey, sino el importantísimo problema del hacinamiento en los presidios y la imperiosa necesidad de facilitar su desahogo, siendo el caso de Ceuta el más evidente.

	1814	1815	1816	1817	1818	1819	1824	1825	1826	1827	1828	1829	1830	1831	1832	1833
Valladolid			59		144	42			74		326					
Granada	32		0											1536		989
Galicia									24		195	157	725	1011	451	
Sevilla				74			57		1		462	30	94	112		102
Extremadura									22		293		113	275	230[452]	218
Navarra			43	66	7	35										
Aragón			139	695	253	79					1039	176			194	382
Cataluña			166	82	33		629		26	227[453]	705					
Valencia		100	45	175	130		480	186	70	28	939	50	285	*530*	*338*	*430*[454]

[451] La Audiencia de Extremadura en 1831 denegó 258 y concedió 274; mientras que en 1832 denegó 193, pero bajo el epígrafe de amnistía se incluyen 789, y bajo el de indulto 230.
[452] No se incluyen los 789 amnistiados.
[453] Se han sumado cuatro indultados a los que se impuso el extrañamiento perpetuo del reino.
[454] No se han computado los 1860 favorecidos por la amnistía.

En 1829 el gobernador de las Salas del crimen de Valladolid evacuó «209 informes, y a su consecuencia se ha servido S.M. indultar a varios delincuentes, y a otros conmutar las penas corporales en pecuniarias»[455].

La Chancillería de Granada no aportó cifras de indultados en sus tablas anuales, con alguna excepción. En 1831, si sumanos condenados e indultados, sin computar los absueltos, cerca de un tercio se vio agraciado con el indulto; mientras que en términos porcentuales, dos años después los beneficiados descendieron al 24,38%.

Con relación a Galicia, salvando la laguna de 1827, se puede comprobar la evolución en la concesión de la gracia del indulto en los últimos años del reinado de Fernando VII. Durante el bienio 1830-1831 fueron concedidos un número importante, todos ellos favorables, al extremo de equipararse a las penas corporales impuestas por sus Salas del crimen. En 1832 volvieron a decaer.

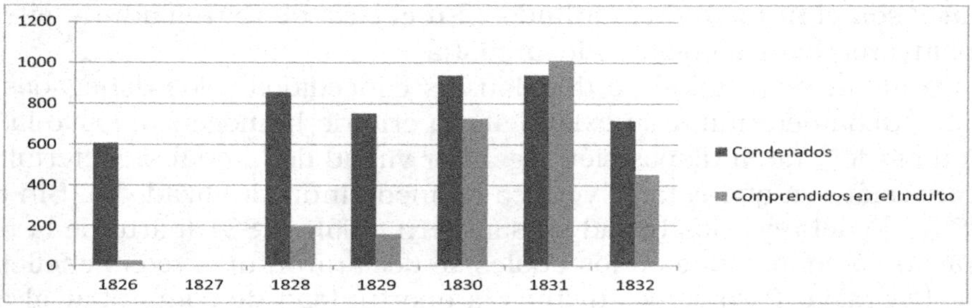

Al igual que en los restantes tribunales, las Salas del Crimen de Galicia no siempre concedieron los indultos solicitados[456]. Sus alcaldes defendieron, además, su potestad para declarar qué reos podían beneficiarse de esta gracia[457].

Con relación a la actuación de la Audiencia de Sevilla, si comparamos las cifras de condenados e indultados, sin incluir a los absueltos, las cifras resultantes son 90% de condenados y 10% de indultados. Estas cifras, una vez más, no pueden aplicarse a 1829, puesto que en este año fueron condenados 1832 e indultados tan solo 30.

---

455 *Estado general de los pleitos y espedientes...* (Valladolid), 1829.

456 ARG, *Sentencias*, 28576, *s.* 14.7.1829, el fiscal con Carlos María Delgado «sobre haver percivido partida de reales a beneficio de cartas suplantadas y otros excesos», que revoca la del alcalde segundo de Santiago de 31 de diciembre de 1828, y declara «no haver lugar a la Real gracia del indulto de veinte y cinco de mayo del año último, solicitado por Carlos María Delgado y le condenamos en seis años de presidio a Málaga».

457 ARG, *Sentencias*, 28581, *s.* 22.11.1831 dictada por «malos tratamientos a Luis Vázquez y Manuel Sánchez», por la cual multan y aperciben a un juez para «que si en lo subcesivo se propasaren a poner a reo alguno en libertad que se acogiese al Real indulto sin haberlo por tal declarado la Real Sala, se acordará contra ellos severa providencia».

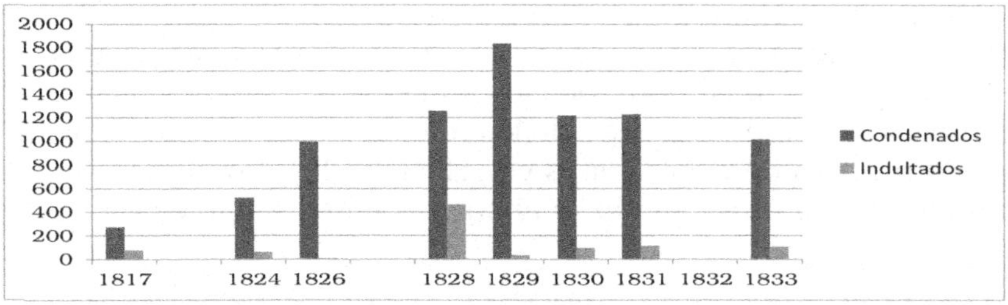

En Extremadura, su Sala del crimen mantiene para el conjunto de años una relación entre condenados (87,18%) e indultados (12,82%), sin computar a los absueltos, bastante extrema. En los años posteriores hubo una cierta uniformidad, con una ligera merma en 1831, quizá por los cambios en la composición de su Sala del crimen, tantas veces repetida. También conocemos las negaciones de indulto, que son ciertamente importantes con relación a los concedidos.

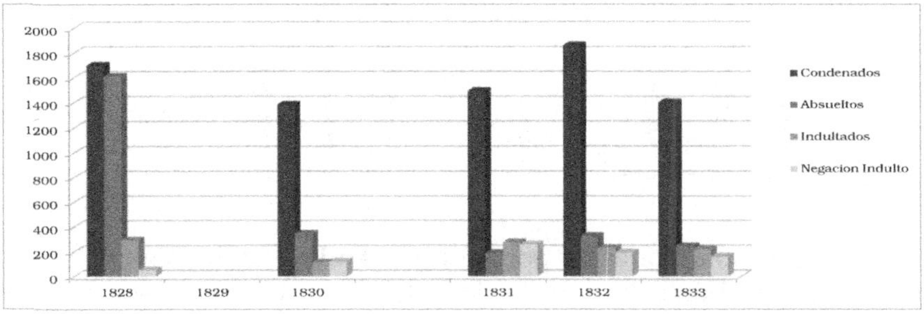

Para Navarra los datos de indultos se reducen a los años del Sexenio, representando en el cuatrienio 1816-1819 un total de 151 causas. Si las sumamos a las condenas, la relación es de 80% estas últimas y 20% aquellas.

Lo señalado con anterioridad sobre la importancia numérica del indulto de 1828 puede comprobarse asimismo en la actividad de la Audiencia de Aragón de la que, sin embargo y como se expuso, no tenemos las cifras de acusados absueltos. A pesar de esta laguna, es destacable el porcentaje de indultados, que alcanza en la totalidad anual el 45%, si bien en el año 1828 superan el millar, lo que distorsiona el resultado global. Desde luego que la falta de mención a las penas no corporales, sobre todo multas y apercibimientos, ahonda en este desfase.

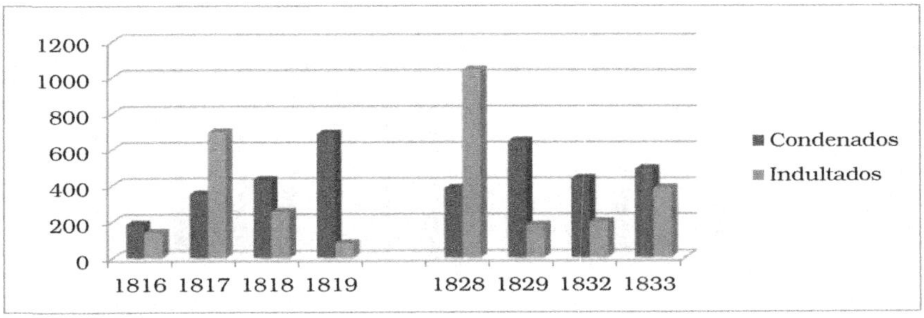

En Cataluña llaman la atención las cifras de indultados en 1824 y 1828 con relación al número de condenados. En el primero de los años tengo la sospecha de que están computados los realistas acusados durante el Trienio por razones políticas. El segundo de los años citados, una vez más, presenta un elevado número de concesiones en relación al de condenados. Las cifras y la comparativa con condenados y absueltos son las siguientes.

	1817	1818	1819		1824	1826	1827	1828
Condenados	817	634	684		325	1339	1546	2132
Indultados	166	82	33		629	26	227	705

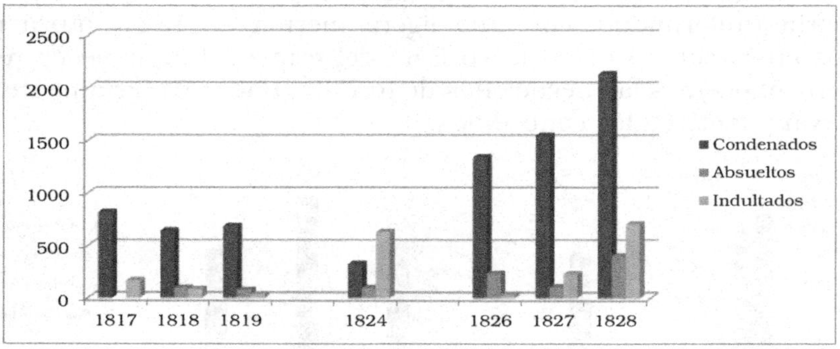

Los datos proporcionados por la Real Audiencia de Valencia son más completos, si bien hasta la década de 1830 las referencias son a causas de indultos y a partir de ese año a indultados. De nuevo comprobamos la importancia del concedido en 1828, como también el número de amnistiados en 1833. En el resto de los años no suponen un porcentaje destacado con relación al número de condenados. Sobre el discutido indulto de 1824 cabe reseñar que fueron 861 los condenados a penas corporales en este tribunal, y se conocieron 480 causas de indulto, aunque no podemos desentrañar cuántos fueron favorables y cuántos denegados. Sin duda, de conocerse las cifras de penas no corporales matizarían el gráfico. En el estado de 1833 figuran los 1860 beneficiados con la amnistía.

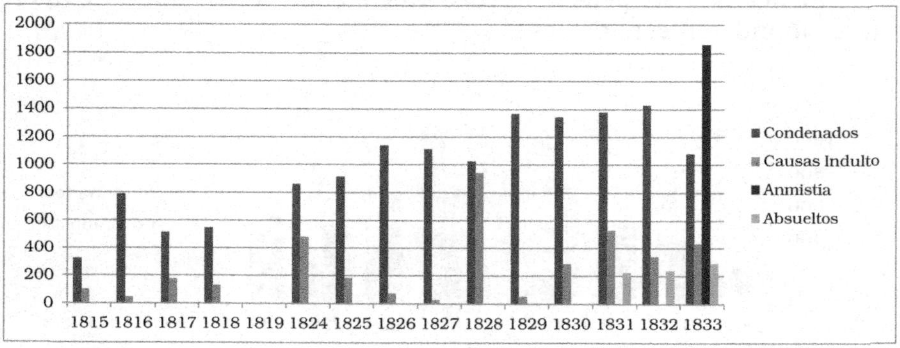

Desde la visión de las propuestas normativas, los indultos eran objeto de los arts. 462 a 470 del primer Proyecto de Código criminal. Identifica indulto con remisión de la pena, atribuyendo como era secular su concesión exclusiva al «poder soberano del rey». Los indultos generales se concederían discrecionalmente por el monarca; mientras que los especiales lo serían a solicitud del propio delincuente, su mujer, descendientes, ascendientes o hermanos, o bien a propuesta del tribunal sentenciador cuando el reo hubiera prestado servicios eminentes al Estado y obtuviera el perdón de la parte ofendida. El indulto no eximiría del beneficiado de su responsabilidad civil. Solo se podría gozar del indulto una sola vez y si el agraciado cometiera otro delito de la misma especie, quedaría sin efecto el indulto y sería castigado como reo de reincidencia. Los condenados a pena corporal por sentencia ejecutoriada no podrían ser comprendidos en los indultos generales, salvo que no hubieran salido de la cárcel para su destino. No obstante, quedaba a lo que dispusiera el rey. La regulación del Proyecto de 1834 reprodujo en sus arts. 557 a 563 el texto de 1830 en términos similares.

El Proyecto de 1831 dedicaba los arts. 1167 a 1180 al indulto. Con su detallismo característico, Sainz de Andino vuelve a identificar indulto con remisión de la pena, atribuyendo su concesión privativa excluyente al «poder soberano del rey». Su concesión podía ser general, por sucesos plausibles o motivos de regocijo general, redimiendo de las penas corporales, pero no de las pecuniarias ni de los efectos civiles, y siempre que los reos no se hallaran condenados por sentencia ejecutoria ni fueran reincidentes en el mismo delito; o especial a determinados delincuentes mediante dicha remisión de la pena o conmutación en otra más suave, en los términos precisos de su concesión. En los indultos generales, si el proceso se hubiera iniciado por querella de parte, habría de preceder la remisión de la ofensa en escritura pública. Los indultos particulares podrían concederse *motu propio*; pedirse por los interesados, en cualquier estado del proceso; o solicitarse por recomendación del tribunal superior que hubiera conocido del delito, una vez sustanciada la causa y en la sentencia. Estos últimos se limitarían a recomendar una reducción o conmutación de la pena, nunca hasta la remisión completa, cuando concurriera una circunstancia atenuante muy grave no prevista legalmente, por circunstancias particulares que concurrieran en el delincuente o por servicios extraordinarios al Estado.

IX. Conclusiones

Estudiar el Derecho penal, no solo la ley, es siempre complejo por la multitud de intereses que confluyen, y más si se hace en tiempos convulsos. Redactar leyes, interpretarlas, aplicarlas y sufrirlas obliga a interrelaccionar intereses muy diversos y multitud de circunstancias. Por ello se ha tratado de realizar en las páginas anteriores un repaso a la situación legislativa, la configuración judicial, los procedimientos de enjuiciamiento, los hechos criminales y el régimen punitivo de las etapas absolutistas del reinado de Fernando VII.

La actividad legislativa de Fernando VII en materia criminal fue muy reducida, prácticamente nula, salvo en lo referido al ámbito de la represión política. De una parte, mantuvo la legislación recopilada y medieval como normativa básica, renovando su vigencia en puntos muy concretos –robos, estupros– para insistir en la persecución de los delitos «más comunes». De otro, surgirán nuevas disposiciones normativas para reprimir las conductas opuestas al absolutismo regio, de manera indiscutible, masiva y generalizada contra los liberales, extendiéndose incluso de forma más reducida contra algunos ultrarrealistas apartados del camino marcado por el Gobierno, buscando ser igual de ejemplarizante. En estos supuestos, la legislación de Partidas que regula el delito de lesa majestad no es suficiente tras el restablecimiento de 1814, pues la Constitución de 1812 había trastocado las circunstancias políticas hispanas. No hay una derogación explícita de las disposiciones medievales, pero sí una actualización de los conceptos punitivos, por las nuevas circunstancias concurrentes, para la persecución y represión de conductas políticas, que van desde la sospecha hasta la consumación de hechos contra la soberanía del rey.

La redacción de los proyectos de Código criminal siguieron las pautas burocráticas seculares, sin duda una de las causas de que ninguno resultara promulgado. El contenido de cualquiera de ellos, a pesar de ciertos avances ideológicos, conservaba aspectos criminales y penales propios de épocas pasadas. Una de las manifestaciones más significativas de dicho apego al pasado fue el mantenimiento de la muerte civil como accesoria de algunas penas corporales. En otros ámbitos, sus redactores atendieron a la importancia adquirida por el derecho de propiedad y su vulneración por cuadrillas organizadas de bandidos, castigando estos delitos con dureza, puesto que eran los que más alarmaban a la sociedad, sobre todo en las zonas rurales, en los tránsitos o en los alrededores de importantes poblaciones.

Puesto que no hubo innovación legislativa en la regulación de los delitos comunes, no había nada nuevo que interpretar o aclarar doctrinalmente. La consecuencia es la ausencia de renovación en la literatura jurídica, por un lado, y su estancamiento con reediciones de obras de juristas de finales del siglo XVIII y comienzos del siglo XIX, por otro. Razones que justifican que tan solo se reimprima la obra de José Marcos Gutiérrez, o muy tardíamente la de Vizcaíno Pérez, por ejemplo. Pobreza intelectual que se consolidará con el cierre de las Universidades.

Con el acarreo de legislación criminal medieval y moderna o las dudas que surgían acerca de la prelación de fuentes, los jueces tuvieron muy complicado ajustar sus decisiones a unas leyes desfasadas por el cambio de los tiempos y la consolidación de una tradición secular que combina leyes, doctrina y práctica judicial. El arbitrio de jueces y tribunales mitigó, quizá en menor medida que en los siglos precedentes, la dureza de la legislación. Incluso por el cambio de mentalidades en la propia sociedad el castigo legal y judicial de los tratos carnales ilícitos, por ejemplo, se amortiguó, con independencia de las admoniciones desde de la moral cristiana. En otros casos, la represión absolutista degeneró hasta convertir el arbitrio judicial en arbitrariedad al servicio del poder[458]; y, en otros más, a pesar de las presiones del propio monarca, los juzgadores respetaron, hasta donde pudieron, las garantías procesales de los acusados. Por tanto, sin entrar a considerar la importancia del casuismo, existió una tendencia hacia la agravación punitiva y a la disminución porcentual de absoluciones con respecto al período anterior a la guerra.

Las estructuras judiciales quedan anquilosadas y no solo en las denominaciones de los tribunales. No obstante, a pesar de que los alcaldes del crimen sirven a Fernando VII resulta evidente que existen desavenencias, enfrentamientos y envidias entre ellos. Las opiniones de Arias Teijeiro permiten atisbar la existencia más que de facciones políticas delimitadas en el seno de la judicatura, de vinculaciones diferentes, procedencias diversas y opiniones subjetivas sobre la personalidad de cada uno. Todo con independencia de que unos sean conocidos apostólicos o ultrarrealistas por sus opiniones, de otros desconozcamos sus afinidades y al resto por haber sido purificados o rehabilitados los situemos más cercanos al liberalismo, sin pertenecer explícitamente al sector constitucionalista. Detrás de las designaciones publicadas en la *Gaceta* hay jueces y magistrados confirmados, apartados o ascendidos por simple adhesión política o méritos de guerra y no por su ciencia y experiencia; y no olvidemos que son quienes enjuiciaron hechos y dictaron penas contra los acusados.

Tal anquilosamiento de estructuras y procedimientos fomentó la consolidación de la jurisdicción militar para la persecución de delitos cometidos por paisanos, singularmente los que atañen a la delincuencia patri-

---

458 El principio de irretroactividad de las leyes no se aplica cuando políticamente no conviene, como en el caso de Riego: «Condenado por una ley posterior al delito de que le acusaban, pues votó la traslación de la familia real el 11 de junio y aquella se espidió el 23... Los jueces atropellaron los trámites del proceso para sacrificarle antes de la llegada del rey», Bayo, *Historia de la vida y reinado de Fernando VII*, III, pp. 180-181. Vid. *Causa formada en octubre de 1823 a virtud de orden de la Regencia por el señor alcalde don Alfonso de Cavia contra don Rafael del Riego*, Madrid, 1835 (2ª ed); o, *Colección de las causas más célebres...*, Madrid, 1863, tomo II, pp. 223-267.

monial organizada y a las conductas políticas. No solo descansa en el ejército la persecución de los bandoleros y salteadores de caminos, también se encomienda a los órganos militares su enjuiciamiento y castigo. Fernando VII no hizo en 1814 más que consolidar las iniciativas de su abuelo en este ámbito, y con la experiencia adquirida redoblar sus facultades para que ejecutara su ánimo represor con posterioridad a 1824. Las quejas de la Sala de alcaldes de Casa y Corte contra la jurisdicción militar por el detrimento de las atribuciones que había mantenido secularmente, puede entenderse como una manifestación del estancamiento de las estructuras judiciales tradicionales. Los procedimientos sumarios de la jurisdicción militar resolvían con celeridad, para el absolutismo, la represión de los nuevos delitos políticos conforme a los deseos del monarca, pues el procedimiento garantista de las Partidas había demostrado los obstáculos para una rápida y eficaz punición de la actividad liberal, como se puso de manifiesto en las causas de Estado. Si a ello añadimos el establecimiento de las instituciones policiales para el control de la conducta, no solo política, de los ciudadanos, la conclusión es que existió un conflicto, casi siempre larvado, entre las viejas estructuras judiciales y las nuevas instituciones, en el que las autoridades militares y eclesiásticas tomaron partido por el pasado. Enfrentamiento que permite atisbar en los órganos seculares un mayor respeto a los principios jurídicos tradicionales, mientras que en las nuevas instituciones existe una indudable tendencia a cumplir los mandatos gubernativos sin remilgos jurídicos. En suma, brevedad en la administración de la justicia y en la ejecución de las penas.

En esta forma de administrar justicia por tribunales especiales se aprecia una manifiesta arbitrariedad, aunque es conveniente matizar. Como se expuso en su momento, estas comisiones aplican la legalidad penal fernandina buscando satisfacer la mentalidad represora de conductas políticas, por lo que acuerdo con una interpretación elemental si aplican dicha legalidad en las sentencias no hay arbitrio judicial ni, por supuesto, arbitrariedad en el fallo. Pero, una parte de los hechos conocidos por tales comisiones son nimios o fundados en sospechas, los juicios se muestran carentes de garantías y con condenas predefinidas en la mayoría de los casos. Es en esta realidad procedimental donde se manifiesta la arbitrariedad de las comisiones, porque el reo antes de ser enjuiciado ya tiene por segura la imposición de una pena. Es posible que a medida que nos adentremos en el conocimiento de consejos y comisiones militares, y en general de la jurisdicción militar de esta época, conozcamos las concordancias o discordancias entre la represión política y la delincuencia común del reinado fernandino. Hasta donde hemos profundizado, la jurisdicción militar es extremadamente más atroz que la ordinaria. Para el poder político fueron un apoyo eficaz en la consecución de sus objetivos.

El proceso penal tampoco se renovó. La acumulación de causas en los tribunales e incluso el hacinamiento de reos en determinados lugares de reclusión, obligaron a adoptar medidas coyunturales para dar celeridad a la resolución de ciertas causas y a la concesión de medidas de gracia.

Medidas todas ellas que, por ser coyunturales, no tardaron en fracasar.

Se mantuvo durante estos años el control piramidal, que no solo es estadístico. La intervención jerárquica más importante es el examen procedimental de oficio desarrollado de modo casuístico por las Salas del crimen. Las deficiencias e irregularidades de los jueces inferiores durante la tramitación del proceso se mantienen en términos similares a los del siglo XVIII. El conocimiento de los alcaldes del crimen permite resolver las deficiencias o irregularidades de los sucesivos trámites, aunque la sanción a los jueces inferiores y a los oficiales llegue en el texto de la sentencia. La consulta al tribunal superior permite, a su vez, un control jurídico del fallo de instancia. De este modo, el juez inferior se ha convertido esencialmente en un instructor.

Quizá tan importante como dicho control, es la consolidación de la asesoría letrada de los jueces legos y la paulatina implantación de jueces letrados. Manteniendo las pautas del siglo anterior, sus sentencias están motivadas, aunque no como exigirá la legislación posterior, pues en ellas se reflejan las causas y motivos del fallo, de la pena impuesta al reo. Gracias a las menciones insertas en el texto es más fácil comprender los motivos que mueven a los juzgadores, o a sus asesores, a delimitar la culpabilidad de los acusados.

Respecto de la delincuencia ordinaria o común es preciso establecer matices o delimitaciones entre ámbitos criminales. En todas las instancias judiciales se continuó con la línea de persecución de la criminalidad patrimonial organizada. Por el contrario, en otros ámbitos delictivos y singularmente en los tratos carnales se mitigó considerablemente la punición legal, aunque recayera sobre ella parcialmente el control policial (prostitución) y el religioso (amancebamientos, adulterios). Los mecanismos jurídicos, e incluso las dependencias fácticas, propiciaron que algunos hechos delictivos, ya en aquella época considerados leves, no llegaran a conocimiento judicial o quedaran solventados en la primera instancia. La menor transcedencia de las causas derivadas de esos delitos de menor importancia motivaron, sin duda, su inserción en el cajón residual que representaba el apartado de «varios excesos» que, excluyendo los porcentajes extremos, representan entre un cuarto y un tercio de todas las causas conocidas en chancillerías y audiencias. En la delincuencia patrimonial existe una mayor homegeneidad en las medias porcentuales de causas conocidas por los tribunales.

En términos globales, como hemos tenido la oportunidad de ver en repetidas ocasiones, es evidente que la posguerra y la represión inmediata no generó, por los datos recopilados, una actividad judicial más importante que la habida con anterioridad a la invasión napoleónica. Disminución de la población, costes procesales u otras circunstancias pudieron influir en un retraimiento respecto a la posibilidad de acceder a la justicia; pero la necesidad, personas que vagaban sin posibilidades de subsistencia, mayor número de armas y cuadrillas organizadas de malhechores pudieron contrarrestar los aspectos anteriores. Quizá por ello se aprecia, en algunos de los gráficos, una vaguada durante aquellos años en el número de causas conocidas por los tribunales. En el conjunto de ellas, se observa, por la información recogida, que entre 1814 y 1819 la violencia personal fue superior a la delincuencia patrimonial en la práctica totalidad de las circunscripciones territoriales.

La acción/reacción de 1820/1823 condujo a extremar posiciones. La severidad judicial del sexenio se multiplicó exponencialmente. En diferentes epígrafes anteriores han quedado datos objetivos de ello. España no salía de una guerra, sino de un período constitucional muy convulso desde 1822 por la presión absolutista. Probablemente la conflictividad política, subyacente o expresa, coadyuvó a un incremento de la actividad judicial, fruto también del incremento de la criminalidad. En los períodos de mayor represión política se ha generado un clima de mayor represión sobre la delincuencia «más común» y una situación, interesada o no, de mayor inseguridad. Los españoles que vivieron entre 1823 y 1833 padecieron el terror de las comisiones militares, la virulencia de las partidas armadas que asaltaban los pueblos para robar a los vecinos, la represión de determinadas autoridades como el conde de España, la imperiosa necesidad de subsistir robando o cayendo en la prostitución, y un sinfín de circunstancias que, desde nuestra perspectiva, es muy complejo entender. Tanto en los delitos que se comprenden directamente en la violencia personal como en los insertos en la delincuencia patrimonial, el incremento fue espectacular hasta quintuplicar en algunos hechos delictivos las cifras de procesos criminales del Sexenio. Además, no solo existió una violencia civil vinculada de modo diverso a la situación política, es que tal violencia personal se multiplicó en todos los ámbitos.

La respuesta contra el delito es la pena. De acuerdo con los planes anuales de algunos tribunales, hemos podido comprobar que, con las excepciones habituales, condenan alrededor de un 80% de los reos, mientras tan solo absuelven de media al 20%. Cuando contamos con suficiente información, advertimos que los jueces y tribunales penarán estos delitos mayoritariamente con las penas más leves: multas y apercibimientos. Respecto de las penas corporales es manifiesta la importancia sustancial adquirida por todo tipo de reclusión, bien fuera en presidios militares, presidios correccionales, trabajos públicos y casas galera o de corrección. Pérdida de libertad y utilidad para el Estado son características de estas penas, que siguen manteniendo más de represión que de corrección, aunque esta última comience a abrirse camino.

Algunas de las penas ordinarias, y por tanto legales, perdieron importancia a pesar de figurar en la legislación vigente. El destierro porcentualmente pierde gran parte de la importancia que había tenido en los siglos anteriores, y los azotes y la vergüenza pública son meramente testimoniales. El eje sobre el que se construye el Derecho penal durante la crisis definitiva del Antiguo Régimen está constituido, por orden de gravedad, por la pena de muerte, la reclusión, las multas y los apercibimientos. Conviene, no obstante, tratar de matizar, siempre que se pueda, entre las penas fijadas en el texto de una sentencia y las realmente cumplidas, porque de verificar esta distinción las cifras porcentuales varían.

Junto con las anteriores conclusiones, es posible hacer unas reflexiones. Los historiadores en general y específicamente los volcados en la historia de la criminal, bien procedan de la Historia del Derecho o de la Historia generalista, han realizado propuestas teóricas sobre la violencia, cálculos comparativos entre diferentes lugares de Europa, han tratado de explicar la criminalidades desde textos literarios o costumbristas... En fin, todo historiador que se precie, incluido el que ha escrito estas páginas, busca aportar no solo unas conclusiones sobre su objeto de investigación, sino señalar a partir de sus fuentes de investigación unos parámetros, incluso unos paradigmas, para explicar complejos procesos sociales y jurídicos[459].

Pues bien, a medida que fui recopilando documentación judicial de archivo –algo que deberían hacer muchos de los que escriben sobre historia de la administración de la justicia–, cruzando informaciones de lo más diverso sobre textos normativos, jueces, reos, hechos delictivos o cumplimiento de penas, la conclusión principal a la que he llegado es que ninguno de los pretendidos paradigmas sobre la violencia o la criminalidad pueden ser extrapolables más allá del período, lugar, personas o hechos investigados. El cruce de datos o la consulta de cualquier causa sorprende porque, cuando menos, matiza cierta opinión común. Es cierto que hay hechos o interpretaciones que ratifican lo conocido, pero fueron muchas más los datos empíricos que derrumban afirmaciones acríticas elaboradas por la historiografía.

Alrededor de la documentación criminal confluyen modos de vida diferentes, concepciones vitales de grupo diferentes, disposiciones normativas diferentes, autoridades con atribuciones diferentes, jueces y tribunales que juzgan conforme al precedente, a su libre albedrío o que buscan la justicia a través de un arbitrio reglado, reos y víctimas con trayectorias diferentes y que perpetran el delito con circunstancias diversas, conflictividades desenvueltas en períodos de paz o de posguerra diferentes... Nuestras circunstancias contemporáneas y el precedente del *Ius commune* pueden hacernos caer en generalidades imposibles. Nuestros conceptos socio-jurídicos pueden provocar que perdamos de vista aquellos en los que se movían los actores del primer tercio del siglo XIX. Quedarse en los textos legislativos puede crear un historia alejada de cualquier realidad histórica estudiada.

En las páginas anteriores quizá se ha aportado un punto de luz sobre dos etapas negras de nuestra Historia. Pero precisamente por ello, ahora

---

459 Tratar de realizar un resumen de las posturas historiográficas sobre la criminalidad y la metodología para su estudio vendría a reiterar lo ya conocido. Por esta razón me remito a la exposición que de las mismas se han realizado desde diferentes perspectivas. Tomás A. Mantecón Movellán, «Los impactos de la criminalidad en sociedades del Antiguo: España en sus contextos europeos», en *Vínculos de Historia*, 3 (2014), pp. 54-74. Pedro Oliver Olmo, *Cárcel y sociedad represora. La criminalización del desorden en Navarra (siglos XVI-XIX)*, Bilbao, 2001, pp. 39-67. José Sánchez-Arcilla Bernal, «La delincuencia femenina en la ciudad de México a finales del siglo XVIII», en *CHD*, 20 (2013), pp. 89-154.

desconocemos más de lo ocurrido. Queda mucho por estudiar, y sobre todo por aclarar. No sirven las explicaciones simplistas que confunden el arbitrio judicial con la arbitrariedad, o las que opinan que con el Código penal de 1822 todo se habría solucionado. Aspectos sociológicos de los delincuentes del primer tercio del siglo XIX nos son casi desconocidos, a excepción de casos muy puntuales. De los hechos delictivos que llegaron a conocimiento de las Salas del crimen apenas conocemos los cometidos por bandidos y, quizá algo más, de las persecuciones políticas. De la forma de proceder y resolver de la mayor parte de los tribunales apenas teníamos unas ideas traslaticias que se derrumban tan pronto como se consulta la documentación de los procesos que llegaron a su conocimiento.

La más conocida obra hispana concluye con el famoso "Vale". Pues bien, creo que las investigaciones realizadas sobre el Derecho penal decimonónico son insuficientes. El siglo XIX es un tiempo de cambio en el que se conservan aspectos de antaño y se produce una ruptura con otros. Es preciso seguir profundizando en la criminalidad de cada territorio y en la actuación de sus tribunales antes de pretender generalizar pautas o elaborar paradigmas difícilmente generalizables, y por supuesto revisar afirmaciones traslaticias carentes de rigor crítico.

Fuentes y Bibliografía

FUENTES

Manuscritas

Archivo Histórico Nacional:

Consejos:
Legajos 5569/ 36 y 47; 12142/16; 13371/13.
Libros 1403, 1404, 1405, 1406, 1407, 1408, 1409.

Ministerio de Justicia. Jueces:
4246/92, 4458/3198, 4490/3876, 4612/5373, 4681/6082.

Diversos-Colecciones. Depósito de la Guerra, Superintendencia General de Policía del Reino: 164/2, 164/3, 164/4.

Archivo del Reino de Galicia.

Serie Sentencias: 28499, 28575, 28576, 28579, 28581.

Serie *Régimen interior*: 28933/6, 28945/6, 28948/1, 28950/5, 28953/3, 28956/9, 28958/13, 28959/1, 28959/8, 28960/3, 28960/9, 28962, 28965/8, 28967/6, 29201/6, 29210/16, 29211/96, 29212/148, 29212/154.

Serie Sala del Crimen: 82/32, 88/33, 94/46, 110/15, 130/1, 143/8, 143/28, 143/40, 144/5, 144/7, 168/16, 218/5, 246/1, 246/2, 278/3, 292/2, 317/6, 317/15, 335/3, 382/5, 382/5, 382/5, 402/13, 407/1, 430/1, 467/2, 478/6, 478/8, 484/5, 494/3, 540/8, 597/1, 641/1, 676/5.

Serie Particulares: 29201/6.

Archivo Municipal de A Coruña.
Libros de Actas, C-93
C-6665.
C-6976-10.
C-6977-16.
Leg. 7144.

Archivo Militar Intermedio de Ferrol:
Fondo Administrativo: Plaza de La Coruña, caja 1466/4.
Fondo Vigo, caja 3/18.

Archivo de la Corona de Aragón:
Real Audiencia de Cataluña:
Cartas acordadas, Registros 1276, 1280, 1281, 1282, 1283, 1284.

Archivo Histórico Provincial de Zaragoza:
Real Audiencia, *Causas penales*, J/9016/1.

Archivo Municipal de Zaragoza:
34/3-5, caja 8202.

Biblioteca de la Universidad de Sevilla (Fondo antiguo):
Trabajos de los Señores de la Real Junta del Código Criminal (1829).

Actas de las sesiones de la Comisión General de Codificación. (1828-1994), Madrid, 2007.

Impresas

Novísima Recopilación de las Leyes de España, Madrid, 1807.

Colección de Decretos:
— *Decretos del Rey Don Fernando VII:* Tomo I (1814), Tomo II (1815), Tomo III (1816), Tomo IV (1817), Tomo V (1818), Tomo VI (1819), Tomo VIII (1824), Tomo IX (1824), Tomo X (1825). Tomo XI (1826), Tomo XII (1827), Tomo XIII (1828), Tomo XIV (1829), Tomo XV (1830), XVI (1831), XVII (1832) y Tomo XVIII (1833).
— *Decretos y Resoluciones de la Junta provisional, Regencia del Reino y los expedidos por su Magestad desde que fue libre del tiránico poder revolucionario*, Tomo VII (1824).

Actas del Consejo de Ministros. Fernando VII:
— *(1824-1825)*, Madrid, 1989.
— *(1826-1827)*, Madrid, 1989.
— *(1828)*, Madrid, 1990.
— *(1829)*, Madrid, 1990.
— *(1830)*, Madrid, 1992.
— *(1831)*, Madrid, 1993.
— *(1832)*, Madrid, 1994.
— *(1833)*, Madrid, 1994.
— *(1833-1839)*, Madrid, 1995.

Biblioteca de la Universidad de Granada.
Oficios del Capitán General y de la Real Chancillería de Granada.

Publicaciones periódicas:

Gaceta de Madrid: 1814, 1815, 1816, 1817, 1818, 1819, 1824, 1825, 1826, 1827, 1828, 1829, 1830, 1831, 1832, 1833.

Guías de Forasteros: 1815, 1816, 1817, 1881, 1819, 1825, 1826, 1827, 1828, 1829, 1830, 1831, 1832, 1833.

Diario crítico general de Sevilla: 1815.
Diario de avisos de Madrid: 1825, 1826, 1827, 1828, 1829, 1830, 1831, 1832, 1833.
Diario de avisos de Valencia: 1814, 1815, 1816, 1817, 1818, 1819.
Diario de Madrid: 1814, 1815, 1816, 1817, 1818, 1819.
Diario Mercantil de Cádiz: 1817, 1824, 1825, 1826, 1827, 1829.
El Correo Literario y Mercantil.
El Procurador del Rey: 1814.
El vapor. Periódico mercantil, político y literario de Cataluña: 1833.
La Revista Española: 1833.
Mercurio de España: 1819.
Mercurio gaditano: 1814.
Miscelánea de comercio, artes y literatura: 1820.
Ocios españoles de emigrados: 1824, 1825, 1826, 1827.

Discursos de Regentes y Planes de los Tribunales:

Sala de Alcaldes de Casa y Corte

Discurso pronunciado en la Sala el día 2 de enero de 1816 por el señor Gobernador de ella Domingo Fernández de Campomanes, Madrid, Imprenta Real, 1816.

Discurso pronunciado en la Sala el día 2 de enero de 1817 por el señor Gobernador de ella Domingo Fernández de Campomanes, Madrid, Imprenta Real, 1817.

Discurso pronunciado en la Sala de señores Alcaldes de Casa y Corte el día 2 de Enero de 1818 por el Sr. Gobernador de ella D. Domingo Fernandez de Campomanes, Madrid, Imprenta Real, 1818.

Estado de las causas y pleitos que se han despachado en la Sala de Señores Alcaldes de la Real Casa y Corte, presos que han entrado en su Real Cárcel, y destinos que se les han dado en todo el año 1828, con expresión de las Causas que han quedado pendientes en el presente, Madrid, s.a.

Discurso pronunciado en la Sala el día 2 de enero de 1832 por el señor Gobernador de ella don Esteban Asta, caballero de la Real y distinguida Orden Española de Carlos Tercero, ministro del Consejo Real, Madrid, Imprenta Real, 1832

Alocución del señor don Teótimo Escudero, Gobernador de la Sala de Señores Alcaldes de la Real Casa y Corte en la apertura de este Tribunal el día 2 de enero de 1834, Madrid, Imprenta Real, 1834.

Chancillería de Valladolid

Estado general de los pleytos y expedientes civiles y criminales despachados en la Real Chancillería de Valladolid en el año de 1816, Valladolid, s.a., en la imprenta del Real Acuerdo y Chancillería por don Higinio Roldán.

Oración inaugural que en la solemne apertura del tribunal de la Real Chancillería de Valladolid el día 2 de Enero de 1817 dixo el señor don Manuel Gutiérrez Bustillo, Valladolid, s.a., imprenta de Roldán.

Discurso que en la solemne apertura del Tribunal de la Real Chancillería de Valladolid el día 2 de enero del año de 1818 dijo, Carlos O'Donell, Valladolid, s.a., imprenta de Roldán.

Discurso que en la solemne apertura del tribunal de la Real Chancillería de Valladolid el día 2 de Enero del año de 1819, dijo Carlos O'Donnell, Valladolid, s.a., imprenta de Roldán.

Discurso que en la solemne apertura del Tribunal de la Real Chancillería de Valladolid el día 3 de enero del año de 1820 dijo, Carlos O'Donell. Estado general de los pleitos y expedientes civiles y criminales despachados en la Real Chancillería de Valladolid en el año de 1819, Valladolid, s.a., imprenta de Roldán.

Discurso que en la solemne apertura del Tribunal de la Real Chancillería de Valladolid pronunció el día 3 de enero de 1825, Carlos O'Donell. Estado general de los pleitos y espedientes civiles y criminales despachados en la Real Chancillería de Valladolid desde 2 de enero de 1826 hasta 31 de diciembre del mismo año, Valladolid, s.a., imprenta de Roldán.

Estado general de los pleitos y espedientes civiles y criminales despachados en la Real Chancillería de Valladolid desde 2 de enero de 1826 hasta 31 de diciembre del mismo año, Valladolid, s.a., imprenta de H. Roldán.

Discurso que en la solemne apertura del Tribunal de la Real Chancillería de Valladolid pronunció el día 2 de enero de 1827 su regente Antonio de la Parra, Valladolid, s.a., imprenta de H. Roldán.

Estado general de los pleitos y espedientes civiles y criminales despachados en la Real Chancillería de Valladolid desde 2 de enero de 1826 hasta 31 de diciembre del mismo año, Valladolid, imprenta de Roldán, 1827.

Estado general de los pleitos y espedientes civiles y criminales despachados en la Real Chancillería de Valladolid desde 2 de enero de 1828 hasta 31 de diciembre del mismo año, Valladolid, imprenta de Roldán, 1829.

Chancillería de Granada

Discurso pronunciado en la Real Chancillería de Granada el día 2 de enero de 1815 por el Excmo. Sr. Conde de Montijo y Baños, exhortando a los magistrados de ella a la unión en beneficio de la Justicia, Granada, Imprenta Real, 1815.

Manifiesto del número de pleitos y expedientes civiles, y criminales despachados en la Real

Chancillería de Granada en el año de 1814, y de los que existen en los relatores con expresión de las penas impuestas a los reos. Formado de orden de S M. y Decreto del Real Acuerdo, Granada, s.a., oficina de la viuda e hijo de Zea.

Discurso pronunciado en el Real Acuerdo de la Chancillería de Granada el día 2 de enero de 1816 por el Conde de Montijo y Baños, Granada, 1816, imprenta del Ejército.

Discurso pronunciado en el Real Acuerdo de la Chancillería el día 2 de enero de 1817 por el Conde de Montijo y Baños, Granada, 1817, imprenta del Ejército.

Discurso pronunciado el día 2 de enero de 1818 en la Real Chancillería de Granada por D. José O'Lawlor. Manifiesto del número de pleitos y expedientes civiles y criminales despachados en la Real Chancillería en el año de 1817 y de los existentes en los relatores, con expresión de las penas impuestas a los reos. Formado de orden de S.M. y Decreto del Real Acuerdo, Granada, 1818, imprenta de Mariano Sáez.

Discurso pronunciado en la Real Chancillería de Granada el día 3 de enero de 1820 por el Excmo. Sr. D. Francisco Ramón de Eguía, Granada, 1820, imprenta de Mariano Sáez.

Discurso pronunciado en la Real Chancillería de Granada el día 2 de enero de 1824 por el Excmo. Sr. José Ignacio Álvarez Campana y Amat, Presidente de esta Real Chancillería, Granada, 1824, imprenta de Mariano Sáez.

Discurso pronunciado en la Real Chancillería de Granada el día 3 de enero de 1825 por el Excmo. Sr. D. Vicente de Quesada López de Moncayo. Manifiesto del número de pleitos y expedientes civiles y criminales despachados en la Real Chancillería en el año de 1824, y de los que existan en los Relatores con expresión de las penas impuestas a los reos. Formado por orden de S.M. y decreto del Real Acuerdo, Granada, 1825, imprenta de Mariano Sáez.

Discurso pronunciado en la Real Chancillería de Granada el día 2 de enero de 1827 por el Escmo Sr. Don José Ignacio Álvarez Campana y Amat, Granada, s.a., imprenta de Mariano Sáez

Discurso pronunciado el día 2 de enero de 1828 en la Real Chancillería de Granada por el Escmo. Sr. Don José Ignacio Alvarez Campana y Amat, Granada, 1828, imprenta de Mariano Sáez.

Discurso pronunciado en la Real Chancillería de Granada el día 2 de enero de 1830 por el Escmo Sr. D. José Olaulor, Granada. Manifiesto del número de pleitos y expedientes civiles y criminales despachados en la Real Chancillería en el año de 1829, y de los que existan en los Relatores con expresión de las penas impuestas a los reos, formado por orden de S.M. y decreto del Real Acuerdo, 1830, imprenta de Mariano Sáez.

Discurso pronunciado en la Real Chancillería de Granada el día 2 de enero de 1834 por el Escmo. Sr. D. Pedro Tellez Girón Alfonso Pimentel etc, príncipe de Anglona... Presidente de la Real Chancillería, etc, etc... Acompaña el manifiesto del número de pleitos y espedientes civiles y criminales despachos en esta Real Chancillería en el año de 1833, con espresión de las penas impuestas a los reos, siendo Regente el señor don José María Manescau, Granada, 1834.

Consejo del Reino y Corte Real de Navarra

Planes que manifiestan el número de pleytos, causas, y expedientes civiles y criminales y otras, despachados por las Salas del Supremo Consejo, Real Corte, y Tribunal de Cámara de Comptos de este Reyno de Navarra el presente año de 1816, con el discurso inaugural dixo al Real Consejo su regente Juan Garrido, Pamplona, 1817, imprenta de Paulino Longás.

Planes que manifiestan el numero de pleytos, causas, y expedientes civiles y criminales y otras, despachados por las Salas y Tribunal de Cámara de Comptos de Navarra y de las penas corporales impuestas a los Reos el presente año de 1817, formados en virtud de Real Orden con el discurso inaugural que dixo al Real Consejo el Doctor Don Juan Garrido, Pamplona, 1818, imprenta de Paulino Longás.

Planes que manifiestan el numero de pleytos, causas, y expedientes civiles y criminales y otras, despachados por las Salas del Supremo Consejo, Real Corte, y Tribunal de Cámara de Comptos de este Reyno de Navarra el presente año de 1818, formados en virtud de Real Orden con arreglo a las listas dadas por los relatores, secretarios y escribanos de los mismos tribunales, con el discurso inaugural que dixo al Real Consejo, y demás tribunales de Navarra Juan Garrido, Pamplona, 1819, imprenta de Paulino Longás.

Planes que manifiestan el numero de pleytos, causas, y expedientes civiles, criminales, y otras, despachadas por las Salas del Supremo Consejo, Real Corte, y Tribunal de Cámara de Comptos de este Reino de Navarra el presente año de 1824; con el discurso que en la apertura de los Tribunales pronunció Esteban de Asta, Pamplona, 1825, imprenta de Javier Gadea.

Planes que manifiestan el numero de pleytos, causas, y expedientes civiles, criminales, y otras, despachadas por las Salas del Supremo Consejo, Real Corte, y Tribunal de Cámara de Comptos de este Reino de Navarra el presente año de 1826; con el discurso que en la apertura de los Tribunales pronuncio don Esteban de Asta, Pamplona, 1827, imprenta de Javier Gadea.

Planes que manifiestan el numero de pleytos, causas, y expedientes civiles, criminales, y otras, despachadas por las Salas del Supremo Consejo, Real Corte, y Tribunal de Cámara de Comptos de este Reino de Navarra el presente año de 1826; con el discurso que en la apertura de los Tribunales pronuncio don Esteban de Asta, Pamplona, 1827, imprenta de Javier Gadea.

Planes que manifiestan el numero de pleitos, causas, y espedientes civiles, criminales y otras, despachadas por las Salas del Supremo Consejo, Real Corte, y Tribunal de Cámara de Comptos de este Reino de Navarra, con un resumen de todos ellos, y espresión de las penas corporales impuestas a los Reos el próximo año de 1831 formados en virtud de Real Orden, con arreglo a las listas dadas por los Secretarios, y Escribanos de los mismos Tribunales, que se han recopilado con el debido cuidado, Pamplona, 1832, imprenta de Javier Goyeneche.

Discurso pronunciado en la apertura de los Tribunales Reales de Navarra por su regente D. Antonio Ubach el día 2 de enero del año 1832, s.l., s.a.

Audiencia de Galicia

Discurso que don Pedro María Garrido y Espinosa, pronunció en la ciudad de La Coruña el 2 de enero de 1817, día de la apertura del Tribunal, La Coruña, 1817, imprenta de D. Sebastian de Iguereta.

Planes o estados que manifiestan el número de pleitos, causas y espedientes tanto civiles como criminales despachados en el año de 1826 por las salas civiles y del crimen de la Real Audiencia del Reino de Galicia formados en virtud de Real Orden por disposición del Señor don Francisco de Assin, Santiago, s.a., imprenta de la Policía.

Planes o estados que manifiestan el número de pleitos causas y espedientes, tanto civiles como criminales, despachados en el año 1828 por las salas civiles y criminales de la Real Audiencia del Reino de Galicia, con un resumen de las penas corporales, y destinos de los reos formados en virtud de Real orden por disposición del señor D. Manuel Antonio Caballero, s.l., 1828.

Planes o estados que manifiestan el número de pleitos, causas y expedientes, tanto civiles como criminales, despachados en el año de 1829 por las salas civiles y del crimen de la Real Audiencia del Reino de Galicia, con un resumen de las penas corporales y destinos de los reos, formado en virtud de Real Orden por disposición del Señor don Manuel Antonio Caballero, Santiago de Compostela, s.a., imprenta de Campaña.

Discurso del Señor D. Manuel Antonio Caballero Regente de la Real Audiencia de Galicia, que leyó por su indisposición el Señor D. Joaquin Villamil a la apertura del Tribunal el día 2 de enero de 1830, Santiago, 1830, imprenta de Campaña, impresor del Real Acuerdo.

Discurso que en la apertura de la Real Audiencia de Galicia en la mañana del día 2 de enero de 1831 pronunció su regente el Sr. D. Manuel Antonio Caballero, Santiago, 1831, imprenta de D. José Campaña.

Planes o estados que manifiestan el número de pleitos, causas y espedientes, tanto civiles como criminales despachadas en el año 1831, por las salas civiles y del crimen de la Real Audiencia del Reyno de Galicia, con un resumen de las penas corporales y destinos de los reos, formados en virtud de Real orden por disposición del señor don Manuel Antonio Caballero, del Consejo de S.M. Regente de la misma Audiencia, Santiago, imprenta de Campaña, 1832.

Breve elocución en que el Dr. D. Antonio Ubach, regente de la Real Audiencia de Galicia, ha dado a conocer sus sentimientos por la administración de justicia y el servicio del Rey nuestro señor en el primer acto en que ha presidido este tribunal que ha sido el de su apertura en el día 2 de enero de este año 1833, Coruña, imprenta Pascual Arza, 1833.

Planes o estados que manifiestan el número de pleitos, causas y espedientes, tanto civiles como criminales despachadas en el año 1832, por las Salas civiles y del crimen de la Real Audiencia del Reino de Galicia, con un resumen de las penas corporales y destinos de los reos, formados en virtud de Real orden por disposición del señor don Antonio Ubach Regente de la misma Audiencia, Santiago, imprenta de Arza, 1833.

Discurso que en el acto de la apertura de la Real Audiencia de Galicia dijo Antonio Ubach, Coruña, 1834.

Audiencia de Sevilla

Discurso pronunciado al abrirse la Real Audiencia de Sevilla el 2 de Enero de 1818 por Torcuato Antonio Collado, Sevilla, 1818, Imprenta del Real Acuerdo.

Discurso inaugural pronunciado por Don José María Manescau, Regente de la Audiencia territorial de Sevilla, el día 2 de Enero de 1823, a la apertura del Tribunal, Sevilla, 1823, imprenta de D. Bartolomé Caro Hernández

Discurso inaugural pronunciado por el Sr. D. José Maria Manescau, del Consejo de S.M. su Regente de la Real Audiencia de Sevilla, el día 2 de Enero de 1824, a la apertura del Tribunal, Sevilla, 1824, imprenta de Hidalgo y Compañía.

Discurso inaugural pronunciado por el Señor Don Ignacio Marín y Sánchez, del Consejo de S.M. y Regente de la Real Audiencia de Sevilla, el día 2 de enero de 1827, a la apertura del Tribunal, Sevilla, Imprenta de Hidalgo, 1827.

Discurso inaugural pronunciado por el señor don Ignacio Marín y Sánchez, del Consejo de S.M. y regente de la Real Audiencia de Sevilla, el día 2 de enero de 1828, a la apertura del Tribunal, Sevilla, 1828.

Discurso inaugural pronunciado por el Señor Don Ignacio Marín Sanchez del Consejo de S.M. y Regente de la Real Audiencia de Sevilla, el día 2 de enero de 1829, a la apertura del Tribunal, Sevilla, imprenta de Hidalgo y Compañía, 1829.

Discurso inaugural pronunciado por José de Villanueva y Arévalo el día 2 de enero de 1830 a la apertura del Tribunal por ocupación de su Regente Ignacio Marin y Sanchez, Sevilla, 1830, imprenta de Hidalgo y Compañía.

Discurso que en la solemne apertura del Tribunal de la Real Audiencia de Sevilla pronunció el día a 3 de enero de 1831 su regente Eladio Alonso Valdenebro, Sevilla, s.a., imprenta de José Hidalgo y Compañía.

Discurso que en la solemne apertura del Tribunal de la Real Audiencia de Sevilla, pronunció el día 2 de enero de 1834 su regente Eladio Alonso Valdenebro, Sevilla, s.a., imprenta de José Hidalgo y compañía.

Estado general de los pleitos y espedientes civiles y criminales despachados en la Real audiencia de Sevilla, desde 2 de enero de 1833 hasta 31 de diciembre del mismo año, Sevilla, 1834.

Audiencia de Asturias

Discurso que en la solemne apertura de la Real Audiencia del Principado de Asturias, el día 2 de enero del año 1829, dijo el señor D. Lorenzo Gotarredona, Oviedo, s.a., imprenta de Prieto.

Discurso que en la solemne apertura de la Real Audiencia del Principado de Asturias, el día 2 de enero del año de 1830 dijo el Sr. Lorenzo Gotarredona. Manifiesto del número de pleitos y expedientes civiles y criminales despachados en la Real Audiencia de Asturias en el año de 1829 en cumplimiento de la Real Orden del particular, siendo presidente del Sr. D. Lorenzo Gotarredona, Regente de la misma, Oviedo, s.a., imprenta de D. Francisco Prieto.

Discurso que en la solemne apertura de la Real Audiencia del Principado de Asturias, el día 3 de enero de 1831 dijo el Sr. D. Lorenzo Gotarredona. Manifiesto del número de pleitos y expedientes civiles y criminales despachados en la Real Audiencia de Asturias, en el año de 1830 en cumplimiento de la Real Orden del particular, siendo presidente el Sr. Don Lorenzo Gotarredona, Regente de la misma, Oviedo, 1831, oficina de Francisco Prieto.

Discurso que en la solemne apertura de la Real Audiencia del Principado de Asturias el día 2 de enero de 1833 dijo Lorenzo Gotarredona. Manifiesto del número de pleitos y expedientes civiles y criminales despachados en la Real Audiencia de Asturias en el año de 1832 y de los que existen en poder de los relatores, Oviedo, 1833, imprenta de D. Francisco Prieto.

Discurso que en la solemne apertura de la Real Audiencia del Principado de Asturias, el día 2 de enero del año de 1834 dijo Lorenzo Gotarredona. Manifiesto del número de pleitos y expedientes civiles y criminales despachados en la Real Audiencia de Asturias, en el año de 1833, y de los que existen en poder de los relatores con expresión de las penas impuestas a los reos, Oviedo, 1834, Imprenta de D. Francisco Prieto.

Audiencia de Extremadura

Estados que manifiestan el número de expedientes y de pleytos, tanto civiles como criminales, que se han visto y determinado en el año 1814 en las dos Salas de que se compone la Real Audiencia de Extremadura, Plasencia, 1815, imprenta de Plasencia.

Discurso pronunciado en la Real Audiencia de Extremadura el día 2 de enero de 1817 por Francisco Fernández del Pino, Plasencia, 1817, imprenta de Plasencia.

Estados que manifiestan el numero de espedientes y de pleitos, tanto civiles como criminales que se han visto y determinado en el año de 1824 en las dos salas de que se compone la Real Audiencia de Estremadura, con inclusión de los despachados en el acuerdo, los que se han formado y publican en virtud de Real Orden, Cáceres, 1825, por D. Lucas de Burgos.

Estados que manifiestan el número de espedientes y de pleitos, tanto civiles como criminales, que se han visto y determinado en el año de 1828 en las dos Salas de que se compone la Real Audiencia de Estremadura, con inclusión de los despachados en el Acuerdo, los que se han formado y publican en virtud de Real Orden, Cáceres, 1829, imprenta de Don Lucas de Burgos.

Discurso pronunciado en la Real Audiencia de Estremadura el día 3 de enero de 1831 por su regente el señor don Luis María de Moxó y de López, Francolí, Fuertes y Sabater, barón de Juras Reales, Cáceres, 1831, imprenta del Real Acuerdo.

El magistrado después de una revolución, discurso pronunciado en la Real Audiencia de Estremadura el día 2 de enero de 1832 por su regente don Luis Maria de Moxó y de Lopez, barón de Juras Reales. Estado del número de espedientes y pleitos tanto civiles como criminales que se han determinado en el año de 1831 en las dos Salas de que se compone la Real Audiencia de Estremadura, con inclusión de los despachados en el Real Acuerdo, Cáceres, 1832, imprenta del Real Acuerdo.

El espíritu del siglo, discurso pronunciado en la Real Audiencia de Estremadura el día 2 de enero de 1833 por su regente el Barón de Juras Reales, Cáceres, 1833, imprenta del Real Acuerdo.

Discurso pronunciado en la Real Audiencia de Estremadura el día 2 de enero de 1834 por Francisco de Olabarrieta, Cáceres, 1834, imprenta de Lucas de Burgos.

Audiencia de Cataluña

Planes o estados que manifiestan el número de pleytos, causas y expedientes, tanto civiles como criminales, despachados en el año de 1817 por las Salas civiles y del crimen de la Real Audiencia de Cataluña, con un resumen de las penas corporales, y destino de los reos, formados en virtud de Real Orden, Barcelona, 1817, por Juan Francisco Piferrer.

Discurso pronunciado en la Real Audiencia de Cataluña el día 3 de enero de 1820 por Juan Lopez de Vinueza, Barcelona, 1820, oficina de Juan Francisco Piferrer.

Planes o estados que manifiestan el número de pleitos, causas y espedientes tanto civiles como criminales, despachados en el año de 1819 por las Salas civiles y del crimen, espresando al propio tiempo los pleitos causas y espedientes que quedaron sin despachar en poder de los relatores en fin del mismo año, Barcelona, 1820, Juan Francisco Piferrer.

Estados que manifiestan el número de pleitos, causas y espedientes despachados en el año de 1827 por las Salas civiles y del crimen de la Real Audiencia de Cataluña por disposición del señor Juan Lopez de Vinuesa, Barcelona, 1828.

Discurso pronunciado en la Real Audiencia de Cataluña el día 2 de enero de 1828 por Juan Lopez de Vinuesa, Barcelona, 1828, oficina de Juan Francisco Piferrer.

Audiencia de Aragón

Discurso inaugural que en el día 2 de enero de 1815 dixo a la Real Audiencia de Aragón D. José Rebolledo de Palafox y Melzy, Zaragoza, 1815, Imprenta Real a cargo de Magallón.

Planes del numero de procesos, causas y expedientes, tanto civiles como criminales, despachados por la Real Audiencia de Aragón en el año 1816, Zaragoza, 1817.

Discurso inaugural que en el día 2 de enero de 1817 dijo a la Real Audiencia de Aragón su presidente Luis Rebolledo de Palafox y Melzi, Marqués de Lazan.

Planes del numero de procesos, causas y expedientes, tanto civiles como criminales, despachados por la Real Audiencia de Aragón en el año 1816, Zaragoza, s.a., Imprenta Real.

Relación del número de pleitos, causas y expedientes, tanto civiles como criminales, despachados por las respectivas salas de la Real Audiencia de Aragón en 1818, Zaragoza, 1819.

Discurso inaugural que en el día 9 de enero de 1819 dijo a la Real Audiencia de Aragón, D. Luis Rebolledo de Palafox y Melci, Zaragoza, Imprenta Real, 1820.

Relación del número de pleitos, causas y expedientes, tanto civiles como criminales, despachados por las respectivas salas de la Real Audiencia de Aragón en 1819, Zaragoza, 1820.

Discurso que en la apertura de la Audiencia Territorial de Aragón en 2 de enero de 1823 dijo su regente Josef Alonso, Zaragoza, 1823, imprenta de Francisco Magallón.

Planes del número de procesos, causas y expedientes, tanto civiles como criminales, despachados por la Real Audiencia de Aragón en el año 1823, Zaragoza, 1823, imprenta de Francisco Magallón.

Discurso del Capitán General del Reyno de Aragón, teniente general de los Reales Exércitos, Conde de España, a la abertura del Tribunal de la Real Audiencia y Real Sala del Crimen el 3 de Enero de 1825, Zaragoza, Imprenta de Francisco Magaz, 1825.

Razonamiento pronunciado por Luis Alejandro Procopio de Basiecourt, Capitán General del Reino de Aragón y Presidente de su Real Audiencia en la apertura de dicho Tribunal el 2 de Enero de 1826, Zaragoza, 1826, Imprenta Real.

Planes del número de procesos, causas y espedientes, despachados por la Real Audiencia de Aragón tanto civiles como criminales en el año de 1828, Zaragoza, 1829, Imprenta Real.

Planes del numero de procesos, causas y espedientes despachados por la Real Audiencia de Aragón tanto civiles como criminales en el año 1829, Zaragoza, 1830.

Discurso que en la apertura del Tribunal de la Real Audiencia de Aragón leyó el 3 de enero de 1831 su presidente Blas de Fournás, Zaragoza, Imprenta Real, 1831.

Planes del número de procesos, causas y espedientes despachados por la Real Audiencia de Aragón tanto civiles como criminales en el año 1832, Zaragoza, 1833.

Planes del numero de procesos, causas y espedientes despachados por la Real Audiencia de Aragón tanto civiles como criminales en el año de 1833, Zaragoza, s. f., Imprenta Real.

Audiencia de Valencia

Discurso leído en la Real Audiencia de Valencia por el Barón de Antella su regente en el día 2 de enero del año 1816, Valencia, 1816, impreso en la oficina de Benito Monfort.

Planes o Estados que manifiestan el número de pleytos, causas y expedientes, tanto civiles como criminales y de acuerdo, despachados en el año 1815 por las salas civiles y del crimen de la Real Audiencia de Valencia, con un resumen de las penas corporales y destino de los reos, Valencia, 1816, oficina de D. Benito Monfort.

Breve discurso leído en la Real Audiencia de Valencia por el Barón de Antella su regente en el día 2 de enero del año 1817, Valencia, 1817, impreso en la oficina de Benito Monfort.

Planes o estados, que manifiestan el número de pleytos, causas y expedientes, tanto civiles como criminales y de acuerdo, despachados en el año 1816 por las salas civiles y del crimen de la Real Audiencia de Valencia, expresando al propio tiempo los pleytos. Se advierte que en el día 2 de Enero, Valencia, 1817, por Benito Monfort.

Planes o estados, que manifiestan el número de pleytos, causas y expedientes, tanto civiles como criminales y de acuerdo, despachados en el año 1817 por las salas civiles y del crimen de la Real Audiencia de Valencia, expresando al propio tiempo los pleytos. Se advierte que en el día 2 de Enero de 1818, Valencia, 1818, oficina de D. Benito Monfort.

Planes o estados, que manifiestan el número de pleytos, causas y expedientes, tanto civiles como criminales y de acuerdo, despachados en el año 1818 por las salas civiles y del crimen de la Real Audiencia de Valencia, expresando al propio tiempo los pleytos. Advertencia. Sin embargo que en el día 2 de Enero de 1819, Valencia, 1819, oficina de D. Benito Monfort.

Discurso pronunciado en la Audiencia de Valencia el día 7 de Enero de 1819 por Juan López de Vinueza.

Discurso leído en la, Audiencia de Valencia el día 2 de Enero de 1827 por Francisco Javier Borrull y Vilanova, Valencia, 1827, imprenta de Benito Montfort.

Planes del número de pleytos y expedientes civiles, criminales y de acuerdo, despachados en el año 1826 por la Real Audiencia de Valencia, añadiendo los que quedan sin despachar en poder de los relatores, y las penas impuestas a los delincuentes, Valencia, 1827, imprenta de D. Benito Monfort.

Planes de los pleytos y expedientes despachados en el año 1828 por la Real Audiencia de Valencia y de los que quedan en poder de los relatores, Valencia, 1829, imprenta de D. Benito Monfort.

Discurso leído en la, Audiencia de Valencia el día 2 de Enero de 1829 por Francisco Javier Borrull y Vilanova, Valencia, 1829, imprenta de D. Benito Monfort.

Discurso pronunciado en la Real Audiencia de Valencia el día 2 de enero del año 1830 por Nicolás Gómez Villaboa, Valencia, 1830, imprenta de D. Benito Monfort.

Discurso pronunciado en la Real Audiencia de Valencia el día 3 de enero del año 1831 por el Sr. D. Nicolás Gomez Villaboa, Valencia, 1831, imprenta de D. Benito Monfort.

Discurso pronunciado en la Real Audiencia de Valencia el día 2 de enero del año 1832 por Nicolás Gómez Villaboa, Valencia, 1832, imprenta de D. Benito Monfort.

Discurso pronunciado en la Real Audiencia de Valencia el día 2 de enero del año de 1833 por Nicolás Gómez Villaboa, Valencia, s.a., imprenta de Benito Monfort.

Audiencia de Mallorca

Oración inaugural pronunciada en 2 de Enero de 1817 en la ciudad de Palma por el señor don Juan López de Vinuesa, del Consejo de S.M., regente de la Real Audiencia de Mallorca con motivo de la apertura del Tribunal, Palma de Mallorca, 1817, Imprenta Real.

Discurso pronunciado en la Real Audiencia de Mallorca el día 2 de enero de 1818 por Juan Lopez de Vinuesa, Palma de Mallorca, 1818, Imprenta Real.

Oración que en la apertura de tribunal pronunció en la Real Audiencia de Mallorca su regente Lucas Hiscio Fernandez el día 3 de enero de año de 1820, Mallorca, Imprenta Real, 1820.

Arenga pronunciada en la Real Audiencia de Mallorca en la apertura de tribunal del año 1824 por su regente don Lucas Hiscio Fernandez, Mallorca, imprenta Felipe Guasp, 1824.

Oración inaugural que en la apertura de la Real Audiencia de las Islas Baleares el día 2 de enero de 1826 hizo José María Martínez de Areta regente de ella, Palma de Mallorca, 1826, Imprenta Real.

Discurso pronunciado en la solemne apertura de la Real Audiencia de Mallorca el día 3 de enero del año de 1831 por José María Martínez de Areta, Palma, s.a., Imprenta Real.

Audiencia de Canarias

Oración del señor don Tadeo Manuel Delgado, Consejero honorario de Guerra y regente de la Real Audiencia de Canarias, dicha en la abertura del Tribunal el día 2 de enero de 1816, La Laguna de Tenerife, 1816, imprenta de Bazzanti.

Estado general de los pleitos y expedientes de gobierno, civiles y criminales despachados en la Real Audiencia de Canarias en el año prócximo pasado de mil ochocientos veinte y siete, s.l., 1828.

Obras jurídicas:

Alonso Colmenares, Eduardo, *Manual del promotor-fiscal, o sea resumen de cuentas disposiciones arreglan el ejercicio del ministerio público en los tribunales inferiores*, Madrid, 1817.

Alvarado y de la Peña, Santiago de, *Novísimo manual del criminalista: o sea breve práctica criminal para uso de los alcaldes ordinarios y pedáneos y de los escribanos de los pueblos de España*, Madrid, 1832.

Álvarez Posadilla, Juan, *Practica criminal por principios, o Modo y forma de instruir los procesos criminales de las causas de oficio de justicia contra los abusos introducidos*, 3ª edición, Madrid, 1815.

Apéndice al Nuevo Manual de Práctica Forense, avocación de causas a la Real Audiencia de Cataluña por J. S. B. L. L., Barcelona, s.a.

Azevedo, Alfonso de, *Ensayo acerca de la tortura o cuestión de tormento, de la absolución de los reos que niegan en el potro los delitos que se les imputan y de la abolición del uso de la tortura, principalmente en los tribunales eclesiásticos publicado en latín en 1770 por Alfonso de Azevedo. Traducido por C.G.O.*, Madrid, 1817.

Cacho Negrete, Modesto, *Instituta criminal teórico-práctica*, La Habana, 1833.

Canga Argüelles, José, *Diccionario de Hacienda con aplicación a España*, Madrid, 1833.

— *Diccionario de Hacienda para el uso de los encargados de la suprema dirección de ella*, Londres, 1827.

Castro, Juan Francisco de, *Discursos críticos sobre las leyes y sus intérpretes, en que se demuestra la incertidumbre de éstos, y la necesidad de un nuevo y metódico cuerpo de Derecho para la recta administración de Justicia... 2ª edición ilustrada con las citas a la Novísima Recopilación*, Madrid, 1829.

Colección de las causas mas célebres, los mejores modelos de alegatos, acusaciones fiscales, interrogatorios y defensas en lo civil y criminal del foro francés, inglés y español por una So-

ciedad literaria de amigos colaboradores, Barcelona, imprenta de Ignacio Estivill, 1834-1835.

Colección de las causas más célebres e interesantes de los mejores modelos de alegatos, acusaciones fiscales, interrogatorios y las más elocuentes defensas en lo civil y criminal del foro español, francés e inglés por una sociedad de jurisconsultos. Parte española, Madrid, 1863.

Diccionario judicial que contiene la explicación y significación de las voces que están más en uso en los tribunales de justicia por D.J.F.A., Madrid, 1831.

Dou i Bassols, Ramón Lázaro de, *Instituciones del Derecho público general de España con noticia particular de Cataluña*, Madrid, 1802.

Echebarría y Ojeda, Pedro Antonio, *Manual alfabético de delitos y penas según las leyes y pragmáticas de España*, Madrid, 1791.

Félix José Reinoso, *Examen de los delitos de infidelidad a la patria, imputados a los españoles sometidos baxo la dominación francesa*, Auch, 1816.

Gómez de Castro, José, *Tratado de las pruebas judiciales, sacado de los manuscritos de Jeremías Bentham*, Madrid, 1835.

Guillamas, Manuel de, *Estadística judicial de las Islas Baleares, con sus correspondientes observaciones*, Palma, 1840.

Gutiérrez Morales, José Marcos, *Práctica criminal de España*, Madrid, imprenta de don Fermín Villalpando, 1818 (1819, 1824, 1826, 1828).

Lardizábal y Uribe, Manuel de, *Discurso sobre las penas contraido a las leyes criminales de España para facilitar su reforma*, 2ª edición, Madrid, 1828.

López, Marcial Antonio, *Descripción de los más célebres establecimientos penales de Europa y los Estados Unidos, seguida de la aplicación práctica de sus principios y régimen interior a las casas de corrección, fuerza y reconciliación que pudieran plantearse en España con grande utilidad del Real Erario*, Madrid, 1832.

Manual alfabético de delitos y penas, según las leyes y pragmáticas de España por J.P.R. y L., 3ª edición corregida y arreglada a la Novísima Recopilación, Madrid, 1828.

Ortiz de Zúñiga, Manuel y Herrera, Cayetano de, *Deberes y atribuciones de los corregidores, justicias y ayuntamientos de España*, Madrid, 1832-1833

Sainz de Andino, Pedro, *Elementos de elocuencia forense. Parte primera, que contiene los principios doctrinales y reglas de este arte científico*, Madrid, 1828.

Sanz, Miguel Cayetano, *Modo y forma de instruir y sustanciar las causas criminales, obra utilísima para jueces, escribanos y demás*, Madrid, 1828.

Tapia, Eugenio de, *Elementos de práctica forense precedidos de un discurso académico como preliminar y plan de la obra sobre el arte de litigar.... obra póstuma, escrita en 1806 por Don Lucas Gómez y Negro, redactados en gran parte, conforme a la esplicación y doctrina de sus lecciones y añadido un Formulario arreglado a los principios de los Elementos*, Valladolid, 1825.

— *Elementos de práctica forense, a que precede un discurso como preliminar y plan de obra sobre el arte de litigar y otro con apéndice sobre la autoridad que tienen con los títulos de Fuero Real, las Siete Partidas, leyes del Estado, Ordenamiento de Alcalá y las Ordenanzas Reales de Castilla por Lucas Gómez Negro*, Valladolid, 1830.

— *Febrero novísimo, o Librería de Jueces, Abogados y Escribanos refundida, ordenada bajo nuevo método y adicionada con un tratado del Juicio criminal, y algunos otros*, Valencia, 1828.

— *Manual de práctica forense en forma de diálogo con el correspondiente formulario de pedimentos*, Valencia, 1824.

Tapia, Eugenio de, *Práctica criminal, con un prontuario alfabético de delitos y penas*, Valencia, 1830.

Tratado sobre jueces y asesores, presentado en forma de diálogo para la más fácil comprensión de los jóvenes que se dedican al estudio de la Jurisprudencia, por el bachiller Don José Silvestre de Santaliz, Madrid, 1831.

Vadillo, Jose Manuel de, *Reflexiones sobre algunos puntos de la legislación criminal*, Madrid, 1814.

Vilanova y Jordán, Jacobo, *Cárceles y presidios. Aplicación de la panóptica de Jeremías Bentham a las cárceles y casas de corrección de España*, Madrid, 1834.

Vizcaíno Pérez, Vicente, *Código y práctica criminal, arreglado a las leyes de España, que para dirección de los alcaldes y jueces ordinarios y escribanos reales escribió... adicionado y arreglado a las citas de la Novísima Recopilación por Santiago de Alvarado*, Madrid, 1833.

— *Instrucción o Prontuario de las facultades y obligaciones de los alcaldes ordinarios y pedáneos de España con arreglo a las leyes y órdenes comunicadas hasta el año de 1827*, Madrid, 1828 (4ª ed. reformada y adicionada en lo más esencial e interesante por Santiago de Alvarado y de la Peña).

Obras literarias:

Agustín Girón, Pedro (marqués de las Amarillas), *Recuerdos. (1778-1837)*, Pamplona, 1981.

Rebolledo Palafox y Melzi, José de, *Autobiografía*, edición de José García Mercadal, Madrid, 1966.

Alcalá Galiano, Antonio, *Recuerdos de un anciano*, Madrid, 1878.

Arias Teijeiro, José, *Diarios (1828-1831)*, introducción y notas por Ana María Berazaluce, Pamplona, 1966.

Ayguals de Izco, Wenceslao, *Pobres o ricos, o La bruja de Madrid*, Madrid, 1849.

Biografía de don Antonio María Blanco, escrita por sí mismo, o Historia compendiada de los conocimientos hebreos en España, Madrid, 1869.

Bourgoing, Adolphe de, *L'Espagne: souvenirs de 1823 et 1833*, París, 1834.

Cámara, Sixto, *Jaime el Barbudo y la cámara ardiente*, 1853.

Castillo, J. del, *La ciudadela inquisitorial de Barcelona, o Las víctimas inmoladas en las aras del atroz despotismo del conde de España. Redactada de los hechos históricos durante la dominación del gobierno esterminador en la Península*, Barcelona, 1835.

Custine, Marquis de, *L'Espagne sous Ferdinand VII*, Bruselas, 1838.

David Inglis, Henry, *Spain in 1830*, Londres, 1831.

Escritos del conde de Ofalia, publicados por su nieto, el marqués de Heredia, Bilbao, 1894.

Fandiño, Antonio Benito, *Memoria o ensayo sobre la historia de la Real Cárcel de La Coruña. Su fundación, alcaydes y habitantes. Usos, costumbres, privilegios y sucesos notables, religión, comercio, moneda y mejora de que es susceptible que a los mayores delinquentes de ella dedica la ociosidad de un preso*, Coruña, oficina del Exacto Correo y Postillón, 1812.

López Soler, Ramón, *Jaime el barbudo, o sea, la Sierra de Crevillente*, Barcelona, 1832.

Martínez de Velasco, Eusebio, *Don Pablo Iglesias, mártir de las libertades patrias, 1820-1825. Apuntes histórico-políticos*, Madrid, 1862.

Memorias de la vida del Excmo. señor D. José García de León y Pizarro: escritas por él mismo, Madrid, Sucesores de Rivadeneyra, 1894-1897 [José de García de León y Pizarro, *Memorias*, edición de Álvaro Alonso-Castrillo, Madrid, 1998].

Mesonero Romanos, Ramón de, *Memorias de un setentón, natural y vecino de Madrid*, Madrid, 1881, tomo I (1808-1823).

Orellana, Francisco J., *El conde de España o la Inquisición militar*, Barcelona, 1856.

Peña y Aguayo, José de la, *Doña Mariana Pineda. Narración de su vida, de la causa criminal en la que fue condenada al último suplicio y descripción de su ajusticiamiento en 26 de mayo de 1831*, Madrid, 1836.

Pérez Galdós, Benito, *Los apostólicos*, Madrid, 1885.

— *El Terror de 1824*, Madrid, 1885.

—*Un voluntario realista*, Madrid, 1878.

Roger, Estanislao, *La cárcel. Aventuras de un gramático pardo dedicadas a su maestro el bachiller Cantaclaro por su más afecto discípulo*, Madrid, 1834.

Sales Mayo, Francisco de, *Jaime el Barbudo, o los bandidos de Crevillente*, 1868.

BIBLIOGRAFÍA

Abascal Monedero, Pablo José, *La infidelidad y el adulterio en España. Estudio histórico-legal*, Córdoba, 2009.

— *La reforma de la Justicia en el pensamiento español ilustrado*, Madrid, 2010.

Alomar Esteve, Carmen, «La depuración absolutista entre 1823 y 1833», en *Bolletí de la Societat Arqueològica Lul liana*, 38 (1982), pp. 233-240.

Alonso Álvarez, Luis, *Comercio colonial y crisis del Antiguo Régimen en Galicia (1778-1818)*, Santiago de Compostela, Xunta de Galicia, 1986.

Alonso Romero, Mª. Paz, *El proceso penal en Castilla (siglos XIII-XVIII)*, Salamanca, 1982.

— *Orden procesal y garantías entre Antiguo Régimen y Constitucionalismo gaditano*, Madrid, 2008.

Alonso y Alonso, J. M., «De la vigencia y aplicación del Código penal de 1822», en *Revista de Estudios Penitenciarios*, 11 (1946), pp. 2-15.

Alvarez Barrientos, Joaquín (coord.), *Se hicieron literatos para ser políticos: cultura y política en la España de Carlos IV y Fernando VII*, Cádiz, 2004.

Alzola y Minondo, Pablo de, *Las obras públicas en España: estudio histórico*, Bilbao, 1899.

Ameller, Victoriano y Castillo, Mariano, *Los mártires de la libertad española, o sea historia de las personas notables del partido liberal de nuestro país que han perecido en el cadalso, o sucumbido víctimas de la tiranía de sus convicciones políticas*, Madrid, 1853.

Amigo Vázquez, Lourdes, «Del patíbulo al cielo. La labor asistencial de la Cofradía de la Pasión en el Valladolid del Antiguo Régimen», en Francisco Javier Campos y Fernández de Sevilla (coords.), *La Iglesia española y las instituciones de caridad*, El Escorial, 2006, pp. 511-542.

Angulo Morales, Alberto, «El mundo al revés: La visión del contrabando por los representantes de la Hacienda Real y pública en el País Vasco (siglos XVIII y XIX)», en *Sancho el Sabio*, 7 (1997), pp. 79-96.

— «En los límites de la marginación: represión del contrabando en el País Vasco (siglos XVIII-XIX)», en Iñaki Reguera Acedo *et alii*, *Marginación y exclusión social en el País Vasco*, Bilbao, 1999, pp. 187-210.

Antón Oneca, José, «Historia del Código penal de 1822», en *Anuario de Derecho Penal*, 18 (1965), pp. 263-278.

— «Los proyectos decimonónicos para la reforma del Código penal español», en *Anuario de Derecho Penal*, 25 (1972), pp. 249-287.

Arcos i Martínez, Manel, *La senda dels lladres. Bandolerisme als voltants de la serra de Mostalla (1806-1839)*, Valencia, 2009.

Artola Gallego, Miguel, *La España de Fernando VII*, Madrid, 1996; y, *Memorias de tiempos de Fernando VII*, Madrid, 1957.

— *Antiguo Régimen y Revolución Liberal*, Barcelona, 1983.

— *La Hacienda del siglo XIX. Progresistas y moderados*, Madrid, 1986.

Astigarraga Goenaga, Jesús, «La Ilustración napolitana imputada: críticas y censuras a la Scienza della legislazione de G. Filangieri en la España de finales del siglo XVIII», en *Nuevo Mundo, Mundos Nuevos*, 7 (2007), en http://nuevomundo.revues.org

Avilés Fernández, Miguel *et alii*, *La España de Fernando VII*, Madrid, 1973.

Barbastro Gil, Luis, «La reacción y represión de Fernando VII (1814-1816)», en Germán Ramírez Aledón (coord.), *Valencianos en Cádiz: Joaquín Lorenzo Villanueva y el grupo valenciano en las Cortes de Cádiz*, Valencia, 2008, pp. 303-347.

Barreiro Mallón, Baudilio y Rey Castelao, Ofelia, *Pobres, peregrinos y enfermos: la red asistencial gallega en el Antiguo Régimen*, Santiago de Compostela, 1999.

Bauló Doménech, Josefa, «Los cristianos de Calomarde (1835) de León López y Espila. Un episodio singular en el éxodo liberal del siglo XIX», en *Migraciones y Exilios*, 3 (2002), pp. 79-95.

Bayo, Estanislao de Kostka, *Historia de la vida y reinado de Fernando VII con documentos justificativos*, Madrid, 1842.

Benítez Yébenes, Juan Rafael, «El presidio de Melilla: antecedentes histórico-normativos de la libertad condicional en España, y proyección de futuro de esta institución», en *Akros: La revista del Museo*, 4 (2005), pp. 71-82.

Bermejo Cabrero, José Luis, «Dos aproximaciones al contrabando en la España del Antiguo Régimen», en *CHD*, 4 (1997), pp. 11-60.

— «Procesos contra altos personajes civiles y militares (1824-1826)», en Johannes-Michael Scholz, *Fallstudien zur spanischen und portugiesischen Justiz 15. bis 20. Jahrhundert*, Frankfurt am Main, 1994, pp. 149-157.

— «Sobre la entrada en vigor del Código Penal de 1822», en *AHDE*, 66 (1996), pp. 967-972.

— «Tormentos, apremios, cárceles y patíbulos a finales del antiguo régimen», en *AHDE*, 56 (1986), pp. 683-728.

Bernaldo de Quirós, Constancio, *Bandolerismo y delincuencia subversiva en la baja Andalucía*, Madrid, 1912.

— *El bandolerismo*, Madrid, 1931.

Blanco Valdés, Roberto L., *Rey, Cortes y Fuerza armada en los orígenes del Estado liberal (1808-1823)*, Madrid, 1988.

Braojos Garrido, Alfonso, «Los voluntarios realistas, un vacío en la historia militar de Andalucía», en *Milicia y sociedad en la baja Andalucía (siglos XVIII y XIX). Actas de las VIII Jornadas Nacionales de Historia Militar*, Sevilla, 1999, pp. 481-488.

Burgueño, Jesús, *Geografía política de la España constitucional. La división provincial*, Madrid, 1996.

Burillo Albacete, Fernando J., *El nacimiento de la pena privativa de libertad*, Madrid, 1999.

Butrón Prida, Gonzalo, «El exilio liberal y afrancesado en el reinado de Fernando VII: un breve estado de la cuestión», en José Luis Casas Sánchez y Francisco Durán Alcalá (coord.), Los *exilios en España (siglos XIX y XX)*, Priego, 2005, vol. 2, pp. 69-83.

— *La intervención francesa y la crisis del absolutismo en Cádiz. 1823-1828*, Huelva, 1998.

Cadalso, Fernando, *Instituciones penitenciarias y similares en España*, Madrid, 1922.

— *Los presidios españoles y las colonias penales*, Madrid, 1891.

Calles Hernández, Claudio, «La represión fernandina en Salamanca (1814-1820): Primeros datos», en Alberto Gil Novales (coord.), *La revolución liberal (Congreso sobre la Revolución liberal española en su diversidad peninsular (e insular) y americana*, Madrid, 2001, pp. 203-224.

Calvo Maturana, Juan Antonio, «*Como si no hubiesen pasado jamás tales actos*: La gestión fernandina de la memoria histórica durante el Sexenio absolutista (1814-1820)», en Encarna García Monerris *et alii* (coords.), *Culturas políticas monárquicas en la España liberal: Discursos, representaciones y prácticas (1808-1902)*, Valencia, 2013, pp. 31-58.

Cardinale, Rosa, «Imágenes del bandolero en algunas obras literarias españolas», en *Iberoamericana. América Latina, España, Portugal: Ensayos sobre letras, historia y sociedad*, vol. 8, 31 (2008), pp. 149-166.

Carmona Portillo, Antonio, «Camino del Presidio: aproximación al estudio de la cárcel de Málaga como lugar de tránsito de los penados del Norte de África a finales del siglo XVIII», en *Isla de Arriarán. Revista cultural y científica*, 11 (1998), pp. 215-228.

— «Presidiarios en África algunas consideraciones sobre los condenados al presidio de Alhucemas (1700-1870)», en *Isla de Arriarán. Revista cultural y científica*, 18 (2001), pp. 137-152.

Carracedo Falagán, Carmen, «El infanticidio durante la Edad Moderna en Castilla», en Dalia Alvarez Molina et alii, *Mujer e investigación*, 1995, pp. 147-155.

Castejón Calderón, R., «El Proyecto Sainz de Andino de Código Criminal de 1830» en *RGLJ*, 1943, pp. 38-41.

Castellanos, Pablo, «El presidio modelo de Madrid», en *Revista de la Escuela de Estudios Penitenciarios*, 133 (1958), pp. 242-248.

Castells Oliván, Irene, «Conspiraciones liberales durante la Ominosa década en el País Valenciano (1826-1831)», en *Estudis d'Historia Contemporania del Pais Valencia*, 4 (1983), pp. 67-98.

— «El liberalismo insurrecional español (1815-1833)», en Xosé Ramón Barreiro, *O liberalismo nos seus contextos. Un estado da cuestión*, Santiago de Compostela, 2008, pp. 71-87.

— *La utopía insurreccional del liberalismo: Torrijos y las conspiraciones liberales de la Década ominosa*, Barcelona, 1989.

Cepeda Gómez, José, «El Ejército de Fernando VII», en *Aproximación a la Historia militar de España*, Madrid, 2006, vol. II, pp. 425-432.

— *El ejército español en la política española (1787-1843): conspiraciones y pronunciamientos en los comienzos de la España liberal*, Madrid, 1990.

Conejero Martínez, Vicente, *El trienio constitucional en Alicante (1820-1823) y la segunda represión contra los liberales (1823-1833)*, Alicante, 1983.

Conesa Cánovas, Leandro, *El bandolero Jaime Alfonso simplemente "el Barbudo"*, Murcia, 1992.

Cuevas de la Cruz, Matilde y Otero Carvajal, Luis Enrique, «Prostitución y legislación en el siglo XIX. Aproximación a la consideración social de la prostituta», en María Carmen García-Nieto (coord.), *Ordenamiento jurídico y realidad social de las mujeres: siglos XVI a XX. Actas de las IV Jornadas de Investigación Interdisciplinaria*, París, 1986, pp. 247-258.

Díaz Lobón, Eduardo, «Granada en la restauración fernandina (1814-1820)», en *Anuario de Historia Contemporánea*, 4-5 (1977-1978), pp. 219-254.

— *Granada durante la crisis del antiguo régimen, (1814-1820)*, Granada, 1982.

Documentos del reinado de Fernando VII: Los agraviados de Cataluña, Pamplona, 1972.

Dufour, Gérard, «¿Cuándo fue abolida la Inquisición en España?», en *Cuadernos de Ilustración y Romanticismo*, 13 (2005), pp. 93-107.

Duñaiturria Laguarda, Alicia, *La Justicia en Madrid. El arbitrio judicial en la Sala de Alcaldes de Casa y Corte (1751-1808)*, Madrid, 2010.

El pensamiento administrativo de P. Sainz de Andino, introducción y notas de José María García Madaria, Madrid, 1982.

El Proyecto de Código criminal de 1830. Estudio preliminar y edición por J.R. Casabó Ruiz, Murcia, 1978.

El Proyecto de Código criminal de 1831 de Sainz de Andino. Estudio preliminar y edición por J.R. Casabó Ruiz, Murcia, 1978.

Enríquez Fernández, José Carlos, Enríquez Fernández, Javier y García-Pardo Gómez, David, «Control policial, identificación personalizada y estado burocrático burgués: la experiencia vizcaína (1824-1833)», en José María Ortiz de Orruño Legarda *et alii*, *Movimientos sociales en la España contemporánea*, Madrid, 2008, pp. 287-288.

Erce Eguaras, Juan Luis, «El sexenio absolutista en Navarra (1814-1820). Los entresijos del Régimen Foral en el preludio de las guerras fratricidas», en *Cuadernos del Bicentenario*, 11 (2011), pp. 49-57.

— *El sexenio absolutista en Navarra (1814-1820): los entresijos del Régimen Foral en el preludio de las guerras fratricidas (Realista y Carlistas)*, Madrid, 2012.

Escudero Gutiérrez, Antonio, «Jaime "El Barbudo": un ejemplo de bandolero social», en *Estudis d'Historia Contemporania del Pais Valencia*, 3 (1982), pp. 57-88.

Esteban de Vega, Mariano, «Cambios y permanencias en las élites políticas y administrativas del reinado de Fernando VII», en *Historia contemporánea*, 13-14 (1996), pp. 229-238.

- «El Estado y la administración central durante el reinado de Fernando VII», en *Historia Contemporánea*, 17 (1998), pp. 81-117.

Estrada Catoyra, Félix, «Purificación de todos los individuos de la Real Universidad de Santiago y demás establecimientos literarios de Galicia», en *Boletín de la Real Academia Gallega*, 235-240 (1931), pp. 254-267.

Farcy, Jean-Claude, Kalifa, Dominique et Luc, Jean-Noël (dir.), *L'enquête judiciaire en Europea au XIXe siècle. Acteurs, imaginaires, practiques*, Paris, 2007.

Fernández Almagro, Melchor, *Orígenes del régimen constitucional en España*, Barcelona, 1928.

Fernández Bastarreche, Fernando, *El Ejército español en el siglo XIX*, Madrid, 1978.

— *Sociología del Ejército español en el siglo XIX*, Madrid, 1978.

Fernández Benítez, Vicente, *Carlismo y rebeldía campesina: un estudio sobre la conflictividad social en Cantabria durante la crisis final del Antiguo Régimen*, Madrid, 1988.

Fernández Hidalgo, Ana María, «La seguridad ciudadana en Madrid durante el siglo XVIII: la Superintendencia general de Policía y la Comisión reservada», en *Anales del Instituto de Estudios Madrileños*, 33 (1993), pp. 321-356.

Fiestas Loza, Alicia, *Los delitos políticos (1808-1936)*, Salamanca, 1977.

— «Algo más sobre la vigencia del Código penal de 1822», en *Revista de Historia del Derecho*, Granada, II-1 (1978), pp. 55-77.

Flores del Manzano, Fernando, «"Los muchachos de Santibáñez" y otras cuadrillas facinerosas en la Extremadura contemporánea», en *Alcántara*, 28 (1993), pp. 7-38.

— «Guerrilla y bandolerismo: el caso de Extremadura», en Francisco Acosta Ramírez *et alii*, *Baylen 1808-2008. Actas del Congreso Internacional Baylen 1808-2008*, Jaén, 2009, pp. 205-274.

— «La Intendencia de Policía de la provincia de Extremadura: un acercamiento al régimen represivo de Fernando VII», en *Alcántara*, 18 (1989), pp. 49-70.

— *El bandolerismo en Extremadura*, Badajoz, 1992.

— «El bandolerismo extremeño durante el reinado de Fernando VII», en *Alcántara*, 21 (1990), pp. 167-196.

Fontana Lázaro, Josep, «Represión política y violencia civil en 1823-1833. Propuestas para una interpretación», en *Industrialización y nacionalismo. Análisis comparativo. Actas del I Coloquio Vasco-Catalán de Historia*, Barcelona, 1985, pp. 313-328.

— *La crisis del Antiguo régimen, 1808-1833*, Barcelona, 1979.

— *La quiebra de la monarquía absoluta, 1814-1820: la crisis del Antiguo régimen en España*, Barcelona, 2002.

Fraile, Pedro, Un *espacio para castigar. La cárcel y la ciencia penitenciaria en España (siglos XVIII-XIX)*, Barcelona, 1987.

Fuente, Vicente de la, *Historia de las sociedades secretas antiguas y modernas en España*, Lugo, 1871.

Fuentes Aragonés, Juan Francisco, «Datos para una historia de la Policía política en la década ominosa», *Trienio*, 15 (1990), pp. 97-124.

— «Geografía del liberalismo español en la Década Ominosa: Emigración política y exilio interior», en A. Alberola y E. Larriba (eds.), *Élites y revolución en España. Homenaje al profesor Gérard Dufour*, Alicante, 2010, pp. 309-331.

— «Cherchez la femme: exiliadas y liberales en la Década Ominosa (1823-1833)», en *Historia constitucional. Revista Electrónica de Historia Constitucional*, 13 (2012), pp. 383-405.

Galende Díaz, Juan Carlos, «Las cárceles extremeñas durante el s. XIX», en *Revista de Estudios Extremeños*, 46-3 (1990), pp. 631-654.

Galicia Pinto, María Isabel, *La Real Casa Hospicio de Zamora. Asistencia social a marginados (1798-1850)*, Zamora, 1985.

Gallego y Burín, Antonio, Martínez Lumbreras, Francisco y Viñes, Cristina, *Granada en el reinado de Fernando VII: datos para su historia política*, Granada, 1986.

Gámez Amián, Aurora «Aproximación al contrabando en las costas meridionales durante el Siglo XVIII y la primera mitad del XIX», *Cuadernos de Ciencias Económicas y Empresariales*, 9-10 (1982), pp. 23-41.

García Borrega, J.A., «Delito y sociedad en Madrid en el reinado de Fernando VII",

Estudios de Historia Social, 20-21 (1982), pp. 227-290.

García León, Susana, «La causa de Estado contra el diputado a Cortes Miguel Ramos Arispe», en *CHD*, 5 (1998), pp. 209-256.

— *La Justicia en la Nueva España. Criminalidad y arbitrio judicial en la Mixteca Alta (Siglos XVII y XVIII)*, Madrid, 2012.

García Melero, José Enrique, «Proyectos de cárceles en la Real Academia de Nobles Artes de Madrid (1826-1853)», *Espacio, tiempo y forma. Historia del Arte*, 14 (2001), pp. 147-188.

García Monerris, Encarnación y Serna Alonso, Justo, *La crisis del Antiguo Régimen y los absolutismos*, Madrid, 1994.

García Pérez, Rafael, «El Consejo de Navarra, entre el derecho del rey y las libertades del reino (1800-1836)», en *AHDE*, 72 (2002), pp. 125-200.

García Ruipérez, Mariano y Galende Díaz, Juan Carlos, «Los pasaportes, pases y otros documentos de control e identidad personal en España durante la primera mitad del siglo XIX. Estudio archivístico y diplomático», en *Hidalguía*, 302 (2004) pp. 113-144 y 303 (2004) pp. 169-208.

García Valdés, Carlos, «Derecho penitenciario militar: una aproximación histórica», *ADPCP*, 39 (1986), pp. 771-836.

— «Derecho penitenciario militar: una aproximación histórica», en ADPCP, 39 (1986), pp. 771-836.

— *Los presos jóvenes (Apuntes de la España del XIX y principios del XX)*, Madrid, 1991.

— *Del presidio a la prisión modular*, Madrid, 1997.

— «Las casas de corrección de mujeres: un apunte histórico», en *El nuevo Código Penal. Presupuestos y fundamentos (Libro homenaje al profesor Doctor Don Angel Torío López)*, Madrid, 1999, pp. 587-592.

— «La ejecución de la pena privativa de libertad. Siglos XIX y comienzos del XX», en *La administración de justicia en la historia de España. Actas de las III Jornadas de Castilla-La Mancha sobre investigación en archivos*, Guadalajara, 1999, pp. 969-996.

— «Estar mejor y salir antes: premios y beneficios condicionados a la conducta del recluso en la legislación del XIX y principios del XX», *ADPCP*, 54 (2001), pp. 27-42.

— *La ideología correccional de la reforma penitenciaria española del siglo XIX*, Madrid, 2006.

— «El Derecho penitenciario militar: sus orígenes», en *ADPCP*, 65 (2012), pp. 5-23.

— «La codificación penal y las primeras recopilaciones legislativas complementarias», en *AHDE*, 82 (2012), pp. 37-66.

García Valdés, Carlos, (coord.) *Historia de la prisión (Teorías economistas, crítica)*, Madrid, 1997.

García Vázquez, Adela, «Siglo XIX y principios del XX. Los presos jóvenes. La galera de mujeres. Derecho penitenciario militar», en Carlos García Valdés (dir.), *Historia de la prisión: teorías economistas*, Alcalá de Henares, 1997, pp. 199-217.

Garrido Aranda, Antonio, «Hacer morir en Ceuta: los ajusticiados en los siglos XVIII y XIX», en Luis Palacios Bañuelos (coord.), *De puntillas por la Historia*, Córdoba, 1997, pp. 105-120.

Garrido, Fernando, *Historia de las persecuciones políticas y religiosas*, Barcelona, 1866.

Gil Novales, Antonio, *Las sociedades patrióticas (1820-1823)*, Madrid, 1975.

Giménez, Antonio, «El mito romántico del bandolero andaluz», en *Cuadernos hispanoamericanos*, 383 (1982), pp. 272-296.

Gómez Bravo, Gutmaro, *Crimen y castigo: cárceles, justicia y violencia en la España del siglo XIX*, Madrid, 2005.

Gómez de Maya, Julián, «El codificador ante el crimen nefando», en *AHDE*, 83 (2013), pp. 139-184.

— *Culebras de cascabel. Restricciones penales de la libertad ambulatoria en el Derecho codificado español*, Madrid, 2013.

González Fernández, Juan Miguel, «Un letrado en la Corte de Fernando VII. D. Francisco Xavier Vázquez Varela (1754-1819)», en *Castrelos*, 13 (2007), pp. 121-125.

González López, Emilio, *Entre el antiguo y el nuevo régimen: absolutistas y liberales: el reinado de Fernando VII en Galicia*, Sada, 1981.

Guereña, Jean-Louis, *Prostitución en la España contemporánea*, Madrid, 2003.

Hernández Montalbán, Francisco J., *La abolición de los señoríos en España, 1811-1837*, Valencia, 1999.

Hernández Sánchez, Fernando, «Delincuencia y marginación social: una aproximación a sus fuentes», en *Primeras Jornadas sobre fuentes documentales para la historia de Madrid*, Madrid, 1990, pp. 209-214.

Herrero Herrero, César, *La justicia penal española en la crisis del poder absoluto*, Madrid, 1989.

Herrero, Javier, *Los orígenes del pensamiento reaccionario*, Madrid, 1988.

Hinojal Aguado, Diego, «La policía de Fernando VII y la persecución de la masonería», en José Antonio Ferrer Benimeli, *La masonería española: represión y exilios*, Zaragoza, 2011, vol. 2, pp. 1467-1488.

Iglesias Estepa, Raquel, *Crimen, criminales y reos. La delincuencia y su represión en la antigua provincia de Santiago. 1700-1834*, Santiago, 2007, pp. 74-75.

Izquierdo Hernández, M., *Antecedentes y comienzos del reinado de Fernando VII*, Madrid, 1963.

Julio Caro Baroja, *Ensayo sobre la literatura de cordel*, Madrid, 1990.

Kalifa, Dominique, «Enquête judiciaire, littérature et imaginaire social au XIXe siècle», en *Cuadernos de Historia Contemporánea*, 33 (2011), pp. 37-47.

Landrove Díaz, Gerardo, «En torno al Proyecto Sainz de Andino de Código Criminal», en *Anales de la Universidad de Murcia. Derecho*, XXXIV-3/4 (1975-76), pp. 437-460.

Lara López, Emilio Luis, «La represión de los afrancesados: condenas sociales, jurídicas y políticas. El caso de Jaén (1812-1820)», en *Hispania Nova. Revista de Historia Contemporánea*, (Homenaje a Ángel Martínez de Velasco), 3 (2003).

— «El sexenio absolutista en Jaén (1814-1820)», en *Boletín del Instituto de Estudios Giennenses*, 188 (2004), pp. 319-364.

Lasa Iraola, Ignacio, «El primer proceso de los liberales, 1814-1815», *Hispania*, 30 (1970), pp. 327-383.

— «El proceso de Joaquín Lorenzo Villanueva (1814-1815), en *Cuadernos de Historia. Anexos de Hispania*, 4 (1973), pp. 29-82.

Lasala Navarro, Gregorio, «Condena a obras públicas», en *Revista de la Escuela de Estudios Penitenciarios*, 132 (1958), pp. 79-88.

Lasso Gaite, Juan Francisco, *Crónica de la Codificación española. Codificación penal*, Madrid, 1970.

Lastres y Juiz, Francisco, *La cárcel de Madrid (1572-1877)*, Madrid, 1877.

Le Brun, Carlos, *Vida de Fernando VII, rey de España*, Filadelfia, 1826.

Leblic García, Ventura, *Bandoleros en los montes de Toledo*, Toledo, 1990. Francisco Garrido Domínguez, *Bandidos, bandoleros y contrabandistas en la serranía de Ronda*, Málaga, 2001.

Levaggi, Abelardo, «La fundamentación de las sentencias en el Derecho indiano», en *Revista de Historia del Derecho*, 6 (1978), pp. 45-73.

Llorca Ortega José, *Cárceles, presidios y casas de corrección en la Valencia del XIX. Apuntes históricos sobre la vida penitenciaria valenciana*, Valencia, 1992.

— *Capilla de reos de muerte, depósitos de cadáveres y sepulturas de ajusticiados en la Valencia del siglo XIX, Valencia, 1990; y, Cárceles, presidios y casas de corrección en la Valencia del XIX (Apuntes históricos sobre la vida penitenciaria valenciana)*, Valencia, 1992.

Llorente de Pedro, Pedro-Alejo, «Modalidades de la ejecución penitenciaria en España hasta el siglo XIX», *ADPCP*, 57-1 (2004), pp. 311-386, entre otros trabajos.

— *El penitenciarismo español del Antiguo Régimen aplicado a su presidio más significativo: Orán-Mazalquivir*, Madrid, Ministerio del Interior, 2005.

— «La deserción militar y las fugas de los presidiarios en el Antiguo Régimen: especial estudio de su incidencia en los presidios norteafricanos», *Anuario de la Facultad de Derecho de Alcalá de Henares*, 2005-2006, pp. 106-131.

— «La pena de presidio en las plazas menores africanas hasta la Constitución Española de 1812», en *ADPCP*, 61-1 (2008), pp. 265-330.

López Gómez, Pedro, *La Real Audiencia de Galicia y el Archivo del Reino*, Santiago de Compostela, 1996.

— «La Sala del crimen de la Real Audiencia de Galicia (1761-1835)», en *Clio & Crimen*, 10 (2013), pp. 297-325.

López Morán, Beatriz, *El bandolerismo gallego (1820-1824)*, Vigo, 1984.

— *El bandolerismo gallego en la primera mitad del siglo XIX*, Sada, 1995.

López Pasaro, Eduardo, «Organización jurisdiccional durante el primer tercio del siglo XIX: alcaldes, jueces, letrados, escribanos, abogados y procuradores», en *Revista de las Cortes Generales*, 81 (2010), pp. 241-261.

Lorente Sariñena, Marta, «Reglamento provisional y administración de justicia (1833-1838). Reflexiones para una historia de la justicia decimonónica», en Johannes-Michael Scholz (ed.), *El tercer poder. Hacia una comprensión histórica de la justicia contemporánea en España*, Frankfurt am Main, 1992, pp. 215-296.

— «El abandono de los presidios menores (siglos 18-19)», en *Initium*, 1 (1996) (Homenatge al Profesor Josep M. Gay i Escoda), pp. 731-752.

— «De la suerte normativa de la Ciencia de la legislación: Filangieri y la codificación en la España decimonónica», en *Nuevo Mundo, Mundos Nuevos*, 7 (2007), en http://nuevomundo.revues.org

Lorente Sariñena, Marta y Martínez Pérez, Fernando, «Orden público y control del territorio en España (1822-1845). De la Superintendencia general de Policía a la Guardia civil», en *Revista Jurídica Universidad Autónoma de Madrid*, 19 (2009), pp. 195-210.

Lorenzana Fernández, Antonio, «Los voluntarios realistas de la ciudad de León (1823-1833)», en *Estudios Humanísticos*, 20 (1998), pp. 113-136.

Luis, Jean-Philippe, «La Década Ominosa (1823-1833), una etapa desconocida en la construcción de la España contemporánea», en *Ayer*, 41 (2001) (Ejemplar dedicado a *Fernando VII. Su reinado y su imagen*), pp. 85-118.

— *L'Utopie réactionnaire: èpuration et modernisation de l'Etat dans l'Espagne de la fin de l'Ancien Régime (1823-1834)*, Madrid, 2002.

Madrazo Madrazo, Santos, «El bandolerismo en la cuenca del Duero», en Antonio Cascón Dorado, *Donum amicitiae. Estudios en homenaje al profesor Vicente Picón García*, Madrid, 2008, pp. 445-476.

Madrid Cruz, María Dolores, «El arte de la seducción engañosa: algunas consideraciones sobre los delitos de estupro y violación en el Tribunal del Bureo. Siglo XVIII», en *CHD*, 9 (2002), pp. 121-159.

— «Honor y muerte en el Madrid del Antiguo Régimen: el delito de homicidio en la jurisdicción especial de Palacio», en José Sánchez-Arcilla (Ip), *El arbitrio judicial en el Antiguo Régimen. España e Indias (siglos XVI-XVIII)*, Madrid, 2012, pp. 327-401.

Manresa, José Mª., *Ley de Enjuiciamiento civil comentada y esplicada*, Madrid, 1856.

Mantecón Movellán, Tomás A., «Los impactos de la criminalidad en sociedades del Antiguo: España en sus contextos europeos», en *Vínculos de Historia*, 3 (2014), pp. 54-74.

Mapelli, Borja y García Benítez, Antonio, *Los delitos y las penas en el Diccionario de Echebarría de 1791*, Sevilla, 2007.

Maqueda Abreu, Consuelo, «La restauración de Fernando VII y el reclutamiento militar», en *Revista de Historia Militar*, 62 (1987), pp. 71-92.

Marcos Arévalo, María Jesús, *El hacinamiento, la marginación y la pena de muerte: la cárcel de Badajoz en el siglo XIX, Badajoz*, Diputación, 1984.

Marcos del Olmo, Mª. Concepción, «En torno a la década 1823-1833», en *Pasado y Memoria. Revista de Historia Contemporánea*, 5 (2004), pp. 183-199.

Marliani, Manuel, *El reinado de Fernando* VII, Madrid, 1986.

Martín Márquez, Alberto, «La Casa Galera y fábrica de paños de Zamora: ejemplo de beneficencia eclesiástica en el siglo XVIII», *Anuario del Instituto de Estudios Zamoranos Florián Ocampo*, 11 (1994), pp. 481-508.

Martinena Ruiz, Juan José, «Los últimos tiempos del tormento judicial en Navarra», en *Príncipe de Viana*, 171 (1984), pp. 161-182.

Martínez de Velasco Farinós, Ángel, *La España de Fernando VII. La crisis del Antiguo Régimen (1808-1833)*, Madrid, 1999.

Martínez Garrido, Gema, *Galerianas, corrigendas y presas. Nacimiento y consolidación de las cárceles de mujeres en España. 1608-1913*, Madrid, 2002.

Martínez Laínez, Fernando, *Como lobos hambrientos: los guerrilleros en la Guerra de la Independencia (1808-1814)*, Algaba, 2007.

Martínez Martel y Abadía, Demetrio, *Diario de Valladolid*, Valladolid, 1885.

Martínez Pérez, Fernando, *Entre confianza y responsabilidad. La justicia del primer constitucionalismo español (1810-1823)*, Madrid, 1999.

Martínez Ruiz, Enrique, *Policías y proscritos. Estado, militarismo y seguridad en la España Borbónica*, Madrid, 2014.

Martínez Torres, José Antonio, «"La mala vida en Madrid": una inestimable recuperación para la historia social de España. Apuntes sobre delincuencia, prostitución y bandolerismo, 1650-1900», en *Trienio*, 39 (2002), pp. 123-138.

Masferrer Domingo, Aniceto, *Tradición y reformismo en la codificación penal española*, Jaén, 2003.

Mayorga, Fermín, «Causa de estado contra D. Bartolomé José Gallardo», en *Boletín de la Real Academia de Extremadura de las Letras y las Artes*, 18 (2010), pp. 429-518.

Meccarelli, Massimo, *Arbitrium: un aspetto sistematico degli ordinamenti giuridici in eta di Diritto comune*, Milán, 1998.

Meijide Pardo, María Luisa, *Contribución al estudio del liberalismo*, La Coruña, 1983.

— *Mendicidad, vagancia y prostitución en la España del siglo XVIII: la casa gal era y los departamentos de corrección de mujeres*, Madrid, 1992.

— *La mujer de la orilla: visión histórica de la mendiga y prostituta en las cárceles, galeras de hace dos siglos*, Sada, 1996.

Melón Jiménez, M. A., *Los tentánculos de la Hidra: contrabando y militarización del orden público en España (1784-1800)*, Cáceres, 2009.

Menéndez González, Alfonso, «La Real Audiencia de Asturias al final del Antiguo Régimen», en *Boletín de Estudios Asturianos*, 137 (1991), pp. 231-250.

Merinero Martín, María Jesús, *Purificaciones de empleados públicos: Extremadura, 1824*, Cáceres, 1989.

— *La Audiencia de Extremadura y el sistema penitenciario, (1820-1868)*, Mérida, 1990.

Miguel Bernal, Antonio, *La lucha por la tierra en la crisis del Antiguo Régimen*, Madrid, 1979.

Miguel Vigil, Ciriaco, *Asturias monumental*, Oviedo, 1887.

Molas i Ribalta, Pere, «L'Audiència de València durant el regnat de Ferran VII», *Afers. Fulls de recerca i pensament*, 2 (1985) pp. 309-340.

Molás Ribalta, Pere, «La crisis de la magistratura española del Antiguo Régimen», pp. 399-427, en Johannes-Michael Scholz, *Fallstudien zur spanischen und portugiesischen Justiz 15. bis 20. Jahrhundert*, Frankfurt am Main, 1994.

— *La Audiencia borbónica del Reino de Valencia (1707-1834)*, Alicante, 1999.

Moliner Prada, Antonio, «Un informe francés de 1832 sobre el Reino de Valencia», en Trienio, 13 (1989), pp. 131-140.

— «La diplomacia española y los exiliados liberales en la década ominosa», en *Hispania*, 181 (1992), pp. 609-627.

— «El antiliberalismo eclesiástico en la primera restauración absolutista (1814-1820)», en *Hispania Nova. Revista de Historia Contemporánea*, 3 (2003) (Homenaje a Angel

Martínez de Velasco).

Montes Bernárdez, Ricardo, «El bandolerismo en la región de Murcia desde la invasión francesa hasta el advenimiento de Isabel II (1808-1840)», en *Boletín de la Real Academia de la Historia*, 193-2 (1996), pp. 239-272.

— *El bandolerismo en la región de Murcia durante el siglo XIX*, Murcia, 1998.

— *De contrabandistas y carabineros en la Región de Murcia durante el siglo XIX*, Murcia, 2003.

Moral Roncal, Antonio M., *El reinado de Fernando VII en sus documentos*, Barcelona, 1998.

Moral Ruiz, Joaquín del, «Un informe policial acerca de la sociedad y la economía del País valenciano en 1825», en Manuel Tuñón de Lara y J.F. Botrel (eds.), *Movimiento obrero, política y literatura en la España contemporánea*, Madrid, 1974, pp. 115-126.

Morales Ruiz, Juan José, «Fernando VII y la masonería española», ambos en *Hispania Nova. Revista de Historia Contemporánea*, (Homenaje a Ángel Martínez de Velasco), 3 (2003).

Morales Sánchez, F.M., *Páginas de sangre. Historia del Saladero*, Madrid, 1880.

Nadal Sánchez, Antonio, «Historia política de la Década Ominosa (1823-1833) en Málaga. Absolutismo y Liberalismo», en *Baética*, 2 (1979), pp. 345-364.

Ojeda San Miguel, Ramón, «La ejecución del bandolero Miguel de Irún en el año 1824», en *López de Gamiz. Boletín del Instituto Municipal de Historia de Miranda de Ebro*, 24 (1991), pp. 117-120.

Oliver Olmo, Pedro, *Impacto y olvido. La pena de muerte en Pamplona (siglos XVII-XIX)*, Pamplona, 1998.

— *Cárcel y sociedad represora. La criminalización del desorden en Navarra (siglos XVI-XIX)*, Bilbao, 2001, pp. 39-67.

— «Pena de muerte y procesos de criminalización: Navarra, siglos XVII-XX», en *Historia Contemporánea*, 26 (2003), pp. 269-292.

— *La pena de muerte en España*, Madrid, 2008.

Ortego Gil, Pedro, «Apercibimientos penales en la práctica criminal de la Real Audiencia de Galicia (siglos XVII y XVIII)», en *CHD*, 3 (1996), pp. 11-41.

— «La pena de vergüenza pública (siglos XVI y XVIII). Teoría legal castellana y práctica judicial gallega», en *ADPCP*, LI (1998), pp. 155-206.

— «Irregularidades judiciales en el proceso penal durante el Antiguo Régimen: problemas, controles y sanciones», en *Revista de la Facultad de Derecho de la Universidad Complutense de Madrid*, 91 (1999), pp. 211-261.

— «La aplicación de la pena de muerte en el Reino de Galicia durante la Edad Moderna», en *Obradoiro. Revista de Historia Moderna*, 9 (2000), pp. 143-170.

— «El Fiscal de S.M. pide se supla a mayores penas. Defensa de la justicia y arbitrio judicial», en *Initium*, 5 (2000), pp. 239-354.

— «La estancia en prisión como causa de minoración de la pena (siglos XVII-XVIII)», *ADPCP*, LIV (2001), pp. 43-70.

— «Algunas consideraciones sobre la pena de azotes durante los siglos XVI-XVIII», en *Hispania*, LXII/3, 212 (2002), pp. 849-905.

— «Notas de política criminal, arbitrio judicial y servicio de armas durante la Edad Moderna» en *Revista de Historia Militar*, 94 (2003), pp. 89-116

— «Innocentia praesumpta: absoluciones en el Antiguo Régimen», en *CHD*, 10 (2003), pp. 71-125.

— «La indeterminación temporal de las sentencias en el siglo XVIII: la cláusula de retención en presidio», en *Perspectivas jurídicas del Estado de México. Revista del Tribunal Supremo de Justicia del Estado de México*, 1-4 (enero-junio 2003), pp. 103-123.

— «La consulta a las Audiencias en el proceso criminal (siglos XVI-XIX)», en *Initium*, 9 (2004), pp. 287-350.

— «De la literatura jurídica al código penal: causas y circunstancias en el Derecho histórico español», en *BFDUC*, 83 (2007), pp. 241-302.

— La justicia letrada mediata: los asesores letrados», en *Anuario Mexicano de*

Historia del Derecho, 22 (2010), pp. 438-484.

— «Arbitrio judicial y cláusula de quebrantamiento de pena», en *Initium*, 15 (2010), pp. 271-314.

— «Hurtar a los de casa: notas sobre hurtos domésticos», en *CHD*, nº extraordinario (2010), pp. 449-470.

— «La conmutación de penas: una revisión histórica», en *Initium*, 17 (2012), pp. 263-344.

— «El arbitrio de los jueces inferiores», en José Sánchez-Arcilla (Ip), *El arbitrio judicial en el Antiguo Régimen. España e Indias (siglos XVI-XVIII)*, Madrid, 2012, pp. 133-219.

— «Sentencias criminales en Castilla: entre jueces y abogados», en *Clio & Crimen*, 10 (2013), pp. 359-372.

— «El vehemente impulso y justo deseo de recobrar la libertad (Notas históricas sobre fugas de cárcel)», en *Dereito. Revista Xurídica da Universidade de Santiago de Compostela*, 22, número extraordinario (2013), pp. 399-440.

— «Jurisdicción militar y delincuencia patrimonial durante el Sexenio absolutista», en *CHD*, 21 (2013), pp. 155-189.

Ortiz de Orruño, José M., «La militarización de la sociedad vasca en el tiempo de paz: los naturales armados (1823-1833)», *Vasconia*, 26 (1998), pp. 23-40.

Ortiz de Urbina, Jesús, «Obsesión por los bandoleros en los relatos de escritores franceses viajeros por España en el siglo XIX», en José Luis Arráez Llobregat *et alii*, *Del saber a la vida. Ensayos en homenaje al profesor Francisco Ramón Trives*, Alicante 2009, pp. 285-295.

Ortuño Martínez, Manuel, «El verano de 1814 en Madrid y Pamplona», en *Huarte de San Juan. Geografía e Historia*, 18 (2011), pp. 385-413.

Pablo Gafas, J. L. de, *Justicia, Gobierno y Policía en la Corte de Madrid: la Sala de Alcaldes de Casa y Corte (1583-1833)*, Universidad Autónoma de Madrid, 2000.

Palop Ramos, José Miguel, «Delitos y penas en la España del siglo XVIII», en *Estudis*, 22 (1996), pp. 65-104.

— «La militarización del orden público a finales del reinado de Carlos III. La Instrucción de 1784», *Revista de Historia Moderna*, 22, 2004, pp. 453-486.

Pegenaute Garde, Pedro, Represión política en el reinado de Fernando VII: las comisiones militares (1824-1825), Pamplona, 1974.

— «Planteamiento de la represión política en Navarra durante el reinado de Fernando VII», en *Príncipe de Viana*, 134-135 (1974), pp. 317-339.

Pereira Castañares, Juan Carlos y Pelayo Galindo, Orlando, «La prensa en tiempos de Fernando VII (1814-1833)», en *Cuadernos de Investigación Histórica*, 12 (1989), pp. 81-90.

Pérez Álvarez, María José, «Arquitectura carcelaria y presos en las provincias de León y Zamora a comienzos del siglo XIX», en *CHD*, 12 (2012), pp. 205-231.

Pérez Baltasar, María Dolores, *Mujeres marginadas: las Casas de Recogidas de Madrid (siglos XVIII-XIX)*, Madrid, 1984.

Pérez Costanti, Pablo, *Notas viejas galicianas*, Santiago, 1993.

Pérez Garzón, Juan Sisinio, «Absolutismo y clases sociales. Los voluntarios realistas de Madrid (1823-33)», *Anales del Instituto de Estudios Madrileños*, 15 (1978), pp. 295-310.

Pérez Moreda, Vicente, La infancia abandonada en España (siglos XVI-XIX), *Discurso de ingreso en la Real Academia de la Historia*, Madrid, 2005.

Peris Barrio, Alejandro, «El bandolerismo en la provincia de Madrid (S. XVIII-XIX), *Revista de folklore*, 343 (2009), pp. 19-24.

Peset Reig, Mariano y Peset Reig, José Luis, «Legislación contra liberales en los comienzos de la década absolutista (1823-1825)», en *AHDE*, 37 (1967), pp. 437-485.

Pino Abad, Miguel, *El delito de juegos prohibidos. Análisis histórico-jurídico*, Madrid, 2011.

— *Persecución y castigo de la expropiación ilegal de bienes en Castilla (siglos XIII-XVIII)*, Madrid, 2014.

Pintos Vieites, María del Carmen, *La Política de Fernando VII entre 1814 y 1820*, Pamplona, 1958.

Pirala, Antonio, *Historia de la guerra civil y de los partidos liberal y carlista*, Madrid, 1856.

Planas Roselló, Antonio, *Una práctica judiciaria mallorquina de finales del Antiguo Régimen (1815-1820)*, Palma de Mallorca, 2002.

Porras Arboledas, Pedro, «El delito de injurias de obra en el corregimiento de Úbeda (1582-1842)», en José Sánchez-Arcilla (Ip), *El arbitrio judicial en el Antiguo Régimen. España e Indias (siglos XVI-XVIII)*, Madrid, 2012, pp. 571-624.

Puyol Montero, José María, «La abolición de la pena de horca en España», en *CHD*, 4 (1997), pp. 91-140.

— *La publicidad en la ejecución de la pena de muerte. Las ejecuciones públicas en España en el siglo XIX*, Madrid, 2001.

Queralt, María Pilar, *La vida y la época de Fernando VII*, Barcelona, 1999.

Quin, Michael J., *Memorias históricas sobre Fernando VII rey de España publicadas en inglés y francés*, Valencia, 1840.

Rabanal Yus, Aurora María, «En torno a los llamados presidios menores o plazas de Melilla, Peñón de Vélez de la Gomera y Alhucemas en el siglo XVIII», en *Anuario del Departamento de Historia y Teoría del Arte*, 5 (1993), pp. 121-130.

Ramírez Maya, María Carmina, *Pensamiento y obra de Miguel de Lardizábal y Uribe (1744-1823)*, Donostia, 2006.

Ramos Vidal, Juan A., *Bandolerismo en la comarca del Vinalopó (1813-1840)*, Alicante, 1980.

Recuenco Pérez, Julián, «La represión contra el liberalismo desde el Tribunal Diocesano de Cuenca (1823-1830)», en *Hispania Nova. Revista de Historia Contemporánea*, 3 (2003) (Homenaje a Angel Martínez de Velasco).

Reguera Acedo, Iñaki, «Marginación y violencia armada: bandolerismo vasco y salteamiento de caminos en la crisis del Antiguo Régimen», en Ernesto García Fernández, *Exclusión, racismo y xenofobia en Europa y América*, Bilbao, 2002, pp. 153-177.

Relación nominal de los reos que han sido sentenciados a la pena capital en este Corte desde 1687 a 1897, o sea 210 años, por los señores Pérez y Monedero, Madrid, 1897.

Reyero, Carlos, «Guerrilleros, bandoleros y facciosos: el imaginario romántico de la lucha marginal», en *Anuario del Departamento de Historia y Teoría del Arte*, 20 (2008), pp. 143-156.

Rial García, Serrana M., «El control de la prostitución en el siglo XVIII compostelano: la fundación de la casa de la galera», en Cinta Canterla González (coord.), *De la Ilustración al Romanticismo. VII Encuentro la mujer en los siglos XVIII y XIX: Cádiz, América y Europa ante la modernidad*, Cádiz, 1994, pp. 331-338.

— «Solas y pobres: las mujeres de las ciudades de Galicia ante la marginalidad y la prostitución», en *Semata*, 16 (2005), pp. 301-332.

Río Aldaz, Ramón del, «Liberales, absolutistas moderados y ultras en la crisis del Antiguo Régimen en Navarra», en *Industrialización y nacionalismo. Análisis comparativo. Actas del I Coloquio Vasco-Catalán de Historia*, Barcelona, 1985, pp. 329-338.

— «La formación del cuerpo de voluntarios realistas en Navarra (1823-33)», en *Museo Zumalacárregui. Estudios Históricos*, 2 (1992), pp. 209-237.

Río, J.A. del, «Tratamiento de la responsabilidad culposa en el Derecho histórico español», en *Información Jurídica*, 314 (1982), pp. 43-65.

Risco, Antonio, «Espacio y control social: la Superintendencia General de Policía para Madrid y su rastro (1782-1808)», en Virgilio Pinto Crespo y Santos Madrazo Madrazo, *Madrid en la Época moderna. Espacio, sociedad y cultura*, Madrid, 1991, pp. 97-130.

Robert, Roberto, *El Saladero de Madrid*, Barcelona, 1863.

Rodríguez Flores, Inmaculada, *El perdón real (siglos XIII-XVIII)*, Salamanca, 1971.

Rodríguez Iglesias, Francisco y Pérez Negreira, María del Mar, *Galicia. Historia (Historia contemporánea, ensino e cultura)*, La Coruña, 1993.

Rodríguez Martín, José Antonio, «Una aproximación al bandolerismo en España», en *Iberoamericana. América Latina, España, Portugal: Ensayos sobre letras, historia y sociedad*, vol. 8, 31 (2008), pp. 85-106

Rodríguez Sánchez, Ángel, *Morir en Extremadura. La muerte en la horca a finales del Antiguo Régimen (1792-1909)*, Cáceres, 1980.

Rojas Friend, Antonio, Fuentes Aragonés, Juan Francisco y Rubio, Dolores, «Censo de liberales españoles en el exilio (1823-1833)», en *Cuadernos republicanos*, 32 (1997), pp. 29-38.

Romero Ferrer, Alberto, «Censura y represión: sobre teatro y política en el Cádiz de Fernando VII (1814-1833)», en *Cuadernos de Ilustración y Romanticismo*, 10 (2002), pp. 105-121.

Romero-Domínguez, Lorena R., «Reacción y liberalismo en la prensa gaditana: del absolutismo informativo de Fernando VII a la explosión periodística del Trienio (1814-1833)», en Aurora Labio Bernal (dir.), *Estructura, historia y contenidos del periodismo gaditano: de sus orígenes a la actualidad*, Cádiz, 2009, pp. 99-156.

Ruiz Astiz, Javier, «Castigos impuestos a los causantes de desórdenes: la actitud de los tribunales de Navarra durante la Edad Moderna», en *Sancho el Sabio. Revista de cultura e investigación vasca*, 34 (2011), pp. 23-54.

— «Escenarios de la conflictividad: motines y desórdenes públicos en la Navarra del Antiguo Régimen», en *Estudios Humanísticos. Historia*, 10 (2011), pp. 123-149.

— «Tensiones y protestas en el campo: análisis de la situación de Navarra a finales del Antiguo Régimen», en *Príncipe de Viana*, 254/2 (2011), pp. 121-133.

— «Cencerradas y matracas en Navarra durante el Antiguo Régimen: funciones y objetivos», en *Hispania*, 245 (2013), pp. 733-760.

Salillas, Rafael, *Evolución penitenciaria en España*, Madrid, 1918.

— *La evolución penitenciaria en España*, Madrid, 1916.

San José, Diego, *Martirologio fernandino: víctimas y verdugos del absolutismo, 1814-1833*, Buenos Aires, 1931.

Sánchez Gómez, Miguel Ángel, *Sociedad y política en Cantabria durante el reinado de Fernando VII. Revolución liberal y reacción absolutista*, Santander, 1989.

Sánchez León, Pablo y Moscoso, Leopoldo, «La noción y la práctica de policía en la Ilustración española: la Superintendencia, sus funciones y límites en el reinado de Carlos III (1782-1792)», en *Actas del Congreso Internacional sobre Carlos III y la Ilustración. El Rey y la Monarquía*, Madrid, 1989, vol. 1, pp. 495-512.

Sánchez Mantero, Rafael, *Fernando VII. Un reinado polémico*, Madrid, 1996.

— «El exilio liberal en tiempos de Fernando VII», en Amancio Isla Frez, Ofelia Rey Castelao et alii, *Invadidos, exiliados y desplazados en la Historia*, Valladolid, 2009, pp. 107-124.

Sánchez Rubio, Francisco Javier, *Valencia y su Audiencia en las primicias constitucionales*, Valencia, 2004.

Sánchez Suárez, José Antonio, «Mujer y violencia: violación, estupro, malos tratos y asesinatos a comienzos del siglo XIX», en Cinta Canterla González, *VII Encuentro De la Ilustración al Romanticismo. La mujer en los siglos XVIII y XIX. Cádiz, América y Europa ante la modernidad*, Cádiz, 1994, pp. 347-352.

Sánchez-Arcilla Bernal, José, «Los delitos en particular. El Infanticidio», en Emma Montanos Ferrín y José Sánchez-Arcilla Bernal, *Estudios de Historia del Derecho criminal*, Madrid, 1990, pp. 142-155.

— «La Administración de Justicia inferior en la Ciudad de México a finales de la época colonial: (I) La punición de la embriaguez en los Libros de los Reos (1794-1798)», en *CHD*, 7 (2000), pp. 309-456.

— «Violación y estupro. Un ensayo para la historia de los "tipos" del Derecho penal», en *Anuario Mexicano de Historia del Derecho*, (22) 2010, pp. 485-562.

— «¿Arbitrariedad o arbitrio? El otro Derecho penal de la otra Monarquía (no) absoluta», en José Sánchez-Arcilla Bernal (ip.), *El arbitrio judicial en el Antiguo Régimen. España e Indias (siglos XVI-XVIII)*, Madrid, 2012, pp. 9-46.

— «El arbitrio judicial en la Nueva España. Los delitos contra la vida en las cuerdas de reos», en ídem (I.p.), *El arbitrio judicial en el antiguo régimen. España e Indias (Siglos XVI-XVIII)*, Madrid, 2012, pp. 435-512.

— «La delincuencia femenina en la ciudad de México a finales del siglo XVIII», en *CHD*, 20 (2013), pp. 89-154.

Santos Torres, José, *El bandolerismo en España: una historia fuera de la ley*, Madrid, 1995.

— *Bandolerismo en Sevilla y su antiguo reino. Hechos, instituciones y personajes*, Córdoba, 2004.

— *Bandolerismo y justicia en el antiguo reino de Sevilla*, Córdoba, 2004.

Sanz Delgado, Enrique, «Disciplina y reclusión en el siglo XIX. Criterios humanizadores y control de la custodia», en ADPCP, 55 (2002), pp. 109-201.

— «Las viejas cárceles: evolución de las garantías regimentales», en *ADPCP*, 56-1 (2003), pp. 253-350.

— «La asistencia religiosa en la ejecución penal hasta el siglo XX», en *Anuario de Derecho Eclesiástico del Estado*, 25 (2009), pp. 109-142.

— «Los orígenes del sistema penitenciario español: Abadía y Montesinos», en Juan María Terradillos Basoco (coord.), *Marginalidad, cárcel, las "otras" creencias: primeros desarrollos jurídicos de "La Pepa"*, Cádiz, 2008, pp. 117-160.

Saurín de la Iglesia, María Rosa, *Manuel Pardo de Andrade y la crisis de la Ilustración: (1760-1832)*, La Coruña, 1991.

Scandellari, Simonetta, «La difusión del pensamiento criminal de Gaetano Filangieri en España», en *Nuevo Mundo, Mundos Nuevos*, 7 (2007), en http://nuevomundo.revues.org.

Scholz, Johannes-Michael, «La compétence judiciaire. Sur l'histoire contemporaine de la justice espagnole», en Johannes-Michael Scholz (coord.), *El Tercer Poder: hacia una comprensión histórica de la justicia contemporánea en España*, Frankfurt am Main, 1992, pp. 297-348.

Serna Alonso, Justo, *Presos y pobres en la España del siglo XIX. La determinación social de la marginación*, Barcelona, 1988.

Silva Forné, Diego, «La codificación penal y el surgimiento del Estado liberal en España», en *Revista de Derecho penal y Criminología*, 7 (2001), pp. 233-312.

Soler Pascual, Emilio, *Bandoleros: mito y realidad en el romanticismo español*, Madrid, 2006.

Sorando Muzás, Luis, «Los Voluntarios Realistas de Zaragoza (1823-1833)», en *Emblemata*, 3 (1997), pp. 237-276.

Stampa Braun, José María, «Las corrientes humanitaristas del siglo XVIII y su influencia en la concepción del infanticidio como "delictum exceptum"», en *ADPCP*, 6 (1953), pp. 47-78.

Suárez Verdeguer, Federico, «Los Cuerpos de Voluntarios Realistas: notas para su estudio», en *AHDE*, 26 (1956), pp. 47-88.

Tarifa Fernández, Adela, «Violencia doméstica y matrimonios impuestos a principios del siglo XIX. Autos judiciales ante la Real Chancillería de Granada», en María Teresa Sauret Guerrero (coord.), *Luchas de género en la historia a través de la imagen ponencias y comunicaciones*, Málaga, 2003, vol. 3, pp. 81-98.

Tomás y Valiente, Francisco, *El Derecho penal de la Monarquía absoluta*, Madrid, 1969 (Madrid, 1992).

— «Legislación liberal y legislación absolutista sobre funcionarios y sobre oficios públicos enajenados (1810-1822)», en *Actas del IV Symposium de Historia de la Administración*, Alcalá de Henares, 1983, pp. 703-722.

Torras Elías, Jaime, *La Guerra de los Agraviados*, Barcelona, 1967.

Torres Campos, Manuel, *La pena de muerte y su aplicación en España*, Madrid, 1870.

Trinidad Fernández, Pedro, «La reforma de las cárceles en el siglo XIX: las cárceles de Madrid», en *Estudios de Historia Social*, 22-23 (1982), pp. 69-188.

— *La defensa de la sociedad. Cárcel y delincuencia en España (siglos XVIII-XX)*, Madrid, 1991.

Vallejo Pousada, Rafael, «La reforma de la Hacienda de López Ballesteros y el origen de la regulación del delito fiscal en la España contemporánea», en *AHDE*, 67 (1997), pp. 1791-1812.

Valverde Lamsfús, Lola, «Entre la corrección y el castigo: la casa de la galera de Pamplona en los siglos XVIII y XIX», *en Príncipe de Viana. Anejo*, 16 (1992), pp. 567-578.

— *Entre el deshonor y la miseria: infancia abandonada en Guipúzcoa y Navarra, siglos XVIII y XIX*, Bilbao, 1994.

Varela González, Isaura, «Casas de mancebía y meretrices callejeras. Un espacio clandestino en Santiago durante el siglo XIX», en *Semata*, 21 (2009), pp. 225-239.

Vázquez Astorga, Mónica, «Establecimientos penitenciarios en Zaragoza en el siglo XIX», en *Revista de Historia Jerónimo Zurita*, 87 (2012), pp. 313-338.

Videgáin Agós, Fernando, *Bandidos y salteadores de caminos: historias del bandolerismo navarro del s. XIX*, Pamplona, 1984.

Vigo Trasancos, Alfredo, *A Coruña y el Siglo de las Luces. La construcción de una ciudad de comercio (1700-1808)*, La Coruña, 2007.

Villén López, Serafín, «El bandolerismo en Aragón (1814-1823)», en *Anales. Anuario del centro de la UNED de Calatayud*, 5-1 (1997), pp. 25-36.

Villota Gil-Escoín, Paloma de, «Violencia y represión contra la mujer bajo Fernando VII, 1814-1833», en María Carmen García-Nieto (coord.), *Ordenamiento jurídico y realidad social de las mujeres. Siglos XVI a XX. Actas de las IV Jornadas de Investigación Interdisciplinaria*, París, 1986, pp. 195-222.

Voltes Bou, Pedro, *Fernando VII. Vida y reinado*, Barcelona, 1985.

Zapatero Sagrado, Ricardo, «Los presidios, las cárceles y las prisiones», en *ADPCP*, 39-2 (1986), pp. 511-568.

Zugasti, Julián, *El bandolerismo. Estudio social y memorias históricas*, Madrid, 1876.

Made in the USA
Las Vegas, NV
25 January 2026

40248407R00308